제13판

# 이상심리학

## 심리장애의 파악과 치료

Ann M. Kring, Sheri L. Johnson, Gerald C. Davison, John M. Neale 지음

이봉건 옮김

WILEY   Σ시그마프레스

# 이상심리학 : 심리장애의 과학과 치료 제13판

**발행일** | 2018년 6월 25일 1쇄 발행

**지은이** | Ann M. Kring, Sheri L. Johnson, Gerald C. Davison, John M. Neale
**옮긴이** | 이봉건
**발행인** | 강학경
**발행처** | ㈜ 시그마프레스
**디자인** | 송현주, 고유진
**편 집** | 문수진

**등록번호** | 제10-2642호
**주소** | 서울특별시 영등포구 양평로 22길 21 선유도코오롱디지털타워 A401~403호
**전자우편** | sigma@spress.co.kr
**홈페이지** | http://www.sigmapress.co.kr
**전화** | (02)323-4845, (02)2062-5184~8
**팩스** | (02)323-4197

**ISBN** | 979-11-6226-068-5

## Abnormal Psychology:

The Science and Treatment of Psychological Disorders, 13th Edition

* 책값은 뒤표지에 있습니다.
* 이 도서의 국립중앙도서관 출판예정도서목록(CIP)은 서지정보유통지원시스템 홈페이지(http://seoji.nl.go.kr)와 국가자료공동목록시스템(http://www.nl.go.kr/kolisnet)에서 이용하실 수 있습니다.(CIP제어번호 : CIP2018018424)

# 역자 서문

이번 개정 번역본은 이상심리학 분야에서 세계적으로 정평이 나 있는 교재인 Davison, Neale, Kring, & Johnson(2016)의 *Abnormal Psychology* 원서를 우리말로 옮긴 것이다. (주)시그마프레스에서 출간한 이전 번역서(2005)는 Davison, Neale, & Kring(2004)의 *Abnormal Psychology* 9판 원서를 대상으로 하였다. 9판 원서에서는 종래의 원저자인 Davison과 Neale 이외에 Kring이 공저자로 참여하더니, 이번 13판(2016)에서는 원저자인 Davison과 Neale이 뒤로 빠지고 Kring이 실질적인 첫 번째 공저자가 되었으며 두 번째 공저자로 Sheri L. Johnson이 합류하였다. 책 제목도 종래의 제목에 부제를 달아서 *Abnormal Psychology : The Science and Treatment of Psychological Disorders*가 되었다. 이는 심리장애의 원인과 치료에 대한 과학적 접근을 중시한다는 뜻이다. 이 취지는 Davison과 Neale이 1974년에 초판을 낸 이후 계속 지켜왔는데, Kring과 Johnson이 계승하고 있다. 원서는 초판이 1974년에 발간된 이후로 정확히 4년마다 지속적으로 개정판이 나오고 있는, 미국에서도 학부용 이상심리 교재로 널리 사용되고 있는 교재 중 하나이다. 이 책은 최신의 내용을 이해하기 쉽게 소개하고 있는 것이 그 특징이다.

이상심리학과 임상심리학은 국제적으로 새로운 연구 결과와 심리학적 치료 성과(outcome)가 속속 보도되는 등 급속히 확장되고 발전하는 분야이다. 따라서 새로운 선진 기법과 지식을 도입하고 이를 한국화하는 것이 시급하다고 판단된다. 이의 일환으로 역자가 Davison과 Neale의 원서를 1986년에 첫 번역판(성원사)으로 펴낸 후 개정증보 1판(1987년), 개정증보 2판(1992년, 서울 : 성원사), 개정증보 3판(1998년, 서울 : 시그마프레스), 개정증보 4판(2005, 서울 : 시그마프레스)으로 그간 독자들의 사랑을 꾸준히 받아왔다. 2016년 판 원서부터는 DSM-5의 체제가 수록됨에 따라, 역자는 30여 년간 심리학과 학부 이상심리학 수업에서 교재로 사용한 경험을 살려 이를 수정증보 번역하게 되었다. 또한 그간 각종 자료의 번역 및 저술의 오랜 경험뿐만 아니라 오랜 임상 경험(개인 및 집단 심리치료 사례) 및 연구 경험을 기반으로 쉽게 서술하고자 하였다.

2016년 판 원서에는 그간 세계적으로 심리장애(psychological disorders) 또는 정신병리학(psychopathology)의 원인 및 치료 분야에서 축적된 새로운 이론 및 연구 성과가 많이 반영되었다. 따라서 2016년 원서 신판을 토대로 한 이번 개정증보 번역판에서는 가장 최근의 번역서(2005년도 한글판)에 비해서 내용이 대략 30~40% 정도는 바뀌게 되었다. 이와 같이 원서의 장점은 최근 동향 및 세부적인 연구내용이 자세히 기술되어 있는 점이라 할 수 있겠다. 국내의 연구동향은 『한국심리학회지 : 임상』을 참고하기 바란다(임상심리학회 홈페이지 : http://kcp.or.kr/).

2016년 판 원서는 분량이 워낙 방대해져서, 이번 역서에서는 원서의 총 16개 장 중 학부 강의용으로 필수적이라 판단되고 임상 실무와 관련이 깊은 10개 장을 지금껏 그래왔듯이 한 학기용으로 소개하였다. 원서에서 발췌, 번역된 본 역서의 목차는 아래에 정리해두었다. 괄호 속은 원서에서 해당하는 장을 뜻한다. 이번 번역서에는 지난 번역서와 달리 노인장애와 관련된 장(9장)도 추가해서 수정증보 번역하였는데, DSM-5 체제의 변화에 따라서 도합 10개 장이 되었다. 장의 순서도 아동기 장애(10장)를 원서에서와 달리 맨 뒤로 배치하였다. 정신과 전공의 수련과정이 3년간 성인을 대상으로 하고, 맨 마지막 4년차에 가서 아동을 다루는 것을 참고해서 맨 뒤로 배치한 것이다. 이는 아동을 성인의 특별 케이스로 보고, 성인을 대상으로 충분한 경험을 쌓은 뒤 아동에 적용한다는 방식에 따른 것이다. 이는 아동·청소년이 그만큼 어렵고, 일각에서 아동이 나이가 어리므로 대하기가 쉽다는 초보자의 통념에 경계를 울리기 위한 것이다.

제1장   진단과 평가(원서 3장)
제2장   기분장애(원서 5장)
제3장   불안장애(원서 6장)
제4장   강박 관련 장애와 외상 관련 장애(원서 7장)
제5장   해리장애 및 신체증상 관련 장애(원서 8장)
제6장   조현병(원서 9장)
제7장   물질사용장애(원서 10장)
제8장   성격장애(원서 15장)
제9장   노년기와 인지신경장애(원서 14장)
제10장   아동기 장애(원서 13장)

원서를 번역함에 있어서 독자가 읽기 쉽고 이해하기 쉽도록 노력했다. 보다 우리말답고 읽어서 쉽게 이해할 수 있게끔(readable) 의역하고 문장을 다듬었다. 또한 가급적 한글을 사용하다 보면 뜻이 정확하게 들어오지 않을 수 있으므로 독자의 이해를 돕기 위하여 과거 이정균 교수팀의 정신과 교과서(정신의학, 일조각)의 방식에 따라서 한글과 영어를 병기하였다. 이는 국내의 전문 용어가 통일되어 있지 못하여 의사소통이 원활하지 못할 수 있는 점을 보완하고, 전공 원서를 읽을 때와 자료검색을 할 때 도움이 될 것이다.

이 방면의 보다 효율적인 학습을 위해서는 우선 이 교재를 읽고, 객관식 문제를 풀어서 전반적으로 고르게 숙지하는 것이 좋다. 더 깊은 공부와 실무능력 증진을 위해서는 임상실무에 초점을 둔 책[예 : Goodwin and Guze의 이상행동의 이해와 분류(*Goodwin and Guze's Psychiatric Diagnosis*), 이봉건 역, 글로벌출판사, 2018(2018년 학술원 우수학술도서 선정)]을 읽는다. 그다음에는 임상실무에 관한 주관식 문제를 풀어본다(예 : Kaplan & Sadock의 *Synopsis of Psychiatry and Study Guide and Self-Examination Review*). 다음에는 사례집을 읽는다(예 : Meyer의 사례집 *Case Studies in Abnormal Behavior* 번역서, 학지사 근간). 또한 외국에서 제작된 사례 증상을 충실히 소개하는 영상자료를 보는 것도 도움이 될 것이다. 끝으로 관련 전문가로부터 지도감독(supervision) 및 피드백을 받는 것이 도움이 될 것이다.

이 책의 임상 관련 내용을 임상실무에 잘 적용하려면 다음의 요령이 도움이 될 것이다. 이는 임상심리 전문가로서 심리장애가 있는 사람들을 대상으로 심리 서비스를 잘 제공하는 요령과도 상통한다. 전문적인 서비스를 잘 제공하려면 다음의 세 가지가 순환적으로 반복하면서 발전해야 가능해진다. (1) 자기분석 : 심리장애가 있는 사람을 만나면 내 마음을 비우고 공감하려고 해야 하며, 상대방에 휘둘려도 안 된다. 소위 역전이를 감소시켜야 하는데, 이는 이를테면 최근 심리치료의 제4세력으로 등장한 마음챙김에 기반한 심리개입(Mindfulness-Based Interventions)의 맥락에 맞게 마음챙김 정신수양을 통해서 이루어질 수 있다(정신분석을 창립한 프로이트도 평생 자기분석을 했다고 한다). (2) 교재를 통해 이론 및 기법을 공부한다. (3) 사례발표 공부 : 우선 전문가의 사례발표에 참여해서 배운 후 자기 사례를 발표해서 지도감독을 받도록 한다. 이런 과정이 순환적으로 반복되어야 임상심리 전문가로서 역량을 증진하고 의미 있는 심리 서비스를 제공할 수 있게 될 것이다.

이 책은 심리학 관련 학과에서 이상심리학(abnormal psychology), 적응·부적응 심리학 강좌용 교재로 개발되었지만, 그밖에도 인근 분야에서 주교재나 부교재로 사용할 수 있을 것이다. 또 일반인에게는 정신건강 관련 독본으로 널리 읽힐 수 있으리라 기대된다.

역자가 이 책을 개정작업을 하는 과정에서 이전 번역판에서 미처 발견되지 못했거나 누락된 부분이 적지 않게 발견되어서 이를 교정하거나 채워넣었다. 역자가 이 책을 번역하는 데 있어서 가급적 원래의 뜻을 충실하게 우리말로 옮기려고 하였으나, 잘 이해되지 않는 부분이나 오역이 있을지도 모르겠다. 이런 부분은 독자들께서 주저없이 지적해주실 것을 부탁드린다(전자우편 주소 : leebk@chungbuk.ac.kr). 독자로부터의 합당한 지적 사항은 후속판에 반영될 것이다. 또한 의미 있는 정도의 지적이나 조언 등의 도움을 주신 독자에게는 가능한 한 수정판이나 수정된 파일을 제공해드리도록 노력하겠다.

마지막으로, 이 책의 출판에 수고를 아끼지 않은 (주)시그마프레스사 강학경 사장님 이하 직원 여러분께 감사드린다. 특히 편집부의 문수진 과장님은 꼼꼼하게 교정하고 원서와 대조해서 빠진 부분도 많이 일깨워주었다.

2018년 6월
역자 이봉건

**참고문헌**

Davison, G. C., Neale, J. M., & Kring, Ann M. (2004). *Abnormal Psychology*. New York : Wiley.

Davison, G. C., Neale, J. M., Kring, Ann M., & Johnson, Sheri L. (2016). *Abnormal Psychology: The Science and Treatment of Psychological Disorders*. 13th Edition. New York : Wiley.

이 책의 첫 판이 출간된 이후로 거의 40년이 지났다. 처음부터, 이 책의 초점은 연구와 임상실제를 균형 있게 조화시키는 것, 패러다임을 뼈대로 해서 책을 엮는 것, 그리고 임상가와 과학자가 참여하는 문제 해결 과정에 독자도 포함시키려고 노력하는 것에서 벗어난 적이 없었다. 이런 정신은 후속 판에서도 초석이 되었으며, 우리는 그간 이 책이 크게 환영받은 것에 대해 놀랐고 또한 몹시 기뻤다. 아마도 더 중요한 것은, 이 책이 수십 년에 걸쳐서 정신병리학(psychopathology)을 공부하는 수많은 학도들의 삶에 끼친 영향일 것이다.

이번 제13판에서 저자들은 이 책의 핵심 강점인 최신의 연구 결과를 종합적으로 소개하는 것뿐만 아니라 보다 효율적인 학습이 이루어지도록 강화하였다. 우리는 복습문제의 문항수를 늘렸으며, 임상사례를 더 추가하였고, 그림, 표, 명료한 저술을 통해 이런 자료가 광범위한 독자층에 와닿을 수 있도록 노력하였다. 과거에 비해서 현재는 특히 통합적 접근(integrated approach)을 강조한다. 즉 정신병리학이 다양한 관점을 감안해야 가장 잘 이해될 수 있다는 것과, 이와 같이 다양한 관점이 우리에게 이런 장애의 원인뿐만 아니라 최선의 가능한 치료법에 대해서도 가장 명료하게 설명해준다는 것을 보여주려고 노력하였다.

이 책의 표지는 빛을 만화경(萬華鏡, kaleidoscope)으로 찍은 것으로, 심리장애에 기여하는 무수한 요인을 보여주기 위하여 선택한 것이다. 이 사진은 이 책의 수많은 핵심 원리를 예시하고 있는 것이다. 만화경이 총천연색으로 광범위하고 다양한 빛의 패턴을 보여주듯이, 많은 사람들이 심리장애의 영향을 각기 다르게 받고 있는 것이다. 인간은 신경생물학적 영향과 환경적 영향의 상호작용에 의해서 형성되는데, 이것이 심리장애의 연구대상이다 — 다양한 패러다임(유전, 신경과학, 인지행동)이 모두 함께 작용하여 다양한 심리장애의 발달과 경과를 결정짓는다. 이는 또한 과학의 작동원리이기도 하다. 새로이 발견된 사실은 과학적 탐구영역을 다시 조정해주며, 심리장애를 현대적으로 이해하는 조망을 옮겨주기도 하는데, 이는 만화경에 빛을 쪼이는 방식을 바꾸면 우리가 색채를 보는 방식이 바뀌는 것과 마찬가지 방식이다. 이 책은 심리장애에 대한 가장 최신의 과학에 최초이자 선두로서 확고하게 기반을 두고 있다. 새로운 발견과 새로운 처치법이 개발되면서,

우리는 심리장애에 대한 보다 나은 개념화를 향해 나아가고 있다.

## 이 책의 목표

매번 새로운 판을 만들 때마다 우리는 이 책의 학술적이고 교육적인 특징 모두를 높이기 위해 개정하고 변화시키며 세부 내용이 매끄럽게 되도록 다듬는다. 또한 우리는 복잡한 개념을 첨예하고 명료하며 생생한 문장으로 풀어내기 위해서 상당한 노력을 기울인다. 정신병리학과 개입법의 영역은 점차 다중적인 양상을 띠며 전문화되어 가고 있다. 그러므로, 심리장애를 소개하는 좋은 교재는 학생들의 조심스럽고 초점화된 주의를 끌어서 학생들이 관련된 쟁점과 내용을 깊고 비판적으로 이해할 수 있게 해주어야 한다. 이 책에서 우리가 제시하는 정신병리 연구 및 치료에서 가장 흥분되는 획기적인 진전 중 일부는 분자유전학, 신경과학, 그리고 인지과학 같이 복잡한 영역에서 이루어진 것이다. 이런 복잡한 쟁점을 지나치게 간략하게 제시하기보다는, 우리는 이와 같이 지극히 중요한 내용의 이해를 증진하기 위하여 효과적인 교수법을 적용하여 관련 내용을 편집하여 제시하였다.

우리는 정신병리학과 개입법에서의 최신 이론과 연구 결과를 소개하려고 노력하였을 뿐만 아니라 오늘날 우리가 접하고 있는 가장 곤혹스러운 질문의 일부에 대한 답을 찾는 과정에서 느끼는 지적 흥분의 일부를 전달하고자 하였다. 우리는 학생들에게 우리가 정신병리학의 근원과 특정한 개입법의 효과에 관한 증거를 걸러내는 과정에 참여하도록 격려하고자 하였다.

이번 판에서 우리는 불행하게도 아직도 심리장애에 연결되어 있는 낙인을 지울 수 있는 방법을 계속해서 강조하고자 한다. 정신병리 현상이 도처에 만연해 있음에도 불구하고, 이와 연관된 낙인 때문에 어떤 사람들은 치료를 받으려고 하지 못하게 될 수 있으며, 입법부에서 치료와 연구를 위한 적절한 비용을 지원하지 못하게 하고, 일부의 대중적인 통속적 용어(예 : 미쳤다, 돌았다 등)가 계속 쓰이게 만든다. 따라서, 우리가 이 책에서 추구하는 또 다른 목표는 이와 같은 낙인에 맞서 싸우는 것과 정신질환의 원인과 치료에 대해 긍정적이고 희망 찬 견해를 제시하는 것이다.

이 판에서의 또 다른 변화는 주제를 확장하는 것이다. 이상심리학(abnormal psychology) 같은 낡은 용어는 과거의 흔적을 다양한

방식으로 반영해주고 있는 것이다. 물론 심리장애의 원인과 치료를 소개하는 많은 교과과정에서 이런 명칭을 계속 사용하고 있기는 하다. 우리는 이상심리학이라는 용어가 곧 대체되기를 바란다. 왜냐하면 이 용어는 심리장애가 있는 사람들이 여러 가지 면에서 '이상(비정상, abnormal)'하다는 낙인을 부지불식간에 존속시킬 수 있기 때문이다. 우리의 논지는 심리장애가 있는 사람들이 가장 선두에 서 있는 사람이라는 것과, 이상(abnormal)이라는 용어가 너무 광범위해서 심리장애의 악영향을 받은 사람들에게 해를 끼칠 수 있다는 것이다.

## 이번 판에서 새로운 내용

제13판에는 새롭고 흥분되는 내용이 추가되고 변경된 곳이 많다. 우리는 각 장마다 DSM-5에 따른 중요하고도 새로운 내용을 추가하였으며, 각 장을 DSM-5의 체제에 따라서 구성하였다. 이제는 DSM-5가 사용되고 있기 때문에, DSM-IV-TR의 내용은 대부분 삭제되었다. 또한 우리는 계속해서 개정증보하고 발전시키는 노력을 할 것이다. 우리는 더 이상 효용이 없거나 경험적 지지가 없는 이론은 송구하지만 소개하지 않는다. 각 장애에 대한 연구 결과가 급속히 발전함에 따라, 우리는 가장 흥분되고 받아들여지고 있는 이론, 연구 및 처치법만을 부각하기로 하였다. 늘상 그랬듯이, 이번 판에서는 개정증보된 참고문헌이 수백 건이나 들어있다. 이 책 전반에 걸쳐서, 우리는 명료하게 제시하고 이 방면의

핵심적인 쟁점을 부각하기 위하여 원고를 더욱 간결하게 작성하였다. 우리는 여러 장애에 관련된 유전학(genetics) 및 두뇌 연결망(brain networks)을 조심스럽게 예시해주는 그림을 새로이 포함시켰다. 끝으로, 우리는 정신건강에 관한 현대의 관련 사건과 소식을 보여주기 위해 새로운 사진도 추가하였다.

우리는 학생 및 교수진으로부터 받은 피드백을 토대로 효율적인 학습방법을 계속해서 추가해왔다. 새로운 다양한 임상사례를 박스로 넣은 것 이외에도, 우리는 새로이 초점(Focus on Discovery) 상자를 추가하였는데, 이는 다양한 장애가 당사자의 실제 삶 속에서 어떻게 보이는지를 보여주기 위한 것일 뿐 아니라 특정 주제에 대한 최첨단의 연구동향을 돋보이게 하기 위함이다. 또한 우리는 거의 모든 장에서 복습문제를 수정하고 추가하였는데, 이는 학생들이 해당 내용을 제대로 학습하고 통합하는지 스스로 점검할 수 있게 하기 위해서다. 학습에서 창조적인 사고의 중요성에 관한 증거를 기반으로, 새로운 문제는 대부분 주관식이다. 학생들에게 정신병리의 실생활에서의 예와 적용을 보여주기 위해서 새로운 사진도 많이 들어 있다. 여기에는 지난 수년간 자신의 심리장애에 대해 말하기 위해서 앞으로 나섰던 크게 성공하고 잘 알려진 사람들의 이야기도 포함되어 있다. 각 장의 끝부분에 있는 요약에서는 각 장에서 소개된 장애의 기술, 원인, 처치를 일관성 있게 개조식으로 정리해 놓았다.

# 요약 차례

# 차례

# 1  진단과 평가

## 학습 목표

1. 진단과 평가의 목적을 기술할 수 있어야 한다.
2. 신뢰도와 타당도의 각 유형을 구분할 수 있어야 한다.
3. DSM의 기본 특징, 역사적 변화, 강점 및 약점을 파악해야 한다.
4. 평가 시 심리학적 접근과 신경생물학적 접근의 목표, 강점 및 약점을 기술할 수 있어야 한다.
5. 문화와 민족성이 진단과 평가에 영향을 미치는 방식에 대해 토론할 수 있어야 한다.

## 임상 사례 : 아론

멀리서 사이렌 소리가 들려오자 아론(Aaron)은 누군가가 경찰에 신고한 것이 틀림없다고 생각했다. 술집에서 자기 주변에 앉아 있는 그 남자와 신경전을 펼칠 생각은 없었지만, 주변 사람들이 자기에 대해서 이야기하면서 CIA 비밀요원으로서의 특수한 신분을 깎아내리려고 음모를 꾸미고 있다는 것을 알고 있었다. 그는 그런 일이 또다시 일어나게 내버려둘 수 없었다. 지난번에는 사람들이 음모를 꾸미면서 정신병원에 갇힌 적이 있었다. 그는 또다시 정신병원에 들어가서 병원의 모든 의사들이 털어놓아서는 안 될 비밀요원의 업무수행에 대해서 이것저것 물어보게 되는 일을 겪고 싶지 않았다. 그밖에도 의사들은 그가 무슨 목소리(환청)를 들었는지, 혹은 남들이 자기의 머릿속에 있던 생각을 꺼내간다고 믿는지 등의 이상한 질문들을 했다. 그는 자신이 그런 적이 있는지를 의사들이 어떻게 알게 되었는지 전혀 짐작할 수가 없어서, 그는 부모와 함께 살던 집의 자신의 방에 도청장치가 있을 것이라고 생각하게 되었다.

바로 어제 아론은 나쁜 놈들이 소형 카메라로 집에 있는 자신을 지켜보고 엿듣고 있다는 의심이 들기 시작했다. 그는 가장 안전한 조치는 부모에게 이 사실을 말하지 않는 것이라고 마음먹었다. 더욱이 그들은 약을 먹으라고 자기를 계속 쫓아다녔다. 그러나 약을 먹으면 눈앞이 흐릿해졌고 가만히 앉아 있기가 힘들어졌다. 그는 부모가 자신이 CIA 요원이 되지 못하게 막으려는 사람들 중 하나가 틀림없다고 생각했다. 약을 먹는다면, 그는 어느 곳에서도 테러리스트를 가려낼 수 있는 특별한 능력을 상실하게 될 것이고, 그러면 정보기관에서는 신문, 잡지 및 채널 2 상의 광고를 통해서 그와 교신하는 것을 그만할 것이다. 바로 얼마 전에 그는 휴지통에서 오래된 잡지책 하나를 발견했는데, 그는 이것이 새로운 임무가 곧 임박했음을 의미한다고 해석하였다. 그의 머릿속에 들리는 음성은 그에게 테러리스트의 활동에 대한 새로운 단서를 알려주고 있었다. 이 음성은 테러리스트임을 알려주는 신호인 보라색 옷을 입은 사람들을 주의 깊게 봐야 한다고 속삭이고 있었다. 부모님이 그의 CIA 요원으로서의 일을 방해할 경우, 그는 모든 비용을 집을 떠나는 데 쓸 필요가 있었다. 그것이 우선 그를 술집으로 이끌었던 것이다. 그의 옆에 있는 몇몇 사람이 문을 보고 웃거나 쳐다보지 않았으면 좋았을 것이다. 아론은 그들이 아론을 CIA 요원임을 노출시키려는 것임을 알았다. 그가 이들에게 그만하라고 소리를 지르지 않는다면 그의 정체가 탄로 났을 것이다.

진단과 평가는 정신병리학의 연구와 치료에서 결정적으로 중요한 '첫 단계'이다. 아론의 사례에서, 임상가는 아론이 기분장애, 조현병, 또는 아마도 물질 관련 장애의 진단 기준에 부합하는지를 결정하는 것으로 치료를 시작할 수도 있다. 진단은 질 좋은 임상치료에서 첫 번째 주요 단계가 될 수 있다. **진단**(diagnosis)을 정확하게 내릴 수 있게 되면, 임상가는 아론과 그의 가족에 해당되는 기저발생률(base rate), 원인, 그리고 처치에 대해 잘 파악할 수 있게 되는데, 이 모든 것은 질이 좋은 임상치료의 중요한 구성요소가 된다. 보다 폭넓게 말하면, 의사가 당신에게 "당신에게 해당되는 진단은 없습니다."라고 말했다고 상상해보자. 이와 같이 놀라게 해주는 시나리오에 비해서, 자신에게 해당하는 진단이 있다는 말을 듣는 것은 여러 가지 다양한 경로를 통해서 안도감을 안겨줄 수 있다. 종종, 진단 결과는 특정 증상이 왜 나타나는지를 이해하는 데 도움이 될 수 있는데, 이는 큰 안도감을 줄 수 있다. 우울증이나 불안 같은 많은 장애들은 아주 보편적이다. 즉 자신의 진단이 보편적이라는 것을 알게 되면 자신의 상태가 그다지 이상한 것이 아니라고 생각하는 데 도움을 줄 수 있다.

진단 덕분에 임상가와 과학자는 사례 또는 연구 결과에 대해 서로 정확하게 의사소통을 할 수 있게 된다. (어떤 진단의) 정의와 항목에 대해서 의견의 일치를 보지 못하면 우리 분야는 진짜 딜레마에 봉착하게 될 것인데, 왜냐하면 과학자와 임상가들이 서로를 이해할 수가 없게 될 것이기 때문이다.

진단은 원인과 치료에 관한 연구를 할 때 중요하다. 때때로 연구자들은 특정한 일단의 증상들과 연관된 특유의 원인과 처치법을 발견해내곤 했다. 예를 들어 자폐스펙트럼장애(autism spectrum disorder, ASD)는 1980년에 진단 및 통계 편람(Diagnostic and Statistical Manual) 속에서 그 존재가 인정되었을 뿐이다. 그 이후로, ASD의 원인과 처치에 관한 연구들이 기하급수적으로 급증하였다.

정확한 진단을 내리는 데 도움이 되도록 임상가와 연구자들은 다양한 평가 절차를 사용하며, 임상면접부터 시작한다. 포괄적으로 말하면, 모든 임상적 평가 절차(clinical assessment procedures)는 어떤 사람에게서 무엇이 잘못된 것인지, 무엇이 이런 문제를 가져왔을지, 그리고 이 사람의 상태를 호전시키려면 무엇을 할 수 있겠는지를 찾아내기 위한 다소간의 공식적인 방법이다. 평가 절차는 진단을 내리는 데 도움이 될 수 있으며, 또한 진단을 넘어서는 정보도 제공해줄 수 있다. 사실 진단은 출발점에 불과할 뿐이다. 예를 들어 아론의 사례에는 진단 이외에도 풀리지 않은 의문점이 많이 남아 있다. 왜 아론은 늘 그렇게 행동할까? 왜 그는 자기가 CIA에서 일한다고 믿고 있을까? 부모와의 갈등은 어떻게 해야 해결할 수 있을까? 그가 학업과 경력에서 자신의 지적 잠재능력을 최대한 발휘했을까? 그의 처치에 장애물이 되는 것은 어떤 것이 있을 수 있을까? 이런 질문들은 정신보건 전문요원들이 평가를 수행할 때 역점을 두는 유형의 질문이기도 하다.

이 장에서 우리는 많은 정신보건 전문요원들이 널리 사용하는 공식적 진단체계에 대해서뿐만 아니라, 이 체계의 강점과 약점에 대해서도 기술할 것이다. 그다음에는 가장 널리 사용되는 평가 기법을 살펴볼 것인데, 여기에는 면접법, 심리평가법, 그리고 신경생물학적 평가법이 들어 있다. 그런 뒤 이 장의 마무리로서 평가 시 때때로 소홀히 되는 부분인 문화적 편향의 역할에 대해서 살펴볼 것이다. 그러나 진단과 평가에 대해 자세히 소개하기에 앞서, 진단과 평가에서 핵심적 역할을 하는 두 가지 개념인 신뢰도와 타당도부터 우선 살펴보기로 한다.

# 진단 및 평가의 기초

신뢰도와 타당도라는 개념은 모든 진단 절차 또는 평가 절차에서 초석이 된다. 이것이 없다면 우리가 사용하려는 방법의 쓸모는 크게 제한된다. 사실상 이 두 개념은 아주 복잡하다. 여기에서는 일반적인 개요를 제시하겠다.

## 신뢰도

**신뢰도**(reliability)는 측정의 일관성(consistency)을 지칭한다. 신뢰할 수 있는 척도의 한 예로서 나무 자를 들 수 있을 것이다. 왜냐하면 나무 자는 어떤 물체의 길이를 잴 때마다 똑같은 값을 알려주기 때문이다. 반면에 신뢰할 수 없는 척도의 예를 들면, 사용할 때마다 크기가 변하는, 잘 휘어지고 고무 같은 자를 들 수 있을 것이다. 신뢰도에는 여러 가지 유형이 있지만, 여기서는 평가와 진단에서 가장 핵심적인 유형의 신뢰도를 살펴본다.

**평정자간 신뢰도**(interrater reliability)는 2명의 독자적인 관찰자가 그들이 관찰한 것에 대해서 서로 일치하는 정도를 말한다. 야구의 경우를 예로 들면, 2명의 심판이 그 공이 파울 볼인지 여부에 관해서 의견이 일치할 수도 있고 아닐 수도 있다.

**검사-재검사 신뢰도**(test-retest reliability)는 어떤 사람을 두 번 관찰하거나 동일한 검사를 두 번 받게 해서 점수가 얼마나 비슷하게 나오는지 그 정도를 재는 것이다. 두 번 측정하는 시간간격은 몇 주 또는 몇 달이 될 수 있다. 이런 종류의 신뢰도는 관찰대상이 되는 사람이 두 번 검사하는 사이에 재려고 하는 저변에 깔린 변수상에서 거의 변화하지 않을 것이라고 가정할 수 있을 때에만 의미가 있다. 이런 유형의 신뢰도가 통상 높은 수치로 나타나는 가장 좋은 예는 지능검사의 신뢰도에 대해서 평가할 때이다. 반면에, 사람의 기분을 평가할 때는 기저수준 때와 4주 뒤에 후속된 측정을 할 때가 같은 수준의 기분일 것이라고 기대할 수 없다. 따라서 기분척도의 검사-재검사 신뢰도는 낮기 쉽다.

때때로 심리학자들은 동일한 검사를 두 번 실시하기보다는 약간 다른 유형의 두 가지 검사를 사용하는데, 이는 아마도 수검자들이 처음 검사 시에 응답한 내용을 기억하고 두 번째 검사를 할 때도 일관되게 응답하려고 할 것이라고 염려될 때에 그럴 수 있다. 이런 접근방식은 검사자로 하여금 **동형 신뢰도**(alternate-form reliability)를 산출할 수 있게 해주는데, 이는 두 가지 유형의 검사에서 얻은 점수의 일관성을 말한다.

끝으로, **내부 일관성의 신뢰도**(internal consistency reliability)는 검사 문항들이 서로 관련되어 있는지 여부를 평가하는 것이다. 예를 들면, 상식적으로 생각할 때, 불안 설문지의 문항들이 진짜로 불안을 재는 것이라면, 설문지 상의 문항들이 서로 관련되어 있는, 즉 서로 상관관계가 있을 것이라고 예상할 수 있을 것이다. 어떤 사람이 위협적인 상황에서는 입이 마른다고 보고하는 경우에는 근육 긴장도 마찬가지로 높아질 것으로 예상할 수 있을 것이다. 왜냐하면 이 둘은 불안의 공통된 특징이기 때문이다.

신뢰도는 통상 0~1.0 사이의 척도로 측정된다. 이 숫자가 1.0에 가까울수록 신뢰도는 더 높은 것이다. 모든 종류의 신뢰도에 대해서 이 숫자가 높을수록 신뢰도가 더 좋은 것이다. 예를 들어

신뢰도는 모든 평가 절차의 필수요건이다. 신뢰도를 수립하기 위한 한 가지 방법은 서로 다른 판단자가 일치하느냐의 여부를 알아보는 것으로서, 야구 경기에서 2명의 심판이 동일한 사건을 목격했을 때 일어나는 경우와 같다.

내적 일관성의 신뢰도가 .65인 검사의 신뢰도는 단지 중간 정도로 신뢰성이 있을 뿐이다. 내적 일관성의 신뢰도가 .91인 다른 검사의 신뢰도는 대단히 높은 것이다.

## 타당도

**타당도**(validity)는 복잡한 개념으로 일반적으로 어떤 척도가 재려고 의도한 바를 진짜로 재는지에 관련된 것이다. 예를 들면 어떤 설문지가 적대감을 재는 것으로 여겨진다고 하더라도, 이 설문지가 진짜로 그렇게 잴까? 타당도의 유형을 기술하기 전에 강조하고 싶은 것은 타당도가 신뢰도와 연결되어 있다는 점이다. 즉 신뢰도가 낮은 척도는 타당도가 좋을 수 없다. 왜냐하면 신뢰도가 낮은 척도는 일관된 결과를 가져다주지 못하기 때문에(앞에서 언급된 길이가 늘었다 줄었다 하는 자의 예를 떠올려보라), 신뢰도가 낮은 척도는 다른 척도와의 관련성이 클 수가 없다. 예를 들면, 대처능력을 잰다고 하지만 신뢰도가 낮은 척도는 어떤 사람이 스트레스를 가져다주는 생활 경험에 적응하는 방식과 잘 연결될 것으로 보이지 않는다. 그러나 신뢰도가 높다고 해서 타당도가 높게 되는 것은 아니다. 사람의 키는 신뢰도가 높게 잴 수 있지만, 이렇게 잰 키가 불안의 타당한 척도가 될 수는 없을 것이다.

**내용 타당도**(content validity)는 어떤 척도가 원래 의도한 영역을 적절하게 표집하는지를 지칭한다. 예를 들어 사회불안을 평가하고자 하는 검사라면 다양한 사회적 상황에서의 불안 감정을 묻는 문항들이 들어 있어야 한다. 사회불안(제3장 참조)과 관련된 모든 증상을 물어보는 질문이 들어 있으면 내용 타당도가 뛰어난 것이 된다. 물론 특정 용도를 위해서는 검사의 내용 타당도가 형편없을 수도 있다. 이를테면 해당 검사 속에는 사회적이지 않은 상황에서의 불안을 묻는 설문이 들어 있지 않은데, 우리가 높은 곳이나 뱀에 대한 특정 공포증을 평가하려고 한다면 이 검사는 그 내용 타당도가 형편없는 것이 될 것이다.

**준거 타당도**(criterion validity)는 어떤 척도가 다른 척도(준거)와 예상되는 방식대로 관련되어 있는지를 조사해서 가늠하게 된다. 두 변수가 시간상으로 같은 시점에서 측정되었다면, 이렇게 해서 산출된 타당도는 **동시 타당도**(concurrent validity)라고 지칭된다. 예를 들면, 뒷부분에서 우리는 우울증에서 중요한 역할을 한다고 여겨지는 지나치게 부정적인 사고를 재는 한 척도에 대해서 소개할 것이다. 이와 같이 부정적 사고를 재는 척도의 준거 타당도를 확립하려면, 우울증이 있는 사람들이 우울증이 없는 사람들에 비해서 이 검사의 점수가 더 높다는 것을 보여주면 될 것이다. 이 예에서 준거는 우울증의 진단이다. 동시 타당도를 보여주는 또 다른 방법은 부정적인 생각의 측정치가 우울증 증상의 측정치와 상관관계가 있음을 보여주는 것이다.

또 다른 방식으로 준거 타당도를 해당 척도가 미래의 어느 시점에서 측정된 다른 변수를 예측하는 정도를 평가해서 가늠할 수도 있는데, 이는 종종 **예측 타당도**(predictive validity)라고 불린다. 예를 들면, IQ검사는 원래 장차의 학업수행도를 예측하기 위해 개발된 것이다. 마찬가지로, 부정적 사고를 재는 척도는 장차 우울증에 걸릴 것인지 여부를 예측하는 데 사용될 수 있겠다. 요약하면, 동시 타당도와 예측 타당도는 준거 타당도의 두 가지 유형에 해당된다.

**구성 타당도**(construct validity)는 좀 더 복잡한 개념이다. 이는 어떤 검사가 단순히 또는 겉으로 관찰되지 않는 어떤 특징 또는 구성개념을 재는 것으로 해석하고자 할 때 관련된다(Cronbach & Meehl, 1955; Hyman, 2002). 구성개념이란 추론된 속성으로서, 불안 또는 인지왜곡 같은 것이다. 예를 들어 불안 성향을 재는 설문지를 생각해보자. 이 설문지가 구성 타당도를 갖추고 있다면, 이 설문지 검사 점수가 각기 다른 사람들은 불안성향의 정도가 달라야 한다. 설문지의 문항이 불안해지는 경향에 대한 것으로 보인다고 해서(문항의 예 : "나는 많은 상황에서 불안해지는 것을 알고 있다."), 이 검사가 불안성향이라는 구성개념에 대한 타당한 척도인지는 확신할 수 없다.

그림 1.1에 제시된 것처럼, 구성 타당도를 확인하려면 여러 가지 자료출처에서 다양한 자료를 얻어서 검토한다(이런 방식은 준거 타당도의 경우와 비교된다. 준거 타당도의 경우에는 통상 한 가지 자료와 대조해서 평가된다). 예를 들면, 불안장애가 있는 것으로 진단된 사람들과 그런 장애가 없는 사람들을 대상으로 불안성향에 대한 자기보고식 척도의 점수를 비교해볼 수 있을 것이다. 불안장애가 있는 사람들이 불안장애가 없는 사람들보다 자기보고식 척도상의 점수가 높다면, 이 자기보고식 척도는 어느 정도 구성 타당도가 있다고 할 수 있을 것이다. 구성 타당도가 좀 더 높은 것으로 확인되려면, 자기보고식 척도가 불안을 반영한다고 여겨지는 다른 측정치—이를테면 안절부절못하고 몸을 떠는 모습이 관찰되거나, 심박수가 높아지고 호흡이 거칠어지는 것과 같은 생리적 반응지표—와 관련이 있다는 것이 입증될 필요가 있다. 자기보고식 척도가 이처럼 다양한 측정치(진단명, 관찰된 행동지표, 생리적 반응지표)와의 연결성이 입증될 때, 그 척도의 구성 타당도는 높아진다.

좀 더 포괄적으로 말하면, 구성 타당도는 이론과 관련된 개념이다. 예를 들면, 우리는 불안에 취약한 것이 부분적으로는 불안의 가족력(family history)에 기인한다고 가정할 수 있을 것이다. 그다음에는 우리는 불안 설문지가 불안의 가족력과 관련되어 있다는 것을 보여줌으로써 이 설문지의 구성 타당도에 대한 증거를 추가로 확보할 수 있을 것이다. 그와 동시에, 우리는 불안성향에 관한 이론을 뒷받침하는 자료도 얻게 되는 셈이다. 이와 같이, 구성 타당도의 확립은 이론을 검증하는 과정에서 중요한 부분이다.

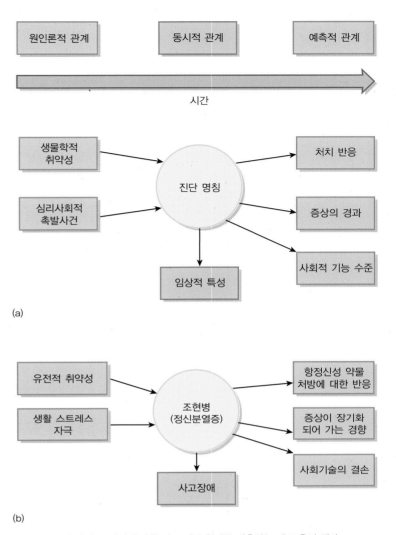

**그림 1.1** 구성 타당도. 진단에 관한 정보 제공 형태를 예측하는 데 도움이 된다.

## 분류와 진단

### 미국정신의학협회의 진단 체계 : DSM-5

이 절에서 우리는 정신보건 분야의 많은 전문가들이 사용하는 진단체계인 정신질환의 진단 및 통계 편람(Diagnostic and Statistical Manual of Mental Disorders, DSM)에 초점을 둔다. 1952년에 미국정신의학협회에서는 DSM 초판을 출간하였다. DSM의 출간은 그 이전의 분류체계에서 예고된 바 있으며(초점 1.1 참조), 1952년 이후로 5번 개정되었다. DSM의 제5판은 DSM-5로 지칭되는데, 2013년에 출간되었다(www.dsm5.org). 이 장에서 우리는 DSM-5의 주요 특징을 살펴본 다음, DSM의 몇 가지 강점과 비판뿐만 아니라 진단 전반에 걸친 내용도 개괄적으로 살펴볼 것이다. DSM-5는 새로운 것이기 때문에, 우리는 이 책 전반에 걸쳐서 DSM-IV-TR과 DSM-5 사이의 주요한 차이점도 언급할 것이다.

DSM의 각 판에는 향상된 내용이 들어 있었다. 제3판이 개정된 이래 오늘날까지 계속해서 보다 더 신뢰할 수 있고 타당한 진단 항목들을 만들어내기 위한 노력이 기울여졌다. DSM-III에서 도입

## 임상 사례 : 록산느

록산느(Roxanne)는 중년의 여성으로, 경찰이 해당 지역의 정신과 응급실로 데리고 왔다. 경찰에 의하면 그녀가 혼잡한 길거리에서 큰 소리로 웃으면서 사람들을 헤집고 달리고 있었다고 했다. 그녀의 옷은 더럽고 찢어져 있었다. 경찰이 그녀를 심문했더니, 그녀의 말이 빨라서 그녀의 생각을 따라잡기가 어려웠다. 응급실에서, 그녀는 몸부림을 쳐서 경찰의 손에서 벗어나더니 병원의 통로를 뛰어 내려가기 시작했다. 그녀는 달아나면서 2명의 직원을 넘어뜨렸고, 다음과 같이 목청껏 소리를 질렀다. "나는 부활했어요! 나를 따라와요!" 경찰은 그녀는 다시 검사실로 데리고 갔고, 응급실 진료진은 (위와 같이 행동한 이유에 대해서) 가설을 세우기 시작했다. 분명히 그녀는 에너지가 가득 차 있었다. 그녀가 무언가 외상을 겪은 것일까? 그녀는 자신이 특별한 종교적인 힘을 가지고 있다고 믿고 있었는데, 이것이 망상은 아닐까? 불행하게도, 의료진은 그녀의 말이 빠르고 조리가 없어서 면담을 통해 많은 정보를 얻어낼 수가 없었다. 록산느는 안절부절못한 상태로 앉아 있었고, 가끔씩 웃고 소리를 질러댔다. 그녀의 이상한 행동에 대한 이유를 이해하지 않고서는 처치를 취할 수가 없었다. 록산느를 진정시키려는 노력이 실패하자, 경찰은 의료진이 가족들과 연락을 취하도록 도와주었으며, 가족들은 록산느가 안전하다는 말을 듣고 안도하였다.

그녀는 그 전날에 집에서 사라졌었다. 가족들은 그녀가 양극성장애(이전에는 조울증으로 알려짐)를 오랫동안 앓아왔다고 말했으며, 록산느가 양극성장애와 고혈압에 대한 약물의 복용을 중단했기 때문에 지난 2주간 걱정하고 있었다고 말했다. 록산느가 오랫동안 지속되었던 양극성장애의 일환으로 새로운 조증 일화를 겪고 있는 것이라는 이해를 기반으로 처치가 진행될 수 있었다.

된 다음의 두 가지 주요한 혁신적 변화는 그후에도 계속 유지되고 있다.

1. 특정한 진단 기준—주어진 진단에 대한 증상—이 명료하게 규정되었고, 임상 증상이 용어집에 정의되어 수록되었다. 표 1.1에는 DSM-II의 조증 삽화에 대한 기술과 DSM-5에서의 해당 기술을 비교 제시해 놓았다. DSM-5가 얼마나 더 자세하고 구체적인지에 주목해보라.
2. 각 진단의 특징은 DSM-II에 비해 DSM-5에서 훨씬 더 광범위하게 기술되었다. 각 장애에 대해서 진단 특징뿐만 아니라 연관된 특징—이를테면 실험실 결과 같은 것(예 : 조현병에서 뇌실의 확장), 그리고 신체검사의 결과(예 : 섭식장애를 갖고 있는 사람들에서의 전해질 불균형)—을 기술해 놓았다. 다음으로, 연구문헌을 요약 정리해 놓아서 발병 나이, 경과, 유병률, 위험 및 예후 관련 요인, 문화적 및 성별 요인, 그리고 감별진단(비슷한 장애를 구분해내는 방법)에 대한 정보를 제공하였다.

## DSM-5에서의 변화

DSM-5에는 가장 최근의 개정판인 DSM-IV-TR에 들어 있던 많은 변화가 그대로 들어 있다. 실제로 출간 횟수를 명명하는 관행조차 바뀌어서, 판 수를 알리는 의미로 쓰던 로마 숫자(예 : DSM-IV)도 전자 출판을 용이하게 하기 위해 아라비아 숫자(예 : DSM-5)로 대체되었다. 우리는 이 책 전반에 걸쳐서 각 장에서 특정한 장애에 대해 고찰할 때 어떤 변화가 있었는지 소개할 것이다. 따라서 여기에서는 주요한 논쟁거리의 일부와 각 진단에 대해 함축성을 띠는 변화 부분에 대해 소개한다.

**다축체계의 폐지**　그림 1.2에 제시된 것처럼, 다축체계는 1980년에 DSM-III에서 처음으로 개발되어 수록된 것인데 DSM-5에서는 없어졌다. 첫 3개의 축 대신에, 임상가들은 정신과 및 의학적 진단을 기록하기만 하면 된다. 심리사회 및 환경 축에 대한 코드는 세계보건기구(WHO)의 ICD 속에 있는 국제단체에서 쓰이는 것들과 좀 더 비슷한 것으로 바뀌었다. 다섯 번째 축은 DSM-5에서는 제거되었고, 그 대신에 WHO의 능력부전 평가표(World Health Organization Disability Assessment Schedule, WHODAS)가 DSM-5에서 좀 더 연구할 필요가 있는 평가척도를 싣고 있는

## 초점 1.1   분류 및 진단의 역사

19세기 말 무렵 서양에서는 의사들이 질환이 다르면 처치법도 그에 맞게 하는 것이 장점이 있음을 이해하기 시작하면서 의학적 진단 절차가 발전되고 있었다. 같은 시기에 식물학이나 화학과 같은 다른 과학분야에서의 발전도 분류체계가 개발된 후에 이루어졌다. 다른 과학분야의 이와 같은 성공적 발전에 강한 인상을 받고, 심리장애의 연구자들도 분류방식을 개발하려고 추진하였다. 그러나 불행하게도 심리장애 분류에서의 발전은 쉽게 이루어지지 않았다.

### 심리장애의 분류를 향한 초기의 노력

Emil Kraepelin(1856-1926)은 1883년에 첫 출간된 그의 정신의학 교과서에서 자신이 만든 영향력 있는 초기의 분류체계를 소개하였다. 그의 분류체계에서는 심리장애(psychological disorders)의 생물학적 속성을 명확하게 설정하려고 시도했다. Kraepelin은 특정한 증상(symptom)들이 하나의 증후군(syndrome)으로 결집되어 있다는 점에 주목했다. 그는 일단의 증상에 명칭을 붙였고 각각이 고유한 생물학적 원인, 경과, 그리고 결과를 나타낸다고 가정했다. 효과가 있는 치료법이 아직 알려져 있지 않다고 하더라도, 적어도 그 질병의 경과는 예측할 수 있을 것이라고 생각했다.

Kraepelin은 심각한 심리장애의 두 가지 주요한 집단, 즉 조발성 치매(dementia praecox, 조현병의 초기 용어)와 조울 정신병(manic-depressive psychosis, 양극성 장애의 초기 용어)을 제안했다. 그는 조발성 치매의 원인으로서 화학적 불균형을, 조울 정신병의 원인으로서 불규칙적인 신진대사를 제시하였다. 발병원인에 대한 그의 이론이 아주 정확하지는 못하지만, 그럼에도 불구하고 Kraepelin의 분류체계는 현대의 진단 항목에 영향을 끼쳤다.

### WHO 체계와 DSM 체계의 발전

1939년에 세계보건기구(World Health Organization, WHO)는 사망 원인에 대한 국제적 목록(International List of Causes of Death, ICD)에 심리장애를 추가했다. 1948년에 이 목록은 확장되어서 이상행동의 분류를 포함하여 모든 질병을 포괄적으로 수록한 질병, 상해 및 사망 원인에 대한 국제적 통계분류(International Statistical Classification of Diseases, Injuries, and Causes of Death, ICD)로 발전되었다. 불행하게도, 심리장애에 관한 절(節)은 널리 받아들여지지 않았다. 미국의 정신과 의사들이 세계보건기구(WHO)의 분류작업에서 주도적인 역할을 담당했음에도 불구하고, 미국정신의학협회에서는 1952년에 독자적인 진단 및 통계 편람(Diagnostic and Statistical Manual, DSM)을 출간하였다.

1969년에 세계보건기구에서는 새로운 분류체계를 출간했다. 이제는 국제질병 분류(International Classification of Disease, ICD)라고 지칭되는데, 이 신판은 그 이전 판에 비해서 널리 받아들여졌다. 영국에서는 세계보건기구의 진단체계와 함께 사용하기 위한 용어해설집이 출간되기도 했다(General Register Office, 1968). 미국 정신의학협회의 DSM의 두 번째 출간본인 DSM-II(1968)도 WHO의 새로운 분류체계와 유사했다. 그러나 세계보건기구와 DSM 체계 간에 진정한 의견일치가 이루어진 것은 아니었다. DSM-II와 영국판 정신장애용어집에서는 진단과 관련된 몇몇 증상에 대해서 상세하게 수록해 놓기는 했지만, 이 두 체계에서는 특정 장애에 대하여 서로 다른 증상으로 정의해 놓고 있었다! 따라서 실제 진단 과정은 서로 많이 달랐다. ICD의 신판인 제9판은 1975년에 출간되었다. DSM의 후속판에서는, 현존 판에서부터 ICD와 일치하는 부분을 높이려고 노력하였다. 이때의 ICD는 현재 제10판이다(제11판은 2017년에 출간될 것으로 예상된다).

1980년에 미국정신의학협회에서는 광범위하게 개정된 진단 편람인 DSM-III를 출간하였고, 뒤이어서 1987년에는 이를 약간 수정한 DSM-III-R을 출간하였다. DSM-III에서의 큰 변화 중 하나로서 처음 도입된 이래 33년간 제자리를 지켜온 것은 다축 체계(multiaxial system)였다. 즉 진단의 각 내용이 별도의 차원, 즉 축(axes)에 표기되었다. 그림 1.2에 제시되어 있듯이, DSM의 이전 판에는 다섯 가지 축이 들어 있었다. 이와 같은 다축 분류체계는 다섯 가지 축 각각에 대해서 판단을 내려야 하기 때문에, 진단 전문가로 하여금 광범위한 정보를 감안하지 않을 수 없게 하였다. DSM-5에서는 더 이상 이와 같은 별개의 축을 사용하지 않는다.

1988년에 미국정신의학협회에서는 DSM-IV에 대한 작업을 시작하였고, 이를

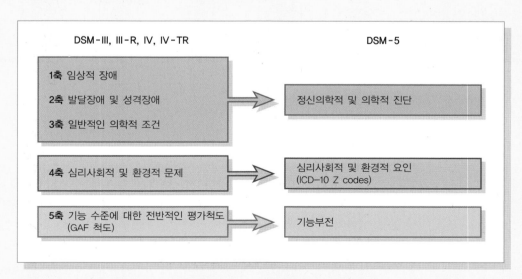

**그림 1.2** DSM-5에서는 DSM-IV-TR의 다섯 가지 축을 더 이상 사용하지 않는다.

1994년에 발간하였다. 많은 심리학자들이 포함된 13개의 연구집단이 구성되어, DSM-Ⅲ-R에 대해서 세부적으로 평가하고, 관련 문헌을 개관하며, 이전에 수집된 자료를 분석하고, 그리고 새로운 자료를 수집하였다. 각 연구집단에서는 각 장애군(cluster of disorders)을 다시 검토하였다. 이들 위원회에서는 중요하고 새로운 접근방식을 채택하였는데, 즉 진단 기준을 바꾸려면 그 이유가 명백하게 진술되어야 하고 자료로도 뒷받침되어야만 했다. 이전의 DSM판에서는 진단상의 변화에 대한 이유가 항상 명백하게 밝혀진 것은 아니었다. 실제의 진단 기준이 개정된 것은 아니고, DSM-Ⅳ를 뒷받침하는 교재에 대한 개정판이 2000년에 출간되고 DSM-Ⅳ-TR로 명명되었다. 여기에서 'TR'은 text revision을 뜻한다.

그림 1.3에 제시되었듯이, DSM-5의 개발은 1999년에 시작되었다. DSM-Ⅳ의 개발 과정과 마찬가지로, 개발팀에서는 각 진단군에 대해서 다시 검토하였다. 또한 일단의 연구집단이 구성되어 진단 항목들에 공통되게 관련된 문제점을 고찰하였다. 이런 문제점에는 생애 전반에 걸친 발달적 접근방식, 성별(gender) 및 횡문화적 쟁점(cross-cultural issues), 보편적인 의학적 쟁점, 손상(impairment) 및 기능부전(disability), 진단평가 도구가 들어 있었다. 이들 연구집단에서는 문헌 개관을 수행하고 분석한 다음에 개발팀에게 특정 진단과 관련된 쟁점에 대해서 피드백을 제

공하였다. DSM-Ⅳ에 대해서 했던 것과 마찬가지로, 현장에서의 시행(field trials)이 DSM-5의 새로운 진단 기준에 대해서 이루어졌는데, 이는 새로운 기준이 정신보건 장면에서 제대로 작용하는지를 평가하기 위한 것이다. 이런 자료를 기반으로 추가적인 개정이 이루어졌다.

모든 변화가 연구 자료를 기반으로 한 것이기는 하지만, 개발책임자들은 가장 최우선을 DSM-5가 임상가에게 유용하도록 하는 데 두었음을 강조했다. DSM-5 개발의 최종 단계에서, 개발책임자들은 개발팀의 자료 및 제안사항과 꼭 들어맞지 않는 변화도 도입하였다(이 문제의 두드러진 예는 이 책 제8장 성격장애를 참조). 상업적 이익으로부터의 영향을 막기 위해서, 모든 개발팀의 구성원들은 이익과 무관하다는 서약서에 서명했는데, 이 서약서에는 제약 및 기술회사, 그리고 유사한 산업체로부터 그들이 받는 돈을 매년 10,000달러 또는 그 이하로 제한한다는 내용이 들어 있었다. DSM-5의 제작자들은 새로운 연구 증거가 출현할 때마다 그에 따라서 바뀌는 살아있는 문서를 만들어내는 것을 목표로 하였다. 따라서 DSM-5가 출현했어도, 새로운 개정판이 이미 지평선 위에 나타나 있으며, DSM-5 웹사이트(www.dsm5.org)에는 이와 같은 새로운 변화가 계속 게시되고 있다.

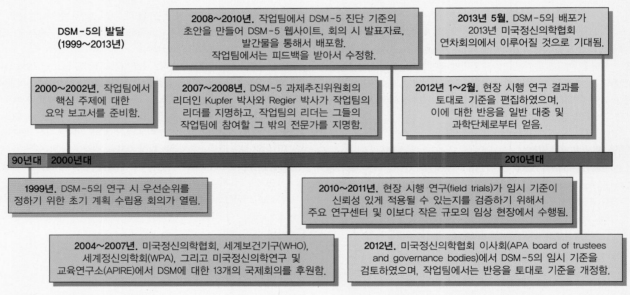

**DSM-5의 발달 (1999~2013년)**

**2008~2010년.** 작업팀에서 DSM-5 진단 기준의 초안을 만들어 DSM-5 웹사이트, 회의 시 발표자료, 발간물을 통해서 배포함. 작업팀에서는 피드백을 받아서 수정함.

**2013년 5월.** DSM-5의 배포가 2013년 미국정신의학협회 연차회의에서 이루어질 것으로 기대됨.

**2000~2002년.** 작업팀에서 핵심 주제에 대한 요약 보고서를 준비함.

**2007~2008년.** DSM-5 과제추진위원회의 리더인 Kupfer 박사와 Regier 박사가 작업팀의 리더를 지명하고, 작업팀의 리더는 그들의 작업팀에 참여할 그 밖의 전문가를 지명함.

**2012년 1~2월.** 현장 시행 연구 결과를 토대로 기준을 편집하였으며, 이에 대한 반응을 일반 대중 및 과학단체로부터 얻음.

**90년대　2000년대**　　　　**2010년대**

**1999년.** DSM-5의 연구 시 우선순위를 정하기 위한 초기 계획 수립용 회의가 열림.

**2010~2011년.** 현장 시행 연구(field trials)가 임시 기준이 신뢰성 있게 적용될 수 있는지를 검증하기 위해서 주요 연구센터 및 이보다 작은 규모의 임상 현장에서 수행됨.

**2004~2007년.** 미국정신의학협회, 세계보건기구(WHO), 세계정신의학회(WPA), 그리고 미국정신의학연구 및 교육연구소(APIRE)에서 DSM에 대한 13개의 국제회의를 후원함.

**2012년.** 미국정신의학협회 이사회(APA board of trustees and governance bodies)에서 DSM-5의 임시 기준을 검토하였으며, 작업팀에서는 반응을 토대로 기준을 개정함.

**그림 1.3** DSM-5 발달 과정 흐름도

부록에 포함되었다.

**원인에 기반을 두고 진단을 조직화하기**　DSM-5에서는 증상을 토대로 진단에 대한 정의를 내린다. 어떤 학자들은 원인론[etiology, 즉 원인(causes)]에 대한 우리의 이해가 높아져야 이런 접근이 도움이 될 수 있다고 주장하였다. 예를 들어 조현병과 분열성 성격장애는 유전적 원인상으로 겹치는 부분이 많다. 이런 중복 부분이 진단체계에 반영될 수나 있을까? 다른 학자들은 신경전도체 활동(neurotransmitter activity), 기질(temperament), 정서조절부전(emotion dysregulation), 또는 사회적 촉발 요인상의 공통점을 기반으로 해서 진단을 조직화할 것을 제안하기도 했다. DSM-5를 개발하면서 개관작업을 많이 하고 나자, 우리의 지식 기반이 원인론을 중심으로 진단을 조직

| **표 1.1** DSM-II 대 DSM-5에서의 조증 |
| --- |

**DSM-II(1968년)**

DSM-II에서 조증은 짧은 문단으로 기술되었다. 이 문단에서는 조증의 다섯 가지 증상[기분의 고양(elation), 성마른 기분(irritable mood), 질주하는 듯한 사고(racing thoughts), 말하는 것과 움직임이 빠른 것)을 기술하였다. 조증 일화의 기준에 부합하려면 몇 개의 증상이 있어야 하는지에 대해서는 언급이 없다.

**DSM-5(2013년)**

DSM-5는 각 증상에 대해 자세한 목록을 제공한다. 증상에 대한 묘사는 네 부분으로 이루어져 있는데 여기에 간단히 요약하겠다. 실제 DSM-5는 더 자세하게 묘사되어 있다.

1. 조증의 에너지 증상과 기분에 대해 묘사한다. 목표 지향적이고 에너지에 지나치게 크고 부적절한 기분과 고양된 정서를 보여주어야 한다. 기분과 에너지 증상은 적어도 일주일 이상 지속되어야 한다.
2. 또한 기분과 에너지 증상 네 가지 중 적어도 세 가지 이상의 증상을 가지고 있어야 하는데 사고 비약, 말이 빠르고 잠을 거의 안 자며, 자기고양, 자아 팽창, 주의집중 곤란 문제를 일으킬 수 있는 행동하기(과소비하기, 성욕 증가) 등이다.
3. 이와 같은 모든 증상들 때문에 일하거나 건강한 사회적 관계를 유지하기가 어렵고 다른 사람들이나 자신을 보호하기 위해 병원에 입원할 필요가 있는 사람들을 말한다.
4. 마지막 부분에서의 다른 장애와 마찬가지로 마약에 의한 효과가 아니어야 한다.

화하기에는 아직 충분히 강력하지 못하다는 것이 분명해졌다(Hyman, 2010). 지적장애(기능부전)[intellectual disability, 이전에는 정신지체(mental retardation)로 알려짐]의 진단에 도움이 되는 지능 IQ검사나 수면장애에 대한 수면다원검사(polysomnography)를 제외하고는, 우리는 진단을 내리는 데 사용할 실험실 검사, 신경생물학적 지표(neurobiological markers), 또는 유전 지표도 없는 실정이다. DSM-5에서는 여전히 증상들을 기반으로 해서 진단을 내리게 될 것이다.

또 다른 한편에서는 원인론에 대한 지식이 증가함에 따라 이를 반영하기 위한 변화가 이루어졌다. DSM-IV-TR에서의 진단은 증상의 유사성에 기반을 두고 해당되는 장 속으로 분류, 배치되었으나, DSM-5에서는 각 장을 동반이환(공존질환)(comorbidity) 및 공유된 원인론의 패턴을 반영하도록 재조직하였다(그림 1.4 참조). 예를 들면, DSM-IV-TR에서는 강박장애가 불안장애의 장 속에 포함되었는데 왜냐하면 강박장애 안에 불안 증상이 포함되어 있기 때문이다. 물론 이 장애의 원인론에는 다른 불안장애에 비해서 별개의 유전적 및 신경계 영향이 들어 있는 것으로 보이며, 이에 대해서는 우리가 제4장에서 살펴본다. 이런 점을 반영하기 위해, DSM-5에서는 강박장애 및 그밖의 관련 장애들을 새로운 장에서 소개하였다. 이 새로운 장에는 함께 공병하는 경우가 많고 일부의 위험 요인들이 공통되는 장애들이 들어갔는데, 여기에는 강박장애, 수집광(수집장애), 그리고 신체이형

DSM-5는 현재 미국정신의학협회에서 쓰이고 있는 진단체계다. 이는 2013년에 발간되었다.

(기형)장애(body dysmorphic disorder)가 포함된다.

**정신병리학의 발달적 속성에 대한 민감도의 증진**　DSM-IV-TR에서는 아동기 진단이 별개의 장에서 다루어졌다. 이와 같은 진단의 대부분은 이제는 DSM-5에서 아동기 장애와 성인기 장애 사이의 연속성을 부각시키기 위해서 다른 관련된 장 속으로 옮겨졌다. 예를 들면, 분리불안을 겪은 적이 있는 아동은 어른이 되었을 때 불안장애를 발달시킬 위험성이 더 클 수 있다. DSM-5에서는 분리불안장애가 불안장애의 장으로 옮겨졌다. 진단 전반에 걸쳐서, 나이가 어린 계층에서의 증상 표현방식에 대해서 좀 더 자세히 기술되었다.

**새로운 진단**　몇 가지 새로운 진단이 DSM-5에서 추가되었다. 예를 들면, 파괴적 기분조절부전장애(disruptive mood dysregulation disorder)가 추가되었는데, 이는 극심한 기분 변화와 자극과민성(irritability)뿐만 아니라 조증 증상의 일부를 나타내서 임상가들이 보게 되는 아동 및 청소년의 수효가 증가하는 것을 반영하기 위한 것이다. 이런 청소년 중 상당수는 조증의 기준을 모두 (양극성장애를 정의해주는 특징을) 충족하지는 못하지만 양극성장애로 부정확하게 진단되는 경우가 종종 있는데 그 이유는 이들의 증상에 부합하는 진단 항목이 달리 없기 때문이다. 이 진단을 새로이 포함시킴으로써, 아동 및 청소년에서의 양극성장애의 과잉진단이 줄어들 것으로 예상된다. 그밖의 새로운 진단에는 수집광(hoarding disorder), 폭식장애(binge eating disorder), 월경전불쾌감장애(premenstrual dysphoric disorder), 그리고 도박장애(gambling disorder)가 있다.

**복합적인 진단**　DSM-IV-TR에서의 진단의 일부는 결합되었는데, 그 이유는 원인론, 경과, 또는 처치에서 별개의 진단 항목이라는 것을 정당화해줄 만한 차별적인 증거가 충분하지 못하기 때문이었다. 예를 들면, DSM-IV-TR에서의 물질남용 및 의존의 진단은 DSM-5에서는 물질사용장애로 대체되었다. DSM-IV-TR에서의 성욕감퇴장애(hypoactive sexual desire disorder)와 여성 성욕 흥분 장애(female sexual arousal disorder)는 DSM-5에서는 여성 성적 관심/흥분장애(female sexual interest/arousal disorder)의 진단으로 대체되었다. DSM-IV-TR에서의 자폐증 및 아스퍼거장애(autism and Asperger's disorder)는 DSM-5에서의 자폐스펙트럼장애(autism spectrum disorder)의 진단으로 대체되었다.

**진단에서 인종적·문화적 고려사항**　심리장애는 전 세계 보편적이다. 심리장애로부터 자유로운 사람이 속한 문화권은 하나도 없다. 그러나 심리장애에 대한 위험 요인(예 : 사회적 유대감, 가난, 남용할 약물에의 접근성, 스트레스), 겪는 증상의 유형, 도움을 구하려고 하는 자발적 의지의 정도, 그리고 가용한 처치법에 대한 문화의 영향력이 너무나도 다르다. 때때로 이와 같은 문화권에 따른 차이는 깊다. 예를 들면, 미국에서는 정신보건 관련 제반 지원을 널리 받을 수 있지만, 아프리카의 사하라 이남 지역에서는 인구 200만 명당 단 1명의 정신과의사가 있을 뿐인 것으로 추정되고 있다(WHO, 2001). 문화적인 차이가 항상 우리가 예상할 수 있는 방향으로 영향을 나타내는

---

**DSM-5의 구성**

| |
|---|
| 신경발달장애 |
| 배설장애 |
| 신경인지장애 |
| 물질관련 및 중독장애 |
| 조현병 스펙트럼 및 기타 정신병적 장애 |
| 양극성 및 관련 장애 |
| 우울장애 |
| 불안장애 |
| 강박 및 관련 장애 |
| 외상 및 스트레스 관련 장애 |
| 신체증상 및 관련 장애 |
| 해리장애 |
| 성기능부전 |
| 성별 불쾌감 |
| 변태성욕장애 |
| 급식 및 섭식장애 |
| 수면-각성 장애 |
| 파괴적장애, 충동조절장애 및 품행장애 |
| 성격장애 |
| 기타 정신질환 |
| 약물치료로 유발된 운동장애 및 약물치료의 기타 부작용 |
| 임상적 주의의 초점이 될 수 있는 기타의 상태 |

**그림 1.4** DSM-5 구성 장

**표 1.2** 국가별로 가장 흔한 DSM-IV-TR 진단의 12개월 동안의 유병률

| 국가 | 불안장애 | 기분장애 | 물질장애 | 심리장애는 아무거나 해당됨 |
|---|---|---|---|---|
| **아메리카 대륙** | | | | |
| 콜롬비아 | 10.0 | 6.8 | 2.8 | 17.8 |
| 멕시코 | 6.8 | 4.8 | 2.5 | 12.2 |
| 미국 | 18.2 | 9.6 | 3.8 | 26.4 |
| **유럽** | | | | |
| 벨기에 | 6.9 | 6.2 | 1.2 | 12.0 |
| 프랑스 | 12.0 | 8.5 | 0.7 | 18.4 |
| 독일 | 6.2 | 3.6 | 1.1 | 9.1 |
| 이탈리아 | 5.8 | 3.8 | 0.1 | 8.2 |
| 네덜란드 | 8.8 | 6.9 | 3.0 | 14.9 |
| 스페인 | 5.9 | 4.9 | 0.3 | 9.2 |
| **중동 및 아프리카** | | | | |
| 레바논 | 11.2 | 6.6 | 1.3 | 16.9 |
| 나이지리아 | 3.3 | 0.8 | 0.8 | 4.7 |
| **아시아** | | | | |
| 일본 | 5.3 | 3.1 | 1.7 | 8.8 |
| 중국 | 3.2 | 2.5 | 2.6 | 9.1 |

출처 : The WHO World Mental Health Survey Consortium(2004).
불안장애에는 광장공포증, 범불안장애(일반화된 불안장애), 강박장애, 공황장애, 외상후 스트레스장애, 사회공포증, 그리고 특정 공포증이 포함됨. 기분장애에는 제I형 양극성장애와 제II형 양극성장애, 기분부전증, 그리고 주요우울장애가 포함됨. 물질장애에는 알코올이나 약물의 남용이나 의존이 포함됨. 진단은 조립식 국제진단면접(Composite International Diagnostic Interview)을 사용하여 내려짐. 표 속의 수치는 퍼센트임.
주 : 유럽 국가에서는 양극성장애, 알코올과 관련되지 않은 물질사용장애는 평가 대상이 되지 않음. 아시아 국가에서는 강박장애는 평가 대상이 되지 않음.

것은 아니다. 예를 들면, 미국에서 의료 지원을 받을 수 있다고 하더라도, 주요한 연구 결과에 의하면 조현병에 대한 처치 효과는 미국을 위시한 보다 산업화된 국가들보다 나이지리아, 인도 및 콜롬비아에서 더 나은 것으로 밝혀졌다(Sartorius, 1986). 멕시코에서 미국으로 이민 온 사람들은 미국에서 태어난 사람들에 비해 심리장애의 기준에 부합하는 확률이 처음에는 절반 정도였지만, 시간이 흐르면서 그들 및 그들의 자녀가 물질남용 같은 특정 장애에서 증가하기 시작하여, 장애가 나타날 위험성이 미국에서 태어난 사람들의 위험성에 근접하기 시작하였다(Alegria, Canino, Shrout et al., 2008). 표 1.2에 제시되었듯이, 심리장애의 비율은 다른 많은 나라에 비해서 미국이 더 높은 경향이 있다. 문화가 위험성, 증상 표현, 그리고 처치 성과에 어떻게 영향을 미치는지를 우리가 이해하고자 한다면, 우리는 다양한 나라와 문화권에 신뢰할 수 있고 타당하게 적용할 수 있는 진단체계가 필요하다. DSM-5에는 DSM 진단과 질병 및 관련 건강문제에 대한 국제 질병통계분류(International Statistical Classification of Diseases and Related Health Problems, ICD)를 서로 연관지어 놓은 목록이 들어 있다.

이전 판 DSM에서는 정신병리에서의 문화 및 인종에 따른 차이에 주의를 기울이지 않았다는 비판을 받았다. DSM-5에서는 문화에 따른 차이를 반영하기 위하여 거의 모든 장애에 대해서 문화와 관련된 진단상의 쟁점에 관한 절을 추가하였으며 부록에 문화 관련 정보가 포함된 사례개념화를 개발하여 포함시켰다. 이 부록에는 문화를 기반으로 사례를 개념화하는 면담이 포함되어 있는데, 면담은 16개의 질문으로 구성되어 있으며, 이 질문은 임상가들이 어떻게 해서 문화가 임상 양

우울증의 핵심 증상은 횡문화적으로 비슷하게
나타난다.

상의 모양을 만들어내는 데 관여할 수 있는지를 이해하기 위해 사용할 수 있다. 또한 다른 절에서는 고통에 대한 문화적 개념을 소개하고 있는데, 여기에서는 특정 문화권에서 나타나는 증후군, 고통을 표현하는 문화 특유의 방식, 그리고 증상, 질환, 고통의 원인에 대한 문화 기반의 설명을 돋보여주고 있다.

문화에 기반을 둔 개념화에서는, 임상가는 당사자가 소속 문화권 내에서 동떨어진 유형이고 문제가 있는 경우가 아니라면 당사자의 증상에 대해서 진단을 내리지 않도록 유의해야 한다. 사람은 자신의 문화 또는 출신 인종에 대해서 동일시하는 정도가 다르다. 어떤 사람들은 주류 문화권에 동화되는 것을 가치 있게 여기는 반면에 또 다른 사람들은 자신의 문화적 배경에 밀접한 연결끈을 유지하고 싶어 한다. 일반적으로 임상가는 문화와 인종이 진단 및 처치에 어떻게 영향을 미치는지를 항상 유념하도록 권고된다.

이제는 문화가 특정한 장애의 증상 및 표현양상의 틀을 어떻게 잡아줄 수 있는지에 대해서 관심이 기울여지고 있다. 예를 들면, 조현병의 증상(예 : 망상과 환각)과 우울증의 증상(예 : 우울한 기분 그리고 활동에 대한 흥미나 즐거움의 상실)이 모두 횡문화적으로(cross-culturally) 비슷하다(Draguns, 1989). 그러나, 제3장에서 살펴보겠지만, 불안의 핵심이 남에게 피해를 줄까 봐 두려워하는 데 있는 경우는 미국보다 일본에서 더 발견되기 쉽다(Kirmayer, 2001). 증상을 평가할 때, 임상가는 문화에 따라서 심리적 고통을 기술하는 데 사용되는 언어가 달라질 수 있음도 알고 있어야 한다. 예를 들면, 많은 문화권에서 슬픔이나 불안을 기술할 때 심리적인 용어보다는 신체적인 용어—"나는 가슴(heart)이 아프다" 또는 "나의 심장(heart)이 무겁다"—로 하는 것이 보편적이다.

## 임상 사례 : 로라 – 진단의 예

로라(Lola, 17세)는 고교 2학년생이다. 그녀는 14세 때 부모 및 오빠와 함께 멕시코에서 미국으로 이주했다. 미국에 온 지 몇 달 후, 로라의 아버지는 형제의 장례식에 참석하기 위해 멕시코로 되돌아갔다. 아버지는 비자 문제로 인해 미국으로 재입국하는 것이 거부당했다. 그래서 아버지는 거의 3년간 가족과 만날 수가 없었다. 로라의 어머니는 경리직원으로 일했지만 그 봉급만으로는 가족의 생계를 유지하기가 어려웠다. 그래서 1년 전에는 가족 전부가 폭력이 횡행하는 지역으로 이사하지 않을 수 없게 되었다. 처음 미국에 왔을 당시에 로라의 영어실력은 꽤 괜찮아서 영어에서의 미묘한 말뜻도 대부분 잘 알아차렸다. 지난 2년간 학교에서 남자친구도 사귀었다. 이들의 교제는 잘 지속되어왔고 그녀는 남자친구에 대해서 자기가 속상할 때 하소연할 수 있는 유일한 사람이라고 말했을 정도다. 그녀의 어머니가 볼 때 마음에 걸리는 것이 하나 있다면, 이는 딸이 남자친구에게 너무 의지하는 것처럼 보인다는 것이다. 그녀는 크거나 작거나 어떤 결정을 내리려면 남자친구의 조언을 필요로 했고, 남자친구의 뜻에 완전히 따르는 것으로 보였으며, 남자친구가 주변에 없으면 남들과 어울리는 사교활동이 거의 없는 것으로 보였다. 그녀의 어머니는 다음과 같이 진술했다. "딸은 혼자서 생각하고 판단하는 것을 두려워하는 것 같아요." 로라의 어머니는 딸이 다소 수줍어했으며, 어릴 적부터 의사결정을 할 때나 사회적 지지가 필요할 때 오빠에게 많이 의지하는 편이었다고 언급했다.

갑자기 그녀의 남자친구가 결별을 선언했다. 로라는 이런 변화로 인해 극도의 정신적 고통에 빠지게 된 나머지, 이 일이 있자마자 곧바로 잠도 안 오고 밥도 못 먹게 되었다고 보고했다. 그녀는 체중이 급격히 줄어들었고, 학교공부에도 집중하기가 어렵게 되었다. 그녀의 친구들은 그녀가 더 이상 점심시간에 또는 전화로 대화하려고 하지 않는다고 불평했다.

기분이 계속 좋지 않은 상태가 2주간 지속된 후에, 로라는 유서를 남겨놓고 사라졌다. 그다음 날 경찰은 한 폐가에서 약병을 들고 있는 그녀를 발견했다. 그녀는 밤새 거기에 앉아서 삶을 끝낼 생각을 하고 있었다고 말했다. 로라의 어머니는 그녀가 그렇게 고통스러워하는 모습을 본 적이 없었지만 다른 가족들 몇 명도 슬픔으로 인해 힘들었다고 보고했다. 한편, 그녀의 가족들은 멕시코에 있는 동안에는 자살을 기도한 적도 없었고 공식적인 치료를 받은 적도 없었다고 했다. 그 대신에, 이 가족은 이렇게 힘들어하는 식구들에게 스스로 치유하도록 (정서적) 뒷받침과 시간을 제공해주는 것을 배웠다. 경찰이 로라를 발견하고 나서, 그녀는 집중적인 치료를 위해 병원에 입원조치되었다.

### DSM-5 진단

진단 : 주요우울장애, 의존성 성격장애
중요한 심리사회적/상황적 요인 : 수입이 낮은 것(ICD-10 Z59.6)

DSM-5에는 특정 지역에서 나타나기 쉬운 증후군을 기술하기 위하여 고통의 문화적 개념에 관한 용어집에 고통의 문화적 개념 아홉 가지가 수록되어 있다. 다음은 이 DSM-5 용어집에 수록된 증후군 중 몇 가지 예이다.

© Chris Schmidt/iStockphoto

- 다트 증후군(Dhat Syndrome): 인도에서 (정액의) 사정에 관한 극심한 불안을 지칭하는 용어다.
- 신경쇠약(Shenjing shuairuo, neurasthenia): 중국에서 흔한 진단으로 피로, 현기증, 두통, 통증, 주의력 저하, 수면 문제, 및 기억력 감퇴를 특징으로 하는 증후군이다.
- 대인공포증(對人恐怖症, taijin kyofusho): 다른 사람과 부적절하게 눈 맞춤을 했거나, 얼굴이 붉어졌거나, 자신의 몸매가 바뀌었다고 느껴지거나, 또는 몸에서 악취가 나서 상대방의 마음을 상하게 했을까 봐 두려워하는 것을 말한다. 이 장애는 일본에서 가장 흔하지만 미국에서도 사례가 보고된 적이 있다. 일본의 문화규범은 사회적 적절성(social appropriateness)과 위계질서에 좀 더 신경을 쓰도록 지시하는 것으로 보이며, 아마도 이 때문에 이런 증상이 많이 나타나게 되는 것으로 보인다(Fabrega, 2002).
- 신경질 나는 것(ataque de nervios, attack of nerves): 통제불가능할 정도로 소리를 지르고 외치는 것에 대한 강렬한 불안과 두려움을 말하며, 라틴 문화권에서 온 사람들에게서 발견된다(예: Lewis-Fernandez, Gorritz, Raggio et al., 2010).

치료자는 사람들이 자신의 문제를 기술하는 방식에서 문화적 차이가 있음을 유념해야 한다.

DSM-5 용어집에는 수록되지 않았지만, 그밖의 문화와 관련된 증후군도 연구의 초점이었다. 이들의 예를 들면 다음과 같다.

- 광란(Amok): 해리성 일화를 말하는데, 일정 기간 곰곰이 생각에 잠겼다가 폭력을 휘둘러서 때로는 살인까지도 저지른다. 이 일화는 모욕감을 느꼈을 때 촉발되는 경향이 있으며 주로 남성들에게서 발견된다. 피해망상이 종종 동반되기도 한다. 이 용어는 말레이시아어로, 사전에는 '살인광(murderous frenzy)'이라는 뜻으로 정의되어 있다. 미국에서는 '미쳐 날뛴다(run amok)'는 관용표현이 사용된다.
- 귀신병(ghost sickness): 죽음과 죽은 사람에 대한 생각에 빠져 있는 것을 말한다. 아메리칸 인디언에게서 발견된다.
- 히키코모리[Hikikomori(withdrawal), 은둔형 외톨이]: 일본, 대만, 한국에서 관찰되는 증후군이다. 청년이나 젊은 남자가 6개월 이상 방(예: 침실)에 처박혀서 문 밖의 누구와도 교류하지 않는 것을 말한다.

어떤 학자들은 문화권에 걸쳐서 그 존재가 확인될 수 있는 다양한 증상에 대해 파악하려고 노력해야 한다고 주장한다. 또한 이러한 관점에서, 이 학자들은 문화적 특성이 깃든 고통을 다른 진단 증후군과 구별하는 것을 반대했다(Lopez-Ibor, 2003). 이런 입장을 뒷받침하기 위하여, 이 학자들은 문화 관련 고통의 다수가 DSM의 주요 진단범주와 그리 다르지 않음을 지적한다. 예를 들면, Kleinman(1986)은 신경쇠약으로 진단된 100명의 중국인을 대상으로 면접을 실시했고, 그들의 87%가 주요우울장애의 기준에 부합하는 것을 발견했다. 이 중국인들의 상당수는 항우울제를 복용해서 효과를 보았다. Suzuki와 동료들(2003)은 대인공포증의 증상이 사회불안장애(사회적 상호작용과 평가에 대한 지나친 두려움) 및 신체이형장애(자신의 몸이 잘못 변형되었거나 보기 흉하다고 잘못 믿는 것)의 증상과 중복된다는 것을 지적했다. 후자의 두 장애는 미국에서는 더 흔하게 진단되는 것이다. 다른 증후군도 불안과 정신적 고통이라는 보편적 관심사를 반영하는 것으로서, 그 내용이 생활환경과 가치관에 따라서 결정되는 것일 수 있다(Lopez-Ibor, 2003). 따라서 어떤 연구자들은 문화권에 걸쳐서 공통된 요소를 찾는 것이 중요하다고 믿는다.

반면에, 다른 연구자들은 고통과 관련된 문화적 개념이 핵심이라고 믿는데, 그 이유는 (증후군의 저변에 깔린) 지역별로 다를 수 있는 의미와 개인적 차원의 의미가 심리장애를 이해하는 데 핵심요소이기 때문이다(Gaw, 2001). 또한 다른 학자들은 DSM 체계 속 진단 항목 중 상당수가 전 세계로 '수출'되었는데, 문화적 특성이 증상의 발현 양상, 원인, 그리고 치료의 결정에 미치는 영향을 거의 감안하지도 않은 채 이루어지는 경우가 종종 있다고 주장해 왔다(Watters, 2010). 진단에 대한 횡문화적 또는 문화에 특정적인 접근을 선호하든 간에, 모든 정신건강 전문가들은 최소한 진단 관련 실무관행에 영향을 미칠 수 있고 또 미치고 있는 문화적 영향력을 알고 있어야만 한다(Sue, Yan Cheng, Saad et al., 2012).

## 임상사례로 되돌아가기 : 진단의 두 번째 예

앞에서 우리는 경찰이 정신과 응급실로 데리고 온 록산느의 사례를 기술한 바 있다. 록산느에 대한 DSM-5와 DSM-IV-TR의 진단은 다음과 같은 모습일 것이다.

**DSM-5 진단**

진단 : 제I형 양극성장애, 현재 또는 가장 최근의 조증 일화, 고혈압
심리사회적/상황적 요인 : 주거와 관련된 문제(노숙, ICD-10 Z 59.0)

## 중간 요약

진단이 증상의 원인에 대해 생각할 때 첫 단계가 될 수 있기 때문에, 이는 치료를 계획할 때 첫 단계가 되는 경우가 종종 있다. 정신병리학은 증상을 기반으로 그 진단이 내려지기 때문에, 임상면접은 진단을 내리기 위해 쓰이는 것이다.

모든 평가의 경우에, 신뢰도(측정의 일관성)와 타당도(평가가 측정하려고 의도했던 것을 측정하는지 여부)가 평가되어야 한다. 신뢰도는 평정자들끼리 얼마나 잘 일치하는지, 검사 점수가 시간의 흐름에 따라 얼마나 일관성이 있는지, 특정 검사의 동형 검사(alternate forms)가 얼마

나 비슷한지, 또는 검사 문항이 서로 상관관계가 잘 되고 있는지를 조사해서 추정할 수 있다. 타당도에는 다른 유형이 많이 있는데, 여기에는 내용 타당도, 준거 타당도, 구성 타당도가 있다.

심리장애에 대한 진단체계는 지난 100년 동안 많이 바뀌었다. 연구증거에 근거하여, DSM-5에서는 원인론에 관한 현대의 지식을 반영하여 각 장의 순서를 재구성하였다. 어떤 장애들은 추가되었고 어떤 장애들은 삭제되었으며, 어떤 장애들은 합쳐졌다. DSM-5에서는 문화적으로 민감한 사례 공식화를 계속 강조하고 있다.

## 복습문제 1.1(정답은 이 장의 끝에 있음)

다음 질문에 답하라.

1. DSM-5에서의 주요 변화에 해당되는 것은 무엇인가? (해당되는 것을 모두 체크하라.)

   a. 다축체계의 삭제
   b. 장(chapters)의 재구성
   c. 작은 진단이 많아짐

d. 위에서 해당되는 것이 하나도 없음
2. 다음 절차는 어떤 유형의 신뢰도 혹은 타당도를 검증하기 위한 것인가?
_____ 일단의 고교생에게 동일한 IQ검사를 2년 사이에 반복해서 실시한다.
_____ 일단의 고교생에게 IQ검사를 실시한 다음, 그 점수를 전년도에 그들이 받은 다른 종류의 IQ검사와 상관관계를 지어본다.
_____ 자책을 하는 경향성을 재는 척도는 개발한 후에, 연구자들이 이 척도가 우울증을 예측해 주는지, 아동기 학대와 관련이 있

는지, 그리고 직장에서 자기주장을 못하는 것과 관련이 있는지를 검증한다.
_____ 사람들을 2명의 의사가 각기 따로 면접을 실시하게 한다. 연구자는 의사들이 진단에 대해 의견이 일치하는지 여부를 조사한다.
a. 평정자간 신뢰도
b. 검사-재검사 신뢰도
c. 준거 타당도
d. 구성 타당도

## DSM에 대한 세부적 비판

DSM에 대해서는 몇 가지 특정한 의문점과 염려사항이 제기되어 왔다. 다음 절에서 이런 염려사항 몇 가지를 살펴보겠다.

**진단이 너무 많지 않은가?**　DSM-5에는 300개 이상의 다른 진단이 들어 있다. 어떤 사람들은 진단 항목의 수효가 급속히 많아지는 것을 비판했다(표 1.3 참조). 한 예를 들면, DSM-5에는 극심한 외상을 겪고 나서 첫 한 달 이내에 나타나는 증상을 기술하기 위해서 급성 스트레스장애(acute stress disorder)라는 항목이 이전부터 계속 수록되어 있다. 이와 같이 외상을 받으면 비교적 흔히 나타나는 반응을 하나의 심리장애로 진단을 내려서 병리화(pathologize)해야 하는가(Harvey & Bryant, 2002)? 도박장애는 DSM-5에서 물질관련 장애 및 그밖의 중독장애의 장 밑에 추가되었다. 이와 같이 DSM의 범위를 넓힌 결과, DSM 제작자들은 그렇게 하는 데 대한 적당한 당위성도 없이 너무나 많은 문제를 심리장애로 만들어 놓은 것으로 보인다.

다른 학자들은 DSM 체계가 증상에서의 조그만 차이를 토대로 너무나 미세한 진단을 많이 구분해 놓았다고 주장한다. 진단항목이 너무 많은 것으로 인한 한 가지 부작용은 **동반이환(공존질환)**(comorbidity)이라고 불리는 현상인데, 이는 두 번째 진단이 별개로 존재함을 뜻하는 것이다. 동반이환의 존재는 예외라기보다는 통상적인 일이 되어 버렸다. DSM-IV-TR의 정신과 진단 중에서 최소한 하나의 기준에라도 부합되는 사람들 중에서, 45%가 최소한 1개 이상의 다른 정신과 진단에도 부합되는 것으로 나타났다(Kessler, Berglund, Demler et al., 2005). 어떤 학자들은 이와 같은 진단상의 중복이 증상을 너무 잘게 나눈 결과라고 주장한다(Hyman, 2010).

진단의 수효가 너무 많은 것에 대한 좀 더 미묘한 쟁점은 많은 위험 요인이 하나 이상의 장애를 촉발하는 것으로 보인다는 것이다. 예를 들면, 특정 유전 인자들이 외현화장애(제10장 참조) 전반과 관련된 위험을 증가시키는 것과 관련된다(Kendler et al., 2003). 어린 시절의 외상, 스트레스 호르몬의 조절부전(dysregulation), 자기에 대한 부정적 정보에 주의를 기울이고 기억하는 경향성, 그리고 신경증 성향(neuroticism) 모두는 많은 불안장애뿐만 아니라 기분장애에 걸릴 위험을 높여주는 것으로 보인다(Harvey, Watkins, Mansell et al., 2004). 또한 불안장애와 기분장애는 유전적 위험(Kendler, Jacobson, Prescott et al., 2003), 전전두엽(prefrontal cortex)으로 불리는 두뇌 영역의 기능 저하(Hyman, 2010), 그리고 세로토닌 기능의 저하(Carver, Johnson, & Joormann, 2008) 면에서 중복되는 부분이 있는 것으로 보인다. 마찬가지로, 프로작(Prozac)과 같은 선택적 세로토닌 재흡수 억제제(selective serotonin reuptake inhibitors, SSRIs)는 불안 증상뿐만 아니라 우울 증상

**표 1.3** DSM의 출간 횟수에 따른 진단항목의 수효

| DSM 출간 횟수 | 항목의 수효 |
| --- | --- |
| DSM I | 106 |
| DSM-II | 182 |
| DSM-III | 265 |
| DSM-III-R | 292 |
| DSM-IV-TR | 297 |
| DSM-5 | 347 |

도 완화하는 경우가 종종 있는 것으로 보인다(Van Ameringen, Lane, Walker et al., 2001). 진단이 다르다고 해서 그 원인론이나 처치가 달라지는 것으로 보이지는 않는다.

위와 같은 내용이 특정한 장애들을 하나의 범주로 묶어야 한다는 것을 의미하는가? 덩어리로 묶는 것과 쪼개는 것에 대한 믿음은 서로 다르다. 어떤 학자들은 계속 세밀하게 구분해야 한다고 생각하는 반면, 다른 학자들은 묶어야 한다고 믿고 있다(Caspi, Houts, Belsky et al., 2014; Watson, 2005). 진단항목이 너무 많다고 생각하는 사람들 중 몇몇 연구자들은 각 장애를 보다 넓은 항목으로 분류할 방법을 생각해 왔다. 우선, 몇몇 장애들은 다른 장애들에 비해서 함께 나타나는 경우가 많은 것으로 보인다. 예를 들어 반사회적 성격장애가 있는 사람들은 물질사용장애의 진단 기준에 부합할 가능성이 아주 높다. DSM에서 이 두 장애는 별개의 장애로 진단된다. 일부 학자들은 아동기의 품행장애, 성인기의 반사회적 성격장애, 알코올사용장애, 그리고 물질사용장애는 함께 발생하는 경우가 너무 많아서, 이 장애들이 하나의 질병 과정 또는 취약성을 그 저변에 공통적으로 갖고 있는 것이 다르게 발현된 것으로 간주되어야 한다고 주장했다(Krueger, Markon, Patrick et al., 2005). 이와 같이 다른 유형의 문제들을 '외현화장애'로 한꺼번에 간주할 수 있을 것이다.

DSM-5의 집필진은 위와 같은 염려사항의 해결을 위해서 조심스럽게 접근했다. 먼저, 몇 개 사례에서는 두 가지 장애를 하나의 장애로 합쳤다. 예를 들면, 앞에서 언급했듯이, 물질남용 및 의존에 대한 DSM-IV-TR의 진단이 DSM-5에서는 물질사용장애로 대체되었다. 그래도 DSM-5에서의 변화는 작다. 동반이환은 여전히 기본 현상으로 존속할 것이다. 둘째, 집필진은 우울하거나 불안한 기분, 수면 같이 DSM-5에서 진단상의 경계성에 걸쳐 있는 증상을 임상가가 평가할 수 있게 해주는 동시에 측정하는 증상평가척도를 만들어냈다(Narrow, Clarke, Kuramoto et al., 2013).

미국국립정신보건원에서는 이런 문제를 해결하기 위하여 (장애의) 원인이 공통된 (많지는 않을) 항목을 생성하게 해주는 새로운 진단체계의 구축 작업을 하고 있다. **연구 영역 기준**(Research Domain Criteria, RDoC)으로 명명되는 이 체계는 단지 임상 증상보다는 신경과학 및 유전 자료에 기반을 둔 새로운 분류체계의 개발로 이어질 연구 이정표로 현재 여겨지고 있다(Insel, 2014).

**범주적 분류 대 차원적 분류** DSM-5에서는 임상 진단은 **항목(범주) 분류**(categorical classification)에 기반을 두고 있다. 어떤 사람이 조현병인가 아닌가? 그 증상이 조증의 항목에 맞는가 또는 아닌가? 예를 들면, 표 1.1에서 우리는 조증의 진단을 내리려면 증상 3개 이외에도 조증 및 에너지 과잉 상태가 있어야 한다. 그러나 2개나 5개가 아니고 왜 3개의 증상을 요구할까? 항목체계에서는 임상가는 어떤 역치(threshold)를 넘어야 '진단할 수 있는' 것으로 정의할 수밖에 없게 된다. 정의된 역치를 뒷받침하는 연구 증거도 거의 없는 경우가 종종 있다. 항목에 의거한 진단은 항목이 실제로 경계성이 뚜렷하다는 잘못된 인상을 줄 수 있다. 사실상, 처치를 받으려는 사람들 중 절반 정도까지는 진단을 내리기 위한 역치의 바로 밑에 있는 경미한 증상을 갖고 있다(Helmuth, 2003). 다행히도, 진단 기준의 역치 밑의 수준에 해당되는 증상을 나타내는 이런 사람들 중 상당수는 다방면에 걸친 치료를 계속 받고 있다(Johnson, Weissman, & Klerman, 1992).

증상의 심각한 정도를 아는 것은 그 증상이 존재하는지 여부보다 더 도움이 될 수도 있다. 범주(항목) 차원과 다르게 **차원**(dimensional)체계는 존재하는 양상의 정도를 기술하게 해준다(예: 불안의 정도를 1~10점 사이에서 기술, 여기에서 1은 최소치이고 10은 최고치임).(범주 접근과 차원 접근 사이의 차이점의 해설은 그림 1.5 참조.)

항목체계가 보편적인 한 가지 이유는 처치를 위한 역치를 정의하기 때문이다. 고혈압을 생각해 보자. 고혈압 측정치는 연속선상에 있어서 차원 접근에 딱 들어맞는다. 그러나 고혈압의 역치를 정의해 놓게 되면 의사는 언제 처치를 해야 할지를 좀 더 확신할 수 있게 된다. 마찬가지로, 임상적 우울증에 대한 역치를 정해 놓으면 처치가 권고되는 시기를 정하는 데 도움이 될 것이다. 기준점은 다소 임의적인 것일 수 있지만, 이 기준점은 유용한 지침을 제공해줄 수 있다.

특히 성격장애에 대한 논쟁이 다소 있음에도 불구하고, DSM-5에서는 진단에 대한 범주(항목) 접근을 고수하고 있다. 성격장애에 대한 차원 접근은 부록에 포함되어 왔지만, 다른 진단은 범주 분류에 기반을 두고 있다. DSM-5에서는 거의 모든 종류의 장애에 대해서 강도를 평정하는 것을 추가했다. 따라서 DSM-5에서는 현재의 항목에 차원을 포함시키려는 첫 작업을 시작하고 있다.

DSM-5에는 '명시되지 않는(unspecified)' 항목이 들어 있는데, 이는 당사자가 어떤 장애의 기준의 많은 부분을 충족시키기는 하지만 모두 충족시키지 못할 때 사용되기 위한 것이다[이는 DSM-IV-TR에서는 '달리 명시되지 않음(not otherwise specified)'으로 기술됨]. 불행하게도, 너무나도 많은 사람들이 이 '명시되지 않는' 항목에 해당될 것으로 보인다.

**일상적인 임상실제에서의 DSM 신뢰도**   당신이 자신의 정신건강이 염려되어서 2명의 심리학자를 찾아갔다고 가정해보자. 한 사람은 당신이 조현병을 갖고 있다고 말하고, 다른 사람은 당신이 양극성장애를 갖고 있다고 말한다면, 이러한 의견불일치로 인해 당신이 받을 심리적 고통을 생각해보라. 진단체계가 쓸모 있으려면 평정자간 신뢰도가 높아야 한다. DSM-III가 나오기 전의 DSM 진단 신뢰도는 형편없었는데, 진단을 내리기 위한 기준이 명확하지 않은 것이 주된 원인이었다(평정자간 신뢰도에 대한 예시는 그림 1.6 참조).

DSM 진단 기준의 명확성이 높아짐에 따라 많은 진단에 대한 신뢰도도 향상되었다(표 1.1 참조). 그럼에도 불구하고 임상가들은 기준에만 전적으로 의존하지 않으려고 할 수 있기 때문에, 일상적인 임상실제에서 쓰일 때의 DSM 신뢰도는 연구 결과에 나와 있는 것보다 낮을 수 있다. 기준을 따르는 경우라고 하더라도 DSM-5에서는 불일치할 여지가 다소 있다. 예를 들면, 조증의 기준에서는 기분이 '비정상적으로(abnormally)' 고양되어 있어야 한다고 되어 있다. 그러면 비정상적이라는 것은 무엇인가? 이런 판단을 내리는 데는 문화적 편향뿐만 아니라 보통 사람의 행동 수준에 대해서 임상가 자신이 갖고 있는 개인적인 생각도 끼어들 여지가 있게 된다. 임상가가 달라지면 '비정상적으로 기분이 고양된 것'과 같은 증상에 대해서 각기 다른 정의를 생각할 수 있기 때문에 높은 신뢰도를 얻어내는 것은 쉽지 않을 것이다.

진단 기준을 여러 국가에 걸쳐서 여러 개의 다른 정신건강치료 기관에서 검증해보았던 DSM-5 현장 연구시행에서 얻은 증거는, DSM 체계가 아직도 신뢰도 측면에서는 연구해서 개선해야 할 것이 있다는 것을 시사해준다(표 1.4 참조). 어떤 학자들은 신뢰도가 높기를 기대하는 것이 비현실적이라고까지 주장하였는데, 그 이유는 많은 의학적 진단의 신뢰도가 그다지 크지 않은 것이 중요한 원인이기 때문이다(Kraemer, Kupfer, Clarke et al., 2012). 이것이 사실일지라도, 정신건강 전문가들이 특정한 사람의 진단에서 의견의 일치를 보지 않을 수도 있다고 생각하면 혼란스럽기도 하다.

**진단항목은 얼마나 타당한가?**   DSM 진단은 증상의 패턴을 기반으로 한다. 따라서 조현병의 진단은 이를테면 실험실 검사가 실시가능한 당뇨병의 진단과는 같은 수준이 못 된다.

진단에 대해 생각해보는 한 가지 방법은 그 진단체계가 각기 다른 관찰 결과를 엮는 데 도움이

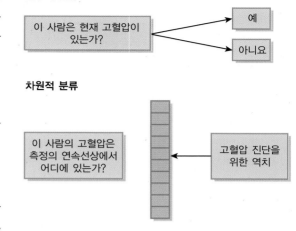

**범주적 분류**

**차원적 분류**

**그림 1.5** 진단의 범주 분류 대 차원 분류

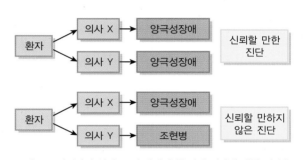

**그림 1.6** 평정자간 신뢰도. 이 예에서 첫 번째 사람에 대한 진단은 신뢰할 수 있는데, 두 임상가가 모두 양극성장애로 진단을 내렸기 때문이다. 반면에 두 번째 진단은 신뢰할 수 없다.

**표 1.4** DSM-5 현장 연구시행(field trials)에서 나온 신뢰도 자료

| 진단 | 신뢰도 추정치의 총합 (Pooled Reliability estimate) |
|---|---|
| 조현병(schizophrenia) | .46 |
| 제I형 양극성장애 (Bipolar I disorder) | .56 |
| 외상후 스트레스장애 (Posttraumatic stress disorder) | .67 |
| 경계선 성격장애 (Borderline Personality Disorder) | .54 |
| 주의력결핍 과잉행동장애(ADHD) | .61 |
| 자폐스펙트럼장애 (Autism Spectrum Disorder) | .69 |

출처 : Regier et al.(2013)에서 발췌함. 숫자는 카파 통계치(kappa statistics)로서 1.0에 근접할수록 좋음

**표 1.5** 지난 해에 심리장애가 있는 사람들 중에서 부부갈등과 결근을 나타낸 비율

| 장애 | 심리장애가 없는 경우와 비교하여 진단별로 부부불화가 있는 비율 | 심리장애가 없는 경우와 비교하여 진단별로 결근이 있는 비율 |
|---|---|---|
| 공황장애 | 1.28 | 3.32 |
| 특정 공포장애 | 1.34 | 2.82 |
| 사회공포증 | 1.93 | 2.74 |
| 범불안장애 | 2.54 | 1.15 |
| 외상후 스트레스장애 | 2.30 | 2.05 |
| 주요우울장애 | 1.68 | 2.14 |
| 제I형 또는 제II형 양극성장애 | 3.60 | 접근 안 됨 |
| 알코올사용장애 | 2.78 | 2.54 |

주 : 부부불화를 분석할 때는 나이, 성별, 교육, 인종이 통제되었고, 결근일의 분석에서는 나이와 성별이 통제되었음. 진단은 종합판 국제진단면접(Composite International Diagnostic Interview)에 근거하여 내려짐. 부부불화는 부부적응척도(Dyadic Adjustment Scale) 중에서 문항이 14개인 것을 사용하여 측정하였음. 결근 일수는 면접 전에 한 달 동안 측정하였음.

출처 : 부부불화에 관한 정보는 Whisman(2007), 결근한 일수에 관한 정보는 ESEMeD/MHEDEA 2000 investigators (2004)에서 얻은 것임.

되느냐를 물어보는 것이다(그림 1.1 참조). 진단이 예측을 정확하게 하는 데 도움이 된다면 구성 타당도를 갖춘 것이다. 좋은 진단항목은 어떤 유형의 예측에 도움이 되어야 할까? 우선 진단이 우리에게 진단과 관련된 임상 특성 및 기능 손상에 대해서 알려주는 것이 있으리라고 기대할 수 있을 것이다. DSM에서는 기능 손상이나 심리적 고통이 특정 진단의 기준에 부합할 정도로 존재해야만 한다는 것을 명세화하고 있어서, 아마도 진단이 부부불화 및 직장에 결근한 일수 같은 기능 손상과 관련이 있다는 것은 놀랄 만한 일이 아니다(표 1.5 참조). 특정한 진단이 부여된 사람이 가장 흔히 겪는 어려움을 파악하는 것 이외에도, 진단명은 우리에게 그 사람에게 다음에 일어날 일, 즉 장애의 경과 및 여러 종류의 처치에 대해 예상되는 반응에 대해서 알려줄 것으로 기대된다. 아마도 가장 중요한 것은, 진단명이 해당 장애의 원인으로서 가능성이 있는 것—예를 들면, 유전적 소질이나 생화학적 불균형에 관한 것도 알려줄 것으로 기대된다는 것이다. 구성 타당도가 튼튼한 진단은 넓은 범위의 특징을 예측하는 데 도움이 될 것이다.

우리는 DSM의 주요한 진단항목을 중심으로 해서 이 교재를 구성했는데, 그 이유는 DSM 진단항목이 실제로 어느 정도의 구성 타당도를 가지고 있다고 믿기 때문이다. 그러나 어떤 항목은 다른 항목에 비해서 타당도가 낮다. 따라서 특정한 진단항목 타당도 간의 이러한 차이는 뒷장에서 살펴볼 것이다.

## 심리장애의 진단에 대한 일반적 비판

이 장의 서두에서 진단이 가져다주는 몇몇 장점에 대해서 기술하였지만, 진단이 부정적 영향을 미칠 수 있다는 점도 또한 명백하다. 당신이 조현병의 진단을 받았다고 할 경우 당신의 삶에 어떤 변화가 생길지 생각해보라. 당신은 다른 사람이 당신의 장애에 대해서 알아차리지 않았을까 걱정하게 될 수 있다. 또는 (조현병) 일화가 또다시 발생하지 않을까 두려워할 수도 있다. 당신은 새로운 도전에 대처하는 능력에 대해 걱정할 수도 있다. 당신이 어떤 심리장애의 진단을 받았다는 사실은 낙인찍는 듯한 영향을 가져다줄 수도 있다. 당신의 친구와 애인도 당신을 달리 대할 것이며, 취직하기도 어려울 수 있다.

의심할 바 없이, 진단에 관한 이야기를 듣는 것은 어려울 수 있다. 연구 결과에 의하면 심리장

애가 있는 사람들에 대해서는 주변에서 부정적인 시각으로 보고 있다는 것이 밝혀졌으며, 이들과 그 가족은 이런 결과로 낙인(stigma)이 찍히는 경우가 종종 있는데(Wahl, 1999), 이는 큰 문제로 남는다. 많은 이들이 진단이 낙인에 기여할 수도 있다는 염려사항을 제기한 바 있다. 이 문제를 조사하기 위해서, 연구자들은 어떤 사람에 대한 간략한 서술을 적은 것을 사람들에게 주었다. 대상자의 인생과 성격에 대한 정보를 아주 조금 포함시키는 것 이외에도, 심리적 장애의 진단(예 : 조현병 또는 양극성장애), 해당 증상에 대한 서술(예 : 기분이 고양된 기간, 수면 감소, 안절부절못하는 것)이 들어 있거나, 둘 다(진단 및 증상), 또는 전혀 넣지 않은 조건을 비교하였다. 이러한 방법으로, 연구자들은 사람들이 진단항목의 명칭 또는 행동에 대해서 더 부정적인 경향이 있는지 여부를 조사할 수 있다. 연구 결과에 의하면 사람들은 항목 명칭보다 행동을 더 부정적으로 보는 경향이 있음을 보여준다. 때때로 명칭은 증상 행동에 대한 설명을 제공함으로써 낙인을 실제로 줄여줄 수도 있다(Lilienfeld, Lynn, Ruscio et al., 2010). 물론 진단을 내리는 것이 감수성과 사생활을 보장해주어야 하는 심각한 과정이기는 하다. 그러나 진단 명칭이 낙인의 주요 원인이라고 가정하는 것은 공정하지 않을 수 있다.

또 다른 염려사항은 진단항목이 적용되었을 때 우리가 당사자의 독특성을 못 보게 될 수 있다는 것이다. 이런 염려 때문에, 미국심리학회(American Psychological Association)에서는 어떤 사람을 기술하기 위해 조현병(schizophrenic) 또는 우울증(depressive) 같은 단어를 사용하지 말 것을 권고한다. 결국, 우리는 의학적 질환이 있는 사람을 그 질병의 명칭에 따라서 부르지는 않는다[예 : 당신은 암이 있는 사람을 암(canceric)이라는 말로 기술하는 것을 거의 듣지 못했을 것이다]. 오히려 심리학자는 조현병이 있는 사람이라는 식의 구절을 사용하도록 격려를 받고 있다.

좀 더 조심스럽게 언어표현을 한다고 해도, 어떤 학자들은 진단이 우리들로 하여금 질환에 초점을 맞추도록 하기 때문에, 그러는 가운데 사람들 사이의 중요한 차이점을 무시하게 할 수 있다고 주장한다. 불행하게도 이런 비판은 기본적인 진실을 무시하고 있는 것이다. 즉 어떤 것에 대해서 생각할 때마다 분류하려고 하는 것이 인간의 속성이다. 따라서 우리가 어떤 방식으로든지 항목을 사용한다면, 그 항목을 체계적으로 발전시키는 것이 최선이라고 주장하는 학자도 있다. 이런 관점을 받아들인다면, 그다음 의문점은 현재의 진단체계가 장애를 집단별로 묶는 일을 얼마나 잘 해내는지에 대한 것이다.

## 중간 요약

DSM-5에서 발전된 부분이 있다 하더라도 많은 문제점이 여전히 남아 있다. 어떤 학자들은 진단이 너무 많다고 주장한다. 어떤 학자들은 차원적 접근보다 범주적 접근을 사용하는 것을 비판한다. 신뢰도는 이전 판 DSM에 비해서 더 높아졌지만, 임상가들은 몇몇 진단에 대해서는 여전히 동의하지 않고 있으며, 임상실제에서 얻은 신뢰도는 연구할 때 얻은 신뢰도만큼 그렇게 높지 않을 수 있다. 끝으로, 이 분야는 전반적으로 거대한 도전에 직면해 있는데, 즉 연구자들이 특정 진단에 의해 예측할 수 있는 인과적 패턴, 증상 패턴 및 처치를 알아내려고 하는 식으로 이 진단체계의 타당도를 확립하는 데 초점을 맞추고 있다. 요약하면, DSM이 계속해서 개선되고 있기는 하지만, 완전하지는 않다.

어느 진단체계를 사용하든 간에 심리장애가 있는 사람을 진단하는 데는 그 본유의 특정 문제들이 있다. 진단에 초점을 맞출 때는 당사자의 강점을 무시하는 경향이 있다는 것을 알아차리는 것이 중요하다. 미국심리학회(APA)에서는 어떤 사람이 그에게 부여된 진단을 훨씬 더 뛰어넘는 존재라는 것을 인정하고 있다는 것을 알리기 위한 한 가지 방법으로 조현병적(schizophrenic)이라고 표현하기보다는 조현병(schizophrenia)이 있는 사람 같은 구절을 사용할 것을 권장한다. 많은 사람들이 명칭을 적용하면 낙인을 증가시킬지 모른다고 걱정하고 있지만, 진단은 증상을 이해하는 데 도움을 주어서 때때로 낙인을 완화해줄 수도 있다.

## 복습문제 1.2

다음 질문에 답하라.

1. 어떤 이들이 DSM에서는 진단을 (쪼개지 말고) 좀 더 합쳐야 한다고 생각하는 세 가지 이유를 열거하라.

2. 타당한 진단이 예측하는 데 도움이 되어야 하는 특징에 관한 세 가지 광범위한 유형은 무엇인가?

# 심리 평가

심리장애가 있는 사람을 차별하는 것은 불법이지만, 많은 고용주들이 그렇게 하고 있다. 어떤 사람에게 심리장애의 진단을 부여할 때는 낙인에 대해서 고려해야 한다.

진단을 내리기 위해서, 정신건강 전문가들은 다양한 종류의 평가 도구를 사용할 수 있다. 심리평가 기법은 진단을 내리는 데 도움이 될 뿐만 아니라, 그밖에도 중요하게 쓰일 수 있다. 예를 들면, 평가 방법은 적절한 치료적 개입이 어떤 것인지를 알아내는 데도 종종 사용된다. 그리고 반복 측정법은 시간이 흐름에 따른 처치 효과를 관찰하는 데 매우 유용하다. 더욱이 평가는 장애의 원인에 대한 연구를 수행하는 데 기본적인 도구이다.

우리는 기본적 면담 이외에도 많은 평가 기법들이 심리학의 각종 패러다임으로부터 유래된 것임을 보게 될 것이다. 여기에서 우리는 임상면접, 스트레스를 평가하기 위한 측정 도구, 객관적 검사 및 투사적 검사를 포함하는 제반 성격검사, 주관적·객관적 검사, 지능검사, 그리고 행동 및 인지 평가 기법에 대해 고찰할 것이다. 각각의 방법들이 각기 따로 제시되더라도, 어떤 사람에 대한 완전한 심리 평가를 하려면 여러 가지 평가 기법을 함께 사용하는 것이 필요한 경우가 종종 있다. 다양한 기법에서 얻은 자료는 상호보완적이어서 당사자에 대한 보다 완전한 모습을 제공해주게 된다. 요점은 그 어느 것도 단일한 최고의 평가척도는 없다는 것이다. 오히려 다양한 기법과 다양한 정보출처를 활용하는 것이 최선의 평가 결과를 가져다줄 것이다.

## 임상면접

우리 대부분은 너무 스스럼없는 비공식적 대화라서 면담이라고 여기지 않았겠지만, 아마도 한두 번씩은 면접을 한 경험이 있다. 정신건강 전문가들은 정신병리를 평가할 때 공식적이고 구조화된 임상면접뿐만 아니라 비공식적이고 덜 구조화된 임상면접을 모두 사용한다.

**임상면접의 특징**   **임상면접**(clinical interview)이 일상적인 대화와 한 가지 다른 점은, 면접자가 주의를 기울이는 부분이 응답자가 질문에 대답하거나 또는 대답하지 않는 방식에 있다는 점이다. 예를 들면, 어떤 사람이 부부간 갈등에 대해서 자세히 이야기를 하고 있다면, 임상가는 발언에 내포된 정서에 주의를 기울이는 것이 일반적이다. 그 사람이 자기가 처한 상황이 어렵다고 이야기하면서도 괴로워 보이지 않는다면, 그의 대답은 그가 이야기하면서 울거나 동요되어(agitated) 있는 경우와는 아마도 다르게 해석될 것이다.

임상면접을 잘 실시하려면 고도의 기술이 요구된다. 면접자는 어떤 패러다임(개념체계)을 채택하고 있든 간에 전문가의 도움을 구하고 있는 사람과 소통관계(rapport)를 수립하는 것의 중요성을 알고 있다. 면접자는 그 사람의 신뢰를 얻어야 한다. 어떤 사람이 다른 사람에게 —'박사' 학위를 갖고 있는 권위적 인물이라고 하더라도— 쉽게 정보를 드러내리라고 기대하는 것은 순진한 생각이다. 어떤 사람이 진심으로, 아마도 절실한 마음으로, 지극히 사사로운 자신의 문제를 전문가에게 상술하기를 원한다고 하더라도 도움이 없이는 그렇게 할 수가 없을 것이다.

대부분의 임상가는 내담자로 하여금 자신에 대해 털어놓고, 자신의 관심사를 상세히 설명하도록 격려하기 위한 일환으로 내담자의 말에 공감을 나타낸다. 어떤 사람이 이야기해 온 것을 정확하게 요약해서 말해주는 것은 고통스럽고 아마도 당황될 수 있는 사건 및 감정에 대해서 계속 이야기하도록 격려해줄 수 있다. 또한 개인적인 이야기를 털어놓는 데 대해 수용적인 태도

구조화된 면접은 신뢰도 있는 진단을 내리는 데 널리 사용되고 있다.

를 나타내는 것은 '가슴속의 비밀'(London, 1964)을 다른 사람에게 드러내면 비극적 결말을 가져오지나 않을까 하는 두려움을 내담자로부터 쫓아낼 수 있게 된다.

면접은 구조화된 정도에 따라 다르다. 임상실제에서 대부분의 임상가는 아마도 아주 애매한 구조(윤곽)를 갖고서 면접을 진행할 것이다. 정확히 말해서 정보가 수집되는 방식은 주로 특정 면접자에게 달려 있기는 하지만, 또한 피면접자의 태도와 반응에도 영향을 받는다. 수년간의 훈련과 임상 경험을 통해서 각 임상가는 자기가 사용하기 편하면서도 내담자에게 가장 큰 도움이 될 정보를 잘 도출해주는 질문방식을 발전시킨다. 그러므로, 면접이 비구조화될수록 면접자는 자신의 직관과 경험 전반에 의존해야만 한다. 따라서 비구조화된 임상면접은 구조화된 면접에 비해서 신뢰도가 더 적게 된다. 즉 똑같은 환자에 대해서도 면접자가 다르면 각기 다른 결론을 내릴 수 있다.

**구조화된 면접**　때때로 정신보건 전문가는 표준화된 정보를 수집해야 할 경우가 있는데, 이는 특히 DSM에 근거한 진단을 내릴 때 그러하다. 이런 필요성을 충족시키기 위해 연구자들은 **구조화된 면접**(structured interview)을 사용하는데, 여기에서는 면접자가 물어볼 질문이 미리 설정되어 있다. 흔히 사용되는 구조화된 면접의 한 가지 예는 구조화된 임상면접(Structured Clinical Interview, SCID)(Spitzer, Gibbon, & Williams, 1996)이다. SCID는 현재 DSM-5에 맞게 개정되고 있는 중이지만, DSM-IV-TR에서의 이 면접의 전반적인 형식은 그림 1.7에 제시되어 있다.

SCID는 나뭇가지형 면접으로서, 어떤 질문에 대한 내담자의 반응에 따라서 다음에 물어볼 질문이 결정된다. 또한 여기에는 언제 어떻게 세밀히 탐문해야 할 것인지와 언제 다른 진단에 대한 질문으로 넘어갈 것인지에 관한 면접자용 세부 지침사항이 실려 있다. 대부분의 증상은 3점 척도상에서 그 강도가 평정되는데, 면접 일정표에는 증상 평정치를 토대로 곧바로 진단을 내릴 수 있기 위한 지시사항이 포함되어 있다. 강박장애(제4장에서 논의)와 관련된 첫 질문들이 그림 1.7에 소개되어 있다. 우선 면접자는 강박관념(obsessions)에 대하여 물어보는 것으로 면접을 시작한다. 그 반응이 1점(없음)에 해당되면, 면접자는 강박행동(compulsions)에 대한 질문으로 넘어간다. 여기에서도 당사자의 반응이 또다시 1점밖에 안 되면, 면접자는 외상후 스트레스장애에 대한 질문으로 넘어가도록 지시되어 있다. 반면에, 양성 반응(2점 또는 3점의 평정치)이 강박장애 관련 질문 시에 나왔다면, 면접자는 이 문제에 대하여 추가질문을 계속하게 된다.

임상실제에서는 대부분의 임상가들은 구조화된 면접을 사용하지 않고 비공식적인 방식으로

**강박장애**

쓸데없는 생각 때문에 괴로운지와 이런 생각을 하지 않으려고 해도 자꾸 떠오르는지를 묻겠습니다.

(어떤 생각이 그렇죠?)

피검자가 질문을 잘 이해하지 못하는 경우에 부연설명 : 정말 원하지 않는데도 누구를 해친다거나 더러운 것으로 오염이 되었다는 그런 … 생각은 없었나요?

그런 생각이 날 때 머릿속에서 떨쳐버리려고 했습니까?(어떤 시도를 했습니까?)

아직도 대답이 불확실할 경우 : 그런 생각이 어디에서 온다고 생각합니까?

**강박장애의 기준**

A. 강박관념 또는 강박행동

강박관념은 (1), (2), (3), (4)로 정의된다.

(1) 반복적이고 지속적인 사고, 충동, 또는 심상. 이 주요 증상은 장애가 경과되는 도중 어느 시점에서 침입적이고 부적절한 것이라고 경험되며, 현저한 불안이나 고통을 일으킨다.    ?　1　2　3

(2) 사고, 충동, 심상은 실생활 문제를 단순히 지나치게 걱정하는 것이 아니다.    ?　1　2　3

(3) 개인은 이러한 사고, 충동, 심상을 무시하거나 억압하려고 시도하며 다른 생각이나 행동에 의해 중화하려고 한다.    ?　1　2　3

(4) 개인은 강박적인 사고, 충동, 심상이 개인이나 개인의 정신적 산물임을 인정한다(사고 주입의 경우처럼 외부에서 강요된 것이 아닌).    ?　1　2　3

? = 정보가 부적절함 1 = 없거나 틀림 2 = 역치 이하임 3 = 역치에 해당하거나 맞음

강박관념이 없음 계속 진행　　강박관념

'아니요'일 경우에는 강박관념/강박행동을 확인하기 위치로 가시오.

**강박행동**

멈출 수 없고 자꾸만 해야 하는 어떤 행동이 있습니까? 예를 들면, 손을 반복적으로 씻는다거나, 특정한 숫자를 세거나, 아니면 제대로 했는지 확인하기 위해서 몇 번씩이나 확인하는 행동이 있습니다.

(당신을 무엇을 했습니까?)

아직도 대답이 불확실할 경우 : 왜 그것(강박행동)을 해야만 했습니까? 그 행동을 하지 않는다면, 무엇이 일어날 것 같습니까?

아직도 대답이 불확실할 경우 : 몇 번이나 그런 행동(강박행동)을 했습니까? 하루에 몇 시간씩이나 그 행동을 합니까?

**강박행동의 내용을 기술하시오**

강박행동은 (1)과 (2)로 정의된다.

(1) 반복적 행동(예 : 손 씻기, 정돈하기, 확인하기) 또는 정신적 활동(예 : 기도하기, 숫자 세기, 속으로 단어 반복하기). 이러한 증상은 개인의 강박적 사고에 대한 반응으로, 또는 엄격하게 적용되어야 하는 원칙에 따라 수행되어야 한다는 압박감을 동반한다.    ?　1　2　3

(2) 강박적 행동이나 정신적 활동은 고통을 예방하거나 감소시키고, 두려운 사건이나 상황을 방지하거나 완화하려는 것이다. 그러나 이런 행동이나 정신적 활동이 중화하거나 방지하려고 하는 것과 현실적인 방식으로 연결되어 있지 않으면 명백하게 지나친 것이다.    ?　1　2　3

강박행동

? = 정보가 부적절함 1 = 없거나 틀림 2 = 역치 이하임 3 = 역치에 해당하거나 맞음

강박관념/강박행동을 확인하기 위치로 가시오.

강박행동의 내용을 기술하시오 :

*강박관념/강박행동을 확인하시오.

단 : 강박관념이나 강박행동이 있거나, 또는 둘 다 있는 경우 아래로 계속하시오.

단 : 강박관념도 강박행동도 없는 경우에는 _____에 표기하고 PTSD로 넘어가시오.

**그림 1.7** SCID의 견본 문항. 미국 뉴욕주 정신의학연구소 생물측정 연구분과의 허락을 받고 게재함.

DSM 증상을 조사한다. 그러나 비구조화된 진단면접을 사용하는 임상가들은 주요(일차) 진단에 종종 수반되는 공존(comorbid) 진단을 놓치는 경향이 있다(Zimmerman 1999). 임상가가 구조화된 면접이 아니라 비공식적 면접을 사용하면 진단의 신뢰도는 훨씬 더 떨어지는 경향이 있다(Garb, 2005). 평정자가 적절한 훈련만 받으면, 구조화된 면접에 대한 평정자간 신뢰도는 일반적으로 아주 좋다(Blanchard & Brown, 1998).

## 스트레스의 평가

이 책에서 살펴보는 거의 모든 장애에서 스트레스가 중심에 있기 때문에, 스트레스를 측정하는 것은 평가 전반에서 확실히 중요하다. 스트레스의 역할을 이해하려면 먼저 스트레스를 정의하고 측정할 수 있어야 한다. 이 두 과제가 모두 간단한 것이 아닌데, 왜냐하면 스트레스가 다양한 방식으로 정의되어 왔기 때문이다. 현대의 스트레스에 대한 개념화에 영향을 미쳐온 선행 요인들은 초점 1.2를 보라. 대략적으로 보면, **스트레스**(stress)는 지각된 환경 문제에 대한 반응으로 나타난 주관적 고통 경험이라고 개념화될 수 있다. 생활 스트레스 자극은 스트레스를 받았다는 주관적 경험을 촉발하는 환경 문제로 정의될 수 있다. 다양한 척도 및 방법이 생활 스트레스를 측정하기 위해 개발되었다. 여기에서 우리는 생활 스트레스에 대한 가장 포괄적인 척도를 살펴본

스트레스는 주요 생활사건 또는 매일매일의 짜증거리도 해당될 수 있다.

Herve Donnezan/Photo Researchers

---

### 초점 1.2   스트레스에 대한 간략한 역사

의사 Hans Selye에 의한 개척적인 노력이 현재의 스트레스에 대한 개념화의 기초가 되었다. Selye는 지속되는 높은 수준의 스트레스에 대한 생물학적 반응을 기술하기 위해서 일반적응증후군(general adaptation syndrome, GAS)이라는 용어를 도입하였다(그림 1.8 참조). Selye의 모형에는 반응의 세 단계가 있다.

1. 첫 번째 단계는 경보 반응(alarm reaction)으로서, 자율신경계통이 스트레스로 인해 활성화된다.
2. 두 번째 단계는 저항(resistance)으로서, 유기체가 가용한 대처기제(coping mechanisms)를 통해서 스트레스에 적응하려고 노력한다.
3. 스트레스가 지속되거나 유기체가 효과적으로 적응하지 못하면 세 번째 단계로 소진(exhaustion)이 오게 되는데, 유기체는 죽거나 비가역적인(irreversible) 손상을 입는다(Selye, 1950).

Selye의 증후군에서, 초점은 반응을 촉발하는 환경사건이 아니라 신체의 반응에 맞추어졌다. 나중에 심리학자들은 Selye의 개념을 확장시켜서 사람들이 보이는 다양한 스트레스 반응, 이를테면 정서적 폭발(emotional upset), 수행도 저하, 또는 특정한 호르몬 수준의 증가 같은 생리적 변화 등을 설명하는 데 적용하였다. 이와 같이

이 반응에 초점을 두고 스트레스를 정의하는 것의 문제점은 그 기준이 명확하지 않다는 것이다. 신체 속의 생리적 변화는 우리가 스트레스를 받았다고 여기지 않는 많은 일(예 : 즐거운 사건을 예상하는 것)에 대한 반응으로 나타날 수 있다.

다른 연구자들은 스트레스를 반응이라기보다는 하나의 자극 — 종종 스트레스 자극으로 지칭됨 — 으로 정의하였고, 긴 목록의 환경 조건을 제시하여 스트레스를 파악하였다. 이런 환경 조건에는 전기충격, 지루함, 재앙적인 생활사건, 일상생활의 짜증거리(daily hassles), 그리고 수면 박탈(sleep deprivation) 등이 있다. 스트레스 자극으로 간주되는 자극은 주요한 것(사랑하는 사람이 죽은 경우), 작은 것(교통체증 같은 일상생활의 짜증거리), 급성적인 것(시험에서 탈락한 것), 또는 만성적인 것(지속적으로 불쾌한 작업 환경) 등이 있다. 대체로, 이들은 사람들이 불쾌한 것으로 간주하는 경험이지만, 또한 유쾌한 사건이 될 수도 있다.

반응을 기반으로 한 스트레스의 정의와 마찬가지로, 자극을 기반으로 한 정의에도 문제가 있다. 사람들이 인생에서의 도전거리에 반응하는 방식에서 아주 다양하다는 것을 인정하는 것이 중요하다. 특정한 사건이 누구에게나 똑같은 정도의 스트레스를 가져오는 것은 아니다. 예를 들면, 어떤 가족이 홍수로 인해 집을 잃었지만 집을 다시 지을 수 있을 정도로 돈이 충분히 있고 주변의 친구들로부터 강력한 사회적 지지를 받는 경우에는, 집을 다시 지을 돈이 없거나 사회적 지지를 제공해 줄 친구들도 없는 가족에 비해서 스트레스를 덜 받을 것이다.

스트레스에 대한 현재의 개념에서는 우리가 환경을 어떻게 지각하거나 평가하는가 하는 것이 스트레스 자극이 있는지 여부를 결정한다는 것을 강조한다. 스트레스는 지각된 환경 문제에 대한 반응으로서 경험하는 고통의 주관적인 경험으로 개념화하는 것이 아마도 가장 완전한 것일 것이다. 어떤 학생에게는 단순히 도전거리일 뿐인 기말고사가 그 준비를 하지 않았다고 여기는 다른 학생에게는 아주 큰 스트레스가 될 수 있다(그 염려하는 바가 현실적인지 여부에 관계없이).

| 1단계
경보 반응 | 2단계
저항 | 3단계
소진 |
| --- | --- | --- |
| 스트레스에 의해 ANS가 활성화됨 | 내부기관의 손상이 발생하거나 유기체가 스트레스에 적응함 | 유기체가 죽거나 돌이킬 수 없는 손상을 겪음 |

**그림 1.8** Selye의 일반적응증후군

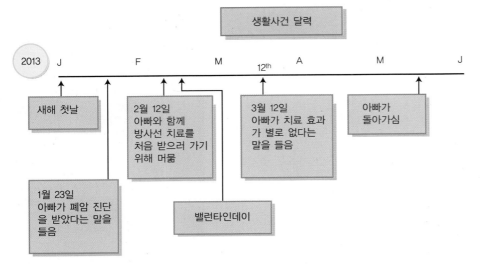

생활사건 달력

2013  J — F — M — 12th — A — M — J

새해 첫날

2월 12일 아빠와 함께 방사선 치료를 처음 받으러 가기 위해 머묾

3월 12일 아빠가 치료 효과가 별로 없다는 말을 들음

아빠가 돌아가심

1월 23일 아빠가 폐암 진단을 받았다는 말을 들음

밸런타인데이

**그림 1.9** 생활사건의 시간대별 표기의 예. LEDS 면접은 당사자가 작년에 겪었던 주요 스트레스 자극을 파악하기 위한 것이다.

다. 즉 생활사건 및 어려움 일람표(Life Events and Difficulties Schedule, LEDS) 이외에도 스트레스에 대한 자기보고식 확인목록 척도(self-report checklist measures)를 살펴본다.

**베드퍼드(Bedford)대학 생활사건 및 어려움 일람표**
이 평가 도구는 생활 스트레스 자극을 조사하는 데 널리 쓰인다(Brown & Harris, 1978). LEDS에는 200가지가 넘는 다양한 종류의 스트레스 자극에 대해서 물어보는 면접이 들어 있다. 면접이 반구조화되어 있을 뿐이기 때문에, 면접자는 소수의 사람들에게만 일어날 수 있는 스트레스 자극에 대해 물어볼 때는 질문을 그에 맞게 바꿀 수 있다. 면접자와 피면접자는 협력해서 주어진 기간 내의 주요 사건들을 각각 달력에 표시할 수 있다(이에 대한 예는

그림 1.9 참조). 면접 후, 평정자가 각 스트레스 자극의 강도 및 그밖의 여러 가지 차원에 대해서 평가한다. LEDS는 생활 스트레스를 평가할 때 많은 수효의 문제를 조사할 수 있도록 설계된 것으로서, 여기에는 당사자의 생활 상황에서 어떤 특정한 생활사건의 중요도를 평가하는 것 등이 포함되어 있다. 예를 들면, 임신이란 것은 오랫동안 아기를 가지려고 노력했던 38세 여성에 비해 미혼의 14세 소녀에게는 아주 다른 의미를 띤다. LEDS의 두 번째 목적은 증상으로 인해 단지 뒤이어 나타난 것일 수 있는 생활사건을 배제하는 것이다. 예를 들면, 어떤 사람의 경우 너무 우울해서 아침에 일어나지 못해 직장에 결근했다면, 이로 인해 후속된 직장 관련 문제는 특정 장애를 촉발시킨 생활사건이라기보다는 해당 장애의 증상으로 보아야 할 것이다. 끝으로, LEDS에는 생활 스트레스 자극이 발생한 날짜를 조심스럽게 파악하는 일단의 전략이 들어 있다. 이와 같은 좀 더 조심스러운 평가 방법을 사용해서, 연구자들은 생활 스트레스 자극이 불안, 우울, 조현병, 그리고 심지어는 그 흔한 감기에 걸린 날자(일화)까지도 강력하게 예측해주는 것을 발견하였다(Brown & Harris, 1989; Cohen, Frank, Doyle et al., 1998).

**자기보고식 스트레스 점검표** LEDS와 같은 집중적인 면접식 측정 도구는 너무나 포괄적이기 때문에 실시하는 데 시간이 많이 소요된다. 임상가 및 연구자는 스트레스를 좀 더 신속하게 평가할 방법이 필요한 경우가 종종 있어서, 이때에는 자기보고식 점검표 쪽으로 마음을 돌릴 수 있다. 여기에는 위협적인 경험 목록(List of Threatening Experience, LTE)(Brugha & Cragg, 1990) 또는 정신과적 역학연구 면접 생활사건 척도(Psychiatric Epidemiological Research Interview Life Events Scale, PERL)(Dohrenwend, Krasnoff, Askenasy et al., 1978)

LEDS는 사망, 실업 및 애인과의 헤어짐 같은 주요한 스트레스 자극에 초점을 두고 있다.

등이 있다. 이런 점검표는 통상 다른 생활사건을 수록하고 있으며(예 : 배우자의 사망, 심각한 신체 질환, 중요한 재정적 위기), 연구 참여자에게는 이런 생활사건이 특정한 기간 동안에 그들에게 일어났는지 여부를 표시하도록 하도록 요청한다. 이런 유형의 측정 도구와 연관된 한 가지 어려움은 사람들이 이런 사건을 보는 시각 면에서 상당히 큰 변동성이 있다는 것이다(Dohrenwend, 2006). 예를 들면, 배우자의 사망은 애정 어린 부부 사이인 사람에게는 가장 끔찍한 사건일 수 있다. 그러나 배우자로부터 학대를 받은 사람에게는 스트레스라기보다는 해방감을 가져다줄지도 모른다. 자기보고식 점검표와 관련된 또 다른 문제로는 회상의 어려움이 있다(Dohrenwend, 2006). 예를 들면, 사람은 일부의 사건은 망각하기 마련이다. 또한 어떤 사람들이 측정 도구에 응답을 마쳤을 때 우울하거나 불안한 상태에 있던 사람들은 그들의 반응이 편향되게 나타날 수 있다는 증거가 있다. 아마도 이와 같이 회상에 영향을 미치는 다양한 요인이 있기 때문에, 생활 스트레스 점검표에 대한 검사-재검사의 신뢰도는 낮을 수 있다(McQuaid, Monroe, Roberts et al., 1992).

## 심리검사

**심리검사**(psychological tests)는 평가 과정을 한층 더 구조화한 것이다. 두 가지의 가장 흔히 사용되는 유형의 심리검사는 성격검사(personality tests)와 지능검사(intelligence tests)이다. 여기에서 우리는 성격검사의 두 가지 유형—자기보고형 목록식 성격검사(self-report personality inventories)와 투사적 성격검사(projective personality tests)—을 살펴볼 것이다.

**자기보고형 목록식 성격검사**　**성격목록**(personality inventory)이란 당사자가 자기보고식 설문에서 습관적 경향을 평가하는 진술문이 자기에게 해당되는지 여부를 표시하도록 하는 것이다. 이런 검사를 개발하려면, 통상 이런 설문을 많은 사람들에게 실시한 후 어떤 유형의 사람들이 반응하는 경향이 있는지를 분석한다. 그다음에야 이 검사에 대한 통계적 규준(statistical norms)이 수립될 수 있다. 이런 과정은 **표준화**(standardization)라고 불린다. 그 후에야 특정한 사람의 반응을 통계적 규준과 비교할 수 있다.

　이런 검사 중 가장 잘 알려진 검사는 **미네소타 다면적 성격검사**(Minnesota Multiphasic Personality Inventory, MMPI)일 것이다. MMPI는 1940년대 초기에 Hathaway와 McKinley(1943)에 의해 개발되었던 것으로, 1989년에 개정되었다(Butcher, Dahlstrom, Graham et al., 1989). MMPI가 다면적이라고 불리게 된 이유는 많은 심리적 문제를 탐지하도록 고안되었기 때문이다. 수백 개의 문항을 진단이 있거나 또는 없는 대규모의 표본을 대상으로 실시하여 시험하였다. 이런 문항들의 군집이 척도로 설정되었다. 어떤 사람이 특정한 진단을 받았던 사람들과 같은 방식으로 특정한 척도 속의 상당수 문항에 응답했다면, 그의 행동은 특정한 진단을 받은 사람들과 비슷할 것이라고 기대되었다. 이런 10개의 척도는 표 1.6에 기술되어 있다.

　MMPI-2(Butcher, Dahlstrom, Graham et al., 1989)는 타당도와 수용가능성을 향상시키려고 고안된 것이다. MMPI에서 애초에 표본이 된 사람들은 주로 미국 미네소타주의 백인들로 구성되어 있어서 소수 인종에 대한 대표성이 결여되어 있었다. 1989년도 판은 1980년의 미국 인구조사 통계치를 더 잘 대표하는 훨씬 큰 수효의 표본을 사용하여 표준화하였다. 신판에서는 성적 적응을 암시하는 문항, 대장 및 배뇨 관련 기능, 그리고 과도한 종교심을 건드리는 몇 개의 문항이 삭제되었는데, 왜냐하면 특정 검사 상황에서는 지나칠 정도로 사생활을 물어보기 때문에 반발을 살 수 있다고 판단되었기 때문이다. 성차별적 언어표현과 이제는 사용하지 않는 관용적인 어휘도 삭제되었다. 몇 개의 새로운 척도가 추가되어 물질남용, 정서, 그리고 부부갈등에 대해서 묻고 있다.

　MMPI-2는 뒤이어 2001년, 2003년, 2009년에 개정(revised)되고 갱신(update)되었다. 이들 개

**표 1.6** MMPI-2의 원래 문항과 비슷한 문항에 대한 대표적인 임상적 해석

| 척도 | 문항의 예 | 해석 |
|---|---|---|
| 모르겠다 | 이 척도는 '모르겠다'라는 칸에 표시된 문항들의 수효를 점수로 한다. | 높은 점수는 회피(evasiveness), 읽고 이해하는 데 어려움, 또는 그밖의 문제로 인해서 검사 결과의 타당도가 떨어짐을 시사한다. 점수가 아주 높으면 심한 우울증이나 강박적 성향이 의심될 수도 있다. |
| L    거짓말(Lie) | 나는 내가 만나는 모든 사람을 좋게 생각한다(그렇다). | 잘 나타내 보이려고(예를 들면 착실하고, 솔직하게) 하는 사람들은 높은 점수를 얻는다. |
| F    빈도(Infrequency) | 모든 것이 단 맛이 난다(그렇다). | 이 척도상의 높은 점수는 무관심이나 비정상적으로 나타내 보이려는 욕망을 시사한다. |
| K    교정(Correction) | 나한테는 상황이 도저히 더 이상 좋아질 수 없다(그렇다). | 이 척도상의 높은 점수는 검사태도가 조심스러움을 시사한다. |
| 1.   건강염려증(Hypochondriasis, Hs) | 내 몸이 쿡쿡 쑤시는 것을 느낀 적이 거의 없다(아니다). | 신체감각을 신체질환에 걸렸을 가능성을 보여주는 증세(sign)로 생각해서 지나치게 민감하거나 신경을 많이 쓴다. |
| 2.   우울증(Depression, D) | 나는 인생살이에서 밝은 면을 거의 보지 못한다(그렇다). | 높은 점수는 통상적으로 위축되어 있고, 슬픈 기분을 갖고 있으며, 괴로워하고 있음을 시사한다. |
| 3.   히스테리아(Hysteria, Hy) | 나는 손가락이 무감각할 때가 가끔 있다(그렇다). | 높은 점수를 받은 사람은 다중적인 신체 증상을 호소한다. |
| 4.   정신병질(Psychopathy, Pd) | 남들이 나에 대해 어떻게 생각하든 개의치 않는다(그렇다). | 고득점자는 모험을 좋아하고 반사회적인 경향이 있다. |
| 5.   남성다움-여성다움 (Masculinity-Feminity, Mf) | 나는 식물과 꽃을 가꾸는 것을 좋아한다(그렇다, 여성의 경우). | 고득점 남성들은 예술적이고 섬세한 경향이 있다. 고득점 여성들은 권위에 저항하고 자기주장을 잘한다고 묘사한다. |
| 6.   편집증(Paranoia, Pa) | 체포되는 것이 두렵지 않다면, 대부분의 사람들은 거짓말을 하고 속임수를 쓸 것이다(그렇다). | 다른 사람들의 동기를 그릇되게 해석하는 경향이 있고, 의심과 시기심이 많으며, 복수심이 있고, 생각을 품고 있는(brooding) 유형이다. |
| 7.   정신쇠약증(Psychasthenia, Pt) | 나는 대부분의 사람들처럼 유능하지 못하다(그렇다). | 과도하게 불안하고, 자기불신으로 가득 차 있으며, 도덕주의적이고(moralistic), 통상 강박적이다. |
| 8.   조현병(Schizophrenia, Sc) | 나는 때때로 이상한 향기를 맡는다(그렇다). | 기괴한 감각 경험과 믿음을 갖고 있으며, 사회적으로 고립된 생활을 한다. |
| 9.   경조증(Hypomania, Ma) | 때때로 나는 다른 사람들이 섬뜩하게 여길 만한 일을 하고 싶은 충동을 강하게 느낀다(그렇다). | 고득점자들은 야심 찬 포부를 갖고 있는 것으로 보이며, 과잉활동적이고, 조급하며, 자극과민성(irritable)을 보일 수 있다. |
| 10.  사회적 내향성 (Social Introversion, Si) | 나는 사람들과 어울리는 것을 회피한다(그렇다). | 고득점자들은 겸손하고 수줍어하며, 혼자서 활동하는 것을 선호한다. 저득점자들은 사교적이고 과시적이다. |

주 : 첫 4개의 소검사는 검사의 타당도를 재는 것이고, 숫자가 매겨진 소검사는 임상 척도(clinical scales) 또는 내용 척도(content scales)라고 부른다.
출처 : Hathaway & McKinley(1943) ; Butcher 등(1989)에 의해 개정됨.

정판에서는 개정된 임상척도를 이용한 새로운 프로파일이 추가되었다. 광범위한 문헌 개관에 의하면 MMPI-2는 신뢰할 만하며 임상가가 내린 진단 및 배우자가 매긴 평정치와 연결지어 보았을 때 준거 타당도도 적절하였다(Graham, 2011).

그밖의 많은 목록식 성격검사와 마찬가지로, MMPI-2는 통상 컴퓨터로 실시하고 채점된다. 그림 1.10은 가상적 프로파일을 보여준다. 이런 프로파일은 다른 평가 측정치와 결합해서 진단, 성격의 기능 수준과 대처방식의 평가, 그리고 처치에 장애물이 될 가능성이 있는 것을 파악하는 데 도움이 되도록 쓰일 수 있다.

정신병리가 전혀 없는 것으로 보이도록 응답을 꾸며내는 것이 쉬울 것이라고 생각할지 모른다. 예를 들면, 현대의 정신병리 연구 결과를 피상적으로만 알고 있어도 심리적으로 건강한 것으로 보

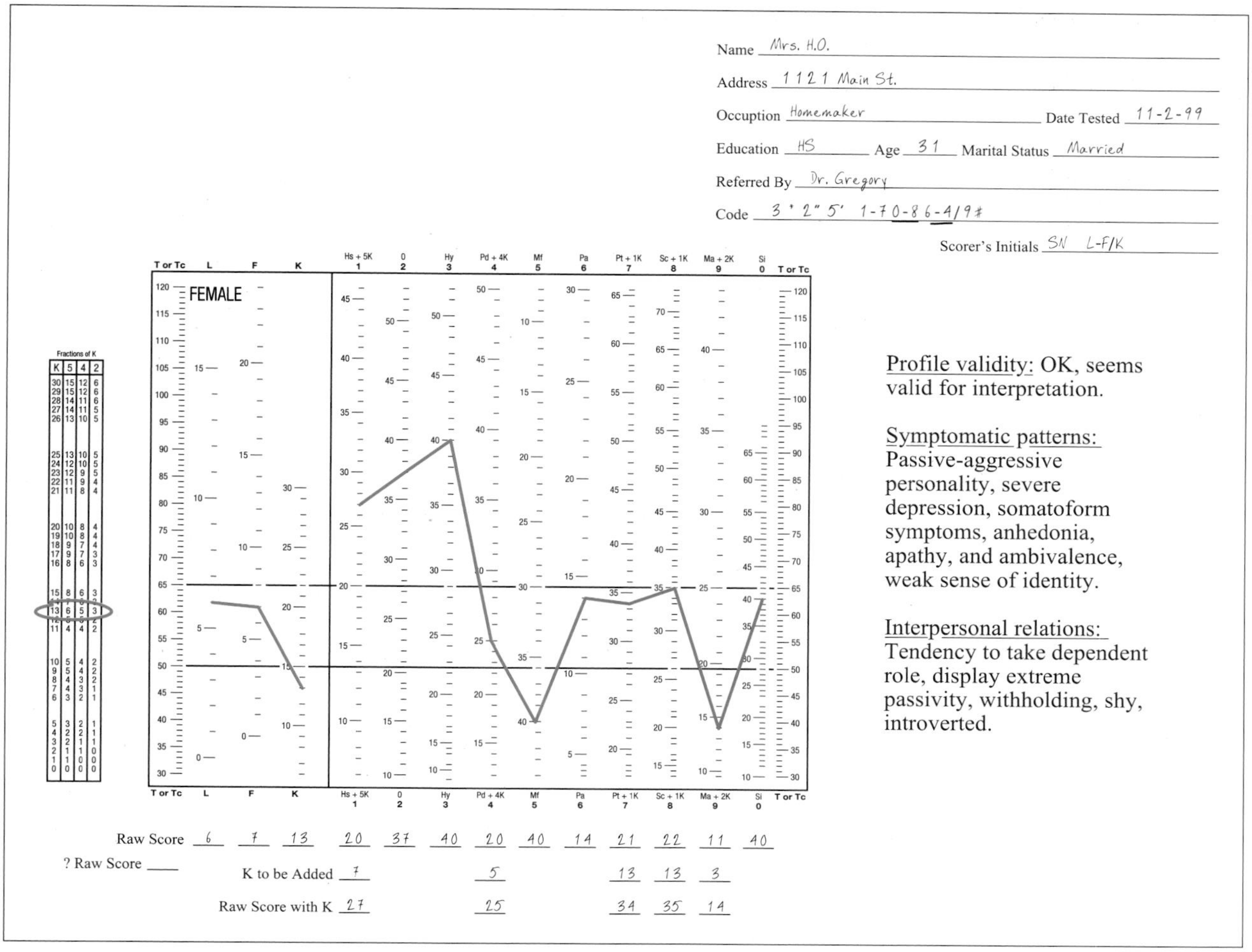

Name *Mrs. H.O.*

Address *1121 Main St.*

Occuption *Homemaker*    Date Tested *11-2-99*

Education *HS*   Age *31*   Marital Status *Married*

Referred By *Dr. Gregory*

Code *3 ' 2" 5' 1-70-86-4/9#*

Scorer's Initials *SN*   *L-F/K*

**Profile validity:** OK, seems valid for interpretation.

**Symptomatic patterns:** Passive-aggressive personality, severe depression, somatoform symptoms, anhedonia, apathy, and ambivalence, weak sense of identity.

**Interpersonal relations:** Tendency to take dependent role, display extreme passivity, withholding, shy, introverted.

| | L | F | K | Hs + 5K 1 | 2 | Hy 3 | Pd + 4K 4 | Mf 5 | Pa 6 | Pt + 1K 7 | Sc + 1K 8 | Ma + 2K 9 | Si 0 |
|---|---|---|---|---|---|---|---|---|---|---|---|---|---|
| Raw Score | 6 | 7 | 13 | 20 | 37 | 40 | 20 | 40 | 14 | 21 | 22 | 11 | 40 |
| K to be Added | | | | 7 | | | 5 | | | 13 | 13 | 3 | |
| Raw Score with K | | | | 27 | | | 25 | | | 34 | 35 | 14 | |

? Raw Score ____

**그림 1.10** 가상적인 MMPI-2 프로파일(미국의 견본)

이려면, 텔레비전으로부터 신호를 수신하는 것에 대하여 크게 걱정하는지를 묻는 문항에 그렇다라고 응답하지 말아야 한다는 것 정도는 알고 있을 것이다.

표 1.6 제시된 것처럼, MMPI-2에는 의도적으로 꾸민(deliberately faked) 반응을 탐지하도록 설계된 여러 개의 '타당도 척도'가 들어 있다. 예를 들면, 거짓말 척도(lie scale) 중 한 문항으로 '나는 매일 신문의 사설을 읽는다'가 있다. 저변에 깔린 가정은 이런 진술문에 대해서 솔직하게 그렇다고 할 수 있는 사람은 거의 없을 것이라는 것이다. 따라서 거짓말 척도 문항 중 상당수의 문항에 그렇다고 응답한 사람은 자신을 특별히 잘 보이려고 노력했을 가능성이 있다. 또한 저빈도(infrequency)(F) 척도상의 점수가 높은 것은 정신병리를 꾸며 보이려고 하는(faking) 사람과 진짜 심리장애가 있는 사람을 구분해준다(Bagby, Nicholson, Bacchionchi et al., 2002). 거짓말 척도나 저빈도(F) 척도상 점수가 높은 사람에 대해서는, 그의 프로파일을 의심쩍은 눈초리로 살피는 것이 보통이다. 그러나 이런 타당도 척도에 대해 잘 알고 있는 사람들은 자신의 프로파일을 효과적으로 꾸며낼 수 있다(Baer & Sekirnjak, 1997; Walters & Clopton, 2000). 그러나 대부분의 검사 상황에서는, 사람들은 자신이 도움받기를 원하기 때문에 자신의 응답을 그릇되게 나타내기를 원하지 않는다. 초점 1.3에서는 자기보고식 설문지의 타당도에 관련된 그 밖의 쟁점을 살펴본다.

**투사적 성격검사** **투사검사**(projective test)는 일종의 심리평가 도구로서, 다양한 반응을 유발할 수

## 초점 1.3    낙인찍힌 행동에 대한 과소 보고

자기보고식 설문지를 통하거나 대면 면접을 통한 약물 사용, 성행동, 그리고 폭력에 대한 연구 결과는 사람들이 자신의 행위와 태도에 대해 보고하는 것의 타당도를 확립할 때 당시의 상황이 중요함을 부각시켜준다(Ghanem, Hutton, Zenilman et al., 2005; Turner, Ku, Rogers et al., 1998).

한 연구(Turner et al., 1998)에서는 자기보고식 설문에서 얻은 결과를 새로운 방식의 자기보고식 방법에서 얻은 결과와 비교하였다. 즉 (15~19세 사이의) 소년과 젊은이들에게 휴대전화로 위험을 초래할 수 있고, 종종 낙인찍히는 행동 습관에 대해서 묻는 질문을 혼자서 듣게 한 후에, 이런 행동을 한 적이 있는지 여부를 컴퓨터 키보드 상에 그렇다와 아니다의 명칭이 붙어 있는 키를 눌러서 응답하게 하였다. 똑같은 문항을 지필식 설문지의 형태로 실시하여 응답하게 한 배합 통제집단(matched control group)과 비교했을 때, 컴퓨터로 응답한 자들 중에서는 훨씬 더 많은 사람들이 다양한 고위험 행동을 한 적이 있다는 반응을 보였다. 예를 들면, 컴퓨터 응답자들은 정맥주사로 약물을 사용하는 사람과 성관계를 가졌다고 보고하는 비율이 거의 14배나 많았고(2.8% 대 0.2%), 성교의 대가로 돈을 받았다고 보고하는 것이 2배 이상 높았으며(3.8% 대 1.6%), 그리고 코카인을 복용한 적이 있다고 보고하는 것이 거의 2배나 높았다(6.0% 대 3.3%). (이런 차이는 이런 조사용 자료를 수집하는 데 사용되어 온 또 다른 방법인, 이런 소년들을 성인 연구자가 탁자를 놓고 서로 마주 보고 앉아서 면접했더라면 더 크게 나타났을지도 모른다는 생각은 누구나 쉽게 할 수 있을 것이다.) 낙인찍히지 않거나 준법적인 행동, 이를테면 지난 해에 여성과 성교를 했다거나(컴퓨터 사용자의 경우 47.8%, 지필식 설문지의 경우 49.6%) 또는 지난 해에 술을 마셨다는 것(69.2% 대 65.9%) 같은 내용을 묻는

질문에 대해서는 아무런 차이가 없었다.

또 다른 연구(Ghanem et al., 2005)에서는, 성교를 통해 전파되는 질환의 처치를 받으러 진료실에 오는 남성들을 대상으로 고위험의 성행위 관행에 대해 면접할 때 면대면(face-to-face) 면접 또는 오디오 컴퓨터를 통한 단독 면접(audio computer-assisted self interview, ACASI)의 조건에 무선으로 배정(randomly assigned)하였다. 면대면 면접에 참여한 사람에 비해 ACASI에 참여한 사람들은 동성 간의 성적 접촉, 지난 달 섹스 파트너의 수효, 그리고 항문 성교 접촉을 수용한 것 같은 민감한 정보를 더 잘 공개하였다. 흥미롭기는 하지만, 두 조건의 남성들은 불법 약물 사용 행동을 공개하는 수준은 똑같았다.

이와 같은 발견이 새로운 것을 알려주지 못한다고 하더라도, 이 발견은 질문지 연구나 면접 연구를 통해 파악된 예민한 문제 행동의 횟수가 과소평가될 수 있다는 점과, 주삿바늘 공유 및 안전하지 않은 성교 같은 행동이 대부분의 사람들이 믿는 것보다 훨씬 더 빈번할 수 있음을 강력히 시사한다.

낙인찍히고, 예민하며, 위험하거나, 또는 심지어 불법일 수 있는 행동에 대해서 보다 정확한 자기보고 자료를 얻기 위한 노력으로, 연구자들은 미국 보건 및 대인 봉사국(U.S. Department of Health and Human Services)에 비밀보장 자격(Certificate of Confidentiality)을 신청해볼 수 있다. 이 자격증은 참여자들에게 자신이 예민한 정보를 드러내면 자신의 이런 반응을 연구자들이 사법기관이나 기타 행정당국에 보고하지 않을까 하는 두려움 없이 연구에 참여할 수 있도록 안심시켜주는 부가적인 보호 역할을 해준다.

---

있을 정도로 충분히 애매한 일련의 표준 자극 — 잉크반점이나 그림 — 을 해당자에게 제시한다. 이 검사의 가정은 자극자료가 비구조화되어 있고 애매하기 때문에, 해당자의 반응이 무의식적인 과정에 의해 주로 결정될 것이며, 따라서 해당자의 진짜 태도, 동기, 그리고 행동방식을 드러낼 것이라는 것이다. 이런 견해는 **투사 가설**(projective hypothesis)이라고 지칭된다.

예를 들면, 어떤 사람이 애매한 잉크반점에서 눈을 보았다면, 투사 가설에 의하면 이 사람은 편집증을 갖고 있을 가능성이 있다. 투사검사의 사용 근거는 응답자에게 직접 물어보면 자신의 진짜 감정을 표현하지 못하거나 또는 내켜하지 않을 것이라는 가정에 있다. 여러분이 짐작했겠지만, 투사 기법은 프로이트와 그 추종자들의 업적에서 유래된 것이다.

**주제통각검사**(Thematic Apperception Test, TAT)는 투사검사이다. 이 검사에서는 해당자에게 흑백으로 된 일련의 그림을 하나씩 보여주고 각 그림마다 관련된 이야기를 말해보도록 한다. 예를 들면, 어떤 사람이 울타리 뒤에서 청소년 야구게임을 보고 있는 소년의 그림을 보고서, 그 소년의 부모에 대해 분노가 깃든 이야기를 말할 수 있다. 임상가는 투사적 가설을 통해 이 사람이 그(녀)의 부모에게 적개심을 감추고 있다고 추론할 수 있다. 이 검사는 신뢰할 만한 채점 방법이 거의 없으며, 그 규준도 소수의 제한적인 표본을 토대로 만들어진 것이다(즉 다양한 인종이나 문화적 배경이 있는 사람들에게 적용할 규준이 거의 없음). 또한 TAT의 구성 타당도는 제한되어 있다(Lilienfeld, Wood, & Garb, 2000). **Rorschach 잉크반점 검사**(Rorschach Inkblot Test)는 아마도 가장 잘 알려진 투사 기법일 것이다. Rorschach 검사에서는 해당자에게 한 번에 하나씩 총 10개의 잉크반점 카드(원래의 잉크반점과 비슷한 카드는 그림 1.11 참조)를 보여주고, 반점이 어떻게 보

**그림 1.11** Rorschach 검사에서는 해당자에게 일련의 잉크반점 카드를 보여주고 반점이 무엇으로 보이는지 물어본다.

이는지를 말하도록 요청한다. 총 10개의 잉크반점 카드 중 절반은 흑백과 회색의 음영으로 되어 있고, 2개는 붉은색 큰 반점이 들어 있으며, 나머지 3개는 컬러이다.

Exner(1978)는 Rorschach 검사를 채점하는 데 가장 널리 쓰이는 체계를 고안해냈다. Exner의 채점체계는 응답자의 반응에서 지각 및 인지 패턴에 주목한다. 응답자의 반응은 그가 주변의 실생활 상황을 지각 및 인지의 측면에서 어떻게 조직화하는지를 보여주는 하나의 표본으로 간주된다 (Exner, 1986). 예를 들면, Erdberg와 Exner(1984)는 연구문헌을 개관한 결과 다음의 결론을 내렸다. 즉 어떤 응답자가 Rorschach 반응에서 인간 운동(예 : "그 남자는 비행기를 타기 위해 달리고 있다.")을 많이 나타내는 경우에는 자신의 욕구에 대처할 때 내부 자원을 사용하는 경향이 있는 반면, Rorschach 반응에서 색채 반응(예 : "그 빨간 점은 콩팥이다.")을 나타내는 응답자는 주변환경과의 상호작용을 더 추구하는 경향이 있다는 것이다(원 제작자인 Rorschach는 그가 애초에 만든 매뉴얼에서 이런 채점 방식을 제시하였다. 그러나 그가 10개 잉크반점 검사를 출간한 뒤 8개월 만에 죽자 그의 추종자들은 Rorschach 검사를 다른 방식으로 해석하는 방안을 고안해냈다).

비록 그 표본이 다소 작고 인종 및 문화도 대표하지 못하였지만 Exner 채점체계에는 규준이 있다. 그 신뢰도와 타당도에 관해서는, 위와 같은 작업에 대해서는 열렬한 지지자도 나왔을 뿐만 아니라 마찬가지로 통렬한 비판자도 등장하였다(Hunsley & Bailey, 1999; Lilienfeld Wood, & Garb, 2000; Meyer & Archer, 2001). Rorschach(또는 MMPI-2)의 타당도에 대해서 총괄적인 언급을 하려고 시도하는 것은 아마도 올바른 접근방식이 되지 못할 것이다. 이 검사는 어떤 문제를 평가하는 데서는 다른 문제에 비해서 타당도가 더 나은 것으로 보인다. 예를 들면, 제한적이기는 하지만 증거에 의하면, Rorschach는 조현병, 경계선 성격장애, 그리고 의존성 성격특질을 파악해 내는 데 타당도가 있는 것 같지만, 이것이 다른 평가 기법에 비해서 더 나은 것이냐는 아직 불분명하다(Lilienfeld et al., 2000). 달리 말하면, Rorschach가 보다 단순한 방법으로, 예를 들면 면접을 통해서 얻을 수 없는 정보를 제공해주는지 여부는 아직 불확실하다.

## 지능검사

Alfred Binet는 프랑스의 심리학자로, 원래 파리 교육위원회에서 특수한 학교교육이 필요한 아동을 예측해내는 것을 돕기 위해 검사를 제작하게 되었다. 그 후 지능검사 관련 제반 활동은 가장 큰 심리학 관련 사업 중 하나로 발전해 왔다. **지능검사**(intelligence test)는 종종 IQ검사로 불리는데, 개인의 현재 정신능력을 평가하기 위한 한 가지 방법이다. IQ검사의 기본 가정은 당사자의 현재 지적 기능 수준에 대한 세부적인 견본 행동이 그(녀)의 학교에서의 수행도를 예측할 수 있다는 것으로서, 이런 검사들은 대부분 개별적으로 실시된다. 가장 흔히 실시되는 검사에는 웩슬러 성인용 지능검사 4판[Wechsler Adult Intelligence Scale(WAIS-IV), 2008], 아동용 웩슬러 지능검사 4판(WISC-IV, 2003), 취학전 아동용 기본 지능척도 4판(WPPSI-IV, 2012), 그리고 스탠퍼드-비네 5판[Stanford-Binet(SB5), 2003]이 있다. 지능검사는 정기적으로 최신판으로 개정되며, 성격검사처럼 표준화된다.

학교 수행도를 예측하는 것 이외에도, 지능검사는 다양한 방식으로 사용된다.

- 성취도검사와 함께 사용하여, 학습장애를 진단하고 장점과 약점을 파악하여 학업 계획을 세우는 데 사용
- 어떤 사람이 지적장애(intellectural disability)(이전에는 정신지체로 알려짐, 제10장 참조)이 있는지 여부를 결정하는 데 도움을 주기 위해 사용
- 지능이 우수한 영재를 가려내어 적절한 교육을 학교에서 제공하기 위해 사용
- 신경심리 평가의 일부로서, 예를 들면 치매를 겪고 있다고 여겨지는 사람을 주기적으로 검사하여 정신능력의 퇴화를 시간의 추이에 따라 추적하기 위해 사용

IQ검사는 언어기술, 추상적 사고력, 비언어적 추론, 시-공간 기술, 주의력과 집중력, 그리고 처리 속도 등의 지능을 구성한다고 믿어지는 여러 가지 기능을 타진한다. 대부분의 IQ검사 점수는 평균이 100이고, 표준편차(점수가 평균 주변에 분산되어 있는 정도를 나타내는 수치)가 15 또는 16이 되도록 표준화되어 있다. 따라서 모집단(전집, population) 중 65%는 85~115점 사이의 점수를 받는다. 모집단 중 약 2.5%는 70 이하 또는 130 이상에 속한다(즉 평균 100에서 2표준편차만큼 점수가 낮거나 높은 것).

IQ검사는 신뢰도가 아주 높으며(Canivez & Watkins, 1998) 준거 타당도도 좋다. 예를 들면, 천재와 지적장애(지능부전자)를 구분해내며 학력이나 직장 경력이 다른 사람도 가려낸다(Reynolds, Chastain, & Kaufman et al, 1997). 또한 학업성취도와 직장에서의 성공 여부도 예측해주는데 (Hanson, Hunsley, & Parker, 1988). 적어도 백인에 대해서는 그렇다(평가 시 문화적 편향에 대한 논의는 아래 참조). IQ 점수와 학업성취도가 정적인 상관관계에 있지만, 교육을 많이 받아서 IQ가 높아졌는지 IQ 때문에 교육수준이 높아졌는지에 대해서는 덜 명확한 상태에 있다(Deary & Johnson, 2010). 더욱이 IQ 점수와 학업수행도 사이의 상관관계가 통계적으로 의미가 있기는 하지만, IQ검사는 학업수행도의 작은 부분만을 설명해줄 뿐이다. 즉 IQ 점수로 설명되지 않는 부분이 IQ 점수로 설명되는 부분에 비해서 훨씬 더 많다.

이 교재의 주제 중에서 흥미로운 것은, IQ가 건강과도 상관관계가 있다는 것이다. 100만 명이 넘는 스칸디나비아 남성을 대상으로 한 연구에서는, 20세의 나이에 지능이 낮을수록 20년 뒤에 조현병, 기분장애, 또는 물질의존으로 입원할 위험성이 더 큰 것과 관련이 있었고, 이는 연구참

여자의 가족의 사회경제적 지위 같은 그밖의 기여가능성이 있는 요인들을 통제한 후에도 마찬가지 결과였다(Gale, Batty, Tynelius et al., 2010). 16개의 전향적인 종단연구(prospective, longitudinal studies) 결과를 종합분석한 결과에 따르면, 성인기 초기에 IQ 점수가 낮을수록 나중에 나이가 들어서 (보다 빨리) 사망할 위험성이 더 높았는데, 이는 사회경제적 지위나 교육성취도 같은 그밖의 변인을 통제한 후에도 그러하였다(Calvin, Deary, Fenton et al., 2010).

구성 타당도와 관련해 유념해야 할 중요사항은 IQ검사가 심리학자들이 지능이라고 간주하는 것만을 잰다는 것이다. 그러나 우리가 지능이라고 생각하는 것이 아닌 다른 요인들도 또한 학교에서 얼마나 잘 해낼 것인지에 대해 중요한 역할을 한다. 이를테면 가족 및 환경여건, 잘 하려는 동기, 기대감, 수행불안, 그리고 교과과정의 난이도 등이 여기에 해당된다. IQ검사 수행도와 관련된 또 다른 요인은 소위 고정관념의 위협이라 불리는 것이다. 일부의 집단이 나타내는 낮은 지적 수행도에 대한 사회적 낙인(예 : 미국에서 흑인이 IQ검사를 잘 못해낸다, 여성이 남성보다 수학검사를 잘 못해낸다 등)이 검사 수행도에 실제로 지장을 준다고 시사되고 있다. 이런 현상을 입증하는 한 연구에서는, 남자와 여자 집단에게 어려운 수학검사를 주었다. 한 조건에서는 참여한 피험자들에게 지금 실시하려는 검사에서 여성보다 남성이 점수를 더 잘 받는다고 말해준 반면, 다른 조건에서는 검사 수행도상에서 성별 차이가 없다고 말해주었다. 그 결과 검사가 남녀 차이를 드러낸다고 설명해주었을 때만 여성이 남성보다 잘 해내지 못했다(Spencer, Steele, & Quinn, 1999).

불행하게도 이와 같은 고정관념에 대한 인식은 어릴 때 발달된다. 예를 들어 한 연구에 따르면 아동은 6~10세 사이에 인종과 능력에 대한 고정관념을 인식하기 시작하는데, 그중 93%의 아동이 10세에 이르면 이와 같은 고정관념을 인식하고 있다(McKown & Weinstein, 2003). 이런 인식은 고정관념의 위협(및 수행도)에 영향을 미치는 것으로 보인다. McKown과 Weinstein(2003)의 연구에서는 아동들에게 퍼즐 맞추기 과제를 주었다. 아동 중 절반은 이 과제가 자신들의 능력을 드러낸다(고정관념 위협조건)는 지시를 들었고, 나머지 절반의 아동은 그 검사가 자신들의 능력을 드러내주지 못한다는 지시를 들었다. 인종과 능력에 대한 고정관념을 인식하고 있던 흑인 아동은 고정관념의 위협에 대한 증거를 보여주었다. 세부적으로 말하면, 흑인 아동 중에서 능력을 반영한다는 지시를 들었던 아동은 그렇지 않은 아동에 비해서 퍼즐 과제의 수행도가 더 형편없었는데, 이는 지시한 내용이 고정관념을 활성화해서 그들의 수행도에 영향을 미쳤음을 시사한다.

IQ검사에는 소검사(하위검사, subtest)가 많다. 이 중 하나인 사진에 보이는 검사는 공간능력을 평가하는 것이다.

## 행동평가와 인지평가

지금까지 우리는 성격 특질과 지적능력을 측정하는 평가 방법에 대해 살펴보았다. 다른 유형의 평가에서는 행동 및 인지 특징에 초점을 두는데, 이런 특징은 다음과 같다.

- 증상을 일으키는 데 기여할 수 있는 환경 측면(예 : 소란스러운 복도 옆에 근무하는 사무실이 있다면 집중력에 문제를 일으키는 데 기여할 수도 있다.)
- 당사자의 특징(예 : 내담자가 피로를 호소할 경우 부분적으로는 "나는 어떤 일도 제대로 할 수 없어요. 그러니 해서 뭐 하겠어요?"와 같은 자기비하의 인지적 경향 때문일 수도 있다.)
- 문제 행동의 빈도와 유형(예 : 중요한 마감시간을 놓치는 것 같은 꾸물거리는 행동)

행동평가에는 행동을 직접 관찰하는 것이 종종 포함되는데, 위 사례에서는 관찰자가 일방경 뒤에서 관찰하고 있다.

- 문제 행동의 후속 결과(consequences)(예 : 내담자가 두려운 상황을 회피할 때, 그의 배우자가 동정하고 눈감아줌으로써, 배우자 자신도 모르는 사이에 내담자가 공포에 직면할 용기를 잃게 하고 있지는 않을까?)

행동평가나 인지평가에 필요한 정보는 여러 가지 방법으로 수집된다. 여기에는 실생활 및 실험실이나 사무실 상황에서의 직접적인 행동 관찰, 면접과 자기보고식 측정 도구, 그리고 다양한 그밖의 인지적 평가법이 있다(Bellack & Hersen, 1998). 이제 이들을 살펴보기로 하자.

**직접적인 행동 관찰** 공식적인 행동 관찰에서는, 관찰자가 행동의 계열을 학습의 개념체계 안에서 의미가 있도록 여러 부분으로 쪼갠다. 이를테면 특정한 행동의 선행 요인과 후속결과 등으로 나눈다. 또한 행동 관찰은 개입으로 연결되는 경우도 종종 있다(O'Brien & Haynes, 1995).

대부분의 행동은 그것이 실제로 일어나고 있을 때 관찰하기가 어렵기 때문에, 행동이 발생할 시기와 장소를 거의 통제할 수가 없다. 이러한 이유 때문에 많은 치료자는 치료실이나 연구실에서 가상적 상황을 만들어내서 내담자나 가족 구성원이 특정 조건하에서 어떻게 행동하는지를 관찰하고자 한다. 예를 들면, Barkley(1981)는 (과잉활동) 아동과 그 어머니를 소파와 TV까지 구비된 실험용 거실에서 함께 시간을 보내게 했다. 어머니에게는 장난감을 갖고 노는 것을 익히거나 산수 문제를 푸는 것과 같은 아동에게 부과할 과제 목록을 주었다. 관찰자들은 일방경(one-way mirror)을 통해 일련의 과정을 관찰하고는 아동이 엄마의 말을 따를 때와 그렇지 않을 때의 엄마의 반응뿐만 아니라 엄마가 시키는 것에 대해 아동이 어떤 반응을 보이는지를 부호화했다. 이러한 **행동평가**(behavioral assessment) 절차는 처치 효과를 가늠하는 데 사용될 수 있는 정보를 산출해주었다.

**자기관찰** 인지행동치료자와 연구자는 종종 사람들로 하여금 자신의 행동과 반응을 관찰하고 추적해보도록 시키곤 하는데, 이런 접근방법은 **자기관찰**(self-monitoring)이라고 불린다. 자기관찰은 기분, 스트레스 경험, 대처 행동, 그리고 생각 등 다양한 자료를 수집하는 데 사용되고 있다 (Hurlburt, 1979; Stone, Schwartz, Neale et al., 1998).

자기관찰의 한 예로서 **생태적 순간 평가**(ecological momentary assessment, EMA)라고 불리는 절차가 있다. EMA는 실시간으로 자료를 수집하는 것으로서, 사람들로 하여금 잠깐 생각을 과거로 되돌려서 최근에 경험한 생각, 기분, 또는 스트레스 자극에 대해 보고하게 하는 통상적인 방법과 반대가 된다. EMA를 적용하는 방법에는 사람들로 하여금 하루에 수 차례(대부분의 경우 문자 메시지 또는 스마트폰의 알람기능을 이용해서) 신호를 보내서 자신의 반응을 해당 장치 속에 직접 입력하게 한다(Stone & Shiffman, 1994).

EMA는 임상적 상황에서 전통적 평가 절차가 놓치기 쉬운 정보를 가져다주므로 유용할 수 있다. 예를 들면 Hurlburt(1997)는 극심한 불안발작을 겪은 남자의 사례를 기술하고 있다. 임상면접에서 이 환자는 자신의 삶이 아주 순조롭게 나아가고 있으며, 아내와 자식을 사랑하고, 직장 일도 수입을 많이 가져다줄 뿐만 아니라 개인적으로도 만족감을 준다고 말했다. 불안발작의 원인을 전혀 가늠할 수가 없었다. 이 남자에게 매일매일 일상생활을 하는 중에 떠오르는 생각을 기록하도록 하였다. 놀랍게도, 그의 생각 중 약 1/3이 자녀들 때문에 짜증나는 것이었다(예 : "그 녀석이 울

자기관찰을 하면 통상 바람직한 행동은 증가하고 바람직하지 않은 행동은 감소하게 된다.

**표 1.7 심리평가 방법**

| 면접 | 임상면접 | 임상가가 환자의 문제를 파악하려고 할 때 사용하는 대화기법. 면접의 내용은 면접자의 패러다임(이론)에 따라 달라짐. |
|---|---|---|
| | 구조화된 면접 | 물어볼 내용이 책자의 형식으로 그 속에 자세히 기술되어 있음. I축 장애를 위한 구조화된 임상면접(Structured Clinical Interview for Axis I Disorders)은 진단을 내리기 위해 흔히 사용되는 구조화된 면접임. |
| 스트레스 척도 | | 스트레스 사건 및 이런 사건에 대한 반응을 평가하는 자기보고식 척도 또는 면접 |
| 심리검사 | 성격검사 | MMPI-2에서처럼 광범위한 특징이나 역기능적 태도(dysfunctional attitudes)처럼 단일한 특징을 평가하는 데 사용되는 자기보고식 설문지를 말함. 행동주의적 입장에서 제작된 설문지는 상황에 초점을 두고 묻는 경향임. |
| | 투사적 성격검사 | 잉크반점(Rorschach 검사) 같이 애매한 자극을 제시함. 이에 대한 반응은 무의식적 과정에 의해서 결정된다고 생각됨. |
| | 지능검사 | 현재의 정신적 기능수준을 평가함. 앞으로의 학업성취도를 예측하고 인지적 강점과 약점을 파악하는 데 사용됨. |
| 직접적 관찰 | | 문제 행동뿐만 아니라 (문제 행동의) 선행 요인과 후속결과를 파악하기 위해 임상가들이 사용함. |
| 자기관찰 | | 생태적 순간 평가에서처럼, 각자 자신의 행동을 관찰하고 기록함. |

타리 문을 열어놓아서 개가 밖으로 나갔다. ").

짜증과 관련된 생각이 굉장히 많다는 것을 그에게 지적해주자마자, 그는 … 사실상 자식들 때문에 종종 짜증난다는 것을 인정했다. 그러나 그는 자기가 자식에게 화를 내는 것은 죄를 짓는 일이며 아버지로서 그런 생각과 감정을 갖는 것에 대해 불편해했다 … [그는] 단기치료를 통해서 자식들에 대해 짜증나는 것이 정상적인 일이며, 화나는 것과 공격적인 행동을 표출하는 것 사이에는 중요한 차이가 있다는 점에 초점을 맞추게 되었다. 이와 거의 동시에, 그의 불안발작은 없어졌다. (Hurlburt, 1997, p. 944)

어떤 연구에서는 자기관찰 또는 EMA가 이런 행동을 정확하게 측정해준다고 시사하지만, 상당히 많은 연구 결과에 의하면 행동이 자기관찰되고 있다는 바로 그 사실 때문에 바뀔 수 있다는 것을 보여준다. 즉 자기관찰에 요구되는 자의식(self-consciousness) 때문에 행동이 영향을 받는다(Haynes & Horn, 1982). 행동이 관찰되고 있기 때문에 행동이 변화하는 현상은 **반응성**(reactivity)이라고 불린다. 일반적으로 말해서, 사교적인 좌담에 참여하는 것 같은 바람직한 행동은 자기관찰 시 종종 그 빈도가 증가한다(Nelson, Lipinski, & Black, 1976). 반면에 흡연 같이 당사자가 줄이기를 원하는 행동은 감소한다(McFall & Hammen, 1971). 이와 같은 자기관찰의 자연스러운 부산물인 반응성을 치료적 개입에 이용할 수 있다. 흡연, 불안, 우울증, 그리고 건강 관련 문제는 자기관찰연구들에서 모두 좋은 방향으로 변화함을 보여주었다(Febbraro & Clum, 1998). 반응성 문제를 떠나서, 스마트폰 같은 휴대용 전자 장치를 이용하는 자기관찰법은 다양한 불안장애의 인지행동치료에서 효과를 내는 요소로서 포함되어 왔다(Przeworski & Newman, 2006).

**인지 양식 설문지**　인지 설문지는 처치 목표를 정하는 데뿐만 아니라 임상적 개입이 지나치게 부정적인 사고 패턴과 부정적 및 긍정적 정서를 변화시키는 데 도움이 되는지 여부를 확인하는 데 사용되는 경향이 있다. 형식으로 보면, 이런 설문지의 일부는 이미 기술했던 성격검사와 비슷하다.

Beck의 이론(제2장 기분장애를 참조)에 근거하여 만들어진 자기보고식 설문 중 한 가지가 역기능적 태도 척도(Dysfunctional Attitude Scale, DAS)이다. DAS에는 '내가 실수하면 사람들은 나를 낮추어 볼거야'와 같은 문항이 들어 있다(Weissman & Beck, 1978). 구성 타당도를 뒷받침하는 것으로서, 연구자들은 이 척도상의 점수를 토대로 우울증 여부를 구분해낼 수 있고, 우울증을 경감시키는 치료적 개입 후에는 점수가 떨어진다(즉 증세가 호전된다)는 것을 보여주었다. 더욱이 DAS는 Beck의 이론에 부합되는 방식으로 다른 측면의 인지와의 관련성도 잘 보여주고 있다(Glass & Arnkoff, 1997).

Fuse/Getty Images, Inc.

인지평가에서는 동일한 사건이라도 다르게 지각될 수 있다는 점을 고려하여 특정 상황에 대한 지각 내용에 초점을 맞추고 있다. 예를 들면, 이사하는 것은 사람에 따라서는 대단한 스트레스를 가져다주는 것으로 보이기도 하고 또는 긍정적인 시각으로 보는 경우도 있다.

## 중간 요약

지금까지 살펴본 심리평가 방법이 표 1.7에 요약되어 있다. 종합적인 (comprehensive) 심리평가는 각기 다른 많은 방법과 검사를 모아서 실시하는 것이다. 면접은 사전에 결정된 질문을 특정한 순서대로 진행시키는 식으로 구조화할 수 있고, 또는 비구조화해서 당사자가 면접자에게 말하는 내용을 따라가는 방식으로 진행할 수 있다. 구조화된 면접이 신뢰도가 더 높다. 소통관계(rapport)는 면접의 유형에 관계없이 확립하는 것이 중요하다.

스트레스는 반구조화된 면접을 통해 가장 잘 평가된다. 반구조화된 면접에서는, LEDS에서처럼, 당사자의 생활환경 속에서 어떤 특정한 생활사건이 얼마나 중요한지를 포착해낸다. 또한 자기보고식 점검표는 스트레스를 평가하는 데 사용되기도 하지만, 이는 LEDS에 비해서 신뢰도와 타당도가 낮다.

MMPI-2는 표준화되고 객관적인 성격검사이다. 이 검사는 신뢰도와 타당도가 양호하여 널리 사용되고 있다. Rorschach나 TAT 같은 투사적 성격검사는 요즘 그렇게 널리 사용되지 않는데, 아마도 타당도가 형편없기 때문일 것이다. 신뢰도는 Exner 방식같은 채점체계를 쓰면 괜찮다. 지능검사는 수십 년간 사용되어 왔는데, 아주 신뢰할 만하다. 다른 어떤 검사의 경우와 마찬가지로, IQ검사가 임상가 또는 연구자에게 알려주는 것에는 제한이 있다.

직접적 행동 관찰은 평가 시 대단히 유용할 수 있지만, 자기보고식 목록에 비해서 시간이 더 많이 들 수 있다. 그밖의 행동적 평가법 및 인지적 평가법에는 생태적 순간 평가(EMA)와 설문지가 있다.

## 복습문제 1.3

진위형

1. 제대로만 실시된다면, 심리평가는 당사자에게 가장 적합한 측정 도구로서 단지 하나만 사용하면 되는 것이 보통이다.

2. 비구조화된 면접은 신뢰도가 형편없는 경우가 있지만, 그래도 이런 면접은 심리평가에서 아주 쓸모가 있을 수 있다.

3. MMPI-2에는 응답자가 답을 꾸며내는지 여부를 탐지하는 척도가 들어 있다.

4. 투사 가설(projective hypothesis)은 자신을 괴롭히는 것이 무엇인지를 당사자는 정말로 모른다는 아이디어에 기반을 두고 있다. 따라서 좀 더 면밀한 평가 수단이 요구된다.

5. 지능검사는 신뢰도가 아주 높다.

6. 생태적 순간 평가(EMA)는 원하지 않는 충동을 평가하기 위한 방법이다.

# 신경생물학적 평가

옛날부터 정신병리학에 관심을 둔 사람들은 어떤 증상들이 두뇌의 기능부전에 기인하거나 최소한 두뇌의 기능부전에 반영되어 나타날 것이라고 가정해 왔는데, 이는 아주 합당한 생각이다. 이제는 신경생물학적 평가(neurobiological assessment)에서의 최근 동향을 살펴보자. 우리는 특히 네 가지 영역, 즉 뇌 영상촬영법, 신경전도체의 평가, 신경심리평가, 그리고 정신생리평가를 살펴보겠다 (이런 방법의 요약은 표 1.8 참조).

**표 1.8** 신경생물학적 평가법

| | |
|---|---|
| 뇌 영상 촬영법 | CT와 MRI 주사식 촬영법은 뇌의 구조를 밝혀준다. PET와 fMRI는 뇌의 기능을 연구하는 데 사용된다. |
| 신경전도체 평가 | 여기에는 신경전도체와 수용기의 사후 분석, 신경전도체의 대사물질에 대한 성분분석(assay), 그리고 수용기에 대한 PET 촬영법이 있다. |
| 신경심리평가 | Halstead-Reitan과 Luria-Nebraska 같은 행동검사는 운동속도, 기억, 그리고 공간능력 등의 능력을 평가한다. 특정한 검사상의 결손은 뇌기능장애를 보이는 영역을 찾아내는 데 도움이 된다. |
| 정신생리평가 | 피부전도도(skin conductance) 같은 자율신경계통의 전기 활동이나 뇌전도(EEG)처럼 중추신경계통의 전기 활동 등을 재는 것이다. |

## 뇌 영상 촬영법 : 두뇌를 들여다보는 방법

많은 행동 문제가 뇌의 기능부전에 의해 유발될 수 있기 때문에, 신경과적 검사─이를테면 (신체적) 반사활동의 검사, 혈관의 손상을 알려주는 단서를 찾기 위한 망막의 검사, 그리고 운동조정 및 지각 기능을 평가하는 것 등─는 뇌의 기능부전을 파악하기 위해 수십 년간 사용되어 왔다. 오늘날에는 뇌의 구조와 기능을 모두 그 자리에서 직접 자세히 보여주는 장비들이 개발되어 임상가와 연구자들이 활용할 수 있게 되었다.

컴퓨터 단층촬영장치(computerized axial tomography), 즉 **CT** 또는 **CAT 주사**(走査)는 두뇌의 구조적 이상을 평가하는 데 도움을 준다(또한 의료 목적으로 신체의 다른 부위를 영상으로 비추어 줄 수도 있다). CAT 주사장치에서는 X선의 움직이는 빔(beam)이 환자 두뇌의 수평적 단면 부위를 관통하여, 360도로 회전하면서 주사한다. 반대편에 있는 X선 탐지장치는 주사장치에 따라 움직이면서 관통된 방사선의 양을 측정한다. 따라서 X선 탐지장치는 생체조직 밀도상의 미세한 변화를 탐지해낸다. 컴퓨터는 이런 정보를 받아들인 후 횡단면에 적합한 명암을 가하여 횡단면에 대한 2차원적이고 명료한 영상을 만들어낸다. 그런 다음에 환자의 머리를 움직이고, 그러면 이 기계는 환자 두뇌의 또 다른 횡단면을 주사한다. 최종 영상에는 (두뇌 속의) 뇌실(ventricles)이 확대된 것이 나타날 수 있으며 [이는 뇌 조직이 퇴화된 것(brain tissue degeneration)을 알려주는 표시일 수 있음] 그리고 종양 및 혈액응고점(blood clots)의 위치도 알려줄 수 있다.

살아있는 뇌를 들여다보기 위해 새로이 개발된 컴퓨터 활용 장비에는 **자기공명촬영기**(magnetic resonance imaging)가 있다. 이 장치는 **MRI**라고도 알려져 있는데, CT 주사 시 요구되는 아주 적은 양의 방사능조차 사용하지 않고도 선명한 화질을 제공해주기 때문에 CT 주사법보다 성능이 더 좋다. MRI 촬영 시 피검자를 큰 원통 모양의 자석 속에 놓는다. 이 자석은 몸속의 수소원자를 움직이게 한다. 자력을 중단시키면 수소원자는 그들의 원래 자리로 돌아오고 이 과정에서 전자기적 신호가 발생한다. 이러한 신호를 컴퓨터가 해독하여 뇌 조직의 영상으로 표현한다. 이 기술은 엄청난 진전을 가져다주었다. 예를 들면, 이런 기술 덕분에 의사들은 미세한 뇌종양을 찾아내어 제

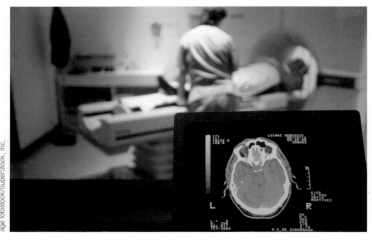

fMRI 스캔 장치 속으로 피검자가 들어가고 있는 모습

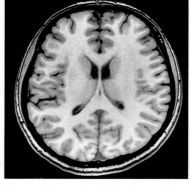 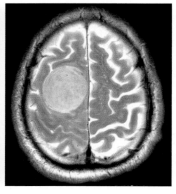

이 두 장의 CT 주사 사진은 뇌를 수평적으로 단층촬영한 것이다. 왼쪽 사진은 정상인데 비해, 오른쪽 사진은 왼쪽에 종양이 있는 모습이다.

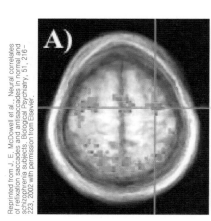 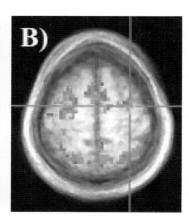

기능적 자기공명영상(fMRI). 이 방법을 사용해 연구자들은 사람이 각기 다른 과제, 이를테면 정서를 일으키는 영화를 볼 때, 기억검사를 완수할 때, 시각적 퍼즐을 볼 때, 단어목록을 듣고 학습할 때 뇌의 활동이 어떻게 변화하는지를 측정할 수 있게 되었다.

거할 수 있게 되었다. 과거에는 미세한 뇌종양은 뇌 구조를 보여주는 이런 정교한 방법 없이는 수술할 엄두도 못 내었다.

더 큰 진전은 **기능적 MRI**(functional MRI, fMRI)라고 불리는 기술로서, 이 기술 덕분에 연구자들은 뇌 구조와 기능을 모두 측정할 수 있게 되었다. 이 기술은 MRI 영상을 너무나도 신속하게 찍어주기 때문에, 뇌의 구조뿐만 아니라 뇌의 시시각각의 작동 양상을 보여주어 신진대사의 변화도 측정할 수 있게 해준다. fMRI는 뇌 속의 혈류를 측정해주는데, 이는 **BOLD** 신호라고 불리며, 이 말은 혈중 산소 수준(blood oxygenation level dependent)의 약어이다. 신경세포가 점화되면, 아마도 혈류가 증가하여 해당 영역에까지 이르게 될 것이다. 따라서 뇌의 특정 영역 속 혈류 증가는 해당 뇌 영역에서의 신경세포의 활동을 타당하게 반영해주는 것으로 간주할 수 있다.

양전자 방출 촬영장치(positron emission tomography, PET), 즉 **PET 주사법**(PET scan)은 비용이 더 많이 들고 침해성(invasive) 측정 절차로서, 뇌 구조를 측정하는 것이 MRI나 fMRI만큼 정교하지는 않지만 뇌의 구조와 기능을 모두 측정해준다. PET 주사 시에는 두뇌에서 사용되는 물질을 반감기가 짧은 방사성 동위원소를 이용하여 쉽게 식별할 수 있게 만든 다음 이 물질을 환자의 혈류 속으로 주사한다. 이 물질의 방사성(radioactive) 분자구조에서는 양전자(positron)라고 불리는 입자가 방출된다. 이 입자는 전자와 곧 충돌한다. 그러면 이와 반대방향으로 고에너지의 광자(light particles) 한 쌍이 두개골로부터 방출되어 나오고, 이 광자가 주사장치에 의해 탐지된다. 컴퓨터는 이에 대한 수백만 개의 기록을 분석하여 활동하는 두뇌의 모습을 영상으로 변환한다. 영상은 컬러이다. 옅고 따뜻한 색깔을 띤 흐릿한 점들은 주사된 물질에 대한 신진대사 속도가 빠른 부위이다. 이것은 fMRI보다 더 침습적이기 때문에, 이제는 뇌 기능의 측정 도구로서는 덜 자주 쓰인다.

활동 중인 두뇌에 대한 시각적 영상은 간질발작, 뇌종양, 뇌졸중, 그리고 두부손상으로 인한 외상의 위치뿐만 아니라 각기 다른 두뇌 영역 사이의 신경 연결상 붕괴, 다양한 두뇌 영역의 용적(크기)상 차이, 그리고 두뇌 속에서의 항정신성 약물의 분포도 알려줄 수 있다. 또한 fMRI 그리고 좀 더 약한 수준에서 PET 주사 장치는 다양한 장애와 연결된 신경 결함을 조사하는 데도 사용되고 있다. 이를테면 조현병 환자가 인지과제를 수행하려고 할 때 전전두 피질(prefrontal cortex)이 크게 활성화되지 않는 것을 조사하는 데 사용되고 있다.

정신병리 분야에서의 현대적인 신경영상 연구는 기능장애를 보일 수 있는 뇌 영역(예 : 전전두 피질)뿐만 아니라 각기 다른 두뇌 영역끼리 서로 의사소통하고 연결짓는 방식상의 결손도 연구한다. 이런 유형의 탐구 방식은 기능적 연결성 분석(functional connectivity analysis)이라고 종종 지칭되는데, 두뇌의 각기 다른 영역들끼리 연결짓는 방식을 파악하는 것을 목적으로 하기 때문이다.

## 신경전도체 평가

뇌 속의 특정한 신경전도체(neurotransmitter)의 양이나 그 수용기의 개수를 측정하는 것은 단순한 일이라고 보일 수 있다. 그러나 사실은 그렇지 않다. 신경전도체와 정신병리에 관한 대부분의 연구에서는 간접적 평가에 의존해 왔다.

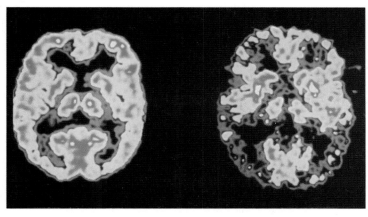

PET 주사 사진으로서. 왼쪽 사진을 보면 뇌가 정상인 데 비해 오른쪽 사진은 알츠하이머 병(Alzheimer's disease) 환자의 뇌를 보여주고 있다.

부검(postmortem) 연구에서는 죽은 사람의 뇌를 떼어낸 후 특정한 뇌 영역의 특정한 신경전도체의 양을 직접 측정할 수 있다. 다른 뇌 영역도 수용기에 달라붙는 물질을 사용해서 혼화(混和, infuse)시킬 수 있고 그런 연후에 부착 물질의 양을 잴 수 있다. 부착 물질이 많을수록 그에 따라 수용기도 많음을 알 수 있다.

현재 생존해 있는 피험자를 대상으로 하는 연구에서 흔히 사용되는 신경전도체 평가법에는 효소에 의해 파괴된 신경전도체의 **신진대사물**(metabolites)을 분석하는 방법이 있다. 신진대사물은 통상 산(酸, acid)인데, 신경전도체가 불활성화되면 생성된다. 이와 같은 신경전도체의 파괴로 인한 부산물은 이를테면 노르에피네프린, 도파민, 그리고 세로토닌 같은 것이 있는데 소변, 혈청, 그리고 뇌척수액(척수와 뇌실 속에 있는 액체) 속에서 발견된다. 예를 들면 도파민의 주요한 신진대사물은 HVA(homovanillic acid)이다. 세로토닌의 경우는 5-HIAA(5-hydroxyindoleacetic acid)이다. 특정한 신진대사물의 수준이 높으면 특정한 신경전도체의 수준이 높음을 나타내며, 그 수준이 낮으면 해당 신경전도체의 수준이 낮음을 나타내는 것으로 간주된다.

그러나 혈액이나 소변에서 신진대사물을 측정하는 것에는 문제가 있다. 즉 이와 같은 측정치가 뇌속에 있는 신경전도체의 수준을 직접 반영해주는 것은 아니다. 이렇게 측정된 신진대사물은 몸의 미지의 부위에 있는 신경전도체를 반영하고 있는 것일 수도 있다. 당사자의 척수에서 뽑은 뇌척수액(CSF) 속의 신진대사물에서 보다 특정적인 측정치를 얻어낼 수도 있다. 그러나 뇌척수액이라고 하더라도, 그속의 신진대사물은 정신병리에 직접 연관된 영역에 대한 것이라기보다는 두뇌와 척수 전반에 걸친 활동을 반영해주는 것이다. 우리는 (제2장에서) 세로토닌의 주요 신진대사물인 5-HIAA와 우울증에 관한 연구가 일관성이 부족했던 것을 살펴볼 것인데, 그 이유가 아마도 이런 신진대사물이 세로토닌의 활동 수준을 직접 반영해주는 것은 아니라는 사실에 기인할지도 모른다.

신진대사물 연구에서의 또 다른 문제는 그 연구방법이 상관관계 연구라는 것이다. 상관관계 연구를 통해서는 인과관계에 대해 결정을 내릴 수 없는 것이 사실이며 이런 것 등이 상관관계 연구의 제한점이 된다. 즉 연구자들이 우울증 같은 특정한 장애를 갖고 있는 사람들에게서 신경전도체의 수준이 낮은 것을 발견하였다고 할 때, 그 이유는 신경전도체의 수준이 낮은 것이 우울증을 유발했을 수도 있고, 우울증이 신경전도체의 수준을 변화시켰을 수도 있으며, 또는 제3의 변수가 신경전도체 및 우울증 모두에 변화를 가져왔기 때문일 수 있다. 예를 들면, 도파민(dopamine), 노르에피네프린(norepinephrine), 그리고 세로토닌(serotonin)의 수준은 스트레스에 대한 반응으로 변화해서 나타난다. 신경전도체의 수준이 증상을 유발하는지 여부를 검증하려면 실험을 통해서 증거를 얻을 필요가 있다.

이와 같은 신경전도체가 실제로 정신병리를 유발하는 데 관여하는지에 대한 보다 많은 실험적 자료를 확보하기 위한 한 가지 전략은 신경전도체의 수준을 증가시키거나 감소시키는 약물을 투여하는 것이다. 예를 들면, 세로토닌의 수준을 증가시키는 약물은 우울을 완화해야만 하며, 세로토닌을 감소시키는 약물은 우울 증상을 촉발해야만 한다. 물론 이와 같은 전략에는 문제가 있다. 즉 실험의 목적이 증상을 일으키는 것이라면 이런 연구를 수행하는 것이 윤리적인지에 대해서 의구심이 들 것이다. 또 다른 문제는 어떤 신경전도체의 수준을 변화시키는 약물이 다른 신경전도체의 계통에 영향을 주는 경우가 종종 있다는 것이다. 우리는 이 책 전반에 걸쳐서 이런 유형의 연구의 예들을 살펴볼 것이다.

　많은 분야의 임상가와 연구자는 과거에는 탐지할 수 없었던 두뇌 속의 문제를 발견해내기 위해서뿐만 아니라 사고, 정서 및 행동에 대한 신경생물학적 차원의 연구를 수행하기 위해서 두뇌 영상 기술과 신경전도체 평가 기술을 현재 사용하고 있다. 이는 대단히 생동감 있고 흥분되는 연구 및 응용 영역이다. 실제로 연구자와 임상가는 이와 같은 절차와 fMRI 같은 기술 장비의 도움을 받아서 두뇌와 그 기능을 다소 직접 관찰할 수 있게 되며 이런 식으로 해서 두뇌의 비정상 모두를 평가할 수 있게 될 것이라고 가정하는 것은 합당하다고 볼 수 있다. 그러나 현재까지의 연구 결과는 이런 방법들을 정신병리를 진단하는 데 사용하도록 하기에는 그다지 강력하지 못하다. 더욱이, 많은 두뇌 이상은 너무 미세하고 근소한 구조적 변화와 관련된 것이라서 이런 이상을 직접 조사하는 것은 지금껏 불가능했다. 또한 어떤 장애에서의 문제는 확산되어 있어서 그 원인이 되는 두뇌의 기능부전을 찾아내기란 어려운 과제였다. 예를 들면, 생각, 감정 및 행동에 영향을 미치고 있는 조현병에 대해 살펴보자. 두뇌 속의 어디가 기능부전일까? 생각, 감정 및 행동에 영향을 미치는 영역을 찾아내려면 두뇌 전체를 살펴보아야만 할 것이다.

## 신경심리학적 평가

이 시점에서 신경과 의사와 신경심리학자 사이의 차이점을 언급하는 것이 중요하다. 물론 이 두 전문가는 모두 중추신경계통의 연구에 관심이 있다는 점에서는 공통적이다. **신경과 의사**(neurologist)는 뇌출혈, 근육의 퇴화, 뇌성마비, 알츠하이머병과 같이 신경계통에 영향을 미치는 질환이나 문제를 전문으로 다루는 의사이다. **신경심리학자**(neuropsychologist)는 뇌의 기능부전이 우리의 사고, 감정 및 행동 방식에 어떻게 영향을 미치는지를 연구하는 심리학자이다. 이 두 전문가는 신경계통의 작동 방식을 알아내고 뇌에 질환이나 부상이 생겨서 유발된 문제를 경감시킬 방법을 알아내기 위하여 각기 다른 방식으로 연구하지만, 종종 상호협력도 하면서 서로 큰 도움을 주고 있다.

　**신경심리검사**(neuropsychological tests)는 두뇌의 기능이상(기능부전)을 탐지할 뿐만 아니라 두뇌 속의 문제로 인해 영향을 받은 특정한 행동 영역을 짚어내는 데 방금 기술된 두뇌 영상 기법과 함께 사용되는 경우가 종종 있다. 신경심리검사는 각기 다른 심리적 기능(예 : 운동 속도, 기억, 언어)이 두뇌의 각기 다른 영역에 연결되어 있다는 생각에 토대를 두고 있다. 따라서 예를 들면, 신경심리검사는 뇌출혈 중에 발생한 뇌손상의 정도를 파악하는 데 도움이 될 수 있으며, 뇌 속의 손상이 있을 부위에 대한 단서를 제공해줄 수 있고 그다음에는 이런 단서를 좀 더 고가의 뇌 영상 기법으로 확진할 수 있게 된다. 정신병리를 평가할 때 사용되는 신경심리검사는 아주 많다. 여기에서는 널리 사용되고 있는 두 가지 검사 배터리(battery)만 소개한다.

　한 가지 신경심리검사는 Halstead에 의해 이미 개발된 검사군, 즉 검사 배터리를 Reitan이 수정한 것으로서, Halstead-Reitan 신경심리검사 배터리로 불린다. 다음에 소개되는 것들은 Halstead-Reitan 검사 배터리 중 세 종류의 검사이다.

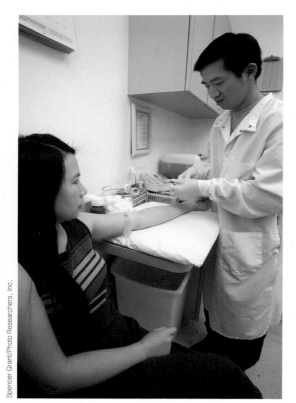

혈액이나 소변 속에 있는 신경전도체 신진대사물을 측정하는 것은 두뇌 속 신경전도체의 수준을 아주 정확하게 알려주지는 못한다.

1. **촉각수행도 검사 - 시간**(tactile performance test-time) : 피검자는 눈을 가린 채 여러 모양의 토막을 그에 들어맞는 판형 속에 짜맞추어 넣는 것인데, 먼저 잘 쓰는 손을 사용하고, 그 후 다른 손으로, 끝으로 두 손 모두 사용한다.

2. **촉각수행도 검사 - 기억**(tactile performance test-memory) : 위와 같은 시간제한 검사를 마치고 나서, 피검자는 판형의 모양을 기억해서 그려내어 각 토막의 원래 위치를 표시해내야 한다. 이 검사와 위의 시간제한 검사는 우측 두정엽의 손상을 민감하게 밝혀준다.

3. **목소리 지각검사**(speech sounds perception test) : 피검자는 일련의 무의미 단어를 듣게 되는데, 이 무의미 단어는 각기 중간에 장음 e의 소리를 가진 2개의 자음으로 구성되어 있다. 다음에 여러 개의 단어 중에서 방금 들은 단어를 골라내야 한다. 이 검사는 좌반구의 기능, 특히 측두엽과 두정엽을 측정한다.

광범위한 연구 결과 이 검사 배터리가 여러 가지 상태, 이를테면 뇌종양, 뇌출혈 및 두부손상 등으로 인한 두뇌 기능부전에 연결된 행동 변화를 타당성 있게 탐지해주는 것으로 밝혀졌다.

Luria-Nebraska 배터리(Golden, Hammeke, & Purisch, 1978)는 러시아의 심리학자인 Aleksandr Luria(1902-1977)의 연구에 토대를 두고 있는데, 이것도 널리 사용되고 있다(Moses & Purisch, 1997). 269개의 항목으로 구성된 배터리는 11개의 소검사로 구성되어 있으며, 각 소검사는 기본 및 복합 운동기술(motor skills), 리듬 및 음조(pitch) 능력, 촉각 및 근육운동지각(kinesthetic) 기술, 언어 및 공간 기술, 말을 알아듣는 능력(receptive speech ability), 말로 표현하는 능력(expressive speech ability), 쓰기, 읽기, 산술 기술, 기억, 그리고 지적 과정(intellectual processes)과 같은 기술을 평가한다. 이 소검사들상의 점수 유형뿐만 아니라, 전반적인 두뇌손상을 가장 잘 감별해준다고 밝혀진 32개 문항의 점수 유형은, 좌반구 또는 우반구의 전두엽, 측두엽, 감각운동영역, 두정엽-측두엽에 대한 손상을 밝히는 데 도움을 준다.

Luria-Nebraska 배터리를 실시하려면 2시간 반 정도의 시간이 소요되며 신뢰도가 아주 높게 채점할 수 있다(예 : Kashden & Franzen, 1996). 준거 타당도는 검사 점수를 갖고 신경과 질환이 있는 사람과 없는 사람을 정확하게 분류한 비율이 86%를 넘는 결과를 통해서 확립되었다(Moses, Schefft, Wong et al., 1992). Luria-Nebraska 검사의 특별한 한 가지 장점은 교육 수준이 낮은 사람이 교육 경험의 부족으로 인해서 점수가 낮게 나오지 않도록 교육 수준의 영향을 제거할 수 있다는 것이다(Brickman, McManus, Grapentine et al., 1984). 끝으로, 8~12세 사이의 아동용 검사(Golden, 1981a, 1981b)도 뇌손상을 진단하고 아동 교육 시 우수한 점과 취약점을 평가하는 데 유용한 것으로 밝혀졌다(Sweet, Carr, Rossini et al., 1986).

## 정신생리적 평가

**정신생리학**(psychophysiology)이란 분야는 심리적 사건에 수반된 신체적 변화에 초점을 둔다. 실험 연구자는 사람이 무서워할 때, 우울할 때, 잠잘 때, 상상할 때, 문제를 풀 때 등의 생리적 변화를 연구하기 위해 심장박동, 근육의 긴장 수준, 신체 각 부위에서의 혈액의 흐름, 그리고 두뇌 속의 전기적 활동(소위 뇌파) 같은 측정치를 사용해 왔다. 이미 살펴본 두뇌영상 촬영법과 마찬가지로, 지금 서술하는 이 평가법도 진단에 사용될 만큼 충분히 민감한 편이 못 된다. 그러나 이 방법은 당사자의 반응성에 대한 중요한 정보를 제공해줄 수 있으며 개인들 간을 비교하는 데 사용될 수도 있다. 예를 들면, 불안장애가 있는 사람을 치료하기 위해 노출법을 적용할 때, 불안을 일으키는 자극에 노출시켰을 때 생리적 반응성의 정도를 알 수 있다면 쓸모있을 것이다. 생리적 반응성이 높은 환자는 높은 수준의 공포를 경험하고 있을 수 있으며, 이는 치료 효과가 더 클 수 있음을 예

Richard Nowitz/Photo Researchers

신경심리검사에서는 뇌에서 어느 부분이 비정상적인지를 탐지해낼 목적으로 다양한 유형의 검사를 실시하여 수행도상의 결손(performance deficit)을 평가한다. 이 사진은 촉각 수행도 검사의 실시 모습을 보여주고 있다.

측해준다(Foa, Riggs, Marsie et al., 1995).

자율신경계통의 활동은 정서의 속성을 이해하기 위한 일환으로 평가하는 경우가 종종 있다. 이와 같은 한 가지 측정치는 심장박동수이다. 심장은 박동할 때마다 전기적 변화를 발생시키는데, 이런 변화는 가슴 위에 부착된 전극에서 포착되어, 이 전극을 통해 해당 신호가 심전계(electrocardiograph) 또는 다중 기록기(polygraph)로 전달된다. 이런 신호는 **심전도**(心電圖)(electrocardiogram, EKG)에 그래프 모양으로 표시되는데, 컴퓨터 화면에서는 파형으로 나타내 보일 수 있다.

자율신경계통의 활동에 대한 두 번째의 측정치는 **전기피부반응**(eletrodermal responding), 즉 피부전도도(skin conductance)이다. 불안, 두려움, 분노 및 그밖의 정서는 교감신경계통의 활동을 증가시키고, 교감계통은 다시 땀샘의 활동을 높여준다. 이러한 내분비선의 활동이 증가하면 피부의 전기전도도를 증가시킨다. 전도도(傳導度, conductance)라는 것은 통상 소전압이 손에 있는 두 전극 사이를 통과할 때 (전극 사이의) 피부를 통과하여 흐르는 전류의 양을 계산하는 식으로 해서 측정된다. 땀샘이 활성화되고 나면 전극 간의 이러한 전류는 뚜렷이 증가한다. 땀샘이 교감신경계통에 의해 활성화되므로, 땀샘 활동의 증가는 교감신경계통의 흥분을 나타내고 종종 정서적 흥분(emotional arousal)의 측정치로 간주된다. 이상의 측정치는 정신병리의 연구 시 폭넓게 사용된다.

두뇌 활동은 **뇌전도**(electroencephalogram, EEG)를 통해 측정할 수 있다. 두개골 위에 부착된 전극을 통해서 (두개골 밑의) 뇌영역 속에서의 전기 활동을 기록한다. 특별히 비정상적인 전기활동 패턴은 두뇌 속에서의 간질 활동을 시사하거나 뇌 손상이나 종양의 위치를 알려주는 데 도움이 될 수 있다. 또한 EEG 지표는 주의력(attention) 및 경각심(alertness)을 재는 데도 쓰인다.

앞에서 개관된 두뇌영상기법의 경우와 마찬가지로, 인간에 대한 보다 완전한 모습은 인간이 어떤 형태의 행동이나 인지활동을 수행하는 동안의 생리적 기능방식을 평가함으로써 얻게 된다. 연구자 및 임상가가 이를테면 거미 같은 특정 공포증이 있는 사람의 정신생리적 반응방식에 관심이 있다면, 해당자에게서 불안 및 두려움의 반응을 유발하리라 여겨지는 거미 사진 또는 실제 거미를 자극으로 해당자에게 제시하면서 연구할 것이다.

## 신경생물학적 평가 시 유의사항

신경생물학적 평가 시 유의사항을 이 시점에서 살펴볼 필요가 있다. 정신생리학과 두뇌영상 촬영 시에 고도로 정교한 전자장치가 사용되며 많은 심리학자들이 가능한 한 과학적으로 연구하고 싶어 하므로, 연구자 및 임상가는 이와 같이 외견상 객관적인 평가 도구들을 그속에 실제로 존재하는 제한점과 복합성을 충분히 감안하지 않은 채 무비판적으로 믿는 경우가 때때로 있다. 측정치 중 상당수가 여러 가지 정서상태를 명확하게 변별해주지 못한다. 예를 들면, 피부전도도는 불안할 때만 증가하는 것이 아니고 다른 정서 상태—이를테면 행복감—를 느낄 때에도 높아진다. 더욱이, (두뇌영상 촬영용) 스캐너 속에 들어가 있는 것은 종종 위협을 느끼게 해줄 수 있다. 그래서 어떤 연구자가 fMRI를 사용하여 정서와 연관된 두뇌 변화를 측정하는 데 관심이 있다면 스캔하는 주변 환경도 감안해야만 한다. 또한 유념해야 할 중요 사항은 두뇌영상 촬영 기술의 특성상 우리가 (피검자의) 두뇌활동을 조절하고 그로 인한 행동 변화를 측정하는 것이 가능하지 않다는 것이다(Feldman Barrett, 2003). 전형적인 연구에서는, 사람들에게 정서를 불러일으키는 단어를 목록으로 보여준 뒤 두뇌 속의 혈류를 측정한다. 이런 과제를 수행하는 중에 정서 유발 영역에서의 활성화 수준이 같지 않은 사람은 두뇌에 기반을 둔 정서 결핍증을 갖고 있는 것인가? 꼭 그렇지는 않다. 그 사람은 주의를 안 기울였을 수도 있고, 단어의 뜻을 이해하지 못했을 수도 있으며, 또는 fMRI 기계에서 나는 큰 땡그렁거리는 소음에 신경을 썼을 수도 있다. 이런 연구들에서 발견된 효과를 설명하는 데 다른 대안적 해석이 있을 수 있다는 점에 지극히 유의하는 것이 중요하다.

한편에 있는 특정 신경심리검사상의 점수 또는 fMRI 주사(스캔)법에 의한 발견과 다른 편에 있는 심리적 기능부전 사이에는 일대일 관계가 없다. 이와 같이 때로는 그 관계가 느슨해지는 이유는 당사자가 각기 다른 대처전략을 시간의 흐름에 따라서 어떻게 발전시켜 왔느냐와 같은 요인들과 관련된다. 그리고 대처 노력의 성공 여부는 그가 살아온 사회 환경과 관련이 있는데, 예를 들면 부모와 친구들을 얼마만큼 이해해주었는지 또는 학교에서 그에게 필요한 특수교육의 필요성을 얼마나 잘 충족시켜 주었는지 등과 관련된다. 게다가 두뇌 자체가 이런 심리적 요인과 사회환경적 요인에 반응하다 보면 시간이 지남에 따라 뇌 자체가 변화하기 마련이다. 그러므로 생물학적 평가 도구 그 자체가 불완전하다는 점과 두뇌의 실제 기능방식에 대해 우리가 불완전하게 이해하고 있다는 점 이외에도, 임상가와 연구자는 임상적 양상에 (서서히) 시간을 두고 영향을 미치는 사회 및 환경 요인을 감안해야만 한다. 달리 말하면, 완전하게 평가하려면 다중적 방법(임상 면접, 심리적 방법 및 신경생물적 방법)을 사용해야만 한다.

신경심리 평가 시 주의해야 할 마지막 사항은, 두뇌 기능부전으로 인해 후속된 영향을 이해하고자 할 때에는, 당사자가 심리장애의 진단을 받기 전에 보유하고 있던 능력을 이해해야 한다는 아주 간단하지만 종종 소홀히 취급되는 사실을 유념해야 한다는 것이다. 이 단순한 진실은 양 손가락 모두가 부러진 사고에서 회복 중인 한 남자의 이야기를 떠오르게 한다. 그 남자는 다친 것이 나으면 피아노를 칠 수 있는지에 대해 진지하게 외과 의사에게 물었는데, 그 의사는 "물론, 할 수

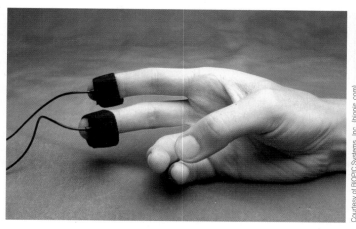

정신생리성 평가에서는 신체의 생리적 변화를 측정한다. 이 사진은 2개의 손가락 위에 탐지전극(sensors)을 부착하고 피부전도도를 재는 모습이다.

## 중간 요약

기술의 진보는 임상가와 연구자로 하여금 살아있는 뇌를 '보는' 것을 허용해주었다. CT, MRI, 그리고 fMRI 같은 다양한 영상 촬영 기술은 적절하게 작동하지 않는 두뇌 부위를 보여주는 능력을 갖추고 있다. 신경전도체에 대한 직접적 평가는 자주 실시하지 않는다. 오히려, 신경전도체의 신진대사물을 검사하는 것이 신경전도체의 기능 방식을 대략적으로 추정하게 해주는 방도를 제공해주고 있다. 또 다른 접근방식은 신경전도체의 수준을 높여주거나 또는 감소시켜주는 약물을 투여하는 것이다. 또한 부검을 통한 조사는 신경전도체, 특히 수용기에 대한 측정을 가능하게 해주고 있다. 신경심리검사는 행동상의 변화가 어떻게 해서 두뇌의 특정 부위에서의 손상 또는 장애를 반영해줄 수 있을지를 보여주기 위해 개발되었다. 정신생리적 평가 방법은 행동 및 인지가 어떻게 해서 심장박동, 피부전도도, 또는 두뇌 전기활동 같은 신경계통의 활동상 변화와 연결되는지를 보여줄 수 있다. 이런 방법들은 다른 평가 도구들에 비해서 그에 못지 않거나 또는 더 많은 제한점이 있으며, 신뢰도와 타당도의 핵심 개념은 다른 유형의 평가에서와 마찬가지로 신경생물학적 평가 시에도 그대로 적용된다.

## 복습문제 1.4

진위형

1. MRI는 두뇌의 구조와 기능 모두를 보여주는 기술이다.

2. 신경전도체의 평가는 간접적 방법을 써서 실시되는 경우가 더 많다.

3. 신경심리학자는 두뇌의 기능부전이 어떻게 해서 우리의 생각, 감정, 그리고 행동 방식에 영향을 미치는지를 연구하는 심리학자이다.

4. 두뇌의 활동은 EKG라는 정신생리적 방법으로 측정할 수 있다.

있고 말구요."라고 안심시키며 대답하자, 이 남자는 "그건 놀랍군요! 왜냐하면 나는 여태껏 피아노를 연주해보는 것이 꿈이었거든요."라고 말하였다.

# 문화 및 민족성의 다양성과 평가

정신병리에서 문화(culture) 및 민족성(ethnicity)의 영향에 관한 연구와 그에 대한 평가 작업이 최근 활발해졌다. 이 방면의 연구 결과를 읽을 때 염두에 두어야 할 것은, 통상 문화권 간의 차이보다는 문화권 내부, 민족(ethnic) 및 인종(racia) 내에서의 차이가 크다는 점이다. 이 중요한 점을 유념하면 특정 문화권이나 민족의 구성원을 상동화(stereotyping)하는 위험성을 피하는 데 도움이 될 것이다.

최근에 여러 종류의 심리평가법의 신뢰도와 타당도에 대해 의문점이 제기되어 왔는데 그 이유는 그 내용과 채점 절차가 백인 계통의 유럽계 미국인의 문화를 반영하고 있어서 다른 문화권의 사람들을 정확하게 평가하지 못할 수 있다는 것이다. 이 절에서는 문화적 편향 문제와 이에 대한 방안을 살펴볼 것이다.

### 평가 시의 문화적 편향

평가 시의 문화적 편향이라는 쟁점은 어떤 문화 또는 민족을 위해 개발된 어떤 척도가 다른 문화 또는 민족에 대해서는 그 신뢰도와 타당도가 똑같지 않을 수도 있다는 견해와 관련된 것이다. 미국에서 개발된 일부 검사는 다른 언어로 번역되어 다른 문화권에서 성공적으로 사용되어 왔다. 예를 들면 웩슬러 성인용 지능검사(WAIS)의 스페인어 판은 40년 이상 사용되어 왔으며(Wechsler, 1968) 히스패닉계나 라틴계 문화권 사람들의 지적 기능을 평가하는 데 유용하다(Gomez, Piedmont, & Fleming, 1992). 그밖에도 MMPI-2는 20개 이상의 언어로 번역되었다(Tsai, Butcher, Vitousek et al., 2001).

그러나 단어를 다른 언어로 번역하는 것만으로는 이런 단어의 의미가 다른 문화권에서도 같을 것임을 보증해주지는 않는다. 번역 과정의 여러 단계, 여기에는 다중 번역자의 활용, 역번역 작업, 그리고 다중 원어민에 대한 시험 등이 있는데, 이런 단계를 거쳐야 그 검사가 다른 언어로도 비슷한 성능을 띤다는 것을 보증하는 데 도움이 될 것이다. 이런 접근을 통해서 일부 도구, 이를테면 MMPI-2 같은 도구에 대해서 문화 및 민족이 다르더라도 등가성(equivalence)을 획득하는 데 성공을 거두었다(Arbisi, Ben-Porath, & McNulty, 2002). 그러나 MMPI-2의 경우에서조차 정신병리상의 차이에 기인한다고 볼 수 없는 문화적 차이가 있었다. 예를 들면, 미국 문화에 완전히 동화되지 못한 아시아계 미국인은 대부분의 MMPI-2 척도 점수가 백인의 경우보다 더 높았다(Tsai & Pike, 2000). 이는 아시아계 사이에서 정서적 곤란의 정도가 높아서 그런 것은 아닐 것이다. 아동의 경우, WISC의 최신 판이 스페인어로 번역되었다(WISC-IV 스페인어 판). 그밖에도, 이 판은 미국에서 스페인어를 쓰는 아동들에 대한 완벽한 규준을 갖추고 있으며, 그 문항도 문화적 편향을 최소화하기 위해서 애매한 점이 없도록 제작되었다.

이와 같은 노력에도 불구하고, 임상적 평가에서 문화적 및 민족적 편향을 줄이기 위해 더 노력을 취해야 한다. 위와 같이 특정 문화권에 대한 가정 또는 편향 때문에 임상가는 다른 문화권의 사람이 호소하는 심리적 문제를 과대평가 또는 과소평가하기 쉽다(Lopez, 1989, 1996). 흑인 아동이 특수교육 학급에 많은데, 이것은 학급 배치를 결정하는 데 사용된 검사에 내재된 미세한 편향의 탓일 수도 있다(Artiles &

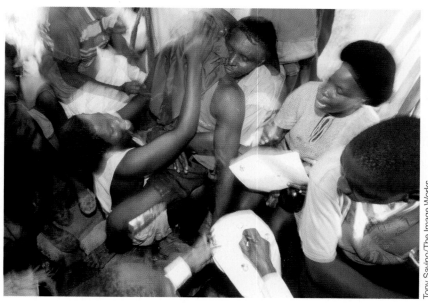

평가 시에는 내담자의 문화적 배경도 고려해야 한다. 신들린다는 것은 어떤 문화권에서는 보편적으로 믿고 있는 사항이므로, 이런 경우 그렇게 믿는 사람을 정신병자로 생각해서는 안 된다.

Trent, 1994). 적어도 1970년대 이후로 연구 결과에 의하면 미국 흑인 중에서 흑인이 백인보다 조현병의 진단을 더 많이 받는 경향이 있다는 것이 발견되었다. 이 결과는 실제 차이를 반영하기보다는 임상가에게서 일종의 인종적 편향이 있었음을 반영하는 것일 수 있다(Arnold, Keck, Collins et al., 2004; Trierweiler, Neighbors, Munday et al., 2000). 이제는 정서적 위축 정도가 심한 아시아계 미국인 남성의 경우를 예로 들어보자. 남자가 정서적 표현을 잘 안 한다는 것이 유럽계 문화에 비해 아시아 문화권에서는 좋게 여긴다는 것을 임상가가 참고해야만 할 것인가? 이러한 행동을 문화적 차이 탓으로 금방 돌려버리는 임상가는 그 당사자가 백인 남자라면 정서 문제라고 진단을 내렸을 텐데 이 경우 정서 문제를 간과하게 될 수 있다. 사실상, 최근의 증거에 따르면 임상가는 아시아계 미국인의 얼굴표정에서 흥분이 안 보이면 이를 우울 증세로 혼동하고 있음을 보여주고 있다. 아시아계 미국인이 유럽계 미국인에 비해서 이런 표현을 덜 나타낸다고 하더라도, 이는 아시아계 미국인이 우울하냐 아니냐 여부와는 전혀 무관하다(Tsai, 2014).

이러한 문화적 편향은 어떻게 나타나게 되었을까? 문화적 요인은 다양한 방식으로 평가에 영향을 끼칠 수 있다. 언어의 차이, 종교 및 영적인 믿음의 차이, 유럽계 미국 문화권에 속한 임상가가 평가할 때 소수계 문화권의 구성원이 보이는 배타적 분위기 또는 수줍어하는 것으로 비치는 것 등 이런 모든 요인이 다소간의 영향을 미칠 수 있다. 예를 들면, 어떤 임상사가 자기의 주변을 영혼이 감싸고 있다는 주장하는 사람을 보게 되면, 이런 믿음을 조현병의 증세로 간주할 수도 있다. 그러나 푸에르토리코 문화권에서는 이런 믿음이 보편적이다. 따라서 자기 주변을 영혼이 감싸고 있다고 믿고 있다고 해서 이를 조현병의 증세로 여겨서는 안 된다(Rogler & Hollingshead, 1985).

정신병리에서의 문화 및 민족에 따른 차이는 보다 면밀하게 조사해야 한다. 불행하게도, 임상적 평가 과정에 이런 문화 및 민족에 따른 편향이 스며들 수 있다고 해서, 이런 편향에 대한 보상 노력을 꼭 기울여야 되는 것은 아니다. 편향에 대한 답은 간단한 것이 아니다. DSM-5에서 각 장애별로 논의할 때 문화 요인을 강조하면서 새로이 도입된 문화적 개념화를 위한 면접도 소개하고 있는데, 이는 임상가 및 연구자에게 이러한 쟁점에 대해 신경을 쓰게끔 할 수 있다. 전문가를 대상으로 조사했을 때, 이들은 임상 실제에서 문화적 요인을 고려한다고 보고한 자들이 압도적으로 많았다(Lopez, 1994). 그래서 해결책은 아니더라도 문제점이 초점의 대상이 되고 있는 것은 확실해 보인다.

## 평가 시 문화적 편향을 피하기 위한 전략

임상가는 평가 작업을 수행할 때 문화적 편향의 부정적 효과를 최소화할 수 있는 여러 가지 방법을 시행할 줄 알아야 하며 이를 사용해야 한다. 아마도 첫 번째 조치는 대학원생을 대상으로 한 훈련 프로그램에 대한 것이다. Lopez(2002)는 임상심리 프로그램에 있는 대학원생들에게 대학원생에게 가르쳐야 할 세 가지 주요 주제를 언급하였다. 첫째, 학생들은 신뢰도와 타당도 같은 평가의 기본 주제에 대해서 학습해야 한다. 둘째, 학생들에게 특정한 문화 또는 소수민족 집단에 대한 보다 보편적인 고정관념에 의존하기보다 문화 또는 소수민족에 속한다는 것이 평가에 영향을 미칠 수 있는 세부적인 방식에 대해서 알려주어야 한다. 셋째, 학생들은 문화나 소수민족성이 모든 개별 사례에서 평가에 영향을 미치지 않을 수도 있다는 점을 감안해야 한다.

또한 평가 절차도 수정해서 피검자가 평가 과제에서 요구하는 사항을 진짜로 이해했음을 확실히 하도록 할 수 있다. 예를 들면, 아메리칸 인디언 아동이 정신운동성 속도를 측정하는 검사에서 수행도가 형편없었다고 하자. 이때 검사자는 육감으로 이 아동이 빨리 해내는 것이 중요함을 이해하지 못하고, 그 대신 정확하게 해내는 것에만 관심을 두는 것으로 보였다. 그렇다면 이 경우에는 이 아동에게 실수하는 것에 대해 걱정할 필요 없고 빠르게 하는 것이 중요하다는 것을 자세히 설명한 후에야 검사를 다시 실시할 수도 있을 것이다. 그렇게 해서 아동의 수행도가 향상되었다면, 검사자가 아동의 수검 태도(test-taking strategy)를 제대로 이해하고 있었기 때문에 정신운동성 속도의 결손이라는 진단을 내리지 않을 것이다.

마지막으로, 검사자가 피검자와 인종이 다를 때는, 검사자는 피검자가 최선의 수행도를 나타낼 수 있도록 소통관계를 수립하기 위한 별도의 노력을 기울일 필요가 있을 수 있다. 예를 들면, 저자 중 한 사람이 몹시 수줍어하는 히스패닉계의 취학 전 아동을 검사할 때, 검사의 일환인 질문에 대해서 언어적 반응을 얻어내지 못했다. 그러나 이 아동이 대기실에서는 엄마에게 활기차고 또렷하게 말하는 것을 우연히 들었기 때문에, 검사자는 검사 결과가 아동의 언어 기술을 타당하게 평가하고 있지 못하다는 판단을 내리게 되었다. 아동의 집에서 엄마가 옆에 있게 하고 검사를 다시 하였더니, 언어능력이 더 높게 나타났다.

그러나 Lopez(1994)가 지적했듯이, "문화적 반응 성향과 문화적 고정관념 사이의 간격은 좁힐 수 있다"(p. 123). 이런 문제점들을 최소화하기 위해, 임상가들은 문화와 인종적 배경이 다른 사람들에 대해 결론을 내릴 때 특별히 잠정적인 결론을 내리도록 권유를 받는다. 그 대신에, 특정한 내담자에 대해 문화가 어떤 영향을 미쳤을지에 대한 가설을 세우고, 또한 대안적 가설도 생각해본 후, 이 모든 가설을 검증하도록 권유를 받는다.

문화에 대한 이해를 높이는 것은 진짜로 중요한데, 임상가의 편향이 진단에 영향을 미칠 수 있기 때문이다. 한 예를 들면, 조현병이 미국 흑인들에게서 과도하게 진단되는 경우가 종종 있어서, 그 결과 항정신증 약물의 과도한 복용 및 과다 입원으로 이어진다(Alarcon et al., 2009). 이런 편향에 휘둘리지 않기 위한 한 가지 방법은 위에서 기술된 SCID 같은 구조화된 진단면접을

© Marmaduke St. John/Alamy

문화적 차이 때문에 적성검사나 지능검사 결과가 다르게 나올 수 있다. 예를 들면, 아메리칸 인디언 문화권에서는 협동적이고 집단 중심적인 가치관이 지배적이기 때문에, 아메리칸 인디언 아동은 지능검사처럼 개인주의적이고 경쟁적인 분위기에 흥미를 덜 느낄 수 있다.

실시하는 것이다. 임상가가 구조화된 면접을 사용하면, 인종이 다른 사람들에 대해서 과잉진단을
내리는 경우가 줄어들게 된다(Garb, 2005).

## 요약

- 진단 및 평가를 위한 정보를 수집할 때, 임상가와 연구자는 신뢰도와
  타당도를 모두 염두에 두어야 한다. 신뢰도는 측정치가 일관성이 있
  고 반복가능한지(반복적으로 측정을 해도 같은 결과가 나오는지)에
  대한 것이며, 타당도는 측정치가 원래 재려고 하는 것을 재고 있는지
  에 관한 것이다. 평가 절차별로 신뢰도와 타당도 면에서 크게 다르
  다. 특정한 진단 항목은 다른 진단 항목에 비해서 신뢰도가 더 높다.

### 진단

- 진단은 어떤 사람이 심리장애의 기준에 부합하는지 평가하는 과정이
  다. 의견의 일치를 본 진단체계 덕분에 임상가들은 서로 효과적으로
  의사소통하고 그 원인과 치료에 대한 탐구 활동이 촉진되게 되었다.
  임상적으로 볼 때, 진단은 치료 계획을 세우기 위한 토대가 된다.
- 미국정신의학협회에서 출간한 정신질환의 진단 및 통계 편람(Diagnostic
  and Statistical Manual of Mental Disorders, DSM)은 정신건강 전문
  가들이 널리 사용하는 공식적인 진단체계이다. 이 편람의 가장 최근
  판은 DSM-5로 지칭되며 2013년에 출간되었다.
- 진단의 신뢰도는 각 진단별 세부적 기준을 포함시켜서 극적으로 향
  상되었다. DSM에 대한 비판에는 동일한 위험 요인과 종종 관련되
  고 함께 나타나는 경우가 많은 진단이 급증하였다는 것이다. 또한 분
  류에 대한 차원적 접근이 없다는 점, 임상 실제에서의 신뢰도는 연구
  결과에서 얻어낸 것보다 낮기 쉽다는 점, 그리고 원인, 경과, 치료를
  토대로 진단에 대한 타당화 작업을 계속할 필요가 있다는 점이 있다.
  물론 대부분의 연구자와 임상가는 DSM이 이전의 체계에 비해 엄청
  나게 발전했다는 점을 인정한다.
- DSM에 대한 일부 비판가들은 진단 전반에 대해서 반론을 제기한다.
  이들은 진단 분류가 중요한 정보를 놓칠 수 있음을 지적한다. 많은
  사람들이 진단 명칭이 낙인찍는 효과를 가져올 수 있다고 걱정하지
  만, 진단이 걱정되는 행동에 대해 설명을 제공하여 낙인효과를 감소
  시킬 수 있다는 자료도 일부 있다.

### 평가

- 임상가들은 어떤 개인을 가장 잘 설명하고, 이 개인이 문제에 봉착하
  게 된 이유를 찾으며, 정확한 진단에 도달하고, 효과적인 치료를 설

계하기 위해서 다양한 방식의 심리적 및 신경생물적 평가에 의존한
다. 가장 좋은 평가는 다양한 유형의 방법을 사용하는 것이다.
- 심리평가에는 임상 면접, 스트레스 평가, 심리검사, 그리고 행동 및
  인지평가가 들어 있다.
- 임상면접은 임상가가 당사자의 문제에 관한 정보를 얻어내려고 당사
  자를 탐문하는 구조화되어 있거나 또는 비교적 덜 비구조화된 대화
  를 해나가는 것을 말한다. 스트레스를 평가하는 것은 정신병리 분야
  에서 핵심적인 것이다. 스트레스를 평가하는 유용한 방법들이 많이
  개발되었는데, 여기에는 LEDS가 포함된다.
- 심리검사는 성격을 평가하거나 수행도를 측정하기 위해 고안된 표
  준화된 절차이다. 성격 평가는 경험적으로 제작된 자기보고식 설문
  인 MMPI에서부터, 애매한 자극을 해석하게 하는 투사적 검사인
  Rorschach 검사에 이르기까지 걸쳐 있다. 웩슬러 성인용 지능검사
  (WAIS)와 같은 지능검사는 당사자의 지적 능력을 평가하여 그가 학
  업 수행도를 얼마나 잘 나타낼 것인지를 예측해준다.
- 행동 및 인지 평가는 사람들이 특정한 상황에서 나타내는 행동, 감정
  및 사고방식에 초점을 둔다. 여기에서 사용되는 접근방식에는 초점
  대상이 되는 상황 특유의 행동에 대한 직접적 관찰, 면접, 그리고 자
  기보고식 척도가 있다.
- 신경생물학적 평가에는 fMRI와 같은 두뇌영상 기술이 있어서 임상
  가와 연구가로 하여금 살아있는 두뇌의 다양한 구조를 보고 그 기능
  에 접근해볼 수 있게 해주며, 신경화학적 분석은 임상가로 하여금 신
  경전도체의 수준을 추측할 수 있게 해주고, Luria-Nebraska 배터리
  와 같은 신경심리검사는 심리검사에 대한 반응상의 변동을 기반으로
  해서 두뇌 결손을 찾아내려고 하는 것이며, 그리고 심장박동과 전기
  피부 반응과 같은 정신생리적 측정은 특정한 심리적 사건 또는 특성
  과 관련되어 있다.
- 문화 및 소수민족성의 요인은 임상평가에서 역할을 발휘한다. 백인
  계층을 대상으로 한 연구 결과에 기본을 두고 개발된 평가 기법은 인
  종이나 문화적 배경이 다른 사람들에게 사용할 때는 부정확할 수도
  있다. 임상가는 인종 및 문화적 배경이 다른 사람을 평가할 때 편향
  을 갖고 있을 수 있어서, 이 때문에 당사자의 정신병리를 극소화하거
  나 커 보이게 하는 결과를 초래할 수 있다. 임상가는 평가를 할 때 문
  화적 편향의 부정적 영향에 대비하기 위해 다양한 방법을 사용한다.

## 복습문제 정답

**1.1**  1. a, b; 2. b, c, d, a

**1.2**  1. 동반이환이 많음, 진단이 다른데도 원인은 동일한 경우가 많음, 진단이 다른데도 동일한 처치에 의해 효과를 보는 경우가 많음
    2. 다음 중 아무 거나 세 가지를 쓰면 됨 : 원인론, 경과, 사회적 기능, 처치(치료)

**1.3**  1. F; 2. T; 3. T; 4. T; 5. T; 6. F

**1.4**  1. F; 2. T; 3. T; 4. F

## 주요 용어

검사-재검사 신뢰도(test-retest reliability)
구성 타당도(construct validity)
구조화된 면접(structured interview)
기능적 MRI(functional magnetic resonance imaging, fMRI)
내부 일관성의 신뢰도(internal consistency reliability)
내용 타당도(content validity)
뇌전도(electroencephalogram, EEG)
동반이환(공존질환)(comorbidity)
동시 타당도(concurrent validity)
동형 신뢰도(alternate-form reliability)
미네소타 다면적 성격검사(Minnesota Multiphasic Personality Inventory, MMPI)
반응성(reactivity)
생태적 순간 평가(ecological momentary assessment, EMA)
성격 목록(personality inventory)
스트레스(stress)
신경과 의사(neurologist)
신경심리검사(neuropsychological tests)
신경심리학자(neuropsychologist)
신뢰도(reliability)
신진대사물(metabolite)
심리검사(psychological tests)
심전도(electrocardiogram, EKG)
연구 영역 기준(Research Domain Criteria, RDoC)
예측 타당도(predictivity validity)

임상면접(clinical interview)
자기공명촬영기(magnetic resonance imaging, MRI)
자기관찰(self-monitoring)
전기피부반응(electrodermal responding)
정신생리학(psychophysiology)
정신질환의 진단 및 통계편람(Diagnostic and Statistical Manual of Mental Disorders, DSM)
주제 통각 검사(thematic Apperception Test, TAT)
준거 타당도(criterion validity)
지능검사(intelligence test)
진단(diagnosis)
차원적 진단 체계(dimensional diagnostic system)
타당도(validity)
투사 가설(projective hypothesis)
투사검사(projective test)
투사적 타당도(predictive validity)
평정자간 신뢰도(interrater reliability)
표준화(standardization)
항목(범주) 분류(categorical classification)
행동평가(behavioral assessment)
BOLD
CT 주사(CT or CAT scan)
PET 주사법(PET scan)
Rorschach 잉크반점 검사(Rorschach Inkblot Test)

# 2 기분장애

## 학습 목표

1. 우울증 및 조증의 증상, 우울장애 및 양극성장애의 진단 기준, 그리고 이런 장애들의 역학 (epidemiology)에 대해 기술할 수 있어야 한다.
2. 기분장애에 기여하는 유전적, 신경생물학적, 사회적, 심리적 요인에 대해 논의할 수 있어야 한다.
3. 기분장애에 대한 심리치료와 약물치료의 세부 내용을 파악할 뿐만 아니라 전기충격요법에 대한 현대의 관점도 숙지하고 있어야 한다.
4. 자살의 역학뿐만 아니라 자살과 관련된 신경생물학적, 사회적, 심리적 위험 요인에 대해서도 설명할 수 있어야 한다.
5. 자살을 방지하는 방법에 대해 기술할 수 있어야 한다.

## 임상 사례 : 메리

메리(38세)는 네 자녀의 엄마인데, 심리학자를 처음 만나러 왔을 당시에는 약 2개월째 매우 우울한 상태였다. 3년 전, 의료보험료 때문에 고등학교 교사인 남편의 수입만으로는 가계를 꾸려 나가기가 어렵게 되자 그녀는 다시 직장으로 복귀하였다. 그러나 심리학자를 찾아오기 7개월 전쯤에 비서 일에서 해고되자, 가정의 재정상황이 심각하게 악화되었다. 그녀는 일자리를 잃은 것에 대해 죄책감을 느꼈고, 자신이 전반적으로 무능한 것이 아닌가 하는 생각에 사로잡히게 되었다. 매일 밤 그녀는 잠들기 위해 1시간 이상 애를 써야 했으며, 잠들어 봤자 밤새도록 자주 깰 뿐이었다. 식욕도 거의 없었고 그 결과 체중도 4.5kg 정도 줄었다. 그녀는 기운이 거의 없는 것처럼 느껴졌고, 전에는 즐거워했던 활동에도 흥미를 잃었다. 집안살림도 제대로 하지 않게 되자, 그녀의 남편은 불평을 하기 시작했다. 이들 부부의 결혼생활은 지난 2년간 이미 팽팽한 긴장상태에 있어 왔는데 그녀의 부정적 반응과 에너지 부족은 부부간에 언쟁을 더 많이 불러일으켰다. 마침내 그녀의 남편은 메리의 증상이 심각하다는 것을 알아차리고는, 부인을 잘 설득해서 심리학자와 만날 약속을 하게 하였다. (메리의 치료 성과는 이 장의 뒷부분에서 소개된다.)

기분장애는 삶의 지장을 초래하는 정서적 문제를 수반하는데 여기에는 우울증으로 인한 극도의 슬픔과 철수행동(disengagement)에서부터 조증으로 인한 극도의 기분고양(elation)과 자극과민성(irritability)이 있다. 이 장에서는 각기 다른 기분장애에 대한 임상적 기술(clinical description)과 역학(epidemiology)에 대해 논의하는 것부터 시작한다. 다음에는 이러한 장애의 원인에 대한 다양한 관점을 살펴본 뒤에, 치료를 위한 접근법에 대해 알아볼 것이다. 마지막으로 기분장애와 너무나 자주 관련된 행위인 자살에 대해 세밀히 살펴보겠다.

## 기분장애의 임상적 기술과 역학

오프라 윈프리와의 인터뷰에서, 데이비드 레터맨은 자신의 우울증과의 개인적 투쟁에 대해 "승강기에 올라탔는데, 바닥이 덜컥 내려가며, 햇빛을 보면서 서 있을 수도 없고, 밤이 되어 침대로 돌아가야 할 때까지 기다릴 수도 없다. … 이는 밑 빠진 구멍이다."라고 했다.

DSM-5에서는 **기분장애**(mood disorders)의 두 가지 대별되는 유형을 인정하고 있다. 즉 우울 증상만 있는 것과 조증 증상도 포함되어 있는 것(양극성장애)의 두 유형이 있다. 표 2.1에서는 이런 장애들의 각각에 대해서 증상을 요약하여 보여준다. 우리는 우선 우울장애부터 살펴보기 시작하여 다음에는 양극성장애를 소개하려 한다. 각 장애에 대해 우리는 특정 장애의 핵심 증세, 공식적 기준을 기술하고, 그다음에는 이런 장애들의 역학과 후속 결과에 대해 기술할 것이다. 우울증 진단 및 양극성 진단의 임상적 기술과 역학을 소개한 뒤에는, 추가적으로 우울장애와 양극성장애를 한층 세부적으로 정의하는 데 사용되는 DSM-5의 명시자(specifiers, 하위유형)에 대해 기술할 것이다.

### 우울장애

우울증(depression)의 핵심 증상에는 깊은 슬픔 그리고/또는 즐거움을 느끼지 못하는 것이 있다. 우리의 대부분은 살아가는 도중에 슬픔을 겪게 되며, 우리의 대부분은 어느 때인가는 '우울하다'고 말한다. 그러나

**표 2.1** DSM-5에서의 주요 기분장애의 개관

| DSM-5 진단 | 주요한 특징 |
| --- | --- |
| 주요우울장애(Major depressive disorder) | • 슬픈 기분이나 즐거움의 상실을 포함한 우울 증상이 5개 이상 나타나며 2주 이상 지속될 경우 |
| 지속성 우울장애(Persistent depressive disorder) | • 저하된 기분과 최소 2개 이상의 다른 우울 증상이 2년 중 최소한 절반 이상의 기간 동안에 나타날 경우 |
| 월경전불쾌감장애(Premenstrual dysphoric disorder) | • 월경이 시작되기 전 주에 기분 증상이 나타날 경우 |
| 파괴적 기분조절부전장애(Disruptive mood dysregulation disorder) | • 고도의 재발성 분노발작과 지속적인 부정적 기분이 10세 이전에 나타나서 최소한 1년 이상 지속될 경우 |
| 제I형 양극성장애(Bipolar I disorder) | • 일생 동안 적어도 1회의 조증 일화가 있을 경우 |
| 제II형 양극성장애(Bipolar II disorder) | • 일생 동안 적어도 1회의 경조증 일화와 1회의 주요 우울 일화가 있을 경우 |
| 기분순환증(Cyclothymia) | • 경조증이나 우울 일화 없이 적어도 2년 동안 고조된 상태에서 저조한 상태로 기분변동이 반복될 경우 |

이러한 경험의 대부분은 우울증이라고 진단될 정도로 심하거나 (오래) 지속되지는 않는다. 작가 William Styron(1992)은 자신의 우울증에 대해서 이렇게 썼다. "누구나 그렇듯이, 나도 깊은 우울을 느꼈던 적이 항상 있었다. 그러나 이런 시간은 내가 경험했던 것 중에서 아주 새로운 것이었다. 즉 이것은 내가 이제껏 알고 있었거나 있으리라고 상상했던 것을 뛰어넘어 내 영혼이 절망적이고 변함없이 마비되어 있는 그런 것이었다."

우울증의 증상은 다양하다. 사람이 우울장애에 걸리게 되면, 머릿속에는 자책감만 가득 차서 맴돈다. 임상사례에서 기술된 메리처럼, 이들은 자신의 잘못과 결함에만 마음을 쓰게 되기 쉽다. 주의를 집중하는 것은 기운을 너무나 소모하기 때문에, 이들은 책을 읽어도 내용이 안 들어오고 다른 사람들이 자신에게 말한 내용이 머릿속에 들어오지 않는다. 이들은 사물을 대단히 부정적으로 보는 경우가 종종 있어서 절망에 빠지는 경향이 있다. 주도성도 없어질 수 있다. 사회적 철수(social withdrawal)도 흔해서, 우울증에 걸린 많은 이들이 혼자 앉아서 말없이 있는 경우가 많다. 우울증이 있는 어떤 사람들은 자신의 외모를 등한시한다. 이들이 완전히 낙담하고 절망감에 빠지게 되면, 자살에 대한 생각이 떠오르는 경우가 흔하다.

또한 우울증으로 인한 신체증상도 흔한데, 여기에는 피로감과 기운 부족뿐만 아니라 몸이 아픈 것과 동통이 포함된다. 이러한 증상은 아주 심해서, 아픈 당사자로 하여금 증상에 대한 신체적 원인이 외견상 없음에도 불구하고 무언가 심각한 의학적 장애로 고통 받고 있다는 것이 틀림없다고 여겨질 정도이다(Simon, Von Korff, Piccinelli et al., 1999). 우울증이 있는 사람들은 통상 기운이 다 빠진 듯한 느낌을 갖지만, 잠들기가 어려우며 (자다가도) 자주 잠에서 깨어날 수 있다. 어떤 사람들은 하루 종일 잠을 자기도 한다. 음식의 맛을 못 느끼거나 식욕이 없는 상태에 들어가기도 하고 또는 식욕이 높아진 것을 느끼는 수도 있다. 성에 대한 흥미도 없어진다. 어떤 사람들은 자신의 팔다리가 무겁게 느껴지기도 한다. 어떤 사람들은 사고와 동작이 느려지고[정신운동성 지체(psychomotor retardation)] 어떤 사람들은 가만히 앉아 있지를 못하고, 서서 왔다 갔다 하거나 안절부절못하며 손을 뒤틀기도 한다[정신운동성 동요(psychomotor agitation)].

**주요우울장애** DSM-5상에서 **주요우울장애**(major depressive disorder, MDD)로 진단되려면 다섯 가지의 우울 증상이 최소한 2주간 지속되어야 한다. 우울 증상에는 우울한 기분이나 흥미 및 즐거움의 상실이 포함되어 있어야 한다. DSM-5 진단 기준에도 나와 있듯이 그 밖의 증상, 이를테면 수면, 식욕, 집중력이나 의사결정에서의 변화, 무가치감, 자살생각, 또는 정신운동성 동요나 지체가 더 있어야 한다.

MDD는 **일화성 장애**(episodic disorder)라고 불리는데, 그 이유는 증상이 일정 기간 나타났다가 깨끗이 사라지는 경향이 있기 때문이다. 일화는 시간이 지남에 따라서 사라지는 경향이 있기는 하지만, 이런 일화를 치료하지 않고 내버려두면 5개월, 심지어는 더 오랫동안 일화가 지속되는 수도 있다. 어떤 사람들은 증세가 충분히 호전되어 MDD의 진단 기준에 더 이상 부합하지 않을 정도로 좋아지기도 하지만, 수십 년간 준임상적 수준의 우울증을 계속 나타낸다(Judd et al., 1998).

주요 우울증 일화는 재발하는 경향이 있다. 즉 일화가 한 번 나타났다가 사라지고 나면, 다음에 또다시 일화를 겪게 되기 쉽다는 것이다. 주요 우울증 일화를 겪은 적이 있는 사람들의 약 2/3는 앞으로 생애에 최소한 한 번 이상의 일화를 더 겪게 될 것이다(Solomon et al., 2000). 일화의 평균 발생 횟수는 약 4회이다(Judd, 1997). 어

### ● 주요우울장애에 대한 DSM-5 진단 기준

일상 활동에서 기분이 슬픈 상태에 빠져 있거나 즐거움을 못 느끼는 것. 다음 중 최소한 5개의 증상이 있어야 함(슬픈 기분과 즐거움 상실을 포함)

- 잠을 너무 많이 자거나 너무 적게 잔다.
- 정신운동성 지체 또는 동요
- 체중 감소 또는 식욕의 변화
- 에너지 부족(활기 없음)
- 무가치감 또는 과도한 죄책감
- 집중하기, 사고 기능, 또는 의사결정에서의 어려움
- 죽음이나 자살에 대한 반복적 사고

증상이 최소한 2주 동안 거의 매일, 하루 중 거의 대부분의 시간 동안 나타나야 한다. 이런 증상은 의미있는 상실에 대한 통상적인 반응과는 뚜렷이 다르고 더 심한 것이어야 한다.

우울증이 있는 사람들 중 일부는 잠들기가 어렵고 잠을 쭉 유지하는 데도 어려움을 겪는다. 다른 사람들은 10시간 이상 잠을 자고 나도 여전히 기운이 없는 것으로 느낀다.

cinemato

커스틴 던스트가 겪은 주요우울장애의 경험은 그녀가 상을 받은 영화인 〈멜랑콜리아(Melancholia)〉에서의 여배우 역할에 대해 통찰력을 제공해주었다. 여성의 경우 5명 중 1명 꼴로 생애 중에 우울증의 일화를 겪는다.

떤 사람이 일화를 새로이 겪을 때마다, (그 뒤에) 또 다른 일화를 겪게 될 확률은 16%나 높아진다(Solomon et al., 2000).

**지속성 우울장애**  **지속성 우울장애**(persistent depressive disorder)를 겪고 있는 사람들은 만성적으로 우울하여 최소한 2년 동안 일과 중 절반 이상의 시간 동안에 우울하다. 이들은 기분이 울적해하며 일상적 활동과 오락이나 레크레이션에서도 거의 즐거움을 느끼지 못한다. 그 밖에도, 이들은 여타의 우울 증상을 최소한 2개 이상 나타낸다. 이 진단의 핵심 특징은 증상이 만성적이라는 것으로서, 이런 만성성은 증상의 개수에 비해서 예후가 나쁠 것임을 더 강력하게 예측해주는 것으로 밝혀졌다. 최소한 2년간 우울 증상을 겪었던 사람들 중에서, 주요우울장애의 병력이 있는 사람들과 없는 사람들은 그 증상과 처치에 대한 반응에서 비슷한 것으로 보인다(McCullough, Klein, Keller et al., 2000). 지속성 우울장애는 DSM-IV-TR에서의 기분저하증(dysthymia)의 진단과 비슷하다.

> ### ● 지속성 우울장애(기분저하증)에 대한 DSM-5 진단 기준
>
> 2년(아동이나 청소년은 1년) 동안 절반 이상의 기간 중 하루 대부분 시간에 기분이 우울한 것. 그 기간 중 다음 증상이 두 가지 이상 나타날 경우
>
> - 식욕부진 또는 과식
> - 수면과다 또는 수면부족(잠을 너무 많이 자거나 또는 너무 적게 자는 것)
> - 에너지 부족(활기 없음)
> - 낮은 자존감
> - 집중하기 어려움 또는 의사결정의 어려움
> - 절망감
>
> 증상이 한 번 나타나면 2개월 이상 지속되어야 한다.
> 양극성장애가 없어야 한다.

**DSM-5에서의 그 밖의 우울장애**  DSM-IV-TR에서는 기분장애로 수록되지 않았던 2개의 우울장애가 DSM-5에는 포함되었다. 첫째, **파괴적 기분조절부전장애**(disruptive mood dysregulation)는 새로이 정의된 우울장애이다. 둘째, **월경전불쾌감장애**(premenstrual dysphoric disorder)는 DSM-IV의 부록에서 추후 연구 대상이 되는 조건으로 들어 있었는데 주요 진단 절로 이동되었다. 우리는 아동 및 청소년에게 특정적인 진단인 파괴적 기분조절부전장애의 근거를 이 책의 초점 10.4에서 간략하게 살펴본다. 이 두 장애에 대해서는 알려진 바가 거의 없기 때문에, 우리는 그 이상으로 자세히 살펴보지 않는다.

**우울장애의 역학 및 우울장애로 인한 결과**  MDD는 가장 흔한 심리장애 중 하나이다. 대규모 역학 조사 연구 결과에 따르면 미국에서는 16.2%의 사람들이 생애의 어느 시점에서인가 MDD 진단 기준에 부합한다고 추정되었다. DSM-5의 지속성 우울장애의 진단에 대한 유병률 추정치는 아직 모르지만, 우리는 만성적 유형의 우울증이 MDD에 비해서 더 드물다는 것을 알고 있다. 즉 약 2.5%의 사람들이 일생 동안 DSM-IV-TR에서 정의된 기분저하증의 진단 기준에 부합되었다(Kessler, Berglund, Borges et al., 2005).

MDD와 지속성 우울장애는 모두 여성이 남성보다 2배 정도 많다(Seedat et al., 2009; 이와 같은 성차의 원인으로서 가능한 것에 대한 논의는 초점 2.1을 보라). 또한 사회경제적 지위도 중요하다. 즉 MDD는 가난한 사람들이 그렇지 않은 사람들에 비해서 3배 더 많다(Kessler, Berglund,

초점 2.1    **우울증에서의 성차**

주요 우울증 및 지속성 우울장애를 겪는 여성이 남성에 비해서 2배 많으며, 이런 성차는 보다 전통적인 성 역할을 중시하는 국가 및 문화권에서 특히 두드러진다(Seedat et al., 2009). 예를 들면, 이러한 성차는 성인 유태인 사이에서는 나타나지 않는다. 그 이유는 우울증이 다른 남성에 비해 유태인 남성에게서 더 흔하기 때문이다(Levav, Kohn, Golding et al., 1997). 성차가 나타나는 인종 집단 및 문화권에서는, 이는 통상 초기 사춘기에 나타나기 시작해서 사춘기 후기에 이르기까지 쭉 존재한다. 독자들 중 어떤 이들은 이런 발견이 남성들이 자신의 증상에 대해 말하지 않으려는 성향을 반영할 뿐이 아닌가 하고 궁금해할 수도 있을 것이다. 지금까지, 이와 같은 생각을 뒷받침하는 증거는 없다(Kessler, 2003). 상당히 많은 연구가 여성의 취약성을 설명해줄지도 모를 호르몬 요인에 대해 초점을 맞추어 왔지만, 이런 견해에 대한 연구 결과도 중구난방이다(Brems, 1995). 이런 성차를 설명하는 데 여러 가지 사회적·심리적 요인이 도움이 될 수도 있다(Nolen-Hoeksema, 2001).

• 남아에 비해서 2배나 많은 여아가 아동기 성적 학대에 노출된다.
• 성인기에는 여성이 남성에 비해서 빈곤과 양육책임 등의 만성적인 스트레스 자극에 더 많이 노출되는 경향이 있다.
• 소녀들이 전통적인 사회적 역할을 수용하게 되면 외모에 대한 자기비판적 태도가 강해질 수도 있다. 사춘기 소녀는 사춘기 소년들에 비해서 자신의 신체상(body image)에 대해 더 많이 걱정하는데, 이는 우울증과 관련이 있는 것으로 보이는 요인이다(Hankin & Abramson, 2001).
• 전통적인 사회적 역할은 '여성적인' 것으로 간주되

© paul hill/iStockphoto

우울증에서의 성차는 청소년기에 이르기까지는 나타나지 않는다. 이 시기에 이르면, 젊은 여성들은 많은 스트레스 자극을 받으며 사회적 역할과 신체상(body image)에 관한 압력을 많이 받는다. 따라서 여성들은 그로부터 비롯된 부정적 감정에 대해 반추하는 경향이 있다.

지 않지만 보상을 제공해줄 가능성이 있는 활동을 추구하는 것을 가로막을 수 있다.
• 대인관계 속에서 인정받고 친밀감을 얻으려는 데 초점을 두는 것은, 여성들이 흔히 중요시하는데, 대인관계 스트레스 자극에 대한 반응을 높여줄 수 있다(Hankin, Mermelstein, & Roesch, 2007).
• 사회적 역할은 여성들로 하여금 정서 중심적 대처를 더 많이 하게 하는데, 이런 대처 때문에 주요 스트레스 사건을 겪고 나서도 슬픈 기분이 지속되는 기간이 더 늘어나게 될 수 있다. 좀 더 구체적으로 말하면, 여성은 슬픈 기분에 대해 반추하거나 불행한 사건이 왜 일어났는지에 대해 생각하느라 시간을 더 많이 보내는 경향이 있다. 반면에 남성은 슬픈 기분을 떨쳐버리기 위해 스포츠를 하거나 그 밖의 다른 활동에 참여하는 식으로 주의분산(distracting) 대처 또는 행위 중심적 대처를 하느라 시간을 더 많이 보내는 경향이 있다. 이 장의 후반부에서 우울증의 인지적 요인에 대하여 소개할 때 논의하겠지만, 상당히 많은 연구 결과들이 시사하는 바는 반추(rumination)가 슬픈 기분을 더욱 키우고 그 기간도 연장한다는 것이다.

거의 대부분의 경우, 우울증의 성차는 다중적인 요인과 관련되어 있다. 이런 논제를 고찰할 때 염두에 두어야 할 것은 남성은 알코올과 약물중독뿐만 아니라, 반사회적 성격장애와 같은 다른 유형의 장애도 갖고 있기가 쉽다는 점이다(Seedat et al., 2009). 따라서 정신병리학에서 성차를 이해하려면 다양하게 많은 위험 요인과 증후군에 주의를 기울일 필요가 있다.

Borges et al., 2005).
우울증의 유병률은 문화에 따라 상당히 다르다. 각 국가마다 동일한 진단 기준과 구조화된 면담기법을 사용하여 수행한 주요 비교문화연구에서는, MDD의 유병률이 중국의 경우 6.5%로 가장 낮았고, 프랑스가 21%로 가장 높았다(Bromet, Andrade, Hwang et al., 2011). 국가별로 유병률이 다른 것이 문화의 역할이 강력한 것임을 알려주는 것으로 가정하고 싶은 마음이 들기 쉽다. 그러나 우울증 발생률에서의 국가 간 차이는 상당히 복잡한 요인이 관련된 것으로 나타났다. 초점 2.2에서 기술된 것처럼, 한 가지 요인으로 적도와의 거리가 해당될 수 있다. 겨울 우울증 또는 계절성 정동장애(seasonal affective disorder)의 발생률은 적도로부터의 거리가 멀수록, 즉 낮이 짧을수록 더 높다. 또한 우울증과 1인당 생선 섭취량 사이에도 확고한 상관관계가 있다. 일본과 아이슬란드처럼 생선 섭취가 많은 국가들은 MDD와 양극성장애의 발생률이 훨씬 적다(Hibbeln, Nieminen, Blasbalg et al., 2006). 의심할 바 없이, 가족유대와 빈부격차 같은 문화적 및 경제적 요인들도 우울증의 발생률에서 중요한 역할을 한다.
또한 우울 일화의 증상 양상(profile)도 문화에 따라 다르다. 한 가지 가능성 있는 이유는 정서적

## 초점 2.2   계절성 정동장애 : 겨울 우울증

MDD의 계절성 하위유형에 대한 진단 기준에 명시된 바로는 이러한 환자는 겨울에 두 번 연속해서 우울증을 겪고 여름에는 이런 증상이 없어진다는 것이다. 이러한 겨울 우울증은 남쪽 기후권보다는 북쪽 기후권에서 훨씬 더 흔히 나타나는 것으로 보인다. 일광이 많이 내리쬐는 미국 플로리다 지역에 사는 사람들 중에서는 2% 미만이 이러한 패턴의 우울증을 보이는 반면, 미국 뉴햄프셔주에 사는 사람들 중에는 약 10%가 계절성 정동장애를 호소한다고 한다 (Rosen et al., 1990).

야생동물들은 겨울에는 신진대사가 느린 덕분에 식량이 부족한 기간에도 생명을 유지할 수 있다. 그러나 인간의 경우에는 불행하게도 이와 동일한 기제 때문에 **계절성 정동장애**(seasonal affective disorder)가 발생하는지도 모른다. 계절성 정동장애는 뇌 속의 멜라토닌 수준상의 변화와 관련이 있다고 여겨지고 있다. 멜라토닌은 빛과 어둠의 주기에 지극히 민감하여, 어두울 때만 방출된다. 계절성 정동장애가 있는 사람들은 계절성 정동장애가 없는 사람들에 비해서 겨울에 멜라토닌의 변동을 더 크게 보인다(Wehr et al., 2001). 멜라토닌 이외의 다른 요인들도 계절에 따르는 기분 변동에 영향을 미치는 것 같다. 예를 들면, 계절성 정동장애가 있는 사람들은 빛에 대한 망막의 민감도에서 차이를 나타내는데, 이는 유전에 기인하는 것으로 보인다(Roecklein, Wong, Ernecoff et al., 2013).

Media for Medical/UIG via Getty Images

이 여성은 일광요법을 받고 있는데, 이런 일광요법은 계절성 우울증 환자들에게 효과적인 치료법이다.

Gilles Mingasson/Getty Images

계절성 정동장애는 적도에서 멀리 떨어져 있는 지역에서 가장 흔하다.

동물들의 겨울잠은 통상 오랜 시간을 잠자는 것인데, 이때 식욕과 에너지도 낮아진다. 사실상, 계절의 변동에 대한 인간의 가장 공통된 반응은 수면, 식욕, 그리고 에너지 변화이다. 물론 어떤 사람들은 이와 같은 신체 변화에 대해 자기비난(self-criticism) 식의 반응을 나타내는 것으로 보인다(Young, Watel, Lahmeyer et al., 1991). 예를 들면, 새로운 과제에 도전할 에너지가 부족함을 느끼면, 어떤 이들은 죄책감을 느끼는 수가 있다. 자기비난 및 그 밖의 부정적 인지에 빠지기 쉬운 사람들은 에너지, 수면, 식욕에서 계절에 따른 변동을 겪게 되면 우울 증상이 활발히 나타나기 쉬울 수도 있다.

다행히도, 계절성 정동장애에 적용가능한 치료법에는 여러 가지가 있다. 우울증의 다른 하위유형처럼, 계절성 정동장애도 항우울제 및 인지행동치료를 통해 효과를 볼 수 있다(Rohan et al., 2007). 그러나 겨울 우울증은 플루옥세틴(항우울제)뿐만 아니라 매일 아침 햇빛을 30분간 쬐기만 해도 증세가 완화되기 쉽다(Lam et al., 2006). 최소 8개의 수준 높은 연구들에서 계절성 정동장애 치료법의 하나로서 일광의 효과에 대해 조사했으며(Golden et al., 2005), 일광요법(light therapy)이 미국정신의학협회의 우울증에 대한 치료지침에서는 첫 번째 권고사항으로 확립되었다. 흥미롭게도, 일광요법은 계절적인 양상이 없는 우울증 소유자에게서조차 우울증 경감에 도움이 되는 것으로 밝혀졌다(Lieverse et al., 2011).

고통의 표현이 용납될 수 있는 수준에 대한 문화적 차이일 것이다. 예를 들면, 한국 사람들은 미국 사람들에 비해서 슬픈 기분이나 자살생각을 표현하는 경우가 적다(Chang et al., 2008). 신경통 및 두통을 호소하는 것은 라틴계 문화권에서는 흔하다. 그리고 기운부족, 피로, 집중력 저하를 표현하는 것은 아시아의 일부 문화권에서는 흔하다. 한편 이와 같이 호소하는 증상별 차이는 나라마다 우울증의 발생률이 다른 것을 설명하는 데 주된 요인이 되지 못하는 것으로 보이며(Simon et al., 2002), 이는 특히 연구를 주의 깊게 수행했을 때 그러하다.

대부분의 국가에서 MDD의 유병률은 20세기 중반에서 후반으로 오는 동안에 꾸준히 증가했다(Klerman, 1988). 그와 동시에 발병연령은 낮아졌다(Kessler, Birnbaum et al., 2010). 그림 2.1에서는 미국에서 최근 세대별 발병연령이 낮아졌음을 보여주고 있다. 60대의 경우 5% 미만의 사람들이 20세에 이르기까지 MDD의 일화를 겪은 적이 있다고 보고했다. 반면에, 18~29세의 사람들 중에서는 거의 10%가 20세에 이르기까지 MDD의 일화를 겪은 적이 있다고 보고했다. 발병연령의 중위연령(median age)은 이제 10대 후반에서 20대 초반에까지 걸쳐 있으며, 우울증은 현재 대학 캠퍼스에서 굉장히 만연해 있다. 우울증의 발생률이 이렇게 증가한 이유에 대한 한 가지 가능한 설명으로 지난 100년간에 걸쳐 일어난 사회적 변화를 들 수 있다. 촘촘하게 얽힌 대가족과 결혼의 안정성 같은 지지구조는 과거에는 널리 퍼져 있었는데, 오늘날 현대인들에게서는 거의 찾아보기 힘든 경우가 많다. 왜 우울증이 점점 이른 나이에 두드러지는지에 대한 명확한 자료는 아직 없다.

MDD와 지속성 우울장애는 모두 다른 심리장애와 연관되어 있거나 공존하는 경우가 종종 있다. 생애 기간 중에 MDD의 진단 기준에 부합한 적이 있는 사람들 중 약 60%는 어느 시점에서는 불안장애의 진단 기준에도 부합하기 쉽다(Kessler et al., 2003). 불안장애와 우울장애의 중복에 대한 좀 더 자세한 논의는 이 장 후반부의 초점 2.5를 보라. 흔히 공존하는 그 밖의 조건으로는 약물 관련 장애, 성기능장애, 그리고 성격장애가 있다.

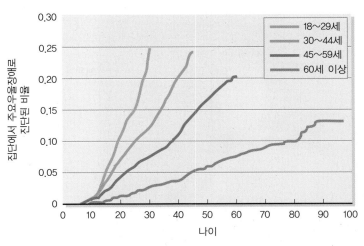

**그림 2.1** 각 세대별 주요우울장애가 발생한 연령의 중앙값이 점차 젊어지고 있다.
출처 : Kessler, Berglund, Demler et al., *JAMA*, 2003: 289, 3095-3105에서 번안함.

우울증은 여러 가지 심각한 후속결과를 가져온다. 우울증이 깊어지면 출근하는 것이 아주 힘들 수 있으며, 육아는 짐처럼 느껴질 수 있고, 따라서 자살이 이를 벗어나게 해줄 한 가지 선택방안으로 보일 수 있다. 우리가 이 장의 후반부에서 논의하겠지만, 자살은 실제로 위험성이 있다. 또한 MDD는 무능력 상태(disability)를 가져오는 전 세계적으로 선도적인 요인들 중 하나이다(Murray & Lopez, 1996). MDD로 인해 발생하는 생산성의 손실은 미국에서 매년 310억 달러에 해당하는 것으로 추정된다(Stewart, Ricci, Chee, Hahn, & Morganstein, 2003). 또한 MDD는 다음 세대에도 중요한 영향을 미친다. 아동기 초기에 어머니가 MDD를 겪는 것에 노출된 자녀는 나중에 우울증이 발생할 위험성이 높다(Hammen, Hazel, Brennan et al., 2012).

또한 MDD는 의학적 질병으로 인한 사망을 위시한 그 밖의 건강 문제를 나타낼 위험성이 높은 것과도 관련되어 있다(Mykletun et al., 2009). 특히 우울증은 심장혈관계 질환이 발생하여 더욱 극심한 경과를 거치는 것과 관련이 있다는 증거가 특히 강력하게 존재한다. 22개의 전망 연구(prospective studies)에 걸쳐서, 우울증은 시간이 지남에 따라 심장혈관계 질병의 강도가 60% 높아지는 것을 예측해주는 것으로 발견되었다(Nicholson, Kuper, & Hemingway, 2006). 또한 우울증은 심장혈관계 질병으로 인한 사망의 위험성을 높여주는 것과 관련되어 있는데, 이는 기저에 깔린 심장혈관계 건강의 수준을 통제하고 나서도 마찬가지였다(Barth, Schumacher, & Herrmann-Lingen, 2004).

지속성 우울장애의 진단 기준에는 MDD에 비해서 증상의 수효가 적지만, 지속성 우울장애가 MDD보다 덜 심각한 장애라고 생각하는 실수를 저지르지 말라. 한 연구 결과에 따르면, 이와 같은 만성적 우울 증상은 평균 5년 이상 지속되었으며 증상이 더 오래 지속될수록 기능 수준도 떨어졌다(Klein, Shankman, & Rose, 2006). 이런 증상이 만성적이 되면 피해를 더 가져오게 된다. 사실상, 5년간 환자를 추적조사한 연구 결과에 의하면, 만성적 우울 증상이 있는 사람들은 MDD가 있는 사람들에 비해서 입원해야 되는 경우가 더 많고, 자살기도를 하기 쉬우며, 기능 수준도 결손을 입기가 쉽다고 한다(Klein, Schwartz, Rose et al., 2000).

## 양극성장애

DSM-5에서는 세 가지 유형의 양극성장애를 인정한다. 즉 제I형 양극성장애, 제II형 양극성장애, 그리고 순환성장애이다. 조증 증상은 이 세 장애 각각에서 기본 정의에 해당되는 특징이다. 양극성장애들은 조증 증상의 심각도와 장기 지속의 정도에 따라 구분된다.

이런 장애들을 '양극성'이라고 명명하는 이유는 조증을 겪은 대부분의 사람들이 생애 동안에 우

Neil Burstyn/NewsCom

캐나다 전 총리의 영부인인 마거릿 트뤼도는 자신이 양극성장애 진단을 받은 이후 정신건강 서비스의 향상을 위해 앞장서게 되었다.

울증도 겪기 쉽기 때문이다(조증과 우울증은 서로 양극단에 있는 것으로 간주된다). 사람들이 믿는 것과는 반대로, 제I형 양극성장애의 진단을 내릴 때 우울증 일화는 없어도 된다(물론 조증 일화를 겪은 사람들의 2/3에서 3/4 정도는 우울증 일화를 겪기 쉽다. Cuellar, Johnson, & Winters, 2005 참조). 제II형 양극성장애의 진단을 내리려면 우울증이 있어야 한다.

**조증**(mania)은 지나치게 의기양양한 것, 자극과민성, 또는 활동성이 높은 상태로서 진단 기준에 제시된 그 밖의 증상들이 수반된 것이다. 조증의 일화 중에는, 이들은 통상 보여주었던 모습에 비해서 아주 특이하게 행동하고 사고하는 모습을 보여준다. 이들은 큰소리로 말하고 쉼없이 떠들어대며, 때로는 말장난, 농담, 운을 맞추어 말하기, 그리고 자신의 주의를 끈 주변의 자극에 대한 감탄사를 남발하기도 한다(다음 페이지에 소개되는 웨인의 임상사례가 그 예다). 이들의 말은 중단시키기가 어렵고 화제가 금방금방 옮겨 가기도 하는데, 이는 그 저변에 **사고의 비약**(flight of ideas)이 깔려 있을 수 있음을 보여주는 것이다. 조증 기간에는, 이들은 너무 사교적이 되어서 남에게는 지나치게 끼어드는 것으로 느껴질 정도가 될 수도 있다. 또한 이들은 자신감이 지나치게 높은 상태가 될 수 있다. 이들은 잠을 자지 않는 것 같은데도 믿을 수 없을 정도로 기운이 넘치는 상태에 있을 수 있다. 다른 사람이 이와 같이 과도한 행동을 제지하려고 하면 이들은 금방 화를 내고 심지어는 격분하기도 한다. 조증은 하루나 이틀이 지난 뒤에 갑자기 나타나는 경우가 종종 있다. 대부분의 사람들에게는 끝이 없는 에너지, 폭발하는 것 같은 기쁨, 그리고 목표가 믿을 수 없을 정도로 높아지는 것이 보이더라도 이런 것들이 무방한 것으로 보일 수 있기 때문에, 이런 갑작스러운 변화가 장애의 징후라는 것을 알아차리지 못한다. Kay Redfield Jamison의 글에서 인용한 다음 문단은 발생할 수 있는 급격한 변화를 잘 예시해주고 있다.

당신이 기분이 고양됐을 땐 엄청나다. 생각과 느낌은 유성처럼 빠르게 흘러가지만 금방 또 나타나기 때문에, 당신은 더 괜찮고 더 밝은 유성을 찾을 때까지 계속 유성을 추적한다. 수줍음은 없어지고, 적절한 말과 제스처가 갑자기 출현하는데, 이는 남들을 사로잡을 만한 힘이 있는 것으로 확실히 느껴진다. 따분한 사람들에게 흥미가 생긴다. 관능이 몸에 퍼지는데, 유혹하고 싶은 욕망과 유혹당하고 싶은 욕망이 불가항력적이다. 안락함, 강렬함, 힘이 있는 느낌, 행복감, 재산이 무지 많은 것 같은 느낌, 그리고 다행감 등의 느낌이 뼛속까지 파고든다. 그러나 어디에선가 이 모든 것이 변화한다. 생각이 가뜩이나 빠른데 너무나도 빨라지며, 이런 생각이 너무나도 많다. 혼란감이 자신을 압도해 가면서 명료성을 대체해 버린다. 기억은 사라진다. 친구의 표정에 나타났던 즐거움과 관심은 사라지고 어느새 두려움과 걱정으로 뒤바뀐다. (Jamison, 1993, pp. 67-68)

불행하게도, 사람들은 자신의 조증 행동이 재앙적 결과를 초래할 가능성이 있는 것을 못 볼 수 있다. 이런 위험성이 있는 조증 행동에는 위험성이 있는 성행위, 소비활동, 그리고 무모한 운전 등이 포함될 수 있다. 아래의 인용문도 Kay Redfield Jamison의 글에서 따온 것인데, 이런 상태의 충동성을 일부 보여주고 있다.

기분이 고양된 상태에서는 돈에 대해 걱정을 해보려고 해도 되지가 않는다. 그래서 걱정을 하지 않는다. 돈이 어딘가에서 오겠지. 나는 그럴 만한 권능이 있으니까. 신께서 마련해 주시리라. … 그래서 나는 뱀에 물린 상처를 치료하는 키트 12개를 샀는데, 급박하고 중요한 것 같은 느낌이 들어서 그랬다. 나는 보석, 우아하지만 당장 필요하지는 않은 가구들을 사고, 한 시간이 채 지나지 않아 손목시계를 3개 샀으며(타이맥스 급보다는 롤렉스 급으로 : 조증에서는 샴페인 거품이 표면까지 올라오듯이, 맨 꼭대기까지 올라온다), 또한 바다의 요정 사이렌(Siren) 풍의 아주 부적절한 옷들을 사들였다. 런던에서 단 한 번의 충동구매로 나는 제목과 표지가 나의 취향에 맞는 책들을 수백 파운드어치 샀다. 두더지의 자연사

## 임상 사례 : 웨인

웨인은 32세의 보험감정사로, 결혼한 지 8년째이다. 부인과의 사이에 두 아이를 둔 그는 중류층의 마을에서 행복하게 살고 있었다. 어떤 뚜렷한 증상이 없이 지내다가 어느 날 아침 그는 부인에게 자기가 에너지와 아이디어가 넘쳐흘러서 죽겠으며, 자기의 직업이 만족스럽지 못하고, 자기가 갖고 있는 재주를 썩히고 있는 실정이라고 말했다. 그날 밤 그는 거의 잠을 자지 않았으며, 대부분의 시간을 책상에 앉아서 무언가를 맹렬하게 쓰며 보냈다. 다음 날 아침 그는 여느 때와 마찬가지로 출근했지만 오전 11시에 귀가하였는데, 이때 그가 타고 온 차에는 어항 등 열대어를 담는 장비가 넘칠 지경이었다. 그는 직장에 사표를 내고, 은행 통장에 있는 모든 돈을 인출해서 열대어용 장비를 구입하는 데 써버린 것이었다.

웨인은 술회하기를, 잠 안 자던 그날 밤에 물고기가 절대 죽지 않도록 기존의 장치를 개조하는 방법을 고안해낸 것이며 이렇게 함으로써 부자가 될 꿈에 부풀었다고 했다. 싣고 온 장비들을 내려놓은 뒤에, 웨인은 이 물건을 살 사람을 찾기 위해 이웃집을 집집마다 찾아다니면서 자기의 말에 귀를 귀울이려는 사람이면 누구에게나 말을 하려고 하였다.

웨인은 자기 가족 중에 양극성장애로 치료받은 사람은 아무도 없다고 말했으나, 그의 어머니는 잠을 자지 않고 극도의 모험을 즐기는 행동을 한 적이 있었다. 웨인의 어머니가 자녀도 동반하지 않고 이곳저곳 다니다가 상당한 돈을 쓰고 난 뒤에야 돌아온 기간을 제외하고는, 가족들은 대체로 이런 일화들을 문제가 없는 것으로 간주했다.

다음의 대화 한 토막은 웨인이 도저히 고칠 수 없는 낙관론을 갖고 있는 것을 보여준다.

치료자 : 오늘은 아주 기분이 좋아 보입니다.

내담자 : 즐겁고 말고요! 선생님은 확실히 기분을 깎아내리는 데 명수이시군요. 선생님은 솔직하지 못하세요! (앉은 자리에서 뛰쳐나오면서, 소리 지르며) 제 기분이 왜 이리도 황홀한지요. 저는 오늘 딸아이의 자전거를 타고 서해안으로 떠나려고 해요. 단지 3,100마일밖에 안 되지요. 선생님도 아시다시피, 그건 아무것도 아니죠. 걸어서 갈 수도 있겠지만, 나는 다음 주에는 그곳에 도착해야 하기 때문이에요. 또 길을 가면서 어항 장비에 많은 사람들이 투자할 수 있도록 사람을 만날 계획도 세웠어요. 선생님도 아시겠지만, 이런 식으로 하면 보다 많은 사람들을 알게 될 거예요. … 오, 하느님, 기분이 얼마나 좋은지 모르겠네요.

(自然史), 여러 펭귄 시리즈 도서 20권을 샀는데, 펭귄들끼리 집단 서식지를 꾸민다면 멋있을 것 같은 생각이 들었기 때문이다. 한번은 블라우스를 훔칠까도 생각해봤는데, 계산대의 줄에서 내 앞에 서 있는 아주 느린 발걸음을 1분 이상 기다릴 수 없을 것 같아서였다. 아니면 그저 좀도둑질에 대해 생각해본 것에 불과할 수도 있다. 기억이 나지 않는다. 그때 나는 아주 혼란스러웠다. 나는 두 번에 걸친 심각한 조증 일화 중에 3만 달러를 훨씬 넘는 돈을 쓴 것이 틀림없고, 좀 더 약하지만 더 많았던 조증 일화 중에는 얼마나 더 많이 돈을 썼는지는 오직 신께서만 아신다. 그러나 리튬을 다시 복용하고 누구나가 걷는 동일한 발걸음으로 한 바퀴 걷고 나면, 당신의 신용의 1/10이 줄어들었고, 당신의 분한 마음도 가라앉아 있는 것을 발견하게 된다. (Jamison, 1995, p. 75)

DSM-5에는 **경조증**(hypomania)에 대한 진단 기준도 들어 있다(조증 일화와 경조증 일화에 대한 진단 기준을 보라). 'hypo-'는 '밑에 있는'이라는 뜻의 그리스어에서 유래되었다. 따라서 경조증이란 말의 뜻은 조증보다는 '밑에 있는', 즉 덜한 것이다. 조증이 중요한 기능 결손을 가져오지만, 경조증은 그렇지 않다. 오히려 경조증은 심각한 문제를 일으키지 않는 수준으로 기능상의 변화를 가져올 뿐이다. 경조증이 있는 사람은 사교성이 더 높아지고, 에너지가 넘치며, 생산성이 높고, 성적 매력도 더 높아진 느낌이 들 수 있다.

**제I형 양극성장애**  DSM-5에서는 **제I형 양극성장애**(bipolar I disorder, 이전에는 조울증으로 알려짐)의 진단 기준에는 사람들이 살아가면서 조증 일화를 단 한 번이라도 겪은 적이 있어야 한다는 것이 들어 있다. 따라서 제I형 양극성장애의 진단을 받은 사람이라고 하더라도 현재 조증 증상을 겪고 있을 수도 있고 그렇지 않을 수도 있다는 것에 유의해야 한다. 사실상 어떤 사람이 수십 년 전에 조증을 단지 1주일 동안만 겪었다고 해도 여전히 양극성장애로 진단되는 것이다. 양극성 일화는 MDD 일화에 비해서 재발하는 경향이 훨씬 높다. 제I형 양극성장애가 있는 사람들의 절반 이

Monica Schipper/FilmMagic/Getty Images

캐서린 제타 존스는 자신의 제II형 양극성장애의 진단에 대해 거론한 적이 있다(*Telegraph*, April 30, 2013). 통상 그렇듯이, 경조증 일화가 나타나기 전에 우울증이 먼저 있었다고 한다.

상은 평생 동안에 4회 또는 그 이상의 일화를 겪는다(Goodwin & Jamison, 2007).

**제II형 양극성장애**　　또한 DSM-5에는 경미한 유형의 양극성장애가 들어 있는데, **제II형 양극성장애**(bipolar Ⅱ disorder)로 불린다. 제II형 양극성장애로 진단이 내려지려면, 당사자는 주요 우울증 일화를 최소한 한 번 이상 그리고 경조증 일화를 최소한 한 번 이상 겪었어야 한다(그리고 평생 동안 조증 일화는 전혀 없었어야 한다).

**순환성장애**　　**순환성장애**(cyclothymic disorder)는 순환성 기분부전증(cyclothymia)으로도 불리는데, 두 번째로 만성적인 기분장애다(첫 번째는 지속성 우울장애임). 지속성 우울장애에 대한 진단의 경우와 마찬가지로, DSM-5의 기준은 성인에게서 이런 증상이 최소한 2년간 존속해 있어야 한다. 순환성장애에서는, 당사자는 우울증이 자주 나타나지만 그 수준이 좀 더 경미하며, 경미한 수준의 조증 증상과 번갈아 가면서 나타난다. 증상의 강도가 최고조의 경조증 일화나 우울증 일화 시의 정도만큼은 아니지만, 이 장애가 있는 사람들과 이에 가까운 사람들은 통상 자신의 기분이 올라갔다가 내려가는 것을 알게 된다.

**양극성장애의 역학 및 장애로 인한 결과**　　제I형 양극성장애는 MDD보다 훨씬 드

---

### 🔵 순환성장애에 대한 DSM-5 진단 기준

최소 2년간(또는 아동이나 청소년의 경우에는 1년간)

- 경조증 일화 기준에는 부합하지 않는 경조증 증상이 많이 있음.
- 주요 우울증 일화의 진단 기준에 부합하지 않는 우울 증상이 많이 있음.

증상이 한 번 나타나면 2개월 이상 지나도 사라지지 않음. 주요 우울증 일화, 조증 일화, 또는 경조증 일화의 기준에 부합한 적이 전혀 없음. 증상 때문에 상당한 고통이나 기능 결손이 초래됨.

### 🔵 조증 일화 및 경조증 일화에 대한 DSM-5의 기준

기분이 현저하게 고양되거나 자극과민 상태에 빠짐.
활동성이나 에너지가 비정상적으로 높아짐.
다음 중 최소한 세 가지 이상이 기저 수준으로부터 눈에 띌 정도로 변화했음(기분이 자극과민 상태에 있다면 네 가지).

- 목표 지향적 활동이나 정신운동성 동요의 고조
- 특이할 정도로 수다스러움, 말하는 것이 빠름
- 사고의 비약 또는 사고가 질주하는 듯한 주관적 인상
- 수면에 대한 욕구 감소
- 자존감의 증가, 자신이 특별한 재능, 힘, 혹은 능력을 갖고 있다고 믿음
- 주의산만함, 주의가 쉽게 흐트러짐
- 고통스러운 결과를 초래할 가능성이 높은 활동에의 지나친 몰두(과소비, 무분별한 성행위, 어리석은 사업투자 등)
- 증상이 거의 매일, 하루 중 대부분의 시간에 존속해야 함

**조증의 일화에 대한 기준**

- 증상이 1주일간 지속되고, 입원을 요하거나, 또는 정신증(psychosis)이 들어 있어야 함
- 증상으로 인해 상당한 고통이나 기능 결손이 유발됨

**경조증의 일화에 대한 기준**

- 증상이 최소한 4일간 지속됨
- 남의 눈에 띌 정도로 기능상 뚜렷한 변화가 있지만, 그 결손의 정도가 두드러진 것은 아님
- 정신증적 증상이 없음

물다. 11개 국가에 걸쳐서 61,392명의 대표적 표본을 대상으로 구조화된 진단면접을 통해 조사한 역학연구에서는 1,000명 중 약 6명(0.6%)이 제I형 양극성장애의 진단 기준에 부합하는 것으로 나타났다(Merikangas et al., 2011). 양극성장애의 비율은 조사된 다른 국가들에 비해서 미국의 경우가 더 높은 것으로 나타났다. 예를 들면, 미국에서는 약 1%의 사람들이 제I형 양극성장애를 겪고 있다.

　경미한 유형의 양극성장애 유병률은 추정하기가 어려운데 왜냐하면 가장 흔히 사용된 진단적 면접 방법들 중 일부는 신뢰할 수 없기 때문이다. 연구자들이 구조화된 임상적 면접을 사용해서 제II형 양극성장애의 평정자간 신뢰도를 검증하였을 때, 진단은 검사된 사람들의 절반 미만에서만 확진이 되었다(Kessler et al., 2006). (이들 중 대부분은 다른 유형의 양극성장애로 진단을 받았다.) 신뢰도가 낮은 것을 감안해서 예상했을지 모르겠지만, 유병률에 대한 추정치는 대규모 역학 조사에 따라 다른데, 이는 제II형 양극성장애는 0.4~2% 사이의 어디에선가 그 유병률이 위치하고 있음을 시사한다(Merikangas et al., 2007, 2011). 약 4%의 사람들이 순환성 기분장애를 겪고 있는 것으로 추정된다(Regeer et al., 2004).

　양극성 스펙트럼 장애가 있는 사람들의 절반 이상은 25세 이전에 발병한 것으로 보고하고 있지

## 초점 2.3　창의성과 기분장애

양극성장애에 대한 전문가이자 자신도 오랫동안 제I형 양극성장애로 고생했던, Kay Jamison은 그녀의 저서인 *Touched with Fire Manic-Depressive Illness and the Artistic Temperament*(1993)에서 기분장애, 특히 양극성장애를 예술적 창의성과 관련짓는 많은 자료를 수집하여 제시하고 있다. 물론 기분장애가 있는 사람들 대부분은 특별히 창의성이 있는 것은 아니며, 창의성이 있는 사람들의 대부분이 기분장애를 갖고 있는 것도 아니다. 그러나 기분장애를 겪었던 것으로 보이는 시각 예술가, 작곡가, 작가의 목록은 인상적이다. 이 목록에는 미켈란젤로, 반 고흐, 차이코프스키, 슈만, 고갱, 테니슨, 셸리, 포크너, 헤밍웨이, F. 스콧 피츠제럴드, 휘트먼 등이 들어 있다. 또한 최근에는 많은 남녀 배우들이 자신의 조증 병력에 대해 고백했는데, 여기에는 스티븐 프라이, 캐리 피셔, 린다 해밀턴 등이 있다. 이와 같은 생애전기적 발견은 30만 명이 넘는 전집을 대상으로 한 연구에서 양극성장애가 있는 사람들과 이들의 가족으로서 양극성장애가 없는 사람들이 창의성이 발휘되는 직업 속에 너무 많이 들어 있다는 결과와 딱 들어맞는다(Kyaga et al., 2011).

　많은 사람들은 조증 상태 그 자체가 고양된 기분, 넘치는 에너지, 빠른 생각, 그리고 외견상 관련 없어 보이는 사건들을 연결 짓는 능력이 창의성을 증진시킨다고 가정한다. 그러나 극도의 조증 상태는 창의성이 있는 성과물의 생산을 떨어뜨리고, 당사자가 조증 기간 동안에 더 많은 성과물을 만들어낸다고 하더라도 그 성과물의 질에 문제가 있을 수 있다. 이는 작곡가 로베르트 슈만의 경우에 해당되는 것으로 보인다(Weisberg, 1994). 더욱이, 연구 결과에서는 조증의 일화를 겪은 적이 있는 사람들이 경미한 수준의 경조증 일화를 겪었던 사람들에 비해서 창의성이 낮은 경향이 있으며, 이 두 집단 모두 장애가 없는 이들의 가족들에 비해서 창의성이 있는 성과물을 덜 창출해내는 경향이 있다는 것을 밝혀냈다(Richards, Kinney, Lunde et al., 1988). 양극성장애가 있는 많은 사람들이 약물을 복용하는 것이 자신의 창의성을 제한할까 봐 걱정하지만, 이런 연구 결과는 조증 증상을 완화해주는 것이 창의성을 떨어뜨리기보다 오히려 증진하는 데 도움이 된다는 것을 시사한다.

출처: A. Summers & R. Swan, *Sinatra: The Life* (New York: Vintage Books, 2006), p. 218 (Getty Images, Inc.)

Photo Researchers

프랭크 시나트라가 자신에 대해 말한 것을 인용하면 다음과 같다. "18캐럿의 조울증이 있고, 폭력적이고 정서적인 모순의 삶을 살아와서, 나는 기분 고양뿐만 아니라 슬픔에 대해 지나치게 예민한 (over-acute) 능력을 가지고 있습니다."

기분장애는 예술가와 작가 사이에서 흔하다. 차이코프스키도 이를 앓았다.

만(Merikangas et al., 2011), 우울증의 경우처럼 양극성장애도 아동과 청소년들에게 발생빈도가 높아지고 있다(Kessler, Berglund, Demler et al., 2005). 양극성장애가 남성과 여성에게 동일한 수준으로 나타나지만, 양극성장애로 진단된 여성이 이 장애가 있는 남성에 비해서 우울증의 일화를 더 많이 겪는다(Altshuler et al., 2010). 양극성장애로 진단된 사람들의 약 2/3는 동반된 불안장애의 진단 기준에도 부합하며, 양극성장애가 있는 사람들 중 상당수는 과거에 물질남용을 한 적이 있음을 보고하고 있다.

제I형 양극성장애는 가장 심각한 유형의 심리장애 중 하나이다. 조증으로 입원한 사람들 중 1/3이 퇴원 후 1년간을 실직상태로 지낸다(Harrow, Goldberg, Grossman et al., 1990). 자살률은 제I형과 제II형 양극성장애 모두에서 높다(Angst, Stassen, Clayton et al., 2002). 양극성장애가 있는 사람들은 그 밖의 다양한 다른 의학적 상태에 걸릴 위험이 높은데, 이런 의학적 상태에는 심혈관 질환, 당뇨병, 비만, 갑상선 질환이 들어 있으며(Kupfer, 2005), 이런 문제가 아주 심각한 경우가 종종 있다. 이러한 제I형 양극성장애로 입원한 사람들은 기분장애가 없는 환자들에 비해서 당해연도에 의학적 질병으로 인해 사망할 확률이 2배나 높다(Osby, Brandt, Correia et al., 2001). 양극성장애로 인한 이와 같은 슬픈 결과도 양극성장애의 소유자 및 그들의 가족이 창의성이 높다거나 고도의 성취를 이룩했다는 증거가 있다고 해서 상쇄되지는 않는다(초점 2.3 참조).

순환성장애가 있는 사람들은 조증 일화와 주요 우울증 일화가 나타날 위험성이 높다. 최고조의 조증 일화가 나타나지 않는다고 하더라도, 순환성장애 증상이 만성적인 것 때문에 그 대가를 치르게 된다.

## 복습문제 2.1

아래 빈칸을 채워보라.

1. 주요우울장애는 최소한 _____ 증상이 최소한 ____주일 동안 지속될 경우에 진단이 내려진다.
2. 대략 _____%의 사람들이 그들의 일생 동안에 주요우울장애를 겪게 되어 있다.
3. 세계적으로 대략 1,000명 중 ____명이 그들의 일생 동안 조증 일화를 겪는 것으로 되어 있다.

아래 질문에 답하라.

4. 주요우울장애와 지속성 우울장애에 대한 진단 기준 사이의 핵심적 차이는 무엇인가?
5. 제I형 양극성장애와 제II형 양극성장애 진단 기준상의 핵심적 차이는 무엇인가?

## 우울장애와 양극성장애의 하위유형

기분장애는 이질성이 크다. 즉 똑같은 진단을 받은 사람들이 아주 다른 증상을 보일 수 있다. DSM-5에서는 이러한 문제를 해결하기 위하여 MDD와 양극성장애를 여러 가지 명시자[specifiers, 하위유형(subtypes)]으로 나누기 위한 기준을 제시하고 있다. 명시자 및 그 정의를 소개하는 목록은 표 2.2를 보라. **급속 순환성**(rapid cycling) 명시자(그림 2.2 참조) 그리고 계절성 명시자는 모두 시간의 흐름에 따른 일화의 패턴을 지칭하는 것이고, 반면에 다른 명시자는 현재의 일화에서 보이는 특정 증상을 지칭하는 것이다. 모든 명시자가 MDD나 양극성장애에 적용될 수 있으며, 급속 순환성 명시자만 예외다. 급속 순환성 명시자는 오직 양극성장애에 대해서만 진단을

**표 2.2** 우울장애와 양극성장애에서의 세부요인(명시자)

| 하위유형 | MDD 적용가능 여부 | 양극성장애 적용가능 여부 | 정의 |
|---|---|---|---|
| 계절성 패턴 | 그렇다 | 그렇다 | 일화가 해당 연도의 특정 시기에 정기적으로 발생 |
| 급속 순환성 | 아니다 | 그렇다 | 지난해에 일화가 최소한 4개 |
| 기분과 일치하는 정신증적 양상 | 그렇다 | 그렇다 | 기분 상태와 일치하는 주제에 대한 망상이나 환각 (예 : 우울증에 동반된 죄책감, 질병, 죽음과 관련된 내용) |
| 기분과 일치하지 않는 정신증적 양상 | 그렇다 | 그렇다 | 우울증 일화 또는 조증 일화의 맥락과 부합하지 않는 주제에 대한 망상이나 환각 |
| 혼합된 양상 | 그렇다 | 그렇다 | 우울 일화 중에 조증 증상이 최소한 3개 있거나, 또는 조응 일화 중에 우울증 증상이 최소한 3개 있음 |
| 긴장증 | 그렇다 | 그렇다 | 극도의 신체 부동성(안 움직이는 것) 또는 과도하게 특이한 신체 움직임 |
| 멜랑콜리아 양상 | 그렇다 | 그렇다(우울 일화에 대해서만) | 어떤 활동에서도 즐거움을 못 느낌, 긍정적인 일이 있어도 안도감을 느끼지 못함, 그리고 그 밖의 우울증 증상이 최소한 3개 있어야 함. 이를테면 기분이 뚜렷한 특성을 보이는 것, 우울증 증상이 아침에 더 악화되는 것, 최소한 2시간 일찍 깨어나는 것, 식욕/체중의 감소, 정신운동성 지체 혹은 동요, 죄책감 |
| 비전형적인 양상 | 그렇다 | 그렇다 | 우울증 일화 또는 조증 일화에 통상 나타나는 것이 아닌 특이한 증상이 있음 |
| 분만 전후의 발생 | 그렇다 | 그렇다 | 임신 중 또는 출산 후 4주 이내에 발생 |
| 불안증 수반 | 그렇다 | 그렇다 | 불안 증상이 최소한 2개 있음 |
| 자살위험의 심각도 | 그렇다 | 그렇다 | 자살 생각, 자살 계획, 또는 다른 위험성의 지표가 있음 |

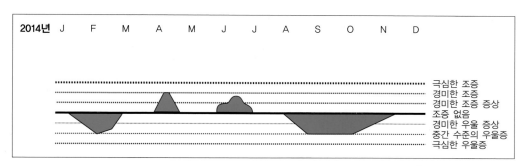

**그림 2.2** 이 사례에서 볼 수 있듯이, 양극성장애의 급속 순환성 명시자는 기분 일화가 매년 최소한 4번 나타나는 것으로 정의된다.

내릴 때 사용된다. 일화에 대한 세부요인은 모두 우울증 일화나 조증 일화에 적용될 수 있다. 단, **멜랑콜리아**(melancholic) 일화는 예외인데, 멜랑콜리아는 우울증 일화 시에만 적용될 수 있다.

　MDD의 계절성 명시자는 상당한 지지를 받았다(이에 대한 논의는 초점 2.2 참조). 그러나 그 밖의 명시자 중 상당수는 타당도가 잘 확립되지 않았다. 예를 들면, 여성 중 약 14%가 우울증의 출산 전후 명시자에 대한 기준에 부합하지만, 우울증은 생의 다른 기간에 비해서 산후 기간에는 훨씬 적으며, 임신 중이나 출산 후에 있었던 우울증 일화의 약 절반은 실제로는 임신하기 전에 시작된 것이다(Wisner et al., 2013). 마찬가지로, 급속 순환성 명시자에 대해서도 문제가 있다. 어떤 종단연구에서는, 밑바탕에 급속 순환성 양극성장애가 있는 사람들의 95%가 1년 뒤에는 더 이상 급속 순환을 겪지 않는 것으로 나타났다(Schneck et al., 2008). 명시자에 관련된 세 번째 문제의 예로서, 멜랑콜리아 양상이 수반된 MDD는 단지 좀 더 극심한 유형의 우울증에 불과한 것일 수 있다. 즉 멜랑콜리아 양상이 있는 사람들은 동반이환(예 : 불안장애)이 많고, 우울증의 일화가 더 자주 나타나며, 그리고 일상적 활동에서의 손상 정도도 더 크다(Kendler, 1997).

## 중간 요약

DSM-5에는 기분장애 대한 두 가지 광범위한 유형, 즉 우울장애와 양극성장애가 있다. 우울장애에는 주요우울장애와 지속성 우울장애뿐만 아니라 최근에 인정된 두 가지 장애, 즉 월경전불쾌감장애와 파괴적 기분조절부전장애도 들어 있다. 주요 우울증은 심각한 일화가 최소한 2주 동안 지속되는 것이 특징인 반면에, 지속성 우울장애는 증상이 적어도 2년간 지속되는 것이 특징이다.

양극성장애에는 제I형 양극성장애, 제II형 양극성장애, 그리고 순환성장애가 있다. 제I형 양극성장애는 조증 일화가 평생에 한 번만 있어도 진단이 내려지며, 제II형 양극성장애는 경조증과 주요 우울증을 기반으로 진단이 내려진다. 순환성 기분부전(cyclothymia)은 경미한 우울증 및 조증 증상이 최소한 2년간 지속되며 양쪽 사이를 빈번하게 왔다 갔다 하는 것으로 정의된다.

기분장애의 명시자는 증상의 패턴을 구분하는 데 사용된다. 계절성

및 급속 순환성의 명시자는 시간의 흐름에 따른 일화의 패턴으로 정의되며, 다른 명시자는 현재 나타난 일화의 양상을 명명하는 데 사용된다. 여기에는 기분과 일치하거나 또는 일치하지 않는 정신증적 양상, 혼합된 양상, 긴장증, 출산 전후 발생, 불안증이 수반된 것, 자살 위험성의 강도, 그리고 우울증에 관련된 것으로서 멜랑콜리아가 있다. 계절성 명시자는 타당도가 잘 확립되어 있다.

MDD는 가장 흔한 심리장애 중 하나이고, 반면에 제I형 양극성장애는 전체 인구 중 1% 또는 그 이하로 발생할 뿐이다. MDD와 지속성 우울장애는 남성보다 여성에게서 2배나 더 많이 발생한다. MDD가 있는 사람들의 2/3는 두 번째 일화도 겪게 되기 쉽다. 양극성장애는 MDD에 비해서 재발성이 높아서, 제I형 양극성장애가 있는 사람들 중 약 50%는 일화가 4번 또는 그 이상 나타나게 된다.

# 기분장애의 원인론

기분장애로 인해 나타난 극단적인 상태를 생각해볼 때, 이러한 극단적인 일이 발생하는 이유를 묻는 것은 당연하다. 메리가 우울의 깊은 심연 속으로 빠져들어 가는 것을 어떻게 설명할 수 있을까? 웨인을 비현실적 야망의 열광적인 상태로 몰아가는 데 어떠한 요인들이 결합해서 나타났을까? 원인론에 관한 연구들은 이러한 장애들이 왜 전개되는지에 초점을 맞춘다. 기분장애를 설명해줄 수 있는 단 하나의 원인은 없다. 수많은 다른 요인들이 결합하여 이러한 장애를 설명해주게 된다.

DSM에서는 다른 여러 가지의 우울장애와 양극성장애를 소개하고 있지만, 원인론 및 치료법에 관한 연구는 주요우울장애와 제I형 양극성장애에 대해서 초점이 맞추어져 온 경향이 있다. 편의상 우리는 이 장 전반에 걸쳐서 이런 상태들을 우울증과 양극성장애로 지칭한다.

우리는 우울증, 양극성장애와 관련된 생물학적 요인들에 대한 논의부터 시작하겠다. 표 2.3에서 볼 수 있듯이, 기분장애에 적용되어 왔던 생물학적 접근법은 아주 많고 다양하다. 따라서 우리는 유전, 신경전도체, 뇌 영상, 그리고 신경내분비 연구에 관해서 기술할 것이다. 우울장애 및 양극성장애에 대한 이와 같은 생물학적 위험 요인을 기술한 다음에, 우리는 우울증의 심리사회적 예측 요인에 대해 논의하고 난 뒤 양극성장애의 심리사회적 모형(psychosocial models)으로 다시 돌아온다.

### 유전 요인

MZ(일란성) 쌍둥이와 DZ(이란성) 쌍둥이에 대한 보다 조심스러운 연구들은 MDD의 경우 유전

**표 2.3** 주요 우울증과 양극성장애에 대한 신경생물학적 가설들의 요약

| 신경생물학적 가설 | 주요 우울증 | 양극성장애 |
|---|---|---|
| 유전의 기여도 | 중간 | 높음 |
| 세로토닌 및 도파민 수용기의 기능부전 | 있음 | 있음 |
| 코르티솔 조절부전 | 있음 | 있음 |
| 뇌의 정서 관련 영역에서의 활성화 상의 변화 | 있음 | 있음 |
| 보상에 대한 반응으로서 선조체*가 활성화되는 것 | 낮음 | 높음 |

*선조체(striatum) : 미상핵(尾狀核)과 피각(被殼)을 합친 것

가능성의 추정치(heritability estimates)를 37%로 산출하였다(Sullivan, Neale, & Kendler, 2000). 유전가능성은 우울증에서 유전 인자로 설명되는 변량의 백분율로 해석될 수 있다. 유전가능성의 추정치는 연구자들이 좀 더 심각한 표본을 대상으로 조사할 때 더 높게 나타난다(예 : 연구에 참여하는 사람들을 외래 진료가 아닌 병원에 입원한 환자들 중에서 모집할 경우).

양극성장애는 유전성이 가장 높은 장애 중 하나이다. 가장 면밀한 연구에서는 지역사회에서 선정된 대표성 있는 쌍둥이 표본을 대상으로 면담을 실시한다(치료를 받으러 오는 사람들에게만 초점을 두기보다는, 왜냐하면 치료를 받으러 오는 사람들은 치료를 받지 않는 사람들에 비해서 장애의 정도가 더 심각한 경우이기 쉽기 때문임). 지역사회에 기반을 둔 쌍둥이를 표본으로 한 연구에서는 진단을 입증하기 위해 구조화된 면접을 적용한 결과 유전가능성에 대한 추정치가 93%로 나타났다(Kieseppa, Partonen, Haukka et al., 2004). 또한 입양아 연구 결과도 양극성장애에서 유전가능성이 중요함을 확인해주었다(Wender et al., 1986). 제II형 양극성장애 또한 유전가능성이 높다(Edvardsen et al., 2008a).

분자유전학(molecular genetics) 연구는 기분장애와 관련된 특정 유전자를 찾아내는 것을 목표로 한다. 분자유전학 연구를 제대로 고찰하려면, 잠깐 멈추어서 어떤 한 개인이 겪을 믿기 어려울 정도로 다양한 우울 증상과 양극성 증상에 대해 생각해볼 필요가 있다. 기분장애, 그리고 사실상 대부분의 심리장애가 너무나 복잡하고 이질적이기 때문에, 이런 질병을 단 하나의 유전자만으로 설명할 수 있다는 것은 거의 불가능할 것이다. 대부분의 연구자들은 이런 장애들이 궁극적으로는 일단의 유전자와 관련되며, 각 유전자는 전체 위험성의 일부분을 각기 맡고 있을 것이라고 믿고 있다.

어떤 단 하나의 유전자의 효과도 아주 작기 때문인지, 전장 유전체 연관 분석 연구(genome-wide association studies, GWAS)에서는 18,000명 이상을 대상으로 했는데, MDD와 연관된 특정 유전자를 밝히는 데 실패했으며(Sullivan, Daly, & O'Donovan, 2012), 소규모 연구들에서 밝혀진 특정 유전자의 상당수는 반복연구(replicate)에서 실패했다(Krishnan & Nestler, 2010). 수천 명의 사람들을 대상으로 한 연구들에서는, 양극성장애와 연관된 여러 개의 유전자 동질이상체(genetic polymorphism)들이 규명되었다. 이들 동질이상체들은 양극성장애에 대한 위험성의 아주 작은 비율을 설명해주며(Sullivan et al., 2012), 이렇게 밝혀진 유전자 동질이상체의 일부는 조현병에 연관된 것들과 중복되는 것으로 보인다(CDGPGC, 2013).

또 다른 접근방식은 어떤 유전자가 환경적 위험 요인이 있을 때 우울증의 위험성을 높여줄 수 있느냐 하는 것을 살피는 것이다. 이런 접근방법은 세로토닌 운반 유전자의 동질이상체가 MDD와 연관이 있는 것으로 보인다는 것을 입증해주었다. 초기 연구에서는 이런 동질이상체를 갖고 있는 사람들이 이런 동질이상체가 없는 사람들에 비해서 스트레스를 주는 생활사건을 겪은 뒤에 우

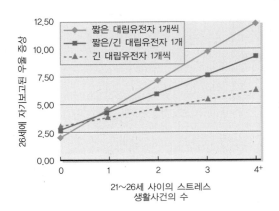

**그림 2.3** 생활사건이 세로토닌 운반 유전자와 상호작용하여 우울 증상을 예측해준다.

출처 : Caspi et al., *Science*, 2003: 301, 387.

울증의 위험성이 더 높아졌음을 발견했다(Caspi et al., 2003). 즉 최소한 1개의 짧은 대립유전자가 있으면 스트레스에 대한 반응성이 높아지는 것과 관련이 있다는 것이다(그림 2.3 참조). 붉은털원숭이(rhesus monkeys)의 경우에 이런 유전자에 최소한 1개의 짧은 대립유전자가 있으면 세로토닌의 기능이 형편없는 것과 연관이 있었다. 따라서 어떤 사람들은 약한 세로토닌 계통의 취약성이 유전을 통해 전달받은 것으로 보이며, 이런 유전된 취약성은 아동기 학대 또는 성인기의 심각한 스트레스 자극을 받은 후에 우울증을 겪을 가능성을 보여주는 방식으로 표현된다. 이런 발견은 다른 대규모의 연구에서도 반복해서 확인되었는데, 특히 학대와 생활 스트레스 자극을 세밀하게 측정한 연구들에서 그러하였다(Karg, 2011; Uher & McGuffin, 2010). 흥미롭게도, 세로토닌 운반 유전자에서의 이와 같은 동질이상체는 이 장의 후반부에서 살펴볼 우울증에 대한 위험 요인과도 관련이 있었다. 이런 위험 요인에는 핵심 두뇌 영역에서의 활동[예 : 아래에 기술된 편도체(amygdala; Caspi, Hariri, Holmes et al., 2010)] 그리고 부정적인 인지 성향(negative cognitive tendency)(예 : 부정적인 정보에 주의를 기울이는 것; Disner et al., 2013) 등이 있다. 따라서 이런 유형의 연구들은 우울증에 관련된 유전자를 감안할 때 다른 위험 요인들도 함께 고려해야 한다는 것을 시사해주고 있다.

**신경전도체** 기분장애에서 역할을 발휘할 가능성 때문에 가장 많이 연구된 신경전도체가 세 가지가 있는데, 바로 노르에피네프린, 도파민, 세로토닌이다. 이들 각 신경전도체는 뇌의 많은 영역에 분포되어 있다. 그림 2.4는 세로토닌 경로와 도파민 경로가 뇌 속에 얼마나 널리 퍼져 있는지를 보여준다. 수십 년간, 연구자들은 기분장애가 특정한 신경전도체가 많거나 너무 적은 것과 관련이 있을 것이라는 가설에 대해 조사했는데, 그 결과는 일관성이 없다. 보다 최근의 모형에서는 기분장애가 접합 틈(synaptic cleft)(그림 2.5 참조) 속에 신경전도체가 있을 때 이에 대한 수용기 반응상의 변화와 관련이 있을지 모른다는 생각에 초점을 맞추었는데, 이런 최신의 연구의 대부분은 도파민과 세로토닌에 초점을 맞추었다.

접합 후 수용기(postsynaptic receptors)의 민감도를 어떻게 검증할 수 있을까? 수용기의 민감도가 차이가 있다면, 특정한 신경전도체의 수준에 영향을 미치는 약물에 대해 사람마다 각기 다른 반응을 할 것으로 기대할 수 있을 것이다. 예를 들면, 아주 민감한 수용기는 접합 틈 속에 있는 신경전도체의 극소량에도 반응을 나타낼지 모른다. 수용기의 민감도가 낮다면, 당사자는 신경전도체의 수준이 떨어졌을 때 더 두드러진 반응을 나타낼지 모른다.

우울증이 있는 사람들은 다른 사람들에 비해서 도파민 수준을 높여주는 약물에 반응을 덜 보이기 때문에, 도파민의 기능이 우울증에서는 저하되어 있을지 모른다고 여겨지고 있다(Naranjo, Tremblay, & Busto, 2001). 도파민은 뇌 속에 있는 **보상체계**(reward system)의 민감성에 대해 주요한 역할을 하며, 이 보상체계의 민감성이 보상을 얻을 기회가 얼마나 될지로 연결되어 즐거움, 동기유발, 그리고 에너지를 향해서 움직이도록 유도해준다고 믿고 있다(Depue & Iacono, 1989). 도파민 계통의 기능 저하는 우울증에서 즐거움, 동기유발, 에너지의 부족을 설명하는 데 도움이 될 것으로 여겨진다(Treadway & Zald, 2011).

양극성장애가 있는 사람들 중에서, 도파민 수치를 높여주는 여러 가지 약물은 조증 증상을 촉발하는 것으로 발견되었다. 하나의 가능성은 도파민 수용기가 양극성장애에서는 지나치게 민감해진 것일 수 있고(Anand et al., 2000), 이는 조증 일화 중에 보이는 과도한 에너지와 열정을 설명하는 데 도움이 될지도 모른다.

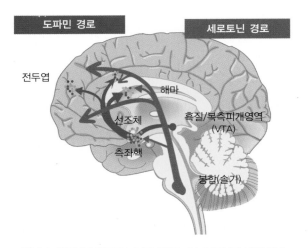

**그림 2.4** 세로토닌 경로와 도파민 경로는 뇌 속에 널리 퍼져 있다.

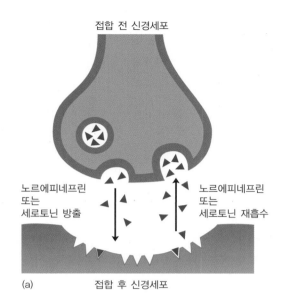
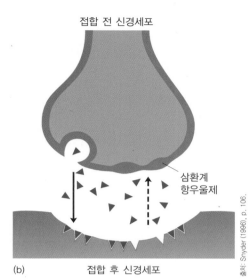

접합 전 신경세포

접합 전 신경세포

노르에피네프린
또는
세로토닌 방출

노르에피네프린
또는
세로토닌 재흡수

삼환계
항우울제

(a)       접합 후 신경세포

(b)       접합 후 신경세포

**그림 2.5** (a) 신경전도체가 접합 부위 (synapse)로 방출되는 경우, 펌프처럼 작동하는 재흡수 기제가 신경전도체가 접합 후 신경세포에 도달하기 전에 신경전도체의 일부를 재흡수하기 시작한다. (b) 삼환계 약물이 이와 같은 재흡수 과정을 제지하면 더 많은 신경전도체가 수용기에 도달하게 된다. 선택적 세로토닌 재흡수 억제제(selective serotonin reuptake inhibitors)는 세로토닌에 대해서만 선택적으로 작용한다.

출처: Snyder (1996), p. 106.

도파민 이외에, 세로토닌 수용기의 민감도에 초점을 맞춘 연구들도 수행되었다. 연구자들은 실험적 절차를 통해 세로토닌 수준을 낮추는 일련의 연구들을 수행하였다. 세로토닌 수준을 낮추기 위해 연구자들은 **트립토판**(tryptophan)의 수준을 감소시켰는데, 이는 세로토닌의 주요한 전구체 (precursor)이다. 트립토판은 15가지 아미노산이 다량 함유되어 있고 트립토판이 없는 음료를 섭취하게 하면 감소시킬 수 있다. 수 시간이 지나면 세로토닌 수준이 낮아지며, 이 효과는 여러 시간 동안 지속된다. 연구 결과는 트립토판의 감소(그 결과 세로토닌 수준을 낮추어 주는 것)가 우울증의 병력이나 우울증 가족력이 있는 사람들 사이에서 일시적으로 우울 증상을 일으키는 것을 보여주었다(Benkelfat, Ellenbogen, Dean et al., 1994; Neumeister et al., 2002). 이 효과는 우울증의 과거력이나 가족력이 없는 사람들 사이에서는 관찰되지 않고 있다. 현재의 견해는, 우울증에 취약한 사람들에서 세로토닌 수용기가 덜 민감한 것으로 보이고, 이 때문에 세로토닌 수준이 낮아지면 극적인 반응이 나타나게 된다는 것이다.

MDD로 진단된 사람들과 그들의 가족들처럼, 양극성장애가 있는 사람들의 친척들도 트립토판이 고갈되었을 때 배합 통제집단에 비해서 더욱 강한 기분 반응을 보였다(Sobczak, Honig, Nicolson et al., 2002). 우울증의 경우와 마찬가지로, 양극성장애도 세로토닌 수용기의 민감성이 감소된 것과 관련이 있을 것으로 보인다.

## 뇌 기능 : 정서 영역

기능적 뇌 영상 촬영을 이용한 연구들은 MDD의 일화가 정서를 경험하고 조절하는 데 관여하는 두뇌 계통에서의 변화와 관련이 있음을 시사한다(Davidson, Pizzagalli, & Nitschke, 2002). 이런 연구들의 대부분은 정서자극에 대한 뇌의 반응을 조사하였는데, 이때 사용된 정서자극은 대단히 긍정적인 장면 또는 대단히 부정적인 장면을 사진으로 보여주는 것이다. 표 2.4에는 우울증과 관련해서 가장 많이 연구된 5개의 주요 뇌 구조에 대한 요약이 제시되어 있다 — 편도체, **전측대상회** (anterior cingulate), **배외측 전전두피질**(dorsolateral prefrontal cortex), 해마, **선조체**(striatum)(그림 2.6도 보라). 편도체부터 시작해서 이들 영역 각각을 살펴보겠다.

편도체는 어떤 자극이 얼마나 두드러지고 정서적으로 중요한지를 평가하는 데 관여한다. 편도체가 손상된 동물들은 위협적인 자극에 대해서 공포반응을 보이지 않으며, 음식에 대해서도 적극

**표 2.4** 기분장애가 있는 사람들에서 정서적 반응에 관여하는 뇌 구조의 활동 수준

| 뇌 구조 | 우울증의 수준 | 조증의 수준 |
| --- | --- | --- |
| 편도체 | 높아짐 | 높아짐 |
| 전측대상회 | 높아짐 | 높아짐 |
| 배외측 전전두피질 | 줄어듦 | 줄어듦 |
| 해마 | 줄어듦 | 줄어듦 |
| 선조체 | 줄어듦 | 높아짐 |

적인 반응을 보이지 않는다. 인간의 경우, 편도체는 위협적인 자극을 그림으로 보여주었을 때 반응하는 것으로 나타났다. 기능적 뇌 활성화(functional brain activation) 연구에서는 MDD가 있는 사람들에서 편도체의 활동 수준이 높은 것을 보여주고 있다. 예를 들면, 슬프거나 화난 표정을 표현하는 부정적인 단어나 사진을 보여주었을 때, 현재 MDD가 있는 사람들은 MDD가 없는 사람들에 비해서 편도체에서 더 강렬하고 오래가는 반응을 나타냈다(Sheline et al., 2001). 정서자극에 대해 이와 같이 편도체가 나타내는 과잉반응 패턴은, MDD 병력은 없지만 우울증이 있는 사람들의 친척들에게서도 관찰되기 때문에, 이런 패턴이 우울증의 후유증에 불과하다기보다는 우울증에 대한 취약성의 일부에 해당될 수도 있음을 시사한다(Pilhatsch et al., 2014).

**그림 2.6** 기분장애에 관련된 핵심 두뇌 영역

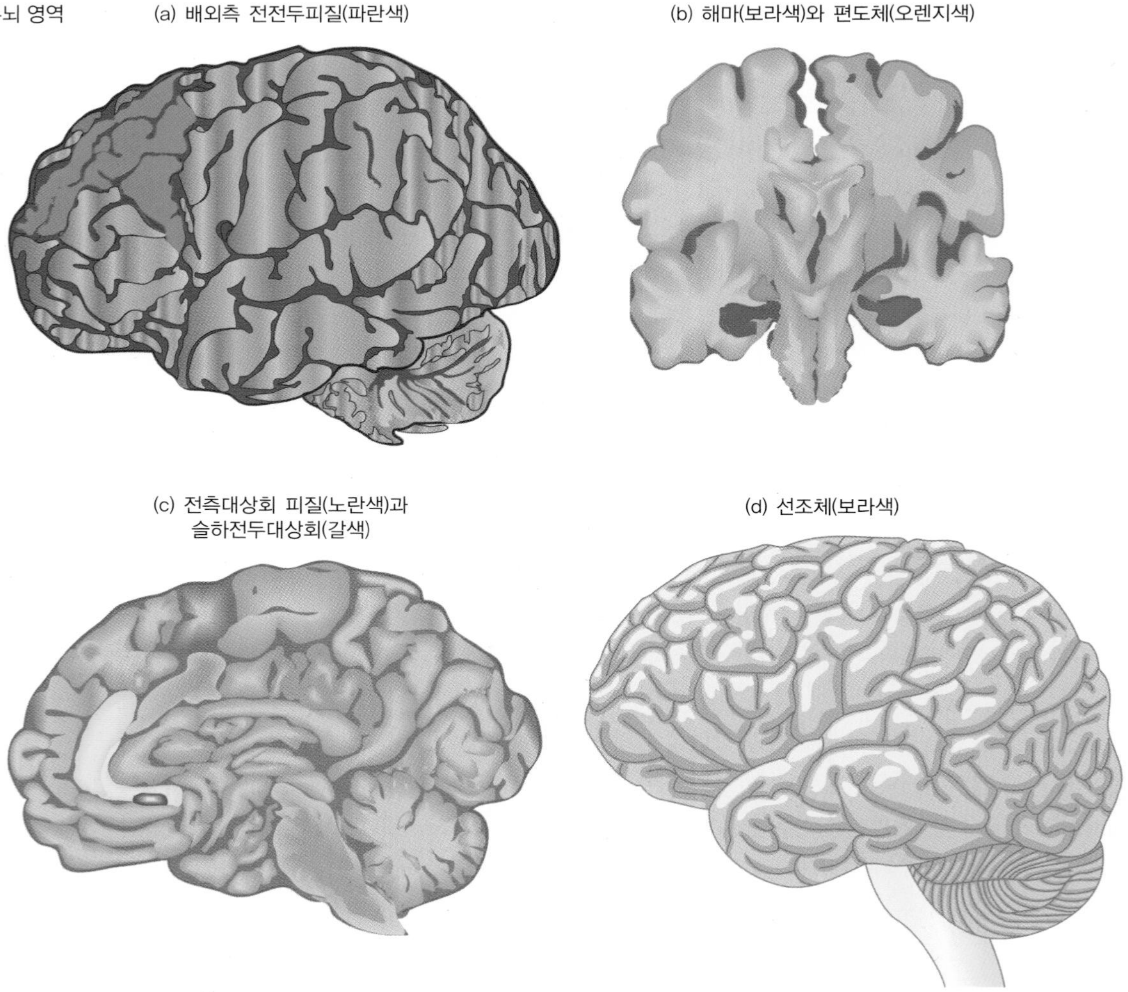

(a) 배외측 전전두피질(파란색)

(b) 해마(보라색)와 편도체(오렌지색)

(c) 전측대상회 피질(노란색)과 슬하전두대상회(갈색)

(d) 선조체(보라색)

편도체 이외에도, MDD는 부정적인 자극을 보게 했을 때 전측대상회가 더 크게 활성화되는 것 (Hamilton et al., 2012), 그리고 해마 및 배외측 전전두피질의 활성화 정도가 줄어드는 것과 관련이 있다(Hamilton et al., 2012; Schaefer, Putnam, Benca et al., 2006). 이들 영역에서의 장해는 효과적인 정서 조절을 방해하는 것으로 여겨진다.

끝으로, 우울증이 있는 사람들은 정서자극에 노출되어 있는 동안 선조체의 활동(활성화)이 감소하는 것으로 입증되어 있는데(Hamilton et al., 2012), 이는 특히 그들이 보상을 얻게 되었다는 긍정적 피드백을 받고 있을 때 그렇다(Pizzagalli, Goetz, Ostacher et al., 2008). 선조체의 특정 영역[신경핵(nucleus accumbens)이라고 불림]은 뇌 속에 있는 보상 계통의 핵심 요소로서 보상을 받고자 하는 동기유발에서 중요한 역할을 한다(Salamone & Correa, 2012). 따라서 긍정적 피드백에 대한 반응으로 선조체의 활동이 적게 나타난다면, 이는 우울증이 있는 사람들이 생활 속에서 긍정적 사건이 발생해도 동기가 적게 유발되고 또한 이런 생활 속의 긍정적 사건에 관심을 덜 보이는 이유를 설명하는 데 도움이 될 수도 있다.

이상의 발견들이 어떻게 조합될 수 있을까? 한 이론에 의하면 우울증을 앓고 있는 동안에 편도체의 활동이 높아지게 되면 이는 정서 관련 자극에 대한 과민성을 초래한다는 것이다. 동시에, 정서 조절에 관여하는 계통들이 절충(compromise)에 들어간다(즉 전측대상회, 해마, 배외측 전전두피질). 끝으로, 보상에 반응하고 움직이게 하는 데 관여하는 신경 영역의 활동성이 낮을 수도 있다.

MDD에 관여하는 뇌 구조의 상당수는 또한 양극성장애에도 관여하는 것으로 보인다. 제I형 양극성장애는 편도체의 반응 수준이 높은 것, 정서 조절 과제 중에 전측대상회의 활동이 높아진 것, 그리고 해마와 배외측 전전두피질의 활동이 낮아진 것과 관련이 있다(Houenou et al., 2011; Phillips et al., 2008). 이런 패턴이 MDD가 있는 사람들에게서 관찰되는 것과 비슷해 보이지만, 한 가지 다른 점이 있다. 즉 양극성장애가 있는 사람들은 MDD가 있는 사람들에게서 관찰되는 활동 수준이 낮은 것과는 대조적으로 선조체의 활동이 높은 것을 보여주는 경향이 있다(Chen, Suckling, Lennox et al., 2011).

## 신경내분비 계통 : 코르티솔 조절부전

HPA 축(시상하부-뇌하수체-부신피질로 이어지는 축)은 MDD의 일화 기간에 활동이 높아질 수 있는데, 이는 스트레스 반응성이 우울증의 중요한 일부라는 생각에 들어맞는다. HPA 축은 주요한 스트레스 호르몬인 코르티솔의 분비를 촉발한다. 코르티솔은 스트레스를 받을 때 분비되며 면역 계통의 활동을 높여주어서 신체가 위협에 대비할 수 있도록 도와준다.

여러 가지 연구 결과는 우울증을 코르티솔의 수준이 높은 것과 관련짓고 있다. 예를 들면, **쿠싱 증후군**(Cushing's syndrome)이 있는 사람들은 이 증후군으로 인해 코르티솔이 과다분비되어 우울 증상을 자주 겪게 된다. 두 번째로 동물을 대상으로 한 연구에서는 코르티솔의 분비를 촉발하는 화학물질을 뇌 속에 주입시켰더니 고전적인 우울 증상이 많이 생성되었는데, 여기에는 성행위에 대한 흥미 감소, 식욕감퇴, 그리고 수면곤란이 있었다(Gutman & Nemeroff, 2003). 따라서 동물이나 인간에서 코르티솔이 너무 많으면 우울 증상을 일으키는 것으로 보인다.

우울하지만 쿠싱 증후군이 없는 사람들에게서도 코르티솔 수준이 잘 조절되지 못하는 경우가 종종 있다. 즉 관련 계통이 코르티솔 수준을 떨어뜨리라는 생물학적 신호에 잘 반응하지 못하는 것처럼 보인다. 이런 아이디어를 검증하기 위하여, 연구자들은 통상 덱사메타손(dexamethasone)과 같은 약물을 투여하는데, 이 약물은 건강한 사람에게서 밤새도록 코르티솔 분비를 억제해준다. 덱사메타손 억제 검사(dexamethasone suppression test, dex/CRH)는 HPA 계통에 대한 민감도가 더 높은 검사인데, 덱사메타손과 코르티코트로핀 방출 호르몬(corticotrophin-releasing hormone, 코르티솔 수준을 높여줌) 두 가지를 모두 투여하는 것이다. 우울증 때문에 입원한 사람들 중 약 80%는 dex/CRH 검사에서 HPA 계통에 대한 조절이 잘 안 된다는 것을 보여주었다 (Heuser, Yassouridis, & Holsboer, 1994). 그러나 dex/CRH 검사에 대한 이와 같은 비정상 반응도 대부분의 사람들의 경우에는 우울증 일화가 끝나면 정상으로 되돌아온다. 우울증 일화로부터 회복된 후에도 dex/CRH 검사에 대한 코르티솔 반응이 계속 높게 나타나는 사람들은 그 다음 해를 넘기지 못하고 재발하기가 더 쉽다(예 : Aubry et al., 2007).

코르티솔이 단기적으로 도움이 되는 스트레스 반응을 일으키는 데 도움을 주기는 하지만, 코르티솔의 높은 수치가 장기화될 경우 신체 계통에 해를 끼칠 수 있다. 예를 들면, 코르티솔의 장기적 과다 분비는 해마에 손상이 발생하는 것과 연관이 있다. 연구 결과에 의하면 수년간 우울증을 겪은 사람들은 해마의 용적이 정상인에 비해서 더 작은 것이 발견되었다(Videbech & Ravnkilde, 2004).

MDD가 있는 사람들처럼, 양극성장애가 있는 사람들도 dex/CRH 검사 후에 코르티솔이 억제되는 전형적인 현상을 보여주지 않았다. 이는 양극성장애도 코르티솔 분비 계통이 잘 조절되지 않고 있는 것이 특징임을 시사한다(Watson, Thompson, Ritchie et al., 2006). MDD가 있는 사람들의 경우와 마찬가지로, 양극성장애가 있는 사람들로서 일화가 소멸된 뒤에 코르티솔 자극 검사에 대해 비정상적인 반응을 계속해서 보여주는 사람들은 장차 일화를 더 겪을 위험성이 높다(Vieta et al., 1999).

요약하면, 양극성장애와 MDD 모두 코르티솔 수준의 조절에서 문제가 있는 것이 특징이다. 또한 코르티솔 수준의 조절부전은 양극성장애와 MDD에서 질병의 경과가 더욱 심각하게 될 것이라는 점을 예측하게 해준다.

### 우울증의 사회적 요인 : 아동기의 역경, 생활사건, 그리고 대인관계의 어려움

대인관계 문제는 우울증이 있는 사람들에게 매우 흔한 일이지만, 인과관계를 입증하려면 단지 이

## 중간 요약

양극성장애는 유전성이 높다. 주요우울장애는 유전성이 근소하다. 세로토닌 전달 유전자(serotonin transporter gene)의 동질이상체는 우울증의 위험성을 증가시킬 수 있는데, 이는 특히 환경 여건이 나쁠 때 그러하다.

신경전도체 모형은 전통적으로 세로토닌, 도파민, 노르에피네프린에 초점을 맞추어 왔다. 현재 연구에서는 세로토닌 및 도파민 계통의 수용기 민감도에 초점을 맞추고 있다. 수용기 민감도는 신경전도체의 수준을 조작하여 검사하는 경우가 종종 있다. 트립토판의 고갈(tryptophan depletion)에 관한 연구들은 세로토닌 수용기에서의 결손이 우울증 및 도파민 계통과도 연관되어 있음을 보여준다. 또한 우울증이 도파민 수용기의 민감도 감소와 연관이 있는 것 같으며, 조증은 도파민 수용기의 민감도 증진과 연관이 있는 것으로 보인다.

뇌 영상 촬영 연구 결과들은 우울증과 양극성장애 모두가 정서에 관여하는 뇌 영역에서의 변화와 관련이 있음을 시사한다. 이런 변화는 정서적 반응성은 커지지만(편도체의 활동 증가) 정서를 조절하는 능력은 감소한 것(배외측 전전두피질)과 해마의 활동 감소, 그리고 전측대상회 활동 증가)과 맥락을 같이 하는 것으로 보인다.

언급된 바와 같이, 우울증과 양극성장애는 이와 같은 많은 생물학적 변수에서 비슷한 것으로 보인다. 이 두 조건 사이에서의 한 가지 차이점은 우울증이 선조체 활동의 감소와 관련되는 반면, 선조체의 활동 증가는 양극성장애가 있는 사람들 사이에서 나타나는 것으로 보인다는 점이다.

우울증과 양극성장애는 모두 dex/CRH 검사를 사용하여 평가했을 때 코르티솔의 조절부전과 관련되어 있다. 또한 코르티솔 조절부전은 시간이 흐름에 따라 기분 증상의 경과가 더 극심할 것임을 예측해준다.

## 복습문제 2.2

다음 질문에 답하라.

1. 주요우울장애와 제I형 양극성장애에 대한 유전가능성의 추정치는 각각 대략 몇 %인가?

   a. 60, 93

   b. 20, 100

   c. 37, 93

   d. 10, 59

2. 우울증과 조증 모두는 다음 중 어느 신경전도체 계통의 수용기 민감도가 줄어든 것인가?

   a. 아세틸콜린(acetylcholine)

   b. 세로토닌(serotonin)

   c. 도파민(dopamine)

   d. 노르에피네프린(norepinephrine)

3. 우울증에서 HPA의 조절부전을 나타내는 것은 다음 중 무엇인가?

   a. 뇌하수체(pituitary gland)의 과민성

   b. 덱사메타손이 코르티솔을 억제하지 못하는 것

   c. 코르티솔이 너무 적은 것

   d. 부교감신경 계통의 활동이 높아진 것

4. 기분 장애가 있는 사람들 사이에서 지나치게 활동성이 높은 것으로 보이는 두뇌영역은 무엇인가?

   a. 해마

   b. 배외측 전전두피질

   c. 소뇌

   d. 편도체

5. 세로토닌 수준은 아미노산, _____을 감소시켜서 줄일 수 있다.

---

양자 간의 상관관계를 보여주는 것보다 훨씬 많은 것이 요구된다. 우울 증상이 있으면 대인관계의 어려움을 겪기가 쉽게 될 것인데, 왜냐하면 당사자가 사회적 관계에서 멀어지고(철수), 쉽게 짜증이 나기 시작하며, 다른 사람들과 어울릴 때도 즐겁지가 않기 때문이다. 대인관계의 어려움이 단지 우울 증상의 효과에 의한 것만이 아니라는 것을 보여주기 위해서는 대인관계 요인이 우울증이 발생하기 전에 존재했음을 보여주고 있는 종단연구 결과들이 지극히 중요하다. 다행히 대규모 종단연구가 많이 이루어졌으며, 따라서 우리는 우울증 일화보다 앞서 있었고 그 발생을 예측해주는 것으로 밝혀진 대인관계 변인에 초점을 맞출 것이다. 이런 대인관계 변인에는 아동기의 역경, 부정적 생활사건, 사회적 지지의 부족, 가족의 비난, 그리고 다른 사람으로부터 긍정적 반응을 받기를 과도하게 요구하는 것 등이 있다.

부모의 조기 사망, 신체적 학대, 또는 성적 학대와 같은 아동기의 역경은 나중에 청소년기나 성인기에 이르러 당사자에게서 우울증이 나타날 위험성을 높이며(Daley, Hammen, & Rao, 2000) 그리고 우울 증상이 만성적이 될 가능성을 높인다(Klein et al., 2009). 아동기의 역경 중 한 측면인 아동 학대는 우울증에 관련된 그 밖의 다른 많은 위험 요인의 토대가 될 수 있는데, 이를테면 부정적 인지 양식(Lumley & Harkness, 2007), 부부관계의 질이 좋지 않은 것(DiLillo, Giuffre, Tremblay et al., 2001), 생활 스트레스의 발생률 증가(Harkness, Bagby, & Kennedy, 2012), 그리고 우울증에 관여하는 뇌 영역의 활동 변화(Hanson et al., 2013)가 있다. 그래도 아동 학대가 우울증보다는 불안장애와 더 강력하게 연관되어 있는 것으로 보인다(Kessler, McLaughlin et al., 2010). 이는 아동 학대가 다른 장애에 대해서도 위험성을 높일 수 있겠지만, (아동 학대 이외의) 다른 요인들도 우울증 발생 여부에 영향을 미칠 수 있음을 시사한다.

아동기 역경 이외에도, 보다 최근의 스트레스를 주는 생활사건이 우울증의 일화를 촉발하는 데 역할을 한다는 것은 잘 확립되어 있다. 전망 연구들은 생활사건이 우울증 일화보다 앞서서 발생한 경우가 종종 있음을 보여주었다. 물론 전망 연구에서 특정한 생활사건이 아직은 최고조로 발달하지 않은 우울증의 초기 증상에 의해 유발되었을 가능성도 남아 있다. 메리의 사례를 상기해보자. 그녀는 직장에서 해고된 뒤에 증상이 나타났다. 아마도 메리는 아침에 일어나기 어려워서 직장에 늦게 도착하게 되었을 수 있고 그래서 해고되었을 수도 있다. 수면 패턴에 문제가 생긴 것은 우울증의 초기 증상일 수 있다. 연구자들이 경미한 우울 증상에 의해 유발되었을 수도 있는 스트레스성 생활사건을 빼버려도, 스트레스가 우울증을 일으킬 수 있다는 증거는 많이 있다. 면밀하게 실시된 한 전망 연구에서는, 42~67%의 사람들이 우울증이 시작되기 전에 당해연도에 대단히 심각한 생활사건을 겪었다고 보고하였는데, 이 사건은 우울 증상으로 인한 것이 아니었다. 여기에 해당되는 흔한 사건으로는 직장, 절친한 친구나 애인을 잃는 것이 있다(Brown & Harris, 1989).

특정한 유형의 생활사건, 이를테면 대인관계의 단절 그리고 굴욕감과 관련된 것은 특히 우울증 일화를 촉발하기가 쉬운 것으로 보인다(Kendler, Hettema, Butera et al., 2003). 예를 들면 가까운 친지의 죽음이나 배우자와의 결별은 모두 몇 달 안에 우울증 일화가 발생할 위험성을 3배나 높여주는 것으로 보인다(Kendler et al., 2003). 또한 동물들도 상실을 경험한 후에는 우울증과 비슷한 증상을 보인다.

상실의 경험 후에 우울해지는 것이 자연스러운 것이라면, 몇몇 학자들은 이런 정상 반응에 진단명을 붙여서 병적인 것으로 만들어서는 안 된다고 주장한 바 있다(Wakefield, 2011). 다른 학자들은 대인관계의 상실에 대한 반응으로 나타나거나 또는 나타나지 않는 우울증은 그 증상, 치료에 대한 반응, 그리고 다른 핵심 차원에서 대비가 된다고 주장했고, 따라서 우리는 대인관계의 상실을 단지 MDD로 가는 많은 경로 중 하나로 간주해야 한다고 했다(Kendler, Myers, & Zisook, 2008). DSM-5에서는 이 후자의 접근을 택했고, 그래서 이런 일화는 대인관계와 관련된 생활사건에 뒤이어 나타나지 않는 일화와 동일한 진단명을 받게 되었다. 진단 지침에 관계없이, 우리는 우울 증상이 주요한 상실에 대해서 상당히 흔히 나타나는 반응일 수 있다는 것을 잘 유념해야 할 것이다. 생물학적 변화와 우울 증상을 야기하는 데서 대인관계 상실과 스트레스의 역할을 소개하는 한 모형을 초점 2.6에서 살펴보겠다.

왜 일부 사람들만 스트레스성 생활사건 이후에 우울해지고 나머지는 그렇지 않은가? 그 질문에 대한 명백한 답은 일부 사람은 다른 사람들보다 스트레스에 더 취약한 것이 확실하기 때문이다. 우리가 위에서 살펴본 신경생물학적 계통에서의 기능부전은 스트레스에 대한 반응성을 증가시킬 수 있을 것이다. 따라서 신경생물학적 요인은 소질(이미 갖고 있는 취약성)로서 역할을 발휘하여, 다른 촉발 요인이나 스트레스 자극이 있을 때 기분장애의 위험성을 높여준다. 또한 심리적 취약성과 인지적 취약성도 중요한 것으로 보인다. 따라서 가장 대표적인 모형은 소질과 스트레스 자극 두 가지를 모두 감안하는 모형이다. 소질은 생물학적인 것, 사회적인 것, 또는 심리적인 것도 해당될 수 있다.

하나의 소질로서 사회적 지지의 부족이 해당될 수 있다. 우울한 사람들은 사회적 관계망이 빈약하며 또한 이런 연결망으로부터 지지를 거의 얻지 못하고 있다고 여기는 경향이 있다(Keltner & Kring, 1998). 사회적 지지가 부족하면 스트레스성 생활사건을 다루기 위한 개인의 능력이 저하될 수 있다. 한 연구에서는 막역한 친구의 지지가 없이 극심한 스트레스성 생활사건을 겪고 있는 여성이 우울증을 보일 위험성이 40%인 반면, 막역한 친구의 지지가 있는 여성은 단지 4% 위험성을 보이는 것으로 나타났다(Brown & Andrews, 1986). 따라서 사회적 지지는 극심한 스트레스 자극의 영향에 대항해서 완충제 역할을 하는 것으로 보인다.

가족 문제는 우울증에 대한 또 다른 중요한 대인관계적 예측 요인이다. 오랫동안 이어져 온 연구들은 **표현된 정서**(expressed emotion, EE)에 초점을 맞추어 왔는데, 이는 우울증이 있는 사람에 대해 가족이 비판적이거나 적대적인 발언을 한 것 또는 가족이 이 사람에 대해 정서적으로 과잉관여하는 것으로 정의된다. EE가 높으면 우울증의 재발이 강력하게 예측된다. 실제로, 6개의 연구들을 개관한 결과에서는 EE가 높은 가족들과 함께 사는 환자들의 69.5%가 1년 이내에 증상이 재발한 반면에, EE가 낮은 가족들과 사는 환자들 중 30.5%가 재발한 것으로 발견되었다(Butzlaff & Hooley, 1998). 지역사회 대상의 어떤 연구에서는 부부간 불화도 우울증의 발생을 예측해주는 것으로 나타났다(Whisman & Bruce, 1999).

또한 대인관계 양식에서 어떤 문제 유형은 우울증의 발병을 예측한다. 일련의 종단연구에서는 지나치게 안도감을 얻으려고 요구하는 것이 우울증을 예측해주는 것으로 발견되었다. 애초부터 우울증이 없었던 대학생들 중에서 자기 자신이 안도감을 비통상적 수준으로 많이 요구한다고 기술한 대학생들은 10주 기간 동안에 우울 증상을 나타낼 가능성이 높았다(Joiner & Metalsky, 2001). 초등학교 아동 중에서는 사회적 유능성이 낮은 것이 우울증 발생을 예측해주었으며(Cole, Martin, Powers et al., 1990) 청소년 중에서는 대인관계에 관련된 문제 해결 기술이 저조한 것이 우울증을 나타낼 가능성이 높은 것을 예측해주었다(Davila, Hammen, Burge et al., 1995).

분명한 것은 대인관계 문제가 우울 증상의 발생을 촉발할 수 있기는 하지만, 동전의 양면처럼 다른 측면도 고려해보는 것이 중요하다는 것이다. 일단 우울 증상이 나타나면, 이 때문에 대인관계 문제가 발생할 수 있다. 즉 우울 증상이 남들로부터 부정적인 반응을 이끌어내는 것으로 보인다(Coyne, 1976). 예를 들면, 우울한 대학생의 룸메이트는 그들과의 사회적 접촉이 그다지 즐겁지 않다고 평정하였고, 그들에 대해서 적대감이 든다고 보고하였다(Joiner, Alfano, & Metalsky, 1992). 다른 연구에서는 남들로부터 끊임없이 안도감을 받으려고 추구하는 이들의 행동에 대해서 사람들이 보이는 반응이 형편없음을 보여주었다(Joiner, 1995). 종합하면, 대인관계의 상실, 고립, 그리고 대인관계에 대한 지나친 염려가 우울증을 촉발할 수 있는 것이 분명하지만, 우울증 및 관련된 취약성도 또한 대인관계에서 어려움을 가져올 수 있다는 것을 알아야 한다.

## 우울증의 심리적 요인

많은 다양한 심리적 요인들이 우울장애에서 각기 역할을 담당할 수 있다. 이 절에서 우리는 스트레스가 있는 가운데 우울증의 위험성을 높여주는 소질로서 작용하는 성격 요인과 인지 요인을 살펴본다. 다시 한 번 여기에서 우리는 성격 변인과 인지 변인이 시간의 흐름에 따라 우울 증상이 고조될 것임을 예측해준다는 것을 입증한 종단연구 결과의 일부에 초점을 맞출 것이다.

**신경증**    여러 가지의 종단연구에서는 **신경증**(neuroticism)이 우울증의 발생을 예측해주는 것으로 시사되었다(Jorm et al., 2000). 신경증은 강렬한 부정적 정동을 자주 겪는 성향과 관련된 성격특질을 말한다. 대규모의 쌍둥이 연구에서는 신경증이 우울증에 대한 유전적 취약성의 최소한 일부를 설명해준다는 것이 시사되었다(Fanous, Prescott, & Kendler, 2004). 독자들이 기대할 수 있듯이, 신경증은 또한 불안과도 연관되어 있는데(Kotov, Gamez, Schmidt, & Watson, 2010), 이의 중복에 대해서는 초점 2.4에서 살펴본다.

**인지 이론**    비관적이고 자기비난 조의 생각은 우울증이 있는 사람에게는 고문하는 것이 될 수 있다. 인지 이론(cognitive theory)에서는 부정적인 생각과 믿음을 우울증의 주요 원인으로 간주한다. 우리는 세 가지 인지 이론에 대해 기술한다. Beck의 이론과 절망감 이론은 어떤 중요한 측면에서 서로 다른 부분이 있지만, 두 이론 모두 이와 같은 부정적인 사고 유형을 강조하고 있다. 반추 이론(rumination theory)에서는 부정적인 기분과 사고에 대해 되씹는(반추하는) 경향성을 강조하고 있다. 이상의 모형들은 우리가 위에서 살펴본 대인관계 및 생활 스트레스 연구와 양립할 수 없는 것이 아니다. 즉 어떤 사람이 갖고 있는 부정적인 사고는 진짜로 스트레스가 있는 생활환경을 반

## 초점 2.4 불안과 우울 사이의 중복성을 이해하기

DSM-5를 향해 제안된 하나의 아이디어는 불안장애와 우울장애는 별개인지를 검토하는 것이었다. 불안장애가 우울장애로부터 구분될 수 있는 것으로 간주해야 하는지에 대해서 의문을 갖는 이유가 몇 개 있다. 이런 이유들 중에서 가장 주된 것은 동반이환 비율이 높다는 것이다. 불안장애가 있는 사람들 중에서 적어도 60%는 생애 기간에 주요우울장애를 겪게 될 것이고, 반대로 우울증이 있는 사람들 중에서 약 60%는 불안장애를 겪게 될 것이다(Kessler et al., 2003; Moffitt et al., 2007).

어떤 불안장애들은 다른 불안장애들에 비해서 우울장애와 많이 중복된다. 우울증은 범불안장애(generalized anxiety disorder, GAD)와 외상후 스트레스장애(posttraumatic stress disorder, PTSD)와 함께 나타나기가 특히 쉬운 것으로 보인다(Watson, 2009). 사실상 GAD는 다른 불안장애에 비해서 우울증과의 상관관계가 더 높다(Watson, 2005). 공병의 패턴을 보여주는 것 이외에도 GAD, PTSD, 우울증의 원인이 중복된다. GAD와 우울증에 대한 유전적 위험성은 상당히 중복된다(Kendler et al., 2003). 주요 우울증, 지속성 우울장애, GAD, PTSD 각각은 불행과 고통을 향한 성향이 들어 있는 반면에, 다른 불안장애들은 두려움을 향한 성향이 들어 있다.

몇 가지 위험 요인, 이를테면 신경증 같은 요인이 우울증뿐만 아니라 다양한 불안장애와 연결되어 있는 것으로 보인다(Watson, 2005).

이와 같은 중복성에 대해서, 일단의 연구자 집단은 기분장애와 불안장애를 DSM-5에서 하나의 좀 더 큰 규모의 장(chapter) 속으로 넣을 것을 권고하기도 했다(Watson, O'Hara, & Stuart, 2008). 이렇게 커진 장 속에서 이들은 고통장애(distress disorders)를 주요우울장애, 지속성 우울장애, 범불안장애, PTSD로 구분할 것을 권고했으며, 또한 공포장애를 공황, 광장공포증, 사회공포증, 특정공포증으로 구분하며, 양극성장애를 별도로 구분하자고 권고했다(그림 2.7 참조). 이런 분류는 역학 자료 및 유전 자료에서 나온 강력한 증거에 토대한 것이지만, DSM-5의 제작팀은 이와 같은 급격한 변화를 받아들이지 않기로 결정했다.

오히려, DSM-5에서는 우울증 일화에 적어도 2개 이상의 불안 증상이 수반될 때 '불안증이 수반된'이라는 명시자를 사용하도록 이 명시자가 들어가 있다. 많은 환자들이 이 명시자에 대한 기준을 충족할 것이다.

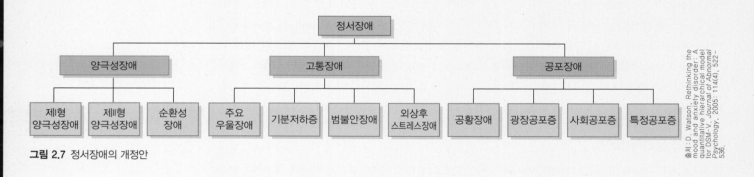

**그림 2.7** 정서장애의 개정안

출처 : D. Watson, Rethinking the mood and anxiety disorder: A quantitative hierarchical model for DSM-V. *Journal of Abnormal Psychology*, 2005: 114(4), 522–536.

영하는 경우도 때때로 있다. 물론 인지 모형에서는 인지가 우울을 가져오는 가장 중요한 힘으로 간주된다.

**Beck의 이론**　Aaron Beck(1967)은 우울증이 **부정적 3요소**(negative triad, 자기 자신, 이 세상, 그리고 미래에 대한 부정적 관점)와 연관되어 있다고 주장하였다(그림 2.8 참조). 이 모형에 따르면, 우울증을 갖고 있는 사람들은 아동기에 부모와의 이별, 또래의 사회적 배척, 또는 부모의 우울한 태도에 접하는 것 같은 경험을 통해서 부정적인 도식(schemata)[1]을 획득한다. 도식은 의식적 사고(conscious thoughts)와는 다르다. 즉 도식은 사람의 자각(awareness) 범위 밖에서 작동하면서 자신의 경험에서 의미를 찾아내는 방식을 형성해주는 사람 마음의 밑에 깔린 일단의 신념을 말한다. 부정적 도식은 애초에 도식이 형성되게끔 한 상황과 비슷한 상황에 부딪힐 때마다 활성화된다.

일단 활성화되면, 부정적인 도식은 **인지적 편향**(cognitive bias), 즉 정보를 특정한 부정적인 방식으로 처리하는 경향성을 유발한다고 여겨진다(Kendall & Ingram, 1989). 즉 우울증이 있는 사람들은 그들 자신에 대한 아주 작은 부정적 피드백에 대해서조차 주의를 기울이고 더 잘 기억하는 반면에, 동시에 이들은 자신에 대한 긍정적 피드백을 알아차리지 못하거나 기억하지 못한다. 부

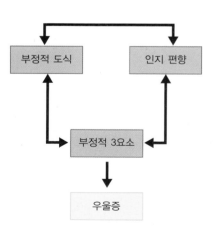

**그림 2.8** 우울증에 대한 Beck의 이론에서 각기 다른 인지 간의 상호관계

---

[1] 도식(schema) : 이 세상에 대한 정보를 조직화하는 역할을 담당하는 정신 구조. 복수형은 schemata이다.

적절감의 도식이 저변에 깔려 있는 사람들은 자신의 무능함을 표시하는 신호를 즉각 알아차리고 는 자신의 무능함을 표시하는 피드백을 기억할 수 있는 반면에, 자신의 유능함을 표시하는 신호는 알아차리지 못하거나 잊어버릴 수 있다. 전반적으로 볼 때, 이와 같은 인지적 오류 때문에 이들은 (마음의) 저변에 깔린 도식과 일치하는 결론에 도달하게 되며, 이는 도식을 계속 유지하는 역할을 한다(악순환).

Beck의 이론은 어떻게 검증되어 왔는가? Beck의 이론에 대한 연구에서 널리 사용되는 도구 중 하나는 역기능적 태도 척도(Dysfunctional Attitude Scale, DAS)로 불리는 자기보고식 척도인데, 여기에는 자기 자신을 가치 있거나 사랑받을 만한 사람으로 간주하는지 여부를 묻는 문항들이 포함되어 있다. 수백 개의 연구들은 사람들이 우울증에 걸린 동안에는 DAS와 같은 척도상에서 부정적 사고가 나타나고 있음을 입증했다(Haaga, Dyck, & Ernst, 1991). 여러 가지 주요한 종단연구들은 부정적인 인지 유형이 있는 사람들이 우울 증상(Lewinsohn, Joiner, & Rohde, 2001), 주요 우울장애의 첫 번째 일화(Carter & Garber, 2011), 그리고 우울증의 재발(Segal et al., 2006)을 나타내기가 더 쉽다고 시사했다.

사람들이 정보를 어떻게 처리하는지에 대한 연구에서는, 우울증이 부정적인 정보를 일단 알아차리고 나면 이 부정적 정보에 계속 초점을 맞추고 있는 성향과 연관이 있었다(Gotlib & Joormann, 2010). 예를 들면, 부정적인 얼굴 표정과 긍정적인 얼굴 표정의 사진을 보여주었을 때, 우울증이 있는 사람들은 긍정적인 사진을 보는 것보다 더 오랜 시간 동안 부정적인 사진을 보는 경향이 있었다. 또한 우울증이 있는 사람들은 긍정적인 정보보다 부정적인 정보를 더 잘 기억하는 경향이 있었다. 25개의 연구 결과에 대한 종합분석에서, Mathews와 MacLeod(2002)는 우울하지 않은 대부분의 사람들이 부정적인 정보보다 긍정적인 정보를 더 잘 기억한다는 증거에 대해서 기술하였다. 예를 들면, 자기 자신에 대해 서술하는 20개의 부정적인 형용사와 20개의 긍정적인 형용사 목록을 보여주었을 때, 대부분의 사람들은 한 번의 면담 중 후반부에 물어보면 부정적인 단어보다 긍정적인 단어를 더 잘 기억해낸다. 그런데 주요 우울증이 있는 사람들은 긍정적인 단어보다 부정적인 단어를 10% 정도 더 잘 기억해내는 경향이 있었다. 우울하지 않은 사람들은 낙관적 견해를 갖고 있는 것(인생을 장밋빛으로 보기)으로 보이는 반면, 우울증이 있는 사람들은 정보에 주의를 기울이고 회상해내는 방식에서 부정적인 편향(negative bias)을 갖고 있는 경향이 보였다.

부정적인 생각에 대한 자기보고의 경우와 마찬가지로, 사람들이 긍정적 정보와 부정적 정보를 처리하는 방식에서의 인지적 편향도 또한 우울증을 진짜 예측해주는 것으로 보인다. 한 연구에서는 139명의 병사를 대상으로 이라크 전쟁에 파병되기 전에 검사를 실시했다. 기저 수준에서 슬픈 표정에 주의를 기울이는 정도가 전쟁 스트레스에 직면했을 때 우울 증상이 나타날 위험성이 큰 것과 연관되어 있었다(Beevers, Lee, Wells et al., 2011). 종합하면, 다양한 측정 도구를 사용해서 Beck의 모형에 대한 지지가 확립된 것이다.

**절망감 이론**　절망감 이론(hopelessness theory)(그림 2.9 참조; Abramson, Metalsky, & Alloy, 1989)에 따르면, 우울증의 촉발 요인 중 가장 중요한 것은 절망감이다. 절망감이란 원하는 결과가 나타나지 않을 것이라는 믿음과 이를 변화시키기 위해서 당사자가 할 수 있는 것은 아무것도 없다는 믿음으로 정의된다. 이 모형에서는 **귀인**(attributions)의 두 가지 핵심 차원을 강조한다. 귀인이란 스트레스 사건이 왜 일어났는지에 대해서 각자 설명하는 방식을 말한다(Weiner et al., 1971).

- 안정적(stable, 영구적) 원인 vs. 불안정적(일시적) 원인
- 보편적(global, 많은 생활영역과 관련된) 원인 vs. 특정적(specific, 하나의 영역에만 국한된) 원인

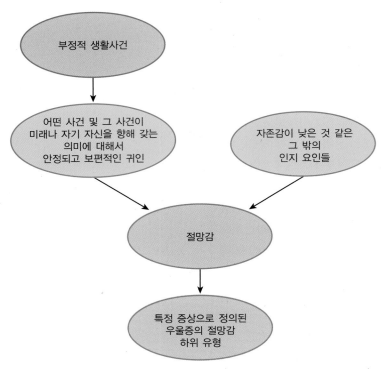

**그림 2.9** 우울증에 대한 절망감 이론의 주요 요소

표 2.5에서는 위의 차원을 예시하기 위하여 GRE 시험에서 낮은 점수를 받은 사람들이 각기 다양하게 그 이유를 설명하는 것을 보여주고 있다. 자신의 **귀인 유형**(attribution style) 때문에 부정적인 생활사건이 안정되고 전반적인 원인에 기인하는 것이라고 믿게 된 사람들은 절망감에 빠지기 쉬우며, 이런 절망감이 우울증을 일으키는 기반이 된다.

Gerald Metalsky(1993)와 동료들은 절망감 이론에 대한 검증 작업을 처음으로 실시했다. 학기 초에 학생들에게 귀인양식 설문지(Attributional Style Questionnaire, ASQ)뿐만 아니라 기대되는 성적, 우울 증상, 그리고 절망감을 묻는 설문을 실시하였다. 이 척도들은 성적이 자신의 기대에 못 미치는 학생들에게서 (나중에) 시험을 본 후에도 우울 증상이 지속되는지를 예측하기 위해 사용되었다. 성적이 낮은 것을 보편적이고 영속적인 요인으로 귀인시켰던 학생들은 절망감을 더 많이 겪었으며, 반대 순서로 이제는 절망감이 우울 증상의 발생을 예측해주었다. 따라서 명백하게도 이상의 결과는 절망감 이론을 지지해주고 있다. 초등학교 6학년과 중학교 1학년 학생을 대상으로 실시된 이와 유사한 연구 결과에서도 거의 동일한 결과가 나타났다(Robinson, Garber, & Hilsman, 1995).

한 대규모 연구에서는 우울증에 대한 인지 이론에서 몇 가지 다른 측면을 평가하였다. Temple-Wisconsin 우울증에 대한 인지 취약성 연구(Temple-Wisconsin Cognitive Vulnerability to Depression study)에서는, Beck의 이론을 검증하는 데 사용된 척도인 DAS와 절망감 이론을 검증할 때 사용된 척도인 ASQ의 두 가지를 사용하여 우울 증상의 변화를 예측하고자 하였다. DAS와 ASQ 모두 점수가 높은 학생들은 고위험군으로 분류된 반면, 두 척도에서 모두 낮은 점수를 나타낸 학생들은 저위험군으로 분류되었다. 이 연구에서 발견된 결과는 인지 이론을 지지하고 있다. 즉 고위험군 집단의 학생들이 저위험군 집단의 학생들에 비해서 2년간의 추적 조사기간 중에 MDD의 첫 일화가 나타날 가능성이 6배 이상이나 높았다(Alloy, Abramson, Smith et al., 2006).

**반추 이론** Beck의 이론과 절망감 모형이 부정적 생각의 속성에 초점을 맞추는 경향이 있는 반면에, Susan Nolen-Hoeksema(1991)는 **반추**(rumination)로 불리는 사고방식이 우울증에 걸릴 위험성을 높여줄 수 있다고 시사하였다. 반추는 슬픈 경험 및 생각에 대해서 반복적으로 생각하거나, 관련 내용을 계속해서 곱씹는 경향성으로 정의된다. 가장 해로운 형태의 반추는 어떤 슬픈 사건이 왜 일어났는지에 대하여 후회하면서 계속해서 품고 있는 경향성일 것이다(Treynor, Gonzalez, & Nolen-Hoeksema, 2003).

반추 경향성은 자기보고식 척도를 사용하여 측정했는데, 처음에는 우울하지 않았던 사람들 사

**표 2.5** 귀인의 예 : 내가 GRE 수학 시험에 실패한 이유

|  | 안정적 | 불안정적 |
| --- | --- | --- |
| 보편적 | 나는 지능이 모자란다. | 나는 지쳤다. |
| 특정적 | 나는 수학실력이 모자란다. | 나는 수학에 싫증났다. |

이에서 주요우울증 일화의 발생을 예측해주는 것으로 발견되었다(Just & Alloy, 1997; Morrow & Nolen-Hoeksema, 1990; Nolen-Hoeksema, 2000). 초점 2.1에 서술된 대로, 이 이론에서 한 가지 흥미로운 측면은 여성이 남성에 비해서 반추하는 경향이 더 높다는 것인데, 이는 아마도 정서 및 정서의 표현에 대한 사회문화적 규준 때문일 것이다. 여성이 더 반추를 많이 하는 경향이 있다는 점은 남성에 비교했을 때 여성들에게서 우울증의 발생률이 더 높은 것을 설명하는 데 도움이 될지 모른다(Nolen-Hoeksema, 2000).

수십 개의 실험연구들에서 반추를 유도하면 기분에 어떤 영향을 미치는지에 대하여 조사하였다. 통상 이루어진 방식은, 반추-유도 조건에서는 참여자들을 스트레스 상황에 노출시키고 나서 자신의 현재 느낌과 자기 자신에 대하여 곱씹어 생각하도록 요구하는 반면(예 : 당신 내면의 느낌에 대해서 생각하세요), 주의분산(통제) 조건에서는 참여자들에게 자기 자신이나 자신의 느낌과는 무관한 주제에 대해서 생각하도록 요구하였다(예 : 난로 속에 있는 땔나무 주변으로 튀어 오르는 불길에 대해 생각하세요). 이와 같은 수십 개의 실험연구 결과는 반추가 부정적인 기분을 높여주는 것으로 나타났는데, 이는 특히 참여자들이 자신의 기분과 자기 자신의 부정적인 측면에 초점을 맞출 때 더 그러하였다(Watkins, 2008).

반추가 부정적인 기분을 지속시키고 심지어는 우울증까지도 유도한다면, 왜 사람들은 반추를 하는 것일까? 한 이론에 따르면, 어떤 문제를 해결하기 위해 부정적인 사건에 초점을 맞추는 것이 진화적으로 적응 기능이 있다고 한다(Andrews & Thomson, 2009). 많은 실험연구에서 발견된 사실이 반추가 실험실에서 제시된 수수께끼를 푸는 데 방해 역할을 할 수 있다고 것을 시사하지만, 반추가 좀 더 중요하고 복잡한 생활 스트레스 자극을 해결하는 것을 촉진해주는지 여부를 검증한 연구는 지금껏 없었다. 반추가 진화적으로 적응 기능이 있다는 아이디어와는 다르게, 다른 모형에서는 부정적인 생각에 빠져 있는 것이 생각의 초점을 조절하는 능력이 없는 데서 비롯된다고 시사한다. 연구 결과에 따르면 우울증이 있는 사람들은 어떤 과제를 수행하는 데 있어 부적절한 정보를 무시해버리는 것을 잘하지 못하는데, 이는 특히 부정적인 정보를 무시하라고 요청을 받았을 때 더욱 그렇다(Gotlib & Joormann, 2010). 사람들이 왜 반추를 하는지에 대해서는 아직도 다소 논쟁이 있지만, 반추를 자주 하는 사람들이 우울해지기 쉬운 것은 명백하다.

## 복습문제 2.3

다음 질문에 답하라.

1. 어떤 유형의 최근 생활사건이 주요우울 징화를 촉발하기 쉬운가?
2. 우울증의 위험을 높여주는 (성인기의) 대인관계적 소질(interpersonal diatheses) 세 가지를 나열하라.
3. 우울증에 걸릴 위험성과 관련이 있는 세 가지 유형의 인지(cognition)를 적어보라.

## 양극성장애에서의 사회 요인과 심리 요인

생애 기간에 조증 일화를 겪은 사람들의 대부분은 주요 우울증 일화도 겪기 마련이지만, 모두가 그런 것은 아니다. 이런 이유 때문에 연구자들은 양극성장애 안에서도 조증 일화와 우울증 일화의 촉발 요인을 따로따로 구분해서 조사하는 경우가 종종 있다.

**양극성장애에서의 우울증**  양극성장애에서 우울증 일화를 촉발하는 요인은 주요 우울증 일화의 촉발요인과 비슷한 것으로 보인다(Johnson, Cuellar, & Peckham, 2014). MDD의 경우와 마찬가지로, 부정적인 생활사건들은 양극성장애에서도 우울증 일화를 촉발하는 데 중요한 것으로 보인다. 마찬가지로 신경증, 부정적인 인지 유형(Reilly-Harrington, Alloy, Fresco et al., 1999), 표현된 정서(Miklowitz, Simoneau, Sachs-Ericsson et al., 1996), 그리고 사회적 지지의 부족도 양극성장애에서 우울 증상을 예측해준다.

**조증을 예측해주는 요인**  두 가지 요인이 시간의 흐름에 따라 조증 증상이 높아지는 것을 예측해주는 것으로 발견되었는데, 보상 민감성(reward sensitivity)과 수면 박탈(sleep deprivation)이 그것이다. 이 두 모형 모두 조증에 대한 취약성 중에서 심리학적 측면과 생물학적 측면을 통합한 것이다.

**보상 민감성**  첫 번째 모형에서는 조증이 뇌 속의 보상체계에서 문제가 생긴 것을 반영하고 있다고 시사한다(Depue, Collins, & Luciano, 1996). 연구자들은 양극성장애가 있는 사람들이 자기보고식 척도에서 자신이 보상에 대해 반응을 아주 잘 나타낸다고 서술하는 것을 보여주었다(Meyer, Johnson, & Winters, 2001). 또한 보상에 대한 민감성이 높은 것은 양극성장애의 발생을 예측해주고(Alloy et al., 2008) 그리고 발병 후 더 극심한 조증의 경과를 밟을 것임을 예측해주는 것으로 밝혀졌다(Meyer et al., 2001). 게다가 특정한 종류의 생활사건은 제I형 양극성장애가 있는 사람들에서 조증 증상이 많아질 것임을 예측해주었다. 세부적으로는, 대학원에 입학승인을 받거나 결혼을 하는 것과 같이 목표를 달성하는 것과 연관되어 있는 생활사건이라면 더욱 그렇다. 이와 같은 성공이 어떻게 해서 증상을 높여줄 수 있는 것일까? 연구자들은 성공을 위시한 생활사건들이 자신감에 대한 인지적 변화를 촉발할 수 있고, 이는 과도한 목표 추구에 더욱더 빠져들게 한다고 제안했다(Johnson, Edge, Holmes et al., 2012). 이와 같은 과도한 목표 추구는 양극성장애에 대해 생물학적으로 취약한 사람들에게서 조증 증상을 촉발하는 데 기여할 수 있다.

**수면 박탈**  다양한 접근방식을 사용하는 연구자들은 조증이 수면 및 하루 주기(circadian, daily) 리듬이 깨진 것과 미묘한 관계를 갖고 있다는 것을 보여주었다(Murray & Harvey, 2010). 한 연구에서는 수면 박탈이 조증 일화의 발병보다 선행할 수 있다는 것을 밝혔다. 한 연구에서, 양극성 우울을 겪고 있는 참여자들에게 수면 센터에 머무르게 하면서, 그동안 이들을 밤새 깨어 있도록 하였다. 그 결과 그다음 날 아침까지 약 10%가 최소한 경도 이상의 조증 증상을 나타내고 있었다(Colombo, Benedetti, Barbini et al., 1999). 실생활 속에서의 연구들에서는, 사람들이 조증 일화가 발생하기 바로 전날의 수면을 망친 생활사건이 있었다고 보고하는 경우가 종종 있었다(Malkoff-Schwartz et al., 2000). 수면 박탈이 조증 증상을 촉발할 수 있는 것과 마찬가지로, 수면을 보호해주는 것은 양극성장애의 증상을 감소시키는 데 도움이 될 수 있다(Frank, Swartz, & Kupfer, 2000). 양극성장애의 증상을 감소시키기 위한 한 가지 방법으로 침대에서 보내는 시간을 증가시켰던 치료법에 대한 사례 연구도 있다. 수면과 하루 주기 리듬이 깨지는 것은 조증 위험성에서 중요한 측면으로 보인다.

## 초점 2.5  우울증에 대한 생물학적 위험 요인과 사회적 위험 요인을 통합하기 : 사이토카인

우울증의 발생률은 비만, 심혈관 질환, 암, 당뇨병, 알츠하이머 같은 의학적 조건이 있는 사람들에게서 아주 높다. 오랫동안 사람들은 우울증이 아마도 의학적 증상에 대한 하나의 심리적 반응으로서 나타난 것이라고 생각했지만, 최신 증거는 이런 (의학적) 조건 사이의 중복성이 우리에게 우울증의 생물학적 기제에 대한 단서를 제공해줄 수 있을지도 모름을 시사한다(Dantzer, O'Connor, Freund et al., 2008).

이런 모형에서의 핵심은 의학적 조건이 종종 사이토카인(cytokines)의 상승을 촉발한다는 것이다. 사이토카인은 면역 반응의 일부로서 방출되는 단백질이다. 이러한 사이토카인의 일종인, 친염증적 사이토카인(pro-inflammatory cytokines)은 염증을 촉발해 상처를 치유하고 감염을 없애는 데 결정적인 역할을 한다. 단기간 동안에는, 이와 같은 염증 발생은 적응적일 수 있다. 그러나 염증 발생이 오래갈 때 문제가 발생한다. 현대의 이론에 따르면, 사람들마다 친염증적 사이토카인의 영향으로부터 얼마나 잘 그리고 얼마나 빨리 회복하는지가 다를 수 있으며 그리고 이와 같이 오래가는 반응이 우울증과 연결될지 모른다는 것이다.

이러한 친염증적 사이토카인들 중 IL-1Beta 그리고 TNF-alpha의 두 가지가 아픈 행동(sickness behavior)으로 불리는 증후군을 일으키는 것으로 밝혀졌는데, 이런 아픈 행동에는 우울증에서 나타나는 대부분의 증상이 들어 있다―운동 활동의 감소, 음식 섭취의 감소, 사회적 철회, 수면 패턴의 변화, 보상에 대한 흥미 감소(예를 들면, 쥐의 경우에는 설탕). 다양한 범위에 걸친 연구 결과들은 친염증적 사이토카인이 아픈 행동을 유발할 수 있다는 아이디어를 뒷받침해주고 있다. 예를 들면, 위의 두 가지 사이토카인을 동물들에게 실시한 실험 결과 아픈 행동의 증상이 촉발되었고, 이런 아픈 행동은 항우울제를 투여해서 완화될 수 있었다. 인간에게서 암과 같은 중증의 의학적 조건에 사용되는 인터페론(interferon) 같은 약물도 친염증성 사이토카인의 수준을 높여준다. 인터페론으로 치료한 환자들 중 1/3~1/2 사이의 환자는 주요우울장애의 증상이 나타났다(Raison et al., 2006). 실험 조작을 쓰지 않는 일상생활 속에서의 연구에서도, 주요우울장애가 있는 사람들 중 상당수가, 그리고 의학적 장애가 전혀 없는 사람들에서조차 사이토카인의 수준이 높게 나타났다(Raison et al., 2006). 친염증성 사이토카인의 수준이 높으면 시간의 흐름에 따라서 우울한 기분상의 변화가 있을 것임을 예측할 수 있다(van den Biggelaar et al., 2007).

연구진은 모든 우울증이 사이토카인과 관련이 있다고 생각하지는 않지만, 사이토카인은 우울증 촉발 요인의 일부를 이해하는 데 중요할 수 있다. 한 이론에서는 친염증적 사이토카인이 주요 의학적 질환에서 우울증의 첫 번째 일화를 나타내는 사람들에서 그 원인일 수 있다는 것이다(Dantzer et al., 2008). 다른 학자들은 염증이 생활사건이 증상을 촉발하는 과정에서 어떤 역할을 할지도 모른다고 주장해왔다(Slavich & Irwin, 2014). 주요 생활 스트레스, 그리고 특히 대인관계로 인한 생활 스트레스 자극은 친염증적 사이토카인의 증가를 야기할 수 있다. 실험연구에서는, 모진 사회적 피드백(harsh social feedback)이 친염증적 사이토카인을 일시적으로 높여주는 것으로 밝혀졌다(Dickerson, Gruenewald, & Kemeny, 2009). 흔히 우울증을 촉발하는 사회적 스트레스 자극은 이와 같은 염증 관련 기제를 통해 그 영향력의 일부를 행사할 수 있다(Slavich & Irwin, 2014). 점증하는 연구들은 친염증적 사이토카인의 활동을 감소시키는 치료법의 개발에 초점을 맞추고 있다(Dantzer et al., 2008).

## 중간 요약

연구 결과는 아동기의 역경과 최근의 생활사건이 MDD에 대한 위험성을 높여줄 수 있음을 강력히 시사한다. 많은 사람들이 생활사건을 겪고 나서도 우울해지지 않기 때문에, 연구자들은 생활사건에 대한 취약성을 설명해줄지도 모를 소질(diatheses)에 대해 조사하였다.

우울증의 대인관계적 소질에는 사회적 지지가 낮은 것, 표현된 정서의 수준이 높은 것, 안심을 받고자 하는 욕구가 큰 것, 그리고 사회 기술이 형편없는 것이 포함된다. 부부관계의 질이 낮은 것 같은 사회적 요인 이외에도, 심리적 위험 요인은 왜 어떤 사람들이 우울하게 되는지 그 이유를 설명하는 데 도움이 될 수 있다. 증거에 의하면, 강렬한 부정적인 정동이 자주 올라오는 것과 관련된 신경증 같은 요인이 우울증의 발생을 예측해준다고 한다. 인지 요인에는 부정적 도식, 자기 자신, 이 세상, 그리고 미래에 대한 부정적인 믿음, 긍정적인 정보보다는 부정적인 정보에 주의를 더 많이 기울이고 회상해내는 편향, 절망감으로 이끄는 스트레스 자극에 대해 안정적이고 보편적으로 귀인하는 것(거기에서 원인을 찾는 것), 그리고 반추하는 성향이 들어 있다. 전망 연구에서 나온 증거는 이상과 같은 각각의 인지 모형들을 뒷받침해주고 있다.

또한 MDD를 예측해주는 변인들의 상당수도 양극성장애의 경과 중에 겪는 우울 증상을 예측해주는 것으로 보인다. 조증은 수면 박탈, 목표 달성과 관련된 생활사건에 의해 예측되는 것으로 보인다.

# 기분장애의 치료

우울증의 일화 중 대부분은 몇 달이 지나면 소멸되지만, 그 기간은 이 장애가 있는 사람들과 그들 옆에 있는 사람들에게는 헤아릴 수 없을 정도로 긴 시간일 수 있다. 조증의 경우에는, 급성 증상이 나타난 단 며칠 동안에도 대인관계와 직장에서 문제를 일으킬 수 있다. 게다가 기분장애가 있는 사람들에게는 자살의 위험도 있다. 따라서 기분장애를 치료하는 것이 중요하다. 사실상, 연구 결과에 의하면 우울증을 치료하면 그 보답이 돌아온다고 한다. 한 연구에서는 연구자들이 미국의 16개 대기업에서 프로그램을 진행하여 우울증을 진단해내고, 우울증이 있는 사람들에게 조언을 제공하며, 그리고 심지어는 전화로 치료를 제공하기까지 했다(Wang et al., 2007). 이 프로그램은 직원 1명당 수백 달러의 비용이 들어가긴 했지만, 직장에서의 시간 상실, 이직률, 그리고 그 밖의 다른 비용 면에서 직원 1명당 약 1,800달러를 절약해준 것으로 나타났다.

한편, 미국에서 매년 1,850만 개 이상의 처방전이 항우울제 처방을 위해 작성되었으며(IMS Health, 2012), 대학생의 약 25%가 항우울제 약물을 복용한 것으로 나타났다(Iarovici, 2014). 다른 한편, 지역사회에 기반을 둔 연구에서는 주요 우울증의 진단 기준에 부합하는 사람들 중 약 절반이 자신의 증상에 대해 진료를 받지 않고 있는 것으로 시사되었다(Gonzalez et al., 2010).

## 우울증의 심리치료

여러 가지 다른 유형의 심리치료법이 우울증 완화에 도움이 된다는 것이 밝혀졌다. 이런 치료법들은 비교적 단기간(매주 1회기씩 3~4개월 소요)으로 시행된다는 면에서 비슷하며 지금-여기에 초점을 맞추고 있다. 원인론에 대한 연구에서와 마찬가지로, 연구들의 대부분은 MDD에 초점을 맞추어 왔다. 그러나 가용한 자료에 의하면, 이런 유사한 유형의 치료법들이 우울 증상이 좀 더 만성적일 때도 도움이 될 수 있다고 시사된다.

**대인관계적 심리치료** 대인관계적 심리치료(interpersonal psychotherapy, IPT)로 알려진 이 치료법은 임상 시행에서 그 우수성이 인정되었다. IPT는 우울증이 대인관계상의 문제와 밀접하게 연결되어 있다는 생각에 토대를 두고 있다(Klerman, Weissman, Rounsaville et al., 1984). 이 요법의 핵심은 역할이 바뀐 것, 인간관계상의 갈등, 사별, 그리고 다른 사람으로부터의 소외 같은 주요한 인간관계적 문제를 조사하는 것이다. 통상 치료자와 환자는 모두 한두 개의 위와 같은 쟁점에 초점을 맞추며, 환자가 이와 같은 쟁점에 대한 자신의 감정을 파악하고, 중요한 의사결정을 하며, 이런 쟁점과 관련된 문제를 해결하기 위한 변화를 이룩하도록 돕는 것을 목표로 한다. 인지행동치료와 같이, IPT는 통상적으로 치료 기간이 짧다(예: 16회기). 치료 기법으로는 대인 간 문제 논의하기, 부정적 감정을 탐색하고 표현하도록 격려하기, 언어적 및 비언어적 의사소통 향상시키기, 문제 해결하기, 새롭고 좀 더 만족스러운 행동 방식을 제시하기 등이 있다. 여러 연구들에서는 IPT가 MDD의 완화에 효과적이며(Elkin et al., 1989), 회복 후에도 계속 받으면 재발을 방지해주는 것으로 밝혀졌다(Frank et al., 1990).

**인지요법(인지치료)** 우울증이 부정적 도식과 인지적 편향(사고상의 오류)에 기인한다는 인지 이론에 발맞추어, Aaron Beck과 동료들은 부적응적인 사고 패턴을 바꿔주는 것을 목표로 하는 인지치료를 고안해냈다. 우선, 내담자에게 우리의 사고(생각)가 우리의 기분에 얼마나 강력한 영향을 미칠 수 있는지를 이해하고, 우리가 매일매일 빠져 있는 부정적인 독백이 우리의 기분을 가라앉게 하는지를 깨닫도록 교육시킨다. 이와 같은 사고와 기분 사이의 연결을 이해하도록 하기 위해서,

**표 2.6** 매일매일 자기의 생각을 관찰하는 것의 예. 인지치료에서 흔히 쓰이는 전략임

| 날짜와 시기 | 상황 무슨 일이 일어나고 있었는가? | 부정적인 정서의 유형[예 : 슬픔, 신경과민(nervous), 화남]과 그 정서의 강도(0~100)에 주목하기 | 자동적인 부정적 생각 | 이와 같은 처음의 생각을 얼마나 믿을 수 있는가? | 자동적인 생각 이 상황을 달리 볼 방도가 있는가? | 처음의 생각을 믿는 정도를 다시 평정하라 | 결과 다른 관점을 살펴본 후에 느낀 정서 유형과 정서 강도(0-100)를 적으시오. |
|---|---|---|---|---|---|---|---|
| 화요일 오전 | 나는 직장에서 보고서 작성 시 실수했다. | 슬픔-90 당황됨-80 | 나는 항상 엉망진창이다. 나는 어느 것도 잘 해내지 못할 것이다. | 90 | 나의 상사는 보고서를 준비하기에 충분한 시간을 주지 않았다. 나는 시간이 더 있었다면 더 잘할 수 있었을 것이다. | 50 | 안도감-30 슬픔-30 |
| 수요일 저녁 식사 | 저녁을 식당에서 먹었다. 고등학생 때부터 친했던 오랜 친구는 옆 테이블에 앉았고 나를 알아보지 못했다. | 슬픔-95 | 나는 아무것도 아니다. | 100 | 나는 그때 이후에 머리 스타일을 과감하게 바꿨다. 많은 사람들이 나를 알아보지 못했지만 그녀는 내가 누구인지를 알아보았다면 반갑게 맞았을 것이다. | 25 | 슬픔-25 |
| 목요일 아침 식사 | 나의 남편은 나에게 작별 인사도 없이 일을 하러 갔다. | 슬픔-90 | 내가 좋아하는 사람들조차 나에게 관심이 없는 것 같다. | 100 | 나는 그가 굉장한 발표를 앞두고 있어서 그로 인해 스트레스 받는 것을 안다. | 20 | 슬픔-20 |

내담자에게 일주일 내내 자신의 부정적인 사고를 기록하는 것을 포함하는 일일 기록 과제를 숙제로 부과하여 완성하도록 요청하여, 이런 사고가 자신의 기분에 어떻게 영향을 미치는지를 좀 더 잘 알아차리게 할 수 있다. 그런 다음에 치료자는 우울증이 있는 당사자가 자기관(自己觀)을 바꾸도록 도와주려고 한다. 어떤 내담자가 "아무것도 제대로 되는 것이 없어요. 내가 하고자 하는 것들이 모두 다 나쁜 결과만 가져다주기 때문에, 나는 쓸모없는 존재예요."라고 말한다면 치료자는 이와 같은 과잉일반화(overgeneralization)에 상반되는 예들, 이를테면 그 환자가 간과하거나 과소평가했던 능력을 일깨워준다. 또한 치료자는 환자에게 자기 내면의 독백을 살펴서 우울증을 일으켰을 만한 모든 사고 패턴을 찾도록 한다. 그다음 내담자에게 자신의 부정적 신념에 도전해보도록 하며 현실적이고 긍정적으로 생각을 바꾸도록 촉진하기 위한 전략을 습득하도록 도와준다. 종종, 내담자에게는 일상생활에서의 지나치게 부정적인 사고에 도전해보도록 하고, 처음에는 부정적이었던 사고를 기록하게 한 다음에는 이런 생각이 그 상황에 대해 가장 정확한 내용인지 여부를 다시 검토하게 한다(생각을 기록하는 숙제의 예는 표 2.6 참조). Beck이 강조하는 것은 인지 재구조화 작업(cognitive restructuring)(예 : 덜 부정적으로 생각하도록 설득하는 것)에 있다.

또한 Beck의 치료법 속에는 행동활성화(behavioral activation, BA)라고 부르는 행동치료 기법도 포함되어 있다. 이 기법은 대상자들에게 즐거운 활동에 종사하도록 격려하여 이 활동을 통해 자기와 삶에 대해 긍정적인 사고를 좀 더 키우도록 하는 것이다. 예들 들면, 치료자는 환자로 하여금 산책을 하거나 친구와 대화하는 것과 같은 긍정적인 일정을 짜보도록 격려한다.

75개 이상의 무선 통제 시행(randomized controlled trials)은 우울증에 대한 인지치료의 효과를

## 임상 사례 : 인지치료에서 부정적인 생각에 도전하게 하는 것의 예시

다음의 대화는 치료자가 인지치료를 통해 내담자를 부정적 사고에 직면시키려고 시작하는 한 가지 방법을 예시한 것이다. 이런 치료법에서는 내담자가 인지모형에 대해 배우고 지나친 부정적 사고를 파악하도록 도와주려면 여러 회기가 소요된다.

치료자 : 당신은 남편 로저와 이혼했기 때문에 자신을 '실패자'라고 말했어요. 방금 우리는 아무것도 이룬 것이 없는 사람을 실패자로 정의한 것입니다.

환자 : 맞아요. 말씀하신 내용이 진짜 극단적으로 들리는군요.

치료자 : 좋아요. 당신이 무엇인가를 이루었다는 생각을 지지하는 증거와 반대되는 증거를 찾아봅시다. 종이 가운데 줄을 쭉 그어내려 보세요. 종이 위에는 '나는 무언가 이룬 것이 있다'라고 써보세요.

환자 : [선을 긋고는 치료자가 불러준 말을 쓴다.]

치료자 : 당신이 무언가를 이루었다는 것에 대한 증거가 있나요?

환자 : 저는 대학교를 졸업했어요. 아들 하나를 키우고 있고, 사무실에서 일해요. 친구가 몇 명 있고요. 그리고 저는 운동도 하고 있어요. 저는 신뢰할 만하고, 저는 제 친구들을 좋아해요.

치료자 : 좋아요. 지금 말한 것을 전부 그 종이 위에 적으세요. 이제 오른쪽 칸에는 당신이 무언가를 이루었다는 생각에 반대되는 증거를 쭉 쓰세요.

환자 : 글쎄요, 비합리적일 수도 있지만, 제가 이혼한 것을 써야겠네요.

치료자 : 좋습니다. 이제 당신이 무언가를 이루었다는 자신의 생각을 지지하는 증거와 반대되는 증거를 보면서, 이 두 증거의 비중을 어떻게 매길 것인가요? 50대 50이 아니고 다르게 매길 건가요?

환자 : 저는 긍정적인 생각이 95%라고 말하고 싶군요.

치료자 : 그러면, 당신이 무언가를 이루었다는 것을 이제는 어느 정도로 믿나요?

환자 : 100%요.

치료자 : 그리고 당신이 이혼 때문에 실패자라는 것은 어느 정도 믿나요?

환자 : 아마도 저는 실패자가 아닐 겁니다. 결혼에 실패하기는 했지만요. 저는 약 10%를 주겠어요.

주 : 전형적 예로서, 이 대화는 부정적인 사고의 일부만 다루었을 뿐 모두를 다룬 것은 아니다. 다음 회기에서는 그 밖의 부정적 사고에 대해 조사하게 될 것이다.

뒷받침해주었다(Gloaguen, Cottraux, Cucherat, & Blackburn, 1998). 내담자들이 인지치료를 받으면서 배우게 되는 전략은 치료 종결 후에도 재발의 위험성을 줄이는 데 도움이 된다. MDD에서 재발이 얼마나 흔한 것인지를 감안하면, 이는 중요한 논제가 된다(Vittengl, Clark, Dunn, & Jarrett, 2007).

인지요법을 컴퓨터로 실시하는 기법도 개발되었다. 통상적으로는, 이런 유형의 개입에는 치료자와의 짧은 시간 동안의 접촉을 통해서 첫 평가에 대해서 안내를 받고, 질문에 대한 답변을 들으며, 숙제에 대해서 지지와 격려를 받도록 해주는 것이 최소한 들어 있다. 여러 개의 무선화된 통제 시행에서는 컴퓨터에 기반을 둔 인지요법이 환자들이 다른 데서 지원을 받도록 알려주는 통상적인 처치(treatment as usual)에 비교할 때 효과가 있다는 증거를 보여주고 있다(Andrews, Cuijpers, Craske et al., 2010). 컴퓨터에 기반을 둔 프로그램이 그 효과에서 다양하였기 때문에, 수요자들은 컴퓨터로 시행되는 인지요법에 대해서는 필히 잘 검증된 프로그램에 접속하는 것이 중요하다(Spek et al., 2007).

**마음챙김에 기반한 인지요법**(mindfulness-based cognitive therapy, MBCT)으로 불리는 인지요법의 새로운 유형은 주요 우울증에서 재발되는 일화를 성공적으로 치료한 후의 재발 방지에 초점을 둔다(Segal, Williams, & Teasdale, 2001). MBCT의 기본 가정은 당사자가 주요 우울증 일화 기간에 슬픈 기분과 자신에 대한 평가절하, 절망적 사고 패턴 사이를 반복적으로 연결지어 생각하기 때문에 재발하기 쉽게 된다는 것이다. 따라서 우울증에서 회복된 사람들이 기분이 슬퍼지게 되면, 우울증이 극심했을 때 스스로 했던 방식대로 부정적으로 생각하기 시작한다. 이렇게 해서 다시 활성화된 사고 패턴이 이제는 슬픔을 더 깊게 만든다(Teasdale, 1988). 따라서 주요 우울증의 과거력이 있는 사람들에게서, 슬픔은 더욱 커지기 쉽고, 이는 새로이 우울증 일화를 발생시키는 데 기여할 수 있다.

MBCT의 목표는 사람들로 하여금 자신이 우울해지기 시작하는 때를 알아차리고 소위 '탈중심화(decentered)' 관점이라고 불릴 수 있는 것을 채택하도록 가르쳐주는 것이다. 이 관점은 자신의 생각을 자기의 핵심적 측면 또는 현실을 정확하게 반영해주는 것으로 보기보다는 단순히 '정신적 사건(mental events)'으로 보는 것이다. 예를 들면, 당사자는 혼잣말로 "생각은 실제가 아니야" 그리고 "나 자신은 내 생각과는 다른 존재야" 같은 것을 말할 수 있겠다(Teasdale et al., 2000, p. 616). 달리 말하면, 명상을 위시한 광범위한 전략을 사용하여, 당사자에게 우울과 관련된 생각 및 감정에 대해서 초연한 관계를 형성하도록 시간을 두고 가르쳐주는 것이다. 이러한 관점은 우울증을 유발할 수 있는 부정적인 사고 패턴이 커지는 것을 막을 수 있다고 여겨진다.

어떤 다중 센터(multisite) 연구(Teasdale et al., 2000)에서는 이전에 우울증을 겪었던 사람들을 무선으로 MBCT 조건 또는 '통상적인 치료' 조건에 배정하였다. 이 연구의 결과에서는 MBCT가 통상적 치료에 비해서 이전에 3회 이상의 주요 우울증 일화를 겪었던 사람들 사이에서 재발의 위험성을 감소시키는 데 더 효과적임을 보여주었다. 그러나 MBCT는 이전에 단지 한 번이나 두 번의 주요 우울증 일화를 겪었던 사람들에 대해서는 재발을 방지해주지 못하는 것으로 나타났다(Ma & Teasdale, 2004). 이는 무선화된 통제 시행들 중 일부에서 마음챙김에 기반한 개입의 효과를 뒷받침해주지 않았던 것이 하나의 이유가 될지 모른다(Hofmann, Sawyer, Witt et al., 2010). 따라서 이 치료법은 MDD가 재발성인 경우에 가장 큰 도움이 되는 것으로 보인다.

**행동활성화(BA) 요법**　앞에서 우리는 행동활성화(BA) 요법이 Beck의 치료법 중 한 가지 구성요소임을 언급했다. BA는 원래 단독으로 쓰이는 치료법으로 개발된 것으로서, 그 저변에 깔린 생각은 우울증과 관련된 위험 요인 중 상당수가 긍정적 보상을 받는 것을 저해한다는 것이다(Lewinsohn, 1974). 즉 생활사건, 사회적 지지가 낮은 것, 부부불화, 가난, 그리고 사회 기술, 성격 및 대처능력에서의 개인차는 모두 긍정적 강화를 낮은 수준으로 받도록 유도할 수 있다. 우울증이 전개되기 시작하면서 활동부족, 철수, 그리고 무력증은 흔히 나타나는 증상이며, 이런 증상들은 이미 낮은 수준에 있던 긍정적 강화를 더욱 낮게 만든다. 따라서 BA의 목표는 우울, 철수 및 도피의 소용돌이에서 빠져나오게 하기 위해 긍정적 강화를 가져오는 활동을 더 많이 하게 하는 것이다(Martell, Addis, & Jacobson, 2001).

행동활성화(BA) 요법은 Beck의 요법에서 가장 효과가 있는 성분을 파악하기 위해 설계된 연구에서 긍정적 결과가 밝혀진 후 많은 주목을 받아 왔다(Jacobson & Gortner, 2000). 인지요법(CT) 중에서 행동활성화 성분은 MDD를 완화하고 2년에 걸친 추적조사 기간에 재발을 방지하는 데 모든 구성 성분을 다 적용했을 때만큼이나 효과가 있는 것으로 발견되었다(Dobson et al., 2008). 또한 행동요법을 집단으로 실시했을 때에도 효과가 있는 것으로 나타나서(Oei & Dingle, 2008), 이 요법은 이제는 배경이 다양하게 다른 내담자들에게 다양하게 다른 상황에서 성공적으로 적용되고 있다(Oei & Dingle, 2008). 이상의 발견된 내용은 사람들이 우울증을 완화하려면 부정적 생각을 직접 바꾸어야만 한다는 견해에 반론을 제기하는 것이며 그 대신에 보상을 주는 활동에 참여하는 것으로도 충분할 수 있음을 시사하는 것이다.

**행동부부요법**　우울증이 부부갈등을 위시한 대인관계의 문제와 연결되어 있는 경우가 종종 있기 때문에, 연구자들은 우울증에 대한 치료법으로서 **행동부부요법**(behavioral couples therapy)에 대해 조사해 왔다. 이 접근방법에서 연구자들은 부부 모두와 함께 의사소통과 부부관계 만족을 증진시키기 위해 작업한다. 발견된 내용에 따르면, 우울증이 있는 사람이 부부갈등도 겪고 있을 경우에는 행동부부요법이 개인을 대상으로 실시되는 인지요법(CT)(Jacobson, Dobson, Fruzzetti et al.,

1991) 또는 항우울제 약물요법(Barbato & D'Avanzo, 2008)만큼이나 우울증의 경감에 효과가 있음을 보여주고 있다. 독자가 기대하는 바와 같이, 부부요법은 개인치료에 비해 대인관계로 인한 고통을 줄여주는 데 효과가 더 크다는 장점이 있다.

### 양극성장애의 심리치료

약물은 양극성장애의 치료 시 필수요소이지만, 심리치료법들도 양극성장애와 연결된 많은 사회적 및 심리적 문제들을 다루는 데 도움이 되어 약물치료를 보완할 수 있다. 또한 이러한 심리치료들은 양극성장애에서 우울 증상들을 감소시켜주는 데 도움이 될 수 있다.

당사자들에게 자신의 장애에 대해 교육하는 것은 양극성장애와 조현병을 위시한 많은 장애를 치료할 때 공통적인 일이다. 통상 **심리교육적 접근**(psychoeducational approaches)을 통해 환자들이 자신이 갖고 있는 장애로 인한 증상, 증상에 대해 예상되는 시간적 경과, 증상의 생물학적 및 심리학적 촉발 요인, 그리고 치료 전략에 대해 배우도록 도와준다. 연구 결과에 따르면, 양극성장애에 대한 교육은 당사자들이 리튬과 같은 약물로 치료받는 것에 충실히 따르도록 하는 데 도움이 될 수 있다고 한다(Colom et al., 2003). 이는 중요한 목표인데, 왜냐하면 양극성장애로 치료를 받는 사람들 중 절반 정도나 약물을 꾸준히 복용하지 않기 때문이다(Regier, Narrow, Rae et al., 1993). 심리교육은 내담자들에게 증상이 없어진 후에도 왜 약물을 복용해야 하는지 그 필요성을 이해하도록 하는 데 도움이 될 수 있고, 약물치료가 도움이 될 것이라는 희망을 갖게 할 수 있으며, 그리고 많은 내담자들이 리튬과 같은 약물을 복용하면서 겪는 내면화된 낙인(internalized stigma)을 대상으로 할 수 있다. 당사자들이 자신의 약물치료에 좀 더 충실히 따르도록 도와주는 것 이상으로, 심리교육 프로그램은 당사자들이 병원에 입원하지 않아도 되도록 하는 데 도움이 되는 것으로 밝혀졌다(Morriss et al., 2007).

그 밖의 여러 가지 유형의 치료법이 양극성장애가 있는 사람들의 (대처) 기술을 키워주고 증상을 감소시키는 것을 도와주기 위해 고안되었다. 인지치료와 가족중심치료(family-focused therapy, FFT)는 모두 특히 강력한 뒷받침을 받았다(Lam et al., 2000). 인지치료는 주요우울장애에서 사용된 유형의 기법들을 많이 이용하지만, 일부 추가된 내용은 조증 일화의 초기 증세를 다루기 위해 고안된 것이다. 가족중심치료는 가족에게 해당 질환에 대해 교육하고, 가족 간 의사소통을 증진시키며, 문제해결 기술을 발전시키는 것을 목표로 한다(Miklowitz & Goldstein, 1997).

한 대규모 연구에서 연구자들은 양극성장애가 있으면서 연구의 치료 시작 시점에서 우울한 상태에 있는 사람들을 모집했다(Miklowitz et al., 2007). 임상 시험에 참여한 모든 환자들은 강력한 약물치료를 받았는데 왜냐하면 연구자들이 약물치료에 심리치료를 추가하는 것이 양극성장애에 도움이 되는지 여부에 관심이 있었기 때문이다. 환자들은 심리치료 조건이나 협동치료(양극성장애에 대한 심리교육)로 불리는 통제 처치(control treatment)를 3회기 받는 조건에 무선 배정되었다. 심리치료 조건에 배정된 163명의 환자들은 심리치료 이외에도 인지치료, FFT, 또는 IPT를 추가로 더 받았다. 각 유형별 심리요법은 협동치료 조건에 비해서 우울증 완화에 더 많은 도움이 되었다. 인지치료, FFT, IPT가 우울증에 대한 효과에서 차이가 있다는 증거는 없었다. 이상의 결과는 여러 유형의 심리요법들이 양극성 우울증에 도움이 된다는 것은 시사하고 있다.

### 기분장애의 생물학적 치료

우울증과 조증을 치료하는 데 다양한 생물학적 치료법이 사용된다. 생물학적 치료법 중 주요한 두 가지는 전기충격요법과 약물요법이다. 또한 우리는 두개골을 경유하는 자기자극(transcranial magnetic stimulation)에 대해서도 간단히 살펴보겠는데, 이 기법은 MDD가 있는 소수의 사람들에 대해 사용하도록 미국 FDA의 승인을 받은 것이다.

**우울증에 대한 전기충격요법**　우울증에 대한 가장 논란이 큰 치료법은 전기충격요법[electroconvulsive therapy(ECT), 전기경련요법이라고도 함]일 것이다. 현재 대부분의 경우 ECT는 약물이 잘 듣지 않는 주요우울장애를 치료할 때만 사용되고 있다. ECT는 환자의 두뇌 속으로 70~130볼트의 전류를 흐르게 하는 것이기 때문에, 일시적인 경련발작과 무의식 상태를 유발한다. 과거에는 전극이 이마의 양쪽에 부착되어 전류가 양반구 모두를 통과하게 했는데, 이는 양측성(bilateral ECT)으로 알려진 방법이다. 오늘날에는 우세하지 않은 대뇌반구(통상 우반구)에만 전류가 통하게 하는 단측성(unilateral ECT)이 더 보편적으로 사용되고 있다(McCall, Reboussin, Weiner, & Sackeim, 2000). 과거에는 전류가 경련을 촉발할 때까지 통상 환자가 깨어 있어서, 전기충격이 종종 몸을 뒤틀리게 하고, 때로는 골절상까지 유발한 적이 있었다. 현재는 전류를 흘리기 전에 근육이완제를 투여한다. 신체 근육의 경련 발작은 이를

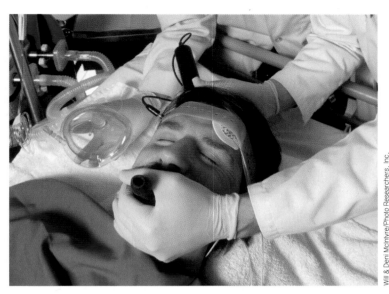

전기충격요법은 약물에 반응하지 않는 우울증에 효과적인 치료법이다. 단측성 충격 및 근육이완제를 사용하여 바람직하지 않은 부작용이 줄어들었다.

지켜보는 사람에게도 거의 보이지 않으며 몇 분 후에 환자는 깨어나서도 이 처치 동안 일어난 일에 대해서는 전혀 기억해내지 못한다. 통상 환자들은 며칠 간격을 두고 6~12회의 처치를 받는다.

이와 같이 치료 절차가 개선되었다고 해도, 발작을 유도할 수 있기 때문에 이는 지나치다고 여겨지는 처치법이다. 이런 위험할 수 있는 충격요법을 받는 데 동의해야 하는 이유는 무엇인가? 그 대답은 간단하다. ECT는 우울증을 치료하는 데 항우울제 약물치료보다도 강력한 효과를 가져다주기 때문이며(UK ECT Review Group, 2003), 특히 정신증적 양상이 동반된 경우에 그러하기 때문이다(Sackeim & Lisanby, 2001). 대부분의 전문가들은 ECT를 받는 사람들이 단기간의 의식혼란(confusion)과 기억상실을 겪을 위험이 있음을 인정한다. ECT를 받는 기간에 대해 전혀 아무것도 기억하지 못하는 일은 상당히 흔한 일로서, 때로는 ECT를 받는 기간을 포함해서 몇 주간 그럴 수 있다. 단측성 ECT는 양측성 ECT에 비해서 인지적 부작용이 더 적다. 그럼에도 불구하고, 단측성 ECT마저도 처치 후 6개월간의 인지 기능상의 결손과 관련되어 있다(Sackeim et al., 2007). 어느 경우에든, 임상가는 다소 부드러운 치료법을 시도해보고 결과가 미흡하다고 판명된 후에야 ECT를 사용하는 것이 보통이다. 우울증에 걸린 사람들이 실제로 자살할 가능성이 있기 때문에, 많은 전문가들은 다른 치료법들이 실패한 후에야 ECT를 사용하는 것을 고려한다.

**우울장애에 대한 약물치료**　약물은 우울장애를 치료할 때—생물학적 요법을 사용하든 그 밖의 다른 요법을 사용하든—가장 널리 사용되고 가장 연구가 많이 수행된 치료법이다(그리고 곧 보게 되겠지만, 양극성장애에 대해서도 마찬가지다). 미국에서는 우울증 치료를 받는 사람들의 약 75%가 항우울제를 처방받는다(Marcus & Olfson, 2010). 표 2.7에 나와 있듯이, **항우울제**(antidepressant)는 크게 세 가지로 구분된다. 즉 **모노아민 산화효소 차단제**(monoamine oxidase, inhibitors MAOIs), **삼환계 항우울제**(tricyclic antidepressants), 그리고 **선택적 세로토닌 재흡수 억제제**(selective serotonin reuptake inhibitors, SSRIs)가 있다. 세 가지 범주에 속하는 모든 약물의 임상적 효과는 거의 같다(Depression Guidelines Panel, 1993). 수십 개의 양방무지(double-blind) 연구 결과는 이상의 약물치료가 우울장애를 치료하는 데 효과적임을 보여주었는데, 치료를 마친 사람들의 50~70%가 주요한 호전 효과를 보여주었다(Nemeroff & Schatzberg, 1998).

**표 2.7** 기분장애를 치료하는 데 사용되는 약물

| 사용 | 범주 | 고유명칭 | 상표명 |
| --- | --- | --- | --- |
| 항우울제 | MAO 억제제 | tranylcypromine | Parnate |
| | 삼환계 항우울제 | imipramine, amitriptyline | Tofranil, Elavil |
| | 선택적 세로토닌 | fluoxetine, sertraline | Prozac, Zoloft |
| | 재흡수 억제제(SSRI) | | |
| 기분안정제 | | lithium | Lithium |
| | 항경련제 | divalproex sodium | Depakote |
| | 항정신병제 | olanzapine | Zyprexa |

치료 지침에서는 우울증 일화가 끝난 뒤에도 최소한 6개월간은 항우울제를 계속 복용해야 한다(여러 번의 일화를 겪은 경우에는 더 오래 복용하도록 권고하고 있다). 우울 증상이 완화된 후에도 항우울제를 계속 복용하면 재발의 위험성이 약 40%에서 약 20%로 낮아진다(Geddes et al., 2003). 재발을 방지하려면 약물 복용량은 급성기에 치료할 때처럼 높아야 한다.

과거 수년간 항우울제에 대해 많은 논란이 계속되었다. 주된 염려사항 중 한 가지는 항우울제가 주요우울장애에서 경도 또는 중등도에 해당되는 증상을 완화하는 데 위약(placebo)보다 효과가 큰 것으로 보이지 않는다는 것이다. 항우울제는 심한 주요우울장애(Fournier et al., 2010) 또는 지속성 우울장애(Keller et al., 2000)의 치료에서 위약에 비해서 뚜렷한 우세효과를 보여주었다.

이런 약물요법이 경도 수준의 우울증이 있는 사람들에게는 도움이 되지 않을 수 있다는 증거 이외에도, 출간된 연구들에서는 항우울제에 의한 약물치료가 얼마나 많은 사람들에게서 효과가 있는지 그 숫자가 과대추정되었을 수도 있다. 미국에서는 제약회사들이 약물을 시장에 판매하기 위한 첫 승인을 얻어내기 위해서나 또는 약물 사용법상의 변동을 뒷받침하기 위하여 연구를 수행할 때는 그 자료를 식품의약국(FDA)에 제출해야 한다. 한 연구팀에서는 1987~2004년 사이에 수행된 항우울제 연구에서 나온 자료에 어떤 변동이 있는지를 조사하였다(Turner, Matthews, Linardatos et al., 2008). 수행된 74개의 연구 중에서 51%가 긍정적인 발견을 얻어낸 것으로 평정되었다(즉 항우울제를 사용하는 것을 뒷받침해주었다). 긍정적 발견을 얻어낸 연구들 중에서 하나만 제외하고는 모두 출간되었다. 부정적인 발견을 얻어낸 연구들 중에서는 절반 미만이 출간되었으며, 이렇게 출간된 보고서에서조차 FDA가 발견된 내용을 중립적 혹은 부정적인 것으로 이미 평정했음에도 불구하고, 출간된 보고서에서는 발견된 내용을 긍정적인 것으로 기술하였다. 결국 출간된 보고서 속의 연구 결과는 FDA에 제출된 자료에 비해서 훨씬 긍정적인 것으로 제시된 것이다.

이와 같이 실망스러운 보고서를 접하면서, 한 가지 전략은 1차 항우울제 투여로 증상이 완화되지 않았을 때 어떤 조치를 취해야 하는지에 초점을 맞춘 연구를 수행하는 것이다. 이런 유형의 의문점에 대한 답을 얻기 위한 일환으로, STAR-D(Sequenced Treatment Alternatives to Relieve Depression) 시험 연구에서는 18개의 1차 의료기관을 포함한 41개 기관에 걸쳐서 3,671명의 환자를 대상으로 항우울제에 대한 반응을 조사하였다(Rush et al., 2006). 대부분의 약물치료 시험에서 보고된 동반이환이 없는 순수한 우울증 유형의 과거력을 보이는 사람들과는 아주 대조적으로, STAR-D에 등록된 대부분의 환자들은 만성 또는 재발성 우울증을 겪고 있었고, 정신과적 동반이환이 있었으며, 그리고 현재의 일화 때문에 다소 (성공적이지 못한) 치료를 이미 받은 적이 있었다. 이 연구의 목표는 항우울제 또는 심리치료가 위약 처치보다 더 도움이 되는지를 평가하기보다는, 의사가 일상적인 진료에서 접하는 임상 실제에 관련된 의문점을 고찰하는 것이었다. 모든 환

자들은 SSRI계 항우울제인 시탈로프람(셀렉사)[citalopram(Celexa)]으로 약물치료를 시작했다. 이들이 시탈로프람에 반응하지 않을 경우, 이들에게는 (1) 시탈로프람을 대체하는 다른 약물을 선택하게끔 하거나, (2) 시탈로프람에 두 번째 약물을 추가해서 복용할 기회를 주거나, 또는 (3) 인지치료 비용의 일부를 부담할 경우에 인지치료(CT)를 받게 해주었다. 연구자들은 항우울제에 반응하지 않는 환자들에 대해서는 세 번째 유형의 항우울제를 제공하였으며 그리고 필요하다면 네 번째 항우울제까지도 제공하였다.

연구 결과는 정신이 번쩍 들게 할 만한 것이었다. 단지 환자들 중 약 1/3에서만이 시탈로프람으로 치료하여 충분한 증상 완화가 이루어졌다(Trivedi et al., 2006). 시탈로프람에 반응이 없었던 환자들 중에서 비용을 내고 인지치료를 받으려는 사람은 거의 없었으며, 두 번째 약물처방을 받은 환자들 중에서 단지 30.6%만이 (두 번째 약물만 복용했든 시탈로프람의 보완제로서 사용했든 간에) 증상 완화를 보여주었다. 이러한 치료 과정에 걸쳐서 재발률이 높았으며, 그래서 이와 같은 복합적인 치료가 제공되었음에도 불구하고 단지 43%의 환자들만이 안정된 회복상태에 도달하였다(Nelson, 2006). 이 연구에서 얻은 결과는 현재 가용한 처치법에 잘 반응하지 않는 환자들을 위한 새로운 처치법을 개발할 필요성을 부각시켜주고 있다.

항우울제를 처방받은 환자들 중에서, 40%는 약물치료를 시작한 지 1개월 내에 약물 복용을 중단하였는데(Olfson, Blanco, Liu et al., 2006), 가장 많은 이유는 현기증, 두통, 발기부전, 또는 위내장 불편과 같은 부작용을 견뎌내기가 힘들었기 때문이다(Thase & Rush, 1997). MAO 차단제는 특정한 음식이나 음료와 함께 복용했을 때 치명적인 부작용의 가능성이 있기 때문에 항우울제 중 가장 드물게 사용되고 있다. 이에 반해 SSRIs는 다른 유형의 항우울제에 비해서 부작용이 적은 경향이 있기 때문에 가장 널리 처방되는 항우울제가 되었다(Enserink, 1999). 그럼에도 불구하고, 미국 식품의약국(FDA)은 SSRIs가 자살시도의 사례보고가 있다는 것을—특히 치료의 초기 단계에서나 또는 복용을 늘린 후에—사람들에게 경고하는 내용을 포장지에 넣도록 제조회사에 요구하였다. 특히 아동, 청소년 및 젊은 성인들에서의 자살기도의 가능성에 대한 염려가 크다. 연구 결과가 논란을 불러일으켰기 때문에, 연구자들은 이 중요한 쟁점에 계속 눈길을 주고 있다.

**우울증에 대한 두개골 경유 자기자극 요법**　2008년에 미국 FDA에서는 우울증이 있는 사람들 중 일단의 작은 집단에 대한 **두개골 경유 자기자극 요법**(transcranial magnetic stimulation, rTMS)의 사용을 승인했다. 이 환자들은 일차 항우울제에 반응을 보이지 않았지만 아직 이차 항우울제의 투약을 시작하지 않은 사람들이다. 이 요법에서는 전자기 코일을 두피에 갖다 댄 다음에 자기 에너지(magnetic energy)의 간헐적 펄스를 보내어 배외측 전전두피질의 활동을 높이려고 한다. 통상적인 치료는 하루 30분씩 5~10일간 실시한다. 대부분의 무선 통제 시험에서는, 연구자들은 이와 같은 처치를 가짜 처치—즉 장치를 두피에 부착하지만 자기 펄스가 대뇌의 활동을 높여주지 못하는 각도로 부착시키는 것—와 효과를 비교해 왔다. 다중적인 무선 통제 시험의 결과는 rTMS가 가짜 처치와 비교해볼 때 치료에 잘 반응하지 않는 우울증을 완화하는 데 도움이 될 수 있음을 시사해주고 있다(Slotema, Blom, Hoek et al., 2010).

**주요우울장애에 대한 치료법들 간의 비교**　심리요법과 항우울제 약물처방을 병행하면 각 치료를 단독으로 실시할 때보다 우울증이 있는 대부분의 사람들에게서 회복률을 10~20% 이상 더 높여준다(Hollon, Thase, & Markowitz, 2002). 어떤 연구에서는 항우울제 투약을 시작하는 사람들에게 전화로 인지치료를 제공하는 것조차 약물치료 단독 실시의 경우보다 치료 성과를 향상시킬 수 있다는 것을 발견하였다(Simon, 2009). 각각의 치료법은 특유의 장점을 갖고 있다. 항우울제는 심리요법보다 효과를 더 빨리 가져다주며, 따라서 즉각적인 증상 완화를 얻게 해준다. 심리요법은 기간이 더 오래 걸릴 수 있지만 치료가 끝난 후에 우울증 일화가 재발하지 않도록 당사자가 사용할 수 있는 기술을 습득하도록 하는 데 도움이 될 수 있다.

많은 환자들은 약물치료 또는 다른 요법 중 어느 것이 증상을 완화하는 데 더 효과적인지 알고 싶어 한다. 항우울제와 인지행동의 효과를 비교하기 위해 현재까지 가장 면밀하게 수행된 연구에서 연구자들은 심한 우울증의 치료에 초점을 맞추었다. 심한 우울증 환자 240명이 4개월 동안 항우울제 투약, 인지요법, 또는 위약치료를 받도록 무선적으로 배정되었다. 회복된 사람들은 그 후에도 12개월간 더 추적조사를 받았다. 인지치료는 심한 우울증의 치료에서 항우울제만큼 효과가 있었으며, 그리고 이 두 치료들은 위약치료보다 더 효과가 있었다. 인지치료는 두 가지 장점이 있었다. 즉 약물치료에 비해서 비용이 덜 들었으며, 장기적으로 볼 때 치료가 종료된 후에도 재발을 방지하는 데 도움이 되었다(Hollon et al., 2005).

**양극성장애에 대한 약물요법**   조증 증상을 줄여주는 약물을 기분안정제(mood-stabilizing medications)라고 부른다. **리튬**(lithium)은 천연 화학물질로서 (역사상) 첫 번째로 사용된 기분안정제로 파악되었다. 제I형 양극성장애가 있는 사람들 중 80%까지는 이 약물 복용을 통해서 적어도 경도 이상의 효과를 보고 있다(Prien & Potter, 1993). 증상이 약물 투여를 통해 대체로 줄어들기는 하지만, 대부분의 환자들은 최소한 경도 이상의 조증과 우울 증상을 계속 겪기 마련이다. 주요한 종합분석 결과에서는 위약 복용 시의 재발률 60%와 비교해서 리튬을 복용할 경우에는 당사자 중 40%가 재발했음을 알려주고 있다(Geddes, Burgess, Hawton, Jamison, & Goodwin, 2004).

심각한 부작용이 나타날 수 있기 때문에, 리튬은 매우 조심스럽게 처방되고 사용되어야 한다. 리튬의 수준이 너무 높아지면 독성을 나타낼 수 있기 때문에, 리튬을 복용하는 환자들은 혈액검사를 정기적으로 받아야 한다. 리튬은 평생 꾸준히 복용할 것이 권고된다(Maj, Pirozzi, Magliano, & Bartoli, 1998).

리튬 이외에도 두 종류의 약물이 FDA로부터 급성 조증의 치료에 사용할 수 있도록 승인되었다. 여기에는 첫째, 항경련성(발작치료용)[anticonvulsant(antiseizure)] 약물로서 디발프록스 나트륨(데파코트)[divalproex sodium(Depakote)]이 해당되고, 둘째 항정신증 약물로서 올란자핀(자이프렉사)[Olanzapine(Zyprexa)]이 해당된다. 이 두 종류의 약물은 리튬의 부작용을 견디지 못하는 사람들에게 권고된다. 리튬과 마찬가지로 이 약물들도 조증을 감소시키는 데 도움이 되며, 어느 정도까지는 우울증에도 효과가 있다. 그러나 불행하게도 이 약물들에서도 심각한 부작용이 나타난다. 한 예를 들면, 항경련제는 위약과 비교해서 자살 사고를 약간 증가시키는 것과 관련이 있는 것으로 밝혀졌다(Food and Drug Administration, January 31, 2008).

통상적으로 리튬은 다른 약물과 병용한다. 리튬은 효과가 천천히 나타나기 때문에 급성 조증의 치료 시 즉각적인 진정 효과가 있는 올란자핀 같은 항정신증 약물과 리튬을 모두 처음부터 투여하는 것으로 시작한다(Scherk, Pajonk, & Leucht, 2007).

조증의 치료에 사용되는 기분안정제는 우울증을 완화하는 데 도움이 된다. 그럼에도 불구하고, 많은 사람들이 리튬 같은 기분안정제를 복용하고 있는 동안에도 우울증을 계속 겪는다. 이런 사람들에게는 항우울제가 추가로 처방되는 경우가 종종 있다(Sachs & Thase, 2000). 그러나 이렇게 처치하는 데는 두 가지 잠재된 문제가 있다. 첫째, 기분안정제(양극성장애에 대해 제공되는 첫 번째 유형의 처치)를 이미 복용하는 환자들에게서 항우울제가 실제로 우울 증상을 줄여주는 데 도움이 되는지 여부가 명확하지 않다. 둘째, 양극성장애가 있는 사람들에게서, 항우울제는 기분안정제를 함께 복용하지 않을 경우 조증 일화의 위험성이 근소하게 증가하는 것과 관련이 있다(Pacchiarotti et al., 2013).

## 임상사례로 다시 돌아가서 : 메리에 대한 치료 방향의 결정

메리는 이 장 맨 앞에서 기술된 여성인데, 우울증으로 인해 문제가 점차 많아지고 있다고 호소했다. 따라서 치료자는 그녀를 정신과 전문의에게 의뢰했고, 이 전문의는 플루옥세틴(프로작)을 처방하였다. 심리학자와 정신과 전문의는 모두 약물치료가 증상을 신속히 완화해주어 도움이 될 것이라는 데는 같은 의견이었다. 그러나 2주 뒤에, 메리는 프로작을 계속 복용하지 않겠다고 마음을 먹었는데, 그 이유는 부작용으로 인해 불편했으며 약물을 장기간 복용하는 것을 좋아하지 않았기 때문이다. 그녀는 증상 완화 효과를 보지 못했는데, 아마도 약물에 대한 염려 때문에 약물 복용을 많이 걸렀기 때문일 것이다.

사용할 수 있는 처치의 유형이 아주 많고 다양해도, 어떤 내담자에게 최선의 치료를 결정하는 것은 도전거리일 수 있다. 메리는 주요 생활사건과 변화를 겪었는데, 이는 대인관계적 심리요법이 그녀에게 맞을지도 모름을 시사해준다. 그러나 그녀는 실직 및 기타 문제들에 대해서 자책하고 있었기 때문에, 이런 점은 인지요법이 도움이 될 수도 있음을 시사해준다.

부부갈등은 행동부부요법이 적절할 수 있음을 시사해준다. 치료자라면 어떤 접근방법을 선택할까? 때때로 이런 결정은 치료자의 개인적 선호도와 훈련받은 것을 반영해주기도 한다. 이상적으로는, 치료적 접근방법에는 처치에 대한 환자의 선호도 또한 포용된다. 그녀의 치료자는 인지요법을 시작했는데, 일이 잘못되면 지나치게 자책하는 메리의 성향이 우울증에 영향을 미치고 있을 것이라고 믿었기 때문이다. 인지요법은 그녀 자신에 대한 비합리적인 부정적 인지를 파악하고 그에 도전하는 것을 그녀에게 배우게 하는 데 도움이 되었다. 치료는 먼저 그녀가 조그만 일에도 지나치게 부정적인 결론을 내려서 슬픈 기분에 젖어들게 되는 시기를 일상생활 중에서 파악해내도록 도와주는 것에서부터 시작하였다. 예를 들면, 그녀의 아이들이 말썽을 피운다면, 그녀는 이런 일이 자신이 나쁜 엄마라는 증거라고 금방 생각할 것이다. (치료) 시간이 흐르면서, 메리는 자신의 능력 부족에 대해 오랫동안 갖고 있었던 믿음을 조사하고 이에 도전하기 시작하였다. 16주간의 처치가 끝날 즈음에 그녀는 우울증이 완화되었다.

**우울증 치료에 대한 마지막 유의사항**  많은 연구자들은 치료법이 우울증을 유발하는 심리학적 기제와 생물학적 기제에 어떻게 영향을 미치는지를 조사하고 있다. 예를 들면, 연구자들은 항우울제가 우울증을 가진 사람들의 기분상태에 영향을 미치기 전에 이들의 부정적 생각을 먼저 감소시켜준다는 것을 밝혀냈다(Harmer, Goodwin, & Cowen, 2009). 또한 연구자들은 심리치료, 약물치료, 또는 ECT이든 간에, 성공적인 처치는 우울증과 관련된 대뇌 부위에서의 활동을 변화시켜준다는 것을 보여주었다(Goldapple et al., 2004; Nobler et al., 2001).

어떤 처치가 효과가 있는지를 규명하여 관련 기제를 살펴보는 것 이외에도, 연구자들은 새로운 치료법 개발도 하고 있다. 최신의 처치법은 대뇌 심층부를 자극하는 것인데, 이 기법은 뇌 속으로 전극을 삽입하는 것이다(Mayberg et al., 2005). (삽입된) 전극에 약한 전류를 가하는 방식을 통해서 해당되는 뇌 영역의 활동 수준을 조절(manipulated)할 수 있다. 이런 연구들은 통상적으로 우울증에 대한 그 밖의 처치에 반응을 보이지 않는 소수의 환자들에 대해서만 시행되며, 대뇌 심층부 자극을 표준적 처치법으로 간주하기에는 너무 이르다. 그럼에도 불구하고, 대뇌 심층부 자극 연구들은 대뇌의 특정 영역에서의 활동을 변화시키는 것이 우울 증상의 완화에 도움이 될 수 있는지 여부를 검증해주는 중요한 것이다. 어떤 연구자들은 대뇌 심층부 자극을 이용해서 전측대상회(anterior cingulate) 및 측좌핵(nucleus accumbens) 부위에서의 활동 수준을 조절했더니, 이전의 우울증 처치법에 대해 반응을 보이지 않았던 사람들 중 약 절반에게서 우울 증상이 감소한 것을 발견하였다(Bewernick et al., 2010; Holtzheimer & Mayberg, 2011). 이런 연구 결과는 전측대상회 및 측좌핵 부위가 우울증에서 중요한 역할을 한다는 견해를 뒷받침해주고 있다. 심리적 처치와 약물처치가 기저에 깔린 신경생물학적 과정을 어떻게 변화시키는지에 대해 좀 더 이해할 수 있게 되면, 장차 처치법을 좀 더 정교하게 하는 데 도움이 될지도 모른다.

## 중간 요약

우울증에 적용할 수 있는 처치법은 아주 많고 다양하다. 인지요법, 대인관계적 심리치료(ICT), 행동활성화 요법, 그리고 행동부부요법은 모두 (경험적 자료의) 지지를 받고 있다. ECT는 효과가 있지만 인지 기능에 대한 부작용이 염려된다. 항우울제에는 세 가지 유형이 있으며 그 효과가 모두 비슷한 것으로 발견되었다. SSRIs는 MAO 억제제와 삼환계 항우울제에 비해서 부작용이 적어 흔히 사용하게 되었다. 인지요법은 심한 MDD에 대해서조차 항우울제 약물치료만큼 효과가 있는 것으로 보이는 반면, IPT는 MDD에 대해서는 항우울제 약물치료만큼 강력한 효과를 내지는 못하는 것으로 보인다.

약물치료는 양극성장애에 대한 방어의 1차선이다. 가장 잘 연구된 기분안정제는 리튬이지만, 항경련제와 항정신제도 효과적인 기분안정제이다. 최근의 연구 결과는 항우울제 약물치료가 양극성장애에 도움이 되는지에 대해 의문을 제기하고 있다. 몇몇 심리학적 처치는 양극성장애의 치료 시 약물치료의 보완 처치로서 제공하면 도움이 될 수 있다. 타당도가 가장 잘 확립된 접근방법에는 심리교육, 인지요법, 가족중심치료(FFT)가 있다. 또한 대인관계적 심리치료도 약물치료에 대한 심리학적 보완요법을 대규모로 시험한 연구에서 효과를 잘 나타냈다. 이런 처치법들은 약물처방에 충실히 따르는 정도를 높여주고 양극성장애의 일부로 나타나는 우울 증상을 완화하는 데 특히 도움이 되는 것으로 보인다.

## 복습문제 2.4

해당되는 모든 답에 표기하라.

1. 다음 중 어느 심리치료법이 MDD의 치료에 (효과가 있다는 경험적) 뒷받침을 획득했는가?
   a. 대인관계적 심리치료
   b. 행동활성화 요법
   c. 정신분석 요법
   d. 인지요법
2. 정신증적 증상이 수반된 MDD의 치료에 가장 효과적인 것은 무엇인가?

   a. 프로작
   b. 모든 항우울제
   c. 전기충격요법
   d. 심리요법
3. 선택적 세로토닌 재흡수 억제제(SSRIs)는 왜 다른 항우울제보다 더 많이 쓰이는가?
   a. 효과가 더 크다
   b. 부작용이 적다
   c. 값이 싸다

## 임상 사례 : 스티븐

새년 닐은 그녀의 인생에서 최고의 밤을 당신에게 즉각 말해줄 수 있다 — 2003년 12월 23일 화요일, 힌스데일 아카데미에서 열린 성인식. 그녀의 아버지 스티븐 닐은 54세로 시카고 선타임스(The Chicago Sun-Times) 지의 정치평론가이며 양복, 흰 장갑 및 넥타이를 매고 있었다. '아버지는 내게로 내려와 춤을 추자고 하셨어요'라고 그녀는 말했다. 이후 둘은 무도장 위에서 실수를 연발하며 웃고 또 웃었다. 몇 주 지난 뒤,

스티븐은 차를 차고 속에 대고는 시동을 걸어, 일산화탄소가 밀폐된 공간을 가득 채울 때까지 기다린 후 스스로 목숨을 끊었다.

그는 책 저술 작업으로 인해 스트레스를 받고 있었으며, 심장 문제로 입원한 적이 있었다. 섀넌은 아버지에 대해 말하기를, '당시에 아빠를 알던 사람들은 아빠를 제대로 몰랐어요. 내가 그때 단지 30초 동안만이라도 아빠와 함께 했다면, 이런 모든 해답을 갈구했을 텐데요.'(Cohen, 2008, p. 1)

# 자살

자살(suicide)만큼 주변 친구나 친척에게 고통, 수치심, 죄책감, 그리고 당혹감을 오랫동안 남겨주는 죽음은 없다(Gallo & Pfeffer, 2003). 생존자도 사랑하는 사람이 자살한 후 당해연도에 죽을 확률이 아주 높다.

우리는 자살에 관한 양적연구에 초점을 맞추려 한다. 그러나 자살에 대해 조사하는 학자들은 많은 다양한 자료출처에서 관련 정보를 수집한다. 많은 철학자들도 이 주제에 대하여 탐구하듯이 글을 썼는데, 여기에는 데카르트, 볼테르, 칸트, 하이데거, 카뮈 등이 있다. 그 밖에도 멜빌과 톨스토이 같은 소설가는 자살에 대해 나름대로의 식견을 제시했으며, 버지니아 울프와 실비아 플래스 같이 자살한 작가도 마찬가지였다. 자살에 관한 연구는 많은 다양한 윤리적 질문들과 얽혀 있으며 사람들로 하여금 삶과 죽음에 대한 자신의 입장을 심사숙고하게 만든다.

먼저 용어에 대한 정의부터 내리겠다(표 2.8 참조). 자살생각이란 자살하려는 생각을 지칭하는 것으로서 자살기도나 자살이 성공한 것에 비해 훨씬 더 흔한 것이다. 자살기도는 죽으려는 의도로 저지른 행동들이다. 대부분의 자살기도는 사망으로 연결되지는 않는다. **자살**(suicide)은 죽으려는 의도로 저지르고 실제로 그런 결과를 초래한 행동을 뜻한다. **자살의도가 없는 자해**(nonsuicidal self-injury, NSSI)는 (자신의 몸에) 즉각적인 신체적 손상을 초래하려고 하는 행위지만 죽으려고 하는 의도는 없는 경우이다(초점 2.6 참조).

## 자살과 자살기도의 역학

자살률은 일부 사망의 경우 그 상황이 애매해서 지나치게 과소추정되었을 수 있다. 예를 들면, 외견상 사고로 인한 사망이라고 해도 그 속에는 자살 의도가 숨겨져 있었을 수 있다. 그럼에도 불구하고, 미국에서는 평균 20분마다 1명이 자살로 사망한다고 추정되고 있다(Arias, Anderson, Kung et al., 2003).

자살에 대한 역학조사 결과는 다음과 같은 내용을 시사하고 있다.

- 미국에서의 자살률은 전반적으로 연간 1만 명당 약 1명꼴이다(Centers for Disease Control and Prevention, 2006).
- 전 세계적으로 약 9%의 사람들이 생애에 적어도 한 번은 자살생각을 떠올린 적이 있다고 보고하고 있으며, 2.5%는 적어도 한 번 이상 자살기도를 한 적이 있다. 미국의 자살기도 비율은 다른 나라들에 비해서 약 2배나 높다(Nock & Mendes, 2008).
- 자살률은 총기 소지율이 높은 지역일수록 더 높았다. 미국에서는 총기가 압도적으로 가장 많이 사용되는 자살 도구로서(Arias et al., 2003), 전체 자살 건수의 약 60%에서 사용되었다. 미국에서는 총기 소지율이 높은 주와 지방일수록 자살률이 높은 경향이 있다(Miller & Hemenway, 1999).
- 남자가 여자보다 자살할 확률이 4배나 높다(Arias et al., 2003).

실비아 플라스 같은 자살한 작가들은 자살의 원인에 대한 통찰을 제공해주었다. 아마도 자살이 최소한 부분적으로 자살의 유전성에 관련된 행위인 탓인지, 그녀의 아들도 또한 자살했다.

**표 2.8 자살의 연구에서 사용되는 주요 용어**

**자살생각**(suicidal ideation) : 자살하려는 생각
**자살기도**(suicide attempt) : 자살하려고 의도된 행동
**자살**(suicide) : 고의적 자해로 인한 사망
**자살의도가 없는 자해**(nonsuicidal self-injury) : 죽으려는 의도는 없이 자해하고자 의도된 행동

## 초점 2.6    자살의도가 없는 자해

자살의도가 없는 자해(NSSI)는 과거에 생각했던 것보다 더 흔하며(Nock, 2010), 과거에 생각했던 바와는 다르게, 경계선 성격장애가 없는 사람들이 많이 저지른다(Nock, Kazdin, Hiripi et al., 2006). 여기에서 우리는 이런 행동에 대해 정의를 내리고 그것이 발생하는 이유의 일부를 설명하고자 한다.

NSSI에 대한 정의를 내리는 데 고려해야 할 두 가지 핵심 쟁점이 있다. 첫째는 이 사람들이 죽으려고 의도한 것이 아니라는 점이다. 둘째는 이런 행위는 신체 상해를 즉각적으로 유발하기 위한 것이라는 점이다. 가장 흔한 이런 행위로는 자신의 몸을 베고, 때리거나, 화상을 입히는 것이다(Franklin et al., 2010). 조사된 바로는 청소년들 중 13~45% 사이에 해당되는 비율이 NSSI를 한 적이 있다고 보고되고 있지만, 높은 수치일수록 NSSI의 정의를 너무 광범위하게 적용한 것에 기인한 것일지도 모른다. 예를 들면, 어떤 연구에서는 '피가 날 정도로 긁는 행위'도 포함시켰는데, 독성이 있는 담쟁이 넝쿨 또는 당사자가 긁게 된 다른 이유를 배제해버리지 않고 적용하였다. 의심할 바 없이, 자신에게 심각한 상해를 입히려고 시도하는 일단의 사람들이 있다. 대표적인 모습은 사춘기 초기에 빈번하지 않게(10회 이하로) NSSI를 저지르다가 그 후에는 그만두는 사람이다(Nock, 2009). 이 중 일부는 자해를 계속하고, 때로는 연간 50회 이상을 저질렀다고 보고하기도 한다. 연구자들이 계속 이해해보려고 노력하는 것은 이와 같은 지속형 NSSI 프로파일이다(Nock & Prinstein, 2004).

종합적 개관 연구에서, Nock과 동료들(2010)은 사람들이 자해하는 이유는 아주

WireImage/Getty Images, Inc.

BBC와의 인터뷰에서, 영국의 다이애나 왕자비는 그녀가 자살의도가 없는 자해를 할 정도의 고통에 도달했다고 말했다.

다양하다고 주장한다. 어떤 이들은 부상을 입으면 분노와 같은 부정적 정서를 진정시키는 데 도움이 되는 것으로 보인다. 또 어떤 이들은 자해 후에 만족감을 느꼈는데, 왜냐하면 자신이 벌을 받아야 한다고 믿어서 자신을 처벌했기 때문이다. 또한 이런 행위는 대인관계에서 보상을 제공해줄 수도 있는데, 다른 사람들이 (자해자에 대한) 지지를 높여주거나 공격성을 줄이는 식의 반응을 나타낼 수도 있기 때문이다. 여러 연구에서는 자해를 저지르기 쉬운 사람들이 다른 사람들에 비해 더욱 강렬한 정서를 경험하며 스트레스에 대해 더욱 강렬한 정신생리적 반응을 나타내는 것으로 보인다는 증거를 보여주었다. 또한 이들은 자신이 벌을 받아 마땅하다고 믿고 있으며, 대인관계를 건설적으로 관리해 나가는 것이 힘들다고 보고하고 있다(Nock & Mendes, 2008). 한 연구에서는 NSSI를 저지른 사람들에게 매일매일 감정, 사건, 그리고 NSSI 행위를 기록하게 했다. 그 결과, 자해 행위를 저지르기 직전에는 자신에 대한 증오감과 자신이 거부당했다는 느낌이 보편적인 것으로 나타났다(Nock, Prinstein, & Sterba, 2009). 종합하면, NSSI의 강화 효과는 심리적으로(자기에 대한 증오와 분노의 감정을 완화시켜서)뿐만 아니라 사회적으로(남들로부터 지지적인 반응을 더 많이 끌어내서) 나타날 수 있다. 이와 같이 복잡한 행동 패턴을 충분히 이해하기 위해서는 사회적, 정서적, 그리고 인지적 측면을 통합하는 연구가 필요할 것이다. 이런 쟁점에 주의를 더 많이 기울이게 하기 위해서, DSM-5에서는 부록에 장차 후속연구가 필요한 조건으로서 NSSI의 진단을 넣었다.

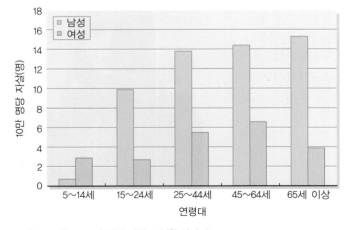

그림 2.10 인구 10만 명당 자살로 인한 사망 수

출처 : Arias et al.(2003)

• 자살을 기도하지만 죽지는 않은 비율이 여자가 남자보다 높다(Nock & Mendes, 2008).

• 남자는 통상 총으로 자신을 쏘거나 목을 매는 것을 선택하는 반면, 여자는 덜 치명적인 방법인 수면제를 더 선호하기 때문에 자살에 성공하는 비율이 더 낮은 것 같다.

• 자살률은 노인들에서는 더 높아진다. 미국에서 자살률이 가장 높은 것은 50세가 넘은 백인 남성의 경우이다.

• 미국에서는 청소년 및 아동의 자살률이 극적으로 치솟고 있지만, 성인의 경우에 비하면 이들의 자살률은 훨씬 낮다(그림 2.10 참조). 어떤 통계추정치에 따르면, 아동·청소년 중 최소한 40%가 적어도 한 번은 자살생각을 한 적이 있다고 한다. 젊은이들이 (자살 이외의) 다른 원인으로 죽는 경우는 적기 때문에, 자살은 10~24세 사이에서는 3번째로 높은 사망 원인이다.

- 이혼하거나 과부가 되면 자살 위험성은 4~5배가 높아진다.

## 자살에 대한 위험 요인

자살은 너무나 복잡하고 다면적인 행위이기 때문에 자살에 대해서는 그 어떤 모형 한 가지만으로는 잘 설명해낼 수가 없을 것이다. 자살에 대한 (근거 없는) 사회적 통념이 여기저기 널려 있으며, 이는 조심스럽게 연구를 해야 할 필요성을 부각시키고 있다(표 2.9 참조). 점차적으로, 자살기도 후에 살아남은 사람들이 이 분야에 대한 정보를 알리는 것을 도와주기 위하여 공공 계몽운동 및 지지 활동에 참여하고 있으며, 이들의 관점은 자살기도로 도달하게 하는 요인들을 우리가 보다 잘 이해하게 해줄 수 있을 것이다(livethroughthis.org에 접속해보라).

**심리장애**  자살을 이 장에서 다루는 이유는, 기분장애가 있는 사람들 중 상당수가 자살할 생각을 갖고 있으며 일부는 자살 행동을 하기 때문이다. 자살하려는 사람 중 절반 이상이 자살 행위를 저지를 당시에는 우울한 상태에 있으며(Centers for Disease Control and Prevention, 2006) 우울증으로 입원한 적이 있는 사람들 중 약 15% 정도나 종국에는 자살을 저질러서 죽는다(Angst et al., 2002). 또한 그 밖의 심리장애도 자살을 이해하는 데 중요하다. 즉 자살을 기도하는 사람들의 90%만큼이나 심리장애를 앓고 있다. 양극성장애로 진단을 받은 사람들의 약 5~7%와 조현병의 진단을 받은 환자의 5%가 결국 자살로 생을 마감한다(Palmer, Pankratz, & Bostwick, 2005; Tondo, Isacsson, & Baldessarini, 2003). 충동조절장애, 물질사용장애, PTSD, 그리고 경계선 성격장애도 각기 자살 행위의 위험성이 높은 것과 관련이 있다(Linehan, 1997; Nock & Mendes, 2008; Nock et al., 2009). 공황장애, 섭식장애 같은 덜 심각한 심리장애조차도 자살의 위험성이 높은 것과 연관되어 있다(Linehan, 1997; Schmidt, Woolaway-Bickel, & Bates, 2000). 물론 이런 대부분의 장애와 더불어, 우울증이 동반되어 있을 경우에는 자살의 위험성이 최고조에 이른다(Angst et al., 2002; Schmidt et al., 2000). 자살을 심리장애와 관련지어 이해하는 것이 지극히 중요하기는 하지만, 심리장애가 있는 사람들의 대부분이 자살로 생애를 마감하는 것은 아니다.

**신경생물학적 요인**  쌍둥이에 관한 연구 결과들은 자살기도자의 경우에 유전의 비중이 약 48%라고 시사하고 있다(Joiner, Brown, & Wingate, 2005). 즉 유전 요인이 자살기도자와 관련된 변량(variance)의 약 절반을 설명할 수 있다는 것이다. 또한 입양아 대상의 연구 결과도 자살의 유전성을 뒷받침해주고 있다.

리 톰슨 영은 The Famous Jett Jackson과 Friday Night Lights에서 맡은 역할로 잘 알려진 배우인데, 2013년에 자살로 생을 마감했다. 연구자들은 유명인사가 자살을 저지른 후 한 달 동안 자살률이 높아지는 것을 보여주고 있다. 이런 발견은 사회 환경이 자살에 영향을 미치는 한 요인이라는 증거이다.

Michael Tran/FilmMagic/Getty Images

| **표 2.9** 자살에 대한 잘못된 통념 | |
|---|---|
| **일반적 통념** | **반대 증거** |
| 자살에 대해 얘기하는 사람은 정말로 자살을 실행하지 않는다. | 자살하는 사람의 3/4에 가까운 숫자가 사전에 자신의 의도를 전달한다. |
| 자살은 경고 없이 실행된다. | 자살자는 보통 많은 경고 신호를 보낸다. 즉 세상은 자신들이 없어도 잘 돌아갈거라고 말하거나 또는 예상밖으로 이해할 수 없게끔 값이 아주 많이 나가는 자신의 소장품을 선물한다. |
| 자살자는 진정으로 죽기를 원한다. | 대부분의 자살자는 자살이 저지된 후 감사해한다. |
| 비치명적인 수단으로 자살을 시도한 자는 자살의지가 심각한 것은 아니다. | 많은 사람들이 경구 복용약의 용량 또는 인간 해부학에 대해 잘 모르기 때문에 진정으로 죽고자 하는 사람도 때로는 비치명적인 시도를 한다. |

출처 : Fremouw, De Perzel, & Ellis(1990).

영국 소설가이자 비평가인 버지니아 울프 (1882-1941).

1941년 3월 28일, 버지니아 울프는 59세의 나이에 서섹 스에 있는 그녀의 집 근처의 강에 투신해 자살했다. 두 장의 유서가 그녀의 집에서 발견되었고 내용들은 비슷 했다. 하나는 자살 열흘 전에 작성된 것으로 보이고 정 황으로 보아 자살시도를 했지만 성공하지 못한 것 같았 다. 당시 옷이 젖은 채 걸어오면서 자기가 물에 빠졌다 고 말했다. 첫 번째 메모는 그녀의 자매인 바네사에게 쓴 것이고 두 번째 메모는 남편인 레오나르드에게 쓴 것이다. 남편에게 쓴 편지 내용은 다음과 같다.

*사랑하는 여보. 내가 다시 미쳐가고 있는 것이 확실한 것 같 아요. 나는 그렇게 끔찍하게 힘들었던 시기를 또다시 맞닥 뜨릴 수가 없을 것 같아요. 그래서 나는 지금 찾아온 시기를 극복하지 못할 것 같아요. 나는 어떤 소리가 들리기 시작했 고 그래서 집중할 수가 없어요. 그래서 나는 내가 할 수 있 는 가장 중요한 일만 하려고 합니다. 당신은 내게 최고의 행 복을 주었어요. 당신은 모든 면에서 사람이 할 수 있는 최선 을 다해 주었어요. 나는 우리 부부가 더 이상 행복할 수 없 다고 생각했는데, 이 끔찍한 병이 왔네요. 나는 이제는 더 이상 오래 맞닥뜨려 싸울 수가 없어요. 나는 내가 당신의 인 생을 망치고 있다는 것을 알고 있고, 당신이 내가 없어도 잘 해낼 수 있다는 것도 알고 있어요. 당신도 이를 알고 있을 거라고 봐요. 당신은 내가 이 글도 제대로 쓰지 못하는 것을 알 거예요. 나는 읽지도 못하겠어요. 내가 말하고 싶은 것은 내 인생의 모든 행복이 당신 덕분이라는 거지요. 당신은 나 를 완전히 인내해주었고 믿을 수 없을 정도로 좋은 사람이 었어요. 나는 모든 사람이 이를 알 것이라고 말하고 싶어요. 누군가 나를 구해준 사람이 있었다면, 그는 당신이었을 거 예요. 모든 것은 나에게서 떠나갔지만 당신의 착한 성품에 대한 확신은 남아 있군요. 나는 당신의 인생을 더 이상 망치 고 싶지 않아요. 나는 우리 부부가 지금껏 살아온 것보다 더 행복할 수는 없을 것이라고 생각해요.*

Briggs, J.(2005). *Virginia Woolf: An Inner Life*. Orlando, Fl : Harcourt, Inc.의 pp. 400-401에서 인용함.

우울증의 경우와 마찬가지로, 세로토닌과 코르티솔은 자살 행위를 이해하는 데 관련이 있다. 연구자들은 일단의 패러다임을 이용하여 세로토닌과 자살 사이의 연관성을 발견해냈다(Mann et al., 2000). 세로토닌 기능부전이 맹렬한 자살을 이해하는 데 특히 관련이 있는 것으로 보인다 (Roy, 1994; Winchel, Stanley, & Stanley, 1990). 세로토닌 계통 이외에도, MDD 환자들 중 덱 사메타손 억제 검사에서 비정상적 반응을 나타낸 환자들이 그 후 14년 동안에 걸쳐서 자살의 위험 성이 14배 증가했다(Coryell & Schlesser, 2001). 따라서 코르티솔 조절부전과 세로토닌 결손은 자 살의 중요한 예측 요인으로 보인다.

**사회적 요인**  경제적 사건과 사회적 사건은 자살률에 영향을 미치는 것으로 밝혀졌다. 한 예를 들 면, 지난 100년간에 걸쳐서, 자살률은 경제 불황기에 어느 정도 증가한 것으로 나타났다(Luo, Florence, Quispe-Agnoli, Ouyang, & Crosby, 2011). 자살에서 사회적 환경이 발휘하는 역할에 대한 가장 강력한 증거의 일부는 자살에 관한 언론보도가 가져오는 주요 영향에서 나온다. 이런 효과를 보여주는 한 가지 예로서, 메릴린 먼로가 죽은 그 달에 자살이 12%나 증가하였다(Phillips, 1985). 293개의 연구를 개관한 결과, 유명인사의 자살 보도가 일반인의 자살 보도에 비해서 자살 률을 높이기가 훨씬 쉽다는 것이 발견되었다(Stack, 2000). 유명인사의 자연사가 언 론에 보도되어도 자살률이 증가하지는 않았는데, 이는 자살에 영향을 끼치는 요인 이 슬픔 그 자체에 있는 것이 아님을 시사해준다(Phillips, 1974). 이러한 통계치는 사회문화적 요인이 중요함을 시사해준다.

또한 개인과 직접 관련된 사회적 요인도 자살에 대한 강력한 예측 요인이다. Van Orden과 동료들(2010)은 종합적 개관 논문에서 사회적 고립과 사회적 소속감의 결 여가 자살 생각 및 자살 행동에 대한 가장 강력한 예측 요인 중 하나라고 주장했다. 이들은 자신이 접근해볼 만한 사람도 없이 혼자 있는 것 같은 느낌이 자살을 하게 되는 주요 요인이라고 주장한다.

**심리학적 요인**  자살은 여러 다른 의미를 지닐 수 있다. 자살은 타인에게 죄책감을 일으키려고, 남으로부터 사랑을 강제로 끌어내기 위해서, 잘못한 일에 속죄하기 위 해서, 수용할 수 없는 감정을 (머릿속에서) 몰아내기 위해서, 이미 죽은 사랑하는 사람의 곁으로 가고 싶어서, 또는 고통이나 정서적 공허감으로부터 탈출하기 위한 의도에서 비롯된 것일 수 있다. 의심할 바 없이, 자살과 관련된 심리적 변인들은 사 람마다 다르지만, 많은 연구자들은 이들에게 공통적으로 작용하는 위험 요인을 규 명하려고 노력해 왔다.

여러 연구자들은 자살이 문제해결 기술의 부족과 관련이 있다고 본다(Linehan & Shearin, 1988). 문제해결능력의 결함은 장차의 자살기도를 정말로 예측해준다 (Dieserud, Roysamb, Braverman et al., 2003). 또한 문제해결능력의 결함은 우울 증의 정도, 연령, 그리고 지적 기능 수준을 통제해버리고 나서도, 이전의 자살기도 의 심각한 정도와 관련이 있는 것으로 나타났다(Keilp et al., 2001).

문제해결이 어려운 사람은 절망감에 빠지기 더 쉬울 것이라고 예상할 수 있다. 절망감(미래의 삶이 현재의 삶보다 더 나아지지 않을 것이라는 기대감)은 자살 과 밀접하게 연결되어 있다. 절망감의 수준이 높은 것은 자살의 위험성이 4배 높 아지는 것과 관련되어 있으며(Brown, Beck, Steer et al., 2000), 절망감은 우울 증의 수준을 통제해버리고 난 뒤에도 중요한 것으로 나타났다(Beck, Kovacs, & Weissman, 1975).

위와 같은 부정적 특성(즉 문제해결능력의 부족, 절망감) 이외에도, 긍정적인 특성이 당사자에게 있으면 당사자로 하여금 삶을 꾸려나갈 동기를 일으킬 수 있으며 임상가로 하여금 내담자 스스로 삶을 선택하도록 뒷받침해주는 데 도움이 될 수 있다(Malone et al., 2000). 일련의 연구들에서는 '사는 이유 목록[Reasons for Living(RFL) Inventory]'(Linehan, Goodstein, Nielsen et al., 1983)이라는 자기보고식 척도를 적용하고 있다. 이 목록의 문항은 가족에 대한 책임감 그리고 자식에 대한 염려나 관심 등 어느 것이 피검자에게 중요한 것인지를 탐색하게 해준다. 살아야 하는 이유가 많은 사람들은 살아야 하는 이유가 거의 없는 사람들에 비해서 자살 성향이 낮은 경향이 있다(Ivanoff, Jang, Smyth et al., 1994).

많은 사람들이 죽음에 대해서 생각하지만, 실제로 자살을 행동으로 옮기는 사람은 비교적 거의 없다. 자살에 대한 생각에서 이런 생각을 실행에 옮기는 것으로 전환하는 것을 예측해주는 추가적인 변수들이 있다(van Orden, Witte, Gordon, Bender, & Joiner, 2008). 수많은 연구 결과들은 자살생각이 떠오르는 사람들 중에서도 충동성이 더 강한 사람이 자살기도를 하기 쉽거나 또는 자살을 저질러서 죽게 되는 경우가 많음을 보여주고 있다(Brezo, Paris, & Turecki, 2006). 강렬한 괴로움과 절망감이 자살에 대한 생각을 불러일으킬 수 있겠지만, 자살행위는 충동성과 같은 가외 요인에 의해 저질러지게 될 수도 있다.

## 자살의 방지

많은 사람들은 자살에 대해 말하면 자살을 저지르기가 더 쉬워질까봐 걱정한다. 그러나 임상가들은 (경험을 통해서) 자살에 대하여 터놓고 사실적으로 말하는 것이 도움이 된다는 것을 깨닫게 되었다. 당사자에게 자살에 대하여 털어놓아도 괜찮다고 여기게 해주면 고립감(sense of isolation)이 줄어들 수도 있다.

대부분의 사람들은 자신의 자살의도에 대해 양가적인(ambivalent) 태도를 갖고 있기 때문에, 대부분의 경우 자신의 의도를 어떤 방식으로든 전달하려 한다. "가장 전형적인 자살 모습은 자기 목을 찌르면서 동시에 도와줄 것을 절규하는 것으로, 이 두 행위는 모두 진실된 것이다. … 당사자는 그런 짓을 안 해도 된다면 기꺼이 그 짓을 하지 않을 것이다"(Shneidman, 1987, p. 170). 자살기도를 했지만 죽지는 않은 사람들 중에서, 80%는 그로부터 이틀이 지나지 않아서 자신이 살아 있어 기쁘다거나 자기가 정말로 죽기를 원했는지에 대해서 양가적인 마음이라고 보고하였다(Henriques, Wenzel, Brown et al., 2005). 이와 같은 양가감정이 임상가에게는 중요한 치료 시발점이 된다.

**저변에 깔린 심리장애를 치료하기**　자살의 방지에 대한 한 가지 접근방식은 자살하는 대부분의 사람들이 어떤 심리장애로 고통을 받고 있다고 알려진 바에 기반을 두고 있다. 따라서 Beck의 인지적 접근을 통해서 당사자의 우울증을 덜어주는 데 성공했다면, 당사자의 자살 위험성도 또한 감소된 셈이 된다. 경계선 성격장애자를 대상으로 한 Marsha Linehan의 변증법적 행동요법(dialectical behavior therapy)은 특정 장애에 대한 치료의 또 다른 예가 될 뿐만 아니라 자살도 방지해준다(제8장 참조).

연구 결과 기분장애에 대한 약물치료가 자살의 위험성을 3배 내지 4배까지 줄여준다는 것이 발견되었다(Angst et al., 2002). 특히 리튬은 양극성장애가 있는 사람들의 자살방지에 효과가 있는 것으로 보인다(Cipriani, Pretty, Hawton et al.,

에이브러햄 링컨은 31세에 약혼이 깨지자 우울 증상이 나타났고, 이것이 너무 심해서 그의 친구들은 그가 자살할까 두려워 그의 방에서 날카로운 물건은 모두 치워버렸다. 그는 "현재 나는 가장 비참한 인간이다"라고 고백하였다. "내가 앞으로 더 나아질지를 나는 모르겠다. 나는 그러지 못하게 될까 봐 몹시 두렵다. 현재의 내 상태에 머물러 있는 것은 불가능하다. 나는 죽거나 아니면 나아져야만 한다."(Goodwin, 2003에서 인용)

2005). ECT와 항우울제는 우울장애로 진단받은 적이 있는 사람들에게서 자살의 위험성을 줄여준다(Bruce et al., 2004; Kellner et al., 2005). 또한 항정신성 약물인 리스페리돈(클로자핀)도 조현병이 있는 사람들에게서 자살기도의 위험성을 줄여주는 것으로 보인다(Meltzer, 2003).

**자살충동을 직접 치료하기**   인지행동적 접근법은 자살충동을 감소시키는 데 가장 유망한 치료법으로 보인다(van der Sande, Buskens, Allart, van der Graaf et al., 1997). 이런 프로그램은 지역사회에서 통상 제공되는 치료법과 비교했을 때 자살기도자들이 장차 또 자살기도를 저지를 위험성을 50%나 낮추어주는 것으로 밝혀졌다(Brown et al., 2005). 또한 이 프로그램은 자살생각도 줄여주는 것으로 발견되었다(Joiner, Voelz, & Rudd, 2001). 28건의 처치 시험(treatment trials)에 대한 종합분석에서, 인지행동치료를 받은 성인들은 아무런 치료도 받지 않거나 다른 유형의 치료를 받은 집단에 비해 절망감, 자살생각, 자살행동을 적게 한 것으로 보고하였다(Tarrier, Taylor, & Gooding, 2008).

인지행동요법에는 자살을 방지하기 위한 일단의 전략들이 들어 있다(Brown, Henriques, Ratto et al., 2002). 치료자는 내담자로 하여금 자살을 저지르려는 충동을 촉발하는 정서와 생각을 이해하도록 도와준다. 치료자는 내담자와 협력하여 자신의 부정적 사고에 도전하도록 하며(뒤흔들기) 내담자에게 정서적 고통을 감내할 새로운 방법을 제공해준다. 또한 치료자는 내담자가 직면하고 있는 문제를 해결하도록 도와준다. 치료의 목표는 문제해결능력과 사회적 지지를 향상시켜서 이런 (자살기도) 일화에 앞서서 나타나는 절망감을 완화하는 것이다.

미국정신의학협회(American Psychiatric Association), 미국국립사회사업가협회(National Association of Social Workers), 미국심리학회(American Psychological Association) 같은 전문가 단체에서는 모두 산하 회원들에게 치료자-환자의 신뢰할 수 있는 관계(비밀유지)를 깨게 되는 한이 있어도 환자의 자살을 방지할 것을 의무화하고 있다. 치료자들은 환자가 자살하려 한다는 것을 알게 되면 상당한 수준의 방지조치를 취하도록 되어 있다(Roy, 1995). 이런 환자들이 목숨을 유지할 수 있도록 해주는 한 가지 방법은 이들이 자신의 인생을 (죽지 않고) 개선할 방법에 대해서 생각하기 시작할 때까지, 이들을 안전한 상태에 있게 하기 위한 단기적인 수단으로서 이들을 입원시키는 것이다.

어떤 학자들은 자살을 방지하기 위해 당사자 자신의 뜻에 반하는 입원과 그 밖의 노력을 실시하는 것에 대해 반대해 왔으며, 종국에는 사망으로 끝나더라도 자기 스스로 선택할 자유를 침해하는 것으로 간주한다(Szasz, 1999). 자살을 못하게 된 사람들의 대부분은 나중에 또 다른 인생을 살 기회가 주어진 것에 대해 감사한다. 여기에서는 답을 쉽게 내릴 수가 없지만, 이러한 질문을 제기하는 것은 중요하다.

**자살 방지에 대한 광범위한 접근**   자살 방지에 대한 통제된 연구를 실시하는 것은 지극히 어려운데, 왜냐하면 기저 발생률(base rates)이 아주 낮으며 대규모 집단에서 자살을 추적하는 데는 제한이 있기 때문이다. 이 논제에 대한 한 가지 접근방식은 군대 내에서 자살 방지를 연구하는 것이었다. 군대에서는 자살률이 일반인에 비해 훨씬 높아서, 프로그램을 구성원 전체에게 제공할 수도 있으며, 그 성과도 세심하게 추적할 수가 있다. 한 연구에서는, 연구자들이 공군에서 종합적인 자살 방지 프로그램을 실시하기 전과 후의 자살률을 조사했다. 프로그램에서는 군대 내 지휘관과 병사들에 대해 도움을 요청하는 것을 장려하고 이런 행위를 낙인찍지 않기, 고통스러운 경험을 정상적인 경험으로 받아들이며, 그리고 고통에 효과적으로 대처하는 것을 더욱 키워주는 요령을 제공했다. 프로그램의 실시 결과 자살에의 성공률이 25% 낮아지게 되었다(Knox et al., 2010). 방지하기 노력이 자살률을 낮출 수 있는 것으로 보인다.

고위험군을 대상으로 하는 예방 프로그램 외에도, 자살 방지를 위한 공중보건학적 접근에서는 사람들이 자살을 저지르는 데 사용할 수도 있는 도구에 쉽게 접근할 수 있는 것을 바꾸려고 하였다. 수십 년간 영국에서 가장 흔히 사용된 취사용 오븐은 석탄가스를 연료로 사용했다. 석탄가스는 싸고 광범위하게 쓰였지만, 연소되기 전에 상당량의 일산화탄소를 방출하여 사람들이 2분간이라도 석탄가스 오븐에 머리를 넣을 경우 사망하게 될 정도였다. 1950년대 후반에 이르러서는 매년 약 2,500건의 자살(영국에서의 자살의 거의 절반)이 이런 식으로 이루어졌다. 이에 따라 영국 정부에서는 석탄가스를 단계적으로 퇴출시켰고, 그래서 1970년대까지는 석탄가스 오븐이 거의 사라지게 되었다. 이런 세월의 흐름을 거치면서, 영국에서의 자살률은 1/3 정도 떨어졌고 이와 같은 낮은 비율이 쭉 이어져 왔다.

공중보건학자들은 대부분의 자살이 충동적 경향—사람들이 앞일을 충분히 생각하지 않고 아주 순식간에 자살을 기도하는 경우가 종종 있다—이 있음을 강조하곤 한다. 자살 행위를 저지르기가 어려울수록 자살은 덜 발생하게 된다. 이러한 이유로 (높은) 다리 위에 (투신하지 못하도록) 벽을 장애물로 세우는 것과 같은 전략은, 사람들이 순간적 충동으로 다리에서 뛰어내릴 수 없게 해주기 때문에 상당한 성공을 거둘 수 있다(Beautrais, Gibb, Fergusson et al., 2009).

© vicni/iStockphoto

(미국 샌프란시스코) 금문교는 전 세계에서 자살로 가장 유명한 장소 중 하나로서, 이 높은 곳에서 1,600명 이상의 사람들이 뛰어내려 사망했다. 2014년에는 공중보건 방지 프로그램이 아주 효과적일 수 있다는 증거가 축적되면서, 다리에 자살 방지용 장벽을 설치하려는 계획이 수립되었다.

## 복습문제 2.5

진위형
1. 남성이 여성보다 자살률이 높다.
2. 청소년은 성인에 비해서 자살률이 높다.
3. 주요우울장애가 있는 사람들은 대부분 자살기도를 한다.

주관식
4. 자살행위와 관련된 신경전도체는 무엇인가?
5. 자살생각을 하고 있는 사람들 중에서 자살을 저지르는 행위와 관련이 있는 성격특질은 무엇인가?

# 요약

## 임상적 기술과 역학

- 기분장애에는 광범위하게 보면 두 가지 유형, 즉 우울장애와 양극성 장애가 있다.
- 우울장애에는 주요우울장애와 지속성 우울장애가 있고, 새로 들어간 장애로는 월경전불쾌감장애와 파괴적 기분조절부전장애가 있다.
- 양극성장애에는 제I형 양극성장애, 제II형 양극성장애, 그리고 기분 순환증이 있다. 제I형 양극성장애는 조증이 있는 것으로 정의된다. 제II형 양극성장애는 경조증 그리고 우울증 일화가 있는 것으로 정의 된다.
- 주요우울장애, 제I형 양극성장애, 제II형 양극성장애는 일화성이다. 이런 장애에서 재발은 아주 흔히 일어난다.
- 지속성 우울장애와 기분순환증의 특징은 낮은 수준의 증상들이 최소한 2년간 지속되는 것이다.
- 주요 우울증은 가장 빈번한 심리장애 중 하나로서, 생애기간 중에 나타나는 사람이 16.2%나 된다. 우울증의 비율은 여성이 남성보다 2배나 높다. 제I형 양극성장애는 훨씬 드문 것으로서, 전체 인구 중 1% 미만에게서 나타난다.

## 원인론

- 양극성장애는 유전성이 강하지만 우울증은 유전성이 약간 있는 정도이다. 세로토닌 운반 유전자의 동질이상체는 환경적으로 역경에 처해 있을 때 우울증의 위험성이 증가하는 것과 관련이 있다.
- 신경생물학적 연구에서는 우울증과 조증에서 세로토닌 수용기의 민감도가 감소되어 있다는 증거와 더불어, 여러 가지 신경전도체의 양보다는 수용기의 민감도에 초점을 맞추어 왔다.
- 양극성장애와 단극성장애는 정서 및 정서조절과 관련된 과제를 수행하는 중에 편도체 및 전측대상회 영역에서의 활동 증가와 관련이 있어 보이고 배외측 전전두피질 및 해마 영역에서는 활동 감소와 관련이 있는 것으로 보인다. 양극성장애는 선조체의 활동 증가와 관련이 있어 보이지만, 이 영역에서의 활동은 우울증이 있는 사람에게서는 낮은 것으로 보인다.
- 시상하부-뇌하수체-부신피질(HPA) 축의 과잉활동은, 덱사메타손에 의한 코르티솔의 억제가 잘 안 되는 것으로 가늠되는데, 우울장애 중 극심한 유형 및 양극성장애와 관련이 있다.
- 사회환경 모형에서는 일화의 촉발 요인으로서 아동기의 역경, 부정적인 생활사건, 사회적 지지의 부족, 그리고 가족의 비난의 역할에 초점을 두고 있지만, 우울증이 있는 사람의 행동방식이 타인으로부터 부정적인 반응을 이끌어낼 수도 있는 점도 감안한다. 사회기술이 부족한 사람들과 다른 사람으로부터 안심 반응을 지나치게 받으려는 사람들은 우울증이 발달할 위험성이 높다.

- 우울증과 가장 밀접하게 관련성이 높은 것으로 보이는 성격특질은 신경증이다. 신경증은 우울증의 발생을 예측해준다.
- 영향력 있는 인지 이론에는 Beck의 인지 이론, 절망감 이론, 그리고 반추 이론이 있다. 이런 이론들은 모두 우울증이 인지 요인에 의해서 유발될 수 있다고 주장하지만, 인지 요인의 속성은 각 이론마다 다르다. Beck의 이론에서는 인지 3요소, 부정적 도식, 그리고 인지 편향에 초점을 둔다. 절망감 이론에 따르면, 생활사건이 장기적으로는 의미 있는 결과를 가져올 것이라는 믿음이 절망감을 불러일으킬 수 있으며, 이런 절망감이 이제는 우울증을 가져오게 된다. 반추 이론에서는 슬픈 기분의 이유에 대해서 반복적으로 되씹는 것이 가져오는 부정적 영향에 초점을 맞추고 있다. 각 모형마다 전망 연구에 따른 증거가 마련되어 있다.
- 양극성장애에서의 우울증에 대한 심리학적 이론들은 단극성 우울증에 대한 이론들과 비슷하다. 어떤 연구자들은 뇌 속 보상체계의 조절 부전 때문에 조증 증상이 발생한다고 주장해 왔다. 조증은 목표 달성과 관련된 생활사건에 의해 촉발될 수 있다. 또한 조증은 수면박탈에 의해서도 촉발될 수 있다.

## 치료

- 우울증에 효과적인 심리학적 치료법은 여러 가지가 있는데, 여기에는 대인관계적 심리치료, 인지요법, 행동활성화 요법, 그리고 부부 행동요법이 있다.
- 양극성장애에 대한 약물치료의 보조요법으로서 유용한 것으로 발견된 주요 접근법에는 심리교육, 가족중심치료, 인지요법이 들어 있으며, 대인관계 심리요법도 (그 유용성이) 어느 정도 지지를 받고 있다.
- 전기충격과 여러 가지 항우울제(삼환계, 선택적 세로토닌 재흡수 억제제, 그리고 MAO 억제제)는 우울증을 호전시키는 데 가치가 있는 것으로 입증되었다. 두개골 경유 자기자극 요법은 우울증이 있는 사람들 중 일부에 대해 사용할 수 있도록 FDA의 승인을 받은 처치법이다. 리튬은 양극성장애의 치료에서 가장 잘 연구된 약물이다. 그러나 항정신증 약물과 항경련제도 조증 증상을 줄이는 데 도움이 된다. 항우울제 약물치료는 양극성장애의 치료법으로서 (적절한지에 대해) 논란이 제기되었다.

## 자살

- 남성, 노인, 그리고 이혼했거나 배우자가 사망한 사람들은 자살의 위험성이 높다. 자살을 저지르는 사람들 대부분은 심리장애의 진단 기준에 부합되는데, 절반 이상은 우울증을 겪고 있다. 자살은 적어도 부분적으로나마 유전성이 있으며, 신경생물학적 모형에서는 HPA에서의 세로토닌의 과잉활동에 초점을 맞추고 있다. 또한 환경 요인도

중요하다. 즉 유명인사의 자살과 경제적 불황 같은 사회문화적 사건이 전체 인구에서의 자살률에 영향을 미칠 수 있으며, 사회적 고립도 자살의 강력한 예언 요인이다. 자살생각에 대한 심리학적 취약성 요인에는 문제해결능력의 부족, 절망감, 그리고 살아야 하는 이유의 부족이 있다. 자살생각이 있는 사람들 중에서는, 자살 행위가 충동성과 관련이 있는 것으로 보인다.

- 자살 방지를 위해서 여러 가지 접근법이 적용되어 왔다. 심리장애가

있는 사람들에게는 그 증상을 표적으로 하는 처치를 실시하면 자살충동을 줄이는 데 도움이 된다. 그러나 많은 사람들은 자살충동을 더 직접 다루는 것이 중요하다고 믿고 있다. 인지행동요법은 자살생각 및 행동을 줄이는 데 도움이 될 수 있다. 연구 결과는 자살 방지가 효과가 있음을 시사한다. 공중보건 차원의 개입은 자살을 저지르는 데 가용한 수단을 줄여준다.

## 복습문제 정답

**2.1** 1. 5개(기분을 포함해서), 2개; 2. 16~17; 3. 6; 4. 주요우울장애는 최소 2주간 지속되는 증상이 5개 있을 때 진단이 내려진다. 지속성 우울장애는 단지 2개의 증상만 나타나면 되지만, 2년간 지속되었어야 한다(또는 아동 및 청소년의 경우에는 1년); 5. 제I형 양극성장애는 조증 일화에 기반을 두고 진단이 내려지는데, 이 조증 일화는 제2형 양극성장애의 핵심 기준인 경조증 일화에 비해서 더 심한 것이다.

**2.2** 1. c; 2. b; 3. b; 4. d; 5. 트립토판

**2.3** 1. 대인관계적인 생활사건; 2. 사회적 지지, 표현된 정서, 위안을 받는 것을 찾아다니기; 3. 인지 도식에 대한 Beck의 모형에서는 부정적인 인지 3요소를 지속시켜주는 주의 및 기억상의 정보처리 오류를 설명해준다. Alloy의 전반적이고 안정된 귀인, 반추에 대한 모형에서는 이것이 절망감을 이끌어낸다는 것을 설명해준다.

**2.4** 1. a, b, d; 2. c; 3. b

**2.5** 1. T; 2. F; 3. F; 4. 세로토닌; 5. 충동성

## 주요 용어

경조증(hypomania)
계절성 정동장애(seasonal affective disorder)
귀인 유형(attributional style)
귀인(attribution)
급속 순환성(rapid cycling)
기분장애(mood disorders)
뇌심부 자극(deep brain stimulation)
두개골 경유 자기자극 요법(transcranial magnetic stimulation)
리튬(lithium)
마음챙김에 기반한 인지요법(mindfulness-based cognitive therapy, MBCT)
멜랑콜리아(melancholic)
모노아민 산화효소 억제제(monoamine oxidase inhibitors, MAOIs)
반추(rumination)
배외측 전전두피질(dorsolateral prefrontal cortex)
보상체계(reward system)
부정적 3요소(negative triad)
사고의 비약(flight of ideas)
산후 발생(peripartum onset)

삼환계 항우울제(tricyclic antidepressants)
선조체(striatum)
선택적 세로토닌 재흡수 억제제(selective serotonin reuptake inhibitors, SSRIs)
순환성장애(cyclothymic disorder)
신경증(neuroticism)
심리교육적 접근(psychoeducational approaches)
월경전불쾌감장애(premenstrual dysphoric disorder)
인지적 편향(cognitive bias)
일화성 장애(episodic disorder)
자살(suicide)
자살의도가 없는 자해(nonsuicidal self-injury, NSSI)
전측대상회(anterior cingulate)
절망감 이론(hopelessness theory)
정신운동성 동요(psychomotor agitation)
정신운동성 지체(psychomotor retardation)
제I형 양극성장애(bipolar I disorder)
제II형 양극성장애(bipolar II disorder)
조증(mania)

주요우울장애(major depressive disorder, MDD)

지속성 우울장애(persistent depressive disorder)

쿠싱 증후군(Cushing's syndrome)

트립토판(tryptophan)

파괴적 기분조절부전장애(disruptive mood dysregulation disorder)

표현된 정서(expressed emotion, EE)

항우울제(antidepressant)

행동부부요법(behavioral couples therapy)

# 3 불안장애

## 학습 목표

1. 불안장애의 임상적 양상을 설명할 수 있어야 한다.
2. 불안장애들이 서로 공존하는 경향성을 기술할 수 있고, 성별과 문화가 불안장애의 유병률에 어떻게 영향을 미치는지를 이해할 수 있어야 한다.
3. 불안장애들 사이에서 발견되는 원인론상의 공통점뿐만 아니라, 특정 불안장애의 표현 방식을 결정해주는 요인들도 인식할 수 있어야 한다.
4. 불안장애들 사이에 공통된 치료 접근방식을 기술할 수 있고, 특정 불안장애별로 치료 접근방식이 어떻게 수정되었는지를 기술할 수 있어야 한다.

## 임상 사례 : 제니

제니는 의대 본과 1년을 마친 23세의 학생이다. 지난 1년간은 힘들었는데, 의학공부 그 자체가 원래 시간이 오래 걸리고 학업을 따라가는 것도 쉽지 않았을 뿐만 아니라, 그녀의 어머니가 암에 걸렸기 때문이었다. 어느 날 회진수업에 참가하고 있을 때, 그녀는 머리가 어질어질하고 현기증이 나는 것을 느꼈다. 회진수업 동안 지도감독자는 학생들에게 특정 사례를 보여주면서 진단을 내리고 설명을 해보라고 요구하곤 했기 때문에, 이날 제니는 자기 차례가 되면 이런 질문에 대답을 할 수 있을까 극도로 걱정하게 되었다. 이런 걱정에 빠져들게 되자 그녀는 심장이 고동치기 시작했으며, 숨은 가빠지고 얕아졌고, 손바닥엔 땀이 나고, 입은 바싹바싹 말랐다. 갑자기 숨 막힐 것 같은 감각에 압도당하고, 뒤이어 무언가 크게 잘못된 것 같은 두려움이 마음속에 엄습함을 느끼자, 제니는 회진 중이던 병실에서 아무 이유도 대지 않고 갑자기 빠져나왔다.

이날 시간이 좀 지나자, 이 일을 어떻게 설명할까도 생각해보았지만, 지도감독자에게 당시 상황을 어떻게 설명해야 할지 떠오르지 않았다. 그날 밤, 그녀는 잠을 이루지 못하면서, 이런 일이 또 발생하면 어떡하나 하면서 걱정에 빠졌다. 또한 그녀는 위와 같은 사건이 자신이 해야 할 일 — 소규모 연구집단을 이끌고 병원 내 다른 의료진 및 환자와 만나는 일 등 — 을 제대로 해내는 데 영향을 주지 않을까 염려하게 되었다. 일주일 뒤 병원을 향해 차를 운전하고 가는 동안, 그녀는 전과 비슷한 증상의 발작이 갑자기 나타나는 것을 겪고, 차를 길 한쪽에 세우지 않을 수 없었다. 그녀는 이날 의대 수업을 빼먹었다. 이후 몇 달이 지나자, 제니는 집을 벗어나 여행을 떠날 때면 불안을 느끼게 되었다. 왜냐하면 위와 같은 증상들이 반복적으로 나타나서 당혹감을 느끼게 될까봐 두려웠기 때문이다. 그녀는 친구들과 함께 놀러 나가는 것도 회피하게 되었고, 환자들과의 공식적인 면접을 수행하는 일이 포함된 (좋은) 수련 기회마저 사양해야만 했다. 이와 같이 위축된 생활을 했음에도 불구하고 그녀는 세 번의 발작을 더 겪었는데, 이는 모두 예상치 못한 상황에서 일어났다. 또한 그녀는 이따금씩 경련과 설사를 하는 등 위장 계통에서 불편을 느끼기 시작했다. 제니는 의대에 들어온 것이 잘못된 선택일지도 모른다고 생각하기 시작했는데, 그 이유는 병동 회진 동안에 다시 발작을 일으킬지 모른다는 두려움이 마음 깊은 곳에서 느껴졌기 때문이다. 그녀는 의대 교재 중 한 권에 소개된 공황장애에 대해 읽고 나서, 심리학자를 방문하기로 마음을 먹었다. 그녀가 찾아간 심리학자는 그녀가 공황장애라고 불리는 불안장애를 겪고 있다고 확인해주었고, 이에 따라 그녀는 심리학자와 합의하여 인지행동치료의 여정을 시작하였다.

일주일 동안이라고 하더라도 그 동안에 불안이나 공포를 겪지 않고 지내는 사람은 거의 없을 것이다. 이 장에서는 **불안장애**(anxiety disorder)로 불리는 장애군에 대해 초점을 맞춘다. 불안과 공포는 모두 불안장애에서 중요한 역할을 한다. 따라서 이 두 정서 사이의 유사점과 차이점을 이해하는 것은 중요하다.

**불안**(anxiety)은 예상되는 문제에 대한 염려(apprehension)라고 정의된다. 반면에 **공포**(fear)는 즉각적인 위험에 대한 반응이라고 정의된다. 심리학자들은 공포의 '즉각적'이라는 측면에 초점을 맞추고, 불안에 대해서는 '예상되는' 측면에 초점을 맞춘다. 즉 공포가 지금 일어나고 있는 위협에 대한 것이라면, 불안은 미래의 위협에 대한 것이 주요 초점이다. 따라서 곰과 맞닥뜨린 사람은 공포를 경험하는 것이고, 반면에 졸업 후 취업하지 못할 가능성에 대해 걱정하고 있는 대학생은 불안을 경험하고 있는 것이다.

불안과 공포에는 모두 흥분(arousal) 또는 교감신경계의 활동이 들어 있을 수 있다. 불안에는 중간 수준의 흥분이 들어 있고, 공포에는 더 높은 수준의 흥분이 들어 있는 경우가 종종 있다. 가장 낮은 수준의 흥분에서는, 불안을 겪고 있는 사람이 안절부절못한 에너지 상태와 생리적 긴장 이외의 것은 느끼지 못할 수 있는 반면, 가장 높은 수준에서는 공포를 느끼고 있는 사람이 땀을 흥건히 흘리고, 숨을 가쁘게 쉬며, 달리고 싶은 강렬한 충동을 느낄 수도 있다.

불안과 공포는 꼭 '나쁜' 것만은 아니다. 사실 불안과 공포 모두 적응을 위한 것이다. 공포는 '싸우느냐 도망가느냐' 반응('fight-or-flight' reactions)의 토대가 된다. 즉 공포는 교감신경계의 급속한 변화를 촉발하는데, 이런 변화는 우리 몸으로 하여금 도피나 싸움을 위한 준비를 갖추게 한다. 올바른 상황에서는 공포는 우리의 목숨을 구해주는 역할을 한다. (어떤 사람이 곰과 마주쳤는데, 빨리 달아나기 위한 에너지가 모이지 않는다면 어떻게 되겠는가?) 물론 불안장애 중 일부에서는 위와 같은 공포체계가 오발하는(misfire) 것으로 보이기도 한다. 즉 주변환경에 실제로 위험이 없는데도 두려움을 느끼는 사람들이 있다. 이는 공황발작에서 가장 생생하게 보이는데, 이에 대해서 이 장의 후반부에 논의한다.

불안은 우리로 하여금 미래의 위협을 알아차리고 그에 대비한 계획을 세울 수 있게 도와준다는 면에서 적응 기능을 갖고 있다. 즉 우리의 준비성을 높여주고, 위험할 가능성이 있는 상황을 회피하게 해주며, 일이 발생하기 전에 일어날 가능성이 있는 문제들에 대해 대비책을 강구하게끔 도와준다. 100년 전에 처음으로 수행된 실험실 연구가 있었고, 그 이후 수많은 반복연구를 통해 입증된 것인데, 약간의 불안은 실험실 과제의 수행도를 향상시키는 것으로 밝혀졌다(Yerkes & Dodson, 1908). 그러나 시험불안이 아주 높은 사람에게 물어보면, 과도한 불안이 수행도를 떨어뜨리는 것을 확인할 수 있을 것이다. 따라서 불안이란 수행도와 U자가 거꾸로 된 모양의 관계를 보이는 고전적인 예가 된다. 전혀 불안이 없어도 문제이고, 약간의 불안은 우리의 적응을 도와주지만, 과도한 불안은 해로운 것이다.

이 장에서 우리는 DSM-5에 소개된 주요 불안장애들을 살펴본다. 즉 특정공포증, 사회불안장애, 공황장애, 광장공포증, 그리고 범불안장애가 여기에 해당된다. 강박장애와 외상 관련 장애는 불안장애와 공통점이 많지만 일부 중요한 점에서 차이가 있다. 이런 차이점을 감안하여, DSM-5

에서는 불안장애의 다음 장에 강박장애를 수록하였다. 이 책의 제4장에서 강박장애와 외상 관련 장애를 다룰 것이다. 이 장에서 소개하는 모든 불안장애는 과도한 불안이 들어 있으며, 범불안장애를 제외하고는 모두 비통상적으로 강렬한 두려움을 나타내는 경향이 있다(Cox, Clara, & Enns, 2002).

불안장애 집단에 속하는 진단명은 가장 흔한 심리장애이다. 예를 들면, 미국에서 8,000명 이상의 성인을 대상으로 수행된 한 연구에서는, 그중 약 28%가 불안장애의 진단 기준에 맞는 증상들을 생애 기간 중 어느 시점에선가 겪은 적이 있다고 보고했다(Kessler, Petukhova, Sampson et al., 2012). 공포증은 특히 흔하다. 불안장애 집단에 속하는 장애들은 사회뿐만 아니라 그 장애를 갖고 있는 사람에게도 많은 비용이 들게 한다. 불안장애는 정신과적 진단이 없는(정상) 사람들과 비교했을 때 일반인에 대한 평균 의료비의 2배나 들고(Simon, Ormel, VonKroff et al., 1995), 심장혈관 질환 및 그 밖의 의학적 상태에 걸릴 위험성도 높으며(Roest, Martens, de Jonge et al., 2010; Stein, Aguilar-Gaxiola, Alonso et al., 2014), 자살생각 및 자살기도의 위험성도 2배이며(Sareen, Cox, Afifi et al., 2005), 실업률이 높고 일하지 않는 날도 많으며(Alonso, Petukhova, Vilagut et al., 2011), 부부불화의 위험성도 높다(Whisman & Bruce, 1999). 모든 불안장애는 삶의 질에서 상당한 저하와 관련되어 있다(Olatunji, Cisler, & Tolin, 2007). 다음의 인용문은 불안이 일상생활에 영향을 미칠 수 있는 방식 몇 가지를 예시해준다.

> 평범한 일상생활에서 일상적인 활동(책을 읽고, 침대에 눕고, 전화로 수다를 떨고, 모임에 참석하고, 테니스를 치는 것)을 하면서도 나는 만연된 실존에의 불안감으로 인해 수천 번이나 시달렸으며 구토, 현기증, 떨림, 그리고 그 밖의 일단의 신체 증상으로 괴로웠다. 이럴 때 나는 죽음, 또는 무언가 더 나쁜 일이 곧 임박한 것 같았다. (Stossel, 2014, p. 2)

우리는 먼저 불안장애의 증상을 정의하는 것부터 살펴본다. 다음에는 불안장애 전체의 원인론에서의 공통 요소를 탐색해볼 것이다. 그 후에는 특정한 불안장애의 발생에 관련된 특정한 원인론적 요인을 소개할 것이다. 대부분의 장애에 대해서와 마찬가지로, 불안장애에 대해서는 다양한 많은 이론체계(패러다임)들이 불안장애를 이해하는 데 도움을 주어 왔다. 따라서 불안장애의 원인론을 소개할 때, 다양한 관점에서 특히 유전, 신경생물학, 성격, 인지, 그리고 행동 측면에서의 연구에 초점을 두고 할 것이다. 끝부분에서 불안장애의 치료에 관해 살펴볼 것이다. 여기에서는 다양한 불안장애의 심리학적 치료의 공통요소를 기술하고, 그다음에는 이와 같은 일반적 치료 원리를 특정한 불안장애에 맞게 수정해서 적용하는 방식에 대해서 살펴본다. 마지막으로 불안장애의 생물학적 치료법에 관해 고찰한다.

## 불안장애에 대한 임상적 기술

다양한 불안장애에 대한 정의에는 중복되는 부분이 많다. 각각의 장애는 DSM-5 진단이 내려지려면 여러 가지 기준이 충족되어야 한다.

- 증상이 중요한 기능 영역에서 손상을 초래하거나 현저한 고통을 유발한다.
- 증상이 약물이나 특정한 의학적 상태에 의해 유발된 것이 아니어야 한다.
- 증상이 최소 6개월은 지속되어야 하며, 공황장애의 경우에는 최소 1개월간 지속되어야 한다.
- 두려움과 불안이 다른 불안장애의 증상과는 구별되어야 한다.

**표 3.1** DSM-5에서의 주요 불안장애의 개관

| 장애 | 설명 |
|---|---|
| 특정공포증(specific phobia) | 특정한 대상 또는 상황에 대해 실제 위험에 비해서 크게 두려워하는 것 |
| 사회불안장애(social anxiety disorder) | 친숙하지 않은 인물 또는 사회적으로 관찰받는 상황을 두려워하는 것 |
| 공황장애(panic disorder) | 공황발작이 재발하는 것에 대한 불안 |
| 광장공포증(agoraphobia) | 불안 증상이 나타났을 때 도피하거나 도움을 받기 어려운 장소에 있는 것에 대한 불안 |
| 범불안장애(generalized anxiety disorder) | 통제불능의 걱정 |

물론 각각의 장애는 불안이나 두려움과 관련된 증상들이 다르게 조합된 것으로 정의된다(간략한 요약은 표 3.1 참조).

## 특정공포증

**특정공포증**(specific phobia)은 특정 대상이나 상황이 부여하는 위험에 걸맞지 않은 두려움을 말한다. 특정공포증의 몇 가지 예로는 비행 공포증, 뱀 공포증, 고소(높은 곳)공포증이 있다. 당사자는 자신의 두려움이 정도가 지나치다는 것을 잘 인식하고 있지만, 두려워하는 대상이나 상황을 피하는 지경에까지 이르고 만다. 두려움 이외에도, 공포증의 대상은 강렬한 혐오감을 유발하는 수도 있다(Olatunji, Etzel, Tomarken et al., 2011). 각 용어의 경우마다 phobia라는 접미어의 앞에 공포의 대상이나 상황을 나타내는 그리스 단어가 사용되었다(phobia라는 접미어는 그리스의 신 Phobos의 이름에서 유래한 것으로, 이 신은 적들을 깜짝 놀라게 해주곤 했다). 좀 더 흔히 나타나는 공포증 두 가지는 밀실공포증(claustrophobia, 밀폐된 공간에 대한 두려움)과 고소공포증(acrophobia, 높은 곳에 대한 공포)이다. 특정공포증은 두려운 대상과 상황 몇 가지에 국한되는 경향이 있다(표 3.2). 어떤 유형의 대상이나 상황에 대한 특정공포증이 있는 사람은 두 번째 유형의 대상이나 상황에 대한 특정공포증도 갖고 있기가 아주 쉽다. 즉 특정공포증 간에는 공존하는 경우가 높다(Kendler, Myers, Prescott et al., 2001). 잰의 임상 사례는 특정공포증이 인생의 중요한 목표를 추구하는 데 어떻게 지장을 초래할 수 있는지를 대략 알려준다.

> **특정공포증에 대한 DSM-5 진단 기준**
>
> - 특정 대상이나 상황에 의해 일관되게 촉발되는 현저하고 과도한 두려움
> - 해당되는 대상 또는 상황을 회피하거나 아주 심한 불안을 견뎌낸다.

**표 3.2** 특정공포증의 유형

| 공포증의 유형 | 공포 대상의 예 | 연관된 특성 |
|---|---|---|
| 동물 | 뱀, 곤충 | 일반적으로 아동기에 시작됨 |
| 자연환경 | 폭풍, 높은 곳, 물 | 일반적으로 아동기에 시작됨 |
| 피, 주사, 부상 | 피, 부상(다친 것), 주사, 또는 그밖의 침습적인 의학적 절차 | 가계를 통해 전해 내려오는 것이 명백함; 두려운 자극에 직면하면 심장박동이 느려지고 심지어는 기절하는 양상을 보임(LeBeau, Glenn, Liao et al., 2010) |
| 상황에 따른 공포증 | 대중교통, 터널, 다리, 승강기, 비행기, 운전, 밀폐된 공간 | 아동기 또는 20대 중반에 시작하는 경향이 있음 |
| 기타 | 숨 막히는 것, 질환에 걸리는 것 등, 아동의 소음, 광대에 대한 두려움 등 | |

## 임상 사례 : 잰

**잰**은 42세의 여성으로 미국 플로리다주에서 보수가 높은 일자리를 제의받았다. 그녀는 뱀이 있다고 알려진 지역에 살게 될까 봐 그 제의를 거절할까 생각하고 있었다. 결정을 내리기 전에 그녀는 치료자를 만나보기로 마음을 먹었다. 치료자와의 첫 만남에서, 그녀는 멀리서 보아도 뱀과 닮은 것이면 무엇이든지 다가가기를 회피해 왔던 과거를 장황하게 설명했다.

그녀는 야외활동, 야생에 관한 TV 프로그램, 그리고 심지어는 그녀의 자녀들이 갖고 있는 자연에 관한 서적까지 회피하게 되었다. 지금까지는 부정적인 영향을 크게 받지 않고 그녀의 두려움에 대처해 올 수 있었지만, 뱀이 있는 지역에서 살아야 한다는 생각은 그녀의 염려를 크게 높여 주었다. 그녀의 공포증 이외에도, 잰은 자신이 다소 신경과민한(nervous) 상태로 늘상 살아왔다고 보고했는데, 이런 특질은 그녀의 어머니도 갖고 있었다.

고소공포증, 또는 다른 말로 높은 곳에 대한 공포증은 흔하다. 이런 두려움이 있는 사람들은 유리로 둘러싸인 승강기를 무서워한다. 다른 특정공포증에는 동물, 주사 맞는 것, 그리고 밀폐된 공간을 두려워하는 것이 있다.

## 사회불안장애

**사회불안장애**(social anxiety disorder)는 보통 사춘기에 시작되어 또래와 친밀한 관계를 형성하는 데 지장을 준다. 사회불안장애의 핵심 양상은 낯선 사람들이 자신을 면밀히 살피는 것 같이 느껴지거나 심지어는 단순히 이들과 맞닥뜨릴 것 같은 사회적 상황에서조차 지속적이고 비현실적으로 강렬한 두려움을 느끼는 것이다. 이 장애는 DSM-IV-TR에서는 사회공포증으로 명명되었지만 DSM-5에서는 사회불안장애라는 용어가 사용되는데, 그 이유는 이 장애로 야기되는 문제가 생활 구석구석에 영향을 미치고 일상 활동을 저해하는 정도가 다른 공포증으로 인한 문제보다 훨씬 큰 경향이 있기 때문이다(Liebowitz, Heimberg, Fresco et al., 2000). 대인관계적인 상호작용에서, 사회불안장애가 있는 사람들은 남들이 자기를 평가하여 어떤 당혹스러운 행위도 기록하려고 기다

특정공포증의 한 형태는 피, 주사 맞는 것, 또는 부상에 대한 강렬한 두려움이다.

리고 있는 양 '모든 눈이 자기를 바라보고 있는' 것처럼 느낀다. 이 말이 수줍음과 비슷한 것으로 들릴 수도 있겠지만, 사회불안장애가 있는 사람은 수줍음을 타는 사람에 비해서 사회 장면을 더 회피하고, 사회적 불편감을 더 많이 느끼며, 그리고 이런 증상을 생애 기간 중 더 오랫동안 겪는다(Turner, Beidel, & Townsley, 1990). 많은 이들은 자신의 불안이 남들에게 드러날까 봐 두려워한다. 모린의 임상 사례에 예시된 것처럼, 강렬한 불안 때문에 이런 사람들의 대부분은 사회 상황을 회피하게 된다. 사회불안이 있는 사람들에게서 가장 보편적인 두려움은 남들 앞에서 말하기, 모임이나 학급에서 발표하기, 새로운 사람 만나기, 그리고 높은 사람에게 말하기 등이다(Ruscio, Brown, Chiu et al., 2008). 이와 같이 두려워하는 활동 중 하나에라도 강제로 참여하게 하면, 이런 사람은 일이 잘못될 수 있는 모든 가능한 방식에 대해서 미리 생각하느라고 며칠을 보내고는, 전율을 느끼면서 실제로 일이 잘못된 잠깐의 순간들을 되씹느라고 며칠을 보낼 수 있다.

사회불안장애의 발현 및 그로 인한 결과는 매우 다양하다. 사회불안장애는 특정 대상에 대한 두려움에서부터 많은 대상에 대한 일반화된 두려움에 이르기까지 그 두려움의 정도가 다양할 수 있다. 예를 들면, 어떤 사람들은 공공장소에서는 발표하는 것을 불안해하지만 다른 사회 상황에서는 그렇지 않을 수 있다. 반면에, 다른 사람들은 대부분의 사회 상황이 두렵다고 보고한다. 광범위한 대상에 대한 두려움이 있는 사람들은 우울증과 알코올 남용이 동반되어 나타나기가 더 쉽

## 사회불안장애에 대한 DSM-5 진단 기준

- 사회적 관찰의 가능성이 있는 상황에 노출되면 일관되게 촉발되는 현저하고 지나친 두려움
- 촉발 자극에 노출되면 부정적으로 평가받는다는 것에 대한 강렬한 불안이 발생함
- 촉발 상황을 회피하거나 또는 강렬한 불안을 느끼면서 견딤

## 임상 사례 : 모린

**모**린은 30세의 회계사인데 사회장면에 대한 어려움이 있는 사람들을 위한 집단치료에 관한 신문광고를 읽고 나서 심리치료를 받으러 갔다. 모린은 면접 중에 신경과민으로 보였으며 다른 사람과의 대화 시 강한 불안을 느낀다고 말했다. 그녀는 이 문제가 수년에 걸쳐서 악화되어, 이제는 남편 이외의 어느 누구와도 어울리지 못하게 되었다고 설명했다. 그녀는 사람들과 사회적으로 접촉해야 하는 것이 두려워서 슈퍼마켓에도 가지 않으려고 했다. 모린은 자신이 바보로 보일까 봐 매우 두려워했다. 이런 두려움이 그녀를 지나치게 신경과민으로 만들었고 남들과 대화하면서도 자기가 말하려던 것을 더듬거리거나 잊어버리는 경우가 종종 있었다. 그래서 이런 일 때문에 그녀는 사람들이 자기를 바보로 볼 것이라는 염려가 더욱 커졌고 결국에는 두려움이 계속 커지는 악순환이 발생하게 되었다.

다(Acarturk, de Graaf, van Straten et al., 2008). 사회불안을 겪는 많은 사람들이 철회되어 있고(withdrawn) 복종적이지만, 이들이 사회적 배척의 위협에 대처하는 방식은 다양하며, 소수의 사람들만이 외양적으로 적대적이고 공격적인 행동으로 반응한다(Kashdan & McKnight, 2010). 사회공포증이 있는 사람은 사회장면에 대한 극도의 두려움 때문에 자신의 재능을 제대로 발휘하지 못하고 이보다 훨씬 뒤처지는 직장에서 일을 하게 되는 경우가 흔하다. 일상적인 사회적 상황에 그때그때 대처하기보다는, 사회적 요구(social demand)가 다소 적은 대신 보수도 적은 일에 자신을 맡기는 것이 낫다고 생각하는 것이다.

사회불안장애가 있는 사람들 중 적어도 1/3은 회피성 성격장애의 진단 기준에도 부합한다(제8장 성격장애를 참조; Chavira, Stein, & Malcarne, 2002). 이 두 조건의 증상은 상당 부분 중복되며, 유전적 취약성에서도 중복되는 부분이 있다(Reichborn-Kjennerud, Czajkowski, Neale et al., 2007). 그러나 회피성 성격장애는 사회불안장애보다 더 극심한 장애로서 조기에 발생하며 증상이 보다 확산적인(pervasive) 양상을 띤다.

사회불안장애는 또래관계가 특히 더 중요해지는 사춘기에 시작되는 것이 일반적이다. 그러나 일부 사람들은 증상이 아동기에 처음으로 나타나기도 한다. 사회불안장애는 치료받지 않으면 만성화되는 경향이 있다(Yonkers, Bruce, Dyck et al., 2003).

### 공황장애

**공황장애**(panic disorder)는 특정 상황과 무관한 공황발작이 재발성이고 공황발작이 또다시 발생하지 않을까 하는 걱정을 하는 것이 그 특징이다(이 장의 서두에 소개된 제니의 사례를 보라). **공황발작**(panic attack)에서는 강한 두려움을 느끼고, 겁이 나며, 운명적인 일이 벌어질 것 같은 절박한 느낌이 갑자기 발생하는데, 최소한 4개 이상의 각기 다른 증상이 수반된다. 신체증상으로는 숨이 가쁘고, 심장이 두근거리며, 메스껍고, 위가 편치 않으며, 가슴에 통증을 느끼고, 숨이 막혀서 죽을 것 같으며, 어지럽고(현기증), 머리가 텅 빈 것 같으며, 땀이 나고, 오한(몸이 으스스함)이 느껴지며, 열감이 느껴지고, 멍하거나 전율이 지나가며, 떨림이 나타날 수 있다. 공황발작 중에는 다른 증상이 나타날 수도 있다. 여기에는 **이인화**(depersonalization, 자기가 자신의 몸 밖에 있다는 느낌), **비현실화**(derealization, 이 세계가 현실이 아니라는 느낌), 그리고 통제력을 상실하거나, 미치게 되거나, 심지어는 죽게 되지 않을까 하는 데 대한 두려움을 느끼는 것이다. 따라서 공황발작이 있는 사람들이 공황발작이 발생하면 어떤 상황에 있든 간에 도망가고 싶은 충동을 강렬하게 느낀다고 종종 보고하는 것은 당연하다고 느껴질 것이다. 증상은 매우 신속하게 나타나서 10분 안에 최고도로 높아진다. 많은 사람들이 처음 공황발작이 발생했을 때 응급실에 오는데, 왜냐하면 심장마비가 아닌가 해서 무서웠기 때문이다.

---

● **공황장애에 대한 DSM-5 진단 기준**

- 재발성이며 예상하지 못한 공황발작
- 추가 발작이 나타날 가능성이나 발작으로 인한 후속결과, 또는 발작에 기인하는 부적응적 행동 변화에 대한 염려나 걱정이 최소한 한 달 동안 있는 것

**표 3.3** 지난해와 생애 기간 중에 불안장애의 진단 기준에 부합하는 일반인 중에서 18~64세 성인의 비율

| 불안장애 | 12개월간의 유병률 | 생애 유병률 |
| --- | --- | --- |
| | 총계 | 총계 |
| 특정공포증 | 10.1 | 13.8 |
| 사회불안장애 | 8.0 | 13 |
| 공황장애 | 3.1 | 5.2 |
| 광장공포증 | 1.7 | 2.6 |
| 범불안장애 | 2.9 | 6.2 |

출처 : Kessler, Petukhova et al., 2012

앞에서 언급했듯이, 우리는 공황발작을 공포 계통의 오작동으로 생각해볼 수 있다. 즉 생리적으로 인간은 즉각적인 생존의 위협에 직면하면 그에 걸맞은 교감신경 계통의 흥분을 경험하게 된다. 이렇게 발생한 (흥분) 증상이 스스로 이해되지 않기 때문에, 이 경험에서 의미를 찾으려고 하게 된다. 자신이 죽어가고 있거나, 통제력을 잃어가고 있거나, 또는 미쳐가고 있다는 생각이 들기 시작하면 두려움을 더욱 강하게 느끼기 쉽다. 공황장애가 있는 사람들 중 90%가 공황발작이 발생했을 당시에는 위와 같은 유형의 생각을 굳게 믿고 있었다고 보고하였다.

공황장애로 진단이 내려지려면 재발성 발작이 있는 것만으로는 충분하지 않다. 공황장애에 대한 DSM의 기준에 따르면, 당사자는 예기치 못한 재발성 공황발작을 겪었어야만 한다. 뱀을 보는 것 같은 같은 특정 상황에 의해 촉발되는 공황발작은 통상 공포증과 관련

사회불안장애는 통상 사춘기에 시작되어 친구를 사귀는 데 지장을 초래한다.

된 것으로서 공황장애를 진단할 때는 관련이 없는 것이다. 예상치 못한 공황발작이 발생하는 것 이외에도, DSM 기준에는 또한 당사자가 발작으로 인해서 뒤이은 발작 또는 자신의 행동 변화에 대해 최소한 한 달 동안은 걱정했어야 한다고 명시되어 있다. 따라서 진단을 내릴 때 공황발작에 대해 어떤 반응을 보이냐 하는 것은 발작 그 자체에 못지않게 중요하다.

유념할 것은 공황장애의 진단 기준에는 공황발작이 재발성이어야 한다고 명시되어 있다는 점이다. 그러나 공황발작을 단 한 번만 겪는 사람도 꽤 흔하다. 미국에서는 4명 중 1명꼴을 약간 넘는 비율로 살아오는 도중에 최소한 한 번 정도 공황발작을 겪은 적이 있다고 보고된 바 있다(Kessler, Chiu, Jin et al., 2006). 물론 표 3.3에 제시된 것처럼 최고조의 공황장애로까지 발전되는 사람은 훨씬 적다. 공황장애가 나타나는 사람들 중에서, 그 발생 시기는 통상 사춘기이다. 공황장애의 증상은 시간의 흐름에 따라 세졌다가 약해졌다 하는 경향이 있다(Nay, Brown, & Roberson-Nay, 2013). 이는 엄청난 대가를 치르게 할 수 있다. 예를 들면, 공황장애가 있는 사람들 중 무려 1/4이 5년 이상 실직 상태에 있다고 보고하고 있다(Leon, Portera, & Weissman, 1995).

## 광장공포증

**광장공포증**(agoraphobia, 그리스어인 agora에서 유래된 말로 '시장'을 의미함)이란 불안 증상이 발생하면 당혹감에 빠지거나 도피하기 어려운 상황에 대해 불안해하는 것으로 정의된다. 흔히 두려

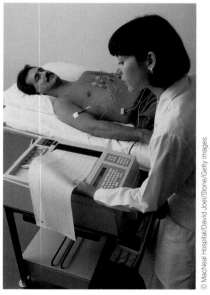

공황장애가 있는 사람들이 심장박동률의 변화에 놀라서 심장기능 검사를 받으러 오는 경우가 종종 있다.

위하는 상황에는 군중 및 사람이 붐비는 장소, 이를테면 식료품가게, 쇼핑몰, 교회 등이 있다. 때로는 처한 상황이 벗어나기 어려운 곳이 되는데, 이를테면 철도, 교량, 또는 도로 위의 긴 차량 행렬이 있다. 이와 같은 상황에 대한 두려움 때문에 광장공포증이 있는 사람들은 상당수가 사실상 집밖으로 나가지를 못하며, 만일 나간다고 하더라도 엄청난 고통을 겪고 나서야 가능하다.

DSM-IV-TR에서 광장공포증은 공황장애의 하위유형으로 분류되고 코딩되었지만, DSM-5에서는 별개의 진단명으로 수록하고 있다. 이런 변화로 인해 DSM이 국제질병분류(International Classification of Diseases, ICD) 진단 체계와 발을 맞추게 되었다. ICD에서는 오래전부터 광장공포증을 별개의 진단명으로 인정해 왔다. 또한 새로운 진단은 연구결과에서 나온 증거와도 부합된다. 실제로, 5의 대규모의 역학연구 결과에서는 광장공포증 증상이 있는 사람들 중 최소한 절반이 공황발작을 겪지 않음을 시사해주고 있다(Andrews, Charney, Sirovatka et al., 2009). 공황발작을 겪지 않는 사람들은 다른 불안증상이 나타나면 무슨 일이 일어날지를 염려한다. 또한 새로운 진단은 광장공포증이 일상 기능에서의 상당한 손상과 관련이 있다는 증거에도 부합된다. 광장공포증이 삶의 질에 미치는 영향은 다른 불안장애에서 관찰된 것만큼이나 심각하다(Wittchen, Gloster, Beesdo-Baum et al., 2010).

## 범불안장애

**범불안장애(일반화된 불안장애)**(generalized anxiety disorder, GAD)의 핵심 특징은 걱정(worry)이다. 임상 사례에서 소개된 조처럼, GAD가 있는 사람들은 끊임없이 걱정하며, 그 대상도 사소한 것인 경우가 종종 있다. 걱정이라는 말은 어떤 문제에 대해 되씹고 있기 때문에 그 생각에서 벗어나지 못하는 인지적 경향성을 뜻한다(Mennin, Heimberg, & Turk, 2004). 걱정을 계속하는 이유가 당사자가 문제에 대한 해결방안을 확정짓지 못하기 때문인 경우도 종종 있다. 우리 대부분은 걱정을 하더라도 이따금씩 하지만, GAD가 있는 사람들이 하는 걱정은 그 정도가 지나치고, 통제불능이며, 장기간 지속된다. GAD가 있는 사람들이 하는 걱정은 대부분의 사람들이 하는 걱정과 마찬가지 유형의 위협에 맞추어져 있다. 즉 GAD가 있는 사람들의 걱정은 대인관계, 건강, 돈, 그리고 일상생활의 짜증거리에 대한 것이다(Roemer, Molina, & Borkovec, 1997). 그러나 이들은 이런 주제에 대해서 보통사람들보다 더 많이 걱정하는 것이며, 이는 다음 문장에 예시되어 있다.

나는 지난해에 우등생으로 대학을 졸업했다. 나는 괜찮은 직업, 성실한 친구들, 똑똑하고 예쁜 여자친구와 함께 하는 좋은 아파트, 그리고 돈도 내가 필요로 하는 만큼 많이 갖고 있었다. 그러나 매일이 고

Mitchell Funk/Photographer's Choice/Getty Images

광장공포증이 있는 사람들에게는 군중 속에 있는 것이 대단히 고통스러운 일인 경우가 종종 있다. 불안 증상이 발생하면 도피하기가 어려울 것이기 때문이다.

---

## 광장공포증에 대한 DSM-5 진단 기준

아무것도 할 수 없는 상태, 당혹스러운 증상, 또는 공황과 비슷한 증상이 나타났을 때 도피하거나 도움을 받기가 어려운 최소한 두 가지 상황에 대해서 지나치고 현저한 두려움이나 불안을 나타냄(예 : 집밖에 혼자 있는 것, 대중교통 수단을 이용하는 것, 주차장 및 시장 같은 개방된 공간에 있는 것, 폐쇄된 공간, 이를테면 가게, 극장, 또는 영화관 속에 있는 것, 줄을 서 있거나 군중 속에 있는 것).

- 이런 상황이 일관되게 두려움이나 불안을 유발함
- 이런 상황을 회피하거나, 동반자가 옆에 있어야 하거나, 또는 강렬한 두려움이나 불안을 느끼면서 견딤

---

## 범불안장애에 대한 DSM-5 진단 기준

- 하루 중 최소한 50%를 다양한 사건이나 활동(예 : 가족, 건강, 가계재무, 직장, 학교)에 대해 과도한 불안 및 걱정을 보임
- 걱정을 조절하는 것이 잘 되지 않음
- 불안 및 걱정이 다음 증상 중 최소한 3개(아동의 경우 1개)와 관련되어 있음
  - 안절부절못함 또는 신경이 곤두서 있음 또는 살얼음 위를 걷는 느낌
  - 쉽게 피로해짐
  - 집중곤란 또는 마음이 백지장이 되는 것
  - 화를 잘 냄[자극과민성, 성마름(irritability)]
  - 근육 긴장
  - 수면곤란

## 임상 사례 : 조

조는 24세의 정비공으로, 잠들기가 어려워서 찾아갔던 의사로부터 심리치료에 의뢰되었다. 그는 첫 면접 중 내내 미간을 찌푸리고 안절부절못하는 등 눈에 띄게 고통스러워했다. 그가 자신의 건강에 대한 걱정을 처음으로 말한 것이지만, 전반적으로 불안해하는 모습이 곧 떠올랐다. 그는 거의 항상 긴장감을 느낀다고 말했으며 그는 모든 것에 대해 걱정하는 것으로 보였다.

그는 다른 사람들과 상호작용하면서 일하는 가운데 자기에게 닥칠지도 모를 재앙에 대해 두려워했으며, 그리고 자신의 경제적 형편, 여자친구를

사귀지 못하는 것, 그리고 그 밖의 문제에 대해 걱정하느라 많은 시간을 보낸다고 말했다. 그는 남들과 잘 사귀지 못하는 문제가 오래되었으며, 이 문제로 인해 여러 군데의 직장에서 해고되었다고 말했다. 그의 말에 따르면, "나는 진짜 사람들을 좋아하고 그들과 잘 지내려고 노력했지만, 나는 너무 쉽게 침착성을 잃곤 했어요. 조그만 일에도 지나치게 화를 냈죠." 조는 자신이 항상 다른 사람들보다 더 신경과민이었고 불안 수준은 1년 전에 애인과 결별한 후 훨씬 더 악화되었다고 말했다.

문이었다. 나는 불규칙적으로 잠을 자면서, 악몽(쓰나미, 사나운 짐승, 사랑하는 사람의 사고로 인한 죽음)을 반복적으로 꾸었다. 나는 갑작스러운 복통과 메스꺼움, 두통이 있었다. 재앙이 임박한 듯한 느낌이 매순간마다 덧씌워져 있었다. 더 나쁜 것은 나는 재앙이 이미 벌어졌다는 느낌이 뚜렷했다는 것이다. 나는 파멸을 초래하며, 다시 돌이킬 수 없고, 신기원을 만들어내듯이 바짝 조여져 있는 상태에서 잘못된 결정을 내렸고, 잘못된 길로 내려갔다.(Smith, 2012, pp. 3-4)

통제불능의 걱정 이외에도, GAD의 또 다른 증상에는 집중곤란, 쉽게 피로해지는 것, 안절부절못함, 자극과민성, 그리고 근육 긴장이 있다. 다른 심리장애로 인해 유발된 근심을 걱정하고 있는 것뿐이라면 GAD로 진단되지 않는다. 예를 들면, 밀폐된 곳에 있는 것만을 걱정하는 밀실공포증이 있는 사람은 GAD의 진단 기준에 부합하지 않는다.

다수의 범불안장애 환자들이 평생 걱정하면서 살아왔다고 보고하지만, GAD는 통상 10대 중반에 시작된다(Barlow, Blanchard, Vermilyea et al., 1986). 범불안장애는 일단 발생하면 종종 만성적이 된다. 한 연구에 따르면, GAD가 있는 사람들 중 약 절반이 첫 면접 후 5년간 증상이 지속되었다고 보고했다고 한다(Yonkers et al., 2000). 아마도 이런 만성적인 특성 때문에, GAD는 다른 불안장애보다 결혼 불만족과 더 강하게 관련되어 있으며(Whisman, Sheldon, & Goering, 2000), GAD로 진단된 사람들은 다른 사람들에 비해서 친구가 거의 없다고 보고하고 있다(Whisman et al., 2000).

## 불안장애에서의 동반이환

불안장애 중 어느 한 가지를 갖고 있는 사람들 중 절반 이상이 살아가는 동안 다른 불안장애의 기준에도 부합하는 경우가 있다(Brown, Campbell, Lehman et al., 2001). 또한 불안장애는 다른 장애와 공존하는 경우가 많다. 어떤 한 가지 불안장애가 있는 사람들 중 3/4은 최소한 1개 이상의 다른 심리장애에 대한 진단 기준에도 부합한다(Kessler, Crum, Warner et al., 1997). 좀 더 세부적으로 말하면, 불안장애로 인해 치료를 받는 사람들 중 약 60%는 주요 우울증의 진단 기준에도 부합한다(Brown et al., 2001). 초점 2.5에서 이런 중복 현상에 대해 논의하겠다. 불안장애와 흔히 공존하는 다른 조건에는 약물남용(Jacobsen, Southwick, & Kosten, 2001)과 성격장애(Johnson, Weissman, & Klerman, 1992)가 있다. 다른 많은 장애의 경우에서처럼, 공존된 장애가 있다는 것은 불안장애의 강도가 더 세고 치료 성과도 나쁜 것과 연관된다(Newman, Moffitt, Caspi et al., 1998; Newman, Schmitt, & Voss, 1997).

## 불안장애에 관련된 성별 및 문화 요인

성별과 문화가 불안장애의 위험성뿐만 아니라 당사자가 보이는 증상의 특정 유형과도 밀접하게 관련되어 있다는 것은 잘 알려져 있다. 그러나 곧 보게 되겠지만, 이런 패턴이 왜 존재하는지에 대해서는 아직도 수수께끼이다.

### 성별

여성이 남성보다 불안장애에 더 취약한데, 여러 개의 연구 결과에서는 2 대 1의 비율로 여성이 더 많이 걸린다는 것을 보여주었다(de Graaf, Bijl, Ravelli et al., 2002; Jacobi, 2004). 여성이 왜 남성에 비해서 불안장애를 발달시키기 쉬운지를 설명하기 위해 많은 다양한 이론이 제시되었다. 우선, 여성은 자신의 증상을 말로 표현하는 것을 더 잘할지 모른다. 또한 성 역할과 같은 사회적 요인도 어떤 역할을 발휘할 것으로 보인다. 예를 들면, 남성은 여성보다 불안에 맞닥뜨리라는 사회적 압력을 더 많이 받기 쉽다. 아래에서 살펴보겠지만, 불안에 직면하는 것은 사용가능한 가장 효과적인 치료법 중 한 방법의 토대가 된다. 또한 여성은 남성보다 다른 생활환경에 직면하기 쉽다. 예를 들면, 여성은 아동기와 성년기에 남성에 비해서 성폭력을 당하기가 훨씬 쉽다(Tolin & Foa, 2006). 이런 외상적 사건은 자신의 환경에 대한 통제감을 발달시키는 것을 저해할 수 있으며, 아래에서 살펴보겠지만, 자신의 환경에 대한 통제력이 부족하면 불안장애에 걸리기 쉬운 것 같다. 남성은 상황에 대한 자신의 통제력이 더 많다고 믿게끔 키워졌을 수 있다. 또한 여성이 남성보다 스트레스에 대한 생물학적 반응성이 더 높은 것으로 나타났는데(Olff, Langeland, Draijer et al., 2007), 이는 아마도 위와 같은 문화적 및 심리적 요인의 영향에 의한 결과가 아닐까 싶다. 성차에 대해서 충분히 이해하지는 못하고 있지만, 성차는 중요한 현상이다.

### 문화

어떤 문화권에서든 불안장애로 인한 문제를 겪는 사람들이 있는 것으로 보인다. 그러나 문화와 환경이 사람들이 두려워하게 되는 대상에 영향을 미친다(Kirmayer, 2001). "당신이 화산 근처에 살고 있다면, 당신은 용암을 두려워하게 될 것이다. 당신이 열대우림에 살고 있다면, 당신은 말라리아를 두려워하게 될 것이다"(Smith, 2012, p. 72). 카약 불안(kayak-angst)은 공황장애와 비슷한 장애로서, 서부 그린란드의 이누이트족 사람들 사이에서 나타난다. 즉 바다에서 혼자 있는 물개 사냥꾼은 강렬한 공포감, 방향감각의 상실, 그리고 익사에 관한 염려에 빠질 수 있다.

그 밖의 여러 가지 문화 관련 증후군은 문화와 환경이 불안장애의 발현 방식을 어떻게 결정해주는지에 대한 예가 된다. 예를 들면, 일본에는 *taijin kyofusho*(대인공포장애)라고 불리는 증후군이 있는데, 이는 남을 불쾌하게 하거나 당황하게 할까 봐 두려워하는 것이다. 이 증후군을 갖고 있는 사람은 다른 사람과 눈이 마주치거나, 얼굴이 빨개지거나, 체취가 나거나, 또는 몸이 추하게 생겼거나 하는 것을 통상 두려워한다. 이 장애의 증상은 사회불안장애의 증상과 중복되지만, 다른 사람의 감정에 초점을 두는 것은 뚜렷이 다르다. 아마도 이런 초점은 일본의 전통문화의 특성과 관련된 것으로 보인다. 즉 일본의 전통문화에서는 타인의 감정을 최우선으로 배려하도록 하고 있기 때문이다(McNally, 1997). 그 밖의 증후군도 DSM에 정의된 불안장애의 증상과 비슷한 증상을 나타내고 있다. 이를테면 *koro*(자신의 성기가 몸 안으로 들어가 버리지 않을까 하는 갑작스러운 공포감. 동남아시아에서 보고됨), *shenkui*[자위행위 또는 과도한 성행위로 인한 정액 소모에서 비롯된다고 여겨지는 (스스로 생각해서 겪는) 강렬한 불안과 신체적 증상—중국에서 보고된 것으로서

인도 및 스리랑카에서 보고된 증상과도 비슷함], *susto*(경악—병, 갑자기 가슴이 섬뜩해서 영혼이 몸에서 떠나게 되었다는 믿음. 라틴 아메리카에서 보고되었으며 미국에 거주하는 라틴계 주민에서도 나타남) 등이 여기에 해당된다. 일본인에게서 나타나는 대인공포증 증후군의 경우와 마찬가지로, 이상과 같은 증후군에서 불안해하고 두려워하는 대상은 주변 환경으로부터의 도전뿐만 아니라 증후군이 발생하는 문화권에 널리 퍼져 있는 태도와도 관련이 있는 것으로 보인다.

　문화별로 고유한 증후군은 차치하고도, 불안장애의 유병률은 문화에 따라 다르다. 이것은 놀라운 일이 아니다. 왜냐하면 문화마다 심리장애에 대한 태도, 스트레스 수준, 가족관계의 속성 및 빈곤층의 비율 같은 요인에서 서로 다르기 때문인데, 이런 모든 요인은 불안장애의 발생 또는 보고 과정에서 어떤 역할을 발휘하는 것으로 알려져 있다. 예를 들면, 대만과 일본에서 불안장애의 유병률은 아주 낮은 것으로 나타난다. 그러나 이것은 정신적으로 문제를 갖고 있다는 것에 대해 (사회적으로) 강력한 낙인이 있음을 반영하는 것일 수 있다. 이런 낙인 때문에 이들 나라에서는 불안장애가 발생해도 적은 수치로 보고되었을 수가 있다(Kawakami, Shimizu, Haratani et al., 2004). 캄보디아에서 그리고 캄보디아 난민 사이에서, 공황장애(전통적으로 kyol goeu, 즉 '바람이 과도하게 실린 것'으로 종종 진단됨)의 발생률이 대단히 높은 것으로 보고되었는데, 이는 아마도 지난 수십 년간 캄보디아인들이 겪은 극심한 스트레스 때문일 것이다(Hinton, Ba, Peou et al., 2000; Hinton, Um, & Ba, 2001).

　한때는 학자들은 문화적 배경이 다르면 심리적 고통과 불안으로 인한 증상을 표현하는 방식도 다르다고 생각했다. 예를 들면, 많은 학자들은 특정 문화권 출신의 사람들이 신체증상의 호소를 통해 자신의 정서적 고민을 표현하는 것이라고 생각했다. 그러나 이제는 이런 결론이 표집(sampling)에 문제가 있었음을 반영하는 것일 수도 있다고 여겨진다. 즉 학자들이 미국에서는 심리클리닉에서 불안과 우울을 연구하는 경우가 많았던 반면, 다른 문화권에서는 의료클리닉에서 연구가 이루어졌던 것이다. 어떤 사람이 의사를 찾아갔을 때 신체적인 염려거리를 강조해서 호소하는 것은 당연하지 않을까! 사실상 문화적 배경과 관계없이, 많은 사람들이 의료클리닉에 가면 불안과 우울을 기술할 때 처음에는 신체감각의 용어로 표현하기 쉽다. 학자들이 비슷한 환경에서 사람들을 면접하면서 심리적 염려사항에 대해 구체적으로 물어보았더니, 증상에 대한 신체적 대 심리적 표현방식의 비율이 문화권이 다르더라도 아주 비슷한 양상으로 나타났다(Kirmayer, 2001).

공황발작과 비슷한 장애는 여러 문화권에서 나타난다. 에스키모 중 이누이트족에서는 카약 불안이라는 유사 장애가 있는데, 이는 나홀로 사냥꾼 사이에서 나타나는 강렬한 두려움을 말한다.

B & C Alexander/Photo Researchers

## 중간 요약

한 덩어리로 볼 때, 불안장애는 심리장애의 가장 보편적인 유형이다. 특정공포증은 어떤 대상 또는 상황에 대한 강렬한 두려움으로 정의된다. 사회불안장애는 낯선 사람 또는 사회적으로 주목받는 것에 대한 강렬한 두려움으로 정의된다. 공황장애는 재발성 공황발작으로 정의되고, 광장공포증은 불안 증상이 나타났을 때 탈출하거나 또는 도움을 받기가 어려운 장소에 대한 두려움으로 정의되며, 범불안장애는 걱정이 적어도 6개월간 지속되는 것으로 정의된다.

　어떤 불안장애가 있는 사람은 살아가면서 두 번째 불안장애를 겪기가 아주 쉽다. 불안장애가 있는 사람들 중 약 60%는 살아가는 도중에 주요 우울증을 겪기 마련이다. 여성이 남성에 비해서 불안장애를 호소하기가 훨씬 더 쉽다. 문화는 두려움의 대상, 증상의 표현 방식, 그리고 다른 불안장애의 유병률에까지 영향을 미친다.

**복습문제 3.1**

1~4번 문항에 대해서 각 용어별로 해당되는 정의를 연결해보라.

1. 두려움
2. 불안
3. 걱정
4. 공포증
   a. 즉각적인 위험에 대한 정서적 반응
   b. 고통이나 손상을 가져오는 특정 대상 또는 상황을 과도하게 두려워하는 것

c. 경도의 자율신경계 흥분이 종종 수반되는 우려의 상태
d. 일어날 수 있는 문제에 대해서 생각하는데, 종종 해결방법을 찾으려 하지 않고 있는 것

빈칸을 채워보라.

5. 살아가는 도중에 어느 시점에선가 불안장애가 나타나는 사람의 비율은 : _____
6. GAD의 핵심 증상은 : _____

# 모든 불안장애에 공통된 위험 요인

이 절에서는 불안장애와 관련된 위험 요인들을 살펴보겠다. 우선 모든 불안장애에서 위험성을 증가시키는 것으로 보이는 일단의 요인부터 서술한다. 이러한 위험 요인이 존재한다는 사실은 어떤 한 가지 불안장애를 갖고 있는 사람이 또 다른 불안장애를 나타내기 쉬운 이유를 설명하는 데 도움이 될 수 있다. 즉 어떤 위험 요인들은 1개 이상의 불안장애를 나타낼 가능성을 높여준다. 예를 들면, 사회불안장애에 걸릴 위험성을 높여주는 요인들은 공황장애에 걸릴 위험성도 높여줄 수 있다.

이 책의 다른 장에서 사용한 틀과 달리, 우리는 행동 모형부터 소개하기로 했다. 이렇게 하는 이유는 공포 반응의 고전적 조건형성(classical conditioning)이 많은 불안장애의 핵심에 있기 때문이다. 다른 많은 위험 요인들, 이를테면 유전, 신경생물학적 상관이 있는 요인, 성격특질, 그리고 인지는 사람이 얼마나 빨리 즉각적으로 조건형성이 되어 새로운 공포 반응을 나타내게 되는지에 영향을 미친다. 종합하면, 위험 요인들이 결합하여 위협에 대한 민감성을 높여주게 되는 것이다 (Craske, Rauch, Ursano et al., 2009). 표 3.4에는 불안장애에 대한 일반적인 위험 요인을 요약하여 제시하였다.

| **표 3.4** 불안장애에 대한 위험을 높여주는 요인들 |
| --- |
| 행동의 조건형성(고전적 조건형성과 조작적 조건형성) |
| 유전적 취약성 |
| 뇌 속 공포회로의 활동상 장해 |
| GABA와 세로토닌의 기능 저하, 노르에피네프린의 활동 증가 |
| 행동 억제 |
| 신경증 |
| 부정적인 믿음을 계속 갖고 있는 것, 통제감의 결여, 그리고 위협 단서에 주의를 기울이는 것을 위시한 인지적 요인들 |

### 공포의 조건형성

앞에서 우리는 대부분의 불안장애에는 대부분의 사람들이 경험하는 것보다 더 자주 또는 더 강렬

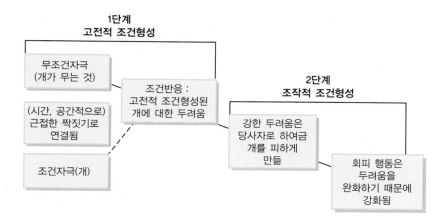

**그림 3.1** 개 공포증에 적용한 조건형성의 2요인 모형

한 두려움이 들어 있다고 언급한 바 있다. 이런 두려움은 어디에서 비롯된 것인가? 불안장애에 대한 행동 이론에서는 조건형성에 초점을 둔다. 불안장애에 대한 **Mowrer의 2요인 모형**(Mowrer's two factor model)은 1947년에 발표되었는데, 이 분야에서의 사고방식에 계속 영향을 주고 있다. 이 모형에서는 불안장애의 발달에 두 가지 단계가 있다고 시사한다(Mowrer, 1947).

1. 고전적 조건형성(classical conditioning)을 통해, 본래의 혐오자극[무조건자극(unconditioned stimulus, UCS)]과 짝지어진 중성자극[조건자극(conditioned stimulus, CS)]을 두려워하는 것을 학습한다.
2. CS를 회피함으로써 안도감을 얻는다. 조작적 조건형성(operant conditioning)을 통해 이와 같은 회피 반응이 지속되는데 왜냐하면 이런 행동이 강화효과를 가져다주기 때문이다(즉 두려움을 줄여준다).

그림 3.1에 소개된 예를 살펴보자. 어떤 사람이 개한테 물린 뒤 개에 대한 공포증이 생겼다고 상상해보자. 고전적 조건형성 과정을 통해, 이 사람은 개(조건자극, CS)와 아프게 물린 것(무조건자극, UCS)을 연관짓는 것을 학습하였다. 이 경우는 위에 소개된 1단계에 해당된다. 2단계에서는 이 사람은 최대한 개를 회피해서 (개에 대한) 두려움을 감소시킨다. 회피 행동은 두려움의 감소효과에 의해 강화를 받게 된다. 이 두 번째 단계가 있기 때문에 공포증이 소멸되지 않는 이유가 설명된다. 물지 않는 개에 반복적으로 노출시키면, 이 사람은 개에 대한 두려움이 없어져야만 한다. 그러나 개를 자꾸 피하기 때문에, 이 사람은 그렇게 부딪쳐볼 일이 거의 또는 전혀 없게 된다.

Mowrer가 처음에 주장한 2요인 모형은 실제로는 증거자료와 잘 들어맞지 않는다는 점에 유의해야 한다. 다음에 살펴보겠지만, 이 초기 모형이 여러 군데 확장되었고, 그 결과 증거와 더 잘 들어맞게 되었다(Mineka & Zinbarg, 1998). 이 모형에서 확장된 것 중 한 가지는 고전적 조건형성이 일어날 수 있는 다양한 방식을 고려하는 것이었다(Rachman, 1977). 여기에는 다음과 같은 것이 있다.

- 직접적 경험(위의 예에서처럼 개에게 물리는 것)
- 모방학습(modeling)(예 : 개가 사람을 무는 것을 보거나 유튜브 동영상 사이트에서 사나운 개가 공격하는 장면을 보는 것)
- 언어적 지시(예 : 부모가 아이에게 개는 위험한 동물이라고 주의를 주는 것)

이와 같이 고전적 조건형성이 이루어지는 다른 통로를 고찰하는 것을 넘어서, 연구자들은 불안장애가 있는 사람들이 고전적 조건형성을 통해서 보다 즉각적으로 두려움을 획득하며 일단 획

Susan Mineka의 연구는 원숭이들이 다른 원숭이가 뱀을 두려워하는 모습을 관찰하면, 관찰한 원숭이들도 공포심을 획득하게 된다는 사실을 보여주었다. 이런 발견은 모방학습(모델링)이 공포증의 원인론에서 어떤 역할을 발휘하고 있다는 견해를 뒷받침해준다.

득되고 나면 이런 두려움은 소거 과정이 더 느리게 되는 것으로 보이는 결과를 보여주었다(Craske et al., 2009). 이런 현상에 관한 대부분 연구들에서는 실험실 환경에서 면밀하게 통제되는 검사를 사용한다. 한 연구에서는, 연구자들이 Rorschach 카드(그림 1.11 참조)를 보여주면서 충격을 6번 주는 식으로 연합시켰더니 중성적인(무섭지 않은) Rorschach 카드에 대해서 두려움을 느끼도록 조건형성이 되었다(Michael, Blechert, Vriends et al., 2007). 6번의 충격을 받은 뒤에는, 대부분의 연구 참여자들은 Rorschach 카드를 무서워하는 것을 학습하였다. 이는 참여자가 카드를 볼 때의 피부전도도 반응(skin conductance responses)(역주 : 인체 피부에 생체 전기가 흐르는 정도를 말함)을 측정하여 확인된 것이다. 불안장애가 없는 참여자들조차 이와 같은 조건화된 반응을 나타냈다. 불안장애(이 연구에서는 공황장애)가 있는 참여자들과 불안장애가 없는 참여자들은 어떤 충격도 가하지 않고 카드를 보여주는 위 연구의 소거 단계에서 차이가 있었다. 공황장애로 진단받지 않은 사람들은 충격이 가해지지 않으면서 카드를 보여주는 소거 단계에서는 공포 반응이 급격히 줄어들었지만, 공황장애가 있는 사람들은 소거 단계 동안에 공포 반응이 거의 줄어들지 않았다. 따라서, 공황장애가 있는 사람은 고전적인 방식으로 조건형성된 공포를 더 오래 갖고 있는 것으로 보인다. 20개 연구 결과에 대한 종합분석의 결과에서는 불안장애가 고전적 조건형성을 통해 두려움을 발달시키는 경향성이 높아지는 것과 관련되며 이런 두려움이 일단 획득되면 소거가 느린 것과 관련이 있음을 시사해준다(Lissek, Powers, McClure et al., 2005). 다음에 서술하는 위험 요인의 대부분은 공포증의 조건형성에 대한 이와 같은 민감성에 영향을 미칠 수 있을 것이다.

## 유전 요인

쌍둥이에 관한 연구 결과는 특정공포증, 사회불안장애, GAD의 경우 유전가능성(heritability)이 20~40%이며, 공황장애의 경우는 약 50%임을 시사한다(Hettema, Neale, & Kendler, 2001; True, Eisen et al., 1993). 어떤 유전자들은 여러 가지 다양한 불안장애에 걸릴 위험성을 높여주는 것으로 보인다. 예를 들면, 가족 중에 공포증을 갖고 있는 사람이 있으면 공포증뿐만 아니라 다른 불안장애도 나타낼 위험성이 높아지는 것으로 보인다(Kendler et al., 2001). 다른 유전자들은 특정한 유형의 불안장애에 대한 위험성을 높여주는 것으로 보인다(Hettema, Prescott, Myers et al., 2005).

## 신경생물학적 요인들 : 공포 관련 회로와 신경전도체의 활동

**공포 회로**(fear circuit)라 불리는 일련의 뇌 구조는 사람이 불안이나 공포를 느낄 때 활성화되는 경향이 있다(Malizia, 2003). 그림 3.2에 제시된 것처럼, 공포 회로의 핵심 부위는 불안장애와 관련되어 있다. 공포 회로에서 중요한 부위는 편도체(amygdala)이다. 편도체는 뇌의 측두엽에 위치한 조그만 아몬드 모양의 구조로서, 어떤 (외부) 자극에 정서적 의미를 부여하는 데 관여하는 것으로 보인다. 동물의 경우 편도체는 공포에 대한 조건형성 과정에서 결정적인 역할을 하는 것으로 알려져 있다. 편도체는 공포 회로 속에 포함된 다양한 여러 부위의 뇌 구조로 신호를 보낸다. 연구 결과에 의하면, 여러 유형의 불안장애가 있는 사람들에게 화난 얼굴의 사진(위협에 대한 하나의 신호)을 보여주면, 불안장애가 없는 사람들보다 편도체의 활동이 높아지는 식으로 반응을 나타냈다(Blair, Shaywitz, Smith et al., 2008; Monk, Nelson, McClure et al., 2006). 따라서 공포 회로에서의 핵심 부위인 편도체의 활동이 높아지는 것이 각기 다른 많은 불안장애를 (그

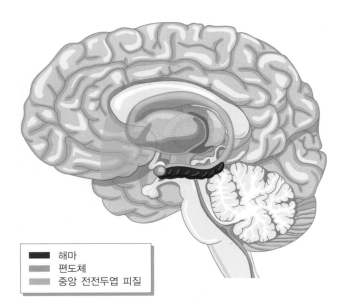

■ 해마
■ 편도체
■ 중앙 전전두엽 피질

**그림 3.2** 공포와 불안은 '공포 회로'라 불리는 일련의 뇌 구조와 관련이 있는 것으로 보인다. 편도체와 중앙 전전두엽 피질은 특히 불안장애와 관련이 있다.

공통점을) 설명하는 데 도움이 될지 모른다.

　**중앙 전전두엽 피질**(medial prefrontal cortex)은 편도체의 활동을 조절하는 데 도움을 준다. 즉 이 부위는 두려움을 소거하는 데 관여하며 또한 사람들이 자신의 정서를 조절할 때에도 관여하는 것으로 보인다(Indovina, Robbins, Nunez-Elizalde et al., 2011; Kim, Loucks, Palmer et al., 2011). 연구자들은 불안장애의 진단 기준에 들어맞는 성인들이 위협적인 자극을 보고 나서 평가하게 하였을 때(Britton, Grillon, Lissek et al., 2013) 그리고 위협적인 자극에 대한 자신의 정서 반응을 조절해보도록 요구하였을 때(Goldin, Manber-Ball, Werner et al., 2009) 중앙 전전두엽 피질에서 활동이 적게 나타나는 것을 발견하였다. 편도체와 중앙 전전두엽 피질을 연결하는 통로, 즉 연결성은 불안장애가 있는 사람들에게서 결손이 있을 수 있다(Kim et al., 2011). 이 두 영역 간의 연결성 결손은 불안을 효과적으로 조절하고 소거하는 것을 저해할 수 있다(Yehuda & LeDoux, 2007). 우리는 특정한 불안장애에 대해서 살펴볼 때 공포 회로의 또 다른 부분 — 청반(青斑, locus coeruleus)에 대해 소개할 것이다.

　다양한 신경전도체와 신경 펩티드(neuropeptides)가 불안장애와 관련이 있어서, 이들의 역할을 검사하기 위해서 다양한 기법이 사용되어 왔다. PET 영상 촬영 기법은 신경전도체의 수용기 기능을 측정해주는 한 가지 방법이며, PET 연구 결과는 불안장애를 세로토닌과 GABA 수용체에서의 기능저하와 관련이 있음을 보여주고 있다(Nikolaus, Antke, Beu et al., 2010). GABA는 뇌 속에 널리 퍼져 있으며, 불안을 억제하는 데 도움이 되는 것으로 여겨지고 있다(Sinha, Mohlman, & Gorman, 2004). 세로토닌은 우리가 제2장 기분장애에서의 역할에서 살펴보았는데, 정서를 조절하는 데 도움이 된다고 간주된다(Carver, Johnson, & Joormann, 2008). 또한 연구자들은 약물을 조절하는 연구법을 사용하여 불안장애가 노르에피네프린의 수준이 높은 것과 관련이 있으며 노르에피네프린 수용기의 민감도 변화와 관련이 있음을 보여주었다(Neumeister, Daher, & Charney, 2005). 노르에피네프린은 교감신경계가 '싸우느냐 또는 도망가느냐(fight-or-flight)' 반응을 위해 활성화되는 데 핵심적인 신경전도체이다. 인간에 대한 연구 결과 외에 동물에 대한 연구 결과도 아주 많이 있는데, 이는 유전 패러다임과 약물학적인 조작법을 사용하여, 공포의 조건형성과 소거의 과정에 관련된 신경전도체와 신경 펩티드의 연결성에 관한 것들이다. 인간에 대한 연구에서처럼, 이런 연구 결과는 GABA, 세로토닌, 그리고 노르에피네프린의 역할을 뒷받침해주고 있다(Bukalo, Pinard, & Holmes, 2014).

## 성격 : 행동 억제와 신경증

어떤 유아들은 **행동 억제**(behavioral inhibition)라는 특질을 보여주었다. 행동 억제는 새로운 장난감, 사람, 또는 그 밖의 다른 자극과 마주치면 마음이 흔들려서(동요) 우는 경향을 말한다. 이러한 행동 패턴은 생후 4개월경의 어린 유아들에게서 관찰된 것인데, 유전되어 나중에 공포장애로 발전될 수 있는 토대가 되는 것 같다. 한 연구에서는 14개월 된 어린 유아들을 대상으로 7년 반 동안 추적조사를 실시했다. 14개월 때 행동억제의 수준이 높았던 유아들 중 45%가 7.5세가 되었을 때 불안 증상을 보였는데, 이는 초기에 행동 억제의 수준이 낮았던 유아들의 경우 단지 15%만 불안 증상을 보인 것과 비교할 만하다(Kagan & Snidman, 1999). 행동 억제는 특히 사회불안장애를 잘 예측해주는 요인으로 보인다 — 행동 억제의 수준이 높은 유아들은 행동 억제의 수준이 낮은 유아들에 비해서 사춘기에 사회불안장애가 발달할 확률이 3.79배나 되었다(Chronis-Tuscano, Degnan, Pine et al., 2009).

　**신경증**(neuroticism)은 하나의 성격특질로서, 부정적인 정동을 자주 또는 강렬하게 겪는 경향성으로 정의된다. 신경증이 불안장애와 어떻게 연결되는가? 7,076명의 성인을 표집한 연구에서, 신경증은 불안장애와 우울증의 발생을 모두 예측해주었다(de Graaf et al., 2002). 즉 신경증의 수준이 높은 사람들은 신경증의 수준이 낮은 사람들보다 불안장애를 나타낼 확률이 2배 이상이나 높았다. 606명의 성인을 대상으로 2년 이상 추적조사한 또 다른 연구에서는 신경증이 불안과 우울증의 주요한 예측 요인으로 나타났다(Brown, 2007).

## 인지 요인

연구자들은 불안장애의 일부 개별적 인지 양상에 초점을 맞추어 왔다. 여기에서 우리는 세 가지, 즉 미래에 대한 지속적인 부정적 믿음, 통제감의 부족, 그리고 위험신호에 주의를 기울이는 것에 관해 살펴볼 것이다.

**미래에 대한 지속적인 부정적 믿음**    불안장애 환자들은 종종 나쁜 일이 당장이라도 발생할 것처럼 믿는다. 예를 들면, 공황장애 환자들은 심장이 연신 쿵쾅거려 죽을지도 모른다고 생각한다. 반면에 사회공포증 환자들은 얼굴이 붉어져 창피당할 것이라는 생각 때문에 괴로워하는 자신의 모습을 상상할지 모른다. David Clark와 동료들이 지적한 것처럼(Clark, Salkovskis, Hackmann et al., 1999), 문제의 핵심은 사람들이 문제 상황을 애초부터 부정적으로 바라보는 것이 원인이라기보다 오히려 이러한 생각들을 지속하는 방식의 문제이다. 예를 들면, 어떤 사람이 100번의 공황발작을 경험하고 다시 정상으로 돌아올 때쯤에, '발작이 일어나면 곧 죽음이다'라는 생각이 다시 희미해지리라 기대할지도 모른다. 그러나 이러한 믿음이 지속되는 이유는 환자들이 믿음을 유지하려는 쪽으로 생각하고 행동한다는 것이다. 즉 공포스러운 결과를 막기 위해 그들은 **안전행동**(safety behavior)을 취하는 것이다. 예를 들면, 빠른 심박률 때문에 죽을 것 같은 공포를 느끼는 사람은 자신의 심장박동이 마구 뛴다는 것을 느끼는 순간 모든 신체적 활동을 멈춘다. 그들은 오직 자신의 안전행동만이 자신의 생명을 구할 수 있다고 믿는다. 그러므로 안전행동은 당사자로 하여금 지나치게 부정적인 인지상태를 계속 유지하게 해준다.

**통제력이 부족하다고 지각하는 것**    자신이 처한 환경을 거의 통제할 수 없다고 생각하는 사람은 다양한 종류의 불안장애에 걸릴 위험이 높다(Mineka & Zinbarg, 1998). 아동기에 외상적 사건을 경험하거나(Green, McLaughlin, Berglund et al., 2010), 처벌 위주이며 제한을 가하는 부모 밑에 자라는 경우(Chorpita, Brown, & Barlow, 1998), 또는 학대를 당하게 되면 인생이란 (자신이) 통제할 수 없다는 견해를 갖게 될 수 있다. 마찬가지로, 불안장애는 자신의 인생에 대한 통제력을 위협하는 심각한 생활사건을 겪은 후에 종종 나타난다. 실제로, 70%가 넘는 사람들이 불안장애가 발생하기 전에 심각한 생활사건을 겪었다고 보고했다(Finlay-Jones, 1989). 다른 인생 경험도 두려운 자극에 대한 통제감의 정도에 영향을 미칠 수 있다. 예를 들면, 개를 잘 다루고 개의 행동을 쉽게 통제(조절)할 줄 아는 사람은 개한테 물려도 (개) 공포증이 나타나지 않기 쉬울 것이다. 전반적으로 볼 때, 통제력이 부족하다는 경험을 어릴 적에 그리고 최근에 하게 되는 것은 당사자가 불안장애를 나타낼 것인지 여부에 영향을 미칠 수 있다(Mineka & Zinbarg, 2006).

동물에 대한 연구 결과는 환경에 대한 통제력 부족이 불안을 증가시킬 수 있다는 것을 보여주었다. 예를 들면, Insel과 동료들(1988)은 원숭이를 두 조건 중 하나에 무선으로 배정하였다. 한 집단의 원숭이들은 자기가 처치를 받을 것인지와 또 언제 받을 것인지 여부를 선택할 수 있도록 해주면서 길렀고, 두 번째 집단은 처치를 받을 것인지와 또 언제 받을 것인지에 대한 선택권(통제력)을 부여

Eric Audras/Onoky/Getty Images

행동 억제(낯선 상황과 낯선 사람들에 대해 불안이 높은 것)를 나타내는 유아 및 걸음마 수준의 아이(영아)들은 앞으로 살아가는 도중에 불안장애를 발달시킬 위험성이 더 높다.

하지 않았지만 똑같은 수효의 처치를 받게 했다. 3년째가 되자, 통제력이 없이 성장한 원숭이들은 다른 원숭이들에 비해서 새로이 상황에 부딪쳐서 다른 원숭이들과 어울릴 때 불안해 보이는 행동을 나타냈다. 반면에 통제력이 부여된 가운데 성장한 원숭이들은 불안을 덜 나타냈다. 요약하면, 동물과 사람을 대상으로 한 연구들 모두가 통제력이 부족하다고 지각하는 것(perceived lack of control)이 불안장애의 발달에서 중요함을 알려주고 있다.

**위협에 주의를 기울이기**  많은 연구 결과에서 불안장애가 있는 사람들은 불안장애가 없는 사람들에 비해서 자신의 주변환경 속의 부정적 단서에 주의를 더 많이 기울인다는 것이 밝혀졌다(Williams, Watts, MacLeod et al., 1997). 위협적인 자극에 주의를 기울이는 것을 검사하기 위해, 연구자들은 응시점 탐색 과제(dot probe task)와 같은 방법을 사용했다(그림 3.3 참조). 172개의 연구 결과에 대한 종합분석(meta-analysis)에서, 각각의 특정 불안장애들이 응시점 탐색 과제와 과제상에서 위협적인 자극에 주의를 더 많이 기울이는 것과 관련이 있는 것으로 나타났다(Bar-Haim, Lamy, Pergamin et al., 2007). 예를 들면, 사회불안장애가 있는 사람들은 화난 얼굴에 선택적으로 주의를 기울이는 것이 발견된 반면(Staugaard, 2010), 뱀 공포증이 있는 사람은 뱀과 관련된 단서에 주의를 기울였다(McNally, Caspi, Riemann et al., 1990; Öhman, Flykt, & Esteves, 2001). 또한 연구자들은 이와 같이 위협 자극에 주의를 많이 기울이는 것이 자동적이고 아주 빨리 나타나서, 심지어 사람들이 해당 자극을 의식적으로 알아차리기 전에 발생한다는 것도 보여주었다(Öhman & Soares, 1994; Staugaard, 2010). 위협적인 대상이 그들의 주의를 사로잡고 나면, 불안한 사람들은 그 대상에서 주의를 돌리기가 어렵게 된다. 즉 그들은 남들에 비해서 위협적인 대상에 주목한 채 계속 머물러 있는 경향이 있다(Cisler & Koster, 2010). 요약하면, 불안장애는 위협 신호에 선택적인 주의를 기울이는 것과 관련되어 있다.

일련의 실험연구에서, 연구자들은 불안에 관련된 정보에 주의를 기울이는 것이 실제적으로 일어날 수 있는지와, 이러한 주의 '편향'이 더 큰 불안을 일으키는지에 대해 조사하였다(MacLeod & Mathews, 2012). 연구자들은 연구참여자들에게 위협적인 말에 주의를 기울이도록 훈련시키기 위하여 응시점 탐색 과제를 사용하였다. 부정적 편향을 갖게끔 훈련시키기 위하여, 참여자들에게는 부정적 단어가 있던 위치에 응시점이 좀 더 많이 나타나도록 하는 시행을 수백 번 실시하였다. 통제집단에 대해서는, 응시점이 부정적 단어나 중립적 단어가 있던 위치에 나타나는 경우를 똑같게 하였다. 부정적 단어에 주의를 기울이도록 훈련받은 사람들은 훈련 후 불안한 기분이 좀 더 높아진 것을 보고하였는데, 특히 풀 수 없는 퍼즐 같은 도전적 과제를 부여받은 경우에 더욱 그러했다. 통제집단은 훈련 후에도 불안한 기분이 증가하는 일이 없었다. 연구 결과는 우리가 주의를 어떻게 기울이느냐에 따라서 불안한 기분이 영향을 받는다는 것을 시사해주고 있다.

이와 같이 훈련을 통해 형성된 편향이 (장애로) 진단될 만한 수준의 불안을 이해하는 데 도움이 될 수 있을까? 연구자들은 이런 의문을 조사하기 위해서 범불안장애로 진단된 사람들에게 긍정적 정보에 주의를 기울이도록 훈련시켰다(Amir, Beard, Burns et al., 2009). 긍정적인 편향을 훈련시키기 위해, 연구자들은 긍정적인 단어가 있던 자리에 응시점이 나타나게끔 번안된 응시점 탐색 과제를 사용하였다. 통제집단의 참여자들은 통제집단용 응시점 탐색 과제를 이용하여 동일한 수효의 훈련 회기를 마쳤다. 훈련은 1주일에 2회기씩 총 4주간 실시되었고, 각 회기마다 참여자들은 240회의 시행을 마쳤다. 통제집단에서는 연구가 진행됨에 따라 불안 수준에서 변화가 없었다. 긍정적 편향 훈련의 조건에 속한 참여자들은 훈련 후 자기보고와 면접 척도에서 불안점수가 더 낮아진 결과를 나타냈다. 즉 긍정적 편향 훈련을 받은 사람들 중 50%는 GAD의 진단 기준에 더 이상 부합하지 않게 되었다. 주의 훈련이 가져다주는 긍정적 효과는 사회불안이 있는 사람들 사이에서

**첫 번째 화면**

**두 번째 화면**

**그림 3.3** 응시점 탐색 과제는 주의에서의 편향을 검사하여 참여자들에게 편향을 학습하도록 훈련시키는 데 사용된다. 각 시행의 첫 번째 화면에서, 참여자들은 중성 단어(neutral word)와 부정 단어(negative word)를 보게 된다. 두 번째 화면에서, 이 2개의 단어 중 하나가 있던 위치에 응시점이 나타난다. 참여자는 이 점이 화면의 왼쪽 또는 오른쪽에 나타났는지를 알리기 위해 가능한 한 빨리 단추를 눌러야 한다. 위에 제시된 경우, '죽음(death)'이라는 단어를 보고 있던 사람은 '탁자(table)'라는 단어를 보고 있던 사람에 비해 응시점을 보고 나서 더 빠른 반응을 보일 것이다. 사람들에게 부정적 편향에 대해서 학습시키기 위해서, 연구자들은 부정 단어가 있던 바로 그 위치에 응시점을 제시하는 것을 수백 번의 시행 동안 실시하였다. 통제집단에 대해서는, 응시점이 화면의 왼쪽이나 오른쪽에 무선적으로 제시되게 한다.

도 확인되었다(Schmidt, Richey, Buckner et al., 2009). 또한 이런 유형의 훈련은 사람들은 일상적인 스트레스에 부딪힐 때 코르티솔 반응을 줄이는 데 도움이 되는 것으로 밝혀졌다(Dandeneau, Baldwin, Baccus et al., 2007).

# 특정 불안장애의 원인론

아기 앨버트가 여기에서는 Watson과 Rayner와 함께 있는데, 흰쥐에 대한 두려움을 발달시키기 위해 고전적 조건형성이 제공되었다.

지금까지 우리는 불안장애의 보편적인 발달배경이 될지도 모를 요인들에 대해 살펴보았다. 이제는 특정 불안장애의 각각이 어떻게 발생하는지에 관한 의문을 살펴보고자 한다. 즉 어떤 사람은 범불안장애가 나타나는 반면, 다른 사람은 특정공포증을 나타내는 이유는 무엇인가? 이미 살펴본 공통된 원인론적 요인을 염두에 두고서 이러한 공통 요인이 다음에 기술될 특정 사항과 어떻게 관련되고 묶이는지에 대해서 생각해보자.

## 특정공포증의 원인론

공포증에 대한 가장 유력한 모형은 앞에서 설명한 행동 조건형성의 2요인 모형(two-factor model)이다. 여기에서 우리는 이 모형이 공포증을 이해하는 데 어떻게 적용될 수 있는지에 대해 자세히 살펴본다. 우리는 연구에서 나온 증거의 일부뿐만 아니라 이 모형에 대한 몇 가지 개선사항도 살펴보겠다.

행동 모형에서는 특정공포증이 위협적인 경험을 겪은 후에 발달되고 회피 행동에 의해 지속되는 조건화된 행동으로 간주된다. 이 모형에 대한 최초의 예시 중 하나에서, John Watson(미국의 행동주의 창시자)과 대학원생인 Rosalie Rayner는 1920년에 사례 보고서를 출간했는데, 이 속에서 이들은 고전적인 조건형성을 이용하여 앨버트(Albert)라는 아기에게 쥐에 대한 강렬한 두려움(공포증)을 만들어내는 것을 입증해 보았다. 앨버트는 처음에는 쥐를 무서워하지 않았지만, 쥐를 볼 때마다 매우 큰 소음을 반복해서 들려주고 난 뒤부터는 쥐를 보면 울기 시작했다.

이미 언급했듯이, 행동 이론에서는 공포증이 직접적 외상, 모델링, 또는 언어적 지시에 의해서도 조건형성될 수 있다고 시사한다. 그러나 공포증이 있는 사람들 중 상당수가 이러한 유형의 조건형성과 관련된 경험 중 하나라도 보고하는가? 한 연구에서는 1,937명에게 공포증이 발생하기 전에 위와 같은 유형의 조건형성과 관련된 경험을 한 적이 있는지를 물어보았다(Kendler, Myers, & Prescott, 2002). 조건형성과 관련된 경험을 한다는 것이 흔한 일임에도 불구하고, 연구 참여자 중 약 절반 정도는 그런 경험을 전혀 기억해내지 못했다. 확실한 것은, 상당수의 공포증이 조건형성의 경험을 하지 않고도 발생한다면, 이는 행동 모형에 대해서 큰 문제가 된다. 그러나 행동 모형의 주창자들은 사람들이 조건형성과 관련된 경험을 망각할 수 있다고 주장한다(Mineka & Öhman, 2002). 기억의 망각이 있기 때문에, 얼마나 많은 사람들이 조건형성과 관련된 경험을 기억하느냐를 단순히 조사해보았자 행동 모형에 대한 아주 정확한 증거를 제공해주지는 못한다.

위협적인 경험을 겪은 적이 있는 사람들 중에서조차, 상당수는 공포증이 발달하지 않는다. 이 점을 우리는 어떻게 이해해야 할까? 우선, 위에서 기술한 위험 요인들, 이를테면 유전적 취약성, 신경증, 부정적 인지, 그리고 공포 조건형성의 성향 등은 아마도 소질-취약성(diatheses-vulnerability) 요인으로 작용하여, 조건형성 경험의 정도와 연합하여 공포증이 발달할 것인지 여부를 결정짓는 것 같다(Mineka & Sutton, 2006).

또한 특정한 종류의 자극과 경험만이 공포증의 발달에 기여할 것이라고 여겨지고 있다. Mowrer의 원래의 2요인 모형에서는 인간이 모든 유형의 자극을 두려워하도록 조건형성될 수 있다고 시사하였다. 그러나 공포증이 있는 사람은 특정 유형의 자극을 무서워하는 경향이 있다. 통상 사람들은 꽃, 어린 양, 또는 전등갓에 대해서는 공포증을 보이지 않는 법이다! 그러나 곤충이나 다른 동물, 자연환경, 그리고 피에 대한 공포증은 흔하다. 여성 중에서는 절반 정도나 뱀이 무섭다고 보고한다. 게다가 다양한 유형의 동물들도 뱀에 대해서는 공포 반응을 보인다(Öhman & Mineka, 2003). 연구자들에 의하면, 인류가 진화하는 동안 높은 곳, 뱀, 그리고 성난 사람처럼 생명을 위협할 수 있는 자극들에 대해 강한 반응을 나타내는 것을 학습해 왔다고 한다(Seligman, 1971). 아마도 인간의 공포 회로는 이러한 유형의 자극에 대하여 특히 신속하고 자동적으로 반응하도록 진화해 왔을지도 모른다(Seligman, 1971). 즉 인간의 공포 회로는 특정한 자극에 대한 두려움을 학습하도록 진화에 의해서 '준비'되었을지 모른다. 따라서 이런 유형의 학습을 **준비된 학습**(prepared learning)이라 부른다. 이와 같이 진화론적인 관점에서 적응에 도움이 되는 두려움이라는 아이디어를 뒷받침하는 증거로서, 연구자들은 원숭이가 뱀과 악어를 두려워하도록 조건형성될 수는 있지만 꽃과 토끼에 대해서는 안 된다는 것을 보여주었다(Cook & Mineka, 1989). 연구자들이 이 모형을 검증해 나가면서, 일부 학자들은 원래 인간이 아주 다양하게 많은 유형의 자극을 무서워하도록 조건형성(학습)될 수 있다는 것을 발견하였다(McNally, 1987). 대부분 유형의 자극에 대한 두려움은 노출이 지속되면 금방 사라지지만, 원래 위험한 자극에 대한 두려움은 지속되는 것으로 대부분의 연구에서 나타났다(Dawson, Schell, & Banis, 1986).

## 사회불안장애의 원인론

이 절에서는 사회불안장애와 관련된 행동 및 인지 요인을 소개한다. 또한 행동 억제의 특질도 사회불안장애의 발달에서 중요한 역할을 할 가능성이 있다.

**행동 요인 : 사회불안장애의 조건형성** 사회불안장애의 원인에 대한 행동적 관점은 두 요인의 조건형성 모형에 토대를 두고 있다면, 특정공포증에 대한 행동적 관점과 비슷하다. 즉 인간이(직접적으로, 모델링을 통해서, 또는 언어적 지시를 통해서) 부정적인 사회 경험을 하게 될 수도 있으며, 그와 비슷한 상황을 무서워하게끔 고전적 조건형성이 될 수 있고, 이렇게 되면 당사자는 이런 상황을 회피하게 된다. 다음 단계는 조작적 조건형성 과정이다. 즉 회피행동은 강화를 받게 되는데 왜냐하면 회피행동을 하고 나면 당사자는 덜 두렵게 되기 때문이다. 당사자는 사회 상황을 계속 피하려고 할 것이기 때문에, 이와 같이 조건형성된 공포가 소멸될 가능성은 거의 없게 된다. 당사자가 다른 사람들과 상호작용할 때에도, 당사자는 안전행동이라는 미명하에 회피행동을 나타낼 수 있다. 사회불안장애에서 나타나는 안전행동의 예로는 눈맞춤을 피하기, (진행중인) 대화에서 벗어나기, 그리고 남들과 떨어져 서 있기 등이 있다. 이는 (남들로부터의) 부정적 반응을 회피하려고 취하는 것이지만, 이러한 행동이 또 다른 문제를 일으킨다. 어떤 사람들은 이러한 유형의 회피행동을 받아들이지를 못하는 경향이 있는데, 이런 경우에는 문제가 더욱 악화될 수 있다(Wells, 1998). (이를테면 당신이 누군가에게 말을 걸려고 하는데, 상대방이 땅바닥만 쳐다보고, 당신이 묻는 질문에 대답하지도 않고, 당신이 말하는 중에 자리를 떠나려고 한다면, 당신은 어떤 반응을 보이게 될지를 생각해보라.)

**인지 요인 : 부정적 자기평가에 지나치게 신경 쓰기** 이 이론은 인지 과정이 사회불안을 더 키워줄 수 있는 몇 가지 다양한 경로에 초점을 맞추고 있다(Clark & Wells, 1995). 첫째, 사회불안장애가 있는

준비된 학습의 모형에 의하면, 우리는 위험 신호, 이를테면 화난 사람, 위협적인 동물, 그리고 위험한 자연환경에 대해 특별히 주의를 기울이도록 진화되었다고 한다.

사람은 자신의 사회행동에 따른 후속 결과에 대해 비현실적으로 부정적인 믿음을 갖고 있는 것으로 보인다. 예를 들면, 사회불안장애가 있는 이들은 말할 때 얼굴이 빨개지거나 말이 막히면 다른 사람들로부터 배척당할 것이라고 믿을 수 있다. 둘째, 이들은 남들과 달리 사회 상황에서 자신이 어떻게 행동했는지와 자신의 내면 느낌에 주의를 더 많이 기울인다. 대화할 때 상대방의 말에 주의를 기울이기보다는 남들이 자기를 어떻게 보는지에 대한 생각에 종종 빠진다(예 : "그는 틀림없이 내가 바보라고 생각할 거야."). 한 연구에서는, 연구자들이 남성을 대상으로 자신을 매력적인 여성에게 소개한다고 상정할 때 머릿속에 떠오르는 생각을 자세히 말하도록 요구하였다(Zanov & Davison, 2010). 사회불안이 있는 남성은 사회불안이 없는 사람에 비해서 자신이 해낸 수준(수행도)에 대한 생각을 말로 표현하는 경향이 훨씬 높았다(Bates, Campbell, & Burgess, 1990; Zanov & Davison, 2009). 이들이 자신의 수행도에 초점을 맞추면, 이들은 남들이 자신에게 어떻게 반응할지에 대해서 엄청나게 부정적인 시각적 이미지를 떠올리는 경우가 종종 있었다(Hirsch & Clark, 2004). 물론, 대화를 잘 나누려면 다른 사람에 초점을 두는 것이 필요하지만, 자기 내면의 느낌과 평가 관련 인지내용에 대해 너무나 많이 생각하게 되면 사회 장면에서의 어색함을 더 많이 느끼게 될 수 있다. 결과적으로 생기는 불안은 사회 장면에서 잘 해내려는 능력을 저해하고, 이는 악순환을 가져온다. 예를 들면, 사회불안이 있는 사람은 남에게 충분히 주의를 기울이지 않을 것이며, 그러면 상대방은 이 사람이 자기에게 관심이 없다고 여길 것이다.

확실한 증거에 의하면, 사회불안장애가 있는 사람은 자신이 사회적으로 어색함을 느끼지 않을 때조차 자신의 사회적 수행도를 지나치게 부정적으로 평가한다고 한다(Stopa & Clark, 2000). 예를 들면, 한 연구에서는 사회불안장애가 있는 사람과 없는 사람을 대상으로 얼굴이 빨개지는 정도를 평가하였다. 연구참여자들에게는 동요 부르기 등과 같은 여러 과제를 하는 동안 자기 얼굴이 얼마나 빨개지겠는지를 추정하도록 요청하였다. 그런 다음, 이상의 여러 과제를 수행하도록 요구하였다. 그 결과, 사회불안장애가 있는 참여자들은 자신의 얼굴이 빨개질 것인지에 대해서 과대추정한 것으로 나타났다(Gerlach, Wilhelm, Gruber et al., 2001). 마찬가지로, 한 연구팀에서는 사회불안장애가 있는 사람들에게 짧게 발표하게 시키고는 자신이 발표하는 모습을 녹화한 비디오를 보여주고 그 수행도를 평가하도록 했다. 사회불안이 있는 사람들은 객관적인 입장의 평가자에 비해서 자신이 발표하는 것을 더 부정적으로 평정하였다. 반면에 사회불안이 없는 사람들은 자신의 수행도를 깎아내리는 식으로 평가하지 않았다(Ashbaugh, Antony, McCabe et al., 2005). 따라서 사회불안이 있는 사람들이 자신의 수행도를 불공정할 정도로 지나치게 깎아내린다는 증거가 확실해 보인다.

또한 사회불안장애가 있는 사람들이 외부(사회적) 단서보다 (당사자의) 내부 단서에 주의를 더 많이 기울인다는 증거도 있다. 예를 들면, 사회불안장애가 있는 사람은 다른 사람들에 비해서 자신의 불안 징후를 살피는 데 시간을 더 많이 보내는 것으로 보인다. 한 연구에서는, 연구자들이 참여자들에게 자신의 심장박동률(heart rate)을 컴퓨터 화면으로 보거나 또는 다른 사람들의 얼굴을 비디오로 볼 기회를 주었다. 이런 얼굴은 대부분 위협적인 것이었다. 사회불안장애로 진단된 사람들은 사회불안장애로 진단되지 않은 사람들보다 자신의 심장박동률에 주의를 더 많이 기울였다(Pineles & Mineka, 2005). 따라서 사회불안장애가 있는 사람들은 외부의 위협적일 가능성 있는 자극을 계속 주시하고 있기보다는 자신의 불안 수준을 살피느라 바쁜 경향이 있었다.

지금까지 살펴본 모든 위험 요인들을 모린처럼 사회불안장애가 있는 사람에게 적용할 때 어떻게 융합될 수 있을까? 모린은 처음 보는 사람을 만나면 불안해하는 경향성을 다소 타고난 것으로 보인다. 그녀는 성장 과정에서 이런 불안 때문에 사회 기술을 습득하고 자신감을 획득하는 데 지장을 받았을 수 있다. 자신의 사회적 능력에 대한 남들의 견해를 두려워한 것과 자신의 사회능력에 대한 스스로의 부정적 생각이 악순환을 초래하여, 결국 그녀는 견딜 수 없는 불안 때문에 사회 상황을 회피하게 되었으며, 그 결과 회피행동은 불안이 가중되게 만들었다. 그녀가 사회 장면 속에 처해 있는 동안에도, 자신의 수행도와 불안 수준에 대해 신경을 쓰다 보면 남들과의 어울림에 충분히 몰입하는 데 지장을 받았을 수 있다.

## 공황장애의 원인론

이 절에서는 공황장애의 원인에 대한 현대적인 관점을 신경생물학적, 행동적, 인지적 관점에서 살펴본다. 앞으로 보겠지만, 이런 모든 관점에서는 사람들이 심장박동률의 증가와 같은 신체적 변화에 어떻게 반응하는지에 대해 초점을 맞추고 있다.

**신경생물학적 요인**    앞에서 우리는 공포 회로가 많은 불안장애에서 중요한 역할을 하는 것으로 보인다는 점을 살펴보았다. 이제 우리는 공포 회로의 특정 부위인 **청반**(locus coeruleus)(그림 3.4 참조)이 공황장애에서 특히 중요하다는 점을 보게 될 것이다. 청반은 뇌 속의 신경전도체인 노르에피네프린의 주요 공급처이다. 노르에피네프린의 급상승은 스트레스에 대한 자연스러운 반응으로서, 이런 급상승이 나타나면 이는 교감신경계의 활동 고조와 관련이 있으며, 교감신경계의 활동 고조는 싸우느냐 도망가느냐(투쟁-도피) 반응을 뒷받침해주는 심장박동률의 증가, 그리고 그 밖의 다른 정신생리성 반응으로 나타난다. 공황장애가 있는 사람들은 노르에피네프린의 방출을 촉발하는 약물에 대해서 보다 극적인 생물학적 반응을 나타낸다(Neumeister et al., 2005). 청반의 활동을 증가시키는 약물은 공황발작을 촉발할 수 있으며, 청반의 활동을 감소시키는 클로니딘(clonidine)과 일부 항우울제를 위시한 약물들은 공황발작의 위험을 감소시켜준다(Sullivan, Coplan, Kent et al., 1999).

## 행동 요인 : 고전적 조건형성

공황장애의 원인론에 대한 행동적 관점에서는 고전적 조건형성에 초점을 맞추고 있다. 이 모형은 하나의 흥미로운 패턴에서 도출된 것인데, 즉 공황발작이 흥분과 관련된 신체 내부감각에 의해 촉발되는 경우가 종종 있다(Kenardy & Taylor, 1999). 이 이론에 따르면, 공황발작은 불안을 촉발하는 상황이나 흥분 관련 신체 내부감각에 고전적으로 조건형성된 반응이다(Bouton, Mineka, & Barlow, 2001). 신체 감각에 대한 반응이 공황발작과 고전적 조건형성 과정에 의해 연결되는 것을 **내부수용적 조건형성**(interoceptive conditioning)이라고 불러 왔다. 어떤 사람이 불안과 관련된 신체적 증세를 겪고 나서, 뒤이어 공황발작이 처음으로 나타나게 되었다면, 이 공황발작은 신체 변화에 대해 조건화된 반응이 되는 것이다(그림 3.5 참조).

**공황장애에서의 인지 요인**    인지적 관점에서는 신체 변화에 대해서 큰일이 임박한 듯 잘못 해석하는 것[재앙적 해석(catastrophic interpretations)]에 초점을 맞춘다(Clark, 1996). 이 모형에 따르면, 공황발작은 신체감각에 대해서 곧 큰일이 엄습할 것이라는 것을 알려주는 신호로 받아들일 때 발생한다(그림 3.6 참조). 예를 들면, 공황장애가 있는 사람은 심장박동이 빨라지는 것을 심장발작이 임박했다는 징후로 해석할 수 있다. 물론 이런 생각은 불안을 한층 높여줄 것이며, 이는 신체감각을 더 많이 느끼게 하고, 결국에는 악순환이 발생하게 된다.

이런 인지 요인들이 공황발작에 기여할 수 있는 증거는 아주 강력하다. 이런 증거를 이해하려면 공황발작이 실험을 통해서도 유도될 수 있다는 것을 아는 것이 중요하다. 75년이 넘도록 연구의 초점은 실험을 통해서 공황발작을 촉발하는 데 맞추어져 있었다. 이런 연구의 결과들은 생리적 감

오스카 상을 받은 여배우 킴 베이싱어는 사회 공포증뿐만 아니라 광장공포증이 수반된 공포 장애를 앓은 적이 있던 것으로 보도되었다.

출처 : J. H. Martin, *Neuroanatomy Text and Atlas*, 4th ed. (1996), copyright McGraw Hill Education LLC with permission.

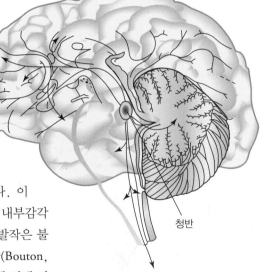

청반

**그림 3.4** 청반은 노르에피네프린의 주요 공급처이다. 노르에피네프린의 급상승은 심장박동률의 증가를 위시해서 많은 생리적 변동을 가져온다.

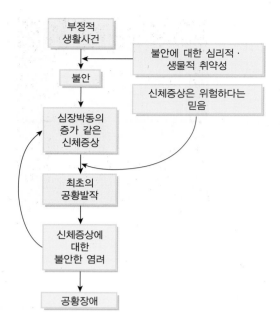

**그림 3.5** 신체 내부감각의 조건형성

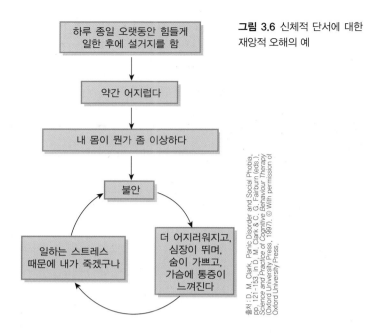

**그림 3.6** 신체적 단서에 대한 재앙적 오해의 예

출처 : D. M. Clark, Panic Disorder and Social Phobia, pp. 121-153, in D. M. Clark & C. G. Fairburn (eds.), *Science and Practice of Cognitive Behaviour Therapy* (Oxford University Press, 1997). © With permission of Oxford University Press.

실험 결과는 공황발작이 신체감각을 변화시키는 다양한 요인에 의해 촉발될 수 있음을 보여주었다. 여기에는 약물 그리고 심지어는 운동도 해당된다.

각을 불러일으킬 수 있는 일단의 요인들이 공황발작의 전력이 있는 사람들에게서 공황발작을 촉발할 수 있음을 시사해주고 있다. 이런 촉발 요인에는 10여 가지 이상의 다양한 약물을 위시한 많은 것들이 해당된다(Swain, Koszycki, Shlik et al., 2003). 심지어는 생리적으로 반대방향으로 효과를 가져다주는 약물조차 공황발작을 초래할 수 있다(Lindemann & Finesinger, 1938). 심지어 운동만 했거나, 간단한 이완훈련, 또는 귀 내부의 질환과 같은 병으로 인해 유발된 신체감각만으로도 공황발작을 일으킬 수 있었다(Asmundson, Larsen, & Stein, 1998). 흔히 사용되는 또 다른 절차는 고농도의 이산화탄소가 함유된 공기를 사람들에게 마시게 하는 것이다. 산소의 감소에 대한 반응으로 호흡이 가빠지게 되며, 이것이 어떤 사람들에게는 공황을 유도해낸다. 요약하면, 다양한 신체감각이 공황발작을 촉발할 수 있다(Barlow, 2004). 인지 연구자들은 이런 실험연구에서 공황발작이 나타나는 사람과 그렇지 않은 사람을 구분해내는 방법에 초점을 맞추어 왔다. 이런 요인에 노출된 후, 공황발작이 나타나는 사람과 그렇지 않은 사람 간의 차이는 단 한 가지 특성에 따라서 달라지는 것으로 보인다. 즉 신체 변화로 인해서 겁을 먹는 정도이다(Margraf, Ehlers, & Roth, 1986).

인지가 공황발작의 예측 요인으로서 역할을 발휘하는 것을 보여주기 위하여, 한 연구에서는 연구자들이 위에서 기술된 이산화탄소의 수준을 조작하는 패러다임을 사용하였다. 이산화탄소의 수준이 조작된 공기를 들이마시기 전에, 일부 사람들에게는 그들이 경험하게 될 신체감각에 대해 충분히 설명해준 반면, 다른 사람들에게는 아무런 설명도 해주지 않았다. 공기를 들이마시고 나자, 사전에 충분한 설명을 들었던 사람들은 설명을 듣지 못한 사람들에 비해서 (실험을 통해 느끼게 된) 자신의 신체감각에 대하여 큰일이 임박한 듯한 해석을 적게 했고, 공황발작을 나타내는 것도 훨씬 적었다고 보고했다(Rapee, Mattick, & Murrell, 1986). 따라서, 신체감각을 큰일이 임박한 것으로 해석하는 것(재앙적 해석)은 공황발작을 촉발하는 데 중요한 것으로 보인다.

공황장애가 발달되기 전에 큰일이 생길 듯이 해석(재앙적 해석)하는 성향은 탐지할 수 있다. 많은 연구자들은 **불안 민감도 지표**(Anxiety Sensitivity Index)라고 불리는 검사를 사용해서 이런 견해를 검증해 왔는데, 이 지표는 사람들이 자신의 신체감각에 대해 두려워하는 반응을 나타내는 정도를 잰다(Telch, Shermis, & Lucas, 1989). 이 척도에서 사용된 항목에는 "평상시와는 다른 신체감각이 나를 놀라게 한다" 그리고 "내 심장이 빨리 뛰고 있다는 것을 알게 되면, 내가 심장마비에 걸린 것이 아닌가 걱정된다" 등이 있다. 한 연구에서는 공황발작의 전력이 없는 대학생들을 불안 민감도 지표 검사 점수에 근거해서 높은 집단과 낮은 집단으로 나누었다(Telch & Harrington, 1992). 그다음에 연구자들은 위에서 기술한 이산화탄소 조작법을 사용하여 누가 공황발작을 나타낼 것인지를 알아보려고 하였다. 방금 기술한 Rapee의 연구에서와 마찬가지로, 참여자 중 절반에게는 이산화탄소가 흥분 증상을 일으킬 것이라고 말해주었고, 나머지 절반에게는 그런 말을 해주지 않았다. 이산화탄소가 많이 함유된 공기를 마신 참여자들 중에서는, 자신의 신체감각을 두려워하는 사람들로서 특히 이산화탄소가 자신의 흥분 수준에 미치는 신체적 영향에 대해서 경고를 받지 못했던 참여자의 경우에 공황발작이 가장 많이 나타났다. 이 결과는 해당 모형이 예측했던 바와 정확하게 일치하였다. 즉 신체적 감각을 두려워하는 사람이 (자신의 몸속에서) 설명할 수 없는 생리적 흥분을 느끼게 되면 공황발작이 나타난다는 것이다.

또한 불안 민감도 지표는 보다 장기간의 연구에서 공황발작의 발생을 예측해주는 것으로 나타났다. 한 연구에서, 연구자들은 1,296명의 공군 훈련병을 대상으로 기초 군사훈련 과정 중 스트레스 경험을 하는 과정을 조사했다(Schmidt, Lerew, & Jackson, 1999). 위 모형과 부합되게, 불안 민감도 지표에서 처음부터 점수가 높았던 훈련병은 처음에 점수가 낮았던 훈련병에 비해서 기초 군사훈련 중에 공황발작이 나타나는 경우가 더 많았다.

공황장애가 있는 사람들이 신체의 조그만 변화를 알려주는 신호도 잘 받아들인다는 견해에 맞게, 여러 연구 결과는 정신생리 장비를 사용하여 심장박동수를 알려주었을 때 공황장애가 있는 사람들은 다른 사람들에 비해서 부정맥이 나타나는 것을 보다 잘 파악하였으며 또한 스트레스를 받고 흥분될 때 자신의 심장박동의 변화를 보다 잘 탐지해내는 것을 보여주었다(Domschke, Stevens, Pfleiderer et al., 2010).

**모든 것을 통합하기 : 공황장애에 대한 신경생물학적 및 심리적 위험 요인에 영향을 미치는 유전자**    신경펩티드 S 기능을 이끄는 유전자, 즉 NPSR1 유전자에 대한 동질이상체가 존재하면 공황장애의 위험성이 높아지는 것으로 연결되었다(Donner, Haapakoski, Ezer et al., 2010). 상당히 많은 유전 및 약리 연구들은 신경펩티드 S가 쥐들에게서 불안과 비슷한 행동이 나타나는 것과 관련되어 있다는 것을 보여주었다(Donner et al., 2010). 인간의 경우에는 NPSR1 유전자가 위협 자극에 대해서 편도체의 반응이 높아지는 것(Kumsta, Chen, Pape et al., 2013), 실험실 스트레스 자극에 대한 코르티솔 반응이 증가하는 것(Dannlowski, Kugel, Franke et al., 2011), 그리고 불안 민감도 점수가 높은 것(Domschke, Reif, Weber et al., 2011)과 관련이 있었다. 종합하면, 연구 결과 발견된 사실은 생물학적 취약성이 신체 변화에 대한 스트레스 반응 및 과도한 민감성을 형성하는 것으로 보이며, 이는 공황장애에 걸릴 위험성을 높일 수 있음을 시사한다.

## 광장공포증의 원인론

광장공포증은 DSM-5에 와서 별개의 장애로서만 인정되었기 때문에, 그 원인론에 대해서는 알려진 것이 적다. 다른 불안장애와 마찬가지로, 광장공포증에 걸릴 위험성은 유전적 취약성 및 생활사건과 관련이 있는 것으로 보인다(Wittchen et al., 2010). 이런 증상이 어떻게 해서 나타나는지에 관한 하나의 주요한 모형에서는 인지에 초점을 맞추고 있다.

광장공포증의 원인론에 대한 주된 인지 모형은 **두려움에 대한 두려움 가설**(fear of fear hypothesis)인데(Goldstein & Chambless, 1978), 이 가설에 따르면 광장공포증은 공공장소에서 불안에 빠지면 그 뒤에 따르는 결과가 어떻게 될지에 대한 부정적 생각에 의해 유발된다. 광장공포증이 있는 사람들은 공공장소에서 불안이 나타났을 때 그에 따른 후속 결과가 끔찍할 것이라고 생각한다는 증거가 있다(Clark, 1997). 이들은 불안이 사회적으로 용납될 수 없는 결과를 초래할 것이라는 재앙적 믿음을 가지고 있는 것으로 보인다(예 : "나는 미치게 될 거야."; Chambless, Caputo, Bright et al., 1984).

## 범불안장애의 원인론

범불안장애(GAD)는 여타의 불안장애들과 함께 발생하는 경향이 있다. 동반이환율이 높기 때문에, 연구자들은 불안장애를 예측하는 데 관련된 요인들 중 상당수가 범불안장애를 이해하는 데 특히 중요하다고 믿고 있다. 그러나 GAD는 몇 가지 중요한 점에서 여타의 불안장애와는 다른 것으로 보인다. GAD의 진단 기준에 부합하는 사람들은 많은 다른 불안장애가 있는 사람들에 비해 MDD 일화를 겪을 가능성이 훨씬 더 높다. 게다가 GAD에서는 특정한 패턴의 강렬한 공포를 겪기보다는 전반적인 고통을 겪기 쉬운 것으로 보인다. 사실 다른 불안장애들이 위협 자극에 대해서 대단히 강렬한 정신생리적 반응을 나타내는 것과 관련이 있는 경향이 있는 반면, GAD로 진단된 사람들은 위협에 대해서 이와 같이 고도의 정신생리적 반응을 나타내지 않는다(McTeague & Lang, 2012). GAD는 두려움보다는 전반적인 고통이라는 두루뭉술한 프로파일과 관련되어 있다. 인지이론은 GAD에서 관찰되는 고통을 좀 더 잘 이해하게 해주는 한 가지 방식을 제공해주고 있다.

보다 세부적으로 말하면, 인지 요인은 왜 어떤 사람들은 다른 사람들보다 걱정을 더 많이 하는지 그 이유를 설명해주는 데 도움이 줄 수 있다. 걱정이란 너무도 불쾌한 정서이기 때문에, 누구라도 인간이 왜 걱정을 많이 하는 존재일까 궁금할 것이다(Borkovec & Newman, 1998). Borkovec과 동료들은 걱정이 사실상 부정적인 강화효과가 있다는 증거를 정리하여 제시하였다. 즉 당사자는 걱정 덕분에 이보다 훨씬 강렬한 부정적인 정서와 이미지로부터 주의를 돌릴 수 있게 된다는 것이다. 이런 주장을 이해하기 위한 관건은 걱정이 강력한 시각적 이미지를 수반하지 않으며, 통상 정서에 수반하는 생리적 변화도 일으키지 않는다는 것을 (독자 여러분이) 깨닫는 것이다.

오히려 걱정은 일어날지도 모를 나쁜 일에 대한 일종의 반복적인 독백과 같은 것으로서 강렬한 정서를 수반하지는 않는 것으로 보인다. 사실 걱정에 빠지면 흥분을 반영해주는 정신생리적 반응이 실제로 줄어든다(Freeston, Dugas, & Ladoceur, 1996). 따라서 걱정을 함으로써 범불안장애가 있는 사람들은 걱정보다 더 불쾌하고 강력할 수 있는 정서를 회피할 수 있게 되는 것일지도 모른다. 그러나 이와 같이 회피하기 때문에, 그 이미지의 저변에 깔린 불안은 없어지지 않는다.

범불안장애가 있는 사람들은 어떤 종류의 불안 유발 이미지를 회피하려고 하는 것일까? 이에 대한 대답이 될지도 모를 연구 결과에 따르면, 범불안장애가 있는 사람들 중 상당수가 과거의 외상 경험을 보고한다고 한다(Borkovec & Newman, 1998). 한 연구에서는 1,000명 이상의 참가자를 대상으로 3살 때부터 32살에 이르기까지 추적조사했는데, 연구진은 아동기에 받은 다양한 유형의 냉대(maltreatment)를 부호화하였고, 여기에는 낳아준 엄마로부터의 배척, 가혹한 훈육, 그리고 아동기 학대가 들어 있었다. 냉대받은 경험은 GAD가 나타날 위험성이 4배나 높은 것으로 예측해주었다. 걱정하는 것은 범불안장애가 있는 사람들에게서 주의를 빼앗아 이러한 과거의 외상 경험이 기억에 떠오르는 고통에서 벗어나게 해주는 것인지 모른다.

또한 GAD가 있는 사람들이 정서를 회피하고 있는 것일 수 있다는 견해도 뒷받침을 받고 있다. 예를 들면 GAD로 진단된 사람들은 자신의 감정을 이해하고 명명하기가 어렵고(Mennin, Heimberg, Turk et al., 2002). 자신의 부정적 정서를 조절하기가 어렵다고 말하며(Roemer, Lee, Salters-Pedneault et al., 2009), 그리고 남들에 비해서 강렬한 정서를 회피하고 싶은 마음이 더 크다고 말한다(Olatunji, Moretz, & Zlomke, 2010). 이와 같은 과정들이 걱정을 일으키는 과정을 보

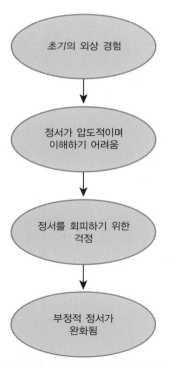

**그림 3.7** GAD에서 보이는 과도한 걱정은 강렬한 정서를 회피하기 위한 시도일 수 있다.

여주는 개요는 그림 3.7을 보라.

어떤 연구 결과에 의하면, 애매함을 잘 받아들이지 못하는 사람, 즉 안 좋은 일이 장차 일어날지도 모른다는 생각을 견디지 못하는 사람은 걱정을 더 많이 하며 범불안장애에도 걸리기 쉽다고 시사된다(Dugas, Marchand, & Ladouceur, 2005). 이와 같이 불확실성을 견디지 못하는 것은 시간이 지남에 따라 걱정이 증가할 것을 예상할 수 있게 해준다(Laugesen, Dugas, & Bukowski, 2003). 불확실성을 견디지 못하는 것은 GAD가 있는 사람들에게 특히 우세하지만, 주요우울장애와 강박장애가 있는 사람들도 또한 미래가 불확실할 때 몸부림치는 경향이 있다(Gentes & Ruscio, 2011).

## 중간 요약

많은 위험 요소가 특정 불안장애보다는 불안장애에 대한 단계를 일반적으로 설정한다. 불안장애의 행동 모형은 Mowrer의 2요인 모형을 기반으로 한다(고전적 조건형성과 조작적 조건형성). 이 모델은 사건에 대한 직접적인 노출, 사건을 경험하는 다른 사람의 관찰(모델링) 또는 구두 지시에 의해 고전적 조건형성이 유도될 수 있다고 생각하도록 확장되었다. 다른 위험 요인은 공포 조절에 대한 경향을 증가시킬 수 있다. 불안감에 대한 연구는 뇌의 공포 회로에 초점을 맞추고 있다. 불안장애는 또한 GABA, 노르에피네프린 및 세로토닌 시스템의 기능 저하를 수반하는 것으로 보인다. 행동 억제와 강박장애의 성격적 특성은 모두 불안장애의 발달과 관련이 있다. 인지장애는 미래에 대한 부정적인 기대와 삶이 통제할 수 없다는 믿음과 부정적인 정보에 대한 편견과 연관되어 있다.

특정공포증은 외상적 사건에 대한 반응을 통해 조건형성된 결과를 반영하는 것으로 믿고 있다. 많은 사람들은 특정공포증을 나타내기 전에 외상적인 조건형성의 경험을 겪었다고 보고하지만, 또 다른 많은 사람들은 그렇게 보고하지 않고 있는데, 그 이유는 아마도 조건형성 경험이 잊혀져서 그럴 수 있다. 준비된 학습이란 사람들이 어떤 진화적 의미가 있는 공포 자극에 대해서 조건형성된 반응을 지속적으로 갖고 있기 쉽다는 사실을 지칭한다.

사회불안장애는 조건형성 및 행동 억제와 관련이 있는 것으로 보인다. 사회불안장애와 관련된 인지 요인에는 (자신의) 사회적 수행도에 대한 자기비판적 평가(self-critical evaluations)와 자기 내면의 생각 및 감각에 초점을 두는 경향성이 들어 있다.

신경생물학적 연구들은 공황발작이 뇌 속 청반에서의 활동이 높은 것과 관련이 있음을 보여주고 있다. 행동 모형에서는 사람들이 외부 상황이나 자신이 흥분되었음을 알려주는 내면의 신체적 신호(internal somatic signs of arousal)에 대한 반응으로서 공황발작을 겪게끔 고전적으로 조건형성되었을 가능성을 강조하고 있다. 신체적 신호에 대한 조건형성은 '내부수용적 조건형성'이라고 부른다. 인지적 관점에서는 신체 증상에 대한 재앙적인 잘못된 해석에 초점을 둔다.

광장공포증에 대한 인지 모형에서는 '두려움에 대한 두려움' 또는 불안을 겪을 경우 발생하게 되는 것에 대한 지나치게 부정적인 믿음에 초점을 둔다.

한 유형의 인지 모형에서는 걱정이 강력하게 고통을 가져오는 정서적 이미지로부터 사람들을 실제로 보호해주는 것일 수도 있음을 강조한다. 또한 GAD가 있는 사람들은 애매한 것을 잘 견디지 못하는 것으로 보인다.

## 복습문제 3.2

아래의 각 문제에 대해 가장 적절한 답을 고르라.
1. 연구 결과에 의하면 유전자는 공항장애 이외의 불안장애에서 변량의 _____를 설명해준다고 한다.

   a. 0~20%

   b. 20~40%

   c. 40~60%

   d. 60~80%

2. 부정적 정동(negative affect)을 자주 강렬하게 느끼는 경향이 있는 것

이 특징인 성격특질은 무엇인가?

**a.** 외향성

**b.** 노이로제

**c.** 신경증

**d.** 정신증

해당되는 모든 것에 표기하라.

3. 불안장애와 상관관계가 있는 것으로 밝혀진 인지 요인은 무엇인가?

**a.** 자존감이 낮은 것

**b.** 위협 신호에 (예민하게) 주의를 기울이는 것

**c.** 절망감

**d.** (자신에게) 통제능력이 없다고 보는 것

4. 공포 회로에서의 핵심 구조는 무엇인가?

**a.** 소뇌

**b.** 편도체

**c.** 후두엽

**d.** 하위의 소구(inferior colliculi)

아래의 각 이론과 원인론에 대한 모형을 서로 연결시켜라.

5. 공황장애

6. GAD

7. 특정공포증

**a.** 불안 민감도

**b.** 준비된 학습

**c.** 강력한 부정적 정서의 회피

아래 빈칸을 채워보라.

8. Mowrer의 2요인 모형에는 _____ 조건형성이 들어 있으며, 두 번째 단계에는 _____ 조건형성이 들어 있다.

**a.** 조작적, 조작적

**b.** 고전적, 고전적

**c.** 고전적, 조작적

**d.** 조작적, 고전적

# 불안장애의 치료

불안장애 때문에 치료를 받으려고 하는 사람들의 상당수는 가정의를 방문할 뿐이다. 가장 흔한 치료로서, 사람들은 약물처방을 받게 된다. 2011년에는 8,000만 건 이상의 처방전이 벤조디아제핀이라는 항불안제 부류의 약물처방을 위해 작성되었다(IMS Health, 2012). 아래에서 소개하겠지만, 불안장애에 대해서는 그밖에도 많은 다른 치료법이 도움이 될 수 있다.

## 심리요법들 사이의 공통점

불안장애에 효과적인 심리치료는 공통적인 주안점(노출)을 갖고 있다. 즉 너무 무서워서 맞부딪치기가 어려운 대상에는 직접 부딪쳐야만 한다는 것이다. 치료적 관점이 다양한 치료사들도 모두 의견의 일치를 보는 것은 공포를 일으키는 그 자체에 직면해야 한다는 것으로서, 고대 중국의 속담처럼 '위험의 한가운데로 파고들어 가라. 왜냐하면 그곳에 가야 안전할 수 있기 때문이다.' 무의식 속에 있는 불안의 근원이 과거 속에 파묻혀 있다고 믿는 정신분석가들조차 궁극적으로는 두려움의 뿌리에 직면하기를 권고한다(Zane, 1984).

노출치료에 대한 전형적인 인지행동적 접근법에서는, 치료자와 내담자는 촉발자극의 목록을 만든다. 이는 불안이나 두려움을 유발할 수 있는 상황 및 활동을 말한다. 그다음에 치료자와 내담자는 '노출 위계(exposure hierarchy)'를 만드는데, 이는 이와 같은 촉발자극을 어려움의 정도 면에서 등급을 매긴 목록이다. 초기 회기에서는 비교적 덜 도전적인 촉발자극에 노출해보다가, 점차 내담자가 불안이 소멸되는 것을 학습하게 됨에 따라서 좀 더 도전적인 촉발자극에 직면하게 된다. 불안장애에 대한 CBT의 무선화된 통제연구는 100개가 넘으며(Norton & Price, 2007), 이들 중 수십 개의 연구에서는 CBT를 무슨 형태이든 심리치료법이 포함된 통제 처치 조건과 비교하였다(Hofmann & Smits, 2008). 이런 연구들에서는 CBT가 치료 효과가 좋으며, 이는 다른 유형의 처

치와 비교해서도 그런 결과가 나오는 것을 보여주었다. 노출요법은 내담자 중 70~90%에서 효과가 있다.

CBT의 효과는 처치 후 6개월이 지나서 추적조사용 평가가 실시되었을 때에도 지속되는 것으로 보이지만(Hollon, Stewart, & Strunk, 2006), 처치 후 수년이 지나면 많은 사람들이 자신의 불안 증상이 일부 되돌아오는 것을 경험한다(Lipsitz, Mannuzza, Klein et al., 1999). 재발 방지를 위해서는 핵심 원칙 두 가지가 중요해 보인다(Craske & Mystkowski, 2006). 첫째, 노출 시에는 두려운 대상의 상세한 부분에 가능한 한 많이 부딪혀야 한다. 예를 들면, 거미 공포증이 있는 사람의 경우, 노출의 초점은 털 달린 다리, 작고 반짝이는 동그란 눈, 그리고 그 밖의 거미의 특징에 둘 수 있을 것이다. 둘째, 노출은 가능한 한 다양한 상황에서 이루어져야 한다(Bouton & Waddell, 2007). 예를 들면, 거미의 경우 사무실 내에서뿐만 아니라 야외에서도 부딪혀보는 것이 중요할 수 있다.

노출에 대한 행동적 관점에서는 노출이 공포 반응을 소거해줌으로써 효과가 나타난다는 것이다. 상당히 많은 연구가 소거(extinction)가 신경생물학적 수준에서 어떻게 작용하는지 그리고 이 정보가 노출치료를 정교화하는 데 어떻게 사용될 수 있을지에 대해 초점을 맞추어 왔다(Craske, Kircanski, Zelikowsky et al., 2008). 이런 연구 결과는 소거가 지우개처럼 작용하는 것이 아님을 시사해준다. 개 공포증을 예로 들어보자. 소거는 개에 대해 저변에 깔려 있는 두려움을 모두 지워주는 것이 아니다. 즉 조건형성된 두려움은 여전히 뇌 속 깊숙이 남아 있어서 시간이 지남에 따라서 또는 특정 상황에서 다시 떠오를 수 있다. 오히려, 소거는 개와 관련된 자극에 대해 새로운 연합(new associations)을 배우는 것이다. 이와 같이 새로이 학습된 연합이 공포가 활성화되는 것을 억제한다. 따라서 소거는 학습하는 것이지, 망각하는 것이 아니다.

또한 노출요법에 대한 인지적 관점도 제시된 바 있다. 이 관점에 따르면, 노출은 당사자로 하여금 해당 자극에 대처할 수 없다는 잘못된 믿음을 바로잡게 하는 데 도움을 준다. 이런 관점에서는, 노출은 사람들로 하여금 자신의 믿음과 달리 혐오스러운 상황에서도 통제력을 잃지 않고 견딜 수 있다는 점을 깨닫게 해주어서 증상을 완화해준다(Foa & Meadows, 1997). 불안장애의 치료에 대한 인지적 접근법은 (1) 불안을 유발하는 대상이나 상황에 직면할 경우 부정적인 결과가 일어날 것이라는 개인적 믿음, 그리고 (2) 자기가 대처할 수 없을 것이라고 기대하는 바를 뒤흔드는 데(도전) 통상 초점을 맞춘다. 따라서 인지치료에서는 일반적으로 사람들이 이러한 상황에 대처할 수 있다는 것을 배우도록 도와주기 위해 노출법을 활용한다. 행동치료와 인지치료에는 모두 노출을 통해서 두려움에 대해 다르게 대처하는 것을 배우는 것이 들어 있기 때문에, 대부분의 연구들에서 불안장애의 노출요법에 인지치료적 요소를 추가한다고 해서 효과가 더 커지지는 않음을 시사한다는 것이 놀랄 만한 일은 아니다(Deacon & Abramowitz, 2004). 그러나 대단히 특정적인 인지 기법이 노출치료법에 추가되면 도움이 되는 것으로 보인다. 이런 특정적인 인지 기법의 일부를 아래에 소개한다.

가상현실은 비행기 타기, 높은 곳, 그리고 심지어는 사회적 상호작용과 같은 두려운 상황을 흉내 내기 위해 때때로 사용된다. 가상현실을 이용한 노출치료는 불안장애에 대해 상당한 안도감을 안겨주는 것으로 보인다(Parsons & Rizzo, 2008). 소규모의 통제 시행에서 발견된 사실은 이와 같이 시뮬레이션 된 상황에 대한 노출이 **실제의**[실생활에서의(real-life)] **노출**(in vivo exposure)만큼 효과가 있는 것으로 보임을 알려준다(Klinger, Bouchard, Legeron et al., 2005; Rothbaum, Anderson, Zimand et al., 2006).

가상현실 프로그램 이외에도, 웹에 기반을 둔 프로그램들이 불안장애가 있는 내담자들에게 인지행동치료를 안내해주기 위해 개발되었다. 사회불안장애, 공황장애, 그리고 GAD를 위한 컴퓨터화된 CBT 프로그램은 통제 조건에 비해서 큰 효과를 얻어냈으며, 이러한 효과는 내담자들을 프로그램 종료 후 6개월 뒤에 다시 평가했을 때에도 유지되고 있는 것으로 나타났다(Andrews, Cuijpers, Craske et al., 2010). 이러한 프로그램은 사람들과의 접촉이 최소한으로라도 제공되면 가장 좋은 효과를 나타내는 것으로 보인다(Marks & Cavanagh, 2009). 예를 들면, 내담자가 적절한 유형의 프로그램에 등록될 수 있도록 치료자가 초기 선별 절차를 진행할 수도 있을 것이다. 또는 내담자가 자신에게 적합한 노출 위계를 구성하는 것을 치료자가 도와줄 수도 있을 것이다. 또는 치료자가 내담자가 수행한 가정숙제(homework assignments)를 검토할 수도 있겠다(Marks & Cavanagh, 2009). 이러한 유형의 뒷받침을 제공해준다고 하더라도, 이런 프로그램은 노출치료를 완료하는 데 필요한 전문가의 접촉 시간을 상당히 줄여준다.

이 분야 연구들의 상당수가 그 양식은 어떻든 간에 노출 처리에 초점을 맞추고 있지만, 최근에 개발된 몇 가지 치료법은 사람들로 하여금 자신의 강렬한 불안 및 여타의 정서를 좀 더 돌이켜보고 덜 반응하는 관점에서 보도록 도와주고 있다. 이런 치료법에는 정서의 수용을 촉진해주기 위한 마음챙김 명상 및 기법 등의 요소가 들어 있는데, 이런 기법은 종종 다른 CBT 기법들과 함께 적용된다. 수용과 마음챙김 명상 처치가 위약 처치에 비해서 불안 증상을 줄여주는 데 효과가 더 큰 것으로 보이지만, 이런 치료법들은 표준적인 CBT 접근법만큼 도움이 되지는 못할 수 있다(Vøllestad, Nielsen, & Nielsen, 2012). 이런 접근법들을 CBT와 비교한 결과는 변동성이 커서, 좀 더 많은 연구가 수행될 필요가 있다(Hofmann, Sawyer, Witt et al., 2010).

## 특정 불안장애에 대한 심리요법

다음으로 심리치료가 특정한 불안장애에 어떻게 맞도록 적용될 수 있는지 살펴보겠다. 노출요법이 각각의 불안장애에 대해 적용되고 있지만, 노출요법을 특정 불안장애에 어떻게 맞게끔 적용할 수 있을까?

**공포증의 심리치료**   공포증에 대해서는 아주 다양한 유형의 노출요법이 많이 개발되었다. 노출요법에서 두려운 대상에 대해서 실제의 노출을 시키는 경우도 종종 들어가게 되었다. 동물, 주사 맞기, 또는 치과 치료를 받는 것에 대한 두려움에 대해서는, 단지 2시간의 아주 짧은 단기치료가 높은 효과를 보이는 것으로 나타났다. 즉 대부분의 사람들이 공포 증상이 경감되는 것을 경험하고 있다(Wolitzky-Taylor, Horowitz, Powers et al., 2008).

**사회불안장애에 대한 심리요법**   노출은 사회불안장애에 효과를 나타내는 것으로 보인다. 강한 정도에 따라 순서대로 노출할 위계를 정하기 위해서, 이런 치료를 실시할 때에는 공공적인 사회 상황에서 노출을 실시하기 전에 치료자와 함께 또는 소규모의 치료집단 속에서 역할연습을 하거나 실습하는 것부터 시작하는 경우가 많다(Marks, 1995). 노출이 길어지면서, 통상 불안이 사라진다(Hope, Heimberg, & Bruch, 1995). 사회기술 훈련(social skills training)에서는 치료자가 다양한 행동에 대한 시범을 보일 수 있는데, 이 훈련은 사회 상황에서 무엇을 하거나 말해야 할지 잘 모를 수 있는 사회불안장애가 있는 사람들에게 도움이 될 수 있다. 눈 맞춤을 피하는 것과 같은 안전행동은 사회불안을 소거하는 데 방해가 된다고 믿고 있다는 점을 회상해보라(Clark & Wells, 1995). 이와 같은 생각에 맞게, 노출요법의 효과는 사회불안장애가 있는 사람들에게 안전행동을 취하는 것을 멈

가상현실 기술은 때로는 공포자극에 대한 노출을 촉진하는 데 사용되기도 한다.

추도록 교육시킬 때 더 높아지는 것으로 보인다(Kim, 2005). 즉 당사자들에게 사회활동에 참여하도록 요구할 뿐만 아니라, 그렇게 하는 동안에 당사자들로 하여금 직접 눈도 맞추고, 대화에 참여하며, 그곳에 온전히 존재하도록 (마음이 딴 데로 가지 않도록) 요구하는 것이다. 이런 요구대로 행동을 하게 되면 이들은 다른 사람들이 자신을 어떻게 보는지를 즉각적으로 알게 되며, 이는 노출치료의 위력을 더 높여주게 된다(Taylor & Alden, 2011).

David Clark(1997)는 인지요법에 다른 치료법을 다양한 방식으로 접목해서 사회공포증에 적용하기 위한 기법을 개발했다. 이런 방법을 사용하는 치료자는 당사자로 하여금 자신의 주의를 자기 마음속으로만 향하지 않게 하는 방법을 배우도록 도와준다. 또한 치료자는 이들로 하여금 남들이 자기에게 어떤 반응을 보일 것인지에 대해 스스로 갖고 있는 대단히 부정적인 이미지에 맞서 싸우도록 도와준다. 이러한 인지요법은 플루옥세틴(프로작) 또는 노출요법에 이완훈련을 추가한 것(Clark, Ehlers, McManus et al., 2003; Clark, Ehlers, Hackmann et al., 2006)보다 더 효과가 있는 것으로 나타났다. 한 연구에서는 사회불안에 대한 인지치료를 받은 사람들이 5년 뒤에도 긍정적인 결과를 계속 보여주는 것으로 나타났다(Mortberg, Clark, & Bejerot, 2011).

**공황장애의 심리학적 치료** 앞에서 이미 살펴본 공포증에 대한 행동요법과 마찬가지로, 공황장애에 대한 인지행동요법은 노출에 초점을 맞춘다(White & Barlow, 2004). **공황 조절 요법**(panic control therapy, PCT)으로 불리는 잘 타당화된 인지행동요법 방식의 접근은 공황장애가 있는 사람들이 신체감각에 과민반응하는 경향성에 토대를 두고 개발된 것이다(Craske & Barlow, 2001). 공황 조절 요법(PCT)에서 치료자는 노출 기법을 사용한다. 즉 치료자는 내담자를 설득해서 공황과 관련된 감각을 의도적으로 스스로 일으켜 느껴보도록 한다. 예를 들면 과호흡과 더불어 공황발작이 시작되는 사람에게는 3분간 숨을 빨리 쉬어보라고 요구한다. 이런 유형의 노출요법에서 신체 감각을 유발하는 데 사용될 수 있는 기법의 몇몇 예가 표 3.5에 제시되어 있다. 현기증이 나거나, 입이 마르거나, 머리가 텅 빈 것 같거나, 심장박동률의 증가나 그 밖의 공황발작 증세가 감각으로 느껴질 때는 당사자로 하여금 안전한 상황에서 이를 겪게 한다. 뿐만 아니라, 당사자에게는 신체증상을 다루기 위한 대처 전략을 실천하게 한다[예: 과호흡을 줄이기 위해 횡격막이 움직이도록 하는 호흡(심호흡)을 하게 한다]. 스스로 실습해보고 치료자로부터 격려를 받게 되면, 당사자는 자신의 내부감각을 통제력의 상실을 알려주는 신호로 보는 것을 (학습을 통해) 멈추게 되고, 그 대신 이런 내부감각을 본질적으로 해롭지 않은 감각으로서 자기가 통제할 수 있는 것으로 보게 된다. 위와 같이 신체감각을 스스로 유도해내서 느껴보고 그 감각에 대처할 수 있게 되면, 이런 감각은 더욱더 예측가능한 것이 되고 덜 두렵게 된다(Craske, Maidenberg, & Bystritsky, 1995).

공황장애에 대한 이와 유사한 인지요법이 개발되었다(Clark, 1996). 이 요법에서 치료자는 신체 감각을 위협적인 것으로 여기도록 만드는 생각을 (내담자가) 파악하고 이에 도전하도록 돕는다(그림 3.6에서 어떤 환자의 생각을 예시한 것을 보라). 예를 들면, 공황장애가 있는 사람이 자신이 주

사회공포증은 종종 집단으로 치료하는데, 이렇게 하면 사회적 위협에 부딪혀보게(노출) 해줄 뿐만 아니라 새로운 기술을 써볼 기회도 제공해준다.

**표 3.5** 공황장애에 대한 노출치료 도중에 신체증상을 유발하는 기법

| 기술 | 신체감각 |
| --- | --- |
| 90초 동안 빠르게 심호흡하기 | 숨이 가쁨, 비현실감 |
| 연속해서 5번 빠르게 숨을 들이마시기 | 목이 꽉 죄는 듯한 느낌, 목 안에 이물감 |
| 공공장소에서 달리기 | 가슴이 꽉 죄는 듯한 느낌, 숨이 가쁨 |
| 의자에 앉은 채로 돌기 | 현기증 |

출처 : Abramowitz & Braddock(2008).

저앉게 되고 말거라고 상상하는 경우, 치료자는 당사자로 하여금 이러한 믿음에 대한 증거가 있는지를 찾아보도록 하며 공황발작이 나타나더라도 이런 것이 아닌 다른 모습을 떠올리도록 도와줄 수 있을 것이다. 이 요법은 적어도 7개의 연구 결과에서 효과가 있는 것으로 나타났으며, 노출요법을 보완해주는 유용한 것으로 보인다(Clark et al., 1999).

공황장애에 대한 정신역동적 치료법도 개발되었다. 이 치료법은 공황발작과 관련된 정서와 의미를 파악하는 데 초점을 둔 24회기로 구성된다. 치료자들은 헤어짐, 분노, 그리고 자율성과 같이 공황발작과 관련이 있다고 여겨지는 (심리적) 영역에 대해서 내담자들이 통찰을 하도록 도와준다. 무선통제된 한 시행에서, 정신역동적 치료법을 받도록 배정된 환자들은 이완훈련이라는 통제조건에 배정된 환자들보다 증상이 더 많이 완화되었다(Milrod, Leon, Busch et al., 2007). 또 다른 시행에서도, 공황장애에 대한 정신역동적 치료법을 항우울제 처치의 보완수단으로서 추가로 실시했을 때 재발률의 감소가 관찰되었다(Wiborg & Dahl, 1996). 그러나 이 두 연구가 모두 소규모의 연구이기 때문에, 앞으로 더 많은 연구활동이 필요하다.

**광장공포증에 대한 심리 요법**   광장공포증에 대한 인지행동 요법에서도 노출—세부적으로 말하면, 무서워하는 상황에 대한 체계적인 노출—에 초점을 맞춘다. 광장공포증이 있는 사람에게 집을 못 떠나는 것을 점차적으로 해결해주고, 그다음에는 집을 떠나 2마일을 운전해 나오도록 해보고, 그다음에는 극장에 5분 정도 앉아 있게 해보게 한 뒤에, 다음에는 혼잡한 극장 속에서 한 편의 영화를 전부 볼 동안 머물러 있도록 코치할 수 있다. 광장공포증에 대한 노출요법은 배우자가 관여할 때 효과가 더 커질 수 있다(Cerny, Barlow, Craske et al., 1987). 광장공포증이 없는 배우자에게는 회복이 노출에 달려있다고 알려준다. 많은 배우자들이 당사자로 하여금 두려움에 직면하지 못하도록 보호해 왔겠지만, 치료를 통해서 이런 배우자들이 회피보다는 노출을 더 격려하는 것을 배우게 된다.

**범불안장애의 심리 요법**   GAD에 대한 검증된 치료법들에는 거의 대부분이 몇 가지 인지적 또는 행동적 처치 요소가 들어 있다(Roemer, Orsillo & Barlow, 2004). 가장 널리 쓰이는 행동적 기법에는 마음의 안정을 가져다주는 이완훈련이 들어 있다(DeRubeis & Crits-Christoph, 1998). 이완 기법에는 우리의 근육을 한 덩어리씩 이완시키거나 마음을 안정시키는 정신적 이미지를 마음속으로 그려내는 것이 포함될 수 있다. 연습을 통해서, 통상 내담자들은 신속하게 이완상태로 들어가는 것을 학습하게 된다. 연구 결과에 의하면, 이완훈련은 비지시적 치료 또는 아무런 치료도 받지 않는 것보다 더 효과가 있다고 한다. 한 유형의 인지요법에서는 사람들로 하여금 불확실성을 견뎌내도록 도와주기 위한 절차를 포함시켰는데, 왜냐하면 GAD가 있는 사람들이 GAD가 없는 사람들보다 불확실성으로 인해 더 고통을 받는 것으로 보이기 때문이다(Ladoceur, Dugas, Freeston et al., 2000). 이런 방식의 치료법은 이완요법 한 가지만을 적용했을 때에 비해서 더 도움이 되는 것으로 보인다(Dugas, Brillon, Savard et al., 2010). 걱정을 줄이기 위해 쓰이는 그 밖의 인지행동적 전략에는 당사자에게 정해진 시간 동안에만 걱정을 하도록 요청하고, 걱정이 과연 '효과가 있는지' 걱정의 후속 성과를 매일 일기에 써서 확인해보며, 걱정 대신에 지금 이 순간에 생각하는 것에 초점을 맞추도록 도와주고, 걱정을 통해 회피하려고 했을 마음속의 핵심적 두려움에 직면하도록 도와주는 것 등이 있다(Borkovec, Alcaine, & Behar, 2004).

## 중간 요약

노출요법은 불안장애에 대한 타당도가 가장 잘 검증된 심리요법이다. 인지요법은 당사자가 자신의 두려움에 직면하면 무슨 일이 일어날지에 관한 부정적인 믿음에 도전시켜주는 개입을 통해 노출요법을 보완해준다.

특정공포증에 대해서는 노출요법이 아주 신속히 효과를 나타낼 수 있다. 사회불안장애의 경우 내면의 생각과 감각에 덜 신경 쓰도록 지도하는 인지 전략이 노출요법을 보완해주는 유용한 기법이다. 공황장애에 대한 가장 효과적인 치료법은 신체감각에 노출하게 하는 것이 들어 있는데, 이때 관련 증상을 재앙으로 틀리게 해석하는 것에 도전하게 하는 인지 기법이 병행된다. 광장공포증에 대한 노출요법은 배우자를 포함시켜서 그 효과를 더욱 높일 수 있다. GAD에 대한 인지행동 요법에는 이완훈련, 당사자로 하여금 불확실성을 견뎌내고 핵심적인 두려움에 직면하도록 도와주는 전략, 그리고 걱정하는 성향에 맞서서 싸우도록 하기 위한 특정 도구들이 포함될 수 있다.

## 불안을 줄여주는 약물

불안을 줄여주는 약물은 **불안완화제**(anxiolytics)(접미사 -lytic은 '느슨하게 하다 혹은 점점 사라지다'와 같은 그리스어에서 유래한다). 두 가지 종류의 약물이 불안장애를 치료하는 데 가장 흔하게 사용되는데, **벤조디아제핀**(benzodiazepine)(예 : 바리움과 자낙스)과 항우울제가 그것이다. 항우울제에는 삼환계 항우울제, 선택적 세로토닌 재흡수 억제제(SSRIs), 그리고 **세로토닌-노르에피네프린 재흡수 억제제**(serotonin-norepinephrine reuptake inhibitors, SNRIs)가 있다(Hoffman & Mathew, 2008). 벤조디아제핀은 때로는 비주류 진정제 또는 진정제로 언급된다. 이제는 수많은 연구들이 벤조디아제핀과 항우울제가 불안장애에 대한 위약보다 더 나은 효과가 있다는 것을 확인해주었다(Kapczinski, Lima, Souza et al., 2002; Moylan, Staples, Ward et al., 2011; Stein, Ipser, & Balkom, 2004). 다양한 종류의 불안장애에 도움이 되는 것으로 보이는 이와 같은 약물 이외에도, 어떤 약물들은 특정한 불안장애에 효과가 있는 것으로 보인다. 예를 들면, 부스피론[buspirone(BuSpar)]은 FDA로부터 범불안장애에 대한 사용 승인을 받았다(Hoffman & Mathew, 2008).

불안장애에 대한 효과적인 약물이 많기 때문에, 어떤 약물을 사용할지를 어떻게 결정해야 할까? 일반적으로 말하면, 항우울제가 벤조디아제핀보다 선호된다. 그 이유는 사람들이 벤조디아제핀 사용을 중단하려고 했을 때 극심한 금단 증상을 겪게 될 수도 있기 때문이다(Schweizer, Rickels, Case et al., 1990). 즉 이 약물은 중독성이 있을 수 있다. 벤조디아제핀은 기억상실과 졸림 등 인지 및 운동에 관련된 상당한 부작용을 나타낼 수 있으며, 그 부작용이 실생활에 영향을 미치는 것으로 밝혀졌다. 벤조디아제핀은 자동차 사고의 위험 증가와 관련이 있다(Rapoport, Lanctot, Streiner et al., 2009). 항우울제는 벤조디아제핀보다 부작용이 적은 경향이 있다. 그럼에도 불구하고 약 절반의 사람들은 신경과민, 체중 증가, 심장박동률의 증가, 그리고 고혈압과 같은 부작용 때문에 삼환계 항우울제의 사용을 중단한다(Taylor et al., 1990 참조). 삼환계 항우울제와 비교해볼 때, SSRIs와 SNRIs는 부작용이 더 적은 경향이 있다. 결과적으로, SSRI와 SNRI는 대부분의 불안장애에 대해 첫 번째로 선택해야 할 약물로 간주된다. 그러나 일부의 사람들은 안절부절못함, 불면증, 두통, 그리고 성기능 저하 등의 SSRI 및 SNRI로 인한 부작용을 겪

오프라 윈프리와의 인터뷰(2009년 9월 24일)에서, 바브라 스트라이샌드는 27년간 대중 앞에서 공연을 할 수 없을 정도의 강렬한 사회불안에 대해 설명했다.

리키 윌리엄스는 Heisman배 트로피 수상자이다. 그는 러닝백 역할을 맡아 놀라운 기량을 보여주어 스타가 되었는데, 항우울제 처치를 통해서 그의 사회불안 증상의 완화 효과를 얻었다.

는다(Bandelow, Zohar, Hollander et al., 2008). 많은 사람들이 부작용 때문에 불안완화제의 복용을 중단한다.

이상의 논의는 우리에게 핵심 문제를 다시 부각시켜준다. 즉 약물 복용을 중단하면 대부분의 사람들은 재발한다. 달리 말하면, 약물은 복용하는 동안에만 효과가 있다. 이런 사실 때문에, 그리고 노출요법과 약물요법이 불안 증상의 완화 면에서 비슷한 수준으로 효과를 가져오기 때문에(Cuijpers, Sijbrandij, Koole et al., 2013), 심리요법이 아마도 GAD를 제외하고는 대부분의 불안장애에 대해 선호되는 요법으로 간주된다(Mitte, 2005).

### 심리요법 도중에 심리적 변화를 증진하는 약물

부정적 정서의 기세를 꺾어주는 불안완화제와는 달리, **D-사이클로세린** (D-cycloserine, DCS)은 학습(심리적 변화)을 증진시켜주는 약물이다. 연구자들은 노출요법의 효과를 높이기 위한 한 가지 방법으로서 이 약물의 효과를 조사했다(Ressler, Rothbaum, Tannenbaum et al., 2004). 한 연구에서는 28명의 고소공포증 환자들을 대상으로 높은 곳에 대한 가상현실 노출요법을 사용하여 2회기 동안 치료하였다. 환자 중 절반은 노출요법 회기를 다 마치는 동안 DCS 약물을 복용하는 조건에 무선배정 되었다. 나머지 절반은 위약을 받았다. DCS를 받은 환자들은 DCS를 받지 않은 환자들에 비해서 치료의 종결 시와 3개월 뒤에도 높은 곳을 덜 무서워했다. 마찬가지로 DCS는 사회불안장애 및 공황장애에 대한 노출치료의 효과를 높여주는 것으로 발견되었다(Norberg, Krystal, & Tolin, 2008). 따라서 이와 같은 학습(심리적 변화) 증진 약물은 조건형성의 원리에 기초한 심리치료의 효과를 더 크게 해주는 것으로 보인다. 이 치료법이 너무 최신의 것이어서 널리 실시되지는 못하고 있지만, 이 연구 결과는 심리치료의 작동 원리에 대해서 흥미로운 통찰을 제공한다.

## 복습문제 3.3

다음 질문에 답해보라.

1. 불안장애에 대해 가장 많이 쓰이는 CBT 전략은 무엇인가?
2. 심리요법이 불안장애에 대해서 약물보다 더 나은 선택이 되는 이유를 두 가지 열거하라.

해당되는 모든 것에 표시하라.

3. 다음 중 어느 것이 불안장애에 대한 타당성 있는 처치법인가?
   a. 지지적인 경청
   b. 벤조디아제핀
   c. 항우울제
   d. 노출
4. D-사이클로세린은 _____
   a. 노출요법과 병행할 수 없다.
   b. 노출치료의 효과에 아무런 영향을 미치지 않는다.
   c. 노출치료의 효과를 증대시켜준다.

# 요약

### 불안장애에 대한 임상적 기술

- 전반적으로 볼 때, 불안장애는 심리장애 중 가장 흔한 유형이다.
- 다섯 가지 주요한 DSM-5 불안장애에는 특정공포증, 사회불안장애, 공황장애, 광장공포증, 범불안장애가 있다. 불안이 모든 불안장애에 공통된 것이며, 두려움은 범불안장애 이외의 불안장애에서 보편적인 것이다.
- 공포증은 강렬하고 비합리적인 두려움으로서 일상적 기능을 저해한다. 특정공포증에는 동물, 높은 곳과 같은 자연환경, 피(혈액), 부상, 주사 맞는 것, 다리를 건너거나 비행기를 타는 것과 같은 상황에 대한 두려움이 흔히 들어 있다.
- 사회불안장애는 사회적으로 주시받을 가능성에 대한 강렬한 두려움으로 정의된다.
- 공황장애는 불시에 청천벽력과도 같이 강렬한 두려움이 반복해서 나타나는 것으로 정의된다. 공황발작만으로는 진단에 충분하지 않다. 즉 당사자는 발작이 또다시 나타나지 않을까 하는 것을 걱정하고 있어야만 한다.
- 광장공포증은 불안 증상이 발생할 경우 도피하거나 도움을 받기가 어려운 상황에 처하는 것을 두려워하고 이를 회피하는 것으로 정의된다.
- 범불안장애의 핵심 특징은 적어도 6개월간 지속되는 걱정이다.

### 불안장애에 관련된 성별 및 사회문화 요인

- 불안장애는 남성보다 여성에게서 훨씬 더 빈번하다.
- 불안의 초점, 불안장애의 유병률, 그리고 표출되는 특정 증상은 문화에 의해 그 모양이 형성될 수 있다.

### 모든 불안장애에 걸친 공통된 위험 요인

- Mowrer의 2요인 모형에서는 불안장애가 두 가지 유형의 조건형성과 관련되어 있음을 시사한다. 첫 번째 단계는 고전적인 조건형성과 관련되는데, 이전에는 무해한 대상이 두려운 대상과 짝지어서 제시되는 것이다. 이는 직접적인 노출, 모델링, 또는 언어적 지시를 통해 일어날 수 있다. 두 번째 단계는 조작적 조건형성과 관련되는데, 이는 회피 행동이 불안을 줄여주어 이를 통해 강화를 받게 되므로, 당사자는 자신의 두려움이 소거되는 기회를 얻지 못하게 된다. 그 밖의 위험 요인 중 많은 것들이 이와 같이 조건형성된 두려움을 발달시키고 지속시키는 성향을 높일 수 있다.
- 유전 요인은 다양한 유형의 불안장애에 걸릴 위험을 높인다. 유전 요인이 불안장애의 일반적 위험 요인이라는 점 이외에도, 어떤 불안장애에 대해서는 유전 요인의 특정성(specific heritability)이 더 높을 수 있다. 유전적 소질 이외에도, 다양한 불안장애에 관여하는 생물학적

요인으로는 공포 회로의 활동상 장해, 세로토닌 및 GABA 신경전도체 계통의 기능 저하, 그리고 노르에피네프린 활동의 증가 등이 있다.
- 인지 요인으로는 미래에 대한 지속적인 부정적 믿음, 통제력이 부족하다고 믿는 것, 그리고 위험가능성을 알려주는 징후에 주의를 기울이는 경향이 높아진 것 등이 있다.
- 성격과 관련된 위험 요인에는 행동 억제(behavioral inhibition) 및 신경증(neuroticism) 성향이 해당된다.

### 특정 불안장애의 원인론

- 특정공포증에 대한 행동 모형은 조건형성의 2요인 모형에 토대를 두고 있다. 학습된 준비성 모형에서는 진화적으로 의미가 있는 대상에 대한 두려움이 조건형성 후에 더 오래 지속될 수 있음을 시사해준다. 부정적 경험을 겪은 사람들에게서 모두 공포증이 나타나는 것은 아니기 때문에, 소질이 중요하게 된다.
- 사회불안장애에 대한 행동 모형에서는 조건형성의 2요인 모형을 넘어서서 안전행동의 역할도 감안하게 되었다. 그 밖의 핵심적인 위험 요인으로는 행동 억제, 그리고 자신을 과도하게 비판적으로 평가하는 것 같은 인지적 변인, 그리고 사회적 단서보다는 내면의 감각에 초점을 기울이는 것이 있다.
- 공황장애에 대한 신경생물학적 모형에서는 노르에피네프린 방출을 담당하는 뇌 영역인 청반에 초점을 맞추어 왔다. 공황발작에 대한 행동 이론에서는 발작이 내면의 신체감각에 고전적으로 조건형성되어 있는 것이라고 주장해 왔다. 인지 이론에서는 이런 감각이 신체 단서를 재앙으로 그릇되게 해석하는 것 때문에 더욱 무서운 것으로 느껴지는 것이라고 시사한다. 또한 NPSR1 유전자의 다형성(polymorphism)도 공황장애의 위험성을 높여주는 것으로 보인다.
- 광장공포증에 대한 인지 모형에서는 '두려움에 대한 두려움(fear of fear)', 즉 불안이 가져올 부정적인 결과에 대한 과도하게 부정적인 믿음에 초점을 맞춘다.
- GAD에 대한 한 모형은 걱정은 사람들로 하여금 더 강렬한 정서를 회피하도록 하는 데 실제로 도움이 된다는 것을 시사한다. 또한 GAD가 있는 사람들은 애매한 것을 견뎌내는 데 어려움이 있는 것으로 보인다.

### 불안장애에 대한 심리요법

- 행동치료자들은 두려워하는 대상에 노출시키는 것에 초점을 맞춘다. 어떤 불안장애에 대해서는 인지적인 처치 요소도 치료에 도움이 될 수가 있다.
- 특정공포증에 대한 노출요법은 신속히 효과를 나타내는 경향이 있다.
- 노출요법에 인지적 처치 요소를 추가하면 사회불안장애에 도움이 될

수 있다.
- 공황장애의 치료에는 생리적 변화에 노출시키는 것이 종종 포함된다.
- 광장공포증의 치료에는 배우자를 치료 과정에 포함시킴으로써 그 효과가 증진될 수도 있다.
- 이완과 인지행동적 접근법은 GAD에 도움이 된다.

## 불안을 완화하는 약물

- 항우울제와 벤조디아제핀은 불안장애에 가장 많이 사용되는 약물이다. 벤조디아제핀은 중독성이 있을 수 있다.
- 약물 복용을 중단하는 것은 통상 재발로 이어진다. 이러한 이유로, 인지행동치료가 대부분의 불안장애에 대해서 약물요법에 비해 더 유용한 접근 방법으로 간주된다.
- 한 가지 새로운 접근 방법은 노출요법을 진행하는 과정에 D-사이클로세린을 투약하는 것이다.

## 복습문제에 대한 답

**3.1**  1. a; 2. c; 3. d; 4. b; 5. 28%; 6. 걱정
**3.2**  1. b; 2. c; 3. b, d; 4. b; 5. a; 6. c; 7. b; 8. c
**3.3**  1. 노출, 때로는 인지적 개입법이 병행됨; 2. 심리치료와 약물처

방의 효과가 서로 비슷하지만, 약물은 주목할 만한 부작용이 있으며, 약물 복용을 중단하면 재발도 흔히 일어난다; 3. b, c, d; 4. c

## 주요 용어

공포 회로(fear circuit)
공포(fear)
공황 조절 요법(panic control therapy, PCT)
공황발작(panic attack)
공황장애(panic disorder)
광장공포증(agoraphobia)
내부수용적 조건형성(interoceptive conditioning)
내측 전두엽(medial prefrontal cortex)
두려움(fear)
두려움에 대한 두려움 가설(fear-of-fear hypothesis)
범불안장애(일반화된 불안장애)(generalized anxiety disorder, GAD)
벤조디아제핀(benzodiazepine)
불안 민감도 지표(Anxiety Sensitivity Index)
불안(anxiety)
불안완화제(anxiolytics)
불안장애(anxiety disorders)

비현실화(derealization)
사회불안장애(social anxiety disorder)
세로토닌-노르에피네프린 재흡수 억제제(serotonin-norepinephrine reuptake inhibitors, SNRIs)
실제의 노출(in vivo exposure)
안전행동(safety behaviors)
이인화(depersonalization)
준비된 학습(prepared learning)
중앙 전전두엽 피질(medial prefrontal cortex)
청반(locus coeruleus)
특정공포증(specific phobia)
행동 억제(behavioral inhibition)
현실 노출(in vivo exposure)
D-사이클로세린(D-cycloserine, DCS)
Mowrer의 2요인 모형(Mowrer's two-factor model)

# 4 강박 관련 장애와 외상 관련 장애

## 학습 목표

1. 강박장애 및 강박 관련 장애와 외상 관련 장애의 증상과 역학을 정의할 수 있어야 한다.
2. 강박장애 및 관련 장애의 원인에서의 공통 요소뿐만 아니라 이 장애집단 속에 있는 특정 장애의 표현방식을 결정짓는 요인에 대해서도 기술할 수 있어야 한다.
3. 외상의 속성과 강도뿐만 아니라 생물학적 및 심리학적 위험 요인이 외상 관련 장애의 발달 여부에 어떻게 영향을 미치는지를 요약할 수 있어야 한다.
4. 강박 관련 장애와 외상 관련 장애에 대한 약물요법과 심리요법을 기술할 수 있어야 한다.

## 임상 사례 : 제이콥

제이콥이 치료를 받으러 왔을 때 그는 28세의 대학원생이었다. 2년 전 대학원에 입학한 지 얼마 안 되어서, 제이콥은 자신의 자동차로 동물을 치는 침투적 이미지(intrusive images)를 경험하기 시작했다. 그가 그렇게 한 적이 없다는 것을 알고 있었지만, 그 이미지가 너무 생생해서 마음 밖으로 떨쳐 낼 수 없었다. 일주일에 몇 번씩이나, 그는 자기가 동물을 치었을 수 있다는 생각 때문에 너무 힘들어서 그가 왔던 길로 되돌아가 다치거나 죽은 동물들이 있었는지에 대한 흔적을 찾지 않을 수 없었다. 다치거나 죽은 동물을 찾아내면, 그는 차를 도로 밖으로 빼서 자기가 그 동물을 친 사람일지도 모른다는 것을 시사하는 어떤 단서라도 찾기 위해 차를 점검했다. 때로는 그가 이렇게 되돌아가서 살펴보았어도, 자신이 다치거나 죽은 동물을 놓쳤을 수 있다는 것 때문에 걱정이 되어 지나온 길로 또다시 돌아가야겠다는 압박감을 느끼곤 했다. 이러한 일로 그는 일이나 약속에 종종 늦게 되곤 했지만, 다치거나 죽은 동물을 찾아보지 못하면, 그는 다친 동물이 있지 않을까 하는 가능성에 대해 하루종일 반추하곤 했다. 그는 그밖에도 자기가 하지 않을 수 없다고 느끼는 행동과 생각이 많이 있었는데, 여기에는 목욕을 정교하게 하는 의식(rituals), 머릿속으로 수학 문제를 반복해서 풀고 또 풀기, 음식을 특정한 수효만큼 씹기, 아침에 침실을 나갈 때 전등 스위치를 세 번 껐다 켰다 하기, 그리고 매번 정시가 되면 오른쪽 팔꿈치를 세 번 두드리기가 있다. 그도 이런 행동이 아무런 의미가 없다는 것은 알고 있었지만, 이런 행동을 하지 않으면 끔찍한 불안감을 계속 느꼈다. 그 이미지는 그의 마음을 사로잡았으며 그가 하는 행동 의식 절차는 시간을 잡아먹어서, 대학원 학업의 진전은 기어가듯이 아주 느려졌다. 최근에 그의 지도교수는 그가 학위 논문을 위한 연구에서 진척이 충분히 이루어지지 않고 있어서 염려하고 있다고 말해주었다.

이 장에서는 강박 관련 장애와 외상 관련 장애를 살펴볼 것이다. 강박장애 및 강박 관련 장애는 일상생활을 극심하게 방해하는 반복적인 사고와 행동으로 정의된다. 외상 관련 장애에는 외상후 스트레스장애와 급성 스트레스장애가 들어 있는데, 이 두 조건은 극심한 외상적 사건에 노출되어 촉발된 것이다.

앞으로 보게 되겠지만, 이 장애가 있는 사람들은 불안감을 호소하며, 다른 불안장애도 종종 나타낸다(Brakoulias, Starcevic, Sammut et al., 2011). 다른 불안장애에 대한 위험 요인들 중 상당수가 이 장애에도 영향을 미치며, 치료적 접근도 상당히 중복된다. 그렇지만, 이 장애는 또한 다른 불안장애와 비교할 때 뚜렷이 구분되는 원인이 있다. 이러한 차이점을 강조하기 위해, DSM-5의 집필진은 강박장애 및 강박 관련 장애와 외상 관련 장애를 불안장애와 따로 떼어 놓았다. 이 집필진은 강박장애와 외상 관련 장애를 불안장애의 다음 장에 배치하여 이런 장애들 사이에서 중복되는 부분을 부각시켰다(Phillips, Stein, Rauch et al., 2010). 독자들이 이 장을 읽을 때는 이전의 불안장애의 장에서 기술된 진단 기준과의 유사점을 감안하는 것이 중요하다.

# 강박장애 및 강박 관련 장애

우리는 이 절에서 세 장애, 즉 강박장애(OCD), 신체이형장애(body dysmorphic disorder), 그리고 수집광(hoarding disorder)에 초점을 맞출 것이다(표 4.1 참조). 이 장애집단의 대표적 장애인 OCD는 반복적인 사고와 충동[강박관념(obsessions)]뿐만 아니라 반복적인 행동이나 정신적 행위에 대한 저항할 수 없는 욕구[강박행동(compulsions)]로 정의된다. 신체이형장애와 수집광은 반복적인 사고와 행동이라는 증상을 공유한다. 신체이형장애가 있는 사람들은 자신의 외모에 대해 생각하느라고 하루를 다 보내며, 자신의 외모에 대한 염려를 다루기 위한 강박행동에만 거의 빠져 있다. 수집광은 그들의 현재 소유물과 미래에 가능한 소유물에 대해 반복해서 생각하느라고 상당히 많은 시간을 보낸다. 이들은 또한 새로운 물건을 획득하기 위해 집중적인 노력을 기울이며, 이렇게 노력하는 모습은 OCD에서 관찰되는 강박행동과 비슷해 보일 수 있다. 이 세 조건에서 반복적인 사고와 행동이 고통을 가져다주고, 통제불능의 것으로 느껴지며, 상당히 많은 시간이 소모된다. 이런 조건이 있는 사람들은 사고와 행동을 멈출 수 없다고 여긴다.

이와 같이 증상 사이의 공통점 이외에도, 이 증후군들은 서로 동반되어 나타나는 경우가 종종 있다. 예를 들어 신체이형장애가 있는 사람들의 1/3은 생애 기간 중 OCD의 진단 기준에 부합한다. 마찬가지로, 수집광의 1/4까지는 OCD의 진단 기준에 부합한다. OCD가 있는 사람들의 약 1/3은 수집광의 증상들 중 적어도 몇 개는 나타낸다(Steketee & Frost, 2003).

**표 4.1** 강박장애 및 강박 관련 장애의 진단

| DSM-5 진단 | 핵심 양상 |
| --- | --- |
| 강박장애 | • 반복적, 침투적, 통제불능의 생각 또는 충동(강박관념)<br>• 당사자가 수행하지 않을 수 없다고 느껴지는 반복적인 행동이나 정신적 행위(강박행동) |
| 신체이형장애 | • 자신의 외모상의 상상적인 결함에 빠져 있는 것<br>• 외모에 관련된 반복적인 행동이나 행위를 과도하게 하는 것(예 : 외모를 확인하기, 남들로부터 안도감을 받으려고 하는 것) |
| 수집광 | • 지나치게 많은 물건을 획득하는 것<br>• 이러한 물건들을 버리지 못하는 것 |

우리는 이 세 장애의 임상적 양상을 살펴보고 나서, 그다음에 이들의 역학과 원인론에 관한 연구 결과를 서술할 것이다. 우리는 이 절의 말미에서 강박장애 및 강박 관련 장애의 생물학적 처치와 심리학적 처치 접근법에 대한 고찰을 소개할 것이다. 우리가 살펴보겠지만, 이 세 조건의 원인론과 처치에서 유사한 부분이 많다(Phillips, Stein et al., 2010).

## 강박장애 및 강박 관련 장애의 임상적 기술

앞서 말한 바와 같이, 강박장애 및 강박 관련 장애는 반복적인 사고뿐만 아니라 어떤 행동이나 정신적 행위를 반복해서 하지 않으면 안 되는, 저항할 수 없는 충동을 모두 공유하고 있다. 우리가 다음에 살펴보겠지만, 사고와 행동의 초점은 이 세 장애 사이에서 서로 다른 모습을 띤다.

**강박장애(OCD)**   강박장애(obsessive-compulsive disorder, OCD)의 진단은 강박관념이나 강박행동이 있을 때 내려질 수 있다. OCD가 있는 사람들은 대부분 강박관념과 강박행동을 모두 나타낸다. 여기에서의 주된 구분이 생각(강박관념)이냐 행동(강박행동)에 있느냐에 따라 이루어진다고 많은 이들이 생각하지만, 이는 잘못 생각한 것이다. 그러면 강박관념과 강박행동에 대한 기술적 정의를 살펴보자.

**강박관념**(obsession)은 침투적이고 반복적인 사고, 심상, 또는 충동으로서 지속적이고 통제불능인 것으로(예 : 당사자는 생각이 떠오르는 것을 멈출 수가 없음), 이를 겪고 있는 당사자에게는 종종 불합리한 것으로 보인다. 잠깐만 생각해보면, 우리 대부분은 반복적인 생각에 빠져 있던 순간을 떠올릴 수 있을 것이다. 사람들 중 적어도 80%는 우리 마음에 새겨진 광고 노랫말처럼 시시때때로 원치 않는 침투적인 생각을 잠깐 떠올리곤 한다(Rachman & DeSilva, 1978). 또한 우리 대부분은 이따금씩 당황되거나 위험을 초래할 수도 있을 행동을 취하고 싶은 충동을 느낀다. 그러나 강박장애(OCD)로 진단될 만큼 지속적이고 침투적인 사고나 충동을 느끼는 사람은 거의 없다. 제이콥의 사례에서의 동물 이미지처럼(이 장의 서두에 소개된 임상 사례를 보라), OCD가 있는 대부분의 사람들의 강박관념은 정상적인 활동을 방해할 정도로 위력이 있고 빈번하다. 통상적으로, 당사자는 이런 생각, 이미지, 또는 충동에 빠져 있는 시간이 하루 중 수 시간이나 된다.

강박관념에는 세균 또는 질병에 감염되는 것에 대한 두려움도 종종 있다. 우리 대부분은 세균이나 질병을 피하고 싶어 하지만, OCD가 있는 사람들의 두려움은 질병과 아주 거리가 먼 자극에서 촉발될 수 있다. OCD가 있는 한 남자는 암을 떠오르게 하는 모든 단서에서도 깜짝 놀라곤 했다. 그는 대머리인 카운터 직원을 보고 그 남자의 머리가 벗겨진 것이 화학요법 때문일 수 있다는 생각이 들었다고 말했다. 이러한 생각 때문에 그는 그 남자에게서 암을 유발했을지 모르는 그 어떤 독소에도 자신이 노출되지 않도록 그 상점에서 쇼핑하는 것을 그만두었다(Woody & Teachman, 2000). 오염에 대한 두려움이 있는 다른 사람들은 방에 같이 있던 누군가가 기침을 한 뒤에는 옷을 갈아입고 샤워를 한 후, 입었던 옷을 세탁할 뿐만 아니라 오염된 옷과 접촉했을지도 모르는 집 안 구석구석까지도 닦아야겠다는 마음이 들었다고 한다.

첫 번째 위협자극으로부터 오염이 어떻게 급속도로 퍼지는지를 이해하기 위해서, 연구자들은 OCD가 있는 사람들에게 연구가 진행되고 있는 건물에 대해 생각을 해본 후 그 건물에서 가장 많이 오염된 물건을 말해보라고 요청했다. 그러자 이들의 대부분은 쓰레기통이나 화장실을 골랐다. 이런 점에서, OCD가 있는 사람들은 불안장애가 있는 사람들 및 아무런 장애가 없는 사람들과 비슷하다. 그다음에, 각 참여자에 대하여 연구자는 12개의 연필이 들어 있는 새 상자에서 연필 한 자루를 꺼내서 오염된 물질에 갖다 대고 문질렀다. 그런 다음에 연구자는 또다시 새로운 두 번째 연필을 꺼내서 첫 번째 연필에 갖다 대고 문지르고, 세 번째 연필을 두 번째 연필에 대고 문지르

**강박장애에 대한 DSM-5 진단 기준**

- 강박관념 및/또는 강박행동
- 강박관념의 정의
  - 반복적이고 침투적이며 지속적이고 원하지 않는 사고, 충동, 또는 심상
  - 이런 사고, 충동, 또는 심상을 무시하고 억누르거나, 또는 중립화하려고 노력함
- 강박행동의 정의
  - 고통이나 끔찍한 사건을 방지하기 위해 수행하지 않을 수 없다고 느끼는 반복적인 행동이나 사고
  - 당사자는 강박관념에 대한 반응으로서 또는 엄격한 규칙에 따라서 반복적인 행동이나 생각을 수행하지 않을 수 없다고 느낌
  - 그 행위가 과도하거나 끔찍한 상황을 막아주지 못하기 쉬움

강박관념이나 강박행동에 시간이 소요되거나(예 : 매일 최소 1시간) 또는 임상적으로 의미 있는 고통이나 장해를 초래함

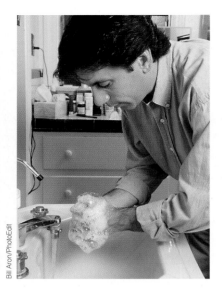

강박장애가 있는 사람들은 오염될까 봐 극도로 두려운 나머지 비정상적으로 손을 자주 씻게 될 수 있다.

고, 이런 식으로 해서 12자루의 연필을 모두 같은 방식으로 문질렀다. 참여자들에게 12자루의 연필의 오염된 수준을 평정하도록 했다. OCD가 없는 참여자들은 대체로 6번째 연필부터는 오염된 것이 없다고 평정하였다. OCD가 있는 이들은 12번째 연필조차도 심하게 오염된 것이라고 평정하였다(Tolin, Worhunsky, & Maltby, 2004).

강박관념의 또 다른 흔한 초점의 대상은 성적 또는 공격적 충동, 신체 문제, 종교, 그리고 대칭이나 순서에 관한 것이다(Bloch, Landeros-Weisenberger, Sen et al., 2008). 공격적 충동에 대해 염려하고 있는 이들은 분노나 그럴 마음이 없음에도 불구하고 사랑하는 사람을 해치는 괴로운 이미지가 자주 나타날 수 있다. 자신의 갓난아기를 계단 아래로 던지는 반복적인 이미지에 깜짝 놀란 어떤 OCD 여성은 수개월 동안 계단에 서는 것을 회피하였다(Belluck, 2014).

**강박행동**(compulsion)은 강박적 생각에 의해 유발된 고통을 줄이거나 어떤 비극이 일어나지 않도록 하기 위해 당사자가 하지 않을 수 없다고 느끼는 반복적이고 명백히 과도한 행동 또는 정신적 행위이다. 임상사례에서 서술된, 제이콥이 자기가 차를 몰고 왔던 길로 되돌아가야 한다고 느낀 것이 이러한 강박행동의 정의에 딱 맞는다. 18세기의 가장 유명한 작가 중 한 사람인 새뮤얼 존슨(Samuel Johnson)은 몇몇 강박행동 때문에 고생했던 것으로 전해진다. 예를 들면 그는 "거리에 있는 모든 기둥을 손으로 만지거나 도로 위에 깔린 보도블록의 가운데에 정확히 발을 디디지 않으면 안 되는 강한 충동을 느꼈다. 그는 이런 행동들 중 하나라도 부정확하게 이루어진 것으로 파악되면, 그가 다시 돌아가서 올바르게 할 때까지, 친구들은 어안이 벙벙한 채 그를 기다리고 있을 수밖에 없었다"(Stephen, 1900, Szechtman & Woody, 2004에서 인용). 새뮤얼 존슨처럼, OCD가 있는 많은 사람들은 자기가 의식적인 행동을 정확하게 수행해내지 못하면 그런 의식적인 행동을 반복하지 않으면 안 된다는 압박감을 느낀다. 강박행동을 반복하는 횟수만으로도 우리는 충격을 받을 수 있을 것이다. 흔히 보고되는 강박행동은 다음과 같다.

- 청결하고 가지런히 정돈하는 것. 때때로 정교한 의식절차를 통해서만 이를 수행한다. 이를테면 하루에 몇 시간 동안 샤워하기, 집에 들어오면 모든 물건을 닦는 것, 또는 손님에게 자기 집에 들어오기 전에 씻을 것을 요청하는 것 등이 있다.
- 주술적 보호행위를 반복해서 수행하는 것. 이를테면 숫자 세기, 신체의 특정 부위 만지기, 수학 문제 풀기, 또는 단어를 계속 반복해서 말하기 등이 있다.
- 어떤 행위가 이루어졌는지를 반복해서 확인하는 것. 예를 들면 전등불, 가스밸브, 또는 수도꼭지가 잠겼는지, 창문이 잠겼는지, 대문이 잠겼는지를 보려고 7~8번 계속해서 되돌아가서 점검해보는 것이 있다.

우리는 강박적 노름꾼, 강박적으로 계속 먹기만 하는 사람, 그리고 강박적 음주자로 기술되는 사람들에 대한 이야기를 듣는다. 그러나 이런 사람들이 노름하고, 먹고, 마시려는 충동을 억제할 수 없다고 말한다 하더라도, 임상적으로는 이런 행동이 강박행동이라고 간주되지 않는다. 왜냐하면 그런 행동을 하는 가운데 종종 쾌락이 느껴지기 때문이다. 반면에, 강박행동이 있는 사람들의 대부분은 자신의 강박적 의식 행동을 하는 것을 멈추지는 못하지만, 이를 '어리석거나 어처구니없는' 짓으로 여긴다(Stern & Cobb, 1978). 그들이 자신의 강박행동이 비논리적이라는 것을 알고 있다고 하더라도, 이를 멈추는 것은 지극히 어렵다. 즉 OCD가 있는 사람들은 자신이 그런 행위를 수행하지 않으면 어떤 심각한 일이 일어날 것처럼 여긴다.

강박장애는 10세 이전에 나타나거나 사춘기 후기/초기 성인기에 발생하기 쉽다(Conceicao do Rosario-Campos, Leckman, Mercadante et al., 2001). 심지어는 두 살 정도로 어린 아동에게까지 나타난다고 보고되었다(Rapoport, Swedo, & Leonard, 1992). 종단연구 결과에서는 대부분

하위 맨델은 OCD와의 투쟁을 그의 책 *Here's the Deal: Don't Touch Me*에서 기술했다. 세균이 심히 무서운 나머지 그는 사람들과 악수도 하지 못했으며, 유리잔을 만지거나 난간을 잡을 때도 그것을 깨끗이 닦고 싶다는 강렬한 충동을 느꼈다. 여섯 살 때는 구두끈을 잘 매지 못했는데, 더러운 구두끈에 손이 닿을까 봐 두려웠기 때문이다.

의 사람들에게서 증상이 상당히 만성적인 경향이 있다고 시사한다(Eisen, Sibrava, Boisseau et al., 2013). OCD로 진단된 사람들에 대해서는, 증상의 패턴이 여러 문화권에 걸쳐서 비슷한 것으로 보인다(Seedat & Matsunaga, 2006). 강박관념과 강박행동 이외에도, OCD가 있는 사람들은 극도의 의심, 꾸물거림, 우유부단함을 보이기 쉽다.

**신체이형장애**　　신체이형(기형)장애(body dysmorphic disorder, BDD)가 있는 사람들은 자신의 외모에서 하나 또는 그 이상의 상상되거나 과장된 결점에 몰두해 있다. BDD가 있는 사람들이 타인에게는 매력적으로 보일지라도, 그들은 자신의 외모가 못생겼거나 심지어는 '괴물'로 지각한다(Phillips, 2006). 여성은 자신의 피부, 머리카락, 얼굴 모양, 엉덩이, 가슴, 다리에 초점을 두는 경향이 있는 반면, 남성은 키, 성기 크기, 또는 체모에 더 초점을 두는 경향이 있다(Perugi, Akiskal, Giannotti et al., 1997). 어떤 남성들은, 남들이 그렇게 보지 않는데도 불구하고, 그들의 신체가 작거나 근육이 부족하다는 선입견에 빠져서 괴로워한다.

　BDD가 있는 사람들이 염려하는 것도 강박적인 성향이 있는데, 자신이 염려하는 것에 관한 생각을 멈추기가 대단히 어렵다는 것을 알고 있다는 점에서 그렇다. 한 여성은 다음과 같이 썼다. "이것은 항상 내 마음 뒤편에 있다. 나는 이것을 밀어낼 수가 없다. 그것은 항상 거기에 있으면서 나를 조롱하며 나에게 자주 나타난다"(Phillips, 2005, p. 69). 평균적으로, BDD가 있는 사람들은 하루에 3~8시간 정도 자신의 외모에 대해 생각한다(Phillips, Wilhelm, Koran et al., 2010). 또한 OCD가 있는 사람들처럼, BDD가 있는 사람들도 자신이 어떤 행동을 하지 않을 수 없다는 것을 알게 된다. BDD가 있는 사람들에게서 가장 흔한 강박행동은 거울로 자신의 외모를 확인해보는 것, 자신의 외모를 다른 사람들의 외모와 비교하는 것, 남들에게 자신의 외모에 대해 안심시키는 말을 해 달라고 요청하는 것, 또는 자신의 외모를 바꾸거나 싫어하는 신체 부위를 위장하기 위한 전략을 사용하는 것이다[치장하기, 피부를 햇볕에 태우기(tanning), 운동하기, 옷 바꾸기, 화장하는 것](Phillips, Wilhelm et al., 2010). 많은 이들이 자신의 외모를 점검하느라고 하루에 여러 시간을 쓰는 반면, 어떤 이들은 거울, 반사되는 표면, 또는 환한 불빛을 피하는 식으로 해서 자신이 지각한 외모상의 결함이 눈에 띄는 것을 피하려고 애쓴다(Phillips, 2005). 우리 대부분은 자신의 외모에 대해 더 만족하기 위해 애를 쓰기는 하지만, 이 장애가 있는 사람들은 이런 노력에 엄청나게 많은 시간과 에너지를 소모한다.

　이런 증상은 지극히 고통스럽다. BDD가 있는 사람들의 약 1/3은 자신이 지나치게 가혹한 관점을 갖고 있다는 것에 대해 거의 깨닫지 못하고 있다. 그래서 이들은 남들이 자신의 결함을 우스꽝스러운 것으로 본다고 확신한다(Phillips, Pinto, Hart et al., 2012). 1/5이나 될 정도로 많은 이들

---

> ### ● 신체이형장애에 대한 DSM-5 진단 기준
>
> - 한 가지 이상의 외모상 결함으로 여겨지는 것에 대한 생각에 빠져 있는 것
> - 남들은 당사자가 느끼는 결함을 사소한 것으로 보거나 알아보지 못함
> - 당사자는 외모 관련 염려에 대한 반응으로 반복적인 행동이나 정신적 행위를 수행해 왔음(예 : 거울로 확인하기, 안도감을 얻으려고 하기, 또는 과도한 몸치장하기)
> - 몰두의 대상이 체중이나 체지방에 대한 염려에 국한되는 것이 아님

---

## 임상 사례 : 폴

**자**신의 외모에 대한 불안과 수치심을 갖고 수십 년을 살아온 후, 폴은 33세에 심리치료를 받으러 갔다. 폴이 처음으로 그의 외모에 대해 '소름끼치는 것'을 느꼈던 것은 사춘기 때로, 그의 남자 친구들의 상당수는 턱선이 사각 모양으로 발달하기 시작했는데 자신은 그렇게 되고 있지 않다는 것을 알아차렸을 때이다. 지난 수년 동안, 그의 수치심은 코에 더욱 초점이 맞추어졌고, 자기가 보기에 코가 너무 가늘다고 여겨졌다. 그는 수술을 받으려고 했지만, 외과 의사는 그의 코가 외견상으로 흠이 없다며 수술을 거부하였다.

지난 20년 동안 자신의 외모에 몰두하다 보니 남들과 어울리는 사회생활에 자주 지장을 받았고 데이트하는 능력도 떨어졌다. 외출할 때조차, 그는 저녁시간 내내 외모를 반복해서 확인해야만 했다. 때로는 물리치료사로 있는 자신의 직장에 일하러 갈 수가 없었는데, 불안이 압도하였기 때문이다. 그는 일할 때 손님이 자신의 신체적 결함 때문에 주의가 흐트러져서 자신의 물리치료 시술에 주의를 기울이지 못할까봐 걱정했다. (Wilhelm, Buhlmann, Hayward et al., 2010에서 허락을 받고 인용함)

이 성형수술, 복합 수술도 견뎌낸다(Phillips, 2005). 불행하게도, 성형수술은 이들의 염려를 조금밖에 달래주지 못하기 때문에 많은 이들이 수술 후에 의사를 고소하거나 복수하고 싶어 한다고 보고한다(Veale, 2000). BDD가 있는 사람들 중 약 1/3은 과거에 자살생각을 한 적이 있다고 하며, 약 20%는 자살기도를 한 적이 있다(Buhlmann, Glaesmer, Mewes et al., 2010).

폴의 사례에서처럼(임상 사례를 보라), 외모에 대한 생각에 빠져 있는 것은 직업 기능과 사회 기능의 많은 부분을 저해할 수 있다. 자신의 외모에 대해 느끼는 강력한 수치심에 대처하기 위해, BDD가 있는 사람들은 남들과의 접촉을 피할 수 있다. 한 조사에 따르면, 이 장애가 있는 사람들의 약 1/3이 그들의 외모에 대한 걱정 때문에 지난 한 달 동안에 결근하거나 학교를 가지 않았다고 보고하였으며(Phillips, 2005), 그리고 상당수는 자신의 외모를 확인하거나 남들이 (자신의 외모상 결함을) 보는 것에 대한 불안에 대처하기 위해서 일하는 것이나 대인 간 상호작용을 오랫동안 쉬었다고 보고했다. 또 다른 조사에서는, 이 장애가 있는 사람들의 약 40%가 일을 할 수 없다고 보고했으며(Didie, Menard, Stern et al., 2008), 그리고 어떤 이들은 집 밖으로 나가는 것조차 못하게 되었다고 보고했다.

BDD는 통상 사춘기에 시작된다. 이 장애로 진단받은 사람들의 약 90%는 진단을 받은 지 4년이 지나서도 여전히 증상을 보고하고 있다(Phillips, Menard, Quinn et al., 2013). 많은 이들이 치료를 전혀 받지 않는데, 그 이유는 부분적으로는 정신건강 전문가들이 이런 증상에 대해 묻지 않는 경우가 종종 있기 때문이기도 하며, 부분적으로는 이 장애가 있는 사람들이 수치심이 너무 커서 자신이 염려하는 것을 꺼내지 못하는 경우도 종종 있기 때문이다(Phillips, 2005).

사회 요인과 문화 요인이 자신이 매력적인지 여부를 결정하는 데 확실히 영향을 미친다. 대학생들 사이에서 신체 외모에 대한 염려는 유럽보다 미국에서 더 흔한 것으로 보인다—미국 학생들 중 무려 74%가 자신의 신체 이미지에 대해 최소한 어느 정도의 염려를 한다고 보고하며, 남성보다 여성이 불만족스러움을 보고하는 경우가 더 많다(Bohne, Keuthen, Wilhelm et al., 2002). 하지만 이런 염려의 대부분은 심리장애라고 할 정도로 아주 심각한 것은 아니다. BDD가 있는 사람들은 자신이 지각한 신체적 결함에 대해 고통스러운 고민을 겪고 있다.

BDD를 나타내는 사람들 사이에서, 전 세계에서 보고된 사례들은 증상과 결과가 문화에 걸쳐 비슷하다고 시사한다(Phillips, 2005). 물론 염려의 대상이 되는 신체 부위는 때때로 문화마다 다를 수는 있다. 예를 들면, 눈꺼풀에 대한 염려는 서양 국가에서보다는 일본에서 더 흔하다. 더욱이, BDD가 있는 일본인 환자들은 서양의 환자들보다 다른 사람들의 기분을 상하게 하지 않을까에 대해 더 염려하는 것으로 보인다(Suzuki, Takei, Kawai et al., 2003).

BDD를 섭식장애와 구분하려면 세밀해야 한다. BDD가 있는 사람들의 대부분은 그들의 외모 중 몇 가지 다른 부위에 대해 염려한다. 그러나 체형과 체중에 대한 염려만이 유일한 초점일 때는, 임상가는 이 증상이 섭식장애로 더 잘 설명되는지 여부도 고려해야 한다.

**수집광** 수집하기(collecting)는 많은 사람들이 선호하는 취미이며, 거의 모든 아동이 물건을 수집하는 발달 단계를 거쳐 가지만, 이러한 취미는 저장하기(hoarding)와는 뚜렷이 구분된다. 흔히 있는 물건 수집의 매력과 임상적 장애인 저장하기의 차이점은 무엇일까? 의심할 바 없이, 물건을 획득하고 저장하는 욕구는 연속선상에서 다양하게 다르다(Timpano, Broman-Fulks, Glaesmer et al., 2013). **수집광(저장장애)**(hoarding disorder)은 획득하고자 하는 욕구가 명백히 과도하기는 하지만, 이는 문제의 일부일 뿐이다. 더 큰 문제는 다른 사람이 보았을 때 아무런 가치가 없어 보이는 것일지라도 그들의 물건을 버리는 것을 몹시 싫어하는 것이다. 통상적으로는, 디나의 임상 사례에 예시된 것처럼, 당사자는 아주 다양하게 다른 종류의 물건을 획득하고 있는 것이다—옷, 공구, 또는 골동품을 오래된 그릇, 병마개와 더불어 모을 수 있다. 저장장애가 있는 사람들은 자신의 소유물에 극도로 애착을 가지고 있어서 이 물건을 버리지 못한다.

저장하는 대부분의 사람들은 자신의 행동의 심각성을 깨닫지 못하고 있지만(Steketee & Frost, 2003), 그들 주변에 있는 사람들에게는 저장하는 행동에 따른 결과가 명백하고 때로는 아주 심각한 것으로 보이기도 한다. 물건이 쌓이다 보면 종종 당사자의 집에 넘친다. 한 연구에서는, 노인 대상 기관에서 일하는 사례 관리자에게 수집광 내담자에 대해 기술해 달라고 요청하였다. 표집 전략이 특별히 심각한 사례들만 초점을 두었을 것으로 보이지만, 기술된 내용은 특기할 만하다. 사례 관리자들은 저장 관련 문제가 있는 내담자 중 약 1/3에서 저장행위로 인해 그들이 집이 극도로 더러운 집이 되었고, 썩은 음식이나 찌꺼기에서 나오는 냄새로 뒤덮인 것이 특징이었다고 했다. 40% 이상에서는 너무 많은 물건들을 모아놓아서 더 이상 냉장고, 부엌 싱크대, 또는 욕조를 사용할 수 없는 지경이었으며, 그리고 약 10% 정도에서는 화장실을 사용할 수 없었다고 한다(Kim, Steketee, & Frost, 2001). 위생상태가 형편없는 것, 더러운 것에 노출되는 것, 그리고 요리를 할 수 없게 된 것은 모두 신체 건강, 이를테면 호흡기 문제를 악화시키는 데 기여할 수 있다. 많은 가족들이 당사자가 물건에 집착하는 것을 이해하지 못하여, 당사자와의 관계를 단절한다. 저장장애가 있는 사람들의 약 3/4이 과도한 구매행위를 하며(Frost, Tolin, Steketee et al., 2009), 그리고 상당수는 일을 할 수 없는 상태에 있어서(Tolin, Frost, Steketee et al., 2008), 이런 조건이 있는 사람들은 거의 모두 가난하게 되어 버린다(Samuels, Bienvenu, Pinto et al., 2007). 문제가 심각해지면 보건 관련 담당자가 당사자의 안전과 건강 상태를 파악하려고 올 수 있다. 수집광 환자의 약 10%는 그들의 생애 중 어떤 시점에서인가 퇴출될 위험에 처해 있다(Tolin et al., 2008). 어떤 이들은 돈을 물건을 획득하는 데 사용하여 노숙자가 된다.

수집광 환자의 약 1/3은 남성보다는 여성의 경우에 훨씬 더 많은데, 동물을 모으는 것에 빠져 있다(Patronek & Nathanson, 2009). 동물을 모으는 사람들은 때로는 자신을 동물 구호자로 바라보지만, 여기에서의 문제점을 목격한 사람들은 다르게 본다 — 이렇게 모은 동물의 수효가 많아지면 당사자가 이 동물을 적절하게 돌보고 보호하며 음식을 제공하는 넘어서는 경우가 종종 있다. 동물 모으기는 다른 종류의 수집에 비해서 불결한 것과 관련되기가 더 쉽다. 모으는 대상에 동물이 포함되어 있으면 때때로 동물보호단체가 개입하기도 한다.

저장행동은 보통 아동기 혹은 초기 사춘기에 시작된다(Grisham, Frost, Steketee et al., 2006). 이들의 초기 증상은 부모의 통제하에 있거나 수입이 적은 관계로 두드러지지 않을 수 있으며, 저장행동으로 인한 심각한 지장은 생애 후기에 이를 때까지 표면으로 드러나지 않는 경우가 종종 있다. 동물 모으기는 중년기나 그 이후가 될 때까지는 드러나지 않는 경우가 종종 있다(Patronek & Nathanson, 2009).

## 강박장애 및 강박 관련 장애의 유병률과 동반이환

우리의 대부분이 반복적인 사고를 겪은 적이 있고, 외모에 대해 걱정한 적이 있으며, 모으기를 좋아하는 단계를 거쳐 왔지만, 이런 증상들이 진단이 될 만큼의 고통과 장해를 일으키는 사람들의 비율은 매우 적다. 평생 유병률의 추정치는 OCD(Ruscio, Stein, Chiu et al., 2010)와 BDD(Buhlmann et al., 2010)의 경우에 약 2%, 수집광의 경우에는 약 1.5%이다(Nordsletten, Reichenberg, Hatch et al., 2013). OCD와 BDD는 모두 남성보다 여성에게서 약간 더 높을 뿐이다(Nordsletten et al., 2013; Torres, Prince, Bebbington

**수집광에 대한 DSM-5 진단 기준**

- 실제 가치에는 상관없이 소유물을 폐기하거나 치우지 못함
- 물건을 간직하고 싶은 욕구를 느낌
- 버리는 것에 대해 심리적 불편감을 느낌
- 증상으로 인해 많은 수효의 소유물이 실제 주거 공간에 난장판으로 쌓여 있게 되는데, 남들이 개입하지 않으면 그 소유물의 원래 용도대로 쓰지 못하고 있을 정도임

1947년에 대중의 주목을 끌었던 저장행위를 보여주는 사진. 콜리어(Collyer) 형제가 미국 뉴욕 시의 고급 건축물인 브라운스톤에서 사망한 채로 발견되었을 때 140톤의 물건이 바닥에서 천장까지 쌓여 있었는데, 여기에는 그랜드 피아노에서부터 옛 조각물, 인체의 뼈대에 이르기까지 망라되어 있었다.

## 임상 사례 : 디나

디나는 동물보호단체 직원이 그녀의 이웃으로부터 신고를 받은 후 치료받도록 의뢰되었다. 집을 조사했더니 3에이커나 되는 마당과 그녀의 집 안에 100마리 이상의 동물들이 살고 있는 것으로 밝혀졌고, 이들 중 상당수는 영양실조, 과밀 거주, 그리고 질병으로 고통을 겪고 있었다. 면접 시 그녀는 동물들을 위한 구조 임무를 수행 중이며 경제 상황이 좋지 않아 기부가 줄어들었기 때문에 그녀가 '조금 뒤처져 있는 것뿐'이라고 말했다.

치료자가 그녀의 집을 방문했을 때, 그녀의 수집 대상이 동물을 넘어 꽤 멀리까지 확대된 것이 분명해졌다. 그녀의 조그만 집에 있는 방에는 물건이 꽉 들어 차 있어서 바깥으로 연결되는 2개의 문에 더 이상 손이 닿을 수 없을 정도였다. 옷과 원단이 잡다한 가구 부품들과 함께 거실의 천장까지 쌓여 있었다. 부엌에는 추억의 영화 수집품들이 난로와 냉장고에까지 들어 차 있었다. 식사하는 방은 잡다한 물품 — 쓰레기봉투, 영수증 파일, 옛 신문지 더미, 그리고 개인집마당(yard sales)에서 '싸게 산' 중국 도자기 여러 세트 — 으로 덮여 있었다.

치료자가 디나에게 그녀의 집을 정리정돈하는 것을 도와주겠다고 제안하자, 디나는 화를 몹시 냈다. 그녀는 치료자가 자신의 중개인이 동물통제기관과 연락하는 것을 도와주도록 하기 위해 방문하는 것을 허락했을 뿐이며, 자신의 집에 대한 어떤 말도 듣고 싶지 않다고 하였다. 그녀는 자신이 살림하는 것을 갖고 가족들과 수년간 싸워 온 것을 설명하였으며, 가족의 완고한 규칙과 기대로부터 벗어나기 위해 모든 힘을 기울였다고 하였다. 그녀는 난로의 필요성을 부인하면서, 혼자 사는 여성으로서 따뜻한 음식을 요리하고 싶지 않다고 피력했다. 성공적이지 않았던 첫 가정방문 이후에, 그녀는 치료자와 또 만나는 것을 거절했다.

et al., 2006). 저장행동은 남성과 여성 사이에서 똑같이 흔히 나타나지만(Samuels et al., 2007), 남성들 중 치료를 받으려고 하는 경우는 거의 없다(Steketee & Frost, 2003). 이 세 장애 사이에서 동반이환율이 매우 높은 것 이외에도, 이 세 장애는 모두 우울 및 불안장애와 함께 발생하는 경향이 있다. 또한 OCD와 BDD는 물질사용장애와 함께 나타나는 경향이 있다(Frost, Steketee, & Tolin, 2011; Gustad & Phillips, 2003; Ruscio et al., 2010).

## 중간 요약

강박장애 및 강박 관련 장애로서 주요한 것에는 강박증(OCD), 신체이형장애(BDD), 수집광이 들어 있다. OCD는 강박관념 및/또는 강박행동으로 정의된다. BDD는 외모에서 상상의 결함(imagined defect)에 대한 생각에 빠져 있는 것(몰두), 그리고 상상의 결함에 대처하기 위해 맹렬하게 행동적 노력을 기울이는 것으로 정의된다. 수집광은 물건을 지나치게 취득하며 물건이 객관적으로 쓸모없는 것임에도 불구하고 물건을 버리지 못하는 것으로 정의된다.

BDD와 수집광 환자들은 OCD의 과거력이 있는 경우가 종종 있다. 이런 점 이외에도, 강박장애 및 강박 관련 장애는 불안장애 및 주요우울장애와 공존하는 경우가 흔하다. OCD과 BDD가 약물 남용과 공존하는 경우도 종종 있다.

## 복습문제 4.1

다음 질문에 답하라.

1. 강박장애 및 강박 관련 장애에서 가장 대표적인 경과를 기술하라.

2. 강박관념과 강박행동 사이의 주요한 차이점은 무엇인가?

## 강박장애 및 강박 관련 장애의 원인론

OCD, 저장행동, 그리고 신체이형 증상에 대해 유전 요인은 중간 수준으로 기여한다. 유전가능성이 위의 각 조건이 나타나는지 여부에 대한 변량의 40~50%까지를 설명하는 것으로 추정된다(Iervolino, Perroud, Fullana et al., 2009; Monzani, Rijsdijk, Iervolino et al., 2012; Taylor, Jang, & Asmundson, 2010).

강박장애, 신체이형장애, 수집광은 원인론에서 다소 중복되는 부분이 있는데 이는 유전 및 신경생물학적 위험 요인에서 특히 뚜렷하다. 예를 들면 BDD와 수집광 환자 중 OCD의 가족력이 있는 경우가 종종 있는데(Gustad & Phillips, 2003; Taylor et al., 2010), 이는 유전적인 취약성을 공유한 결과일 수 있다. 신경생물학적 위험 요인에 대해서는 OCD, BDD, 수집광이 동일한 뇌 영역의 일부와 연관이 있는 것으로 보인다. 뇌 영상 연구에 의하면, 뇌 속에서 3개의 상호 밀접하게 연결된 부위가 강박장애가 있는 사람에게서 이상하게도 활동성이 높다는 것을 보여준다(그림 4.1 참조). 이 세 부위는 **안와전두피질**(orbitofrontal cortex, 눈 바로 위에 있는 전두엽 영역), **미상핵**(caudate nucleus, 기저신경절의 일부), 그리고 전측대상회이다(Menzies, Chamberlain, Laird et al., 2008; Rotge, Guehl, Dilharreguy et al., 2009). 강박증이 있는 사람들에게 증상을 일으키는 대상(예 : 오염을 두려워하는 사람에게 더러운 장갑)을 보여주었더니, 이 세 부위에서의 활동이 높아졌다(McGuire, Bench, Frith et al., 1994). 비슷한 패턴이 BDD가 있는 사람이 자신의 얼굴 사진을 보았을 때 나타났다. 이러한 연구들에서는, BDD는 안와전두피질과 미상핵에서의 과잉활동과 관련이 있는 것으로 보인다(Feusner, Phillips, & Stein, 2010). 수집광에게 오래된 편지와 같은 물건을 보관하고 있어야 할지 또는 폐기해야 할지를 의사결정하도록 직면시켰을 때, 이들은 통제집단에 비해서 안와전두피질(Tolin, Kiehl, Worhunsky et al., 2009)과 전측대상회에서 과잉활동을 보였다(Tolin, Stevens, Villavicencio et al., 2012).

이와 같은 유전 요인과 신경생물학적 위험 요인들이 이런 장애들 중 하나를 발달시키기 위한 토대를 마련해주었을 수 있다고 하더라도, 왜 어떤 사람은 OCD를 발달시키고 다른 사람은 신체이형장애를 발달시키는 것일까? 인지행동 모형에서는 다른 장애에 대비해서 어떤 한 장애를 나타내도록 촉진하는 데 기여할 수 있는 요인들에 초점을 맞춘다.

**강박장애의 원인론**    인지행동 모형은 어떤 사람이 어떻게 해서 강박관념과 강박행동을 계속해서 반복하는 데 빠지게 되는지를 설명해주기 위하여 개발되었다. 적용 범위가 좁혀진 인지행동 모형에서는 강박관념이 왜 지속되는지에 초점을 둔다.

**강박관념과 강박행동에 대한 인지행동 모형**    OCD가 있는 사람들의 일상생활에 지장을 초래하는 사고와 행동의 상당수, 이를테면 확인하기, 청소하기, 또는 다시 생각해보기 등은 적당한 수준에서는 적응적인 가치가 있다. 예를 들면, 청소하기는 오염과 세균의 위험을 줄이는 데 도움을 줄 수 있다. 그런데 의문점은 왜 이런 사고와 행동이 오랫동안 지속되어, 종종 부적절한 맥락에서, 실제로 고통이나 지장을 초래하는지에 있다. 인지행동 이론의 핵심 목표는 OCD가 있는 사람들이 위협이 사라진 뒤에도 최초의 위협을 피하기 위해 사용된 행동이나 사고를 왜 계속해서 하는지를 이해하는 것이다.

OCD가 있는 사람들이 위협이 사라지고 난 뒤에 어떻게 반응하는지에

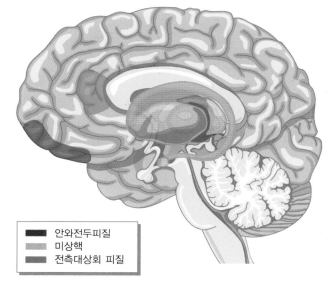

안와전두피질
미상핵
전측대상회 피질

**그림 4.1** 강박장애 및 강박 관련 장애에서의 핵심적인 뇌 영역 : 안와전두피질, 미상핵, 전측대상회

대한 자료를 수집하기 위해 연구자들은 두 단계의 실험을 수행하였다. 첫 번째 단계에서, 연구자들은 연구참여자의 손목에 전극을 부착하고는 참여자에게 컴퓨터 스크린에 어떤 모양(조건자극)이 나타나면 전기충격(무조건자극)을 받을 것이라고 알려주어 위협적인 상황을 만들었다. 전기충격을 피하려면 참여자들은 발로 페달을 눌러야(조건반응) 했다. 이 첫 번째 단계에서, OCD가 있는 참여자와 OCD가 없는 참여자는 모두 전기충격을 피하기 위해 발로 페달을 밟는 것을 똑같이 잘 학습하였다. 이 연구에서 핵심은 두 번째 단계인데, 연구자들은 전기충격의 위협이 사라진 것을 참여자가 알 수 있도록 손목에 부착된 전극을 떼어냈다. 참여자는 위협이 제거되었다는 것을 알았고 해당 자극에 대해 정신생리적 반응을 거의 나타내지 않았음에도 불구하고, OCD가 있는 사람들의 상당수는 스크린에 조건자극(어떤 모양)이 나타나면 발로 페달을 밟거나 또는 페달을 눌러야 한다는 강력한 압박감을 느꼈다. OCD가 없는 사람들은 발로 페달을 밟는 것을 멈추었으며, 이들의 대부분은 페달을 눌러야 한다는 압박감도 느끼지 않았다. 연구자들은 OCD가 있는 사람들이 위협을 줄이기 위해 이전에는 기능을 발휘했던 반응이 습관화되었기 때문에 위협이 사라진 뒤에도 무시해버리기가 어렵게 된다고 주장하고 있다(Gillan, Morein-Zamir, Urcelay et al., 2014). 이런 견해와 일치하게도, 다른 연구자들도 OCD가 있는 사람들이 어떤 자극에 대해 조건반응을 나타내게 되면, 이들은 자신이 반응한 것에 대해 더 이상 보상이 주어지지 않아도 해당 자극에 대한 반응을 바꾸는 데 시간이 걸린다는 것을 발견하였다(Voon, Derbyshire, Ruck et al., 2014).

어떤 인지 모형은 OCD가 있는 사람들이 심지어 위협이 사라진 것을 스스로 확신할 수 있는 뒤에도 위협을 피하기 위한 행동을 계속한다는 위의 견해와 잘 들어맞는다. 이 모형에 따르면, OCD는 안전과 완결에 대한 직관적 감각이 결핍되어 있는 것과 관련이 있다고 한다. 잠시 동안 다음과 같은 것을 생각해보자. 우리가 어떤 것에 대해서 생각하다가 멈추거나, 시험공부를 하거나 책상을 정리하다가 멈추는 것을 어떻게 알게 되는지를 생각해보자. 주변에서 신호가 오는 것은 전혀 없다. 오히려, 우리 대부분은 "이 정도면 됐어"라는 느낌이 들면 멈춘다. 이와 같이 알게 되는 주관적 느낌을 **안전감**(yedasentience)이라고 정의한다. 안전감은 당신이 충분히 생각했고, 충분히 청소했고, 환경 속 낮은 수준의 위협으로부터 오는 혼란과 위험을 막기 위해 해야만 하는 것을 무언가 다른 방식으로 했다는 주관적인 느낌이다(Woody & Szechtman, 2011). 이에 따라서, OCD가 있는 사람들은 안전감에 대한 생물학적 기반의 결손 때문에 고통을 겪는다는 이론이 제기되었다. 당사자들이 완결과 안전에 대한 직관적 감각을 느끼지 못하기 때문에 생각과 행동을 잘 멈추지 못한다는 것이다. 객관적으로는, 이들은 난로를 점검하거나 자신의 손을 반복해서 씻을 필요가 없다는 것을 알고 있지만, 이들은 일이 완료되지 못했다는 불안한 내부감각으로 인해 고통을 겪고 있는 것이다. 강박행동은 이런 감각을 완화하는 데 도움을 주기 때문에 특히 강화효과가 있는 것으로서, 강박행동은 내면의 독백(생각)에 비해서 훨씬 더 효과가 있다(Woody & Szechtman, 2011).

**사고 억제 : 강박관념에 대한 인지 모형** 또 다른 모형에서는 강박관념에 초점을 맞추고 있다. 이 모형에 따르면, OCD가 있는 사람들은 다른 사람들에 비해서 자신의 강박관념을 억누르려는 노력을 더 많이 기울인다고 하며, 그렇게 하는 과정에서 상황을 오히려 더 악화시키게 된다고 한다. 몇몇 연구자들은 OCD가 있는 사람들이 어떤 생각에 빠져 있게 되면 그것이 일어나기가 더 쉽게 해준다고 믿는 경향이 있음을 보여주었다(Rachman, 1997). 또한 OCD가 있는 사람들은 일어날 가능성이 있는 사건들에 대해 책임감을 마음 깊숙이 느끼는 것으로 보인다(Ladoceur, Dugas, Freeston et al., 2000). 이와 같은 두 요인으로 인해서, 이들은 **사고 억제**(thought suppression)를 하려고 하기 쉽다(Salkovskis, 1996). 이 이론과 맞게, OCD가 있는 사람들은 다른 사람들보다 사고를 더 많

이 억제한다고 보고한다(Amir, Cashman, & Foa, 1997).

불행하게도, 생각을 억제하기란 힘들다. 한 연구에서는 사람들에게 특정한 생각을 억제하라고 요구했을 때 무슨 일이 발생하는지를 살펴보았다(Wegner, Schneider, Carter et al., 1987). 두 집단의 대학생들에게 흰색 곰을 생각하거나 또는 흰색 곰을 생각하지 말라고 요구하였다. 또한 이들에게는 흰 곰 생각이 떠오를 때마다 종을 치도록 요구하였다. 연구 결과에 따르면, 흰 곰에 대해 생각하지 말라고 한 것은 그다지 성공적이지 못했다. 즉 학생들은 곰에 대해서 생각하지 않으려고 노력하는 동안 1분에 한 번 이상 곰에 대한 생각이 떠올랐다. 이뿐만 아니라 반동효과(rebound effect)가 있었는데, 학생들이 5분간 곰에 대한 생각을 억제하려고 노력하고 난 뒤에는 그다음 5분 동안 곰에 대한 생각이 훨씬 더 많이 떠올랐다. 생각하지 않으려 애쓰는 것(사고 억제)은 그에 대한 생각에 빠지게 하는 역설적인 효과를 가져올 수 있다. 실제로 한 실험연구에서, 잠깐 동안이라도 생각을 억제하게 되면 그로부터 4일간에 걸쳐서 그 생각이 더 자주 침투해 들어오는 결과를 가져왔다(Trinder & Salkovaskis, 1994). 명백한 것은, 사고 억제는 강박관념을 통제하기 위한 그리 좋은 방법이 못 된다는 것이다.

**신체이형장애의 원인론**    폴(임상 사례를 보라)은 왜 거울을 들여다보고, 다른 사람들은 괜찮다고 보는 자신의 코에 대해 혐오반응을 보이는 것일까? BDD의 인지 모형에서는 이런 증후군이 있는 사람이 자신의 신체를 볼 때 무슨 일이 일어나는지에 초점을 맞춘다. BDD가 있는 사람들도 자신의 신체적 특징을 정확하게 보고 인식할 수 있다. 즉 문제점은 신체적 특징이 왜곡되었다는 데 있는 것이 아닌 것으로 보인다. 오히려, BDD가 있는 사람들은 세밀하게 보는 경향이 있으며, 이런 경향이 자신의 얼굴 특징을 어떻게 보는지에 영향을 미친다(Feusner et al., 2010). 전체로 보기보다는, 이들은 한 번에 한 가지 특징을 검토하는데, 이로 인해서 이들은 조그만 결함에 대한 생각에 더욱 빠지게 되기 쉬운 것으로 보인다(Lambrou, Veale, & Wilson, 2011). 또한 이들은 통제 조건의 참여자에 비해서 매력이 있는 것을 아주 중요한 것으로 여긴다(Lambrou et al., 2011). 실제로 BDD가 있는 많은 사람들이 자신의 가치가 외모에 전적으로 달려 있다고 믿는 것으로 보인다(Veale, 2004).

**저장장애의 원인론**    저장행위에 대해 고찰할 때에는, 많은 이들이 진화론적 관점을 취한다(Zohar & Felz, 2001). 당신이 비축된 음식을 채우려고 식료품점에 갈 수 없고, 날씨가 추울 때 따뜻한 옷을 구하기 위해 옷 가게에 갈 수 없는 (석기 시대의) 동굴 주거인이라고 상상해보라. 이러한 상황에서는 당신이 찾아낼 수 있는 자원은 어떤 것이라도 저장하는 것이 적응적일 것이다. 물론 의문점은 이러한 기본적인 본능이 어떤 사람들에게는 왜 통제불능이 되느냐에 대한 것이다. 인지행동 모형에서는 이에 관련될 수 있는 많은 요인을 제시하고 있다. 이런 모형에 따르면, 저장행위는 조직화 능력의 저하, 소유물에 대한 특이한 믿음, 그리고 회피행동과 관련이 있다(Steketee & Frost, 2003). 이 요인의 각각에 대해 살펴보고, 이런 요인이 어떻게 해서 물건을 과도하게 획득하게 할 뿐만 아니라 물건을 버리는 것을 어렵게 하는지를 살펴보자.

수집광은 인지적 조직화 능력에서 여러 가지 다른 유형의 문제를 갖고 있다. 주의력에 문제가 있는 것은 당장 해야 할 과제에 주의를 집중하여 유지하는 것에 지장을 초래하며(Tolin & Villavicencio, 2011), 자신의 소유물을 다루는 데 주의를 집중하게 되더라도, 물건을 항목별로 분류하고 의사결정을 내리는 데 어려움을 겪는다(Samuels, 2009). 실험연구에서 수집광에게 물건을 분류하라고 요청했더니, 이들은 느리게 해내며, 다른 사람들보다 훨씬 더 많은 항목으로 분류하고, 이런 분류작업이 불안을 크게 유발하는 경향이 있었다(Wincze, Steketee, & Frost, 2007). 당장 앞에 있는 업무에 주의를 기울이고, 물건을 조직화하며, 결정을 내리는 데 어려움을 겪는 것은 물건을 습득하는 것, 집을 정리하는 것, 과도한 습득물을 제거하는 것의 거의 모든 부분에 영향을 미쳤다. 어느 물건을 갖는 것이 더 좋은 것인지를 결정해야 할 때, 이들 중 상당수는 달려가서 동일한 유형의 물건을 2개, 3개, 혹은 그 이상으로 취하곤 했다. 많은 환자들은, 자기를 지지해주는 치료자가 옆에 있어도, 자신의 물건을 분류하고 무엇을 버릴 것인지를 생각해내는 것을 몹시 괴로울 정도로 어려워했다(Frost & Steketee, 2010).

조직화하는 능력에 관한 이와 같은 어려움 이외에도, 인지적 모형에서는 수집광들이 자신의 소유물에 대해 갖고 있는 특이한 믿음에 초점을 맞춘다. 정의상으로, 수집광은 자신의 소유물에 극도의 정서적 애착이 있는 것을 보여준다. 이들은 자기 물건이 있으면 편안함을 느낀다고 보고하고, 물건을 잃어버린다는 생각에 깜짝 놀라며, 자신의 물건을 자기와 정체감의 핵심으로 본다고 말한다. 이들은 이런 물건을 잘 간수하는 데 깊은 책임감을 느끼며, 남들이 이를 만지고, 빌려가거나, 또는 버리려고 하면 분개하기 쉽다(Steketee & Frost, 2003). 많은 이들이 물건을 버려야 할 때 슬픈 감정을 느낀다(Frost, Steketee, & Tolin, 2012). 이러한 애착은 동물일 때 더욱 강할 수 있다. 동물을 모으는 사람들은 자신이 데리고 있는 동물을 자신의 가장 가까운 막역한 친구로 기술하는 경우가 종종 있다(Patronek & Nathanson, 2009). 이와 같이 물건 각각과 그 모두의 중요성에 대한 이들의 믿음은 잡동사니를 정리하려는 어떤 시도도 가로막는다.

이와 같은 모든 결정과 관련된 불안에 직면하면, 흔히 회피한다. 이 장애가 있는 사람들의 상당수는 잡동사니들을 분류정리 하는 것에 너무나도 압도되어 어지럽혀진 것을 치우는 것을 미루게 된다(Frost, Steketee, & Greene, 2003). 회피는 이 잡동사니들이 유지되는 핵심 요인 중 하나로 여겨진다.

## 강박장애 및 강박 관련 장애의 치료

강박장애, 신체이형장애, 그리고 수집광에 대한 치료는 비슷하다. 이들 각 장애는 항우울제가 듣는다. 주된 심리학적 접근은 노출과 반응 제지로서, 이 요법은 각각의 특정 조건에 맞추어서 적용된다.

**약물치료**   항우울제는 강박장애 및 강박 관련 장애의 약물치료로 가장 흔히 사용된다. 항우울제는 원래 우울증을 치료하기 위해 개발된 것인데, 무선 통제 시행의 결과는 OCD의 치료(Steketee & Barlow, 2004)와 BDD의 치료(Grant, Odlaug, & Schreiber, 2014) 시 그 효과를 뒷받침해주고 있다.

OCD를 치료할 때 가장 흔히 사용되는 항우울제는 클로미프라민[clomipramine(Anafranil)]이다(McDonough & Kennedy, 2002). 한 연구에서는, 클로미프라민은 OCD 증상을 대략 50% 감소시켰으며(Mundo, Maina, & Uslenghi, 2000), 성인뿐만 아니라 청소년에게도 도움이 되었다(Franklin & Foa, 2011). 그러나 대부분의 사람들은 항우울제 치료를 받아도 OCD 증상을 적어도 경미한 수준으로 계속 겪는다(Grant et al., 2014).

BDD의 약물요법에 대해 수행된 무선 통제 시행 연구는 단 2개뿐이다. 2개의 시행 연구에서는 모두 항우울제가 위약에 비해서 증상을 줄이는 데 더 효과적인 것으로 나타났다. 이 시행 연구들에서는 BDD의 치료를 위해 클로미프라민과 플루옥세틴이 모두 효과적이라는 것을 뒷받침해주고 있다(Ipser, Sander, & Stein, 2009). OCD의 경우에서처럼, 많은 사람들이 항우울제 치료를 받아도 BDD 증상을 적어도 경미한 수준으로 계속 겪는다.

수집광의 약물치료에 대해 수행된 무선 통제 시행 연구는 없다. 우리가 갖고 있는 지식의 대부분은 저장 증상도 함께 갖고 있는 OCD 환자에 관한 연구에 토대를 두고 있다. 대부분의 연구들에서 저장 증상이 다른 OCD 증상에 비해서 약물치료로부터 효과를 덜 본다는 것을 나타내주고 있지만, 한 연구 결과에서는 수집광 환자들이 항우울제에 대해서 OCD가 있는 환자들이 보이는 반응만큼 효과를 보인 것으로 나타났다(Saxena, Brody, Maidment et al., 2007).

**심리요법**　강박장애 및 강박 관련 장애의 심리요법으로서 가장 널리 사용되는 것은 **노출 및 반응 제지**(exposure and response prevention, ERP) 방법이다. Victor Meyer(1966)가 이런 접근방식을 개발했는데 이는 OCD가 있는 사람들이 위협을 피하기 위해 사용하는 강박적 의식 행위에 대해서 앞 장에서 살펴본 노출요법을 그에 맞게 적용하는 것이다. 우리는 이와 같은 인지행동요법이 OCD에 적용되는 방식을 기술하고, 그다음에는 이 요법이 BDD와 수집광에 어떻게 맞도록 적용되어 왔는지를 설명할 것이다.

**강박장애**　강박장애로 고통 받고 있는 사람들의 상당수는 자신의 강박행동이 무서운 일이 일어나는 것을 막아줄 것이라는 거의 마술적 수준의 믿음을 갖고 있다. ERP에서 반응 제지 부분은, 당사자들이 강박행동을 일으키는 상황에 자신을 노출시키고, 그다음에는 강박적 의식행동(compulsive ritual)을 하려는 것을 스스로 억제하도록 한다. 예를 들면, 더러운 접시를 만지고 나서 자기 손을 씻으려는 것을 스스로 참아내는 것이다. 이와 같은 접근방식의 배경 논리는 다음과 같다.

1. 의식행동을 하지 않게 하면 해당 자극으로 인해 유발된 불안의 최대한도로까지 당사자가 노출된다.
2. 노출의 결과로 조건화된 반응(불안)의 소거가 촉진된다.

ERP에서 노출 부분은 앞 장에서 살펴본 노출 위계의 접근방식(exposure hierarchy approach)을 사용한다. 이는 내담자에게 덜 위협적인 자극에서 시작하여 점점 더 위협적인 자극으로 진전해서 이에 초점을 두는 노출 회기를 완수하는 것이다. 예를 들면, 오염에 초점을 두는 내담자에게는 더러운 방 안에 있는 것부터 시작하여 내담자의 손을 끈적거리고, 더러운 바닥에 놓은 것으로까지 진전시킬 수 있다. 노출 회기 전반에 걸쳐서, 내담자에게는 강박행동을 하지 말고 피하도록 안내한다. 종종 치료자는 가족들의 도움을 받아 집 안에서 두려운 자극에 대해 노출되도록 지도한다(Foa & Franklin, 2001). 통상적으로 ERP는 치료 회기 중에 최대 90분까지 의식행동을 하려는 것을 참도록 하며, 회기 사이에는 집에서 연습하게 한다.

의식행동을 하려는 것을 참는 것은 OCD가 있는 사람들에게는 지극히 불쾌한 일이다. (당사자들이 얼마나 불쾌할지에 대해서 약간이라도 이해해보려면, 여러분이 가려운 곳을 긁기 전에 1~2분간 참아보라.) 치료의 강도를 감안해볼 때, 약 25%의 내담자들이 ERP 치료를 거부한다는 사실은 그리 놀라운 일이 아니다(Foa & Franklin, 2001).

ERP를 통제 조건의 요법과 비교한 19개의 연구 결과에 대한 종합분석에서는 ERP가 강박관념과 강박행동을 줄이는 데 아주 효과가 있음을 시사해주고 있다(Rosa-Alcazar, Sanchez-Meca, Gomez-Conesa et al., 2008). EPR는 OCD의 치료에서 클로미프라민보다 효과적이며(Foa, Libowitz, Kozak et al., 2005), 성인뿐만 아니라 아동 및 청소년에 대해서도 효과가 있다(Franklin & Foa, 2011). 연구자들은 OCD에 대한 전문가가 아닌 지역사회의 치료자들로 하여금 ERP를 실시하게 했을 때 그 결과가 아주 좋았던 것을 보여주었다(Franklin & Foa, 2011). 이런 치료를 받은 사람들 중 3/4 이상에서, 경미한 증상이 종종 지속되기는 했지만, 유의미한 증세 호전이 나타났다(Mancebo, Eisen, Sibrava et al., 2011).

OCD에 대한 인지적 접근에서는 의식행동을 하지 않을 경우 무슨 일이 일어날 것이라는 당사자의 믿음에 도전하게 하거나(Van Oppen et al., 1995) 또는 이들이 갖고 있는 종종 부풀려진 책임감(Clark, 2006)에 도전하게 하는 데 초점을 맞춘다. 궁극적으로는, 이런 믿음을 검증하도록 도

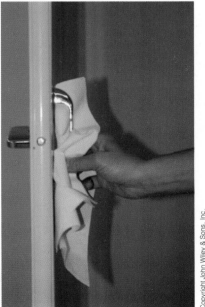

OCD에 대한 노출치료에서는 당사자가 가장 무서워하는 것, 이를테면 더러운 대상으로 인해 오염되는 것에 직면시키는 것이 포함될 수 있다.

와주려면, 인지적 접근에서도 노출 기법을 사용하지 않을 수 없을 것이다. 여러 연구에 의하면 인지적 접근이 ERP와 마찬가지로 효과가 있다고 한다(DeRubeis & Crits-Cristoph, 1998).

**신체이형장애**  ERP의 기본 원리는 여러 가지 방식으로 맞추면 BDD의 증상에도 적용할 수 있다. 예를 들면, 가장 두려워하는 활동에 노출시키려면, 내담자에게 자신의 외모에 대해 비판적인 사람을 만나보도록 요청할 수 있을 것이다. 반응 제지에 대해서는, 내담자에게 자신의 외모에 대해 스스로 안도감을 느끼게 해주는 행위, 이를테면 거울을 들여다보는 것과 같은 행위를 피해보라고 요구한다. 폴의 임상 사례에 예시된 것처럼, 이런 행동 기법에는 이 장애의 인지적 측면, 이를테면 신체 특징에 대해 과도하게 비판적인 평가를 하는 것 그리고 자기 가치가 외모에 달려 있다는 믿음을 다루는 전략이 보완적으로 추가된다.

몇몇 연구들에서는 ERP가 통제 조건에 비교하여 신체이형 증상을 크게 감소시킨다는 것을 보여주었다(Wilhelm, Phillips, Didie et al., 2014 참조). 인지적 요소도 들어 있는 요법은 행동만 다루는 요법에 비해서 더 강력할 수 있다(Williams, Hadjistavropoulos, & Sharpe, 2006), 아무튼 두 요법 모두가 지속적인 효과를 나타낸다(Ipser et al., 2009).

**수집광**  저장행위에 대한 치료는 OCD에 적용된 ERP 요법을 수정한 것에 토대를 둔다(Steketee & Frost, 2003). 치료에서 노출 관련 부분은 수집광이 가장 두려워하는 것(즉 물건을 버리는 것)에 초점을 둔다. 반응 제지는 이들이 불안을 감소시키기 위해 빠졌던 의식적 행위, 이를테면 물건을 세거나 분류하는 것과 같은 행동을 멈추게 하는 것에 중점을 둔다. 다른 노출요법의 경우에서처럼, 내담자와 치료자는 공동작업을 통해 위계 순서를 정해서, 치료가 진전되어 감에 따라 점차적으로 어려운 도전을 해 나간다.

공통된 요소가 있어도, 수집광에 대한 치료는 여러 가지 방식으로 맞추어서 적용된다. 디나의 사례에서 예시되어 있듯이, 많은 수집광 환자가 자신의 증상으로 인해 발생하는 문제의 심각성을 깨닫지 못하고 있다. 치료 시 당사자가 저장하는 증상에 대해 깨닫기 전까지는 이 증상을 다루어서는 안 된다. 깨달음을 촉진하기 위해서는 동기증진 전략을 사용해서 당사자로 하여금 자신이 바뀌어야 하는 이유를 생각해볼 수 있도록 도와준다. 당사자가 일단 자신이 바뀌어야겠다고 결정하고 나면, 치료자는 당사자가 소유물에 대한 결정을 내리도록 도와줄 수 있으며 당사자로 하여금 잡동사니들을 분류하고 치우는 것을 도와주기 위한 도구와 전략을 제공해줄 수 있다. 치료자는 치료실에서의 회기뿐만 아니라 가정방문을 통해 이를 보완하는 경우가 종종 있는데, 가정방문은 당사자가 저장 행위의 정도를 보다 잘 깨닫게 해주는 데 도움이 될 뿐만 아니라 잡동사니들을 현장에서 치워버리는 실천도 가능하게 해준다. 이런 접근방식에 대한 최초의 무선 통제 시행 연구에서는, CBT 치료를 받은 환자들이 대기통제집단에 비해 유의미하게 더 큰 증세 호전을 보여주었다(Steketee, Frost, Tolin et al., 2010). 26주간 치료를 받는 동안에, 환자들의 약 70%는 저장 증상에서 적어도 근소한 수준으로는 증세 호전을 보여주었다. 자조집단(self-help groups)에서는 구조화된 독서(structured

소유물을 너무 빨리 치워버리려 하다 보면 실패하기 쉽다는 증거가 있음에도 불구하고, 수집광이라는 뜻의 〈Hoarders〉라는 TV 쇼에서는 퇴거 또는 다른 관련된 일이 가져오는 무서운 위협 때문에 물건을 치워버리는 것에 직면하게 된 나머지 자신의 수집품을 속히 폐기하지 않으면 안 되게 된 많은 사람들을 보여주고 있다.

## 임상 사례로 되돌아가기 : 폴에 대한 CBT 치료

**폴**과 그의 치료자는 CBT를 사용해서 함께 치료를 진행하는 데 동의했다. 우선 이들은 폴의 증상에 영향을 끼친 아동기와 현재의 관련 요소들을 살펴보았다. 폴은 부모가 외모에 대한 기준이 지극히 높고, 부친이 강박적이고 완벽주의적 유형의 사람이라고 기술했다. 그간 살아오면서, 폴은 부모의 기준에 맞추어 살 수는 없겠다고 여겼다.

그다음에 그와 치료자는 불안을 유발하는 것으로 여겨지는 몇 가지 인지(생각)를 파악했다. 이를테면 '어떤 결점이든 그것은 내가 못생겼다는 것을 의미한다' 또는 '고객이 내 코가 얼마나 못생겼나 하고 생각하고 있다는 것을 나는 안다' 등이다. 폴에게는 가장 부정적인 생각을 매일 기록하도록 했으며, 그다음에는 이런 생각이 너무 가혹하지는 않은지를 평가하는 방법을 알려주었다. 그는 달리 생각하는 방식을 찾아보기 시작했다.

폴이 좀 더 긍정적인 방식으로 생각하게 되면서, 치료자는 그의 회피적이고 의식적인 행동들을 표적으로 삼기 시작했다. 폴은 사회 활동, 밝은 불빛, 그리고 심지어는 남들과의 눈 맞춤조차 회피하는 경향이 있었는데, 그는 이런 행동이 자신의 삶에 지장을 초래한다는 것을 알고 있었다. 치료법의 구성요소는 노출인데, 여기에서 치료자는 폴에게 눈 맞춤을 하고, 사회 활동에 참여하고, 밝은 불빛 아래에서 남들과 대화하는 것에 이르기까지 순차적으로 해보도록 지도했다. 또한 폴은 불안을 줄이기 위해 일련의 의식적 행위를 수행해 왔는데, 여기에는 표정 연습, 남들의 코를 살펴보는 것, 그리고 성형수술 웹사이트를 검색하는 것 등이 있다. 치료자는 그의 의식적 행위가 불안을 실제로 감소시켜주지는 못했다는 것을 깨닫도록 도와주었다. 의식적 행위는 반응 제지를 사용하여 치료하였다. 즉 폴에게는 의식적 행위를 하는 것을 그만두도록, 또 그만두고 있을 때 자신의 기분과 불안을 살펴보도록 요청하였다.

5회기 치료가 진행된 후에, 폴의 치료자는 지각 재훈련(perceptual retraining)을 시작했다. BDD가 있는 사람들은 거울을 들여다볼 때, 자신의 얼굴에서 최악의 조그만 부분에 초점을 맞추고는 지나친 평가를 내린다. 매일 해야 될 숙제로서, 폴에게는 거울을 들여다보는 데 시간을 보내되 자신의 외모 전체에 초점을 맞추도록 요청하였다. 또한 그에게는 자신의 코에 대해서 평가하지 않고 객관적인 언어로 기술하도록 요구하였다. 이런 훈련을 완수하고 나니 그가 애초에 겪었던 강렬한 불안은 일주일도 못 되어 감소하였다. 곧 그는 이전에는 무시했었던 자신의 외모의 특정 부분을 좋게 평가할 수 있게 되었다. 예를 들면 그는 자신의 눈이 멋있다는 것을 알아차렸다.

신체이형장애가 있는 사람들은 종종 자신의 외모에 대해 지나치게 초점을 맞추는 경우가 종종 있다. 폴은 주의의 초점을 자신이 아닌 외부에 있는 사람 및 사건에 맞추도록 하는 훈련을 받았다. 예를 들면, 친구와 저녁식사를 할 때, 그는 친구의 목소리, 음식의 맛, 그리고 친구와의 대화 내용에 주의를 기울이도록 지도받았다.

폴이 효과를 봄에 따라서, 치료자는 인지 중에서 좀 더 어렵고 핵심적인 부분(즉 자기 외모의 의미에 대한 뿌리 깊은 믿음)을 대상으로 작업하기 시작했다. 폴은 자신의 신체 결함 때문에 자기가 사랑을 못 받게 되었다고 여긴다고 기술했다. 치료자는 그가 갖고 있는 많은 긍정적인 측면에 대해 새로이 생각해보도록 도와주었다.

마지막 10회기는 그가 그동안 배웠던 기술들을 복습하고, 증상이 다시 나타난다면 그가 사용할 전략들에 대해 논의하는 것이 주요 내용이었다. 치료 과정 중에 폴의 증상은 크게 완화되어서 마지막 회기에 이르렀을 때 그는 더 이상 자신의 코 때문에 불편해하지 않게 되었다. (Wilhelm et al., 2010에서 허락을 받고 발췌함)

readings)가 보완적으로 실시되었는데, 개인치료에 비해서 비용이 덜 들고 도움이 되는 접근방법인 것으로 밝혀졌다(Muroff, Levis, & Bratiotis, 2014).

초창기의 인지행동치료에서는 내담자가 가능한 한 빨리 자기 물건을 버리도록 하는 것을 돕는데 초점을 맞추었는데, 이는 내담자가 자기 소유물을 평가하는 데 너무나 많이 신경을 쓰다 보니까 발생할 수 있는 우유부단과 불안의 구렁텅이에 빠지는 것을 피하도록 하기 위함이었다. 불행하게도, 내담자들은 치료를 그만두었으며 그나마 남아 있던 내담자들도 효과가 있다는 반응을 거의 보여주지 못했다(Abramowitz, Franklin, Schwartz et al., 2003; Mataix-Cols, Marks, Greist et al., 2002).

저장장애가 있는 사람들의 가족 관계는 크게 무너져 있는 경우가 종종 있다. 친척들은 통상 잡동사니를 치우는 것을 도와주려고 다양한 접근방식을 시도하지만, 이런 시도가 실패함에 따라 점점 더 좌절되고 화만 나게 될 뿐이다. 그래서 많은 이들이 당사자가 없는 사이에 당사자의 소유물을 버리는 것과 같은 강압적인 전략을 쓰는데, 이런 전략은 통상 불신과 적의를 일으킬 뿐이다. 저장행위에 대한 가족적 접근은 이러한 어려운 문제들에 대해 소통의 분위기를 구축하는 것으로부터 시작한다(Tompkins & Hartl, 2009). 잡동사니들을 모두 없앤다는 것을 목표로 하기보다는,

가족 구성원들에게는 가장 위험한 저장행위와 잡동사니를 가려내도록 촉구된다. 예를 들면 비상구로 접근을 못하게 하는 물건 등이 해당되겠다. 가족들은 수집광 당사자와 이와 같은 위험 사항에 대한 가족의 염려를 이용하여 대화를 시작할 수 있으며 저장장애가 있는 당사자와 함께 우선순위를 세울 수 있다. 저장장애가 있는 당사자의 가족 구성원(예 : 당사자의 자녀)을 위한 지지 집단과 온라인 공동체는 점차 많아지고 있다.

**뇌 심부 자극 : OCD에 대한 개발 중인 요법**    연구자들은 다중적 약물요법에서도 효과를 보이지 않은 만성 OCD가 있는 사람들에게 뇌 속에 전극을 삽입하는 요법인 뇌 심부 자극요법(deep brain stimulation)을 검증해 왔다. OCD를 치료하기 위해서는 전극을 통상 측좌핵(nucleus accumbens) 또는 복부 선조체(ventral striatum)의 가장자리 영역에 삽입한다. 여러 개의 소규모 연구들에서는 뇌 심부 자극요법의 치료를 받은 환자들 중 약 절반 정도가 치료를 받은 지 두 달 만에 유의미한 증세 호전을 보인다는 점을 발견하였으며, 통제된 양방 무지(兩方無知, double-blind) 연구도 이 요법이 효과적임을 뒷받침해주고 있다(Greenberg, Rauch, & Haber, 2010). 이 요법은 실험적인 것으로 남아 있는데, 왜냐하면 뇌에 전극을 삽입하는 것이 합병증을 일으킬 수 있기 때문이다. 그럼에도 불구하고 이런 접근방식으로 어느 정도 효과를 본 것은 OCD의 신경생물학적 모형을 뒷받침해주고 있다.

## 중간 요약

OCD, BDD, 수집광은 중간 수준으로 유전성이 있다. BDD 및 수집광 환자들은 OCD의 가족력을 흔히 보고하고 있다. OCD는 안와전두피질, 미상핵, 전측대상회의 활동이 높은 것이 특징이다. 신체이형장애는 안와전두피질과 미상핵의 활동이 고조되어 있다. 수집광은 안와전두피질과 전측대상회의 활동이 높은 것과 관련이 있다.

인지행동 모형은 강박장애 및 강박 관련 장애의 집단에서 왜 특정한 장애에 걸리게 되는지를 설명하는 데 도움이 된다. OCD의 행동 모형은 최초의 행동을 조건형성시켰던 근접 요인이 바뀌고 난 뒤에도 사람들이 조건반응을 오랫동안 보유하고 있음을 시사해준다. 심리적으로 보면, OCD는 안전감의 결핍이 특징인 것으로 보인다. 사고 억제는 강박관념의 경향성을 악화할 수 있다. BDD의 인지 모형에서는 세부적인 것을 중시하는 분석적인 스타일, 자존감에서 외모의 비중을 과도하게 매기는 경향, 그리고 외모와 관련된 단서에 지나치게 주의를 기울이는 것에 초점을 둔다. 수집광의 인지행동 모형에서는 조직화 능력의 저조(주의 기울이기, 범주로 분류하기, 의사결정에서의 어려움), 소유물에 대한 특이한 믿음, 회피 행동에 초점을 둔다.

항우울제는 강박장애 및 강박 관련 장애에 대해서 뒷받침을 가장 많이 받는 약물요법이다. 강박장애 및 강박 관련 장애에 대한 주요한 심리치료적 접근법은 노출 및 반응 제지(exposure and response prevention, ERP)이다. 수집광에 대한 ERP에서는 깨달음과 변화를 고려해보도록 촉진하기 위해서 동기 증진 전략을 종종 활용한다. 뇌 심부에 자극을 주는 방법은 강박증 처치에 대한 실험적인 요법이다.

## 복습문제 4.2

다음 질문에 답하라.
1. OCD, BDD, 수집광이 서로 관련되어 있는 조건이라고 여길 만한 이유를 세 가지 들어보라.
2. 강박장애 및 강박 관련 장애의 치료를 위해서 어떤 종류의 약물요법이 가장 세밀하게 검증되었는가?
3. 강박장애 및 강박 관련 장애에 대해서 가장 흔히 쓰이는 심리요법은 무엇인가?

# 외상후 스트레스장애와 급성 스트레스장애

외상후 스트레스장애와 급성 스트레스장애는 당사자가 외상적 사건을 겪은 뒤에 증상이 나타났을 때에만 진단이 내려진다. 따라서 이 장애들은, 끔찍한 인생 경험이 심각한 심리 증상을 촉발할 수 있다는 개념에 기반을 두고 있다. 이 진단은 그 밖의 모든 다른 주요한 DSM 진단들이 전적으로 증상 프로파일에 의해 정의된다는 점에서 대조적이다. 다른 주요한 DSM 진단에서는 명확한 원인을 강조하지 않는다.

## 외상후 스트레스장애와 급성 스트레스장애에 대한 임상적 기술 및 역학

**외상후 스트레스장애**(posttraumatic stress disorder, PTSD)는 심각한 스트레스 자극에 대해 극도의 반응을 보이는 것으로서, 여기에는 외상에 대한 반복되는 기억, 외상과 연관된 자극에 대한 회피, 부정적 정서와 사고, 그리고 흥분 수준이 높아진 것과 관련된 증상이 포함된다. 전투 시의 스트레스가 병사들에게 강력한 부정적 영향을 미칠 수 있다는 사실이 오래전부터 알려져 있긴 하였으나, 베트남 전쟁의 후유증으로 이 진단이 생기게 되었다.

진단 기준에서 심각한 외상은 실제의 죽음이나 죽음에의 위협, 심한 부상, 또는 성폭행을 포함하는 사건으로 정의된다. 너무나도 많은 사람들이 이런 유형의 외상에 노출되어 왔다. 2001년 이후로 200만 명 이상의 미국 군인들이 이라크와 아프가니스탄에 파병되었다. 남성에게서는 전쟁 관련 외상이 PTSD에 선행하는 가장 흔한 유형의 외상인 반면에, 여성에게서는 강간이 PTSD에 선행하는 가장 흔한 유형의 외상으로서(Creamer, Burgess, & McFarlane, 2001), 강간당한 여성 중 최소한 1/3이 PTSD의 진단 기준에 부합한다(Breslau, Chilcoat, Kessler et al., 1999). 미국 여성들 6명 중 1명꼴로 생애 기간 중에 강간을 당한다고 추정된다(Tjaden & Thoennes, 2006). 그림 4.2에 제시된 바와 같이, 이런 성범죄는 사춘기 여성과 젊은 여성이 주요 표적이다. 안타깝게도 여대생 중 30%가 사람과의 성적 접촉을 거부했을 때 완력, 위협, 또는 상해를 당한 적이 있다고 보고했으며, 8.7%는 신체적 상해를 입었다고 보고했다(Struckman-Johnson, 1988). 강간 중 약 70%는 피해 여성이 아는 누군가에 의해 일어난다(National Center for Justice, 2003).

그러나 외상에 노출된 것은 이 진단을 고려하기 위한 첫 단계일 뿐이다. 외상 이외에도, PTSD의 진단을 내리려면 일단의 증상들이 있어야만 한다. DSM-5에서는 PTSD의 증상을 네 가지 주요 항목으로 분류한다.

- 외상적 사건을 침투적으로 재경험 : 애슐리(임상 사례를 보라)처럼, 환자가 외상 사건을 자주 회상하거나 그와 관련된 악몽을 꾸는 것이다. PTSD가 있는 많은 사람들이 매일 밤 외상 사건에 관한 꿈이나 악몽을 꾼다. 다른 사람들은 고통스러운 침투적 기억에 시달리는데, 이는 조그만 감각적 단서에 의해 종종 유발된다. 사건을 회상시켜주는 감각적 자극은 정신생리적 흥분의 파도를 일으킬 수 있다. 예를 들면, 참전 군인으로 하여금 과거의 전투 장면을 다시 떠올리게 하는 헬리콥터 소리에 몸을 떨 수 있으며, 어두운 곳에서 강간을 당한 여성은 사건 후 몇 달간 밤만 되면 심장이 고동칠 수 있다.

- 사건과 관련된 자극의 회피 : PTSD가 있는 사람들은 대부분 해당 사건에 대해서 생각하는 것을 회피하려고 하며, 어떤 사람

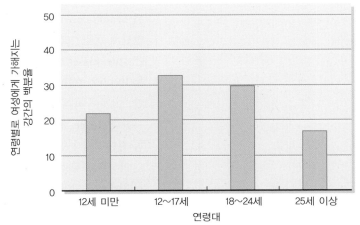

**그림 4.2** 매년 성폭력의 희생자가 되는 여성의 연령별 비율

출처 : Tjaden & Thoennes(2006).

9/11 테러 공격 직후에 세계무역센터에 있었던 위 사진 속의 소방관처럼. 구조 작업자들은 PTSD에 걸릴 위험이 높을 수 있다.

들은 그 사건을 회상하게 만드는 모든 것을 회피하려고 한다. 예를 들면, 터키에서 발생한 지진의 생존자들은 밤에 산 채로 건물더미에 묻힌 경험을 하고 나서는 실내에서 잠을 잘 수가 없었다(McNally, 2003). 대부분의 사람들이 해당 사건을 기억하고 다시 경험하는 것을 피하려고 한다고 말하지만, 이런 회피는 보통 실패한다. 대부분의 사람들은 해당 사건이 너무나도 자주 떠오른다고 말한다(Rubin, Berntsen, & Bohni, 2008).

- 외상을 겪은 후에 발달된 부정적인 기분과 사고를 시사하는 그 밖의 증세 : PTSD가 있는 많은 사람들이 친구들로부터 멀어지고 해 오던 활동에 대해서도 낯선 감을 느끼며, 인생에서 아무것도 즐거움을 주지 못한다는 것을 발견한다. 이들이 해당 사건의 원인에 대한 의문점과 싸우면서, 많은 이들이 자기 탓이라고 믿게 되며, 또 다른 이들은 모든 사람을 믿을 수 없다고 믿게 된다.

- 흥분 및 반응성의 증가(increased arousal and reactivity)와 관련된 증상 : PTSD가 있는 사람은 지속적으로 경계해야 한다고 느끼면서 주변환경의 위험을 찾는 경우가 종종 있다. 실험실 연구 결과에서는 PTSD가 있는 사람들에게서 흥분(각성) 수준이 높아져 있는 것이 입증되었는데, 이는 외상과 관련된 이미지를 보여주면서 생리적 반응을 측정한 결과이다(Orr, Metzger, Lasko et al., 2003). 이와 같이 각성 수준이 고조되어 있는 것은 깜짝 놀랐을 때 튀어오를 정도로 흥분하는 경향성, 사소한 사건에 대해서 폭발하는 경향성, 그리고 잠에 들거나 밤새 푹 자는 것이 도전거리(쉽지 않다)가 되어 있는 상태로 나타날 수 있다.

PTSD 증상은 외상을 겪은 후 곧 나타날 수 있지만 때로는 최초 사건이 일어난 지 수년이 지나도 증상이 나타나지 않기도 한다. PTSD는 일단 발생하면 증상은 비교적 만성이 된다. PTSD로 진단된 사람들을 대상으로 한 연구에서는, 수년 뒤에 면접을 했어도 이들 중 약 절반이 진단될 수 있을 정도의 증상들을 계속 겪고 있었다(Perkonigg, Pfister, Stein et al., 2005). 자살생각도 PTSD가 있는 사람들 사이에서는 흔하며(Bernal, Haro, Bernert et al., 2007), 자살 목적의 자해 행위도 흔하다(Weierich & Nock, 2008). 15,288명의 미 육군 참전용사를 대상으로 군 복무를 처음 시작한 이후 30년간 추적조사한 연구에서는, PTSD는 의학적 질환, 사고(事故), 그리고 자살로 일찍 죽음을 맞이할 위험성이 높은 것을 예측해주었다(Boscarino, 2006).

외상에 오랫동안 노출되는 것, 이를테면 아동기의 학대와 같은 것은 PTSD에 대한 DSM의 진단 기준에서 해당되는 것보다도 더 넓은 범위의 증상을 이끌어낼지 모른다는 주장이 있었다. 이런 증후군은 복합 PTSD(complex PTSD)로 지칭되어 왔다(Herman, 1992). 장기적인 외상과 관련된 증상의 프로파일이 연구자들마다 다르게 주장하지만, 대부분의 연구자들은 부정적 정서, 대인관계 곤란, 그리고 부정적인 자아개념이 여기에 해당된다고 기술하고 있다(Cloitre, Courtois, Charuvastra et al., 2011). 지속적인 외상이 가져오는 영향에 대해 연구 결과들이 시사하는 바는 무엇인가? 종합적 개관에 의하면 지속적인 외상이 더욱 심각한 PTSD 증상으로 이끌 수도 있지만, 이것이 독특한 증상을 갖춘 별개적인 하위 유형을 초래하지는 않는 것으로 보인다는 점을 시사한다(Resick, Bovin, Calloway et al., 2012). 이상을 감안하여, DSM-5에서는 복합 PTSD에 대한 진단명이나 명시 요인(specifier)을 넣지 않고 있다.

외상후 스트레스장애 이외에도, DSM에는 **급성 스트레스장애**(acute stress disorder, ASD)라는 진단이 수록되어 있다. PTSD의 경우처럼, ASD는 외상을 겪은 후에 증상이 나타날 때 진단이 내려진다. 지속기간이 좀 더 짧은 것을 제외하면 ASD의 증상은 PTSD의 증상과 상당히 비슷하다. 이 진단은 증상이 3일에서 1개월 사이의 기간 동안만 지속될 때 내려진다.

ASD의 진단은 PTSD의 진단만큼 잘 받아들여지지 않고 있다. ASD의 진단에 대해서 두 가지

## ● 외상후 스트레스장애에 대한 DSM-5 진단 기준

A. 실제의 죽음이나 죽음에 대한 위협, 심각한 부상, 또는 성폭력에 대한 노출이 다음과 같은 방식 중 하나 또는 그 이상에서 나타난다—외상적 사건을 개인적으로 겪는 것, 그 사건을 목격하는 것, 폭력이나 사고에 의한 죽음 또는 죽음에 대한 위협이 가까운 사람에게 발생한 것을 알게 된 것, 또는 매스컴 이외의 방식을 통해 외상적 사건의 혐오스러운 세부사항에 대해서 반복적이거나 극심한 노출을 겪는 것

B. 다음의 **침투** 증상이 적어도 한 가지 이상 나타난다.
  - 외상적 사건(들)에 대한 반복적이고 불수의적이며 침투적인 고통스러운 기억, 또는 아동의 경우에는 외상의 주제에 관한 반복적인 놀이
  - 외상과 관련된 반복적이고 고통스러운 꿈
  - 해리반응[예 : 섬망기억(flashbacks)] 속에서 외상(들)이 다시 일어나고 있는 듯이 당사자가 느끼고 행동하는 것, 또는 아동의 경우에는 놀이를 하는 중에 외상이 재현되는 것
  - 외상(들)을 회상시켜주는 자극에 대해 강렬하거나 장기적인 심리적 고통 또는 생리적 반응을 나타내는 것

C. 다음의 **회피** 증상들이 적어도 하나 나타난다.
  - 외상(들)을 회상시켜주는 내부 자극을 회피함
  - 외상(들)을 회상시켜주는 외부 자극을 회피함

D. 사건 이후로 다음과 같은 **인지 및 기분의 부정적인 변화**가 적어도 2개 이상 나타난다.

- 외상(들)과 관련된 중요한 부분을 기억해내지 못하는 것
- 자기, 타인, 또는 이 세상에 대한 지속적이고 과장된 부정적인 믿음 또는 기대
- 외상(들)에 대해 자신이나 남을 지속적으로 과도하게 비난함
- 지속적으로 부정적인 정서 상태, 또는 7살보다 어린 아동의 경우에는 부정적인 정서를 자주 보이는 것
- 중요한 활동에 대한 흥미 또는 참여가 현저하게 감소된 것
- 남들로부터 멀어지거나 소원해진 느낌, 또는 7살보다 어린 아동의 경우에는 사회적 철수를 나타내는 것
- 긍정적인 정서를 지속적으로 경험하지 못하는 것

E. **흥분 및 반응성**에서 다음의 변화 중 적어도 두 가지를 나타낸다.
  - 자극과민성 행동 또는 공격적인 행동
  - 무모하거나 자기파괴적인 행동
  - 과잉경계적 태도
  - 과도한 경악 반응
  - 주의집중상의 문제
  - 수면곤란

F. 증상이 외상(들)을 겪은 후로 시작되거나 악화되었으며 적어도 한 달간 지속되었음

G. 7살보다 어린 아동에서는, 진단 기준 A, B, E, F가 요구되지만, 진단 기준 C 또는 D에서는 단 하나의 증상만 있으면 된다.

---

주요한 논쟁이 있다. 첫째, 이 진단은 심각한 외상에 대한 단기간의 반응이 아주 흔히 나타나는 것인데, 이런 단기 반응에 낙인을 찍게 될 수도 있다(Harvey & Bryant, 2002). 예를 들면, 강간을 당하면, 피해 여성 중 90%만큼이나 최소한 몇 개(증후군의 기준에는 못 미칠 정도)의 증상을 호소한다(Rothbaum, Foa, Murdock et al., 1992). 둘째, PTSD의 진단 기준에 부합하는 사람들의 대부분은 외상을 겪은 후 첫 한 달 동안에 DSM-V-TR상의 ASD 진단에 부합하지 않는다(Bryant, Creamer, O'Donnell et al., 2008). 그럼에도 불구하고, ASD를 겪는 사람들은 2년 내에 PTSD로 발전될 위험성이 높다(Bryant, 2011). 우리가 치료적 측면에서 보면, ASD를 치료하는 것이 PTSD로 발전하는 것을 방지하는 데 도움이 될 수도 있다는 증거를 살펴보려고 한다. ASD에 대해서는 알려진 바가 적기 때문에, 우리는 역학과 원인론에 대해서 살펴볼 때 PTSD에 초점을 둘 것이다.

PTSD는 다른 장애와 공존하는 경우가 아주 높은 경향이 있다. 대표성이 있는 지역 거주민 표본을 대상으로 한 연구에서는, 연구자는 그들의 나이가 3세에서 시작해서 26세에 이를 때까지 진단평가를 반복해서 실시하였다. 26세에 이르기까지 PTSD를 나타낸 사람들 중 거의 대부분(93%)은 또 다른 심리장애에 대한 진단을 21세 이전에 받은 적이 있었다. 가장 흔히 공존하는 장애는 그 밖의 다른 불안장애, 주요 우울증, 물질 남용, 그리고 품행장애였다(Koenen, Moffitt, Poulton et al., 2007). 26세에 PTSD가 있는 것으로 확인된 사람들의 2/3는 21세에 이미 다른 불안장애를 겪은 적이 있었다.

외상에 노출된 사람들 중에서, PTSD를 나타낸 사람들은 남성보다 여성이 2배나 되었다

## 임상 사례 : 애슐리

20세의 대학생인 애슐리는 대학 상담센터에 도움을 구하러 찾아왔다. 3달 전, 그녀는 전에 파티에서 만난 한 남성으로부터 만난 그 날 밤에 강간을 당한 적이 있다. 그녀는 지속되는 두려움 및 그에 연관된 증상으로 인해 그 학기 수업 과목에서 탈락하게 되자 도움을 받으러 온 것이다. 강간을 당한 이후로, 그녀는 자신을 성폭행했던 그 남성이 주변에 있지는 않은지 주변을 살펴보면서 지속적인 경계 자세에 있었다. 그녀는 멀리서 자기를 공격했던 사람과 비슷해 보이는 사람만 눈에 띄어도 심장이 두근거리고 무릎이 떨리곤 했으며, 극도의 두려움에 압도당하는 느낌을 받았다. 그녀는 사회 상황도 회피해 왔는데 왜냐하면 남성들과 어울린다는 생각만 들어도 무서웠기 때문이다.

밤에는 거의 대부분 잠들기 전에 적어도 한 시간 정도는 뒤척거렸으며, 그 사건에 대한 강렬한 악몽 때문에 깨곤 했다. 그녀는 잠이 부족했기 때문에 기운이 너무 없어서 수업에 참여할 수 없었으며, 수업 시간에도 주의가 산만하고 집중할 수 없었다. 그녀는 사람들에 대해 냉소적인 태도를 나타내기 시작했으며, 이에 따라 그녀는 대부분의 친구들로부터도 멀어지게 되었다. 그녀는 학교생활에 대한 동기가 없어졌으며, 외상을 겪기 전에는 그녀의 사교 생활에서 중요한 부분이었던 클럽 모임에도 참석하지 않게 되었다. 그 사건에 대해서 생각하지 않으려고 몹시 노력했지만, 일상생활 중 이를 회상시켜주는 것들을 거의 매일 접하게 되었는데, 왜냐하면 성폭행이 학교 신문, 사회운동가들의 집회, 식당에서의 대화 시 지속적인 논쟁거리였기 때문이다.

(Breslau et al., 1999). 이런 발견은 대부분의 불안장애에서 관찰되는 남녀 비율과 비슷하다. 또한 여성은 남성에 비해서 생활환경이 다르기 쉽다. 예를 들면, 여성은 남성에 비해서 아동기와 성인기 도중에 성폭행을 당하기가 훨씬 더 쉽다(Tolin & Foa, 2006). 성학대와 성폭력의 과거력을 통제한 연구들에서는 남성과 여성이 PTSD를 나타내는 비율이 비슷했다(Tolin & Foa, 2006).

문화는 PTSD에 걸릴 위험성에 대해 여러 가지 방식으로 영향을 미칠 수 있다. 어떤 문화권에 속한 사람들은 외상에 노출되는 비율이 더 높을 수 있고, 그 결과로 PTSD를 나타내는 비율이 더 높다. 이는 미국에서 소수 인종에 대해 맞는 것으로 보인다(Ritsher, Struening, Hellman et al., 2002). 또한 문화는 PTSD에서 관찰되는 증상의 유형도 결정지어 줄 수 있다. 푸에르토리코에서 처음으로 확인된 신경발작(Ataque de nervios)은 극심한 스트레스를 겪은 후에 신체증상과 미치게 될까 봐 두려워하는 것을 나타내며, 이런 면에서 PTSD와 유사하다.

### 외상후 스트레스장애의 원인론

우리 중 누구라도 극심한 생활 상황에 노출된다면 무너지지 않을까? 어떤 사람들이 살아가면서 자신을 향한 그 어떤 끔찍한 사건이든지 직면했을 때 그에 맞서서 버틸 수 있을 정도의 탄력성(resilience)을 갖고 있을까? 끔찍한 사건을 겪은 수개월이나 수년 뒤에도 고통을 겪고 있기 쉬운 사람은 누구일까? 이런 질문은 우리가 PTSD의 원인론을 개관하면서 고찰하게 될 것이다.

위에서 우리는 PTSD를 나타내는 사람들의 2/3가 불안장애의 과거력이 있다고 언급한 바 있다. 그러니 놀라울 것 없이, PTSD의 위험 요인의 상당수가 불안장애의 장에서 언급된 불안장애의 위험 요인과 중복된다(표 3.5 참조). 예를 들면, PTSD는 불안장애의 유전적 위험 요인(Tambs, Czajkowsky, Roysamb et al., 2009), 편도체와 같은 공포 회로 부위에서의 활동 수준이 높은 것(Rauch, Whalen, Shin et al., 2000), 아동기에 외상에 노출된 것(Breslau, Davis, & Andreski, 1995), 그리고 위협 단서에만 선택적으로 주의를 기울이는 경향성(Bar-Haim, Lamy, Pergamin et al., 2007)과 관련이 있는 것으로 보인다. 또한 다른 불안장애와 마찬가지로 신경증(neuroticism) 성향과 부정적 정동(negative affectivity)의 성향이 PTSD의 발생을 예측해준다(Pole, Neylan, Otte et al., 2009; Rademaker, van Zuiden, Vermetten et al., 2011).

또한 다른 불안장애와 마찬가지로, PTSD는 Mowrer의 조건형성의 2요인 모형과도 연관이 있었다(Keane, Zimering, & Caddell, 1985). 이 모형에서는 PTSD의 최초의 두려움이 고전적 조건형성을 통해 발생하는 것으로 가정된다. 예를 들면, 어떤 남자가 폭행을 당했던 장소(무조건자극)의 근처(조건자극)를 걷는 것을 두려워하게 될 수 있다. 이와 같이 고전적으로 조건형성된 두려움은 너무 강력해서 이 남자는 가능한 한 그 근방을 회피하게 된다. 조작적 조건형성은 이와 같은 회피행동을 지속하는 데 기여한다. 회피하게 되면 조건자극이 주변에 없게 되어 두려움이 감소되는 식으로 해서 강화를 받게 된다. 이와 같은 회피행동은 두려움이 소거될 기회를 없게 된다.

이와 같은 유사점을 감안하여, 이 절에서는 PTSD하고만 독특하게 관련된 요인에 초점을 맞춘다. 우리는 특정한 종류의 외상이 다른 유형에 비해서 PTSD를 촉발하기 쉬울 수 있다는 증거를 살펴보는 것으로 시작한다. 극심한 외상을 겪은 사람들 사이에서조차, 이들 모두가 PTSD를 나타내는 것은 아니다. 따라서 PTSD의 발생을 예측하는 데 도움이 되는 신경생물학적 변인과 대처 변인에 대해서 상당히 많은 연구가 수행되어 왔다.

**외상의 본질 : 외상의 강도와 유형이 중요하다**   외상의 강도는 당사자가 PTSD를 발달시킬 것인지 여부에 영향을 끼친다. 전쟁을 겪은 사람들의 경우를 생각해보자. 아프가니스탄이나 이라크에서 복무했던 군인들 중, PTSD의 비율은 한 번 복무했던 병사들에 비해서 두 번 복무했던 병사들의 경우에 2배가 된다고 미국 재향군인관리국(U.S. Veterans Administration)에서 추정했다. 베트남 전쟁에서 부상당한 미군 병사의 약 20%가 PTSD를 발달시켰던 반면에, 베트남 전쟁에서 포로가 되었던 사람들 중에서는 50%였다(Engdahl, Dikel, Eberly et al., 1997). 사막의 폭풍 작전(Operation Desert Storm, 1990~1991년 사이 이라크의 쿠웨이트 침공 이후의 국제적 갈등 시기에 수행됨) 때 시체에서 떨어져나간 신체 부위를 모으고, 인식표를 붙이고, 매장하는 임무를 부여받은 사람들 중에서 65%가 PTSD를 나타냈다(Sutker et al., 1994). 그림 4.3에서 볼 수 있듯이, 제2차 세계대전에 참전했던 군인 중 정신과적 치료를 위해 입원한 숫자는 그들이 속한 대대에서 발생했던 사상자의 수효와 밀접한 관련이 있었다(Jones & Wessely, 2001). 제2차 세계대전 중에는, 전투가 60일간 계속되는 경우 병사들 중 98%가 정신과적 문제를 나타내게 된다고 군의관들이 추정했다(Grossman, 1995).

2001년 9월 11일 세계무역센터에 대한 테러 공격이 있은 후 뉴욕 시민 중에서의 PTSD 발생은 외상 강도에 따라서 비슷하게 나타나는 양상을 보여주었다. 테러 사건 후 전화를 통한 의견조사에 근거해서, 연구자들은 다음과 같은 결론을 내렸다. 즉 뉴욕시의 세계무역센터에서 8마일 이내 거리에 살던 성인들 중 7%가 PTSD로 진단을 받을 만한 증상을 호소한 반면에, 1마일 이내 거리에 살던 사람들 중 20%가 위와 같은 증상을 호소하였다(Galea, Ahern, Resnicket al., 2002). 요약하면, 외상에 노출된 적이 있는 사람들 중에서도, 가장 극심한 외상을 겪은 사람들이 PTSD를 가장 나타내기 쉬운 것으로 보인다.

(외상의) 강도 이외에 외상의 본질도 중요하다. 인간에 의해 야기된 외상이 자연재해에 비해서 PTSD를 일으키기 쉬운 것으로 보인다(Charuvastra & Cloitre, 2008). 예를 들면 강간, 전투 경험, 학대, 그리고 폭행은 모두 자연재해에 비해서 그 위험성이 높다. 이러한 사건들이 인간이 본래 선하다는 개념을 뒤흔들기 때문에 괴로움을 더 끼치는 것으로 보이기 때문일 수 있다.

**신경생물학 : 해마**   위에서 우리는 PTSD가 앞 장에서 살펴본 불안장애의 경우에서처럼 공포 회로의 조절부전과 관련이 있는 것으로 보인다고 언급한 바 있다. PTSD는 해마의 기능과 독특하게 관련되어 있는 것으로 보인다(그

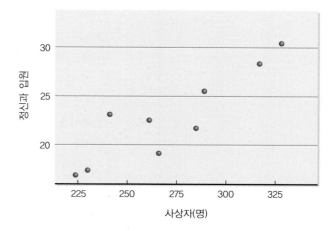

**그림 4.3** 제2차 세계대전 중에 소속된 대대에서의 사상자 수효에 따라 정신과적 진료를 받도록 입원된 캐나다 병사들의 비율.

출처 : Jones & Wessely(2001).

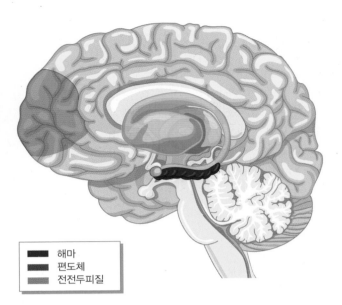

**그림 4.4** 해마의 부피가 작은 것이 PTSD를 나타낼 위험성과 관련이 있는 것으로 보인다.

해마
편도체
전전두피질

림 4.4 참조)(Shin & Liberzon, 2010). 뇌 영상 연구 결과는 PTSD를 갖고 있는 사람들이 PTSD가 없는 사람들보다 해마의 부피가 더 작다는 것을 보여주고 있다(Bremner, Vythilingam, Vermetten et al., 2003). 여러 쌍의 일란성 쌍둥이를 조사한 한 연구에서, 쌍둥이 중 한 명은 베트남 전쟁 참전용사이고 나머지는 그렇지 않았는데, 해마의 부피와 PTSD가 어떻게 관련되어 있는지를 잘 보여주고 있다(Gilbertson, Shenton, Cizewski et al., 2002). 참전용사들에 대한 선행연구에서와 마찬가지로, 해마의 부피가 작은 것이 PTSD 증상과 관련되어 있었는데, 이 연구에서는 더 나아가 이들 사이의 중요한 패턴을 발견하였다. 즉 쌍둥이 중에서 전쟁에 참전하지 않은 사람의 해마의 부피가 작을수록 참전했던 다른 쌍둥이가 제대 후 PTSD를 나타낼 가능성이 더 높아지는 식으로 관련이 있다는 것이다. 이는 해마의 부피가 평균 이하로 작은 것이 이 장애가 발생하기 전에 나타나는 것일지도 모름을 시사한다.

해마는 자서전적 기억을 장소, 시간, 그리고 상황 속에 위치를 부여하는 능력과 이런 기억들을 이야기로 조직화하는 능력에서 중추적인 역할을 담당한다. 기억을 조직화하고 그것을 상황에 맞게 배치하는 데 어려움을 겪는 것이 PTSD가 발생하는 토대를 마련해주는 것일 수 있다.

상황이라는 개념에 대해 생각해보자. PTSD가 있는 사람들은 그들이 겪은 외상을 회상시켜주는 그 어떤 것에 대해서도, 심지어는 관련 상황이 아닌 곳에서도 두려움을 겪는다. 예를 들면, 비행기에서 폭탄이 투하되는 것을 목격한 병사는 전쟁터에서 돌아온 뒤에도 모든 비행기에 대해서 깜짝 놀랄 수 있다. PTSD가 있는 사람들에게는, 자신이 안전한 환경에 있다는 것을 알려주는 단서들이 작동하지 않는 것으로 보인다. 두려움은 외상 당시의 때처럼 강렬한 것으로 계속 남아 있다. 어떤 주장에 따르면, 해마의 결손이 주변 상황이 안전한지 또는 위험한지에 관계없이 이런 유형의 두려움을 겪을 위험성을 높여줄 수 있을 것이라고 한다(Maren, Phan, & Liberzon, 2013).

이제 PTSD에서의 기억의 속성에 대해 생각해보자. 어떤 사람이 냄새, 소리, 그리고 그 밖의 다른 감각자극에 의해 강렬한 기억이 촉발되고 있다고 하더라도, 그 또는 그녀는 이런 기억을 당시 사건에 관한 잘 엮인 이야기로 조직화하기가 종종 힘들 수 있다. 27개의 연구들에 대한 종합분석 결과에서는 PTSD로 진단된 사람들은 시각적인 기억력 검사는 적절하게 수행해내면서도 언어적 기억에 대한 신경심리검사상으로는 결손이 있음을 일관되게 보여주는 것으로 발견되었다(Brewin, Kleiner, Vasterling et al., 2007). Brewin(2014)은 해마의 부피 감소가 언어 기억의 결손을 설명하는 데 도움이 될 수 있다는 이론을 제시했다. 뇌의 다른 영역들은 신체감각에 대한 기억을 처리하는 데 관여하기 때문에, PTSD가 있는 사람들은 그들이 겪은 외상의 감각적 측면에 대한 기억은 강하게 유지할 수 있다는 것이다. 이는 당사자가 외상에 대해 기술하는 것을 힘들어하면서도 동시에 외상을 회상시켜주는 것들로부터 계속 고통을 받게 되는 것을 이해하는 데 도움이 될 수 있을 것이다.

요약하면, 해마의 결손은 PTSD의 심리적 취약성에 대해 두 가지 방식으로 기여할 수 있다. 첫째, 해마의 결손은 외상을 회상시켜주는 자극이 당사자가 안전한 상황에 있을 때에 나타나더라도 당사자가 이에 대해 반응을 보일 위험성을 높여줄 수 있을 것이다. 둘째, 해마의 결손은 외상에 관한 일관된 이야기를 조직화하는 데 지장을 줄 수 있을 것이다.

**대처하기** 여러 가지 유형의 연구 결과들은 외상에 대해 생각하는 것을 회피하려고 노력해서 외상에 대처하는 사람들은 다른 사람들보다 PTSD를 나타내기 쉽다는 것을 시사해준다. 회피 대처에 관한 연구의 대부분은 **해리**(dissociation, 자신의 신체 또는 정서로부터 동떨어진 느낌 또는 사건을 기억해낼 수 없는 것과 같은 느낌) 증상에 초점을 맞추고 있다. 우리는 해리장애를 다루는 제5장에서 해리에 대해 좀 더 깊게 살펴볼 것이다. 해리는 당사자로 하여금 외상의 기억에 직면하지 않게 해줄 수 있는 것으로 보인다. 외상 도중이나 외상 직후에 해리 증상을 나타내는 사람들은 외상의 기억이 떠오르는 것을 억제하려고 애쓰는 사람들만큼이나 PTSD를 나타내기 쉽다(Ehlers, Mayou, & Bryant, 1998). 예를 들면, 한 연구에서는 연구자들이 강간 피해여성을 대상으로 사고 발생 후 2주 이내에 면접을 실시하여 강간당하는 동안의 해리 경험을 묻는 질문을 하였다(예 : "멍했나요?", "무슨 일이 일어나고 있는지를 놓쳐버린 순간이 있었나요?"). 해리의 수준이 높은 여성들은 해리 수준이 낮은 여성들보다 PTSD 증상을 보이게 되는 경우가 훨씬 더 많았다. 해리와 PTSD 간에 상관관계가 있다는 것은 총 3,534명의 참여자를 대상으로 한 16개 연구에 대한 종합분석에서 확인되었다(Ozer, Best, Lipsey et al., 2003). 현재 많은 연구들이 강간을 당한 직후의 해리 증상이 PTSD의 발달을 예측해준다는 것을 보여주고 있다(Brewin & Holmes, 2003). 더욱이, 외상을 겪은 후 수십 년 동안 계속해서 (방어기제로서) 해리를 사용하는 사람들은 PTSD 증상이 지속되기 쉽다(Briere, Scott, & Weathers, 2005).

임상가로 하여금 이와 같은 대처 패턴을 고려해보도록 격려하기 위해, DSM-5에는 PTSD에 지속적이거나 재발하는 해리 증상이 동반되는 시기를 표기하도록 해리 증상의 명시자가 들어 있다. 약 10~15%의 사람들이 이 명시자의 기준에 부합하며(Stein, Koenen, Friedman et al., 2013), 아동기 학대의 과거력이 있는 사람들에게서는 더 많이 나타난다(Wolf, Miller, Reardon et al., 2012).

그밖의 다른 보호 요인도 극심한 외상에 잘 대처하고 적응할 수 있도록 하는 데 도움이 될 수 있다. 특히 중요하게 보이는 두 가지 요인에는 지능이 높은 것(Breslau, Lucia, & Alvarado, 2006; Kremen, Koenen, Boake et al., 2007)과 사회적 지지가 강력한 것(Brewin, Andrews, & Valentine, 2000)이 있다. 예를 들면 전쟁터에서 돌아온 참전군인이 사회적 지지를 강하게 받고 있다고 보고하는 경우에는 PTSD를 나타낼 가능성이 적다(Vogt, Smith, Elwy et al., 2011). 끔찍한 사건에서 의미를 찾아내기 위한 우수한 지적 능력을 갖추고 있고, 그런 과정을 도와줄 친구와 가족이 많으면, 외상적 사건을 겪은 후 증상을 나타내지 않는 데 도움이 되는 것으로 보인다.

놀라울 정도로 많은 사람들이 외상에 잘 대처한다. 어떤 사람들에게는 외상이 삶에 대한 고마움을 크게 느끼도록 일깨워주었고, 삶에서의 우선순위를 바꾸게 해주며, 역경을 극복하는 과정에

자연재해(예를 들면 2011년의 일본에서 발생한 지진)의 생존자는 PTSD에 걸릴 위험이 크지만, 그 위험성은 인간에 의해 저질러진 폭행 같은 외상을 겪은 사람의 경우만큼은 높지 않을 수 있다.

AFP/Getty Images, Inc.

## 중간 요약

외상후 스트레스장애(PTSD)와 급성 스트레스장애(ASD)는 모두 외상에 대해 극심한 반응을 나타내고 있는 것이다. PTSD와 ASD의 증상은 비슷하지만, ASD는 증상 지속 기간이 한 달 이내인 경우에만 진단될 수 있다. PTSD를 나타내는 사람들의 대부분은 그밖의 다른 심리장애의 과거력이 있으며, 2/3는 불안장애의 과거력이 있다.

불안장애의 일반적인 위험 요인의 일부는 PTSD의 발달에 관여하는 것으로 보인다. 이런 위험 요인에는 유전적 취약성, 편도체의 과잉활동, 신경증, 아동기의 외상에의 노출, 그리고 환경 속의 위협 단서에 주

의를 기울이는 경향성이 포함된다. 또한 PTSD는 Mowrer의 조건형성 2요인 모형과도 관련이 있다.

PTSD에 대한 보다 특정적인 위험 요인도 파악되었다. 당사자가 PTSD를 나타낼 가능성은 외상의 강도에 달려 있다. 신경생물학적 연구에서는 해마의 부피가 작은 사람들이 PTSD를 나타낼 가능성이 더

높다는 것이 발견되었다. 외상에 노출된 후에는, 해리성 대처 전략(즉 외상에 대해 생각하지 않으려고 하는 것)에 의존하는 사람들은 다른 전략에 의존하는 사람보다 PTSD를 나타낼 가능성이 더 높다. 적응적인 대처를 촉진할 수도 있는 그 밖의 자원, 즉 지능이 높은 것과 사회적 지지를 강하게 받는 것은 PTSD가 나타나지 않도록 보호해줄 수 있다.

서 자신의 강점을 알아차릴 기회를 준다(Bonanno, 2004; Tedeschi, Park, & Calhoun, 1998).

## 외상후 스트레스장애 및 급성 스트레스장애의 치료

상당히 많은 연구가 약물요법과 심리요법을 사용해서 PTSD를 치료하는 데 초점을 맞추어 왔다. ASD에 대한 연구는 이에 비해 적다.

**PTSD의 약물요법** 수십 개의 무선 통제 시행 연구가 PTSD의 약물요법의 효과를 조사하기 위해 실시되었다(Stein, Ipser, & Seedat, 2000). 항우울제의 한 종류인 선택적 세로토닌 재흡수 억제제(SSRIs)는 치료 효과가 있다고 강력한 뒷받침을 받았다. 약물을 중단하면 통상 재발한다.

**PTSD의 심리요법** 제4장에서 살펴본 불안장애의 심리요법의 경우와 마찬가지로, 노출요법은 PTSD의 치료에서 주된 심리학적 접근법이다. 치료자의 지지를 받으면서, 내담자는 가장 심한 두려움을 느끼는 것에 직면하도록 요청을 받는데, 대부분의 경우에는 노출 위계상에서 덜 두려운 것에서부터 가장 강력한 두려움에 이르기까지 순차적으로 작업을 진행한다. 치료의 한 가지 목표는 공포 반응, 특히 과잉일반화된 공포 반응을 소거하는 것이다. 또 다른 목표는 당사자가 이런 자극에 의해 생성된 불안과 공포에 대처할 수 없을 것이라는 생각에 도전하도록 돕는 것이다. 내담자가 자신의 불안에 대처할 수 있다는 것을 배워감에 따라 회피 반응이 감소할 수 있다.

PTSD에 대한 노출요법에서는 초점이 원래의 외상에 대한 기억과 외상을 생각나게 하는 대상에 맞추어진다. 이를 위해 당사자로 하여금 외상에 직면하게 하여 통달감을 획득하고 불안을 소거시키도록 격려하게 된다. 가능한 부분에서는, 당사자로 하여금 외상을 생각나게 하는 대상에 실제로 직접 노출되게 한다. 예를 들면, 외상적 사건의 당시 장면으로 되돌아가게 한다. 다른 사례에서는 **상상을 통한 노출**(imaginal exposure)이 사용된다. 즉 당사자로 하여금 의도적으로 사건을 기억해내게 하는 것이다(Keane, Fairbank, Caddell et al., 1989). 또한 치료자들은 PTSD를 치료하는 데 가상현실(VR) 기술을 이용하였다. 왜냐하면 이 기술은 일부 내담자들의 경우 상상해내는 것에 비해서 좀 더 생생하게 노출할 수 있게 해주기 때문이다(Rothbaum, Hodges, Alarcon et al., 1999).

무선화된 통제 시행 연구들은 노출요법이 비구조화된 지지적 심리요법(Powers, Halpern, Ferenschak et al., 2010) 또는 약물요법(Bradley, Greene, Russ et al., 2005)에 비해서 PTSD의 증상을 더 완화해준다는 것을 시사해준다. 이런 접근방법이 성공적임에도 불구하고, PTSD의 또 다른 요법에 대한 논쟁이 제기되어 왔으며, 초점 4.1에서 이를 살펴보겠다.

노출요법은 환자와 치료자 모두에게 어려운 일인데, 왜냐하면 노출요법을 시행하려면 외상적 사건에 강력하게 초점을 맞추어야 되기 때문이다. 예를 들면 강간당한 후 PTSD가 생긴 여성에게는 공격당할 때의 무서운 사건을 되살리고, 이것을 생생하게 상상하도록 요구할 수도 있을

## 초점 4.1 안구 운동 둔감화 및 재처리법

1989년, Francine Shapiro는 안구 운동 둔감화 및 재처리법(eye movement desensitization and reprocessing, EMDR)이라 불리는 외상치료의 한 접근방법을 발표했다. 이 절차는 내담자로 하여금 외상과 관련된 장면을 회상하게 하는 것이다. 해당 장면을 마음속에 둔 채로, 내담자는 치료자가 자신의 눈에서 한발 떨어진 거리에서 치료자의 손가락을 앞뒤로 움직이는 동안에 그 치료자의 손가락의 움직임을 쫓아간다. 이런 과정은 1분 정도 지속되거나, 또는 내담자가 사건 관련 이미지가 덜 고통스럽게 되고 있다고 보고할 때까지 계속된다. 이 시점에서, 내담자가 치료자의 손가락을 꾸준히 쫓아가는 동안에, 치료자는 내담자에게 어떤 부정적인 생각이든 간에 관계없이 떠오른 것을 말해보라고 시킨다. 마지막으로 치료자는 내담자에게 긍정적인 생각을 떠올리고는(예 : "나는 이 상황에 대처할 수 있다") 내담자의 눈으로는 치료자의 손가락을 계속 쫓아가면서도, 이런 생각을 마음속에 간직하고 있으라고 말해준다. 따라서, 이런 치료법은 고전적인 상상 노출기법에 안구 운동 기법이 추가되어 구성된 것이다.

EMDR 옹호자들은 안구 운동이 조건화된 공포를 신속하게 소거하고 공포를 유발하는 자극에 대한 그릇된 믿음을 고치게 해준다고 주장한다(Shapiro, 1999). 극적인 효과가 있다는 주장은 PTSD 이외의 장애들까지로 확대되어 왔는데, 여기에는 주의력결핍 과잉활동장애, 해리성 장애, 공황장애, 대중연설 공포증, 시험불안, 그리고 특정공포증이 해당된다(Lohr, Tolin, & Lilienfeld, 1998).

이런 접근법을 옹호하는 주장에도 불구하고, 여러 연구에서는 치료 요소 중에서 안구 운동 부분이 꼭 필요한 것은 아니라고 지적하였다. 일련의 연구로부터 나온 결과는 이 치료가 PTSD의 전통적인 노출요법에 비해서 더 나은 효과가 없다는 것이다(Seidler & Wagner, 2006). 안구 운동이라는 처치의 구성 요소가 적절한 이론적 설명에 의해 지지를 받지 못하고 있다. Gerald Rosen은 다음과 같이 현명한 비유를 제시하였다. 임상가가 보라색 모자를 쓰고 노출요법을 실시하는 것을 시작한다고 상상해보자. 우리는 이 '새로운' 접근방법에 대하여 '보라색 모자 요법'과 같은 새로운 이름을 붙이고 광고하기가 거의 어려울 것이다(Rosen & Davison, 2003). 이런 접근방법 속에 효과적인 혁신적 내용이 없기 때문에, 몇몇 연구자들은 이 접근방법을 제공해서는 안 된다고 주장해 왔다(Goldstein, de Beurs, Chambless et al., 2000).

것이다. 환자의 증상은 치료의 초기 단계에서는 일시적으로 더 악화될 수도 있을 것이다(Keane Gerardi, Quinn et al., 1992).

내담자가 아동기에 외상을 반복해서 받은 적이 있는 경우에는 치료하기가 특히 어렵고 시간도 더 많이 소요되기 쉬운데, 이런 경험들이 정서에 대처하는 방법을 배우는 데 지장을 초래할 수 있기 때문이다. 한 무선화된 통제 시행 연구에서는, 연구자들이 정서를 조절하는 기술을 가르쳐주는 것이 아동기 학대의 결과로 PTSD 증상을 보고한 여성에게서 노출요법의 효과를 증폭시켜주는지 여부를 조사했다. 정서 조절 기술을 추가한 것은 표준적인 노출요법과 비교했을 때 여러 가지 긍정적인 이득을 가져다주었는데, 여기에는 PTSD 증상의 감소, 정서 조절의 향상, 대인관계 기능의 증진, 그리고 치료 후 증상 재발률이 낮아지는 것이 있었다(Cloitre, Stovall-McClough, Nooner et al., 2010).

몇 가지 인지적 전략이 PTSD의 노출요법을 보완해주기 위해 사용되어 왔다. 첫 외상에 대해 자신이 대처했던 능력을 더욱 굳건하게 믿도록 해주는 개입법은 일련의 연구 결과(Keane, Marshall, & Taft, 2006)에서 효과가 좋은 것으로 나타났다. 인지처리 요법(cognitive processing therapy)은 강간 피해자와 아동기 성학대 피해자로 하여금 자기를 비난하는 경향에 맞서는 것을 도와주기 위해 고안된 것이다. 또한 이 접근법은 경험적인 지지도 받았으며(Chard, 2005; Resick, Nishith, Weaver et al., 2002), 죄책감(Resick, Nishith, & Griffin, 2003) 그리고 해리(Resick, Suvak, Johnides et al., 2012)를 감소시키는 데 특히 도움이 되는 것으로 보인다.

웹사이트와 지지집단의 수효가 점차 증가하고 있는데, 이는 외상적 경험으로부터 회복하려는 사람들에게 사회적 지지를 제공해준다. 한 예를 들면, 어떤 웹사이트에서는 참전군인들이 자신의 경험을 이야기하고 군대에서 겪은 외상의 효과에 대한 기본 지식을 학습할 수 있는 기회를 제공해준다(http://maketheconnection.net).

**급성 스트레스장애의 심리요법** 급성 스트레스장애(ASD)가 발달된 사람들에게 치료를 실시해서

**위기상황 스트레스 해소법**

위기상황 스트레스 해소법(critical incident stress debriefing, CISD)은 외상적 사건 이후 72시간 내에 외상 피해자들에 대한 즉각적인 치료를 말한다(Mitchell & Everly, 2000). 인지행동치료와 달리, CISD는 한 번의 긴 회기에 국한되는 것이 보통이며, 당사자에게서 증상이 나타났는지 여부와 관계없이 제공된다. 치료자들은 당사자들에게 외상에 관련된 세부적인 것을 기억해내서는 자신의 감정을 가능한 한 최대한으로 표현하도록 격려한다. 이런 접근법을 실시하는 치료자들은 종종 사건 이후 즉각 재해지역을 방문하기도 한다. 때로는 지방 당국에 의해 초대받기도 하고 (세계무역센터에 대한 테러 직후의 경우에서처럼) 때로는 그렇지 않기도 한다. 치료자들은 피해자와 그들의 가족들 모두에게 치료를 제공한다.

EMDR의 경우와 같이, CISD는 큰 논란의 대상이 되었다. 6개 연구 모두에서 내담자들을 CISD를 받는 조건이나 무처치 조건에 무선 배정하였는데, 이 연구들을 종합한 결과 CISD를 받은 내담자들의 증상이 악화되는 경향을 보였음이 발견되었다(Litz, Gray, Bryaut et al., 2002). 해로운 효과가 발생하는 이유에 대해서는 아무도 확신할 순 없었지만, 유념해야 할 것은 외상을 겪은 많은 사람들이 PTSD 장애를 나타내는 것은 아니라는 점이다. 많은 전문가들은 장애를 나타내지 않았던 사람들에게 치료를 제공하는 아이디어를 의심스럽게 생각한다. 일부 연구자들은 당사자가 사용하는 자연스러운 대처 전략이 다른 사람이 권고하는 방법보다 더 나을 수도 있다는 점에서 CISD에 대해 반대 의견을 피력한다(Bonanno, Wortman, Lehman et al., 2002).

PTSD의 발달을 막는 것이 가능할까? 노출을 포함하는 단기(5회기 혹은 6회기) 인지행동적 접근은 이런 효과를 가져오는 것으로 보인다. 예를 들면, Richard Bryant와 동료들(1999)은 조기개입을 통해 ASD가 PTSD로 발전될 위험성이 감소함을 발견했다. 이런 접근방법이 성공했다는 주장은 현재 반복을 통해(replicated) 확인되었다. 5개의 연구에 걸쳐서, 노출요법을 받은 사람들 중에서 PTSD로 발전할 위험성은 32%까지 감소된 반면에, 통제조건에 배정된 사람들의 경우에는 58%였다(Kornør, Winje, Ekeberg et al., 2008).

이와 같은 조기개입의 긍정적인 효과는 수년간 지속되는 것으로 보인다. 연구자들은 지진의 참화 속에서 생존한 청소년들을 대상으로 치료가 증상에 미치는 장기적 효과에 대해 조사했다. 지진 발생 후 5년이 지났어도, 인지행동적 개입을 받았던 청소년은 이를 받지 않았던 청소년보다 덜 심각한 PTSD 증상을 보고하였다(Goenjian Wallingm, Steinberg et al., 2005).

노출요법은 PTSD의 발달을 방지하는 데 인지 재구조화보다 더 효과적인 것으로 보인다(Bryant Mastrodomenico, Felmingham et al., 2008). 불행하게도, 방지를 위한 요법이 모두 다 노출요법만큼 효과가 있는 것으로 보이지 않는다(초점 4.2 참조).

## 복습문제 4.3

다음 질문에 답하라.

1. PTSD에만 특정적으로 기여하는 2개의 주요 위험 요인을 열거하라 (불안장애에 대한 전반적인 위험성을 높여주는 것과는 반대 방향임).

2. PTSD에 대한 노출요법을 실시할 때, _____ 노출이 때로는 사용되는데 그 이유는 전쟁이나 강간처럼 끔찍한 경험에 대해서는 _____ 노출이 이루어질 수 없기 때문이다.

3. PTSD에 대한 노출요법에 추가되는 인지요법은 다음의 어떤 문제에 대해 특히 도움이 되는가? (가장 적절한 답을 고르라.)
   a. 자살 경향성
   b. 재발의 위험성
   c. 불면증
   d. 죄책감

# 요약

## 강박장애 및 강박 관련 장애

- 강박장애(OCD)가 있는 사람들은 원하지 않는 생각이 침투적으로 머릿속에 떠오르며, 불안에 압도당하지 않으려면 의식행동을 해야 한다는 압박감을 느낀다. 신체이형장애(BDD)가 있는 사람들은 자신에게 외모의 결함이 있다는 생각을 지속적으로 강하게 경험하며, 이들은 자신의 외모에 대처하기 위해 맹렬한 노력을 기울인다. 수집광의 특징은 지나치게 많은 물건을 획득하려는 경향성과 이런 물건을 떼어버리는 것이 지극히 어려운 점이다.
- OCD, BDD, 수집광은 각각 중간 수준으로 유전가능성이 있다. 가족력을 조사한 결과는 이 세 장애 사이에서 공통된 유전적 위험성이 다소 있을 수 있음을 시사해준다.
- OCD는 안와전두피질, 미상핵, 전측대상회의 활동과의 연결성이 강력한 것으로 인정되어 왔다. 또는 BBD에는 안와전두피질과 미상핵 부위의 과잉활동이 들어 있다. 수집광에는 안와전두피질과 대뇌전두피질의 과잉활동이 포함되어 있다.
- OCD에서 반복적인 생각과 행동을 추구하는 경향성은 조건화된 반응이 습관적인 것이 되어, 조건반응이 위협이 제거된 후에도 지속되는 경향성과 관련이 있을 수 있다. 또한 OCD의 특징은 매듭지었다는 느낌이 부족한 것이 특징이다. 강박관념은 원치 않는 생각을 억제하려는 시도로 인해서 더 강해질 수 있는데, 이에 대한 부분적 이유는 OCD가 있는 사람들이 어떤 것에 대해 생각하는 것은 그것을 실행하는 것과 마찬가지로 나쁘다고 믿고 있는 경향이 있기 때문이다.
- 인지 모형에서는 BDD의 특징을 세부사항을 지향하는 분석적인 스타일과 자존감에서 외모를 지나치게 중요시하는 것과 관련짓고 있다.
- 저장행위에 대한 인지행동적 위험 요인에는 조직화 능력의 저하, 소유물의 중요성 및 이런 소유물에 대한 책임감과 관련된 특이한 믿음, 그리고 회피행동이 있다.
- ERP는 OCD의 치료를 위한 타당성이 잘 확립된 처치법으로서, 여기에는 노출뿐만 아니라 강박행동에 빠지는 것을 막기 위한 전략도 들어 있다. ERP는 BDD 및 저장행위의 치료에 맞도록 변안되었다. BDD의 치료 시에는, ERP에는 인지 전략이 덧붙여지는데, 이는 자신의 외모에 대해 지나치게 부정적인 관점, 자신의 외모에 과도하게 초점을 맞추는 것, 그리고 자존감이 외모에 의해 결정된다는 믿음을 뒤흔들기 위한 것이다. 수집광에 대해서는, ERP에 통찰력과 동기부여를 증진할 수 있는 전략이 추가된다.
- 항우울제는 OCD, BDD, 수집광에 대해 가장 흔히 쓰이는 약물이다. 이런 약물은 OCD와 BDD에 대해서는 강력한 뒷받침을 받았지만, 수집광의 약물요법 효과를 조사하기 위해서 무선 통제 시행 연구가 수행된 적은 없다.

## 외상 관련 장애

- 외상후 스트레스장애(PTSD)는 외상적 사건을 겪고 난 경우에만 진단이 내려진다. 외상후 장애의 특징적인 증상으로는 외상의 재경험, 인지 및 정서에서의 부정적 변화, 그리고 각성(흥분) 수준의 증가가 있다. 급성 스트레스장애(ASD)는 증상이 이와 유사하지만 그 지속기간이 한 달 미만인 경우로 정의된다. PTSD는 다른 심리장애와 많이 동반되는데, PTSD를 나타내는 사람들의 약 2/3는 다른 불안장애의 과거력이 있다.
- 불안장애에 관여하는 위험 요인의 상당수가 PTSD의 발달에 관련되어 있는데, 이를테면 유전적 취약성, 편도체의 과잉활동, 아동기에 외상에 노출된 것, 신경증적 성향, 환경 속의 부정적 단서에 주의를 기울이는 것, 그리고 행동적 조건형성이 있다. PTSD에 특정적인 (국한되는) 원인에 대한 연구와 이론에서는 외상적 사건의 강도와 속성뿐만 아니라 다음과 같은 위험 요인에도 초점을 맞추고 있다. 즉 해마의 부피가 작아진 것, 해리, 그리고 사회적 지지 및 지능과 같이 스트레스에의 대처능력을 증진시킬 수 있는 그밖의 요인들이 여기에 해당된다.
- SSRIs는 PTSD의 치료에 대해 가장 뒷받침을 많이 받는 약물이다.
- PTSD의 심리요법에서는 노출을 사용하지만, 상상 속의 노출도 종종 사용된다. ASD에 대한 심리적 개입은 PTSD가 나타날 위험성을 줄여줄 수 있다.

## 복습문제 정답

**4.1**  1. 만성적; 2. 강박관념은 반복적이고 침투적인 생각, 충동, 또는 이미지를 말하는 것이며, 강박행동은 위협을 떨쳐내기 위해서 당사자가 하지 않으면 안 되겠다고 여기는 생각이나 행동을 말한다.

**4.2**  1. 다음 중 3개면 됨 : (a) 통제불능의 반복적인 생각과 행동에 관련된 증상을 공유한다. (b) 증후군이 함께 나타나는 경우가 종종 있다. (c) BDD와 저장장애가 있는 사람들은 OCD의 가족력이 있는 경우가 종종 있다. (d) 3개의 증후군 모두에 관련된 두뇌 영역이 비슷하다. (e) 3개의 증후군 모두가 항우울제에 듣는다. (f) 3개의 증후군 모두가 노출 및 반응 억제를 통해 효과를 본다; 2. 항우울제; 3. 노출 및 반응 억제

**4.3**  1. 다음 중 2개면 됨 : 해마의 용적이 작은 것, 해리처럼 외상을 처리하는 것을 막는 회피성 대처전략, IQ가 낮은 것, 사회적 지지가 형편없는 것; 2. 상상적, 실생활에서; 3. d

## 주요 용어

강박관념(obsession)
강박장애(obsessive - compulsive disorder, OCD)
강박행동(compulsion)
급성 스트레스장애(acute stress disorder, ASD)
노출 및 반응제지(exposure and response prevention, ERP)
매듭이 지어졌다는 느낌(yedasentience)
미상핵(尾狀核, caudate nucleus)
사고 억제(thought suppression)

상상을 통한 노출(imaginal exposure)
수집광(저장장애)(hoarding disorder)
신체이형(기형)장애(body dysmorphic disorder)
안와전두피질(orbitofrontal cortex)
안전감(yedasentience)
외상후 스트레스장애(posttraumatic stress disorder, PTSD)
해리(dissociation)

# 해리장애 및 신체증상 관련 장애

## 임상 사례 : 지나

19 65년 12월에 로버트 진스(Robert Jeans) 박사는 환자의 친구가 의뢰한 지나 리날디(Gina Rinaldi)라는 여성 환자에게 자문을 제공해주었다. 지나는 31세의 미혼 여성으로서 다른 미혼 여성과 함께 살고 있었고, 그 당시 큰 규모의 교육출판회사에서 일하는 유능한 작가였다. 환자는 유능하고, 일을 잘 처리했으며, 글을 잘 써내고 있었다. 그러나 그녀의 친구들은 그녀가 기억상실증에 걸려서 때로는 그녀답지 않게 행동한다는 것을 발견하였다. 9명의 형제 중 막내였던 지나는 10대 초반부터 몽유병이 있었다고 말했다. 그녀와 함께 살고 있는 친구는 지나에게 가끔씩 잠자다가 비명을 지른다고 말해주었다.

지나는 9형제 중 막내였는데, 그 당시 74세인 그녀의 어머니에 대해 말하기를, 그녀가 알던 그 누구보다도 더한 폭군같은 존재였으며, 어렸을 때 자신은 엄마를 아주 무서워하고 꼼짝없이 따르는 딸이었다고 했다. 28세 때에는 — 육체적인 관계는 없었지만 — 이전에 가톨릭 재단 소속의 사제였던 사람과 첫 번째 '정사'를 가졌다. 그 뒤 그녀는 T. C.라는 유부남과 사귀게 되었는데 그는 아내와 곧 이혼하여 지나와 결혼하겠다고 안심시켰다. 그녀는 유부남과의 관계가 시작된 이후로 그를 쭉 따랐다고 말했다. 그러나 이 유부남은 이혼하겠다는 약속을 지키지 않았고, 지나와 정기적으로 만나던 일도 그만두었으며, 따라서 점차 그녀의 눈 밖에 나게 되었다.

지나와의 치료 회기가 수차례 지나자, 박사는 지나에게서 두 번째 성격이 나타나는 것을 알게 되었다. 박사와 지나는 이를 메리 선샤인이라고 불렀는데, 지나와는 아주 다른 성격이었다. 이 두 번째 성격은 보다 어린애같고, 전통적인 여성의 이미지였으며, 활발했고, 매혹적이었다. 지나는 이 성격이 은밀하게 마음 밑바닥에 깔려 있는 존재라고만 생각했으나 실제로 메리는 그렇지 않았다. 아주 확실한 사건들이 메리의 존재를 드러내주고 있었다. 때때로 지나는 싱크대 컵 속에서 핫초콜릿을 발견하곤 했는데, 지나나 룸메이트나 모두 핫초콜릿을 좋아하지 않았던 것이다. 또 돈을 뺀 기억이 전혀 안 나는데도 은행구좌에서 많은 돈이 인출되었다. 어느 날 저녁 지나는 TV를 보다가 자기가 울고 있는 것을 발견하고는 특정 TV 프로그램 때문에 슬픈 감정을 느낀다는 것은 어처구니없는 일이라고 마음속으로 되뇌었다. 그녀는 바느질을 좋아하지 않는데도 전화로 재봉틀을 주문하고 있는 자신의 모습을 깨닫곤 했다. 몇 주 후에 그녀는 자신이 재봉한 새 옷을 입고 치료 시간에 왔다. 직장에서는, 동료들이 자기와 함께 있기를 좋아해서, 그녀의 동료들이 그녀에게 와서 어떻게 하면 직원들이 서로 협조해서 일을 잘하도록 할 수 있을지에 대해 자문을 구하기도 했다고 지나는 말했다. 이런 모든 현상은 지나와는 전혀 거리가 먼 것이었다. 결국 박사와 지나는 가끔씩 지나가 메리로 바뀐다는 것을 알게 되었다.

치료자의 눈에는 치료실에서 지나가 메리로 바뀌는 것이 점점 더 자주 띄었다. 유부남인 T.C.가 지나와 함께 치료받으러 왔는데, 치료 시간 중 지나의 자세와 행동이 더 이완되고, 목소리의 억양도 부드러워졌다. 유부남이 지나에게 자기가 그녀를 진정으로 좋아했다고 말하자, 지나, 아니 사실은 메리도 "T.C., 물론, 나도 알고 있어요"라고 부드럽게 말했다. 다른 치료 시간에는 메리가 화를 내고는, 진스의 표현에 따르면, 지나의 손톱을 물어뜯었다. 그러자 메리와 지나는 치료자인 진스 박사의 앞에서 서로 대화를 하기 시작했다.

치료를 시작한 지 1년 후 지나와 메리는 외견상 통합되어 보이기 시작했다. 처음에는 지나가 전적으로 주도권을 잡는 듯했으나, 곧 진스는 지나가 예전처럼 일을 완결짓는 데, 즉 치료에 지극히 열심히는 임한다는 점에서 그전처럼 열심이 아니라는 것을 알게 되었다. 진스는 메리가 자기와 대화하기를 원하는 것이라 믿고는, 지나에게 메리와 대화하도록 격려하였다. 다음은 이렇게 해서 이루어진 대화 내용이다.

> 저는 침대 위에 누워서 잠자려 했어요. 누군가가 (유부남인) T.C.에 대하여 울부짖듯 말하기 시작했어요. 저는 분명 메리일 것으로 확신했죠. 저는 그녀에게 말하기 시작했어요. 그 사람은 제게 자기는 이름이 없다고 했어요. 나중에 그녀는 자기를 에블린이라고 불렀다고 말했어요. … 처음에 저는 메리가 에블린으로 가장한 것이 아닌가 생각했어요. 그러나 저는 생각을 바꾸었는데, 왜냐하면 제가 말한 그 사람이 감각이 뛰어나서 메리가 아니라고 보았기 때문이에요. 그러나 그녀는 T.C.를 믿을 수는 없지만 그녀가 아직도 그를 사랑하며 자기는 매우 외롭다는 것을 알게 되었다고 했어요. 그녀는 믿을 수 있는 사람을 찾는 것이 최선이라는 데 동의했어요. 그녀는 세상에 익숙해지기 위해 하루에 한 번씩 아주 잠깐 동안만 나온다고 저에게 말했어요. 그녀는 자신이 좀 더 강해지면 다시 당신[진스 박사]을 만나러 오겠다고 약속했어요.*(Jeans, 1976, pp. 254-255)*

1월 한 달 동안 에블린(Evelyn)은 좀 더 자주 나타났고, 진스는 환자가 급속히 호전되고 있다고 판단했다. 몇 개월 내내 그녀는 시종 에블린으로 있었다. 이 일이 있고 나서 곧 이 여자는 의사와 결혼했다. 몇 년이 지난 지금까지 그녀에게 다른 성격들이 나타나지 않고 있다. (Jeans, 1976에서 발췌함)

이 장에서 우리는 해리장애(dissociative disorder)와 신체증상 관련 장애(somatic symptom-related disorder)를 소개한다. 이 두 장애를 함께 다루는 이유는 이 두 장애가 모두 스트레스 경험과 관련되어 있는 것으로 가정되지만, 증상에는 불안의 직접 표현으로 여겨지는 것이 없기 때문이다. 해리장애에서 당사자는 의식의 붕괴를 경험한다. 즉 당사자는 (그간 간직해 오던) 자기에 대한 자각, 기억, 그리고 정체성의 궤적을 놓쳐버린다. 신체증상 관련 장애에서는 신체적 결함이나 기능부전을 시사하는 신체증상을 호소하는데, 때로는 그 호소방식이 다소 극적인 속성을 띤다. 신체증상 관련 장애 중 어떤 것들에 대해서는 생리적인 기초가 발견되지 않으며, 다른 장애들의 경우에는 증상에 대한 심리적 반응이 과도한 것으로 보인다.

이 두 유형의 장애가 모두 스트레스와 관련이 있다는 생각 이외에도, 해리장애와 신체증상 관련 장애는 공존하는 경향성이 있다. 해리장애가 있는 환자들은 종종 신체증상 관련 장애의 진단 기준에 부합하는 경우가 종종 있으며, 신체증상 관련 장애가 있는 환자들이 해리장애의 진단 기준에 부합하는 경우도 종종 있다. 신체증상 관련 장애가 있는 사람들은 일반인에 비해서 해리장애의 진단 기준에 부합되는 경우가 더 많다(Brown, Cardena, Nijenhuis et al., 2007; Dell, 2006).

# 해리장애

DSM-5에는 세 가지 주요 **해리장애**(dissociative disorder)가 수록되어 있는데, 그것은 이인성/비현실감장애(depersonalization/derealization disorder), 해리성 기억상실(dissociative amnesia), 해리성 정체성장애[(dissociative identity disorder), 이전에는 다중성격장애(multiple personality disorder)로 알려짐]이다. 표 5.1에는 DSM-5에 수록된 해리장애의 핵심적인 임상 특징의 요점이 요약되어 있다. 해리는 각 해리장애에서의 핵심 특징인데, 정서, 기억, 또는 경험의 일부에 의식을 통해서 접근할 수 없는 것과 관련된 것이다. 해리(dissociation)는 이처럼 폭넓은 용어이기 때문에(Allen, 2001), 이와 관련된 다양한 유형의 경험을 고려하는 것이 중요하다.

어떤 유형의 해리 상태는 흔하다. 우리 중 상당수는 시험공부를 너무 열심히 하다 보니까 몇 시인지도 모른 채, 심지어는 당신이 공부하고 있는 방으로 사람들이 들어오고 나가는 것도 모른 채 공부한 경험이 있을 것이다. 어떤 경우에는 어떤 문제에 대해 골똘히 생각하느라고 집에 오는 길을 잘못 들어선 적도 있을 것이다. 이런 유형의 해리 경험은 해로운 것이 아니며 어떤 경험에만 초점을 너무 맞춘 나머지 다른 측면의 경험은 자각하지 못하고 놓친 것이다.

이와 같이 흔한 해리 경험과 달리, 해리장애는 좀 더 심한 유형의 해리상태에서 비롯되는 것으로 정의된다. 이인성/비현실감에는 해리의 한 유형인 격리(detachment)가 들어 있는데, 이는 당사자 자신이 자기와 주변환경으로부터 따로 떼어진 듯한 느낌을 갖는 것이다. 당사자는 '공간적으로 멀어진(spaced out)', 무감각의 상태(numb)나, 또는 꿈속에 있는 듯한 느낌을 느낄 수 있다. 해리성 기억상실과 해리성 정체성장애에서는 좀 더 극적인 형태의 해리를 보이는데, 여기에서는 당사자는 중요한 기억에 접근할 수가 없다. 해리성 정체성장애에서는 기억의 빈 공간(gap)이 너무나 광범위해서 당사자가 통합된 정체성의 감각을 잃어버린 경우이다.

그렇다면 무엇이 해리를 일으키는 걸까? 적어도 경미한 수준의 해리는 수면이 박탈되었을 때 발생하기 쉬운 것일 수 있다(Giesbrecht, Smeets, Leppink et al., 2013). 정신역동 이론 및 행동 이론은 모두 병적 해리를 당사자로 하여금 스트레스 사건을 의식선상에서 경험하는 것을 막아주는 회피반응으로 간주한다. 군대에서의 극한적 생존훈련과 같은 아주 강력한 스트레스 자극을 받은 사람들의 대부분은 잠깐 동안의 경미한 해리 경험을 했다고 보고한다(Morgan, Hazlett, Wang et al., 2001).

이 장애가 얼마나 많이 발생하는지를 추정하는 것은 대단히 어렵다. 오직 2개의 연구만이 면대면(face-to-face) 진단면접법을 사용하여 지역사회 주민들에서의 해리장애의 평생 유병률을 평가하였다(Ross, 1991; Sar, Akyuz, & Dogan, 2007). 이 두 연구 모두 해리장애의 진단면접 일정표(Ross, 1989)를 사용하였는데, 이 면접에서 사용하는 탐색적 질문이 너무나 애매모호해서 이 장애의 진단율이 과대추정되었을 수 있다. 예를 들면, 해리성 기억상실을 평가하기 위한 주요한 탐색

**표 5.1** 신체증상 장애 및 관련 장애의 진단

| DSM-5 진단명 | 설명 |
| --- | --- |
| 이인성/비현실감 장애 | 자기와 현실에 대한 경험상의 변화 |
| 해리성 기억상실 | 기억에 대한 의식적인 접근이 안 됨. 통상 스트레스를 받은 경험에 대해서 그러함. 하위 유형 중 둔주(fugue)는 자신의 정체감이나 과거에 대해 상실된 채로 여행거나 방랑하는 것을 말함 |
| 해리성 정체성장애 | 상호 독자적으로 작용하는 별개의 성격이 최소한 2개 이상인 경우임 |

<스펠바운드(Spellbound)>에서 그레고리 펙은 기억상실증이 있는 남자를 연기했다. 해리성 기억상실증은, 이 영화에서처럼 통상 스트레스 사건에 의해 촉발된다.

적 질문에는 "당신은 갑작스럽게 자신의 중요한 정보나 사건을 회상해내지 못하는 것이 일반적인 건망증으로 설명하기에 어려울 정도로 광범위하게 나타난 적이 있나요?"와 같은 것이 있다. 사람들은 통상적인 건망증에 대해 각자 정의하는 바가 다르다. 실제로 한 연구에서, 연구자들은 해리장애 진단면접 일정을 사용할 때가 좀 더 긴 면접을 사용했을 때에 비해서 해리성 기억상실(해리성 건망증)에 부합하는 사례가 2배가 되는 것을 발견하였다(Ross, Duffy, & Ellason, 2002). 따라서 이런 수치가 대략적인 추정치라는 점을 염두에 두고 보면, 2개의 지역사회 대상 연구에서는 이인성/비현실감 장애의 생애 진단 기준(lifetime diagnostic criteria)에 해당하는 사람이 약 2.5%로 나타났으며, 해리성 건망증의 경우에는 약 7.5%, 그리고 해리성 정체성장애의 경우에는 약 1~3%인 것으로 발견되었다(Ross, 1991; Sar et al., 2007). 그러나 다른 연구들에서는 임상 장면에서의 해리성 정체성장애의 진단 유병률이 이보다 훨씬 낮은 것으로 추정되었다. 11,000명이 넘는 정신과 외래환자를 대상으로 비구조화된 진단면접을 실시한 한 연구에서는, 1,000명당 약 1명만이 해리장애로 진단되었다(Mezzich, Fabrega, Coffman et al., 1989).

연구자들은 다른 장애에 비해서 해리장애에 대해서는 잘 알고 있지 못하기 때문에, 해리장애의 위험 요인뿐만 아니라 최선의 치료법에 대한 논쟁이 상당하다. 어떤 연구자들에게는 이런 논쟁이 부담스럽게 여겨질 수 있다. 그러나 우리는 이와 같은 논제가 관심을 끄는 주제라고 믿는데, 연구자들이 복잡한 수수께끼를 풀어내려고 노력하고 있기 때문이다. 해리장애에 대해서는 알려진 바가 거의 없기 때문에, 우리는 이 장애 중 하나, 즉 해리성 정체성장애(DID)에 대해서 초점을 맞추겠다.

## 이인성/비현실감 장애

위에서 설명한 바와 같이, **이인성(이인화)/비현실감 장애**(depersonalization/derealization disorder)는 자기 또는 주변 환경으로부터 놀랄 정도로 혼란스럽게 동떨어져 있는 느낌을 느끼는 것이다. 이인성은 자기로부터 따로 떼어져 있는 느낌(예 : 자기가 몸 밖으로 나와서 거리를 두고 자기의 육체를 바라보고 있는 듯한 느낌)으로 정의된다. 비현실감은 자신의 주변환경으로부터 동떨어져 있는, 이를테면 주변이 현실이 아닌 것으로 느껴지는 것 같은 느낌으로 정의된다(Heller, van Reekum, Schaefer et al., 2013). 이 장애가 있는 사람은 자신이 몸 밖으로 나와서 거리를 두고 자기의 육체를 바라보거나 안개를 통해 이 세상을 바라보는 것 같은 느낌을 느낄 수 있다. 때로는 이들은 자기가 기계인 것처럼 느껴져서, 로봇처럼 느끼기도 한다. 1/3이 넘는 대학생이 지난해에 이인성이나 비현실감을 잠깐 스쳐 지나가듯이 겪었다고 보고하였지만(Hunter, Sierra, & David, 2004), 이런 경미하고 간헐적인 증상은 주의를 기울일 만한 것은 아니다. 이인성/비현실감 장애에 대한 DSM-5의 진단 기준에서는 증상이 지속적이거나 재발성이어야 한다고 명시되어 있다. 다른 해리장애와 달리 이 장애에서는 기억의 장해가 없다.

1953년판 의학 교재에서 발췌한 다음의 인용문은 이 장애에 대한 경험의 일부를 보여주고 있다.

이인화된 당사자에게는, 이 세상은 낯설고, 기묘하며, 이국적이고, 꿈같은 곳으로 보인다. 사물은 때때로 이상하리만큼 크기가 줄어들어서 보이고, 때때로 납작하게 보인다. 소리는 멀리서 들려오는 것 같다. … 정서도 마찬가지로 두드러지게 변화하는 것 같다. 환자들은 고통도 쾌락도 느낄 수 없다고 호소한다. 사랑과 증오는 이들에게는 없어져 버렸다. 이들은 성격상의 근본적 변화를 겪으며, 그 절정은 자

---

### 이인성/비현실감 장애에 대한 DSM-5 진단 기준

- **이인성** : 꿈을 꾸는 것처럼, 자신의 정신 과정 혹은 신체로부터 이탈되는 경험
- **비현실감** : 주변환경에 대한 비현실감
- 증상은 지속적이거나 재발성임
- 현실검증력은 온전함
- 증상이 물질, 다른 해리장애, 다른 심리장애, 또는 의학적 조건에 의해 설명되지 않음

## 임상 사례 : A

A는 43살의 여성으로서 그녀의 어머니와 아들과 함께 살았고, 사무직으로 일했다. 그녀의 기억으로는 1년에 여러 번 이인성 증상을 겪었다고 한다. "마치 실제의 내가 빠져나가서 선반 위에 놓이거나 내 안의 어딘가에 저장된 것 같아요. 내가 무엇으로 구성되어 있든 간에 나는 거기에 없었어요. 불투명한 커튼이 일련의 동작을 취하면서 한 덩어리로서 의 전체성을 유지하기 위해서 통제력을 행사해야 하는 것 같아요." 그녀는 이런 증상이 아주 고통스러웠다. 그녀는 35살에 1년간 공황발작을 겪었다. 그녀는 아동기의 외상 기억을 털어놓았는데, 아주 어릴 적부터 10살 때까지 엄마가 밤마다 자신의 성기를 만지고 관장을 자주 했다고 말했다.(Simeon, Gross, Guralnik, 1997, p. 1109)

기들이 자신에게조차 낯설게 느껴지게 된 것을 호소할 때 다다른다. 이들은 죽은 것 같고, 생기가 없으며, 단지 인간의 동작을 흉내 내게 만든 기계에 불과한 것처럼 느껴진다. … (Schilder, 1953, p. 304-305).

이인성/비현실감 장애의 증상은 통상 스트레스로부터 촉발된다. 이인성/비현실감 장애는 보통 청소년기에 시작되는데 갑작스럽게 나타나거나 또는 좀 더 잠행성으로 나타날 수 있다. 이인성을 겪는 사람들의 대부분은 또한 비현실감도 겪게 되며, 증상의 경과는 두 가지 증상 모두에서 비슷하다. 증상은 대개 수년간 지속되는 경우가 종종 있다(Simeon, 2009). 공존하는 성격장애도 빈번해서, 일생 동안에 이 장애가 있는 사람들의 약 90%가 불안장애와 우울증도 겪는다(Simeon, Knutelska, Nelson et al., 2003). 아래에 서술된 A부인의 사례에서처럼, 아동기의 외상 경험이 종종 보고되고 있다(Simeon, Guralnik, Schmeidler et al., 2001).

이인성/비현실감 장애에 대한 DSM-5의 진단 기준에 따르면, 증상이 다른 장애와 공존해서 나타날 수는 있지만 이 증상이 이와 같은 다른 장애로 완전히 설명되어 버리면 안 된다고 명시되어 있다. 따라서 이인성 증상을 공통적으로 갖고 있는 다른 장애들을 배제하는 것이 중요하다. 여기에는 조현병, 외상후 스트레스장애, 그리고 경계선 성격장애가 있다(Maldonado, Butler, & Spiegel, 1998). 또한 이인성은 공황발작(Marquez, Segui, Garcia et al., 2001) 시와 마리화나 중독(Simeon et al., 2003) 시에 비교적 흔히 나타난다.

## 해리성 기억상실

**해리성 기억상실(해리성 건망증)**(dissociative amnesia)이 있는 사람은 통상 스트레스를 가져다주는 사건을 겪은 후에 자신에 대한 중요한 정보를 회상하지 못하게 된다. 기억상실(기억 속의 구멍)은 너무나 광범위해서 통상적인 망각 현상으로는 설명할 수 없다. 이 정보는 완전히 상실된 것은 아니며 단지 기억상실의 일화 중에만 회상해내지 못할 뿐이다. 기억상실의 기간은 수 시간 또는 수년에 걸쳐서까지 지속될 수 있다. 그러다가 기억상실은, 갑자기 발생했던 것과 마찬가지로, 갑자기 사라지면서 완전히 회복되고 그 후 재발하는 가능성은 적은 것이 보통이다.

대부분의 경우, 기억상실은 사랑하는 사람의 죽음을 목격하는 것과 같은 외상적 경험에 후속되는 일정 기간 내에 발생한 모든 사건들에 대해 일어난다. 스트레스를 받은 동안에 있었던 모든 일을 망각하는 일은 아주 드물다. 기억상실 기간 동안, 당사자는 기억상실로 인해서 다소간의 지남력(指南力, orientation)을 상실한 점만 제외하면, 달리 행동상 특기할 만한 것이 없다. 절차기억(procedural memory)은 온전해서, 특정한 일은 기억하지 못하더라도, 당사자는 전화를 받고, 자전거를 타며, 그리고 다른 복합적인 행위를 수행하는 것은 기억하고 있다.

해리성 **둔주**[fugue, 라틴어 fugere에서 유래한 것으로, '도망가다(flee)'라는 뜻임]에서의 기억상실은 해리성 기억상실의 경우보다 광범위하다. 당사자는 통상 가정 및 직장에서 사라진다. 어떤

---

● **해리성 기억상실에 대한 DSM-5 진단 기준**

- 중요한 자서전적 내용을 기억하지 못하는 것으로서, 그 내용이 통상 외상적이거나 스트레스와 관련된 것으로서, 그 범위가 너무 넓어서 보통의 망각이라고 할 수 없는 상태임
- 기억상실이 물질 또는 다른 의학적 상태나 심리적 상태로 설명되지 않음
- 기억상실이 혼란스러운 방랑 또는 외견상 목적이 있는 방랑과 연관된 경우에는 해리성 둔주의 하위 유형으로 명시할 것

## 임상 사례 : 한나

**20**08년에, 한나의 가족과 친구들은 그녀가 4일간 실종되자 한나를 찾기 위해 언론매체와 인터넷을 통해 대대적인 활동을 벌였다. 뉴욕타임스에서 보도된 대로(Marx and Ddiziulis, February 27, 2009), 한나는 23세의 스페인어 강사로 뉴욕에서 거주하고 있었는데, 새 학기가 시작되기 하루 전날 신분증과 지갑을 둔 채 달리기를 하러 나갔다. 거의 3주가 지난 후에야 그녀는 맨해튼 남서쪽으로 1마일 정도 떨어진 연안에서 물속에 떠 있는 상태에서 구조되었다. 그녀는 탈수증(dehydration)과 저체온증에 시달리고 있었으며, 그녀의 발뒤꿈치에는 큰 물집이 있었다.

그녀는 3주간 있었던 일에 대해 전혀 기억이 없어서, 그녀가 겪은 일화는 해리성 기억상실의 둔주형이라고 여겨졌다. 면접 시에 한나는 일화를 일으켰을 만한 스트레스성 촉발 사건도 없었다고 했는데, 물론 그녀의 직업이 스트레스를 주기는 했지만 그녀는 가르치는 것을 좋아했고, 자신의 석사학위 과정을 따라가는 데서도 잘하고 있었다. 그녀가 3주간 겪은 일 중의 일부는 공공장소에 설치된 카메라로 촬영된 동영상 속의 내용과 그녀가 리버사이드가 주변을 방황하는 것을 목격한 사람들의 증언을 통해 되돌려볼 수 있는데, 목격자들은 그녀가 애플 스토어에 들어가기도 했고, 지역 체육관 수업에 참여하는 것도 보았다.

이렇게 그녀가 기억하지 못하는 3주간의 행적을 살펴보더라도 그녀의 사례는 해리성 기억상실을 진단하는 데 어려운 점 한 가지를 부각시켜주고 있다. 즉 그녀가 3주간의 일을 전혀 기억해내지 못하기 때문에, 그녀에게 어떤 머리 부상, 외상, 또는 그녀의 불가사의한 실종을 설명할 만한 다른 것이 있었는지를 확인하기가 어렵다.

ASSOCIATED PRESS

2008년에 한나가 3주 동안 집과 직장으로부터 실종한 일은 해리성 기억상실의 하위유형인 둔주의 일화로 인한 것일 수 있다고 여겨지고 있다.

사람들은 혼란스러운 상태에서 집에서 먼 곳에서 방황하는 수도 있다. 다른 사람들은 새로운 이름, 새 가정, 새 직장, 심지어는 새로운 성격특성을 갖게 될 수도 있다. 이 경우 상당히 복잡한 사회생활을 잘 꾸려나가는 데 성공하기도 한다. 그러나 새로운 생활이 이 정도로 잘 확립되지 못하고, 둔주기간도 비교적 짧은 경우가 더 많다. 임상사례에 소개된 한나가 겪은 것처럼, 대부분의 둔주기간에는 제한적이지만 외관상 목적이 있어 보이는 여행을 하며, 이때 사회적 접촉은 근소하거나 아주 없다. 다른 유형의 기억상실증의 경우에서와 마찬가지로, 회복에 소요되는 시간은 다양하지만, 회복도 통상 완전히 이루어진다. 회복 후에는 당사자는 둔주 기간에 발생했던 사건은 회상하지 못하지만, 이를 제외하고는 자신이 생활해 온 세부내용과 경험을 충실히 기억해낸다. 해리성 둔주에 대한 최초로 기록된 사례는 1887년에 프랑스의 의학 문헌에 나타난 Albert Dadas에 대한 것이었는데, 그는 둔주 기간 동안에 프랑스에서 알제리, 모스크바, 그리고 콘스탄티노플로 여행했다(Hacking, 1998). 이 사례는 의학 학술회의에서 큰 주목을 받았고, 그다음 해부터는 유럽 전역에서 둔주 사례가 유행처럼 보고되었다(Hacking, 1998).

해리성 기억상실을 진단하는 데 치매, 물질남용, 그리고 약물로 인한 부작용과 같은 기억상실을 흔히 일으키는 그밖의 원인을 배제하는 것이 중요하다. 과음은 일시적 기억상실(소위 깜깜기억; blackouts)을 야기할 수 있으며, 불안을 치료함에 있어 사용되는 벤조디아제핀류[예 : 바리움(Valium)]와 같은 약물, 그리고 불면증의 치료에 사용되는 수면 진정제(sedative-hypnotics)[예 : 앰비엔(Ambien)]와 같은 약물도 기억상실을 초래할 수 있으므로, 진단 시 핵심적 고려사항은 두부 외상, 약물 사용, 또는 물질 사용이 (건망증) 일화보다 선행했는지 여부에 있다. 치매는 해리성 기억상실과 상당히 쉽게 구별될 수 있다. 치매의 경우, 기억이 시간이 흐르면서 천천히 나빠지고,

스트레스와 관련된 것도 아니며, 새로운 정보를 학습하지 못하는 것 같은 그밖의 인지적 결함도 수반된다.

둔주는 통상 심한 스트레스를 받은 후에, 이를테면 부부간에 다투었거나, 개인적으로 배척을 당했거나, 돈 문제나 직장에서의 어려움이 있었거나, 전투에 참여했거나, 또는 자연재해를 겪은 후에 일어난다. 그러나 모든 기억상실증이 외상을 겪은 후 곧 발생하는 것은 아니다(Hacking, 1998). 또한 주목해야 할 것은, 강제수용소에 갇힌 것 같은 심한 외상을 겪은 사람들 사이에서조차, 해리성 기억상실과 둔주는 드물게 나타난다는 것이다(Merckelbach, Dekkers, Wessel et al., 2003).

해리성 기억상실은 기억이 스트레스를 받으면 어떻게 작동하는지에 관하여 근본적인 의문점을 제기한다. 정신역동 이론에서는 해리성 기억상실의 경우에 외상적 사건이 억압된다고 시사한다. 이 모형에 따르면, 기억이 너무나 혐오스럽기 때문에 기억이 망각된다[즉 해리된다(dissociated)]고 한다. 억압이 발생하는지 여부에 대해서는 상당한 논쟁이 있다. 인지과학자들은 억압이 어떻게 발생할 수 있는지에 대해서 의문을 제기해 왔는데, 왜냐하면 연구 결과에 따르면 극심한 스트레스는 통상 기억을 손상시키기보다는 증진시킨다는 것을 보여주기 때문이다(Shobe & Kihlstrom, 1997). 예를 들면, 아주 고통스러운 의료 절차를 겪은 아동은 그 경험을 정확하고 세세하게 기억한다. 참전군인 사이에서도, 가장 극심한 전투 경험이 있는 사람들이 전투 기억을 시간의 흐름에 따라 일관되게 서술을 잘한다(Krinsley, Gallagher, Weathers et al., 2003). 노르에피네프린이라는 신경전도체는 각성(흥분)이 증가된 것과 연관이 있는데, 기억 응고화(memory consolidation)와 인출을 향상시킨다(Sara, 2009).

그러나 주의와 기억의 속성은 강력한 스트레스를 받는 동안에 진짜로 바뀐다. 스트레스를 받고 있는 사람들은 위협적인 상황의 핵심 특징에 초점을 맞추고 주변 특징에 대해서는 주의를 더 이상 기울이지 않는 경향이 있다(McNally, 2003). 결과적으로, 사람들은 사건의 주변에 대한 관련 있는 중립적인 세부사항보다는 정서적으로 관련성이 있는 내용을 기억하는 경향이 있다(Talmi, 2013). 예를 들면, 사람들은 자신을 향해 조준된 총에 대한 세부사항은 모두 다 매우 상세하게 기억할지 모르지만, 총을 들었던 사람의 얼굴은 기억하지 못할 수도 있다.

외상에 대한 통상적인 반응이 위협의 핵심 특징을 더 잘 기억하게 해준다는 점을 감안하면, 스트레스와 관련된 기억상실이 해리성 기억상실에서 뚜렷해 보이는 것을 우리는 어떻게 설명할 수 있을까? 한 가지 대답은 해리장애에는 스트레스에 비일상적으로 반응하는 방식이 들어 있다는 것일 수도 있다. 예를 들어 지극히 높은 수준의 스트레스 호르몬은 기억의 형성을 방해할 수 있다(Andreano & Cahill, 2006). 반복적인 학대와 같은 만성적인 스트레스는 급성 스트레스보다 기억에 더 해로운 영향을 미칠지도 모른다(Reinhold & Markowitsch, 2009). 어떤 이론가들은 극심한 해리 상태가 기억을 저해할 수도 있다고 믿는다. 즉 극심한 외상을 받고 있으면, 이때의 기억은 당사자가 보다 정상적인 상태로 나중에 되돌아왔을 때 자각할 수 없게끔 저장되는 것일 수도 있다(Kihlstrom, Tataryn, & Hoyt, 1993). 해리성 기억상실증은 이런 과정으로 인한 극단적인 결과로 여겨진다. 외상 및 해리의 맥락에서 기억을 어떻게 이해할지에 대해서는 논쟁이 계속되고 있다(초점 5.1 참조).

## 해리성 정체성장애

이 장의 처음에 기술된 여성인 지나의 경우처럼, 해리성 정체성장애(DID)를 가진 사람이 어떤 경험을 할지 생각해보자. 주변 사람들이 당신이 한 행동에 대해서 알려주는데, 이것은 당신의 성격과도 맞지 않는 것이고 전혀 기억도 없는 것이다. 당신은 이런 일을 어떻게 설명할 수 있겠는가?

## 초점 5.1    억압에 대한 논쟁 : 아동기 학대 기억의 발굴

아동기에 극심한 학대를 받은 경험이 해리성 정체성장애의 중요한 원인이라고 여겨지고 있다. 해리성 정체성장애의 진단을 받은 많은 사람들이 과거에 학대받은 적이 있다고 보고하고 있다. 명백히 학대가 너무나 자주 일어나고 있고 정신건강과 행복에 중요한 영향을 미치고 있다. 여성 중 약 19%와 남성 중 약 5%가 아동기에 특정 유형의 성적 학대를 받은 적이 있다고 보고했으며(CSA; Afifi, Enns, Cox et al., 2008), 더 많은 사람들이 다른 유형의 학대를 받은 적이 있다고 보고했다.

여기에서 우리는 아동기 학대에 대해 회복된(발굴된) 기억(recovered memories)에 초점을 맞춘다. 즉 아동기에 학대받은 것에 대해서 기억이 전혀 없지만, 나중에 다시 기억을 되살린 사례들을 살펴본다. 이와 같이 회상해낸 기억이 과연 진짜이냐에 대한 것만큼 심리학계에서 뜨겁게 논쟁이 벌어졌던 논제는 거의 없었다. 한편, 어떤 학자들은 이와 같이 회상된 기억이 억압에 대한 증거를 제공한다고 주장하고 있다. 억압(repression)은 원래 Freud에 의해 정의된 것인데, 받아들일 수 없을 정도로 고통스러운 기억을 의식되지 않도록 억누르는 것(suppressing)이다. 회상된 기억이 억압에 대한 증거를 제공한다는 아이디어와는 대조적으로, 어떤 학자들은 기억이 얼마나 타당한지 의문을 제기하고 있다.

억압의 증거는 무엇인가? 기억에 대한 한 실험실 연구에서 연구자들은 사람들에게 단어의 목록과 같은 정보를 잊어버리도록 요구했더니, 사람들이 실제로 그렇게 할 수 있음을 보여주었다(Anderson & Green, 2001). 이는 사람들이 의도적으로 실험재료인 단어목록을 망각할 수 있다는 것을 보여주는데, 그렇다면 기억이 회복된 사람들은 다른 사람들에 비해서 잘 잊어버리는 것인가? 명백히 그렇지 않다. CSA에 대한 기억이 회복된 사람들은 자신의 외상과 관련된 단서들을 더 잘 잊어버린다는 것을 보여주지 않았다(McNally, Ristuccia, & Perlman, 2005). 물론 이런 연구에서 사용된 단어 목록은 억압을 해야 할 만큼 고통스럽지 않았을 수 있다.

대단히 고통스러운 사건에 대한 기억을 좀 더 잘 이해하기 위해서, 어떤 연구자들은 실험실 상황 밖에서 일어난 외상에 대한 기억을 조사하였다. 학대받은 기억이 망각될 가능성이 있는지 여부에 관한 한 연구에서는, 아동기에 학대를 받은 기록이 있는 사람들 중 92%가 거의 15년이 지난 후에 그에 대한 질문을 받았을 때에도 학대에 대한 기억을 여전히 보고하고 있었다(Goodman, Ghetti, Quas et al., 2003). 보다 심각한 학대를 받은 기록이 있는 사람들은 자신이 학대당한 것을 기억하고 이를 드러내는 경향이 더 많았다. 한편, 사람들 중 8%는 학대에 대한 기억이 전혀 없다고 보고했다.

약 8%의 사람들에서도, 회상된다고 보고하지 않은 것은 억압 이외의 많은 과정을 반영하는 것일 수도 있다. 이들은 연구자에게 그와 같이 고통스러운 일을 드러내고 싶지 않았을 수도 있다(Della Femina, Yeager, & Lewis, 1990). 어떤 사람들은 학대를 당할 시점에 너무 어려서 당시의 일을 기억하지 못하고 있을 수도 있다. 즉 학대를 당했던 당시의 나이가 5세 미만인 경우라면 15년 뒤의 추적조사에서 해당 기억을 보고하기가 어려울 것으로 보인다. 어떤 외상은 뇌손상을 일으켰을 수도 있고, 이런 뇌손상이 기억의 공백을 가져왔을 수도 있다. 따라서 어떤 기억에 대해 기술하지 못한다고 해서 이것이 억압의 경우에 해당

되는 것이 아닐 수 있다.

억압이 발생하느냐의 여부에 관한 논쟁을 넘어서서, 어떤 사람에게서 새로운 기억이 나타나면 이를 우리는 어떻게 해석해야 하는가? 회복된 기억이 실제의 경험에서 비롯된 것이 아니라면, 이는 어디에서 나온 것일까? 선도적인 연구자가 몇 가지 가능성을 제시한다(Loftus, 1993).

1. **인기작품**(poppular writings) : *The Courage to Heal*(Bass & Davis, 2008)는 아동기 때 성적 학대(CSA)를 당한 피해자를 위한 아주 대중적인 지침서이다. 이 책은 독자들이 성적 학대를 당했을 가능성이 있고 학대의 증세로서 자존감의 저하, 타인과의 이질감, 물질남용, 성기능 장애, 그리고 우울증이 생겼을지 모른다고 시사하고 있다. 문제는 이와 같은 증상이 CSA 이외의 많은 요인들로부터 초래될 수 있다는 것이다.

2. **치료자의 암시** : 당사자의 말(Poole, Lindsay, Memon et al., 1995)에 따르면, 성인기의 장애가 학대로부터 온다고 진짜로 믿는 많은 치료자들은 환자들에게 아동기에 아마도 성적 학대를 받았을 것이라는 점을 암시할 것이다. 그리고 때로 치료자는 이런 일을 최면성 연령퇴행(hypnotic age regression) 기법과 유도된 심상(guided imagery) 기법을 이용하여 하곤 한다(Legault & Laurence, 2007). 불행하게도, 최면 같은 기법은 사실상 틀린 기억을 실제로 만들어낼 수 있는 것으로 보인다(Lynn Lock, Loftus et al., 2003). 유도된 심상은 환자가 눈을 감고 사건 발생 당시를 상상하려고 노력하는 것이다. 이는 틀린 기억이 사실상 존재했었다는 자기 확신을 증가시키는 경향이 있다. 한 집단의 연구자들은 유도된 심상을 사용하여, 최소 55%의 대학생이 길을 잃거나 다쳤던 경험과 같은 사실상 발생하지 않았던 아동기 사건들에 관해 적어도 하나의 편파적 기억을 가질 수 있음을 밝혔다(Porter, Yuille, & Lehman, 1999). 치료에서 회복된 기억의 타당성을 조사하기 위해, 일단의 연구자들은 세 집단의 사람들을 대상으로 연구를 시행했다. 즉 세 집단 사람들은 아동기 성적 학대에 대해 쭉 지속적으로 기억하고 있는 사람들, 치료자 없이 기억이 회복된 사람들, 그리고 치료 상황에서 기억을 회복해낸 사람들이었다. 현저한 차이점이 드러났다. 즉 지속적인 기억 또는 치료와 관계없이 회상된 기억 중 절반가량은 다른 출처의 자료에 의해 확증될 수 있었던 반면, 치료 상황 중에 회상된 16개 사건은 그 어느 것도 확증을 얻지 못했다(Geraerts, Schooler, Merckelbach, et al., 2007).

기억의 왜곡은 실제로 일어날 뿐만 아니라, 일단 일어나게 되면 정서적인 힘을 갖추게 된다. 한 연구에서는, 연구자들이 우주 외계인(아마도 틀린 기억일 것임)에 의해 납치당한 적이 있다고 보고한 사람들을 대상으로 면접을 실시했다. 참가자들이 겪은 경험에 대해 말하는 동안, 연구자들은 심박률, 발한, 그리고 그 밖의 다른 각성(흥분) 징후를 기록했다. 납치당한 것을 기술한 사람들은 전쟁 혹은 외상에 대한 경험을 자세히 얘기했던 사람들만큼이나 각성 상태를 보였다(McNally, Lasko, Clancy et al., 2004). 따라서 틀린 기억조차 많은 고통과 연합될 수 있는 것이다!

기억에 대한 연구들은 9/11 테러리스트의 공격과 같은 주요 사건에 대한 회상이 상당히 왜곡될 수 있음을 보여준다.

학대가 일어났다는 것에는 의심의 여지가 거의 없다. 그러나 우리는 학대에 대해 보고하는 것을 무비판적으로 수용하는 것에 주의해야 한다. 이는 중요한 논제인데 왜냐하면 성적 학대에 대한 회복된 기억이 수백 개의 재판 사례에서 이용되어 왔기 때문이다(Pope, 1998). 전형적인 각본대로라면, 한 여성은 심리치료를 받는 동안에 기억을 회복하고 아동기에 그녀를 학대한 부모 중 한 명을 고발하여 기소하는 것이다. 대부분의 범죄에서, 원고는 공소시효 안에 소송을 제기해야 한다. 1980년대에, 30개 주 이상의 법원에서는 원고가 CSA에 대한 기억이 회복되었다고 주장하는 사례의 경우에 소송을 제기할 수 있도록 시한을 늘려주었다(Brown,

Scheflin, & Whitfield, 1999). 그러나 1990년대 후반에 이르러서는 상황이 변해서 많은 항소심 법정에서 회복된 기억을 토대로 하는 증언을 받아들이는 것을 거부하였다(Piper, Pope, & Borowiecki, 2000). 이전에 치료를 받았던 100명이 넘는 환자들은 치료자들이 잘못된 치료를 했다고 고발했는데, 이들은 치료자가 학대에 대한 틀린 기억을 자기들에게 심어 놓았다고 주장했다(McNally, 2003).

사회과학자와 재판부는 특정한 회복된 기억이 범죄 사건을 정확하게 반영하는지 여부를 결정하는 데 막중한 책임을 공유한다. 어느 쪽으로든 방향을 잘못 잡을 경우 고소인이나 피고소인에게 불공평하게 될 수 있다.

**해리성 정체성장애의 임상적 기술**   이전에는 다중성격장애로 불렸던, **해리성 정체성(정체감)장애** (dissociative identity disorder, DID)로 진단되려면 당사자는 적어도 2개 이상의 별개 성격(separate personalities) 또는 다른 나(제2의 자아, alters)가 존재해야 한다. 제2의 자아란 존재감, 사고, 감정 및 행동방식이 각기 다른 상태로서, 각기 독자적으로 존재하며 각기 다른 시간에 출현하는 것이다. 각각의 별개 성격은 주도권을 쥐고 있을 때에는 그 사람의 본성과 활동을 결정한다. 주요 자아(primary alter)는 다른 자아들이 존재한다는 것도 전혀 모를 수 있으며, 다른 자아들이 주도권을 쥐고 있을 때 이들 다른 자아들이 무엇을 하고 경험하는지를 전혀 기억하지 못할 수도 있다.

사례보고에 따르면 통상 주된 성격이 하나이며, 보통의 경우에는 이것이 통상 치료받기를 원하는 자아이다. 가장 흔한 것은, 진단을 내릴 때 제2의 자아가 2~4개 파악되지만, 치료가 진행되면서 그밖의 다른 자아들도 출현할 수 있다. 통상 각기 다른 자아의 성격은 서로 아주 다르며, 심지어는 정반대가 되는 경우도 있다. 사례보고에 기술된 바에 따르면, 각 자아들이 손잡이의 방향이 다를 수 있고, 도수가 다른 안경을 쓰며, 그리고 알레르기 반응을 일으키는 물질이 각기 다를 수 있다. 각 자아들은 (다른 자아의 돌출로 인한) 공백 기간을 알고 있으며, 다른 자아의 목소리가, 어느 자아로부터의 소리인지는 모를 수 있어도, 때때로 해당 자아의 의식 수준상으로 메아리쳐서 인식되는 수가 있다. 어떤 문화권에서는, 자아가 당사자의 신체를 통제하는 영혼으로 이해되기도 한다. 이런 신들린(possession) 경험이 널리 받아들여지는 영적 또는 문화적 관행의 일부라고 하면, DID의 진단은 적절하지 않다.

DID는 성인기에 이를 때까지는 거의 진단이 내려지지 않지만, 진단이 내려진 후에는 환자들은 아동기까지 거슬러 올라가는 증상을 기억해내곤 한다. 이 장애는 다른 해리장애보다 더 심하고 (성격 전반에 걸친) 광범위한 것이다(Mueller-Pfeiffer, Rufibach, Perron et al., 2012). 이 장애는 남성보다는 여성에게 훨씬 더 많다. 또한 다른 진단도 함께 받기 쉬운데, 여기에는 외상후 스트레스장애, 주요우울장애, 그리고 신체증상장애가 있다(Rodewald, Wilhelm-Goling, Emrich et al., 2011). 또한 성격장애도 흔하다(Johnson, Cohen, Kasen et al., 2006). DID에는 흔히 두통, 환각, 자살기도, 자해, 자해 행동뿐만 아니라 기억상실이나 이인성 장애와 같은 그밖의 해리 증상이 동반하여 나타나기도 한다(Scroppo, Drob, Weinberger et al., 1998).

DID가 DSM에서 하나의 진단으로 수록된 것은 다소 논란거리가 된다. 예를 들면, 정신과 전문의를 대상으로 한 설문조사에서는, 2/3가 DSM체계 속에 DID를 두는 것을 유보하자고 응답했다(Pope, Oliva, Hudson et al., 1999). 학생과 일반대중은 종종 묻는다. "DID가 실제로 있나요?" 임상가들은 DID를 신뢰성 있게 기술할 수 있다. 이런 의미에서는 DID는 "실제로 있다." 물론 뒤에서 살펴보겠지만, 이 증상이 일어나는 원인에 대해서는 논란이 계속되고 있다.

## 해리성 정체성장애에 대한 DSM-5 진단 기준

● 두 가지 이상의 별개의 성격 상태(제2의 나) 또는 신들림의 경험을 특징으로 하는 정체감의 붕괴. 이와 같은 정체감의 붕괴는 자기 또는 행위 주체자에 대한 감각상에서 불연속성을 가져오는데, 이는 인지, 행동, 정동, 의식, 기억, 또는 감각-운동 기능상의 변화로 드러난다. 이런 붕괴는 다른 사람들이 관찰하거나 당사자가 보고할 수도 있다.

● 어떤 사건이나 중요한 개인 정보에 대한 기억의 공백이 보통의 건망증을 넘어서는 것으로서 자주 발생한다.

● 증상이 널리 받아들여지는 문화적 또는 종교적 관행의 일부가 아니다.

● 증상이 약물이나 의학적 상태에 의한 것이 아니다.

● 아동의 경우, 증상이 상상의 놀이 친구 또는 환상극으로 잘 설명되지 않는다.

# 복습문제 5.1

다음 질문에 답하라.

1. 해리성 기억상실의 하위유형인 둔주의 핵심 특징은 무엇인가?

2. 해리성 정체성장애에서, 제2의 자아가 지칭하는 것은 무엇인가?

---

**해리성 정체성장애의 역학 : 시간이 흐르면서 증가함** 불안, 우울, 그리고 정신증에 관한 서술이 고대에서부터 오늘날까지 문헌상으로 풍부하지만, 1800년 이전에는 DID 또는 해리성 기억상실에 관한 보고가 확인된 바가 거의 없다(Pope, Poliakoff, Parker et al., 2006). DID에 대한 보고가 비교적 빈번해진 것은 1890~1920년대 사이였는데, 이 기간에 77건의 사례보고가 문헌에 나타났다(Sutcliffe & Jones, 1962). 1920년 이후에는, DID 발생을 보고한 사례가 계속 감소하다가, 1970년대에 이르러서는 미국뿐만 아니라 일본 같은 비서구 문화권에서도 급격히 증가하였다(Uchinuma & Sekine, 2000). 위에서 언급한 바와 같이, 당대의 유병률 추정치는 1~3% 사이에 걸쳐 있었다(Ross, 1991; Sar et al., 2007). 이런 추정치가 엄밀하지 못한 면접 문항 때문에 부풀려졌을 수 있다고 감안하더라도, 이런 수치는 비교적 아주 높은 것이다. 즉 유병률은 이전에는 100만 명에 약 1명 꼴로 여겨졌다.

DID장애의 진단이 시간이 흐르면서 급격하게 높아진 원인은 무엇인가? DID 증상을 겪은 사람들이 많아지기 시작했을 가능성은 있다. 그러나 이와 같이 많아지는 것에 대해서는 다른 설명도 가능하다. 이브의 세 얼굴(The Three Faces of Eve)이라는 책과 영화를 통해서 인기가 높아진 이브 화이트의 사례에서도 1957년도의 DID에 대해서 아주 상세히 기술하고 있다. 1973년에 출간된 *Sybil*이라는 인기도서에서는 16개의 성격을 가진 극적인 사례를 소개하고 있다(Schreiber, 1973). 이 책은 출간 후 4년간 600만 부 이상 판매되었으며, 미국인의 1/5 이상이 1976년에 이를 TV용으로 만든 방송을 시청하였다(Nathan, 2011). 또한 1970년대에는 다른 사례보고서도 시리즈로 출간되었다. 1980년에 출간된 DSM-III에서는 최초로 DID에 대한 진단 기준이 제시되었다(Putnam, 1996). 진단 기준이 만들어지고 관련 문헌이 많아진 것이 DID 증상의 탐지와 확인을 높여주었을 수도 있다. 일부 비판적인 학자들은 이 진단에 대한 전문가와 매체의 관심이 높아져서 일부의 어떤 치료자들로 하여금 내담자들에게 DID가 있다고 강력하게 암시를 주게 되었는데, 이때 제2의 자아를 탐색하기 위해 때로는 최면술을 사용하게 되었다고 가정했다.

**DID의 원인론** DID에 대해서는 주요 이론이 2개가 제시되었다. 즉 **외상후 모형**(posttraumatic model)과 **사회인지 모형**(sociocognitive model)이다. 이름이 혼동되기는 하지만, 이 두 이론이 모두 실제로 시사하는 바는 아동기의 극심한 신체적 또는 성적 학대가 DID를 일으키는 기반을 조성한다는 것이다. DID가 있는 거의 모든 환자들은 아동기에 극심한 학대를 받았다고 보고한다(Dalenberg, Brand, Gleaves et al., 2012). 학대받은 사람들 중 DID를 나타내는 사람은 거의 없기 때문에, 이 두 모형에서는 학대받은 후 왜 일부의 사람들에서만 DID가 나타나는지에 초점을 맞추고 있다. 곧 보게 되겠지만, 이 두 가지 접근방식의 주장자들 사이에서 상당한 논쟁이 일어났다.

**외상후 모형** 외상후 모형에서는 어떤 사람들이 외상에 대처하기 위해 해리를 사용하는 경우가 더 많으며, 이것이 외상을 받은 후 제2의 자아를 발달시키는 핵심 요인으로 보인다고 주장한다(Gleaves, 1996). 연구 결과는 이 모형의 두 가지 중요한 주장을 뒷받침해주고 있다. 첫째, 학대당한 아동

영화 〈사이빌(Sybil)〉에서는 해리성 정체성장애에 대한 유명한 사례를 보여주고 있으며, 주연은 샐리 필드가 맡았다. 사례 노트에 대한 추후의 검토에서는 "사이빌의 성격이 저절로 튀어나오지는 않았지만, 거친 학대를 오랫동안 받으면서 생성되었다"(Nathan, 2011, p. xviii)는 점을 시사해주었다.

이 해리 증상을 나타낼 위험성이 크다는 증거가 있다(Chu, Frey, Ganzel et al., 2000). 둘째, 해리 반응을 보이는 아동이 외상을 받은 후 심리적 증상을 나타내기가 더 쉽다는 증거가 있다(Kisiel & Lyons, 2001). 그러나 DID가 너무나 드물기 때문에, 이런 연구에서는 진단가능한 장애보다는 해리 증상에 더 초점을 맞추는 경향이 있었으며, 따라서 외상을 겪은 시점에서부터 DID의 발달에 이르기까지 아동을 추적조사한 전망연구(prospective studies)는 지금까지 수행된 적이 없었다.

**사회인지 모형**　사회인지 모형에 따르면, 학대를 받은 적이 있는 사람들은 자신의 증상과 고통의 이유를 알려고 하며, 제2의 자아는 치료자의 암시, DID에 대한 언론보도를 접한 것, 또는 그밖의 문화적 영향에 대한 반응으로 나타나는 것으로 보인다(Lilienfeld, Lynn, Kirsch et al., 1999; Spanos, 1994). 따라서 이 모형에서의 함축성은 DID가 **치료 과정 중 만들어질 수도**(iatrogenic; created within treatment) 있다는 것이다. 즉 당사자는 치료를 받을 때 이런 증상을 역할연기(role-play)하는 것을 종종 배우기도 한다는 것이다. 그러나 이것이 DID를 의식적인 속임수(conscious deception)로 본다는 것을 의미하는 것은 아니다. 문제의 핵심은 DID가 실제로 존재하는지 여부가 아니라, DID가 어떻게 발달하느냐에 있다.

DID에 대한 처치 매뉴얼의 상당수에서는 내담자로 하여금 서로 다른 제2의 자아를 찾아내도록 뒷받침해주는 기법을 추천하고 있다. 이를테면 최면을 걸거나 또는 펜토탈 나트륨(sodium pentothal)을 투여한 후에 자신의 정체감에 대해서 내담자를 면접하는 것이 있다(Nathan, 2011; Ross, 1991). 강화

〈타라의 미국(United States of Tara)〉이라는 TV 쇼에서는 엄마가 각기 다른 제2의 자아 사이에서 왔다 갔다 하는 동안에 가족들이 힘겹게 분투하는 모습을 보여주었다.

해주고 암시를 주는 기법은 취약한 사람들에게서 틀린 기억과 DID 증상을 조장할 가능성이 있다(Lilienfeld et al., 1999). 사이빌(sybil)의 유명한 사례는 오늘날 치료자가 제2의 자아에 대한 이야기를 끌어내고 강화해준 방식을 보여주는 예로서 널리 인용되고 있다. 사이빌의 사례에서, 제2의 자아들은 치료자가 사이빌의 여러 가지 다른 정서 상태에 이름을 붙여서 별개 성격으로 만들어낸 것이며, 치료자가 틀린 기억을 일으키는 데 기여하는 것으로 입증된 약물인 펜토탈 나트륨을 투여하면서 사이빌이 아동기 초기의 경험에 대해 세밀하게 기술하도록 도와주었다는 주장도 제기된 바 있다(Borch-Jacobsen, 1997; Nathan, 2011). 논쟁거리가 되는 또 다른 예로서, 엘리자베스의 임상 사례는 치료자가 부지불식간에 자신의 내담자에게 증상이 부합되지 않음에도 불구하고 DID의 진단에 맞게 행동하도록 격려한 것을 보여주는 극단적인 예가 된다. 엘리자베스가 기술한 증상은 모두 흔히 경험하는 것들이다. 사실상 제시된 증상 중 그 어느 것도 DID의 진단 기준에 부합하지 않았다.

위와 같은 증상은 특정 치료자들이 자신의 내담자들에게 강화해서 나타난 것일 수 있다는 아이디어와 일치하게도, 소수의 임상가들이 DID 진단의 대부분을 찾아냈다(Modestin, 1992). 많은 정신과 센터에서는 이런 진단이 전혀 탐지되지 못했다. 예를 들면 11,000명이 넘는 사람들에 대해 실시된 첫 진단면접을 연구한 결과에서는 DID가 한 사례도 진단되지 않았다(Mezzich et al., 1989). DID의 진단을 잘 내리는 치료자들은 최면을 사용하고, 내담자들에게 기억나지 않는 학대 경험을 파헤치도록 촉구하거나, 또는 각각 다른 제2의 자아에 이름을 붙이는 경향이 있었다(Powell & Gee, 2000). 또한 치료를 실시하는 것이 DID 증상을 유발하는 것이라는 아이디어와 일치하게도, 대부분의 환자들은 치료가 시작되기 전까지는 자신에게 제2의 자아가 있다는 것을 알아차리지 못하고 있다가, 치료가 진행되면서, 이들은 자신이 파악해낸 제2의 자아가 급속히 많아졌다고 보고하였다.

## 임상 사례 : 엘리자베스—DID의 진단이 뒷받침되지 않는 예

*Creating Hysteria: Women and Multiple Personality Disorder*(히스테리아를 만들어내기 : 여성과 다중성격장애)라는 책은 DID로 오진을 받은 엘리자베스 칼슨이라는 사람이 말한 내용을 보여준다. 이 사람은 35세의 기혼 여성으로서 심한 우울증으로 병원에 입원한 후 정신과 의사에게 의뢰되었다. 엘리자베스는 치료가 시작되자 곧 그녀의 주치의인 정신과 의사가 자기에게 그녀의 문제가 파악하기 어려운 종류로서, 다중성격장애[multiple personality disorder(MPD), 현재는 DID로 지칭됨]의 진단 미확정 상태에 있는 것 같다고 시사했다고 했다. 그녀의 주치의인 정신과 의사는 "MPD를 시사하는 특정한 증세들을 검토했다. 이 정신과 의사는 그녀에게 운전하면서 '멍청해져서(zone out)' 목적지에 어떻게 갔는지 기억도 없으면서 도착한 적은 없는지를 물었다. 엘리자베스는 "네, 그래요"라고 대답했다. 그녀의 정신과의사는 말하기를, 그렇다면 이와 같은

기억의 공백은 그녀의 제2의 자아가 운전을 맡았다가 또다시 사라져버린 결과로서, 그녀, 즉 '주인'이 되는 성격에게는 기억상실로 여기도록 했기 때문이라고 시사해주었다. 다중성격장애의 또 다른 증세는 [그 정신과 의사는 말하기를] '머릿속에서 음성이 들리는 것'이다. 엘리자베스에게 내부에서 싸우는 소리를 들은 적이 있었는지, 예를 들면 자신에게 '오른쪽으로 돌아' 그러고는 '아니야, 왼쪽으로 돌아'라고 한 적이 있었는지를 물어보았다. 엘리자베스는 그런 일이 때때로 일어난다고 대답했다. 그렇다, 이런 일은 그녀의 머릿속에서 제2의 자아들이 서로 싸우는 소리인 것이다. 엘리자베스는 큰 충격을 받고 당혹감에 빠졌다. 최근 여러 해 동안에 그녀는 이런 일을 해 왔지만 이들이 심각한 정신장애의 증상이라는 것을 전혀 알아차리지 못했다." (Acocella, 1999, p. 1)

우리는 사회인지 모형에 대한 실험적 증거를 결코 얻을 수 없을 것이다. 왜냐하면 해리 증상을 의도적으로 강화하는 것은 비윤리적이기 때문이다. 이와 같은 현실을 감안할 때, 어떤 종류의 증거가 사회인지 모형을 뒷받침하는 것으로 제시되었을까?

**DID 증상은 역할연기로 나타낼 수 있다.** 연구자들은 사람들이 DID의 증상을 역할연기로 나타낼 수 있음을 보여주었다. 실제로 한 연구에서는 대학생들에게 최면을 걸어서 두 번째 성격이 나타나도록 지시하였다. 대부분의 학생들이 두 번째의 성격이 있다고 시인하였고, 그들 중 81%는 심지어 새로운 이름까지도 받아들였다. 그다음에는 두 번째 성격이 있다고 받아들인 학생들에게는 성격검사를 두 번—2개의 성격 중 각각에 대하여 한 번씩—받게 하였다. 2개의 성격에 대한 검사 결과에서도 서로 상당히 다른 것으로 나타났다. 이러한 발견은 사람들이 DID를 역할연기로 나타낼 수 있음을 알려준다.

**제2의 자아들은 기억상실증을 호소할 때조차도 기억을 공유하고 있다.** DID를 정의해주는 특징 중 하나는 어떤 제2의 자아가 지배하고 있는 동안에는 다른 제2의 자아가 경험한 내용을 회상해낼 수 없다는 것이다. 제2의 자아들이 기억을 공유하고 있는지 여부를 검증하는 한 가지 방법은 암묵적인 기억을 검사하는 것이다(Huntjen, Postma, Peters et al., 2003). **명시적 기억**(explicit memory) 검사에서는, 연구자들은 대상자에게 단어가 기억이 나는지를 물어볼 수 있다. **암묵적 기억**(implicit memory) 검사에서는, 실험자는 단어 목록이 수행도에 보다 미세한 효과를 나타내는지 여부를 확인한다. 예를 들면, 당사자에게 lullaby라는 단어가 포함된 단어 목록을 처음으로 보여준다면, 이들은 두 번째 시행에서는 lullaby를 l_l_a_y라는 퍼즐에서 빈칸을 채워주는 단어로 보다 신속하게 알아볼 것이다. DID가 있는 사람들에게 처음으로 단어 목록을 가르쳐준 다음에 두 번째 회기에서는 다른 제2의 자아 상태로 들어가 있는 상태에서 암묵적 기억 검사를 마치도록 요구하였다. DID로 진단된 참여자 중에서 21명이 두 번째 검사 회기에서는 첫 회기에 대한 기억이 전혀 없다고 주장했다. 그러나 암묵적 기억 검사에서 이 21명은 DID가 없는 사람들만큼의 수행도를 보여주었다. 즉 기억이 서로 다른 제2의 자아들 사이에서 전달되는 것으로 보였다. 이 발견은 최소 9개의 연구(Boysen & VanBergen, 2013)에서 반복 검증되었다. DID가 있는 사람들이 자신들이 인정하는 것

유명한 여배우이자 코미디언인 로잔느 바 (Roseanne Barr)는 〈래리 킹 쇼〉에서 자신이 해리성 정체성장애를 극복해낸 과거력에 대해 대화를 나누었다.

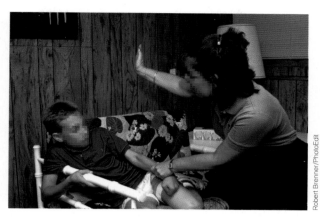

아동기의 신체 학대 또는 성 학대는 해리장애의 발달에서 주된 요인으로 간주된다.

힐사이드의 교살자로 알려진 연쇄살인마 케네스 비앙키(Kenneth Bianchi)의 모습. 그는 자기가 저지른 연쇄살인에 대해 그 당시 자신이 DID를 앓고 있었다고 항변하였지만, 재판부는 그가 DID의 증상을 꾸며내려 했다고 판결하였다.

## 복습문제 5.2

진위형
1. DID는 *Sybil*이라는 책이 출간되기 전에는 거의 진단이 내려진 적이 없었다.
2. DID가 있는 대부분의 환자들은 아동기에 학대를 당했다고 보고하고 있다.

다음 질문에 답하라.
3. DID에 대한 사회인지 모형을 뒷받침해주는 증거의 주된 출처를 열거해보라.

보다 더 정확하게 기억하고 있다는 것을 입증해준 것으로 보인다.

### DID의 치료

해리성 정체성장애를 치료할 때 몇 가지 원칙에 대해 광범위한 의견의 일치가 이루어져 있다 (Brand, Myrick, Loewenstein et al., 2012; International Society for the Study of Dissociation, 2011). 여기에는 내담자가 전체적으로 통합된 한 인간으로서 기능을 나타내도록 돕는 것을 목표로 하여, 공감적이고 부드러운 입장을 견지하는 것이 들어 있다. 치료 목표는 다른 성격으로 쪼개지는 것이 더 이상 외상을 다루는 데 필요하지 않다는 것을 당사자에게 확신시키는 것이어야 한다. 게다가 DID가 극심한 스트레스로부터의 도피 수단이라는 것을 가정하면, 치료를 통해 이들이 스트레스에 보다 잘 대처할 수 있도록 해주는 보다 효과적인 방법, 이를테면 정서 조절(emotion regulation) 전략 같은 것을 가르쳐주는 데 도움을 줄 수 있다. 심리교육(psychoeducation)은 당사자로 하여금 해리가 왜 발생하는지를 이해하게 하여 일상생활에서 해리 반응을 촉발하는 요인을 파악하기 시작하도록 도움을 줄 수 있다(Brand et al., 2012). DID가 있는 사람들에게 자해 행위를 피하도록 도와주고 보다 집중적으로 치료를 받을 수 있도록 입원하게 하는 경우도 종종 있다.

정신역동 요법은 아마도 다른 어떤 심리장애보다도 DID 및 그밖의 해리장애에 대해 더 많이 사용되고 있을 것이다. 정신역동 요법의 목표는 억압을 극복하는 것인데(MacGregor, 1996), 왜냐하면 DID가 의식으로부터 차단하고 싶은 외상적 사건에서 비롯된다고 믿고 있기 때문이다. 불행하게도, 어떤 전문가들, 특히 정신역동적 개념화를 적용하는 이들은 해리장애로 진단된 환자들이 억압된 (자신의 의식 속) 내용에 접근하도록 도와주기 위한 수단으로 최면을 종종 사용한다(International Society for the Study of Dissociation, 2011). 통상적으로는, 환자에게 최면을 걸어서 자기 마음속을 거슬러서 아동기의 외상적 사건으로 되돌아가게끔 격려한다. 이런 기법을 연령퇴행(age regression)이라 부른다. 이때 기대되는 것은, 이런 외상적 기억에 접근하게 되면 환자로 하여금 아동기의 위협이 더 이상 존재하지 않는다는 것과 성인기의 삶이 과거로부터 온 이와 같은 허깨비의 지배를 받을 필요가 없다는 것을 깨닫게 해줄 것이라는 것이다(Grinker & Spiegel, 1944). 그러나 연령퇴행 및 기억 회상을 촉진하기 위해 최면을 사용하는 것이 실제로는 DID 증상을 더 악화시킬 수 있다(Fetkewicz, Sharma, & Merskey, 2000; Lilienfeld, 2007; Powell & Gee, 2000). 100명이 넘는 환자들이 DID에 대한 요법 실시로 인해 유발된 피해로 치료자들에게 소송을 제기했다(Hanson, 1998).

DID에 대한 심리치료의 효과를 평가하기 위해 통제된 연구가 이루어진 적은 없다. 통제집단이 없는 9개의 연구 결과가 있는데, 입원환자 프로그램에서부터 다양한 유형의 개인치료를 외래환자에게 실시한 것까지 다양하다. 이러한 연구는 긍정적인 효과를 보여주고 있지만, 그 효과는 해석하기가 어렵다. 이에 대한 두드러진 이유는 통제집단이 없어서, 시간과 지지받은 것(support)의 영향을 실제 치료의 효과로부터 구분해낼 수가 없기 때문이다(Brand, Classen, McNary et al., 2009; Brand, McNary, Myrick et al., 2013).

## 중간 요약

해리장애는 의식의 붕괴(disruptions in consciousness)를 토대로 정의가 내려지는데, 이는 기억, 자신에 대한 자각, 또는 다른 인지적 요소들에 대하여 의식적인 마음(conscious mind)이 접근할 수 없게 된 것을 말한다. 이인성/비현실감 장애에서는, 자기와 주변환경에 대한 당사자의 지각이 바뀐 것이다. 이런 사람들은 자신의 몸에서 자기가 동떨어졌다고 느끼거나 자신의 주변환경이 비현실적이라고 지각할 수 있다. 해리성 기억상실은 중요한 개인적 경험을 회상해내지 못하는 것으로 정의되는데, 통상 외상적인 경험에 대한 것이다. 해리성 둔주는 기억상실증의 극심한 하위 유형으로서 당사자는 중요한 정보를 회상해낼 수 없을 뿐만 아니라, 일하는 것이나 사회적 책무에 신경쓰지 않고 집을 떠나 방황한다. 해리성 정체성장애가 있는 사람은 두 가지 이상의 별개적인 성격이 있는데, 각각은 특유의 기억, 행동 패턴, 그리고 대인관계를 갖고 있다.

이런 장애들의 원인에 관해서 이루어진 연구는 거의 없다. 명백한 것은 DID가 극심한 학대와 관련이 있다는 것이지만, 이 장애의 그밖의 원인에 대해서는 상당한 논쟁이 있다. DID의 외상후 모형에서는 DID가 학대에 대처하기 위한 전략으로서 해리를 사용한 결과라고 시사한다. 사회인지 모형에서는 DID가 과거에 학대당한 적이 있는 환자들에게서 증상을 역할연기한 결과라고 시사한다. 사회인지 모형을 주장하는 학자들은 시간의 흐름에 따라 진단상의 극적인 변동이 있었고, 해당 진단을 내린 임상가들의 수효가 적으며, 치료가 시작된 후에 파악된 제2의 자아들의 수효가 증가하였으며, 그리고 사람들이 DID의 증상을 역할연기할 수 있다는 증거와 제2의 자아들이 스스로 인정하는 것보다 더 많은 정보를 공유하고 있다는 증거를 지적하고 있다.

환자들은 안전하고 지지적인 치료 분위기에서는 정서에 대처하기 위한 새로운 전략을 배우도록 격려받으며, 그래서 해리에 의존하는 경향성을 좀 더 잘 조절할 수 있게 된다. 기억을 회복시키기 위해 최면을 사용하는 것은 DID에 대해서는 금지된다.

DID에는 종종 불안과 우울이 동반되는데, 이들은 때로는 항우울제를 써서 완화되기도 한다. 그러나 이런 약물은 DID 그 자체에는 효과가 없다(Simon, 1998).

## 신체증상 및 관련 장애

**신체증상 및 관련 장애**(somatic symptom and related disorders)는 신체증상이나 건강에 대해 지나치게 염려하는 것으로 정의된다. 표 5.2에 제시된 바와 같이, DSM-5에는 세 가지 주요 신체증상 관련 장애가 수록되어 있다. 즉 신체증상장애(somatic symptom disorder), 질병불안장애(illness anxiety disorder), 그리고 전환장애(conversion disorder)가 있다. 우리의 대부분은 건강염려증(hypochondriasis)이라는 용어를 의학적 중병이 나타날까봐 만성적으로 걱정하는 것을 기술할 때 사용한다. 건강염려증이 DSM-5에 수록된 진단명은 아니지만, 신체증상장애와 질병불안장애는 모두 건강에 대한 염려로 고통과 에너지 소모를 가져온다는 점에서 건강염려증과 어느 정도는 중복된다. 신체증상장애에서는 고통이 현재 갖고 있는 신체증상에 관한 것인 반면, 질병불안장애에서의 고통은 분명한 신체증상이 없는데도 의학적 질환에 걸릴 가능성 때문에 생긴 것이다. 전환장애는 의학적으로 설명되지 않는 신경과적인 증상(neurological symptoms)을 나타내는 것이다. 표 5.2에는 또한 관련된 2개의 장애인 꾀병 및 인위성(작위성)장애(malingering and factitious disorder)도 수록되어 있다. 이 두 장애에 대해서는 초점 5.2에서 살펴본다.

신체증상 및 관련 장애가 있는 사람들은 의학적 치료를 받으려고 하는 경향이 있는데, 때로는 비싼 비용을 지불하고서라도 하고자 한다. 이들이 건강상의 염려 때문에 여러 명의 의사들을 찾는 것은 종종 있는 일이다. 또한 이들은 여러 가지 다양한 약물을 복용하려고 할 수 있다. 입원뿐만 아니라 심지어는 수술도 이들에게는 흔한 일이다. 신체증상장애로 인한 의료 지출 비용이 미국에서 매년 2,560억 달러에 이르는 것으로 추정된다(Barsky, Orav, & Bates, 2005). 영국에서는 건강에 대한 불안 수준이 높은 환자들에게 지불되는 건강보험비가 2009~2010년 사이의 6개월 동안 평균 2,796유로인 것으로 집계되었다(Barrett, Tyrer, Tyrer et al., 2012). 이런 장애가 있는 사람들은 의학적 진료를 가장 많이 받지만, 이들은 의학적인 설명이나 치유에 대해서 알 수 없다고 하면 종종 불만을 토로한다. 이들은 의사가 무능하고 자기들을 잘 돌보지 않는다고 보는 경우가 종종 있다(Persing, Stuart, Noyes et al., 2000). 이들이 의료진을 부정적으로 평가하더라도, 이들은 계속해서 폭넓게 치료를 받으러 다니고, 새로운 의사를 찾아가며, 새로운 검사를 요구하는 경우가 종종 있게 된다. 많은 환자들은 염려하는 바가 아주 극심하기 때문에 일을 할 수가 없게 된다.

이와 같은 증후군이 염려하는 이유를 명백하게 제시하고 있음에도 불구하고, 신체증상 및 관련 장애에 대한 진단 기준은 여러 가지 이유로 인해 비판을 받아 왔다.

- 이와 같은 조건들은 두드러지게 서로 다르다. 예를 들면 어떤 사람들은 불안과 우울장애를 보이는 가운데 신체증상이 발달하는 반면에, 다른 사람들은 그렇지 않다(Lieb, Meinlschmidt & Araya et al., 2007). 어떤 사람은 증상을 일으킬 만한 의학적 조건을 가지고 있을 수 있는 반면, 다른 사람은 그렇지 않을 수 있다.
- 신체증상장애와 질병불안장애는 과도한 불안의 원인이 되거나 시간과 에너지를 너무 많이 소모시키는 건강염려로 정의된다. 이는 매우 주관적인 기준이다. 너무 지나친 걱정이나 에너지 소모에 대한 역치(설정 기준)는 무엇인가? 어떤 학자들은 이와 같이 진단 기준이 주관적이기 때문에 과잉진단이 내려지게 된 것일 수 있다고 주장해 왔다(Frances & Chapman, 2013).

| 표 5.2 신체증상 및 관련 장애의 진단 | |
| --- | --- |
| **DSM-5의 진단** | **기술** |
| 신체증상장애 | 신체증상에 관련된 과도한 생각, 고통, 행동 |
| 질병불안장애 | 분명한 신체증상이 없는데도 중병이 있지 않을까 하는 근거 없는 두려움 |
| 전환장애 | 의학적 질환이나 문화적으로 금지된 행동으로 설명되지 않는 신경과적 증상 |
| 꾀병 | 증상으로부터 이득을 얻기 위해 심리증상 또는 신체증상을 의도적으로 꾸며내는 것 |
| 인위성(작위성)장애 | 증상으로부터 얻을 수 있는 이득이 없는데도 심리증상이나 신체증상을 거짓으로 나타내 보이는 것 |

- 환자들은 신체증상 및 관련 장애의 진단이 낙인을 찍는 것 같다는 것을 종종 알게 된다. 아마도 이러한 염려 때문에, 신체증상에 대한 DSM-IV-TR의 진단은 거의 적용되지 않았으며, 이는 심지어 증상이 진단 기준에 부합하는 것으로 보일 때에도 그러하였다. DSM-IV-TR의 진단 기준에서는 증상들이 의학적으로 설명되지 않는 것이어야 한다고 명시하였다. 진단과 관련된 낙인을 줄이려는 희망하에, DSM-5 위원회에서는 증상이 의학적으로 설명되지 않는다는 진단 기준을 신체증상장애의 기준에서 삭제했다. 아직은 신체증상장애에 대한 DSM-5의 진단이 임상실제에서 받아들여질 것인지를 알기에는 시기상조이다.

이 장애가 DSM-IV-TR에서는 정의가 다르게 내려지기 때문에(신체형 장애로 명명되었음), 저자들은 신체증상장애의 역학이나 경과에 관한 자료가 없다. 그러나 우리가 DSM-IV-TR의 진단에 대해 알고 있던 것에서부터 미루어 추측해보면, 신체증상장애와 질병불안장애에 대한 염려는 성인기 초기에 발달하는 경향이 있다(Cloninger, Martin, Guze et al., 1986). 많은 사람들이 생애 동안에 이런 염려를 갖게 되지만, 그 증상은 강해졌다가도 약해지는 수가 있으며, 또 일부 사람들의 경우에는 저절로 회복되기도 한다. 어떤 추적조사연구에서는, 건강염려에 대한 불안이 극심한 환자들의 2/3에서 이 상태가 5년간 지속되는 것으로 나타났다(Barsky, Fama, Bailey et al., 1998). 신체증상 관련 장애는 불안장애, 기분장애, 물질사용장애, 그리고 성격장애와 동반하는 경향이 있다(Kirmayer, Robbins, & Paris, 1994). 또한 신체증상 관련 장애는 남성보다 여성에서 더 많이 나타나는 것으로 보인다(Demyttenaere, Bruffaerts, Posada-Villa et al., 2004).

## 신체증상장애에 대한 임상적 기술

**신체증상장애**(somatic symptona disorder)의 핵심 특징은 신체증상에 대해서만 지나칠 정도로 불안, 에너지, 또는 행동이 집중된 것이다. 이 진단이 내려지려면, 이와 같이 빠져 있는 증상 (preoccupation)이 최소 6개월간 지속되어야 한다. 이 장애가 있는 사람은 통상 자신의 건강에 대해 크게 걱정하며, 심지어는 조그만 신체적 염려사항도 중병의 발현 징조로 받아들이는 수가 있다. 마리아의 임상 사례에서 예시되었듯이, 어떤 사람들은 다양하게 많은 신체 계통에서 다양한 증상을 호소하기도 한다. 다른 사람들에게서는 통증이 주된 걱정거리가 된다.

신체증상장애는 증상이 의학적으로 설명되는지 여부와는 무관하게 진단이 내려질 수 있다. 어떤 증상이 생물학적인 원인에 의해 나타났는지 여부를 결정하기란 거의 불가능하다. 의사들은 어떤 증상이 의학적인 원인에 의한 것인지 여부에 대해 의견이 일치하지 않는 경우가 종종 있다. 사실상, 대부분의 사람들은 의학적으로 설명되지 않는 경미한 신체증상을 일생 중 어느 시점에서는 최소 하나는 나타낸다(Simon, Von Korff, Piccinelli et al., 1999). 어떤 사람들은 의학적 지식과 기법의 한계 때문에 진단을 내릴 수 없는 조건을 가지고 있을 수도 있다. 의학 기술이 발전하였기 때

### 신체증상장애에 대한 DSM-5 진단 기준

- 고통스럽게 하거나 일상생활에 지장을 주는 신체증상이 최소한 1개 있음
- 신체증상이나 건강염려와 관련되어 나타나는 과도한 생각, 고통, 또는 행동이 다음 중 최소한 1개 이상 있는 경우
  - 건강과 관련된 불안
  - 증상의 심각성에 대한 불균형적이고 지속적인 염려
  - 건강염려에 대해서 과도한 시간과 에너지를 소모하는 것
  - 최소 6개월 이상 지속됨
- 두드러진 통증이 있으면 명시할 것

## 임상 사례 : 마리아

마리아는 32세 여성으로, 주치의에 의해 심리학자에게 의뢰되었다. 그녀는 6개월 동안 주치의를 23번이나 찾아갔다. 마리아는 다양한 증상을 호소했는데, 즉 몸 전반의 아픔과 통증, 잦은 구토, 피로감, 불규칙한 월경, 그리고 현기증이었다. 그러나 철저한 혈액 정밀검사, X-선 검사, 그리고 척수천공검사 등 갖가지 검사를 실시했지만 어떤 병리적인 것도 드러나지 않았다.

마리아는 치료자를 만나자, 즉각 치료자에게 그녀가 다소 까다로운 내담자라는 것을 알려주었다. "제가 여기에 온 이유는 제가 주치의의 말을 믿었기 때문이에요. 그녀(주치의)가 저에게 가보라고 했기 때문이지요. 저는 몸이 아프고 심리 전문가가 어떻게 도움을 줄 수 있을지도 모르겠어요." 그러나 마리아는 그녀의 신체적 문제의 병력을 기술해달라는 요청을 받자, 바로 설명하는 데 몰입하였다.

마리아에 따르면, 그녀는 항상 아팠다. 아동기에 고열이 여러 번 났고, 호흡기 감염도 잦았으며, 경련뿐만 아니라 수술도 2번 — 맹장과 편도선 — 이나 처음으로 받은 적이 있었다. 20대 기간에 마리아는 이 의사 저 의사를 찾아 다녔다. 그녀는 구토문제로 견디기 힘들었던 시기가 있었다고 했다. 그녀는 생리불순과 성교 통증으로 인해 여러 명의 산부인과 의사를 찾아간 적도 있었고, 확장술과 임신중절수술(자궁 안을 긁어내는 것)도 받았다. 그녀는 두통, 현기증 및 실신으로 인해 신경과 의사에게 의뢰된 적도 있었으며, 거기에서 뇌파검사 EEGs, 척수천공검사, 심지어는 CT 촬영 조사도 받았다. 다른 의사들은 흉부 통증의 원인을 찾기 위해 심전도 검사를 받도록 주문하였다. 마리아는 자신의 건강문제로 인해 진짜로 고통을 받는 것으로 보였으며, 의사들은 치료를 원하는 그녀의 간절한 청원에 따라서 직장과 담낭(쓸개) 수술도 하였다.

면접이 마리아의 그간의 의학적 진료 과정에서 멀어지자, 그녀가 많은 상황 — 특히 자신이 타인에게 평가받고 있을지도 모른다는 생각이 드는 상황 — 에서 아주 불안해한다는 것이 드러났다. 사실상, 그녀가 호소하는 신체증상의 일부는 불안장애로 진단받은 사람들이 호소하는 대표적인 것이다.

---

문에, 과거에는 설명하기가 어려웠던 일부의 조건들이 이제는 좀 더 잘 이해되게 되었다. 한 가지 예를 들어 보면, 복합부위통증증후군(complex regional pain syndrome)의 경우 과거에는 심리적 요인에 의해 유발되는 것으로 믿었지만, 이제는 동물과 인간에 대한 연구 결과 이 증상이 자가면역질환(autoimmune disorder)에 부수적인 염증으로부터 비롯된다는 것이 알려졌다(Cooper & Clark, 2013). 흔한 증후군의 상당수가 여전히 연구과제로 남아 있는데, 왜냐하면 그 원인론이 아직 이해되지 않고 있기 때문이다. 여기에는 과민성 대장증후군, 섬유근육통, 만성피로, 비종양성 소화불량, 그리고 만성 통증의 일부 유형이 있다(Cooper & Clark, 2013). 이와 같은 증후군이 존재한다고 해서 신체증상장애의 진단을 내리지 못할 것은 아니다. 심리적 원인이 증상의 원인인 경우에는, 그 대안이 되는 DSM 진단, 즉 '기타 의학적 상태에 영향을 주는 심리적 요인'이라고 명명되는 것이 적절한 진단으로 여겨질 수 있다.

신체증상은 어떤 갈등이나 스트레스를 받은 후에 시작되거나 악화될 수 있다. 외부의 관찰자에게는, 당사자는 어떤 불쾌한 활동을 피하거나 주의 및 관심을 끌기 위해 신체증상을 이용하는 것으로 보일 수 있다. 그러나 신체증상장애가 있는 사람들은 이런 인식이 없다. 즉 이들은 자신의 증상이 전적으로 신체적인 것으로 여긴다. 증상으로 인한 이들의 고통은 진짜이다.

통증이 핵심적인 관심사인 환자들에게는 진통제에 의존하는 것이 위험할 수 있다. 통증의 심리적 측면을 이해하는 것이 중요한데, 왜냐하면 수백만 명의 미국인이 만성적인 통증을 겪고 있으며, 이는 수십억 달러에 해당하는 근로 시간의 상실을 초래하고 계산할 수 없을 정도로 개인 및 가족에게 고통을 가져오기 때문이다(Turk, 2001).

### 질병불안장애에 대한 임상적 기술

**질병불안장애**(illness anxiety disorder)의 핵심적인 특징은 당사자가 실제로 신체증상이 없음에도 불구하고 자신이 중병을 갖고 있는 것이 아닌지에 대한 두려움에 빠져 있다는 것이다. DSM의 진단 기준에 부합하려면, 이런 두려움으로 인해 지나치게 치료받으려고 하거나 또는 부적응적인 회피

---

● **질병불안장애에 대한 DSM-5 진단 기준**

- 중병을 갖고 있거나 중병에 걸리는 것에 대해 높은 수준의 불안으로 몰두하는 것
- 지나친 질병 행동(예 : 질병의 증세를 확인해보기, 안도감을 얻으려고 추구하는 것) 또는 부적응적인 회피(예 : 의학적 진료를 받는 것을 피함)
- 경미한 신체증상밖에는 없음
- 다른 심리장애로 설명되지 않음
- 몰두하는 것이 최소 6개월간 지속된 것임

행동을 나타내야 하며 이런 행동이 최소 6개월간 지속되어야 한다. 이 장애가 있는 사람들은 자신의 건강에 대해 쉽게 놀라며 암, 심장발작, AIDS, 뇌졸중의 발생가능성에 대해 걱정하는 경향이 있다(Rachman, 2012). 이들은 병에 걸리거나 죽는 것에 대한 강력하고 생생한 이미지에 크게 놀라기도 한다(Muse, McManus, Hackmann et al., 2010). 이들은 친구가 병들었거나 또는 지역사회에서 질병과 관련된 소식을 들으면 불안 반응을 보이기도 한다. 이런 두려움은 쉽게 가라앉지 않으며, 어떤 이들은 이런 걱정을 달래보려는 시도가 실패하면 좌절감에 빠지기도 한다. 당연하게도, 질병불안장애가 불안장애 및 기분장애에 동반하는 경우가 종종 있다(Noyes, 1999).

신체증상장애와 질병불안장애에는 모두 건강에 대한 불안이 있는 것이다. 중병에 대한 두려움에 신체증상이 수반되는 경우, 적절한 DSM의 진단은 신체증상장애가 된다. 왜냐하면 자신의 건강에 대한 두려움이 큰 사람으로서 신체증상이 없는 사람은 거의 없기 때문에, 질병불안장애의 진단 기준에 부합하는 사람은 거의 없다. 신체증상장애는 질병불안장애보다 3배 더 많은 것으로 여겨진다(Heller et al., 2013).

## 전환장애에 대한 임상적 기술

**전환장애**(conversion disorder)는 시각상실, 경련, 또는 마비 같은 신경과적 증상이 갑자기 나타나는 것이다. 증상을 보면 신경과적 손상과 관련된 질병이 시사되지만, 의학적 검사 결과는 신체기관이나 신경 계통은 멀쩡한 것으로 드러난다. 이 장애를 호소하는 사람은 팔이나 다리의 부분 마비 또는 완전 마비, 발작(seizures) 및 운동조정(coordination) 곤란, 피부 표면이 쑤시고 얼얼하거나 근질근질한 감각, 통증에 대한 무감각, 또는 감각마비(anesthesias, 감각의 상실)를 겪을 수 있다. 시력이 심하게 손상되는 경우도 있다. 즉 부분적으로 혹은 완전히 눈이 멀거나 터널을 통하여 내다보는 것과 같이 시야가 제한되는 경우도 있다. 무성음증(無聲音症, aphonia), 즉 속삭임 이상으로는 목소리가 안 나오는 증상도 또한 나타날 수 있다. 전환장애가 있는 많은 사람들은 자신이 처해 있는 스트레스 상황과 자신의 증상의 관련성을 전혀 생각하지 못하고 있다.

이 장애는 심리장애에 관한 최초의 문헌에도 기술되어 있다. 히스테리(hysteria)란 말은, 원래는 이 장애를 기술하기 위해 쓰였던 용어로서, 그리스 의사 히포크라테스는 이 장애가 전적으로 여성에게만 국한되고, 자궁이 신체 온 부위를 휘젓고 다닌 결과로 생각했다. [그리스어로 히스테라(hystera)는 '자궁'을 의미한다. 자궁의 이동은 여성의 육체가 아이 낳기를 갈망한다는 것을 상징한 것이다.] 전환이란 용어는 원래 프로이트로부터 유래되었는데, 프로이트는 불안과 심리적 갈등이 신체증상으로 전환된다고 생각했다(프로이트의 이론에 영향을 미친 안나의 임상 사례를 보라).

환자가 신경과적인 증상을 호소할 때에는, 그 증상이 진짜로 신경과적 토대가 있는지 여부를 평가하는 것이 중요하다. 어떤 감별진단은 쉽지만, 그래도 임상가는 이 진단을 내릴 때 조심해야 한다. 진짜 신체적인 문제가 있는데도 그중 약 4%는 전환장애로 오진된 것으로 추정된다(Stone, Smyth, Carson et al., 2005). 때때로 행동검사는 이런 구분을 내리는 데 도움이 될 수 있다. 예를 들면 팔을 떠는 환자의 경우 팔을 리듬 있게 움직이게 하면 사라지는 수가 있다. 하지 무력감(leg weakness)은 압박을 주면서 검사해보면 일관성 있게 드러나지 않을 수도 있다(Stone, LaFrance, Levenson et al., 2010). 전환장애의 한 가지 유형으로서, 어떤 사람들은 터널을 통하여 내다보는 것을 호소하기도 하는데, 이는 시각 계통의 생물학적 관점에서 보면 나타날 수가 없는 것이다. 또 다른 예를 들면, 어떤 사람들은 발작과 비슷한 일을 보여주기도 하는데, 동시에 기록한 EEG 패턴은 정상이다(Stone et al., 2010).

의학적으로 받아들이기 어려운 어떤 증상이 생물학적인 토대가 있는 것으로 밝혀진 적이 있다. 예를 들면, 고전적인 예로는 '장갑마비(glove anesthesia)'를 들 수 있는데, 이는 장갑을 끼울 손이

---

**전환장애에 대한 DSM-5 진단 기준**

- 한 가지 또는 그 이상의 증상이 수의적 운동이나 감각 기능에 영향을 미친다.
- 증상이 기존에 인정되어 있는 의학적 장애와 들어맞지 않는다.
- 증상이 상당한 고통이나 기능적 손상을 야기하거나 의학적 평가를 필요로 한다.

## 임상 사례 : 안나

앞부분의 사례보고서에서 기술된 바와 같이, 안나는 중병에 걸린 아버지를 침대 곁에서 지켜보고 있다가 앉은 채 잠이 들었다. 꿈속에서 그녀는 검은 뱀이 벽에서 나와 병에 걸린 아버지를 물려고 가는 것을 보았다. 그녀는 뱀을 제지하고자 하였으나, 팔이 말을 안 들었다. 그녀가 자기의 손을 보자, 손가락은 사신(死神)의 머리를 한 새끼 뱀으로 변해 있었다. 다음 날, 휘어진 나뭇가지를 보고 그녀는 뱀에 대해 가졌던 환상을 생각해냈고, 그러자 곧 오른쪽 팔이 뻣뻣해졌다. 이런 일 이후로 그녀의 팔은 어떤 대상이든 그로 인해 뱀의 환상을 불러일으킬 때마다 마찬가지 방식의 반응을 나타냈다. 나중에 그녀의 증상은 확산되어 신체 오른쪽 부위 전체가 마비되고 무감각해지게 되었다. [Breuer & Freud (1982/1895)에서 인용함]

나 팔목 부분에서 거의 또는 전혀 감각을 느끼지 못하는, 드물게 나타나는 전환장애의 증상이다. 수십 년간 이 증후군은 해부학적 의미가 없음을 잘 예시해주는 본보기로 교과서에 소개되었는데 그 이유는 신경통로가 손에서 팔까지 연결되어 있기 때문이다. 보다 최근에 알려진 장애로는 손목터널증후군(carpal tunnel syndrome, 수근관증후군)이 있는데, 이는 장갑마비 증상과 유사한 증상을 보인다. 손목신경은 손목뼈와 얇은 막으로 된 통로를 통과한다. 그런데 이 통로가 부풀어 오르면 신경을 압박하여 손이 쑤시고 얼얼하며, 무감각하게 하거나 통증을 일으킨다. 컴퓨터 자판 앞에 장시간 앉아 있는 사람들은 이러한 상태에 빠질 위험에 처해 있는 것으로 보인다. 장갑마비 이외에도 의학적으로 설명하기가 어려워 보이는 다른 증상은, 이를테면 차가운 물체에 손을 댔을 때 타는 듯한 감각을 느끼는 것은 의학적으로 명백한 설명이 있다[이 사례는 시구아테라(ciguatera) 중독으로서, 특정한 암초 어류(reef fish)를 먹어서 생기는 질병임]. 전환장애의 신뢰도를 높이기 위하여, DSM-5에서는 어떤 증상이 의학적으로 설명되지 않는지 여부를 어떻게 평가할 것인지에 대해서 임상가들에게 지침을 제공하고 있다.

전환장애의 증상은 사춘기나 초기 성인기에 통상적으로는 주요 생활 스트레스 자극을 받은 후에 나타나는 것이 보통이다. 전환 증상의 일화는 갑자기 끝날 수 있지만, 조만간에 원래의 형태 또는 다른 증상으로 재발하기 쉽다. 전환장애의 유병률은 1% 미만이며, 남성보다는 여성에게서 전환장애로 진단되는 경우가 많다(Faravelli, Salvatori, Galassi et al., 1997). 이 장애는 신경과 진료실을 방문하는 환자들에게서 더 흔한데, 이곳에서는 3%나 전환장애의 진단 기준에 부합한다(Fink, Hansen, & Sondergaard, 2005). 전환장애가 있는 환자들은 또 다른 신체증상장애의 진단 기준에도 부합할 확률이 아주 높으며(Brown et al., 2007), 약 절반 정도는 해리장애의 진단 기준에도 부합한다(Sar, Akyuz, Kundakci et al., 2004). 그밖의 흔히 공존되는 장애로는 주요우울장애, 물질사용장애, 성격장애가 있다(Brown et al., 2007).

### 신체증상 관련 장애의 원인론

신체증상 관련 장애가 유전될 수 있다고 생각할 수 있겠지만, 신체증상장애(Torgersen, 1986) 또는 전환장애(Slater, 1961)에서의 쌍둥이 간 일치율은 거의 없다. 신체증상 관련 장애는 유전되지 않는 것으로 보인다.

신체증상 관련 장애에 관한 원인론적 연구에서 한 가지 문제점은 대부분의 연구에서 사용되어 왔던 DSM-IV-TR의 진단 기준이 DSM-5에 와서는 변경되었다는 것이다. 물론 신체증상장애와 질병불안장애의 주요 특징에 신체증상에 지나치게 주의를 기울이는 것과 자신의 건강에 과도하게 불안해하는 것이 들어 있다. 신경생물 모형과 인지행동 모형에서는 이 두 경향성을 이해하는 데 초점을 맞추어 왔으며, 우리는 여기에서 이 모형들에 대해 설명하려고 한다. 이와 같은 연구동향을 살펴본 후에, 우리는 전환장애에 대한 정신역동적 모형뿐만 아니라 사회 및 문화 요인에 대해 고찰할 것이다.

**신체증상에 대한 자각과 고통을 높여주는 신경생물학적 요인** 모든 사람은 간헐적으로 신체증상을 경험한다. 예를 들면 격렬한 운동을 한 후에 근육의 통증을 느낄 수도 있으며, 감기가 오는 것과 관련된 조그만 증상이 느껴지거나, 또는 운동할 때 우리 신체의 생리적 반응도 느낄 수 있다. 따라서 신체증상장애를 이해하려고 할 때 핵심적인 주제는 사람들이 특정한 신체감각을 느끼는지 여부가 아니라, 왜 어떤 사람들은 이런 감각을 더 민감하게 자각하고 고통을 느끼는지에 있다.

신체증상 관련 장애에 대한 신경생물 모형에서는 불쾌한 신체감각에 의해 활성화되는 뇌의 영역에 초점을 맞춘다. 열감과 같은 고통스럽고 불쾌한 신체감각은 전두 섬엽(anterior insula)과 전대상피질(anterior cingulate cortex, ACC)로 불리는 뇌 영역의 활동을 증가시킨다(Price, Craggs, Zhou et al., 2009). 이 영역은 신체감각을 처리하는 데 관여하는 뇌 영역인 체감각피질(somatoxensory cortex)과 밀접하게 연결되어 있다(그림 5.1 참조). 이 영역의 활동이 높아지는 것은 신체증상이 더 심해지는 경향과 관련이 있으며(Landgrebe, Barta, Rosengarth et al., 2008), 표준화된 자극에 대해 더욱 강렬한 통증을 느낀다고 평정하는 것과 관련이 있다(Mayer, Berman, Suyenobu et al., 2005). 따라서 어떤 사람들은 신체감각의 불쾌한 정도를 평가하는 데 관여하는 뇌의 이 영역이 활동 수준이 높을 수 있다. 이는 왜 이런 사람들이 신체증상과 통증을 겪고 알아차리는 데 더 취약한지를 설명하는 데 기여할 수 있을 것으로 보인다.

통증과 신체증상이 불안, 우울, 그리고 스트레스 호르몬에 의해 증가할 수 있다는 것은 잘 알려져 있다(Gatchel, Peng, Peters et al., 2007). 또한 우울과 불안은 ACC(전대상피질)의 활동과 직접적인 관련이 있다(Wiech & Tracey, 2009). 이별을 회상하는 것과 같은 정서적 고통을 경험하는 것도 ACC와 대뇌 전두 섬엽을 활성화할 수 있다. 신체적 및 정서적 고통을 경험하는 데 이 영역들이 관여한다는 것은 정서와 우울이 왜 고통을 가중시키는지를 설명하는 데 도움이 될 수 있을 것이다(Villemure & Bushnell, 2009).

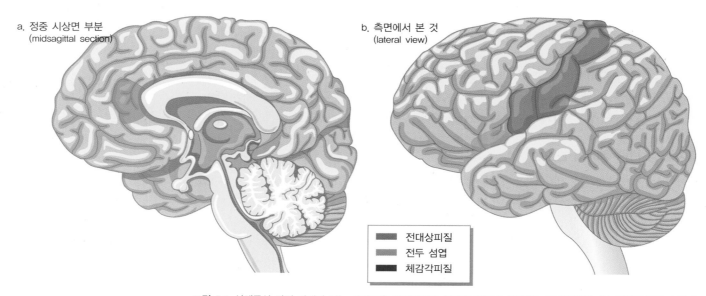

a. 정중 시상면 부분
(midsagittal section)

b. 측면에서 본 것
(lateral view)

전대상피질
전두 섬엽
체감각피질

**그림 5.1** 신체증상 관련 장애가 있는 사람들은 신체감각의 불쾌한 정도를 처리하는 데 관여하는 뇌 영역의 활동 수준이 더 높은 것으로 보인다. 이 영역은 부리 모양의 전두 섬엽(rostral anterior insula), 전대상피질(anterior cingulate), 그리고 체감각피질을 말한다. 전대상피질은 우울 및 불안과도 관련이 있다.

흥미로운 한 연구에서는, 연구자들이 실시간의(real-time) 기능적 자기공명영상(functional magnetic resonance imaging, fMRI)을 사용해서 ACC의 활동을 조절하는 요령을 배우는 것이 고통의 감소에 도움이 될 수 있는지 여부를 조사하였다(deCharms, Maeda, Glover et al., 2005). 이전의 연구에서는 ACC의 특정 영역이 통증과 정서에서 특히 중요하다고 시사된 적이 있다(Shackman, Salomons, Slagter et al., 2011). 첫 번째 연구에서, 신체증상장애가 없는 건강한 사람들이 뇌 스캔을 받았는데, 이들은 불쾌한 감각에 노출되는 동안에 ACC의 핵심 영역의 활동 수준이 변화하는 것을 나타내주는 그래프를 지켜보았다(이들의 손에는 열을 내는 막대가 부착되어 있었고 116~120도의 열이 펄스 형태로 그 막대로 전달되었다). 이들에게는 ACC 영역에서의 활동을 조절하기 위한 여러 가지 전략에 대해 알려주었다. 이를테면 열나는 것에 대해 주의를 향하게 하거나 멀리 하는 것, 열에 대한 생각을 바꾸는 것(예 : 그 자극이 아무런 해가 없거나 또는 조직을 손상시키는 것으로 생각해보는 것), 그리고 그 강도가 높거나 낮은 것으로 생각해보기 등을 알려주었다. 3회기가 못 되어, 대부분의 연구 참여자들은 자신의 ACC 영역의 활동을 조절하는 방법을 학습하게 되었다. 사람들이 자신의 ACC를 조절하는 방법을 더 배우면 배울수록, 이들은 통증 경험을 줄일 수 있게 되었다. fMRI를 통한 피드백 훈련은 틀린 fMRI 피드백을 주는 경우 또는 fMRI 피드백을 제공하지 않은 통제조건에 비해서 통증을 줄이는 데 더 강력한 효과가 있었다. 두 번째 연구에서는, ACC 피드백 훈련이 만성 통증에 시달리는 사람들에게도 도움이 되는 것으로 밝혀졌다. 따라서 이러한 발견들은 ACC가 통증을 경험하는 데 있어 중요한 부위라는 견해를 뒷받침한다.

**신체증상에 대한 자각과 고통을 높여주는 인지행동적 요인**　신체증상 관련 장애에 대한 신경생물 모형에서와 같이, 인지행동 모형에서는 건강에 대한 염려에 지나치게 집중하고 불안해하는 데 기여하는 것으로 여겨지는 기제에 초점을 맞춘다. 그림 5.2에는 이런 인지적 및 행동적 위험 요인이 어떻게 해서 함께 작용하게 되는지를 보여주는 하나의 모형이 예시되어 있다. 주황색 상자는 사람이 최초로 신체증상을 발달시키게 되는 것인지를 이해하는 데 도움을 준다. 파란색 상자는 신체증상에 대한 반응을 이해하는 데 도움을 준다. 일단 신체증상이 발달되면, 2개의 인지 변인이 중요한 것으로 보인다. 즉 신체감각에 주의를 기울이는 것, 그리고 이런 감각을 해석하는 것이 중요하다.

신체 건강 관련 문제를 알려주는 단서에 주의를 기울이는 정도를 조사하기 위해서, 연구자들은 일종의 정서(Stroop) 과제를 활용했다. DSM-IV-TR 상으로 신체증상 관련 장애, 주요우울장애, 또는 공황장애로 진단된 환자들에게 단어를 보여주면서 단어의 내용은 무시하고 단어의 색깔을 가능한 한 빨리 말하도록 요구하였다(Lim & Kim, 2005). 단어들 중 상당수가 신체 건강 및 질환과 관련된 것이었다. 신체증상 관련 장애가 있는 환자들은 다른 단어보다 신체 건강과 관련된 단어를 무시하기가 더 어려웠던 반면에, 다른 환자들은 그렇지 않았다. 따라서 신체 증상에 대해 지나치게 염려하는 사람들은 신체적 건강 관련 문제를 알려주는 단서에 자동적으로 주의를 더 많이 기울이는 것일 수 있다.

자신의 건강에 대해 걱정하는 사람들은 또한 신체증상을 최악의 방식으로 해석하는 경향이 있다(Rief & Broadbent, 2007). 조그만 신체 증세도 재앙이 임박한 것이라는 신호로 해석한다. 예를 들면 어떤 사람은 (자기 피부의) 빨간 부스럼을 암의 증세로 해석할지도 모른다(Marcus, Gurley, Marchi et al., 2007). 또한 다른 사람은 어떤 증상이 질병의 신호일 가능성을 과대추정하기도 한다(Rief, Buhlmann,

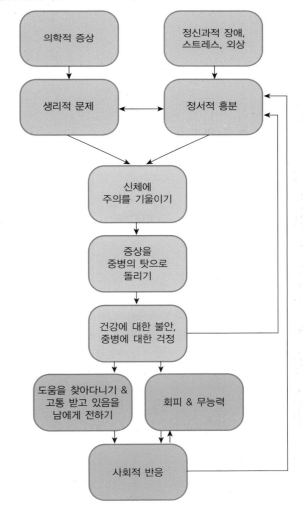

**그림 5.2** 신체증상 관련 장애에 관련된 기제
출처 : Looper and Kirmayer(2002).

Michelle Del Guercio/Photo Researchers, Inc.

신체증상장애가 있는 사람들은 자신의 의학적 증상을 치료해줄지도 모른다는 희망으로 불필요한 수술을 받게 되는 수가 있다.

Wilhelm et al., 2006). 인지적 편향의 세부 내용은 다양하겠지만, 이런 부정적 생각이 일단 시작되면, 불안이 상승하고 코르티솔 반응성이 나타나서 신체증상과 이런 신체증상으로 인한 고통을 악화시키는 것으로 보인다(Rief & Auer, 2001). 또한 신체에만 주의를 기울이는 것은 주의를 기울이지 않았다면 알아차리지 못했을 비통상적인 신체감각을 더 잘 알아차리게 해줄 수 있다. 앞에서, 우리는 위와 매우 유사한 인지 과정이 공황장애의 일부라고 기술한 바 있다. 즉 공황장애가 있는 사람들은 생리적 증상에 과잉반응하기 쉽다. 공황장애의 경우, 당사자는 증상이 즉각적인 위협(예 : 심장발작)의 신호라고 믿는 반면에, 신체증상장애에서는 당사자가 증상을 몸속에 숨어 있는 만성적 질환(예 : 암 또는 AIDS)의 신호라고 믿는다.

자신의 건강에 대해 지나치게 염려하는 경향성은 의학적 증상을 어릴 적에 겪었거나 신체 질환에 대한 가족들의 태도에서 유래되었을 수 있다. 이와 같은 아동기 경험이 인지적 편향에 영향을 미친다는 생각과 일치하게, 신체증상 관련 장애가 있는 사람들은 아동기에 병으로 인해 학교를 자주 빠졌다고 보고한다(Barsky, Brener, Coeytaux et al., 1995).

신체감각이 병을 의미한다는 두려움은 행동 면에서 두 가지 후속결과를 가져오기 쉽다. 첫째, 당사자는 아픈 사람의 행세를 하고 직장 일, 운동, 그리고 사회적 과업을 회피할 수 있으며(Martin & Jacobi, 2006), 이런 행동은 (당사자의) 운동과 그밖의 건강 증진 행동을 제한해서 증상을 악화시킬 수 있다. 둘째, 당사자는 의사와 가족들로부터 안도감을 얻으려고 할 수 있으며, 이와 같은 도움 요청 행동은 주의를 끌거나 동정을 얻게 될 경우 강화될 수 있다. 종종, 이런 장애가 있는 사람들은 우울과 대인적 불안전감(interpersonal insecurity)을 경험하게 되고, 따라서 이들은 건강 관련 염려에 대해서 주의나 동정을 받는 것이 큰 강화를 받는 것으로 여길 수도 있다(Rief & Broadbent, 2007). 주의를 끄는 것 이외에도, 당사자들은 신체증상으로 인해서 다른 유형의 행

## 복습문제 5.3

아래의 각 사례에 대한 기술과 그에 해당하는 장애를 연결해보라. 증상이 현저한 고통이나 손상을 야기하고 있다고 가정하라.

1. 폴라(24세, 여)는 도서관 사서인데, 여동생이 건강에 대한 두려움이 커서 그녀에 대한 조언을 얻기 위해 심리적 도움을 요청해 왔다. 매일 여동생과 전화로 통화하면, 그녀의 여동생은 암이나 뇌종양이 있는 것이 아닌지 걱정하고 있다고 말하곤 한다. 그녀는 이와 같은 의학적 조건에 해당되는 신체증상이나 증세를 보이고 있지는 않지만, 새로운 의학적 중병에 관한 인터넷상의 보고서, TV프로그램, 또는 신문기사를 읽을 때마다 여동생은 자기에게 그런 것은 없는지 걱정하게 된다. 여동생은 수년간 의사를 자주 찾아갔다. 의사들이 자기에게 아무런 질환도 확인된 것이 없다고 해도, 그들에게 화를 내고 의학적 검사가 민감하지 못하다고 비난하고는 다른 곳을 찾아 나섰다.

2. 존(35세, 남)은 자신의 건강에 대해 지나치게 신경과민해 하는 것으로 여겨져서, 그의 외과 의사가 심리학적 처치를 받도록 의뢰한 사례이다. 지난 5년간 존은 위경련, 가려움증, 잦은 배뇨, 그리고 그

밖의 많은 증상 호소 때문에 상당히 많은 의학적 처치와 검사를 받으러 다녔다. 그가 심리치료로 의뢰되어 올 때 즈음에는, 그는 이미 10번의 MRI 검사와 헤아릴 수 없이 많은 X-선 검사를 받았고, 이미 15명의 전문가를 만나본 상태였다. 모든 검사는 음성으로 나타났었다. 그는 위와 같은 증상들을 실제로 겪고 있는 것으로 보였지만, 그가 의학적 진단을 받아서 도움이 될 가능성은 없는 실정이다.

3. 토머스(50세, 남)는 안과의사가 심리학적 처치를 받도록 의뢰한 사례이다. 그는 2주 전 갑자기 터널 시야(tunnel vision)를 겪게 되었다. 의학적 검사 결과 터널 시야를 나타낼 어떤 원인도 찾아내지 못했고, 그가 증상을 꾸며내고 있다는 어떤 징후도 없었다.

    a. 신체증상장애
    b. 질병불안장애
    c. 꾀병
    d. 전환장애

다음 질문에 답해보라.

4. 신체증상장애와 질병불안장애 사이의 주요한 차이는 무엇인가?

동적 강화물(behavioral reinforcers)을 얻을 수도 있는 것으로 보인다. 예를 들면, 당사자들은 증상 때문에 일상 활동에 지장을 받는 만큼 장애인 수당을 받게 된다. 따라서 많은 다른 행동 요인들이 건강에 대한 불안을 지속시키고 증폭시킬 수 있다.

**전환장애의 원인론**    전환장애에 대한 모형은 다른 신체증상장애에 대해 발달된 모형과는 구분된다. 신경영상 촬영(neuroimaging) 연구가 수행되기는 했지만, 이런 연구들은 통상 그 표본의 크기가 대단히 작으며, 눈이 안 보이는 것에서부터 경련에서 마비에 이르는 다른 전환 증상들에 초점을 맞추고 있다. 따라서 이런 조건들에 대한 뇌의 관련 부위가 일치하지 않았다(Bell, Oakley, Halligan et al., 2011). 이 절에서는 우선 전환장애에 대한 정신역동적 관점을 살펴보고, 그다음에는 사회문화적 요인에 대해 고찰할 것이다.

**전환장애에 대한 정신역동적 관점**    전환장애는 정신분석 이론에서 중추적 위치를 차지한다. 왜냐하면 증상이 무의식의 역할을 명백하게 보여주는 예가 되기 때문이다. 어느 날 아침에 일어났더니 왼팔이 마비되었다고 말하는 한 여성에 대해 진단을 내리려고 하는 경우를 생각해보자. 일련의 신경과적 검사를 했어도 신경과적 장애가 있는지 찾아낼 수 없다고 가정하자. 이 여성은 어떤 목적을 달성하기 위해 마비된 것처럼 가장하기로 작정한 것일 수 있다. 그렇다면 이 경우는 꾀병에 해당할 것이다(초점 5.2 참조). 그러나 환자의 말을 믿는다면 어떻게 될까? 이제 당신은 무의식적 과정이 작용하고 있음을 받아들이지 않을 수 없게 될 것이다. 의식의 수준에서 그녀는 진실을 말하고 있는 것이다. 즉 이 환자는 자신의 팔이 마비되어 있다고 믿고 있는 것이다. 의식이 아닌 무의식의 수준에서는, 무언가 심리적 요인이 작용하여, 신체적 원인이 없는데도 그녀가 팔을 움직이지 못하게 하는 것이다. 정신역동 이론에서는 신체증상이 무의식적인 심리적 갈등에 대한 반응이라고 시사하고 있다.

정신역동 이론의 많은 부분은 납득할 수 없는 시각상실을 나타내는 전환장애가 있는 사람들에 대한 사례연구에 토대를 두고 발달된 것이다(Sackeim, Nordlie, & Gur, 1979). 정신역동 이론에서는 이런 유형의 전환장애에는 두 단계가 들어 있을 수 있다고 시사한다 — (1) 지각 자극에 대한 무의식적인 처리 그리고 (2) 증상을 나타내려는 동기.

신경과학에서는 우리의 지각적 정보처리 중 많은 부분이 우리의 의식적 자각의 밖에서 작동할 수 있다(의식적으로 자각할 수 있는 범위를 벗어나 있는 시각정보를 처리할 수 있다)는 견해를 뒷받침해주고 있다. 이유 없이 안 보이는 것을 예로 들어보자. 시각 계통은 뇌 속에 있는 일단의 모듈로 구성되어 있다. 이런 모듈들 사이에서의 적절한 협응이 의식적인 차원에서 우선적으로 일어나지 않는다면, 뇌는 특정한 시각검사에서는 잘 처리해내는 그런 시각 자극은 잘 처리하겠지만, 그러나 당사자는 특정한 유형의 자극을 '보는' 의식적 감각은 여전히 결여되어 있을 수 있다. 한 신경영상 사례연구에서는, 눈이 안 보이는 전환장애가 있는 사람이 낮은 수준의 시각 자극(선이나 정사각형과 같은 것)을 처리하는 데 관여하는 뇌 영역에서 활동이 있는 것을 보여주었지만 시각 입력을 덩어리진 전체(집과 같은 것)로 통합하는 데 관여하는 상위 수준의 시각피질 영역에서의 활동은 감소한 것을 보여주었다(Becker, Scheele, Moessner et al., 2013). 사람들이 시각 자극을 상위 수준에서 처리하지 못할 수도 있기 때문에, 검사 결과로 보면 할 수 있을 것 같은데도, 이들이 눈이 안 보인다고 주장하는 것은 진짜일 수 있다.

이 모형의 두 번째 단계에서는 동기에 초점을 맞춘다. 즉 어떤 사람은 눈이 안 보이는 상태에 있고 싶은 동기가 있다는 것이다. 이같은 증상에 대한 동기는 아마도 의식적 자각 영역의 밖에 있는 것일 수 있다. 동기의 중요성을 뒷받침해주는 증거는 사례연구에서 나오는데, 이 사례에서 눈이 안 보이는 증상을 위시한 전환장애가 있는 남성에게 아주 많은 회기에 걸쳐서 시력을 검사하게

> ● **인위성(작위성)장애에 대한 DSM-5 진단 기준**
>
> ● 신체적이거나 심리적 증상, 부상, 또는 질병을 허위로 만들어내거나 유도해내는 것
> ● 외부로부터 확실한 보상이 없는 데도 속임수 행동이 존재할 때
> ● 자신에게 씌운 인위성장애에서는, 당사자는 남들에게 자신이 아프고, 장해가 있거나, 또는 부상당한 것처럼 내보인다.
> ● 남에게 씌운 인위성장애에서는, 당사자는 남에게서 증상을 허위로 만들어내거나 유도해낸 다음에, 이 사람을 다른 사람들에게는 아프거나, 장해가 있거나, 또는 부상당한 것처럼 내보인다.

## 초점 5.2 꾀병과 인위성장애

신체증상을 평가할 때, 임상가들은 인위성장애와 꾀병의 가능성도 감안해야 할 필요가 있다. 이 두 장애에는 모두 신체증상이 포함되어 있다. **꾀병**(malingering)이란 근로의무나 군복무와 같은 책임을 회피하거나 거액의 보험금을 타내는 등 특정 보상을 얻어내기 위해 증상을 꾸며내는 것이다. 이는 인위성장애와 대비되는데, 인위성장애에서는 유일한 목적이 환자의 역할을 하는 것 그 자체에만 있는 것으로 보이는 경우가 종종 있기 때문이다.

꾀병과 전환 반응을 구별하려고 할 때, 임상가는 그 증상이 의식적으로 구현되었는지 또는 무의식적으로 채택되었는지를 가려내려고 한다. 꾀병의 진단은 증상이 수의적 통제하에 있는데, 이는 전환장애에서는 일어날 수 없는 일이라고 간주된다. 보험회사에서는 당사자가 증상을 꾸며내고 있으며 의사의 진료실을 벗어나면 기능을 실제로 잘 발휘하고 있다는 것을 보여주기 위하여 자세히 조사하는 경우가 종종 있다. 이런 탐정 활동이 실패하면, 그 행동이 의식적으로 또는 무의식적으로 동기유발된 것인지를 알아내는 것은, 불가능하지는 않더라도, 어렵게 되는 경우가 종종 있다.

**인위성(작위성)장애**(factitious disorder)에서는, 당사자가 환자의 역할을 하기 위해서 의도적으로 신체 증상(때로는 심리증상)을 만들어내는 것이다. 예를 들면 당사자는 갑작스러운 통증을 호소하는 식으로 증상을 꾸며내는 수가 있다. 어떤 이들은 자신을 병들어 아프도록 만들기 위해 상식을 넘어서는 조치를 취하기도 한다. 이들은 자해하거나, 위험한 약물을 복용하거나, 또는 독극물을 주입하는 수도 있다.

지금까지 보고된 인위성장애의 가장 극심한 사례 중 하나에서는, 스콧이라는 이름의 여성이 600번이 넘게 입원하였고, 42회 수술을 받았는데, 이들의 거의 대부분은 필요한 것이 아니었다(Grady, 1999). 어느 날 그녀는 한 병원을 떠나서 야간까지는 다른 병원에 입원하려고 하였다. 그녀의 복부에 있는 흉터를 검사한 의사가 "그녀는 마치 쾌걸 조로와의 결투에서 진 사람처럼 보였다"고 보고하였다. 그녀에게 왜 그토록 치료를

받으려 다니는지에 대해 묻자, 그녀는 "무엇보다도, 이는 누군가가 나에게 관심을 기울여주기를 원할 때 내가 하는 바로 그것이에요. 그러면 그것은 내가 해야만 되는 것이 되어 버려요. 무엇인가가 나를 휘어잡아요. 나는 단지 병원에 있어야만 했어요. 그래야만 했어요."라고 했다.

그녀는 어린 시절 학대를 받았으며 외로운 아이로 자랐다. 그녀가 갖고 있는 어릴 적의 긍정적인 기억 중 하나는 그녀가 충수 제거 수술을 받고 나서 간호사의 보살핌을 받은 것에 대한 것이다. 이런 경험을 한 후에, 그녀는 한번은 누군가가 그녀에게 관심을 기울여줄 것을 기대하며 동네병원으로 복통을 가장하여 걸어 들어갔다. 그녀는 그곳에서 자기가 관심을 받은 것을 고맙게 여기면서 며칠간을 그곳에서 지냈다. 그다음 해에는 전반에 걸쳐서, 그녀는 일련의 다른 병원들을 찾아다니면서 보살핌을 받는 것을 추구하기 시작했다. "곧 그녀는 이 동네 저 동네로 차를 얻어 타고 다니면서, 병원에 들어가려고 애쓰느라 자신의 모든 시간을 썼다"(Grady, 1999, p. D5). 스콧에게는, 환자의 역할 수행은 지지와 보살핌을 얻는 주된 방법이 되었다.

또한 인위성장애는 부모로 인해 자식이 몸이 아프게 된 경우도 그 부모에게 진단이 내려질 수 있다. 이 경우는 남에게 씌운 인위성장애 또는 (부모 대신이라는 뜻의) *대리적 뮌하우젠 증후군*(Munchausen syndrome by proxy)으로 불린다. 한 극단적인 사례에서, 7세의 한 소녀가 200만 달러 이상의 비용을 들여 300회 이상의 입원 및 40회의 수술을 받은 일이 있다. 이 소녀의 어머니인 캐슬린은 약물을 사용하거나 심지어는 (병원용) 급식용 호스를 배설물로 오염시켜서 딸이 병나게 했다(Toufexis, Blackman, & Drummond, 1996). 이렇게까지 한 동기는 지칠 줄 모르고 자녀를 보살피는 훌륭한 부모로서 인정받고 싶어 하는 데 있는 것으로 보인다. 캐슬린은 자기 아이를 고의로 병에 걸리도록 아동 학대 및 사기를 저지른 혐의로 고발을 당했다.

캐슬린은 자기 아이를 고의로 병에 걸리도록 아동 학대 및 사기를 저지른 혐의로 고발을 당했다.

하였다. 이 남성에게 회기별로 각기 다르게 동기유발되도록 지시하였더니, 이런 지시가 과제 수행도에 영향을 미치는 것으로 나타났다(Bryant & McConkey, 1989). 요약하면, 전환장애에 대한 정신동 모형에서는 사람들이 특정한 지각 내용을 의식하지 못하고 있을 수 있으며 특정한 증상을 나타내도록 동기유발될 수 있다는 견해에 초점을 맞춘다. 불행하게도, 사례연구 결과가 후속적인 경험적 연구를 위한 토대를 마련해주고 있음에도 불구하고, 이 작업은 아직까지 이루어진 적이 없다.

**전환장애에서의 사회 및 문화 요인** 사회 및 문화 요인이 전환장애의 증상을 구체화해주는 것으로 보인다. 예를 들면, 전환장애의 증상은 시골사람과 사회경제적 지위가 낮은 사람에게서 더 많이 나타난다(Binzer & Kullgren, 1996). 또한 사회 요인의 영향은 '집단 히스테리'에 대한 수많은 기록된 사례로부터 뒷받침을 받고 있다. 집단 히스테리는 학교 급우나 직장동료처럼 가까이 접촉하

는 일단의 사람들에게서 전환장애의 진단을 받을 만한 불가해한 의학적 증상이 나타나는 것이다. 다음의 사례 예시를 살펴보자. 이는 어떤 면화처리 공장에서 발작 유형의 증상이 터져 나온 것으로서, 1787년에 기술된 것이다. "… 한 소녀가 생쥐를 매우 무서워하는 다른 소녀의 가슴 속으로 생쥐 한 마리를 집어넣었다. 그녀는 즉각 발작 상태로 빠져들어서 24시간 동안 가장 격렬한 경련을 보이면서 발작 상태에 빠져 있었다. 다음 날에는 또 다른 3명의 소녀들이 같은 방식의 발작을 보였고, 그리고 그다음 날은 6명이 더 추가되었다." 3일이 안 되어 24명의 소녀들이 증세를 나타냈다. "이런 경고 증상이 매우 심각해서 … 모든 작업이 완전히 중단되게 되었다"(Dr. St. Clare, 1787, *Gentleman's Magazine*, p. 268). 이와 같은 사례는 모방학습과 사회 요인이 전환 증상이 전개되는 방식에 어떻게 영향을 미치는지를 보여준다.

많은 사람들이 전환장애의 발생률이 시간이 흐름에 따라 큰 변화가 있었다고 믿고 있음에도 불구하고, 이런 믿음을 의심할 만한 이유가 있다. 이제는 치료를 받으려 다니는 것과 진단상의 관행(diagnostic practices)이라는 요인들이 시간의 흐름에 따라 변해버린 것으로 보인다(Stone, Hewett, Carson et al., 2008). 즉 정신의학 분야에서 전환장애에 대한 관심이 그간 높아졌다 낮아졌다 한 것으로 보이는데(Marlowe, 2001), 최고 정점이 19세기 때였으며(Hare, 1969) 그리고 이후 제1차

## 중간 요약

신체증상 관련 장애에서의 공통된 특징은 신체증상에 대해 지나치게 신경을 쓰는 것이다. 그러나 이와 같이 염려하는 속성은 장애마다 다르다. DSM-5에 수록된 주요한 신체증상 관련 장애에는 신체증상장애, 질병불안장애, 전환장애가 있다. 신체증상장애는 신체증상에만 초점을 두고 과도한 불안, 걱정, 또는 행동을 보이는 것으로 정의된다. 질병불안장애는 신체증상이 없는데도 불구하고 중병의 가능성에 대해 두려워하는 것으로 정의된다. 전환장애는 의학적 검사로 설명되지 않는 감각 및 운동 기능부전이 그 특징이다. 신체증상 관련 장애는 스트레스 상황에서 갑작스럽게 발현될 수 있다.

신경생물 모형에서 시사하는 바는 일부의 사람들이 신체감각의 불쾌한 정도를 평가하는 데 관여하는 두뇌의 특정 영역이 과잉활동하는 경향이 있다는 것이다. 이와 같은 두뇌의 영역에는 전측대상회와 전두 섬엽이 포함된다. 또한 이와 같은 두뇌 영역은 부정적인 정서와 우울에도

관여하는 것으로 보인다. 인지행동 모형에서는 일부의 사람들이 자신의 건강에 대해 강렬한 불안을 겪는 이유를 이해하는 한 가지 방식으로서 신체증상에 주의를 기울이고 해석하는 것에 초점을 맞춘다. 이와 같은 건강에 대한 염려는 행동상의 반응을 일으키는데, 여기에는 동떨어지기와 고립화뿐만 아니라 과도하게 도움을 추구하는 행동도 들어 있다.

전환장애에 대한 정신역동 이론에서는 사람들이 자신의 지각 내용을 자각하지 못할 수 있으며 증상을 나타내도록 동기유발될 수가 있다는 견해에 초점을 두어 왔다. 전환장애에 대한 사회적 영향이 중요한데, 특히 해당 사례가 동료나 급우의 소규모 집단 내에만 몰려 있는 경우가 때때로 있다는 점을 감안하면 더욱 그렇다. 그럼에도 불구하고, 전환장애의 유병률이 시간이 흐름에 따라 상당히 오르락내리락 했다는 견해에 대해서는 논란이 있다.

## 복습문제 5.4

진위형

**1.** 전환장애는 유전성이 높다.

**2.** 전환장애에 대한 두 단계의 정신역동 모형에서는 무의식적인 지각과

증상을 나타내려는 동기의 두 단계를 강조한다.

**3.** 신체증상장애는 소뇌의 과잉활동과 관련이 있다.

세계대전 때(Ziegler, Imboden, & Meyer, 1960)에 다시 한 번 최고점에 올랐었다. 이 장애에 대한 사회적 영향력이 강력함에도 불구하고, 전환장애의 유병률은 신경과 진료실에서는 시간의 흐름에 따라 비교적 안정되어 있는 것으로 보인다(Stone et al., 2008).

## 신체증상 및 관련 장애의 치료

치료에 대한 주요 장애물 중 하나는 신체증상 관련 장애가 있는 사람들의 대부분이 통상 의학적 진료만을 원할 뿐, 정신건강 전문가들의 도움을 받기를 원하지 않는다는 것이다. 환자들은 자신의 주치의가 정신건강 전문가에게 의뢰한 것에 대해 분개할 수도 있는데, 왜냐하면 이들은 이와 같이 의뢰하는 것을 주치의가 자신의 병이 '마음속에 있는' 것이라고 생각한다는 신호로 해석하기 때문이다. 정신건강 서비스 제공자가 환자들에게 그들의 증상이 심리적인 원인에서 비롯된 것이라고 납득시키려고 하는 것은 좋은 생각이 못 된다. 대부분의 신체적 염려와 통증에 대한 염려에는 신체 요인과 심리 요인이 모두 들어 있으므로, 주치의가 증상의 근원에 대해 환자와 논쟁하는 것은 현명하지 못하다. 많은 환자들에게는, 몸과 마음이 서로 연결되어 있다는 것을 부드럽게 환기시켜주는 것이 이들로 하여금 심리학적 처치를 받아볼 마음을 우러나오도록 해줄 수 있다.

다음 절에서는 신체증상 관련 장애의 처치에 도움이 되는 것으로 알려진 많은 개입법들에 대해 살펴볼 것이다. 전환장애에 대해서는 무선화된 통제시행 연구(randomized controlled trials)가 없어서, 우리는 자신의 건강에 대한 고통과 불안을 감소시킬 수 있도록 설계된 개입법에 초점을 둔다. 한 가지 흔히 쓰이는 접근방식은 1차 진료 의사들을 훈련시켜서 개입하게 하는 것이었다. 1차 진료를 통해 제공되는 개입법에 대해 살펴본 후에, 인지행동적 개입법에 대해 살펴본다. 인지행동적 개입법은 재발성 신체증상 및 관련된 고통을 다루도록 개발되어 온 것이다. 인지행동 처치에 대해 기술한 후에, 우리는 신체증상 장애의 통증을 감소시키기 위한 개입법을 소개한다.

**1차 진료에서의 개입**  신체증상 관련 장애가 있는 사람들의 대부분이 일반 의사를 통해 치료를 받으려고 하기 때문에, 한 가지 중요한 접근법은 1차 진료 의료진을 대상으로 신체증상 관련 장애가 있는 사람들에 맞게 진료를 제공하도록 교육시키는 것이었다. 그 목표는 의사-환자의 관계를 강력하게 구축하는 것으로서, 이를 통해 환자들에게서 신뢰감과 편안함을 크게 느끼도록 해주어서 환자가 자신의 건강에 대해 더욱 안도감을 느끼도록 해주는 것이다. 한 연구에서는 의학적으로 설명되지 않은 위내장 증상으로 인해 고통을 받고 있던 환자들을 처치 조건에 무선 배정하였다. 한 집단은 표준적인 진료를 받는 조건으로, 다른 집단은 의사로부터 온정, 관심, 그리고 안도감을 많이 받는 조건으로 배정되었다. 높은 수준의 지지를 받았던 집단은 표준적인 진료를 받은 집단에 비해서 처치 후 6주에 걸쳐서 증상이 더 호전되고 삶의 질도 향상된 것을 보여주었다(Kaptchuk, Kelley, Conboy et al., 2008).

그밖의 건강관리 기관에서의 개입은 환자가 의료보험 서비스를 아주 많이 이용하는 것으로 보이는 경우에 진단용 검사와 약물 투여를 최소화할 수 있도록 의사들에게 관련 정보를 제공하는 것도 들어 있다. 의사들에 대한 이런 유형의 개입은 값비싼 의료보험 서비스를 이용하는 것을 감소시킬 수 있다(Konnopka, Schaefert, Heinrich et al., 2012).

**인지행동치료**  인지행동치료자들은 신체증상 관련 장애가 있는 사람들을 도울 때 다양한 기법을 적용해 왔다. 앞에서 기술된 루이스의 임상 사례에서 예시된 바와 같이, 여기에는 (1) 당사자들이 자신의 신체적 염려를 촉발하는 정서를 파악하여 바꾸게 하며, (2) 자신의 신체증상과 관련된 인지를 변화시키고, (3) 자신의 행동을 변화시켜서 환자의 역할을 연기하는 것을 버리고 다른 유형의 사회적 상호작용에 참여하여 강화를 보다 많이 받도록 도와주는 것이 들어 있다(Looper & Kirmayer, 2002).

불안과 우울장애에 동반되는 부정적 정서는 생리적 증상을 촉발하여 신체증상에 대한 고통을 더 악화시키는 경우가 종종 있다(Simon, Gureje, & Fullerton, 2001). 사실상, 관련되는 장에서 소개되었듯이, 신체건강에 대한 염려는 불안이나 우울을 겪고 있는 사람들 사이에서 흔하다. 그러므로 불안과 우울을 치료하면 신체증상이 종종 완화된다는 사실은 놀랄 일이 아니다(Phillips, Li, & Zhang, 2002; Smith, 1992). 심리교육 프로그램은 환자들로 하여금 자신의 부정적인 기분과 신체증상과의 연결성을 인식하게 하는 데 도움이 될 수 있다(Morley, 1997). 이완 훈련 및 다양한 유형의 인지행동법 같은 기법들은 불안과 우울을 감소시키는 데 유용한 것으로 입증되었으며, 이와 같은 불안과 우울의 감소는 신체증상의 감소로 이어지게 된다(Payne & Blanchard, 1995).

많은 다양한 인지적인 전략이 신체증상 및 관련 장애를 치료하는 데 사용된다. 어떤 전략에는 사람들로 하여금 자신의 신체에 주의를 덜 기울이도록 훈련시키는 것도 들어 있다. 또 다른 인지 전략은 사람들로 하여금 자신의 신체에 대한 부정적 생각을 파악하여 이에 도전하도록 도와주는 것이 될 수도 있다(Warwick & Salkovskis, 2001). 어떤 사람이 자신의 통증과 신체증상에 대한 생각, 이를테면 "나는 이것에 대처할 수 없어"라는 생각과 싸우고 있는 경우에는 보다 긍정적인 자기 진술, 이를테면 "나는 다른 날에는 통증이 생겨도 잘 견딜 수 있었고, 이것도 마찬가지로 잘 극복해낼 거야"라는 말을 하도록 알려줄 수 있을 것이다.

행동적인 기법들도 당사자로 하여금 건강에 도움이 되는 활동을 다시 시작하고 질병과 관련된 염려에 지나치게 집중한 나머지 무너진 생활 양식을 재건하도록 하는 데 도움이 될 수 있을 것이다(Warwick & Salkovskis, 2001). 앞에서 기술된 마리아라는 여성은 불안정한 결혼생활과 남들이 자신을 평가할지도 모를 상황에 대해 극도로 불안해한다고 밝혔다. 부부치료, 자기주장 훈련 및 사회기술 훈련—예를 들면, 마리아를 대상으로 사람들에게 다가가고 대화하는 효과적인 방법에 대해 지도하는 것—은 그녀가 좀 더 건강한 대인관계를 발전시키도록 하는 데 도움이 될 수 있을 것이다. 일반적으로, 통증과 신체증상 때문에 당사자들이 할 수 없었던 것에는 주의를 덜 기울이며, 만족감을 주는 활동을 다시 시작하여 더 큰 통제감을 얻도록 격려하는 데는 주의를 더 기울이게 하는 것이 권장된다.

행동적 접근 및 가족적 접근은 마리아가 환자 역할을 연기하는 것에 의존하는 것을 바꾸는 데 도움이 될 수 있을 것이다(Warwick & Salkovskis, 2001). 마리아의 가족들이 그녀가 성인으로서의 정규적인 책임을 회피하는 것을 강화시켜주는 식으로 해서 그녀의 질환에 맞추어주어 왔다면, 가족치료가 도움이 될 수 있을 것이다. 치료자는 가족 구성원들에게 그녀의 신체증상에 대해 가족이 기울이는 관심의 정도를 감소시켜주기 위한 조작적 조건형성 절차에 대해 알려줄 수 있을 것이다.

전반적으로, 인지행동적 접근법은 무처치 조건 및 통상적인 의학적 진료와 비교해보았을 때 건강에 대한 염려, 우울, 불안, 그리고 의료보험의 이용률을 줄이는 데 효과가 있는 것으로 입증되었다(Thomson & Page, 2007). 또 다른 연구에서는, 인지행동치료가 질병불안 증상을 완화하는 데 항우울제만큼이나 효과적이었다(Greeven, van Balkom, Visser et al., 2007). CBT는 통제조건의 처치에 비해서 신체증상을 더 감소시켜주지만, 이런 효과는 비교적 작은 편이었다(Kleinstauber, Witthoft, & Hiller, 2011). 즉 이런 개입은 실제의 신체증상을 감소시킨다기보다는 신체증상에 대한 고통을 더 잘 감소시키는 것일 수 있다.

증상을 해소하는 것 이외에도, CBT는 신체증상 관련 장애에 관련된 핵심적인 인지 기제 및 뇌 기제를 변화시키는 것으로 발견되었다. 예를 들면, CBT 치료를 받은 후에, 건강 관련 불안 증상이 있는 사람들을 대상으로 정서 스트룹을 이용하여 측정했더니 부정적인 자극에 주의를 덜 기울이는 것으로 나타났다(Gropalis, Bleichhardt, Hiller et al., 2013). 또한 CBT 처치는 고통스러운 자극에 반응하는 데 관여하는 뇌의 영역에서 활동이 감소하는 데도 도움이 될 수 있었다(Flor, 2014).

또한 연구자들은 여러 가지 새로운 치료법에 대해서도 조사하였다. 한 대규모 연구에서는 인터넷에 기반 한 CBT가 건강에 대한 불안의 수준을 정상적인 범위로 내리는 데 있어서 그다지 효과가 있지 않은 것으로 나타났다(Tyrer, Tyrer, & Barrett, 2013). 보다 긍정적인 효과는 마음챙김 명상(mindfulness meditation)을 매일매일 수행하도록 가르쳐주는 처치법에서 나타났다. 마음챙김 요령을 배운 참여자들은 표준적인 의학적 진료를 받은 통제조건의 참여자들보다 건강에 대한 불안이 낮아졌다고 보고하였다(McManus, Surawy, Muse et al., 2012). 마음챙김의 수행과 연관된 증세 호전 효과는 1년 뒤의 추적조사에서도 유지되고 있는 것으로 나타났다.

---

## 임상 사례 : 루이스

루이스는 66세의 남성으로서, 건강에 대한 불안 때문에 심장내과 의사로부터 정신과 의사에게로 의뢰되었다. 루이스는 수년간 우울 증상과 불안증상을 겪은 것을 인정하면서도, 자신은 심장 문제의 가능성에 대해 훨씬 더 많이 염려하고 있었다고 보고하였다. 몇 년 전에 그는 심계항진과 가슴에 압박감이 느껴지는 증상이 간헐적으로 나타났다. 광범위한 의학적 검사 결과가 정상 범위에 속했지만, 루이스는 또 다른 검사를 해보고 그 결과를 주의 깊게 살피는 일을 계속했다. 그는 심장혈관 조건에 관한 논문을 아주 많이 수집하였고, 많은 노력이 드는 식이요법과 운동을 일상적으로 하기 시작했으며, 여행, 성행위와 같이 너무 강한 흥분을 가져와서 심장에 무리가 될 수 있는 모든 활동을 중단하였다. 심지어 그는 식당을 운영하는 일에서도 조기에 은퇴하였다. 루이스가 치료를 받으러 올 때 즈음에는, 그는 하루에 평균혈압을 재기 위하여 2대의 혈압계를 이용하여 하루에 4번씩 혈압을 쟀으며, 혈압계의 수치를 오랫동안 적은 기록을 갖고 있었다.

치료를 시작하기 전에, 루이스는 자신의 신체증상에 대한 사고방식이 정서적 고통을 일으킬 뿐만 아니라 이런 증상을 심하게 만들고 있다는 것을 이해해야만 했다. 치료자는 그에게 증상이 증폭되는 모형을 설명해주었는데, 이에 따르면 초기의 신체증상이 부정적인 생각과 정서에 의해 커진다는 것이다. 치료자는 다음과 같은 진술문을 활용했다. 즉 "당신이 뇌종양 때문에 생겼다고 믿는 두통이 눈의 피로 때문에 비롯되었다고 믿는 두통보다 더 고통스럽습니다." 루이스가 자신의 생각과 행동이 자신의 건강 관련 염려를 키우고 있을지도 모른다는 것을 이해하고 나자, 치료는 네 가지를 목표로 해서 진행되었다. 첫째, 루이스에게는 믿을 만한 의사를 한 사람 정해서 자신의 건강에 대한 염려를 늘상 털어놓고 상의하며, 이곳저곳을 다니면서 의학적 소견을 듣는 것을 그만두도록 일깨워주었다. 둘째, 루이스에게 자기의 혈압을 재서 적는 것처럼, 과도한 질병 관련 행동에 소모되는 시간을 줄이도록 교육시켰다. 그의 치료자는 루이스에게 이런 행동들이 마음을 편안하게 해주기보다는 실제로는 오히려 불안을 가중시키고 있다는 것을 그에게 보여주었다. 셋째, 루이스에게 증상에 대한 반응으로 떠오른 생각을 살펴보도록 가르쳐주었다. 이런 생각은 대단히 부정적이고 염세적인 경향이 있었다. 예를 들면, 치료자와 루이스는 해롭지 않은 신체감각을 심장질환에 대한 증거로 보는 것과 같이 재앙으로 생각하는 경향성을 파악해냈다. 루이스는 신체증상에 대해 보다 가벼운 이유를 생각해보도록 교육을 받았다. 끝으로, 루이스는 자신의 삶에서 다른 측면을 발전시키고, 신체증상에 대한 지나친 관심을 줄이도록 격려를 받았다. 이에 대한 반응으로, 그는 식당 운영에 대해 조언을 구하기 시작했다. 종합하면, 이상의 (치료적) 개입은 루이스로 하여금 불안을 감소시키고, 자신의 건강에 대해 신경 쓰고 염려하는 것을 줄여주며, 보다 즐거운 삶을 영위하는 것을 시작하도록 도와주었다. [Barsky, 2006에서 번안함]

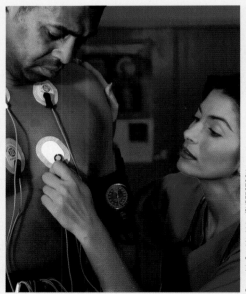

Dynamich Graphics Value/SUPERSTOCK

건강염려증이 있는 사람들은 광범위한 의학적 검사에서 아무 문제가 없다고 나타나는 경우에도 자신이 건강하다는 것을 쉽사리 받아들이지 못한다.

**통증이 동반된 신체증상장애의 치료** 신체증상장애의 초점이 통증에 맞추어져 있을 때는 여러 가지 기법이 도움이 될 수 있다. CBT는 이 분야에서의 연구 결과에 의하면 꽤 효과가 있는 것으로 알려져 있다(Ehde, Dillworth, & Turner, 2014). 최면은 통증의 수준을 떨어뜨리는 데 도움이 되는 것으로 보이며 통증을 겪고 해석하는 데 관여하는 뇌의 영역에도 영향을 미치는 것으로 나타났다(Jensen & Patterson, 2014). 인지행동적 처치의 한 가지 변형인 수용전념치료(acceptance and commitment therapy, ACT)에서는 치료자가 내담자에게 통증, 고통(괴로움), 그리고 불안 및 우울의 순간을 좀 더 수용하는 태도를 갖도록 격려하며, 그리고 이런 것들을 인생에서 자연스러운 부분으로 보도록 격려한다. 당사자는 이와 같이 어려운 순간을 회피하려고 너무나도 격렬하게 투쟁하지 말도록 조언을 받는다(McCracken & Vowles, 2014). 무선화된 통제 시행의 결과에서 ACT는 통증이 포함된 신체증상 관련 장애에 대한 표준적인 CBT만큼 도움이 되는 것으로 나타났다(Veehof, Oskam, Schreurs et al., 2011). 따라서 여러 가지 심리적 접근법은 상당한 수준의 통증이 포함된 신체증상장애에 대해서 도움이 될 수 있는 것으로 보인다.

또한 항우울제도 통증이 신체증상장애에서 현저한 증상인 경우에 도움이 될 수 있다. 수많은 양방무지의 무선화된 통제 시행 결과에서 나온 증거에 의하면, 소량의 항우울제 약물이 통증 및 이와 관련된 고통을 줄여줄 수 있는 것으로 나타났다(Fishbain, Cutler, Rosomoff et al., 2000). 흥미롭게도, 이런 항우울제는 적은 양을 투여해서 (통증과) 연관된 우울증을 줄여주지 못할 때에도, 통증은 완화해준다(Simon, 1998). 항우울제는 중독성이 높은 아편성 진통제보다도 더 선호된다(Streltzer & Johansen, 2006).

# 요약

## 해리장애

- 해리장애는 경험, 기억, 또는 정체감(正體, identity)에 대한 의식적 자각(conscious awareness)에서 붕괴가 있는 것으로 정의된다.
- 표 5.1에 기술된 바와 같이, DSM-5의 해리장애에는 이인성/비현실감 장애, 해리성 기억상실, 그리고 해리성 정체성장애가 있다.
- 해리장애의 원인에 대한 대부분의 저술들은 해리성 정체성장애에 초점을 두고 있다. 해리성 정체성장애가 있는 사람들이 아동기에 극심한 신체학대나 성학대를 받았다고 보고하는 경우가 아주 많다. 한 가지 모형인 외상후 모형에 따르면, 학대로부터 오는 중압감에서 벗어나기 위해 해리에 지나치게 의지한 결과 당사자로 하여금 해리성 정체성장애가 발달하는 위험에 처하게 만든다고 시사한다. 반면에 사회인지 모형에서는 이 증상들이 처치를 통해 유발된 것은 아닌지에 대한 의문을 제기한다. 사회인지 모형의 옹호자들은 일부 치료자들이 당사자에게 그런 증상을 나타내도록 암시를 주는 전략을 사용한다는 것, 그리고 대부분의 사람들은 자신들이 치료자를 만나보기 전까지는 자신의 마음속에 제2의 자아가 있는지를 알아차리지 못한다는 것을 지적한다. DID에 대한 정의를 내려주는 특징 중 한 가지가 제2의 자아들 간의 공유된 기억이 없다는 것이지만, 증거에 따르면

당사자들이 보고한 것보다는 더 많은 기억을 제2의 자아들이 공유하고 있을 수 있다는 것이 시사된다.
- (자신이 사용하는) 이론의 방향과 무관하게, 모든 임상가들은 내담자로 하여금 불안에 대처하고, 공포에 보다 직접적으로 직면하며, 그리고 자신의 기억과 의식을 통합해서 구사하도록 도와주는 데 자신의 치료 역량을 집중한다.
- 해리장애의 치료법으로는 정신역동 요법이 아마도 가장 널리 쓰이고 있을 것이지만, 최면과 연령퇴행 같은 일부 기법들은 증상을 악화시킬지도 모른다.

## 신체증상 및 관련 장애

- 신체증상 및 관련 장애들은 신체증상에 집중된 것이 공통점이다. 표 5.2에 제시되었듯이, 주요한 신체증상 및 관련 장애들에는 신체증상장애, 질병불안장애, 전환장애가 있다.
- 신체증상 관련 장애는 유전되는 것으로 보이지 않는다.
- 신경생물 모형에서는 신체감각의 불쾌한 정도를 처리하는 데 관여하는 뇌의 핵심 영역이 신체증상 관련 장애가 있는 사람들 사이에서 과잉활동 상태에 있을 수 있음을 시사해주고 있다. 이 영역에는 전측대

상회와 전두 섬엽이 있다. 인지 변인 또한 중요하다. 어떤 사람들은 신체 건강에 관련된 단서에 지나치게 신경을 쓸 뿐만 아니라 이런 증상 및 그 함축성에 대하여 과도하게 부정적인 해석을 한다. 행동적 강화를 받는 것도 도움을 요청하는 행동을 지속시켜주는 데 기여할 수 있다.

- 전환장애에 대한 정신역동 모형에서는 증상을 나타내려는 동기뿐만 아니라 지각 내용을 의식 수준에서 자각하지 못하는 것에 초점을 둔다. 또한 사회문화적 요인도 전환장애에서 중요한 것으로 보인다.
- 신체증상 및 관련 장애가 있는 사람들은 정신건강 치료를 받도록 의뢰되면 분개하는 경우가 종종 있다. 이런 증상들을 치료할 때 1차 진료기관의 의사를 위시하여 제반 프로그램에서는 온정을 갖고 안도감

을 제공하면서 동시에 의학적 검사는 최소한으로 하는 것이 도움이 되는 것으로 밝혀졌다. 신체증상에 대한 인지행동치료는 신체증상에 대한 고통을 다루어주는 효과적인 접근으로서, 우울 증상과 불안 증상을 완화해주려고 하며, 신체적 단서에 지나치게 주의를 기울이는 것을 감소시켜주려고 하고, 신체증상을 과도하게 부정적으로 해석하는 것도 다루며, 아픈 사람의 역할에 부합하지 않는 행동을 강화해주려고 한다. 또한 명상도 환자들로 하여금 자신의 건강에 신경 쓰는 것과 건강 관련 불안을 줄이도록 하는 데 도움이 될 수 있다. 통증이 신체증상장애에서 가장 우선시되는 경우에는 CBT, 최면, ACT, 그리고 소량의 항우울제가 도움이 될 수 있다.

## 복습문제 정답

**5.1** 1. 새로운 정체성을 갖거나(새로운 사람으로 행세) 의식이 혼탁한 상태에서 방황하기; 2. 별개의 성격

**5.2** 1. T; 2. T; 3. 이 장애의 기저발생률은 매체의 주목을 받으면서 증가하였다. 단지 소수의 치료자들만이 DID 사례를 보았을 뿐이며, 대부분의 DID 사례를 본 치료자들도 다른 자아를 만들어낼 수 있는 최면 같은 기법에 의존했다. 대부분의 내담자들은 심리치료를 받고 나서야 다른 자아의 존재를 알아차리게 되었다. DID

는 역할 연기를 통해 나타날 수 있다. DID가 있는 대부분의 사람들은 정교한 기억검사를 사용하면 다른 자아들 사이에서 공유된 기억이 있는 것으로 나타났다.

**5.3** 1. b; 2. a; 3. d; 신체증상장애에서는 신체증상이 있지만, 질병불안장애에서는 주목할 만한 신체증상이 없다.

**5.4** 1. F; 2. T; 3. F

## 주요 용어

꾀병(malingering)
둔주의 하위 유형(fugue subtype)
명시적 기억(explicit memory)
신체증상장애(somatic symptom disorder)
암묵적 기억(implicit memory)
이인성(이인화)/비현실감 장애(depersonalization/derealization disorder)
인위성(작위성)장애(factitious disorder)
전환장애(conversion disorder)

질병불안장애(illness anxiety disorder)
치료 과정 중 만들어질 수도 있는(iatrogenic)
해리성 기억상실(건망증)(dissociative amnesia)
해리성 정체성장애(dissociative identity disorder, DID)
해리장애(dissociative disorders)
DID에 대한 사회인지 모형(sociocognitive model of DID)
DID에 대한 외상후 모형(posttraumatic model of DID)

# 6 조현병

## 학습 목표

1. 양성 증상, 음성 증상, 그리고 혼란된 증상을 포함하여 조현병의 임상적 증상을 기술할 수 있어야 한다.
2. 조현병의 원인론에서 유전 요인을 행동적 측면과 분자적 측면 모두에서 구분할 수 있어야 한다.
3. 조현병에서 뇌가 어떻게 연관되어 있는지를 기술할 수 있어야 한다.
4. 조현병의 원인론과 재발에서 스트레스와 그밖의 심리 요인들의 역할을 기술할 수 있어야 한다.
5. 조현병에 대한 약물요법과 심리요법을 구분할 수 있어야 한다.

## 임상 사례 : 조현병이 있는 여성

갑자기 일이 제대로 잘 풀리지 않기 시작했다. 나는 내 인생과, 무엇보다도 나 자신에 대한 조절 능력을 상실하기 시작했다. 나는 학교 공부에 집중할 수 없었고, 잠을 잘 수도 없었으며, 잠이 들더라도 죽는 꿈을 꾸었다. 학교 가기가 두려웠고, 사람들이 나에 대해서 말하는 듯했고, 그런 얘기를 하는 말소리가 들리기도 했다. 나는 피츠버그에 있는 엄마에게 전화해서 조언을 구했다. 엄마는 나에게 기숙사에서 나와서 여동생과 함께 아파트로 이사하라고 말했다.

여동생과 함께 이사를 하고 나서도, 상황은 더 나빠졌다. 나는 밖으로 나가기가 두려웠고, 창문 밖을 내다보면 밖에 있는 모든 사람이 "저 여자를 죽여라, 저 여자를 죽여라"라고 외치는 것 같았다. 여동생은 내가 학교에 계속 다니도록 밀어붙였다. 나는 집밖으로 나갔다가 동생이 일하러 나간 것을 확인하고 나서는 다시 집으로 돌아오곤 했다. 상황은 계속 악화되었다. 어떤 때는 몸에서 나쁜 냄새가 나는 듯해서 하루에 여섯 번씩이나 샤워를 하곤 했다. 어느 날 식료품 가게에 갔던 적이 있는데, 그때 가게에 있던 사람들이 "구원을 받으라, 예수가 그 답이니라"라고 말하는 듯했다. 상황은 더욱 악화되어 나는 아무것도 기억할 수가 없게 되었다. 나는 어떤 날 무엇을 했는지 기억할 수 있기 위해서 노트에 잔뜩 적었다. 나는 학교에서 공부한 것을 기억해낼 수 없었으며, 저녁 6시부터 새벽 4시까지 공부를 하곤 했으나, 그다음 날 수업시간에 들어갈 엄두도 나지 않았다. 여동생에게 이런 상황을 말했으나, 동생은 이해하지 못했다. 동생은 정신과 의사를 만나보도록 권했지만, 나는 의사를 만나러 집밖으로 나가는 것이 두려웠다.

어느 날 나는 더 이상 이런 괴로움을 갖고 있을 수 없다고 마음먹고는, 35알의 다르본(Darvon)을 과다복용했다. 그 순간 내 몸속의 어떤 목소리가 들렸는데, 그 내용은 "너는 지금 무엇 때문에 그 짓을 했느냐? 이제 너는 천국으로 갈 수가 없다"라는 것이었다. 그때, 나는 내가 정말로 죽고 싶은 것은 아니라는 것을 깨달았다. 나는 살고 싶어졌고, 무서워졌다. 나는 동생이 말한 적이 있던 정신과 의사에게 전화를 걸었다. 나는 의사에게 다르본 알약을 과다복용했고, 내 마음이 두려움에 떨고 있다고 말했다. 그는 나에게 택시를 타고 병원에 오라고 말했다. 병원에 도착하자, 나는 토하기 시작했으나, 기절하지는 않았다. 내가 정말로 정신과 의사를 만나러 간다는 사실을 받아들일 수 없었다. 나는 정신과 의사가 오직 미친 사람들만 다룬다고 생각했었고, 내가 미쳤다는 생각은 단언컨대 해보지 못했다. 따라서, 나는 나 자신을 그대로 받아들이지 못했던 것이다. 병원을 떠나서 집으로 오는 길에 동생과 마주치고 말았다. 동생은 나에게 즉시 병원으로 돌아가자고 말했는데, 왜냐하면 내가 확실히 입원해야 되는 상태였기 때문이었다. 그래서 우리는 엄마에게 전화를 했고, 엄마는 다음 날 비행기를 타고 오겠다고 말했다. (O'Neal, 1984, pp. 109-110에서 인용함)

위의 사례연구에서 기술된 젊은 여성은 조현병으로 진단된 경우이다. **조현병(정신분열증)** (schizophrenia)은 생각이 논리적으로 연결되지 않는 사고장애, 지각 및 주의력의 결함, 정서 표현의 부족, 그리고 행동상의 장해, 이를테면 머리가 헝클어진 모습 등을 나타내는 것을 특징으로 하는 장애이다. 조현병이 있는 사람들은 주변 사람과 일상생활의 현실로부터 동떨어져서, 특이한 믿음(망상)과 환각의 삶에 종종 빠져든다. 조현병이 살면서 경험하는 광범위한 문제들과 관련되어 있기 때문에, 조현병의 원인을 밝히는 것과 이를 치료하기 위한 효과적인 방법을 개발하는 일은 어려웠다. 우리는 조현병을 유발하는 다양한 요인을 충분히 이해하고 불쾌한 부작용도 없고 효과적인 치료법을 개발하기 위해서는 아직도 가야 할 길이 멀다.

조현병의 증상은 사람의 모든 측면, 즉 생각, 감정, 그리고 행동방식을 침해한다. 따라서 놀랄 것도 없이, 이런 증상은 안정된 직장생활, 독자적인 삶의 영위, 그리고 타인과 친밀한 관계를 형성하는 것을 방해할 수 있다. 이들은 또한 다른 사람들에게 조롱과 박해의 대상이 될 수도 있다. 이들에게는 물질 남용률이 높은데(Fowler, Carr, Carter et al., 1998), 아마도 증상을 어느 정도 경감시키려는 시도를 반영하는 것으로 보인다(Blanchard, Squires, Henry et al., 1999). 게다가 조현병이 있는 사람들 사이에서의 자살률이 높다. 실제로 이들은 일반인보다 자살로 죽을 가능성이 12배나 더 높다. 또한 조현병이 있는 사람들은 다른 원인에 의해서도 사망할 가능성이 일반인에 비해서 더 높으며(Saha, Chant, & McGrath., 2007), 이들의 사망률은 흡연자들의 경우에 비해서 비슷하게 높거나 더 높다(Chesney, Goodwin, & Fazel, 2014).

이 장애의 평생 유병률은 약 1% 정도이고, 남성이 여성보다 약간 더 많다(Kirkbride et al., 2006; Walker, Kestler, Bollini et al., 2004). 조현병은 흑인과 같은 일부 집단에서 더 자주 진단된다. 그러나 이러한 진단이 집단 간의 실제적 차이를 반영하는지 아니면 임상가들의 선입견을 반영하는지 여부는 확실치 않다(Kirkbride et al., 2006; U.S. Department of Health and Human Services, 2001). 조현병은 때론 아동기에 시작하지만, 보통은 늦은 청소년기나 성인 초기에 나타나며, 여성보다 남성이 다소 일찍 발병한다. 조현병이 있는 사람들은 통상 증상이 활발한 급성 일화를 많이 나타내며 일화와 일화 사이에는 이보다는 덜 심각하지만 그래도 여전히 심신을 쇠약하게 만드는 증상을 보인다.

# 조현병에 대한 임상적 기술

조현병이 있는 사람들이 특정한 시점에서는 통상 위와 같은 문제 중 일부만을 보이지만, 조현병의 진단 기준에 들어가 있는 증상의 범위는 광범위하다(DSM-5 진단 기준 상자 참조). 조현병 증상은 종종 양성, 음성 및 혼란된 증상의 세 가지 주요 영역으로 분류하여 기술된다(Lenzenweger, Dworkin, & Wethington, 1991). 이렇게 구분하는 것은 조현병의 원인과 치료에 관한 연구에서 대단히 쓸모가 있었다. 표 6.1에는 이런 영역을 구성하는 증상이 제시되어 있다.

다음 절에서 우리는 양성, 음성, 그리고 혼란된 증상의 세 영역을 구성하는 각각의 증상에 대해서 자세히 서술한다.

## 양성 증상

**양성 증상**(positive symptoms)은 환각과 망상 같이 지나치고 왜곡된 것으로 구성된다. 대부분의 경우 조현병의 급성 일화 시에는 양성 증상이 두드러진다.

**망상**　의심할 것도 없이 우리들 누구라도 한두 번쯤은 다른 사람이 우리를 나쁘게 생각한다고 믿은 나머지 걱정한 적이 있을 것이다. 어느 때인가 이런 믿음은 맞는 것으로 드러나게 될 수도 있다. 다시 말해서, 모든 사람으로부터 사랑을 받는 사람이 어디에 있겠는가? 많은 사람들이 당신을 싫어하여 당신에 대해서 음모를 꾸밀 만큼 당신을 미워한다고 당신이 굳게 확신하고 있다면 당신의 생활이 어떨까 생각해보라. 이 박해자 중 일부는 당신의 사적인 대화를 엿들을 수 있는 정교한 도청장치를 가지고 당신의 신용을 떨어뜨릴 모략에 필요한 증거를 수집한다. 당신이 사랑하는 사람들을 포함해서, 당신 주변의 어느 누구도 그들이 당신을 감시하고 있는 것이 아니라고 당신을 안심시킬 수 없다. 당신의 가장 친한 친구나 믿을 만한 사람까지도 당신에게 고통을 가하는 사람들과 점차 어울리며 박해자 집단의 구성원이 되어 가고 있다. 자연히 당신은 자신이 처한 상황에 대해 대단히 불안해하거나 화가 날 것이다. 당신은 그러한 상상 속의 박해자들에 대항하기 시작한다. 당신이 처음 들어가는 어떤 방도 도청장치 유무를 조심스럽게 조사해야 한다. 당신이 어떤 사람을 처음으로 만날 때, 당신은 그 사람이 당신에 대해 음모를 꾸미는 사람들과 한패가 아닌가 하는 것을 파악하기 위해서 그 사람에게 시시콜콜 질문을 던진다.

이와 같은 **망상**(delusion)은, 현실성이 없고 그 부당성을 입증해주는 증거가 있어도 굳건히 갖고 있는 믿음인데, 조현병의 양성 증상 중 보편적인 것이다. 방금 기술된 것과 같은 피해망상은 대규모의 국제적 표집 연구에서 대상자인 조현병으로 진단된 사람들의 65%에서 발견되었다(Sartorius et al., 1974). 망상은 아래에서처럼 그밖에도 여러 가지 형태를 취할 수 있다.

- 어떤 사람이 생각하지도 않은 사고들이 외부의 힘에 의해서 자신의 마음속에 자리 잡고 있다고 믿는 경우가 있는데, 이를 사고의 주입(thought insertion)이라고 부른다. 예를 들면, 어떤 여성의 경우 정부가 그녀의 머릿속에 사고를 주입하려고 그녀의 뇌 속에 컴퓨터 칩을 이식한 것으로 믿고 있을 수 있다.
- 어떤 사람이 자신의 생각이 전파되어 다른 사람들이 자기가 생각하고 있는 것을 알고 있다고 믿을 수가 있다. 이를 사고의 전파(thought broadcasting)라고 부른다. 어떤 남성이 길거리를 걸으면서, 자신이 큰소리로 말하지 않아도 행인들이 자신이 생각하는 바가 들린다고 여긴 나머지 지나가는 행인을 의심의 눈초리로 바라볼 수 있다.
- 어떤 환자는 자신의 감정이나 행동이 외부의 힘에 의해 조종되고 있다고 믿고 있다. 예를 들

James Lauritz/Getty Images, Inc.

남들이 자기를 특별히 주목하고 있다고 믿는 것이 편집 망상으로서 흔한 것이다.

| **표 6.1** 조현병에서 주요 증상의 영역별 요약 | | |
| --- | --- | --- |
| **양성 증상** | **음성 증상** | **혼란된 증상** |
| 망상, 환각 | 의욕결핍, 표현불능, 쾌감불능, 둔한 정동(blunted affect), 비사교성 | 혼란된 행동, 혼란된 말 |

면 어떤 사람은 자신의 행동이 휴대전화 송신탑에서 나오는 신호에 의해 조종되고 있다고 믿고 있을 수 있다.

- 어떤 사람이 **과대망상**(grandiose delusion)을 가져서 자신의 중요성, 권한, 지식, 또는 정체성에 대해서 과장되게 지각할 수 있다. 예를 들면 어떤 여성은 손을 움직이는 것만으로도 바람의 방향을 바꿀 수 있다고 믿을 수 있다.
- 어떤 사람은 **관계 사고**(ideas of reference)를 가진 나머지 중요하지 않은 사건들을 망상적인 사고체계 속으로 받아들여서 남들의 사소한 행동에서 특유의 의미를 찾아낸다. 이를테면 이런 증상을 갖고 있는 사람들은 주변에서 오고가는 단편적인 대화도 자신에 대한 것이고, 자신들이 통상 걸어 다니는 길거리에서 특정 인물의 모습이 자주 눈에 띄면 자신이 감시받고 있는 것으로 생각하며, 그리고 TV에서 본 내용이나 잡지 기사도 어떤 식으로든 자신들에 관한 것이라고 생각할 수 있다.

망상이 조현병 환자의 절반 이상에서 발견되었지만, 망상은 다른 장애, 특히 양극성장애, 정신증적 양상이 수반된 주요우울장애, 그리고 망상장애(delusional disorder)가 있는 사람들에서도 발견된다.

**환각 및 기타 지각 장해**    조현병이 있는 사람들은 주변 세계가 다소 다르게 보이거나 심지어는 비현실적으로까지 보인다고 흔히 말한다. 이 장의 서두에 소개된 사례에 기술된 것처럼, 어떤 이들은 자기 주변에서 일어나고 있는 것에 주의를 집중하기가 어렵다고 말한다.

나는 텔레비전에 집중할 수 없다. 왜냐하면 화면을 보면서 동시에 말소리에 귀를 기울일 수 없기 때문이다. 나는 이와 같이 두 가지 내용을 동시에 받아들일 수 없는 것 같은데, 특히 보면서 듣는 상황일 때 그러하다. 한편 나는 항상 한 번에 너무나 많은 것을 받아들이려고 하는 것 같으며, 따라서 그것을 다 들을 수 없고 의미를 파악해낼 수가 없다. (McGhie & Chapman, 1961, p. 106에서 인용함)

지각이 가장 극적으로 왜곡된 것은 **환각**(hallucinations)이라 불리는데, 이는 환경으로부터 전혀 자극이 전혀 없는 가운데서 감각 경험을 하는 것을 말한다. 환각은 시각보다는 청각으로 발생하는 경우가 더 많다. 한 연구에서는 표집된 환자 중 74%가 자기에게 환청이 있다고 보고했다(Sartorius et al., 1974).

조현병이 있는 어떤 사람들은 자기의 생각을 다른 사람의 목소리를 통해서 들었다고 보고한다. 또 다른 사람들은 다투는 목소리가 들린다고 말하며, 또 다른 어떤 사람들은 자기의 행동에 대해 논평하는 목소리가 들린다고 한다. 조현병이 있는 많은 사람들은 자신의 환각 경험에 대해 놀라거나 괴로워한다. 조현병이 있는 사람 약 200명을 대상으로 수행된 한 연구에서는, 환각 경험의 시간이 더 길고, 소리도 크며, 보다 빈번하게 발생하고, 제3자의 입장으로 겪은 사람일수록 이 환각 경험이 불쾌하게 느껴졌다. 환각이 아는 사람으로부터 오는 것이라고 믿는 사람들의 경우 이 경험을 더 긍정적인 것으로 받아들였다(Copolov, Mackinnon, & Trauer, 2004).

어떤 학자들은 환청이 들리는 사람이 자신의 목소리를 타인의 목소리로 오인한다고 주장한다. 행동연구들에 의하면 환각을 경험하는 사람들이 환각이 없는 사람이나 건강한 통제집단에 비해서 자신이 말을 녹음한 것을 듣고서도 이를 다른 사람의 말로 오인하는 경우가 많다는 것을 보여주었다(Allen Johus, Fur et al., 2004). 뇌신경영상 연구에서는 환청이 들리는 동안의 뇌 속에서 일어나는 현상을 조사해왔다. 이런 연구에서는 조현병이 있는 사람들이 누군가의 목소리가 들린다고 할 때, 말하는 능력을 뒷받침해주는 전두엽의 영역인 브로카 영역에서와 말을 이해하는 능력을 뒷받침해주는 측두엽 영역인 베르니케 영역에서의 활동이 높아진 것을 발견하였다(Curcic-Blake, Liemburg, Vercammen et al., 2013). 이런 자료는 말(speech)을 만들어내는 전두엽 영역과 말을 이해하게 해주는 측두엽 영역 사이의 연결상에 문제가 있음을 시사한다(Ford, Mathalon, Whitfield et al., 2002). 10개의 신경영상 연구에 대한 종합분석 결과에서는 말을 생성하는 뇌 영역(즉 브로카 영역)에서 가장 강력한 활동이 있다는 것을 발견해냈지만, 또한 측두엽에 있는 말을 처리하고 이해하는 데 관련된 영역에서도 활동이 활발한 것을 발견해냈다(Jardri, Pouchet, Pins et al., 2011).

　망상과 환각은 조현병의 가장 전형적인 증상으로 종종 간주된다. 그러나 우리가 앞에서 지적했듯이, 이는 조현병에만 국한된 것이 아니고 다른 심리장애에서도 나타날 수 있는데, 몇 가지만 언급한다면 양극성장애, 주요우울장애, 그리고 물질사용장애 등이 있다. 이런 증상을 호소하는 사람에게 조현병의 진단을 내리는 것은 틀린 것일 수 있다. 초점 6.1에서 이런 증상이 나타났지만 조현병은 확실히 아니었던 젊은 여성의 사례를 살펴본다. 이 사례는 앞 장에서 살펴보았던 철저한 평가를 시행하는 것의 중요성을 일깨워준다.

## 음성 증상

조현병의 **음성 증상**(negative symptoms)은 동기, 즐거움, 사회적 친밀감, 정서 표현에서의 행동 결손(behavioral deficits)으로 구성된다(Kirkpatrick, Fenton, Carpenter et al., 2006). 이런 증상들은 급성 일화를 지나서도 계속되는 경향이 있고, 조현병이 있는 사람들의 삶에 심대한 영향을 미친다. 또한 이런 증상들은 예후상으로도 중요하다. 즉 음성 증상이 많이 있을 경우, 입원 후 2년간 삶의 질이 나빠질 것(예 : 직업적 손상, 친구가 거의 없는 것)임을 예측해주는 강력한 예언 요인이다(Ho, Nopoulos, Flaum et al., 1998; Milev, Ho, Arndt et al., 2005; Siegel, Irani, Brensinger et al., 2006).

**의욕 결핍**　무감동, 또는 **의욕 결핍**(avolition)은 동기가 없고 외견상 통상적인 활동에 대한 흥미가 없어 보이거나 해내지 못하는 것을 지칭한다. 통상적인 활동에는 직장이나 학교 생활, 취미, 또는 사교 활동이 들어 있다. 예를 들면, 의욕 결핍이 있는 사람들은 TV를 시청하거나 친구들과 어울려서 시간을 보내려는 동기가 없을 수 있다. 이들은 직장, 학교, 또는 집안일을 꾸준히 해내지 못하며 대부분의 시간을 아무것도 안 하고 이리 앉았다 저리 앉았다 하면서 보낼 수 있다. 최근의 한 연구에서는 조현병에서의 동기 부족의 유형을 조사하기 위하여 조현병이 있는 사람과 없는 사람을 대상으로 그들의 일상적인 목표에 대해 7일간 하루에 네 번씩 면접을 실시하였다. 연구자들이 발견한 것은, 조현병이 있는 사람들이 조현병이 없는 사람들에 비해서 자율성(자기표현), 새로운 지식이나 기술을 얻는 것, 또는 남들로부터 칭찬받는 목표에 대해서는 동기가 부족했지만 지루함을 감소시키는 것과 관련된 목표에 대해서는 동기가 더 많았다는 것이다(Gard, Sanchez, Starr et al., 2014). 그러나 조현병이 있는 사람들은 다른 사람과 관계를 형성하는 목표와 부정적인 결과(예 : 비난)를 회피하는 목표에 대해서는 동기 수준이 똑같았다. 따라서 조현병이 있는 사람들이 특정한 생활 영역에 대한 동기에서는 어려움이 있을 수 있지만, 남들과의 관계에 대한 동기에서는 그렇지 않은 것으로 보인다.

## 초점 6.1  오진(misdiagnosis)의 사례

도시의 주요 신문사의 기자로 성공한 젊은 여성이 편집 증세의 느낌이 들기 시작한다. 처음에는 편집증 같이 여겨지지 않았는데, 질투심보다는 더한 것이다. 그녀는 남자친구의 서랍을 들여다보곤 했는데, 남자친구가 자기를 속이고 있지 않은가 해서 그 증거를 찾으려고 한 것이다. 이는 새로운 사귐의 관계에서는 특이한 것이 아니다.

그러나 나중에 그녀는 사람들이 자기한테 특별히 주목한다고 생각하기 시작했다. 또한 그녀는 TV에서 특별한 메시지를 받고 있으며, 가족이 그녀에 대해 음모를 꾸미고 있다고 생각하기 시작했다. 사람들이 그녀에 대해 수군거리고 있으며, 그녀의 이름을 속삭이고 있는 것이다. 사람들이 그녀를 감시하고 해치려고 하고 있다. 남들이 그녀가 염려하는 바를 진지하게 받아들여주지 않으니까, 그녀는 분노를 폭발시켰으며 대단히 동요하는 모습을 보였다. 그러고는 아무런 예고도 없이 통제할 수 없을 정도로 흐느끼기 시작했다.

그녀는 밝은 색깔이 보인다고 말하고는, 그다음에는 남들에게는 절대로 보이지 않는 환영과 사물이 보인다고 보고했다. 요점을 말하면, 그녀는 환각이 보이기 시작한 것이다.

그녀는 유체 이탈 경험을 하고 있는 것은 아닌가 하는 생각이 들기 시작했다. 그녀가 자기를 위에서 내려다보고 자신이 움직일 때마다 바라보고 있는 것처럼 느껴졌다. 그녀는 일기장에 자신의 생각을 마구 써내려갔는데, 그 생각이 서로 연결되어 있지 않고 뒤죽박죽이었다. 그다음에 그녀는 발작했다.

이와 같은 환각, 편집 망상, 혼란된 생각과 행동, 그리고 급속히 바뀌는 기분을 위시한 증상들은 무엇을 설명해줄 수 있을까? 조현병인가? 정신증적 특징이 수반된 양극성장애인가? 물질사용장애인가? 발작 관련 장애인가? 이런 모든 것은 이 젊은 여성이 보여준 증상에 대해 그럴듯한 진단이다. 그러나 이 모든 것도 정답은 아니었다.

수잔나는 그녀의 훌륭한 저술, Brain on Fire : My Month of Madness에서 한 달 동안에 걸쳐 위와 같은 증상을 겪은 경험을 기록하였다. 그녀는 이런 경험 중 많은 부분이 기억나지 않았기 때문에, 그녀를 돌보아준 가족 및 가족이 알려준 내용과 자해의 위험 때문에 그녀가 입원한 이후로 그녀가 기록했던 모든 것을 토대로 해서 그녀 자신에게 일어났던 일들을 짜 맞추지 않을 수 없었다. 그녀는 병원에서 표준 절차에 따라서 경련발작장애(seizure disorder)의 가능성에 대하여 검사를 받았다. 표준 절차는 그녀의 머리 두피에 부착한 뇌파(EEG) 전극 모자를 통해 그녀의 두뇌의 전기 활동을 연속해서 기록하는 것과 그녀의 방 안에서 그녀의 행동을 비디오테이프로 연속해서 촬영하는 것이다. 수잔나는 자신의 혼란되고 기괴한 행동과 횡설수설한 것을 찍은 영상을 나중에 보고서는 자신의 모습이라고 인정하지 않았다.

그녀는 병원에서 그녀가 경련발작장애 또는 다른 신경과적 조건을 갖고 있지 않았는지를 염려하는 신경과 의사들의 진료를 받고 있었다. 그러나 신경과 의사들은 심리장애의 가능성을 완전히 배제하지 못했는데, 왜냐하면 그녀의 망상, 환각, 그리고 혼란 수준이 아주 컸기 때문이다. 그리고 MRI와 CT 스캔 결과도 혈액 검사처럼 정상으로 돌아왔는데, 이는 그녀가 뇌에 악영향을 끼친 감염이나 질병이 없었음을 시사해준다. 신경과 의사들은 정신과 의사들에게 자문을 의뢰했는데 정신과 의사들은 그녀가 특정 유형의 정신증적 장애를 갖고 있다고 확신하였다. 따라서 그녀에게는 항정신증 약물이 처방되었다. 그녀는 긴장증과 비슷해 보이는 운동 증상을 나타내기 시작했다. 그녀는 더 나아지지 않았다.

마지막으로, 두 번째 요추 천자(second lumbar puncture)[척수 천공검사(spinal tap)]의 결과는 가능성 있는 단서를 시사해주었다. 그녀는 뇌척수액(CSF) 속에 있는 백혈구, 또는 림프구의 수치가 너무 높았다. 림프구가 사이토킨을 방출해서 감염과 싸우는 우리의 면역 계통의 일부인 것을 돌이켜보자. 사이토킨은 염증을 촉진해서 감염에 싸우는 데 도움을 준다. 수잔나의 뇌는 문자 그대로 염증에 휩싸인, 즉 그녀가 쓴 책의 제목대로 '불 붙은' 상태에 있었다. 후속된 신경심리검사를 통해서 그녀가 좌측 무시(left neglect)(예 : 좌측 시야를 그려내지 못하는 것-역주)를 겪고 있는 것으로 나타났는데, 이는 염증에 휩싸인 그녀의 뇌가 주로 우뇌인 것을 알려준다. 그녀의 면역 계통은 감염에 대해서는 반응을 보이지 못하고, 그 대신에 건강한 신경세포가 감염 인자인 것으로 잘못 간주하여 이를 공격했던 것이다. 추가적인 검사 결과 그녀의 면역 계통이 NMDA(N-methyl-D-aspartate acid) 수용기(receptors)가 있는 특정 신경세포를 공격하는 것으로 밝혀졌다. 이 장의 후반부에서 살펴보겠지만, 조현병에 대한 새로운 치료법에서는 NMDA 수용기를 표적으로 삼고 있다(이들 수용기가 너무 많이 차단되는 경우 정신증적 증상이 발생할 수 있음). 수잔나는 소위 '자가면역(autoimmune)' 반응이라는 것을 갖고 있었는데, 이는 면역 계통이 알 수 없는 이유로 자동으로 작동 중지되고 NMDA 수용기가 있는 신경세포를 대규모로 파괴하는 것을 의미하며, 그 결과 편집증, 환각, 긴장증, 그리고 그밖의 증상이 유발되는 것이다. 그녀의 공식적인 진단은 '항-NMDA-수용기-자가면역성 뇌염(anti-NMDA-receptor-autoimmune encephalitis)'이라는, 2005년에 처음으로 확인되었을 뿐인 지극히 드문 조건이다(Dalmau, Tüzün, Wu et al., 2007; Vitaliani, Mason, Ances et al., 2005).

진단을 내릴 때에는, 수잔나는 217번째로 그 진단을 받은 사람이었으며, 이 진단을 받는 데 주치의로부터 거의 한 달이나 걸렸다. 수잔나는 통렬하게 묻는다, "이 세상에서 최고의 병원 중 하나인 여기에서 이 단계에까지 이르는 데 그렇게도 오래 걸렸다면, 도대체 얼마나 많은 사람들이 정신질환이라는 진단을 받고 처치도 못 받고 지나치거나, 요양원이나 정신병동에서 생활하도록 선고를 받았을까요?"(Cahalan, 2012, p. 151).

항-NMDA-수용기-자가면역성 뇌염이 아주 드물다는 점을 감안하면, 조현병이 있는 수많은 사람들이 오진을 받을 가능성은 적다. 실제로 최근 연구에서는 조현병의 초기 경과에 있는 일부의 사람들에게서 항-NMDA-수용기-자가면역성 뇌염이 아니고 NMDA 항체가 있다는 것이 발견되었으며(Steiner, Walter, Glanz et al., 2013), 면역 계통의 기능부전과 조현병에 관한 새로운 연구결과가 나와 있다(Carter, Bullmore, & Harrison, 2014). 그래도 수잔나는 심리장애의 진단에 대해서 주의해야 한다는 중요한 이야기를 전해주고 있다. 아직은 우리가 조현병에 대한 혈액검사나 두뇌검사가 없기 때문에, 진단은 일단 관찰된 행동 증상에 토대를 두고 내려진다. 그러나 우리가 지금까지 살펴보았듯이, 이런 증상은 우리가 이 교재에서 소개하는 심리장애 이외의 다른 장애에서도 발생할 수 있다. 따라서 정신건강 전문가는 조현병이나 양극성장애 또는 다른 심리장애의 진단을 내릴 때 성급하게 하지 않으려고 하며 그 대신에 다른 요인이 증상을 일으킬 수 있지 않을까 하는 것을 고려하게 된다.

수잔나의 사례에서, 그녀는 수개월에 걸친 처치 끝에 성공적으로 치료되었는데, 이때 뇌 염증을 감소시키기 위한 스테로이드 제제, 혈장 교환(plasma exchange, 몸에서 혈액을 빼내기, 항-NMDA 항체를 제거하기 위해 혈장을 처리하기, 그리고 혈액을 다시 투입하기), 그리고 정맥 내의 면역 글로불린 처치를 종합하여 실시하였다. 또한 그녀는 뇌 속의 염증 때문에 기능장해를 보였던 인지 기능, 즉 계획하기, 기억 및 주의력 등을 회복하는 데 도움이 되는 여러 가지 인지재활 훈련 회기에도 참석했다. 그녀는 입원 후 7개월 뒤에 직장으로 복귀할 수 있었으며, 진단을 받은 후 8개월 동안 작업했던 신문기사를 썼다. 그녀의 책은 3년 뒤에 출간되었다.

**비사회성**　조현병이 있는 사람들 중 일부는 사회적 관계가 심히 손상되어 있는데 이를 **비사회성**(asociality)이라고 부른다. 이들은 친구가 거의 없고, 사회성 기술도 형편없으며, 다른 사람들과 함께 있는 것에 대해 흥미가 거의 없다. 이들은 가족, 친구, 연인과 같은 사람들과 친밀한 관계를 맺기를 바라지 않는다. 그 대신 이들은 대부분의 시간을 혼자서 보내기를 원할 수 있다. 남들과 같이 있어도, 이 증상이 있는 사람들은 피상적이고 짧게 어울리며, 사회적 상호작용에 무관심하거나 냉담한 것으로 보인다.

**쾌감불능**　**쾌감불능**(anhedonia)은 즐거운 일에 흥미를 상실하거나 즐거움을 덜 느낀다고 말하는 것을 지칭한다. 즐거움이라는 개념에는 두 가지 유형의 즐거움 경험이 있다. 첫 번째 유형은 **완결적 즐거움**(consummatory pleasure)이라 불리는데, 즐거운 것을 하는 순간이나 그것이 있을 때 느끼는 즐거움의 정도를 지칭한다. 예를 들면, 당신이 맛있는 음식을 먹으면서 경험하는 즐거움의 정도가 완결적 즐거움이다. 두 번째 유형의 즐거움은 **예기적 즐거움**(anticipatory pleasure)이라고 부르는데, 미래의 일이나 활동으로부터 기대되거나 예상되는 즐거움의 정도를 지칭한다. 예를 들면 당신이 대학을 졸업하면 얻게 될 것으로 기대되는 즐거움의 정도가 예기적 즐거움이다. 조현병이 있는 사람들은 예기적 즐거움에 결함이 있지만, 완결적 즐거움에는 결함이 없는 것으로 보인다(Gard, Kring, Germans, Gard et al., 2007; Kring, 1999; Kring & Caponigro, 2010). 즉 쾌감불능 설문지상에서 대다수의 사람들이 만족스러워하는 미래의 상황이나 활동(예 : 좋은 음식, 여가 활동, 사교적 어울림)에 관한 질문을 받았을 경우, 조현병이 있는 사람들은 조현병이 없는 사람들에 비해 이런 종류의 활동에서 즐거움을 적게 느낀다고 보고한다(Gard et al., 2007; Horan, Kring, & Blanchard, 2006). 그러나 즐거운 영화나 맛 좋은 음료와 같이 실제로 만족스러운 활동이 제공되면, 조현병이 있는 사람들은 조현병이 없는 사람들 못지않게 즐거웠다고 보고한다(Gard et al., 2007). 따라서 조현병에서의 쾌감불능은 즐거움을 예상하는 데 관한 것으로 보이며, 즐거운 일이 있는 순간이나 그런 일이 있을 때에 즐거움을 경험하는 것과는 무관한 것으로 보인다.

**둔한 정동**　**둔한 정동**(blunted affect)이란 정서의 외부로의 표출이 없는 것을 지칭한다. 이 증상이 있는 사람은 얼굴의 근육이 축 늘어지고(움직임이 없고) 눈동자에 생기가 없는 채로 공허하게 응시하는 수가 있다. 이런 사람은 질문을 받으면 단조롭고 억양이 없는 목소리로 대답하고 대화하는 상대방을 바라보지 않는 수가 있다. 둔한 정동은 조현병이 있는 사람들을 대규모로 표집했을 때 66%에서 발견되었다(Sartorius et al., 1974).

둔한 정동이란 개념은 정서를 외부로 표현하는 것만을 지칭하는 것이며 환자의 내부 경험과는 무관한 것이다. 환자의 내부 경험은 사실상 전혀 황폐화되어 있는 것이 아닐 수 있다. 20개가 넘는 서로 다른 연구들의 결과에서는 조현병이 있는 사람들이 조현병이 없는 사람들에 비해서 안면 표정의 변화가 훨씬 적은 것으로 나타났다. 즉 이것은 실생활 속에서나 또는 정서를 불러일으키는 자극(영화, 사진, 음식)이 제시되는 실험실 연구에서나 실제로 그러하였다. 그러나 조현병이 있는 사람들이 조현병이 없는 사람들에 비해서 똑같거나 심지어는 더 많은 정서를 경험한다고 보고하였다(Kring & Moran, 2008).

**표현 불능**　**표현 불능**(alogia)은 말의 양이 크게 줄어든 것을 말한다. 쉽게 말하면, 이 증상을 갖고 있는 사람들은 말하는 양이 많지 않다. 질문을 받아도 한두 마디 말로 대답할 뿐이며, 그 이상으로 덧붙여서 상세히 말하는 법이 거의 없다. 예를 들면, 표현 불능 증상이 있는 사람에게 행복한 인생 경험에 대해서 자세히 말해달라고 하면, 이 사람은 '결혼한 것'이라고 응답하고는 더 자세히 덧붙여 말해달라고 요구해도 더 이상 말이 없을 수 있다.

Blend Images/SUPERSTOCK, Inc.

ThinkStock/SUPERSTOCK.

조현병이 있는 사람들로서 둔한 정동이 있는 사람들은 밖으로 행복감을 드러내 보여주지 못할 수 있지만, 미소짓는 사람들만큼 행복감을 크게 느낀다.

우리가 방금 다섯 가지의 각기 다른 음성 증상에 대해 기술하였지만, 연구 결과에 의하면 이 증상들은 좀 더 간단하게 두 영역으로 나누어 이해할 수 있다고 한다(Blanchard & Cohen, 2006; Kring, Gur, Blanchard et al., 2013; Messinger, Tremeau, Antonius et al., 2011). 첫 번째 영역은 동기, 정서 경험 및 사교성이 들어 있는 것으로서, 때로는 동기와 즐거움 영역으로 불린다. 두 번째 영역은 정서의 외부로의 표현과 발성이 들어 있는 것으로서, 표현 영역으로 지칭된다.

## 혼란된 증상

**혼란된 증상**(disorganized symptoms)에는 혼란된 말과 혼란된 행동이 있다.

**혼란된(혼란스러운) 말**  이는 사고 유형의 장애(formal thought disorder)로도 알려져 있는데, **혼란된 말**(disorganized speech)이란 듣는 사람이 알아들을 수 있도록 생각을 조직하고 말하는 데 문제가 있음을 지칭한다. 다음의 발췌문은 면접자가 조현병이 있는 사람인 존에게 몇 가지 질문을 했을 때, 조현병이 있는 사람과의 대화 중에 때때로 나타나는 지리멸렬을 예시해주고 있다.

> 면접자 : 최근에 신경과민이거나 긴장된 적이 있습니까?
> 존 : 아니요. 제 머리는 상추입니다.
> 면접자 : 당신의 머리가 상추라고요? 무슨 말인지 이해를 못 하겠는데요.
> 존 : 네, 단지 머리가 상추일 뿐입니다.
> 면접자 : 상추에 대해서 말해 봐요. 무슨 뜻입니까?
> 존 : 네… 상추는 죽은 퓨마의 변형체로서 사자의 발가락 위에 병이 도지게 되었습니다. 그리고 그는 사자를 삼켰고, 무슨 일인가가 일어났습니다. 그… 보여요… 글로리아와 토미가, 이들은 머리가 두 개지만 고래는 아닙니다. 그러나 그들은 한 무리의 구토물과 함께 도망칩니다. 등등이죠.
> 면접자 : 토미와 글로리아는 누구입니까?
> 존 : 에, … 조 디마지오, 토미 헨리히, 빌 딕키, 필 리주토, 존 에스클라베라, 델 크란델, 테드 윌리엄스, 미키 맨틀, 레이 맨틀, 밥 챈스… 등이 있네요.
> 면접자 : 그들은 누구죠? 그 사람들은 누구입니까?
> 존 : 죽은 사람들이죠. 그들은 이 무법자와… 성교를 하기를 원하지요.
> 면접자 : 이 모든 말이 무슨 뜻입니까?
> 존 : 예, 선생님도 아시다시피, 저는 병원을 떠나야 합니다. 선생님도 아시다시피 저는 다리를 수술하기로 되어 있죠. 수술하게 되면 다리가 몹시 아프게 되니까 저는 제 다리를 계속 달아두고 싶지 않군요. 그래서 제가 수술을 받았으면 하고 바라는 것입니다.
> 면접자 : 당신은 다리를 떼어내기를 원하십니까?
> 존 : 선생님도 아시다시피, 가능하지 않을까요?
> 면접자 : 왜 그렇게 하기를 원하죠?
> 존 : 저는 제 다리를 움직이게 할 수가 없었습니다. 그래서 제가 빨리 달리기 선수라면, 놀랍게도 제가 아내가 되어버리지 않을까 놀라곤 했는데, 그 이유는 저의 상추 머리 속에 조각난 파편이 있기 때문입니다. (Neale & Oltmanns, 1980, pp. 103-104)

존이 핵심적 생각과 주제를 반복적으로 언급하더라도, 사고와 관련된 이미지와 사고의 각 부분이 연결되지 않고 있다. 즉 그가 면접자에게 무엇을 말하려고 하는지 정확하게 이해하기가 어렵다.

또한 말하는 것도 **이완된 연상**(loose associations) 또는 **이탈**(derailment)이라고 불리는 것 때문에 혼란될 수 있는데, 이 경우에 당사자는 상대방과의 의사소통이 조금은 더 잘 될지 모르지만, 하나의 화제만 갖고 계속 얘기하는 것을 잘하지 못한다. 로스앤젤레스타임스 잡지의 기자인 스티브 로페즈는 LA에 사는 조현병이 있는 사람인 나다니엘과 친구가 되었는데, 나다니엘은 타고난 음악적 재능이 있었다(또한 집이 없었다). 로페즈는 *The Soloist*라는 책에서 그들의 우정에 대하여 썼다

(Lopez, 2008). 나다니엘은 종종 이완된 연상을 드러냈다. 예를 들면 베토벤에 대한 질문에 나다니엘은 다음과 같이 답했다.

클리블랜드는 베토벤 동상이 필요 없어요. 그곳은 군사 도시이고 미국 역사가 일군 군사적 모습, 훌륭한 군인과 장교들로 가득 차 있어요. 그러나 세브란스 홀, 클리블랜드 음악학교, 오하이오대학교의 살쾡이, 오하이오주 사람이 있어도, 광장에서 그 음악가를 볼 수 없어요. 모든 훌륭한 군인들은 미군, 제2차 세계대전, 한국전쟁으로부터 왔어요. 반면에 당신에겐 LAPD, 로스앤젤레스 형무소, 로스앤젤레스타임스, 스티브 로페즈 씨가 있어요. 군대예요, 그렇죠?(Lopez, 2008, pp. 23-24에서 인용함)

이 인용문이 예시하듯이, 이런 증상이 있는 사람은 과거 경험과 관련된 어떤 생각에 의해서 유발된 일련의 연상에 따라 이리저리 왔다 갔다 하고 있는 것 같다. 또한 조현병이 있는 사람들은 혼란된 말의 경험이 어떤 것인지를 다음과 같이 기술했다.

제이미 폭스가 영화 〈솔로이스트(The Soloist)〉(2009)에서 나다니엘의 역할을 맡아서 연기하였다.

나의 생각은 모두 뒤죽박죽이다. 나는 어떤 것에 대해서 생각하거나 말하기 시작하지만 결코 그것에 도달하지는 못한다. 그 대신, 나는 틀린 방향에서 방황하다가 말하고자 하는 것과 연관되어 보이는 모든 종류의 잡동사니들이 나 자신도 설명할 수 없는 방식으로 머릿속에 꽉 찬다. 내 말을 듣고 있는 사람들은 나보다도 더 갈피를 못 잡는다… 나의 문제는 내가 너무나 생각이 많다는 것이다. 당신도 무언가에 대해 생각할 것이다. 그것이 저 재떨이라고 하자. 그렇다, 저것은 담배를 놓는 곳이다. 그러나 나는 그런 점에 대해서 생각하지만, 그와 동시에 그것에 연결된 많은 잡생각들도 떠오른다.(McGhie & Chapman, 1961, p. 108에서 인용함)

언어 생성문제와 혼란스러운 말이 관련되어 있다고 생각하는 것은 논리적인 것처럼 보이지만, 이 경우에는 아니다. 대신에 혼란스러운 말은 소위 실행 기능의 문제, 즉 문제 해결 능력, 계획하기, 그리고 사고와 감정 사이의 연상을 만들어내기의 문제와 관련된다. 혼란스러운 말은 또한 의미 정보(즉 단어의 의미)를 지각하는 능력과 관계가 있다(Kerns & Berenbaum, 2002, 2003).

**혼란된 행동**　**혼란된 행동**(disorganized behavior)의 증상이 있는 사람들은 이해할 수 없게 갑자기 동요(agitation)하는 모습을 보이며, 특이한 옷을 입기도 하고, 바보같이 행동하거나, 음식을 감추거나, 또는 쓰레기를 모으기도 한다. 자신의 행동을 조직화(organize)해서 지역사회의 규범에 맞게 행동을 할 줄 모르는 것으로 보인다. 또한 일상생활을 꾸려나가는 데도 어려움을 겪는다.

DSM-5에서, 혼란된 행동의 한 표현방식으로서 **긴장증**(catatonia)이라고 불리는 것이 있다. 이 증상이 있는 사람들은 때로 손가락, 손 및 팔을 독특하게 때로는 복잡하게 연속적으로 움직여서, 반복적으로 제스처를 취한다. 이런 몸짓은 종종 의도가 있는 것으로 보이기도 한다. 어떤 사람들은 전반적인 활동 수준이 비정상적으로 증가한다. 이 경우 조증(mania)에서 관찰되는 것과 유사하게 많이 흥분되어 있고, 팔다리를 도리깨질하듯이 움직이며 에너지를 많이 소비하고 있다. 정반대편에 있는 것이 부동성(immobility)이다. 이 증상은 평상시와 다른 자세를 상당히 오랫동안 취하고 있는 것이다. 긴장증에는 또한 말랑말랑한 유연성(납굴증, waxy flexibility)이 나타날 수 있다. 즉 다른 사람이 환자의 팔다리를 이리저리 움직여서 이상한 자세를 취해 놓아도 당사자는 그 자세를 오랫동안 유지할 수 있다.

## 초점 6.2    조현병 개념의 변천 과정

조현병이라는 개념은 2명의 유럽의 정신과 의사인 Emil Kraepelin과 Eugen Bleuler에 의해서 최초로 정립되었다. Kraepelin은 1898년에 조현병의 초기 용어인 **조발성 치매**(dementia praecox)란 개념을 처음으로 제시했다. 조발성 치매 속에는 수십 년 전 19세기 임상가들에 의해서 별개로 간주되었던 여러 개의 진단적 개념, 즉 조발성 편집증(dementia paranoides), 긴장증(catatonia) 및 파조증(破爪症, hebephrenia)이 포함되어 있었다. Kraepelin은 이 장애들이 증상적으로는 다양하지만 공통점이 있다고 믿었다. 조발성 치매란 용어는 그가 공통적 핵심 요소라고 믿었던 것, 즉 조기의 발병과 점진적인 지적 황폐화(progressive intellectual deterioration, dementia)가 특징인 경과를 밟음을 의미하는 것이다. 조발성 치매에서 치매(dementia)란 말은 노화 과정에서 발생하는 치매와 다르다[신경인지장애(neurocognitive disorders)]. 노인기 치매의 주요 특징은 심각한 기억 손상인 반면에, Kraepelin이 사용한 치매란 말의 뜻은 전반적인 '정신 기능의 저하(mental enfeeblement)'를 지칭하는 것이다.

조현병을 기술하는 데 있어 Bleuler는 두 가지 점에서 Kraepelin과 달랐다. 왜냐하면 Bleuler는 이 장애가 반드시 초기에 발병하는 것이 아니며 반드시 치매로 발전하는 것도 아니라고 믿었기 때문이다. 따라서 조발성 치매라는 명칭도 부적절하다고 간주되었다. 1908년, Bleuler는 그가 이 상태의 본질적인 속성이라고 생각했던 것을 표현하기 위해서 그리스어로 '분열'을 뜻하는 schizein(to split)과 마음을 뜻하는 phren(mind)을 합쳐서 조현병이라는 용어를 만들었다.

발병 나이와 황폐화되는 경과가 더 이상 이 장애의 근본 특징으로 고려되지 않자, Bleuler는 개념상의 문제에 봉착했다. 조현병 증상이 환자마다 다양했으므로, 그는 이와 같이 다양한 증상들을 하나의 진단 범주로 묶는 것에 대한 어떤 정당성을 제시해야만 했다. 그래서 Bleuler는 다양한 장애들을 함께 연결할 공통분모, 즉 본질적 속성을 세부적으로 밝히려고 시도하였다. 이 목적을 위해 그가 채택한 은유적 표현은 '연상작용의 분열(breaking of associative threads)'이라는 개념이었다.

Bleuler에게 연상작용은 단어들뿐만 아니라 사고도 포함되는 것이었다. 따라서 목표지향적이고 효율적인 사고와 의사소통은 이와 같이 가정된 구조들이 온전할 때만 가능하다고 생각되었다. 연상작용이 조현병 환자들에게서 손상되어 있다는 생각은 기타의 증상들을 설명하는 데 사용되었다. 예를 들면 Bleuler에게는 조현병

Hulton Archive/Getty Images, Inc.

Corbis-Bettmann

Emil Kraepelin(1856-1926)은 독일의 정신과의사인데, 조현병[당시는 조발성 치매(dementia praecox)로 불림]에 대한 기술을 명시하였는데, 이는 당시의 연구 수준에 비추어볼 때 두드러지게 탄탄한 것으로 입증되었다.

Eugen Bleuler(1857-1939)는 스위스의 정신과 의사인데, 조현병에 관한 개념을 정립하는 데 기여하였고 조현병이란 용어를 만들어냈다.

환자의 주의장애가 사고(思考) 과정이 방향을 상실한 데서 기인한다고 간주되었다. 이와 같은 사고의 방향 상실 때문에 주변환경 속의 대상들과 사람들에 대해 수동적으로 반응하게 되었다고 Bleuler는 생각했다.

Kraepelin은 조발성 치매의 증상을 처음부터 나타냈던 환자들 중 소수는 황폐화되지 않았다는 것을 인정했지만, 조발성 치매란 병명을 예후가 나쁜 환자들에게 국한시키는 것을 선호했다. 반면에 Bleuler의 연구는 조현병에 대한 보다 광의적 개념과 이론적 측면을 강조하는 추세를 이끌어냈다. 그는 예후가 좋은 환자도 조현병이라고 진단하였으며, 다른 임상가로부터 다르게 진단된 환자도 상당수를 조현병으로 진단하였다.

긴장증은 요새는 조현병이 있는 사람들에게서 거의 찾아볼 수 없다. 그 이유는 아마도 약물요법이 이런 환자의 기괴한 움직임이나 자세에 대해 효과적으로 작용하기 때문일 것이다. 긴장증은 다른 의학적 조건의 증상으로서 나타날 수도 있다. Boyle(1991)은 20세기 초에 긴장증이 많이 발생했던 것으로 보이는 것은 조현병으로 오진한 결과라고 주장한 바 있다. 세부적으로 말해서, 기면성 뇌염(encephalitis lethargica)(잠만 자는 병, sleeping sickness)과 긴장증 사이에 유사점이 있다는 것은, 긴장증의 많은 사례가 조현병으로 오진되었다는 것을 시사한다. 이러한 생각은 Oliver Sacks의 생애와 저술을 기반으로 만들어진 영화 〈어웨이크닝(Awakenings)〉에 잘 묘사되어 있다. 조현병과 그 증상에 관한 변천사를 자세히 알고 싶다면 초점 6.2를 보라.

### 조현병과 DSM-5

조현병에 대한 DSM-5에서의 진단 기준은 DSM-IV-TR의 경우와 크게 다르지 않다. DSM-IV-TR에서처럼, DSM-5에서도 진단을 내리려면 증상이 최소 6개월 동안 지속되어야 하는 것이 요구

된다. 6개월의 기간에는 적어도 1개월 동안 급성 일화(acute episode), 즉 활동적인 기간이 들어 있어야 하는데, 망상, 환각, 혼란된 말, 혼란된 행동, 그리고 음성 증상 중 적어도 2개 이상이 있어야 하는 것으로 정의되고 있다. 또한 진단을 내리는 데 필요한 나머지 시간은 활동적인 기간의 앞이나 뒤에 있으면 된다. 이와 같은 시간에 대한 기준은 단기 정신증 일화를 겪었다가 곧 회복된 사람들을 배제해주는 것이다.

DSM-5에서 가장 큰 변화는 조현병의 하위 유형[망상형(paranoid), 혼란형(disorganized), 긴장형(catatonic), 미정형(undifferentiated)]을 삭제한 것이다. 이 하위 유형들은 유용성이 의심되고, 신뢰도가 저조하며, 그리고 예언 타당도가 형편없기 때문이다. 즉 조현병의 하위 유형을 선정해 진단을 내렸다고 해서 이 장애를 처치하거나 이 장애의 경과를 예측하는 데 도움이 되는 정보를 거의 제공해주지 못했다(Braff, Ryan, Rissling et al., 2013). DSM-5에서의 또 다른 변화는 다섯 가지 증상의 각각에 대한 심각도 평정(severity ratings) 코너를 추가한 것이다(DSM-5의 부록 상자를 보라)(Barch, Bustillo, Gaebel et al., 2013).

조현병은 DSM-5에서 '조현병 스펙트럼 및 기타 정신병적 장애'라는 제목의 장의 일부이다. 이 장에 나오는 2개의 다른 단기 정신증적 장애는 **조현양상장애**(schizophreniform disorder)와 **단기 정신병적 장애**(brief psychotic disorder)가 있다. 조현양상장애의 증상은 조현병의 증상과 같지만 단지 1~6개월 동안만 지속되는 것이다. 단기 정신병적 장애는 1일에서 1개월 기간만 지속되는 것으로서 사별과 같은 극심한 스트레스에 의해 일어나는 경우가 종종 있다. DSM-5에서는 이 두 장애에 대해서 단지 한 가지의 변화만 가져왔다. 즉 증상에는 환각, 망상, 또는 혼란된 말이 들어 있

---

**초점 6.3　약화된 정신증적 증후군**

DSM-5에서 '조현병 스펙트럼 및 기타 정신병적 장애'의 장에 약화된 정신증적 증후군(attenuated psychosis syndrome, APS)이라고 불리는 새로운 장애를 추가하는 것을 처음으로 검토했다. 이런 제안은 이 분야에서 굉장히 많은 토론과 논쟁을 불러일으켰다. 종국에는, APS는 DSM-5의 Ⅲ편에 배치되었고, 이 부분은 DSM에 수록되기 전에 좀 더 추가적인 연구가 필요한 조건들을 소개하고 있는 곳이다.

APS에 대한 착상은 지난 20년간에 걸쳐서 조현병에 걸릴 위험이 큰 젊은이들을 파악해내려고 시도한 연구에서 왔다. 이런 유형의 연구는 **임상적 고위험 연구**(clinical high-risk study)라고 불리며, 이러한 전망적이고 종단적인 연구의 출발점은, 나중에 조현병으로 발전될 수도 있는 경미한 양성 증상을 나타내는 젊은이들을 신뢰성 있게 가려내는 것이다(Miller, McGlashan, Rosen et al., 2002). 전조 증후군에 대한 구조화된 면접(Structured Interview for Prodromal Syndromes, SIPS)을 사용한 연구들에서는 이런 경미한 증상이 없는 사람들과 다르고 조현병의 가족력이 있는 사람들[가족 고위험(familial high-risk) 연구에서의 조사대상]과도 다른 젊은이 집단을 가려내었다. 그렇게 가려낸 사람들은 전조 단계에 있는 사람으로 지칭되었다. **전조**(prodrome)라는 용어는 어떤 질병의 초기 증세를 지칭한다. SIPS상의 전조 단계 기준에 부합하는 젊은이들은 이 기준에 부합하지 않는 젊은이들에 비해 많은 영역에서 다르다. 여기에는 일상생활의 기능 그리고 조현병 스펙트럼 장애로 전환되는 속도가 들어 있다(Woods, Addington, Cadenhead et al., 2009). 전조 단계의 기준에 부합하는 사람들 중 10~30% 사이에서 조현병 스펙트럼 장애가 나타났는데, 일반인 중에서는 단지 0.2%였다(Carpenter & van Os, 2011; Yung, Woods, Ruhrman et al., 2012).

이와 같은 새로운 항목을 DSM-5에 추가하는 것을 지지하는 주장에는 무엇이 있을까? 첫째, APS를 가려내는 것은 이렇게 하지 않으면 정신건강 전문가들에 발견되지 않았을 사람들로 하여금 치료를 받게 하는 데 도움이 될 수 있을 것이다. 불행하게도, 미국의 현재 건강보험제도하에서는 사람들이 공식적인 진단을 받지 못하면 치료를 받을 수 없는 경우가 종종 있을 수 있다. 둘째, APS가 있는 사람들을 가려내고 치료하는 것이 이들에게서 조현병 또는 그밖의 조현병 스펙트럼 장애가 나타나는 것을 방지할 수도 있다는 희망이 있기 때문이다.

그러나 이와 같은 새로운 항목을 추가하는 것에 대하여 반대하는 의견도 많았다(Yung, Woods, Ruhrmann et al., 2012). 첫째, 이 항목 자체가 아직 DSM에 수록될 정도로 신뢰도와 타당도가 충분하지 못하다. 둘째, 전조 증상이 공존하는 경우가 많다. 즉 전조 증상의 기준에 부합하는 젊은이들의 60% 이상이 우울증의 병력이 있어서, 이는 APS가 조현병 스펙트럼 장애가 아니라 실제로는 기분장애의 일부일 가능성을 제기하고 있다. 셋째, 새로운 진단 명칭을, 특히 젊은이들에게 적용하는 것은 낙인찍는 효과를 가져올지도 모르며 또는 차별로 이어질 수도 있다는 우려가 있다. APS가 있는 모든 사람이 조현병으로 발전하는 것은 아니기 때문에, 젊은이 및 그들의 가족에게 불필요하게 경고하는 것일 수도 있다. 끝으로, 약화된 양성 증상으로 고통 받거나 또는 기능부전에 빠진 사람들에게 처치를 제공하는 것이 바람직한 목표기는 하지만, 처치법이 조현병에 대한 경우와 너무나도 비슷할 것이므로, 이 두 조건 사이의 경계를 더욱 흐리게 할 것이라는 우려도 있다. 사실 APS에 대한 효과적인 처치법은 아직 없는 실정이다(Carpenter & van Os, 2011).

어야 한다. **조현정동장애**(schizoaffective disorder)는 조현병과 기분장애의 증상이 혼합된 것이다. DSM-5에서는 DSM-IV-TR에서처럼 단순히 기분장애의 증상이면 되는 것이 아니고 우울증 일화 또는 조증 일화가 있어야 한다.

**망상장애**(delusional disorder)가 있는 사람은 지속적인 망상에 의해 고통을 겪는다. 이것은 박해 (persecution) 망상이나 질투(jealousy) 망상일 수 있다, 이를테면 배우자나 연인이 부정하다고 생각 하는 근거 없는 신념이 있다. 이 장애에서 보이는 다른 망상으로는 과대망상, 색정망상(delusions of erotomania, 자신이 누군가 다른 사람—통상 사회적 지위가 더 높은 전혀 모르는 사람—으로 부터 사랑을 받고 있다고 믿는 것), 그리고 신체 망상(신체 기능에 대한 망상)이 있다.

DSM-5에서는 III편의 '추가 연구가 필요한 진단적 상태' 부분에서 약화된 정신증적 증후군 (attenuated psychosis syndrome)이라는 새로운 항목을 추가했다. 우리는 초점 6.3에서 이 장애를 좀 더 자세히 살펴보았다.

## 중간 요약

조현병은 대단히 이질적인 장애이다. 조현병은 여성보다 남성에게서 약간 더 많이 나타나며 통상 청소년 후기 또는 초기 성인기에 시작된다. 증상은 양성 증상, 음성 증상, 그리고 혼란된 증상으로 구분될 수 있다. 양성 증상에는 환각과 망상이 들어 있고, 음성 증상에는 의욕 결핍, 표현 불능, 둔한 정동, 쾌감 불능, 비사회성이 들어 있다. 종합하면, 음성 증상에는 두 가지 영역이 있는데, 그것은 동기/즐거움 그리고 표현에 관한 영역이다. 혼란된 증상에는 혼란스러운 말과 혼란된 행동이 들어 있다. DSM-5에는 조현병의 하위 유형이 더 이상 수록되지 않는데, 왜냐하면 이 하위 유형의 타당도가 만족스럽지 못해서 그리 유용하지 않기 때문이다. DSM-5에는 조현병의 각 증상에 대한 심각도의

평정치를 기록하는 것이 추가되었다. 그밖의 정신병적 장애에는 조현 양상장애와 단기 정신병적 장애가 들어 있는데, 이들은 그 지속기간에서 조현병과 다르다. 조현정동장애(schizoaffective disorder)에는 조현병 그리고 우울 일화나 조증 일화 중 하나를 포함해서 두 가지 증상이 들어 있다. 망상장애는 망상을 호소하지만 조현병의 다른 증상은 없는 경우이다. 약화된 정신증적 증후군이라는 항목은, 양성 증상이 약해진 상태로 있어서 고통을 가져오고 지난해에 더 그 증상이 악화되어 왔던 경우인데, 지금까지의 연구가 제한적이어서 DSM-5에는 수록되지 않았다. 그 대신, 이 항목은 추후 연구가 필요한 조건들을 모아놓은 목록에 추가되었다.

## 복습문제 6.1

각각의 임상 사례 예문에서 기술하는 증상을 적어보라.

1. 찰리는 극장에 가는 것을 좋아한다. 그는 특히 공포 영화 보기를 좋아하는데 이런 영화가 그를 진짜로 무섭게 만들기 때문이다. 그의 누나는 이것을 알고 놀랐는데, 왜냐하면 찰리와 같이 영화를 보러 갔을 때, 그는 크게 숨을 헐떡거리지도 않았고 얼굴에서도 두려움을 나타내지 않았기 때문이다.

2. 마를렌은 크리스천 베일이 그녀에게 메시지를 보내고 있는 것이 확실하다고 여겼다. 영화 〈다크나이트〉에서, 베일이 호커족들과 싸운 것은 자신이 그들과 함께 하기 위하여 싸울 준비가 되어 있다는 신호인 것이다. 그가 자신의 영화 오프닝에서 친필로 서명한 것은 또한

그가 그녀와 접촉하려 하고 있다는 것을 그녀에게 전달해준 것이다.

3. 소피아는 가족과 같이 저녁을 먹으러 밖에서 나가고 싶지 않았다. 그녀는 이런 저녁식사에서의 음식과 대화가 항상 똑같다고 생각해서, '왜 성가시게 굴까?'라고 생각했다. 며칠 뒤에, 그녀의 어머니는 소피아가 집안일을 많이 하지 않는다고 언급했다. 소피아는 아무런 할 일이 없다고 생각하는 것도 재미있다고 말했다.

4. 제본은 주치의와 그가 복용하는 약물의 부작용에 대해 대화하고 있었다. 그는 입이 건조해진다는 것을 말하고는 곧 무시무시한 독사와 정글 사파리, 그리고 등산이 건강에 어떻게 좋은지에 대해 말하더니 버락 오바마가 조지 부시보다 몸매가 더 좋다는 말도 했다.

# 조현병의 원인론

조현병이 있는 사람들이 나타내는 분산되고 연결되지 않는 사고, 망상, 환각, 그리고 줄어든 정서 표현을 어떤 것이 설명해줄 수 있을까? 우리가 살펴보겠지만, 아주 많은 요인들이 이 복잡한 장애의 원인으로 기여한다.

## 유전 요인

조현병의 소질이 유전된다는 견해를 뒷받침하는 연구 결과가 상당히 많다. 이에 대해서는 행동 유전학(behavior genetics)과 분자 유전학(molecular genetics) 연구에 관한 아래 절에서 살펴본다. 행동 유전학 연구로부터 나온 증거들이 다소 신빙성이 높은데, 그 이유는 주로 이런 연구들의 대부분이 반복 실험을 통해 확인되었기 때문이다. 현재의 증거에 의하면, 조현병은 유전적으로 이질적이다. 즉 유전 요인이 사례마다 다를 수 있는데, 이는 앞에서 언급된 조현병이 증상 면에서 이질적이라는 사실을 반영해주는 것이다. 어떤 유전자 또는 유전자들에 대한 경우에서도 마찬가지로, 유전 요인은 환경을 경유하여 그 영향을 발휘한다. 그래서 유전-환경 간의 상호작용 연구가 조현병에 대해 유전이 기여하는 속성을 밝혀주는 데 도움이 될 것이다(Walker & Tessner, 2008).

**행동 유전학 연구**  가계(家系, family), 쌍둥이, 그리고 입양아를 대상으로 하는 연구 결과는 유전 요인이 조현병에서 어떤 역할을 발휘한다는 아이디어를 지지해주고 있다. 조현병에 대한 유전 연구의 대부분은 현재보다 조현병의 정의가 상당히 넓었을 때 수행된 것들이다. 그러나 행동 유전학 연구자들은 연구대상이 되는 표본에 대해서 광범위한 기술 자료(descriptive data)를 수집해 놓았기 때문에, 새로운 진단 기준을 사용해서 그 결과를 다시 분석할 수 있게 해주었다.

**가계 연구**  표 6.2에는 조현병이 있는 지표 사례(proband)의 여러 친척들이 조현병에 걸릴 확률이 요약되어 있다. (이 표의 수치를 평가하는 데 있어서 염두에 두어야 할 것은, 일반인에서 조현병에 걸릴 확률이 1%가 약간 안 된다는 것이다.) 아주 명백한 것은, 조현병 환자들의 친척은 병에 걸릴 위험성이 높으며, 이 확률은 지표 사례 당사자(즉 조현병이 있는 사람)와 친척 간의 유전적 관계(즉 혈연관계)가 가까울수록 증가한다(Kendler, Karkowski-Shuman et al., 1996). 다른 연구결과에서는 가족 중에 조현병을 앓던 이가 있는 사람들이 가족 중에 조현병이 없는 사람들에 비해서 음성 증상을 더 많이 보여주었다(Malaspina, Goetz, Yale et al., 2000). 이는 음성 증상에서 유전의 비중이 클 수 있다는 것을 시사한다.

한 가족 연구에서는 덴마크 시민 등록 시스템에서 200만 명이 넘는 덴마크 사람들을 대상으로 조사하였다(Gottesman, Laursen, Bertelsen et al., 2010). 이 시스템에는 심리장애를 위시하여 건강 관련 문제에 관련된 모든 입원 환자 및 외래 환자가 기록되어 있다. 연구진은 친부모 중 조현병이나 양극성장애로 치료받기 위해 입원한 사람이 1명, 2명 있거나, 또는 전혀 없는 사람들을 대상으로 이들에서의 조현병과 양극성장애의 누적 발병률을 조사하였다. 또한 연구자들은 한 부모가 조현병으로 입원했고 또 다른 부모는 양극성장애로 입원한 적이 있는 아동들을 대상으로 그들에서의 이 장애의 발병률을 조사하였다. 조사 결과는 표 6.3에 제시되어 있다. 예상되는 바와 같이, 조현병의 발생률은 두 부모가 모두 조현병으로 입원했던 아동의 경우에 가장 높았다. 또한 한 부모는 조현병으로 입원했고 또 다른 부

| **표 6.2** 조현병의 유전학에 대한 주요 가족 연구와 쌍둥이 연구 결과의 요약 | |
|---|---|
| **지표 사례와의 관계** | **조현병 비율** |
| 배우자 | 1.00 |
| 손자 | 2.84 |
| 조카딸/조카 | 2.65 |
| 자식 | 9.35 |
| 형제 | 7.30 |
| 이란성 쌍둥이 | 12.08 |
| 일란성 쌍둥이 | 44.30 |

출처 : Gottesman, McGuffin, & Farmer(1987).

행동 유전학 연구에서는 쌍둥이, 또는 좀 더 드물게 세쌍둥이와 네쌍둥이에 종종 초점을 맞춘다. 하나의 드문 사례에서는, 1930년에 태어난 Genain 네쌍둥이 소녀(사진에는 없음)가 모두 조현병을 나타냈다. 아직도 생존하고 있는 자매 2명을 81세 나이에 최근에 평가하였는데, 이 둘은 모두 아직도 항정신증 약물을 복용하고 있었다(Mirsky, Bieliauskas, Duncan et al., 2013).

**표 6.3** Gottesman과 동료들(2010)의 가족 연구 결과 요약

| 부모의 정신병리 | 조현병 발생률 |
| --- | --- |
| 두 부모가 모두 조현병인 경우 | 23.7% |
| 한 부모만 조현병인 경우 | 7.0% |
| 부모가 조현병이 아닌 경우 | 0.86% |
| 한 부모는 조현병이고 다른 부모는 양극성장애인 경우 | 15.6% |

모는 양극성장애로 입원했던 사람들에게서도 조현병의 발생률은 단지 한 부모만 조현병으로 입원했던 사람들에 비해서 더 높았다. 이와 같은 연구 결과는 조현병과 양극성장애 사이에 공통된 유전적 취약성이 있을 수 있음을 시사한다. 우리가 곧 살펴보겠지만, 분자 유전학 연구 결과도 이와 같은 연결성을 시사하고 있다.

가족 연구 결과는 유전자가 조현병에서 어떤 역할을 발휘할 가능성이 있음을 시사해주는데, 물론 조현병이 있는 사람의 친척은 유전자뿐만 아니라 경험도 공유한다. 따라서 환경의 영향은 친척들 사이에서 위험성이 더 높은 것을 설명하는 데 가볍게 다루어서는 안 된다.

**쌍둥이 연구**  일란성 쌍둥이와 이란성 쌍둥이의 발병 일치율(concordance rates)이 표 6.2에 제시되어 있다. 일란성 쌍둥이의 일치율(44.3%)은 이란성 쌍둥이의 일치율(12.08%)보다 높지만 100%에는 훨씬 못 미친다. 보다 최근의 연구에서도 이와 유사한 결과가 나타났다(Cannon, Kaprior, Connqvist et al., 1998; Cardno, Marshall, Coid et al., 1999). 일란성 쌍둥이에서의 일치율이 100%에 못 미친다는 점이 중요하다. 왜냐하면, 조현병이 전적으로 유전에 의해 결정된다면, 일란성 쌍둥이 중 하나가 조현병일 경우 다른 한 명도 유전상으로 동일하므로 똑같이 조현병에 걸려 있어야 하기 때문이다. 또한 쌍둥이 연구 결과는 음성 증상이 양성 증상보다 유전의 비중이 더 클 수 있다는 것을 시사한다(Dworkin, Lenzenweger, & Moldin, 1987; Dworkin & Lenzenweger, 1984).

가족 연구의 경우와 마찬가지로, 쌍둥이 연구 결과를 해석하는 데 중요한 문제가 있다. 공통된 유전적 요인보다도 공통된(예 : 양육 방식) 요인과 공통되지 않은(예 : 또래 관계) 환경 요인이 위험성이 높은 것의 일부를 설명할 수도 있을 것이다.

Fischer(1971)는 일란성 쌍둥이에게서 발견되는 높은 일치율에 대한 유전적 해석을 뒷받침하는 분석 결과를 내놓았다. 그녀는 이런 일치율이 정말 유전의 영향을 반영한다면, 조현병 환자의 일란성 쌍둥이 형제로서 조현병에 걸리지 않은 사람의 자식들도 조현병에 걸릴 위험성이 높아야 한다고 추리했다. 조현병에 걸리지 않은 쌍둥이 형제는 행동으로 표현되지 않았다고 하더라도 조현병에 걸릴 유전적 소질(geno type)을 갖고 있어서, 이 소질이 자식에게 전달될지도 모른다. 이런 식의 추리와 맞는 결과로서, 조현병에 걸린 쌍둥이의 또 다른 형제로서 조현병에 걸리지 않은 사람의 자식이 조현병이나 조현병에 유사한 정신병에 걸린 비율이 9.4%였다. 조현병에 걸린 쌍둥이의 자식에서의 발병률은 이보다 별로 높지 않은 12.3%였으며, 양자 간의 차이는 무의미했다. 이 두 수치는 일반인에게서 발견되는 1%의 유병률보다 상당히 높아서 조현병에서 유전 요인이 중요함을 뒷받침해주는 자료가 된다.

**입양아 연구**  어머니가 조현병을 갖고 있었지만 유아 시절부터 양부모에 의해 양육된 아동들에 대한 연구는 조현병에서 유전의 역할에 대해 보다 결정적인 정보를 제공해주었다. 이 연구는 비정상

적인 환경이 끼칠 수 있는 영향을 배제했기 때문이다.

이제는 고전이 된 연구에서 Heston(1966)은 1915년에서 1945년 사이에 조현병 환자인 여성이 정신병원에 입원 시 출산한 47명의 사람들을 추적 조사할 수 있었다. 이들은 출생 직후부터 엄마로부터 떨어져서 양부모가 길렀다. 50명의 통제 피험자들은 여성 조현병 환자가 낳은 아동을 입양시킨 동일한 입양센터를 통해 입양된 아동 중에서 선택되었다. 추적조사용 평가를 실시한 결과, 통제 피험자들 중 조현병으로 진단된 사람은 아무도 없었으나, 여성 조현병 환자가 낳은 아이는 10.6%(5명)가 조현병 진단을 받은 것으로 나타났다.

조현병 여성이 아동을 입양한 사례를 대상으로 한 대규모 연구에서도 유사한 결과들이 나타났다. 친부모가 조현병인 164명의 입양아들의 발병위험률은 8.1%였다. 그리고 친부모가 조현병이 아닌 197명의 통제된 입양아들의 위험률은 2.3%로 유의미하게 낮았다(Tienari, Wynner, Moring et al., 2000).

**가계에 따른 고위험 연구**   다른 유형의 가족 연구는 **가계에 따른 고위험 연구**(familial high-risk study)라고 불린다. 이런 유형의 연구에서는 조현병이 있는 1명 또는 2명의 친부모를 대상으로 연구를 시작해서 그들의 자손을 종단적으로 추적조사하여 이들의 자손 중 얼마나 많은 사람이 조현병을 나타내는지, 그리고 어떤 유형의 아동기 신경생물학적 및 행동적 요인들이 이 장애의 발생을 예측해줄 수 있을지를 알아내고자 하였다. 1960년대에 최초의 고위험 연구가 시작되었다(Mednick & Schulsinger, 1968). 연구에서는 고위험 피험자로 207명의 젊은이를 뽑았는데, 그들의 어머니는 만성 조현병 환자이며 발병 전 적응상태가 불량했다. 위험도가 낮은 참여자는 어머니에게 정신분열증이 없다는 점 이외에는 고위험 집단과 모든 면에서 비슷하였다.(여기에서 어머니가 조현병 환자인 피험자들을 선택한 이유는, 아버지를 명확하게 가려내기가 항상 쉽지만은 않았기 때문이었다.) 1972년, 이제는 성인이 된 고위험 피험자와 저위험 피험자는 진단용 검사배터리 등 다양한 측정도구를 통해서 추적조사를 받았다. 고위험 피험자 중 15명이 조현병으로 진단되었다. 통제집단은 남자와 여자 어느 누구도 조현병 진단을 받지 않았다.

이와 같은 개척적 연구에 힘입어 다른 가계별 고위험 연구들이 수행되었다. 뉴잉글랜드 가족연구에서는 조현병 스펙트럼 장애가 있는 부모(어머니 혹은 아버지)의 자녀가 조현병이 없는 부모들의 자녀에 비해서 40세에 이르기까지 조현병 스펙트럼 장애를 나타낼 확률이 6배나 높았다(Goldstein, Buka, Seidman et al., 2010). 또한 이 연구에서는 소위 '정동정신병(affective psychosis)'이라고 불리던 것을 갖고 있던 일단의 부모도 조사하였는데, 이 정동정신병에는 양극성장애 또는 정신증적 양상이 동반된 주요우울장애가 포함되어 있었다. 정동정신병이 있는 부모의 자녀들은 조현병 스펙트럼 장애를 나타낼 위험이 더 크지는 않았지만, 이들은 어떤 정신증도 없었던 부모의 자녀에 비해서 정동정신병을 나타낼 확률이 14배나 더 높았다.

최근 부모가 조현병, 양극성장애, 또는 주요우울장애인 경우 그 자손을 대상으로 한 33개의 가계 고위험 연구 결과를 최근에 종합분석한 결과에서는, 조현병이 있는 부모의 자손이 조현병을 나타낼 위험성이 가장 높은 것으로 나타났다. 그러나 조현병이 있는 부모의 자손은 또한 아무런 심리장애도 없는 부모의 자손에 비해서 심각한 심리장애를 나타낼 위험성이 거의 2배나 높았다(Rasic, Hajek, Alda et al., 2014).

**분자 유전학 연구**   조현병에 유전적 요소가 있다는 것을 알았다고 해도 이는 단지 연구의 출발점이 될 뿐이다. 유전적 소질의 구성 요소가 무엇인지를 정확히

Sarnoff Mednick는 서던캘리포니아대학교의 심리학자인데, 조현병을 연구하는 데 가계에 따른 고위험 연구를 처음으로 사용하였다. 또한 그는 임신 중 바이러스 감염이 정신분열증과 관련이 있다는 가설을 수립하는 데도 기여하였다.

이해하는 것은 분자 유전학 연구자들이 직면한 도전적 과제이다. 이 책에서 다루는 거의 모든 장애에 대해서와 마찬가지로, 조현병에 대한 소질이 단 하나의 유전자에 의해서만 전달되는 것 같지는 않다. 더욱이 최근의 분자 유전학 연구 결과에서는 조현병과 양극성장애 모두에 연관된 공통 유전자가 다중으로 있는 것을 발견하였다(Cross-Disorder Group of the Psychiatric Genomics Consortium, 2013).

연관성 연구(association study)들은 조현병과 관련된 특정 유전자에 초점을 맞추기 시작했다. 한 연관성 연구의 연구목표는 특정 유전자와 특정 표현형이 어떻게 동시에 발생하는지를 입증하는 것이다. 연관성 연구로부터 일부 지지를 얻고 있는 3개의 유전자 후보가 있다. 하나는 DTNBP1이라 불리는 유전자인데, 뇌 전체에 발현된 dysbindin이라 불리는 단백질을 부호화한다. 그러나 이러한 기능이 유전자 혹은 단백질 중 어느 것과 관련된 것인지는 아직 명확치 않다. 하지만, 이러한 기능이 뇌 전체에 퍼져 있는 글루타메이트 신경전도체 계통에 영향을 주는 것으로 보인다(MacDonald & Chafee, 2006). 그리고 DTNBP1과 조현병 간의 연관성을 반복 검증한 5개의 연구가 있다. 게다가 사후연구에서 정상인과 비교했을 때, 조현병 환자들은 전두엽, 측두엽, 해마와 변연계를 포함하여 여러 뇌 영역에서 dysbindin 단백질이 거의 없다고 밝혀졌다(Weickert, Straub, McClintock et al., 2004).

COMT라 불리는 유전자가 **전전두엽 피질**(prefrontal cortex)이 관할하는 집행 기능과 관련된다고 밝혀졌다(Goldberg & Weinberger, 2004에 의해 개관됨). 조현병 환자가 계획, 작업기억, 그리고 문제해결능력을 포함하는 집행 기능에 결함이 있다는 것을 증명한 수많은 연구가 있으며, 전두엽상의 문제가 있음을 보여준 연구들도 있다. 일부 연관성 연구에서는 COMT를 조현병과 관련시켰다(Harrison & Weinberger, 2004; Owen et al., 2004). BDNF로 불리는 또 하나의 유전자는 검증 중이며, 조현병이 있는 사람과 없는 사람의 인지 기능과 연관이 있다. 이 유전자는 인간의 경우 2개의 Val 대립 유전자(Val/Val), 2개의 Met 대립 유전자(Met/Met), 또는 각각 하나의 Val과 Met 대립 유전자(Val/Met)를 가질 수 있는 Val66Met이라 불리는 동질이상을 가지고 있다. 조현병 환자와 아닌 사람들을 대상으로 한 대규모 연구에서 언어적 기억은 2개의 Val 대립 유전자를 가진 사람들이 하나 혹은 2개의 Met 대립 유전자를 가진 사람들과 비교해볼 때 더 좋았다(Ho, Milev, O'Leary et al., 2006).

이와 같은 네 가지 유전자에 대한 연구 결과가 다소 반복(replications)되기는 했지만, 이들 유전자와 조현병 사이의 연관을 반복해서 확인하려는 다른 시도는 실패했다. 더욱이, 이와 같은 네 가지 유전자는 전장 유전체 연관 분석 연구(GWAS)에서는 드러나지 않았다. 이는 조현병과 관련된 유전적 이질성이 엄청나다는 점을 반영하는 것일 수 있다(Kim, Zerwas, Trace et al., 2011).

인간의 전체 게놈을 빠르게 주사하도록 돕는 분자 유전학의 최신 기술인 GWAS가 조현병 연구에 응용되어 왔다. 이 기술은 연구자들이 이전의 연계 및 연관성 연구부터 알려진 기존의 유전자 자리보다 오히려 드물게 나타나는 복제수효 변이(copy number variations, CNV) 같은 유전자 돌연변이를 밝히는 데 유용하다. 돌연변이는 무선적으로 나타나는 원인불명의 유전자 변이를 말한다. CNV는 어떤 유전자에서 하나 이상의 부분에 대한 비정상적인 복제[결손(deletion) 또는 복제(duplication)]를 지칭한다. Walsh와 그의 동료들이 2008년에 실시한 연구에서 그들은 서로 다른 2개의 표본을 가지고 실험한 결과 50개가 넘는 이러한 돌연변이가 정상인보다 조현병 환자들에게서 3배나 많다는 것을 확인했다(Walsh, McClellan, McCarthy et al., 2008). 알려진 유전자 돌연변이 중 일부는 뇌가 성장하는 동안 뇌 신경의 안전한 위치를 확보하는 신경전달물질인 글루타메이트와 단백질을 포함하여 조현병의 원인에서 당연하게 여겨지는 기타 위험 요인들과 관련이 있는 것으로 알려져 있다. 이러한 결과들이 고무적이긴 하지만, 반복 검증될 필요성이 있을 것이다. 더

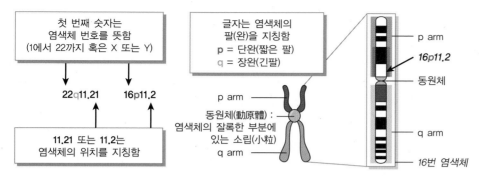

**아래의 모든 문자와 숫자는 무엇을 뜻하는가?**

첫 번째 숫자는
염색체 번호를 뜻함
(1에서 22까지 혹은 X 또는 Y)

글자는 염색체의
팔(완)을 지칭함
**p** = 단완(짧은 팔)
**q** = 장완(긴팔)

**22q11.21    16p11.2**

*16p11.2*

**11.21 또는 11.2**는
염색체의 위치를 지칭함

동원체

p arm

동원체(動原體) :
염색체의 잘록한 부분에
있는 소립(小粒)

q arm

p arm

q arm

*16번 염색체*

**그림 6.1** 유전자 언어의 해독

욱이, 알려진 돌연변이는 정상인보다 조현병 환자에게서 더 자주 나타났어도, 조현병 환자의 약 20%에서만 확인된 것들이다. 따라서 기타 유전적 요인들은 장래의 연구에서 밝혀질 것으로 기대하고 있다.

지난 5년 동안 수행된 조현병에서의 GWAS 연구들에 대한 개관 결과는 세 가지 CNV 결실(缺失)(22q11.21, 15q13.3, 1q21.1, 이런 글자와 숫자의 결합이 의미하는 바를 알려면 그림 6.1 참조)은 현대의 유전학 연구에서의 엄격한 반복 요구사항을 충족했다고 결론지었다(Bassett, Scherer, & Brzustowicz, 2010; Kim et al., 2011). 그러나 유전자들의 계열에 대한 GWAS 연구도 수행되어 왔다. 이 연구들에서는 조현병과 연관된 단일 염기 다형성(single nucleotide polymorphisms, SNPs)을 가려내려고 하였다. 이 연구들의 결과는 CNVs에 대한 GWAS 연구에서처럼 잘 반복되지 않았다. 그러나 흥미로운 연구 결과 중 하나는 조현병과 관련된 SNP는 또한 양극성장애와도 관련이 있었다. SNP 연구는, 가계에 따른 고위험 연구 결과에서와 마찬가지로, 이 두 장애 모두에서 공통된 유전적 취약성이 있을 수 있음을 시사한다(Owen, Craddock, & O'Donovan, 2010; Ruderfer, Fanous, Ripke et al., 2013; Sullivan, Daly, & O'Donovan, 2012).

우리는 이와 같은 변종에 대해서 세 가지 중요한 사항을 지적할 수 있다. (1) 이런 변종은 모두 대단히 드문 것이다. (2) 이와 같이 드문 변종이 있는 사람들 중 소수에게서만 조현병이 나타났다. 그리고 (3) 이런 변종은 조현병에만 국한된 것이 아니다. 이런 일이 그렇게도 드물다는 점을 감안하면, 이는 연구자들이 조현병에 대한 유전적 취약성을 찾는 데 잘못된 길로 들어선 것을 의미하는 것인가? 꼭 그렇지만은 않다. 이런 연구 결과는 조현병의 유전적 이질성을 확인해준 것이며, 또한 동일한 장애(조현병)가 있는 사람들이 그 장애에 기여하는 동일한 유전 요인을 갖고 있지 않을 수도 있다는 견해를 확고하게 해준다. 현대의 유전학 연구는 조현병에 대한 유전적 취약성이 드물게 나타나는 변종이 많이 들어가 있는 것일 수 있다는 견해를 뒷받침한다.

## 신경전도체(신경전달물질)의 역할

현재 진행 중인 연구에서는 노르에피네프린과 세로토닌 같은 몇 가지 서로 다른 신경전도체 (neurotransmitters)를 조사하고 있다. 여기에서는 가장 많이 연구된 요인 중 하나인 도파민에 대해 살펴보겠다. 우리는 여기에서 이런 연구들의 과거 행적을 추적하면서, 이런 연구들이 조현병의 원인과 치료법을 밝히기 위한 노력에서 도움이 된 부분과 방해가 된 부분을 조명해보고자 한다.

**도파민 이론**  현재 조현병이 도파민이라는 신경전도체의 과잉활동과 연관된다는 이론은 조현병을 치료하는 데 효과가 있는 약물이 도파민의 활동을 감소시킨다는 사실에 근거하고 있다. 항정신증

**그림 6.2** 뇌와 조현병. 중앙피질 경로는 복측
피개영역에서 시작해서 전전두엽 피질로 투
사된다. 중앙변연계 경로도 복측피개영역에서
시작하지만 시상하부, 편도체, 해마 및 측좌핵
(nucleus accumbens)으로 투사된다.

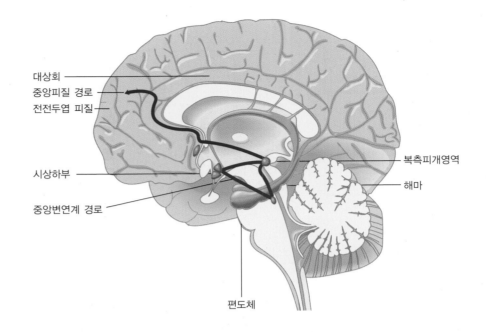

**그림 6.2** 뇌와 조현병. 중앙피질 경로는 복측피개영역에서 시작해서 전전두엽 피질로 투사된다. 중앙변연계 경로도 복측피개영역에서 시작하지만 시상하부, 편도체, 해마 및 측좌핵(nucleus accumbens)으로 투사된다.

약물은 조현병의 일부 증상을 치료하는 데 유용하기는 하지만, 파킨슨병의 증상과 유사한 부작용을 가져다준다. 파킨슨병은 그 원인 중 한 가지가 두뇌의 특정한 신경통로 속의 도파민 수준이 낮은 데 있다. 항정신증 약물의 분자 구조는 도파민의 분자 구조와 유사하기 때문에, 이 약물의 분자는 도파민 통로 속에 끼어 들어가서 (신경세포의) 후접합부 수용기(postsynaptic receptors)를 차단한다는 것이 이후 확인되었다. 항정신병제에 의해 차단되는 도파민 수용기는 D2수용기로 불린다.(다른 신경전도체의 경우와 마찬가지로, 접합 후 신경세포에 신호를 보내는 방식이 다른 도파민 수용기가 여러 종류 있다.) 조현병 환자에게 도움이 된다고 알려진 약물들의 작용에 대해 밝혀진 이와 같은 사실에 미루어볼 때, 조현병을 도파민 신경통로 내의 과잉활동의 결과로 간주하는 것은 당연한 논리적 귀결이다. 조현병에 대한 이와 같은 도파민 이론(dopamine theory)을 간접적으로 뒷받침해주는 것은 다음의 발견에서 나온다. 암페타민은 도파민의 활동을 증폭시켜주는데, 조현병이 없는 사람들에게서 조현병과 아주 유사한 상태를 일으킬 수 있다. 또한 이는 조현병이 있는 사람들에서의 증상을 더욱 악화시킬 수 있다(Angrist, Lee, & Gershon, 1974).

그러나 다른 연구들이 진행되어 가면서, 이와 같은 가정은 조현병의 다양한 증상을 설명하기에는 너무 간단한 것으로 드러났다. 예를 들면 과잉 도파민 활동은 주로 양성 증상 및 혼란 증상하고만 관련이 있어 보이며, 항정신증 약물은 중앙변연계 경로(mesolimbic pathway)(그림 6.2 참조)에 있는 도파민 수용기를 제지해서 이런 증상을 감소시키는 데 기여하는 것이다. 그러나 음성 증상은 어떠한가? 도파민 이론을 발전시키려는 노력은 중앙피질의 경로에 초점을 맞추어 왔는데, 이곳은 전전두엽 피질로 투사되는 도파민 활동의 또 다른 영역이다(Davis, Kahn, Ko et al., 1991). 전전두엽 피질에 있는 도파민 신경세포들은 활동성이 저하되어 있어서 편도체 같은 피질하 두뇌 영역 속의 도파민 신경세포에 대하여 억제력을 행사하지 못할 수 있다. 이는 그 경로상에서 도파민의 과잉활동을 초래할 수 있다. 전전두엽 피질이 조현병의 음성 증상과 특히 관련된다고 생각되기 때문에, 두뇌의 이 영역에 있는 도파민 신경세포들의 활동 저하는 조현병의 음성 증상의 원인이 될 수도 있다(그림 6.3 참조). 더욱이, 항정신병제는 전전두엽 피질에 있는 도파민 관련 신경세포에 별다른 영향을 미치지 않기 때문에, 항정신병제는 음성 증상의 치료에 비교적 효과가 없을 것이라고 기대되는 것이며, 실제로도 그렇다. 조현병 환자 두뇌의 구조적 이상에 관한 연구를

고찰할 때, 이 두 영역이 긴밀하게 연결되어 있음을 살펴보게 될 것이다.

우리가 지금까지 살펴본 긍정적인 증거에도 불구하고, 도파민 이론은 조현병에 대한 완벽한 이론이 못 되는 것 같다. 예를 들면, 항정신증 약물을 쓰면 조현병의 양성 증상이 여러 주가 지나야 서서히 약화된다. 그러나 이 약물은 투입되면 도파민 수용기를 급속히 제지하기 시작한다(Davis, 1978). 항정신병제가 행동에 미치는 효과와 약리 효과가 맞물리지 않는 점은 도파민 이론의 맥락 속에서 이해하기가 어렵다. 하나의 가능성은 항정신병제가 실제로 D2 수용기를 제지하여, 다른 뇌 영역과 다른 신경전도체 계통을 막는 효과를 내서 궁극적으로 치료 효과를 낼 수 있다(Cohen, Nordahl, Semple et al., 1997).

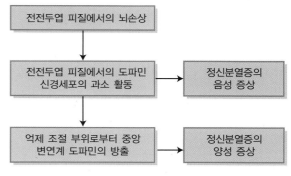

**그림 6.3** 조현병에 대한 도파민 이론

조현병이 지각, 정서, 인지, 그리고 사회 활동을 포함하는 광범위한 영역에 걸쳐서 증상을 나타내는 장애이기 때문에, 도파민 같은 한 개의 신경전도체로 조현병의 모든 증상을 설명할 수 있으리라는 것은 불가능할 것이다. 따라서 조현병 연구자들은 도파민만을 전적으로 강조하는 것에서 벗어나, 좀 더 광범위하게 신경전도체 연결망으로 관심을 돌렸다.

**기타 신경전도체**  나중에 설명하겠지만, 조현병 치료에 사용되는 새로운 약물은 세로토닌과 같은 다른 신경전도체도 조현병에 관련되어 있을 가능성을 시사해준다. 이러한 새로운 약물들은 D2 수용기를 부분적으로 차단해주지만, 또한 동시에 세로토닌 수용기 5HT2를 차단하는 작용도 한다(예 : Burris, Molski, Xu et al., 2002). 도파민 신경세포는 일반적으로 다른 신경 계통의 활동을 조절하는 기능을 한다. 예를 들면 전전두엽 피질에 있는 도파민 신경세포는 감마-아미노산(gamma-aminobutyric acid, GABA) 신경세포를 조절한다. 따라서 GABA 전송체제가 조현병이 있는 사람들의 전전두엽 피질에서 결함이 있다는 것은 놀랄 만한 일이 아니다(Volk, Austin, Pierri et al., 2000). 마찬가지로, 세로토닌 신경세포는 중앙변연계 통로에 있는 도파민 신경세포를 조절한다.

인간의 뇌 속에 널리 퍼져 있는 신경전도체인 글루타메이트(glutamate)도 역할을 하는 것 같다(Carlsson, Hanson, Waters et al., 1999). 조현병이 있는 사람들의 뇌척수액에서 글루타메이트의 수준이 낮게 나타났는데(Faustman, Bardgett, Faull et al., 1999), 사망 후 연구 결과 글루타메이트를 만들어내는 데 필요한 효소의 수준이 낮은 것으로 드러났다(Tsai, Parssani, Slusher et al., 1995). 연구 결과에 따르면 임신 3기인 임산부(이들이 출산한 아이는 나중에 성인이 되서 조현병이 발달함)의 혈액에서 조현병이 있는 사람들의 NMDA 수용기와 상호작용하는 것으로 알려진 물질인 아미노산의 수치가 높음이 발견되었다(Brown, Bottiglieri, Schaefer et al., 2007; Regland, Johnson, Grenfeldt et al., 1995). 길거리 약물인 PCP는 양성 및 음성 증상을 위시하여 정신병 상태를 일으킬 수 있고, 이는 이 약이 글루타메이트의 수용기 중 한 가지에 간섭효과를 나타내서 유발된 것이다(O'Donnell & Grace, 1998). 더욱이, 전두엽이나 해마(2개의 뇌구조 모두 조현병과 관련됨)에서 선조체(측두엽 구조)로 보내지는 글루타메이트의 유입이 감소하게 되면 도파민의 활동이 증가될 수 있다(O'Donnell & Grace, 1998). 혼란 증상뿐 아니라 전두엽 피질로 뒷받침되는 조현병의 인지적 결함이 NMDA와 관련된 결함과 연결될 수 있다는 추가적인 증거들이 있다(MacDonald & Chafee, 2006).

## 뇌의 구조와 기능

조현병이 너무나도 많은 영역(생각, 정서, 그리고 행동)에 걸쳐서 영향을 끼치기 때문에, 어느 한 가지 유형의 두뇌 기능부전으로 조현병의 모든 증상을 설명할 수 없다는 것이 설득력이 있다. 조현병에서의 두뇌 이상에 대해 가장 잘 반복해서 검증된 발견은 뇌실(腦室, ventricles)의 확장과 전전두엽 피질 및 측두엽 피질에서의 기능부전뿐만 아니라 이들을 둘러싸고 있는 뇌 영역에서의 기능부전이다. 보다 최근의 연구에서는 이와 같이 뇌의 서로 다른 영역들이 서로 연결짓는 데서 문제가 있음을 밝혀냈다.

**뇌실의 확장**  조현병 환자의 두뇌를 (사망 후) 검시하여 분석한 연구들은 조현병이 있는 사람들의 뇌실이 확장되었음을 일관성 있게 밝혀주고 있다. 두뇌에는 4개 뇌실이 있는데 그 속은 뇌척수액으로 가득 차 있다. 액체로 찬 공간이 더 많다는 것은 뇌세포가 망실되었음을 함축한다. 여러 개의 신경 영상 연구를 종합분석한 결과에서는 조현병이 있는 사람들의 일부에서 질병의 아주 초기 단계에서부터 질병의 경과 전반에 걸쳐서 뇌실이 확장된 것이 밝혀졌다(Kempton, Stahl, Williams et al., 2010; Olabi, Ellison-Wright, McIntosh et al., 2011; Wright, Rabe-Hesketh, Woodruff et al., 2000). 뇌실의 확장에 관한 그 이상의 증거는 69개의 연구들에 대한 종합분석에서 나오는데, 이 연구들에서는 조현병이 있으면서 항정신증 약물을 복용한 적이 전혀 없었던 2,000여 명을 대상으로 하였다(Haijma, Van Haren, Cahn et al., 2013). 이것이 중요한 이유는 뇌실의 확대 또는 뇌용적의 전반적 감소가 약물의 부작용에서 기인할 수 있을 가능성을 배제해주는 데 도움이 되기 때문이다. 둘 중 한 명만 조현병인 일란성 쌍둥이를 대상으로 한 2개의 MRI 연구에서는 뇌실의 크기를 평가하였다(McNeil, Cantor-Graae, & Weinberger, 2000; Suddath, Christison, Torrey et al., 1990). 이 두 연구에서 질병이 있는 쌍둥이는 건강한 다른 쪽 쌍둥이에 비해서 뇌실이 더 컸으며, 두 개 중 한 연구에서는 조현병이 있는 쌍둥이의 대부분을 스캔한 사진을 단순히 육안으로 보기만 해도 가려낼 수 있었다. 이 연구들에서는 쌍둥이가 유전적으로 동일하기 때문에, 이와 같은 결과는 뇌실 확장의 원인이 유전적인 것이 아닐 수 있다는 점을 시사한다.

조현병이 있는 사람들에게서 뇌실이 확장된 것은 신경심리학적 검사 수행도상의 저조, 발병 전 적응 수준의 저조(poor premorbid adjustment), 그리고 약물처치의 효과가 저조한 것과 상관관계가 있음이 발견되었다(Andreasen, Olsen, Dennert et al., 1982; Weinberger, Cannon-Spoor, Potkin et al., 1980). 그러나 뇌실이 확장된 정도는 그다지 크지 않았으며, 환자들 중 다수는 정상인과 이 점에서 다르지도 않았다. 더욱이, 뇌실이 확장된 것은 정신증적 양상이 수반된 조증 장애와 같은 다른 정신병 환자들에 대한 CT 주사(走査) 결과에서도 발견되었으며, 조현병 환자에게서만 발견되는 것이 아니다(Rieder, Mann, Weinberger et al., 1983). 정신증적 양상이 수반된 조증 장애와 같은 다른 장애를 갖고 있는 사람들도 조현병이 있는 사람들에게서 볼 수 있을 만큼 큰 뇌실 확장이 나타날 수 있다(Elkis, Friedman, Wise et al., 1995).[1]

**전전두엽 피질과 관련된 요인**  이상의 다양한 자료는 조현병에서 전(前)전두엽 피질이 특히 중요하다는 것을 시사한다.

- 전전두엽 피질은 말(speech), 의사결정, 정서, 그리고 목표지향 행동 같이 조현병에서 손상되어 있는 행동에서 어떤 역할을 발휘하는 것으로 알려져 있다.
- MRI 연구 결과는 전전두엽 피질에서 회백질 및 전반적 용적이 감소되어 있음을 보여주었다 (Buchanan, Vladar, Barta et al., 1998; Ohtani et al., 2014; Sun et al., 2009).
- 조현병이 있는 사람들은 작업기억, 즉 기억 속에 정보를 유지하는 능력을 위시하여 전두

---

[1] 다른 발견들도 조현병과 정신증적 기분장애가 아마도 전적으로 별개의 진단범주임에 틀림없다고 시사한다. 이 장애들은 일부의 증상(특히 망상)과 가능성 있는 원인 요인의 일부(예 : 유전 요인, 도파민 활동의 증가)를 공통으로 갖고 있으며, 약물처방에 대해서도 비슷한 반응을 나타낸다. 중요한 함축성은 연구자들이 조현병뿐만 아니라 정신증적 증상에 대해서도 그들의 연구노력의 일부를 집중하도록 격려해줄 필요가 있다는 것이다.

엽 영역에 의해 뒷받침을 받는 기능을 평가하기 위해 고안된 신경심리 검사에서 조현병이 없는 사람들에 비해 저조한 수행력을 보였다(Barch, Csernansky, Conturo et al., 2002, 2003; Heinrichs & Zakzanis, 1998). 또한 이 검사들 중의 일부 검사상의 수행도에서 장애가 발생하기 전부터 이들이 30대 후반에 이를 때까지 감소한다는 증거도 발견되었다(Meier, Caspi, Reichenberg et al., 2014).

- PET 주사(走査)법을 이용해서 환자가 심리검사를 받는 동안 다양한 뇌 부위의 포도당 물질 대사율을 촬영했는데, 조현병 환자는 전전두엽 피질에서 낮은 물질대사비율을 보였다(Buchsbaum, Kessler, King et al., 1984). 전전두엽 내 포도당의 물질대사도 조현병 환자들이 전전두엽의 기능에 대한 신경정신학적 검사를 수행하는 동안 연구되었다. 이 검사는 전전두엽 피질 상의 에너지 수요를 측정하기 때문에 에너지가 소비되면 포도당의 물질대사는 보통 증가한다. 조현병 환자들, 특히 음성 증상이 뚜렷한 사람들은 수행도가 저조하며, 전전두엽 부위의 활성화도 나타나지 않았다(Potkin, Alva, Fleming et al., 2002; Weinberger, Berman, & Illowsky, 1988). 또한 조현병이 있는 사람들은 이와 같은 유형의 검사를 수행하는 동안에 촬영된 fMRI에 나타난 바와 같이 뇌로 들어가는 혈류가 감소한 것도 보여주었다(Barch, Carter, Braver et al., 2001; MacDonald & Carter, 2003).
- 끝으로, 전두엽의 활성화가 나타나지 않은 것은 음성 증상의 심각한 정도와 관련이 있으며(O'Donnell & Grace, 1998; Ohtani et al., 2014), 따라서 이미 언급된 바 있는 전두엽 피질상의 도파민 활성화 저하에 관한 연구와도 유사하다.

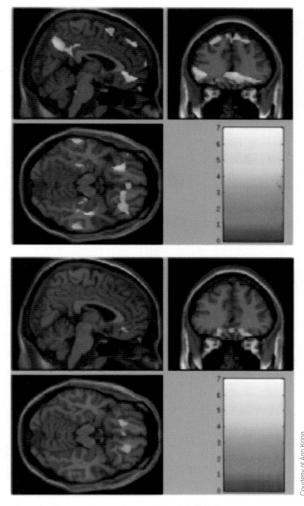

이 사진들은 fMRI 연구를 통해 유쾌한 정서 경험을 12초간 유지하는 동안의 두뇌활성화 정도를 보여주고 있다. 통제집단은 정신분열증 집단에 비해서 전두엽 영역의 활성화 정도가 더 큰 것을 보여주었다.

전두엽(및 측두엽) 피질 속의 회백질(gray matter)의 부피가 감소했음에도 불구하고, 이 영역에 있는 신경세포의 수는 감소한 것으로 보이지 않는다. 보다 정밀한 연구에 따르면 망실된 것은 소위 '수상돌기 가시(dendritic spines)'라 부르는 것일 수 있음을 알려주고 있다(Glausier & Lewis, 2013; Goldman-Rakic & Selemon, 1997; McGlashan & Hoffman, 2000). 수상돌기 가시는 수상돌기의 줄기 위에 있는 작은 돌기로서 이곳에서 접합(synapse) 부위에 있는 다른 신경세포로부터 신경충동을 받아들인다(그림 6.4 참조). 이 수상돌기 가시의 망실은 신경세포 사이의 연결(즉 접합 부위의 기능)이 붕괴된 것을 의미하며, 붕괴의 결과는 어떤 학자가 '단절 증후군(disconnection syndrome)'이라 명명했던 것을 가져온다. 신경 계통 간에 소통이 안 되면 그로 인한 한 가지 가능한 결과는 조현병에서 보이는 말과 행동의 혼란일 수 있다. 현대의 연구는 수상돌기 가시에서의 비정상인 것과 조현병에서 파악된 후보 유전자 및 CNV를 연결 짓는 것이다. 후보 유전자 등은 조현병에서의 유전 요인에 관한 절에서 논의된 바 있다(Pathania, Davenport, Muir et al., 2014; Penzes, Cahill, Jones et al., 2011).

**측두엽과 이를 둘러싸고 있는 영역에서의 문제** 가외의 연구 결과에서는 조현병이 있는 사람들에게서 측두엽에서 구조 및 기능상의 이상이 있는 것을 발견하였는데, 여기에는 측두회, 해마, 편도체, 그리고 앞쪽의 전측대상회 영역이 포함된다. 예를 들면, 연구 결과는 전두 영역뿐만 아니라 측두 영역에서의 회백질이 감소한 것(Gur, Turetsky, Cowell et al., 2000)과 기저 신경절(예 : 미상핵), 해마 및 변연계 조직의 부피가 줄어든 것을 보여주었다(Keshavan, Rosenberg, Sweeney et al.,

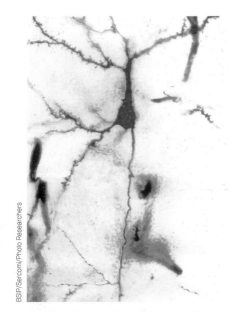

**그림 6.4** 신경세포의 미세도. 수상돌기 위의 돌출부위는 수상돌기 가시로서, 이는 다른 신경세포들로부터의 입력을 받아들인다. 수상돌기 가시가 적을수록 신경세포 간의 연결에 지장을 초래할 수 있으며 조현병에서 하나의 요인이 될 수도 있다.

1998; Lim, Adalsteinssom, Spielman et al., 1998; Mathew, Gardin, Tandon et al., 2014; Nelson, Saykin, Flashman et al., 1998; Velakoulis, Pantelis, McGorry et al., 1999). 쌍둥이 연구에서는 조현병이 있는 쌍둥이들에게서 해마 부피의 감소를 발견하였으나, 조현병이 없는 쌍둥이들한테서는 발견하지 못하였다(van Erp, Saleh, Huttunen et al., 2004). 첫 번째 조현병 일화 중에 있는 사람들을 대상으로 수행된 MRI 연구 결과들의 종합분석에서는 해마의 부피가 조현병이 없는 사람들과 비교하였을 때 의미 있게 감소했다는 결론을 내렸다(Steen, Mull, McClure et al., 2006).

해마에 관한 증거 중 부가적으로 흥미로운 부분은 조현병이 있는 사람들의 1급 친척 중 400명이 넘는 사람들과 조현병이 없는 사람들의 1급 친척 중 600명이 넘는 사람들의 두뇌 용적을 평가한 9개의 연구를 종합분석한 결과에서 나왔다(Boos, Aleman, Cahn et al., 2007). 조현병이 있는 사람들의 친척은 조현병이 없는 사람들의 친척에 비해서 해마의 용적이 더 작았다. 이런 발견은 조현병이 있는 사람들에서의 해마의 용적 감소가 유전 요인과 환경 요인이 결합된 결과를 반영하는 것일 수 있음을 시사한다.

해마에 대한 이러한 결과들이 더욱 흥미로운 이유는 이 두뇌 영역이 HPA축과 긴밀하게 연결되어 있다는 사실 때문이다. 만성적인 스트레스는 PTSD와 같은 기타 장애에서의 해마 부피 감소와 연관성이 있다. 조현병 환자들이 정상인과 비교해서 반드시 더 많은 스트레스를 경험하는 것은 아니더라도, 그들은 스트레스에 더 많이 반응한다. 다른 증거들은 HPA축이 조현병이 있는 사람들, 특히 이 장애의 경과에서 아주 초기 단계에서 손상되었음을 알려준다(Walker, Mittal, Tessner et al., 2008; Walker, Trotman, Pearce et al., 2013). 종합하면, 스트레스 반응성과 손상된 HPA축은 조현병이 있는 사람들에게서 관찰되는 해마 용적의 감소에 기여할 가능성이 크다(Walker et al., 2008).

## 뇌 속에서의 연결

최근 뇌 영상 기법은 뇌의 각기 다른 영역들이 서로 어떻게 연결되고 있는지를 측정한다. 조현병에서의 뇌 기능부전이 광범위하게 관여되어 있음을 감안할 때, 뇌의 영역들 사이의 연결에도 문제가 있다는 것은 아마도 놀랄 만한 것이 못 될 것이다(Rapoport, Giedd, & Gogtay, 2012).

대략 말하면, 연결 방식에는 세 가지 유형이 있다. 구조적 (또는 해부학적) 연결성은 뇌의 각기 다른 구조들이 백질(축색돌기 섬유)을 통하여 연결되어 있는 방식을 지칭하는 것이다. 연구 결과에서는 조현병이 있는 사람들이 조현병이 없는 사람들에 비해서 전두엽과 측두엽에서의 뇌 백질 속의 연결성이 적은 것으로 나타났다(Ellison-Wright & Bullmore, 2009).

기능적 연결성(functional connectivity)은 fMRI로 측정한 뇌 영역 사이의 혈액 산소 수준 의존(blood oxygen level dependent, BOLD) 신호 사이의 상관관계에 토대한 뇌 영역 사이의 연결성을 지칭한다. 여러 연구에서는 조현병에서 기능적 연결성의 감소, 특히 전두엽 피질에서의 감소를 발견해냈다(Pettersson-Yeo, Allen, Benetti et al., 2011).

효과적 연결성은 두 가지 유형의 연결성을 결합한 것인데, 이는 단지 다른 뇌 영역에서의 BOLD의 활성화 간의 상관관계를 보여준다는 것뿐만 아니라 이런 활성화의 방향 및 타이밍도 또한 보여준다는 것인데, 예를 들면 어떤 사람이 어떤 사물의 사진을 보고 있을 때 후두 피질의 활성화가 먼저 발생한 후, 그다음에는 전두 피질이 활성화되는 것을 보여주는 식으로 이루어지는 것이다(Friston, 1994). 다른 유형의 연결성에서처럼, 연구 결과는 조현병에서 효과적 연결성이 감소하였음을 발견하였다(Deserno, Sterzer, Wustenberg et al., 2012).

이러한 연결성 방법은 소위 뇌 연결망(brain networks)으로 불리는 것들을 많이 밝혀주었다. 뇌 연결망은 사람이 특정 유형의 과제를 수행하거나 혹은 휴식하고 있을 때 활성화되는 영역들끼리 신뢰성 있게 상관관계가 있는 것을 보여주는 식으로 서로 연결되어 있는 뇌 영역들의 군집이다. 예를 들면, 전두두정(frontoparietal) 연결망은 전두엽과 두정엽 피질의 활성화가 들어 있는데, 이 연결망은 사람들이 인지 과제를 수행하고 있을 때 활성화된다. 자동 작동 방식의 연결망은 전두엽 피질과 측두엽 피질의 영역이 들어 있는데 사람들이 공상하거나 또는 미래에 대한 생각을 할 때 그리고 기억을 회상해낼 때 활성화된다.

조현병에서의 다른 뇌 연결성 연구에서는 전두두정 연결망과 자동 작동 방식의 연결망이 들어 있는 뇌 연결망 사이에 연결성이 적다는 것과, 이와 같이 연결성이 적다는 것이 인지검사상의 수행도 저조와 상관관계가 있다는 것을 밝혀냈다(Unschuld, Buchholz, Varvaris et al., 2014). 또한 연구 결과에서는 조현병이 있는 사람들의 건강한 친척 사이에서 연결성이 적다는 것도 발견하였는데, 이는 연결성의 감소가 조현병에 대한 유전적 소질의 일부일지도 모름을 시사하는 것이다(Collin, Kahn, de Reus et al., 2014; Unschuld et al., 2014).

## 뇌 발달에 영향을 미치는 환경 요인

여러 가지의 각기 다른 환경 요인이 조현병에 기여할 가능성이 있는 요인으로서 연구되어 왔다(Brown, 2011; van Os, Kenis, & Rutten, 2010). 조현병에서 관찰되는 뇌의 비정상의 일부에 대해 가능성 있는 원인은 잉태(gestation) 또는 출산 중에 입은 손상이다. 많은 연구들에서는 조현병이 있는 사람들에게서 분만 시의 합병증이 높다는 것을 보여주었다(Brown, 2011; Walker et al., 2004); 이런 합병증은 뇌의 산소 부족을 가져왔을 것이고, 이는 피질의 회백질 망실을 가져왔을 수 있다(Cannon, van Erp, Rosso et al., 2002). 이와 같은 출산 시의 합병증을 겪는다고 해서 이를 겪는 모든 사람들에게서 조현병의 위험이 높아지는 것은 아니다. 그보다는 조현병에 걸릴 위험성은 합병증을 겪고 유전적 소질도 있는 사람들에게서 더 높은 것이다(Cannon & Mednick, 1993).

뒤이은 연구 결과는 임신 중 임산부의 감염이 태아가 출생해서 성인이 되었을 때 조현병을 나타낼 위험성이 더 큰 것과 연관이 있음을 시사해준다(Brown & Derkits, 2010). 예를 들어 한 연구에서는 임신부가 톡소플라스마 곤디(toxoplasma gondii)라는 기생충에 노출되면 태아가 성인이 되었을 때 조현병이 나타날 위험성이 거의 2.5배나 높은 것과 연관이 있는 것을 발견하였다(Brown, Schaefer, Quesenberry et al., 2005). 이 기생충은 흔한 것으로서, 많은 사람들이 몸속에 지니고 있어도 병에 걸리지 않는다.

가장 널리 연구된 태아 감염은 인플루엔자였다. 연구자들은 엄마의 뱃속에 있는 동안에 바이러스에 노출되었을 거라고 여겨진 성인을 대상으로 조현병의 발병률을 조사했다(Mednick et al., 1988; Mednick, Huttonen, & Machon, 1994). 1957년에 유럽의 헬싱키 인플루엔자가 만연된 동안에, 임신 4~6개월째에 인플루엔자에 노출된 적이 있는 사람들은 그 전이나 그 후에 노출된 사람들에 비해서 조현병의 발생률이 훨씬 높았으며 그리고 전혀 노출되지 않은 통제집단에 비해서도 발생률이 훨씬 높았다. 이런 발견은 약 30개의 후속연구들 중에서 단지 절반에서만 반복 검증되어서, 이 발견을 의문시하게 만들었다. 보다 최근에 실시된 연구에서는, 임신 후 첫 3개월 동안에 산모가 인플루엔자에 노출되는 것을 혈액 속의 인플루엔자 항체의 존재 여부로 직접 측정했는데, 이렇게 노출되는 것이 태어난 아이들이 조현병에 걸릴 위험성이 7배나 높은 것과 연관이 있다는 증거를 발견하였다(Brown, Begg, Gravenstein et al., 2004). 이와 같은 위험성의 증가가 큰 것으로 들리겠지만, 통제집단과의 차이는 통계적으로는 아주 다른 것이 아니어서, 그 효과가 작은 것임이 시사된다.

방금 살펴본 연구 결과가 시사하듯이, 조현병이 있는 사람들의 뇌가 발달 초기에 손상되었다면, 왜 이 장애가 오랜 시간이 흐른 후인 청소년기나 성인 초기에 가서야 발병하는가? 전전두엽 피질은 늦게, 통상 청소년기나 성인 초기에 성숙되는 뇌의 구조이다. 따라서 이 영역에 문제가 있어서, 발달 과정의 초기에 시작된 것이라고 하더라도, 전전두엽 피질이 발달해서 행동에 큰 영향을 미치는 시기가 될 때까지는 행동으로 드러나지 않을 수 있다(Weinberger, 1987). 주목할 만한 것은, 도파민 활동도 청소년기에 절정에 이르러서, 청소년기가 조현병 증상이 발생하기 좋은 시기적 배경이 된다는 점이다(Walker et al., 2008). 또한 사춘기는 통상 스트레스로 가득 찬 발달 시기이다. 스트레스가 코르티솔을 분비하여 HPA축을 활성화한다는 점을 상기해보라. 지난 10년간의 연구에서 증명된 사실은 코르티솔이 특히 중앙변연계 경로에 있는 도파민의 활성화를 증가시켰고, 이것이 아마도 조현병 증상의 발전가능성을 증가시켰다는 것이다(Walker et al., 2008).

또 달리 제안된 설명은 청소년기의 증상 발현이 지나친 시냅스 가지치기로 인한 접합부의 망실, 즉 접합부위의 연결이 소멸된 데 기인하는 것일 수 있다는 것이다. 가지치기는 뇌 영역마다 그 비율이 다르지만, 뇌가 발달하는 과정의 정상적인 부분이다. 약 2살이 되면 감각 영역에서의 가지치기는 대개 끝나지만, 전전두엽 피질에서의 가지치기는 청소년기 중반까지 계속된다. 지나치게 광범위하게 발생할 경우, 가지치기는 신경세포들 간의 필수적인 소통이 망실되는 결과를 초래할 수 있다(McGlashan & Hoffman, 2000).

청소년에서 나타나는 조현병의 위험 요인으로서 연구되어 왔던 또 다른 환경 요인은 대마초(마리화나)이다. 이미 조현병으로 진단이 내려진 사람들에서는 대마초의 복용이 증상의 악화와 연관되어 있다(Foti, Kotov, Guey et al., 2010). 그러나 대마초 복용이 조현병의 발생에 기여하는가? 사춘기에서의 대마초 복용과 사춘기 또는 성년기에서의 조현병의 발생 사이의 전망적 관계를 조사한 어떤 종단연구에서는, 조현병 증상을 나타낼 위험성이 대마초를 복용하지 않았던 사람들에 비해서 대마초를 피웠던 사람들에게서 더 컸다는 것을 알려주고 있으며(Arseneault, Cannon, Poulton et al., 2002), 7개의 연구들을 대상으로 한 소규모의 종합분석 결과에서도 위험성이 똑같이 높아졌음을 보고하고 있다(Moore, Zammit, Lingford-Hughes et al., 2007). 더욱이, 대마초를 보다 자주 사용하고 함량이 높은 것을 사용하는 것은 위험성이 더 높은 것과 연관이 있다. 그러나 상관관계가 있다고 해서 꼭 인과관계가 있는 것은 아님을 유념하라. 다른 연구들에서는 대마초의 사용과 조현병에 걸릴 위험성 사이의 연결성이 조현병에 대한 유전적 취약성이 있는 사람들에게서만 관찰되었다. 예를 들면, Caspi와 동료들(2005)은 COMT 유전자에서의 특이한 다형성과 대마초 복용 사이에는 유전자-환경의 상호작용이 있는 것을 발견했다. 대마초 복용과 COMT 다형성이 함께 나타나는 것이 조현병에 걸릴 위험성의 증가와 연관이 있었지만, 그 어느 것도 하나만으로는 조현병의 위험성 증가와 연관이 없었다.

## 심리 요인

조현병이 있는 사람들이 조현병이 없는 사람들에 비해서 일상생활에서 스트레스를 더 많이 겪는 것으로 보이지는 않는다(Phillips, Francey, Edwards et al., 2007; Walker et al., 2008). 그러나 이 장애가 있는 사람들은 우리 모두가 일상생활에서 부딪히는 스트레스 자극에 대해 큰 반응을 나타내는 것으로 보인다. 한 연구에서는, 정신증적 장애가 있는 사람들(92%는 조현병), 이들의 1급 친척, 그리고 어떤 정신과적 장애도 없는 사람들을 6일간의 생태학적 순간 평가 연구(ecological momentary assessment study)에 참여시켜서, 매일 수차례에 걸쳐서 스트레스와 기분을 기록하게 했다. 일상생활의 스트레스는 조현병이 있는 사람들과 이들의 친척 모두에서 통제집단에 비해 긍정적인 기분을 더 크게 감소시키는 것을 예측해주었다. 또한 스트레스는 조현병이 있는 사람들에게서 이들의 친척 및 통제집단 모두에 비해서 부정적 기분이 더 크게 높아지는 것을 예측해주었다(Myin-Gremeys, van Os, Schwartz et al., 2001). 따라서 조현병이 있는 사람들은 일상적인 스트레스에 특히 취약하다. 또한 연구 결과는 우리가 살펴본 여타의 장애들의 경우에서와 마찬가지로, 생활 스트레스가 높아지면 재발의 가능성도 높아지는 것을 보여주고 있다(Ventura, Neuchterlein, Lukoff et al., 1989; Walker et al., 2008).

조현병의 발달과 재발에서 심리 요인에 대한 그밖의 연구들에서는 사회경제적 지위와 가족에 초점을 맞추어 왔다.

**사회경제적 지위**  수십 년 전부터 우리는 조현병이 많은 나라에서 모든 수준의 사회경제적 지위 (socioeconomic status, SES)에서 발견되는 것을 알고 있다. 그러나 또한 조현병이 가장 많이 나타나는 것이 사회경제적 지위가 가장 낮은 사람들에게서라는 것도 알고 있다(Hollingshead & Redlich, 1958; Kohn, 1968).

사회경제적 지위와 조현병 사이의 상관관계는 일관성이 있지만, 인과관계로 해석하기는 어렵다. 가난과 연관된 스트레스, 이를테면 교육수준이 낮고, 기회가 제한되어 있으며, 지위가 높은 남들로부터 낙인찍히는 것이 조현병의 발달에 기여한다는 것인가 ─ **사회원인 가설**(sociogenic hypothesis)? 또는 조현병이 있는 사람들이 질병의 진행 도중에, 질병으로 인해서 생계 유지능력이 손상되어 가난한 지역 이외에서는 살 수 없게 되어서, 빈민 거주 지역으로 이동해 간 것이 맞는 것인가 ─ **사회선택 가설**(social selection hypothesis)?

이스라엘에서 수행된 한 연구에서는 이 두 가설을 평가하기 위하여 사회경제적 지위와 민족적 배경을 모두 조사했다(Dohrenwend, Levav, Schwartz et al., 1992). 민족 배경이 유럽계인 유태인과 최근에 북아프리카와 중동에서 이스라엘로 이주한 사람들 사이에서 조현병의 발생률을 조사하였다. 후자 집단은 이스라엘에서 상당한 인종 편견과 차별을 겪었다. 사회원인 가설에 의하면, 후자의 집단이 사회경제적 지위와 관계없이 높은 수준의 스트레스를 겪었기 때문에, 이들 불이익을 당한 민족집단의 구성원에서 사회경제적 지위와 무관하게 조현병의 발생률이 일관되게 높을 것이라고 예측된다. 그러나 이런 경향은 드러나지 않았고, 이는 사회선택 가설을 지지해주는 것이다. 따라서 연구결과는 사회원인 가설보다는 사회선택 가설을 더 많이 지지하고 있다.

**가족 관련 요인**  초기 이론가들은 가족관계, 특히 모자관계를 조현병 발달 과정에서 핵심적인 것으로 간주했다. 한때 이 견해는 너무나 널리 퍼져 있어서 조현병을 유발하는 어머니(schizophrenogenic mother)라는 용어가 자식에게 조현병을 유발하는 소위 냉정하고 지배적이며, 갈등을 심어주는 어머니의 의미로 사용되었다(Fromm-Reichmann, 1948). 통제연구법을 이용해서 위의 '조현병을 유발하는 어머니' 이론을 평가한 결과는 이 이론을 뒷받침해주지 못했다. 그러나 이 이론에 따라서 가족에게 지워진 명에는 상당했다. 여러 세대를 거쳐 내려오면서, 부모는 자녀가 아프면 부모 자신을 탓하게 되었으며, 1970년대까지도 정신과 의사들도 이처럼 부모 탓으로 돌리는 게임에 종종 참여하였다.

**어떻게 가족이 조현병에 영향을 미치는가?**  다른 연구들은 조현병의 원인론적 관점에서 가족이 조현병에 어떤 역할을 할 가능성에 대해서 계속 탐구했다. 대체로, 연구 결과들은 단지 시사점을 안겨줄 정도이고, 결정적인 것은 못 된다. 예를 들면 조현병이 있는 사람들의 가족에 대한 몇 개의 연구에서는 이 가족들이 조현병이 없는 사람들의 가족에 비해서 상호간의 의사소통 방식이 애매하고 갈등 수준도 더 높다는 것을 발견하였다. 물론 또 하나 그럴듯한 주장은, 가족 내에 조현병 환자가 있기 때문에 그에 대한 반응으로서 갈등과 불명확한 의사소통이 발생했을지도 모른다는 것이다.

**가족과 재발**  런던에서 수행된 일련의 연구들은 가족이 조현병이 있는 사람의 퇴원 후 적응에 중요한 영향을 끼칠 수 있음을 알려준다. Brown과 그의 동료들(1966)은 병원에서 퇴원한 뒤 가족과 함께 살기 위해 되돌아간 조현병이 있는 사람들을 9개월간 추적연구했다. 연구자들은 조현병이 있는 사람을 퇴원시키기 전에 부모나 배우자에 대한 면접을 실시하고, 조현병이 있는 가족에 대한 비판적 발언 횟수와 조현병이 있는 가족에 대한 적대감의 표현이나 조현병이 있는 가족에 대한 과잉관여에 대해 평정했다. 다음은 아버지가 딸의 행동에 대해 진술한 비판적인 말의 한 예이다. 여기서 그는 자신의 딸이 집안일을 하지 않으려고 고의적으로 증상이 있는 것처럼 행동한다고 표현하고 있다. "내 생각엔 마리아의 그런 행동 때문에 아내가 집안일을 시키지 않는 것입니다"(Weisman, Neuchterlein, Goldstein et al., 1998에서 인용함). **표현된 정서**(expressed emotion, EE)라고 불리는 변인을 토대로, 조현병이 있는 사람의 가정을 정서를 많이 표출하는 가족과 거의 드러나지 않는 가족으로 나누었다. 9개월의 추적연구가 끝나갈 무렵 정서 표출이 적은 가정으로 되돌아간 조현병 소지자들 중 10%가 재발했다. 이와는 대조적으로, 정서 표출이 많은 가정으로 되돌아간 조현병 소지자들 중 58%가 같은 기간 중 다시 병원에 입원하였다.

이 연구는 그 후로도 여러 연구에서 반복되었는데(종합분석은 Butzlaff & Hooley, 1998 참조), 조현병이 있는 사람들이 퇴원하여 돌아간 환경이 재입원 여부와 큰 관련이 있음을 알려준다. 앞 문단에서 제시된 예와 같이, 연구자들은 또한 조현병의 음성 증상들이 대체로 비판적 말을 하게끔 유발하는 것으로 보이며, 가장 비판적인 발언을 하는 (조현병이 있는 사람의) 친척들이 조현병이 있는 사람이 자신의 증상을 스스로 조절할 수 있는 것으로 보는 경향이 가장 높다는 것을 발견하였다(Lopez, Nelson, Snyder et al., 1999; Weisman et al., 1998).

또한 EE에서도 중요한 문화적 차이가 있다. Lopez와 동료들(2009)은 미국에서 백인 혈통의 요양사가 최근에 이민 온 멕시코 계통의 요양사에 비해서 EE 면에서 더 높았으며, 이것이 EE의 모든 측면(즉 비난적 발언, 적대감, 정서적 과잉관여)에서 그렇다는 것을 발견했다. EE 수준이 높은 것으로 간주된 백인계 요양사의 거의 3/4이 적대감이 높고 비난 발언을 많이 해서 그렇게 간주된 것이다. 정서적 과잉관여를 토대로 EE가 높은 것으로 간주된 참여자들은 단지 8%였다. 이와 대조적으로, EE가 높은 멕시코 계통의 요양사는 적대감과 비난 발언에서 높았던 사람들과 정서적 과잉관여가 높았던 사람들 사이에서 상당히 고르게 나뉘어 있었다. 이런 발견은 조현병에 대한 가족 개입을 개발하고 제공하는 데 중요한 함의를 갖는데, 이에 대해서는 이 장 후반부에서 조금 살펴볼 것이다. 다른 연구에서는 정서적 과잉관여가 조현병이 있는 멕시코계 미국인에서만 특정해서 조현병의 재발을 예측해준다는 것과, EE와 재발 간의 연결 정도가 미국으로 좀 더 많이 동화된 멕시코계 미국인 사이에서 가장 높았다는 것을 발견하였다(Aguilera, Lopez, & Breitborde et al., 2010). 그러나, 다른 유럽 국가 및 아시아 국가에서 정서적 과잉관여와 재발 사이의 관계는 북미 국가들에서만큼은 강력하지 않았다(Singh, Harley, & Suhail, 2013). 이와 같이 다른 결과가 나온 것은 정서적 과잉관여가 국가 및 문화에 따라서 다르게 측정되었다는 사실에 기인하거나, 또는 정서적 과잉관여가 다른 문화권 및 국가에 비해서 어떤 문화권 및 국가에서는 더 해로운 것이라는 데 기인하는 것일 수 있다. 이와 같은 쟁점은 장차의 연구에서 구분될 필요가 있다.

아직도 명확하지 않은 것은 표현된 정서의 효과를 어떻

표현된 정서에는 적개심, 비난조 발언, 그리고 정서적 과잉관여가 들어 있는데, 조현병의 재발과 관련이 있다.

게 설명할 것인지에 관한 것이다. 표현된 정서가 원인인가, 아니면 이것이 아픈 가족의 행동에 대한 반응을 나타내는 것일까? 예를 들면 조현병이 있는 사람의 병세가 악화되기 시작하면, 가족의 관심과 관여도 높아질 수 있다. 사실상, 혼란된 또는 위험스러운 행동은 표현된 정서의 수준을 높일 수도 있는 가족들의 반응을 정당화하는 것으로 보일 수도 있다. 연구 결과에 의하면 표현된 정서의 작동방식에 대한 위의 두 가지 해석이 맞을 수도 있음을 알려준다. 한 연구에서는, 조현병이 있는 사람들과 정서 표현 수준이 높거나 낮은 가족이 함께 가족에 관한 문제를 토론하는 것을 관찰하였는데, 두 가지 핵심적인 내용이 밝혀졌다(Rosenfarb, Goldstein, Mintz et al., 1994).

1. 조현병이 있는 사람들이 일상적이 아닌 사고를 표현하자("그 애가 당신을 물면, 당신은 광견병에 걸릴 것이다.") 이전에 정서 표현 수준이 높았던 가족 구성원들이 정서 표현 수준이 낮았던 가족 구성원들에 비해서 힐난조의 말을 더 많이 표출하였다.
2. 표현 수준이 높은 가정에서는, 가족 구성원들이 힐난조의 말을 하면 조현병이 있는 사람들이 비일상적 사고를 표현하는 경우가 더 많아졌다.

따라서 이 연구는 EE가 높은 가족에서의 양방향성 관계를 발견한 것이다. 즉 가족 구성원들의 비판적 발언은 조현병이 있는 가족으로부터 비일상적 사고를 더 많이 표출시켰고, 조현병이 있는 가족이 비일상적 사고를 표현하면 비판적 발언이 더 많아지게 되었다.

정서 표현의 수준이 높은 것과 같은 스트레스가 어떻게 조현병 증상을 증가시키고 재발을 촉진하는가? 이 질문에 대한 한 가지 답에는 스트레스가 HPA축에 미치는 효과 및 HPA축이 도파민과 연결되어 있는 것이 들어 있다(Walker et al., 2008). 스트레스는 HPA축을 활성화하고, 이는 코르티솔이 분비되게 하며, 이는 도파민 활성화 수준을 높일 수 있다(Walker et al., 2008). 더욱이 도파민의 활성화 수준이 높아지면 그 자체가 HPA 활성화를 증가시킬 수 있으며, 이는 당사자로 하여금 스트레스에 과도하게 민감하게 만들 수도 있다. 따라서 HPA 활성화와 도파민 활성화 사이에는 양방향적 관계가 있다.

Elaine Walker는 조현병의 발달에 관한 연구를 많이 수행해 오고 있다.

## 발달 요인

조현병을 나타내는 사람들은 그 증상이 나타나기 전에는 어땠을까? 이 물음에 대답하기 위하여 회고적(retrospective) 연구와 전망적(prospective) 연구가 사용되어 왔다. 회고적 연구는 때로는 '거꾸로 돌아가보기(follow-back)' 연구라고도 지칭되는데, 왜냐하면 조현병이 있는 성인 집단을 기점으로 하여 연구자들이 아동기로 거꾸로 되돌아가서 이들의 어린 시절의 기록과 검사 결과를 캐내는 것이기 때문이다.

**회고적 연구**　1960년대에, 연구자들은 나중에 조현병을 나타낸 아동이 통상 그들의 형제와 이웃 동년배들로 구성된 다양한 통제집단의 구성원들에 비해서 IQ가 더 낮으며, 비행을 더 자주 저지르고, 남들과 동떨어져 있는 경우가 더 많은 것을 발견했다(Albee, Lane, & Reuter, 1964; Berry, 1967; Lane & Albee, 1965). 다른 연구에서는 나중에 조현병을 나타낸 소년들이 교사로부터 성질이 까다로운 것으로 평정을 받은 반면, 나중에 조현병을 나타낸 소녀들은 수동적인 것으로 평정되었다(Watt, 1974; Watt, Stolorow, Lubensky, 1970).

보다 최근에는, 연구자들이 조현병이 발생하기 전에 있었던 정서적 및 인지적 결함을 조사했다. 대단히 독창적인 연구에서, Elaine Walker와 동료들은 나중에 조현병이 나타난 아동의 가정생활을 찍은 영상을 분석했다(Walker, Davis, & Savoie, 1994; Walker, Grimes, Davis et al., 1993). 영상은 정상적 가족생활의 일부로서 촬영한 것이며 조현병이 발생하기 전에 촬영된 것이다. 나중에 조현병을 나타내지 않은 형제들과 비교했을 때, 나중에 성인이 되어 조현병이 나타났던 아동은 운동 기술이 뒤떨어졌고, 부정적 정서를 더 많이 표현하는 것으로 나타났다. 다른 연구들에서는 조현병이 나타났던 성인이 과거에 아동기 때의 인지 내용 및 지적 기능을 평가한 것을 조사했다. 이런 연구 결과에서는 조현병이 있는 성인이 조현병이 없는 성인에 비해서 아동기 때 IQ 및 다른 인지검사에서 점수가 더 낮았던 것을 발견하였다(Davis, Malmberg, Brandt et al., 1997; Woodberry, Giuliano, & Seidman, 2008).

이와 같은 결과가 흥미롭기는 하지만, 이런 연구들은 꼭 아동기 행동을 토대로 조현병의 발생을 예측하려는 의도로 설계된 것은 아니었다. 이보다는 연구자들은 조현병이 있는 성인들의 표본을 대상으로 잡고 시작해서 이들의 아동기 때의 기록과 자료를 거슬러 올라가 살펴보아서 어린 아동일 때에 다른 아동들과 구분되는 특징이 있었는지를 알아보려고 한 것이다.

**전망적 연구**    최근의 한 전망적 연구에서는 초기 성인기에 조현병이 나타나는 것과 연관된 아동기 특징을 알아냈다(Reichenberg, Aushalom, Harrington et al., 2010). 이 연구에서는 뉴질랜드 더니든에 거주하는 사람들을 대규모로 표집하여 7~32세 사이에 수차례 평가하였다. IQ검사는 7, 9, 11, 13세에 실시되었고, 진단 평가는 21, 26, 32세에 실시되었다. 연구자들은 아동기 때 IQ검사 점수가 낮은 것이 초기 성인기에 조현병이 발생하는 것을 예측해주는 것을 발견하였는데, 이는 사회경제적 지위가 낮은 것(IQ점수가 낮은 것과 관련됨)을 통제한 후에도 그러하였다. 따라서 성인이 되어 조현병이 나타났던 아동은 7세부터 시작되어 청소년기까지 안정되게 쭉 지속되었던 인지 결함의 징후를 보여주었다.

이런 발견은 사춘기 후기 또는 성인기 초기에 조현병이 시작되는 것과 연관된 무엇인가가 발달 과정에 잘못되었다는 견해와 넓은 관점에서는 일치한다. 그럼에도 불구하고, 발달사에서 조현병의 원인론에 대한 명백한 증거를 얻어내려면 보다 특정된(specific) 정보가 요구된다.

우리가 앞에서 논의했던바 **가계에 따른 고위험 연구**에서의 어려움 중 하나는 표본의 크기가 커야 된다는 것이다. 표 6.2에 제시된 바와 같이, 친부모가 조현병이 있는 경우에 그 자녀의 약 10%가 장차 조현병을 나타내게 된다. 예를 들면, 어떤 연구에서 200명의 고위험 아동들을 대상으로 연구를 시작한다면, 이들 중 대략 20명만이 조현병을 나타내게 될 수 있다. 게다가 조현병이 있으면서 자녀를 둔 남성 혹은 여성을 대규모로 표집하는 일은 특히 쉽지 않다.

이와 같은 어려움 때문에, 보다 최근의 연구에서는 **임상적 고위험 연구**(clinical high-risk study)가 사용되어 왔다. 임상적 고위험 연구는 조현병 초기의, 약화된 증세를 보이는, 대부분의 경우는 보다 경미한 형태의 환각, 망상, 또는 혼란 증상을 보이지만 그럼에도 불구하고 손상을 야기하고 있는 상태의 사람들을 가려내는 설계법이다(초점 6.3 참조). 이와 같은 연구 중 하나는 1990년대 중반에 호주에서 정신보건 진료소로 의뢰되어 온 14~30세 사이의 사람들을 추적조사하였다(Yung, McGorry, McFarlane et al., 1995). 참여자 중 누구도 연구에 참여할 시점에 조현병을 나타낸 사람은 없었다. 그러나 상당수는 나중에 다양한 수준의 조현병 증상을 나타냈고, 모두는 아니지만 일부는 친척 중에 정신증이 있는 경우가 있었다. 이 참여자들은 조현병 또는 정신증을 나타내는 데 '최고조의-고위험(ultra-high risk)' 상태에 있는 것으로 여겨졌다. 연구가 시작된 이래, 원래 104명인 참여자 중 41명에서 특정한 유형의 정신증을 나타냈다(Yung, Phillips, Hok et al., 2004). 104명의 참가자 중 75명에 대한 MRI 연구에서는 나중에 정신증을 나타낸 사람들이 정신증을 나타내지 않았던 사람들에 비해서 두뇌 속의 회백질 용적이 더 적은 것을 발견해냈다(Pantelis, Velakoulis, McGorry et al., 2003). 회백질의 용적 감소가 조현병이 있는 사람들에게서 발견된 적이 있다는 것을 상기해보라. Pantelis 등의 연구는 이런 특징이 조현병 및 다른 정신증적 장애보다 먼저 나타날 수 있다는 것을 시사한다.

이와 비슷한 종단연구가 미국과 캐나다의 각기 다른 8개 센터에서 진행되고 있으며, North American Prodrome Longitudinal Study(NAPLS)라 부른다. 참여자들은 전조 증후군(Prodromal Syndromes)에 대한 구조화된 면접에 토대를 두고 임상적 고위험군으로 확인되었다(초점 6.3 참조). 이 연구에서는, 조현병의 가족력도 있는 291명의 임상적 고위험(clinical high-risk, CHR) 참여자 중 82명이 조현병 또는 특정 유형의 정신증을 나타냈다(Cannon, Cadenhead, Carnblatt et al., 2008). 연구자들은 정신증적 장애로 발전할 가능성이 더 높은 것을 예측해주는 요인을 많이 파악해냈는데, 여기에는 친척 중에 조현병을 나타내는 사람이 있는 것, 최근에 기능 수준이 저하된 것, 양성 증상의 수준이 높은 것, 그리고 사회적 손상의 수준이 높은 것이 들어 있다. NAPLS의 표본에 대한 나중의 분석 결과도 50년 전에 이루어진 회고적 연구와 큰 맥락에서 보면 일치한다. 즉 아동기의 사회적 어려움과 학업 곤란이 정신증적 장애로 전환되는 것을 예측해주었다(Tarbox, Addington, Cadenhead et al., 2013).

## 중간 요약

그 복잡성을 감안하면, 원인이 되는 많은 요인들이 조현병에 기여하고 있기 쉽다. 유전적 증거는 강력한데, 이의 상당수는 가족, 쌍둥이, 그리고 입양아 연구에서 나온다. 가계에 따른 고위험 연구에서는 친부모 중 한 명이 조현병이 있는 경우에 그 자녀가 성인이 되어 조현병을 위시한 정신병리를 나타내기가 쉬우며, 무엇보다도 주의력과 운동조절에서 어려움을 겪는다. 분자 유전학 연구에는 연관성 연구(association study)와 GWAS 연구가 들어 있다. 연관성 연구에서 나온 유망성이 있어 보이는 유전자에는 DTNBP1, BDNF, COMT가 있지만, 여기에는 반복연구(replication)가 또한 요구된다. GWAS 연구에서는 조현병에 대한 유전적 취약성과 연관이 있는 복제수효 변이(copy number variations, CNVs)에 주목해 왔다.

신경전도체는 조현병에서 어떤 역할을 맡고 있다. 수십 년간 도파민은 연구의 초점이었으나 나중에 발견된 내용은 연구자들로 하여금 이하나의 신경전도체만으로는 조현병을 충분히 설명할 수 없다고 결론을 내리게 했다. 또한 다른 신경전도체도 연구의 초점이었다. 여기에는 세로토닌, GABA, 글루타메이트가 있다. 각기 다른 뇌의 많은 영역이 조현병에 연관이 있는 것으로 알려졌다. 가장 널리 반복검증된 발견 중하나는 뇌실이 확장된 것이다. 다른 연구에서는 전전두엽 피질의 역할을 뒷받침해주고 있는데, 조현병에서 이 부위의 활동이 특히 감소되어 있다는 것이다. 측두 피질의 기능부전도 또한 확인되었다.

출산 관련 합병증과 태내 감염과 같은 환경 요인들은 뇌의 발달에 영향을 주어 조현병에 걸릴 위험성을 높여줄 수 있다. 청소년의 대마초 복용은 조현병에 걸릴 위험성이 더 높은 것과 관련이 있었는데, 특히 조현병에 대한 유전적 취약성이 있는 청소년에게서 더 그렇다.

연구자들은 조현병에서 사회경제적 지위의 역할도 조사했는데, 일반적으로 이 방면의 연구는 사회원인 가설보다는 사회선택 가설을 더 지지한다. 초기 이론들은 조현병을 유발하는데 가족, 특히 어머니를 그 원인으로 지목했지만, 연구 결과는 이런 견해를 지지하지 않고 있다. 가족 내 소통은 중요한 것으로서 조현병의 취약성-스트레스 이론에서 스트레스에 해당할 수 있을 것이다. 또한 정서 표현도, 그 표현 양식에는 중요한 문화적 차이가 있지만, 조현병의 재발을 예측해주는 것으로 발견되었다.

회고적 발달 연구에서는 조현병이 있는 성인의 아동기 시절의 기록을 돌이켜보았는데, 조현병이 있는 일부 성인에게서 아동기 시절에 IQ가 더 낮았고, 위축되고 비행을 저지르는 성향이 있었음을 발견해냈다. 다른 연구에서는 나중에 조현병이 나타난 성인이 부정적 정서를 많이 표현했고 운동기술도 저조했던 것을 발견하였다. 전망적 연구에서는 아동기에 IQ가 낮은 것이 나중에 조현병이 발생하는 것을 예측해주었다는 것과, IQ 결손이 아동기 동안 안정되게 지속되었다는 것을 확인해주었다. 임상적 고위험 연구에서는 조현병의 초기 증세를 보이는 사람들을 가려냈다.

## 복습문제 6.2

다음 문장의 빈칸을 채워보라.

1. _____와 _____ 연구들은 유전의 영향과 환경적 영향을 잘 가려내주지 못했다. _____ 연구들이 이런 과제를 더 잘 해냈다.

2. _____와 _____는 조현병과 관련이 있다고 밝혀진 2개의 유전자이다. _____와 _____는 조현병에서 보이는 인지 결손과 관련된 2개의 유전자이다.

3. 어떤 연구들은 조현병에서 대뇌의 _____ 영역이 기능 마비된 것을 보여주었으며, 또한 조현병이 있는 사람들이 이 영역에 기반을 둔 과제, 이를테면 계획 짜기와 문제 해결 같은 과제를 잘 해내지 못하는 것도 보여주었다.

4. _____, _____, _____는 표현된 정서의 세 구성요소이다.

# 조현병에 대한 치료

조현병의 치료에는 단기간의 병원 입원(질병의 급성 기간 동안), 약물치료, 그리고 심리사회적 처치가 모두 적용되는 경우가 가장 흔하다. 조현병에 대한 어떤 종류의 치료에서도 문제점은 많은 조현병 환자들이 자신의 기능 손상 상태에 대한 병식이 결여되어 있어서, 어떤 치료든 거부한다는 것이다(Amador, Flaum, Andreasen et al., 1994). 한 연구 결과에서 성(여성)과 연령(노인)이 처음 질병의 일화를 경험한 환자들에게서보다 좋은 예측자임을 제시하며(McEvoy, Johnson, Perkins et al., 2006), 조현병이 있는 여성이 왜 치료에 더 잘 반응하는지를 설명한다(Salem & Kring, 1998). 자신의 문제점을 깨닫지 못하기 때문에, 특히 입원하거나 약물 복용이 필요한 때에도 전문적 치료를 받을 필요성을 못 느낀다. 그러므로 가족들은 조현병이 있는 가족을 치료받게 하는 데서 주요 난관에 봉착하게 된다.

### 약물요법

조현병을 치료하는 데 있어서 가장 중요한 발전은 의심할 바 없이 1950년대의 통칭 **항정신증 약물**(antipsychotic drugs)이라 불리는 몇 가지 약물이 출현한 것이다. 이 약물들은 신경이완제(neuroleptics)라고도 불리는데, 그 이유는 신경과 질환에서 보이는 증상과 유사한 부작용을 일으키기 때문이다. 이런 약물은 조현병 증상의 일부에 도움이 되는 것으로 발견되었다. 처음으로, 조현병이 있는 많은 사람들이 오랫동안 병원에 입원할 필요가 없게 되었으며, 그 대신에 약물 처방전을 받고 집으로 돌아갈 수 있었다.

초점 6.4에는 이러한 약물의 발전 과정이 간략히 제시되어 있다. 조현병이 있는 사람들을 병원에서 퇴원시키려는 열망은 이 장애가 있는 모든 사람들의 욕구에 부합하는 것은 아니었다. 어떤 사람들은 단기간이더라도 병원에서 치료를 받았고 계속 치료를 받을 필요가 있었다. 불행하게도, 조현병과 그밖의 심한 정신장애가 있는 사람들에게는 비용뿐만 아니라 가용한 병상 수가 제한되어 있기 때문에 이와 같은 치료를 받는 것이 오늘날에도 어려운 실정이다. 그럼에도 불구하고, 약물치료는 조현병이 있는 특정 사람들에게서 병원 밖에서 삶을 영위하는 것이 가능하도록 해주었다. 그러나 곧 살펴보겠지만, 약물치료는 고유한 약점이 있다.

**1세대 항정신증 약물과 그 부작용**　1세대 항정신증 약물은 처음으로 발견된 광범위한 종류의 약물이다. 표 6.4에는 조현병을 치료하는 데 사용된 주요 약물이 요약되어 있다. 이런 약물은 조현병의

**초점 6.4**　치료제 개발 과정의 과오 : 항정신증 약물의 발전

가장 많이 처방되는 항정신증 약물 중 하나인 페노티아진(phenothizaine)은 19세기 후반 독일의 화학자에 의해 처음으로 만들어졌다. 그러나 페노티아진의 핵인 항히스타민(antihistamine)이 발견된 1940년대에 이르러서야, 페노티아진은 주목을 많이 받게 되었다.

통상 감기와 천식 치료 등에 페노티아진이 사용되었는데, 프랑스의 외과 의사인 Henri Laborit는 수술 충격을 경감시키기 위해서 항히스타민을 처음으로 사용했다. 그는 항히스타민이 환자들을 졸립게 하며 임박한 수술에 대해서도 덜 두려워하게 만든다는 것을 발견했다. Laborit의 연구는 제약회사들로 하여금 진정효과라는 관점에서 항히스타민을 다시 연구하도록 고무시켰다. 그 후 프랑스의 화학자인 Paul Charpentier는 클로르프로마진(chlorpromazine)이라 불리는 새로운 페노티아진의 파생물을 만들었다. 이 약은 조현병이 있는 사람을 진정시키는 데 대단히 효과적인 것으로 입증되었다. 페노티아진 류는 뇌 속의 도파민 수용기를 차단해 생각, 정서, 그리고 행동에 대한 도파민의 영향을 줄인다.

클로르프로마진[상품명은 소라진(Thorazine)]은 1954년 미국에서 처음으로 치료에 사용되었고, 그 후 빠르게 조현병의 우선 처방제가 되었다. 1970년에 이르러서는 정신병원에 있는 모든 환자 중 85% 이상이 클로르프로마진 또는 다른 페노티아진 류를 복용하였다.

**표 6.4** 조현병 치료에 사용되는 주요 약물의 요약

| 약물의 범주 | 일반적 명칭 | 상품명 |
| --- | --- | --- |
| 1세대 약물 | 클로르프로마진(Chlorpromazine) | 소라진(Thorazine) |
| | 플루페나진 데카노에이트(Fluphenazine decanoate) | 프롤릭신(Prolixin) |
| | 할로페리돌(Haloperidol) | 할돌(Haldol) |
| | 티오틱센(Thiothixene) | 나반(Navane) |
| | 트리플루오페라진(Trifluoperazine) | 스텔라진(Stelazine) |
| 2세대 약물 | 클로자핀(Clozapine) | 클로자릴(Clozaril) |
| | 아리피프라졸(Aripiprazole) | 아빌리파이(Ablify) |
| | 올란자핀(Olanzapine) | 자이프렉사(Zyprexa) |
| | 리스페리돈(Risperidone) | 리스페달(Risperdal) |
| | 지프라시돈(Ziprasidone) | 지오돈(Geodon) |
| | 쿠에티아핀(Quetiapine) | 세로켈(Seroquel) |

양성 증상과 혼란 증상을 감소시킬 수는 있지만 음성 증상에 대해서는 거의 또는 전혀 효과가 없는데, 아마도 그 이유는 이 약물의 일차적 작용기제가 도파민 D2 수용기를 차단하는 것과 관련되어 있기 때문일 것이다. 이 약물이 열광적으로 처방되었음에도 불구하고, 이 약물은 완치시키는 약물이 아니다. 조현병이 있는 사람들의 약 30%가 1세대 항정신증 약물로부터 좋은 효과를 얻지 못했다. 어떤 종류의 항정신증 약물이든 이런 약물을 복용한 사람들 중 약 절반이 1년 후 약물을 끊었으며, 2년이 지나기 전까지 3/4까지나 이 약물을 중단했는데 그 부작용이 너무나 불편했기 때문이다(Harvard Mental Health Letter, 1995; Lieberman et al., 2005).

항정신병 제제로부터 긍정적인 효과를 보는 사람들도 치료 효과를 지속시키기 위해서 소위 유지 정량(maintenance does)을 계속 복용한다. 1세대 또는 2세대 약물을 비교한 60개가 넘는 무선 통제 임상 시행에 대한 종합분석 결과, 이 두 세대 약물의 유지 정량이 위약에 비해서 재발을 감소시키는 데 동등한 효과가 있는 것으로 나타났다(Leucht, Tardy, Komossa et al., 2009). 그러나 유지 정량으로 약물을 복용하는 사람들 중 일부는 여전히 일상생활의 기능을 유지하는 데 어려움이 있을 수 있다. 예를 들면, 이들은 자립해서 살 수 없거나 그전에는 가능했던 종류의 일도 계속할 수가 없으며, 그리고 이들의 사회관계는 빈약할 수 있다. 요약하면, 일부 증상은 없어질 수 있으

나, 삶은 조현병이 있는 많은 사람들에게는 여전히 충족되지 못하고 있다.

흔히 보고되는 항정신병 제제의 부작용에는 진정작용, 현기증, 시야가 흐릿함, 안절부절못하는 것, 그리고 성 기능부전이 있다. 그밖에도 추체외로 부작용(extrapyramidal side effects, EPS)이라 불리는 특이하게 지장을 초래하는 부작용이 있다. 이 부작용은 파킨슨병의 증상과 매우 유사하다. 항정신병 제제를 복용하는 사람들은 손가락의 떨림, 걸음걸이를 질질 끄는 것, 그리고 침 흘리는 것을 나타낼 수 있다. 그밖의 부작용으로는 근육이 경직된 상태인 근육긴장이상, 그리고 수의근 및 불수의근의 비정상 운동이 특징인 운동장애가 있는데, 후자는 입술, 손가락 및 발의 운동장애뿐만 아니라 씹는 동작을 일으킨다. 또 다른 부작용은 정좌불능증(靜坐不能症, akasthesia)으로서 가만히 있지 못하는 것이다. 즉 항정신병 제제를 복용하는 사람들은 계속해서 발을 내딛으며 몸을 안절부절못한다.

지발성 안면마비(tardive dyskinesia)라 불리는 드물게 나타나는 근육장해는 입 근육을 불수의적으로 움직여서 빨고, 입맛을 다시고, 턱을 흔드는 행동을 하는 것을 말한다. 좀 더 심한 경우에는 온몸이 불수의적으로 움직이게 될 수 있다. 이 증후군은 지발성 안면마비를 예방하기 위한 약물이 발견되기 전에 1세대 항정신증 약물로 치료를 받아 왔던 나이 든 조현병 소지자에게서 주로 관찰된다. 이런 증후군은 오랫동안 1세대 항정신증 제제로 치료를 받은 나이 든 사람 중 약 10~20%에서 나타나지만, 기존에 알려진 어떤 처치에 대해서도 효과가 없다(Sweet, Mulsant, Gupta et al., 1995). 끝으로, 신경이완제 악성 증후군(neuroleptic malignant sydrome)으로 불리는 부작용이 사례의 약 1%에서 발생한다. 이런 조건에서는 때때로 생명이 위험할 수 있는데, 극심한 근육경직이 나타나고, 발열이 동반된다. 심장박동과 혈압이 올라가고, 당사자는 혼수상태에 빠질 수 있다.

이런 심각한 부작용 때문에 일부 임상가는 장기간 많은 양의 항정신병 제제를 처방하는 것은 현명치 못하다고 믿는다. 현재 미국정신의학협회에서 마련한 임상 진료 지침(clinical practice guidelines)은 가능한 한 가장 적은 양의 약물로 당사자를 치료하도록 요구하고 있다(APA, 2004). 따라서 이런 지침 때문에 임상가는 곤경에 처한다. 약물을 줄이면, 재발가능성은 높아진다. 그러나 약물을 계속 복용시키면 심각하고 치료 불능의 부작용이 생길 수 있다.

**2세대 항정신증 약물과 부작용**　1세대 항정신증 약물이 도입된 이후 수십 년간 조현병의 신약 개발에 대한 관심은 거의 없었다. 이러한 상황은 약 25년 전에 미국에서 클로자핀(상표명은 클로자릴)이 승인되고 나서 변화되었다. 이 약물에 대한 초기 연구 결과는 1세대 항정신증 약물에 좋은 반응을 보이지 않았던 조현병이 있는 사람들에게서 치료 효과가 있으며, 부작용이 더 적고, 재발도 적으며, 치료에 따르지 않는 것도 감소시킬 수 있음을 시사하였다(Conley, Love, Kelly et al., 1999; Kane, Honigfeld, Singer et al., 1988; Wahlbeck, Chelne, Essali et al., 1999).

그러나, 연구자와 임상가들은 곧 클로자핀이 심각한 부작용을 일으킨다는 사실을 알게 되었다. 소수의 사람들(약 1%)의 경우 백혈구 수가 감소해 면역체계에 손상을 입는데 이러한 상태를 과립세포감소증(agranulocytosis)이라고 부르며, 사람들이 쉽게 감염되게 하고 심지어는 사망에 이르기도 한다. 이런 이유로 클로자핀을 복용하는 사람들은 정기적인 혈액검사를 통해서 조심스럽게 관찰을 받아야 한다. 클로자핀은 또한 발작 이외에도 현기증, 피로감, 침 흘림, 체중 증가 등의 다른 부작용을 일으키기도 한다(Meltzer, Cola, & Way, 1993).

그럼에도 불구하고, 클로자핀의 외현적 성공은 제약회사들로 하여금 1세대 항정신병 제제에 비해서 더 효과적일 수 있는 다른 약물을 광범위하게 탐색하도록 자극하였다. 클로자핀을 위시한 이들 약물을 **2세대 항정신증 약물**(second-generation antipsychotic drug)이라고 부르는데, 작용기제가 통상적인 1세대 항정신증 약물의 경우와 같지 않기 때문이다. 클로자핀 이후 개발된 2개의

2세대 항정신병 제제로는 올란자핀[olanzapine, 상품명은 자이프렉사(Zyprexa)]과 리스페리돈 [risperidone, 상품명은 리스페달(Risperdal)]이 있다. 이 두 약물에 대한 초기 연구들에서는 이 약물들이 1세대 항정신병 제제에서 보이는 부작용을 더 적게 일으키는 것을 알려주었고, 이는 당사자들이 치료를 그만두는 경우가 다소 줄어들 가능성이 있음을 시사하지만(Dolder, Lacro, Dunn et al., 2002), 이후의 연구에서는 위와 같은 발견을 항상 반복해서 검증해주지는 못했다(Lieberman, 2006). 어떤 대규모의 무선 통제 시행에서는 치료 시작 후 1년간 리스페리돈을 유지 정량으로 복용한 사람들이 치료 시작 후 4주 또는 26주의 시점에서 약물 복용량을 줄인 사람들에 비해서 재발률이 낮은 것을 발견하였다(Wang, Xiang, Cai et al., 2010). 2세대 약물 사이의 효과를 비교한 종합분석에 따르면, 2세대 약물은 모두 비슷한 효과를 나타냈는데, 클로자핀과 올란자핀이 양성 증상을 감소시키는 데 약간 더 효과가 있는 것이 관찰되었다(Leucht, Komossa, Rummel-Kluge et al., 2009).

2세대 항정신증 약물은 양성 증상과 혼란 증상을 감소시키는 데 1세대 항정신증 약물과 동일한 효과를 나타내는 것으로 보이는데(Conley & Mahmoud, 2001), 이는 특히 최소한 2개의 다른 약물처방에 대해 반응이 없었던 사람들에게서 그러하였다(Lewis, Barnes, Davies et al., 2006). 1세대 약물과 2세대 약물을 비교한 124개의 연구 결과들에 대한 종합분석에서는, 모두 그런 것은 아니지만 일부의 2세대 약물이 1세대 약물에 비해서 음성 증상을 감소시키고, 인지 결함을 호전시키는 데 약간 더 효과가 있음을 발견하였다(Davis, Chen, & Glick, 2003). 그러나 최근 연구에서는 약물효과가 장시간 작용하는(즉 혈관주사가 가능한) 1세대 약물과 2세대 약물 사이에서는 재발률이나 부작용에서 차이가 없는 것으로 나타났다(McEvoy, Byerly, Hamer et al., 2014).

그밖의 연구들에서는 2세대 항정신병 제제가 또한 조현병이 있는 많은 사람들에게서 결함이 있는 것으로 알려져 있고 또한 사회 기능이 저조한 것(Green, 1996)과 관련된, 주의력과 기억력(Heinrichs & Zakzanis, 1998) 같은 인지 부분을 개선하는 데 효과적임을 시사해주었다. 많은 연구들에서는 이런 약물이 인지 기능을 호전시키는 데 1세대 항정신증 약물보다 더 효과적일 수 있음을 시사해주고 있다(Harvey, Green, Keefe et al., 2004; Harvey, Green, McGurk et al., 2003; Keefe, Bilder, Davis et al., 2007). 보다 일반적으로 말하면, 2세대 항정신병 제제가 이런 식으로 해서 인지능력 회복에 도움이 안 되는 약물에 비해서 조현병에서의 보다 근본적인 변화 및 그에 따른 행동 변화를 가능하게 해줄 수 있을 것이다. 그러나 다른 증거들은 인지 결함을 완화하는 데서는 심리요법도 효과적이며, 아마도 약물보다 더 효과가 좋을 수 있음을 시사해주고 있다.

그러나, 항상 좋은 연구 결과만 있는 것은 아니다. 어떤 광범위한 무선 통제 임상 시행(Clinical Antipsychotic Trials of Intervention Effectiveness, CATIE)에서는 2세대 약물 중 네 가지[올란자핀, 리스페리돈, 지프라시돈, 쿠에티아핀(quetiapine)]와 1세대 약물 한 가지[페르페나진(perphenazine)]을 서로 비교하였다(Lieberman et al., 2005). 미국 각지에서 온 1,500명에 가까운 사람들이 이 연구에 참가했다. 이 연구는 위에서 언급된 종합분석에 속한 연구들과 따로 떨어져서 연구되었는데 그것은 약물을 만드는 제약회사가 후원하지 않았기 때문이다. 이 연구에서 나온 많은 결과들을 보면, 첫째, 2세대 약물은 과거 1세대 약물보다 더 효과적이지 않다. 둘째, 2세대 약물의 불쾌한 부작용이 적은 편은 아니었다. 그리고 셋째, 참가자들의 75%는 18개월간의 연구가 끝나기도 전에 약물 복용을 중단했다. 유사한 결과가 또 다른 대규모 연구에서도 발견되었다(Jones, Barnes, Davies et al., 2006). 2세대 약물이 일찍부터 유망해 보이기는 했지만, 조현병에 대한 보다 나은 치료법을 개발하려면 더 많은 연구가 필요하다.

그밖에도, 일부 다른 연구에서는 2세대 항정신증 약물이 그 자체로 심각한 부작용을 일으킬 수 있음을 밝혀주었다(Freedman, 2003). 첫째, 이들 약물들은 추체외로 부작용(EPS)이 있다(Miller,

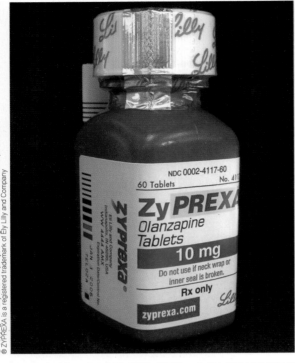

올란자핀 같은 2세대의 항정신증 약물은 1세대의 항정신증 약물에 비해서 부작용이 훨씬 적지만, 그래도 부작용이 이에 없어진 것은 아니다.

Caroff, Davis et al., 2008; Rummel-Kluge, Komossa, Schwarz et al., 2010).

둘째는 2세대 항정신증 약물은 체중 증가를 초래하는데(Rummel-Kluge et al., 2010) 어느 연구에서는 약물치료를 받은 과반수 환자에서 심각한 체중의 증가가 있다고 했다. 체중 증가는 심각한 건강문제, 즉 혈중 콜레스테롤 증가와 2형 당뇨병을 일으킬 수 있는 혈당의 상승과 관련이 있다. 예를 들면 클로자핀과 올란자핀은 2형 당뇨병의 발병과 연관된다(Leslie & Rosenheck, 2004). 그러나 약물 자체가 체중 증가라고 하는 부작용을 일으켜 위험을 증가시키는 것인지 아니면 약물 복용과는 별개로 환자가 당뇨병 소질이 있어서 그런 것인지 명확치 않다. 2005년도에 올란자핀을 생산하는 엘리릴리사는 이 약을 복용한 환자들에게 700억 달러 이상의 손해 배상을 인정하는 일련의 소송을 수습하는 데 동의했다. 이 소송 건은 회사가 환자들에게 심각한 부작용을 충분하게 경고하지 못해서 일어난 일이다. 현재 약물의 겉표지에는 체중 증가, 혈당을 높게 하는 것, 그리고 콜레스테롤 수치를 높게 하는 것과 같은 부작용에 대한 경고문을 싣고 있다.

2세대 항정신증 약물치료의 또 하나 다른 문제점은 미국 흑인들이 이들 약물을 투여받지 못하는 경향이 있다는 것이다. 다른 2개의 연구에서 미국 흑인들에게는 1세대 항정신증 약물이 2세대 항정신증 약물보다 더 많이 처방되었다는 것이 발견되었다(Kreyenbuhl, Zito, Buchanan et al., 2003; Valenti, Narendran, & Pristach, 2003). 이는 많은 이유로 잘못된 처방이지만, 특히 흑인들이 1세대 항정신증 약물에 대해 백인보다 부작용이 더 많기 쉽다는 결과 때문이다(Frackiewicz, Sramek, Herrera et al., 1997). 더욱이 이런 결과들은 소수민족들이 받고 있는 정신보건치료에서의 불평등을 밝힌 2001년 정신보건에 관한 목표(landmark) 보고서와 미국 보건총감 보고서의 부록 내용을 반복해서 알려주는 것이다(USDHHS, 2001a). 이 책에서 개관한 다른 장애들과 비교해보면, 각기 다른 인종을 포함하는 조현병 연구는 비교적 적다. 앞으로 이러한 점들이 장래 연구의 관심 분야가 되어야 한다.

**약물치료의 평가**  항정신증 약물은 조현병 치료에 없어서는 안 될 부분이며 의심할 여지없이 계속 사용될 것이다. 더욱이 2세대 항정신증 약물의 제한적 성공은 조현병에 대한 새롭고 보다 효과적인 약물요법을 계속 찾도록 노력하게 하는 자극제가 되고 있다. 그밖에도 새로운 약물이 현재 계속 시험 중이지만, 획기적 약물치료에 대한 약진은 아직 없다. 따라서 '3세대' 약물은 요원하다.

### 심리학적 치료(심리요법)

항정신증 약물치료의 제한점으로 인해 약물 이외에도 함께 사용될 수 있는 심리사회적 처치를 개발하려는 노력에 박차가 가해지게 되었다. 실제로, 조현병 환자 성과 연구팀(Patient Outcomes Research Team, PORT)이 편찬한 조현병에 대한 현행의 치료 권고사항은 약물과 심리사회적 개입을 함께 제공하는 것이다(Kreyenbuhl, Buchanan, Dickerson et al., 2010). 2009년에 개정된 PORT 권고사항은 치료 연구에서의 권고사항을 광범위하게 개관한 것에 토대를 두었으며 다양하게 다른 유형의 심리사회적 치료를 포함시키도록 보완되었다. 사회기술 훈련, 인지행동치료, 그리고 가족에 기반을 둔 처치를 위시한 많은 사회심리적 개입법들은 이들을 약물치료에 대한 보조적 처치로 사용하는 것을 지지하는 확고한 증거 기반을 갖추고 있다(Dixon, Dickerson, Bellack et al., 2010). 처음으로 조현병의 일화를 겪은 후 이들에 대한 37개의 전망적 연구를 개관한 결과, 약

## 초점 6.5    조현병을 갖고 살아가기

조현병에 대한 투쟁과 승리를 보여주는 한 여성의 감동적인 사례가 2007년에 책으로 출간되었다. 책의 이름은 *The Center Cannot Hold: My Journey Through Madness*로, 이 책은 미국 서던캘리포니아대학교의 저명한 법학 교수로서 조현병을 갖고 있기도 한 Elyn Saks가 쓴 것이다(Saks, 2007). 이 책에서 그녀는 이 질환에 대한 평생 동안의 경험을 서술하고 있다. 이 책을 출간하기 전까지는, Saks 교수의 친한 친구들 몇 명 이외에는 그녀가 조현병을 갖고 있다는 것조차 몰랐다. 그녀는 이것을 왜 비밀에 부쳤을까? 확실한 것은 낙인이 그 이유의 일부라는 것이다. 우리가 이 책 전반에 걸쳐서 살펴보았듯이, 정신질환을 갖고 있는 사람에 대한 낙인은 21세기에도 아주 생생하게 살아있어서, 낙인은 조현병 같은 질환을 갖고 있는 사람에게 심각하게 부정적인 결과를 끼칠 수 있다.

Saks 교수의 인생사를 특히 고무적인 것으로 만든 것은 그녀가 심각한 정신질환을 갖고 있음에도 불구하고 그녀의 인생에서 예외적으로 전문적이고 개인적인 성공을 거두었기 때문이다. 그녀는 화목하고 지지적인 분위기의 가정에서 성장하여, 밴더빌트대학교 수석졸업과 더불어 학사 학위를 취득한 후, 저명한 마셜 장학금을 받고 영국의 옥스퍼드대학교에서 철학을 공부하였으며, 미국 예일대학교 법학대학원에서 유명한 *Yale Law Review*의 편집인의 일을 하고 졸업한 후, 유수 대학교에서 법학 분야의 정년보장 교수가 되었다. 그녀는 어떻게 해서 이런 일을 이룩한 것일까?

그녀는 정신분석치료와 약물치료를 포함한 통합치료, 가족과 친구로부터의 사회적 지지, 고된 노동, 그리고 중증의 병에 대한 지식 모두가 조현병과 때때로 나타나는 예측불허의 증상에 대처할 수 있는 데 도움이 되었다고 믿는다. 정신분석치료가 조현병에 대한 경험적 지지를 얻지 못한다고 해도, Saks의 치료 기간 동안 핵심적인 역할을 담당했고 지금도 그렇다. 이러한 이야기들은 일부 치료가 다수의 사람들에게는 효과가 없을지라도 어떠한 개인에게는 효과적일지도 모른다는 사실을 예증하고 있다. 그녀가 옥스퍼드대학의 장학생으로서 정신분석치료를 받은 첫날부터 현재까지 그녀에게 도움이 되었던 한 가지는 정신분석가와 치료를 시작할 때 '정신이상자'임을 인정하는 그녀의 능력이었

Elyn Saks는 미국 USC의 법학 교수인데, 조현병을 갖고 있다.

*Damian Dovarganes/© ASSOCIATED PRESS/Wide World Photos*

다. 그녀는 증상을 감추기 위해 많은 노력을 기울였고 증상들이 자신의 생활을 방해하지 못하도록 막았다. 정신분석치료는 이러한 증상들이 충분히 밖으로 표출될 수 있는 안전한 곳이었다. 그녀가 여러 해 동안 만났던 여러 분석가들은 Saks 교수가 수십 년간 저항해 온 항정신병적 약물요법을 추가하도록 종용해온 자들이었다. 가까운 친구와 남편의 확고한 지지는 증상 기간에 특히 굉장한 도움이 되었다. 그녀의 사랑하는 사람들은 그녀가 정신병적인 증상을 보일 때 평소와 다르게 행동하지 않았다. 대신에 그들은 그녀를 지지해주었고 필요한 경우에 추가적인 치료를 받도록 도와주었다.

Saks 교수는 지금도 증상을 경험하고 때때로 매일 경험하기도 한다. 그녀의 증상은 그녀가 매우 두려워한다고 말하는 편집증적 망상이다(예 : 자신의 생각이 사람을 죽였다고 믿는 것). 그녀는 혼란 증상도 경험한다. 이 증상은 그녀의 저서에서 설득력 있게 기술하고 있다.

> 의식은 점차 응집력을 잃는다. 중심에서 신호를 보낸다. 중심은 신호를 멈춘다. '나'는 몽롱해진다. 그리고 멈춰버린 중심으로부터 나는 고장 난 라디오 신호처럼 분절된 현실을 경험한다. 더 이상 일어난 일을 살펴보고, 수용하며, 평가하는 유리한 입장은 아니다. 세상을 보고, 판단하고, 위험을 파악하기 위한 렌즈가 있다고 해도 절대 상황을 정리할 수 없다. *(Saks, 2007, p. 13)*

그녀는 여전히 증상을 경험하지만, 정신분열증이 생활의 한 부분이라는 사실과 타협할 수 있게 되었다. 그녀는 질병이 없어지기를 바랄까? 그렇다. 그러나 그녀는 또한 친구와 사랑하는 사람들, 그리고 의미 있는 일로 가득 찬 아름다운 인생을 보내고 있다고 생각한다. 그녀는 그녀의 질병에 갇혀 있지 않다. 그리고 그녀는 의미심장하게 말한다. "우리 모두가 공유하는 인간애는 공유하지 않는 정신질환보다 더 중요하다"(Saks, 2007, p. 336). 그녀의 삶은 정신질환자뿐만 아니라 우리 모두에게 영감을 준다. 그녀의 이야기가 우리에게 주는 교훈은 인생에 문제가 있을지라도 살아갈 수 있으며 한껏 충만한 인생을 살 수 있다는 것이다.

---

물치료와 심리사회적 처치를 결합한 것이 최상의 성과를 예측해준다는 것이 발견되었다(Menezes, Arenovich, & Zipursky, 2006).

처치를 병행하는 데서 오는 긍정적 효과를 보여주는 한 예는 중국에서 수행된 대규모(1,200명 이상)의 무선 통제 시행에서 약물치료만 실시한 집단과 약물치료에다가 가족치료, 인지행동치료, 심리교육, 그리고 기술훈련이 포함된 종합적인 심리사회적 개입을 병행한 집단을 비교한 것이다. 이 두 집단의 참여자들은 조현병 증상이 비슷한 수준으로 감소하는 효과를 얻었다. 그러나 결합된 처치를 받은 사람들은 재발률과 처치를 중단하는 비율이 낮았고, 또한 기능 수준도 더 크게 호전되었다(Guo, Zhai, Liu et al., 2010). 결합 처치의 성공적인 또 다른 예는 초점 6.5를 보라.

인지재활 접근과 같은 다른 처치법들도 증거 기반이 점차 커지고 있으며 당대의 연구 초점이 되고 있다. 우리는 이들 심리사회적 처치법들을 바로 다음으로 소개한다.

**사회기술 훈련**    사회기술 훈련(social skills training)은 조현병이 있는 사람들에게 여러 다양한 대인적 상황—정신과 의사와 약물치료에 대해 논의하기, 레스토랑에서 식사 주문하기, 취업지원서 작성하기, 취업면접하기, 거리에서 마약판매상에게 아니요라고 말하기, 그리고 버스 노선 보기—을 성공적으로 관리할 수 있는 방법을 가르치기 위해서 고안되었다. 우리 대부분은 이러한 기술을 당연하게 여기고 일상생활에서 거의 의식하지 못하지만, 조현병이 있는 사람들의 경우에는 그렇지 못하다. 그들이 이러한 기술들을 습득하기 위해서는 많은 노력이 요구된다(Heinssen, Liberman, & Kopelowicz, 2000; Liberman, Eckman, Kopelowicz et al., 2000). 사회기술 훈련에는 통상 역할연기 및 그밖의 집단 활동을 통해서 치료집단과 실제의 사회 상황 모두에서 기술을 익히도록 한다.

연구 결과에 따르면, 사회기술 훈련이 조현병이 있는 사람들에서 재발을 줄이고 사회적 기능을 보강하며, 삶의 질을 높이는 데 도움이 되는 새로운 사회행동을 학습할 수 있다고 밝혔다(Kopelowicz, Liberman, & Zarate, 2002). 모든 결과가 긍정적인 것만은 아니었으나(Pilling, Bebbington, Kuipers et al., 2002) 일부 연구에서 2년의 치료 기간 동안 환자들이 받은 치료적 이득을 보여준 것은 주목할 만하다(Liberman, Wallace, Blackwell et al., 1998; Marder, Warshing, Glynn et al., 1999). 다음에서 논의될 정서 표현을 줄이는 가족치료를 포함하여 사회기술 훈련은 약물 복용 중심의 치료를 넘어서 보통 조현병 치료의 한 부분이다. 예를 들면 멕시코에서 실시된 무선 통제 실험에서 가족치료가 포함된 사회기술 훈련이 보통의 치료(약물과 한 달에 한 번 의사와 20분씩 정기적으로 만남)보다 더 효과적인 것으로 밝혀졌다(Valencia, Racon, Juarez et al., 2007). 사회기술 훈련은 또한 음성 증상을 감소시키는 데 효과적일 수 있다는 증거가 다소 있다(Elis, Caponigro, & Kring, 2013).

**가족치료**    정신병원에서 퇴원한 많은 조현병 환자는 가족이 있는 집으로 돌아간다. 앞에서 논의한 연구는 가족 내에서 표현된 정서(EE)의 수준이 높은(적대적이고, 흠을 잘 잡으며, 과잉보호적인 것을 위시해서) 것이 재발 및 재입원과 연결된다는 것을 보여준다. 이 발견을 토대로 수많은 가족치료법이 개발되었다. 이 치료법들은 실시 기간, 실시 장면, 그리고 특정 기법상으로 다를 수 있지만, 몇 가지 공통점을 갖고 있다.

- 조현병에 대한 교육—어떤 사람들을 질병에 쉽게 걸리게 만드는 특히 유전학적 혹은 신경생물학적 요인들, 조현병과 관련된 인지문제, 조현병 증상, 그리고 임박한 재발의 징후에 관한 교육 : 높은 EE 가족은 전형적으로 조현병에 관한 정보가 적기 때문에 그들에게 일부 기본 정보를 주는 것은 조현병 친척을 덜 비판적으로 보도록 돕는다. 예를 들면, 신경생물학이 조현병과 관련이 있다는 것과 질병이 이성적으로 생각해볼 때 명백한 사고문제와 연관된다는 것을 아는 것은 가족 구성원들이 친척의 부적절하거나 쓸모없는 행동을 더 잘 이해하거나 수용하게끔 도와줄 수 있다. 치료자는 환자의 가족들에게 환자에 대한 비판을 줄여 가는 방법으로서 조현병에 걸린 식구에 대한 기대를 낮추도록 격려했다. 치료자는 가족과 환자에게, 조현병이 근본적으로는 생화학적 질병이므로 제대로 된 투약과 가족치료를 통해 환자의 스트레스를 경감시켜 주면 악화를 막을 수 있다는 것을 명확히 했다.
- 항정신증 약물에 관한 정보 : 치료자들은 항정신증 약물의 효력과 관련이 있는 가족과 질병 모두에 관심을 가져야 한다. 이를 통해 약물의 의도된 효과와 부작용에 대한 더 많은 정보를

얻을 수 있고, 약물 반응을 점검하는 책임감을 더하며, 역효과가 나타날 경우에 약물치료를 중단하기보다는 의료적 자문을 찾게 된다.

- 비난 회피 및 감소 : 치료자들은 가족 구성원들이 질병과 그 대처문제에 대해 자신 혹은 그들의 친척을 비난하지 않도록 장려한다.
- 가족 내 의사소통과 문제 해결 기술 : 치료자들은 지시적, 비판적, 혹은 과잉보호적인 방식보다는 건설적이고 공감적인, 비요구적인 방식으로 긍정적인 감정 및 부정적인 감정 모두를 표현하는 방법을 가르치는 데 초점을 둔다. 그들은 또한 일상의 문제를 함께 해결해 나가는 방법을 가족 구성원에게 가르침으로써 관계적 갈등에서 비롯되는 스트레스를 덜 받을 수 있도록 한다.

Bruce Ayres/Stone/Getty Images

가족치료는 조현병을 갖고 있는 사람과 그 가족들에게 조현병의 속성에 대해 일깨워주어서 표현된 정서를 줄여주는 데 도움이 될 수 있다.

- 사회적 연결망의 확장 : 치료자들은 조현병이 있는 사람들과 그 가족들이 사회적 관계, 특히 지지 연결망을 넓히도록 격려한다.
- 희망 : 치료자들은 조현병이 있는 사람이 다시 병원으로 되돌아가지 않을 것이고, 치료 상황이 개선될 수 있다고 기대한다.

치료자들은 이러한 전략을 수행하는 데 있어 여러 가지 기술을 사용한다. 예를 들어 재발을 야기하는 스트레스원 찾기, 가족의 의사소통기술 및 문제 해결 능력 훈련시키기, 그리고 높은 EE 가족 구성원들의 낮은 EE 가족들에 대한 영상물 시청하기가 있다(Penn & Mueser, 1996). 표준치료(통상 약물처치뿐임)와 비교했을 때, 가족치료와 약물치료의 결합은 전형적으로 1~2년에 걸쳐 재발을 낮추었다. 이러한 긍정적인 결과는 특히 최소 9개월간 치료가 지속되었던 연구들에서 극명하게 나타난다(Falloon, Boyd, McGill et al., 1982, 1985; Hogarty, Anderson, Reiss et al., 1986, 1991; Kopelowicz & Liberman, 1998; McFarlane, Lukens, Lunk et al., 1995; Penn & Mueser, 1996).

**인지행동치료**   한때, 연구자들은 조현병이 있는 사람들의 망상을 포함하여 인지 왜곡을 수정하려는 노력이 쓸데없는 일이라고 가정했다. 그러나 현재, 일부 조현병이 있는 사람들의 부적절한 믿음이 실제로 인지행동치료(CBT)를 통해 치료적 이익을 얻을 수 있음을 입증한 증거들이 늘어나고 있다(Garety, Fowler, & Kuipers, 2000; Wykes, Steel, Everitt et al., 2008).

조현병이 있는 사람들은 정상인과 동일하게 망상적 믿음을 실제로 시험하도록 격려될 수 있다. 합의를 통해 (그리고 항우울병 약물을 포함하여 여러 가지 방법하에) 일부 조현병이 있는 사람들이 우울증과 공황장애의 치료와 유사하게 편집증 증상에 대한 비정신증적 의미를 부여하여 증상의 강도와 혐오성을 줄이는 데 도움을 받아 왔다(Beck & Rector, 2000; Drury, Birchwood, Cochrane et al., 1996; Haddock, Tarrier, Spaulding et al., 1998). 연구자들은 CBT도 음성 증상을 줄일 수 있음을 발견했는데, 가령 성공 및 만족에 대한 기대가 낮은 것[의욕결핍(avolition)] 그리고 즐거움에 대한 기대가 낮은 것(쾌감불능증에서 즐거움의 예기가 없는 것)에 연결된 믿음체계에 도전하게 해서 얻어낸 결과다(Grant, Huh, Perivoliotis, 2012; Wykes et al., 2008).

8개 국가에 걸쳐서 약 2,000명의 조현병이 있는 사람들을 대상으로 한 50개가 넘는 연구들에 대한 종합분석 결과에서는 양성 증상, 음성 증상, 기분, 그리고 일반적인 생활 기능에 대해서 작은 수준에서 중간 수준에 이르는 효과 크기를 발견해냈다(Jauhar, McKenna, Radua et al., 2014; Wykes et al., 2008). 음성 증상에 대한 CBT의 효과는 만족스럽지 못하지만, 이런 증상에 대해서는 CBT가 현재로서는 가장 효과적인 치료법이다(Elis et al., 2013). CBT는 10년 이상 영국에서 보조치료로서 사용되어 왔고, 지역사회에서조차 그 결과는 긍정적이었다(Sensky, Turkington, Kingdom et al., 2000; Turkington, Kingdom, & Turner, 2002; Wykes et al., 2008).

**인지재활치료**    연구자와 임상가들은 인지 기능들을 개선하여 행동에 좋은 영향을 미치기 위한 노력으로 조현병의 혼란스러운 인지의 기본적인 측면에 좀 더 주의를 기울여 왔다. 리스페리돈의 긍정적인 임상 결과가 특정 유형의 기억 개선과 관련된다는 사실(Green, Marshall, Wirshing et al., 1997)은 기본적인 인지 과정에 주목하는 치료—비임상적 인지과학자들이 연구하는 방식—가 조현병 환자들의 사회적이고 정서적인 생활을 개선하는 데 희망적이라는 보다 일반화된 개념을 지지하고 있다. 이러한 일반적 접근은 조현병이 있는 많은 사람들에게서 결핍되어 있는 것으로 알려져 있고 낮은 사회적응과 관련된 주의 및 기억과 같은 기능을 정상화하기 위한 노력에 초점을 맞춘다(Green, Kern, Braff et al., 2000).

언어 학습능력과 같은 기본적인 인지능력을 향상시키기 위한 시도로 최근 개발된 치료들을 **인지 재활 훈련**(cognitive remediation training) 또는 **인지 증진 치료**(cognitive enhancement therapy, CET) 또는 인지 훈련(cognitive training)이라고 부른다. 2년간의 무선 통제 임상실험에서 집단기반 CET와 풍부한 지지치료(EST)를 비교하였다. CET는 주의, 기억, 그리고 문제 해결에 대해서 약 80시간의 컴퓨터기반 훈련으로 이루어져 있다. 실험 및 통제집단에서는 일상생활에서 신문사설 읽기와 이해하기, 사회문제 해결, 그리고 대화를 시작하고 유지하기와 같은 사회 인지기술을 이용하였다. EST는 지지와 교육적 요소를 포함하였다. 그리고 모든 참가자들이 약물을 복용하였다. 1년, 2년간의 후속 평가에서, CET가 문제 해결능력, 주의, 사회 인지, 그리고 사회 적응에서의 인지능력 향상에 EST보다 더 효과적이었다(Hogarty, Flesher, Ulrich et al., 2004). 반면 증상 감소는 두 치료에서 동일했다. CET를 받은 사람들은 취업 준비가 더 잘 되어 있었으며, 실제로 2년이 끝날 무렵에 쉽게 취업을 하였다. 이러한 사실은 CET 집단의 사람들이 EST 집단의 사람들보다 더 자발적인 태도를 보였다는 점에서 충분히 가능할 수 있다. 다른 연구에서는 CET를 지지요법과 비교했는데 CET가 처치 종료 후에도 1년간 유지되었던 사회 기능의 호전과 관련이 있음을 발견하였다(Eack, Greenwald, Hogarty et al., 2010). 이와 같이, CET는 증상 감소와 인지능력 향상에 효과적이고, 취업과 같은 좋은 기능적 성과와 연결되는 것으로 보인다.

26개 연구(McGurk, Twamley, Sitzer et al., 2007)와 40개 연구(Wykes, Huddy, Cellard et al., 2011)에 대한 2개의 종합분석 결과에서는 전반적 인지 기능뿐만 아니라 주의력, 언어 기억, 문제 해결, 언어 작업기억, 처리 속도, 그리고 사회 인지와 같은 특정한 인지 영역에서 작은 수준에서 중간 수준에 이르는 효과 크기를 발견하였다. 인지 재활은, 그 효과 크기는 작았지만, 증상의 감소와 일상생활에서의 기능 호전과도 연관이 있었다. 인지 재활은, 사회기술 훈련과 같은 또 다른 유형의 심리사회적 처치가 덧붙여질 경우, 기능 호전과 관련되는 경우가 더 많았다. 이러한 결과는 희망적이지만 모든 연구들은 백인 남성을 대상으로 하였다. 따라서 일반화 가능성에 대한 입증이 필요하다.

약간 다른 인지 재활 프로그램도 유망한 결과를 보여주었다. 이러한 치료는 집중적인(50시간) 컴퓨터 훈련을 포함하지만 그 과제는 기본적인 인지 및 지각 과정(예 : 단순한 소리를 변별하기)의 증진이 고차원의 인지 과정(예 : 기억 및 문제 해결능력)을 개선하는 것을 보여주는 신경과학적 연구 결과에 기반을 두고 개발된 것이다. 이와 같은 훈련에서 인지 재활 과제는 청각 과제인데 사람들이 잘 해낼수록 점점 더 어려워진다. 이들은 복잡한 말소리를 변별해내야 하는 일련의 과제를 수행하게 된다. 최근의 무선 통제 시행에서는, 컴퓨터를 이용한 집중적인 청각 훈련을 받은 조현병 소지자들이 같은 시간 동안에 컴퓨터 게임을 한 참여자들에 비해서 전반적 인지 기능에서의 호전뿐만 아니라 특정 영역(기억, 주의력, 처리속도, 작업기억, 문제 해결)에서 더 큰 호전을 보여주었다(Fisher, Holland, Merzenich et al., 2009).

**심리교육**  양극성장애를 소개한 장에서 살펴본 바와 같이, 심리교육은 당사자들에게 자신의 질환에 대해서 교육시키려고 하는 접근법이다. 여기에는 장애의 증상, 시간의 흐름에 따라 예상되는 증상의 경과, 증상에 대한 생물적 및 심리적 촉발 요인, 처치 전략이 들어 있다. 조현병의 심리교육에 대한 44개의 연구 결과를 최근에 종합분석한 결과에서는 심리교육이 재발 및 재입원율을 줄이고 약물에의 순응도를 높이는 데 효과적인 것으로 나타났다(Xia, Merinder, & Belgamwar, 2011).

**사례관리**  1960년대에 많은 수효의 사람들이 병원에서 퇴원하게 된 이후로[탈원화(deinstitutionalization)로 지칭됨], 조현병이 있는 많은 사람들이 더 이상 병원에 있지 않게 되었고 따라서 원하는 서비스를 얻기 위해서 스스로 찾아다닐 수밖에 없게 되었다. 대부분의 서비스가 실시되는 지역에서는 중앙병원이 부족했기 때문에 미국의 정신보건체계는 더욱 복잡해졌다. 1977년에는 조현병이 있는 많은 사람들이 서비스 받기를 두려워하여, 미국국립정신보건원(NIMH)에서는 조현병이 있는 사람들을 정신보건체계 내로 편입시키는 주에게는 보조금을 지급하는 프로그램을 개설하였다. 이러한 프로그램의 시행 과정에서, 새로운 정신보건 전문 직종인 사례관리자가 탄생하였다.

원래 사례관리자는 기본적으로 서비스의 중개인이었다. 그들이 이러한 체계에 친숙했기 때문에 조현병이 있는 사람들이 요구하는 어떠한 서비스라도 그 서비스 제공자와 연결시킬 수 있었다. 수년이 지나자, 다양한 사례관리의 모형이 개발되었다. 사례관리자들은 종종 직접적인 임상 서비스를 제공해야 하며, 서비스는 중개인에 의해서 소개되는 것보다 팀에 의한 것이 최선의 방법이라는 인식이 주목할 만하게 변화된 점이다. 주장 증진 지역사회 처치(Assertive Community Treatment) 모형(Stein & Test, 1980)과 강력한 사례관리 모형(Surles, Blanch, Shern et al., 1992)은 약물치료, 물질남용치료, 조현병이 있는 사람들이 정기적으로 직면하는 스트레스 자극(예 : 돈을 관리하는 것)을 다루는 법, 심리치료, 직업훈련, 그리고 거주지와 직업 알선과 같은 지역사회에 서비스를 제공하는 다학제적 팀을 필요로 한다. 사례관리자들은 조현병이 있는 사람들이 약간의 독립성과 마음의 안정을 갖고 시설을 벗어나 사회에서 기능하도록 돕는 의료 및 심리 서비스의 범위를 결정하며 조정한다(Kopelowicz et al., 2002). 이 두 모형은 그 효과에 대한 증거가 확립되면서, 지금껏 심리사회적 처치에 대한 PORT 권고사항의 일부가 되었다(Dixon et al., 2010).

병원에서 보내는 시간을 줄이고 주거 안정을 향상시키며, 증상을 완화하기 위해서는 보다 집중적인 처치를 적용하는 것이 덜 집중적인 방법에 비해서 그 효과가 더 좋다는 것이 입증되었다(Mueser, Bond, Drake et al., 1998). 그러나, 한층 더 집중적인 사례관리가 다른 영역, 이를테면 사회적 기능의 호전과 같은 데서 긍정적인 효과를 가져다주지는 못햇다. 이러한 접근이 효과를 보려면 조현병이 있는 사람들을 위한 사례관리자가 충분히 있어야 한다. 너무 흔한 일인데, 이와 같은 정신보건 전문가들의 담당 사례 건수의 부담이 너무 많아서, 이들은 드문드문 배치되어 있는 실정이다.

**거주치료**  거주치료 시설(residential treatment homes) 혹은 '사회복귀시설(halfway house)'은 병원 치료가 필요 없고, 자기 혼자 혹은 심지어 가족과 함께 살아갈 수 있을 정도로 충분히 회복되지 못한 사람들에게는 좋은 대안이 될 수 있다. 이것은 보호를 받는 생활 공간을 제공하는데, 통상 규모가 크며, 과거에는 개인의 주거지였던 공간에 자리 잡고 있다. 병원 생활에서 퇴원한 사람들은 자신이 식사를 챙기고 점차 시간제 일하기 혹은 학교 가기와 같은 일상적인 사회생활로 돌아간다. 이른바 직업재활(vocational rehabilitation)의 일환으로, 거주자들은 직업을 안전하게 확보할 수 있는 취업기술을 배운다. 그들은 이러한 기술들을 배움으로써 지역사회에서 살아남을 수 있는 가능성이 높아지게 된다. 주거공간의 배치는 비교적 비구조화되어 있을 수 있다. 어떤 시설에서는 거주자들을 훈련시키고 뒷받침하는 데 도움이 되는 수익성 사업을 열기도 한다.

거주치료 시설에 대한 자금 지원이 얼마나 잘 되고 있느냐에 따라서, 운영진에는 정신과 의사 또는 임상심리 전문가, 또는 둘 다 둘 수도 있다. 일선의 근무 요원들은 심리학 전공 학부생 또는 임상심리나 사회복지를 전공한 대학원생이 되는 경우가 많다. 이들은 시설에 거주하면서 관리자인 동시에 거주자들에게는 친구로서의 역할도 한다. 집단모임에서는, 거주자들이 자신의 좌절 경험을 토로하면서 남들과 솔직하고 생산적으로 관계를 형성하는 법을 배우게 되는데, 늘상 있는 생활의 일부가 되는 경우가 많다. 이런 프로그램은 미국 전역에 많이 퍼져 있으며 조현병이 있는 수천 명의 사람들이 병원 밖에서도 잘 지낼 수 있도록 사회 적응을 해낼 수 있게끔 도움을 제공해 왔다.

미국에서 효과적인 거주치료에 대한 필요성이 과소평가되어서는 안 되는데, 특히 병원에서 수만 명의 사람들을 퇴원시키는 탈원화에 비추어보면 더욱 그렇다(Torrey, 2014). 조현병이 있는 사람들에게는 지역사회에 기반을 두고 뒤를 계속 살펴주는 서비스가 거의 항상 필요하지만, 이런 서비스는 아주 부족한 실정이다. 실제로, 오늘날 미국의 노숙자 중 상당수가 정신질환자이며, 그 중 많은 사람들이 조현병이 있는 사람이다. 조현병이 있는 사람들은 사회보장연금을 받을 수 있지만, 집주소가 없을 경우 받을 자격이 있는 연금을 모두 받지 못한다. 좋은 거주치료 프로그램들을 이용할 수 있지만, 그것만으로는 충분치 않다.

치료에 수입을 얻는 취업을 통합하는 것이 조현병이 있는 사람들을 병원 밖에서 계속 지낼 수 있게 하는 데 중요하다(Kopelowicz & Liberman, 1998; Kopelowicz et al., 2002). 예를 들면 미국 정부는 조현병이 있는 사람들이 (저임금을 받는) 직업을 통해 돈을 벌어서 독자적으로 생활을 영위하거나 적어도 병원 밖에서 지낼 수 있게 된 나머지 사회보장장애연금(Social Security disability benefits)을 2년까지 계속해서 받을 수 있게 지원해주기 위한 일환으로서 고용의 중요성을 인식하기 시작했다. 이와 같이 환영할 만한 정책의 변화(당사자가 수입이 생기면 지원이 중단되는 것에서부터 변화된 것)는 일하지 않는 것이 가져오는 해로운 효과가 인식되었다는 것을 의미하며 이런 정책의 변화는 이들이 웬만큼 독자적으로 생활하는 능력을 증진시켜줄 것이다.

아직도 일자리 얻기는 조현병이 있는 사람에게 붙여진 편향과 낙인 때문에 주요 난제가 된다. 비록 1990년에 제정된 미국 장애인법이 고용주로 하여금 취업 지원자들에게 심각한 심리장애를 가졌던 적이 있는지를 묻는 것을 금지하고 있지만, 조현병이 있는 사람들은 여전히 정규직 일자리를 얻기가 어렵다. 이들이 갖고 있는 증상은 부정적 편견을 갖고 있는 고용주들로 하여금 이들을 채용하는 것을 두렵게 만들며, 덧붙여서 많은 고용주들은 사고, 정서 및 행동이 관습적이지 않을 수 있는 사람들에게 자유재량권을 많이 주고 싶어 하지 않는다.

이와 같은 어려움이 있기는 하지만, 치료를 받을 필요가 있는 조현병이 있는 사람들의 수효를 줄여줄 것이라는 희망하에, 거주치료 시설을 더 많이 늘리기 위해서는 추가적인 자금 지원이 필요할 것이다.

## 복습문제 6.3

진위형

1. 1세대 항정신병 제제에는 할돌, 프롤릭신 같은 약물이 있다. 2세대 항정신병 제제에는 클로자핀과 올란자핀이 있다.
2. 2세대 항정신병 제제는 1세대 항정신병 제제에 비해서 운동 기능의 부작용을 더 많이 일으킨다.
3. 인지 증진 치료가 아니고, 인지행동치료가 약물치료와 병행될 경우 조현병에 효과가 있다.
4. 거주치료 프로그램에서의 중요한 초점은 조현병이 있는 사람들이 취업하도록 돕는 것이다.

## 요약

### 임상적 기술

- 조현병의 증상에는 여러 영역에서의 장해(disturbances)가 들어 있는데, 여기에는 ① 사고(thought), 지각(perception) 및 주의력(attention), ② 운동 행동(motor behavior), ③ 정서(emotion), 그리고 ④ 생활 기능(life functioning)이 들어 있다. 증상은 통상 양성, 음성, 그리고 혼란형의 범주로 구분된다. 양성 증상은 망상이나 환각처럼 지나치거나 왜곡된 것이 들어 있다. 음성 증상은 행동 결손(부족한 것)을 말하는데, 여기에는 의욕 결핍, 비사회성, 즐거움을 못 느끼는 것, 둔한 정동, 그리고 말의 빈곤이 들어 있다. 혼란 증상에는 혼란된 말과 혼란된 행동이 들어 있다.
- DSM-5에서는 조현병의 하위 유형을 삭제했는데, 왜냐하면 이런 하위 유형이 예언 타당도도 거의 없고 임상적 유용성도 부족하기 때문이다.
- DSM-5에 수록된 그밖의 조현병 스펙트럼 장애에는 조현양상장애, 단기 정신병적 장애, 조현정동장애, 그리고 망상장애가 있다.

### 원인론

- 조현병의 소질이 유전을 통해 전해 내려온다는 자료는 인상적이다. 가족 및 쌍둥이 연구들은 유전되는 요소가 있음을 시사해주고 있다. 입양아 연구들은 부모가 조현병이 있는 것과 이 장애가 특히 초기 성인기에 나타날 가능성 사이에 강력한 관계가 있음을 보여주고 있다. 가계에 따른 고위험 연구들은 조현병이 있는 부모의 자녀를 종단적으로 조사했는데, 아동기의 문제가 이 장애의 발생을 예측해줄 수 있는지 여부를 결정하기 위해서였다. 연관 연구 결과는 DTNBP1, COMT 및 BDNF 같은 유전자가 조현병과 연관되어 있음을 알려주고 있다. 전장 유전체 연관 분석 연구(GWAS)에서는 복제수효 변이(CNVs)라고 불리는 희귀한 유전적 변이(genetic mutations) 조현병과

연관이 있음을 발견해냈다.
- 조현병을 나타나게 하는 유전적 소질에는 신경전도체가 들어가 있을 수 있다. 두뇌 속에 있는 도파민 수용기의 민감성이 높아진 것이 조현병의 양성 증상과 관련이 있는 것으로 보인다. 음성 증상은 전두 피질에서의 도파민 활동 저하에 기인하는 것 같다. 또한 세로토닌, 글루타메이트, GABA 같은 다른 신경전도체도 관련되어 있다.
- 조현병이 있는 일부 사람들의 두뇌는 뇌실이 확장되어 있을 뿐만 아니라 전전두엽 피질, 측두 피질 및 두뇌 영역 사이의 연결성에서 문제가 있다. 이런 구조적 비정상의 일부는 임신 후 첫 3개월 사이에 산모가 바이러스에 감염되거나 난산으로 인한 손상에서 비롯되었을 가능성이 있다. 사춘기 동안의 두뇌 발달, 스트레스, 그리고 HPA 축을 합쳐서 보는 것이 두뇌 장해가 잉태 이후 존속하고 있음에도 불구하고 왜 증상이 통상 사춘기 후기에 나타나는지를 이해하는 데 중요하다. 사춘기에 대마초를 복용하는 것이 조현병을 나타낼 위험이 더 높은 것과 관련이 있었는데, 이는 주로 유전적으로 조현병에 대해 취약한 사람들에 해당한다.
- 가족 사이에서 표현된 정서의 수준이 높은 것은, 전반적인 생활 스트레스가 높은 것과 마찬가지로, 재발을 결정짓는 중요한 요인임이 입증되었다. 회고적 발달 연구에서는 조현병이 발생하기 전에 이미 존재했던 아동기에서의 문제를 가려냈다. 그러나 이 연구들은 조현병을 예측할 목적으로 설계된 것이 아니기 때문에 발견된 내용을 해석하기가 어렵다. 임상적 고위험 연구에서는 경미한 증상을 갖고 있으면서 조현병 스펙트럼 장애를 나타낼 위험이 높은 젊은이들을 가려냈다.

### 치료

- 항정신증 약물들이 조현병의 치료에 널리 사용되고 있다. 1세대 약물

은 다소 효과가 있기는 하지만, 또한 심각한 부작용을 가져올 수 있다. 클로자핀과 리스페리돈 같은 2세대 약물들은 1세대 약물과 동등한 효과를 나타내며, 고유의 부작용도 가져온다. 약물만으로는 완벽하게 효과적인 처치를 마련해주지 못한다. 조현병이 있는 사람들에게는 일상생활에서 부딪히는 도전적인 과제를 다루는 방법을 (재)교육시켜야 할 필요가 있다.

• 표현된 정서의 수준이 높은 것을 감소시키는 것을 목표로 하는 가족치료가 재발을 방지하는 데 유용한 것으로 드러났다. 더욱이, 사회기술 훈련과 다양한 인지행동치료 덕분에 조현병이 있는 사람들은 가족과 부딪히고 지역사회에서 생활하는 데서 필연적으로 겪는 스트레스에 대처하는 데 도움을 받아 왔다. 조현병이 있는 사람들의 사고방식을 인지행동치료로 바꾸어주는 최근의 노력도 또한 유망성이 있다. 인지 재활 치료에서는 인지기술을 호전시키는 데 초점을 둔다. 이런 치료법은 기억, 주의력 및 문제 해결 기술을 증진시키며 또한 일상생활의 기능 수준을 호전시키는 데 도움이 된다.

## 복습문제 정답

**6.1** 1. 둔한 정동; 2. 망상 또는 관계사고; 3. 쾌감불능(예기성); 4. 혼란된 사고 또는 이탈

**6.2** 1. 가족, 쌍둥이, 입양; 2. DTNBP1, NGRl, COMT, BDNF; 3. 전두; 4. 적대감, 비난조의 발언, 정서적 과잉관여

**6.3** 1. T; 2. F; 3. F; 4. T

## 주요 용어

가계에 따른 고위험 연구(familial high-risk study)
과대망상(grandiose delusion)
관계 사고(ideas of reference)
긴장증(catatonia)
단기 정신병적 장애(brief psychotic disorder)
둔한 정동(blunted affect)
망상(delusion)
망상장애(delusional disorder)
비사회성(asociality)
사회기술 훈련(social skills training)
사회선택 가설(social selection hypothesis)
사회원인 가설(sociogenic hypothesis)
양성 증상(positive symptoms)
예기적 즐거움(anticipatory pleasure)
완결적 즐거움(consummatory pleasure)
음성 증상(negative symptoms)
의욕결핍(avolition)
이완된 연상(이탈)[loose associations(derailment)]

인재 재활 훈련(cognitive remediation training)
인지 증진 치료(cognitive enhancement therapy, CET)
임상적 고위험 연구(clinical high-risk study)
전전두엽 피질(prefrontal cortex)
조발성 치매(dementia praecox)
조현병(schizophrenia)
조현양상장애(schizophreniform disorder)
조현정동장애(schizoaffective disorder)
쾌감불능(anhedonia)
표현 불능(alogia)
표현된 정서(expressed emotion, EE)
항정신증 약물(antipsychotic drugs)
혼란된 말(disorganized speech)
혼란된 증상(disorganized symptoms)
혼란된 행동(disorganized behavior)
환각(hallucinations)
2세대 항정신증 약물(second-generation antipsychotic drugs)

# 7 물질사용장애

**학습 목표**

1. 물질사용장애와 관련된 역학 및 증상들을 기술할 수 있어야 한다.
2. 유전적 요인, 신경생물학적 요인, 기분과 기대효과, 그리고 사회문화적 요인을 위시하여 물질사용장애에서의 주요한 원인론적 요인을 이해할 수 있어야 한다.
3. 심리학적 처치, 약물처치, 그리고 약물을 대체해주는 처치를 위시하여 물질사용장애에 대한 처치 방법을 기술할 수 있어야 한다.
4. 물질사용장애의 예방을 위한 주요 접근법을 기술할 수 있어야 한다.

여러 세기 동안 사람들은 통증을 감소시키고, 기분을 변화시키거나, 또는 의식 상태를 변화시키려는 희망하에 다양한 물질을 사용해 왔다. 전 세계 곳곳에서, 거의 대부분의 사람들은 중추신경 계통에 영향을 주어 신체적 및 정신적 괴로움을 덜어 주거나 좋은 기분을 맛보게 해주는 한 가지 또는 그 이상의 물질을 사용한다. 이러한 물질들을 섭취하면 종국적으로 파괴적인 결과를 가져옴에도 불구하고, 약물은 처음에는 항상 기분을 좋게 해주는데, 아마도 이는 물질남용의 근본 원인이 될 것이다.

## 물질사용장애의 임상적 기술, 유병률, 그리고 그 영향

미국은 약물 사용이 보편화된 문화권이다. 미국인들은 잠을 깨기 위해 물질(커피나 차)을 사용하며, 낮에는 맑은 정신을 유지하기 위해(담배나 청량음료), 긴장을 풀기 위해(알코올), 그리고 고통을 줄이기 위해(아스피린) 물질을 사용한다. 여러 가지 다양한 물질이 널리 보급되어 쉽게 이용할 수 있다는 점과 빈번하게 사용된다는 점이 물질남용의 발생 요인이 된다. 이것이 이 장의 주제이다.

2012년, 미국에서는 12세 이상의 거의 2,400만 명이 되는 사람들이 지난 한 달 동안에 불법 약물을 복용한 적이 있다고 보고하였다(SAMHSA, 2013). 현재 불법 약물 중에서 마리화나가 가장 빈번하게 사용되고 있어서, 12세 이상의 거의 1,900만 명이 되는 사람들이 지난 한 달 동안에 복용했다고 보고하였다. 알코올은 여전히 가장 많이 사용되는 물질이며, 12세 이상의 1억 3,500만 명의 사람들이 어떤 종류이든 알코올을 복용했으며, 5,970만 명의 사람들이 지난 한 달 동안에 최소한 한 번의 폭음(다섯 잔 이상 마신 것으로 정의됨)을 한 적이 있다고 보고하였다(SAMHSA, 2013). 여러 가지 합법 및 불법 약물의 사용빈도에 대한 최근 자료가 표 7.1에 제시되어 있다. 이 수치는 물질사용장애의 빈도를 나타내는 것이 아니고, 단순히 약물 및 알코올 사용이 미국에서 얼마나 광범위하게 이루어지고 있는지를 알려주는 것뿐이다.

## 물질사용장애에 대한 DSM-5 진단 기준

기능 발휘를 저해하는 문제가 되는 사용 패턴. 2개 또는 그 이상의 증상이 1년 이내의 기간에 나타난다.

- 의무를 다하지 못한다.
- 신체적으로 위험한 상황에서 반복적으로 사용한다.
- 대인관계문제가 반복된다.
- 물질에 의해 문제가 야기되는데도 불구하고 계속 사용한다.
- 내성
- 금단
- 원래 의도했던 것보다 더 오랫동안 또는 더 많은 양을 복용한다.
- 물질사용을 줄이거나 조절하려고 노력하지만 소용없다.
- 물질을 얻기 위해 많은 시간을 소비한다.
- 사회 활동, 취미, 또는 직업 활동을 포기하거나 줄어든다.
- 물질을 사용하고 싶은 갈망이 강하다.

**표 7.1** 미국에서 지난 달에 약물을 사용한 적이 있다고 보고한 사람들의 비율(2012)

| 물질 | 사용했다고 보고한 사람의 비율(%) |
| --- | --- |
| 알코올 | 52.1 |
| 담배 | 22.1 |
| 마리화나 | 7.3 |
| 비의료용 심리치료제 | 2.6 |
| 코카인 | 0.6 |
| 헤로인 | 0.1 |
| PCP를 포함한 환각제 | 0.4 |
| 흡입제 | 0.2 |

수치는 미국에 있는 12세 이상의 사람들의 비율을 말한다. 비의료용 심리치료제는 비의료용이고 처방 없이 사용되는 진통제(1.9%), 신경안정제(0.8%), 흥분제(0.5%) 또는 진정제(0.1%)를 사용하는 것을 지칭한다.

출처 : SAMHSA(2013).

DSM-IV-TR에는 두 가지 광범위한 범주, 즉 물질남용(substance abuse)과 물질의존(substance dependence)이 들어 있다. 그러나 이 두 가지 범주에서의 문제점은 신뢰도가 낮다는 것과 연구 결과에 따르면 진단 기준이 두 가지 범주보다는 하나의 범주에 더 잘 들어맞는다는 것을 시사해주고 있어서, 결국 DSM-5에서는 개정되게 되었다(Hasin, O'Brien, Auriacombe et al., 2013). DSM-5에서는 **물질사용장애**(substance use disorder)라는 하나의 범주만이 있다. DSM-IV-TR과 DSM-5 사이의 차이점은 그림 7.1에 서술되어 있다.

DSM-5에서는 알코올성 아편제, 그리고 담배와 같은 특정 물질들에 대한 물질사용장애의 항목이 들어 있다. DSM-5에서 새로운 것은 도박장애가 물질 관련 중독장애들에 대한 장 속에 포함된 것이다. **중독**(addiction)이라는 용어는 심각한 물질사용장애를 통상 지칭하는 것이다. 표 7.2에는 DSM-5의 물질사용장애들에 대한 심각도 평정 기준이 나열되어 있다. DSM-5에서는, 6개 또는 그 이상의 진단 기준에 부합하면 심각한 물질사용장애로 간주된다.

보통 심각한 물질사용장애의 일부로 종종 나타나는 두 가지 증상은 **내성**(tolerance)과 **금단**(withdrawal)이다. 내성은 (1) 갈망하는 효과를 얻는 데 필요한 물질의 양이 더 많아지게 되거나 (2) 이전과 같은 양을 복용하게 되면 약물의 효과가 줄어드는 것으로 나타난다. 금단은 물질 복용을 중단하거나 복용량을 줄일 때 나타나는 부정적인 신체적 및 심리적 효과를 지칭한다. 물질금단 증상에는 근육통 및 경련, 발한, 구토, 설사, 불면증이 포함될 수 있다.

2012년에, 미국에서는 2,200만 명이 넘는 사람들이 물질사용장애의 진단 기준에 부합하였다.

**표 7.2** DSM-5의 물질사용장애에 대한 심각도 평정 기준

| 평정 수준 | 부합되는 진단 기준의 수효 |
| --- | --- |
| 경도(경미한 수준) | 2~3개의 진단 기준 |
| 중등도(중간 수준) | 4~5개의 진단 기준 |
| 고도(심각한 수준) | 6개 이상의 진단 기준 |

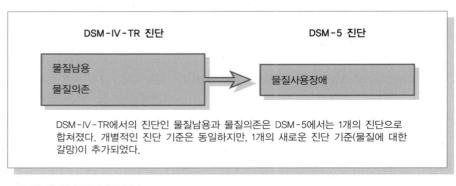

DSM-IV-TR에서의 진단인 물질남용과 물질의존은 DSM-5에서는 1개의 진단으로 합쳐졌다. 개별적인 진단 기준은 동일하지만, 1개의 새로운 진단 기준(물질에 대한 갈망)이 추가되었다.

**그림 7.1** 물질사용 및 중독장애의 진단

## 임상 사례 : 앨리스

앨리스는 54세의 여성인데 그녀의 가족들이 마침내 그녀에게 알코올 재활 클리닉에 들어가도록 설득했을 때는 혼자 지내고 있었다. 그녀는 술에 취한 채 심하게 넘어진 적이 있었고, 이 사건 때문에 그녀가 무언가 (자기에게) 잘못되었다는 것을 마침내 인정하게 되었을 수 있다. 그녀의 음주는 수년간 통제불능 상태에 있었다. 그녀는 술 한 모금으로 매일을 시작하였고, 오전 내내 지속되어, 오후가 되어서는 완전히 취해 버렸다. 그녀는 매일매일 오후 이후의 일들에 대해서는 거의 기억나는 것이 없었다. 성인기 초기부터 그녀는 주기적으로 음주를 해 왔지만, 낮에는 거의

마시지 않았고 만취할 때까지 마신 적도 없었다. 2년 전 교통사고로 그녀의 남편이 갑자기 사망한 일이 그녀의 음주량을 급속히 증가시키는 촉발 사건이 되었고, 6개월이 지나지 않아서 그녀는 심각한 알코올 사용 패턴으로 빠져들었다. 그녀는 집 밖으로 외출하려는 마음이 거의 없었으며 가족 및 친구들과 어울리는 사회 활동도 끊어 버렸다. 그녀의 가족들이 그녀의 음주량을 줄이려고 반복해서 노력해도 그녀의 분노에만 부닥칠 뿐이었다.

이 엄청난 수효의 사람들 중에서, 대부분(1,490만 명)은 알코올사용장애의 진단 기준에 부합한다. 400만 명이 넘는 사람들이 약물사용장애의 진단 기준에 부합하였으며, 280만 명이 넘는 사람들은 약물 및 알코올사용장애 모두의 진단 기준을 충족시키고 있다(SAMHSA, 2013).

약물과 알코올사용장애는 사회적으로 가장 심하게 낙인찍히는 장애에 속한다. '마약중독자' 또는 '알코올중독자'와 같은 용어들은 당사자들이 앓고 있는 장애를 지칭하기보다는, 당사자의 본질을 표현하는 것처럼 부주의하게 마구 붙여진다. 역사적으로, 약물과 알코올의 문제는 치료가 필요한 상태로 보기보다는 도덕적인 타락으로 간주되어 왔다. 불행하게도 이런 태도는 오늘날에도 이어지고 있다. 사람들이 알코올이나 약물을 사용해볼 것인지 여부에 대해 스스로 결정을 내리는 것은 맞지만, 이러한 의사결정 및 그 대상이 되는 약물이 당사자의 신경생물학적 특성, 사회 상황, 소속된 문화, 그리고 그밖의 환경 요인들과 상호작용하는 방식이 모두 얽혀서 물질사용장애를 일으키는 데 기여한다. 따라서 물질사용장애를 도덕적 해이 또는 개인적인 선택의 결과로만 간주하는 것은 잘못이다.

이제 우리는 주요 물질사용장애, 즉 알코올, 담배, 마리화나, 아편, 흥분제, 그리고 환각제와 관련된 장애들에 대해 개관해보고자 한다.

## 알코올사용장애

알코올에 생리적으로 의존하고 있는 사람들은 내성이나 금단 증상이 없는 사람들에 비해서 내성이나 금단 같은 보다 심각한 증상을 나타내는 것이 보통이다(Schuckit, Daeppen, Tipp et al., 1998). 과음자가 갑작스럽게 술을 끊으면 신체가 (이미) 알코올에 익숙해져 있기 때문에 다소 극적인 반응들이 나타날 수 있다. 구체적으로, 당사자는 불안하고, 우울하며, 기운이 없고, 안절부절못하며, 불면증을 경험할 수 있다. 근육, 특히 손가락, 안면, 눈꺼풀, 입술 및 혀에 있는 근육조직의 경련을 겪을 수 있으며 맥박, 혈압, 체온이 상승할 수 있다.

비교적 드문 사례기는 하지만, 여러 해 동안 과음을 해 왔던 사람들은 혈액 내 알코올 수준이 급격히 떨어지면 **진전섬망**(delirium tremens, DTs)을 겪는 수도 있다. 당사자는 섬망 증세를 보일 뿐만 아니라 떨림(진전)도 나타내며 환각은 주로 시각적인 것(환시)이 많지만 촉각적인 것(환촉)도 나타낸다. 징그럽고 매우 활발히 움직이는 동물—뱀, 바퀴벌레, 거미 등—이 벽 위나 몸 위를 기어 다니거나 방 안에 가득 찬 것으로 느껴질 수 있다. 열이 많이 나며, 지남력(指南力, orientation)을 상실한 채 공포에 떨면서, 당사자는 보이지 않는 해충을 없애 버리기 위해 자기 살갗을 미친 듯이 손톱으로 할퀴는 수가 있다.

알코올사용장애는 다른 약물 사용과 종종 연관이 있다. 예를 들면 알코올 남용자 중 80~85% 가 흡연자로 추정된다. 이와 같이 대단히 높은 동반이환율은 알코올과 니코틴이 교차 내성(cross-tolerant)을 갖기 때문에 일어나는 것일 수도 있다. 즉 니코틴은 알코올의 보상효과에 대한 내성을 불러일으킬 수 있으며, 역으로 알코올은 니코틴의 보상효과에 대한 내성을 유발할 수도 있다. 따라서 각 약물이 가져오는 보상효과를 유지하기 위해서 두 약물의 복용량이 모두 증가할 수 있다 (Rose, Braner, Behm et al., 2004). 동물 연구에서 얻은 증거에 의하면 이러한 일이 발생할 수 있는 이유가 알코올이 보상과 관련된 뇌의 도파민 경로에 작용하는 방식에 니코틴이 영향을 주기 때문일 수 있음이 시사되는데(Doyon, Dong, Ostroumov et al., 2013), 이는 우리가 이 장의 후반부에서 다룰 주제이다.

**알코올사용장애의 유병률** DSM-5에서 알코올사용장애의 진단은 새로운 것이기 때문에, 우리는 아직 이 항목에서의 유병률 추정치를 갖고 있지 못하다. 미국 물질남용 및 정신건강 서비스청 (Substance Abuse and Mental Health Services Administration, SAMHSA)에서 매년 실시하는 조사 결과에 따르면, 2012년도에는 미국 전체 인구 중 8.5%가 DSM-IV-TR에서의 알코올 의존 및 알코올 남용의 항목에 대한 진단 기준에 부합되었다.

알코올 복용은 대학생 연령의 성인들에게서 특히 빈번하다. 이는 폭음의 경우에도 그러하다. 앞에서 언급된 대로, 폭음은 짧은 시간(이를테면 한 시간 안)에 5잔을 마시는 것으로 정의되며, 과음은 이와 같은 5잔 마시는 폭음을 30일 동안에 5번 혹은 그 이상으로 하는 것으로 정의된다. 2012년도에 남녀 전일제 대학생 사이에서 폭음과 과음의 유병률은 각각 39.5%와 12.7%였다(SAMHSA, 2013). 이 두 수치는 모두 2009년에 보고된 유병률보다는 낮은 것이다(43.5%와 16%).

폭음은 매우 심각한 결과를 초래할 수 있다. 통계적 추정치에 따르면, 매년 1,800명이나 되는 많은 대학생들이 알코올 관련 사고(예 : 술에 취한 상태에서 운전)로 사망한다고 한다. 70만 명의 학생들이 술을 마시고 있던 다른 대학생들로부터 폭행을 당했고, 약 9만 7,000명 정도의 많은 학생들이 성폭행을 당했다(Hingson, Edwards, Heeren, & Rosenbloom, 2009).

여성보다 남성이 알코올에 관련된 문제를 더 많이 갖는데, 이는 연령에 따라 조금 다르기는 하다. 2012년에는, 18~25세 사이의 남성 중 16.7%가 알코올사용장애의 진단 기준에 부합했는데, 반면에 여성의 경우에는 11.9%였다. 그러나 26세 이상의 경우에는 남성 중 8.7%와 여성 중 3.4% 가 이들 장애의 기준에 부합되었다(SAMHSA, 2013).

알코올 문제의 유병률은 인종에 따라서도 달라진다. 미국에서는 유럽계 및 히스패닉계의 청소년 및 성인이 흑인 청소년 및 성인에 비해서 폭음을 더 많이 한다. 실제로, 흑인계 청소년 및 성인은 유럽계 백인에 비해서 과음을 하는 경향이 더 낮았는데, 이는 아마도 흑인계 공동체에서의 알코올 사용에 대한 문화적 제한인 것으로 보인다(Zapolski, Pedersen, McCarthy et al., 2014). 폭음과 과음은 아시아계 및 흑인계 미국인에게서 가장 적다(SAMHSA, 2013). DSM-IV-TR의 항목을 토대로 하면, 알코올 의존은 아메리칸 인디언 및 히스패닉계 미국인에게서 가장 높고 아시아계 및 흑인계 미국인에게서는 가장 낮다(SAMHSA, 2013).

알코올사용장애는 몇 가지의 성격장애, 기분장애, 조현병, 그리고 불안장애뿐만 아니라 다른 약물사용과도 공존한다(Kessler et al., 1997; Morgenstern et al., 1997; Skinstad & Swain, 2001). 2012년도에, 18~25세 사이의 사람들 중 6.8%가 물질사용장애의 진단 기준에 부합했는데, 이들은 또한 동시에 최소한 한 가지 이상의 그밖의 심리장애의 진단 기준에도 부합했다(SAMHSA, 2013).

사회 상황에서 흡연 및 음주를 하는 대부분의 사람들이 이런 물질들에 대해서 아무런 문제가 없기는 하지만, 알코올과 니코틴은 흔히 함께 섭취된다.

**알코올의 단기적 효과**   알코올은 어떻게 해서 단기적인 효과를 가져오는가? 알코올을 섭취한 후 알코올이 위장에 도달하면 효소에 의해 분해되기 시작한다. 알코올의 대부분은 소장으로 흘러들어간 다음에 소장에서 혈액으로 흡수된다. 그다음에는 주로 간에서 분해되는데, 간은 100도(즉 50% 알코올) 독주(예 : 위스키)를 시간당 1온스 정도 분해할 수 있다.

　그림 7.2에는 사람의 몸무게와 알코올 섭취량에 따른 평균 혈중 알코올 농도가 제시되어 있는데, 알코올의 효과는 혈류 내의 알코올 농도에 따라 달라진다. 혈류 속의 농도는 특정한 시간 내에 섭취한 알코올의 양, 위 속 음식 존재 여부(음식은 알코올을 보유함으로써 알코올이 흡수되는 비율을 줄여줌), 마시는 사람의 체중과 체지방, 그리고 간의 알코올 분해능력에 의해서 결정된다. 따라서 알코올 2온스는 공복 상태인 체중 110파운드의 여성에 비해서 방금 식사를 한 180파운드의 남성에게는 다른 효과를 가져다줄 것이다. 그러나 여성의 경우에는 체중의 차이를 조정하고 나더라도 혈중 알코올 농도가 더 높게 된다. 그 이유는 아마도 남성과 여성의 체내 수분함유량이 서

| 혈중 알코올 농도 계산기 | | | | | | | | |
|---|---|---|---|---|---|---|---|---|
| 성별 음주 횟수 (잔) | 체중 | | | | | | | |
| | 100 | 120 | 140 | 160 | 180 | 200 | 220 | 240 |
| 1 남성 | .04 | .04 | .03 | .03 | .02 | .02 | .02 | .02 |
| 여성 | .05 | .04 | .04 | .03 | .03 | .03 | .02 | .02 |
| 2 남성 | .09 | .07 | .06 | .05 | .05 | .04 | .04 | .04 |
| 여성 | .10 | .08 | .07 | .06 | .06 | .05 | .05 | .04 |
| 3 남성 | .13 | .11 | .09 | .08 | .07 | .07 | .06 | .05 |
| 여성 | .15 | .13 | .11 | .10 | .08 | .08 | .07 | .06 |
| 4 남성 | .17 | .15 | .13 | .11 | .10 | .09 | .08 | .07 |
| 여성 | .20 | .17 | .15 | .13 | .11 | .10 | .09 | .09 |
| 5 남성 | .22 | .18 | .16 | .14 | .12 | .11 | .10 | .09 |
| 여성 | .25 | .21 | .18 | .16 | .14 | .13 | .12 | .11 |
| 6 남성 | .26 | .22 | .19 | .16 | .15 | .13 | .12 | .11 |
| 여성 | .30 | .26 | .22 | .19 | .17 | .15 | .14 | .13 |
| 7 남성 | .30 | .25 | .22 | .19 | .17 | .15 | .14 | .13 |
| 여성 | .36 | .30 | .26 | .22 | .20 | .18 | .16 | .15 |
| 8 남성 | .35 | .29 | .25 | .22 | .19 | .17 | .16 | .15 |
| 여성 | .41 | .33 | .29 | .26 | .23 | .20 | .18 | .16 |
| 9 남성 | .39 | .35 | .28 | .25 | .22 | .20 | .18 | .16 |
| 여성 | .46 | .38 | .33 | .29 | .26 | .23 | .21 | .19 |
| 10 남성 | .39 | .35 | .28 | .25 | .22 | .20 | .18 | .16 |
| 여성 | .51 | .42 | .36 | .32 | .28 | .25 | .23 | .21 |
| 11 남성 | .48 | .40 | .34 | .30 | .26 | .24 | .22 | .20 |
| 여성 | .56 | .46 | .40 | .35 | .31 | .27 | .25 | .23 |
| 12 남성 | .53 | .43 | .37 | .32 | .29 | .26 | .24 | .21 |
| 여성 | .61 | .50 | .43 | .37 | .33 | .30 | .28 | .25 |
| 13 남성 | .57 | .47 | .40 | .35 | .31 | .29 | .26 | .23 |
| 여성 | .66 | .55 | .47 | .40 | .36 | .32 | .30 | .27 |
| 14 남성 | .62 | .50 | .43 | .37 | .34 | .31 | .28 | .25 |
| 여성 | .71 | .59 | .51 | .43 | .39 | .35 | .32 | .29 |
| 15 남성 | .66 | .54 | .47 | .40 | .36 | .34 | .30 | .27 |
| 여성 | .76 | .63 | .55 | .46 | .42 | .37 | .35 | .32 |

**그림 7.2** 혈중 알코올 농도(blood alcohol concentration, BAC) 계산기. 위의 수치는 단지 추정치임에 유의하라. 실제 BAC는 신진대사와 위 속 음식의 양에 따라 달라진다.

로 다르기 때문일 것이다.

　　또한 다음과 같은 질문에 대해 생각해보는 것도 중요하다—한 번의 음주를 무엇으로 잴 것인가? 12온스의 맥주 한 잔, 5온스의 와인 한 잔, 그리고 1.5온스의 '독한 술'(테킬라 한 잔과 같이)은 모두 한 번의 음주로 간주된다. 음주한 양은 중요한 것이 아니다. 그 대신에, 특정 주류에서의 알코올 함량이 중요하다(http://rethinkingdrinking.niaaa.nih.gov).

　　알코올은 뇌에 있는 여러 신경 계통과 상호작용하여 그 효과를 나타낸다. 알코올은 GABA 수용기를 자극하는데, GABA가 알코올의 긴장 감소 효과의 주요 원천으로 보인다. (GABA는 주요한 억제성 신경전도체이다. 자낙스와 같은 벤조디아제핀류는 GABA 수용기에 작용하여 알코올과 유사한 영향을 미친다.) 또한 알코올은 세로토닌과 도파민의 수준을 높여주는데, 이 때문에 알코올이 기분을 즐겁게 하는 효과를 가져다주는 것일 수도 있다. 마지막으로 알코올은 글루타메이트 수용기를 제지하는데, 이 때문에 생각이 느려지고 기억력이 상실되는 것과 같은, 술에 취했을 때 나타나는 인지적 효과가 발생할 수 있다.

　　독특한 한 연구에서는 알코올이 두뇌와 행동 모두에 미치는 효과를 조사했다. 참여자들에게는 각기 다른 양의 알코올을 주고 모의 운전 테스트를 실시하면서 fMRI로 뇌 영상을 촬영하였다(Calhoun, Pekar, & Pearlson, 2004). 양이 적은 경우(혈중 알코올 농도가 .04에 해당)는 운동 기능상의 약한 장애만 가져왔을 뿐이지만, 양이 많은 경우(혈중 알코올 농도가 .08에 해당)는 운전하는 데 지장을 줄 정도로 큰 운동 기능상의 장해를 가져왔다. 더욱이 두뇌 속에서의 알코올의 효과는 오류를 모니터하는 것 그리고 의사결정을 내리는 것과 연관된 영역(전측대상회와 안와전두피질)에서 나타났다. 이런 발견에 토대를 두고, 연구자들은 법적 단속 기준에 해당하는 양의 알코올을 마신 사람들이 운전 시 잘못된 결정을 내리면서도 자신이 잘못하고 있다는 것을 알아차리지 못할 수 있다고 시사해주었다.

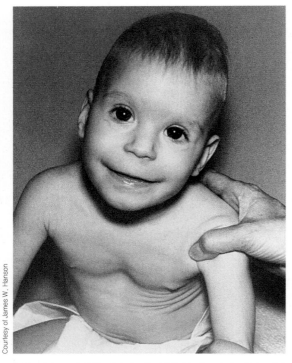

Courtesy of James W. Hanson

임신 기간 중 폭음은 태아알코올증후군을 일으킬 수 있다. 이런 장애가 있는 아동은 안면 기형과 지적발달장애를 나타낼 수 있다.

**지속적인 알코올 남용이 가져오는 장기적 효과**　알코올을 오랫동안 마시면 신체의 거의 모든 조직과 기관이 나쁜 영향을 받는다. 예를 들면 알코올은 음식의 소화와 비타민의 흡수를 저해한다. 만성적으로 알코올을 남용해 온 나이 드신 분들의 경우, 비타민 B 복합체의 결핍으로 기억상실증후군이 유발될 수 있는데, 이는 최근뿐만 아니라 오래전의 지나간 사건들에 대한 기억이 심각하게 상실된 것이다.

　　만성적인 음주뿐만 아니라 단백질 섭취도 줄어들게 되면 간경화증이 유발되기 쉬운데, 이 질환은 일부 간세포들이 지방과 단백질로 가득 채워지게 되어서 간 기능에 지장이 초래되는 것이다. 이때 어떤 세포들은 죽어서 염증 과정을 촉발시키며, 염증이 있는 조직이 커지면 혈액의 흐름이 막히게 된다.

　　그 밖에도 음주로 인한 신체의 변화 중 흔한 것에는 내분비선, 뇌 및 췌장의 손상, 심장마비, 발기부전, 고혈압, 뇌졸중, 그리고 모세관 출혈을 들 수 있다. 모세관 출혈은 얼굴, 특히 코 부분이 부풀고 빨개지는 원인이 되는 것으로서, 만성적으로 알코올을 남용하는 사람들에게서 나타난다.

　　임신 중인 여성이 많은 양의 알코올을 복용하면 아동의 지적장애의 주된 원인이 된다는 것은 잘 알려진 사실이다. 태아의 성장이 느려지고 두개골, 안면 및 사지가 기형이 될 수 있는데, 이런 조건은 **태아알코올증후군**(fetal alcohol syndrome, FAS)으로 알려져 있다. 심지어는 적절한 양의 음주조차도 심각성은 덜하지만 태아에 바람직하지 못한 영향을 미칠 수 있기 때문에, 알코올 남용과 알코올중독에 대한 미국 국립연구원에서는 임산부에게는 완전히 술을 끊는 것이 가장 안전하다고 권고하고 있다.

알코올의 부정적 효과에 초점을 맞추는 것이 적절하고도 올바르겠지만, 다른 증거들은 일부 사람에게는 알코올이 건강에 좋은 효과를 가져온다는 점을 지적하고 있다. 가벼운 음주는 관상동맥 질환과 뇌출혈에 걸릴 위험을 감소시키는 것과 관련되어 왔다(Kloner & Rezkalla, 2007; Sacco, Elkind, Beden-Albala et al., 1999; Theobald, Bygren, Castensen et al., 2000). 알코올에 이로운 효과가 있다면 이는 생리적 효과(예를 들어 알코올의 신진대사에 필요한 물질인 아세테이트가 관상동맥의 혈류량을 증가시킨다), 또는 심리적 효과(정신없이 돌아가는 생활 패턴을 다소 늦춰주고, 적개심을 감소시킨다)이거나, 또는 이 두 요인 간의 상호작용의 효과이기가 더 쉬울 것이다. 간접적 증거에 의하면, 소량이나 적당한 양의 적포도주를 마시는 것이 소위 나쁜 콜레스테롤(즉 LDL)을 낮추어주며 그리고 소위 좋은 콜레스테롤(HDL)을 높여줄 가능성이 있음이 시사되고 있다(Kloner & Rezkalla, 2007; Powers, Saultz, & Hamilton, 2007).

## 복습문제 7.1

진위형
1. 물질사용장애의 진단을 내리려면 내성과 금단 모두가 있어야 한다.
2. 연구 결과는 니코틴이 알코올의 보상효과를 높여줄 수 있다고 시사

한다.
3. 임신 중에 중간 수준의 음주를 해도 태어난 자녀에게서 학습 및 주의력 문제를 유발할 수 있다.

### 담배사용장애

**니코틴**(nicotine)은 담배에서 중독성을 일으키는 요소이다. 이로 인해 신경통로가 활성화되면 이는 변연계의 중간 영역에 있는 도파민 신경세포를 자극하는데, 이 도파민 신경세포가 대부분의 약물이 가져다주는 보상(쾌감)효과를 일으키는 데 관련이 있는 것으로 보인다(Stein, Pankiewicz, Harsch et al., 1998).

**흡연의 유병률과 그로 인한 건강손실**　흡연이 건강을 위협한다는 사실은 미국공중보건국에서 1964년 이후 발간한 일련의 보고서에 신빙성 있게 기록되어 있다. 2014년에, 미국공중보건국에서는 흡연이 건강에 주는 영향에 대한 최초의 획기적인 보고서 발간 50주년을 기념하며 새로운 보고서를 발간하였다(http://www.surgeongeneral.gov/library/reports/50-years-of-progress/). 이 보고서에서는 2014년도의 흡연 유병률이 18%로서, 1964년도의 43%에 비해서 낮아졌다고 언급하였다. 지난 50년간 2,000만 명 이상의 미국인이 흡연으로 인해 사망하였음에도 불구하고, 또 다른 4,500만 명의 미국인은 금연에 성공하였고, 이는 의심할 바 없이 많은 사람들의 목숨을 구했을 것이다. 그럼에도 불구하고, 흡연은 여전히 이 세상의 다른 나라들과 마찬가지로 미국에서도 조기사망의 원인이지만 예방가능성이 가장 높은 단일의 원인이다. 불행하게도, 미국에서 가장 흡연하기 쉬운 사람들은 심리장애가 있는 사람들이다(CDC, 2013).

장기적인 흡연과 연관된 그밖의 의학적 문제 중에서, 장기 흡연에 의해 유발되거나 악화되는 것이 거의 확실한 것은 기종(氣腫), 후두암, 식도암, 췌장암, 방광암, 경부암 및 위암, 임신 중의 합병증, 유아의 돌연사증후군, 치주염, 그리고 다양한 심장혈관계 장애들이 있다(USDHHS, 2014).

어머니가 흡연을 하는 경우 그 자녀는 호흡기 감염, 기관지염, 그리고 내이 감염에 대한 위험이 높아진다.

WARNING: SMOKING CAUSES IMPOTENCE

California Tobacco Control Program

캘리포니아의 담배 교육 미디어 캠페인에서는 흡연과 관련된 건강 위험을 예시하고 담배 광고가 담배에 우호적인 영향을 미칠까 봐 이를 공격하기 위하여 풍자하고 있다.

담배를 피울 때 나오는 가장 해로운 성분들은 연기 속에 있는 니코틴, 일산화탄소, 그리고 타르이다. 타르는 주로 특정 탄화수소물로 구성되어 있는데, 이들의 상당수가 발암물질로 알려져 있다(Jaffe, 1985).

2012년에는 7,000만 명에 가까운 미국인들이 담배 제품(담배, 시가, 연기가 나지 않는 담배, 파이프)을 이용했으며, 이 중에서 담배를 피우는 사람들은 5,750만 명이 넘었다. 12~17세 사이의 청소년 중 흡연자들은 2002년 15.2%에서 2012년에는 8.6%로 감소하였다. 흡연은 미국에서는 흑인계나 아시아계 청소년에 비해서 백인 및 히스패닉계 청소년들 사이에 더 널리 퍼져 있다. 일반적으로, 흡연은 여성보다는 남성이 더 많이 한다. 그러나 12~17세 사이의 청소년에서는 남자와 여자에서의 유병률이 거의 같다(SAMSHA, 2013). 또한 흡연은 사회경제적 지위가 낮은 계층에 있는 사람들에게 더 많이 퍼져 있어서(Dwyer-Lindgren, Mokdad, Srebotnjak et al., 2014), 미국에서 부자와 가난한 사람 사이의 건강에서의 격차에 추가된다.

연구 결과는 니코틴 중독에서 행동적, 사회적, 그리고 신경생물학적 요인들 간의 복잡한 상호작용뿐만 아니라 인종도 중요함을 보여주고 있다. 수십 년 전부터 미국의 흑인계 흡연자들은 담배를 잘 끊지 못하며, 흡연을 계속하면 폐암에 더 잘 걸리기 쉽다는 것이 알려져 왔다. 왜 그럴까? 흑인이 백인보다 혈액 속에 니코틴이 더 오래 남아 있다는 사실, 즉 흑인이 니코틴을 대사 처리하는 속도가 느리다는 것이 밝혀졌다(Mustonen, Spencer, Hoskinson et al., 2005). 또 다른 이유는 피우는 담배의 유형과 관련이 있다. 흑인들은 멘톨담배(박하담배)를 더 많이 피우는데, 그 주된 이유는 1950년대에서부터 오늘날에 이르기까지 흑인 공동체에 이러한 종류의 담배에 대해서 광범위하게 광고하였기 때문이다(USDHHS, 2014). 연구 결과에 의하면 멘톨을 피우는 사람들은 더 깊게 들이마시고 몸속에서 더 오래 머금고 있기 때문에 해로운 효과가 발생하기 쉬움을 보여주고 있다(Celebucki, Wayne, Connolly et al., 2005).

연구 결과에 의하면 중국계 미국인들이 백인계나 라틴계 흡연자들에 비해서 담배에서 나오는 니코틴을 대사 처리하는 양이 적다고 한다(Benowitz, Pérez-Stable, Herrera et al., 2002). 일반적으로, 폐암의 발생률은 아시아계가 백인계나 라틴계보다 더 낮다. 중국계 미국인들에서 니코틴의 대사 처리가 비교적 낮은 것이 폐암 발생률이 이 집단에서 더 낮은 이유를 설명하는 데 도움을 줄지 모른다.

**간접흡연이 건강에 미치는 결과**  수십 년 전부터 알려져 왔지만, 건강에 대한 위협은 담배를 피우는 사람에게만 국한된 것이 아니다. 담배 끝이 탈 때 생기는 연기, 소위 **간접흡연**(secondhand smoke) 연기 또는 환경적 담배 연기(environmental tobacco smoke, ETS)에는 흡연자가 빨아들인 연기보다 높은 농도의 암모니아, 일산화탄소, 니코틴, 타르가 함유되어 있다. 2006년에 미국공중보건국에서는 간접흡연이 건강에 악영향을 주는 위험을 상세하게 적은 보고서를 발간했으며 2014년도에는 증보판을 발간했다. 미국국립보건원(NIH)에서는 ETS를 확실하게 파악된 발암성 물질로 분류했는데, 이는 ETS와 암 사이에 인과관계가 있음이 증거를 통해 확립되었음을 알려주는 것이다. ETS가 끼치는 영향은 다음과 같다.

• 비흡연자들도 담배 연기에 오랫동안 노출되면 폐가 손상될 수 있으며, 이런 손상은 영구적이 될 수도 있다. 흡연자와 함께 살고 있는 사람들도 큰 위험에 처해 있다. 암의 전 단계 증상인 폐의 비정상 상태가 흡연자와 같이 사는 이들에게서 관찰되었으며, 그리고 비흡연자들

Peter Poulides/Stone/Getty

부모의 흡연은 아동이 흡연을 시작할 가능성을 크게 높여준다.

에게서 심혈관 질환과 폐암이 발생할 위험이 더 크다. 게다가 비흡연자 중 일부는 담뱃잎이 탈 때 나오는 연기에 대해서 알레르기 반응을 일으키기도 한다.

- 임신 기간 중 간접흡연에 노출된 임산부는 아기를 조기분만 하기 쉬우며, 이때 태어난 신생아는 체중이 낮고, 선천성 결함을 갖고 있기 쉽다.
- 흡연자의 자녀는 비흡연자의 또래 자녀에 비해서 호흡기 감염, 천식, 기관지염, 그리고 내이염(귓속의 감염)에 걸리기가 더 쉽다. 간접흡연은 영아돌연사증후군(SIDS)을 일으킬 수 있다.

미국공중보건국에서는 간접흡연에의 노출을 막는 최선의 방법이 금연 구역을 많이 설정하는 것이라고 언급했는데, 왜냐하면 간접흡연에 대한 안전한 수준의 노출이란 있을 수가 없기 때문이다(USDHHS, 2006, 2014). 2014년에, 미국의 25개 주정부[1]와 워싱턴 DC에서는 식당과 술집을 위시한 거의 대부분의 공공장소에서 흡연을 금지하는 강력한 담배 연기 추방 법안을 시행하는 덕분에 미국폐협회(American Lung Association)로부터 A등급을 받았다(http://www.stateoftobaccocontrol.org).

전자담배는 우리가 아직 이러한 제품에 대한 안전성을 확인하지 못하였음에도 불구하고 점차 대중화되고 있다.

**전자담배**  전자담배[Electronic cigarettes, e-담배(e-cigarettes)라고도 함]는 그 모양이 담배처럼 생겼지만, 플라스틱 또는 금속으로 만들어진 것이고 액체 상태의 니코틴에 다른 화학성분을 섞어서 채워 넣고 종종 여기에 맛을 가한 것이라는 점만 다르다. 이들은 배터리로 작동하고(그래서 전자라는 뜻의 'e'라는 글자가 앞에 붙은 것임) 액상 니코틴 혼합물을 가열하여 그 증기를 들이마시고 내쉬는 것이다. 김내기(vaping)라는 용어는 전자담배를 피우는 것을 의미하게 되었다. 몇몇 제품은 튜브 끝에 빛이 나도록 하여 불붙인 담배 모양을 흉내 내기도 한다. 이들은 담배를 태울 때 나오는 타르와 일산화탄소가 들어 있지 않기 때문에 담배를 대체해주는 안전한 것으로서 광고가 되고 있다. 실제로 전자담배는 담배라고 불리지 않는 경우가 많으며, 그 대신에 김나는 파이프(vape pipes), 김나는 펜(vaping pens), 물담배 펜(hookah pens), 또는 전자 물담배(e-hookahs)로 불린다. 이런 장비들이 니코틴(많은 제품이 맛이 가미된 물 증기향을 내는 것으로 판매됨)을 함유하고 있지 않은 것이 사실이기는 하지만, 이런 장비들은 모두 그 사용자에게 액상 니코틴을 공급해주도록 쓰일 수 있다.

미국의 10만 명이 넘는 대학생들을 대상으로 한 연구에서, 연구자들은 그들 중 30%가 전자담배를 최소한 한 번 이상 사용한 적이 있다고 보고하였다(Primack, Shensa, Kim et al., 2013). 이와 같은 조사대상이 된 많은 수효의 대학생들 중에서, 전자담배를 사용하는 학생들(8.4%)보다 2배나 더 많은 학생들이 담배(16.8%)를 사용하고 있었다.

어떤 학자들은 전자담배가 타르와 다른 발암물질이 함유된 담배에 비해서 더 안전한 대체수단이라는 것과, 이런 제품들이 실제 담배를 끊기 원하는 사람들에게 도

미국공중보건국의 2006년 보고서에서는 간접흡연은 조금이라도 해서는 안 된다고 지적했다.

---

[1] 애리조나, 캘리포니아, 콜로라도, 델라웨어, 하와이, 일리노이, 아이오와, 캔자스, 메인, 메릴랜드, 매사추세츠, 미네소타, 몬태나, 네브래스카, 뉴저지, 뉴멕시코, 뉴욕, 오하이오, 오리건, 로드아일랜드, 사우스다코타, 유타, 버몬트, 워싱턴, 위스콘신

움이 될 수 있다고 주장하고 있는데, 이는 이 장의 후반부에서 다시 다룰 주제이다. 다른 학자들은 니코틴이 여전히 중독성이 지극히 강한 약물이라고 주장한다. 이런 제품들이 새롭게 등장한 것들이기 때문에, 여러 개의 연구들이 현재 진행 중이기는 하지만, 이 제품의 안전성에 대해서는 연구가 수행된 것이 거의 전무한 실정이다. 미국식품의약국(FDA)에서는 2014년에 전자담배에 대한 새로운 규제방안을 제시했다. 이런 규제에서는 전자담배를 규제를 받는 다른 담배 제품들과 마찬가지로 취급하여, 이 제품을 18세 이하의 아동에게 판매하는 것을 불법화하고, 니코틴의 중독성에 대한 경고 문구를 부착하도록 요구하며, 그리고 이 제품이 다른 담배 제품에 비해서 상대적으로 안전하다는 주장을 뒷받침해주는 과학적인 근거를 요구하고 있다. 소수의 주, 군 지역, 그리고 도시에서는 이미 직장, 식당 및 술집에서의 전자담배 사용을 금지하였다.

## 마리화나

**마리화나**(marijuana)는 대마 잎과 꼭지를 말려서 부순 것이다. 마리화나는 대개 연기로 마시게 되어 있지만 잎담배처럼 씹을 수도 있으며, 마시는 차로 만들 수도 있고, 불에 구워 먹는 재료 속에 넣어서 먹을 수도 있다. 마리화나보다 훨씬 강력한 **대마초**(hashish)는 대마 꼭지에 있는 수지 삼출물을 떼어내 말려서 만든 것이다. DSM-5에서 대마사용장애는 마리화나가 들어 있는 항목의 명칭이다.

합성 마리화나에는 대마에 함유된 물질과 비슷한 화학물질을 인공적으로 만들어낸 것이 들어 있다. 이러한 화학성분들은 통상 비활성 상태의 식물성 물질에 뿌려서 조그맣게 포장해서 Spice 또는 K2라는 명칭으로 팔린다. 합성 마리화나는 2011년에 불법화되었으나, 고등학생 중 이를 복용하는 숫자는 약 11%에 머물러 있다(Johnston, O'Malley, Bachman et al., 2014). 이와 같은 합성 약물은 새로 만들어진 것이기 때문에 알려진 것이 거의 없다. 이 약물은 젊은이들 사이에서 인기가 높아지고 그 효과에 대한 염려가 커지면 장차 연구의 초점이 될 것이다.

**마리화나 사용의 유병률** 마리화나는 가장 흔히 사용되는 불법 약물이다. 2012년에는 12세 이상의 나이 중 거의 1,900만 명이 마리화나를 사용한 적이 있다고 보고하였으며, 이는 모든 연령대에서 가장 흔히 사용되는 약물이다(SAMHSA, 2013). (젊은 성인들 사이에서 2003년부터 2012년까지의 사용량은 그림 7.3을 보라.) 유병률은 남성이 여성보다 높아서, 2012년에는 지난 한 달 동안에 마리화나 사용을 보고한 18세 이상의 남성(11.8%)이 여성(6.6%)보다 거의 2배 많다. 2012년에는 마리화나 사용은 인종 및 민족 사이에서 대략적으로 비슷하였다(SAMHSA, 2013). 마리화나를 매일 사용하는 사람은 2007년의 510만 명에서 2012년에는 760만 명으로 증가하였다. 이와 같이 증가한 것은 현재 2개의 주(콜로라도와 워싱턴)에서 21세 이상의 모든 성인에게 마리화나 사용이 합법화되어 있으며 더 많은 주에서 의료용 사용이 승인되어 있는 현실을 반영하는 것일 수 있는데, 이 주제는 나중에 다시 다룰 것이다.

**마리화나의 효과** 대부분의 다른 약물의 경우에서처럼, 합법적인 약물이든 아니든 간에, 마리화나도 사용하면 위험을 초래할 수 있다. 일반적으로 말하면, 우리가 어떤 약물에 대하여 더 많이 알게 될수록, 적어도 일부의 사람들에게는, 이 약물의 좋은 점은 점점 더 줄어드는 것으로 드러나며, 마리화나도 예외가 아니다(초점 7.1 참조).

마리화나에서 효과를 가져오는 주요 화학물질은 THC(delta-9-tetrahydrocannabinol)이다. 마리화나에 있는 THC의 양은 다를 수 있다. 그러나 현재 사용되는 마리화나는 30년 전보다 함량이 더 많다(Zimmer & Morgan, 1995). 게다가 복용자들은 과거에 비해서 더 많이 피운다(즉 가루형

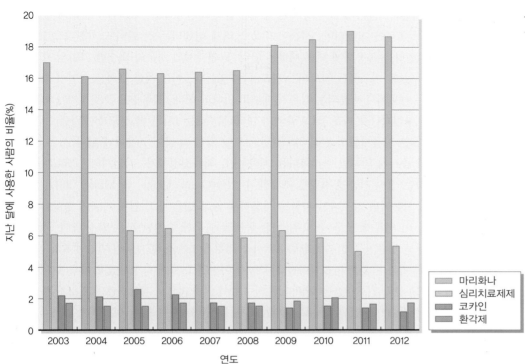

**그림 7.3** 18~25세 사이의 젊은이들 사이에서 약물 사용의 추세(SAMHSA, 2013)

마리화나 'blunt'에는 담배형 마리화나 'joint'에 비해서 대마 성분이 더 많이 들어 있다).

**심리적 효과**    다른 물질의 경우와 마찬가지로, 마리화나의 중독효과도 부분적으로는 복용량의 약효와 그 크기에 달려 있다. 마리화나를 피우는 사람들은 마리화나를 피우면 긴장이 풀리고 사교적

---

**초점 7.1**    **마리화나는 마약의 첫걸음인가?**

한때 마리화나의 사용에 관한 관심을 대변하는 말로 소위 징검다리 이론이 상당한 시간 동안 유행했었다. 이 이론에 따르면, 마리화나를 사용한다는 것은 그 자체로서 위험할 뿐만 아니라, 젊은이들에게 헤로인과 같은 다른 약물에 중독되도록 만드는 첫 번째 단계가 된다는 점에서 매우 위험하다는 것이다.

마리화나를 사용한다는 것이 정말로 보다 심각한 상태인 물질남용으로 발전하는 첫 번째 단계라는 근거가 있는가? 전반적으로 보면, 증거에 따르면 이 질문에 대한 답은 '아니다'라고 시사된다. 예를 들면, 규칙적으로 마리화나를 사용하는 사람의 약 40%는 헤로인과 코카인 같은 약물을 사용하는 것까지 가지는 않는다(Stephens, Roffman, & Simpson, 1993). 따라서 첫 관문의 뜻이 좀 더 심각한 약물로 바꿔 타는 것이 불가피한 것임을 의미한다면, 마리화나는 첫 관문이 아니다. 그러나 헤로인과 코카인 사용자들 중 다수가, 물론 전부는 아니고, 마리화나를 갖고 약물에 대한 맛보기를 시작했다는 것을 우리는 알고 있다. 그리고 최소한 미국과 뉴질랜드에서는, 마리화나 사용자들이 마리화나 비사용자들에 비해서 나중에 헤로인과 코카인을 복용하기가 더 쉽다(Fergusson & Horwood, 2000; Kandel, 2002; Miller & Volk, 1996).

따라서 마리화나의 복용이 다른 약물의 복용보다 앞서서 나타난다고 하더라도, 관문이라는 용어가 의미하듯이, 마리화나가 그 뒤의 약물 복용을 유발하는 것 같지는 않다. 오히려 마리화나는 다른 약물에 비해서 사회적으로 쉽게 용인되기 때문에 처음으로 시도해보는 약물일 수 있다. 합법화에 대한 일부 비판가의 주장처럼, 마리화나의 합법화로 인해 다른 심각한 약물의 사용이 증가할 것인지, 또는 담배와 알코올—합법화된 약물로서 다른 약물 사용과는 연관이 있지만 꼭 다른 약물로 넘어가는 관문이라고 할 수는 없는 약물—과 같은 대접을 받게 될 것인지는 시간이 말해줄 것이다.

마리화나를 사용하는 대부분의 사람들은 헤로인을 사용하지 않지만, 헤로인 사용자 중 상당수는 마리화나로 약물 사용을 시작한다.

이 되는 것을 경험한다. 많은 양을 복용하면 정서가 급격히 변동하고, 주의력이 둔해지며, 사고가 단편적이 되고, 기억력이 저하되며, 시간이 더욱 느리게 진행되는 것 같이 느껴진다고 보고되었다. 지나치게 많은 양을 복용하게 되면 때로는 환각 및 환각제의 경우와 비슷한 그밖의 효과를 겪는 것으로 발견되었다. 여기에는 극도의 공황도 들어 있는데, 이는 이런 무서운 경험이 결코 끝나지 않을 것이라는 믿음에서 비롯되는 경우가 때때로 있다고 한다. 복용량은 조절하기가 어려울 수 있는데 왜냐하면 마리화나를 피운 후 그 효과가 나타나는 데는 1시간 반 정도까지 걸릴 수 있기 때문이다. 따라서 많은 사용자들이 원래 의도했던 것보다 훨씬 더 많이 복용하게 된다.

축적된 과학적 증거에 의하면 마리화나는 계획하기, 의사결정하기, 작업기억, 그리고 문제 해결 영역을 포함하는 인지 기능에 지장을 초래할 수 있다(Crean, Crane, & Mason, 2011). 마리화나를 만성적으로 사용하면 당사자가 약물을 사용하지 않고 있을 때도 인지 기능에 영향을 미치는가? 불행하게도, 이 의문에 답을 주기 위해 잘 통제된 연구가 수행된 것은 많지 않다. 뉴질랜드에서 수행된 대규모 종단연구에서는 마리화나 사용 여부를 18~38세 사이의 기간에 5회 평가하였다. 신경심리학적 기능 수준은 마리화나를 사용하기 이전인 13세에 측정하였고 이후 38세에 또다시 측정하였다. 그 결과 연구자들은 대마 의존의 기준에 지속적으로 부합한(5번의 평가 중에 대마 의존에 대한 진단 기준이 부합한 횟수로 정의됨) 사람들이 마리화나를 사용한 적이 없거나 지속적으로 사용하지 않은 사람들과 비교하였을 때 IQ의 감소와 작업기억 및 처리 과정을 평가하는 검사상에서 수행도가 더 낮았음을 발견하였다(Meier, Caspi, Ambler et al., 2012). 이는 특히 사춘기 시절부터 만성적으로 마리화나를 사용하기 시작한 사람들에 대해서 그러하였다. 연구 참여자 중에서 마리화나를 사용하기는 했지만 규칙적으로 사용하지는 않은 사람들은 IQ의 감소 또는 신경 심리 검사상에서 손상이 나타나지 않았다.

또한 연구 결과에 따르면 마리화나에 취해 있는 것이 운전에 필수적인 복합적인 정신운동기술을 손상시킨다는 것도 입증되었다. 2%의 THC가 함유된 마리화나 1~2개비를 피운 후에 운전을 시켰을 때 그 수행도가 형편없었던 것이 당사자가 믿기에 자신이 더 이상 취한 상태에 있지 않다고 한 지 8시간이 지나서까지도 지속되기도 하였다. 따라서 마리화나를 복용한 운전자가 제대로 기능을 발휘할 수 없는 상태임에도 불구하고 운전을 하려고 할 수 있는 상태가 발생할 수 있다.

**신체에 미치는 효과**    마리화나의 단기적 효과에는 눈의 충혈과 간지러움, 입과 목구멍의 마름, 식욕의 증가, 안구 내의 압력 감소, 그리고 약간의 혈압 상승이 포함된다.

우리는 장기적으로 마리화나를 복용하면 폐의 조직과 기능에 지장이 초래될 수 있음을 알고 있다(Grinspoon & Bakalar, 1995). 마리화나 복용자들은 담배 흡연자에 비해서 개비를 피우는 양은 훨씬 적지만, 마리화나 복용자들의 대부분은 연기를 더 깊게 들이마시며 그 연기를 폐 속에 머금는 시간도 훨씬 더 길다. 마리화나에는 담배 속에서 발견된 것과 동일한 발암성 물질이 일부 함유되어 있기 때문에, 이로 인한 해로운 효과는 시가 개비(궐련, cigarettes)나 파이프를 피운 개수(pipefuls)만 감안한다고 해도 기대한 것보다 더 클 것이다. 예를 들면, 통상 피우는 마리화나 궐련 1개는 일산화탄소 흡입량에서 담배의 5배이고, 타르 흡입량은 4배이며, 그리고 기도(氣道) 속의 세포에 끼치는 손상은 10배나 된다(Sussman, Stacy, Dent et al., 1996).

마리화나가 뇌에 어떻게 영향을 끼치는가? 1990년대 초반에, 연구자들은 CB1과 CB2로 불리는 2개의 카나비노이드(대마초의 화학성분) 두뇌 수용기를 발견했다(Matsuda, Lolait, Brownstein et al., 1990; Munro, Tomas, Abu-Shaar et al., 1993). CB1 수용기는 신체와 두뇌 전반에 걸쳐서 발견되는데, 아주 많은 수효가 해마 속에서 발견된다. 해마는 학습과 기억을 관장하는 두뇌 속의 중요 영역이다. 축적된 증거들을 토대로, 연구자들은 마리화나 사용과 연관된 인지적 문제가 마리화나가 해마 속의 이런 수용기에 끼치는 영향과 관련되어 있다는 결론을 내렸다(예 : Sullivan, 2000).

PET 주사(走査, scanning)를 이용한 한 뇌 영상 연구에서는 마리화나를 피우는 것이 정서와 관련된 뇌 영역—여기에는 편도체 및 전측대상회가 포함됨—으로 혈류가 더 많이 들어가는 것과 관련됨을 발견했다. 혈류의 감소는 청각적 주의와 연관이 있었던 측두엽의 영역에서 관찰되었으며, 마리화나에 취했던 이 연구의 참여자들은 청취 과제에서 수행도가 저조했다(O'Leary, Block, Flaum et al., 2000). 이런 발견은 마리화나 복용과 관련된 심리적 효과—여기에는 정서와 주의력상의 변화가 들어감—의 일부를 설명하는 데 도움을 줄지 모른다.

마리화나는 중독성인가? 현재 증거는 뒤섞여 있다. 통제연구를 통한 관찰 결과, 마리화나의 습관적인 사용이 내성을 일으킨다는 것이 진짜로 확인되었다(Compton, Dewey, & Martin, 1990). 장기 복용자가 금단 증상을 겪는지는 불명확하지만, 지난 10년간 수행된 조사 및 실험실 연구들은 금단 증상—안절부절못함, 불안, 긴장, 위통, 불면증 등—이 나타날 수 있음을 시사하고 있다(Rey et al., 2004).

마리화나의 합법화를 주장하는 시위자들

**치료 효과와 합법화** 1970년대 이후의 연구 결과들은 마리화나를 다양한 치료 용도로 사용하는 것을 잘 확립해주었다. 여기에는 암, 녹내장, 만성 통증, 근육 경련, 발작, 그리고 AIDS로 인한 불편이 있는 일부 사람들에게 화학요법을 실시할 때 수반되는 메스꺼움과 식욕상실에 대한 용도도 들어 있다.

마리화나를 피워서 좋은 점이 미국국립보건원의 전문가 위원단의 보고서(NIH, 1997) 그리고 미국국립과학원의 산하 조직인 의학연구소의 한 위원회가 발간한 보고서(Institute of Medicine, 1999)에서 확인되었다. 미국의학연구소의 보고서에서는 '전신쇠약 증상' 또는 말기 질환을 갖고 있는 사람들에게 의료진의 면밀한 관찰하에 마리화나를 6개월 동안까지는 피울 수 있도록 허용하자고 권고했다. 피우는 것을 허용하는 근거는 입으로 삼킨 THC가 피운 것과 동일한 증상완화 효과를 가져다주지 못하고 있다는 발견에 기반을 두고 있다. 그러나 미국의학연구소의 보고서에서는 피우는 것 그 자체의 위험성도 강조하고는, 흡입장치와 같은 대안적 복용 수단을 개발할 것도 촉구하였다.

미국에서 캘리포니아는 1996년에 가장 먼저 마리화나의 의료적 사용을 합법화시킨 주이다. 이후로, 22개의 다른 주들과 워싱턴 DC에서도 마리화나의 의학적 사용을 승인하였고, 다른 3개 주에서도 합법화가 진행 중이다.[2] 앞에서 언급한 대로, 2012년에는 2개 주(콜로라도와 워싱턴)에서는 마리화나의 모든 사용을 합법화하였고, 2014년에는 해당 주의 철저한 통제하에 판매가 시작되었다. 이런 주의 법률은 마리화나 사용을 불법으로 규정한 연방 법률과 현재 갈등 관계에 있다. 따라서 이들 주에서의 주 경찰관들은, 연방 경찰이 마리화나 사용을 단속할지언정, 사람들이 의료용으로 마리화나를 사용하는 것에 대해서 기소하지 않는다. 이 문제와 관련된 논쟁은 앞으로도 상당 기간 계속될 것인데, 점점 더 많은 주에서 21세 이상의 성인들에 의한 마리화나의 전반적인 사용의 합법화를 고려하고 있기 때문이다.

---

[2] 마리화나의 의료적 사용을 합법화한 주는 알래스카, 애리조나, 캘리포니아, 콜로라도, 코네티컷, 델라웨어, 하와이, 일리노이, 메인, 메릴랜드, 매사추세츠, 미시간, 미네소타, 몬태나, 네바다. 뉴햄프셔, 뉴저지, 뉴멕시코, 뉴욕, 오리건, 로드아일랜드, 버몬트, 워싱턴이다. 2014년 현재 법안이 계류 중인 주는 플로리다, 오하이오, 펜실베이니아이다.

## 중간 요약

미국에서 알코올 및 약물 사용은 흔한 일이다. DSM-5에서는 물질사용장애라는 항목 속에 알코올 및 그밖의 많은 물질을 수록하고 있으며, 그 강도는 나타나는 증상의 수효에 의해서 결정하고 있다.

알코올 금단 증상에는 환각과 섬망이 포함될 수 있다. 알코올을 사용하거나 중독된 사람들은 다른 약물, 특히 니코틴을 사용하는 경우가 많다. 알코올 사용은 대학생들 사이에서 특히 흔하게 나타나며, 여성보다 남성이 음주를 더 많이 하는 경향이 있고, 그리고 알코올사용장애가 인종별로 차이가 있는 것도 관찰되었다. 임신 중에는 보통 수준의 음주도 문제를 일으킬 수 있다.

흡연은 여전히 널리 퍼져 있으나, 점차 감소하는 추세이다. 담배 흡연은 여러 종류의 암, 심장 질환, 그리고 그밖의 폐 질환들을 위시한 많은 질병을 일으킨다. 남성이 여성에 비해서 더 많은 수효가 흡연하지만, 발생률은 남자 청소년과 여자 청소년 사이에서는 같았다. 담배로 인한 나쁜 영향은 흑인계 미국인들에게 더 컸다. 간접흡연은 환경적 담배 연기로도 불리는데, 많은 수효의 심각한 건강문제들과도 연관되어 있다. 전자담배가 급속히 확산되고 있는데, 특히 젊은 사람들 사이에서 그렇다. 이런 제품들이 건강에 미치는 영향은 아직 알려져 있지 않지만, 연구가 진행되고 있다.

마리화나는 사람들로 하여금 이완되게 하고 사교적이 되게 만들지만, 인지적인 기능에 지장을 초래할 수도 있다. 그밖에도, 마리화나는 폐 관련 문제와도 연관되어 있다. 이는 특히 젊은 사람들 사이에서 가장 일반적으로 사용되는 약물이다. 여성보다 남성이 더 많이 사용한다. 사용자들은 마리화나에 대한 내성이 생길 수 있다. 금단 증상이 사용자가 마리화나를 피우는 것을 중단한 후에 나타나는 것인지는 불명확하다. 또한 마리화나는 치료 효과도 가져다주는데, 여기에는 화학요법의 부작용으로 고통 받는 사람들뿐만 아니라 AIDS, 녹내장, 발작, 만성 통증, 그리고 근육 경련이 있는 사람들도 해당된다.

## 복습문제 7.2

빈칸을 채워보라.

1. 흡연에 의해 유발되는 암의 종류 세 가지를 나열하라.
2. 마리화나는 학습과 기억에 대해 _____ 영향을 끼칠 수 있다.
3. _____ 영향이 있는지는 불명확하다.
3. 마리화나가 가져다주는 치료 효과 세 가지를 나열하라.

National Library of Medicine/Photo Researchers, Inc.

헤로인은 1874년에 아편에서 합성되었으며 곧이어 처방전 없이도 구입할 수 있는 다양한 약물에 추가되었다. 이 광고물은 헤로인이 함유된 이빨 나는 간지러움 해소제를 보여주고 있다. 이는 아마도 효과를 나타냈을 것이다.

## 아편제

**아편제**(opiates)는 아편 및 아편으로부터 추출된 모르핀, **헤로인**(heroin) 및 코데인이 해당된다. 이러한 중독성 있는 약물들은, 적절한 양을 사용하는 경우 통증을 완화해주고 수면을 유도한다. 이들은 DSM-5에서 아편계사용장애(opioid use disorder)로 부호화되어 있다.

통증완화용 약물로서 합법적으로 처방될 수 있는 **하이드로코돈**(hydrocodone), **옥시코돈**(oxycodone) 등의 아편제는 남용하는 약물이 되었다. 하이드로코돈은 아세트아미노펜(acetaminophen, 타이레놀 속의 활성제) 같은 다른 약물들과 혼합해서 바이코딘(Vicodin), 자이돈(Zydone), 또는 롤탭(Lortab) 같은 통증완화용 처방제를 만드는 데 가장 흔히 사용된다. 옥시코돈은 퍼코댄(Percodan), 타이록스(Tylox), 그리고 옥시콘틴(OxyContin) 같은 약물 속에서 발견된다. 바이코딘은 하이드코돈이 함유된 가장 흔히 남용되는 약물 중 하나이며, 옥시콘틴은 옥시코돈이 함유된 가장 흔히 남용되는 약물 중 하나이다.

**아편 남용 및 아편 의존의 유병률**  자료를 수집하는 데 엄청난 어려움이 따르지만, 일반적인 생각으로
는 미국에서 헤로인 중독자가 50만 명이 넘는다고 여겨지며, 2012년도에만 신규복용자 수가 15만
6,000명에 이른 것으로 추정되는데, 이는 지난 5년간 현저하게 증가한 것이다(SAMHSA, 2013).
50년 전에, 헤로인 사용자들은 도시에 사는 젊은 남성들이 주류로서, 이들이 처음 사용한 아편제
는 헤로인이었다. 그러나 오늘날은 도시 이외의 지역에서도 남성과 여성 모두 헤로인을 사용하며,
대부분의 경우 통증 치료제를 처방받아 처음으로 복용한 후에 이를 시작한다(Cicero, Ellis, Surratt
et al., 2014).

가장 흔히 남용되는 아편제는 비의료용 목적으로 복용한 통증 처방제이다. 이러한 약물의 남용
률은 2002년 이후로는 비교적 안정되어 있는 편이다. 그러나 그 수치는 결코 작지 않다. 2012년
에는 680만 명의 미국인들이 비의료용 목적으로 통증완화제를 사용했다. 그리고 다수의 사람들이
통증완화제에 대한 의존성을 치료받으려는 사람들의 숫자는 계속 증가하여, 2002년에서 2012년
사이에 2배 이상으로 증가하였다. 여성보다 남성들이 통증완화용 처방제를 남용하는 경우가 많으
며, 백인계 미국인들과 아메리칸 인디언이 가장 많이 남용하고 있다(SAMHSA, 2013).

불법으로 약물을 얻는 것은 허위로 꾸미거나, 훔치거나, 암시장 거래상들에게 넘겨진 처방전을
통해서 이루어진다. 애초에, 옥시콘틴은 중합체 코팅을 한 알약의 형태로 나왔기 때문에 이를 분
해하거나 부수어서 주사하거나 코로 흡입할 수 있는 형태로 변형하기가 쉬웠다. 2010년에는 쉽게
부수어 주사하지 못하도록 지속 배합분이 중합 코팅된 알약으로 대체하였다. 이는 2010년(56만
6,000명)에서 2012년(35만 8,000명)까지 옥시콘틴 남용자의 숫자를 감소시키는 데 기여하였을 것
이다. 옥시콘틴의 효과는 헤로인의 효과와 아주 유사하여, 보건 전문가들은 옥시콘틴에 의존성이
생긴 사람들이 길거리에서 파는 비싼 값을 더 이상 지불하기 어렵게 되어 가격이 덜 비싼 헤로인으
로 되돌아가지 않을까 염려하였다. 그림 7.4에서 볼 수 있듯, 하이드로코돈과 옥시코돈 제품들을
과다 복용하여 병원의 응급실로 오게 되는 사람들이 꾸준히 증가하여, 2004년에서 2011년 사이에

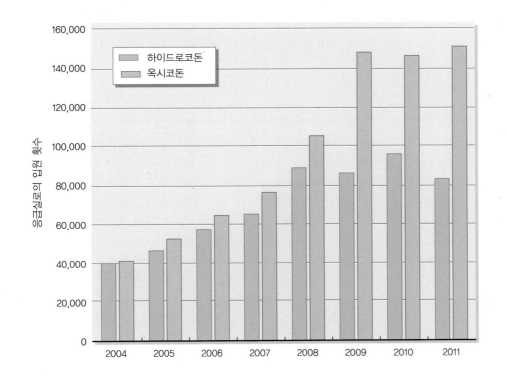

**그림 7.4** 하이드로코돈과 옥시코돈의 과다 복
용 후 응급실로의 입원 횟수는 꾸준히 증가
하고 있다. 2002년 하이드로코돈과 옥시코돈
에 의한 내방 횟수는 각각 2만 5,000명과 2만
1,000명이었다. (SAMHSA, 2013)

3배나 증가하였다(SAMHSA, 2013).

**심리적 효과와 신체적 효과** 아편제는 행복감, 졸음을 일으킬 뿐만 아니라 때때로 (근육운동의) 조정 능력을 저해하기도 한다. 또한 헤로인과 옥시콘틴은 정맥 주사로 맞으면 곧바로 '쇄도감(rush)', 즉 따뜻하고 넘쳐흐르는 듯한 쾌감이 느껴진다. 중독자들은 근심 걱정과 두려움을 잊고 4~6시간 동안 자신감을 강하게 경험한다. 그러나 그런 연후에는 기분이 감퇴되어 혼수상태와 비슷한 상태에 빠진다.

아편제는 신체 자체에 있는 아편계의 신경 수용기를 자극하여 효과를 유발한다[신체는 엔도르핀과 엔케팔린(enkephalin)이라 불리는 아편제를 생산한다]. 예를 들면, 헤로인은 뇌 속에서 모르핀으로 전환된 다음에 뇌 전체에 퍼져 있는 아편 수용기에 달라붙는다. 일부 증거에 의하면, 이러한 수용기와 도파민 계통 간의 관계가 아편의 쾌락유발 효과를 가져온다고 한다. 그러나 동물연구로부터 나온 증거는 아편이 아마도 도파민 체계와는 독립되어 있는, 측좌핵(nucleus accumbens)이라고 불리는 뇌 속의 영역에 작용하여 쾌감을 가져다주는 것일지 모른다고 시사한다(Koob, Caine, Hyytia et al., 1999).

아편제는 생리적인 의미에서는 확실히 중독성이 있다. 왜냐하면 아편을 사용하는 사람들은 내성이 생길 뿐만 아니라 금단 증상을 나타내기 때문이다. 높은 수준의 내성이 생기고 난 뒤에는, 헤로인을 마지막으로 주사한 후 8시간 이내에 헤로인 금단 증상이 시작될 수 있다. 그다음 몇 시간 동안은 통상적으로 근육통을 느끼고, 재채기를 하며, 땀을 흘리고, 눈물을 흘리며, 하품을 많이 하는 등 유행성 독감과 비슷한 증상이 나타난다. 36시간 이내에 금단 증상이 더욱더 심해진다. 근육이 욱신거리고 경련을 일으키며, 과도한 발열과 발한이 오한과 교대로 일어나거나, 심장박동과 혈압이 높아지는 수가 있다. 중독자는 잠을 이루지 못하고, 토하기도 하며, 설사를 하기도 한다. 이런 증상들은 통상적으로는 대략 72시간 정도 지속된 다음, 5~10일에 걸쳐서 점차적으로 소멸된다.

아편제는 남용자들에게 심각한 일련의 문제들을 일으킨다. 500명의 헤로인 중독자를 29년간 추적하여 조사한 결과, 이 중 28%가 40세 이전에 사망했다. 사망한 이유의 절반은 살인, 자살, 또는 사고로 인한 것이었으며, 1/3은 약물과용으로 인한 것이었다(Hser, Anglin, & Powers, 1993). 이와 마찬가지로 심각한 것이 불법 약물을 사용하는 데 따른 사회적 결과이다. 약물과 그

---

### 임상 사례 : 제임스

제임스는 7년째 헤로인에 중독된 27세의 남성이다. 그는 해군에 있을 때 처음으로 헤로인을 맛보았다. 자신의 (복용) 습관을 조절할 수가 없어서, 제임스는 1년 뒤 해군에서 불명예 제대를 하게 되었다. 그는 잠시 동안 가족들과 함께 지냈지만, 습관대로 복용하기 위해서 돈과 귀중품을 훔치고 나서는, 집을 떠나라는 요구를 받았다. 이후로 그는 길거리에서 살기 시작했고, 하던 습관대로 복용하기 위해 남에게 돈을 구걸하였다. 이런 일은 향후 5년간 제임스의 삶에서 반복되었다. 이렇게 지내는 동안 그는 체중이 엄청나게 빠졌고 심한 영양실조에 걸렸다. 그는 키가 180cm가 넘었지만, 체중은 겨우 68kg밖에 나가지 않았다. 보통 때는 인근 카페에서 먹다 남은 음식을 얻을 수 있었지만, 대부분의 날은 음식이 최우선이 아니었다. 제임스는 여러 가지 재활 프로그램에 참여하려고 하였지만,

기관에서는 프로그램에 참여할 수 있으려면 최소 일주일 동안은 헤로인을 복용하지 말아야 한다고 요구했다. 그는 하루나 이틀 정도는 (헤로인을 안 먹고) 버틸 수 있었지만, 그 정도가 지나자 금단 증상이 시작되어 약물이 없이 계속 지내기가 너무나 고통스럽게 되었다. 과거에 헤로인에 중독된 적이 있었던, 길거리에서 만난 한 친구가 최근에 제임스를 메타돈 진료소로 갈 수 있도록 도와주었다. 제임스는 메타돈을 정말로 잘 견뎌냈고, 3개월 이상 계속해서 진료소에서 치료를 받았다. 제임스는 부모님과의 관계가 다시 회복되었고, 진료소로부터 지속적인 지원을 받아 치료센터의 도우미가 되기 위한 직업훈련을 받기 시작하였다. 그는 자신의 습관을 좋은 방향으로 바꾸어 놓을 수 있을 것이라고 희망에 차 있었다.

것을 얻는 것이 생활의 중심이 되어 모든 활동과 사회적 관계를 지배하게 된다. 약물 값이 비싸기 때문에, 중독자들은 아편제를 구입하기 위하여 매일 200달러 이상을 써야만 하는 경우가 많게 된다. 이것은 중독자들이 절도, 매춘, 또는 그들 스스로 약물을 파는 것 같은 불법 활동을 통하여 돈을 벌어야 한다는 것을 의미한다.

현재 정맥주사를 하는 약물과 관련된 또 다른 문제는 바늘을 같이 쓰는 문제로 인해 면역결핍 바이러스(HIV) 같은 감염 요인에 노출되는 것이다. HIV 바이러스는 AIDS를 유발한다. 주목할 만한 점은, 바늘과 주사기의 무료 배급이 바늘의 공동사용을 줄여서 약물을 정맥 주사해서 사용하는 것과 관련된 전염성 인자의 확산을 감소시킨다는 데 과학자들 간에 의견의 일치가 잘 이루어져 있다는 것이다(Gibson, 2001; Yoast, Williams, Deitchman et al., 2001). 2009년에, 미 의회에서는 주사교환 프로그램에 대한 연방정부의 지원 시에 21세의 금지 연령 규정을 제거하였다.

## 흥분제

**흥분제**(stimulants)는 뇌와 교감신경계에 작용하여 의식의 기민함과 운동 활동을 높여준다. 암페타민류는 합성 흥분제이며, 코카인은 코카 잎에서 추출된 천연 흥분제이다. 초점 7.2에서는 위험성이 훨씬 적고 보편적으로 애용되는 흥분제인 카페인에 대하여 살펴본다.

**암페타민계 약물**  벤제드린(benzedrine), 덱세드린(dexedrine), 그리고 메테드린(methedrine)과 같은 암페타민계 약물은 신경전도체인 노르에피네프린과 도파민의 방출을 촉진하고, 이들 신경전도체의 재흡수를 차단함으로써 효과를 발휘한다. 이들 약물들은 먹거나 주사를 통해서 체내로 유입되며 중독이 될 수 있다. **암페타민계 약물**(amphetamine)들은 구강 또는 정맥 주사를 통해 복용할 수 있고 중독이 될 수 있다. 각성수준이 높아지고, 내장 기능이 억제되며, 식욕이 감퇴된다. 따라서 식이요법 시에도 사용된다. 심장박동도 증가하여 피부와 점막의 혈관이 수축된다. 정신이 기민해지고, 기분이 좋아지며, 외향적이 될 뿐만 아니라 힘이 끊임없이 용솟음치고, 자신감이 팽만해진다. 다량을 복용하면 신경질적이 되고, 흥분하며, 정신이 혼란스러워지고 심장박동의 증가, 두통, 어지러움, 그리고 불면증을 호소하게 될 수 있다. 때때로 의심이 많아지고 적대적이 되어서 다른 사람들에게 위험한 존재가 되기도 한다.

암페타민은 내성이 빨리 늘어나므로 흥분제 효과를 일으키는 데 필요한 복용량이 점점 더 많아지게 된다. 한 연구에서는 반복적으로 복용한 지 6일 만에 내성이 높아짐을 입증하였다(Comer, Hart, Ward et al., 2001).

**메스암페타민**  가장 많이 남용되는 흥분제는 **메스암페타민**(methamphetamine)이라 불리는 암페타민 파생체이다. 이 약물의 남용은 1990년대에 치솟았다. 그러나 2006~2012년 사이 메스암페타민을 사용하였다고 보고한 사람들의 수효는 70만 명에서 44만 명으로 감소하였다(SAMHSA, 2013).

---

## 임상 사례 : 안톤

안톤은 37세 남성인데, 가석방 기간 중에 편의점에서 치즈 안주 묶음을 훔쳐 방금 체포되었다. 그는 메스암페타민의 약효가 남아 있는 것으로 확인되었다. 2개월 전, 그는 좀도둑질을 해서 메스암페타민을 산 것으로 인해 교도소에 수감되었다가 석방되었다. 그는 다시는 수감되지 않겠다고 결심하였지만, 메스암페타민에 대한 그의 갈망은 너무 강렬하였고 가석방 기간까지 참을 수가 없었다. 그는 26세 이후로 메스암페타민을 복용해 왔고, (습관적 복용을 위한 돈을 벌기 위해) 매춘을 포함한 마약 관련 범죄로 인해 수없이 체포되었다.

**초점 7.2** **가장 맛있는 중독 — 카페인**

세계에서 가장 널리 애용되는 이 물질은 거의 약물로 보지 않고 있지만, 이 물질은 강력한 효능을 나타내며, 내성을 발달시키고, 습관적으로 사용하는 사람들의 경우에는 금단 증상을 일으키기도 한다(Hughes, Higgins, Bickel et al., 1991). 이를 사용하는 사람과 사용하지 않는 사람 모두 똑같이 이를 농담으로 여길 것이다. 그리고 이 책을 읽은 대부분의 독자들도 아마도 매일 어느 정도는 이를 사용할 것이다. 우리는 지금 물론 커피와 차, 코코아, 콜라, 그리고 다른 탄산음료들, 일부 감기 처방약 및 식이요법 알약 속에 들어 있는 카페인에 대하여 이야기하고 있다.

커피 두 잔은 150~300mg의 카페인을 함유하고 있으며, 이는 대부분의 경우 30분에서 1시간 사이에 영향을 미친다. 신진대사, 체온, 혈압이 모두 증가한다. 우리들 모두에게서 입증되는 바와 같이 소변이 더 많이 만들어진다. 또한 손 떨림이 생기고 식욕이 감소하며, 우리 모두에게 대개 익숙한 일이지만 잠을 못 이루게 된다. 이는 카페인이 교감신경계를 각성시킨다는 점에 비추어보면 놀랄 일이 아니다. 극단적으로 많은 양을 복용하면 두통과 설사, 신경질, 심한 흥분 등이 일어나고 심지어는 경련과 죽음을 일으킬 수도 있다. 그렇지만 신장에 의해 축적되지 않고 신체 밖으로 물질이 배

커피, 차, 그리고 탄산음료에 함유된 카페인은 아마도 세계에서 가장 선호되는 약물일 것이다.

Bloomberg via Getty Images

출되기 때문에, 카페인을 함유한 정제류를 과도하게 남용하지 않는 이상 죽는 경우는 실제로는 불가능하다.

카페인이 든 커피를 매일 매우 많이 마시는 사람들이 커피를 마시지 않으면 금단 증상을 경험할 수 있다는 것은 오래전에 알려진 사실이지만, 하루에 커피 두 잔 이상을 정기적으로 마시지 않는 사람들도 커피를 안 마시게 되면 임상적으로 의미 있는 두통과 피로, 불안으로 인해 고통을 받을 수 있다(Silverman, Evans, Strain et al., 1992). 그리고 이러한 증상은 사회적 및 직업적 기능을 심하게 저해한다. 이러한 결과들은, 미국인의 3/4이 하루에 카페인이 든 커피를 두 잔 이상 약간 초과해서 마시고 있기 때문에 당황스럽다(Roan, 1992). 그리고 부모들이 항상 자신들의 자녀가 커피와 차를 가까이 하지 못하게 한다고 해도, 카페인이 든 탄산음료나 핫초콜릿, 코코아를 마시게 하며 초콜릿 사탕과 초콜릿, 커피맛 아이스크림을 먹게 하는 일은 흔하다. 따라서 우리가 카페인에 중독되는 것은 태어나서 6개월경부터 발전하기 시작할 수 있으며, 아동기에서 성인기로 넘어옴에 따라 그 형태만 바뀔 뿐이다.

남성들은, 성별에 따른 차이가 거의 없는 다른 암페타민계 약물의 남용 시와는 대조적으로, 여성들보다 메스암페타민을 더 자주 남용하는 경향이 있다. 미국에서 메스암페타민은 대도시만큼은 아니더라도 대도시에 못지않게, 소도시에서도 사용된다(그리고 제조된다). 미국의 식품 산업이 수효가 훨씬 많은 소규모의 가족 농장에서 몇 안 되는 대규모 복합체로 병합됨에 따라서 시골 소도시들의 제조업 붕괴는 아마도 메스암페타민 사용의 증가에 기여하였을 것이다(Redding, 2009).

다른 암페타민계 약물과 마찬가지로, 메스암페타민은 입으로 또는 정맥주사를 통해 섭취할 수 있다. 또한 코를 통해서(예 : 코로 흡입하기) 복용할 수도 있다. 투명한 크리스털 모양으로 있으면, 이 약물은 종종 '크리스털 메스(crystal meth)' 혹은 '아이스(ice)'로 불린다. 메스암페타민에 대한 갈망은 특히 강렬하여, 약물 복용이 중단되고 나서 수년간 지속되는 경우도 흔하다. 또한 갈망은 추후 다시 복용할지 여부를 예측해주는 신뢰성 있는 요인이 된다(Hartz, Frederick-Osborne, & Galloway, 2001). 다른 암페타민 계열의 약물과 마찬가지로, 메스암페타민 복용자는 곧바로 고조된 상태(high) 또는 흥분상태(rush)에 빠지게 되는데, 이는 수 시간 지속될 수 있다. 이때에는 또한 다행감뿐만 아니라 심장 및 기타 장기로의 혈류 증가, 그리고 체온 상승과 같은 신체의 변화도 따른다. 이와 같이 고조된 흥분은 결국에는 ('어깨'에서) 내려오게 되며, 그다음에는 추락하게 된다('비틀기'). 좋은 감정이 산산조각 나는 것뿐만 아니라, 당사자는 매우 동요하게 된다. 메스암페타민에 대한 생리적인 의존에는 내성과 금단이 모두 들어 있는 경우가 종종 있다.

동물을 대상으로 수행된 몇 개의 연구들은 메스암페타민의 만성적인 복용이 뇌에 손상을 일으

커서 도파민 계통과 세로토닌 계통에 영향을 끼친다는 것을 알려주었다 (Frost & Cadet, 2000). 신경영상촬영 연구에서는 인간의 뇌, 특히 도파 민 계통에서 이와 유사한 영향이 나타나는 것을 발견하였다. 예를 들면, 만성적 메스암페타민의 사용자에 대한 한 연구에서는 해마가 손상된 복용 자를 많이 발견하였다(그림 7.5 참조). 해마의 부피는 만성적인 메스암페 타민 복용자 사이에서는 더 작았고, 이는 기억 검사에서 수행도가 저조한 것과 상관관계가 있었다(Thompson, Hayashi, Simon et al., 2004).

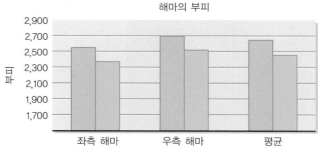

그림 7.5 메스암페타민(녹색 막대)을 남용했던 사람들이 남용하지 않았던 통제집단(파란색 막대)에 비해서 해마의 부피(크기)가 작아진 것을 보여주는 fMRI 연구 결과. [Thompson et al.(2004)에서 번안함.]

다른 연구에서는 메스암페타민에 대한 의존성을 치료받고 있었던 남성 들을 대상으로 의사결정과 관련된 실험실 과제를 수행하게 하면서 뇌를 fMRI로 스캔하였다(Paulus, Tapert, & Schuckit, 2005). 연구자들은 의 사결정 과제를 수행하는 동안 여러 곳의 뇌 영역(배측 전전두엽, 섬, 그리 고 측두엽 및 두정엽 부위)에서의 활동 수준이 낮은 것이 치료 후 1년 뒤의 메스암페타민 남용의 재발을 예측해주는 것을 발견하였다. 따라서 의사결정을 잘하지 못하는 것이 재발 위험성을 더 높 게 하는 것일 수도 있다는 점이 뚜렷해 보인다. 또한 이 연구가 보여주는 것은 올바른 의사결정에 기여하는 뇌 영역이 메스암페타민에 의존성이 생긴 일부 사람들에게서 지장을 받고 있다는 것이 다. 아직 불명확한 점은 메스암페타민이 이 영역을 손상시킨 것인지 또는 이 영역이 메스암페타민 복용 전에 이미 손상되어 있었는지 여부이다.

여기에서 한 가지 유의사항을 언급해야겠다. 이런 유형의 연구를 수행하는 데 따르는 한 가지 어려움은 관찰된 어떤 효과라도 해당 약물로만 연관시킬 수 있고 다른 약물과는 연관시킬 수 없 도록 연구 관심대상인 약물(이 경우에는 메스암페타민)만을 복용하는 참여자를 찾아내는 일이다. 그러나 어느 시점에서라도 다른 물질, 특히 알코올과 니코틴을 사용하지 않았던 메스암페타민 복 용자를 찾는 일은 힘든 일이다. 예를 들면, 위에서 언급된 연구들 중의 한 연구에서는, 암페타 민 복용자들이 통제집단과 알코올 섭취량에서는 차이가 없었지만, 이들은 흡연은 더 많이 하였다 (Thompson et al., 2004). 그럼에도 불구하고, 메스암페타민의 해로운 효과는 다양하게 많으며 그 정도가 심각하다는 점은 명백한 것으로 보인다.

**코카인**  **코카인**(cocaine)이라는 약물은 코카나무 잎에서 추출된 것이다. 1980년대 중반에 **크랙** (crack)이라 불리는 새로운 형태의 코카인이 개발되더니 크리스털 결정체의 형태로 제조되어, 이를 가열하고 녹인 다음에 피우게 되었다. 크랙이란 이름은 돌을 가열하면 나는 딱딱 하는 소리에서 유래되었다. 크랙은 코카인보다 저렴하며 도시 지역에서 많이 사용되고 있다.

코카인 사용은 전반적으로 1970년대와 1980년대에 급증하여, 1974년과 1985년 사이에는 무 려 260% 이상 증가하였다. 오늘날에는 30년 전에 비해 코카인의 사용이 현저하게 감소하였다. 2002~2012년 사이에 12세 이상의 코카인 사용자 비율이 2%에서 1.1%로 감소하였다(그림 7.3 참 조). 2012년에 12세 이상의 코카인을 사용하는 사람들의 수효가 160만 명으로서, 2006년의 240 만 명에서 감소하였다(SAMHSA, 2013). 또한 크랙의 사용도 감소하고 있다. 크랙을 처음으로 사용한 사람들의 수효는 2002년의 33만 7,000명에서 2012년에는 8만 4,000명으로 감소하였다 (SAMHSA, 2013). 남성이 여성에 비해서 코카인과 크랙을 더 많이 사용한다.

코카인은 두뇌에 빠르게 작용하여 변연계 중간 영역에서 도파민의 재흡수를 차단한다. 코카인 은 쾌감 상태를 가져다주는데 접합 부위에 남아 있는 도파민이 신경신호의 전송을 촉진해주기 때 문이다. 코카인에 의해 유발되어 주관적으로 느끼는 쾌감의 정도는 코카인이 도파민 재흡수를 차 단한 만큼 정비례해서 커진다(Volkow, Wang, Fischman et al., 1997). 성적 욕망이 강해질 뿐만

코카나무 사진. 잎사귀에는 약 1%의 코카인이 함유되어 있다.

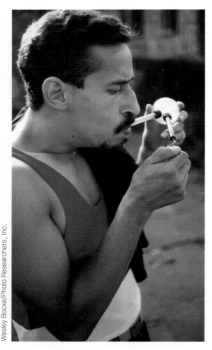

코카인은 피우거나, 삼키거나, 주사하거나, 사진에서와 같이 코로 들이마실 수도 있다.

Mark Antman/The Image Works

크랙의 사용률은 도시 지역에서 아주 높다.

Wesley Bocxe/Photo Researchers, Inc.

아니라 자신감, 행복감 및 지치지 않는 듯한 느낌이 가득 차게 된다. 과잉복용하면 오한, 메스꺼움, 그리고 불면증을 일으킬 뿐 아니라, 강렬한 편집성 감정을 나타내고 벌레가 피부 밑을 기어다니는 것 같은 무서운 환각을 호소하게 될 수 있다. 만성적으로 복용하면 화를 잘 내는 자극과민성이 높아지고, 사회적 관계가 손상되며, 편집성 사고가 생기는 것뿐만 아니라 섭식 및 수면의 장해가 유발될 수 있다. 코카인을 복용하면 전부는 아니지만 일부 사용자에게는 내성이 생겨서, 같은 효과를 얻으려면 좀 더 많은 양을 복용해야 된다. 다른 사용자들은 코카인의 효과에 대한 민감성이 높아지게 될 수 있는데, 이는 상당히 적은 양을 복용한 후 사망에 이르게 되는 데 기여하는 것으로 여겨지고 있다. 코카인 복용을 중단하면 심각한 금단 증상을 일으키는 것으로 보인다.

코카인은 혈관을 수축시키는 작용을 하여 혈관을 좁게 만든다. 사용자가 희석시키지 않은 코카인 원액을 점차 과다복용하면, 응급실에 갑자기 실려가 심근경색으로 죽게 될 수도 있다. 2011년에는 50만 명이 넘는 사람들이 코카인 때문에 응급실로 실려 갔는데(SAMHSA, 2013), 이는 통증 처방제 알약으로 인한 응급실 입원 숫자에 비해서 거의 4배나 높다(그림 7.4 참조). 코카인은 또한 뇌졸중의 위험도 증가시키고 주의를 기울이고 기억하는 데서의 어려움과 같은 인지 장해를 유발한다.

코카인은 그 강력한 혈관 수축 효과 때문에 임산부에게 특별히 위험한데, 왜냐하면 성장 중인 태아에 대한 혈액 공급이 위태롭게 될 수 있기 때문이다. 한 MRI 연구에서는 태아 때에 코카인에 노출된 청소년들과 그렇지 않은 청소년들의 뇌 속 회색질(즉 두뇌의 신경조직)의 용적을 비교하였다. 태아 때 코카인에 노출된 적이 있는 청소년들은 태아 때 코카인에 노출된 적이 없던 청소년들에 비해서 인지 통제 및 정서 통제를 지원하는 전두엽과 그 주변 부분의 용적이 더 작은 것으로 발견되었다(Rando, Chaplin, Potenza et al., 2013). 그러나 태아 때 코카인에 노출되었던 청소년들은 또한 자기 스스로 물질을 사용하기 시작했던 경우가 더 많았다. 따라서 두뇌의 크기에서 차이가 나는 것이 태아 때 코카인에 노출된 결과인지 또는 자기 스스로 물질을 사용한 결과인지를 구분하는 것은 불가능하다. 이 두 가지가 모두 영향을 주었을 수 있다.

코카인은 코로 들이마실 수도 있고, 파이프나 궐련의 형태로 피워 물 수도 있으며, 삼키거나 심지어는 정맥 혈관에 주사할 수도 있다. 헤로인 중독자들 중 일부는 코카인과 헤로인을 혼합하여 복용하기도 한다. 1970년대에 미국의 코카인 애호가들은 에테르를 이용하여 코카인에 열을 가함으로써 코카인에서 가장 효능이 큰 성분들을 따로 분리해냈다. 이러한 화학적 과정에 의해서 정제된 코카인 기저물질은 효과가 대단히 강력하였는데, 아주 신속히 흡수되기 때문이다. 대부분의 약물처럼, 빨리 흡수될수록 취하는 것이 빠르고 더 강력해진다. 이런 기저 물질은 통상 물담배를 통해서 피우거나 보통 쓰는 궐련이나 마리화나 궐련 위에 뿌려서 피우는데, 그러면 약물이 폐 속으로 신속히 흡수되어 몇 초 만에 빠르게 두뇌에 전달되고, 뇌 속에서 강렬한 기분을 2분간 일으킨 다음에는, 안절부절못하고 불쾌감을 느끼게 된다.

## 환각제, 엑스터시, PCP

**LSD와 기타 환각제** 환각제(hallucinogen)라는 용어는 환각 같은 이런 약물의 주요 효과를 지칭하는 것이다. 그러나 조현병에서 나타나는 환각과는 달리, 약물로 환각을 경험하는 사람들은 약물 때문에 생긴 것이라는 점을 통상 인식하고 있다. 여성보다 남성이 환각제를 더 많이 사용하며, 12~17세 사이의 청소년들 사이에서는 흑인계 및 아시아계 미국인이 아메리칸 인디언, 백인, 또는 히스패닉계 미국인에 비해서 환각제를 덜 사용하는 경향이 있다(SAMHSA, 2013).

환각제 중 하나인 **LSD**(lysergic acid diethylamide)의 사용은 1960년대에 정점에 이르렀다. 이에 비해 1980년대에 이르러서는 단지 1~2%의 사람들만이 규칙적인 사용자로 분류할 수 있을 정도

## 임상 사례 : 타마라

**타**마라는 그녀가 대학교 신입생일 때 엑스터시(X)를 처음으로 맛보았다. 그녀가 처음 파티에 갔을 때, 한 친구가 그녀에게 알약을 하나 주었고 그녀는 달콤한 타르트라고 생각하였다. 잠깐 사이에, 그녀는 마치 자기 주위에 있는 모든 것이 새롭게 보이는 것처럼, 거의 마법에 빠진 것같이 느끼기 시작했다. 그녀는 믿을 수 없을 정도로 그녀의 친구에게 친근한 느낌이 들었고 심지어는 그녀가 방금 만난 남자와 여자에게도 그랬다. 끌어안고 밀착해서 춤추는 것은 강렬한 쾌감을 주었고 이는 완전히 새로운 방식이었다. 파티가 끝난 후 며칠 뒤, 그녀는 그녀의 친구에게 '달콤한 타르트'에 대해 물었고 그녀는 더 얻을 수 있는 방법을 알게 되었다. 그러나 X를 다시 사용하였을 때, 그녀는 그때와 똑같은 쾌감에 도달할 수 없었다. 그 대신 그녀는 더 차분해진 것을 느꼈고, 심지어는 불안해지기도 하였다. X를 여러 번 더 사용한 이후, 그녀는 약물에 대한 열정과 심지어는 그 효과에 대한 갈망이 있음에도 불구하고, 자신이 약을 복용한 후 며칠 동안이나 다소 우울하고 불안을 느끼고 있다는 것을 알아차렸다.

였다. 2012년에는 새로운 사용자가 약 42만 1,000명 정도 되었다(SAMHSA, 2013). 또한 약물복용을 끊었을 때 금단 증상이 나타난다는 증거는 없지만, 내성은 빠르게 생기는 것 같다(McKim, 1991).

환각 이외에도, LSD는 주관적인 시간 감각을 바꾸어놓을 수 있다(시간이 좀 더 느리게 지나가는 것으로 느껴짐). LSD를 사용하는 사람은 기분 변화가 극단적으로 심해질 수 있지만, 의식이 확장되어 전에는 느끼지 못했던 장면과 소리를 경험하게 될 수도 있다.

많은 사용자들은 LSD를 복용한 후에 강렬한 불안을 겪게 되는데, 부분적으로는 지각 경험과 환각 때문에 자신이 '미쳐가고 있지는 않은가' 하는 두려움이 유발되기 때문이다. 어떤 사용자들에서는, 이러한 불안이 최고조의 공황 발작으로 발전하기도 한다. 불안은 약물이 몸속에서 처리(신진대사)됨에 따라 가라앉는 것이 보통이다.

**섬광기억**(flashbacks)은 약물의 생리적인 효과가 사라진 후에도 환각적인 시각 경험이 재발하는 것이다. DSM-5에서, 환각제 지속성 지각장애라는 항목에는 환각제 사용 중 일어났던 섬광기억과 그밖의 지각 관련 증상을 약물을 더 이상 복용하지 않는데도 재경험하는 것이 포함되어 있다.

**엑스터시와 PCP**  환각제와 비슷한 물질인 **엑스터시**(Ecstasy)는 **MDMA**(methylenedioxymethamphetamine)로부터 만들어진 것이다. 1970년대에 들어서야 MDMA의 향정신성 속성이 과학계 문헌에서 보고되었다. 엑스터시는 1985년에 불법화되었다.

엑스터시에는 환각제 및 암페타민 계통의 성분이 모두 들어 있지만, 현재 DSM-5에서는 '기타 환각제사용장애'로 분류되어 있다. 엑스터시는 대학 캠퍼스와 (사교계) 클럽에서 흔히 볼 수 있을 정도로 퍼져 있다. 초점 7.3에서는 클럽에서 흔히 사용되는 또 다른 약물인 아산화질소의 복용 및 효과에 관하여 고찰하고 있다. 엑스터시는 알약의 형태로 복용될 수 있다. 그러나 MDMA는 종종 다른 물질(즉 카페인) 또는 약물들[즉 LDS, 케타민, 탤컴 가루(talcum powder)]과 혼합하면 그 효과가 극적으로 변화하게 된다. 좀 더 순수하게 정제한 가루로 만든 엑스터시를 몰리(Molly)라고 부른다. 가루는 다른 물질과 혼합될 수 있기 때문에, 최종 혼합물이 순도가 높은 것인지는 믿음의 도약이 필요하다. 모든 연령대에 걸쳐서, 엑스터시의 사용은 2001년에 사용자가 180만 명으로서 가장 높았다. 2012년에는 86만 9,000명이 지난해에 엑스터시를 사용했다고 보고하였는데, 이는 2009년도의 110만 명에서 떨어진 수치이다(SAMHSA, 2013). 엑스터시를 처음 사용하는 평균 연령은 약 20세로 이는 2002년 이후로 안정적으로 지속된 통계치다.

엑스터시는 세로토닌의 방출 및 뒤이은 재흡수 모두에 영향을 미치는 식으로 해서 주로 작용한

## 초점 7.3    질소 산화물 — 웃음이 나오게 하는 물질이 아니다

질소 산화물(nitrous oxide)은 19세기 이후부터 사용된 무색 가스이다. 몇 초 안에 질소 산화물은 대부분의 사람에게서 가벼운 두통과 기분 좋은 상태를 유발한다. 어떤 사람에게서는 중대한 통찰이 마음속에 차오르는 것같이 느껴진다. 질소 산화물로 인해 많은 사람들이 흔해빠진 평범한 사건이나 생각들을 불가항력적으로 재미있고 유쾌한 것으로 경험하는데, 그래서 이 화합물의 별명이 웃음 가스이다.

아마도 이 책을 읽고 있는 독자들은 치과에서 긴장을 풀기 위하여 질소 산화물을 마셔 본 적이 있을지도 모르는데, 불안하고 위협적으로 느껴질 수도 있는 치과치료를 보다 유쾌하게 해준다. 다른 진통제나 마취제보다 질소 산화물이 좋은 점은 산소가 많이 함유된 공기 또는 보통의 공기를 마시면 곧 몇 분 안에 정상적인 의식 상태로 돌아올 수 있다는 것이다.

질소 산화물은 웃음이 나게 하는 물질이 아니다.

질소 산화물은 흡입제라는 폭넓은 분류항목에 적합하며, 적합한 보건 전문가에 의해서 실시되는 것 이외에는 대부분의 주에서 수십 년간 불법약물로 규정되기는 했지만, 처음 출시된 이래 기분전환을 위해 사용되어 왔다. 이 장에서 살펴본 다른 약물에 대해서와 마찬가지로, 불법이라고 규정해도 무분별한 사용을 막지는 못했다. 이는 십대들 사이에서 가장 널리 쓰이는 흡입제(접착제, 가솔린 및 페인트의 증기를 맡는 것이 더 널리 퍼져 있음)의 하나로서, 흡입제 사용자 중 22%나 이를 사용할 정도로 많이 쓰인다(Wu, Pilowsky, & Schlenger, 2004). 때로는 '히피족의 크랙(hippie crack)' 또는 '휘펫(whippets, 경주용 작은 개)'이라고도 불리는 질소 산화물 풍선은 밝은 레이저 광선과 시끄러운 댄스 음악소리로 가득 찬 파티에서(즉 떠들썩한 파티에서) 엑스터시 및 다른 약물과 혼합되어 사용되는 경우가 많다.

엑스터시는 파티용 약물로서 유행이지만, 다른 약물들과 마찬가지로 해로운 영향이 없지 않다.

다(Huether, Zhou, & Ruther, 1997; Liechti, Baumann, Gamma et al., 2000; Morgan, 2000). 엑스터시 복용이 해로운지 여부는 아직도 과학적 논쟁의 주제이다. 어떤 증거에 의하면 엑스터시는 세로토닌 계통에 신경적 독성 효과를 끼치는 것 같다고 시사된다(De Souza, Battaglia, & Insel, 1990; Gerra, Zaimovic, Ferri et al., 2000). 이러한 독성 효과가 전적으로 약물 사용 때문이라고 말하기는 어려운데, 왜냐하면 오늘날까지 인간을 대상으로 엑스터시 복용 이전과 이후에 세로토닌의 기능 수준을 평가한 연구가 없었기 때문이다.

사용자들의 보고에 의하면, 엑스터시는 친근감과 통찰력을 높여주고, 대인관계를 증진시켜주며, 기분과 자신감을 고양시켜주고, 심미적 자각 수준을 키워준다고 한다. 이 약물은 또한 근육긴장, 급속안구운동, 턱 악물기, 메스꺼움, 실신, 오한이나 땀 흘림, 불안, 우울, 이인화 및 정신적 혼동을 일으킬 수 있다.

**PCP**, 즉 펜시클리딘(phencyclidine)은 종종 천사의 가루라고 불리는데, DSM-5에서는 펜시클리딘사용장애로 부호화되어 있고, 이 장에서는 환각제 관련 장애의 장 속에 들어 있다. 2012년도에는 PCP를 처음 사용한 사람들이 9만 명으로서, 2002년의 12만 3,000명보다는 감소하였으나, 2009년에 비해서는 2배 증가한 숫자이다(SAMHSA, 2013).

PCP는 일반적으로 극심한 편집증세과 폭력성을 포함한, 심각한 부정적 반응을 일으킨다. 또한 혼수상태와 사망에까지 이르게 할 수도 있다. PCP는 두뇌 속에 있는 다수의 신경전도체에 영향을 끼치며, 만성적으로 사용하는 것은 다양한 신경심리적 손상과 연관이 있다. PCP를 남용하는 사람들은 이전이나 지금 현재 PCP와 함께 다른 약물도 사용하는 경향이 있어서, 신경심리적 손상이 전적으로 PCP에 의한 것인지, 다른 약물 때문인지, 또는 혼합 사용한 탓인지를 가려내기가 어렵다.

## 중간 요약

아편제에는 헤로인뿐만 아니라 하이드로코돈 및 옥시코돈과 같은 그밖의 진통제도 들어 있다. 처방된 진통제의 남용이 극적으로 증가하였으며, 과다 복용도 빈번하다. 아편제로 인한 첫 효과는 다행감을 느끼는 것이지만, 나중에 복용자는 기분이 가라앉는 것을 경험한다. 아편제의 과다 사용으로 인해 사망에 이르는 것은 심각한 문제이다. 그밖의 문제점으로는 주삿바늘을 함께 써서 HIV 및 기타 감염원에 노출되는 것이 있다. 아편제에 대한 금단 증상은 심각하다.

암페타민은 깨어 있는 것, 정신적 기민함, 그리고 다행감을 가져다주는 각성제이다. 남성과 여성은 비슷한 비율로 이를 사용한다. 내성은 매우 빠르게 생긴다. 메스암페타민은 암페타민을 합성한 것으로, 1990년대 이후 사용량이 극적으로 증가하다가 최근 몇 년 동안 감소하였다. 메스암페타민은 해마를 포함해서 두뇌에 손상을 줄 수 있다. 코카인과 크랙은 여전히 심각한 문제로 남아 있다. 코카인은 성적인 욕망을 불러일으키고, 행복감을 증가시키며, 정신적으로 기민하게 만들지만, 만성적으로 사용하는 것은 무엇보다도 대인관계문제, 편집증세, 그리고 수면곤란의 문제와 연관이 있다. 크랙이나 코카인이 빨리 흡수될수록 당사자는 더 빠르고 강렬하게 취하게 된다.

LSD는 1960년대와 1970년대에 유행한 환각제로서, 종종 마음을 확장시켜주는 약물로 광고되었다. 1990년대의 마음 확장용 약물은 엑스터시가 되었다. 이런 약물이 통상적으로는 금단 증상을 유발하지는 않지만, 내성은 생길 수 있다. 엑스터시의 사용은 2001년에 절정에 이르렀고, 몰리(Molly)라고 부르는 보다 순수하게 정제된 유형의 제품이 증가 추세에 있다. PCP는 여전히 문제로 남아 있다. 이 약물은 심각한 편집증세와 폭력성을 일으킬 수 있다.

## 복습문제 7.3

진위형

1. 헤로인으로부터의 금단은, 사용을 중단한 다음 날부터 천천히 시작된다.
2. 옥시콘틴은 도시 지역에서 사용되기 시작했으나 빠르게 시골 지역으로 확산되었다.
3. 메스암페타민은 암페타민이 적게 함유된 것이므로 두뇌 손상과의 연관성이 적다.
4. 엑스터시에는 환각제 및 암페타민과 관련된 화합물이 들어 있다.

## 물질사용장애의 원인론

어떤 물질에 생리적으로 의존하게 된다는 것은 어떤 사람들에게는 발달되어 가는 과정이다. 즉 어떤 사람들은 처음에는 특정 물질에 대해 긍정적인 태도를 나타내는 것으로 시작하여, 그다음에는 그 물질을 갖고 실험해보기 시작하다가, 그다음에는 규칙적으로 사용하고, 과다 복용하고는, 마침내 그 물질에 의존하게 된다(그림 7.6 참조).

물질의존에 빠지게 하는 요인은 진행 과정상에서 어느 시점에 있느냐에 따라서 다른 것으로 보인다. 예를 들면 흡연에 대해 긍정적인 태도를 갖게 되고 담배를 갖고 실험해보기 시작하는 것은 다른 가족 구성원이 흡연하는 것과 밀접하게 연결되어 있다(Robinson, Klesges, Zbikowski et al., 1997). 반면에 상시 흡연자가 되는 것은 또래들이 흡연하는 것과 담배를 즉각 입수할 수 있는 것과 더 밀접하게 연결되어 있다(Robinson et al., 1997; Wang, Fitzhugh, Eddy et al., 1997).

많은 사례에 적용될 수 있기는 하지만, 발달 과정 접근은 물질사용장애의 모든 사례를 다 설명해주지는 못한다. 어떤 사람들은 어떤 물질, 예를 들면 알코올을 한동안 과음하였지만 그다음에

**그림 7.6** 어떤 사람이 특정 약물에 의존하게
되어 가는 과정

긍정적 태도  →  실험  →  정규적 사용  →  과용  →  의존 또는 남용

는 적당량을 마시는 수준으로 되돌아온다. 또 다른 사람들은 어떤 물질에 의존하게 되는 데 과다 복용하는 시기를 거칠 필요가 없기도 한데, 이를테면 메스암페타민의 경우에서 그렇다. 다음 절에서는 물질 관련 장애에 얽힌 유전적, 신경생물학적, 심리학적, 사회문화적 요인에 대해서 살펴볼 것이다. 이러한 요인들이 여러 가지 다양한 물질들에 각기 다른 방식으로 관련되어 있기 쉽다는 점을 유념하자. 예를 들면, 유전적 요인은 알코올사용장애에서는 어떤 역할을 하는 것으로 보이지만 환각제사용장애에서는 그 역할이 덜 중요한 것으로 보인다.

### 유전적 요인

많은 연구들이 약물 및 알코올사용장애에 대해 유전적 요인이 기여할 가능성을 조사하였다. 몇 개의 연구에서는 문제 음주자의 친척 및 자녀들에게 알코올사용장애의 발생률이 기대치보다 높다는 것을 보여주었다(예 : Chassin, Pitts, Delucia et al., 1999). 유전적 요인에 대한 보다 강력한 증거는 쌍둥이 연구에서 나온다. 여기에서는 이란성 쌍둥이보다 일란성 쌍둥이에게서 남자의 경우 알코올 남용(McGue, Pickens, & Svikis, 1992), 흡연(True, Xiam, Scherrer et al., 1999), 마리화나의 과다복용(Kendler & Prescott, 1998), 그리고 전반적인 약물남용(Tsuang, Lyons, Meyer et al., 1998)에 대한 일치율이 더 높다는 것을 보여주었다. 그밖의 행동 유전학 연구에서는 불법 약물 사용 장애에서 유전적 위험 요인과 공유된(shared) 환경적 위험 요인이 다소 불특정적(nonspecific)일 수 있음을 보여주고 있다(Kendler, Jacobsen, Prescott et al., 2003). 즉 유전적 위험 요인과 공유된 환경적 위험 요인은 약물의 종류(마리화나, 코카인, 아편제, 환각제, 진정제, 흥분제)에 관계없이 똑같은 것으로 보인다. 이는 남녀 모두에게 적용되는 것으로 보인다(Kendler, Prescott, Myers et al., 2003).

물론, 유전은 환경을 통해 그 영향을 나타내며, 연구 결과는 알코올 및 약물 사용 장애에서의 유전-환경의 관계를 밝혀냈다(Kendler, Chen, Dick et al., 2012). 청소년들 사이에서는, 또래관계는 특히 중요한 환경적 변인인 것으로 보인다. 예를 들면, 핀란드에서 실시된 대규모 쌍둥이 연구에서는 청소년 사이에서의 알코올 문제의 유전가능성이 음주하는 또래들이 많은 십대들이 음주하는 또래가 더 적은 십대들에 비해서 더 높은 것을 보여주었다(Dick, Pagan, Viken et al., 2007). 이런 사례에서 환경은 또래집단의 음주행동이었다. 또 다른 연구에서는 청소년 사이에서 흡연과 음주 모두에 대한 유전가능성이 음주와 흡연을 하는 절친한 친구를 둔 십대에게서 더 높은 것으로 나타났다(Harden, Hill, Turkheimer et al., 2008). 이 사례에서, 환경은 절친한 친구의 행동이었다. 또 다른 연구에서는 흡연에 대한 유전가능성이 인기 있는 학생이 흡연을 하지 않았던 학교에 비해서 학교의 '인기 있는 집단'이 흡연을 했던 학교에 다녔던 십대들에게서 더 높은 것을 발견하였다(Boardman, Saint Onge, Haberstick et al., 2008).

많은 양의 알코올에 대한 내성이 있는 것은 알코올사용장애에 대해 유전된 것일 수 있다. 즉 알코올에 의존하게 되려면, 당사자는 통상 알코올을 많이 마실 수 있어야 한다. 일부 인종집단, 이를테면 아시아인은 알코올 문제의 발생률이 낮기 쉬운데, 그 이유는 생리적 내성이 없기 때문으로서, 이는 알코올 탈수소효소 또는 ADH로 불리는 알코올 신진대사와 관련된 효소에서의 결함이 유전되기 때문이다. ADH 효소에 대한 ADH2와 ADH3 코드 단백질로 불리는 유전자에서의 돌연변이는 이런 유전자와 함께 특정적으로는 일부 아시아 사람들 사이에서 있을 뿐만 아니라 전반적으로 알코올사용장애와 연관이 있었다(Edenberg, Xuie, Chen et al., 2006; Sher, Grekin, & Williams, 2005). 아시아인의 약 3/4은 소량의 알코올로도 홍조증(얼굴이 빨개지는 것)과 같은 불쾌한 효과를 경험하는데, 이런 것이 알코올에 의존하게 되는 것을 방지해주는 것일 수 있다.

또한 유전이 흡연에서 역할을 발휘하는 기제에 대한 연구가 부상하고 있다. 대부분의 약물처럼, 니코틴도 도파민의 방출을 자극하고 도파민의 재흡수는 억제하는 것으로 보이며, 니코틴의 이러한 영향에 더 민감할 사람일수록 애연가가 되기 쉽다(Pomerleau, Collins, Shiffman et al., 1993). 한 연구에서는 흡연과 SLC6A3로 불리는 도파민 재흡수를 조절하는 유전자 사이의 연계를 조사하였다. 이 유전자의 한 가지 유형이 흡연의 가능성이 낮은 것(Lerman, Caporaso, Audrain et al., 1999), 담배를 끊을 가능성이 더 높은 것(Sabo, Nelson, Fisher et al., 1999), 그리고 흡연 단서(예 : 담뱃갑)에 대한 민감성이 높은 것(Wetherill, Jagannathan, Lohoff et al., 2014)과 관련이 있었다. 또한 연구 결과에 따르면 CYP2A6 같은 유전자가 우리 몸이 니코틴을 신진대사하는 능력에 영향을 미쳐서, 어떤 사람들은 이를 보다 빨리 해낼 수 있고 다른 사람들은 더 느리게 해낸다는 것이 발견되었다. 니코틴 신진대사가 느리다는 것은 니코틴이 뇌에 더 오랫동안 남아 있다는 것을 뜻한다. 미국에서 7학년 학생을 대상으로 한 종단연구에서는 니코틴 신진대사가 느린 것과 관련된 유전자를 가진 청소년들이 5년 뒤에 니코틴 의존 상태에 빠지는 가능성이 더 많았음을 보여주었다(O'Loughlin, Paradis, Kim et al., 2005). 다른 증거에 따르면 CYP2A6라는 유전자에서 활동이 감소된 사람들은 담배를 더 적게 피우며 니코틴 의존에 걸릴 가능성도 적었다(Audrain, McGovern & Tercyak, 2011). 이는 보호 기능을 수행하는 유전자 동질이상(polymorphism)의 흥미로운 예다. 보다 최근의 GWAS 연구들은 니코틴 의존증과 연관이 있는 두뇌 속의 특정한 니코틴 수용기에 영향을 주는 SNPs(단일 염기 다형성)를 파악해냈다(Kendler et al., 2012).

## 신경생물학적 요인

독자는 우리가 특정 약물에 대해 고찰할 때 도파민이라는 신경전도체가 거의 항상 언급되어 왔다는 것을 눈치챘을 수도 있다. 이 말은 뇌 속의 도파민 통로가 즐거움 및 보상과 연결되어 있다는 점을 감안할 때 놀랄 만한 것은 아니다. 약물 복용은 통상 보상받은 느낌과 즐거운 감정을 가져다주는데, 이런 감정이 생성되는 것은 도파민 계통을 통해서 이루어진다. 인간뿐만 아니라 동물을 대상으로 한 연구들에서는 알코올을 포함하여 거의 모든 약물들이 뇌 속의 도파민 계통(그림 7.7 참조), 특히 중앙변연계 경로를 자극한다는 것을 보여주고 있다(Camí & Farré, 2003; Koob, 2008). 따라서 연구자들은 뇌 속의 도파민 경로에서의 문제가 특정한 사람들이 약물에 의존하게 되는 이유를 어느 정도 설명해주지 않을까 하고 궁금해하게 되었다.

풀기 어려운 궁금중 중 하나는 도파민 계통에서의 문제들이 아마도 일부 사람들이 특정한 물질에 의존하도록 만드는 취약성을 높여주는 것은 아니냐 하는 것으로서, 때로는 이를 '취약성 모형(vulnerability model)'이라 부르며, 또는 도파민 계통에서의 문제들이 물질 복용의 결과['중독 효과 모형(toxic effect model)']로 나타난 것은 아니냐 하는 것이다. 코카인과 같은 약물들에 대해서는 연구 결과들이 위의 두 가지 견해를 모두 지지하고 있다. 따라서 이 부분은 추후 연구에서 밝혀내야 할 중요한 영역이다.

사람들은 기분이 좋아지기 위해서 약물을 복용하지만, 기분 나쁜 것을 줄이기 위해서도 약물을 복용한다. 이는 당사자가 알코올, 메스암페타민, 또는 헤로인과 같은 약물에 의존하게 되고 나면 특히 그렇다. 이런 약물의 금단 증상은 참기 어려울 정도로 불쾌하다. 달리 말하면, 사람들은 금

**그림 7.7** 각기 다른 약물의 영향을 받는 뇌 속의 보상 경로. DA＝도파민, GABA＝감마 아미노낙산, GLU＝글루타메이트, 5-HT＝세로토닌. Camí & Farré(2003)에서 번안함.

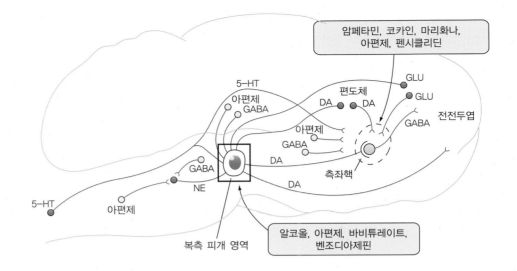

단과 연관된 기분 나쁜 감정을 피하기 위해서도 약물을 계속 복용한다. 동물을 대상으로 한 상당수의 연구들은 이와 같은 약물 복용 행동의 동기를 뒷받침해주고 있다(Koob & Le Moal, 2008). 이런 연구 결과들은 왜 재발이 흔히 나타나는지를 설명하는 데 도움이 된다.

**갈망**(craving)을 연구하는 학자들은 유인자극-민감화 이론(incentive-sensitization theory)이라 불리는 신경생물학적 이론을 제안하였는데, 이 이론은 약물에 대한 갈망('원하는 것')과 약물의 복용으로 얻는 즐거움('좋아하는 것')의 두 가지를 모두 감안하고 있다(Robinson & Berridge, 1993, 2003). 이 이론에 따르면 즐거움, 즉 좋아하는 것에 연관된 도파민 계통이 단지 약물의 직접적인 효과뿐만 아니라 약물과 연관된 단서(예 : 바늘, 숟가락, 두루마리 종이)에 대해서 고도로 민감하게 된다. 이와 같이 단서에 대한 민감성이 갈망, 또는 갈구하는 마음을 유발하며, 그래서 사람들은 약물을 찾아내고 얻기 위해 지극히 애를 쓴다. 시간이 지나면서 약물에 대한 선호도는 감소하지만, 원하는 갈망은 대단히 강렬한 상태로 그대로 있다. 이 연구자들은 선호도에서 강력한 갈망으로 전환되는 것에, 약물이 도파민을 위시하여 뇌의 경로에 영향을 미치게 되는 것이 뒤따르는 것이 중독을 지속시키는 요인이라고 주장한다.

많은 연구자들이 갈구하는 것 또는 갈망의 신경생물학에 대해서 조사하고 있다. 많은 실험실 연구에서는 특정 약물에 대한 단서가 약물의 실제 사용과 관련된 반응과 전반적으로 다르지 않은 반응을 이끌어낼 수 있음을 보여주었다. 예를 들면 코카인에 대한 의존성이 생긴 사람들은 코카인에 대한 의존성이 없는 사람들에 비해서, 코카인을 주사하거나 코로 흡입할 준비를 하고 있는 사람들에 대한 녹음테이프 및 비디오테이프로 구성된, 코카인 단서에 대한 반응에서 생리적 흥분의 변화, 갈망 및 '고양된' 감정들, 그리고 부정적인 정서의 증가를 보였다(예 : Robbins, Kuncel, Shiner et al., 2000). 뇌영상 연구들에서는 바늘이나 담배와 같은 약물에 대한 단서들이 약물복용과 관련된 뇌의 보상 및 쾌감 영역을 활성화하는 것을 보여주었다.

갈망의 심리에 대해서는? 어떤 약물을 갈망하는 사람들은, 끊으려고 하는 때에도, 실제로는 더 많이 사용하고 있는 것은 아닐까? 답은 '그렇다'로 보인다. 과음자에 대한 종단연구에서는, 기저수준 평가 시에 원하고(갈망) 선호하는 알코올 제품(알코올에 대한 기대를 줄이기 위해 조심스럽게 제시됨)의 종류가 많을수록, 그 참여자는 6년 뒤에 알코올사용장애를 나타내기가 더 쉬운 것으로 나타났다(King, McNamara, Hasin et al., 2014).

금연하려고 애쓰고 있는 사람들의 경험에 대한 표본 조사 연구에서는 흡연을 하면 할수록 갈망이 더 커지는 것으로 나타났다(Berkman, Falk, & Lieberman, 2011). 흡연 중단 프로그램에 참여하여 막 시작한 사람들에게 21일간 연속해서 하루에 8번씩 문자 메시지를 전달하였다. 각 문자를 받으면, 이들은 방금 몇 개비의 담배를 피웠는지, 담배를 얼마나 갈망했는지, 그리고 기분이 어떠한지를 보고하였다. 갈망이 크다고 보고할수록 참여자들이 그다음에 문자를 받을 때 흡연을 했을 확률이 더 높았다. 또한 이 연구자들은 '갈 것인가/안 갈 것인가 과제(go/no-go task)'라고 불리는 과제를 수행하는 동안에 fMRI를 이용하여 참여자들의 두뇌 활동 수준을 조사하였다. 이 과제에서는 참여자들에게 화면에 한 번에 한 글자씩 보여주고 참여자들이 특정 글자(즉 L, V, T, N; 'go'에 해당되는 것들)가 보이면 버튼을 누르도록, 그러나 다른 글자(X; 'no-go'에 해당)가 보이면 버튼을 누르지 않도록 지시하였다. 'no-go' 시행에 비해서 'go' 시행이 더 많이 나타나기 때문에, 'no-go' 시행 중에 버튼을 누르지 않고 참기가 어렵게 된다. 왜냐하면 참여자들이 'go' 시행 중에 여러 번 버튼을 누르는 것이 습관이 되었기 때문이다. 'go' 시행과 비해서 'no-go' 시행 중에 활성화가 더 많이 된 것을 보여준 두뇌 영역에는 기저신경절(basal ganglia), 전두엽 밑의 회(inferofrontal gyrus), 그리고 전운동영역(pre-motor areas)이 들어 있다. 과제 수행 중에 이들 영역에서 활동 수준이 더 높았던 참여자들은 버튼을 누르는 것을 더 잘 억제하였다. 따라서 이들의 두뇌는 필요 시 반응을 억제하는 것을 더 잘 뒷받침해주는 것 같았다. 더욱이 이들 두뇌 영역에서 활동 수준이 더 높은 것은 갈망과 흡연 사이의 연합이 약한 것과 연관이 있었다. 즉 버튼을 누르는 행동을 억제할 때 두뇌 활동 수준이 더 높은 참여자들은 자신의 갈망에 따라서 행동하여 다시 흡연을 시작할 확률이 더 적었다.

과음하는 사람과 가벼운 음주자를 대상으로 한 대규모 종단연구에서는 실험실 회기 중의 갈망과 선호도가 2년 뒤의 실제 음주를 어떻게 예측해주는지를 조사하였다. 과음을 하는 사람들은 1주일 동안에 10~40번 사이의 음주를 하였고 참여했던 대부분의 기간에 1주일에 한 번 이상의 폭음 일화를 나타냈다. 가벼운 음주자들은 1주일 동안에 1~5번 사이의 음주를 하였고 1년에 5번 이하의 폭음 일화를 보여주었다. 참여자들은 실험실 회기에 3번 와서 각각 다른 양의 알코올을 제공받고는 갈망의 정도, 선호도의 정도, 그리고 안정된 기분에 대해 평정하였다. 연구자들은 2년 뒤에 참여자들의 실제생활에서의 음주행동을 평가하였다. 놀랄 것도 없이, 연구자들은 과음하는 사람들이 경미한 음주자보다 실험실 회기 중에 알코올에 대한 갈망과 선호를 더 크게 보고하는 것을 발견하였다. 반면에, 경미한 음주자들은 실험 회기 동안에 과음자에 비해서 더 큰 안정감을 보고하였다. 추적조사 시에는, 실험실 회기 중에 알코올에 대한 갈망과 선호를 더 크게 보고한 과음자들이 실험실 회기 중에 선호와 갈망을 적게 보고했던 과음자들에 비해서 음주를 더 많이 하였다(King, de Wit, McNamara et al., 2011). 따라서 갈망과 선호에 대해 자기보고한 정도조차도 음주행동을 예측하는 데 중요하다.

**장기적인 것보다 단기적인 것을 더 중시하는 것**  관련된 심리학적 및 신경생물학적 모형에서는 사람들이 단기적인(즉각적인) 보상 대 장기적인(지연된) 보상 간에 부여하는 가치의 차이를 구분할 것을 강조한다. 물질사용장애가 있는 사람들은 지연된 보상, 이를테면 직장에서 다달이 월급을 받는 것에 비해서 약을 복용해서 얻는 즉각적이고, 심지어는 충동적이기도 한 즐거움과 보상을 더 중시하는 경우가 종종 있다.

사람들이 즉각적인 보상 또는 지연된 보상을 중시하는지 여부를 평가하기 위한 연구실 실험에서는 사람들에게 즉각적이지만 작은 금전적 보상(즉 지금 당장 1달러) 또는 지연되지만 더 큰 금전적 보상(즉 하루에 10달러)을 선택하게 한다. 사람들이 보다 작고 즉각적인 보상을 선호하는 정도는 수학적으로 계산될 수 있으며 종종 지연 할인으로 불린다. 달리 말하면, 연구자들은 사람들이 더 크고 지연된 보상을 할인하는 정도를 계산해낼 수 있다. 알코올뿐만 아니라 아편제, 니코틴,

그리고 코카인과 같은 약물에 의존하고 있는 사람들은 이런 물질에 의존하고 있지 않은 사람들에 비해서 지연된 보상을 더 크게 깎아내린다(할인)(Bickel, Koffarnus, Moody et al., 2014의 논문에서 개관됨). 한 종단연구에서는 지연된 보상을 할인하는 정도가 청소년들에게서 초기 성인기까지 지속되는 흡연의 시작을 예측해주는 것을 발견하였다(Audrain-McGovern, Rodriguez, Epstein et al., 2009).

두뇌의 측면에서 보면, 즉각적인 보상 대 지연된 보상에 대한 선호는 서로 다른 두뇌 영역을 활성화시킨다. 연구자들은 이들 두뇌 영역들이 당사자가 어떤 약물을 복용할지 여부를 결정해야 할 때 서로 경쟁한다는 가설을 세웠다. fMRI 연구에서는, 지연된 보상을 중시하는 것이 전전두엽 피질의 활성화와 연관이 있고, 즉각적인 보상을 중시하는 것은 편도체 및 측좌핵의 활성화와 연관이 있는 것으로 나타났다(Bechara, 2005; Bickel, Miller, Yi et al., 2007).

## 심리학적 요인

이 절에서는 물질사용장애의 원인으로 기여할 가능성이 있는 그밖의 세 유형의 심리학적 요인을 살펴보겠다. 첫째, 우리는 약물(특히 알코올과 니코틴)이 기분에 미치는 영향을 고찰할 것이다. 즉 긴장 감소 효과가 나타나는 상황, 그리고 이 과정에서 인지의 역할을 알아본다. 둘째, 우리는 물질이 행동에 미치는 효과에 대해 사람들이 갖고 있는 기대감을 살펴볼 것인데, 여기에는 어떤 약물이 얼마나 많이 사용되고 있는지 그리고 그 약물을 사용함으로 인한 건강상의 위험에 대한 사람들의 믿음이 들어 있다. 셋째, 우리는 일부의 사람들에게서 약물을 과도하게 사용하도록 만드는 것으로 보이는 성격특질에 대해 살펴볼 것이다.

**기분 변화**　일반적으로 약물을 사용하는 주요한 심리적 동기 중 하나는 기분을 변화시키기 위한 것이라고 가정된다. 즉 약물 사용은 기분 좋은 상태를 증진시키거나 기분 나쁜 상태를 해소시킴으로써 강화를 받는다. 예를 들면 대부분의 사람들은 긴장이 고조되면(예 : 사무실에서 안 좋은 일이 발생한 경우) 알코올 소비가 증가하게 된다고 믿는다.

실험실 연구에서는 알코올이 불안의 자기보고 지표와 생리적 지표를 감소시켜주는데, 이는 특히 부정적인 사건(예 : 친구들과 술을 마시고 늦게 귀가했을 때, 당신은 배우자와 말다툼을 할까요?)에 대해 불확실성이 있는 경우에 그렇다는 것을 입증해주었다(Bradford, Shapiro, & Curtin, 2013). 더욱이, 연구 결과에 따르면 알코올은 스트레스와 불안 같은 부정적 정서를 감소시켜주지만, 또한 불안을 유발하는 상황에 대해서 긍정적 정서도 감소시켜준다는 것이 발견되었다(Curtin, Lang, Patrick et al., 1998; Stritzke, Patrick, & Lang, 1995). 스트레스와 (알코올) 소비에 대한 종단연구들도 또한 이러한 견해를 뒷받침한다. 예를 들면, 청소년 흡연자들에 대한 종단연구에서는 부정적인 정동 및 부정적인 생활사건의 증가가 흡연의 증가와 연관이 있다는 사실을 발견해냈다(Wills, Sandy, & Yaeger, 2002). 다른 연구에서는 생활 스트레스가 알코올과 관련된 문제 재발에 앞서서 발생한다는 것을 발견하였다(예 : Brown, Beck, Steer et al., 1990).

니코틴의 긴장 감소 효과에 관한 연구들도 상반된 결과를 보여주었다. 즉 어떤 연구들은 니코틴이 긴장을 감소시켜줌을 보여준 반면, 다른 연구들은 이런 효과를 발견하지 못하였다(Kassel, Stroud, & Paronis et al., 2003). 일관되지 않은 결과가 나타난 이유는 흡연의 단계를 감안하지 못한 것과도 관련이 있을지 모른다. 흡연을 막 시작한 이들인가? 상습적인 흡연자인가? 이들은 금연을 시도해서 실패한 적이 있는가? 연구에 따르면 사람들은 상습적 흡연이나 치료 후 재발 시에 비해서 흡연 시작 시에 긴장감과 부정적 정동이 더 크게 감소하는 것을 경험하는 것으로 시사되고 있다(Kassel et al., 2003; Shiffman & Waters, 2004). 이것이 어떻게 된 일일까? 실험실 연구는 흡연 후 부정적 정동의 감소와 연관된 상황의 유형에 대해서 조사했다(Perkins, Karelitz, Conklin et al., 2010). 상시 흡연자인 참여자들은 발표하고, 어려운 컴퓨터 게임을 하며, 12시간 동안 금연하고, 그리고 골치 아픈 사진을 보아야 했다. 연구진의 발견에 따르면, 사람들이 금연 후에 부정적 정동이 가장 많이 감소한 것을 경험하였다. 즉 담배를 피우지 못했다가 담배를 피우고 나면 다른 스트레스 상황에 비해서 부정적 정동으로부터 더 많은 위안을 얻었다. 따라서 흡연이 부정적 정동을 감소시키는지 여부에 대해서 생각할 때에는 상황을 감안해야 한다.

다른 연구 결과들은 긴장 감소와 연관된 것이 니코틴이 아니라 흡연(즉 흡입)의 감각적 측면이라고 시사한다. 방금 설명한 연구에서 참여자들은 니코틴이 있거나 또는 없는 담배를 피우든 이에 상관없이 부정적 정동이 감소되는 것을 경험하였다(Perkins et al., 2010). 또 다른 실험연구에서는 흡연자들에게 부정적 또는 긍정적 기분을 유발한 후에 니코틴이 있는 담배 또는 없는 담배를 피우도록 무선 배정하였다(Perkins, Ciccocioppo, Conklin et al., 2008). 또한 연구자들은 흡연자의 기대감도 조작하였다. 즉 어떤 흡연자들은 니코틴이 함유된 담배를 기대하고 이를 받았다. 다른 이들은 니코틴을 기대하지도 않았고 받지도 않았다. 다른 사람들은 니코틴을 기대했지만 그것을 받지 못했다. 또 다른 사람들은 니코틴을 기대하지 않았지만 그것을 받았다. 두 종류의 기분을 유도한 후의 흡연은 부정적 정동을 감소시켰지만, 이는 실제로 기대했던 것과 실제로 피웠던 담배(즉 니코틴이 함유되었거나 또는 함유되지 않은)에 관계가 없었다. 그대신에, 니코틴의 함유 여부와 상관없이, 흡입(들이마신 것)의 효과가 부정적 정동의 감소와 가장 큰 연관이 있었다.

후속연구에서는 이와 같이 약물이 어떤 상황에서는 긴장을 감소시켜주고 다른 상황에서는 안 그런 것으로 나타나는 이유를 조사하기 위해 주의분산이 있는 상황에 초점을 맞추어 왔다. 그 연구 결과는 주의분산이 있는 상황에서 긴장 감소가 나타나기 쉽다는 것을 보여주었다(Curtin et al., 1998; Josephs & Steele, 1990; Steele & Josephs, 1988). 이것이 어떻게 된 일일까? 알코올은 인지적 처리 과정에 지장을 주어, 당장 이용가능한 단서들에게로만 주의를 좁혀주어서, 그 결과 '알코올성 근시'라는 현상을 초래한다(Steele & Josephs, 1990). 달리 말하면, 취한 사람은 인지능력이 저하되어서, 이 저하된 능력을 가능한 한, 긴장을 일으키는 생각보다는 지금 당장 주의분산을 일으킨 자극에 집중시키는 경향이 있다.

또한 주의분산이 가져오는 좋은 효과는 니코틴에 대해서도 입증되어 왔다. 자세히 말하면, 주의를 분산시키는 활동을 하면서 담배를 피운 흡연자는 불안이 감소한 반면, 주의를 분산시키는 활동을 하지 않고 담배를 피운 흡연자는 불안 감소 효과를 얻지 못했다(Kassel & Shiffman, 1997; Kassel & Unrod, 2000). 그러나 알코올과 니코틴이 동반되면 주의를 분산시키는 것이 없더라도 긴장을 높여줄 수 있다. 예를 들면 혼자 술을 마시는 어떤 사람이 불쾌한 생각에 자신의 제한된 인지 역량에 초점을 맞추고는 이에 대해 곰곰이 생각하기 시작하면, 점차적으로 긴장되고 불안하게 될 수 있는데, 이는 '맥주를 마시면서 운다'와 같은 말에 반영된 상황이다.

긴장 감소는 약물이 기분에 미칠 수 있는 효과의 한 측면일 뿐이다. 어떤 사람들은 부정적 기분을 줄이기 위해 약물을 사용하는 반면에, 다른 사람들은 지루할 때 긍정적 기분을 키우기 위해 약물을 사용한다(Cooper, Frone, Russell et al., 1995). 이런 경우에, 약물 사용이 증가하게 된 것은 약물이 긍정적 정동을 증가시켜 줄 것이라는 기대에다가 자극을 받고 싶은 욕구가 높은 것이 결합되어 나타난 결과이다. 이러한 양상은 알코올 및 코카인을 남용하는 사람들에게서 확인되었다(Cooper et al., 1995; Hussong, Hicks, Levy et al., 2001).

**알코올 및 약물의 효과에 대한 기대감**    약물이 항상 스트레스와 긴장을 감소시켜주는 것이 아니라면, 왜 약물을 마시거나 복용하는 많은 사람들은 그 약물이 긴장을 푸는 데 도움이 된다고 믿고 있을

알코올에 대한 기대는 술을 마실 것인지 여부에 영향을 미친다.

까? 여기에서 기대감이 어떤 역할을 할지 모른다. 즉 사람들은 술이 긴장을 직접 줄여주기 때문에 마시는 것이 아니라 긴장을 감소시켜주리라 기대하기 때문에 스트레스를 받고 나서 술을 마시는 것일지도 모른다. 이러한 생각을 뒷받침해주는 연구 결과에서는, 알코올이 스트레스와 불안을 줄여줄 것이라고 기대하는 사람들이 술을 자주 마시는 사람이 될 가능성이 높다는 것을 보여주었다(Rather, Goldman, Roehrich et al., 1992; Sher, Walitzer, Wood et al., 1991; Tran, Haaga, & Chambless, 1997). 더욱이, 술을 마시면 불안이 줄어들 것이라는 기대감은 음주를 많이 하게 해주며, 이는 돌아와서 긍정적 기대감을 더욱 키워주는 것 같다(Sher, Wood, Wood et al., 1996; Smith, Goldman, Greenbaum et al., 1995).

다른 연구들도 약물의 효과에 대한 기대 — 약물의 효과에 대한 기대와 신념은 약물이 공격성을 촉발하고 성적 반응성을 높여줄 것이라는 믿음 — 가 일반적으로 약물 사용의 증가를 예측해준다는 것을 보여주었다(Stacy, Newcomb, & Bentler, 1991). 마찬가지로, 알코올이 자신을 사회성 기술을 더 많이 갖추고 있는 것으로 보이게 할 것이라고 (틀리게) 믿는 사람들은 알코올이 실제로 사회적 교제에 지장을 초래할 수 있다고 정확하게 인식하는 사람들에 비해서 술을 더 많이 마시기 쉽다. 기대감의 위력을 입증해준 이제는 고전이 된 실험에서, 실제로는 알코올이 없는 음료를 마시면서도 자신이 다량의 알코올을 마시고 있다고 믿는 참여자들은 그 이후에 공격성이 더 높아졌다(Lang, Goeckner, Adessor et al., 1975). 알코올 소비는 공격성의 증가와 연관이 있지만, 또한 알코올의 효과에 대한 기대감도 어떤 역할을 발휘할 수 있다(Bushman & Cooper, 1990; Ito, Miller, & Pollock, 1996). 따라서 우리가 다른 맥락에서 보아온 것처럼, 인지는 행동에 강력한 영향을 미칠 수 있다.

어떤 약물이 얼마나 해롭다고 믿는 정도와 남들이 얼마나 사용하는 것으로 인식되었는지의 그 빈도도 또한 약물 사용과 관련된 요인이다. 일반적으로, 어떤 약물의 위험성이 크다고 인식될수록 그 약물은 덜 사용될 것이다. 예를 들면, 고등학교 학생들 사이에서 가장 보편적으로 사용되는 불법 약물은 마리화나이다. 이는 또한 이 또래의 연령집단에서 해로운 정도가 가장 낮은 것으로 인식되는 약물이기도 하다(Johnston et al., 2014).

**성격 요인** 나중에 물질사용장애가 발생할 것을 예측해주는 데 중요한 것으로 보이는 성격 요인에는 우선 높은 수준의 부정적 정동이 있다. 이는 때로는 부정적 정서성 또는 신경증으로 불린다. 또한 각성 및 긍정적 정동의 증가를 끊임없이 갈망하는 것이 있으며, 끝으로 억제가 있는데, 이는 조심스러운 행동, 해(harm)를 회피하는 것, 그리고 보수적인 도덕 기준을 지칭한다. 어떤 종단연구에서는 억제라는 성격 요인은 낮지만 부정적 정서가 높은 18세의 청소년들이 젊은 성인이 되면 물질사용장애를 나타내기 쉽다는 것을 발견해냈다(Krueger, 1999).

또 다른 전망적인 종단연구에서는 1,000명이 넘는 남녀를 대상으로 17세에 한 번 그리고 20세에 또다시 한 번 성격 요인이 물질사용장애의 발생을 예측해줄 수 있는지 여부를 조사하였다(Elkins, King, McGue et al., 2006). 억제의 수준이 낮고 부정적 정서가 높은 것은 남녀 모두에서 알코올, 니코틴, 그리고 불법 약물 사용 장애의 발생을 예측해주었다.

성격적 특성들과 물질사용장애를 포함한 정신병리를 측정하기 위해 교차 검증과 예측 연구를 한 대규모 종합분석 연구에서 낮은 수준의 즐거움과 양심성에 대한 강한 연관성과 높은 수준의 탈억제(즉 낮은 억제)뿐만 아니라 신경증과 중등도 수준의 연관이 있음을 밝혀냈다(Kotov, Gamez, Schmidt et al., 2010). 최근의 연구는 이러한 성격적 요인들과 신경회로 및 유전과의 연관성을 밝혀내고 있다(Belcher, Volkow, Moeller et al., 2014).

## 사회문화적 요인

사회문화적 요인은 물질사용장애에서 아주 다양한 역할을 발휘한다. 사람들이 약물에 대해 관심을 갖고 접근하는 것은 또래, 언론매체, 그리고 받아들여질 수 있는 행동에 대한 문화적 규범의 영향을 받는다.

예를 들어 거시적으로 보면, 알코올 소비에는 국가 간의 차이가 매우 크다. 어떤 연구에서는 국가 간에 물질 사용에서 어떤 공통점이 존재한다고 시사한다. 예를 들어 36개 국가에서 고등학생들을 대상으로 알코올 및 약물 사용을 비교한 연구에서는, 알코올을 소비하는 학생들의 비율이 국가에 따라 크게 달라서 아프리카 짐바브웨에서의 32%에서부터 영국령 웨일스에서의 99%에 이르기까지 이름에도 불구하고, 알코올

알코올 의존은 알코올 복용이 많은 국가에서 더 만연해 있다.

이 국가 간에 가장 흔히 사용되는 물질인 것을 발견하였다(Smart & Ogburne, 2000). 위에서 조사된 국가 중 2개 국가만 제외하고는 모든 국가에서 마리화나는 두 번째로 가장 흔히 사용되는 약물이었다. 마리화나가 가장 흔히 사용되는 (마리화나를 사용한 적이 있는 고등학생들이 15%가 넘는) 국가에서는, 또한 암페타민계의 약물, 엑스터시, 코카인을 사용하는 비율도 높았다.

국가 간에 공통점이 있음에도 불구하고, 다른 연구에서는 알코올 소비에서 국가 간에 차이가 있음을 보여주고 있다. 예를 들면, 소비율이 높은 것은 통상 포도주를 마시는 사회, 이를테면 프랑스, 스페인, 이탈리아에서 발견되는데, 이들 나라에서는 정규적으로 알코올을 마시는 것이 널리 용인되고 있다(deLint, 1978). 따라서 문화적 태도와 음주 패턴은 과음하여 알코올 남용에 이르게 될 가능성에 영향을 미친다. 문화가 달라도 아주 비슷한 것으로 나타난 한 가지 발견은 남성이 여성보다 알코올을 더 많이 마신다는 것이다. 성별과 알코올에 대한 국제적 연구집단이 분석한 결과에 따르면, 남성이 여성보다 더 많이 마시는 나라는 오스트레일리아, 캐나다, 체코 공화국, 에스토니아, 핀란드, 이스라엘, 네덜란드, 러시아, 스웨덴, 미국이었다. 이와 같이 성별에 따라서 일관성이 있음에도 불구하고, 남성이 여성보다 많이 마시는 정도에서는 국가 간에 차이가 크다. 예를 들면 이스라엘에서는 남자가 여자보다 3배나 더 술을 많이 마시지만, 네덜란드에서는 남자가 여자보다 1.5배 더 많이 마신다(Wilsnack, Vogeltanz, Wilsnack et al., 2000). 이러한 발견은 여자와 남자의 음주에 대한 문화적 규정이 중요하게 고려해야 하는 사항임을 시사한다.

또한 물질을 즉각 사용할 준비가 되어 있는 것도 하나의 요인이 된다. 예를 들어 와인을 마시는 사회에서는, 많은 상황에서, 심지어 대학교의 식당 안에도 와인이 준비되어 있다. 또한 알코올사용장애의 비율은 바텐더 및 주류 판매업자 사이에서 높은데, 이들은 알코올이 즉각 사용가능한 상태에 있는 사람들이다(Fillmore & Caetano, 1980). 미래 연구를 추적하기(Monitoring the Future Study)는 미국에서 1960년대부터 시작되어 매년 5만 명이 넘는 고등학생들을 대상으로 조사하는 진행 중인 연구로서, 여기에서 발견된 것은 특정 약물들 또는 알코올을 입수하기 쉬울수록 이런 약물들을 많이 사용하는 결과가 초래되었다는 것이다(Johnston et al., 2014). 이는 미국에서 주정부가 알코올과 담배에 대한 세금을 너무나도 자주 올리는 이유 중 하나가 된다. 물론, 이런 전략은 빈곤층에 불균형적으로 영향을 미치는데, 이는 불공평할 뿐만 아니라 입수하기가 어려워진 물질로부터 긍정적 효과를 얻는 모든 사람들을 꼭 그 표적으로 할 필요는 없는 것이다. 게다가 이런 정책은 가난한 사람들 사이에서 가장 널리 퍼져 있는 흡연에 대해서는 효과가 없는 것으로 보인다

(Dwyer-Lindgren et al., 2014).

가족 요인도 또한 중요하다. 예를 들어 부모가 음주를 하면 자녀가 음주를 할 가능성이 증가한다(Hawkins, Graham, Maguin et al., 1997). 거의 2,000쌍의 결혼한 부부들을 대상으로 한 연구에서는 불행한 결혼이 알코올사용장애의 발생을 예측해주는 것으로 나타났다(Whisman & Uebelacker, 2006). 문화 및 인종 배경이 다른 사람의 경우에는 미국 사회로 동화하는 것이 가족 요인과 상호작용할 수 있을 것이다. 예를 들면, 미국 뉴욕에서 히스패닉계 중학생들을 대상으로 한 연구에서는 부모와 대화할 때 영어를 사용하는 학생들은 스페인어로 말하는 학생들에 비해서 마리화나를 더 많이 피우는 경향이 있는 것을 발견하였다(Epstein, Botvin, & Diaz, 2001). 종단연구 결과는 부모의 감독 부족이 약물을 남용하는 또래들과 보다 많이 어울리고 뒤이어 약물을 좀 더 많이 사용하는 것으로 이어진다는 것을 보여주었다(Chassin, Curran, Hussong et al., 1996; Thomas, Reifman, Barnes et al., 2000).

또한 사람이 활동하는 사회 환경도 물질 사용에 영향을 미칠 수 있다. 예를 들면, 흡연자의 일상생활에 대한 연구들은 흡연자들이 비흡연자에 비해서 다른 흡연자들과 함께 흡연을 하는 경향이 높다는 것을 보여주었다. 더욱이 흡연은 직장이나 다른 사람의 집보다는 술집과 식당의 안팎이나, 또는 집에서 하는 경우가 더 많았다(Shiffman, Gwaltney, Balabanis et al., 2002; Shiffman, Paty, Gwaltney et al., 2004).

다른 연구에서는 흡연하는 친구를 두면 흡연을 하기 쉽다는 것을 보여주었다. 미국의 종단연구에서, 7학년 때 또래집단과 동일시하는 것은 8학년이 되어서 흡연하는 것을 예측해주었으며(Sussman, Dent, McAdams et al., 1994) 또한 3년간에 걸쳐서 약물 사용이 증가하는 것도 예측해주었다(Chassin et al., 1996). 또한 또래의 영향은 알코올 및 마리화나의 사용을 촉진하는 데 중요한 역할을 한다(Hussong et al., 2001; Stice, Barrera, & Chassin, 1998; Wills & Cleary, 1999).

이러한 발견은 사회 연결망이 개인의 약물 또는 알코올 관련 행동에 영향을 준다는 견해를 뒷받침해준다. 그러나, 다른 증거들은 물질사용장애를 나타내기 쉬운 사람들이 사실상 자신의 음주 또는 약물의 사용 패턴에 부합하는 사회적 연결망을 선택한다는 것을 보여준다. 따라서 사회 환경이 물질사용장애와 어떻게 관련이 되는지에 대해서는 두 가지 폭넓은 설명방식, 즉 사회적 영향 모형 그리고 사회적 선택 모형이 있는 것이다. 어느 모형이 음주행동을 가장 잘 설명하는지를 검증하기 위해 설계된 1,200명 이상의 성인들을 대상으로 실시한 종단연구에서는 두 가지 모형을 모두 지지하는 것으로 나타났다(Bullers, Cooper, & Russell, 2001). 어느 한 사람의 사회적 연결망은 그 사람의 음주행동을 예측해주지만, 개인의 음주행동도 또한 뒤이어 나타날 사회적 연결망 속에서의 음주행동을 예측해주었다. 사실상, 사회적 선택의 효과가 더 강력한 것으로 나타나서, 사람들이 종종 자신의 음주 패턴과 비슷한 음주 패턴을 갖춘 사회적 연결망을 종종 선택한다는 것을 알려준다. 의심할 것 없이 스스로 선택한 연결망은 그다음에는 당사자의 음주행동을 뒷받침하거나 강화해준다.

고려해야 할 또 다른 변인으로는 매체가 있다. 텔레비전 광고는 맥주를 운동선수같이 보이는 남성, 비키니를 입은 여성, 그리고 좋았던 시절과 연관시킨다. 광고판에서는 담배를 흥분, 이완 및 유행에 따르는 것과 동일시한다. 연구 결과들을 개관한 결과에 따르면, 담배 광고판이 백인계 이웃 지역에 비해서 흑인계 이웃 지역에 2배 이상 더 많이 세워져 있는 것으로 발견되었다(Primack, Bost, Land et al., 2007).

광고가 젊은이들에게 물질사용 패턴을 바꿔줄 수 있을까? 일부 증거에 따르면 그렇다고 한다. 비흡연 청소년들에 대한 종단연구에서는, 선호하는 담배 광고가 있는 사람이 광고에 따라 나중에 흡연을 시작하거나 또는 그럴 마음을 갖고 있는 정도가 2배나 높았다(Pierce, Choi, Gilpin et al.,

1998). 물론 반대 입장도 뒷받침을 받고 있다. 즉 흡연의 해로운 효과에 대한 광고는 흡연을 할 가능성을 떨어뜨리는 것과 연관이 있다(Emery, Kim, Choi et al., 2012).

미국의 46개 주에서 미국 담배회사들이 흡연자들로 하여금 중독된 상태에 계속 머물러 있도록 니코틴 수준을 조작한 것에 대해 고소한, 1998년도 집단 소송에 대한 해결의 일환으로, 여러 회사에서는 어린이를 대상으로 한 광고 및 마케팅 활동을 중단하는 데 동의했다.

담배회사의 이와 같은 약속에도 불구하고, 하버드 공중보건대학 소속 연구자들이 이들 담배회사 중 몇 개 담배회사의 내부 문건(위에서 언급한 소송 덕분에 공개됨)을 분석한 결과는, 이들 담배회사들이 여전히 나이 어린 층을 대상으로 광고하고 있음이 밝혀졌다(Kreslake, Wayne, Alpert et al., 2008). 담배회사에서 자체적으로 실시한 연구에서는, 멘톨이 경미하게 함유된 담배가 젊은이들에게서 더 많은 호응을 얻었으며, 따라서 이 회사에서는 젊은 층을 겨냥해서 좀 더 경미하게 함유한 멘톨 제품을 광고하려고 노력했다는 사실이 발견되었다. 2008~2010년 사이에 청소년 흡연자 중 절반이 넘는 이들이 멘톨 담배를 선택했다(Giovino, Villanti, Mowery et al., 2013). 멘톨 담배로 흡연을 시작한 청소년들은 그렇지 않은 청소년들보다 흡연을 지속하는 경향이 있다(Nonnemaker, Hersey, Homsi et al., 2013). 멘톨 향이 가미된 담배가 젊은 사람들에게 호응이 좋다는 사실은 액상 니코틴으로 가미한 전자담배가 젊은이들에게 허용되어야 할지 여부에 대한 논쟁을 일깨워준다.

광고는 기대감을 만들어내는 한 가지 방법이다.

Bill Aron/PhotoEdit

## 중간 요약

물질사용장애와 관련하여 원인이 될 만한 요인이 많이 제시되었으며, 어떤 요인은 다른 요인에 비해서 뒷받침을 더 많이 받았다. 유전 요인은 알코올 의존 및 니코틴 의존 모두에서 어떤 역할을 한다. 알코올을 견뎌내고 니코틴을 대사 처리하는 능력은 유전되는 것으로 보인다. 도파민 계통의 작동에 결정적인 유전자는 유전자가 물질 의존에 어떻게 영향을 미치는지를 설명하는 데 중요한 요인이 될 수 있다. 여러 연구들은 흡연 및 알코올 문제에서 유전자가 환경과 어떻게 상호작용하는지를 보여준다. 가장 많이 연구된 신경생물학적 요인은 뇌 속의 주요한 보상 경로인 도파민 경로와 연관된 두뇌 계통이다. 유인자극-민감화 이론에서는 약물을 좋아하고 원하는 것(즉 갈망)에 관여하는 두뇌 경로를 기술해주고 있다. 또한 물질사용 문제가 있는 사람들은 지연된 보상보다 즉각적인 보상을 더 선호한다.

심리적 요인들에 대해서도 분석이 이루어졌는데, 긴장 감소가 어떤 역할을 한다는 견해가 뒷받침을 받고 있기는 하지만, 이는 단지 특정 상황에서만 그럴 뿐이다. 이를테면 주의를 분산시키는 것들이 있는 상황에서만 그렇다. 긴장을 감소시키고 사회 기술을 향상시키는 것과 같은 약물 효과에 대한 기대감은 약물 및 알코올 사용을 예측해주는 것으로 나타났다. 이런 기대감은 그 위력이 강력하다. 즉 어떤 약물에 대한 위험이 크다고 인식될수록, 그 약물은 사용될 확률이 낮다. 또한 성격 요인에 대한 연구 결과는 왜 특정한 사람들이 약물과 알코올을 남용하기가 쉬운지를 이해하는 데 도움을 준다.

사회문화적 요인도 어떤 역할을 하는데, 여기에는 문화, 물질의 가용성, 가족 요인, 사회적 상황 및 연결망, 그리고 광고 등이 해당된다. 사회적 영향 모형과 사회적 선택 모형 모두가 뒷받침을 받고 있다.

## 복습문제 7.4

1. 다음 중 물질사용장애의 원인론으로 여겨지는 사회문화 요인이 아닌 것은 무엇인가?
   a. 보도매체
   b. 성별
   c. 물질의 가용성
   d. 사회적 연결망

2. 다음 중 어떤 문장이 전망연구에서 원하는 것, 좋아하는 것, 그리고 음주 사이의 연계성을 가장 잘 표현하고 있는가?
   a. 좋아하는 것이 아니라, 원하는 것이 과음하는 사람들 사이에서 술을 많이 마시는 것을 더 잘 예측해주었다.
   b. 원하는 것이 과음하는 사람들 사이에서 술을 많이 마시는 것을 더 잘 예측해주었다. 좋아하는 것은 술을 조금 마시는 사람들 사이에서 술을 많이 마시는 것을 더 잘 예측해주었다.
   c. 원하는 것과 좋아하는 것은 술을 많이 마시는 것을 더 잘 예측해주었다.
   d. 진정되는 것(sedation)은 모든 유형의 음주에서 술을 덜 마시는 것을 예측해주었다.

3. 물질 의존에 대한 유전연구 결과가 알려주는 것은 무엇인가?
   a. 유전 요인은 많은 종류의 약물에서 동일한 것으로 보인다.
   b. 유전가능성에 대해 결론을 내리려면 좀 더 연구를 수행할 필요가 있다.
   c. 도파민 수용기 DRD1이 원인일 수 있다.
   d. 쌍둥이 연구 결과는 환경이 유전자만큼이나 중요하다는 것을 알려준다.

# 물질사용장애의 치료

> 만성적인 중독은 실로 강조하고픈 일종의 운명론이다. 중독자가 마음속으로 자기가 또다시 복용하리라는 것을 알고 있다면, 오늘은 왜 안 하겠는가? 그러나 희망의 지푸라기라도 나타난다면, 항상 그렇게 되어 가지 않을 것이라는 가능성이 있다면, 상황은 바뀐다. 당신은 어느 날 살아서 일어나서는 그것을 또다시 한다. 희망은 절망에 빠져서 질식할 것 같은 사람에게는 산소와 같다. (Carr, 2008)

위에서 인용한 바와 같이 물질사용장애가 있는 사람들을 치료하는 데는 상당한 도전이 있다. 물질 의존은 통상 만성적이며, 재발도 잦다. 이러한 도전적인 것을 감안하여, 이 분야에서는 새롭고 효과적인 처치법을 개발하기 위해 끊임없이 노력하고 있는데, 이들 중 상당수를 이 절에서 개관한다. 위 인용문을 쓴 David Carr는 이전에는 코카인, 크랙, 알코올에 중독된 적이 있다. 현재 그는 뉴욕 타임스의 미디어 칼럼니스트이다. 그에게는 거주치료가 성공적이었다.

알코올 또는 약물사용장애가 있는 사람들을 도와주는 많은 전문가들은 성공적인 치료의 첫 단계가 문제점을 인정하는 것이라고 시사한다. 어느 정도까지는 의미가 있는 말이다. 어떤 사람이 문제가 있다고 생각하지 않는데도 치료를 받겠는가? 불행하게도, 많은 치료 프로그램에서는 참여자들에게 문제가 있음을 인정하는 것뿐 아니라 치료를 시작하기 전에 알코올이나 약물의 복용을 중단해서 치료에 전념하는 것을 보여주도록 요구한다. 이와 같이 요구하는 것은 치료를 원하고 치료가 필요한 많은 사람들을 배제해버릴 수가 있다. 예를 들면, 제임스(앞에서 제시된 임상 사례 참조)는 입원을 하기 위해 애쓰기 전에 일주일간 헤로인을 끊지 않았더라면 거주치료 프로그램에 들어갈 수 없었을 것이다. 폐암이 있는 사람이 암 치료를 받기 전에 흡연을 중단하여 치료에 전념하기로 한 것을 입증해 보여야 한다는 말을 들은 경우를 상상해보라.

### 알코올사용장애의 치료

2012년에는 12세 이상의 1,400만 명의 사람들이 알코올사용장애로 치료를 받았다(SAMHSA,

2013). 불행하게도, 12세 이상의 1,680만 명이 넘는 사람들이 2012년에 알코올 문제로 치료를 받을 필요가 있었지만 치료를 받지 않았다. 대규모 역학조사 결과 밝혀진 것은 알코올에 생리적 의존성이 있는 사람의 24%만이 치료를 받은 적이 있다는 것이다(Hasin, Stinson, Ogburn et al., 2007). 우리는 효과적인 치료법을 개발하여 제공하며 치료가 필요한 사람들이 치료받을 수 있도록 해주려면 갈 길이 멀다.

**입원치료**  종종, 물질사용장애의 치료에서 첫 단계를 **해독**(detoxification)이라고 부른다. 알코올을 포함해 물질로부터의 금단은 신체적으로나 심리적으로 힘든 것일 수 있다. 해독은 병원 환경에서 하지 않아도 되지만, 그러한 집중관리 상황 속에 있는 것이 덜 불편할 수 있다. 앞에서 소개한 임상 사례에 나온 앨리스라는 여성은 입원 치료가 필요한 것으로 보였고, 최소한 해독 과정은 필수였다.

알코올사용장애에서 해독은 종종 치료의 첫 번째 단계가 된다.

1990년대 중반까지는 많은 사람들이 입원 병동에서 해독을 거친 후 치료를 받았는데, 그 부분적인 이유는 이와 같은 처치가 개인 보험회사 및 연방정부 모두에서 뒷받침해주었기 때문이다(Holder, Longabaugh, Miller et al., 1991). 그러나 입원 환자 처치는 외래 환자 처치에 비해서 비용이 훨씬 많이 들고, 입원 환자 처치의 결과가 외래 환자 처치에 비해 나은 것도 아니다(Mundle, Bruegel, Urbaniak et al., 2001; Soyka, Horak, Morhart et al., 2001). 그러나 입원 환자 처치는 과음을 부추기는 환경에 살고 있고 사회적인 지지를 별로 받지 못하고 있는 사람들에게는 아마도 필요할 것인데, 이는 특히 알코올 문제 이외에도 심리장애가 있는 사람들에게 그렇다(Finney & Moos, 1998). 그럼에도 불구하고, 오늘날 외래 환자 처치가 입원 환자 처치에 비해서 더 흔하며, 이는 알코올 및 약물사용장애의 경우에 그렇다. 2012년에는 미국에서 250만 명의 사람들이 외래 환자용 치료 시설에서 약물 또는 알코올사용장애로 치료를 받았고, 180만 명의 사람들이 입원 환자용 재활시설 또는 병원에서 치료를 받았다(SAMHSA, 2013).

**알코올 중독자 자조모임**  이 세상에서 가장 크며 가장 널리 알려진 자조집단은 익명의 알코올 중독자 자조모임(Alcoholics Anonymous, AA)인데, 이는 알코올 중독에서 회복된 두 사람에 의해 1935년에 설립된 것이다. 이 집단모임은 전 세계에 10만 개 이상의 지부와 200만 명 이상의 회원을 두고 있다. 2012년에는 알코올 또는 약물사용장애로 치료를 받은 사람들 중 절반 이상이 AA와 같은 자조 프로그램에 참여하여 치료를 받았다(SAMHSA, 2013).

AA의 각 지부에서는 정기적인 모임이 자주 있는데, 이 모임에서는 새로 가입한 회원은 자신이 알코올 중독자임을 밝히고 자신의 알코올 관련 문제에 대한 이야기를 들려주면서 자신의 삶이 현재 어떻게 나아졌는지를 나타내는 증언을 한다. 집단에서는 이들에게 정서적인 지지를 해주고, 이해해주며, 친밀하게 상담을 해줄 뿐만 아니라 사회적 연결망도 제공해준다. 회원들은 재발하지 않기 위해 동료 및 격려가 필요하면 24시간 중 아무 때나 다른 회원에게 연락하도록 촉구를 받는다. AA를 본뜬 프로그램들이 다른 약물남용 사용자에 대해서도 제공되고 있는데, 이를테면 마약 중독자 모임(Narcotics Anonymous), 코카인 중독자 모임(Cocaine Anonymous), 그리고 마리화나 중독자 모임(Marijuana Anonymous)이 있다.

AA 프로그램에서는 각각의 회원들에게 알코올 의존이 절대 완치가 불가능한 질환이며, 통제불능의 음주가 또다시 시작되지 않도록, 단 한 잔의 음주 유혹

알코올 중독자 자조모임(AA)은 세계에서 가장 큰 자조집단이다. 정기 모임에서, 새로 참여한 사람들은 일어나서 자신의 중독에 대해 발표하고 다른 이들로부터 조언이나 지지를 받는다.

**표 7.3 알코올 중독자 자조모임의 12단계**

1. 우리는 알코올에 대해 무력하고 우리의 생활이 통제 불능의 상태에 있었음을 인정했다.
2. 우리는 우리보다 더 위대하신 힘이 우리를 정상적으로 회복시킬 수 있을 것이라고 믿게 되었다.
3. 우리는 우리의 의지와 삶을 신의 뜻에 따라서 신의 보살핌 속에 놓기로 결정했다.
4. 우리는 우리 자신에 대한 두려움 없이 탐색적이고 대담한 도덕적 검토를 했다.
5. 우리는 우리의 잘못에 대한 본질을 신, 우리 자신, 그리고 다른 사람에게 고백했다.
6. 우리는 우리의 이와 같은 성격상 결함들을 모두 신께서 없애주도록 요청할 준비를 갖추었다.
7. 우리는 신께서 우리의 결점을 없애주도록 겸허하게 요청했다.
8. 우리는 우리가 해를 끼쳤던 모든 사람들의 명단을 작성하였으며, 그들 모두에게 기꺼이 보상해줄 마음을 갖게 되었다.
9. 우리는 피해자들에게 가능하면 어느 곳에서나 보상을 직접 해주었다. 단, 그런 행동이 그들이나 기타 사람들에게 피해를 주는 경우는 제외했다.
10. 우리는 개인적 반성을 계속했고, 우리의 잘못이 발견되었을 때는 즉각적으로 그것을 받아들였다.
11. 우리는 기도와 묵상을 통해서 신의 뜻에 따라 신과의 접촉을 증대하려고 노력했으며, 신의 뜻을 우리에게 알려주고 그 뜻을 수행할 힘을 주십사 기도했다.
12. 이와 같은 단계들을 거친 결과 영적으로 깨우치게 되자, 우리는 이런 메시지를 알코올 중독자들에게 전달하여 이 원리를 모든 일상사 속에서 실천하려고 노력했다.

출처 : 12단계와 12가지 전통. Alcoholics Anonymous World Services, Inc. 제작. 1952년 판권소유.
이 협회의 허락을 받고 게재함.

에도 버텨내려면 지속적인 경각심이 필요하다는 신념을 갖게 하려고 한다. 당사자가 15년 또는 그 이상 술을 전혀 마시지 않았다고 하더라도, AA의 기본 정신에 따라서 '알코올 중독자'라는 명칭은 여전히 필요한데, 왜냐하면 당사자가 현재 술을 조절하고 있다고 하더라도, 당사자는 질환을 항상 갖고 있는, 알코올 중독자의 위치에 계속 있기 때문이다.

AA의 영적인 측면은 AA의 12단계에 명시되어 있는데, 이런 단계는 표 7.3에 제시되어 있다. 그리고 이러한 철학에 대한 믿음이 단주를 성취하는 데 중요하다는 증거가 있다(Fiorentine & Hillhouse, 2000; Tonigan, Miller, & Connors, 2000). 다른 자조집단에서는 AA의 영적인 함축성은 없지만, 그 대신 사회적 지지, 안심시키기, 격려 및 제안을 통하여 알코올이 없는 삶을 이끌어 나가도록 돕는다. 합리적 회복이라고 불리는 이러한 접근법 중 하나에서는, 더 높은 존재에 의지하기보다는 자기의존을 새롭게 키우는 데 초점을 맞춘다(Trimpey, Velten, & Dain, 1993).

통제가 안 된 시행에서는 AA가 참여자들에게 상당한 치료 효과를 제공하는 것으로 나타났다(Moos & Moos, 2006; Ouimette, Finney, & Moos, 1997; Timko, Moos, Finney et al., 2001). 알코올 의존이 있는 2,000명이 넘는 사람들을 대상으로 한 대규모의 전망연구에서는 AA에 참여하는 것이 2년 뒤의 성과가 더 좋다는 것을 예측해주었다(McKeller, Stewart, & Humphreys, 2003). 처음으로 치료를 받는 400명이 넘는 사람들에 대한 16년간의 전망연구에서는 프로그램의 시작 첫해에 최소한 27주간 AA에 머물러 있던 사람들 중에서 2/3가 16년 뒤의 추적조사에도 단주 상태에 있는 것으로 나타났다. 27주가 못 되게 AA에 참석했던 사람들 중에서는 1/3이 추적조사 시에 단주를 하고 있었다(Moos & Moos, 2006). 더욱이, 치료 초기에 AA 회원이 되어 장기간 그 속에 머물러 있는 것이 치료 시작 후 8년 뒤의 성과가 더 좋은 것과 연관이 있다(Moos & Humphreys, 2004).

이상의 모든 것은 AA에 참여하는 사람들에게는 좋은 소식으로 들린다. 그러나 8개의 무선화된 통제 임상 시행의 결과를 개관한 결과, AA가 동기증진, 입원치료, 부부치료, 또는 인지행동요법을 위시한 다른 유형의 치료법들에 비해 나은 것이 거의 없다는 것이 발견되었다(Ferri, Amato, & Davoli, 2008). 게다가 AA는 중도 탈락률이 높은데, 이런 중도 탈락자들은 연구 결과에 항상 포함되고 있지는 않다.

**부부치료**   행동 지향적 부부치료 또는 커플치료(O'Farrell & Fals-Stewart, 2000)는 치료가 중단된 지 1년 뒤에도 음주문제를 다소 감소시켜주었을 뿐만 아니라 부부간의 고민을 전반적으로 다소 개선해주는 것으로 발견되었다(McCrady & Epstein, 1995). 이는 동성애가 아닌 부부, 게이 및 레즈비언 커플에 대해 효과가 있는 것으로 보인다(Fals-Stewart, O'Farrell, & Lam, 2009). 이러한 치료법에서는 개인을 대상으로 실시되는 인지행동치료에서 사용되는 기법들을 결합하여 사용하며, 그 초점을 부부 관계에 두고 부부 사이의 알코올 관련 스트레스 자극을 총체적으로 다루는 것이다. 12개의 연구들에 대한 종합분석 결과에서는 행동 지향적 부부치료가 개인 대상의 치료적 접근법에 비해서 더 효과적인 것으로 밝혀졌다(Powers, Vedel, & Emmelkamp, 2008).

**인지요법과 행동요법**   근접성 관리(contingency management) 요법은 알코올 및 약물사용장애에 대한 인지행동요법의 하나인데, 당사자 및 그와 가까운 사람들에게 음주와 맞지 않는 행동─예를 들면 항남용제(antabuse, 이 장의 후반부에서 살펴봄)를 복용하는 것─을 강화해주는 것과 과거의 음주와 관련된 상황을 회피하는 것을 가르쳐주는 것이다. 이는 환경에서의 근접성이 음주 행위를 고무시키거나 낙담시키는 데 중요한 역할을 할 수 있다는 믿음에 기초한 것이다. 바우처는 특정 물질(알코올, 코카인, 헤로인, 마리화나; 소변 검사를 통해 확인됨)을 사용하지 않는 대가로 제공되며, 토큰은 사람들이 갖고 싶어 하는 물건과 교환가능하다(Dallery, Silverman, Chutuape et al., 2001; Katz, Gruber, Chutuape et al., 2001; Silverman, Higgins, Brooner et al., 1996). 또한 이러한 치료법에는 구직 요령 및 사회 기술의 교육뿐만 아니라, 음주를 거절하기 위한 자기주장 훈련도 포함한다. 사회적으로 소외된 사람들에 대해서는, 음주를 하지 않는 다른 사람들과 접촉할 수 있도록 지원과 격려를 제공한다.

재발 방지는 알코올 및 약물사용장애에 효과가 있었던 또 다른 인지행동요법이다. 이는 단독으로 실시되거나 또는 다른 치료법들의 일부로서 실시될 수 있다. 광범위하게 말하면, 그 목표는 음주 또는 약물사용을 중단했던 사람들이 재발하는 것을 피하도록 돕는 것이다. 초점 10.4에서는 이와 같이 중요한 치료법에 대해 좀 더 상세히 살펴본다.

**동기증진 개입법**   우리가 앞에서 기술했듯이, 과음은 대학생들 사이에서 특히 더 빈번하다. 일단의 연구진은 이와 같은 대학 내 과음을 완화하려는 시도에서 단기 개입법을 고안했다(Carey, Casey, Maisto et al., 2006). 이 개입법은 두 부분으로 구성되어 있다. (1) 시간대별로 회고하는(Timeline Follow Back, TLFB) 면접법(Sobell & Sobell, 1996)이 포함된 종합 평가법으로서, 이는 지난 3개월간의 음주상태를 조심스럽게 평가하게 해준다. 그리고 (2) 단기적인 동기증진 요법으로서, 당사자에게 자신의 음주 상태를 지역사회 및 국가적 평균치와 비교한 개인적 피드백, 알코올의 영향에 대한 교육, 그리고 음주로 인한 손해를 줄이고 음주를 절제하기 위한 조언이 포함된다. 연구 결과는 TLFB 면접법만으로도 음주행동이 감소되었지만, TLFB와 동기증진 개입법을 함께 실시하는 것이 면접 및 개입 실시 후에 음주행동이 1년에 이르기까지 장기간 감소하는 것과 연관이 있었다.

**음주의 조절**   적어도 알코올 중독자 자조모임(AA)이 출현한 이후부터는 일반적으로 믿고 있는 것은 알코올사용장애가 있는 사람들이 완치되려면 술을 완전히 끊어야 한다는 것이었다. 왜냐하면, 이들이 일단 술을 한 잔 마시고 나면 음주에 대한 통제력이 전혀 없어진다고 생각되었기 때문이다. 이런 점이 AA에서의 신조이기도 하지만, 앞에서 언급된 연구들은 음주자가 자기 자신 및 알코올에 대해서 갖는 믿음도 알코올 그 자체에 대한 중독 못지않게 중요한 요인일 수 있음을 알려주었기 때문에 이와 같은 가정을 의문시하게 만들었다. 술을 전반적으로 회피하는 것이 사회생활에서 어려운 점을 감안하면, 알코올을 극심하게 복용하지 않는 사람들에게는 적당히 마시도록 가

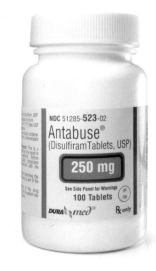

Mark와 Linda Sobell은 알코올사용장애의 치료를 위해 음주 조절을 통한 접근법을 도입하였다.

항남용제는 알코올 의존을 치료하는 데 사용된다.

르치는 것이 더 나을 수도 있다.

**통제된 음주**(controlled drinking)라는 용어는 치료에 대한 자기변화 지침 방식의 접근법을 개발한 Mark와 Linda Sobell에 의해 알코올 치료의 영역으로 도입되었다(Sobell & Sobell, 1993). 기본 가정은 사람들에게는 자신이 통상적으로 믿는 것보다 무절제한 음주를 통제할 수 있는 잠재능력이 실제로는 더 많다는 것과, 지나치게 음주할 때의 그 대가뿐만 아니라 단주하거나 줄일 때의 이득을 잘 알아차리는 것도 도움이 될 수 있다는 것이다. 예를 들면 두 번째 잔이나 세 번째 잔의 술을 들이키기 전에 20분간 술 마시는 것을 미루어보게 하는 것도 당사자로 하여금 과음으로 인한 손해 득실을 돌이켜보게 하는 데 도움이 될 수 있다. 증거에 의하면 이러한 접근방식이 알코올 중독자가 자신의 음주를 조절하여 자신의 삶을 개선하도록 돕는 데 효과가 있다는 것을 뒷받침하고 있다(Sobell & Sobell, 1993). 무선화된 통제 임상 시행에서 자기변화 지침법이 개인치료나 집단치료만큼 효과가 있다는 것이 입증되었다(Sobell, Sobell, & Agrawal, 2009).

**약물치료**    알코올사용장애로 치료를 받고 있는 일부 사람들은, 입원치료이든 외래치료이든 간에 디설피람(disulfiram)이라는 **항남용제**(antabuse)를 복용한다. 이 약물은 술을 마시면 구토가 심하게 유발되어 음주를 꺼리게 만든다. 우리가 상상할 수 있는 대로, 항남용제 처방에만 집착하는 것도 문제가 될 수 있다. 이 방법이 효과가 있으려면, 당사자는 먼저 변화하기 위한 강력한 의지가 있어야 한다. 그러나 대규모로 여러 곳의 센터에서 수행된 연구에서 항남용제는 어떠한 효과도 없는 것으로 나타났으며, 중도 포기율도 80% 정도로 높았다(Fuller, 1988).

미국 FDA에서는 알코올사용장애에 대한 아편성 길항제[날트렉손(naltrexone)]의 처방을 승인하였다. 이 약물은 알코올에 의해 촉발된 엔도르핀의 활동을 차단하여, 알코올에 대한 갈망을 줄여준다. 이러한 약물이 음주 감소를 위해 단독으로 사용될 때 위약에 비해서 더 효과가 있는지에 대해서는 증거가 상반되고 있다(Krystal, Cramer, Krol et al., 2001). 그러나 인지행동치료와 함께 적용되면 전반적인 치료 효과에 보탬이 되는 것으로 보인다(Pettinati, Oslin, Kampman et al., 2010; Streeton & Whelan, 2001; Volpicelli, Rhines, Rhines et al., 1997; Volpicelli, Watson, King et al., 1995).

효과가 있다고 알려진 또 다른 약물은 아캄프로세이트(acamprosate)가 있다. 알코올에 의존하고 있는 사람들을 대상으로 실시된 아캄프로세이트의 양방무지의, 위약 통제된 임상 시행에 대한 모든 발간된 자료를 개관한 결과, 이 약물이 상당히 효과가 있음 시사되었다(Mason, 2001). 아캄프로세이트와 날트렉손의 효과를 비교한 종합분석 결과는 둘 다 동등한 효과가 있음을 보여준다(Kranzler & Van Kirk, 2001). 이 약물의 작용기제가 완전히 이해된 것은 아니지만, 연구자들은 이 약물이 글루타메이트와 GABA 신경전도체 계통에 영향을 주어 금단과 관련된 갈망을 감소시킨다고 믿고 있다. 물론, 일부 사람들이 인생에서의 어려움을 화학약품으로 해결하려 해서 약물에 의존하게 된다고 믿을 경우에, 당사자에게 또 다른 약물을 주어서 약물사용장애를 치료하는 것이 신중한 전략이라고 볼 수 있는지에 대해서 보다 보편적인 의문점이 있다. 그럼에도 불구하고, 약물처방이 알코올사용장애에 대하여 얼마나 효과가 있는지 그 정도에 따라서, 어떤 한 약물을 다른 약물로 대체하는 것에 대한 염려 때문에 약물치료를 허용하지 않는 것은 잘못된 생각으로 보인다.

## 흡연에 대한 치료

현재 거의 모든 공공장소에서의 흡연을 금지하는 수많은 법률 조항은 흡연을 중단하는 데 대하여 동기와 지지를 제공해주는 사회 분위기의 일부다. 더욱이, 사람들은 자기 주변의 사람들이 담배를 끊을 경우에는 금연하기가 더 쉽다. 1만 2,000명이 넘는 사람들을 대상으로 실시된 종단연구

## 중간 요약

알코올 의존에 대한 입원치료는 과거와 달리 지금은 그렇게 보편적이지 않으며, 이는 주로 비용 때문이다. 알코올에 대한 해독은 종종 병원에서 이루어지지만, 외래환자의 치료 현장에서는 다른 치료법이 더 흔히 실시된다.

알코올 중독자 자조모임(AA)은 알코올사용장애의 치료법 중 가장 흔하다. 이와 같이 집단으로 실시되는 자조 요법에서는 알코올 의존이 질병이라는 견해를 주입한다. 통제되지 않은 연구 결과에 의하면 AA가 효과적인 것으로 시사되지만, 무선화된 통제 시행에서는 그렇지 않았다. 행동적 부부요법이 효과적인 치료법이라는 증거가 다소 있다. 근접성 관리 요법은 당사자 및 그와 가까운 사람들에게 음주와 들어맞지 않는 행동들을 강화해주도록 가르치는 것인데, 유망성이 있음을 보여

주었다. 통제된 음주라는 용어는 알코올 소비 패턴이 중간 수준으로서, 전적인 금주 및 만취의 양극단을 회피하는 것을 지칭한다. 자기변화 지침에 따른 치료적 접근에서는 중간 수준의 음주에 대한 통제력, 과도한 음주로 인한 대가, 그리고 금주의 이점을 강조한다.

알코올사용장애 치료를 위해 사용되는 약물로는 항남용제, 날트렉손, 그리고 아캄프로세이트가 있다. 항남용제는 장기적으로 보면 효과적인 치료법이 못 되는데, 왜냐하면 치료에 따르지 않는 것이 큰 문제이기 때문이다. 어떤 증거에 의하면, 다른 약물도 단독 사용 시에 고유의 효과가 있기는 하지만, 인지행동치료와 병행해서 사용할 때 효과가 더 있는 것으로 보인다.

에서는 자신의 사회적 연결망 속에 있는 사람들(배우자, 형제, 친구, 직장동료)이 금연을 하게 되면 당사자도 금연할 가능성이 훨씬 더 커지는 것을 보여준다(Christakis & Fowler, 2008). 예를 들어 자신의 배우자가 담배를 끊는다면, 자신이 계속 흡연할 확률은 거의 70%나 감소한다. 간단히 말하면, 흡연을 중단하라는 또래의 압력은 처음 흡연을 시작하도록 했던 또래의 압력만큼 효과가 있는 것으로 보인다.

금연을 원하는 일부 흡연자들은 흡연 클리닉에 참여하거나 그밖의 전문화된 흡연감소 프로그램에 참여하기 위해 전문가의 자문을 받는다. 이렇게 한다고 하더라도, 흡연 중지 프로그램을 마친 사람들 중 겨우 절반 정도가 프로그램 종료 시까지 금연하는 데 성공했을 뿐인 것으로 추정된다. 단기간에 금연에 성공한 사람들 중 아주 소수만이 1년 뒤에도 금연을 지속하고 있는 실정이다(Brandon et al., 2007).

**심리학적 치료**    아마도 가장 널리 알려진 심리학적 치료법은 일반의사가 담배를 끊으라고 말하는 것일 것이다. 매년 수백만 명의 흡연자들이 이러한 권고를 받는데, 이는 고혈압, 심장병, 폐 질환, 당뇨, 또는 건강을 유지하거나 증진시키기 위한 보편적인 이유를 근거로 한다. 의사의 권고가 어떤 사람들에게는 최소한 얼마 동안은, 특히 니코틴 껌을 씹고 있게 하는 동안에는 흡연을 멈추고 있게 하는 데 효과가 있다는 증거가 다소 있다(Law & Tang, 1995). 동기증진 면접(motivational interviewing)이 사람들로 하여금 금연하는 데 도움이 되도록 적용되어 왔지만, 종합분석 결과는 그 효과가 아주 근소한 것임을 알려주고 있다(Hettema & Hendricks, 2010; Lai, Cahill, Qin et al., 2010).

효과가 있어 보이는 한 가지 치료적 접근법으로 일정이 짜인 흡연이라는 것이 있다(Compas, Haaga, Keefe et al., 1998). 이런 접근방식의 이면에 깔린 전략은 흡연자로 하여금 담배를 피우는 시간 간격을 늘려나가는 데 동의를 하게 함으로써 몇 주간에 걸쳐 점진적으로 니코틴 섭취를 줄여가는 것이다. 예를 들면 치료의 첫 주 동안에는 하루에 한 갑을 피우는 흡연자에게 하루에 단지 10개비만 허용하는 일정에 동의하도록 한다. 두 번째 주 동안에는 하루에 단지 5개비만 허용한다. 그리고 세 번째 주에는 하나도 피우지 않도록 한다. 담배는 치료진이 제공하는 일정에 따라서만

No Smoking
in the Bar
Thank You

Digital Vision/SuperStock, Inc.

많은 장소에서 흡연을 금지한 법으로 인해 금연하는 비율이 아마도 높아졌을 것이다.

피울 수 있으며, 흡연자가 피우고 싶은 마음이 강렬하다고 해서 피울 수 있는 것이 아니다. 이런 식으로, 당사자의 흡연행동은 충동, 기분 상태, 또는 상황에 의해서라기보다는 시간이 얼마나 지났느냐에 따라 통제된다. 합의를 본 일정을 준수할 수 있는 흡연자는 1년 뒤에 44%의 금연율을 나타냈다(Cinciripini, Lapitsky, Wallfisch et al., 1994).

18세가 되면, 흡연자 중 약 2/3가 흡연을 시작한 것에 대해 후회하며, 1/2은 이미 금연을 시도한 적이 있고, 그리고 거의 40%는 흡연을 중단하기 위해 치료를 받는 데 관심을 보인다(Henningfield, Michaelides, & Sussman, 2000). 따라서 젊은이들로 하여금 흡연을 중단하도록 하는 데 많은 노력을 기울여 왔다. 불행하게도, 지금까지의 많은 노력이 치료 후 6개월이 넘도록 효과가 지속되는 것을 보여주지 못하였다(Villanti, McKay, Abrams et al., 2010). EX 프로젝트라고 불리는 학교에서 실시되는 프로그램에는 대처기술에 대한 훈련과 흡연의 해로운 효과에 대한 심리교육적 내용이 들어 있다. 2개의 연구에서는 이 프로그램이 미국(Sussman, Dent, & Lichtman, 2001)과 중국(Zheng, Sussman, Chen et al., 2004)에서 효과가 있는 것을 발견했는데, 중국에서 실시된 프로그램은 중국의 문화와 언어에 맞게 번안된 프로그램이었다. 문제 해결과 대처 기술에 초점을 맞춘 인지행동적 접근방법들도 무언가 유망성을 보여주고 있다(Curry, Mermelstein, & Sporer, 2009).

**니코틴 대체치료와 약물치료**    여러 가지 방식으로 니코틴을 제공함으로써 흡연자의 니코틴 갈망을 줄여주는 것이 니코틴 대체치료(nicotine replacement treatments, NRT)의 목표이다. 니코틴 의존에 주의를 기울이는 것이 중요한데, 왜냐하면 흡연자들이 하루에 흡연하는 양이 많을수록 금연에 성공하기 어렵기 때문이다. 니코틴은 껌, 패치, 흡입기, 또는 전자담배로 공급될 수 있다. 그 기본 착상은 흡연자로 하여금 흡연 중단 시 수반되는 니코틴 금단 증상을 견디기 쉽게 하자는 것이다. 니코틴 대체제가 금단 증상을 완화해주어서, 이런 점이 다음에 기술하려는 껌 그리고 니코틴 패치 속에 니코틴을 사용하는 것을 정당화해주기는 하지만, 금단 증상의 강한 정도는 흡연 중단의 성공과는 아주 근소하게 관련이 있을 뿐이다(Ferguson, Shiffman, & Gwaltney, 2006; Hughes, Higgins, Hatsukami et al., 1990).

니코틴 껌은 상점에서 쉽게 구할 수 있는데, 담배에 함유된 니코틴에 비해서 훨씬 더 느리지만 꾸준히 흡수된다. 장기적 목표는 과거의 흡연자들이 껌 사용을 통해 금연을 유지할 수 있게 해주는 것뿐만 아니라, 종국에는 니코틴에 의존하는 것도 제거하는 것이다. 그러나, 한 시간에 담배 한 개비를 피우는 것과 같은 양의 니코틴을 제공해주는 껌을 사용하면, 혈압의 상승과 같은 심장혈관계의 변화를 일으켜서 심장혈관계 질환이 있는 사람들에게는 위험할 수 있다. 그럼에도 불구하고 일부 전문가들은 흡연을 통해 니코틴을 섭취하는 것보다는 껌을 지속해서 사용하는 것이 건강에 더 좋다고 믿고 있는데, 왜냐하면 발암성 물질을 피할 수 있기 때문이다(de Wit & Zacny, 2000).

니코틴 패치(반창고)는 처방전 없어도 상점에서 구입할 수 있는데, 팔에 붙이는 폴리에틸렌 반창고 속의 니코틴이 천천히 그리고 꾸준히 피부를 통해 혈관으로 흡수되어 뇌로 간다. 니코틴 껌에 비교하면 니코틴 패치의 이점은 사용자가 매일 한 번만 패치를 붙이고는 다음 패치를 붙이기 전까지 떼지만 않으면 되기 때문에 치료에 잘 따르게 된다는 것이다. 치료는 대부분의 흡연자들에게 8주간의 사용으로 효과를 볼 수 있고(Stead, Perera, Bullen et al., 2008), 치료가 진행되면서 점점 더 작은 패치를 사용한다. 결점은 패치를 붙인 상태에서 담배를 계속 피우면 몸속 니코틴의 양이 높아져서 위험한 수준에 이를 수 있다는 점이다.

증거에 의하면, 니코틴 패치는 가짜 패치에 비하여 금연뿐 아니라 주관적인 흡연욕구 모두에서 그 효과가 더 낫다는 것이 시사되고 있다(Hughes et al., 1990). 모든 종류의 니코틴 대체제(패치, 껌, 코에 뿌리는 스프레이, 흡입기, 알약)에 대한 111개의 시행을 종합분석한 결과, NRT는 흡연을 중단하는 데 있어 가짜약보다 더 효과적인 것으로 발견되었다(Stead et al., 2008). 패치를 붙인 이후로 흡연을 중단하기 시작하였지만 금연 노력을 열심히 기울이지는 않았던 사람들은 NRT가 끝날 때에는 흡연을 중단한 상태에 머물러 있는 경향이 있었다(Rose, Herskovic, Behm et al., 2009). 그러나 NRT는 만병통치약이 아니다. 12개월 뒤의 추적조사에서 금연율은 약 50%였을 뿐이다. 제조회사에서는 니코틴 패치가 심리적 금연 프로그램의 일부로서만 사용되어야 하며, 한 번에 3개월 이상 사용하지 말도록 권고하고 있다. 게다가 이러한 유형의 니코틴 대체 요법은 청소년들에게는 그다지 효과가 없었다(Curry et al., 2009).

NRT 외에 약물치료나 심리학적 치료가 병행되는 것이 NRT만을 단독으로 실시하는 것보다 더 효과적인 것으로 보인다(Hughes, 2009; Rose & Behm, 2014). 예를 들면, 한 연구에서는 항우울제 약물인 부프로피온[bupropion, 상품명은 웰부트린(Welbutrine)]과 니코틴 패치를 함께 사용할 경우 12개월 동안 금연율이 35%인 것으로 나타났지만(Jorenby, Leischow, Nides et al., 1999), 다른 연구들에서는 유망성이 떨어지는 결과가 나타났다(Hughes, Stead, & Lancaster, 2004; Killen, Fortmann, Murphy et al., 2006). 또 다른 약물인 바레네클린[varenicline, 상품명은 챈틱스(Chantix)]은 행동치료와 병행했을 때 효과가 있으며 부프로피온보다도 더 효과가 있었다(Cahill, Stead, & Lancaster, 2007; Tonstad, Tonnesen, Hajek et al., 2006).

현재 전자담배가 효과적인 유형의 NRT인지에 대한 논쟁이 있다. 한 종단연구에서는 전자담배를 사용한 사람들 중 단지 10%가 1년 뒤에 흡연을 그만두었다는 것을 발견하였다(Grana, Popova, & Ling, 2014). 전자담배를 사용한 400명 이상의 사람들을 대상으로 한 인터넷 설문조사에서는 이들 중 22%가 1개월 뒤에 흡연을 멈추었으며 46%는 1년 뒤의 추적조사 시에 흡연을 멈추었다는 것을 발견하였다(Etter & Bullen, 2014). 무선화되고 통제된 임상 시행에서는 흡연을 중단하기를 원하는 사람들을 전자담배, 니코틴 패치, 또는 가짜 전자담배를 사용하는 조건에 배정하였다. 세 조건 모두에서 흡연을 멈춘 사람들의 수는 매우 적었고, 사실상 이 수치가 너무 적어서 집단 간의 차이를 통계적으로 탐지할 수 있는 통계적 힘이 부족했다(Bullen, Howe, Laugesen et al., 2013). 명백한 것은, 더 많은 연구가 필요하지만, 지금까지는 전자담배가 다른 유형의 NRT에 비해서 더 효과가 있는 것으로 보이지 않는다.

## 약물사용장애의 치료

헤로인, 카페인 같은 약물을 사용하는 사람들을 치료할 때 핵심이 되는 것은 해독시키는 것, 즉 약물 그 자체로부터 멀리 떨어지는 것이다. 헤로인 금단 증상은 며칠간 불안, 메스꺼움, 그리고 안절부절못한 기분을 비교적 경미한 수준으로 잠깐씩 호소하는 것에서부터 섬망과 공황을 좀 더 극심하고 깜짝 놀라게 할 정도로 잠깐씩 호소하는 것에 이르기까지 다양하다. 반응의 유형은 당사자가 복용해온 헤로인의 순도에 따라 크게 달라진다. 물질에 대한 갈망은 해독을 통해 물질이 몸속에서 제거된 후에도 남아 있는 경우가 종종 있다.

**심리학적 요법**  통제연구를 통해 처음으로 직접 비교한 결과에서는, 항우울제인 데시프라민과

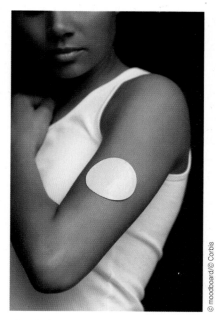

니코틴 패치는 금단 증상을 완화하는 데 도움이 되는데 처방전 없이도 상점에서 구입이 가능하다.

인지행동요법(CBT)이 모두 코카인 사용을 줄여줄 뿐만 아니라 당사자의 가족생활, 사회생활, 그리고 전반적인 심리적 기능을 향상시키는 데 다소 효과가 있는 것으로 발견되었다(Carroll, Rounsaville, Gordon et al., 1994; Carroll, Rounsaville, Nich et al., 1995). 위의 12주간에 걸친 연구에서 데시프라민은 코카인 의존 정도가 낮은 사람들에 대해서는 위약에 비해서 더 효과가 있었던 반면에, CBT는 의존 정도가 심한 사람들에게서 더 효과가 있었다.

이 연구에서는 CBT를 받은 사람들은 고위험 상황(예 : 코카인을 복용하는 사람들이 주변에 있는 것)을 피하고, 약물의 유혹을 인식하며, 그리고 코카인의 복용을 다른 것으로 대체하는 요령(예 : 물질을 사용하지 않는 사람들과의 오락 활동)을 학습하게 된다. 또한 코카인 사용자들은 코카인에 대한 자신의 갈망에 대처하는 전략과, 어쩌다 한 번 물질을 사용하는 실수를 했다고 해서 이를 재앙으로 간주하려는 경향성에 저항하는 요령도 배웠다(재발 방지 훈련, 초점 7.4 참조). 지역사회에서 약물남용에 대한 CBT의 효과를 검증한 보다 최근의 연구에서는, CBT가 당사자로 하여금 치료 후 6개월까지 코카인을 끊은 채 머물러 있게 하도록 도와주는 데 더 효과적인 것을 발견하였다(Carroll, Kiluk, & Nich et al., 2014). 이와 같이 유망함에도 불구하고, 더 효과가 있고 오래 지속되는 치료법의 개발이 여전히 요원한 실정이다.

바우처를 이용한 근접성 관리법은 코카인, 헤로인, 마리화나 의존에 대해서 유망성을 보여주었다(Dallery et al., 2001; Katz et al., 2001; Petry et al., 2005; Silverman et al., 1996). 예를 들면, 마리화나 의존이 있는 사람들을 대상으로 한 무선화된 처치 시행에서는 바우처 처치, CBT, 그리고 CBT + 바우처의 세 처치 조건을 비교하였다(Budney, Moore, Rocha et al., 2006). 치료 기간 동안에, 바우처 처치를 받은 사람들이 CBT 처치를 받은 사람 또는 CBT + 바우처 처치를 받은 사람들에 비해서 약물을 끊은 채로 머물러 있는 경우가 더 많았다. 그러나 치료가 끝난 뒤에는 CBT + 바우처 처치를 받은 사람들이 약물을 끊은 채로 머물러 있는 경우가 가장 많았다. 따라서 바우처 처치는 단기적으로는 효과가 있는 것으로 보이지만, CBT가 치료가 끝난 후 약물 중단을 지속시켜준다는 면에서 마리화나 의존에 대한 장기적인 치료의 효과적인 요소인 것으로 보인다.

코카인 남용에 대한 근접성 관리의 효과에 대한 연구들에서는, 근접성 관리가 금약의 가능성을 높여줄 뿐만 아니라 삶의 질 향상과도 관련이 있음을 발견하였다(Petry, Alessi, & Hanson, 2007). 코카인 남용에 대한 근접성 관리 처치의 네 가지 다른 연구를 분석한 결과에서는, 근접성 관리 처치를 받은 사람들이 통상적인 처치를 받은 사람들보다 금약 상태를 더 잘 유지한다는 것과, 치료 기간 중의 금약 지속 기간이 치료 후 삶의 질이 더 높아지는 것과 관련이 있음이 발견되었다. 노숙자 중 코카인 사용자를 대상으로 근접성 관리, 주간 치료, 또는 이 두 치료 모두(결합 조건)를 실시한 결과를 비교한 4개의 무선화되고 통제된 임상 시행을 종합분석한 결과에서는 결합된 처치와 근접성 관리법 둘 다 주간 치료만 하는 것에 비해서 더 효과가 있음을 보여주었다(Schumacher, Milby, Wallace et al., 2007).

또한 동기증진 요법도 유망성을 보여주었다. 이 치료는 CBT 기법들에다가 내담자들로 하여금 스스로 해결하도록 도와주는 것과 관련된 기법들을 합친 것이다. 이런 치료법에 대한 종합분석 결과는, 이 치료법이 알코올 및 불법 약물에의 의존 및 남용 모두에 효과가 있음을 보여주었다(Burke, Arkowitz, & Menchola, 2003). 또 다른 연구에서는 동기증진 요법에 CBT

David M. Grossman/Photo Researchers

주거 시설에서의 집단치료는 헤로인 중독을 치료하는 데 흔히 사용된다.

## 초점 7.4  재발 방지

재발 방지(relapse prevention)는 약물 또는 알코올사용장애에 대한 어떤 치료법에서도 중요한 부분을 차지한다. 마크 트웨인(Mark Twain)은 담배를 끊는 것은 쉽다고 재치 있게 말하였다. 그는 수백 번도 더 담배를 끊었다! Marlatt과 Gordon(1985)은 물질사용장애에서의 재발을 특정적으로 방지하기 위해 재발 방지라고 불리는 치료적 접근을 개발하였다. 이러한 접근에서는, 알코올에 의존하고 있는 사람들은 한 번 실수해서 술을 마셨다고 하더라도 중독증세가 완전히 재발하게 되는 것이 아니며, 싸움에서 졌다는 신호가 아니라 일종의 학습경험으로 간주해야 한다고 믿도록 격려를 받는데, 이는 AA에서의 관점과는 현저하게 대비되는 것이다. 이와 같이 치료 후의 재발을 비재앙적(noncatastrophizing)으로 보는 접근방식은—비유하면 마차에서 떨어진 것 같이—매우 중요한데, 왜냐하면 알코올에 의존하고 있지만 나중에는 금주하게 되는 사람들의 절대 다수가 4년 안에 한두 번은 술을 마셔 재발하기 때문이다(Polich, Armor, & Braiker, 1980). 알코올에 의존하고 있는 사람들은 그들의 직장, 가족, 그리고 대인관계에서의 스트레스의 원천도 조사하여, 이들로 하여금 과음을 하게 만들지도 모를 상황을 예견하고 그 상황을 극복하는 데 적극적으로 임하여 스스로 책임감을 느낄 수 있도록 한다(Marlatt, 1983; Sobell, Toneatto, & Sobell, 1990). 알코올사용장애에서 재발을 촉진하는 스트레스의 원천은 남성과 여성에서 다를 수 있다. 여성에게 부부간 스트레스는 재발을 예측해주는 요인이다. 그러나 남성에게는, 결혼이 재발로부터 보호해주는 요인이 되는 것으로 보인다(Walitzer & Dearling, 2006).

재발 방지 요법은 다른 물질보다도 특정한 물질에 대해서 더 효과가 있는 것으로 보인다. 26개의 무선화되고 통제된 임상 시행을 종합분석한 결과에서는 재발 방지가 알코올 및 약물사용장애에 대해 그 효과가 가장 컸고 니코틴 사용 장애에 대해서는 효과가 가장 작은 것으로 나타났다(Irvin, Bowers, Dunn et al., 1999). 대부분의 흡연자들은, 흡연을 끊기 위해 어떤 방법을 사용했든지 간에 금연한 지 1년 이내에 다시 담배를 피운다. 우리가 앞에서 살펴본 흡연 패턴에서는, 담배를 많이 피우는 사람들—즉 니코틴에 더 많이 중독되었을 것으로 생각되는 사람들—은 중간 수준이나 경미한 수준의 흡연자에 비해서 더 자주 그리고 더 빨리 재발한다.

잦은 실수(흡연), 강렬한 갈망 및 금단 증상, 불편함에 대한 인내력이 낮은 것, 연령이 낮은 것, 다른 흡연자가 눈에 띄는 것, 체중에 대한 염려, 그리고 과거 금연 시도 이 모두가 재발을 예측해주는 요인이다(McCarthy, Piasecki, Fiore et al., 2006; Ockene, Mermelstein, Bonollo et al., 2000; Piasecki, 2006). 어떤 대단히 정교한 분석에서는, 금연을 하기 전과 후의 흡연자의 생각, 감정, 그리고 증상에 대한 경험을 표집한 결과, 많은 흡연자들이 금연 선포일 전에 높은 수준의 부정적 정동을 경험하였으며, 이와 같은 예기적 부정적 정동이 재발 가능성이 더 높음을 예측해준다는 것이 밝혀졌다(McCarthy et al., 2006). 이러한 어려움에도 불구하고, 자조적 재발 방지 프로그램이 흡연 재발을 감소시키는 데 효과가 있을 수 있다는 다소 고무적인 증거가 있다(Brandon, Vidrine, & Litvin, 2007). 이러한 프로그램에서는, 흡연자들에게 재발 방지 접근법이 상세하게 적힌 책자를 우편으로 보낸다. 이런 소책자는 흡연을 중단한 지 1년 뒤까지도 유용한 것으로 보인다.

어떠한 요인들이 금연의 성공에 기여하는 것일까? 연구 결과(그리고 상식)에 따르면, 흡연자와 함께 살지 않는 금연자가 흡연자와 함께 살고 있는 금연자에 비해서 추적조사 시에 금연율이 높다는 것을 알려주고 있다(McIntyre-Kingsolver, Lichtenstein, & Mermelstein, 1986). 소위 치료효과를 높이기 위한 회기 또는 치료효과를 지속시키기 위한 회기는 금연에 도움이 되지만, 실제로 이들은 치료의 연장선에 불과한 것이다. 이들이 중단되면, 재발은 거의 기정사실이다(Brandon, Zelman, & Baker, 1987). 전화 상담(Brandon, Collins, Juliano et al., 2000)과 같은 집중적인 개입법도 도움이 된다. 그러나 이 방법은 비교적 소수의 흡연자만 이용할 수 있을 뿐이다. 병원에 방문하는 동안에 실시되는 단기적인 재발 방지 개입법은 비용 대비 효율적이고 대부분의 흡연자에게 적용될 수 있지만 일관성 있게 제공될 수는 없다(Ockene et al., 2000). 한 가지 긍정적인 부분으로서, 최소한 미국에서는 10년 전에 비해서 금연에 대한 사회적 지지가 상당히 높아졌다. 아마도 앞으로 시간이 지나면, 흡연에 대한 사회적 제재가 금연에 성공한 사람이 계속 담배를 피우지 않게 하는 데 도움이 될 수 있을 것이다.

---

및 근접성 관리법을 조합하여 실시하는 것이 마리화나에 의존하고 있는 젊은이들(18~25세)에게 효과적인 처치 패키지임을 발견하였다(Carroll, Easton, Nich et al., 2006).

자조적인 주거공간은 헤로인 및 그밖의 약물사용장애를 치료하는 또 다른 심리적 접근방법이다. 데이톱 빌리지(Daytop Village), 피닉스 하우스(Phoenix House), 오디세이 하우스(Odyssey House), 그리고 그밖의 약물 재활 주거공간(drug-rehabilitation homes)은 다음의 특징을 공통으로 갖고 있다.

- 과거의 사회적 접촉관계가 약물 의존을 지속시키는 데 도구적 역할을 해 왔다고 가정하기 때문에, 중독자를 입소하기 전의 사회적 접촉으로부터 격리시킨다.
- 약물을 구할 수 없으며, 정규적으로 약물을 복용하던 생활에서 약물이 없는 생활로 옮겨가는 것을 쉽게 하기 위해 지지를 계속해서 제공하는 포용적인 환경이다.
- 카리스마 있는 역할모델이 있는데, 이들은 과거에 약물에 의존한 적이 있었던 사람들로서 현재는 약물 없이도 생활의 어려움에 잘 대처해나가고 있는 것으로 보이는 사람들이다.
- 집단치료 시에는 직접적이고, 종종 맹렬한 직면을 통해서, 당사자로 하여금 자신의 문제와

자신의 약물 복용 습관에 대한 책임을 받아들이도록 압력을 주고, 자신의 삶을 스스로 책임지도록 촉구한다.

- 중독자를 실패자나 범죄자로 낙인찍기보다는 한 인간으로서 존중하는 분위기이다.

주거를 통한 약물치료 프로그램의 효과를 평가하는 데는 여러 가지 장애물이 있다. 입소가 자발적인 것이기 때문에, 약물 의존자 중 단지 소수만이 이런 시설에 입소한다. 게다가 중도 포기하는 비율이 높기 때문에 거주시설에 남아 있는 사람들이 불법 약물에 중독된 사람들을 대표한다고 간주할 수 없다. 즉 이들이 약물 사용을 중단하려는 동기는 처치를 자원하지 않는 사람들 또는 중도 포기하는 사람들에 비해서 아마도 훨씬 강할 것이다. 따라서 프로그램 참여자들에게서 어떤 호전 효과가 나타났다고 해도, 이는 처치 프로그램의 고유한 특성 때문이라기보다는 이들에게서 자신의 습관을 제거하고 싶은 욕망이 비통상적으로 강하기 때문일 수 있다. 그러나 이와 같은 자기조절 방식의 거주 공동체는 그 속에 1년 이상 머무르는 많은 사람들에게는 도움이 되는 것으로 보인다(Institute of Medicine, 1990; Jaffe, 1985).

2000년에 미국 캘리포니아주 유권자들은 안건 36을 승인하였고, 2001년도에는 약물남용 및 범죄예방법(Substance Abuse and Crime Prevention Act, SACPA)을 시행하였다. 이 법에 따르면 비폭력적인 약물범죄자는 교도소보다 약물치료를 받도록 보낼 수 있게 된다. 이 프로그램에 참여하는 것은 자발적인 것으로서, SACPA의 기준에 부합하는 사람은 치료 또는 교도소 중 하나를 선택할 수 있다. UCLA의 연구자들은 이 프로그램에 대해서 연구하였으며, 첫 7년간의 연구 결과는, 적어도 처치 프로그램에 참여하는 것을 완수하고 약물 사용이 감소했다는 면에서는, 이런 프로그램이 효과가 있음을 시사해주고 있다. 4년째 되는 해에는 단지 1/3이 약간 넘은 사람들이 처치를 모두 받았지만, 7년째 되는 해에는 40%가 처치에 참여하는 것을 완수하였다. 이러한 수치들이 낮은 것으로 보일 수 있으나, 다른 프로그램에서의 완수자 비율과 비교하였을 때, 특히 참여자가 범죄 사법 체계에 의해 의뢰된 범죄자인 경우에 실제로는 아주 괜찮은 수치이다(Longshore, Urada, Evans et al., 2003, 2005; Urada, Evans, Yang et al., 2009). 첫 2년간 이 프로그램이 가져온 비용절감 효과는 상당했다. 이 프로그램 참여자들이 교도소로 보내졌을 경우라면 비용이 4배나 더 들었을 것이다(Longshore, Hawken, Urada et al., 2006). 그러나 좋은 소식만 있는 것은 아니다. SACPA 법조항에 따라서 치료를 받았던 참여자들은 SACPA가 시행되기 전에 유사한 범행을 저질렀던 사람에 비해서 약물 위반으로 다시 체포되는 경우가 더 많았다(Longshore et al., 2005; Urada et al., 2009).

**약물 대체치료와 약물처치** 헤로인 사용 장애에 널리 사용되는 두 가지 프로그램에서는 헤로인 대체제(heroin substitutes) 또는 아편성 길항제(opiate antagonists)가 사용된다. 헤로인 대체제는 헤로인과 화학적으로 유사한 약물로서 헤로인에 대한 신체의 갈망을 대체해줄 수 있는 것이며, 아편성 길항제는 복용자가 헤로인을 통해서 강한 흥분을 경험하는 것을 막아주는 약물이다. 길항제(antagonist)라는 것은 신경전도체의 활동을 약화시키는 약물이며, 작용제(agonist)라는 것은 신경전도체를 자극하는 약물이라는 것에 유념하자. 첫 번째 범주에는 **메타돈**(methadone), 레보메타딜 아세테이트(levomethadyl acetate), 그리고 부프레노르핀(buprenorphine)이 있는데, 이들은 헤로인을 대신하도록 고안된 합성 마취제다. 그러나 이런 약물들도 그 자체로 중독성이 있기 때문에, 성공적으로 치료를 한다고 해도 헤로인 의존을 다른 물질에 의존하는 것으로 바꾸는 것밖에는 안 된다. 이러한 전환이 일어나는 이유는 이와 같은 합성 마취제가 헤로인과 **상호의존성**(cross-dependent)이 있기 때문이다. 즉 동일한 중추신경계의 수용기에 작용함으로써 이 약물은 원래의 의존을 대체하게 된다. 메타돈 복용을 갑자기 중단하게 되면 그에 따른 고유한 금단 반응을 가져오지만, 이런 반응이 헤로인의 금단 증상보다는 심각성이 덜하기 때문에, 메타돈은 헤로인 복용자를 약물 의존으로부터 벗어나게 해줄 수 있다(Strain, Bigelow, Liebson et al., 1999).

아편 길항제를 사용한 치료에는 날트렉손이라고 불리는 약물이 사용된다. 처음에 중독자들은 헤로인에서 점차 손을 떼게 한다. 다음에는 날트렉손 복용량을 점차 늘려서 받게 되는데, 이렇게 하면 이들이 나중에 헤로인을 사용한다고 해도 이전처럼 크게 취하지 않는다. 이 약물이 듣는 이유는 아편제가 통상적으로 달라붙는 수용기와 친화성이 크기 때문이다. 즉 이 약물의 분자들이 수용기를 자극하지 않으면서 수용기를 차지한다. 그렇게 되면 헤로인 분자는 차지할 곳이 없게 되어, 이에 따라서 헤로인은 사용자에게 그 고유의 효과를 발휘하지 못하게 된다. 그러나 메타돈의 경우와 마찬가지로, 날트렉손으로 처치하는 경우에는 중독자가 자주(매일) 그리고 정기적으로

메타돈은 합성 헤로인 대체제이다. 이전에 헤로인에 중독된 사람들은 매일 진료소에 와서 자기에게 처방된 이런 약물의 정량을 삼킨다.

진료소를 방문해야 하므로, 중독자의 동기가 있어야 한다. 더욱이, 당사자는 일정한 기간 동안에 헤로인에 대한 갈망을 잃어버리지 않는 경우도 있다. 근접성 관리 절차를 치료에 추가하면 임상적 효과와 치료에의 순응도(treatment compliance)를 모두 높일 수 있다(Carroll, Ball, Nich et al., 2001). 사용자들에게 날트렉손을 복용하고 약물 성분이 함유되지 않은 소변 검사를 받는 대가로 음식과 의복으로 교환할 수 있는 바우처를 제공하는 것은 그 효과를 현저하게 높여주었다. 한 연구에서는 두 가지의 서로 다른 날트렉손 처치를 비교하였다. 즉 매일 날트렉손을 알약으로 복용하는 조건 그리고 수술로 날트렉손을 몸에 이식하여 30일에 걸쳐 천천히 몸속으로 방출되도록 하는 조건을 비교하였다. 그 결과, 날트렉손이 몸에 이식된 사람들은 날트렉손을 입으로 복용한 사람들과 비교하여 오피오이드(opioid, 유사 아편제)를 덜 사용하였으며 갈망도 덜하다고 보고하였다(Hulse, Ngo, & Tait, 2010).

헤로인 대체제로 치료를 받으려면 통상 중독자가 약물치료를 하는 진료소로 가서 의료진이 보는 앞에서 약을 삼켜야 한다. 약이 메타돈일 경우에는 하루에 한 번이며 레보메타딜 아세테이트와 부프레노르핀의 경우에는 일주일에 세 번 복용해야 한다. 메타돈 지속 사용은 매주 의사를 찾아감으로써 좀 더 간단히 그리고 좀 더 효과적으로 실천될 수 있다는 증거가 일부 있다(Fiellin, O'Connor, Chawarski et al., 2001). 메타돈 치료의 효과는 통상적으로 자주 사용되는 40~50mg 용량(Strain et al., 1999) 말고 고용량(80~100mg)을 사용하고, 심리상담을 정기적으로 받는 것이 병행될 때 높아진다(Ball & Ross, 1991). 약물치료 전문가들이 일반적으로 믿고 있는 바는, 헤로인 대체제로 치료하는 것이 단순한 의료적 처치의 분위기가 아니라, 지지적인 사회적 상호작용의 맥락 속에서 이루어질 때가 최선이라는 것이다(Lilly, Quirk, Rhodes et al., 2000).

메타돈은 높이 뜬 행복감을 만들어주지 못하므로, 많은 중독자들이 헤로인을 구할 수 있게 되면 이를 다시 사용하게 된다. 더 좋은 치료 결과를 산출하기 위해 연구자들은 메타돈 진료소에서의 통상적인 치료에 근접성 관리법을 추가하는 것을 시도하였다. 한 무선 통제 시행(Pierce, Petry, Stitzer et al., 2006)에서는, 진료소에서 메타돈을 받은 사람들이 불법 약물이나 알코올 성분이 없는 (조심스러운 감독 절차를 거쳐서 얻어낸) 소변 샘플을 제출할 때마다 상을 받기 위해 제비를 뽑게 해주었다. 상은 칭찬에서부터 TV에 이르기까지 다양했다. 근접성 관리 처치집단에 있는 사람

들은 메타돈 진료소에서 통상적인 진료만을 받은 사람들에 비해서 약물을 중단한 상태에 머물러 있는 경우가 더 많았다. 물론, 이와 같은 금약의 이득이 처치가 종결되고 치료자의 이와 같은 유인가를 더 이상 제공해주지 않아도 지속될 수 있는지 여부는 지켜봐야 할 일이다.

불행하게도 많은 사람들이 메타돈 프로그램에서 중도 탈락하는데, 부분적인 이유는 불면증, 변비, 과도한 땀 흘림, 그리고 성기능 감소 등과 같은 부작용으로 인한 것이다. 앞에서 기술된 제임스의 임상 사례에서 예시되었듯이, 메타돈 진료소에 찾아가는 것과 관련된 사회적 낙인도 중도 탈락과 관련이 있다.

메타돈 및 그밖의 아편성 길항제와 같은 헤로인 대체제의 한계 때문에, 연구자들은 다른 대체 약물을 찾으려고 노력해 왔다. 부프레노르핀[상품명은 서복손(Suboxone)]은 실제로는 부프레노르핀 및 날록손이라는 2개의 성분이 함유된 처방제이다. 부프레노르핀은 부분적인 아편 작용제인데, 이 말의 뜻은 완전한 작용제인 헤로인만큼 동일한 정도로 강력한 중독성이 있지는 않다는 것이다. 날록손은 위에서 기술된 아편 길항제의 하나이다. 서복손에서 이와 같이 독특하게 합성하면 강한 황홀감을 일으키지 않고, 단지 경미한 중독성이 있을 뿐이며, 3일간만 지속된다. 이 약은 개인적으로 처방받을 수 있기 때문에 헤로인 사용자들은 이 약을 받기 위해 진료소에 갈 필요가 없다. 그러므로 이 치료법은 메타돈 진료소 방문과 관련된 낙인을 피할 수 있게 해준다. 서복손은 금단 증상을 완화하는 데 효과적이고, 메타돈보다 오랜 시간 지속되기 때문에 연구자들은 재발이 적을 것으로 기대한다. 하지만 여전히 사용자 중 일부에서는 헤로인과 연결된 강한 황홀감을 잊지 못해 재발이 빨리 나타날 수 있다.

약물 대체 요법은 코카인 남용 및 의존에 대한 효과적인 치료는 아닌 것 같다. 코카인 남용에 대한 치료법으로서 흥분제를 처방한 9개의 무선통제 임상 시행의 종합분석 결과에서는 이런 유형의 약물이 효과가 있다는 증거가 거의 나타나지 않았다(Castells, Casas, Vidal et al., 2007).

연구자들은 코카인 사용과 연관된 황홀감을 막아주는 백신이 효과가 있을 것이라는 희망에 차 있었다. 이 백신에는 무해한 병원균에 달라붙은 극소량의 코카인이 함유되어 있다. 인체의 면역체계는 이러한 침입에 반응하여 코카인을 억제할 항체를 발달시킨다. 이런 백신에 반복해서 노출시키면, 항체가 상당한 양의 코카인이 뇌에 도달하는 것을 막을 수 있게 될 것으로 기대되었다. 그러나 코카인에 중독된 100명 이상의 사람들을 대상으로 한 무선통제의 임상 시행에서는 특별히 유망성 있는 결과가 나타나지 않았다(Martell, Orson, Poling et al., 2009). 우선, 백신이 효과를 나타내려면 5번의 주사가 필요한데, 대상자의 절반에 해당하는 사람들만 이를 완수하였다. 두 번째로, 필요한 모든 주사를 맞은 사람들 중 1/3이 겨우 넘는 사람들만이 코카인이 두뇌에 도달하지 못하게 할 정도로 충분한 항체를 만들어냈다. 그리고 끝으로, 대상자 중 절반 정도 되는 사람들이 코카인을 적게 사용하기는 했지만, 백신이 코카인에 대한 갈망을 완화하는 데 도움이 되지 못하였다. 분명한 것은, 이 영역에 대한 추가적인 연구가 필요하다는 것이다.

메스암페타민 의존에 대한 효과적인 치료법을 개발하는 것은 이 분야의 난제로 남아 있다. 앞에서 기술된 임상 사례의 주인공인 안톤과 같은 사람들은 치료를 받으러 갈 만한 곳이 많지 않다. 지금까지 가장 큰 노력이 들어간 연구 활동은 메스암페타민 처치 프로젝트(Rawson, Martinelli-Casey, Anglin et al., 2004)로 불리는 서로 다른 8곳에서 실시된 무선통제 임상 시행이다. 이 연구에서는 매트릭스(Matrix)라고 불리는 다면적 처치와 통상적인 처치를 비교하였다. 매트릭스 처치는 16회의 CBT 집단회기, 12회의 가족교육 회기, 4회의 개인치료 회기, 그리고 4회의 사회적 지지집단 회기로 구성되었다. 통상적인 처치(treatment as usual, TAU)는 8곳의 외래환자 클리닉에서 현재 제공되는 최선의 처치법으로 구성되었다. 이는 연구기관에 따라서 차이가 있는데, 어떤 기관에서는 개인상담을 제공하고 또 다른 기관에서는 집단상담을 제공한다. 어떤 기관에서는 4주간 처치를 제공하고, 다른 기관에서는 16주간의 처치를 제공하였다. 연구 결과는 매트릭스 처치를 다소 지지하고 있다. TAU를 받은 사람들과 비교했을 때, 매트릭스 처치를 받은 사람들은 더 오랫동안 처치를 받았고 처치 중에도 메스암페타민을 덜 사용하였다(소변분석으로 확인됨). 불행하게도, 치료 종료 시와 6개월 뒤의 추적조사에서는 매트릭스 처치를 받았던 사람들이 TAU를 받은 사람들에 비해서 메스암페타민을 덜 사용하지 않은 것으로 나타났다. 좋은 소식은 모든 참여자들이, 매트릭스 처치 또는 TAU를 받았던 간에, 6개월 뒤에는 메스암페타민을 사용하는 경우가 감소하였다는 것이다. 이런 결과가 유망하기는 하지만, 메스암페타민 문제에 대한 효과적인 처치를 개발하려면 추가적인 연구가 명백히 필요하다.

## 중간 요약

심리학적 요법은 흡연 중단에 대해 그다지 효과적이지 못했다. 일정에 따른 흡연은 몇 주간의 기간에 걸쳐서 점진적으로 니코틴 섭취를 줄여나가는 것인데, 다소 유망성을 보여주었다. 사용자들이 껌을 씹는 것을 중단할 수 있기는 하지만, 니코틴 껌도 다소 효과가 있는 것으로 보인다. 니코틴 패치는 가짜 패치보다 더 효과가 있지만, 치료 후 9개월이 지나면 니코틴 패치를 사용한 사람들과 가짜약을 받은 사람들 사이에 약물 중단상의 차이가 사라졌다. 니코틴 패치 이외에도 부프로피온 또는 다른 처치를 추가하는 것은 효과가 있을 수 있지만 청소년들에게는 그렇지 못할 수 있다. 전자담배가 흡연을 멈추게 하는 데 효과적인 처치라는 초기의 증거는 유망하지 않으며 더 많은 연구가 필요하다.

해독은 약물사용장애 치료에 있어 통상 첫 단계에 해당된다. CBT가 코카인 의존에 대해 효과적인 처치법이라는 증거가 다소 있다. 동기증진 면접은 알코올 및 그밖의 약물사용장애의 치료에 대해 유망성을 보여주었다. 주거시설 치료는 흔한 유형의 처치임에도 불구하고 그 효과 여부가 제대로 평가되지 못했다.

메타돈이나 날트렉손과 같은 헤로인 대체제를 사용하는 것은 헤로인 사용 장애의 처치에 효과적이다. 메타돈은 특수 클리닉에서만 처방될 수 있으며, 이런 유형의 처치에 대한 낙인이 있다. 부프레노르핀이라 불리는 처방제는 집에서 복용할 수 있다. 메스암페타민 의존을 치료하는 것은 여전히 과제로 남아 있다.

## 복습문제 7.5

아래의 각 처치 접근법을 그에 맞는 물질의 유형과 연결하라.

| 처치법 | 물질 |
|---|---|
| **1.** 서복손 | **a.** 알코올 |
| **2.** AA | **b.** 헤로인 |
| **3.** 부부치료 | **c.** 코카인 |
| **4.** 아편 길항제 | **d.** 니코틴 |
| **5.** 항우울제 | **e.** 메스암페타민 |
| **6.** 패치 | |
| **7.** 매트릭스 | |

## 물질사용장애의 예방

성인 흡연자의 절반은 15세 이전에 흡연습관이 시작되었고, 거의 대부분은 19세 이전부터 시작되었다(U.S. Department of Health and Human Services, 2014). 따라서 어린 청소년들이 담배를 갖고 실험해보는 것을 못하도록 할 방법을 찾는 일은 AFP 건강연구자들 및 정책입안자에게 최우선 순위로 시급한 일이 되었고, 이에 대해서 미국 공중위생국장의 격려가 있었고 미국립보건원의 하나인 국립암연구소로부터 자금이 지원되었다. 유산기금(Legacy Foundation)은 젊은이들의 흡연을 막기 위해 설립된 기관인데, 기금의 일부는 1998년 담배회사를 대상으로 한 이와 같은 집단 소송에 따른 합의금으로 조성된 것이다. 이 조직은 오늘날까지도 존속되고 있으며, 다양한 정보를 온라인으로 제공하고 있다(더 많은 정보는 www.legacyforhealth.org와 www.mylegacystory.org 참조).

어린 청소년들이 흡연 욕구에 저항하도록 설득하는 데 유망한 조치들은 또한 이들이 불법 약물과 알코올을 시험해보는 것을 저지하는 데도 유용할지 모른다. 단기적인 가족 개입법도 이와 같은 유망성을 보여주고 있다. 미국 아이오와주에서는, 아이오와 가족결속강화 프로그램과 약물 없는 새해 준비 5회기 프로그램이 10대들의 니코틴 및 알코올 복용 시작을 예방해주는 것으로 발견되었다(Spoth, Redmond, Shin et al., 2004). 청소년에게는 가족치료도 예방효과를 나타내는 것으로 보인다. 연구 결과는 2개의 서로 다른 단기적 가족 개입법들이 10대들의 알코올 복용 시작을 줄여주는 것과 관련이 있음을 보여주었다(Spoth, Guyll, & Day, 2002).

미국에서 주 차원의 포괄적인 흡연조절 프로그램에는 담배에 대한 증세, 담배 광고의 제한, 공공교육 캠페인 활동, 그리고 담배 없는 환경의 구축이 있는데, 10대의 흡연을 감소시키는 데 효과적인 전략으로 보인다(Wakefield & Chaloupka, 2000). 2011년에, 미국 FDA에서는 흡연이 건강에 끼칠 수 있는 나쁜 효과를 담은 그래픽 이미지를 담뱃갑에 넣는 새로운 건강 관련 경고문을 제안하였다. 여러 곳의 담배회사들은 이러한 그래픽 이미지가 담뱃갑에 부착되는 것을 막기 위해 소송을 걸었고, 승소하였으며, 적어도 지금까지는 그렇다. 이는 불행한 일이다. 연구 결과에 의하면 그래픽 경고 문구가 흡연을 방지하고 금연하는 것을 돕는 데 효과가 있는데, 그 주된 이유는 이런 조치가 흡연이 건강에 미치는 영향을 명확하게 해주기 때문이다(Hammond, 2011; Huang, Chaloupka, & Fong, 2014). FDA에서는 현재 담뱃갑에 부착할 새로운 건강 관련 경고를 만드는 작업을 하고 있다.

더욱이, 어린 청소년들이 흡연을 시작하는 것을 방지하는 것을 목표로 하는 학교 기반의 프로그램이 20여 개 정도 이식되었다. 점차적으로, 이런 프로그램들은 흡연의 시작 나이를 늦추는 데 성공을 거두고 있다(Sussman, Dent, Simon et al., 1995). 이러한 프로그램들은 다음과 같은 공통 요소를 갖추고 있는데, 이런 구성요소가 모두 다 효과가 있는 것은 아닌 것으로 밝혀졌다(Evans,

FDA가 제시한 담뱃갑에 붙일 건강 경고 관련 예시문. 담배회사들은 이런 그림이 담뱃갑에 부착되는 것을 저지하기 위해 소송을 제기했으며, 연방법원 판사와 상소위원회는 승소 판결을 내렸다. FDA는 2013년에 새로운 건강 경고문의 제작 작업을 시작하였다.

2001; Hansen, 1992; Sussman, 1996).

- **또래의 압력에 대한 저항 훈련** : 학생들에게 또래의 압력의 속성을 알게 하고 '아니요'라고 말하는 법을 배우게 한다. 전반적으로 볼 때, 또래의 압력에 대한 저항 훈련에 기반을 둔 프로그램들은 젊은이들에게서 담배 사용을 시작하는 것과 그 수준을 줄여주는 데 효과가 있는 것으로 보이며, 불법 약물 복용의 경우도 이와 마찬가지다(Tobler, Roona, Ochshorn et al., 2000).

- **보편적인 믿음과 기대감의 교정** : 많은 청소년들은 담배를 피우는 것이 실제보다 더 많이 만연되어 있는 것으로(그리고 함축된 바는 오케이라는 말을 좀 더 많이 표현할 것임) 믿고 있다. 이와 같이 흡연이 만연해 있다는 믿음을 변화시키는 것이 효과적인 전략으로 밝혀졌는데, 그 이유는 아마도 청소년들이 자기 나이 또래의 다른 이들이 무엇을 하고 무엇을 믿는지에 대해 아주 민감하기 때문일 것이다. 담배를 피우는 것(또는 알코올을 마시거나 마리화나를 피우는 것)이 보편적인 행동이 아니라는 것을 가르치는 것이 저항 훈련보다 의미 있게 더 큰 효과를 나타내는 것으로 보인다(Hansen & Graham, 1991).

- **방송매체 메시지에 대한 면역훈련** : 어떤 예방 프로그램에서는 각종 매체에 등장한 흡연자의 긍정적 이미지를 무효화하려고 한다. 담배가 매우 유용한 소비 제품으로 보이게 했던 광고와 비슷하게, 세련된 (금연) 광고 캠페인은 흡연을 방지하는 데 성공을 가져올 수 있다. 예를 들면, 미국에서 유산기금이 주최하는 진실 캠페인(truth campaign)은 웹사이트(www.thetruth.com)와 라디오 및 TV 광고를 만들어서 젊은 층에게 흡연이 건강과 사회에 어떤 영향을 미치는지를 알려주고, 또한 담배 회사가 젊은 층을 표적으로 하는 방식을 알려주어 흡연을 할지 여부를 선택할 수 있게 해주었다. 이 캠페인은 젊은이들 사이에서 잘 받아들여졌으며, 한 연구에서는 진실 메시지(truth messages)를 주목하고 이에 동의한 것이 10대들 사이에서의 흡연율 감소와 연관이 있다는 것을 발견하였다(Niederdeppe, Farrelly, & Haviland, 2004). 이러한 발견은 특히 고무적인데, 왜냐하면 담배 마케팅을 10대들이 받아들이는 정도가 이들이 실제로 흡연할 것인지 여부와 강하게 연관되어 있다는 것이 이미 알려져 있기 때문이다(Unger, Boley Cruz, Schuster et al., 2001).

- **또래의 솔선수범** : 흡연 및 그 밖의 약물 방지 프로그램의 대부분에서는 약물 사용에 반대하는 메시지를 전달할 때, 그 효과를 강화하기 위해 동료들로부터 인정받는 위치에 있는 또래들을 활용하고 있다.

# 요약

## 임상적 기술

- DSM-5에서는 물질남용 및 물질 의존에 대한 별개의 항목 대신에 물질사용장애를 수록하였다. 현존하는 증상의 수효가 그 강도를 결정짓는다.

- 알코올은 인간에게 단기적 효과와 장기적 효과를 다양하게 나타내며, 여기에는 판단력 저하 및 운동조정능력의 저하에서부터 만성적인 건강문제까지 걸쳐 있다.

- 사람들은 생리적으로 니코틴에 의존하게 될 수 있으며, 대부분은 담배를 피워서 발생한다. 장기 흡연과 연관된 의학적 문제에는 많은 종류의 암, 기종, 그리고 심장혈관계 질환도 들어 있다. 더욱이 흡연으로 인한 건강상의 폐해는 흡연자에게만 국한되지 않는데, 2차적인 (주변으로부터의) 간접흡연도 폐를 손상하고 기타의 문제를 일으킬 수 있기 때문이다. 전자담배가 건강에 미치는 효과들은 아직 잘 연구되지는 않았지만, 니코틴이 핵심 성분이기 때문에 중독을 유발하는 것은 확실해 보인다.

- 정기적으로 사용하면, 마리화나는 폐와 심장혈관계에 해를 끼칠 수 있으며 인지적 손상을 초래할 수도 있다. 또한 마리화나에 대한 내성이 생길 수 있다. 그러나 마리화나는 치료 효과가 있는데, 화학요법을 받는 환자의 메스꺼움을 가라앉히고, AIDS, 녹내장, 만성 통증, 발작, 그리고 근육경련과 연관된 불편감을 완화해준다.

- 아편제는 신체의 활동을 느리게 해주는데, 적당량을 복용하면 통증 완화와 수면 유도에 유용하다. 헤로인은 염려의 대상이 되었는데, 왜냐하면 그 사용이 증가 추세에 있고 효과가 더 강력한 변종 약물을 구할 수 있게 되었기 때문이다. 처방된 진통제에 대한 의존이 지난 20년 동안 치솟았다.

- 암페타민과 코카인을 위시한 각성제는 뇌와 교감신경 계통에 영향을 미쳐서 정신을 또렷하게 해주고 운동 활동성을 높여준다. 내성과 금단도 이런 약물 모두와 연관되어 있다. 암페타민에서 파생된 메스암페타민의 남용은 1990년대 이후로 감소하였지만 여전히 문제로 남아 있다.

- LSD와 같은 환각제들은 의식을 변화시키거나 확장시킨다. 엑스터시 같은 유사 환각제의 사용은 긍정적인 감정과 연관이 있다. PCP 복용은 종종 폭력을 유발한다.

## 원인론

- 물질사용장애의 원인에는 여러 요인이 관련되어 있다. 유전적 요인은 알코올 및 담배사용장애에 관해서 가장 많은 연구가 이루어졌다. 특정 유전자가 식별이 되기는 했지만, 이러한 유전자와 환경의 상호작용이 유전의 영향을 이해하는 데 가장 중요하다. 두뇌의 보상 경로를 위시한 신경생물학적 요인은 일부 물질의 사용에서 어떤 역할을 하는 것으로 보인다. 많은 물질이 기분을 변화시키기 위해(예 : 긴장을 감소시키거나 긍정적인 정동을 높이기 위해) 사용되며, 특정한 성격특질의 소유자—이를테면 부정적 정동이 높거나 참는 성향이 낮은 사람—는 특히 약물을 사용하기 쉽다. 또한 약물이 긍정적인 효과를 가져올 것이라는 기대감 등의 인지적 변인도 중요하다. 끝으로, 사회문화적 변인들—이를테면 약물에 대한 태도, 또래의 압력, 그리고 방송매체에서 약물을 어떻게 조명하는가—도 모두 물질의 사용빈도와 관련이 있다.

## 치료

- 온갖 종류의 치료법이 사람들로 하여금 적법 약물(예 : 알코올과 니코틴) 그리고 불법 약물(예 : 헤로인과 코카인)의 사용을 참도록 하는 것을 도와주기 위하여 적용되어 왔다. 약물치료들은 약물사용자를 의존성으로부터 벗어나게 해주기 위해 적용되었으며, 종종 다른 물질로 대체해주기도 하였다. 날트렉손, 서복손 및 메타돈 같은 약물을 사용한 처치가 효과가 있다는 것이 관찰되었다. 현대의 약물치료는 갈망을 누그러뜨리는 것을 목표로 한다. 껌, 패치 및 흡입제 형식의 니코틴 대체제가 흡연을 줄이는 데 어느 정도의 성공을 가져다주었다. 전자담배가 사람들로 하여금 흡연을 중단하는 데 도움이 될 수 있는지 여부는 불명확하다. 그러나 이와 같은 접근법 중 어느 것도 인지행동요법, 부부치료, 동기증진 면접, 그리고 근접성 관리법을 위시한 심리적 처치법이 병행되지 않으면 지속적인 변화를 가져오지 못하는 것으로 보인다. 통제된 연구들은 알코올 중독자 자조모임(AA)이 효과가 있다는 것을 발견하지 못하였지만, AA는 많은 처치 프로그램에 기본 요소로 들어가 있다.

- 약물 사용을 중단하는 것보다는 애초에 약물 복용을 시작하지 않는 것이 훨씬 더 쉽기 때문에, 청소년들이 약물에 의지하지 않고도 자신의 삶을 꾸려나갈 수 있도록 도와주는 교육 및 사회 프로그램을 정착시켜서 약물남용을 방지하는 데 상당한 노력을 들이고 있다.

## 복습문제 정답

**7.1** 1. F; 2. T; 3. T
**7.2** 1. 폐, 후두, 식도, 이자, 방광, 자궁 경관, 복부; 2. 단기간, 장기간;
3. 통증완화, 구토 감소, 식욕 증가, AIDS로 인한 불편감 완화

**7.3** 1. F; 2. F; 3. F; 4. T
**7.4** 1. b; 2. c; 3. a
**7.5** 1. b; 2. a; 3. a; 4. b; 5. a, c, d; 6. d; 7. e

## 주요 용어

각성제(stimulants)
간접흡연(secondhand smoke)
금단(withdrawal)
내성(tolerance)
니코틴(nicotine)
대마초(hashish)
마리화나(marijuana)
메스암페타민(methamphetamine)
메타돈(methadone)
물질사용장애(substance use disorder)
상호의존성(cross-dependent)
섬광기억(flashback)
아편제(opiates)
암페타민계 약물(amphetamines)
엑스터시(Ecstasy)
옥시코돈(oxycodone)
중독(addiction)

진전섬망(delirium tremens, DTs)
질소산화물(nitrous oxide)
카페인(caffeine)
코카인(cocaine)
크랙(crack)
태아알코올증후군(fetal alcohol syndrome, FAS)
통제된 음주(controlled drinking)
하이드로코돈(hydrocodone)
항남용제(antabuse)
해독(detoxification)
헤로인(heroin)
환각제(hallucinogen)
흥분제(stimulants)
LSD
MDMA
PCP

## 학습 목표

1. 성격장애의 분류에 대한 DSM-5의 접근방식, 이 접근방식에서의 핵심적인 염려사항, 그리고 진단을 위한 대안적인 접근을 설명할 수 있어야 한다.
2. DSM-5의 각 성격장애에 대해서 그 핵심 특징을 정의할 수 있어야 한다.
3. DSM-5 성격장애에서의 공통된 위험 요인뿐만 아니라, 각각의 DSM-5 성격장애에 영향을 미치는 생물학적·사회적·심리적 위험 요인을 기술할 수 있어야 한다.
4. DSM-5 성격장애에 대해 적용가능한 심리적 처치법을 기술할 수 있어야 한다.

## 임상 사례 : 메리

메리가 열정적으로 애착을 느꼈던 남자와 잠깐 동안 사귀었다가 헤어진 후, 처음으로 정신병원에 입원하게 된 시기는 26세 때였다. 그녀는 무엇보다도 혼자 있는 것을 무서워했고, 연인과 헤어지자 자신을 칼로 베고 불로 태우고 자살하려는 생각이 반복해서 많이 나타나게 되었다. 그녀는 연인과 결별하기 전에 외래환자로서 여러 달 동안 심리학자의 치료를 받아 왔는데, 그녀가 끊임없이 자살을 생각하고 자해행위의 가능성이 염려되어, 치료자는 더 이상 그녀를 외래환자로 다룰 수 없다는 결론을 내렸다.

메리가 심리치료를 처음 받은 것은 청소년 시기였다. 그녀의 부모는 그녀가 속눈썹을 뽑아내고 있다는 것을 처음으로 알게 되었고, 이후 정수리 근처까지 탈모 부위가 점차 넓어지고 있었지만, 부모는 메리가 자기 자신을 의식하지 않게 하면서 이를 다루어나갈 방도가 있는지를 몰랐다. 가족치료가 시작되었고, 처음에는 잘 되어가는 것처럼 보였다. 메리는 치료자에 대해 열성적이어서 치료자와 단독으로 치료회기를 추가로 갖자고 요구하기도 했다.

치료자와 메리만의 회기 동안에 메리는 친구 집에서 아주 정기적으로 마리화나를 피웠으며 친구의 오빠와 난잡한 성관계도 맺었다고 말했다. 그녀가 학교에서 또래와 사귀는 방식은 변덕스러웠다. 그 방식을 보면, 처음에는 새로운 친구가 끊임없이 생겼고, 이들을 메리는 처음에는 최고로 여기다가 곧 실망하게 되고, 그다음에는 종종 불쾌한 방식으로 친구를 버리는 식으로 친구를 수없이 바꾸었다. 메리는 마리화나를 함께 피웠던 친구 한 명을 제외하고 주말에 같이 지낼 친구가 거의 없다고 말했다.

가족치료를 시작한 지 몇 주가 지나자, 그녀의 부모는 메리가 치료자에게 화를 내고 욕도 했다는 것을 알게 되었다. 그로부터 몇 주 후에, 그녀는 더 이상 치료받는 것을 거부했다. 그러자 메리의 어머니는 치료자와의 대화를 통해서, 메리가 치료자와의 단독치료 회기 동안 치료자에게 유혹적인 행동을 했었다는 것과 치료자가 이에 대해 거부하면서도 따뜻하고 공감하는 마음으로 단호한 뜻을 전달하려고 했음에도 불구하고, 메리의 유혹을 치료자가 거부한 시점과 그녀가 치료자에 대한 태도를 바꾼 시점이 일치하는 것을 알게 되었다.

메리는 고등학교를 겨우 졸업하고는 그 지역의 지방대학에 등록했지만, 오래된 행동패턴이 다시 나타났다. 학점이 형편없고, 약물사용을 계속했으며, 공부에 흥미가 없어서 종국에는 2학년 1학기 중반에 대학을 그만두게 되었다. 메리는 대학을 중퇴하고 나서는 보수가 낮은 직장을 전전했다. 학교 친구들과 관계를 맺는 방식으로 직장동료들과도 관계를 맺으려 했기 때문에, 대부분의 직장에서 오래 버티지 못했다. 새 직장에서 일을 시작할 때마다 아주 좋아하는 사람을 찾아내곤 하지만, 곧 그들 사이에 무슨 일인가 생기게 되고 결국은 분노의 감정과 함께 헤어지곤 했다. 그녀는 동료들을 종종 의심했으며, 그들이 그녀가 직장에서 남들보다 앞서서 실적을 올리지 못하도록 음모를 꾸미는 것을 들었다고 보고했다. 그녀는 그들의 행동 속에 숨겨진 의미를 재빨리 간파하곤 했는데, 이를테면 생일 축하카드에 사인을 부탁할 때 맨 마지막으로 부탁하는 사람은 그 사무실에서 가장 호감을 못 받는 사람이라고 해석하는 식이었다. 그녀는 다른 사람에게서 나오는 "진동이 느껴져서", 직접적인 증거가 없어도 남들이 자기를 진짜로 좋아하지 않으면 그것을 곧 알 수 있다고 말한 적이 있다.

그녀의 기분은 우울증에 빠졌다가도 올라가는 등 변동이 잦고, 공허감, 그리고 극도의 자극과민성(성마름, irritability)을 나타내서 여러 차례 치료를 받아야만 했다. 초기에는 치료자와의 관계에 열의를 보이지만, 나중에는 치료자와의 관계가 나빠져서 매번 치료가 조기에 종결되었다. 그녀가 입원하기 직전에 찾아갔던 치료자는 6번째 치료자였다.

성격장애는 안정되게 긍정적인 정체성을 형성하고 친밀하고 건설적인 대인관계를 유지하는 데 지속적인 문제가 있는 것으로 정의된다. 이런 성격장애가 모두 극단적이고 융통성이 없는 특질이 있는 것으로 정의되지만, 10가지로 분류된 **성격장애**(personality disorder) 속에는 광범위한 증상 프로파일이 들어가 있다. 이와 같은 이질성의 예를 들면, 편집성 성격장애(paranoid personality disorder)는 불신과 의심을 만성적으로 나타내는 경향으로 정의되며, 반사회성 성격장애는 무책임하고 타인의 권리를 냉담하게 무시하는 패턴으로, 그리고 의존성 성격장애는 다른 사람들에게 과도하게 의존하는 것으로 정의된다. 우리 모두는 때에 따라 성격장애의 증상과 비슷해 보이는 방식으로 행동하고 생각하며 느끼지만, 실제의 성격장애는 이러한 (성격)특질들이 지속적이고 전반적이며 부적응적인 방식으로 표출되는 것으로 정의된다.

우리의 성격은 우리 생활의 거의 모든 영역, 즉 진로 선택, 우리의 대인관계의 질, 우리의 사회적 연결망의 규모, 우리가 좋아하는 활동 및 선호하는 활동 수준, 일상적인 문제를 해결하기 위한 우리의 접근방식, 우리가 규칙을 위반하려는 마음이 얼마나 있는지, 그리고 우리의 행복감 수준이 통상 어느 수준인지를 결정한다(Ozer & Benet-Martinez, 2006). 이처럼 우리 생활의 많은 영역이 성격특질에 의해 그 양상이 결정되는 것을 감안하면, 성격장애에서 발견되는 극단적이고 융통성 없는 특질이 여러 영역에서 문제를 일으킬 것이라고 추론하는 것은 당연하다. 성격장애가 있는 사람들은 자신의 정체성과 대인관계에서 어려움을 겪으며, 이러한 문제들은 오랫동안 지속된다.

이 장에서는 우선 DSM-5에서 성격장애를 분류하는 방식과 성격장애에 대한 평가를 살펴본다. 우리는 성격장애에 대한 DSM-5 접근방식에 관련된 몇 가지 염려사항을 언급한 다음에, DSM-5 부록에 제시되어 있는 대안적 분류체계를 살펴볼 것이다. 성격장애의 분류에 대한 이와 같은 광범위한 논쟁거리를 살펴본 다음에, 성격장애 전반에 걸쳐서 걸릴 위험성을 증가시키는 요인을 기술한다. 그리고 그다음에는 각 성격장애에 대한 임상적 기술과 위험 요인을 살펴본다. 끝으로 성격장애의 치료법을 살펴본다.

# DSM-5에서의 분류 방식

DSM-5에서는 10개의 각기 다른 성격장애를 세 집단으로 분류하는데, 이는 성격장애의 특징이 특이한 괴짜 행동(A군), 극적이고 감정적이거나 변덕스러운 행동(B군), 또는 불안해하거나 두려워하는 행동(C군)에 있다는 생각을 반영하는 것이다. 이 세 집단의 분류는 이 장에서 우리가 내용을 소개할 때 유용하게 사용한 개념적 틀이다. 표 8.1에는 성격장애의 핵심 특징 및 소속된 집단이 소개되어 있다.

대략 10명 중 1명 정도가 성격장애의 진단 기준에 부합한다(Sansone & Sansone, 2011). 이처럼 비율이 높으므로, 여러분이 알고 있는 사람들 중 성격장애의 진단 기준에 부합할 사람이 있기 쉽다.

성격장애는 주요우울장애 또는 불안장애와 같은 심리장애가 있는 사람들 사이에서 더 빈번한 경향이 있다. 한 연구에서는 성격장애가 있는 사람들이 성격장애가 없는 사람들에 비해서 불안장애 또는 기분장애가 있을 확률이 7배나 더 높고, 물질사용장애를 나타낼 확률은 4배나 더 높은 것으로 추정되었다(Lenzenweger, Lane, Loranger et al., 2007). 성격장애와 불안, 기분, 그리고 물질과의 연관성은 B군에 속하는 성격장애에서 특히 두드러진다. 결과적으로, 성격장애는 치료 장면에서 흔히 맞닥뜨리게 되며, 무려 외래환자의 40%나 성격장애의 진단 기준에 부합한다(Newton-Howes, Tyrer, Anagnostakis et al., 2010). 일반 지역사회에서의 성격장애 발생률과 대비해서 치료 장면에서의 발생률은 그림 8.1을 보라.

심리장애에 성격장애가 공존하는 경우에는, 많은 심리장애에 대해서 증상이 더 극심한 것, 사회적 기능이 저조한 것, 그리고 처치 성과가 더 나쁜 것과 연관된다. 예를 들어 24개의 연구에 대한 종합분석 결과에 따르면, 성격장애가 공존하는 경우에는 우울장애에서 성과가 나쁠 위험성을 2배나 높여주는 것으로 나타났다(Newton-Howes, Tyrer, & Johnson, 2006). 또한 성격장애가 공존하는 경우에는 불안장애에 대해서도 성과가 더 나쁠 것이라는 것을 예측해주고 있다(Ansell, Pinto, Edelen et al., 2011).

**표 8.1** DSM-5 성격장애의 핵심 특징

| | 핵심 특징 | 성격장애의 대안적인 DSM-5 모형에 포함되어 있는가? |
|---|---|---|
| **A군(특이한/괴짜)** | | |
| 편집성 | 타인을 믿지 않고 의심함 | 아니다 |
| 조현성(분열성) | 사회적 관계 단절 및 제한된 정서적 표현 | 아니다 |
| 조현형(분열형) | 가까운 관계성의 수용 부족, 인식적 왜곡과 별난 행동 | 그렇다 |
| **B군(극적/변덕)** | | |
| 반사회성 | 타인의 인권에 대한 침해와 무시 | 그렇다 |
| 경계성 | 대인관계, 자기 이미지, 정서의 불안정성은 물론 눈에 띄는 충동성 | 그렇다 |
| 연극성(히스테리성) | 과도한 정서성, 관심사항 찾기 | 아니다 |
| 자기애성 | 과장, 감탄(찬양)에 대한 필요, 공감 부족 | 그렇다 |
| **C군(불안/공포)** | | |
| 회피성 | 사회적 금지, 부적절한 느낌, 부정적 평가에 대한 과민반응 | 그렇다 |
| 의존성 | 돌봐줘야 할 과도한 필요, 복종적 행동, 이별에 대한 공포 | 아니다 |
| 강박성 | 규율, 완벽성, 통제에 열중 | 그렇다 |

**표 8.2** 구조화된 면접으로 평가한 각 성격 장애별 평정자 간 신뢰도

| 진단 | 평정자 간 신뢰도 |
|---|---|
| 편집성 | .86 |
| 조현성 | .69 |
| 조현형 | .91 |
| 반사회성 | .97 |
| 경계성 | .90 |
| 연극성 | .83 |
| 자기애성 | .88 |
| 회피성 | .79 |
| 의존성 | .87 |
| 강박성 | .85 |

출처 : Zanarini et al.(2000)의 연구에서 나온 구조화된 면접 추정치

## DSM-5 성격장애의 평가

DSM-5에서는 각 성격장애에 대한 진단 기준을 목록으로 제공하고 있으며, 이러한 기준을 확인하기 위한 구조화된 면접도 개발해 놓았다. 표 8.2는 전문가들이 구조화된 진단면접을 실시하여 수행한, 성격장애의 평정자 간 신뢰도를 보여준다(Zanarini, Skodol, Bender et al., 2000). 구조화된 면접법을 사용했을 경우, 대부분의 성격장애 진단 시 신뢰도가 적당하거나 좋은 수준이지만, 조현성 성격장애는 여전히 평정자 간 신뢰도가 상대적으로 낮은 게 특징이다.

주목할 것은, 대부분의 임상가들은 성격을 평가하기 위해 구조화된 면접을 사용하지 않는다는 것이다. 세 가지 가장 보편적인 성격장애에 대해서 비구조화된 임상면접으로 평가할 때의 진단 신뢰도를 조사하기 위해서, DSM-5 현장 시행에서는 7개의 서로 다른 주요 정신과 센터에 있는 임상가들을 참여시켰다. 임상가들은 자신이 주로 쓰는 임상면접 방식을 사용하도록 격려를 받았지만, 이들의 면접을 증진시키기 위해서 두 가지 간단한 기법이 사용되었다. 첫째, 모든 환자는 면접을 하기 전에 자신의 증상에 대한 자기평정을 완료했고, 이 내용은 임상가에게도 전달되었다. 둘째, 임상면접을 마친 후, 면접자는 자신이 내릴 진단 결정을 조직화하는 데 도움이 되도록 전산화된 증상 확인 목록에 모두 표기하였다. 경계선 성격장애에 대한 평정자 간 신뢰도는 적절했지만, 반사회성 및 강박성 성격장애에 대한 신뢰도의 추정치는 적절하지 못하였다. 즉 비구조화된 면접에 의존했던 임상가들은 성격장애가 있는지 여부에 대해서 의견이 불일치하는 경우가 잦았다(Regier, Kuhl, & Kupfer, 2013).

일치율이 상대적으로 낮은 것 이외에도, 비구조화된 임상면접을 사용한 임상가는 성격장애의 진단을 종종 놓쳤다(Zimmerman & Mattia, 1999). 한 연구에서는, 연구자들이 400명이 넘는 환자를 대상으로 경계선 성격장애를 평가하기 위해 구조화된 진단면접을 실시한 후, 그 결과를 환자가 이전에 받았던 임상 진단과 비교했다. 구조화된 임상면접에 따라 경계선 성격장애의 기준에 부합한 환자들 중에서, 치료자로부터 이전에 그러한 임상 진단을 받았던 사람은 절반 미만이었다(Zimmerman & Mattia, 1999).

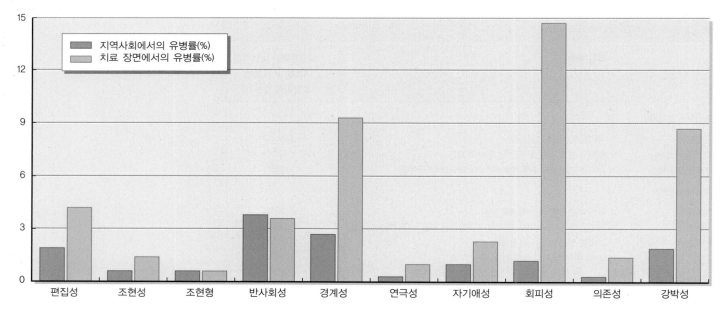

**그림 8.1** 지역사회와 치료 장면에서 DSM 성격장애의 비율

출처 : 지역사회에 대한 유병률 추정치의 출처는 Trull, Jahng, Tomko et al.,(2010); Samuels et al.(2002). 치료 장면에 대한 유병률 추정치의 출처는 Zimmerman, Rothschild, & Chelminski (2005).

구조화된 진단면접이 진단의 정확성과 신뢰도를 향상시킬 수 있다는 이와 같이 강력한 증거에도 불구하고, 많은 임상가들은 구조화된 면접보다는 자기 방식의 비구조화된 평가법을 더 선호한다. 이들의 주장은 잘 훈련된 임상가라면 성격장애에 대한 세밀한 견해를 갖고 있을 수 있다는 것과, 우리는 구조화된 면접에 기반을 둔 것보다 자신의 판단에 의존해야 한다는 것이다. 연구 결과는 이런 주장을 지지하지 않는다. 구조화된 면접을 기반으로 한 진단은 비구조화된 임상면접에 기반을 둔 진단보다 5년 뒤의 기능 수준 및 증상을 더 잘 예측해주고 있다(Samuel, Sanislow, Hopwood et al., 2013).

구조화된 진단면접을 사용할지 여부를 결정하는 것 외에도, 진단 전문가는 환자의 지인을 대상으로 면접을 할지 여부도 결정해야 한다. 진단 기준에 따르면 성격장애가 있는 사람들은 자기 자신을 왜곡하여 보는 경향이 있다고 명시되어 있기 때문에(Thomas, Turkheimer, & Oltmanns, 2003), 내담자가 자신의 성격장애 증상에 대해 보고한 내용이 그의 친구 및 가족이 보고한 내용과 다르기 쉬운 것에 대해서 놀라지 말아야 한다(Klonsky, Oltmanns, & Turkheimer, 2002). 환자를 잘 알고 있는 사람을 면접하는 것도 진단의 정확도를 높여줄 것이며(Bernstein, Kasapis, Bergman et al., 1997) 그리고 수년간의 추적조사 기간에 걸쳐서 사회적 성과가 어떨지를 예측해주는 능력을 향상시킨다(Klein, 2003). 그러나 성격장애에 관해 출간된 연구들 중 10% 미만이 진단의 대상이 되는 사람들 이외의 다른 사람들로부터 자료를 수집한 것이다(Bornstein, 2003).

## 성격장애에 대한 DSM-5 접근방식의 문제점

성격장애에 대한 DSM-5의 접근방식에는 몇 가지 주요한 염려사항이 있다. 예를 들어 점증하는 연구 결과에 따르면, 이들 성격장애들이 그 정의가 함축하는 것만큼 안정적이지 못하며, 성격장애들 간에는 공존하는 비율이 지극히 높다.

**성격장애는 시간의 흐름에 따라 안정적이지 못하다**　성격장애의 정의 그 자체에 따르면 시간이 흘러도 안정적이어야 한다는 것을 시사하지만, 그림 8.2에서는 어느 시점에서 성격장애로 진단된 사람들 중 약 절반이 2년 뒤에 면접을 받았을 때는 증상이 완화된 것(즉 동일한 진단을 내리기 위한 기

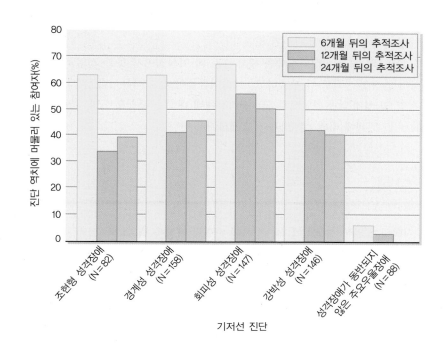

**그림 8.2** 성격장애와 주요우울장애에 대한 6개월, 12개월, 24개월 뒤의 추적조사 면접 시 검사-재검사 신뢰도

출처 : Grilo, Shea, Sanislow et al.(2004); Shea, Stout, Gunderson et al.(2002).

준에 못 미치는 것)을 보여준다(McGlashan, Grilo, Sanislow et al., 2005). 성격장애로 진단된 환자들을 16년 동안 추적조사했더니, 이들 중 99%가 성격장애의 진단 기준에 못 미쳤다(Zanarini, Frankenburg, Reich et al., 2011). 성격장애의 증상은 청소년기에 가장 빈번하게 나타나다가 20대에 이르러서는 감소하며(Johnson, Cohen, Kasen et al., 2000), 심지어 나이가 들면 더욱 감소하는 것으로 보인다(Balsis, Gleason, Woods et al., 2007). 따라서 이러한 결과들은 성격장애 중 상당수가 DSM에서 주장하듯이 지속적이지는 않은 것일 수 있음을 나타낸다.

이들 증상이 성격장애에 대한 정의에 함축된 것처럼 지속적이지는 않더라도, 이들 진단은 장기적인 성과를 예측하는 데 중요한 것으로 보인다. 첫째, 연구 참여자들 중 상당수가 진단을 내릴 만한 수준은 못 되지만 완화가 나타난 뒤에도 여전히 일부 증상을 갖고 있다. 둘째, 증상 완화가 나타난 뒤에도, 기능 발휘와 관련해 많은 문제가 지속되고 있다. 성격장애의 기저선(baseline) 진단(초기 진단)은 심지어 10~15년 뒤 기능 수준의 저하 및 우울증의 심화를 예측해주고 있다 (Hong, Samuels, Bienvenu et al., 2005; Morey, Hopwood, Markowitz et al., 2012). 셋째, 완화된 뒤 수년이 지난 후에도, 재발의 위험성은 여전히 높다ー성격장애의 증상은 시간이 흐름에 따라 커졌다 작아졌다 하는 경우가 종종 있다(Zanarini et al., 2011). 따라서 완화가 나타나고 난 뒤에도, 성격장애의 진단은 진짜로 만족스러운 생활방식에 도달하는 데 계속 어려움을 겪고 있을 가능성을 예측해줄 수 있다.

**성격장애는 동반이환율이 높다**   성격장애를 분류하는 데 두 번째 주요 문제는 성격장애가 서로 공존한다는 데서 발생한다. 메리의 임상 사례가 이 문제를 잘 보여주고 있다. 메리는 경계선 성격장애뿐만 아니라 편집성 성격장애의 진단 기준에도 부합했다. 성격장애로 진단된 사람들 중 50% 이상이 또 다른 성격장애의 진단 기준에도 부합한다(Lenzenweger et al., 2007). 일부 성격장애들은 유사한 유형의 염려와 관련되어 있다. 예를 들면, 우리가 곧 보겠지만, 조현형, 회피성, 그리고 편집성 성격장애의 진단 기준은 모두 친밀한 대인관계를 형성하는 데 어려움이 있음을 강조하므로, 이들 진단이 공존하는 경우가 종종 있는 것은 놀라운 일이 아니다. 성격장애들 간에 중복성이 높은 것은 우리가 특정한 성격장애를 갖고 있는 사람들과 특정한 통제집단을 비교하는 연구의 결과를 해석하려고 할 때 기운 빠지게 만든다. 예를 들면, 우리가 경계선 성격장애를 갖고 있는 사람과 건강한 정상인이 다르다는 것을 발견했다고 할 경우, 이러한 발견이 경계선 성격장애에 관련된 것인가? 아니면 성격장애 전반에 관련된 것인가?

요약하면, DSM의 체계는 성격장애를 분류하는 데 이상적이지 못한 것일 수 있다. 왜냐하면 검사-재검사의 안정성(신뢰도)이 부족하고, 동반이환율이 높기 때문이다. 이러한 문제점 때문에 DSM-5의 성격 및 성격장애 위원회에서는 성격장애에 대해 근본적으로 개정된 접근방식을 권고하게 되었다. 이런 체계에 대해서는 다음에 소개하기로 한다.

## 성격장애에 대한 대안적 DSM-5 모형

성격장애를 진단하기 위한 전통적인 접근방식에 관련된 쟁점을 해결하기 위해, DSM-5의 성격 및 성격장애 위원회에서는 과감한 검사 및 보수 작업을 제시했다. 이들은 성격장애의 수효를 줄이고, 성격특질의 차원을 받아들이며, 성격특질 차원상의 극단적인 점수를 기준으로 성격장애를 진단내릴 것을 권고했다. APA 이사회에서는 DSM-IV-TR에 들어 있던 성격장애체계를 유지하기로 결정했지만 DSM-5 매뉴얼의 부록에 대안적 접근방식을 수록했다. 본문에 나타나는 성격장애에 대한 접근방식이 임상 실제에서 지배적으로 쓰이지만, 대안적 접근방식의 장점도 고려해볼 가치는 있다.

표 8.1에 제시되어 있듯이, 성격장애에 대한 대안적 DSM-5 모형에서는 10가지 DSM-5 성격장애 중 단지 여섯 가지만을 다룬다. 조현성, 연극성, 의존성 성격장애는 거의 발생하지 않기 때문에 대안적 체계(alternative system)에서 배제되었다. 또한 편집성 성격장애는 다른 성격장애와 자주 중복해서 발생하기 때문에 대안적 체계에서 배제되었다. 표 8.2에 제시되어 있듯이, 구조화된 진단면접으로 평가할 때 대안적 체계에 수록된 여섯 가지 성격장애 각각에 대한 평정자 간 신뢰도는 적절하다.

대안적 DSM-5 모형에서는, 진단은 성격특질에 기반을 둔다. 이런 체계에는 두 가지 유형의 차원 점수가 들어 있다. 즉 5개의 **성격특질 영역**(personality trait domain)과 25개의 특정한 **성격특질 측면**(personality trait facet)이 표 8.3에 제시되어 있다. 각 차원(dimension)은 자기보고식 문항을 사용하여 평정할 수 있다(Krueger et al., 2012). 예를 들면, 불안함의 측면은 '나는 일어날지도 모를 끔찍한 일에 대해 많이 걱정한다'와 같은 문항을 통해 평가된다. 이러한 성격특질 영역과 측면은 5요인 모형(five-factor model)으로 불리는 대단히 영향력 있는 성격 모형과 밀접하게 관련되어 있다(McCrae & Costa, 1990).

이들 차원상의 극단적인 점수는 성격장애가 있는 사람들과 일반인을 구분해주는 것으로 나타났다(Clark & Livesley, 2002; Samuel & Widiger, 2008). 대안적인 DSM-5 모형에서는, 성격장애는 초기 성인기에서부터 자기 및 대인관계 측면의 기능 발휘에서 지속적이고 전반적인 손상을 나타내는 경우에 진단이 내려져야 한다. 성격장애로 진단이 내려지려면, 임상가는 당사자의 성격 영역 및 측면 점수의 프로파일을 사용하여 성격장애가 가장 적합할지 여부를 결정한다. 예를 들면, 강박성 성격장애는 엄격한 완벽주의상의 점수가 높은 것과 아울러, **고집증(보속)**(perseveration), 친밀성회피, 그리고 제한된 정서성의 세 가지 차원 중 적어도 두 가지에서 점수가 높은 것으로 정의된다.

성격특질에 초점을 맞추는 것은 여러 가지 장점이 있다. 핵심 강점 중 일부는 다음과 같다.

- 어떤 성격장애에 대한 기준에 부합하는 사람들은 성격특질과 그 증상의 심각도에서 서로 크게 다를 수 있다. 성격특질 차원 체계를 사용해서, 임상가는 어떤 성격특질이 당사자에게 가장 중요한 것인지를 명시할 수 있다. 25개의 차원 점수는 성격장애의 진단에 비해서 더 상세한 정보를 제공해준다.
- 성격특질 평정치는 성격장애의 진단에 비해서 시간의 흐름에 따라 더 안정적인 경향이 있다(McGlashan et al., 2005).
- 성격특질 차원은 심리적 적응뿐만 아니라 심지어는 신체적 건강의 많은 측면과도 관련이 있다. 예를 들면 불안, 우울증, 그리고 신체증상장애와 같은 많은 심리장애들은 부정적인 정동과 같은 성격특질이 상승된 것과 관련이 있을 수 있다(Kotov, Gamez, Schmidt et al., 2010). 또한 성격 차원은 친구 및 배우자와의 관계의 질, 생애 동안의 수행도, 건강 행동, 그리고 행복과 같은 중요한 대인관계에서의 성과를 강력하게 예측하며 또한 심지어는 기대 수명까지도 예측해준다(Hopwood & Zanarini, 2010; Ozer & Benet-Martinez, 2006; Roberts, Kuncel, Shiner et al., 2007). 이와 같이 성격에 기반을 둔 체계는 DSM을 성격에 관한 광범위한 연구문헌과 연결시키는 데 도움을 준다(Tyrer, 2013).

위와 같이 성격장애에 대한 대안적 DSM-5 모형이 강점이 있음에도 불구하고, 우리는 DSM-5 본문에 나타나는 성격장애에 대한 접근방식에 초점을 맞춘다. 최상의 분류체계에 관한 논쟁 때문에 우리가 성격장애를 가려내야 하는 중요성이 과소평가되어서는 안 되기 때문이다. 성격장애는 만연해 있으며 심각한 손상을 일으키고 있다.

---

**표 8.3** DSM-5에서의 5개 성격특질 영역과 25개 측면

**I. 부정적 정서성(vs. 정서적 안정성)**

측면

1. 불안함(Anxiousness)
2. 정서적 변동성(Emotional lability)
3. 적대감(Hostility)
4. 고집증(Perseveration)
5. 분리불안(Separation insecurity)
6. 복종성(Submissiveness)

**II. 애착 상실(vs. 외향성)**

7. 무쾌감성(Anhedonia)
8. 우울성(Depressivity)
9. 친밀성 회피(Intimacy avoidance)
10. 의심성(Suspiciousness)
11. 위축(Withdrawal)
12. 제한된 정서성(Restricted affectivity)

**III. 적대성(vs. 우호성)**

13. 관심 추구(Attention seeking)
14. 냉담성(Callousness)
15. 기만(Deceitfulness)
16. 과대성(Grandiosity)
17. 조종(Manipulativeness)

**IV. 탈억제(vs. 양심적임)**

18. 주의산만(Distractibility)
19. 충동성(Impulsivity)
20. 무책임성(Irresponsibility)
21. 경직된 완벽주의[(Lack of) rigid perfectionism]
22. 위험 감수(Risk taking)

**V. 정신증적 경향성**

23. 기이성(Eccentricity)
24. 인지적/지각적 조절부전(Cognitive perceptual dysregulation)
25. 특이한 믿음과 경험(Unusual beliefs and experiences)

## 중간 요약

성격장애는 안정되게 긍정적인 정체성을 형성하고 친밀하고 건설적인 대인관계를 유지하는 데 고통과 손상을 일으키는 장기적이고 만연한 존재 방식으로 정의된다. 또한 성격장애가 있는 많은 사람들은 우울증, 불안, 그리고 물질사용장애뿐만 아니라 다른 성격장애 등의 공존하고 있는 조건에 대한 진단 기준도 충족시키고 있다. DSM-5에서 성격장애는 세 집단으로 분류된다. A군은 특이하거나 괴짜행동이 특징이고, B군은 극적이고 감정적이거나 변덕스러운 행동이 특징이며, C군은 불안하거나 두려워하는 행동이 그 특징이다. 대부분의 성격장애는 구조화된 임상면접을 통해 신뢰성 있게 평가할 수 있지만, 비구조화된 임상면접은 신뢰할 수 없으며 예언 타당도도 부족한 경향이 있다.

DSM-5의 성격장애 접근방식에 관한 두 가지 염려사항이 부상하였다. 즉 성격장애가 시간이 흐름에 따라 안정적이지 못한 것과, 성격장애들 간에 상당한 중복이 있다는 점이다. 대안적인 DSM-5 모형이 이들 염려사항을 해결하기 위해 개발되었다. 대안적 모형에서는 단지 6개의 성격장애만을 수록하며 또한 5개의 성격특질 영역과 25개의 보다 세부적인 성격특질 측면을 평가하기 위한 차원 체계가 수록되어 있다. 대안적 모형은 DSM-5의 부록에 수록되어 있다.

## 복습문제 8.1

다음 질문에 답하라.
1. DSM-5 성격장애에 대해서 구조화된 진단면접과 비구조화된 진단면접을 통해 얻은 평정자 간 신뢰도의 수준을 서술하라.
2. 성격장애에 대한 DSM-5의 접근방식에 관련된 두 가지 염려사항을 나열하라.
3. 성격에 대한 대안적인 DSM-5 접근방식이 DSM 매뉴얼의 본문에 소개된 접근방식과 다른 두 가지 방식을 나열하라.

# 성격장애들 간의 공통된 위험 요인

지난 100년 동안에 이론가들은 성격장애의 만성적이고 광범위한 증상이 왜 나타나게 되는지를 이해하려고 노력하였다. 정신분석 이론과 행동 이론에서는 자녀훈육과 초기 발달 과정의 영향에 중점을 두었지만, 최근의 연구에서는 이러한 증후군에 생물학적 비중이 크다는 증거를 제공해주고 있다. 선천적인 것과 후천적인 것이 어떻게 성격장애와 관련이 되는지에 대한 배경을 제공하기 위해, 우리는 두 가지 주요 연구에 초점을 맞출 것이다. 이 두 연구에서는 모두 10개의 DSM-5 성격장애에 대해 조사한 것이다. 성격장애에 관한 많은 연구가 환자 표본(그래서 극심한 성격장애가 있는 사람들에게 더 적합할 수도 있겠음)에 초점을 맞추어 왔지만, 이 두 연구는 모두 대규모의 지역사회 표본을 그 연구대상으로 한 것이다.

우선 지역사회 아동 연구부터 시작하자. 이는 아동기의 역경과 성격장애 사이의 연관성을 평가하기 위해 설계된 것이다. 이 연구에서 연구자들은 1~11세 사이의 아동이 있는 639개 가정을 대표 표본으로 모집했다. 가족과 그 아동은 1975년에 처음으로 면접을 실시하였고, 1983~1985년에 두 번째 면접을, 1991~1993년 사이에 세 번째 면접을 실시한 다음에, 아동이 33세가 되었을 때 아동을 대상으로 면접을 실시하였다. 아동보호기관의 기록에 따르면 위 아동 중 31명이 아동 학대를 당했으며, 또 다른 50건의 학대 사례가 자기보고를 통해 확인되었다. 1970~1980년대에 실시된 평가에서, 연구자들은 훈육 양식의 두 측면을 평가하기 위해 부모와 아동에 대한 면접을 실시했다. 이 두 측면이란 혐오적인 부모 행동(예 : 가혹한 처벌, 큰 목소리의 논박)과 부모의 애정 결핍(예 : 함께 하는 시간이 거의 없음, 지켜봐주는 것이 별로 없음, 의사소통의 부족)이다. 세 번째 및 네 번째 면접에서 연구자들은 성격장애를 평가하기 위해 구조화된 진단면접을 실시했으며, 젊은이가 된 자녀들은 아동기에 방치된 적이 있었는지에 대해 면접을 받았다. 아동기 학대 또는 방임을 겪은 자녀들은 연령, 부모의 교육수준, 그리고 부모의 정신과 장애상으로 배합된(짝지어진) 대조군과 비교되었다(Johnson, Cohen, Brown et al., 1999).

그 연구 결과는 성격장애가 (생애) 초기의 역경과 밀접한 관련이 있음을 시사해주었다. 아동기의 학대나 방임은 성격장애 중 6개에 걸릴 위험이 유의하게 높은 것과 관련이 있었다. 이 6개는 편집성, 반사회성, 경계성, 자기애성, 의존성, 강박성 성격장애다. 성격장애 중 어떤 것들은 특히 아동기 학대 또는 방임과 관련이 있다. 예를 들면, 학대나 방임을 겪은 아동은 학대나 방임의 과거력이 없는 아동에 비해서 자기애성 성격장애를 나타낼 확률이 18배, 편집증, 경계성, 또는 의존성 성격장애를 유발할 확률이 6배 이상이나 높았다. 또한 훈육 방식도 아동기의 행동문제와 부모의 정신병리를 통제해버리고 나서도 DSM-5 성격장애 중 6개를 예측해주었다. 혐오적이거나 애정이 없는 훈육 방식을 겪었던 자녀는 이와 같은 훈육 방식을 겪지 않았던 자녀에 비해서 성격장애를 나타낼 확률이 몇 배나 더 높았다(Johnson, Cohen, Chen et al., 2006). 분명한 것은, 성격장애가 있는 많은 사람들이 아동기에 곤란을 겪은 것이다.

이제 성격장애의 유전가능성(heritability)을 추정하도록 설계된 연구를 살펴보자. 연구자들은 노르웨이의 출생 등기소를 이용하여 쌍둥이의 대표적인 표본을 모집했다. 진단 신뢰도를 향상시키기 위해, 연구자들은 자기보고식 평정치와 면접에 기반을 둔 성격장애의 심각도 수준의 평정치를 조합했다. 표 8.4에 제시되어 있듯이, 모든 성격장애에 대한 유전가능성의 추정치는 적어도 중간 수준 이상으로 높았다. 이 통계치는 우리가 성격장애의 사회적 뿌리뿐만 아니라 생물적 뿌리도 감안해야 할 필요가 있다는 것을 알려준다.

성격장애에 대한 유전적 영향의 크기는 우리가 이 장의 전반에 걸쳐서 훈육과 초기 환경에 대해 고찰할 때 유의해야 한다는 것을 시사한다. 즉 성격장애가 있는 사람의 부모 중 상당수가 적어도 경미한 수준의 성격 문제를 스스로 갖고 있기가 쉽다는 것이다. 우리는 성격장애에 대한 유전 및 환경의 기여를 짜 맞추려고 시도했던 연구들을 살펴보면서, 이 장 후반부에서 상관관계가 인과관계를 의미하지 않을 수 있다는 견해를 고찰할 것이다.

우리는 성격장애에 대한 임상적 기술과 여기에서 기술된 일반적인 영향력보다 이 성격장애의 발달을 좀 더 특정해서 형성시키는 위험 요인을 개관하기로 한다. 우리가 이렇게 개관하면서, 우리가 다루는 원인론의 범위는 현재까지 가용한 연구 결과의 깊이에 달려 있다. 경계선 성격장애와 반사회성 성격장애에 대해서는 방대한 문헌이 있지만, 다른 장애들에 대해서는 여기에 기술된 유전적 취약성과 어릴 적의 역경 요인 이외에는 알려진 것이 거의 없다. 편집성, 조현성, 또는 연극성 성격장애의 원인론에 대해서는 알려진 것이 너무나도 적기 때문에 이 세 장애의 원인론에 대해서는 더 이상 논의하지 않을 것이다.

**표 8.4** 성격장애에 대한 유전가능성의 추정치

| 진단 | 유전 가능성의 추정치 |
| --- | --- |
| 편집성 | .66 |
| 조현성 | .55 |
| 조현형 | .72 |
| 반사회성 | .69 |
| 경계성 | .67 |
| 연극성 | .63 |
| 자기애성 | .71 |
| 회피성 | .64 |
| 의존성 | .66 |
| 강박성 | .77 |

출처 : Kendler, Myers et al. (2007); Gjerde et al. (2012); Torgersen, Myers et al. (2012); Torgersen, Lygren, Øien et al. (2000).

# 특이한/괴짜 장애군의 임상적 기술과 원인론

특이한/괴짜 장애군에는 편집성 성격장애, 조현형 성격장애, 그리고 조현형 성격장애가 들어 있다. 이 세 장애의 증상은 조현병에서 보이는 유형의 기괴한 사고 및 경험과 다소 비슷하다. 물론 A군 성격장애에서 보이는 기괴한 사고 및 경험은 조현병의 경우에 비해서 덜 심각하다.

## 편집성 성격장애

**편집성 성격장애**(paranoid personality disorder, 다니엘의 임상 사례 참조)가 있는 사람은 남들을 의심한다. 이러한 의심의 대상에는 낯선 사람, 우연히 알게 된 사람, 그리고 심지어는 가족도 포함된다. 그들은 다른 사람들에 의해 부당하게 취급되거나 이용될 것이라고 예상하고 있어서, 속임을 당하거나 이용당하지 않나 하고 비밀리에 계속해서 관련 증거를 탐색한다. 그들은 종종 적대적인 태도를 보이며, 모욕을 당했다고 생각하면 화를 낸다. 동료들은 이들을 까다롭고 흠잡기 좋아하는 사람으로 보는 경향이 있다. 이들의 삶은 갈등으로 가득 차 있는 경향이 있으며, 이런 갈등은 꽤 오래 지속될 수 있다. 슬프게도, 갈등은 이들의 편집증을 지속시키는 경향이 있다. 즉 이들은 빈번하게 다투다 보면 사람들 자체를 신뢰할 수 없다는 증거를 얻어내곤 한다.

이 장애는 편집성 조현병과는 다르다. 왜냐하면 조현병의 또 다른 증상(이를테면 환각)이 없으며 사회적 및 직업적 기능의 손상이 덜하기 때문이다. 또한 조현병의 특징인 인지적 혼란도 없다. 이 장애는 망상장애(delusional disorder)와도 다른데 왜냐하면 최고조의 망상이 없기 때문이다. 편집성 성격장애는 조현형 성격장애, 경계선 성격장애, 그리고 회피성 성격장애와 가장 많이 공존한다.

> ### ● 편집성 성격장애에 대한 DSM-5 진단 기준
>
> 불신과 의심에 대한 다음의 증세 중 4개 이상이 있으며, 성인 초기에 시작해서 많은 상황에서 드러나 보여야 한다.
>
> * 충분한 근거 없이도 타인이 자신에게 해를 끼치거나, 속이거나, 또는 착취한다고 의심한다.
> * 친구나 동료의 성실성이나 신용에 대한 부당한 의심에 집착한다.
> * 의심 때문에 남에게 터놓고 얘기하기를 꺼린다.
> * 상대방의 호의에서 숨겨진 의도를 해석한다.
> * 자신에게 부당한 것이라고 잘못 지각하여 원한을 품고 있다.
> * 자신의 성격이나 명성이 공격당했다고 느끼면 화를 내며 반격한다.
> * 이유 없이 배우자의 정절을 의심한다.

## 조현성 성격장애

조(Joe)처럼(뒤쪽의 임상 사례 참조), **조현성(분열성) 성격장애**(schizoid personality disorder)가 있는 사람들은 사교 관계를 원하거나 즐기지 않으므로 통상 가까운 친구가 거의 없다. 그들은 둔하고, 지루해 보이고, 동떨어져 있는 것으로 보이며, 타인에 대한 따뜻하고 부드러운 감정이 없는 것으로 보인다. 이들은 강렬한 정서를 경험하는 일이 거의 없으며, 성에 무관심하고, 재미를 느끼는 활동거리도 거의 없다. 칭찬이나 비난에도 무관심하여, 이 장애의 소유자는 고립주의자로서 혼자만의 취미를 추구한다.

> ### ● 조현성 성격장애에 대한 DSM-5 진단 기준
>
> 동떨어짐과 단조로운 정동에 대한 다음의 증세 중 4개 이상이 있으며, 성인 초기에 시작해서 많은 상황에서 드러나 보여야 한다.
>
> * 친밀한 관계를 바라지도 즐기지도 않음
> * 누구와 함께 하기보다는 거의 항상 혼자 하는 활동을 선호함
> * 성에 대한 흥미가 거의 없음
> * 즐거운 활동이 거의 또는 전혀 없음
> * 친구가 없음
> * 칭찬이나 비판에 대한 무관심
> * 단조로운 정동, 정서적 초연함, 또는 냉담성

## 임상 사례 : 다니엘

다니엘과 그녀의 남편은 매일의 삶이 신랄한 말다툼으로 가득 차 있었기 때문에 부부치료를 받게 되었다. 면접 과정 중에 다니엘이 사소한 일로 배우자에게 화를 내고 적대시한 것이 명백해졌다. 예를 들면 그녀는 남편이 자기를 화나게 하기 위해 크게 소리를 내어 음식을 씹었으며 밤에는 그녀를 잠을 못 자게 하려는 의도에서 침대에서 이리저리 굴러다녔다고 여겼다. 더 깊은 수준으로 들어가보면, 이들에게는 남편이 외도를 하고 있지 않은가 하고 그녀가 몹시 두려워했던 시기가 여러 번 있었으며, 남편이 아니라고 말했음에도 불구하고 그녀의 두려움은 진정시키기가 매우 어려웠다.

개인별 면담에서는, 다니엘에게는 남편이라는 존재가 수많은 걱정과 짜증거리의 원천 중 하나에 불과한 것이 명백해졌다. 다니엘은 이웃이 스테레오 음악을 그녀에게 들리라고 크게 틀어놓는다고 걱정했으며, 또한 그녀의 상사가 그녀가 곤란해하는 모습을 보려고 어려운 과제를 자기에게 맡긴다고 걱정했다. 그녀는 오래전에 은행을 이용하는 것을 중단했는데, 왜냐하면 관리자가 그녀의 돈을 빼낼 음모를 꾸밀지도 모른다고 생각했기 때문이다. 그녀는 전자우편을 사용하는 것도 거부했는데, 왜냐하면 정부가 그녀의 컴퓨터 통신을 감시할지도 모른다고 염려했기 때문이다. 밝고 재치도 있었지만, 그녀는 자기가 신뢰할 수 있는 여성을 찾아낼 수가 없어서, 친구가 없이 지냈다. 사실상 그녀의 삶에서 모든 대인관계는 다른 사람이 그녀를 해치거나 그녀의 자산을 뺏어갈지도 모른다는 느낌으로 채색되어 있는 것으로 보였다. 다니엘이 자신의 이와 같은 사회적 어려움으로 인해 극도로 스트레스를 받기는 했지만, 그녀는 자신이 이런 갈등의 어느 것 하나라도 원인을 제공했을 수 있다는 것을 믿지 않았으며, 이와 같은 곤란한 대인관계 상황으로 인해 자신이 크게 희생당하고 있다고 여겼다.

## 조현형 성격장애

조현형(분열형) 성격장애(schizotypal personality disorder)를 정의해주는 특징에는 특이한 생각 및 행동, 대인관계적 초연함, 그리고 의심이 있다. 조현형 성격장애의 소유자는 괴상한 신념이나 마술적 사고[예를 들면 다른 사람의 마음을 읽을 수 있고(독심술) 미래도 내다볼 수 있다는 믿음]을 갖고 있는 수가 있다. 또한 이들은 관계 사고(ideas of reference, 어떤 사건이 자기에게만 특별하고 색다른 의미를 갖고 있다는 믿음)를 갖고 있는 경우가 흔하다. 예를 들면 이들은 TV 프로그램이 자기들을 위해 고안된 특별한 메시지를 전달한다는 느낌이 들 수 있다. 그들은 종종 다른 사람들을 의심하며 다른 사람들이 자신을 해치지 않을까 염려한다. 또한 이들은 반복적인 착각(부정확한 감각적 지각)—이를테면 실제로 존재하지 않는 힘이나 사람이 있다고 감지하는 것—을 나타내는 수도 있다. 그들의 말에는 특이하고 불분명하게 사용되는 단어들이 포함되어 있을 수도 있다. 예를 들면 이들이 "나는 그렇게 수다할 수 있는 사람이 아니야"라고 말할 때의 뜻은 쉽게 말을 걸 수 있는 사람이 아니라는 의미일 수 있다. 또한 그들의 행동과 외관도 기이하다—예를 들면 그들은 혼잣말을 하거나 더럽고 단정치 못한 옷차림을 하기도 한다. 이들의 정동은 위축되어 있으며 단조로운 것으로 보인다. 이들은 남들과 동떨어져 있는 경향이 있다. 진단을 내리는 데 있어서 이러한 증상들의 상대적 중요성을 조사한 한 연구에서는 의심, 관계 사고, 그리고 착각이 가장 비중이 크다는 것을 발견했다(Widiger, Frances, & Trull, 1987). 이들의 대부분이 망상(전적으로 어처구니 없는 믿음에 대한 확신) 또는 조현병을 나타내지는 않지만, 조현형 성격장애로 진단된 사람들 중 일부는 시간이 흐름에 따라 좀 더 극심한 정신병적 증상을 나타내며, 소수는 시간이 흐름에 따라 정말로 조현병을 나타낸다.

상당히 많은 연구들은 조현형 성격장애에서 보이는 특이한 사고, 기괴한 행동, 그리고 대인관계의 어려움의 원인에 초점을 맞추어 왔다. 위에서 언급한 대로, 유전 요인과 아동기 역경은 모두 포함되는 경우가 많았다. 이런 것 이외에도, 조현형 성격장애에 대한 생물학적 취약성은 조현병에 대한 유전적 취약성과 중복되는 것으로 보인다(Siever & Davis, 2004). 즉 가계 연구 결과와 입양아 연구 결과는 조현병이 있는 사람의 친척이 조현형 성격장애에 걸릴 위험이 높음을 보여주었다

### 조현형 성격장애에 대한 DSM-5 진단 기준

비일상적 사고방식, 괴짜 행동, 그리고 대인관계적 결함에 대한 다음의 증세 중 5개 이상이 있으며, 성인 초기에 시작해서 많은 상황에서 드러나 보여야 한다.

- 관계 사고
- 기이한 믿음 혹은 마술적 사고 (예 : 천리안에 대한 믿음)
- 유별난 지각 경험
- 괴이한 사고와 말
- 의심이나 편집증
- 부적절하거나 메마른 정동
- 괴이하거나 엉뚱한 행동이나 외모
- 가까운 친구가 없음
- 사회적 불안과 대인관계의 두려움이 친밀해져도 줄어들지 않음

## 임상 사례 : 조

조(Joe)는 53세의 미혼 베트남 참전용사인데, 그의 사회생활의 대부분이 단절된 것을 염려한 주치의로부터 치료를 받도록 의뢰되었다. 조는 마지못해 치료자를 만나는 데 동의했다. 그는 수년간 일을 하지 않았고 미국재향군인관리국에서 나오는 약간의 장애인 연금을 받아 살아가고 있었다. 그는 주변에 다른 사람들이 있는 것을 좋아하지 않아서 식료품가게로 물건을 사러 가는 것이 기분이 언짢다고 말했다. 그의 하숙집 여주인은, 조에게 그녀가 만나보라고 졸랐던 10명의 여자 중 어느 누구에게도 흥미가 없다는 것을 조가 분명히 말했는데도 불구하고, 그에게 지속적으로 여성을 소개시켜주려고 애쓰고 있었다. 그는 말하는 것을 좋아하지 않는다고 말했으며, 치료 회기 중에 오랫동안 침묵하는 경우가 종종 있었다.

그는 자기한테는 진정한 대인관계적 연결고리가 없는 것으로 느낀다고 말했으며, 또한 경미한 수준의 자극과민성 이외에는 다른 정서를 거의 느끼지 않는다고 말했다. 사실상, 그는 자기를 행복하게 만들어준 단 한 명의 사람이나 활동도 상술한 적이 없었다. 6주간의 치료 후, 조는 자신이 무언가에 대해 말해서 기분이 나아질 위인이 못 되는 것으로 생각한다고 선언했으며, 그에게 남아 있는 저금을 미국 메인주의 외진 곳에 있는 작은 오두막집을 사는 데 쓰기로 결정했다고 말했다. 그는 자신이 내린 결정에 만족하는 것으로 보였으며, 그곳에 살면 거의 모든 사회적 상호작용으로부터 성공적으로 도피할 수 있을 것이라고 말했다. 그는 그다음 주에 이사 갔다.

(Nigg & Goldsmith, 1994; Tienari, Wynne, Laksy et al., 2003). 또한 연구 결과들은 조현형 성격장애가 있는 사람들이 인지 및 신경심리 기능에서 결함을 보였는데, 이는 조현병의 경우에서 보이는 것과 비슷하지만 그 정도가 약할 뿐이라는 것을 일관되게 보여주었다(McClure, Barch, Flory et al., 2008; Raine, 2006). 더욱이, 또다시 조현병에 대한 연구 결과와 비슷하게, 조현형 성격장애가 있는 사람들은 뇌실이 확장되어 있고 측두엽의 회백질이 적었다(Dickey, McCarley, & Shenton, 2002).

# 극적이고/변덕스러운 장애군의 임상적 기술과 원인론

극적이고/변덕스러운 장애군에 속하는 성격장애들(반사회성 성격장애, 경계선 성격장애, 연극성 성격장애, 자기애성 성격장애)의 특징은 매우 변덕스러운 행동으로부터 과장된 자기존중감, 규칙 위반 행동, 그리고 과장된 정서적 과시에 이르기까지 매우 다양한 증상들을 나타내며, 분노의 폭발도 들어 있다는 것이다. 극적이고/변덕스러운 집단에 속한 성격장애의 원인론에 대해서는 다른 집단에 속한 성격장애들에 비해서 더 많은 것이 알려져 있다.

## 반사회성 성격장애와 정신병질

비공식적으로는, 반사회성 성격장애(antisocial personality disorder)라는 용어와 정신병질[psychopathy, 때로는 사회병질(sociopathy)이라고 함]이라는 용어는 종종 혼용되고 있다. 법을 위반하는 것과 같은 반사회적 행동은 이 두 용어 모두에 있어서 중요한 요소이다. 그러나 두 증후군 간에는 중요한 차이점이 있다. 한 가지 차이점은 반사회성 성격장애는 DSM에 수록되어 있지만, 정신병질은 그렇지 못한 것이다.

**반사회성 성격장애 : 임상적 기술** 반사회성 성격장애(antisocial personality disorder, APD)의 핵심 특징은 다른 사람들의 권리를 존중하지 않는 패턴이 전반적으로 퍼져 있는 것(알렉의 임상 사례에 기술된 바대로)이다. APD가 있는 사람은 공격적이고 충동적이며 냉담한 특질로 구분된다. DSM-5 기준에는 품행장애가 있어야 한다고 명시되어 있다. 즉 APD의 소유자는 사춘기 초기에

이를 때까지 무단결석, 가출, 빈번한 거짓말, 절도, 방화, 그리고 고의적인 기물파괴 같은 증상의 과거력을 보고하는 경우가 종종 있다. 성인이 되어서는, 반사회성 성격장애가 있는 사람들은 직장 일을 꾸준히 할 줄을 모르며, 법을 어기고, 자극과민성이 높고, 신체적인 공격행동을 하며, 빚을 갚지 않고, 무모하고 충동적이며, 계획을 미리 짤 줄 모르는 등의 무책임한 행동을 나타낸다. 이들은 진실을 중시하는 마음이 거의 없고 자신의 잘못된 행위에 대해 죄책감도 거의 느끼지 않는데, 심지어 자신의 행위로 인해 가족과 친구가 다쳤을 경우에도 그렇다.

남성은 여성에 비해서 APD의 기준에 부합할 확률이 5배 이상 높다(Oltmanns & Powers, 2012). APD가 있는 사람들 중 약 3/4은 또 다른 장애의 진단 기준에도 부합했는데, 가장 흔한 공존 장애는 물질남용이었다(Lenzenweger et al., 2007). 따라서 약물이나 알코올 재활훈련 시설에서 APD가 있는 사람들이 많이 관찰되는 일은 당연하다(Sutker & Adams, 2001). 유죄 판결을 받은 수용자의 약 3/4은 APD의 진단 기준에 부합한다.

**정신병질 : 임상적 기술**　　**정신병질**(psychopathy)의 개념은 DSM에 수록된 반사회성 성격장애의 진단명보다 먼저 나타났다. Hervey Cleckley는 그의 고전적 저서인 *The Mask of Sanity*(정상이라는 가면)(1976)에서 자신의 임상 경험을 토대로 정신병질의 진단 기준을 공식화했다. 정신병질의 기준에서는 당사자의 생각과 감정에 초점을 둔다. 정신병질의 핵심 특성 중 하나는 정서의 빈곤으로서, 긍정적 정서이든 부정적 정서이든 모두 빈곤하다는 것이다. 즉 정신병질자는 수치심이 없으며 심지어 다른 사람들에 대한 외견상 긍정적인 감정조차 단순히 연극인 경우가 있다. 정신병질자는 외관상으로는 매력적이며, 이런 매력을 개인적인 이득을 위해서 다른 사람들을 교묘히 조정하는 데 사용한다. 불안을 못 느끼기 때문에 정신병질자는 자신들이 잘못해도 배우는 것이 없으며, 양심의 가책을 못 느끼기 때문에 다른 사람들에게 무책임할 뿐만 아니라 종종 잔인하게 행동하게 된다. 정신병질이 있는 사람의 반사회적인 행동은 돈과 같은 것이 필요해서뿐만 아니라, 스릴을 위해서 충동적으로 수행된다는 것이다. 연구자들은 위와 같은 다양한 증상의 저변에는 세 가지 핵심 특질, 즉 대담성, 비열함, 충동성(Patrick, Fowles, & Krueger, 2009)이 있다고 주장했다. 정신병질을 평가하는 데 가장 흔히 사용되는 척도는 정신병질 확인 목록 개정판[Psychopathy Checklist-Revised(PCL-R), Hare, 2003]이다. 이 20개 문항의 척도에 대한 평정은 면접, 그리고 범죄기록 및 정신건강 차트에 기초하여 매긴다.

APD의 기준과 PCL-R에 반영된 정신병질의 정의 사이에는 두 가지 주된 차이가 있다. 첫째, PCL-R에 APD의 기준이 많이 반영되어 있지만, 이 척도는 APD에 대한 DSM-5의 기준과 다른 점이 정동이 얕은 것, 그리고 공감을 못 하는 것 같은 정동 관련 증상이 포함되어 있다는 것이다(Hare & Neumann, 2006). 둘째, APD에 대한 DSM-5의 기준은 정신병질의 기준과 다른데, 중

---

**⦿ 반사회성 성격장애에 대한 DSM-5 진단 기준**

- 적어도 18세 이상
- 15세 이전에 품행장애의 증거가 있어야 함
- 15세 이후 타인의 권리를 무시하는 광범위한 행동 양식이 다음 중 최소한 3개 이상 나타나야 한다.
  1. 반복되는 범법 행위
  2. 사기, 반복적인 거짓말
  3. 충동성
  4. 자극과민성과 공격성
  5. 자신과 타인의 안전을 무시하는 무모함
  6. 일정한 직업을 갖지 못하거나 채무를 청산하지 못하는 행동 같은 무책임성
  7. 자책의 결여

---

## 임상 사례 : 알렉

알렉은 40세의 남성인데, 위조지폐를 만든 혐의로 기소된 후 법원으로부터 심리평가를 받도록 명령을 받았다. 그는 아무런 후회도 없이 세 번 이혼한 과거를 기술했다. 첫 번째 결혼은 그가 동시에 두 사람과 혼외정사를 가진 것이 밝혀진 후에 원한에 사무친 이혼을 당해서 끝났다. 두 번째 결혼은 3개월이 못 되어 끝났는데, 그는 부인의 거액이 든 예금구좌를 탕진한 것을 자랑하면서, "한 바보(부인)와 그녀의 돈이 쉽게 갈라섰다"라고 말했다. 세 번째 부인은 그가 훔친 가구를 뒷구멍으로 판매하는 것을 발견한 후에 그와 이혼했다. 그는 소액 금융 범죄 및 마약 관련 범죄의 과거력이 오래되었고, 마약을 빈번하게 거래했음에도 불구하고 큰 빚을 졌다. 그는 모든 가족 구성원들과 연락이 끊겼으며, 그의 친구들은 그의 이웃에 있는 술집에 단골로 오는 사람들이 전부인 것으로 보였다.

**초점 8.1   정신병질에 대한 언론매체상의 이미지 : 진짜 정신병질자의 모습이 드러날까?**

정신병질에 대한 매체의 이미지는 상당히 다양해서, 무자비한 살인자에서부터 매력적인 사업계의 거물, 화이트칼라의 범죄자에까지 걸쳐 있다. 언론매체에서는 정신병질에 대해서 대량 학살자와 그 밖의 무자비하고 폭력적인 범죄자의 라벨을 주저 없이 붙인다. 동시에, 정신병질이 있는 사람들이 매력, 담대함, 그리고 공감력 부족을 이용하여 기업의 이사직으로 올라가서는 현재의 비즈니스 운영에 영향을 미치고 있다는 생각 또한 언론매체에 널리 퍼져 있다. 영화 〈더 울프 오브 월스트리트(The Wolf of Wall Street)〉에 나온 양심의 가책도 못 느끼는 자본가 화이트칼라 범죄를 통해 고객의 돈을 떼어먹는 모습과 비슷한 이야기는 아주 많다(Smith & Lilienfeld, 2013).

이와 같은 전형적인 모습을 보여주는 자료는 많다. 정신병질의 수준이 높은 사람들의 단언컨대 전부는 아니지만, 일부는 자신의 목적을 달성하기 위한 수단으로 폭력을 행사한다(Reidy, Shelley-Tremblay, & Lilienfeld, 2011). 기업의 성공과 관련하여, 널리 인용되는 연구에 따르면 큰 회사의 경영 교육 프로그램에 참여한 회사원들이 일반인보다 다소 높은 PCL-R 점수를 보여주기는 했지만, 회사원들 중 단지 3%만이 정신병질에 대한 PCL-R 기준치 이상의 점수를 나타냈다(Babiak, Neumann, & Hare, 2010). 게다가 화이트칼라 범죄자의 한 표본에서는 정신병질 점수가 높게 나타나지 않았다(Ragatz, Fremouw, & Baker, 2012). 어떤 사람이 폭력적이거나 비윤리적인 행동을 했거나, 또는 야심이 크고 성공했다는 이유만으로 그가 정신병질적이라고 여기는 것은 신뢰할 수 없다. 전반적인 증후군이 나타나는지 여부를 평가하여 신중하게 진단을 내려야 할 것이다.

Chris Steele-Perkins/Magnum Photos, Inc.

재소자 중 3/4은 반사회성 성격장애에 대한 DSM 기준을 충족시킨다.

상이 15세 이전에 나타나야 한다는 것을 요구하는 면에서 그렇다. 정의상의 이와 같은 차이는 두 증후군 사이에 상당한 엇갈리는 결과를 초래하였다. 즉 DSM의 APD로 진단된 사람들 중 상당수가 정신병질 확인 목록에서 점수가 높지 않았다(Rutherford, Cacciola, & Alterman, 1999).

**반사회성 성격장애와 정신병질의 원인론**   반사회성 성격장애(APD)와 정신병질의 원인론에 대한 연구 결과를 살펴보면서 염두에 두어야 할 두 가지 쟁점이 있는데, 이들 때문에 연구 결과를 통합하기가 다소 어렵게 된다. 첫째, 연구는 각기 다른 방식으로 진단된 사람들을 대상으로 수행되어 왔다. 즉 일부는 APD이고 다른 일부는 정신병질자들을 대상으로 하였다. 둘째, APD와 정신병질에 관한 대부분의 연구는 범죄자로 판결을 받았던 사람들을 대상으로 수행되었다. 따라서 이런 연구의 결과는 범죄자로 판결을 받지 않았거나 체포되지 않은 정신병질자에게는 적용될 수 없을 것이다. 사실상 유죄 판결을 받은 정신병질자들이 체포되지 않은 정신병질자들에 비해서 인지적 및 정신생리학적 측정치상에서 결함을 더 많이 보여주고 있다(Ishikawa, Raine, Lencz et al., 2001).

성격장애 연구의 다른 어떤 영역보다도, APD에 대한 연구에서는 사회적 및 심리적 위험 요인과 더불어 생물학적 요인도 함께 감안하는 경우가 종종 있다. 이 절에서는 이를 두 가지 방식으로 살펴보겠다. 첫째, APD와 사회적으로 상관이 있는 부분을 고려할 때, 우리는 유전자와 사회적 위험 요인이 함께 작용하는 방식을 기술할 것이다. 둘째, 우리가 APD의 심리적 모형에 대해 고찰할 때, 우리는 이 모형을 검증하기 위해 뇌 영상 촬영법을 사용했던 몇 가지 연구를 언급할 것이다. 이와 같이 통합된 모형을 소개하기 위해, 우리는 이 교재의 다른 절에서 사용한 뼈대에서 벗어나게 될 것이다. 다른 절에서는 신경생물학적 모형과 심리학적 모형을 따로 떼어놓는 경향이 있었다.

**유전자와 사회환경의 상호작용**   주요 연구들에서는 사회환경이 APD의 핵심 요인으로서 역할을 한다는 것을 뒷받침하고 있다. 부모의 행동에서 부정적 성향이 높고, 일관성이 없으며, 온정이 부족한 것이 반사회적 행동을 예측해주고 있다(Marshall & Cooke, 1999; Reiss, Heatherington, Plomin et al., 1995). 또한 상당한 전망연구에서는 가난 그리고 폭력에의 노출 같은 보다 광범위한 사회적 요인들이 반사회적 행동을 예측해준다는 것을 보여주고 있다(Loeber & Hay, 1997). 예를 들면 품행장애가 있는 청소년들 중에서, 가난에 찌든 아이들은 사회경제적 배경이 더 높은 아이들보다 APD가 나타날 확률이 2배나 더 높다(Lahey, Loeber, Burke et al., 2005). 아동기의 역경이 APD 발전의 무대가 될 수 있다는 데는 의문이 거의 없다.

어릴 적 역경의 영향은 APD에 대한 유전적 취약성이 있는 사람들에게는 특히 부정적일 수 있다. 여러 연구에 걸쳐서, MAO-A 유전자의 다형성은 아동기에 신체적 또는 성적 학대 또는 어머니로부터 배척을 겪었던 남성들에게서 정신병질을 예측해주는 것으로 밝혀졌다(Byrd & Manuck, 2014; Caspi, McClay, Moffitt et al., 2002). 어려운 환경에서 자라는 것이 APD에 미치는 영향은 유전 요인으로 인해서 증폭될 수 있다.

또한 입양아 연구에서도 유전의 영향, 행동의 영향, 그리고 가족의 영향을 서로 분리하기가 대단히 어렵다는 것을 보여주었다(Ge, Conger, Cadoret et al., 1996). 즉 유전적인 영향으로 인해 반사회적 행동을 보이는 아동의 경우 이런 행동 때문에 양부모에게서조차 아동을 엄하게 훈육시키고 온정을 덜 보이게 만드는 결과를 초래할 수 있으며, 이렇게 해서 나타난 부모의 행동특성은 역으로 아동의 반사회적 성향을 더욱 악화시킬 수 있다. 그럼에도 불구하고 많은 연구 결과에 따르면 가혹한 훈육 및 빈곤과 같은 사회적 영향은 유전적 위험을 통제하고 난 뒤에도 APD를 강력하게 예측해주고 있다(Jaffee, Strait, & Odgers, 2012).

**심리적 위험 : 위협 및 타인의 정서에 무감각한 것**  정신병질이 있는 사람들은 경험을 해도 배우는 것이 없는 것으로 보인다. 즉 이들은 심한 처벌을 받아도, 심지어는 교도소에 수감되게 되어도, 나쁜 짓(비행, misconduct)을 반복하는 경우가 종종 있다. 이들은 우리 대부분에게 법을 어기고, 거짓말하거나, 또는 남을 해치지 못하게 하는 불안에 대해서 면역이 된 것으로 보인다. Cleckley는 정신병질이 있는 사람들은 위협에 둔감하기 때문에 어려움을 회피하는 것을 배우지 못한다고 주장했다.

많은 연구들에서는 정신병질을 공포 및 위협을 경험하는 데서의 결손과 관련짓고 있다. 휴식을 하고 있을 때, 정신병질이 있는 사람들은 피부 전기전도의 수준이 정상 수준에 비해서 낮았으며, 이들의 피부전도도는 혐오자극에 직면하거나 혐오자극이 예상될 때에도 반응 수준이 낮았다(Lorber, 2004). 한 연구에서는, 3세에 측정한 혐오자극(큰 소음)에 대한 피부전도도의 반응성이 28세에 측정한 정신병질의 점수를 예측해주는 것으로 나타났다(Glenn, Raine, Venables et al., 2007).

행동 모형에서는 위와 같은 착상에 토대해서 정신병질에서 관찰되는 규칙 위반이 조건화된 공포 반응을 나타내는 데서 결함이 있기 때문이라고 시사하고 있다. 이 이론을 흥미롭게 검증한 연구에서는, 연구자들이 무조건자극(고통스럽게 압박하기)을 중성적인 사진(조건자극)과 반복해서 짝짓는(연합시키는) 고전적 조건형성을 적용했을 때 어떤 일이 일어나는지를 조사하기 위해 뇌의 활동성을 측정했다. 이와 같은 반복적인 짝짓기 조치 이후에, 조건자극(CS)에 대한 반응을 측정하기 위해 연구자들은 정서의 반응성과 관련된 편도체 및 그 밖의 관련 뇌 영역의 활동을 측정했다(Birbaumer, Veit, Lotze et al., 2005). 편도체는 정서의 반응성에 밀접하게 연관된 두뇌 영역으로서(그림 3.3 참조), 이 영역의 활동성은 기분장애와 불안장애를 위시한 강력한 정서가 수반된 여러 가지 장애에서 높은 것으로 발견되었다. 조건형성을 시킨 후에는, 건강한 통제집단의 참가자들은 중성적인 사진을 볼 때 편도체의 활동이 증가하는 것을 보여주었다. 그러나 정신병질이 있는 사람들은 위와 같이 기대했던 편도체의 활동성 증가를 보여주지 못했다. 이러한 결과들은 정신병질이 있는 사람들이 혐오자극에 대해서 고전적 조건형성이 이루어지지 못함을 시사한다.

　이와 같이 위협에 대한 반응이 전반적으로 결여된 것 이외에도, 정신병질이 있는 사람들은 돈이나 다른 재원과 같은 보상을 얻으려 할 때에는 위협에 대해서 반응을 더욱더 나타내지 않게 될 수 있다. 이러한 현상을 예시해주는 한 연구에서, 피험자들에게 컴퓨터 모니터상에 제시되는 카드 게임을 보여주었다(Newman, Patterson, & Kosson, 1987). 만약 얼굴이 그려진 카드가 나타나면 피험자는 5센트를 받았고, 얼굴이 아닌 카드가 나타나면 5센트를 잃었다. 참여자는 원하면 언제든지 게임을 그만둘 수 있었다. 게임은 시간이 지남에 따라 잃을 확률이 높아지도록 조정되었다. 정신병질의 점수가 높은 사람들은, 심지어 처벌을 받더라도, 정신질병이 낮은 사람보다 훨씬 더 오랫동안 게임을 계속했다. 이와 같은 결과는 정신병질이 목표를 추구할 때 위협에 주의를 기울이지 않는 것과 관련이 있음을 시사한다(Zeier & Newman, 2013). 이러한 결과와 일치하게도, 반사회적 행동은 목표를 추구할 때 부정적인 정보에 주의를 기울이는 것과 관련된 전전두엽 피질 영역에서의 결손과 관련이 있다(Ermer, Cope, Nyalakanti et al., 2012; Yang & Raine, 2009).

　위협에 대해 전반적으로 둔감한 것과는 대조적으로, 일부 연구자들은 다른 사람들의 정서적 반응을 공유할 수 있는 능력으로 정의되는 공감력의 부족이 정신병질에서 관찰되는 다른 사람들을 냉담하게 착취하도록 몰고 가는 핵심적인 결손일 것이라고 믿고 있다(Blair, 2005). 몇 가지 유형의 연구들이 이 이론을 뒷받침한다. 낯선 사람을 보여주는 영상에 내포된 정서를 파악하라고 요구받았을 때, 정신병질이 있는 남성들은 다른 정서는 잘 인식하고 있으면서도, 다른 사람의 두려움을 인식하는 것을 대단히 형편없이 해냈다(Brook & Kosson, 2013). 공감력의 부족이 다른 사람들이 희생되는 것에 대한 무감각으로까지 확장되는지를 검증하기 위하여, 연구자들은 희생이 일어난 사건(예 : 침입, 물리적 공격)의 사진을 보여주고 그 반응을 조사했다. 정신병질의 수준이 높은 사람들은 정신병질의 수준이 낮은 사람들에 비해서 희생자의 사진을 보는 것에 대해서 정신생리학적 또는 신경계의 반응이 적게 나타났다(Harenski, Harenski, Shane et al., 2010; Levenston, Patrick, Bradley et al., 2000).

## 경계선 성격장애

**경계선 성격장애**(borderline personality disorder, BPD)는 여러 가지 이유로 주요 관심사였다. 즉 BPD가 임상 장면에서 아주 흔히 부딪히며, 치료하기가 대단히 힘들고, 또한 자살의 일화가 반복되는 것과도 연관이 있기 때문이다. 경계선 성격장애의 핵심 특징은 대인관계와 기분상의 충동성 및 불안정성이다. 예를 들면 이 장애가 있는 사람들은 축복받은 듯 행복해하다가도 눈 깜박할 사이에 분노가 폭발하는 쪽으로 바뀔 수 있다. 또한 타인에 대한 태도 및 감정도 강렬하게, 불가해하게, 그리고 아주 빨리 변할 수 있는데, 특히 이상적인 것을 정열적으로 이야기하다가도 경멸조로 화를 내기도 한다(Trull, Solhan, Tragesser et al., 2008). 이 장의 서두에서 살펴본 메리의 임상 사례에서처럼, BPD의 소유자는 강렬한 분노를 나타내서 대인관계가 망가지는 경우가 종종 있다. BPD가 있는 사람들은 타인의 사소한 감정신호에 지나치게 민감하다(Lynch, Rosenthal, Kosson et al., 2006). 이들의 예측할 수 없고, 충동적이며, 자해가능성이 있는 행동에는 도박, 무분별한 소비, 난잡한 성행위, 그리고 물질남용이 포함될 수 있다. BPD가 있는 사람들은 자기(self)에 대한 명확하고 일관성 있는 감각을 발전시키지 못했기 때문에 자신의 가치관, 충성할 대상, 진로 선택 같은 자아정체의 기본 측면에서 왔다 갔다 하기도 한다. 이들은 혼자 있는 것을 견뎌낼 수가 없으며, 버림받는 것을 두려워하고, 남이 주의를 기울여주기를 요구하며, 만성적인 우울감과 공허감에 빠지기도 한다. 이들은 스트레스를 받으면 일시적인 정신증적 증상과 해리 증상을 나타내는 수도 있다.

자살행동은 BPD에서 특히 염려되는 사항이다. 이 장애가 있는 사람들 중 상당수는 생애 중에 자살기도를 여러 번 한다(Boisseau, Yen, Markowitz et al., 2013). 한 연구에서는 20년에 걸쳐 살펴본 결과 BPD가 있는 사람들의 약 7.5%가 자살을 저질렀음을 밝혀냈다(Linehan & Heard, 1999). 또한 BPD의 소유자들은 특히 자해행동을 하는 경향이 아주 높다. 예를 들면, 이들은 면도칼로 자신의 다리를 긋는다거나 담뱃불로 자신의 팔을 지질 수 있다. 이런 행동은 해를 가져다주기는 하지만, 죽음에 이르게까지 하지는 않는다. BPD가 있는 사람들 중 최소한 2/3는 살아가는 동안에 언젠가는 자해행위를 저지르기가 쉽다(Stone, 1993).

BPD가 있는 사람들은 외상후 스트레스장애가 동반되기 쉬우며, 기분장애, 물질 관련 장애 및 섭식장애도 나타내기 쉽다(McGlashan, Grilo, Skodol et al., 2000). 공존하는 장애가 있을 경우, BPD 증상이 수년 이상 지속될 확률이 더 높아진다(Zanarini, Frankenburg, Hennen et al., 2004).

임상심리학자이면서 성공한 미스터리 작가이기도 한 Jonathan Kellerman이 쓴 다채로운 사례 설명은 BPD를 갖고 있는 사람이 어떨지에 대해서 감을 잘 잡게 해준다.

그들은 만성적으로 우울하며, 못 말리는 중독자이고, 강박적 속성에 의해 이혼하는 등 계속되는 정서적인 불행 속에서 살아간다. 침대 위에서 춤추기도 하고, 위액을 토해내기도 하며, 고속도로를 뛰어넘기도 하고, 결코 회복될 수 없는 마음의 상처를 간직한 듯 두 팔을 축구공처럼 괴고 슬픈 눈으로 벤치에 앉아 기도한다. 그들의 자아는 솜사탕처럼 연약하며, 영혼은 결정적인 조각이 빠져 있는 조각 그림 맞추기처럼 회복될 수 없게 분절되어 있다. 그들은 민첩하게 역할을 수행하며, 어떤 면에서는 다른 사람들을 능가하고, 친밀함을 갈망하면서도 친하게 되면 저항한다. 그들 중 일부는 무대나 스크린에 마음이 끌리며, 다른 이들은 이런 연기나 연출을 보다 오묘한 방식으로 나타낸다. 경계선 성격장애자들은 공허감을 격파할 수 있는 총탄을 찾기 위해 치료자를 전전한다. 그들은 화학적인 성분의 총탄에 의지하다가 진정제나 항우울제, 알코올과 코카인에 달려든다. 고통을 신속하게 고쳐준다면서 환심을 사는 어떤 새로운 종교의 교주나 천국찬미론자를 신봉하기도 한다. 그리고 정신병원이나 교도소에서 잠시 머무른 뒤, 그들은 다른 사람들에게 희망을 주며 좋은 모습으로 나타난다. 실제든 상상한 것이든 다음 번에 절망감을 느낄 때까지, 다음의 자해 여행 때까지. (Kellerman, 1989, pp. 113-114)

다행히도, 이 장의 뒤에서 살펴보겠지만, BPD의 새로운 치료법에 관한 연구 결과는 Kellerman이 기술한 것보다 더 긍정적인 전망을 보여주고 있다.

**경계선 성격장애의 원인론**    BPD의 발생에는 많은 다양한 위험 요인들이 기여할 수 있다. 우리는 신경생물학적 요인, 유전적 취약성과 사회적 요인을 함께 감안하는 연구, 그리고 신경생물학적 요인과 사회적 요인을 통합한 Linehan의 소질-스트레스 이론(diathesis-stress theory)을 소개하겠다.

**신경생물학적 요인**    일부 신경생물학적 요인들은 BPD의 모든 증후군을 나타낼 위험을 높여주는 것으로 여겨지는 반면, 다른 요인들은 BPD가 있는 사람들이 보이는 강렬한 감정이나 충동성만을 설명하는 데 도움이 되는 것으로 여겨지고 있다(Siever, 2000). 전반적인 조절부전과 관련된 내용

시카고베어스 팀에서 아주 성공한 광역 수비수였던 Brandon Marshall은 2010년에 경계선 성격장애로 진단을 받은 후, Brandon Marshall 재단을 설립하여 정신 건강에 대한 인식을 높이고, 낙인을 줄이며, 치료비를 지원했다.

*Tasos Katopodis/Getty Images for Child Mind Institute*

### ◉ 경계선 성격장애에 대한 DSM-5 진단 기준

대인관계, 자기 이미지, 그리고 충동성에서의 불안정성에 대한 다음의 증세 중 5개 이상이 있으며, 성인 초기에 시작해서 많은 상황에서 드러나 보여야 한다.

- 유기(버림받는 것)를 피하기 위한 필사적인 노력
- 타인에 대한 이상화 또는 평가절하가 있는 불안정한 대인관계
- 자기(self)에 대해 불안정하다고 느끼는 것
- 낭비, 성관계, 물질남용, 부주의한 운전, 폭식 같은 영역에서 최소한 2개 이상이 해당되는 자기파괴적이고 충동적인 행동
- 반복적인 자살행동, 자살 시늉, 또는 자해행위(예: 손목 긋기)
- 현저한 기분의 반응성
- 만성적인 공허감
- 강렬하거나 조절하기 어려운 분노가 반복적으로 폭발함
- 스트레스를 받는 동안에, 일시적으로 편집증적 사고 및 해리 증상을 나타내는 경향성

경계선 성격장애가 있는 사람들은 종종 자해행동을 저지른다.

으로서, BPD가 있는 사람들은 통제집단에 비해서 세로토닌의 기능 수준이 더 낮음을 보여주었다(Soloff, Meltzer, Greer et al., 2000). 정서 조절부전과 관련된 것으로서, BPD가 있는 사람들은 정서를 불러일으키는 사진에 대하여 편도체의 활성화 수준이 높게 나타난 반면(Hazlett, Zhang, New et al., 2012; Silbersweig, Clarkin, Goldstein et al., 2007), 겁이 없는 정신병질자들 사이에서는 편도체의 활성화 수준이 감소한 것을 보여주었다. 전전두엽 피질에서의 결손은 충동성에 기여하는 것으로 여겨지며, BPD가 있는 사람들은 이 전전두엽 피질의 결손을 보이고 있고(Minzenberg, Fan, New et al., 2008; van Elst, 2003) 전전두엽 피질과 편도체 사이의 연결성도 붕괴(disrupted connectivity)된 것을 보여주고 있다(New, Hazlett, Buchsbaum et al., 2007). 종합하면, 지금까지 발견된 사실은 신경생물학의 여러 부분들이 한 방향으로 영향을 끼쳐서 BPD를 구성하는 복잡한 일련의 증상을 만들어낼 수 있음을 시사한다.

**사회 요인 : 유전적 취약성 맥락에서의 아동기 학대**   앞에서 성격장애에 공통된 위험 요인을 고찰할 때, 우리는 BPD가 유전가능성에 대한 추정치가 높은 것뿐만 아니라, 아동기 학대 또는 방임을 겪은 비율이 지극히 높은 것에도 관련이 있음을 언급하였다. 이 두 위험 요인을 어떻게 하면 짜 맞출 수 있을까? 이런 의문점에 대해 고찰해보기 위하여, 연구자들은 197쌍의 일란성 쌍둥이 중 어느 한쪽 쌍둥이만 아동기 학대를 보고했던 것에 대하여 조사했다(Bornovalova, Huibregtse, Hicks et al., 2013). 유전적인 취약성이라기보다 학대가 BPD를 유발한다면, 어느 한쪽 쌍둥이가 학대를 당했다면 이 쌍둥이는 학대를 당하지 않은 다른 쪽 쌍둥이에 비해서 BPD의 발생률이 높아야 할 것이다. 그런데 사실은 그렇지가 않았다. 즉 쌍둥이들은 비슷한 수준의 BPD 발생률을 보였다. 즉 아동기 학대는 유전적 위험성을 통제한 뒤에는 BPD를 예측해주지 못했다. 두 번째 쌍둥이 연구에서는, 아동기의 외상적 경험이 가족 특성에 대한 변량을 뺀 후 BPD가 나타난 쌍둥이들에 해당되는 변량의 1% 미만을 설명해줄 뿐이었다(Berenz, Amstadter, Aggen et al., 2013).

　BPD가 있는 사람들에게 학대의 과거력이 흔하기는 하지만, 이런 발견은 학대가 이 성격장애를 유발한 원동력은 아닐 수도 있음을 알려준다. 그렇다면 BPD가 있는 사람들에게서 학대받은 비율이 높은 것이 어떤 의미가 있을까? 연구자들은 이런 수수께끼에 대해서 계속 작업하고 있지만, 학대가 다양하게 다른 문제가 있는 상황에서도 종종 발생한다는 생각을 감안하는 것이 중요하다. 유전에 기반을 둔 충동성, 정서성 또는 모험 추구 성향이 부모에게 있으면, 이는 학대와 BPD가 모두 나타날 위험을 높여주는 것일 수도 있다. 발견된 사실은, 학대가 다양한 위험 요소가 얽

## 임상 사례 : 벤

벤은 50세의 대학 교수로, 아내로부터 재촉을 받고 나서야 치료를 받으러 왔다. 면접 중에, 벤의 아내는 남편이 너무나도 자기 자신과 자신의 승진에만 집중하고 있어서 남편이 다른 사람들을 종종 얕잡아보고 있다고 언급했다. 벤은 이러한 염려를 거부하면서, 자기는 바보들을 감내하는 그런 종류의 사람이 전혀 못 된다고 말하고, 자기가 그런 감내를 왜 해야 하는지 이유를 모르겠다고 말했다. 속사포처럼 말하면서, 그는 자신의 지도교수, 자기의 지도학생, 자기의 부모, 그리고 과거의 친구들이 그가 우정을 가질 만한 지능이 부족하다고 기술했다. 그는 오랜 시간을 치료하는 것을 기꺼이 받아들였지만 그의 연구가 사람들의 삶을 변화시킬 잠재력이 있다는 것과, 다른 활동 때문에 자신의 성공이 방해받도록 내버려둘 수 없다고 언급했다. 그의 우월성에 대한 표현이 대인관계에서의 긴장을 다소 유발할 수도 있지 않겠느냐는 치료자의 부드러운 질문에 대해 그는 통렬한 비난만 퍼부었다.

혀 있는 가운데서 종종 일어나는 것처럼, 학대의 복잡성을 부각시켜주고 있다. 많은 것이 미지의 상태로 남아 있지만, 상식이 여전히 통하고 있다는 것은 언급할 만한 가치가 있다. 즉 아동 학대는 많은 해로운 영향을 미친다는 것이다. 이런 사실은 다른 연구들에서뿐만 아니라 심지어는 학대 여부에 대해 서로 불일치하는 쌍둥이를 조사한 다른 연구들에서도 확인되었다(Nelson, Heath, Madden et al., 2002).

**Linehan의 소질-스트레스 이론**  Marsha Linehan은 BPD가 생물학적 소질(아마도 유전됨) 때문에 정서조절이 잘 안 되는 사람이 부모의 뒷받침이 부족한 가정환경에서 자랄 때 발달된다고 제안하였다. 즉 정서조절상의 결함이라는 소질이 부모의 뒷받침이 부족한 환경과 상호작용하여 BPD의 발달을 촉진한다는 것이다. 부모의 뒷받침이 부족한 환경에서는, 당사자의 감정은 폄하되며 존중받지 못한다. 즉 자신의 감정을 전달하려는 노력은 무시되거나 심지어는 처벌받기도 한다.

가설로 제기된 두 주요 요인(정서조절 이상과 뒷받침 결여)이 역동적인 방식으로 상호작용한다(그림 8.3 참조). 예를 들면 정서조절이 잘 안 되는 아동이 가족에게 터무니없는 요구를 했다고 치자. 화가 난 부모는 아동의 떼쓰기를 무시하거나 심지어는 벌하기도 한다. 이 때문에 아동은 자신의 정서를 억누르게 된다. 억눌린 정서는 쌓여서 폭발하게 되고, 그제야 부모의 주의를 끌게 된다. 이와 같이, 부모는 아동에게서 혐오스러워하는 바로 그 행동을 결국 강화한 꼴이 된다. 물론, 그밖에도 많은 방식이 일어날 수 있지만, 공통적인 것은 악순환, 즉 정서조절 곤란과 뒷받침 결여 사이에 주고받는 악순환의 연속이다.

## 연극성 성격장애

**연극성(히스테리성) 성격장애**(histrionic personality disorder)의 핵심 특징은 겉모습이 연극적이고 항상 자기 자신에 대하여 관심을 끌려고 하는 행동이다. 이들은 종종 의상, 화장, 또는 머리색깔 같은 외모를 통해서 관심을 끌려고 한다. 이들은, 정서표현을 과도하게 하기는 하지만, 실제 내면의 정서 수준은 깊지 않은 것으로 알려져 있다. 예를 들면 이 장애를 갖고 있는 사람은 어떤 사람에 대하여 신나게 지껄여대고는 자신의 가장 친한 친구라고 불렀다가도, 그다음 날에는 그 사람과 대화한 것조차 잘 기억하지 못할 뿐이다. 이들은 자기중심적이고, 신체적 매력에 크게 신경을 쓰며, 중심인물이 못 되면 불편해한다. 이들은 부적절하게 성적으로 자극적이고 유혹적인 행동을 할 가능성이 있으며, 다른 사람으로부터 쉽게 영향을 받는다. 이들이 하는 말은 인상적이지만 자세하지 못한 경우가 종종 있다. 예를 들면 이들은 강력한 의견을 피력해 놓고도 그것을 뒷받침하는 정보는 제시하지 못할 수도 있다. (환자 : "그녀는 최고예요." 면접자 : "당신은 그녀의 무엇이 가장 좋은가요?" 환자 : "이크, 그것을 말로 표현할 수 있을지 모르겠어요.").

## 자기애성 성격장애

**자기애성(자기도취적) 성격장애**(narcissistic personality disorder)가 있는 사람은 자신의 능력을 과장되게 느끼며 크게 성공하는 환상에 빠져 있다(앞에 소개된 벤의 임상 사례에서 보여준 것처럼). 이들은 다소간 자기중심적이어서 거의 끊임없이 주목받고 과도한 찬사를 받기를 원한다. 이들의 대인관계는 공감능력의 부족, 시기심과 오만, 남을 이용해먹으려는 습관, 그리고 자긍심 때문에 좋지 않다. 이들은 남들이 자기에게 특별한 호의를 베풀어주기를 기대한다. 동반자 관계는 이들이 전권을 잡으려는 과도한 욕망 때문에 흔들리는 경우가 종종 있다. 이들은 이상으로 여기고 자랑스럽게 과시하고 싶은 높은 수준의 동반자를 추구하지만, 더 높은 수준의 사람과 함께 할 기회가 주어지게 되면 동반자를 그 사람으로 바꿀 가능성이 높다. 명예와 재산은 다른 사람들의 찬양을 얻

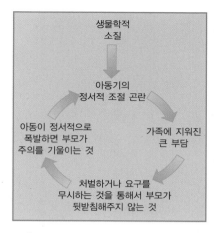

**그림 8.3** Marsha Linehan의 경계선 성격장애에 대한 소질-스트레스 이론

**연극성 성격장애에 대한 DSM-5 진단 기준**

과도하게 정서적인 것과 주의를 끄는 것에 대한 다음의 증세 중 5개 이상이 있으며, 성인 초기에 시작해서 많은 상황에서 드러나 보여야 한다.

- 자신이 관심의 초점이 되지 못하는 상황에서 불편해진다.
- 상황에 어울리지 않게 성적으로 유혹적이거나 도발적인 행동이 특징이다.
- 빠른 감정의 변화 및 감정 표현의 천박성이 보인다.
- 자신에게 관심을 끌기 위해서 항상 육체적 외모를 사용한다.
- 지나치게 인상적으로 말하면서도 내용은 없는 대화 양식을 갖고 있다.
- 과장된, 연극조의 정서 표현을 한다.
- 피암시성이 높다.
- 대인관계를 실제보다 더 친밀한 것으로 생각한다.

프랭크 로이드 라이트는 가장 영향력 있는 미국 건축가 중 한 명인데, 다소 자기애적인 특질을 보여주었다. 그는 다음과 같이 말했다고 한다. "생애 초기에, 나는 정직한 오만과 위선적인 겸손 가운데서 하나를 선택해야만 했다. 나는 정직한 오만을 선택했고 이를 바꿀 이유가 지금껏 없었다."

기 위한 방법으로 지나치게 중시하는 경우가 종종 있다. 찬양을 얻는 데 초점을 맞추기 때문에 외모를 중시한다. 한 연구에서는 관찰자들이 각기 독자적으로 사진을 보고서 자기애성을 다소 정확하게 금방 판단해낼 수 있었는데, 대부분의 경우는 자기애성의 특질이 있는 사람들의 외모에서 값비싼 의복과 과잉 몸치장을 알아차림으로써 해낸 것이다(Vazire, Naumann, Rentfrow et al., 2008). 이들은 과도한 자신감을 드러내고 있으면서도 그 저변에 깔려 있는 취약성이 이들의 시기심과 찬양받고 싶은 욕구 속에 엿보인다(Miller, Hoffman, Campbell et al., 2008). 이들은 찬사와 칭찬을 받고 행복해하면서도, 비판에는 지나치게 반응하는 경향이 있다. 이들은 경쟁으로 보이는 위협이나 혹평에 직면하게 되면 앙심을 품고 공격적으로 되기가 아주 쉽다(Bushman & Thomaes, 2011).

### ● 자기애성 성격장애에 대한 DSM-5 진단 기준

과대성, 찬양받고 싶은 욕구, 그리고 공감력의 부족에 대한 다음의 증세 중 5개 이상이 있으며, 성인 초기에 시작해서 많은 상황에서 드러나 보여야 한다.

- 자신의 중요성에 대한 과장된 지각
- 성공, 돋보이는 것, 아름다움에 대한 생각에 빠져 있는 것
- 자신이 특별한 존재로서 고위층 사람들만이 자신을 이해할 수 있다고 믿음
- 찬양받고 싶은 욕구가 지극히 높음
- 특권 의식이 강함
- 다른 사람을 착취하는 경향
- 공감의 부족
- 남들을 질투함
- 거만한 행동이나 태도

자신감과 야망을 지향하는 추세를 감안할 때, 낮은 수준의 자기애성이 적응에 도움이 될 수 있을까? 한 연구에서는, 미국의 지도자들에 대한 전문성이 있는 121명의 학자들이 미국 대통령들의 상대적인(준임상적인) 자기애를 평정했다. 상대적으로 자기애성이 높다고 평정된 대통령은 설득력이 더 있는 것으로 보이고, 대중 투표에서 승리하고 입법을 발의할 수 있던 경우가 많았다(Watts, Lilienfeld, Smith et al., 2013). 그러나 자기애성의 임상 진단을 받은 대통령은 자기애성의 특질이 약간 미세하게 상승한 대통령에 비해서 난관에 더 많이 봉착하는 것으로 예상되었다.

**자기애성 성격장애의 원인론**    이 절에서 우리는 부모의 양육방식이 어떻게 자기애성 성격특질에 기여하는지에 대한 한 이론을 고찰하면서 시작한다.

**양육**    양육방식이 어떻게 자기애성에 기여할 수 있는지에 대한 여러 가지의 각기 다른 모형이 개발되었다. Millon(1986)은 지나치게 관대한 부모는 자녀들에게 자신이 특별하다(그리고 다른 아동들보다 더 특별하다)는 믿음을 키워준다는 것과, 그리고 자신이 특별하다는 것을 행동으로 표현해도 다른 사람들이 감내해줄 것이라는 가설을 세웠다. 최근의 여러 연구에 따르면 자기보고된 자기애성의 수준이 높은 사람들은 진짜로 부모로부터 지나치게 관대한 대우를 받았다고 보고하고 있다(Horton, 2011). 초점 8.2에서는 시간의 흐름에 따른 양육방식의 변화가 미국 문화에서 자기애의 유병률을 증가시킬 수 있는지에 대해 살펴본다.

## 초점 8.2 대학생들은 과거보다 자기애가 더 높아졌는가?

대학생들이 시간이 흐르면서 자기애성이 더 높아졌을까? 최근 몇 년 동안에, 젊은 이들이 점차 자기애성이 높아지고 있는 것은 아닌지에 대한 논쟁이 전개되었다. 이 수수께끼를 풀기 위해, Twenge 박사와 Foster 박사(2010)는 1984년부터 2008년 사이에 수행된 107개의 연구에서 자료를 취합했는데, 이 연구들에서는 49,818명의 대학생에게 자기애성 성격검사(Narcissistic Personality Inventory, NPI)를 실시했다. 이 검사는 자기애성 성격장애의 위험성을 평가하기 위해 고안된 자기보고식 척도이다. NPI의 문항은 권위에 대한 자기지각, 자부심, 과시욕구, 착취 성향, 허영심, 그리고 특권 의식에 대해 묻는 것들이다. 학생들이 다니는 대학교를 통제했을 때에는, NPI 점수는 그림 8.4에 제시된 바와 같이 시간이 흐르면서 증가했다. 효과 크기가 통계적으로 유의미하지만, 한 가지 의문점은 40점 만점 중 2점이 증가한 것이 실제로 의미가 있느냐 하는 것이다.

두 번째 의문점은, 증가한 것이 무엇을 의미하는지다. Twenge와 Foster(2010)는 오늘날의 대학생들의 부모가, 이전 세대의 부모에 비해서, 자녀들에게 자신이 더 특별하다는 느낌을 심어주고 있다고 주장한다. 현대의 자녀들에게는 이와 같은 부모의 양육방식 변화가 자기애성의 증가를 가져왔을 수도 있다. 다른 학자들은 NPI상에 나타난 응답의 변화가 사람들이 부적응한 결과를 얻게 되지 않도록 자신을 기술하는 방식에서의 좀 더 피상적인 변화를 반영하는 것이라고 시사한다. 예를 들면 사람들은 이전 세대보다 자신이 특별하고 자존감도 높다고 기술하는 것은, 사회적으로는 기대하지 않는다고 하더라도, 사회에서 좀 더 받아들여지게 되었으며, 이는 점수가 더 높아진 것에 반영되어 있다. 페이스북 및 그 밖의 소셜미디어 웹사이트는 비교적 최근의 혁신적 결과이며, 이들은 사람들이 자기를 소개하는 방식을 바꾸어놓고 있는 것일

수 있다. 오늘날의 대학생들은 '자신의 신체를 뽐내는 것'에 대해 좀 더 편안해졌는데, 이는 허영심을 평가하는 문항 중 하나이다. 따라서 이런 논쟁의 한 부분은 점수가 변화한 것이 자기표현상에서 아무런 문제없이 변화한 것을 반영하는지 또는 병적 자기애성에서의 좀 더 걱정할 만한 변화를 반영하는지 여부이다.

이 논쟁에서 언급되는 자료의 많은 부분은 자기보고식 NPI 목록검사에서 나온 것인데, 이 검사는 기능적인 장애나 진단을 평가하지 않는다. 자기애성 성격장애의 진단에 대해 평가하기 위하여, 한 연구에서는 미국에서 성인의 대표적 표본을 대상으로 수천 건의 진단면접을 실시하였다. 그 결과, 젊은이들은 나이가 더 많은 성인에 비해서 자기애성 성격장애의 증상에 그렇다고 응답하는 경향이 더 높았다(Stinson, Dawson, Goldstein et al., 2008). 그러나 이 장의 앞에서 살펴본 것처럼, 대부분의 성격장애 발병률은 사람이 나이가 듦에 따라서 줄어든다(Grant, Hasin, Stinson et al., 2004).

자기애성 성격장애가 점점 더 흔해지고 있는지 여부에 대한 의문에 진짜로 답을 찾으려면, 우리는 각기 다른 해에 태어난 사람들에 대한 지역사회의 대표적인 표본을 얻어서 종단적인 면접을 수행해야 할 필요가 있다. 우리가 이런 유형의 자료를 갖고 있지 않기 때문에, 어떤 학자들은 제시된 증거가 의심스럽다는 것과, 척도 및 연구설계가 너무나도 빈약해서 자기애성이 증가하고 있다는 결론에 이를 수가 없다고 주장했다(Arnett, Trzesniewski, & Donnellan, 2013). 어느 쪽이든 간에, 어쨌든, 최근의 자료에 따르면 대학생들의 NPI 점수가 2008년 이래 떨어진 것으로 시사되었다. 자기애성이 2008년도까지 상승하고 있었다고 하더라도 경제가 어려운 시기에 고용 시장에 진입하는 것이 자기애성 점수가 낮아진 것과 관련이 있을 수 있다(Bianchi, 2014).

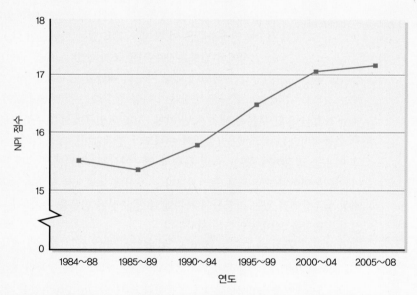

**그림 8.4** 대학생을 대상으로 5번의 기간 동안에 측정한 자기애성 성격검사(NPI) 점수의 평균. 제시된 자료에서 UC 데이비스대학교의 표본은 제외되어 있다. Twenge & Foster(2010)에서 번안함.

**자기심리학** Heinz Kohut는 자기심리학(self-psychology)이라고 알려진 정신분석 이론의 한 분파를 기반으로 해서 자기애의 모형을 개발하였다. 자기심리학에 대해서 그는 두 권의 책—자기의 분석(*The Analysis of the Self*, 1971)과 자기의 회복(*The Restoration of the Self*, 1977)—을 저술하였다. Kohut는 자기애성 성격장애를 갖고 있는 사람이 두드러진 자기(self)의 중요성, 자기에의 몰입, 그리고 무한한 성공에 대한 환상을 표면에 투사하고 있다는 임상적 관찰에서 출발하였다. Kohut의 이론에 따르면 이러한 특성들은 그 이면의 매우 취약한 자존감을 감추고 있는 것이다. 자기애성 성격장애가 있는 사람들은 남들로부터 끊임없이 존경을 받으려고 해서 자존감을 키우려고 애

자기애성 성격장애라는 명칭은 그리스 신화의 인물인 나르시서스(Narcissus)에서 유래한 것인데, 그는 자기가 반사된 모습을 사랑하게 되었고, 자신의 욕망 때문에 기운이 다 빠져서, 꽃으로 바뀌어 버렸다. (Museum Bojimans Van Beuningen, Rotterdam, Netherlands)

쓰는 것이다. 따라서, 팽만한 자존감과 남을 깎아내리는 것은 수치심에 대한 방어로 보인다. 연구 결과는 자기애성 성격장애로 진단을 받은 사람들이 성격장애가 없는 사람들보다 수치심을 자주 경험한다는 가설을 실제로 뒷받침해주고 있다(Ritter, Vater, Rusch et al., 2014).

**사회-인지 모형** Carolyn Morf와 Frederick Rhodewalt(2001)가 개발한 자기애성 성격장애의 모형은 두 가지 기본 생각에 근거한다. 첫째, 이 장애를 갖고 있는 사람들은 자존감이 취약한데, 그 이유는 부분적으로는 우선 자신이 특별한 존재라는 믿음을 굳건히 유지시키기 위해 노력하기 때문이라는 것과, 둘째, 대인 간의 상호작용이 이들에게 중요한 이유는 친근함이나 온정을 얻기 위해서라기보다는 자존감을 높이는 데 중요하기 때문이다. 다시 말하면, 이들은 자신에 대한 원대한 이미지를 유지하려는 목표에 사로잡혀 있으며, 이 목표를 달성하려는 것이 이들의 경험 깊숙이 침투해 있다.

Morf와 Rhodewalt의 연구가 인상적인 것은, 이들이 자기애성 성격장애와 관련된 인지적, 정서적, 그리고 대인관계의 과정을 규명할 목적으로 실험실에서의 연구설계를 고안해냈기 때문이다. 자기애성 성격장애를 갖고 있는 사람들이 자신에 대한 과장된 믿음을 계속 간직하기 위해 노력하고 있다는 주장을 평가하기 위해서, 이 연구자들은 이 장애를 갖고 있는 사람들이 다양한 환경에서 자신을 평정하는 방식에서 편향은 없는지를 조사하였다. 예를 들면, 실험실 연구에서 자기애성 성격장애가 있는 사람들은 타인에 대한 자신의 매력과 단체활동에서의 자신의 기여도를 과대평가하는 것으로 나타났다. ("다른 사람들이 나를 질투하는 것이 틀림없어. 우리가 오늘 이룩한 것 중에서 가장 중요한 부분은 내가 해낸 거야.") 몇몇 연구에서 연구자들은 참여자들에게 어떤 과제에서 성공적이라는 피드백을 (실제의 수행도와 관계없이) 주고 나서는, 그들이 왜 성공적이었는지 그 이유를 평정하게 했다. 이런 유형의 연구에서는, 자기애성 성격장애가 있는 사람들은 성공의 이유를 우연이나 행운으로 돌리기보다는 자신의 능력으로 돌렸다. 따라서 일단의 연구들은 자기애성 성격장애가 있는 사람들이 자기에 대한 과장된 믿음을 유지하는 데 도움이 될 것으로 보이는 인지적 편향을 보이고 있음을 시사한다.

자기애성 성격장애를 갖고 있는 사람들의 자존감이 약한지를 평가하기 위해서, Morf와 Rhodewalt(2001)는 자존감이 외부로부터의 피드백에 따라 얼마나 좌우되는가를 연구한 결과들을 개관하였다. 예를 들면 IQ검사에서 못했다고 거짓으로 말해주었을 때, 자기애성 성격장애가 있는 사람들은 다른 사람들에 비해서 반응을 훨씬 많이 나타냈다. 마찬가지로, 이들은 어떤 일을 성공적으로 해냈다는 말을 들었을 때에도 반응을 많이 보였다.

이 이론에 따르면, 자기애성 성격장애가 있는 사람들이 남들과 상호작용할 때, 이들의 주된 목표는 자존감을 키우는 것이다. 이런 목표는 이들이 남들에게 행동하는 방식에 여러 가지 방면으로 영향을 미친다. 첫째, 이들은 허풍을 떠는 경향이 많이 있다. 이런 행동이 처음에는 잘 먹혀들어가는 경우가 종종 있지만, 시간이 지나면서 허풍떨기가 반복되면 남들에게 부정적으로 받아들여지게 된다(Paulhus, 1998). 둘째, 어느 누군가가 자존감에 관련된 과제에서 이들보다 더 나은 수행도를 나타낸 경우, 이들은 공공연히 해서라도 그 사람을 깎아내리려고 할 것이다. 이런 개념의 틀에서 보면 자기애성 성격장애가 있는 사람들이 왜 남들과 소원해지는 일을 벌리는지 이해하기가 쉽다. 이들의 자기개념은 친밀감을 얻거나 유지하는 데 있는 것이 아니라 찬양을 받는 것에 달려 있다(Campbell, Bosson, Goheen et al., 2007).

## 중간 요약

모든 성격장애는 적어도 중간 수준으로 유전된다. 아동기 학대 또는 방임은 10개의 성격장애 중 6개와 유의미한 상관관계가 있다.

특이한/괴짜 성격장애군(A군)에는 편집성 성격장애, 조현성 성격장애, 그리고 조현형 성격장애가 들어 있다. 편집성 성격장애가 있는 사람들은 남을 의심하고, 조현성 성격장애가 있는 사람들은 사회적으로 동떨어져 있으며, 조현형 성격장애가 있는 사람들은 생각과 행동에서 특이하다. 생물학적 연구들은 조현형 성격장애와 조현병이 관련이 있음을 알려준다.

극적이고/변덕스러운 장애군(B군)에는 반사회성 성격장애(APD), 경계선 성격장애(BPD), 연극성 성격장애, 그리고 자기애성 성격장애가 들어 있다. APD의 핵심 특징에는 규칙 위반 및 타인의 감정과 사회 규범을 무시하는 것이 들어 있다. 정신병질은 반사회성 성격장애와 관련이 있지만 DSM에서는 정의되어 있지 않다. 정신병질의 기준은 관찰 가능한 행동뿐만 아니라 내면의 경험(정서의 빈곤 등)에 초점을 둔다. BPD는 강렬한 정서성, 정체성을 불안정하게 느끼는 것, 그리고 충동성으로 정의된다. 연극성 성격장애는 과장된 정서적 표현이 특징이다. 자기애성 성격장애는 팽만한 자존감이 있지만 찬양받는 것에 욕구가 깊은 것이 특징이다.

가혹한 가정환경과 빈곤이 APD의 발달에서 어떤 역할을 발휘하며, 이러한 사회적 위험 요인들은 이 장애에 대한 유전적 위험이 높은 사람들에게 특히 중요할 수 있다. 정신병질은 위협에 대한 반응이 무딘 것

과 관련되어 있으며, 이에 따라 처벌을 받아도 배우지 못하는 것과 관련이 있다. 이와 같이 위협에 대해 둔한 것은 목표를 추구하는 동안에 특히 나타날 수 있다. 또한 남을 냉담하게 다루는 것은 공감력의 부족과도 관련이 있을 수도 있다. 이와 같이 불안을 못 느끼고 공감이 부족한 것은 후회 없이 비행을 저지르도록 몰고 갈 수 있다.

BPD의 정서 조절부전 및 충동성은 세로토닌 기능부전 그리고 생물학적 위험 요인과 관련이 있다. 정서성이 큰 것과 일치하게도, BPD가 있는 사람들은 정서 유발 자극에 대해 편도체의 활동이 증가하는 것을 보여주었다. 충동성과 일치하게도, 연구에 따르면 BPD가 있는 사람들에게 전전두엽 피질의 활동이 감소한 것으로 나타났다. BPD가 있는 사람들은 학대를 받았다고 보고한 비율이 높지만, 학대받은 것의 일부는 부모의 유전적 취약성과 관련이 있을 수 있다. Linehan의 모형에서는 BPD가 있는 사람들이 보고한 부모의 뒷받침 부족의 비율이 높은 것을 정서 조절부전에 대한 생물학적 소질과 통합하고 있다.

여러 연구들에 걸쳐서, 자기애성 성격장애가 있는 사람들이 자신의 부모가 지나치게 관대했다고 보고하고 있다. 자기심리학 이론에 따르면, 자기애성 성격장애가 있는 사람들은 수치심과 싸우기 위해서 자존감을 부풀린다. 사회인지 이론에서는 자기애성 성격장애가 있는 사람의 행동이 자신이 특별하다는 것을 유지하려는 목표 그리고 대인관계적인 상호작용의 목적이 자존감을 키우는 것이라는 믿음에 의해 형성된다고 제시하고 있다.

## 복습문제 8.2

다음 질문에 답하라.
1. 가족사 연구에서 조현병과 가장 관련이 있는 성격장애는 무엇인가?
2. 성격장애에 대한 유전가능성의 수준은 어떠한가?
3. 다음의 성격장애 중 어느 것이 임상 현장에서 가장 흔히 보이는가?
    a. 강박성
    b. 조현성
    c. 반사회성
    d. 경계성
4. 어떤 성격장애가 충동성과 관련이 있는가?

## 불안하고/두려워하는 장애군의 임상적 기술과 원인론

불안하고 두려워하는 장애군(anxious/fearful cluster)에는 회피성 성격장애, 의존성 성격장애, 강박성 성격장애가 포함되어 있다. 이런 장애가 있는 사람들은 걱정과 고민을 많이 하는 경향이 있다.

회피성 성격장애가 있는 사람들은 대인관계에서 너무나도 스트레스를 받기 때문에 이를 피하는 경우가 종종 있다.

## 회피성 성격장애

**회피성 성격장애**(avoidant personality disorder)가 있는 사람들은 비난, 거절, 또는 반대를 받는 것을 몹시 두려워하여, 부정적인 피드백을 받는 것을 피하기 위하여 직장이나 대인관계를 피하려 할 정도이다. 사회 상황에서 이들은 어리석은 것을 말하거나, 당황하게 되거나, 또는 그밖의 다른 불안한 징후를 나타내게 될까봐 극도로 두려워하는 나머지 위축된다. 그들은 자신을 무능하고 다른 사람들보다 열등한 사람이라고 믿으며, 모험을 감행한다거나 안 해본 일을 시도하는 것을 주저한다. 긴밀한 관계를 형성하고 싶지만, 두려움 때문에 종종 그렇게 하기가 어렵다.

회피성 성격장애가 사회불안장애와의 공병률이 매우 높은 것은 이 두 장애의 진단 기준이 매우 비슷한 데서 비롯된 결과일 수 있다(Skodol, Oldham, Hyler et al., 1995). 회피성 성격장애와 사회불안장애에 대한 유전적 취약성은 중복되는 것으로 보인다(Reichborn-Kjennerud, Czajkowski, Torgersen et al., 2007). 어떤 학자들은 회피성 성격장애가 사실상 사회불안장애의 만성적 유형일 수 있다고 주장한 바 있다(Alden, Laposa, Taylor et al., 2002). 따라서 원인이 되는 변인들은 제3장에서 살펴본 사회불안의 원인론과 중복될 수도 있을 것이다.

사회불안장애의 경우와 마찬가지로, 여러 가지 다른 유형의 장애가 회피성 성격장애와 종종 공존한다. 레온의 임상 사례에서 살펴본 바와 같이, 회피성 성격장애가 있는 사람들의 약 80%는 주요우울증도 함께 갖고 있다. 또한 알코올 남용도 이 장애가 있는 사람들 사이에서 흔하다(McGlashan et al., 2000).

## 의존성 성격장애

**의존성 성격장애**(dependent personality disorder)의 핵심 특징은 남에게 지나치게 의존하는 것이다. 의존성 성격장애가 있는 사람들은 보살핌을 받고 싶은 욕구가 강해서, 혼자 있게 되면 종종 불편해한다. 이들은 기존의 보호받는 관계를 깨뜨리지 않기 위해서 자신의 욕구를 억누른다. 친밀한 대인관계가 끝나게 되면, 이들은 이를 대치할 다른 대인관계를 급히 찾는다. 이들은 자신을 약한 존재로 보기 때문에, 남들로부터 지지를 받기 원하고 의사결정도 대신 해주기를 바란다. 매튜의 임상 사례는 의존성 성격장애의 한 예이다. 이 장애가 있는 사람들은 혼자 있는 것을 특히 두려워한다.

---

### 회피성 성격장애에 대한 DSM-5 진단 기준

사회적 위축, 부적절감, 그리고 비난에 대한 과민성이 만연된 유형이 다음의 증세 중 4개 이상이 있으며, 성인 초기에 시작해서 많은 상황에서 드러나 보여야 한다.

- 비난, 꾸중, 거절이 두려워서 대인관계가 요구되는 직업 활동을 회피한다.
- 호감을 주고 있다는 확신이 서지 않으면 상대방과의 만남을 피한다.
- 창피와 조롱을 당할까 두려워서 친밀한 관계를 제한한다.
- 사회 상황에서 비난이나 버림받을 것이라는 생각에 사로잡혀 있다.
- 자신이 부적절하다고 느끼기 때문에 새로운 사람과 만날 때 위축된다.
- 스스로 사회적으로 무능하고, 개인적인 매력이 없으며 열등하다고 생각한다.
- 쩔쩔매는 모습을 들킬까 두려워서 새로운 일이나 활동을 시작하기를 꺼린다.

## 임상 사례 : 레온

레온은 45세의 남성으로서, 우울증을 치료받으러 왔다. 면접 중에 레온은 자신이 기억할 수 있는 한 오랫동안 우울하고 사회적으로 불편했던 감정을 기술했다. 5세가 될 때까지는, 그는 다른 아동들과 함께 있으면 불안을 심하게 느꼈으며, 남들 앞에서 발표해야 하게 되면 그의 마음은 '텅 빈' 것처럼 되곤 했다. 그는 생일 파티, 교사가 수업 중에 묻는 것, 그리고 새로운 아동들을 만나는 것을 두려워하면서 자랐다. 그는 이웃의 몇몇 아이들과 함께 놀 수는 있었지만, 여성에게 데이트를 하자고 요청하거나 '절친한 친구'를 둔 적이 없었다. 그는 졸업 후 우체국에 취직했는데 그 이유는 이 직업이 남들과 접촉하는 일이 거의 없기 때문이었다. [Spitzer, Gibbon, Skodol et al.(1994)에서 번안함.]

## 임상 사례 : 매튜

매튜는 34세 남성으로, 여자친구와 헤어진 후 치료를 받으러 왔다. 아들과 함께 살고 있던 그의 어머니는 아들의 여자친구가 종교적 배경이 다르다는 이유로 아들의 결혼 계획을 반대했다. 매튜는 어머니의 허락 없이는 여자친구와 결혼할 수 없겠다고 느꼈다. 그는 약혼을 취소했지만, 어머니에게 화가 났고, 그가 결혼하고 싶어 하는 사람을 아무도 허락하지 않을까 봐 두려웠다. 그는 어머니와 의견이 다른 것을 두려워했는데, 그 이유는 자기 혼자 힘으로 뚫고 나가고 싶지 않기 때문이라고 말했다. [Spitzer(2002)에서 번안함.]

### ● 의존성 성격장애에 대한 DSM-5 진단 기준

돌봄을 받고 싶은 욕구가 과도하게 있는 경우로서, 다음 중 최소한 5개 이상의 항목이 성인 초기에 시작해서 많은 상황에서 드러나 보여야 한다.

- 남으로부터 많은 조언과 안심을 받지 않고서는 의사결정을 내리지 못한다.
- 다른 사람이 자신의 인생에서 대부분의 주요 영역까지도 책임을 져주기를 원한다.
- 지지를 못 받을까봐 두려워서 남들과 반대되는 의견을 말하기가 어렵다.
- 자신감이 부족해서 자기 스스로 일을 하거나 어떤 계획을 시작하기가 어렵다.
- 남들의 승인과 지지를 얻기 위한 한 방법으로 언짢은 일도 해낸다.
- 자신이 스스로를 챙길 수 없다는 두려움 때문에 혼자 있을 때는 무력감을 느낀다.
- 어떤 사람과의 관계가 끝나면 새로운 사람과의 관계 형성을 즉각적으로 추구한다.
- 자신이 스스로를 챙겨야 될까봐 두려움에 빠져 있다.

또한 DSM의 진단 기준에서는 의존성 성격장애의 소유자들이 대단히 수동적이라고 기술하고 있다(예 : 계획을 짜거나 혼자서 일하는 것을 해내지 못하는 것, 남들이 자신에 대한 의사결정을 내리게 하는 것). 그러나 연구 결과에 의하면, 의존성 성격장애가 있는 사람들이 친밀한 인간관계를 지속시키는 데 필요한 행위는 해낼 수 있는 것이 사실이라고 한다. 즉 행동이 대단히 양보적이고 수동적이기는 하지만, 대인관계를 지속시키는 데 필요한 적극적인 조치는 취한다는 것이다(Bornstein, 1997). 또한 이 장애의 특징이 수동적인 것에 있다는 견해와는 달리, 의존성이 높은 남성은, 아마도 동반자 관계가 위협을 받으면 불안전하다고 느끼기 때문에, 가정폭력을 휘두를 위험성이 높다(Bornstein, 2006).

의존성 성격장애가 있는 사람들은 대인관계에서 헤어지게 되면 우울증을 나타내기 쉬우며(Hammen, Burge, Daley et al., 1995), 그리고 우울할 때는 다른 우울증 환자에 비해서 자살행동을 하기 쉽다(Bolton, Belik, Enns et al., 2008). 또한 이들은 불안장애와 탐식증을 나타낼 위험이 높다(Bornstein, 2012).

위에서 기술한 유전 및 어릴 적 역경에 관련된 사실 이외에도, 이론가들은 과잉보호하는 부모들이 아동의 의존성을 키워줄 수 있는 반면에, 권위적인 훈육은 자녀들이 자기효능감(self-efficacy)을 발달시킬 수 있는 기회를 제한하게 될 수 있다고 주장한다(Bornstein, 1992). 몇몇 연구에서의 결과는 의존적 성격특질이 과잉보호와 권위적인 양육과 관련이 있다는 견해를 뒷받침한다(Bornstein, 1992).

## 강박성 성격장애

**강박성 성격장애**(obsessive-compulsive personality disorder)가 있는 사람은 세세한 것, 규칙, 스케줄에 대한 생각에 빠져 있는 완벽주의자이다. 질서와 완벽주의에 적응적인 측면도 있지만, 이 장애가 있는 사람들은 종종 세부적인 것에 너무 주의를 기울인 나머지 계획을 완료하지 못하기도 한다(새라의 임상 사례에 예시된 바와 같음). 이들은 쾌락보다는 일을 더 추구하며, 이들의 대인관계는 직장에서 완벽을 추구하느라 가족이나 친구들과 어울릴 시간이 부족해지기 때문에 종종 어려움을 겪는다. 이들은 (실수하지 않도록) 의사결정을 하고 (부적절한 일에 신경쓰지 않도록) 시간을 분배하는 데 상당한 어려움을 겪는다. 이들의 대인관계는, 모든 것이 제대로 — 그들의 방식대로 — 되어야 한다고 이들이 요구하기 때문에 곤란을 겪는 경우가 흔하다. 일반적으로, 이들은 심각하고, 엄격하며, 딱딱하고, 융통성이 없는데, 특히 도덕적인 문제에 있어서 그러하다. 이들은 낡고 쓸모없는 것들을 버리지 못하며, 심지어는 감정에 의한 가치도 전혀 없는 것들도 못 버리며, 주변사람들로부터 걱정을 살 정도로 지나치게 절약을 하곤 한다.

강박성 성격장애(obsessive-compulsive personality disorder)는 강박장애(obsessive-compulsive disorder, OCD)와 이름은 비슷하지만 전혀 다르다. 강박성 성격장애에는 강박장애의 정의상 핵심요소인 강박관념과 강박행동이 들어 있지 않다. 그럼에도 불구하고, 이 두 가지 조건은 종종 공존하며(Skodol et al., 1995), 유전적 취약성에서 다소 중복성이 있는 것으로 보인다(Taylor, Asmundson, & Jang, 2011).

강박성 성격장애가 있는 사람에게는. 질서 정연한 것을 지나치게 완벽하게 추구하는 것이 일의 성취를 저해할 수 있다.

Dan Saelinger/Getty Images, Inc.

---

### 강박성 성격장애에 대한 DSM-5 진단 기준

질서, 완벽, 그리고 통제에 대한 요구가 강렬한 경우로서, 다음 중 최소한 4개 이상의 항목이 성인 초기에 시작해서 많은 상황에서 드러나 보여야 한다.

- 규칙, 세부사항, 그리고 짜임새에 집착하여 일의 큰 흐름을 잃고 만다.
- 극도의 완벽주의로 인해서 일을 완성하는 데 지장을 받는다.
- 여가 활동과 우정을 나눌 시간도 희생하고 지나치게 일에만 몰두한다.
- 도덕과 가치관에서 융통성이 없다.
- 쓸모없는 물건을 버리지 못한다.
- 남들이 자신의 기준을 따르지 않으면 남에게 일을 맡기기를 꺼린다.
- 인색하다.
- 경직성과 완고함을 보인다.

## 임상 사례 : 새라

새(Sarah)라는 22세의 여성인데, 졸업하자마자 훌륭한 업적을 쌓은 과학자의 연구 조수 자리를 얻게 되어서 몹시 기뻤다. 그녀는 과학 분야에서 경력을 쌓아나갈 계획이었으며, 그 자리는 그녀가 오래전부터 갖고 있던 관심사와 완벽하게 들어맞았다. 새라의 초기부터의 열정에도 불구하고, 새로운 상급자와 함께 하는 일이 곧 재미없게 되었다. 그녀가 이미 잘 알고 있던 방법을 사용하여 자료를 수집하라는 요청을 받자, 그녀는 계획된 진행 과정을 큰 스프레드시트로 우선 작성한 다음에, 방향을 바꾸어 연구 프로젝트를 관리하기 위한 정교한 소프트웨어에 몰입했다.

그녀는 아무리 노력해도 연구 프로젝트를 기획하는 것에서 실제의 자료 수집으로 넘어갈 수가 없었다. 대학 윤리위원회의 검토를 받기 위해 프로젝트 설명서를 작성하자는 아이디어에 봉착하자, 그녀는 관련 가능성이 있는 주제에 대해 50쪽이 넘게 상세한 기록을 작성하면서 거기에 파묻혀 버려, 제출양식에서 허락된 1쪽 이내에 연구 내용을 기술할 방도를 찾을 수가 없었다. 팀에서 함께 일하는 8명의 학부생 도우미를 관리하라는 요청을 받았지만, 그녀는 어떤 과제도 그들에게 넘기지 못하고, 그 대신에 학부생들이 실수를 저지를 경우에 발생할지도 모를 일에 대한 그녀의 불안을 진정시키기 위해 학부생들이 이미 끝낸 과제를 다시 할 뿐이었다. 그녀가 하루에 15시간씩이나 일을 했지만, 그녀의 상급자는 3개월간의 수습 기간이 끝나자 그만두도록 요청했는데, 왜냐하면 그녀가 해낸 것이 전임자가 일주일에 단지 20시간만 일해서 작업해낸 것보다 적었기 때문이다. 그녀는 이 일로 인해 깊은 환멸을 느꼈고, 그래서 그녀는 이것은 그녀가 나무만 보고 숲을 못 보아서 곤경에 빠졌던 일련의 사건들 중 하나라는 감을 잡고 치료를 받으러 왔다.

## 중간 요약

불안하고/두려워하는 성격장애군(C군)에는 회피성 성격장애, 의존성 성격장애, 그리고 강박성 성격장애가 들어 있다. 회피성 성격장애가 있는 사람들은 겁이 많으며 종종 부적절감을 느낀다. 의존성 성격장애가 있는 사람은 남에게 지나치게 의존하여 인간관계가 상실되면 우울증에 걸리기 쉬울 정도이다. 강박장애가 있는 사람들은 질서, 완벽성, 그리고 통제력을 유지하기 위한 세부사항에 지나치게 몰두하고 있다.

회피성 성격장애는 사회불안장애의 만성적인 변종일 수 있다. 의존성 성격장애가 있는 사람들은 부모가 과잉보호적이고 권위적인 측면이 모두 있다고 기술하는 경우가 종종 있다. 이 두 조건들이 뚜렷한 증상이 나타나는 양상이 구분되지만, 강박성 성격장애와 강박장애는 종종 공존하며 또한 유전적 취약성도 중복될 수 있다.

## 복습문제 8.3

당신은 대기업의 인적자원 담당 이사이다. 직원들이 직장에서 우려를 불러일으킬 정도로 심각하고 지속적인 대인관계 문제와 업무 관련 문제를 나타내는 일단의 상황을 조사하라는 요청을 받았다. 다음의 각각에 대해 가장 적절한 성격장애를 명명하라.

1. 마리아나는 고객을 만나기를 거부한다. 그녀는 자신이 많이 알지 못한다는 것을 고객이 알게 될까 봐 두렵다고 한다. 그녀는 상사가 최근에 그녀와 만나려고 약속을 잡은 3번의 일정에 대해 상사에게 전화로 아파서 출근할 수 없다고 알려왔다는 것과, 그녀의 동료들 중 그녀의 이름을 아는 사람이 거의 없다는 것이 드러났다. 이에 대해 묻자, 그녀는 이 사람들 중 누구와도 만난다는 것이 그녀의 견해가 거부될까 봐 무섭도록 신경과민 상태에 빠지게 한다고 말했다. 그녀는 사회적 접촉이 거의 없는 자리를 요구하고 있다.
2. 세일라는 3명의 부하 직원이 그녀의 담당 부서에서 이동할 것을 요구하도록 한 적이 있다. 이 직원들 각각은 그녀가 너무 통제하려 하고, 조그만 실수도 잡아내며, 그리고 문제를 해결하기 위한 그 어떤 새로운 아이디어도 들으려고 하지 않는다고 말했다. 면접 시에, 그녀는 회사를 위해 그녀가 실행하고 싶은 목표를 타이핑한 15쪽 분량의 차트를 갖고 왔다. 목표는 아주 많이 세워 놓았음에도 불구하고, 그녀는 회사에 근무하기 시작한 첫 1년 동안 단 하나의 프로젝트도 완수하지 못했다.
3. 경찰이 당신이 고용한 직원 중 하나인 샘을 체포했다고 알려주려고 당신에게 연락해 왔다. 샘은 서명을 위조해서 1만 달러짜리 회사 수표를 현금으로 받으려고 하다가 은행에서 체포된 것이다. 당신은 샘이 이전에 다른 3개의 회사에서 사기 친 적이 있다는 것을 알게 되었다. 당신이 샘을 만났더니, 샘은 조금도 미안해하지 않는 것으로 보였다.

# 성격장애의 치료

성격장애가 있는 사람들의 상당수는 성격장애보다는 다른 조건(장애) 때문에 치료를 받으러 온다. 예를 들면, 반사회성 성격장애가 있는 사람은 물질남용의 문제를 치료받기를 원할 수 있으며, 회피성 성격장애를 갖고 있는 사람은 사회불안장애를 고치려고 왔을 수 있고, 강박성 성격장애가 있는 환자는 우울증에 대해 도움을 받고자 왔을 수 있다. 임상가들은 성격장애가 있는지 여부를 감안하도록 촉구를 받고 있는데, 왜냐하면 성격장애가 있으면 심리요법에서 증세 호전이 더디기 쉽기 때문이다(Crits-Christoph & Barber, 2002; Hollon & DeRubeis, 2003).

여기에서 우리는 성격장애의 증상을 다루는 치료법을 살펴본다. 우선 다양한 성격장애에 공통된 접근법을 설명하고 그다음에 특정 성격장애에 맞게 고안된 치료법을 살펴본다.

## 성격장애의 치료에 대한 일반적인 접근법

심리요법(psychotherapy)은 성격장애 치료 시 선택해야 될 요법으로 간주된다. 한 종합분석에서는, 심리요법이 경계선 성격장애에 대한 22개의 연구 그리고 다른 성격장애에 대한 8개의 연구에 걸쳐서 통상적인 치료법에 비해 작지만 긍정적인 효과를 가져다주는 것으로 나타났다(Budge, Moore, Del Re et al., 2013). 심리요법은 종종 약물처방으로 보충된다. 예를 들면, 항우울제는 성격장애에 수반되는 우울 증상 또는 충동적인 증상의 일부를 진정시키는 데 사용된다(Tyrer & Bateman, 2004).

성격장애의 증상이 심한 사람들은 매주 진행되는 심리치료 회기에 참석할 수 있으며, 또는 집단 및 개인별로 실시하는 방식으로 심리요법을 제공하는 주간 처치 프로그램에 참여할 수 있다. 또한 많은 주간 처치 프로그램에서는 작업치료도 제공한다. 주간 처치 프로그램의 실시 기간은 다양하지만, 어떤 것들은 수개월간 지속되는 것도 있다.

정신역동 이론에서는 아동기 문제가 성격장애의 뿌리에 있다고 시사하며, 그래서 정신역동 요법의 목표는 환자로 하여금 그런 어릴 적의 경험을 다시 살펴보게 하고, 이런 경험들이 자신의 현재 행동을 어떻게 해서 이끌어냈는지를 좀 더 깨닫도록 한 다음에, 이런 어릴 적의 일들에 대한 믿음과 반응을 다시 고찰하도록 도와주는 것이다. 예를 들면, 정신역동적 치료자는 강박성 성격장애가 있는 남성의 경우에 완벽해지려는 자신의 욕구가 아동기에 부모의 사랑을 얻으려고 추구했던 것에 기초를 두고 있다는 것과, 이렇게 추구하는 노력을 성인이 되어서까지 계속할 필요가 없다는 것—다른 사람들로부터 인정을 받기 위해서 완벽해질 필요가 없다는 것과, 실수를 해도 자기가 사랑하는 사람이 자기를 버리지 않는다는 것을 깨닫도록 이끌어줄 수 있을 것이다. 정신역동 요법에 대한 연구에는 각기 다른 성격장애가 폭넓게 들어 있는 경우가 종종 있다.

인지 이론에서는, 표 8.5에 제시된 것처럼, 부정적인 인지적 믿음이 성격장애의 핵심에 있다고 시사한다(Beck & Freeman, 1990). 따라서 인지요법의 목표는 당사자로 하여금 이와 같은 자신의 믿음에 대해 좀 더 많이 깨닫고 부적응적인 인지 내용에 도전하도록 돕는 것이다. 예를 들면, 강박성 성격장애가 있는 완벽주의자에 대한 인지요법에서는, 우선 감정과 행동이 주로 사고의 영향을 받는다는 인지 모형의 핵심 사항을 환자가 받아들이도록 설득한다. 그다음에는 사고방식의 편향을 탐색한다. 예를 들면, 환자가 한 번 시도해서 실패한 것 때문에 모든 것을 제대로 해낼 수 없다고 결론 내릴 경우가 있다. 또한 치료자는 모든 결정은 옳게 내리는 것이 중요하다고 믿는 경우에서와 같이, 사람의 사고와 감정의 저변에 깔려 있을 수 있는 역기능적인 가정이나 도식을 탐색한다. (내담자의) 인지에 도전하는 것(의구심을 불러일으키는 것) 이외에도, 성격장애에 대한 Beck

**표 8.5** 각 성격장애와 연관되어 있다고 가정된 부적응적 인지의 예

| 성격장애 | 부적응적 인지 |
|---|---|
| 회피성 | 사람들이 내 진짜 모습을 알면, 나를 배척할 거야. |
| 의존성 | 나는 살아가려면 사람들이 필요하고, 끊이지 않는 격려와 위안이 내게 필요해. |
| 강박성 | 최선이 무엇인지 나는 알고 있어. 우리는 좀 더 잘 해내야 되고 더 열심히 해야 돼. |
| 편집성 | 누구도 믿을 수 없어. 경계해야 돼. |
| 반사회성 | 나는 규칙을 위반해도 돼. 다른 사람들은 이용해 먹어야 돼. |
| 자기애성 | 나는 특별한 존재이기 때문에 특별한 규칙을 적용받을 가치가 있어. 나는 남들보다 더 우수해. |
| 연극성 | 사람들은 나를 섬기거나 찬양하기 위해 거기 있는 거야. |
| 조현성 | 남들은 도움이 안 돼. 인간관계라는 것은 골치 아프고 탐탁지 않아. |

출처 : Beck & Freeman(1990).

의 접근에서는 그 밖의 다양한 인지행동적 기법도 적용하고 있다.

성격장애를 특징짓는 (성격)특질은 아마도 너무나 깊숙이 뿌리박혀 있어서 완전히 변화시킬 수는 없을 것이다. 그 대신 치료자들은—자신이 사용하는 이론적 입장에 관계없이—어떤 장애를 삶의 어떤 양식 또는 보다 적응적인 삶의 방식으로 변화시키는 것이 더 현실적이라는 것을 깨닫게 될지도 모른다(Millon, 1996). 알려진 것이 비교적 거의 없으므로, 우리는 다음 절에서 세 가지 성격장애에만 초점을 맞춘다.

## 조현형 성격장애와 회피성 성격장애의 치료

조현형 성격장애의 치료는 이 장애가 조현병과 연관되어 있다는 것에 토대를 둔다. 보다 세부적으로 말하면, 항정신증 약물들[예 : 리스페리돈, 상품명은 리스페달(Risperdal)]은 조현형 성격장애에 대해 효과가 있는 것을 보여주었다(Raine, 2006). 이런 약물들은 비통상적인 사고를 줄이는 데 특히 도움이 되는 것으로 보인다. 조현형 성격장애의 치료를 위한 심리적 접근법에 대해서는 수행된 연구가 거의 없다.

회피성 성격장애는 사회불안장애가 있는 사람들에게 효과가 있는 것과 동일한 치료법에 반응을 나타내는 것으로 보인다. 즉 인지행동 요법뿐만 아니라 항우울제가 든다(Reich, 2000). 인지행동 요법은 당사자에게 어려운 사회적 상황에 대처하기 위한 행동 전략을 가르치고, 두려워하는 사회적 상황에 점진적으로 참여하도록 하는 노출요법을 통해서 사회적 어울림에 대한 당사자의 부정적인 믿음에 도전하도록 돕는 것이 포함된다. 20회기로 진행되는 인지행동요법은 회피성 성격장애에 대한 정신역동요법보다 더 도움이 되는 것으로 밝혀졌다(Emmelkamp, Benner, Kuipers et al., 2006). 집단으로 실시되는 인지행동요법은 도움이 되는 것으로 밝혀졌으며 안전한 환경에서 건설적인 사회적 어울림을 해볼 수 있는 기회를 제공해줄 수 있다(Alden, 1989).

## 경계선 성격장애의 치료

어떤 방식으로 치료하려 하든 간에, 경계선 성격장애자만큼 치료하는 데 큰 도전거리를 주는 내담자는 거의 없다. 경계선 성격장애가 있는 내담자들은 자신의 대인관계적 문제를 다른 사람들과의 관계 속에서 나타나는 그대로 (치료자와의) 치료관계 속에서도 나타내기 쉽다. 이 내담자들은 남을 신뢰하는 것을 엄청나게 어려워하기 때문에, 치료자는 치료관계를 발전시키고 유지하기가 몹시 어려움을 깨닫게 된다. 환자는 치료자를 이상화하다가 깎아내리는 것을 교대로 반복한다. 한

순간은 특별한 주의와 배려를 원하다가도 — 이를테면 일상적이지 않은 시간에 치료 회기를 해달라든가 특별한 위기의 시간에는 수도 없이 전화를 거는 등 — 다음에는 약속을 지키기를 거부하는 등 치료자를 번갈아가면서 이상화하고 비방한다. 이해와 지지를 애원하면서도 어떤 주제들은 출입금지 영역이라고 우기기도 한다.

자살은 언제나 심각한 위험이지만, 치료자는 종종 새벽 2시에 미친 듯이 울리는 전화벨 소리가 도움을 청하는 전화인지, 아니면 환자가 치료자에게 얼마나 특별한 존재이며 치료자가 그 순간 환자의 욕구를 얼마나 충족시켜 줄 것인지를 보려고 (의도적으로) 계획된 조작된 제스처인지를 판단하는 것이 어렵다. 메리의 사례(이 장의 시작 부분에서 제시된 임상 사례 참조)에서처럼, 자살의 위협으로부터 보호하기 위해서는 입원이 종종 필요하다. 이런 내담자를 본다는 것은 치료자에게 너무나 큰 스트레스를 주기 때문에, 때로는 지지나 조언을 위해서, 때로는 이런 내담자들을 도와주려는 비상한 도전을 하는 가운데 생기는 치료자 자신의 정서를 다루는 데 있어서 다른 전문가의 도움이 필요할 때, 다른 치료자에게 정규적으로 자문을 받는 것은 일반적인 관례이다.

우리는 변증법적 행동요법에 초점을 맞추려고 한다. 왜냐하면 이 접근법이 가져오는 이득이 12개가 넘는 연구 결과에서 입증되었기 때문이다. 소규모의 일련의 연구들은 정신역동요법을 뒷받침해주고 있으며(Clarkin, Levy, Lenzenweger et al., 2007) 그리고 BPD에 대해 장기간 실시하는 인지요법에 대해서도 뒷받침해주고 있다(Blum, John, Pfohl et al., 2008; Giesen-Bloo, van Dyck, Spinhoven et al., 2006).

**변증법적 행동치료**(dialectical behavior therapy, DBT)에서는 내담자 중심의 공감과 수용에다가 인지행동적 문제 해결, 정서조절 기법, 그리고 사회성 기술훈련을 합쳤다(Linehan, 1987). 변증법(dialectics)의 개념은 독일의 철학자 헤겔(1770~1831)에서 비롯된다. 이는 어떤 현상[정(thesis)이라고 불리는 어떤 생각, 사건 등]과 그의 정반대 현상[반(antithesis)] 사이의 지속적인 긴장을 지칭하는 것으로서, 이 긴장은 새로운 현상[합(synthesis)]이 생성되어 해결된다는 뜻이다. DBT에서, 변증법적(dialectical)이라는 용어는 주로 두 가지 방식으로 사용된다.

1. 어떤 의미에서는, 변증법적이라는 의미는 치료자가 BPD가 있는 사람들을 치료할 때 사용해야 하는 외견상 반대되는 전략을 지칭한다. 즉 이들을 있는 그대로 수용해야 하지만 동시에 이들이 변화하도록 도와주어야 한다(수용과 변화 사이의 변증법적 현상에 대한 더 자세한 내용은 초점 8.3 참조).

2. 다른 의미에서는, 이는 이 세상을 좋은 것과 나쁜 것으로 쪼개는 것이 불필요하다는 것을 환자가 깨닫는 것을 지칭한다. 그 대신에, 이와 같이 외견상 서로 반대편에 있는 것들의 통합(합)을 얻을 수 있다. 예를 들면, 어떤 친구를 완전히 나쁜 사람(정) 또는 완전히 좋은 사람(반)으로 보기보다는, 두 가지 속성을 모두 갖고 있는 것(합)으로 볼 수 있다.

따라서 DBT를 실시할 때 치료자와 내담자는 둘 다 이 세상에 대한 변증법적 관점을 채택하도록 격려된다.

DBT에서의 인지행동적 부분은 개인적으로뿐만 아니라 집단으로도 실시되는데, 4단계로 시행된다. 첫 번째 단계에서는 위험할 정도로 충동적인 행동을 다루는데, 그 목표는 조절능력을 높이는 것이다. 내담자에게는 이런 행동을 촉발하는 자극을 파악하고 이런 촉발자극이 나타나면 대처전략을 적용하도록 가르쳐준다. 두 번째 단계에서는 극단적인 정서를 누그러뜨리는 것을 배우는 데 초점을 둔다. 이 단계에서는 당사자로 하여금 정서적 고통을 감내하는 법을 배우도록 도와주기 위해 코칭하는 것이 포함될 수 있다. 이 단계에서는 내담자에게 충동적인 행동으로 돌입하지 않고 판단하지 않는 방식으로 자신의 정서를 마음챙겨서 알아차리는 법을 가르쳐준다. 세 번째 단계에

## 초점 8.3  개인적 경험으로부터 수용과 변화를 증진시키기

앞에서 기술한 바와 같이, Marsha Linehan은 변증법적 행동요법을 개발했다. 이는 BPD에 대해 타당화가 가장 잘 확립된 접근방법이다. 용감하게도, Linehan은 자신의 BPD 경험에 대해 공개적으로 이야기하기로 결정했다(Carey, 2011). 그녀는 심각한 자살기도로 17세에 입원했는데, 의료진이 그녀를 아무것도 없이 혼자 격리된 방에 가두었을 때조차도 자해를 할 방도를 발견해냈다. 그녀는 머리를 벽과 바닥에 갖다 부딪혔다. 그녀는 26개월 동안이나 입원해 있었다. 수년간 치료가 계속 실패하자, 마침내 그녀는 자기 스스로 (자신과의) 투쟁에서 벗어날 길을 — 급진적인 수용을 통해 — 찾아냈다. 그녀는 임상심리학 박사학위를 취득하였고, 그녀는 자신의 개인적인 경험을 토대로 다른 사람들을 돕게 되었으며, 그런 과정에서 임상심리학 분야에서 업적이 가장 높은 연구자 중 하나가 되었다.

Linehan(1987)은 경계선 성격장애를 다루는 치료자가 서구적 사고방식과는 맞지 않는 것으로 보일 수도 있는 입장을 갖추고 있어야 한다고 주장한다. 치료자는 변화를 위해 노력하는 한편 동시에 실제로는 어떤 변화도 일어나지 않을 수 있다는 점을 수용하도록 해야 한다. 수용에 대한 Linehan의 견해는 참선(Zen)의 원리와 심리치료에 대한 Roger 방식의(Rogerian) 접근에서 유래한다(참선의 배경이 되는 동양의 논리는 역설적 논리에 있음-역주). Linehan의 논지는 경계선 성격장애가 있는 사람들이 거부와 비판에 너무 민감해서, 다르게 행동하고 생각하도록 살짝 격려해주기만 해도 이를 심각한 비난으로 오해할 수 있고, 이는 극심한 정서적 반응을 이끌어낼 수 있다는 것이다. 이런 일이 발생하게 되면, 당사자는 조금 전에 존경한다고 한 치료자를 갑자기 헐뜯는다. 그러므로 이러한 제한점을 관찰하면서 "전 만약 당신이 자살한다면 매우 슬플 거예요. 그래서 당신이 그렇게 하지 않기를 간절히 바라요"와 같은 식으로 치료자는

Courtesy of Marsha M. Linehan

Marsha Linehan은 변증법적 행동요법을 창안했는데, 이는 인지행동 요법에 수용을 결합한 것이다.

내담자를 충분히 수용하고 있다는 것을 내담자에게 전달해야 한다. 이는 환자가 자살로 위협하거나, 통제 불가능할 정도로 화를 내거나, 혹은 치료자로부터 비난받는 것을 상상해서 욕을 해대는 경우에는, 하기가 어렵다.

환자를 온전히 수용한다는 것이 그 환자가 하는 것은 무엇이든지 용인하는 것을 뜻하지는 않는다. 오히려, 치료자는 현재의 상황을 있는 그대로 받아들여야 한다는 것을 의미한다. 그리고 이러한 수용은, Linehan이 주장하기를, 진실된 것이어야 한다. 즉 치료자는 내담자를 있는 그대로 진정으로 수용해야만 한다. 즉 수용은 변화되어서는 안 되는 것으로서, 환자가 다르게 행동하도록 북돋아주기 위한 간접적인 방법이다. "수용은 변화를 가져올 수 있지만, 만약 당신이 변화하기 위해 수용한다면 이것은 수용이 아니다. 이것은 사랑하는 것과 같다. 사랑은 보상을 추구하지 않지만 아낌없이 주었을 때 100배로 되돌아온다. 자신의 삶을 잃어버린 자는 이것을 발견한다. 수용하는 자는 변화한다"(Linehan, 개인적 의사소통, 1992년 11월 16일). 온전한 수용은, Linehan의 관점에서 보면, 변화를 배제하는 것이 아니다. 실제로 그녀는 정반대의 말을 제시한다. 즉 수용에 대한 거부가 변화를 배제하는 것이다.

또한 Linehan의 접근법에서는 내담자도 역시 자신을 있는 그대로 수용해야 하며 그리고 자신이 겪어 온 경험도 수용해야 한다는 것을 강조한다. 내담자에게는 자신의 아동기 시절이 이제는 변화될 수 없다는 것, 자신의 행동이 어떤 대인관계를 끝나게 했을 수도 있다는 것, 그리고 자신이 타인보다 더 강렬한 감정을 느낀다는 것을 수용하도록 요구한다. 이러한 접근방식이 자기를 이해하고 성장을 촉진하기 위한 토대를 마련해줄 것이라고 기대된다.

---

서는 대인관계를 개선하고 자존감을 높이는 데 초점을 맞춘다. 네 번째 단계는 (다른 사람들과의) 연결감과 행복을 증진하도록 고안된 것이다. 회기 전반에 걸쳐서, 내담자들은 자신에게 매일 발생하는 문제를 좀 더 효과적·사회적으로 용납되는 방식으로 다루는 방법을 배운다. 기본적으로, DBT는 인지행동요법에다가 내담자에게 확인 및 수용을 제공해주는 개입법을 덧붙인 것이다.

Linehan과 그녀의 동료들은 내담자들을 변증법적 행동치료(DBT) 또는 지역사회에서 접할 수 있는 통상의 치료에 무선적으로 배정하였다. 1년간의 치료가 끝난 뒤 그리고 다시 6개월과 12개월이 지난 뒤에, 두 집단의 내담자들은 다양한 척도상에서 비교되었다(Linehan, Heard, & Armstrong, 1993). 치료 직후의 점수를 비교한 결과에서는 DBT가 통상적 처치보다 우세한 것으로 나타났다. 즉 자살기도를 포함하여, 덜 고의적인 자해행동이 줄었으며, 치료 중의 탈락률도 감소했고, 병원에 입원한 기간도 감소하였으며, 그리고 적응 수준 및 근무평정도 더 나아졌다고 보고하였다. 그러나 자기보고된 우울감에서는 이 두 집단 간에 차이가 없었고, 이는 이런 내담자들을 치료하기가 지극히 어려움을 일깨워준다. 추적조사 시의 평가에서도 DBT의 우월한 효과

는 지속되었다. 그 이후로 수행된 16개의 연구 결과에 대한 종합분석에서는, DBT가 통제 조건에 비해 자해 및 자살행동을 줄이는 데 중간 수준의 긍정적 영향을 미치는 것으로 나타났다(Kliem, Kröger, & Kosfelder, 2010).

## 요약

- 성격장애는 기능 발휘를 저해하는 지속적인 패턴의 행동 및 내면의 경험으로 정의된다.
- DSM-5 모형에는 10개의 성격장애가 들어 있다. 대안적 DSM-5에서는 6개의 성격장애가 차원적 성격 영역 및 측면에 대한 평정과 함께 들어 있다.
- 성격장애는 우울증이나 불안장애와 같은 그 밖의 장애와 공존하는 것이 보통이며, 이런 공존 장애가 있으면 성격장애에 대한 (처치) 성과가 더 나쁘기 쉽다.
- 대부분의 성격장애는 세심한 연구방법을 사용했을 때 유전가능성이 최소한 중간 수준 이상인 것으로 보인다. 아동 학대/방임, 혐오적인 양육행동, 그리고 부모의 애정 부족이 많은 성격장애에 걸쳐서 관찰된다.

### 특이한/괴짜 장애군

- 특이한/괴짜 장애군에 속한 특정 진단에는 편집성, 조현성, 그리고 조현형 성격장애가 있다.
- 편집성 성격장애의 주요 증상은 의심과 불신이며, 조현성 성격장애의 주요 증상은 대인관계에서 동떨어진 것이다. 그리고 조현형 성격장애의 주요 증상은 비일상적인 사고와 행동이다.
- 유전 연구는 조현형 성격장애가 조현병과 관련이 있다는 견해를 지지한다.

### 극적이고/변덕스러운 장애군

- 극적이고/변덕스러운 장애군에는 경계성, 연극성, 자기애성, 그리고 반사회성 성격장애가 들어 있다.
- 반사회적 성격장애와 정신병질은 많이 중복되지만 같은 것은 아니다. 반사회적 성격의 진단은 행동에 초점을 두는 반면, 정신병질의 진단은 정서적 결함을 강조한다. 경계선 성격장애(BPD)의 주된 증상은 불안정하고 변화가 심한 감정 및 행동이다. 연극성 성격장애의 경우에는 과장된 감정 표현, 자기애성 성격장애의 경우에는 고도로 팽만한 자존감이다.
- 정신병질과 반사회적 행동은 가정환경 및 빈곤과 관련이 있으며, 또

한 유전자가 이런 사회적 변인의 효과를 증폭시킬 수 있다.
- 정신병질은 처벌에 대해 반응을 보이지 않는 것과 공감력이 낮은 것과 관련이 있다.
- BPD는 세로토닌 기능부전과 관련이 있으며 또한 정서 유발 자극에 대한 반응으로 편도체의 활동성이 높아지는 것과도 관련이 있고, 충동적 증상과 관련이 있을 가능성이 있는 것은 전전두엽 피질의 기능 저하이다.
- BPD가 있는 사람들은 일반인과 비교했을 때 아동기에 학대를 받은 비율이 지극히 높다고 보고하지만, 이 장애에 대한 유전적 취약성 때문에 학대를 받는 위험이 높아진 것일 수 있다.
- Linehan의 BPD에 대한 인지행동 이론에서는 정서 조절부전과 뒷받침이 부족한 가족환경 간의 상호작용을 제시하고 있다.
- 자기애는 지나치게 허용적인 육아방식과 관련이 있는 것으로 보인다. 자기애성 성격장애에 대한 정신역동 모형과 사회인지 모형에서는 두 가지가 모두 찬양받고 싶은 욕구가 어떻게 발달하고 행동을 형성하는지에 초점을 맞추고 있다.

### 불안하고/두려워하는 장애군

- 불안하고/두려워하는 장애군에는 회피성, 의존성, 강박성 성격장애가 있다.
- 회피성 성격장애의 주요 증상은 거부나 비난을 두려워하는 것이며, 의존성 성격장애의 주요 증상은 다른 사람에게 지나치게 의지하는 것이고, 강박성 성격장애의 주요 증상은 완벽주의적이고 세세한 것에 집착하는 것이다.
- 회피성 성격장애는 사회불안장애가 보다 심각하게 나타난 변종일 수 있다. 의존성 성격은 부모의 과잉보호와 권위주의적인 스타일에 의해 야기될 수 있다. 강박성 성격장애는 강박장애와 유전적으로 관련이 있을 수 있다.

### 성격장애의 치료

- 정신역동요법, 인지행동요법, 그리고 약물요법이 모두 성격장애의 치료에 사용되고 있다. 일부 성격장애의 치료에 대해서는 연구가 수

행된 것이 비교적 거의 없다.
- 조현형 성격장애의 치료는 조현병의 치료와 유사하다. 항정신증 약물치료가 도움이 될 수 있다.
- 회피성 성격장애의 치료는 사회불안장애의 치료와 유사하다. 항우울

제 및 인지행동치료가 도움이 될 수 있다.
- 변증법적 행동요법은 타당화가 잘 이루어졌으며, 또한 정신역동 요법과 장기간 실시되는 인지요법도 BPD 치료법으로서 다소간의 지지를 받았다.

## 복습문제 정답

**8.1** 1. 대부분의 성격장애는 구조화된 진단면접을 사용하면 신뢰성 있게 평가할 수 있다. 평정자 간 신뢰도 상관계수는, 평정자 간의 의견일치가 근소한 수준인 조현성 성격장애를 제외하고는 .79 이상이었다. 임상가가 비구조화된 면접을 사용할 때의 평정자 간 신뢰도는 경계선 성격장애의 경우에는 적합한 것으로 나왔지만 다른 2개의 흔한 성격장애에서는 적합하지 않았다; 2. 성격장애는 정의

에 내포된 것만큼 안정적이지 못하며, 서로 공존하는 경우가 아주 많다; 3. 10개의 성격장애 대신에 6개의 성격장애, 그리고 성격특질 영역과 측면(차원 점수)이 들어 있다.

**8.2** 1. 조현형; 2. 절반 이상(55~72%); 3. d; 4. 반사회성 성격장애 및 경계선 성격장애

**8.3** 1. 회피성 성격장애; 2. 강박성 성격장애; 3. 반사회성 성격장애

## 주요 용어

강박성 성격장애(obsessive-compulsive personality disorder)
경계선 성격장애(borderline personality disorder)
반사회성 성격장애(antisocial personality disorder)
변증법적 행동치료(dialectical behavior therapy)
성격장애(personality disorder)
성격특질 영역(personality trait domains)
성격특질 측면(personality trait facets)
연극성(히스테리성) 성격장애(histrionic personality disorder)

의존성 성격장애(dependent personality disorder)
자기애성(자기도취적) 성격장애(narcissistic personality disorder)
정신병질(psychopathy)
조현성(분열성) 성격장애(schizoid personality disorder)
조현형(분열형) 성격장애(schizotypal personality disorder)
편집성 성격장애(paranoid personality disorder)
회피성 성격장애(avoidant personality disorder)

# 9 노년기와 인지신경장애

## 학습 목표

1. 연령에 따른 변화에 대해 입증된 사실과 일반적인 오해를 구분할 수 있어야 한다.
2. 노화에 관한 연구를 수행할 때 관련된 문제를 논의할 수 있어야 한다.
3. 노인의 심리장애의 유병률 및 이런 유병률을 추정할 때 관련된 쟁점을 기술할 수 있어야 한다.
4. 치매의 주요한 유형별로 증상, 원인론, 치료법을 설명할 수 있어야 한다.
5. 섬망의 증상, 원인, 치료법에 대해 논의할 수 있어야 한다.

## 임상 사례 : 헨리

헨리는 56세의 사업가인데, 경부 디스크 수술을 위해 입원하였다. 그는 수술에 대한 불안이 있기도 했지만 또한 바빴기 때문에, 이전에도 두 번의 입원을 취소한 적이 있었다. 그는 과음을 하지만, 음주로 인한 문제는 없는 것으로 보였다. 수술은 무사히 끝났으며, 수술 후 2일이 지나자 정상 상태로 보였다. 그러나 수술 후 3일째 되는 밤에는 잠을 이룰 수가 없었고 안절부절못했다. 그다음 날 그는 아주 피곤해 보였다. 그다음 날 밤에는 그의 안절부절못하는 상태가 악화되었으며, 그는 두려움을 느끼기 시작했다. 밤이 깊어지자, 그는 자기의 방에 사람들이 숨어 있다는 생각이 들었고, 새벽이 되기 직전에는 낯선 작은 동물이 방 안을 이리저리 뛰어다니고 있는 것이 보인다고 생각했다. 아침 회진 무렵까지 그는 두려움에 질려 있었고, 기면 상태에 있었으며, 횡설수설하였다. 그는 자신이 누구인지와 어디에 있는지에 대해서는 알고 있었으나 오늘이 며칠인지, 또는 수술을 받은 후 며칠이 지났는지에 대해서는 알지 못했다. 그날은 그의 정신상태가 오르락내리락하였지만, 해질 무렵에는 방향감각(지남력)이 상실되었으며 (정신적) 동요 상태에 빠지게 되었다.

정신과 자문의는 헨리에게 섬망이라는 진단을 내렸다. 아마도 그 원인은 여러 가지가 있는 것으로 여겨졌다. 즉 알코올 금단, 강력한 진통제의 사용, 수술로 인한 스트레스 등으로 여겨졌다. 처치는 통증 완화제를 줄이는 것, 가족이 상시로 옆에 있을 것, 그리고 클로르프로마진(Thorazine) 50mg을 매일 3회 투약하고 취침 시간에 500mg의 염화 수화물을 투약하는 것으로 이루어졌다. 처치 결과 2일 이내에 그의 의식의 혼탁이 회복되었으며, 그는 아무런 증상 없이 일주일 만에 귀가할 수 있었다(Strub & Black, 1981, pp. 89-90).

이 장에서는 노년기의 심리장애에 초점을 두고 있다. 노인은 치매 및 섬망(delirium)의 신경인지장애에 취약하며, 우리는 이러한 주제들을 상세하게 살펴볼 것이다. 우리는 노년기를 이해하는 것과 관련된 몇 가지 일반적인 주제를 검토하는 것으로 시작할 것이다. 우리는 노화, 노인들이 직면한 도전거리, 그리고 나이가 들면서 생기는 놀라운 강점에 관한 일반적 통념에 대해 서술한다. 심리 건강과 노화에 대한 연구를 수행하는 것은 몇 가지 핵심적인 방법론적 쟁점들이 얽혀 있어서, 우리는 이러한 쟁점들이 발견된 내용에 영향을 미칠 수 있는 방식 중 일부를 서술한다. 또한 노인기의 우울증, 불안, 그리고 약물남용과 같은 심리장애의 유병률이 아주 낮은 것을 보여주는 증거도 살펴볼 것이다. 이런 정보를 배경으로 해서, 우리는 이 장의 주요 주제인 치매와 섬망으로 넘어갈 것이다.

# 노화 : 쟁점과 방법론

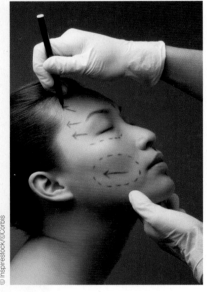

사람들은 노화의 징후를 줄이기 위해 화장품 구매 및 성형외과 수술에 매년 수십억 달러를 쓴다.

우리가 나이를 먹어 감에 따라서 생리적인 변화는 필연적으로 나타나게 되며, 그에 따라서 정서적 · 정신적 변화도 나타나게 될 수 있다. 이러한 변화들의 상당수는 사회적 상호작용(어울림)에도 영향을 미치게 된다. 노화로 인한 사회적 문제는 여성에게 특히 심각할 수 있다. 지난 수십 년간의 의식구조 향상 움직임에도 불구하고, 우리 사회는 주름이 있고 축 쳐진 몸을 갖고 있는 여성을 즉각 받아들이지 않는다. 교회당에 있는 머리카락이 회색인 남성은 종종 고귀해 보이기도 하지만, 여성에게서 보이는 노화의 징후는 미국과 다른 여러 나라에서는 가치 있게 보지 않는다. 화장품 산업과 성형외과 산업은 여성들에게서 자신의 나이를 보는 것에 대해 주입된 두려움을 이용하여 매년 수십억 달러를 벌어들인다. 그러나 일부 전문가에 따르면, 여성의 경우에는 나이가 듦에 따라 특정한 정신건강상의 좋은 점도 있다고 한다.

노인은 통상 나이가 65세 이상인 사람들로 정의되는데, 이는 생리적 과정보다는 주로 사회 정책에 의해 설정된 임의의 시점이다. 노인기를 구분하는 경계성을 대략 잡기 위해서, 노인학자들은 보통 노년기를 65~74세(초기 노년기, the young-old), 75~84세(중기 노년기, the old-old), 85세 이상(후기 노년기, the oldest-old)의 세 집단으로 나눈다.

마지막 인구조사 당시 65세 이상 인구는 미국 인구의 12.4%(3,500만 명)를 차지했다. 그림 9.1에서는 시간이 지남에 따라 나이가 많은 미국인의 수가 극적으로 증가하는 것을 보여주고 있다. 2009년 현재 100세 이상 된 미국인은 5만 명에 달한다. 2050년에 이르면 그 숫자는 10배 이상으로 늘어나서 80만 명이 넘을 것으로 예상된다(U.S. Bureau of the Census, 2010).

이와 같은 통계를 감안할 때, 개업 중인 심리학자의 69%가 노인을 대상으로 임상 서비스를 제공한다는 것은 놀라운 일이 아니다(Qualls, Segal, Norman et al., 2002). 물론 크게 염려되는 것은 심리학자의 30% 미만이 노년기 문제에 대한 정식 교육을 받았다고 보고한다는 것이다(Qualls et al., 2002).

## 노년기 생활에 대한 통념

미국심리학회의 윤리 원칙에 따르면 노인을 대상으로 일하는 심리학자들이 노인 대상자들이 갖고 있는 노년기에 대한 고정관념을 조사하는 것이 중요하다고 한다(APA, 2004). 미국에 있는 대부분의 사람들은 노령에 대한 특정 가정에 집착하고 있다. 보편적인 통념에는 우리가 휘청거리게 되고 멍청해지게 될 것이라는 생각이 들어 있다. 우리들은 나이가 들면 불행해지고, 어려움에 잘 대처하지 못하며, 건강이 좋지 못한 것에 신경을 쓰게 되고, 그리고 외로운 삶을 살게 될 것이라고 걱

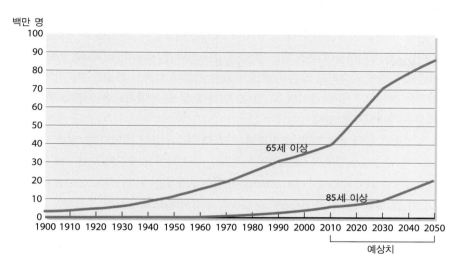

**그림 9.1** 초기 노인기와 중기 노인기에 해당하는 미국인들의 수효가 증가하고 있다. 65세 이상의 인구는 출생을 10년 단위로 해서 1900~2000년까지 표기하였으며, 2010~2050년까지는 예상치이다.

출처 : U.S. Census Bureau, Decennial Census and Projections.

정한다.

이런 모든 통념은 그 정체가 드러나게 되었다. 우리가 곧 보게 되겠지만, 인지 기능에서의 경미한 쇠퇴는 흔히 발생하지만, 심각한 인지적 문제는 노년기에 있는 대부분의 사람들에게는 일어나지 않는다(Langa, Larson, Karlawish et al., 2008). 노인(이 연구에서 60세 이상)은 젊은이들(18~30세)에 비해서 부정적인 정서를 실제로 덜 경험한다(Lawton, Kleban, & Dean, 1993). 어떤 사람들은 이러한 발견이 노인들이 연구자들에게 부정적인 감정을 서술하는 것을 꺼리는 결과로 발생한 가짜결과가 아닌지 의심할 수도 있겠지만, 실험실 연구에서는 노인이 실제로 정서를 조절하는 데 보다 능숙함을 입증해주었다. 예를 들면 노인에게 긍정적인 사진과 부정적인 사진을 보여주면, 노인들은 긍정적인 사진에 주의를 더 기울이며(Isaacowitz, 2012) 그리고 젊은이들에 비해서 부정적인 사진에 대해서 정신생리적 반응이 적게 나타나는 경향이 있다(Kisley, Wood, & Burrows, 2007; Levenson, Carstensen, & Gottman, 1994). 노인들은 긍정적인 사진을 보면 젊은이들에 비해서 뇌의 주요 정서 영역에서 더 활발한 활동을 나타낸다(Mather, Canli, English et al., 2004). 노인 중 상당수는 신체증상을 더 적게 보고하는데, 이는 아마도 아픈 것과 동통이 노년기에서 피할 수 없는 부분이라고 믿기 때문일 것이다. 노년기의 사람들이 젊은이들에 비해서 신체증상 장애의 기준에 더 많이 부합하는 것은 아니다(Regier, Boyd, Burke et al., 1988; Siegler & Costa, 1985).

또 다른 통념은 나이 든 사람들이 외롭다는 것인데, 상당한 관심을 이끌었다. 진실은 노인들이 참여하는 사교활동의 건수는 노인들의 심리적 행복과 무관하다는 것이다(Carstensen, 1996). 우리들은 나이를 먹어 감에 따라서, 관심사가 새로운 사회적 상호작용(어울림)을 추구하는 것에서부터 우리에게 정말로 중요한 몇 개의 사회적 관계, 이를테면 가족이나 절친한 친구들과의 사교 관계를 더욱 깊게 하는 것으로 바뀐다. 이러한 현상은 **사회적 선택성**(social selectivity)이라고 불려 왔다.

우리에게 시간이 얼마 안 남게 되면, 우리는 이 세상을 탐험하는 것보다는 정서적 친밀감에 더 높은 가치를 두는 경향이 있다. 이와 같은 선호도의 변화는 나이 든 사람들뿐만 아니라 자기에게 주어진 시간이 제한되어 있다고 보는 젊은이들, 이를테면 집에서 멀리 떠날 준비를 하고 있거나 또는 생명을 위협하는 질환이 있는 젊은이들에게도 적용된다(Frederickson & Carstensen, 1990).

사람들은 나이를 먹음에 따라 수면의 질이 떨어진다.

77세에 우주 비행을 한 존 글렌은 나이가 든다고 활동이 줄어들게 되는 것은 아님을 알려준다.

우리는 미래가 끝없이 펼쳐져 있지 않다고 여길 때에는, 우리의 제한된 시간을 우연히 아는 사람들보다는 가장 가까운 사람들과 함께 보내는 데 쓰기를 선호한다. 노인들은 자신들이 사회적 접촉을 더 많이 갖고 싶다고 보고하지 않는 경향이 있다(York Cornwell & Waite, 2009). 이와 같은 나이에 관련된 변화에 익숙하지 않은 사람들에게는, 사회적 선택성 현상은 사회적으로 철회된 것으로서 해로운 것이라고 잘못 해석될 수 있다. 이와 같은 연구 결과들은 노화와 함께 오는 많은 강점 중 일부를 부각해주고 있다.

우리가 노년층에 관해 갖는 많은 고정관념은 그 대부분이 틀린 것이지만, 많은 연구들에 따르면 생애 초기에 학습된 노년층에 대한 부정적 태도는 지속되어서 자신이 노년기에 들어가면 부정적인 자기인식으로 되어 버린다(Levy, 2003). 이러한 부정적인 자기인식은 심각한 결과를 초래한다. 예를 들면 한 실험에서는 연구자들이 노인들을 무작위로 노화에 대한 부정적인 고정관념(기억 상실이나 걷는 속도가 느려지는 것 같은 것)을 회상시킨 조건 또는 이런 회상자극을 주지 않는 통제 조건에 배정하였다(Hausdorff, Levy, & Wei, 1999). 부정적인 고정관념을 회상시킨 참여자들은 통제집단에 비해서 기억력 검사의 수행도가 더 떨어졌다(Levy, 1996). 두 번째 실험 연구에서는, 노화에 대한 긍정적인 고정관념을 회상시켜주었더니 참여자들이 회상자극을 주지 않은 통제 조건에 비해서 더 빨리 걷게 되었다(Hausdorff et al., 1999). 고정관념이 기억력과 보행 속도에 영향을 미치는 것보다 훨씬 더 우려되는 것으로서, 연구자들은 노화에 대한 부정적인 자기인식이, 기저 수준의 건강 상태 및 그 밖의 많은 혼동 변수들을 통제하고 나서도, 조기사망을 예측해주는 것을 보여주었다(Levy, Slade, & Kasl, 2002). 우리는 우리 자신의 부정적인 고정관념을 검토해봐야 할 필요가 있을 뿐만 아니라, 노인들이 이런 견해에 부딪혀보도록 도와줄 필요도 있다.

## 노년기에 겪는 어려움

우리들은 정신건강이 당사자의 인생에서 신체적 및 사회적 문제와도 연관되어 있다는 점을 알고 있다. 연령대별로 볼 때, 노년층만큼 이런 문제들에 대해 더 잘 아는 사람도 없다. 노인들은 이런 문제를 모두 갖고 있다. 즉 신체적 쇠퇴 및 신체장애, 감각 기능의 쇠퇴, 사랑하는 사람과의 이별, 노년층에 대한 낙인찍는 태도에 기인하는 사회적 스트레스, 그리고 일생 동안 불운한 경험이 누적된 영향을 모두 갖고 있다. 고령자의 80%는 적어도 한 가지의 주요한 신체 질환을 갖고 있다(National Academy on an Aging Society, 1999). 한 학자가 기술했듯이, '노년기 삶은 (다양한) 대처방식을 보여주는 올림픽'으로서 가치가 있다(Fisher, 2011, p. 145).

노화의 한 측면은 특별히 주의를 기울일 필요가 있다. 사람들은 나이가 들면서 수면의 질과 깊이가 감소한다(Fetveit, 2009). 수면 무호흡증은 사람이 밤중에 수 초 내지 수 분간 호흡이 멈추는 장애인데, 이의 발생률도 또한 나이에 따라 증가한다(Prechter & Shepard, 1990). 만성적인 수면 장애를 치료하지 않으면 신체적, 심리적, 그리고 인지적 문제가 악화될 수 있으며 심지어 사망 위험까지도 증가시킬 수 있다(Ancoli, Kripke, Klauber et al., 1996). 다행히도 심리치료는 노인들의 불면증을 감소시키는 것으로 나타났다(Fetveit, 2009).

여러 가지 문제들은 노인들에 대한 의학적 처치를 복잡하게 만들고 있다. 주된 어려움 중 하나는 노인들의 만성적인 건강문제가 거의 완화되지 않는다는 것이다. 치유 방법을 찾아내려는 데 주력하는 의사들은 사용할 수 있는 치료법이 아무것도 없다는 것을 알게 될 때 좌절하게 될 수 있다(Zarit, 1980). 또 다른 문제는 의료보험체계에서 오는 시간적 압박감으로 인한 것이다. 너무나도 자주, 의사들은 당사자가 다른 약을 복용하고 있는지 또는 다른 의사를 만나고 있는지를 확인하지 않는다. 다중약물복용(당사자에게 여러 가지 약물을 처방하는 것)이 초래될 수 있다. 노인의 약 1/3은 적어도 다섯 가지 약물을 처방받는다(Qato, Alexander, Conti et al., 2008). 이것은 부작용

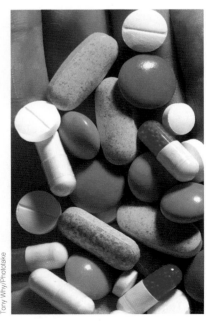

많은 약을 복용하는 것이 노년기에는 너무나 흔하다.

및 독성과 같은 약물로 인한 유해 반응의 위험을 증가시킨다. 종종 의사들은 부작용을 다루기 위하여 더 많은 약물을 처방하며, 결과적으로 악순환이 계속된다.

문제를 더욱 복잡하게 만드는 것은 대부분의 향정신성 약물이 젊은이들을 대상으로 시험해본다는 사실이다. 노년층의 신장과 간장의 신진대사가 덜 효과적인데 이에 대해 적절한 용량을 재는 것은 의료 전문가들에게도 도전거리가 된다. 즉 부작용과 독성은 나이가 듦에 따라서 훨씬 더 높아지기 마련이다(Gallo & Lebowitz, 1999). 부작용에 대한 민감도가 높아지는 것은 정신과 약물처방에서의 독특한 문제가 된다. 75만 명 이상의 노인 환자에 대한 의료 차트를 검토한 결과, 그 중 1/5 이상이 심각한 부작용 때문에 65세 이상의 사람들에게 부적절하다고 여겨지는 약물 처방을 받은 것으로 나타났다(Curtis, Ostbye, Sendersky et al., 2004). 따라서 노인들을 담당하는 1차 진료 의사는 노인들이 복용하는 모든 처방제를 추적해서 보관하고, 필수적이 아닌 약물을 중단하며, 필요한 최소 용량만을 처방하는 것이 중요하다.

## 노화 연구에서의 연구방법

노령화에 대한 연구에서는 여러 가지 특별한 쟁점을 이해하는 것이 요구된다. 실제나이(chronological age)란 것은 심리학적 연구에 있어 우리가 생각하는 것처럼 그리 단순한 변수가 아니다. 나이와 관련된 다른 요인들이 발견된 내용에 영향을 끼칠 수 있기 때문에, 연령층 사이의 집단 차이를 단순히 노화의 영향으로만 귀속시키려 할 때는 주의해야 한다. 노화에 대한 연구에서는 아동기 발달에 대한 연구에서와 마찬가지로 세 가지 종류의 영향이 구분지어진다(표 9.1 참조).

- **연령 효과**(age effects)는 특정 나이가 된 것으로 인한 결과를 말한다.
- **동년배 효과**(cohort effects)는 특유의 어려움과 기회를 제공하는 특정 기간에 성장한 것으로 인한 결과를 말한다. 예를 들면 대공황, 세계대전, 또는 9/11 사건 같은 경험은 그 시기 사람들의 경험과 태도를 형성하였다. 마찬가지로, 결혼에 대한 기대는 지난 세기 동안에, 적어도 서구 사회에서는 극적으로 바뀌어서, 안정성을 중시하는 것에서부터 행복과 개인적 성취를 더 중시하는 것으로 바뀌었다.
- **측정시기 효과**(time-of-measurement effects)는 특정 시기에 발생한 사건이 연구되고 있는 변수에 대해 특정 효과를 나타낼 수 있기 때문에 발생하는 혼란변수를 말한다(Schaie & Hertzog, 1982). 예를 들어 2005년에 아이티에서 발생한 지진을 겪은 직후에 사람들을 검사하면 불안 수준이 높게 나타날 수 있다.

발달 변화를 평가하기 위해 두 가지 주요 연구 설계, 즉 횡단연구와 종단연구가 사용된다. 횡단연구에서 조사자는 관심변수에 대한 동일한 순간의 다른 연령집단을 비교한다. 1995년 미국에서 여론조사를 실시한 결과, 80세 이상의 많은 인터뷰 대상자가 유럽인의 억양으로 말했지만 40대와 50대의 인터뷰 대상자는 그렇지 않은 것으로 나타났다. 우리는 사람들이 자라면서 유럽 억양으로

**표 9.1** 연령, 동년배, 측정시기의 효과

| 연령 효과 | 동년배 효과 | 측정시기 효과 |
|---|---|---|
| 특정 나이가 되는 것으로 인한 효과.<br>예 : 사회보장 혜택을 받을 수 있는 나이가 된 것 | 특정 기간에 성장한 것으로 인한 효과.<br>예 : 1930년대의 대공황을 겪었던 사람들 사이에서는 검소한 생활자세가 높을 수 있음 | 역사상 특정 시기에 사람들을 검사한 것으로 인한 효과.<br>예 : 언론매체에서 성욕에 대해 많이 소개하면서, 1990년대에는 사람들이 자신의 성행동에 대한 설문조사에서 좀 더 솔직하게 응답하게 되었음 |

변한다는 결론을 내릴 수 있는가? 아니다! 횡단연구는 시간이 지남에 따라 같은 사람들을 검사하지 않는다. 결과적으로 사람들이 나이에 따라 어떻게 변하는지에 대한 명확한 정보를 제공하지 못한다.

종단연구에서, 연구원은 수년 또는 수십 년 동안 동일한 측정법을 사용하여 한 그룹의 사람들을 주기적으로 재검사한다. 예를 들어 볼티모어의 노화에 대한 종단연구는 노화에 관한 가장 오래 지속되는 연구 중 하나이다. 1958년 이래로 연구자들은 1,400명의 남녀를 따라 생활 습관, 건강 상태 및 심리적 건강이 시간에 따라 어떻게 변하는지 확인했다. 이 연구에서 정신 건강과 노화에 관해 많은 것이 알려졌다. 예를 들어 연구자들은 사람들이 시간이 지나면서 불행해질 것이라는 미신을 변화시켰다. 오히려 30세에 행복했던 사람들은 늦은 인생으로 옮겨 감에 따라 행복해졌다(Costa, Metter, & McCrae, 1994). 일반적으로 종단 설계는 일관성의 개별 패턴 또는 시간 경과에 따른 변화를 추적할 수 있게 한다. 종단연구가 근본적인 장점을 제공하지만 결과는 마찰에 의해 편향될 수 있으며, 참가자가 사망, 이동 불능 또는 관심 부족으로 인해 연구에서 제외된다. 사망으로 인해 사람들이 더 이상 후속 조치를 취할 수 없게 될 때 이것을 **선택적 사망률**(selective mortality)이라고 한다. 선택적 사망률은 특정 유형의 편견을 유발하며 나머지 샘플을 통해 얻은 결과는 건강에 좋지 않은 사람들보다 상대적으로 건강한 사람들에 대한 결론을 도출하는 데 더 관련이 있다. 사망으로 인한 손실 이외에도 대부분의 문제를 가진 사람들은 연구에서 제외될 가능성이 있는 반면, 남아 있는 사람들은 일반적으로 일반 인구보다 건강하다. 이 장의 뒷부분에서 우리는 동년배 효과와 선택적 사망의 이슈가 심리적 장애의 유행에 어떻게 영향을 미칠 수 있는지에 대해 논의할 것이다(Kiecolt-Glaser & Glaser, 2002).

동년배 효과는 생활연령이 같다고 하더라도 태어난 시기에 따라서 상당히 다를 수 있다는 사실을 지칭한다.

## 복습문제 9.1

# 노년기 심리장애

DSM 기준은 노년층과 젊은 성인에게 동일하지만 진단 과정은 주의 깊게 고려해야 한다. DSM 기준은 증상이 의학적 상태 또는 약물 부작용으로 설명될 수 있는 경우 심리학적 장애가 진단되어서는 안 된다고 명시한다. 노인에서는 일반적인 건강 상태가 있기 때문에 그러한 설명을 배제하는 것이 특히 중요하다. 갑상선 문제, 애디슨병, 쿠싱병, 파킨슨병, 알츠하이머병, 저혈당, 빈혈, 테스토스테론 결핍증, 비타민 결핍과 같은 의학적 문제는 조현병, 우울증 또는 불안증을 모방하는 증상을 유발할 수 있다. 의료문제는 또한 우울증의 진행을 악화할 수 있다. 협심증, 울혈성 심부전 및 과도한 카페인 섭취는 모두 빠른 심장 박동을 유발할 수 있으며 이는 불안의 징후로 오인될 수 있다(Fisher & Noll, 1996). 전정 기관에서 연령과 관련된 악화(균형 감각의 내이 제어)는 심한 어지럼증 같은 공황 증상을 설명할 수 있다. 우울증은 뇌졸중이나 심장마비 후에도 흔하다(Teper & O'Brien, 2008). 항고혈압제, 코르티코스테로이드 및 항파킨슨 약물은 우울증이나 불안증의 원인이 될 수 있다. 심혈관문제는 발기문제를 일으킬 수 있다. 임상가는 육체적 건강과 심리적 건강 사이의 상호작용을 고려하는 데 극도로 주의해야 한다. 이러한 생각을 염두에 두고 우리는 노인들이 심리적 장애를 갖는 것이 얼마나 흔한지를 조사한다.

## 노년기 삶에서의 심리장애 유병률 추정

심리장애에 대한 유병률 추정치는 최근의 삶에서 불행과 불안의 고정관념을 무시한다. 조사 결과에 따르면 65세 이상의 사람들은 모든 연령대에서보다 심리장애가 가장 적다. 표 9.2는 미국의 국가적 동반이환 반복 조사(National Comorbidity Survey-Replication, NCS-R) 연구에서 나온 12개월간의 추정치로서, 광범위한 진단면접을 마친 미국에 거주하는 9,282명의 지역사회를 대표하는 표본을 대상으로 한 것이다(Gum, King-Kallimanis, & Kohn, 2009). 그림에서 알 수 있듯이, 각각의 장애는 모두 젊은 성인보다 노인에서 덜 일반적이다. 약물중독 또는 의존성 장애를 앓고 있는 65세 이상 고령자는 없다. NCS-R 연구에서는 다루지 않았지만 조현병의 비율은 노인들 사이에서도 낮다(Howard, Rabins, Seeman et al., 2000). 전반적으로, NCS-R 조사에 참여한 노인의 약 8.5%만이 진단하기에 충분히 심각한 증상을 보고했다. 노인들은 또한 젊은 사람들에 비해 성격장애에 대한 기준을 충족시킬 가능성이 적다(Balsis, Gleason et al., 2007). 65세 이상의 대부분의 사람들은 심각한 정신병리가 없다.

장애의 유병률, 발생률 또는 얼마나 많은 사람들이 새로운 장애의 발병을 경험하고 있는지를 고려하는 것이 중요하다. 노년기에 심리적 장애가 발생한 대부분의 사람들은 처음 발병보다는 일찍 발병한 장애의 재발을 경험한다. 예를 들어 일반화된 불안장애를 가진 노인의 97%는 65세 이

**표 9.2** 연령집단별 심리장애에 대한 1년간의 유병률 추정치

|  | 18~44세 | 60~64세 | 65세 이상 |
|---|---|---|---|
| **불안장애** | | | |
| 공황장애 | 3.2 (0.3) | 2.8 (0.4) | 0.7 (0.2) |
| 공황이 없는 광장공포증 | 0.8 (0.2) | 1.1 (0.3) | 0.4 (0.2) |
| 특정공포증 | 9.7 (0.5) | 9.2 (0.7) | 4.7 (0.6) |
| 사회공포증 | 8.6 (0.5) | 6.1 (0.5) | 2.3 (0.4) |
| 일반화된 불안 | 2.8 (0.2) | 3.2 (0.3) | 1.2 (0.3) |
| 외상후 스트레스[a] | 3.7 (0.4) | 5.1 (0.6) | 0.4 (0.1) |
| 모든 불안장애[a] | 20.7 (0.7) | 18.7 (1.3) | 7.0 (0.8) |
| **기분장애** | | | |
| 주요우울장애 | 8.2 (0.4) | 6.5 (0.5) | 2.3 (0.3) |
| 기분부전 | 1.5 (0.2) | 1.9 (0.4) | 0.5 (0.2) |
| 제 I 형 양극성장애와 제 II 형 양극성장애 | 1.9 (0.2) | 1.2 (0.3) | 0.2 (0.1) |
| 모든 기분장애 | 10.2 (0.4) | 8.0 (0.6) | 2.6 (0.4) |
| **물질장애[a]** | | | |
| 알코올 남용 | 2.6 (0.2) | 0.9 (0.2) | 0 |
| 약물 남용 | 1.5 (0.2) | 0.2 (0.01) | 0 |
| 모든 물질장애 | 3.6 (0.3) | 1.0 (0.2) | 0 |
| **모든 장애[a]** | | | |
| 적어도 1개 이상의 장애 | 27.6 (0.8) | 22.4 (1.5) | 8.5 (0.9) |

[a]5,692명이 위의 진단에 관한 면접을 받았다.
출처 : NCS - R study Gum, King-Kallimanis, & Kohn (2009).

전에 증상이 시작되었다고 보고했다(Alwahhabi, 2003). 주요우울증 또는 광장공포증을 가진 노인층의 90% 이상이 그들의 증상이 일찍이 시작되었다고 보고했다(Norton, Skoog, Toone et al., 2006; Ritchie, Norton, Mann et al., 2013). 조현병이 늦은 나이에 발병하는 것은 극히 드물다(Karon & VandenBos, 1998). 반대로, 음주문제가 있는 노인들 사이의 알코올 의존은 늦은 시기에 발병하는 것이 더 일반적이다(Zarit & Zarit, 2011). 그러나 노년기에 심리장애가 있는 대부분의 사람들은 일찍 발생한 증상이 계속 진행되는 것으로 보인다.

　노년기의 정신병리 비율이 왜 그렇게 낮을까? 이 질문에 대한 몇 가지 완전히 다른 대답이 있다. 위에서 우리는 노화가 긍정적인 감정과 더 친밀한 사회집단과 관련이 있다는 몇 가지 방법을 설명했다. 이와 같은 변화는 사람들의 나이에 따라 정신 건강을 향상시킬 수 있다. 대조적으로, 일부 사람들은 방법론적 문제로 인해 노년기에 심리적 장애의 유행을 과소평가하게 될 것이라고 했다. 우리는 이러한 방법론적 문제들 중 몇 가지를 다음에 다룬다.

## 정신병리의 유병률 추정에서의 방법론적 쟁점

방법론적으로, 고령자는 젊은 사람들에 비해 정신 건강이나 마약 사용 문제를 인정하고 토론하는 것이 더 불편할 수 있다. 한 연구에서, 연구자들은 노인들에게 우울한 증상에 대해 면접을 한 다음 노인이 우울한 증상을 겪고 있는지 가족 구성원을 면접했다. 가족 구성원이 주요우울장애 기준을 충족시킨다고 기술한 노인들 중 약 1/4이 자신의 우울증 증상을 면접자에게 실토하지 않았다(Davison, McCabe, & Mellor, 2009). 증상을 말해야 하는 불편함 때문에 유병률 추정치가 감소했을 수 있다.

편견을 보고하는 것 외에도 집단효과가 있을 수 있다. 예를 들어 1960년대 마약 중심 시대에 성인이 된 많은 사람들은 나이가 들수록 마약을 계속 사용한다(Zarit & Zarit, 2011). 그들의 세대는 이전 세대보다 약물 남용에 어려움을 겪을 가능성이 더 크다. 1992년에는 미국에서 50세 이상의 연령층이 약물 남용으로 인한 입원율이 6.6%에 불과했지만, 2008년에는 같은 연령대가 12.2%를 차지했다.

이러한 설명 이외에도, 여러 다른 이유로 인해 심리장애를 가진 사람들은 65세 이전에 죽을 위험에 처해 있다. 심한 음주자 중 간경변으로 인한 사망자는 55~64세 사이이며 심혈관질환도 흔하다(Balsis, Gleason, Woods et al., 2007; Shaper, 1990). 심혈관질환은 또한 불안장애, 우울장애 및 양극성장애의 병력이 있는 사람들에게 더 흔하다(Kubzansky, 2007). 경미한 심리장애조차도 면역 기능을 손상시키며, 나이가 들수록 이 면역효과에 특히 민감하다(Kiecolt-Glaser & Glaser, 2001). 이것은 사람들의 나이처럼 흔한 많은 의학적 상태들에 대해 더 나쁜 결과를 가져올 수 있다. 심리장애는 사망률 증가와 관련이 있다(Angst, Stassen, Clayton et al., 2002). 예를 들어, Frojdh와 동료들(2003)은 스웨덴에 거주하는 1,200명이 넘는 노인들에게 설문 조사를 실시했다. 점수가 낮은 사람들에 비해 우울증에 대한 자기보고식 척도에서 높은 점수를 얻은 사람들은 다음 6년 이내에 사망할 확률이 2.5배나 높았다. 심리장애가 있는 사람은 일찍 사망할 수 있으므로 노화에 대한 연구는 선택적 사망률 문제로 어려움을 겪을 수 있다.

이러한 세 가지 방법론적 문제(반응 편향, 동년배 효과 및 선택적 사망률)은 후기에 심리적 장애의 낮은 비율을 설명하는 데 도움이 될 수 있다. 그러나 대부분의 연구자들은 노령화가 더 좋은 정신건강과 정말로 관련이 있다고 믿는다. 위에서 우리는 사람들의 나이에 따라 감정적인 대처가 향상된다는 점을 지적했다. 이것은 심리장애의 감소로 해석되어야 한다. 일부 종단연구는 심리장애를 경험한 많은 사람들이 삶의 초기에 그러한 증상에서 벗어난 것처럼 보인다. 이러한 이유 때문에, 노인층의 술고래들이 대개 알코올 중독자가 될 것이다. 종단적 관점에서 술고래들은 노년기에 접어듦에 따라 음주량이 줄어드는 것처럼 보인다(Fillmore, 1987). 예를 들어 종단연구에 따

## 중간 요약

미국의 노인 인구가 급증함에 따라, 점점 더 많은 정신건강 전문가가 이 분야에서 일하고 있다. 불행히도, 정신건강 전문가조차도 노년기에 대한 고정관념을 고수하는 경향이 있다. 나이가 들수록 대부분의 사람들은 감정조절을 더 효과적으로 하게 되고, 의학적 증상을 경시하며, 피상적인 사회적 지인과 활동에 대한 핵심적인 관계에 집중하는 경향이 있음을 인식하는 것이 중요하다. 부정적 고정관념은 종종 나이가 많은 사람들에 의해 고수되며, 그러한 부정적인 자기확신의 영향은 꽤 해로울 수 있다. 불면증과 건강 감소가 인생 후기의 많은 사람들의 분명한 과제이다. 많은 만성적인 건강문제가 부각되면서, 과다 약물 복용이 많은 사람들에게 문제가 되고 있다. 과다 약물 복용의 위험성에 덧붙여서 사람들은 나이가 들면서 약물 부작용과 독성에 더 민감해지고 있다.

노화에 대한 연구에서, 연령 효과, 동년배 효과 및 측정시기 효과를 구분하기가 어렵다. 횡단연구는 연령과 동년배 효과를 구별하는 데 도움이 되지 않는다. 종단연구는 연령 및 동년배 효과에 명확성을 좀 더 제공하지만, 결과의 타당성은 참여자의 탈락으로 인해 어려움을 겪을 수 있다. 참여자 탈락의 한 유형인 선택적 사망률은 특히 노화연구에서 중요하다.

노인이 심리장애를 보일 때 잠재적인 의학적 원인을 평가하는 것이 중요하다. 노인들은 특히 의학적인 상태와 약물의 부정적인 영향에 민감하고, 이러한 효과들은 심리장애처럼 보일 수 있다.

연구에서 다른 연령집단에 비해 노년층의 심리장애 비율이 낮은 것으로 나타났다. 몇 가지 방법론적 문제(동년배 효과, 선택적 사망률, 드러내지 않는 것)가 이 효과의 일부를 설명할지라도, 몇몇 사람들은 나이가 들면 심리적으로 더 건강해질 가능성 또한 있다.

르면, 심한 흡연자들은 삶의 후반 시기에 들어갈 때 더 적게 흡연하는 경향이 있음을 보여주었다 (Fillmore, 1987). 이러한 결과는 인생 과정 전반에 걸쳐 개발된 대처 능력이 향상되면 후기에 심리장애를 예방할 수 있음을 암시한다.

# 노년기 신경인지장애

대부분의 노인들은 인지장애가 없다. 실제로 시간이 지남에 따라 식단, 건강관리, 교육 수준의 향상 때문에, 지난 15년 동안 미국에서 70세 이상 노인들의 인지장애 유병률이 감소했다(Langa et al., 2008). 그럼에도 불구하고 인지장애는 다른 모든 노인 질환보다 더 많은 의료비용을 차지한다(Zarit & Zarit, 2011). 우리는 두 가지 주요 유형의 인지장애, 즉 인지능력의 저하인 치매, 그리고 정신착란 상태인 섬망을 검토할 것이다. 각각에 대해 원인이 되는 요인과 치료뿐만 아니라 임상적 서술을 자세히 살펴볼 것이다.

## 치매

**치매**(dementia)는 기능이 손상되는 시점까지 인지능력이 저하되는 것을 설명하는 용어이다. 우리가 논의할 것처럼, 치매에는 여러 가지 원인이 있고 치매 유형에 따라 증상이 좌우된다. 사물이나 특히 최근의 사건을 기억하는 것의 어려움은 치매의 가장 흔한 증상이다. 치매가 있는 사람들은 그들의 충동을 제어할 수 없게 되는데, 그들은 거친 언어를 사용하고, 부적절한 농담을 하고, 물건을 훔치고, 성적으로 부적절한 말을 하곤 한다. 추상적 개념을 다루는 능력은 저하되고, 우울증 증상, 태도의 영향력, 산발적인 감정의 폭발과 같은 감정의 교란이 흔하다. 망상과 환각도 발생할 수 있다(APA, 2013). 치매가 있는 사람들은 말의 애매한 형태와 같은 언어장애도 나타날 수 있다. 진행성 치매인 사람들은 결국 위축되고 무감동의 상태로 빠진다.

치매의 진행 과정은 원인에 따라 진행되거나, 정지되거나 또는 완화될 수 있다. 대부분의 치매는 수년에 걸쳐 매우 천천히 발달되는데, 장애를 알아차리기 전에 미묘한 인지적·행동적 결손이 발견될 수 있다(Small, Fratiglioni, Viitanen et al., 2000). 기능 손실이 나타나기 전에 보이는 쇠퇴의 초기 징후는 **경도 인지손상**(mild cognitive impairment)으로 분류되어 있다.

치매와 경도 인지손상의 진단 기준은 국립노화연구소와 알츠하이머협회의 지지를 받는 선도적

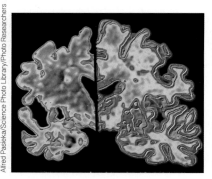

알츠하이머 질환을 가진 사람의 두뇌와 건강한 두뇌에 대해 컴퓨터가 생성해낸 이미지. 병든 뇌(왼쪽)는 신경세포의 손실로 인해 상당히 줄어들었다.

Alfred Pasieka/Science Photo Library/Photo Researchers

---

### 경도 신경인지장애에 대한 DSM-5 진단 기준

- 다음 2개를 바탕으로 하나 이상의 영역에서 이전 수준의 보통의 인지적 감퇴
  - 환자, 가까운 주변인 또는 임상가의 우려
  - 공식적 테스트나 이와 동등한 임상평가에서 적절한 수준의 신경인지적 감퇴(예 : 백분위 수 3~16번째)
- 더 많은 노력, 보상 전략, 편의 시설이 독립성 유지를 위해 필요할지라도 인지 결함은 일상적 활동에서 독립성을 방해하지 않는다(예 : 청구서 지불 또는 약품 관리).
- 인지 결함은 배타적으로 섬망의 맥락에서 발생하지 않으며 다른 심리적 장애로 인한 것이 아니다.

### 주요 신경인지장애에 대한 DSM-5 진단 기준

- 다음 2개를 바탕으로 하나 이상의 영역에서 이전 수준의 뚜렷한 인지적 감퇴
  - 환자, 가까운 주변인 또는 임상가의 우려
  - 공식적 테스트나 이와 동등한 임상평가에서 상당한 신경인지장애(예 : 백분위 수 3번째 이하)
- 인지 결함은 일상생활에서 독립성을 방해한다.
- 인지 결손이 섬망의 맥락에서는 전혀 발생하지 않으며 다른 심리장애로 인한 것이 아니다.

**표 9.3** DSM-5 신경인지장애

**섬망**

*신경인지장애 : 경도와 중등도에 대한 명시*

　　신경인지장애는 알츠하이머와 관련이 있다

　　신경인지장애는 전두측두엽 변성과 관련이 있다

　　신경인지장애는 혈관 질환과 관련이 있다

　　신경인지장애는 외상성 뇌손상과 관련이 있다

　　신경인지장애는 루이소체 질환과 관련이 있다

　　신경인지장애는 파킨슨병과 관련이 있다

　　신경인지장애는 HIV 감염과 관련이 있다

　　신경인지장애는 약물/약품 사용과 관련이 있다

　　신경인지장애는 헌팅턴병과 관련이 있다

　　신경인지장애는 프라이온병과 관련이 있다

　　신경인지장애가 다른 의학적 상태에 기인한다

　　신경인지장애가 여러 원인에 기인한다

인 전문가위원회의 합의를 통해 발전해 왔다(Albert, Dekosky, Dickson et al., 2011; McKhann, Knopman, Chertkow et al., 2011). 또한 DSM-5 체계는 치매 및 경도 인지장애와 같은 유사한 진단을 제공한다. DSM-5 진단에 대한 개요는 표 9.3을 참조하라. DSM 주요 신경인지장애가 치매의 진단과 유사한 반면, DSM 경도 신경인지장애는 경도 인지손상과 유사하다. 이 장 전반에 걸쳐서 우리는 (주요 신경인지장애보다는) 치매 및 (경도 신경인지장애보다는) 경도 인지장애라는 용어를 사용한다.

어떻게 초기에 경도 인지장애를 진단하는지뿐만 아니라 경도 인지장애와 치매를 어디에서 구별 짓는지에 대한 몇 가지 논점이 있다. DSM-5는 증상들이 독립적으로 살아남을 능력을 방해하는지 여부에 따라 경도 및 중등도 신경인지장애를 구별한다. 경도 신경인지장애에 대한 DSM-5 기준은 단 하나의 인지검사에서 점수가 낮은 것을 요구한다. 이는 인위적으로 경도 신경인지장애의 높은 진단 비율을 이끌어낼지도 모르는데, 적어도 두 가지 상이한 인지검사에서의 낮은 점수는 급격히 진단율을 떨어뜨릴 수 있다(Jak, Bondi, Delano-Wood et al., 2009).

이러한 초기 감퇴 징후 진단 시 경고는 필수이다. 경도 인지장애를 가진 모든 사람들이 치매에 걸리는 것은 아니다. 경도 인지장애를 가진 성인 중 약 10%는 치매로 발전할 것이고, 경도 인지장애가 없는 성인 중 연간 약 1%도 치매에 걸릴 것이다(Bischkopf, Busse, & Angermeyer, 2002).

## 임상 사례 : 엘렌

"나는 네가 와서 너무 기쁘단다." 내가 그녀에게 인사할 때 엘렌은 말한다. 그녀는 호리호리하고 거의 쇠약한 여자로 주스를 마시며 거실 테이블에 앉아 있다. 그러나 엘렌은 태연했다. 그녀는 어깨는 뒤로, 목은 길게, 머리는 위로, 그리고 큰 옅은 갈색의 눈과 고귀한 광대뼈를 가진 아름다운 여자의 얼굴을 한 댄서의 자세를 가졌다. 그녀는 웃으며 내 손을 잡으려 한다. "네가 와줘서 너무 좋다"고 그녀는 말한다.

엘렌은 품위 있고 예의가 바르지만, 사실 그녀는 나를 기억하지 못한다. 그녀는 우리가 한 시간 반 전에 만났다는 것, 며칠 전에 함께 차를 마셨다는 것, 그리고 어제 침대에 앉아 30분 동안 로즈마리 민트 로션으로 그녀의 손을 마사지해줬다는 것을 전부 기억하지 못한다. 이 주거시설에서 살고 있는 43명의 다른 사람들처럼 엘렌도 알츠하이머병이 있다. 그녀의 단기 기억은 짧으며, 장기 기억은 빠르고 꿈같고, 때로는 밝고 명료한 이미지가 있는데, 다른 시간들은 제대로 이해할 수 없을 만큼 초점이 맞지 않는 이미지를 갖고 있다. 그녀의 인생은 그녀가 보고 있지 않을 때 떼어놓은 퍼즐과 같다. 그녀는 일부는 볼 수 있지만, 그 조각들이 합쳐져서 어떻게 잘 맞는지 더 이상 이해할 수 없다(Kessler, August 22, 2004, p. 1).

환자 및 가족 구성원이 증상이 반드시 진행될 것이라고 가정하지 않도록 이러한 진단에 대해 주의 깊은 심리교육을 제공하는 것이 중요하다.

2000년에 치매의 전 세계 추정 유병률은 2,500만 명으로 대략 인구의 0.4%를 차지했다(Wimo, Winblad, Aguero-Torres et al., 2003). 치매의 유병률은 나이가 들수록 증가한다. 국제 연구에서 치매의 유병률은 60~69세 사이의 사람에서 1~2%지만 85세 이상에서는 20% 이상으로 계속해서 증가한다(Ferri, Prince, Brayne et al., 2005).

치매에는 여러 유형이 있다. 여기서 우리는 가장 많이 연구된 유형인 알츠하이머병, 가장 영향을 받는 뇌 영역에 의해 정의되는 전두측두엽 치매, 뇌혈관 질환이 원인이 되는 혈관성 치매, 그리고 루이소체(신경세포에 형성되는 비정상적 침전물 유형)의 존재에 의해 정의되는 루이소체병에 대해 논의한다. 이 네 가지 유형의 치매에 대해 논의한 후, 간략하게 치매의 다른 원인을 설명한다. 현재까지 치매의 가장 흔한 형태는 알츠하이머병으로, 치매의 약 80%를 차지한다(Terry, 2006).

**알츠하이머병**  **알츠하이머병**(Alzheimer's disease)은 1906년 독일의 신경학자 Alois Alzheimer에 의해 처음으로 기술되었으며, 뇌 조직이 돌이킬 수 없게 퇴화되고 증상 발생 후 12년 이내에 사망한다. 매년 5만 명이 넘는 미국인이 이 질병으로 사망하고 2010년에는 미국에서 여섯 번째 주요 사망의 원인이 되었다(Murphy, Xu, & Kochanek, 2013).

알츠하이머병의 가장 흔한 증상은 기억상실이다. 메리 앤의 임상 사례에 설명된 바와 같이, 이 질병은 새로운 물질에 대한 기억에 있어서 부족이 결점으로 시작될 수 있다. 사람이 방해를 받게 되면 하던 일을 미완성한 채로 떠나서는 잊어버릴 수 있다. 싱크대에서 찻주전자에 물을 채우기 시작한 사람은 물을 틀어 놓는다. 단어를 찾는 것이 어려울 수 있다. 이러한 단점은 여러 해 동안 간과될 수 있지만 결국 일상생활에 지장을 초래하게 된다.

기억력 상실은 알츠하이머병의 유일한 증상은 아니다. 냉담은 인지 증상이 눈에 띄기 전이라도 일반적이며(Balsis, Carpenter, & Storandt, 2005), 약 1/3의 사람들이 질병이 악화되면서 우울증이 발병한다(Vinkers, Gussekloo, Stek et al., 2004). 질병이 발달함에 따라 언어능력 및 단어에 대한 문제가 심화된다. 시각적인 공간능력은 **방향감각의 상실**(disorientation)로 나타날 수 있다(시간, 장소, 또는 정체감에 관한 혼동). 그 사람은 친숙한 환경에서도 쉽게 길을 잃어버릴 수 있다.

뇌의 퇴화가 진행됨에 따라 행동 증상의 범위와 심각성이 증가한다. 장애가 있는 사람들은 처음에는 자신의 인지 문제를 통상 인식하지 못하고 있다가, 잃어버린 물건을 남의 탓으로 돌려서 심하면 박해받고 있다는 망상으로까지 발전하는 수도 있다. 기억이 계속해서 퇴화됨에 따라 당사

---

### 임상 사례 : 메리 앤

메리 앤은 62세의 가족치료사였으며 그녀는 초기 단계의 알츠하이머병으로 처음 진단받았을 때 말기 환자 호스피스의 일을 좋아했다. "갑자기 모든 것이 시작된 것은 아니지만 갑자기 당연한 일도 아니었어요. 이전에 내가 아는 사람이 아니란 것을 깨닫기 시작했고, 그것은 내 머릿속에서 달랐어요."

"이것은 아주 간단한 일이었어요. 전화로 누군가와 이야기하고 전화를 끊고 나 자신에게 '누구였어? 우리는 무엇을 이야기를 했지?'라고 물어보았어요. 남편은 우리가 같이 휴가를 마치고 돌아왔을 때 심각성을 알았고,

나는 그에게 '캘리포니아에서 정말 즐거운 시간을 보냈어. 내가 그렇게 만들 수 없어서 미안해'라고 했지요"

"알츠하이머병 환자에게 전하는 나의 메시지는 당신 자신을 온화하게 대하라는 거예요. 질병은 자신에 대한 기대치를 낮추도록 요구해요. 우리 대부분에게 이것은 어려운 일이지요. 두려움은 당신 자신의 삶의 마지막 단계에 자기를 데려오지 않을 것이라는 것을 알면서 자신을 잃어 가고 있어요."

(Mary Ellen Becklenberg, Time magazine, October 2010, p. 59.)

자는 점차 지남력이 떨어지고 동요(agitated)된다. 치매가 진행됨에 따라, 부모는 딸이나 아들의 이름을 기억할 수 없으며 나중에는 자식이 있다는 사실을 기억하지 못하거나 자녀들이 방문했을 때 이들을 알아보지 못할 수도 있다. 그 사람은 목욕하거나 적절한 옷을 입는 것을 잊을 수 있다. 판단이 잘못될 수 있으며, 상황을 이해하고 계획이나 결정을 내리는 데 어려움을 겪을 수 있다. 병의 마지막 단계에서, 성격은 그 개성과 통합성을 상실한다. 친척과 친구들은 그 사람이 더 이상 그 사람이 아니라고 말한다. 다른 사람들과의 사회적 어울림은 계속 줄어든다. 마지막으로, 그 사람은 자신의 주변도 모르게 된다.

알츠하이머병을 앓고 있는 사람들은 나이에 따라 예상되는 것보다 더 많은 **플라크**(plaques, 뉴런 외부에 있는 작고 둥근 베타 아밀로이드 단백질 침착물)와 **신경 섬유 엉킴**(neurofibrillary tangles, 신경세포의 축색에서 주로 단백질 타우로 구성된 꼬인 단백질 필라멘트)을 가지고 있다. 어떤 사람들은 과도한 양의 베타 아밀로이드를 생성하는 반면 어떤 사람들은 뇌에서 베타 아밀로이드를 제거하는 기제에 결함이 있는 것으로 보인다(Jack, Albert, Knopman et al., 2011). 베타 아밀로이드 플라크는 전두엽 피질에 가장 밀집해 있으며(Klunk, Engler, Nordberg et al., 2004), 인지 증상이 눈에 띄기 전에 10~20년간 나타날 수 있다. 플라크는 특수한 유형의 PET 스캔을 사용하여 측정할 수 있다. 엉킴은 PET 스캔을 사용하여 측정할 수 있지만 뇌척수액에서 가장 자주 측정된다. 엉킴은 해마에 가장 밀집되어 있으며, 기억에 중요한 부분이다. 시간이 지남에 따라 질병이 진행되면서 플라크와 엉킴이 더 많은 뇌를 통해 퍼진다(Klunk et al., 2004; Sperling, Aisen, Beckett et al., 2011).

플라크에 대한 면역 반응은 염증을 일으키고(Gorelick, 2010), 그림 9.2와 같이 일련의 두

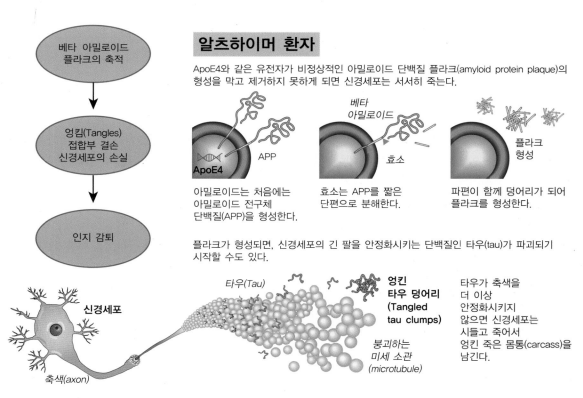

**그림 9.2** 알츠하이머병에서 ApoE-4 유전자와 같은 위험 인자는 베타 아밀로이드 플라크의 침착을 증가시킨다. 이 플라크는 인지 증상이 현저하게 나타나기 전 10~20년 동안 신경세포의 외부에 형성된다. 타우 형태의 신경섬유 엉킴이 생기고 신경세포가 죽는다. 신경세포의 죽음을 막기 위해, 연구자들은 가능한 한 많은 유전적 아밀로이드 및 타우 표적을 다루는 치료법을 개발하기를 희망한다.

**그림 9.3** 알츠하이머병이 있는 사람은 더 많은 **플라크**(신경세포의 외부에 있는 작고 둥근 베타 아밀로이드 단백질 침전물)와 **신경섬유 엉킴**(신경세포의 축색 돌기에 주로 존재하는 꼬인 단백질 필라멘트)을 가지고 있다.

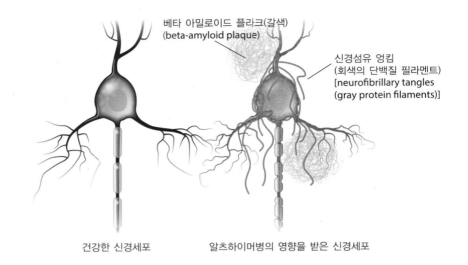

베타 아밀로이드 플라크(갈색)
(beta-amyloid plaque)

신경섬유 엉킴
(회색의 단백질 필라멘트)
[neurofibrillary tangles
(gray protein filaments)]

건강한 신경세포          알츠하이머병의 영향을 받은 신경세포

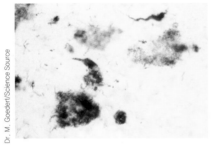

Dr. M. Goedert/Science Source

알츠하이머병의 영향을 받은 내후각피질(entorhinal cortex)의 뇌조직 단면을 찍은 일광현미경 사진으로서, 갈색의 아밀로이드 플라크와 회색의 신경섬유 엉킴을 보여주고 있다. 알츠하이머 질환에서는, 내후각피질 속의 신경세포가 죽고 나면. 그 뒤에 다른 두뇌 부위에서도 신경세포의 소실이 일어나기 시작한다.
알츠하이머병에서는 내후각피질에서 신경세포가 죽어 뇌의 다른 부위에서 신경세포의 소실이 시작된다.

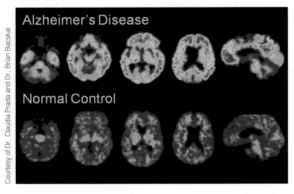

Courtesy of Dr. Claudia Prada and Dr. Brian Bacskai

알츠하이머병이 있는 여성에서 피츠버그 화합물 B(Dugger. Ritchie, Ball et al.) 투여 후 뇌의 양전자 방출 단층 촬영(PET) 이미지는 높은 수준의 아밀로이드 플라크(위 열에 있는 사진)를 나타낸다. 대조적으로. 낮은 수준의 아밀로이드 플라크는 알츠하이머 증상이 없는 여성의 PET 이미지에서 볼 수 있다(아래 열에 있는 사진).

뇌 변화를 시간에 따라 유발한다. 초기 단계에서는 acetylcholinergic(ACh)과 glutamatergic neurons(Selkoe, 2002)에 대한 접합 부위가 상실되는 것으로 보인다. 신경세포도 또한 죽기 시작한다. 신경세포가 죽을수록 안와 피질(그림 9.3 참조)과 해마와 대뇌 피질의 다른 부위가 수축하고 나중에 정면, 측두엽 및 두정엽이 줄어든다. 이런 일이 발생하면 뇌실이 확장되게 된다. 소뇌, 척수, 운동 신경 및 피질의 감각 부위는 덜 영향을 받으므로 알츠하이머 환자는 질병 과정의 후반기까지 육체적으로 문제가 있는 것으로 보이지 않는다. 얼마 동안 알츠하이머병을 앓고 있는 사람들은 정상적으로 걸어 다닐 수 있으며, 가벼운 대화를 하는 등 지나치게 많이 익숙한 습관이 그대로 남아 있으므로 짧은 만남에서 낯선 사람은 아무것도 느끼지 못할 수도 있다. 알츠하이머 환자의 약 25%가 결국 뇌손상을 일으켜 운동 능력이 저하된다.

알츠하이머병에 대한 가장 대규모의 쌍둥이 연구에서 유전가능성은 79%로 보고되었다. 즉 알츠하이머병 발병의 약 79%가 유전자와 관련이 있고, 변화의 약 21%는 환경 요인과 관련이 있는 것으로 나타났다(Gatz, Reynolds, Fratiglioni et al., 2006).

알츠하이머병의 분자 유전학을 이해하는 데 상당한 진전이 있었다. 그러나 이러한 결과를 토의할 때 알츠하이머병의 위험에 대한 유전적 다형성의 영향은 민족에 따라 다를 수 있다는 사실을 인식하는 것이 중요하다(Froehlich, 2001). GWAS 연구에서, 연구자들은 비히스패닉계 백인 표본(Sullivan, Daly, & O'Donovan, 2012) 중에서 알츠하이머병 위험도의 약 20%를 설명하는 10개의 특정 유전자 집단을 확인했다.

지금까지 알츠하이머병에 가장 큰 기여를 한 유전적 다형성은 아폴리포단백질 ε4 또는 ApoE-4 대립 유전자라고 불리는 19번 염색체 유전자의 다형성이다. 하나의 ε4 대립 유전자를 보유하는 것이 알츠하이머병의 위험을 20%까지 증가시키는 반면, 2개의 ε4 대립 유전자를 보유하면 위험이 상당히 높아진다. 일부 기업은 현재 ApoE-4 대립 유전자(및 기타 유전자)에 대한 유전자 검사를 소비자에게 직접 판매한다. 연구원은 ε4가 장애의 위험을 증가시킬 수 있는 몇 가지 방법을 이해하기 시작했다. ε4는 뇌에서 과량의 베타 아밀로이드 펩타이드를 제거하는 것을 방해하는 것으로 보인다. ε4 대립 유전자 중 2개가 있는 사람은 알츠하이머병의 증상이 나타나기도 전에 베타 아밀로이드 플라크의 과다 생산, 해마 뉴런의 손실, 대뇌 피질의 여러 부위에서의 낮은 포도당 대사를 보인다(Bookheimer &

Burggren, 2009).

알츠하이머병의 위험을 증가시키는 많은 유전자는 면역 기능 및 콜레스테롤 대사와 관련이 있다. 면역 과정과 지나치게 높은 콜레스테롤은 염증을 유발할 수 있으며, 따라서 면역 및 염증 과정을 수반하는 질병도 알츠하이머병의 위험이 더 커지는 것으로 보인다. 예를 들어 면역 및 염증성 변화와 관련되어 있는 제2형 당뇨병은 알츠하이머병 발병 위험이 더 크다는 것을 의미한다(Ferreira, Clarke, Bomfim et al., 2014). 마찬가지로, 사고나 부상으로 인한 뇌손상도 나중에 알츠하이머병의 위험을 증가시킬 수 있다.

운동 프로그램은 알츠하이머병의 위험과 심각성을 줄이는 데 도움이 된다.

유전자 이외에도 생활방식이라는 변인이 알츠하이머병에서 중요한 역할을 할 수 있다. 예를 들어 흡연, 독신, 비만, 우울증, 낮은 사회적 지지는 알츠하이머병의 위험이 더 크며 지중해 식단, 운동, 교육 및 인지 활동은 낮은 위험과 관련이 있다(Lieb, Beiser, Vasan et al., 2009; Williams, Plassman, Burke et al., 2010). 한 연구에서 생활방식의 효과는 70세 동안 연구에 등록되어 8년 동안 추적된 2,509명의 노인에서 연구되었다. 일주일에 적어도 한 번 운동을 하고 고활동성을 유지하며 흡연을 하지 않은 고졸자는 8년 내내 쇠퇴 없이 인지 기능을 유지했다(Yaffe, Fiocco, Lindquist et al., 2009). 다양한 생활방식 요소 중 운동, 인지적 관여, 우울증에 대한 효과가 많은 연구 결과를 얻었으므로 여기에 중점을 둔다.

몇몇 연구에 따르면 운동으로 인해 기억문제가 줄어들 수 있다. 규칙적인 운동은 인지 기능의 감소가 적으며(Sofi, Valecchi, Bacci et al., 2011), 163,797명의 참가자에 대한 종합분석에 나타난 바와 같이 시간 경과에 따른 알츠하이머병의 위험도 감소가 강력하게 예측된다(Hamer & Chida, 2009). 중년의 운동 수준은 중요해 보이지만, 늦은 인생에 들어서면서 운동을 유지하는 것은 중요하다. 운동은 뇌에서의 낮은 수준의 플라크와 관련이 있으며 특히 APOE-4 다형성을 가진 사람들에게는 관련이 있다(Head, Bugg, Goate et al., 2012).

지적 활동에 참여하는 것도 도움이 되는 것으로 보이며, 일부에서는 알츠하이머병의 '사용 또는 사용 중지' 모형을 제안한다. 예를 들어 신문을 정기적으로 읽는 것은 위험을 낮추는 것과 관련이 있다(Wilson, Scherr, Schneider et al., 2007). 22개의 대표적인 지역사회 표본에서 선발된 29,000명의 사람들을 포함한 종합분석 결과에 따르면, 빈번한 인지활동(예 : 읽기 및 퍼즐 풀기)은 인지활동을 자주 하지 않는 경우에 비해서 알츠하이머병의 위험이 46% 감소하는 것과 관련이 있다(Valenzuela & Sachdev, 2006). 운동 결과와 함께 지적 활동에 참여하면 APOE-4 다형성을 가진 사람들의 인지 기능 저하를 예방할 수 있다(Vemuri, Lesnick, Przybelski et al., 2014).

흥미롭게도 두뇌에 비슷한 수준의 플라크와 엉킴이 있는 사람들 중에서 지적 활동 수준이 높은 사람들은 인지 증상이 적다. 즉 지적 활동은 근본적인 신경생리학적인 질병의 발병을 막는 것으로 보인다(Wilson et al., 2007). 이러한 유형의 연구는 **인지적 보유**(cognitive reserve)의 개념으로 이끈다. 또는 어떤 사람들은 인지적인 증상이 덜 두드러진 것과 같은 대체 뇌 네트워크나 인지 전략을 사용함으로써 질병을 보상할 수 있다는 생각으로 이끌었다.

한 가지 우려는 자연적인 연구는 신체적 운동과 인지활동을 시행한 집단이 그렇지 않은 집단과 중요한 차이(질환 관련 특성)가 있는지 밝혀낼 수 없다. 알츠하이머병의 증상이 나타나기 20년 전부터 뇌에서 생물학적 변화가 시작되므로 이러한 뇌의 변화가 운동과 인지활동에 참여하는 동기에 영향을 주는 것으로도 볼 수 있다. 아래에 기술된, 무작위로 두 집단으로 나눈 후 한 집단에 운동과 인지훈련을 시키는 개입연구는 연구 방법론적 쟁점을 확실히 하는 데 도움이 될 수 있다.

영향을 주는 방향을 알아내는 복잡함은 우울과 알츠하이머병 간의 관련성을 고려해보는 것으로 명료해진다. 우리는 우울이 치매의 결과일 수 있다고 위에서 언급했다. 반대 방향도 일어날 수 있다. 즉 일생 동안 우울증의 병력은 인지 기능 저하가 더 심해지고(Ganguli Du, Dodge et al., 2006), 알츠하이머병과 다른 형태의 치매 위험도가 더 높을 것을 예측하게 하고(Diniz Butters, Albert et al., 2013), 알츠하이머 질환이 발생한 사람에서 진행이 더 빠를 것으로 예측할 수 있다(Rapp Schnaider-Beeri, Grosman et al., 2006). 이러한 효과는 기본적 인지장애 및 다른 의학적 문제가 통제된 경우에도 존재하는 것으로 보인다(Goveas et al., 2011).

**전두측두엽 치매**　이름이 암시하는 바와 같이 **전두측두엽 치매**(frontotemporal dementia, FTD)는 뇌의 전두엽과 측두엽 신경의 손실에 의해 초래된다. FTD의 신경손상은 측두엽의 앞부분과 전전두엽 피질에서 주로 일어난다(Miller, Ikonte, Ponton et al., 1997). FTD는 50대 중후반에 시작하여 급속히 진행하며, 진단받은 후 5~10년 내에 사망한다(Hu, Seelaar, Josephs et al., 2009). FTD는 전체 인구의 1% 이하가 걸리는 드문 질환이다(Pressman & Miller, 2014).

알츠하이머병과 달리 FTD에서 기억은 심하게 손상되지 않는다. FTD에는 여러 형태가 있다. FTD의 가장 흔한 형태(FTD의 행동유형)는 최근에 국제협회에서 진단 기준이 만들어졌는데, 이는 다음의 여러 영역에서 기능장애로 이어지는 악화된 증상이 세 가지 이상 있어야 한다. 여러 영역은 공감, 행위 기능(계획하고 조직하는 인지 기능), 행동억제능력, 강박적/관습적 행동, 과구강성(입에 음식이 아닌 것을 넣는 경향), 무감동이다(Rascovsky, Hodges, Knopman et al., 2011). 초기에는 가까운 사람들이 성격과 판단력의 변화를 감지할 수 있다. 예를 들면 성공한 전문 사업가가 최악의 투자를 시작할 수 있다(Levenson & Miller, 2007). FTD에 이환된 사람들은 폭식을 하거나, 줄담배를 피우거나, 음주 또는 다른 행동 증상들을 갑자기 나타내므로 흔히 오진되기 쉽다. 오진되기 쉬운 것들로는 중년의 위기 또는 우울증, 양극성장애, 조현병과 같은 정신질환이다(Zhou & Seeley, 2014).

FTD는 알츠하이머병보다 감정 과정에 영향을 크게 미치고 행동함으로써 사회적 관계가 손상될 수 있다. 감정을 조절하는 능력에 특이한 결함이 있는 것으로 보인다(Goodkind, Gyurak, McCarthy et al., 2010). 이는 사회적 관습을 어기는 것으로 연결된다. FTD에 걸린 사람은 자신이 범한 사회적 실수를 인지하지 못하는 것으로 보이기 때문에 다른 사람들과 달리 창피함을 느끼지 못한다(Mendez, et al. 2008). 판단력 상실과 함께 성격과 감정의 변화는 대인관계에 영향을 주게 된다. 알츠하이머병보다 FTD에서 결혼 만족도가 더 크게 영향을 받는다(Ascher, Sturm, Seider et al., 2010).

FTD는 여러 다른 분자의 과정에 의해 초래될 수 있다(Mackenzie, Neumann, Bigio et al., 2009). 이 중 하나가 픽병(Pick's disease)인데 신경 내에 픽체(구형의 포함물)가 존재한다. 그러나 많은 다른 질환이나 병리학적 과정들도 FTD를 일으킬 수 있다. 일부의 FTD 환자는 알츠하이머 환자에서 발견되는 신경섬유가 얽혀서 생긴 실같은 단백질인 타우가 고농도지만, 다른 환자에서는 그렇지 않았다(Josephs, 2008). FTD는 강한 유전적 요소를 지니고 있다(Cruts, Gijselinck, van der Zee et al., 2006).

**혈관성 치매**　**혈관성 치매**(vascular dementia)는 뇌혈관 질환에 의해 발생한다고 정의된다. 가장 흔한 원인으로 뇌졸중은 혈전을 만들어 혈관을 막게 되어 신경의 죽음을 초래한다. 처음 뇌졸중이 발생한 후 그해에 약 7%의 사람들에서 치매가 발생하며 치매의 위험도는 반복적 뇌졸중과 함께 증가한다(Pendlebury & Rothwell, 2009). 혈관성 치매의 위험 요인은 일반적으로 심혈관 질환과 같은 위험 요인이 관여하는데 예를 들면 '나쁜'(LDL) 콜레스테롤, 흡연, 고혈압 등이다. 뇌졸중과 혈관성 치매는 백인보다 아프리카계 미국인에서 더 흔하다(Moroney, Tang, Berglund et al.,

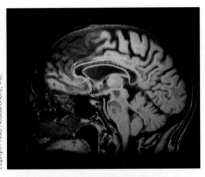

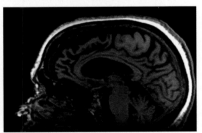

전두측두엽 치매. 위쪽은 50세 전두측두엽 치매 환자의 MRI 사진이다. 뇌의 전반부는 왼쪽에 있고, 전두부(좌)와 측두부(가운데)는 쪼그라들었다. 아래쪽 사진은 건강한 사람의 MRI 사진이다.

1999). 뇌졸중과 심혈관 질환에 의해 대뇌의 여러 다른 부위가 영향을 받을 수 있으므로 혈관성 치매의 증상은 다양하게 나타난다. 혈관성 치매의 증상은 다른 치매보다 급격하게 시작된다. 혈관성 치매는 알츠하이머 질환과 함께 발생할 수도 있다.

**루이소체 치매**　루이소체 치매(dementia with Lewy bodies, DLB)에는 뇌에 루이소체(Lewy bodies)라 불리는 단백질 침착물이 있으며 인지 기능의 저하를 초래한다. DLB는 파킨슨병의 유무에 따라 두 가지 유형으로 나뉜다(True, Rice, Eisen et al., 1993). 파킨슨병을 지닌 환자의 80%에서 DLB가 발생하지만 파킨슨병을 지니지 않은 사람에서도 발생할 수 있다.

　이 치매와 관련된 증상은 파킨슨병(발을 질질 끌며 걷기와 같은 증상)과 알츠하이머병(기억상실과 같은 증상)과의 감별이 종종 매우 어려울 수 있다. DLB는 알츠하이머병에서보다 환시와 인지 증상의 변화가 더 현저하다(APA, 2013). DLB 환자의 경우 항정신 약물치료의 신체적 부작용에 아주 민감한 경우가 흔하다. DLB 환자의 다른 특징적 증상으로는 꿈을 행동으로 나타내는 것과 같이 꿈을 꾸면서 움직이거나 소리를 내는 심한 꿈을 종종 경험한다(McKeith, Dickson, Lowe et al., 2005).

**질환 및 외상에 기인한 치매**　많은 의학적 이상상태는 치매의 원인이 될 수 있다. 뇌조직의 염증인 뇌염은 뇌로 들어온 바이러스에 의해 발생한다. 뇌를 싸고 있는 막의 염증인 뇌수막염은 대개 박테리아의 감염에 의해 발생한다. 뇌염 및 뇌수막염 모두 치매를 유발할 수 있다. 매독의 원인균도 뇌를 침범하여 치매를 발생시킬 수 있다. 또 다른 치매의 원인이 될 수 있는 것은 HIV, 뇌종양, 영양결핍(특히 비타민 B-복합체), 신장 또는 간장부전, 갑상선항진증 같은 내분비 질환이다. 납이나 수은 같은 독성물질과 만성적 물질사용도 치매의 또 다른 원인이다.

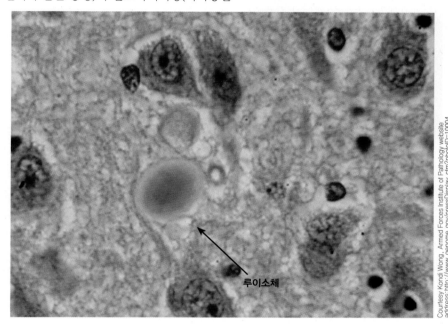

루이소체 치매는 루이소체라 불리는 비정상적 물질이 축적되는 것으로 정의된다. 루이소체는 뇌의 여러 곳에서 발견된다.

루이소체

Courtesy Koroji Wong, Armed Forces Institute of Pathology website address:http://www.genome.gov/pressDisplay.cfm?photoID=10004

**치매의 치료**　일부 약물이 치매 및 관련된 증상의 치료에 이용되지만, 많은 연구에도 불구하고 치매에 대한 근본적 치료 대책은 없는 실정이다(Williams et al., 2010), 치료에 대한 일부 심리학적, 일상생활 습관의 접근이 있다.

**약물치료**　FTD의 인지 증상에 대한 어떤 약물도 효과가 없기 때문에(Caselli & Yaari, 2008), 우리는 FTD를 제외한 치매의 치료에 대해 초점을 두고 있다. 치료에 대한 많은 연구는 알츠하이머 질환과 기억력 감소에 초점을 두어 왔다. 약물들은 기억력 감소가 천천히 진행되게 하지만 이전 수준으로 기억력을 회복시키지는 못한다. 치매에 대한 가장 흔한 치료 약물들은 항콜린제(아세틸콜린의 분해를 방해하는 약물들)이며 도네페질[donepezil(Aricept)]과 리바스티그민[rivastigmine(Exelon)]과 같은 약이 사용된다. 항콜린제는 알츠하이머 질환(Birks, 2006; Howard, McShane, Lindesay et al., 2012)과 루이소체 치매(Maidment, Fox, & Boustani, 2006) 환자군에서 위약과 비교해서 기억력을 천천히 감소하게 하는 데 약간의 효과를 보였다. 항콜린제 이외에도 기억과 관련된 글루타메이트 수용기에 영향을 미치는 약인 메만틴[memantine(Namenda)]이 있으

레이건 전 대통령은 알츠하이머병으로 사망했다. 그의 딸은 그의 질환에 대해 다음과 같이 기록했다. "과거는 키 없는 배와 같았다. 이는 현재로 미래로 조종한다. 기억이 없다는 것은 닻을 올리고 바람에 이리저리 움직이는 것과 같다. 누군가 사랑하는 사람이 표류하는 것을 보면 이를 배울 수 있다"(Dowis, 2002).

컴퓨터를 이용한 훈련 프로그램은 인지기술을 향상시키기 위해 고안되었다. 이러한 프로그램을 만드는 회사는 수많은 사용자들이 있다고 보고한다.

며, 이 약은 알츠하이머 질환군에서 위약과 비교해 약간의 효과를 보였다. 그러나 이 약의 부작용인 메스꺼움 때문에 많은 환자들이 복용을 중단한다(Maidment et al., 2006).

약물치료는 치매와 함께 발생하는 우울, 동요(agitation) 같은 심리 증상들을 치료하는 데 흔히 이용된다. 예를 들면 알츠하이머병(Modrego, 2010)과 FTD(Mendez & Shapira, 2008)에서 함께 있는 우울 증상을 회복시키는 데 항우울제가 도움이 된다. 우울 증상이 젊은 층에 비해 노인들에서 인지 기능의 장애를 초래하므로(Lockwood, Alexopoulos, Kakuma et al., 2000), 우울증에 대한 치료는 인지 증상들의 개선으로 연결된다. 항정신성 약물치료가 공격적 흥분 증상을 완화하기는 하지만(Lonergan, Britton, & Luxenberg, 2007), 치매를 지닌 노인들에서 사망위험을 증가시킨다(Food and Drug Administration, 2005).

치매 치료에 대한 일부 실망감은 이들 질환에 대해 새롭게 생각하는 계기가 되었다. 예들 들면 한동안 과학자들은 알츠하이머병을 지닌 사람들의 뇌에서 판(플라크)을 제거하는 방법에 매달렸었다. 놀랍게도 과학자들은 판(plaque)을 제거하는 약물을 개발하여 사용했을 때 판을 제거해도 인지결함은 계속되거나 더 나빠졌음을 알게 되었다(Holmes, Boche, Wilkinson et al., 2008). 기억할 것은 알츠하이머병 환자에서 증상이 나타나기 전부터 뇌에 베타 아밀로이드 판이 축적된다는 것이다. 환자가 진단받고 치료하기 시작할 때 이미 그 이전부터 생물학적 질환 과정은 시작되었다는 것이다. 이와 같은 결과를 보면서 연구자들은 치매의 예방에 더 초점을 두게 되었다. 예방을 위한 한 가지 방법은 경미한 인지장애에서 완전한 치매로 발전하는 확률을 줄이는 데 관여하는 요인에 대한 연구이다. 다른 방법은 판(plaque), 엉킴(tangling), 그리고 신경의 사멸과 같은 알츠하이머병 위험도를 나타내는 생물학적 표시자를 지닌 사람들에 대한 연구이다(Sperling et al., 2011). 과학자들은 판과 엉킴의 생성뿐만 아니라 관련된 면역학적 과정에 대해서 사람을 대상으로 연구를 하고 있다(Gandy, 2014). 향후 치료에 대한 가장 큰 기대는 증상이 나타나기 전에 진행되는 생물학적 과정을 치료하는 것일 수 있다(Sutphen, Fagan, & Holtzman, 2014).

**심리 요법과 생활방식 요법**    지지적 심리치료는 질환으로 인한 여러 문제를 환자와 가족이 잘 처리하도록 도울 수 있다. 일반적으로 치료자는 치매를 지닌 환자와 가족이 질환에 대해 토의할 기회를 만들어준다. 또한 치료자는 질환에 대한 정확한 정보를 제공하고, 가족들이 집에서 환자를 돌보도록 도와주고, 인지장애로 인해 발생하는 여러 특수한 어려움을 처리하는 데 혼란스러운 태도보다는 현실적 태도로 대처하게 한다(Knight, 1996). 간병자들을 지지하기 위해 자세하게 제공된 치료들에 대해서는 초점 9.1을 보라.

신체운동을 증대시키면 인지 기능을 개선하는 데 어느 정도의 효과가 있다. 824명을 포함한 연구의 종합분석에서 경도에서 중등도 인지결함이 있는 사람들에서 운동 프로그램은 인지 기능을 개선하는 것으로 나타났다(Heyn, Abreu, & Ottenbacher, 2004). 또한 알츠하이머병으로 이미 진단된 사람들에서도 운동 프로그램은 인지 기능을 개선하는 것으로 밝혀졌다(Forbes, Thiessen, Blake et al., 2013).

기억, 추론 또는 인지과정속도를 개선하는 데 초점을 둔 인지훈련 프로그램들은 노인들에서 어느 정도의 효과가 있는 것으로 보인다. 14회기의 60~75분간의 추론과 인지과정속도 훈련은 10년간의 추적조사에서 긍정적 효과가 있는 것으로 나타났다. 이러한 효과는 훈련을 받은 영역에서만 효과가 있었는데, 예를 들면 기억훈련은 기억만 좋아지게 하지 추론능력에는 도움이 안 되는 것으로 나타났다(Rebok, Ball, Guey et al., 2014). 기능 개선을 더 일반화하는 데 도움이 되도록 하기 위해 일부 연구자들은 생각에 대해 생각하는 방법인 배후 인지 기술을 어떻게 가르칠 것인가에 초점을 두기 시작하였다. 이러한 배후 인지 프로그램의 성공 예로서 기억력을 증진하기 위한 방법을 배운 사람들은 여러 과업의 수행능력이 개선되는 것으로 보인다(Hertzog, Kramer, Wilson et al., 2009). 마찬가지로 여러 일을 동시에 수행하는 훈련은 여러 과업을 동시에 수행하는 능력뿐만 아니라 어떤 것에 대한 기억을 지속하는 능력과 일에 주의를 계속 집중하는 능력에도 효과가 있었다(Anguera, Boccanfuso, Rintoul et al., 2013).

행동적 접근은 알츠하이머병의 초기에서 기억상실에 대한 보상과 우울증과 파멸적 행동을 감소시키는 데 도움이 되는 것으로 나타났다. 예를 들면 쇼핑 목록, 달력, 전화번호부 그리고 메모지 등 외부적으로 기억에 도움이 되는 것이 잘 보이도록 놓여 있을 때 시각적 상기물로서 도움이 된다(Buchanan Christenson, Houlihan et al., 2011). 우울증을 감소시키기 위해 즐겁고 지속적인 활동들은 증가시킬 수 있다(Logsdon McCurry, & Teri, 2007). 파멸적 행동에 대한 유발인자는 인지되고 변화될 수 있다. 음악이 들리는 동안 음악은 격정과 파멸적 행동을 감소시키는 데 도움이 될 수 있다(Livingston, Johnston, Katona et al., 2005). 이러한 행동적 개입은 약물치료에 대한 중요한 대안을 제공할 수 있다.

기억보조물을 제공하는 것은 기억상실을 보완해주는 한 방법이다.

## 초점 9.1 간병인(돌보는 사람)에 대한 지원

지역사회에서 심한 치매를 앓는 사람이 생활하는 방식은 두 가지가 있는데, 하나는 요양기관에서 생활하는 것이고 또 하나는 가정에서 가족(전형적으로 부인과 딸들)의 도움으로 사는 방식이다. 치매 환자를 돌보는 것은 여러 문화권에서 다른 장애에 비해 훨씬 더 많은 시간이 들고(Ory, Hoffman, Yee et al., 1999) 극심한 스트레스가 있는 것으로 나타났다. 돌보는 사람들은 일반인들에 비해 임상적으로 우울과 불안(Dura, Sfukenburg, & Kiecolt-Glaser, 1991), 신체적 질환(Vitaliano, Zhang, & Scanlan, 2003), 그리고 면역 기능의 감소에 대한 높은 위험에 처해 있다(Kiecolt-Glaser, Dura, Speicher et al., 1991).

가족들은 매일매일의 돌보는 일의 스트레스에 잘 대처하기 위해 도움을 받을 수 있다. 예를 들면 알츠하이머 환자들은 새로운 정보를 기억 속에 저장하는데 어려움이 있으므로, 분별력 있는 대화를 할 수 있지만 수 분 내에 대화한 내용을 잊게 된다. 돌보는 사람들은 이러한 장애가 뇌의 손상으로 인한 예측된 결과임을 이해하지 못하면 이를 참아내기 어려울 것이다. 가족 구성원들은 기억상실에 적응하기 위한 대화의 전략을 배울 수 있다. 예를 들면 답이 포함된 질문을 할 수 있다. 말하자면 "조금 전 누가 전화했어요?"라고 질문하는 것보다 "조금 전 전화한 사람이 해리 아니면 톰입니까?"와 같은 질문이 훨씬 대답하기 쉽다.

돌보는 사람(간병인, caregivers)은 환자들이 그들의 한계를 항상 제대로 인지하지 않고, 그들의 능력 밖의 행동을 하려 할 수 있음을 이해하는 것이 유용하다. 돌보는 사람들은 위험한 행동들에 대해 한계를

알츠하이머병을 지닌 가족을 돌보는 것은 심한 스트레스의 원천이다.

정해 놓아야 한다. 예를 들면 돌보는 사람들은 알츠하이머 환자의 가족에게 환자가 운전할 수 없음을 알리는 것이 흔히 필요하다(그리고 가족들이 이 새로운 룰을 잊기 쉬우므로 자동차 키를 사용할 수 없도록 치운다).

개인적 행동치료 프로그램뿐만 아니라 돌보는 사람들에 대해 대처하는 방법을 가르치는 프로그램(예: 즐거운 일, 운동 또는 사회적 지지를 증대)은 돌보는 사람들이 지니는 부담감(Selwood, Johnson, Katona et al., 2007)과 우울증(Mittelman, Brodaty, Wallen et al., 2008)을 감소시키는 것으로 나타났다. 최소한 6주 이상 지속하거나(Selwood et al., 2007) 다양한 부문(예: 치매에 대한 심리교육, 사례관리 서비스, 그리고 인지행동 전략)을 제공하는 프로그램이 돌보는 사람들의 어려움을 지속적으로 감소시키는 것으로 나타났다(Acton & Kang, 2001). 돌보는 사람들은 심한 스트레스를 받기 때문에 해야 할 일을 줄여주는 것이 권장된다. 돌보는 사람들에게 휴식을 주는 한 방법으로 치매 환자를 병원에 잠시 입원시킴, 낮 시간 치료센터에 등록함, 가족이 휴일을 보낼 동안 의료인이 오래 돌봐주는 방법들이 있다. 돌보는 사람 지지 프로그램은 이들의 면역력을 개선하고(Garand, Buckwalter, Lubaroff et al., 2002), 치매를 지닌 환자의 의료비 지출을 낮추고, 이들이 요양원으로 입소하는 시기를 늦추어주는 것으로 나타났다(Teri, Gibbons, McCurry et al., 2003).

## 중간 요약

치매는 인지 기능 저하에 대한 광범위한 용어이며, 그 저하는 단기기억의 장애가 가장 흔하다. 인지장애가 더 심해지면 사회적, 직업적 기능에 더욱 지장을 초래한다. 60대에서 치매는 1~2% 정도지만 85세 이후에서는 20%이다.

치매의 종류는 알츠하이머병, 전두 측두엽 치매, 혈관성 치매, 루이소체 치매 그리고 다른 이상상태로 인한 치매들이 있다. 알츠하이머병은 뇌 안에 판(plaque)과 엉킴(tangle)이 있는 특징이 있다. 알츠하이머병에서 기억상실은 주요 증상이나 인지 증상이 나타나기 전에 무감동 증상이 나타날 수 있다. 이 질환이 나타날 위험성은 ApoE-4 대립 유전자(ApoE-4 allele)가 최소 하나 이상 있는 사람들에게서 더 높다. 면역 및 염증 과정은 알츠하이머 병에 걸리기 쉽게 만들 수 있다. 우울증, 운동, 인지적 관여(cognitive engagement) 같은 생활양식 및 심리적 요인도 관련되어 있는 것으로 보인다. 전두측두엽 치매(FTD)는 전두엽과 측두엽의 신경이 손상되는 것이 특징이다. 픽병은 FTD의 한 형태이다. FTD의 일차적 증상은 공감, 실행 기능, 탈억제, 강박증, 과구강증 및 무감동을 포함한 사회 및 감정적 행동에서 심한 변화이다. 혈관성 치매는 뇌졸중 후 흔히 발생하며 뇌졸중이 발생한 부위에 따라 증상이 다양하게 발생한다. 루이소체 치매는 환시, 인지 기능의 변화, 항정신 약물에 대한 높은 예민도와 꿈꾸며 움직이고 말하는 심한 꿈이 특징이다. 파킨슨병이 진단된 사람에서 루이소체 치매는 흔하다.

항콜린제와 메만틴은 치매의 주된 치료제이지만 이들은 효과가 높지 않다. 신체적 운동은 경도의 인지장애 및 알츠하이머병을 지닌 환자들에서 인지 기능을 개선하는 것으로 나타났다. 인지훈련 프로그램은 점차 대중화되고 있으며, 기억력을 증가시키는 메타인지 기술은 여러 과업수행에 대한 효과가 있다. 행동치료와 항우울제 치료는 동반되는 우울 증상을 회복시키는 데 도움이 될 수 있다. 항정신 약물치료는 치매환자에서 초조 증상을 감소시키지만 사망의 위험을 증가시키는 부작용이 있다. 행동치료가 초조증상을 감소시키는데 이용될 수 있다. 알츠하이머 환자를 돌보는 사람들에 대해 여러 종류의 효과적 프로그램이 사용가능하다.

## 복습문제 9.2

가장 알맞는 답을 고르라.

1. 플라크(plaque)는
   a. 작은 구형의 베타 아밀로이드 단백질의 침착
   b. 타우 단백으로 구성된 필라멘트
   c. 해마에서 신경을 둘러싸는 수초에 의한 것
   d. 뇌 스캔에서 보이는 작은 흰 점

2. 신경섬유 얽힘은
   a. 작은 구형의 베타 아밀로이드 단백질 침착
   b. 타우 단백으로 구성된 필라멘트
   c. 해마에서 신경을 둘러싸는 수초에 의한 것
   d. 뇌 스캔에서 보이는 작은 흰 점

3. FTD는 다음의 어느 부분에서 심한 변화를 초래하는가?
   a. 기억
   b. 사회적·정서행동
   c. 운동조절
   d. 주의집중

다음 질문에 답하라.

4. 알츠하이머병에서 어떤 신경전도체가 가장 관련이 높은가?

5. 현재 치매의 약물치료 효능에 대해 기술하라.

## 섬망

**섬망**(delirium)이라는 단어는 라틴어에서 유래되었는데 *de*는 '벗어난'의 의미이고 *lira*는 '길'이라는 의미이다. 이 단어는 '길에서 벗어난' 또는 '보통상태에서 편향'을 의미한다. 이 장의 서두에 있는 헨리의 임상 사례에서 나타난 바와 같이 섬망은 통상적으로 의식의 혼탁으로 기술된다. 가장 흔한 두 가지 증상은 주의집중의 극심한 어려움과 수면/각성주기의 심각한 장애이다(Meagher, 2007). 환자는 종종 갑자기 주의집중에 어려움이 많아서 생각의 일관된 흐름을 유지할 수 없게 된다. 환자는 생각의 일관성이 없으므로 질문에 제대로 대답하지 못할 수 있다. 수면/각성주기의 장애로 낮에 졸릴 수 있고, 밤에 깨어나서 초조한 상태일 수 있다. 생생한 꿈이나 악몽이 흔하다. 섬망 환자는 주의집중을 못하고 단편적 사고를 하므로 대화를 계속하는 것이 불가능할 수 있으며, 심한 경우 횡설수설한다. 의식이 명료하지 못한 혼돈된 상태에서 환자는 지남력이 감퇴하여 날짜와 장소, 그리고 사람(자신)에 대한 명료한 인지를 못할 수 있다. 기억장애가 있고 특히 최근 기억의 소실이 흔하다.

섬망 환자는 지각능력 장애가 흔하다. 환자들은 익숙한 것을 익숙하지 않은 것으로 실수할 수 있다. 예를 들면 환자들은 병원에 있는데도 집에 있다고 말할 수 있다. 환시는 흔하지만 항상 나타나는 것은 아니다. 현실과 반대의 믿음인 망상은 섬망을 지닌 노인들 중 25%에서 나타난다(Camus, Burtin, Simeone et al., 2000). 이러한 망상은 제대로 진행되지 않고, 순간적이며, 변할 수 있는 경향이 있다.

행동과 감정의 변화하는 특성은 생각과 감각의 장애와 동반된다. 섬망 환자는 변덕스러울 수 있는데, 한순간 자기 옷을 잡아 뜯다가 다시 기면 상태로 앉아 있을 수 있다. 감정상태가 빠르게 변하기도 하는데 우울, 불안, 놀람, 화남, 기분 좋음, 안달하는 등의 여러 상태로 변할 수 있다. 고열, 안면홍조, 동공확대, 진전, 심박수 증가, 혈압 상승, 대변과 소변의 실금 등이 흔히 일어난다. 섬망이 악화되면 환자는 기면 혹은 무반응 상태로 될 수 있다(Webster & Holroyd, 2000). 하루 24시간 중 환자는 깨어 있고 말도 논리적인 명료한 기간이 있다. 증상들은 잠 못 자는 밤에 대개 악화된다. 일중 변동되는 특성은 알츠하이머와 같은 다른 질환과의 감별에 도움이 된다.

섬망은 어느 나이에서도 발생하지만 소아와 노인들에서 더 흔하게 발생한다. 노인들에서 섬망은 요양시설과 병원에서 특히 흔하다. 한 연구에서 요양시설 거주자의 6~12%가 1년 기간 동안 섬망이 나타났고(Katz, Parmelee, & Brubaker, 1991), 병원에서의 발생률은 더 높았다(Meagher, 2001).

섬망은 불행히도 흔히 오진된다(Knight, 1996). 섬망이 없는 77명의 노인 환자 중 60%는 그들의 병원차트에 섬망에 대한 언급이 없었다(Lauril, Pitkala, Strandberg et al., 2004). 의사들은 특히 기면상태일 때 섬망을 찾아내지 못했다(Cole, 2004). 섬망은 치매를 지닐 경우 흔히 오진된다. 표 9.4는 치매와 섬망의 특성을 비교하였다. 치매와 섬망을 구분하는 다음의 제안을 고려해보라.

> 망상 환자와 이야기할 때 느껴지는 의학적인 '감'은 술 취한 사람과 얘기하거나 정신병이 있는 사람과 얘기할 때 느껴지는 기분과 다소 유사하다. 치매 환자는 자신이 있는 장소의 이름이 무엇인지를 기억하지 못하는 반면 망상 환자는 자신이 있는 장소가 다른 장소라고 믿고 있을 것이다. 아마 정신과 병동을 중고차 주차장으로 생각할지도 모른다. (Knight, 1996, pp. 96-97)

섬망을 찾아내고 치료하는 것은 대단히 중요하다. 치료하지 않을 경우 사망률은 높은데, 섬망 환자의 1/3 이상이 1년 이내에 사망한다(McCusker, Cole, & Abrahamowicz, 2002). 사망의 위험 외에도 병원에서 섬망이 발생한 노인들은 인지 기능이 저하될 위험이 높아지며(Jackson, Gordon, Hart et al., 2004) 따라서 요양원에 입원할 가능성이 높아진다(Witlox, Eurelings, de Jonghe et al., 2010). 섬망의 예후가 왜 나쁜지 명확하지 않지만 일부 학자는 이상상태에서 드러나는 약한 기저의 표시자일 수 있다고 믿는다.

**섬망의 원인론** 진단 기준에서 언급된 바와 같이 섬망은 여러 의학적 상태에서 발생한다. 이제까지 확인된 원인인자로는 약물중독, 약물금단반응, 대사 및 영양불균형(조절되지 않은 당뇨병, 갑상

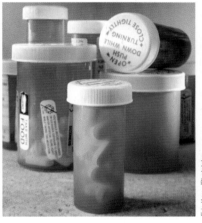

### 섬망에 대한 DSM-5 진단 기준

- 주의와 각성의 장애
- 치매에 기인된 것으로 볼 수 없는 인지 기능의 변화(예 : 지남력, 언어, 기억, 감각 또는 시공간 능력 등의 장애)
- 갑자기 발생하고(수 시간 또는 수일 내) 하루 동안에도 악화와 호전을 반복한다.
- 증상은 의학적 상태, 물질중독 또는 금단, 독소에 의해 발생한다.

약물오용은 고의적이든 부주의로 인한 것이든 노인에서 심각한 문제를 일으킬 수 있으며 섬망의 원인이 된다.

**표 9.4** 치매와 섬망의 특성 비교

| 치매 | 섬망 |
|---|---|
| 서서히 기능이 나빠짐 | 급격히 시작됨 |
| 가장 흔한 것은 최근 기억의 상실 | 집중력과 생각을 계속 연결하는 데 어려움 |
| 뇌에 직접 영향을 주는 질환 과정에 기인 | 다른 의학적 상태에 기인 |
| 대개 진행적이고 불가역성 | 증상의 일중 변동 |
| 치료는 최소한의 효과일 뿐 | 기저질환의 치료로 대개 회복되나 원인질환(감염이나 영양결핍)을 치료하지 않으면 치명적임 |
| 유병률은 나이와 함께 증가 | 소아와 노인에서 유병률이 높음 |

선 기능장애, 신장 또는 간장부전, 울혈성 심부전, 영양결핍), 탈수, 감염 또는 고열(폐렴 또는 요로감염), 신경학적 장애(치매, 뇌손상, 발작), 큰 수술의 스트레스 등이 있다(Zarit & Zarit, 2011). 섬망의 가장 흔한 유발인자는 고관절 수술이다(Marcantonio, Flacker, Wright et al., 2011). 이 장의 앞에서 언급된 헨리의 예와 같이 섬망의 원인은 대개 하나 이상이다.

섬망이 노인들에서 흔히 발생하는 것에 대한 이유로 지금까지 제기된 것은 노년기 신체의 기능 저하, 만성질환에 이환되기 쉬움, 노인들에 처방된 많은 약물, 그리고 약에 대한 예민도 증가 등이 있다.

**섬망의 치료**  섬망은 기저질환이 신속하고 효과적으로 치료되면 완전한 회복이 가능하다. 의사는 모든 가능한 질환의 가역적 원인을 찾아내고 이를 치료해야 한다. 기저질환의 치료 외에도 가장 흔한 치료는 비정형 항정신 약물치료이다(Lonergan et al., 2007). 질환이 치료되는 데 1~4주가 소요되고 젊은 층보다 노인층에서 치료 기간이 오래 걸린다.

병원에 입원한 노인들에서 섬망이 높게 발생하므로 섬망이 시작되지 않게 하기 위한 예방적 방법들이 권장된다. 지각력을 유지하기 위해 시계를 잘 보이는 곳에 위치시키고, 수면 리듬의 파괴를 최소화하기 위해 낮에는 창문 가리개를 열어두고 밤에는 불을 끄는 방법이 도움이 될 수 있다. 이러한 방법에 대한 연구에서 연구자들은 852명의 병원 입원 환자들을 무작위로 두 군으로 나눈 후 한 군에는 일반적 치료만을 제공하고 다른 한 군에게는 섬망을 예방하기 위한 개입을 일반적 치료와 함께 제공하였다. 이러한 개입은 병원 내에서 섬망의 흔한 위험인자에 대해 이루어졌는데 이들은 수면부족, 움직이지 않음, 탈수, 그리고 시력 및 청력장애이다. 구체적 방법들은 아침에 환자를 깨우지 않기 위해 검사와 회진을 아침 늦게 하고, 수술 후 바로 걸을 수 있도록 도와주며, 간호사들은 환자의 충분한 수분유지 및 영양섭취를 확인하고, 치료나 검사 후 최대한 빨리 환자의 안경 또는 보청기를 원래 자리에 놓는 등의 개입적 처치를 추가로 실시하였다. 그 결과 섬망을 예방하기 위한 개입을 받은 군에서 섬망의 발생률이 낮았고, 발생한 환자의 회복도 대조군에 비해 빨랐다(Inouye, Bogardus, Charpentier et al., 1999).

치매 환자에서 섬망의 위험이 높으므로 또 다른 예방책이 제기된다. 치매 환자의 가족은 섬망의 증상과 가역성에 대해 배우고 섬망을 치매가 새롭게 진행되는 것으로 오인하지 않도록 해야 한다. 적절한 진단과 치료로 환자는 섬망의 발생 전 상태로 돌아갈 수 있다.

## 복습문제 9.3

다음 질문에 답하라.

1. 알츠하이머병에서 가장 뚜렷한 증상은 무엇인가?

2. 섬망의 가장 흔한 증상은 무엇인가?

   a. 불안

   b. 기억손실

   c. 솔직한 혼란

   d. 슬픈 기분

3. 메리(70세)는 고관절 수술을 위해 입원했다. 수술에 대한 합병증은 없었지만 아들이 병실을 방문했을 때 의식이 명료하지 않았음을 걱

정했다. 그녀는 리츠칼튼에서 그녀를 검사할 것을 고맙다고 하고 아들이 그녀가 지금 병원에 있다고 말하자 킬킬거렸다. 30분 후 훌쩍거리기 시작했다. 다음 날 아침 그녀는 괜찮아 보였지만 점심 때 의식 혼탁이 다시 발생했다. 메리에 대한 가정 적합한 진단은 무엇인가?

   a. 알츠하이머병

   b. 전두측두엽 치매

   c. 조증

   d. 섬망

## 요약

### 노화 : 쟁점과 방법론

- 인간의 수명이 늘어남에 따라 노인병에 대한 학습과 효율적 치료 대책의 중요성이 커지고 있다.

- 노화에 대한 일부 고정관념은 사실과 다르다. 일반적으로 노인은 낮은 수준의 부정적 감정을 지니고, 건강에 적절한 관심을 갖고, 외롭지 않다. 그러나 낙인, 사별, 신체적 질환, 많은 투여약, 약물에 대한 예민도, 수면파괴 등이 흔한 노인들의 어려움이다.

- 연구에서 동년배 효과 또는 연령 효과는 젊은이와 노인 간 차이를 반영한다. 횡단적 연구보다는 종단적 연구가 이러한 차이를 밝히는 데 효과적이다.

### 노년기 심리장애

- 65세 이상의 노인군이 모든 연령군 중 정신장애의 비율이 가장 낮았다. 노인군에서 정신장애는 젊을 때 발생했던 질환의 재발이다. 노년기 심리장애의 의학적 원인을 배제하는 것이 중요하다.

### 노년기 신경인지장애

- 심한 인지장애는 일부 노인에서 발생한다. 두 주요한 장애는 치매와 섬망이다.

- 치매에서 환자의 지적 기능이 저하되고 기억, 추상적 사고와 판단력이 나빠진다. 치매가 진행됨에 따라 환자는 주위 상황을 자각하지 못할 수 있다. 여러 질환이 이를 초래할 수 있다. 가장 흔한 치매가 알츠하이머병이다. 알츠하이머병의 원인은 유전이며, 우울증의 병력은 위험 요인이고, 운동과 인지훈련은 치매의 예방책이다.

- 치매의 다른 유형으로 전두측두엽 치매, 혈관성 치매, 루이소체 치매, 다른 의학적 상황에 기인한 치매가 있다. 치매는 약물치료에 잘 반응하지 않는다.

- 치매에 걸린 환자와 가족은 치매를 어떻게 다루고 보람 있게 시간을 보낼 것인가에 대해 상담을 받을 수 있다. 치매 환자에 대한 운동 프로그램은 인지 기능의 개선에 도움이 될 수 있다.

- 섬망은 주의집중과 각성의 어려움이 갑자기 시작한다. 환자는 의식의 혼탁을 보일 수 있으며 단편적이고 방향성 없는 사고와 지리멸렬한 말(incoherent speech), 주의를 계속 기울일 수 없고, 환각, 착각, 지남력 상실, 기면, 과잉행동, 기분 변화 등의 증상이 있다. 증상은 갑자기 나타나고 하루에도 여러 번 변한다. 섬망은 소아와 노인에서 나타나며, 가역적이므로 기저질환의 치료로 완쾌될 수 있다. 원인으로는 약물과다복용, 뇌 조직의 감염, 고열, 영양장애, 탈수, 내분비 질환, 대뇌외상, 심혈관 문제, 수술 등이 있다. 섬망은 오진되는 경우가 흔하다.

## 복습문제 정답

**9.1** 1. F; 2. 사람들은 부정적인 정서를 덜 보고하며, 긍정적인 정보에 주의를 기울이고 반응을 더 보이는 경향이 있으며, 부정적 정보에는 반응을 덜 보인다; 3. 사람들은 폭넓은 사회적 연결망보다는 가까운 친한 사람끼리의 연결망을 더 중시한다.

**9.2** 1. a; 2. b; 3. b; 4. 아세틸콜린; 5. 약물처방은 감퇴를 늦출 수 있을지 몰라도, 치매를 완치해주지는 못한다.

**9.3** 1. 기억손실; 2. c; 3. d

## 주요 용어

경도 인지손상(mild cognitive impairment)
동년배 효과(cohort effects)
루이소체 치매(dementia with Lewy bodies)
방향감각의 상실(disorientation)
사회적 선택성(social selectivity)
선택적 사망률(selective mortality)
섬망(delirium)
신경 섬유 엉킴(neurofibrillary tangles)

알츠하이머병(Alzheimer's disease)
연령 효과(age effects)
인지적 보유(cognitive reserve)
전두측두엽 치매(frontotemporal dementia, FTD)
측정시기 효과(time-of-measurement effects)
치매(dementia)
플라크(plaques)
혈관성 치매(vascular dementia)

# 10 아동기 장애

## 학습 목표

1. 아동 정신병리의 분류와 관련된 쟁점을 기술할 수 있어야 한다.
2. ADHD 및 품행장애를 위시한 외현화 문제와, 우울 및 불안장애가 들어 있는 내재화 문제에 대한 기술, 원인론, 치료에 대하여 논의할 수 있어야 한다.
3. 난독증의 원인과 치료에 대한 현재의 이해뿐만 아니라, 여러 가지 학습장애를 구분할 수 있어야 한다.
4. 지적장애를 분류하는 여러 가지 다양한 체계와 그 원인 및 치료에 관한 현재의 연구를 기술할 수 있어야 한다.
5. 자폐스펙트럼장애의 증상, 원인, 치료법에 대해서 기술할 수 있어야 한다.

## 임상 사례 : 에릭

"**에**릭. 에릭? 에릭!!" 에릭은 선생님의 목소리와 반 친구들의 웃음소리가 들리는 것 같았고, 옆에 앉은 여자아이의 책을 흘끗 보고서야 자신이 다른 생각에 잠겨 있었다는 것을 알았다. 선생님은 에릭에게 독립선언에 관해 물었으나, 그는 그날 저녁 아빠와 함께 하기로 한 야구경기에 대한 생각에 잠겨 있었다. 에릭은 키가 크고 호리호리한 체격을 지닌 12살 난 소년이며, 중학교 1학년이다. 역사 선생님이 그에게 '수업에 늦지 말고, 수업시간에 딴 짓 하지 말라'고 주의를 주었지만, 에릭은 수업시간 내내 다른 친구들이 왜 싸우는지 살피거나 물을 마시러 돌아다니느라 선생님이 시키는 대로 할 수 없는 것처럼 보였다. 수업 중 에릭은 선생님이 지명했을 때 대답할 준비가 되어 있지 않은 경우가 대부분이었다. 숙제해 가는 것을 잊는 것은 보통이었다. 반 친구들은 그를 '멍청이'라고 불렀다.

쉬는 시간 동안 안정을 찾은 에릭은 체육시간을 위해 운동장에 나가자마자 불안해졌다. 에릭은 튼튼하고 순발력도 있는 편이었지만, 야구 경기를 위해 편을 짤 때면 친구들에게 항상 맨 끝으로 선택되었다. 야구 경기를 하는 도중에도, 에릭은 자기의 발치에 있는 자갈 더미를 보는 데 정신이 팔려 자신이 속한 팀이 지고 있다는 것조차 알지 못했다. 공수(攻守)교체가 있은 후, 에릭이 서 있던 3루 쪽으로 공이 날아갔고 놀란 선생님이 그에게 피하라고 소리쳤지만, 피하기에는 너무 늦었다. 하지만 에릭은 재빨리 몸을 움직여서 맨손으로 그 공을 잡았다.

집에서, 에릭의 아버지는 에릭에게 다저스 경기를 보러 가기 전에 숙제를 마치라고 하였다. 에릭은 수학 숙제를 한 페이지만 했고, 다저스 경기를 보러 가려면 빨리 나머지 숙제를 마쳐야 했다. 30분 후에 아버지는 에릭이 수학 숙제는 반밖에 안한 채 레고를 정성껏 조립하고 있는 모습을 보고 화가 나서 에릭을 남겨 두고 다저스 경기를 보러 갔다.

잠잘 시간이 되었어도 에릭은 화가 나고 실망하여 도저히 잠을 잘 수 없었다. 에릭은 몇 시간이나 깬 상태로 누워 있었고, 그날의 실망감을 되새기며, 자신이 숙제를 다 마치지 못한 것에 대해 자책했다. 그날 밤, 에릭은 자신에게 친구가 없다는 것과, 수업 시간에 주의를 집중하라는 선생님과 부모님의 충고를 자신이 실천하지 못하는 것에 대해 곰곰이 생각했다. 그는 날마다 더 잘하려고 다짐해보았지만, 이제는 더 잘하려는 것에 대해 무력감을 느꼈다. 오늘밤도 에릭은 차가 많이 지나다니는 도로를 어슬렁거리는 상상을 했다. 에릭은 한 번도 자살에 대한 생각을 실천으로 옮기지는 않았으나, 그가 죽으면 부모님이 슬퍼하고 가책을 느낄 것이고, 그를 화나게 했던 선생님과 친구들이 자신에게 관심을 갖게 될 것이란 생각을 자주 했다.

아동기 장애는, 성인의 장애와 마찬가지로, 그 원인론과 치료법에서 행동적, 인지적, 유전적, 신경생물학적, 그리고 사회적 요인이 조합되어 있다. 각기 다른 여러 가지의 심리적 장애로 진단을 받고 치료를 받은 아동의 수효가 최근 몇 년 사이에 극적으로 증가했지만, 이에 대해서는 논란이 있다(이 장 후반부의 초점 10.3을 보라). 예를 들면 미국에서 ADHD(주의력결핍 과잉행동장애)로 진단을 받은 적이 있는 사람들의 수효가 2003~2012년 사이에 41%나 증가했다(Hinshaw & Scheffler, 2014). 또한 아동에 대한 약물처방의 건수가 엄청나게 증가한 것도 논란이 되고 있다. 실제로는, 아동에게 처방된 대부분의 항정신증 약물은 ADHD 및 적대적 반항장애(oppositional defiant disorder, ODD) 같은 장애나 증상에 대한 것인데, 이는 FDA의 승인을 아직 받지 못한 것이다(Harrison, Cluxton-Keller, & Gross, 2012; Olfson, Blanco, Liu et al., 2012).

이 장에서 우리는 아동기와 청년기에 발생하기 쉬운 장애 몇 가지를 살펴볼 것이다. 우리는 먼저 부주의, 충동성, 그리고 파괴적 행동을 수반하는 장애들을 살펴보고, 그다음에는 우울 및 불안장애를 살펴보겠다. 끝으로 인지, 언어, 운동, 또는 사회성 기술의 습득에 문제가 있는 장애를 살펴보겠다. 여기에는 학습장애를 위시하여 가장 심각한 발달장애로서 지적장애와 자폐스펙트럼장애(autism spectrum disorder)가 들어 있다. 후자의 두 장애는 통상 만성적이며 종종 어른이 되어서도 지속된다.

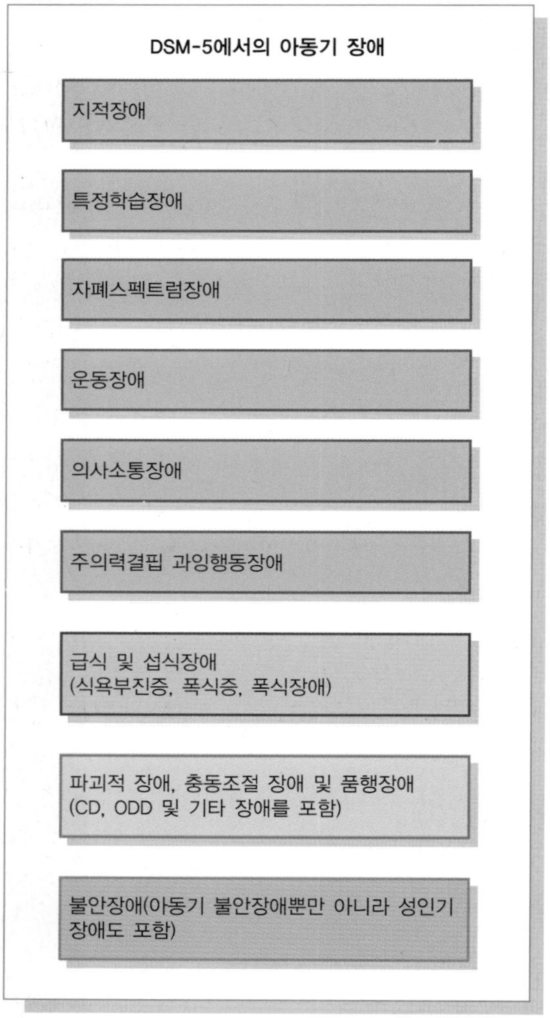

## 아동기 장애의 분류와 진단

아동에서 특정 장애에 대한 진단을 내리기 전에, 임상가는 특정한 연령대에서 대표적인 것이 무엇인지를 먼저 고려해야 한다. 어떤 아이가 길을 안 가겠다고 바닥에 누워서 발길질을 하면서 소리를 지를 경우, 이에 대한 진단은 아이가 7살이 아니고 2살인 때는 다르게 내려질 것이다. **발달정신병리학**(developmental psychopathology)이란 분야는 생애 전반의 발달이라는 맥락 속에서 아동기의 장애를 연구하는 분야인데, 발달의 어떤 단계에서는 적절한 것으로 여겨지지만 다른 단계에서는 문제로 간주되는 행동을 파악할 수 있게 해준다.

아동기 장애는 그림 10.1에 제시되어 있다. DSM-5에서는 아동기 장애의 대부분이 2개의 장 — '신경발달장애' 그리고 '파괴적, 충동조절 및 품행장애' — 에 수록되어 있다. 섭식장애는 DSM-5에서는 별도의 장에 수록되어 있다. 분리불안장애와 같은 그 밖의 장애들은 DSM-5에서는 불안장애의 장 속에 들어 있다.

**DSM-5에서의 아동기 장애**

- 지적장애
- 특정학습장애
- 자폐스펙트럼장애
- 운동장애
- 의사소통장애
- 주의력결핍 과잉행동장애
- 급식 및 섭식장애 (식욕부진증, 폭식증, 폭식장애)
- 파괴적 장애, 충동조절 장애 및 품행장애 (CD, ODD 및 기타 장애를 포함)
- 불안장애(아동기 불안장애뿐만 아니라 성인기 장애도 포함)

**그림 10.1** DSM-5에서의 아동기 장애

## 초점 10.1  내재화된 행동문제 및 외현화된 행동문제에서 문화의 역할

문화의 가치와 관습은 아동 행동 발달의 유형과 아동이 보이는 행동을 문제 행동으로 볼 것이냐 아니냐에 중요한 영향을 미친다. 한 연구 결과에 따르면 태국에서는 무서움을 타는 것과 같은 내재화된 행동문제를 지닌 아동들이 진료실에서 가장 눈에 띄기 쉬운 반면, 미국에서는 공격성, 과잉행동과 같은 외현화된 행동문제를 지닌 아동들이 흔히 눈에 띈다(Weisz et al., 1987). 연구자들은 이런 차이를 태국에 널리 퍼져 있는 불교수행법이 공격성을 인정하지 않고 억제하기 때문인 것으로 돌리고 있다. 달리 말하면, 공격적으로 행동을 나타내는 것에 대한 문화적 제재가 이런 행동들이 미국에서 발생하는 것처럼 나타나지 못하게 막았을 수 있다. 이 연구에서 쟁점 중 하나는 연구자들이 미국인 표본을 토대로 규준이 수립된 평가 척도들만을 사용하여, 행동이 두 문화권 모두에서 타당하게 평가되지 못한 탓으로 이 두 문화권 사이의 행동 차이가 포착되지 못했을 가능성을 열어 놓았다는 것이다.

추적조사를 통해 발견된 결과들은 동일한 용어로 기술된 행동문제가 실제로 태국과 미국 문화권에 걸쳐서 아주 동일한 것일 수는 없다고 시사한다(Weisz, Weiss, Suwanlert et al., 2003). 연구자들은 미국과 태국의 평가척도를 사용하여 특정한 행동문제(예 : 신체 증상 호소, 공격적 행동)와 광범위한 영역(내재화, 외현화)을 비교하였다. 내재화와 외현화 행동의 광범위한 영역은 태국과 미국 아동에게서 동일한 것으로 발견되었지만, 이 영역 속에 있는 좀 더 특정한 항목들은 그렇지 않았다. 남아들에게서는, 신체증상 호소는 문화권에 걸쳐서 일관되게 나타났지만, 수줍음은 일관성이 좀 떨어졌다. 여아들에서는, 수줍음이 문화권에 걸쳐서 일관되게 나타났지만, 언어적 공격 행동은 그렇지 않았다.

이런 연구들은 문화권에 걸쳐서 정신병리를 연구하는 것의 중요성을 지적한다. 미국에서 정신병리를 평가하기 위해 개발한 척도가 모든 문화에서 똑같이 잘 통용될 것이라고 가정하는 것은 위험한 일이다. 위에서 언급된 연구자들이 지적하듯이, 정신병리의 원인에 대한 이론에서는 양육 행동, 믿음 및 가치관, 그리고 부모가 아동의 행동문제에 대해 보고하는 방식과 같은 요인에서의 문화적 다양성을 감안하는 것이 필요하다. 이는 이 분야에서 긴급하고 중요하게 해결해야 할 문제로 남아 있다.

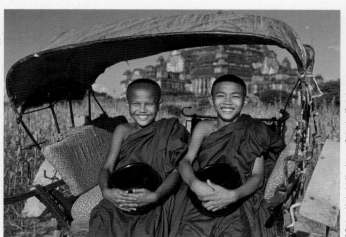

태국의 십대가 불교 사원에서 첫 수행을 하는 모습. 불교문화는 태국에서 외현화 장애의 유병률이 비교적 낮은 것에 기여하고 있을 수 있다.

좀 더 널리 퍼져 있는(만연된) 아동기 장애는 종종 두 가지의 큰 영역, 즉 외현화 장애와 내재화 장애로 분류된다. **외현화 장애**(externalizing disorders)는 보다 외부 지향적인 행동, 이를테면 공격성, 불복종, 과잉행동, 그리고 충동성과 같은 행동을 특징으로 한다. 여기에는 주의력결핍 과잉행동장애, 품행장애, 그리고 적대적 반항장애도 포함된다. **내재화 장애**(internalizing disorders)는 보다 내부 지향적인 경험과 행동이 특징으로서 이를테면 우울, 사회적 위축(철회), 그리고 불안이 해당된다. 여기에는 아동기 불안 및 기분장애가 포함된다. 아동이나 청소년은 위의 에릭의 임상 사례에서 기술된 것처럼 이 두 영역에 속하는 증상을 모두 나타낼 수 있다.

외현화 장애와 내재화 장애에 해당되는 행동은 많은 나라 및 문화권에서 나타나고 있으며 (Polanczyk, de Lima, Horta et al., 2007), 여기에는 스위스(Steinhausen & Metzke, 1998), 호주 (Achenbach, Hensley et al., 1990), 푸에르토 리코(Achenbach, Hensley et al., 1990), 케냐(Weisz et al., 1993), 그리스(MacDonald et al., 1995)도 포함된다. 초점 10.1에서는 이와 같은 아동의 문제 행동의 유병률에서 문화가 어떤 영향을 미칠 수 있는지에 대해서 고찰하고 있다.

# 주의력결핍/과잉행동장애

과잉행동(hyperactive)이라는 용어는 대부분의 사람들이 잘 알고 있는 용어로서, 특히 부모나 교사에게 익숙한 용어이다. 과잉행동은 끊임없이 움직이고, 손가락으로 두드리고, 다리를 흔들고, 아무런 이유 없이 남을 툭툭 치고, 수다스럽게 말을 많이 하며, 안절부절못하는 것을 말한다. 또한 이런 아동은 주어진 과제에 적절한 시간 동안 주의를 집중하지 못한다. 이런 문제가 심각하게 만연해 있으면, 그 아동은 **주의력결핍 과잉행동(활동)장애**(attention-deficit/hyperactivity disorder, ADHD)의 진단 기준에 부합할 수 있다.

## ADHD에 대한 임상적 기술, 유병률, 그리고 예후

**임상적 기술**  과잉행동의 전형적인 범위에 속하는 것과 진단을 내릴 정도의 장애는 어떻게 구분할 수 있는가? 과잉행동이 특정한 발달 단계에서 극심하게 나타나고, 다양한 여러 상황에 걸쳐 지속적이며, 기능이 의미 있게 손상된 것과 관련이 있는 경우에는 ADHD라는 진단이 적절할 것이다(Hinshaw & Scheffler, 2014). DSM-5에서의 진단 기준은 옆에 제시되어 있다.

ADHD 아동은 특히 수업 또는 식사시간과 같이 가만히 앉아 있어야 하는 상황에서 자신의 행동을 조절할 줄 모른다. 이러한 아동에게는 조용히 하라고 말해도 하던 움직임과 말을 그만두지 못한다. 그들의 활동과 움직임은 모두 되는 대로 아무렇게나 하는 것으로 보인다. 신발이나 옷을 휙 벗어 버리고, 장난감을 후려치는 식으로 해서 가족과 교사를 진 빠지게 한다.

ADHD 아동 중 상당수는 또래 아동과 어울리거나 친구를 사귀는 데 엄청난 어려움을 겪는데 아마도 그 이유는 그들의 행동이 공격적이고 다른 사람들을 성가시게 하기 때문이다(Blachman & Hinshaw, 2002; Hinshaw & Melnick, 1995). 이러한 아동들은 일반적으로 친근하고 수다스럽게 보일지라도 종종 미세한 사회적 단서를 인식하지 못하는데, 이를테면 자신이 계속해서 다리를 흔드는 것에 대해 친구들이 짜증내는 것을 알아차리지 못한다. 불행하게도, ADHD가 있는 아동들은 또래들과 사회적 상황을 헤쳐나갈 수 있는 자신의 능력을 과대평가한다(Hoza, Murray-Close, Arnold et al., 2010). ADHD가 있는 아동과 ADHD가 없는 아동에 대한 종단연구에서는 이들을 6년간 매년 추적조사하였는데, 그 결과 사회기술의 부족, 공격적 행동, 그리고 사회 상황에서의 자신의 수행도에 대한 과대평가 이 모든 것이 6년 뒤까지의 또래들과의 문제를 예측해주었다. 또한 연구자들은 이러한 세 가지 영역―사회기술의 부족, 공격적 행동, 자신의 사회적 능력에 대한 과대평가―사이에 '악순환'이라고 불리는 것을 발견하였는데, 이 모든 것이 다음의 추적조사 시에 또래들과의 문제가 더욱 커지는 것을 예측해주었다(Murray-Close, Hoza, Hinshaw et al., 2010).

또 다른 연구에서는, 아동들에게 온라인 채팅방 같은 곳에서 다른 아동들에게 즉석 메시지(instant-message, IM)를 보내도록 요청하였다(Mikami Huang-Pollack, Pfiffner et al., 2007). 실제로, 아동들은 화면상에서 4명의 가상적인(가짜로 흉내내는) 또래들과 서로 연결되었고, 따라서 모든 아동들은 가상적인 또래들로부터 동일한 IM을 받았다. 연구자들은 메시지를 부호화하였으며 참여자의 이런 채팅 경험은 후속된 면접에서 나오게 되었다. ADHD가 있는 아동들은 ADHD가 없는 아동들에 비해서 적대적이고 주제에서 벗어난 IM을 더 많이 보내는 경향이 있었다. 그리고 아동들의 채팅방 경험은 사회기술의 어려움을 재는 다른 척도들과도 연관이 있어서, 이는 면대면으로 직접 마주보지는 않았어도, 이와 같이 일반적인 또래들과의 '상호작용' 방식이 ADHD 아동들에게서 손상되어 있다는 것을 시사해주고 있다.

ADHD가 있는 아동들은 또래들로부터 아주 빨리 외톨이가 되며 거부당하거나 무시당하는 경우가 종종 있다. 예를 들면 여름캠프에서 사전 면식이 없는 아동들을 대상으로 한 연구에서, 지나친 공격성 및 (또래를) 따라 주지 않는 행동과 같은 외현화 행동을 많이 보인 ADHD 남아들은 캠프 첫날에 또래들로부터 아주 부정적으로 인식되었으며, 이러한 부정적 인상은 6주간의 캠프 기간 내내 바뀌지 않았다(Erhardt & Hinshaw, 1994; Hinshaw et al., 1997).

**DSM - 5에서의 ADHD와 동반이환**    ADHD에 대한 DSM-5의 기준에서 두 가지 변화가 있는데, 이로 인해 더 많은 아동과 성인이 ADHD의 진단을 받게 될 수 있다. 첫째, 발병 연령은 7세 이하였다가 12세 이하로 변경되었다. 이는 7세 이후에 증상을 보여주기 시작하는 아동이 이제는 ADHD의 진단에 부합될 수 있음을 의미한다. 둘째, 성인은 아동에게 요구되는 6개 증상 대신에 단지 5개 영역에서의 증상만 보여주면 된다.

DSM-5에는 어떤 증상이 우세한지를 나타내기 위해 3개의 명시자가 들어 있다.

1. 주의력결핍 우세형 : 주된 문제가 주의력결핍인 아동
2. 과잉행동–충동 우세형 : 주된 문제가 과잉행동/충동적 행동에서 비롯되는 아동
3. 복합형 : 이 두 가지의 문제를 모두 갖고 있는 아동

위의 복합형 명시자가 ADHD가 있는 아동의 대다수에 해당된다. 이 아동들은 다른 유형의 아동들에 비해서 품행문제와 반항행동을 나타내기 쉽고, 행동문제가 있는 아동을 위한 특수학급에 배치되기 쉬우며, 또래들과 어울리는 데 어려움을 겪기 쉽다(Faraone, Biederman, Weber et al., 1998). 주의력결핍 우세형의 명시자가 적용된 아동은 주의의 초점화(focused attention) 또는 정보처리 속도상에 어려움이 있는 것으로 보이는데(Barkley, Grodzinsky, & DuPaul, 1992), 이는 아마도 도파민 그리고 뇌의 전전두엽과 연결된 문제와 관련이 있는 것으로 여겨진다(Volkow, Wang, Kollins et al., 2009).

ADHD와 품행장애(이 장의 후반부에서 소개)는 동반되는 경우가 자주 있으며 몇 가지 공통점이 있다(Beauchaine, Hinshaw, & Pang, 2010). 그러나 다소간 차이가 있는데, 즉 ADHD는 학교에서 공부와 거리가 먼 행동, 인지적 결함 및 성취도 저하와 더 연관되어 있으며, 장기적인 예후가 더 좋다.

이 두 장애가 한 아동에게서 공존할 경우에는 각 장애에서 최악의 양상이 드러나게 된다. 이런 아동은 가장 심각한 반사회적 행동을 보이며, 또래들로부터 배척받기도 아주 쉽고, 학업 성취도도 최악이며, 그리고 예후도 가장 나쁘다(Hinshaw & Lee, 2003). ADHD와 품행장애가 모두 있는 소녀들은 ADHD만 있는 소녀들에 비해서 반사회적 행동, 그밖의 정신병리, 그리고 위험한 성적 행동을 더 많이 나타낸다(Monuteaux, Faraone, Gross et al., 2007).

불안과 우울 같은 내재화 장애도 ADHD와 자주 공존한다. 추정치에 따르면 ADHD가 있는 아동 중 무려 30%가 내재화 장애도 함께 갖고 있다(예 : Jensen et al., 1997; MTA Cooperative Group, 1999b) 더욱이, ADHD 아동 중 약 15~30%는 학습장애가 있다(Barkley, DuPaul, & McMurray, 1990; Casey, Rourke, & Del Dotto, 1996).

ADHD와 품행장애가 모두 있는 경우 물질복용과 관련이 있지만, 전향적인 연구에서 14세에서 나타난 ADHD의 과잉행동은 지속된 물질복용-(니

Courtesy of Dr. Stephen Hinshaw

Stephen Hinshaw는 저명한 발달정신병리 연구자이자 정신질환으로 인한 낙인의 전문가로, ADHD가 있는 소녀에 대한 가장 대규모로 진행 중인 연구 중 하나를 수행하고 있다.

코틴, 알코올, 불법마약)을 예측하였으며 품행장애가 사라진 후에도 18세가 되면 물질 남용 및 의존을 예측했음을 발견했다. 또한 이러한 사실은 남자아이나 여자아이에게 동일하게 적용된다 (Elkins, McGue, & Iacono, 2007).

**유병률** 대략적으로 볼 때, ADHD의 유병률은 과거의 추정치 3~7%에 비해서 지난 10년 동안에 8~11%까지로 극적으로 높아졌다(Merikangas, He, Brody et al., 2010). 미국의 질병통제예방센터(CDC)가 실시한 국가적 표집 연구에서는 2011년에 유병률이 11%라고 보고했다(Visser, Danielson, Bitsko et al., 2014). 대조적으로, 캘리포니아에 있는 큰 규모의 의료보험 시스템에서의 연구에서는 3%가 겨우 넘는 유병률을 보고했다(Getahun, Jacobsen, Fassett et al., 2013). 왜 이런 차이가 나타나는가? 여러 가지 설명이 가능한데, 이는 증가한 것이 이 장애가 실제로 증가했다기보다는 다른 요인에 의한 것이라고 시사한다. 예를 들면, 대부분의 아동은 소아과 의사를 잠깐 만난 후 진단을 받게 되지만, 정확한 진단을 내리려면 조심스럽고 철저한 평가가 필요하다 (Hinshaw & Scheffler, 2014). 따라서 이것이 확보되지 않았는데도 많은 아동이 해당 진단을 받았을 수 있다.

둘째, 미국에서 노스캐롤라이나와 같은 일부 주에 있는 아동들은 캘리포니아 같은 다른 주에 있는 아동들에 비해서 ADHD 진단을 받을 가능성이 훨씬 더 큰데, 이는 해당 주에서의 교육 정책에 주로 기인하는 것으로 보인다(Hinshaw & Scheffler, 2014). 구체적으로, 노스캐롤라이나 같은 주에서는 2001년에 시행된 국가 표준보다 앞서서 학교 운영 기준을 갖추었기 때문에 파괴적 (disruptive) 행동을 나타내고 부주의한 아동을 교실에서 추방해야 할 (그래서 학급별 검사 평균을 높일) 동기가 컸다. 실제로, ADHD 아동의 상당수가 통상적인 교실환경에 적응하지 못하기 때문에 특수교육 프로그램에 배치되었다(Barkley et al., 1990). 따라서 이런 아동의 검사 점수는 학교 전반의 수행도에 대한 통계치의 일부로 간주될 것이다. Hinshaw와 Scheffler(2014)가 언급했듯이, "무상교육의 대상이 되는 꼬리표가 사용되는 경향이 있다"(p. 77).

**성별에 따른 차이** ADHD의 유병률 증가에 대해 논란이 있음에도 불구하고, 많은 증거들은 ADHD가 여아보다 남아에게서 3배 많다는 것을 알려준다(Merikangas et al., 2010). 최근까지도, ADHD가 있는 여아에 대해서 대단히 조심스럽게 통제된 연구는 수행된 것이 거의 없었다. 두 집단의 연구자들이 여아들을 대상으로 대규모로, 조심스럽게 연구를 수행하였다(Biederman & Faraone, 2004; Hinshaw, 2002). 아래에는 처음 평가한 후 다시 5년 뒤에 평가한 결과(Hinshaw, Carte, Sami et al., 2002; Hinshaw, Owens, Sami et al., 2006), 그리고 10~11년 뒤에 평가한 결과(Biederman, Petty, Monuteaux et al., 2010; Hinshaw, Owens, Zalecki et al., 2012)의 일부가 제시되어 있다.

- DSM-IV-TR에서 복합형(DSM-5에서는 명시자)이 있는 소녀들은 ADHD가 없는 소녀들에 비해서 품행장애 또는 반항장애가 공존하는 진단을 받기 쉬우며, 이러한 차이는 처음 진단 후 5년이 지나도 여전했다.
- ADHD가 있는 소녀들은 ADHD가 없는 소녀들에 비해서 또래들이 더 부정적으로 보고 있었다.
- ADHD가 있는 소녀들은 ADHD가 없는 소녀들에 비해서 불안과 우울이 더 심한 경향이 있으며, 이는 처음 진단 후 5년이 지나도 여전했고 초기 성인기까지 지속되었다.
- ADHD가 있는 소녀들은 ADHD가 없는 소녀들에 비해서 신경심리적 결함을 많이 보이는데, 특히 실행 기능(예 : 계획하기, 문제해결하기)에서 더 그렇다.

Alamy Images

공격성은 ADHD가 있는 소년들 사이에서 드문 일이 아니며, 이 때문에 또래들로부터 배척을 받게 된다.

- 사춘기에 이르러서는, ADHD가 있는 소녀들은 ADHD가 없는 소녀들에 비해서 섭식장애와 물질남용 증상을 나타낼 확률이 높았지만, 초기 성인기에 이르러서는 그렇지 않았다 (Mikami, Hinshaw, Arnold et al., 2010).

**성인기에서의 ADHD**   한때는 ADHD가 청소년기에 이르면 쉽게 소멸되는 행동으로 생각했다. 그러나 많은 종단연구 결과는 이러한 생각이 틀린 것임을 지적하고 있다(Barkley, Fischer, Smallish et al., 2002; Hinshaw et al., 2006; Lee, Lahey, Owens et al., 2008; Weiss & Hechtman, 1993). 사춘기에는 그 증상의 정도가 약해지기는 하지만, ADHD 아동 중 65~80%가 청소년기와 성인기에 이르러서도 여전히 진단 기준을 충족시키고 있다(Biederman, Monuteasu, Mick et al., 2006; Hart, Lahey, Loeber et al., 1995; Hinshaw et al., 2006). 표 10.1에는 ADHD가 없는 청소년에 비해서 ADHD가 있는 청소년에게서 더 자주 나타나는 행동목록이 제시되어 있다. ADHD가 있는 아동들 중 상당수는 학업 성취도가 성공적이지 못한 것으로 보인다. 그러나 어떤 연구에서도 이들의 학업 성취도가 소년(Lee et al., 2008) 그리고 소녀(Hinshaw et al., 2006) 모두에서 평균 범위 내에 있음을 알려주고 있다.

성인이 되어서도 ADHD가 있는 대부분의 사람들은 직장이 있고 경제적으로 독립했다고 하더라도, 어떤 연구들에 의하면 ADHD가 있는 성인들은 사회경제적 지위가 일반적으로 낮은 수준에 불과하며, 통상적인 경우보다 더 자주 직장을 옮겨 다닌다(Mannuzza, Klein, Bonagura et al.,1991; Weiss & Hechtman, 1993). ADHD를 성인기까지 종단적으로 평가했던 연구들을 개관한 결과에서는 15%까지의 사람들이 25세의 성인이 되어서도 DSM의 진단 기준을 계속 충족시키고 있는 것으로 나타났다. 심지어는 60%까지에 해당되는 훨씬 더 많은 사람들이 여러 영역의 손상과 관련된 증상을 계속 보여주었다(Faraone, Biederman, & Mick, 2005; Hinshaw et al., 2012). 따라서, ADHD 증상은 나이를 먹어 감에 따라 고개를 숙일 수 있지만, 많은 사람들에게서

**표 10.1** ADHD가 있는 청소년과 ADHD가 없는 청소년의 행동

| | 이 행동을 나타내는 청소년의 비율 | |
| --- | --- | --- |
| 행동 | ADHD가 있는 청소년 | ADHD가 없는 청소년 |
| 불쑥 대답한다 | 65.0 | 10.6 |
| 주의가 산만하다 | 82.1 | 15.2 |
| 과제를 끝까지 수행하지 못하고 다른 것으로 바꾼다 | 77.2 | 16.7 |
| 지속적으로 주의집중을 하지 못한다 | 79.7 | 16.7 |
| 지시를 따르지 못한다 | 83.7 | 12.1 |
| 남의 말을 경청하지 않는다 | 80.5 | 15.2 |
| 몸을 다칠 위험한 행동을 한다 | 37.4 | 3.0 |
| 가만히 있지 못하고 좌불안석이다 | 73.2 | 10.6 |
| 조용히 놀지 못한다 | 39.8 | 7.6 |
| 종종 자리에서 일어난다 | 60.2 | 3.0 |
| 다른 사람의 활동을 방해하고 간섭한다 | 65.9 | 10.6 |
| 어떤 일에 필요한 물건을 잃어버린다 | 62.6 | 12.1 |
| 지나치게 수다스럽게 말한다 | 43.9 | 6.1 |

출처 : Barkley, Du Paul, & McMurray(1990).

마이클 펠프스는 2008년도 올림픽 수영부문에서 8개의 금메달을 땄는데, 아동기 때 ADHD 때문에 고생하였다.

는 완전히 사라지지는 않는다.

## ADHD의 원인론

**유전 요인** 상당한 증거들은 유전 요인이 ADHD에서 어떤 역할을 발휘한다는 것을 알려주고 있다(Thapar, Langley, Owen et al., 2007). 입양아 연구들(예 : Sprich, Biederman, Crawford et al., 2000) 그리고 수많은 대규모의 쌍둥이 연구들(예 : Levy, Hay, McStephen et al., 1997; Sherman, Iacono, & McGue, 1997)은 ADHD에 유전적 요소가 있으며, 유전가능성의 추정치가 70~80% 정도로 높다는 것을 알려준다(Sullivan, Daly, & O'Donovan, 2012). ADHD와 관련된 복합 유전자를 찾아내려고 하는 분자유전학 연구에서는 후보가 되는 유전자를 많이 발견해냈다. 가장 주목할 만한 것들은 도파민이라는 신경전도체와 관련된 유전자들이다. 세부적으로 말하면, 3개의 상이한 도파민 유전자가 ADHD에 관련되어 있으며 종합분석에서는 가장 근소한 효과 크기를 나타냈다. 즉 DRD4, DRD5로 불리는 도파민 수용기 유전자, 그리고 DAT1로 불리는 도파민 전달자 유전자(dopamine transporter gene)가 밝혀졌다(Gizer, Ficks, & Waldman, 2009). 그 밖에도 SNAP-25라는 유전자는 신경세포의 접합부(neuron synapses)의 가소성[즉 적용가능성(adaptability)]을 높여주는 단백질을 위해 부호화하는 역할을 하는 데 ADHD와 관련이 있었다(Forero, Arboleda, Vasquez et al., 2009; Gizer et al., 2009). 이와 같이 유망한 발견에도 불구하고, 대부분의 연구자들은 단 하나의 유전자로는 ADHD를 궁극적으로 설명해줄 수 없을 것이라는 데 의견의 일치를 보고 있다(Nigg, 2013). 오히려 여러 개의 유전자들이 서로 상호작용하고 또 환경 요인들과도 상호작용하는 것이 ADHD에서 유전자의 역할에 대한 가장 완벽한 그림을 제공해줄 것이다. 예를 들면 연구 결과에서는 DRD4 혹은 DAT1 유전자가 특정 환경 요인, 즉 출산 전 임산부의 흡연 혹은 알코올 복용에 노출된 적이 있던 사람들에게만 ADHD의 위험 증가와 관련이 있다는 것을 발견하였다(Brookes, Mill, Guindalini et al., 2006; Neuman, Lobos, Reich et al., 2007). 더욱이 유전 요인에 대한 종합분석에서 유도되어 나온 다중 유전자(즉 복합 유전자) 점수는 ADHD가 없는 사람들에 비해 ADHD가 있는 사람들에게서 더 높은 것으로 나타났다(Hamshere, Langley, Martin et al., 2013).

**신경생물학적 요인** 연구 결과에 따르면 뇌 구조, 기능, 그리고 연결성 면에서, 특히 도파민이라는 신경전도체와 연결된 영역에서 ADHD가 있는 아동과 ADHD가 없는 아동 사이에 차이가 있다고 한다. 예를 들면 뇌 구조에 관한 연구들은 뇌의 도파민계 영역, 이를테면 미상핵, 창백핵(globus pallidus), 그리고 전두엽 영역의 크기가 ADHD가 없는 아동에 비해서 ADHD가 있는 아동이 더 작은 것을 발견하였다(Castellanos, Lee, Sharp et al., 2002; Swanson, Kinsbourne, Nigg et al., 2007). 55개의 뇌 영상 연구들에 대한 종합분석 결과에서는 ADHD가 있는 아동들이 뇌의 전두엽 영역에서의 활동 수준이 더 작은 것으로 나타났다(Cortese, Kelly, Chabernaud et al., 2012). 게다가 ADHD가 있는 아동들은 전두엽에 의존하는 (행동반응을 억제하는 것 같은) 신경심리 검사에서 수행도가 낮았는데, 이는 뇌의 이 부위에서의 기본적 결함이 ADHD와 관련이 있을 수 있다는 이론을 한층 더 뒷받침해주는 것이다(Nigg & Casey, 2005).

**임신 및 출산 전 요인** ADHD에 대한 그밖의 신경생물학적 위험 요인은 많은 수효의 임신 및 출산 전 합병증과 관련이 있다. 예를 들면, 저체중 출산은 ADHD의 발달을 예측해준다(예 : Bhutta, Cleves, Casey et al., 2002; Breslau, Brown, Del Dotto et al., 1996; Whitaker, van Rossen, Feldman et al., 1997). 그러나 저체중 출산이 나중에 ADHD에 미치는 영향은 임산부의 체온이 높으면 완화될 수 있다(Tully, Arseneault, Caspi et al., 2004).

**환경 독소**  1970년대의 초기 ADHD 이론들에서는 환경 독소(environmental toxins)의 역할을 언급하였다. Feingold(1973)는 음식 속의 식품첨가제 및 인공색소가 과잉행동적인 아동의 중추신경계에 혼란을 초래한다고 제안하였고, 식품첨가제가 없는 음식을 먹도록 처방을 내렸다. 그러나, 소위 Feingold 다이어트에 대한 잘 통제된 연구에서도 처치 효과가 긍정적인 ADHD 아동은 대단히 적은 것으로 나타났다. 보다 최근의 잘 설계된 연구에서는 다이어트의 요소, 특히 첨가제가 일단의 아동들에게서 ADHD 증상에 영향을 미칠 수도 있다는 것을 보여주었다. 2개의 종합분석 결과는 ADHD가 있는 아동에서 인공 착색제가 과잉활동적 행동에 미치는 효과 크기가 작다고 보고했다(Nigg, Lewis, Edinger et al., 2012; Schnab & Trinh, 2004). 따라서 식품첨가제가 과잉활동적 행동에 영향을 미친다는 증거는 제한적이다. 정제된 설탕이 ADHD를 유발할 수 있다는 대중적인 견해도 면밀하게 수행된 연구로부터 뒷받침을 받지 못했다(Wolraich, Wilson, & White, 1995).

납은 지금껏 연구되어 온 또 다른 환경독소이다. 어떤 증거에 의하면 혈중 납의 수준이 높은 것이 ADHD의 진단뿐만 아니라, 과잉활동 증상과 주의력의 문제와 약한 정도로 연관이 있을 수 있음이 시사된다(Braun, Kehn, Froelich et al., 2006). 그러나, 혈중 납의 수준이 높은 아동의 대부분은 ADHD를 발전시키지 않으며, 그리고 ADHD가 있는 아동의 대부분은 혈중 납 수준이 그와 같이 높지 않다. 그럼에도 불구하고, 아동들이 낮은 수준의 납에 불행하게도 자주 노출되고 있다는 점을 감안하여, 연구자들은 납에 대한 노출이, 아마도 다른 인지능력에 영향을 미치는 식으로 해서, 어떤 역할을 수행하는 것은 아닌지를 계속 조사하고 있다.

니코틴 ― 세부적으로 말하면 임산부의 흡연 ― 은 환경 독소로서 ADHD를 일으키는 데 어떤 역할을 발휘할지도 모른다. 임산부의 흡연과 ADHD와의 관련성을 조사한 24개 연구에 대한 개관에서는 자궁 속에 있을 때 흡연에 노출된 것이 ADHD 증상과 관련이 있음이 발견되었다(Linnet, Dalsgaard, Obel et al., 2003). 그러나 한 흥미로운 연구에서는 이런 연관성을 의문시하고 있다. Thapar와 동료들(2009)은 임신했을 때 정기적으로 흡연한 어머니 두 집단의 자녀들에서의 ADHD 증상을 조사했다. 한 집단의 어머니들은 유전적으로 흡연과 관련이 없는 아기를 출산했고(즉 다른 가족을 위해 유전적으로 관련이 없는 아기를 낳은 대리모), 다른 집단의 어머니들은 유전적으로 관련이 있는 아기를 낳았다. 연구자들은 임신 중 산모의 흡연이 ADHD의 중요한 요소라면, 흡연이 이 두 집단의 어머니에서 나온 자녀들에서 ADHD 증상과 관련이 있어야만 한다고 생각했다. 반면에, 유전 요인이 중요하다면, 흡연과 ADHD 증상 사이의 연관성이 유전적으로 관련이 있는 어머니의 자녀에게서 더 높게 나타나야 할 것이다. 연구 결과, ADHD 증상은 이 두 집단에서 임산부의 흡연과 관련이 있었지만, 그 연관성은 유전적으로 관련이 있는 어머니가 임신 중에 흡연했던 자녀들에게서 의미 있게 더 높게 나타났다. 이러한 발견은 흡연은 그 자체로서는 원인이 되는 요인이 아닐지도 모르지만 흡연이 ADHD의 위험을 증가시킬 수 있는 어머니의 그 밖의 행동 및 정신병리와 관련이 있음을 시사한다.

**ADHD의 가족 요인**  또한 가족 요인도 ADHD에서 중요한데, 특히 신경생물학적 요인과의 상호작용에서 그렇다. 예를 들면, 부모-자식 관계는 신경생물학적 요인들과 복잡한 방식으로 상호작용하여 ADHD 증상의 발현에 기여한다(Hinshaw et al., 1997). ADHD 자녀를 둔 부모가 그들에게 지시와 명령을 보다 많이 하게 되어 자녀들과 부정적인 상호작용을 경험하는 것과 마찬가지로(Anderson, Hinshaw, & Simmel, 1994; Heller et al., 1996), (과잉행동을 보이는) 이 아동들도 부모의 말에 잘 따르지 않고 부모와 더 부정적인 상호작용을 하는 것으로 발견되었다(Barkley, Karlsson, & Pollard, 1985; Tallmadge & Barkley, 1983). 확실히 충동적이고, 공격적이며, 말을 듣지 않고, 알려준 대로 하지 못하는 아동은 훈육하기가 어려울 것이다. 뒤에서 곧 살펴보겠지

임신 중 담배를 피운 어머니에게서 태어난 아동은 ADHD에 대한 위험이 높다.

만, ADHD 아동에게 각성제를 투여했을 때 과잉행동은 감소하고 더 고분고분해지는 것으로 나타났다. 이러한 약물을 단독으로 사용하거나 행동치료를 병행해서 실시했을 때, 부모의 지시 내리는 행동, 부정적 행동 반응, 그리고 비효율적인 양육행동도 감소하였다(Barkley, 1990; Wells, Epstein, Hinshaw et al., 2000). 이는 아동의 행동이 부모의 행동에 적어도 어느 정도는 부정적인 영향을 미침을 시사하는 것이다.

또한 부모 자신의 ADHD 병력을 고려하는 일도 중요하다. 앞에서 언급했듯이, ADHD는 상당한 유전적 요소가 있는 것으로 보인다. 따라서 ADHD 아동의 부모 상당수가 ADHD를 갖고 있다는 것은 놀랄 일이 아니다. ADHD 자녀에 대한 부부의 양육 실태를 조사한 연구에서는, ADHD의 진단을 받은 적이 있던 아버지는 자녀를 효율적으로 양육하지 못했는데, 이는 부모의 정신병리가 양육 전반을 더 어렵게 만들 수 있다는 점을 시사한다(Arnold, O'Leary, & Edwards, 1997). 따라서 가족의 특징은 ADHD의 증상 및 후속 결과를 유지하거나 악화시키는 데 응당 기여할 수 있다. 그러나 가족이 실제로 ADHD를 야기한다는 것을 시사하는 증거는 거의 없다(Johnston & Marsh, 2001).

## ADHD의 치료

우리는 이제 치료법을 알아보고자 한다. ADHD는 통상적으로 약물 처방 그리고 조작적 조건형성에 근거한 행동요법으로 치료된다.

**각성제 처방**    메틸페니데이트(methylphenidate) 또는 리탈린(Ritalin)과 같은 각성제는 1960년대 초반 이후로 ADHD에 대해 처방되어 왔다. 미국식품의약국(FDA)에서 ADHD의 처방제로 승인한 다른 약물로는 애더럴(Adderall), 콘서타(Concerta), 그리고 스트라테라(Strattera)가 있다. 미국에서 9,000만 건의 처방전을 관리한 회사의 최근 보고서에 따르면, ADHD 아동의 80% 이상이 각성제 처방을 받았는데, 이는 모든 사춘기 남아의 거의 10%에 해당된다(Express Scripts Lab, 2014). 이러한 약물 처방은 ADHD 증상이 시간이 흘러도 통상 저절로 없어지는 것은 아니라는 증거가 축적되고 있음에 비추어보면 사춘기와 성인기까지 지속되는 경우가 종종 있다. 각성제를 복용하는 성인의 수효는 2008~2012년 사이에 50% 이상 증가했다(Express Scripts Lab, 2014).

ADHD 치료를 위해 사용되는 약물은 파괴적 행동과 충동성을 감소시키고 주의를 집중시키는 능력을 향상시킨다(Hinshaw & Scheffler, 2014). 양방무지(兩方無知) 설계(double-blind designs)를 사용해서 각성제와 위약의 효과를 비교한 많은 통제연구에 의하면, ADHD가 있는 아동의 약 75%에서 (각성제 처방이) 주의집중, 목표지향 활동, 교실 행동, 그리고 부모, 교사 및 또래들과의 사회적 상호작용에서 단기적인 호전을 가져왔고, 뿐만 아니라 공격성과 충동성의 감소도 가져다주었다(Spencer, Biederman, Wilens et al., 1996; Swanson, McBurnett, Christian et al., 1995). 이러한 약물들은 뇌 속에 있는 도파민 계통과의 상호작용을 통해서 위의 영역에서 도움을 준 것으로 보인다(Volkow, Wang, Newcorn et al., 2011).

ADHD의 치료에 대한 가장 잘 설계된 무선통제 시행은 ADHD 아동에 대한 다중양상적 처치(Multimodal Treatment of Children with ADHD, MTA) 연구였다. 거의 600명이 되는 ADHD 아동을 대상으로 14개월 동안에 6개의 각기 다른 기관에서 수행되었는데, 이 연구에서는 표준적인 지역사회 기반의 치료와 세 가지의 다른 처치법을 비교하였다. 즉 (1) 약물치료 단독, (2) 약물치료+부모와 교사를 동원한 집중적인 행동요법, 그리고 (3) 집중적인 행동요법의 단독 실시를 비교하였다. 14개월의 기간에 걸쳐서, 약물치료만 받은 아동은 집중적인 행동요법만 받은 아동보다 ADHD 증상이 더 줄어들었다. 복합적인 요법은 약물치료 단독의 경우보다 약간 더 효과가 있었고 ADHD 증상을 줄이기 위해 리탈린의 용량을 높게 하지 않아도 된다는 이점이 있었다. 더욱이 복합치료는 약물치료 단독 실시의 경우에 비해서 사회기술과 같은 영역에서 기능 수준이 더 많이 향상된 것을 가져다주었다. 약물치료 단독 실시와 복합 치료의 경우는 지역사회 기반의 치료에 비해서 더 나은 효과를 보여주었지만, 행동치료 단독 실시의 경우는 그렇지 못했다(MTA Cooperative Group, 1999a, 1999b).

MTA 연구의 결과가 처음에는 유망한 것으로 보였지만, 이 연구에 대해 부가적으로 수행된 추적조사 결과는, 적어도 약물치료에 관한 한 그다지 고무적이지 않았다. 중요한 것은, 모든 아동들이 14개월간의 처치 기간 동안에 얻은 치료 효과가 지속되었다는 것인데, 물론 이 아동들이 모두 표준적인 지역사회 치료로 복귀했을 때에도 그렇다는 것이며 이 효과는 3년, 6년, 그리고 8년 뒤의 추적조사에서도 그대로 나타났다. 그러나 단독 약물치료 또는 복합치료 집단에 속한 아동들은 3년 뒤의 추적조사 시에는 집중적인 행동요법 또는 표준적인 지역사회 치료를 받았던 아동들에 비해서 기능 수준이 이제는 더 낮지 않았으며(Jensen, Arnold, Swanson et al., 2007), 6년, 8년 뒤의 추적조사 시에도 마찬가지였다(Molina, Hinshaw, Swanson et el., 2009). 달리 말하면, 복합치료와 약물단독 실시 집단에서 관찰된 약물치료의 상대적 우세 효과는 이 연구가 종료된 후에는 지속되지 않았는데, 이는 적어도 일부 아동의 경우에는 그러하였다(Swanson, Hinshaw, Arnold et al., 2007).

이런 결과는 약물 처방이 효과가 없다는 것을 의미할까? 꼭 그런 것만은 아니다. MTA 연구는 조심스럽게 처방되고 관리되는 각성제 처방이 ADHD 아동에게 효과적임을 보여주었다. 그러나 이상의 MTA 추적조사 연구에 따르면, 지역사회에서 처방되는 약물은 다른 유형의 치료법에 비해서 더 나은 이득을 제공하는 것으로 보이지 않는다.

위와 같은 발견은 각성제가 일시적인 식욕상실, 체중저하, 복통, 그리고 수면장애 같은 부작용을 나타낼 수 있음에 비추어볼 때 중요하다. 2006년에 그리고 2011년에 다시 한 번, FDA에서 권고하지만 강제화하지 않은 내용은, 각성제에 심장혈관계 위험(예 : 심장발작)에 대한 '블랙박스 (black box)' 경고, 즉 FDA가 약물에 대해 내릴 수 있는 가장 강력한 안전 경고문을 각성제에 부착하도록 한 것이다.

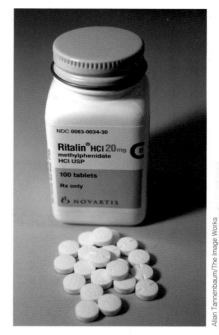

리탈린은 ADHD에 대해 흔히 처방되고 효과가 있는 약물치료제이다.

**심리요법**  ADHD에 대한 다른 유망한 처치는 부모 훈련 그리고 교실행동 관리법이다(Chronis, Jones, & Raggi, 2006). 이러한 치료법에서는, 아동의 행동을 가정과 학교에서 관찰하여, 적절한 행동을 하면 이에 대한 보상을 준다. 예를 들면 자기 자리에 잘 앉아 있다거나 과제를 하고 있으면 준다. 점수 제도와 일일 보고 카드(daily report cards, DRCs)는 이러한 프로그램의 전형적인 구성요소이다. 아동들은 특정한 방식으로 행동하는 것에 대해서 점수 또는 별표를 얻는다. 아동은 이렇게 얻은 점수나 별표를 내주고 보상을 얻을 수 있다. 또한 DRC는 아동이 학교에서 어떻게 하고 있는지를 부모가 알 수 있게 해준다. 이런 프로그램의 초점은, ADHD 증상의 감소보다는 학업을 향상시키고, 집에서 할 일을 마무리 짓거나, 또는 특정한 사회성 기술을 배우는 데 있다. 부모 훈련 프로그램도 효과가 있지만, 이것이 약물치료의 효과 이상으로 아동의 행동을 개선하는지는 명확치 않다(MTA Cooperative Group, 1999a, 1999b).

교실에서 흔히 볼 수 있는 점수 제도와 별표 차트판은 ADHD 치료에 특히 유용하다.

MTA 연구에서 나온 발견은 집중적인 행동요법이 ADHD가 있는 아동에게 큰 도움이 될 수 있음을 알려준다. 위 연구에서는, 일부 아동들은 타당도가 입증된 많은 행동요법이 들어 있는 집중적인 8주 여름 프로그램에 참여하였다. 여름 프로그램이 끝날 때에는, 복합 처치를 받은 아동들이 집중적인 행동요법만 받은 아동들에 비해서 의미 있는 증세 호전이 거의 없었다(Arnold et al., 2003; Pelham, Gnagy, Greiner et al., 2000. 이 발견은 집중적인 행동요법이 리탈린을 덜 집중적인 행동치료와 함께 실시했을 때에 비해서 비슷하게 효과를 나타낼 수 있음을 시사한다.

## 복습문제 10.1

진위형
1. 아동기 정신병리의 두 가지 광범위한 영역은 내재화 장애와 외현화 장애이다.
2. ADHD가 있는 사춘기 소녀는 ADHD가 없는 소녀보다 섭식장애와 약물남용의 증상이 있을 가능성이 더 높다.

3. 도파민은 유전과 두뇌 모두의 측면에서 ADHD와의 관련성이 연구되어 왔다.
4. ADHD의 가장 효과적인 치료는 약물요법과의 병행 없이 단독으로 실시하는 행동요법이다.

# 품행장애

**품행장애**(conduct disorder)는 또 다른 외현화 장애이다. 그러나 이 장애에 대해 살펴보기 전에, 이와 관련이 있지만 잘 이해되고 있지 않은 다른 두 가지 장애부터 간략히 살펴본다.

간헐적 폭발장애(intermittent explosive disorder, IED)는 상황에 크게 어긋나는 반복적인 언어적 또는 신체적 공격의 폭발이 반복되는 것을 말한다. IED가 품행장애와 구분되는 것은 공격성이 충동적이며 타인을 향해 미리 계획되지 않은 것이다(American Psychiatric Association, 2013). 예를 들면 IED가 있는 아동은 자기가 원하는 것을 얻지 못한 후에 공격적 폭발을 나타낼 수는 있지만 공격적 보복을 계획하지는 않는다.

DSM에서의 또 다른 장애인 적대적 반항장애(oppositional defiant disorder, ODD)가 품행장애와 구분되는 것이냐, 또는 ODD가 품행장애의 전조로 나타나는 보다 경미한 유형이냐에 대한 논란이 다소 있다(Hinshaw & Lee, 2003; Lahey, McBurnett, & Loeber, 2000). ODD의 진단을 내리려면 품행장애의 진단 기준에 부합하지 않아야 한다. 특히 극심한 신체적 공격행동이 없어야 한다. 그 대신 성질내기, 어른과 논쟁하기, 어른의 요구에 따르는 것을 반복적으로 거부하기, 고의적으로 타인을 귀찮게 하기, 그리고 화내고, 심술 부리거나, 과민한 반응을 보이거나, 또는 앙심을 품고 있는 것 등의 행동을 보여야 한다.

ODD와 ADHD는 종종 함께 나타나지만, ODD가 ADHD와 다른 점은 그 반항적 행동이 주의력결핍이나 충동성 때문에 일어나는 것이 아니라고 여겨진다는 점이다. 이러한 차이를 보여주는 한 가지는 ODD가 있는 아동이 ADHD가 있는 아동보다 제멋대로의 행동을 하더라도 더 신중함을 보인다는 것이다.

품행장애가 소녀보다 소년에게서 3~4배나 더 많이 나타나지만, 연구 결과에 의하면 소년들이 ODD를 약간 더 많이 나타내며, 그리고 어떤 연구에서는 소년과 소녀 사이에 ODD의 유병률에서 아무런 차이도 없는 것으로 나타났다(Loeber, Burke, Lahey et al., 2000; Merikangas et al., 2010). IED와 ODD에 대해서 알려진 것이 적기 때문에, 여기에서 우리는 좀 더 심각한 진단인 품행장애에 초점을 맞추겠다.

## 품행장애의 임상적 기술, 유병률, 그리고 예후

아마도 다른 어떤 아동기 장애보다도, 품행장애는 아동의 행동이 타인과 주변환경에 미치는 영향으로 정의된다.

**DSM-5에서 품행장애**  품행장애에 대한 DSM-5의 기준은 공격적인 행동(예: 사람이나 동물에 대한 물리적 잔혹 행위), 심각한 규칙 위반(예: 무단결석), 재산 파괴, 그리고 속이는 행위에 초점을 둔다. 종종 이런 행동은 냉담함, 사악함, 그리고 후회의 결핍을 보이는 것이 특징이다.

품행장애는 공격적이고, 도둑질하며, 거짓말하고, 공공기물을 파손하는 아동들에게서 진단이 내려진다.

DSM-5에서는 냉담하고 정서가 결여되어 있는 특질로 지칭되는 것을 갖고 있는 아동들에 대하여 '제한된 친사회적 정서(limited prosocial emotions)'라는 진단 명시자를 적용한다. 이러한 특질은 후회의 부족, 공감력, 그리고 죄책감의 부족과 정서 수준이 얕은 것과 같은 특성을 지칭하는 것이다. 종단연구에서는 품행문제의 수준이 높고 냉담하고 정서 결여의 특질에서 수준이 높은 아동이 냉담성과 정서 결여의 특질에서 수준이 낮은 아동에 비해서 증상, 또래, 그리고 가족과 관련된 문제가 더 많은 것을 발견하였다(Fontaine, McCrory, Boivin et al., 2011). 아동 및 청소년에서의 냉담하고 정서 결여의 특질에 대한 종합적 개관에서는, 이러한 특질들이 보다 더 심각한 경과, 인지적 결손, 반사회적 행동, 치료에 대한 반응 저조, 그리고 아마도 좀 더 뚜렷이 부각되는 원인론과 관련이 있는 것으로 드러났다(Frick, Ray, Thornton et al., 2014).

**동반이환 및 종단적 경과**  품행장애가 있는 아동의 상당수는 약물남용 및 내재화 장애와 같은 다른 문제점도 나타낸다. 일부 연구에서는 품행장애가 약물사용 문제보다 선행해서 나타난다고 시사하지만(Nock, Kazdin, Hiripi et al., 2006), 또 다른 연구에서는 품행장애와 물질남용이 동시에 나타나서, 이 두 조건이 서로를 악화시킨다고 시사한다(Loeber et al., 2000).

불안과 우울은 품행장애 아동에게는 흔한 증상으로서, 그 동반율의 추정치는 15~45% 사이에서 변화하고 있다(Loeber & Keenan, 1994; Loeber et al., 2000). 증거에 의하면, 품행장애는 우울증과 대부분의 불안장애에 앞서서 나타나는데, 단지 특정공포증과 사회불안은 예외로서, 후자의 이 두 가지는 품행장애보다 앞서서 나타나는 것으로 보인다(Nock et al., 2006).

품행장애는 어떻게 해서 일찍부터 나타나는가? 연구에 따르면 취학 전 아동의 7%씩이나 품행장애의 증상을 보인다고 추정되고 있다(Egger & Angold, 2006). 한 종단연구에서는 취학전 아동의 집단을 3세에 한 번 그리고 6세에 다시 한 번 평가했다(Rolon-Arroyo, Arnold, & Harvey, 2013). 부모들도 이 두 시기에 진단면접을 사용해서 면담을 실시하였다. 연구자들이 발견한 것은, ADHD와 ODD의 증상을 통제하고 나서도 3세의 품행장애 증상이 6세의 품행장애 증상을 예측하였다는 것이다. 이 발견의 시사점은 품행장애를 조기에 평가하는 것이 중요한데 왜냐하면 이러한 증상들이 통상적인 발달성 붕괴행동을 보여주는 것이 아니기 때문이라는 것이다.

Moffitt(1993)은 품행장애의 경과가 서로 다른 2개의 방향으로 진행되기 때문에 구분되어야 한다는 이론을 세웠다. 두 가지 경과 중 첫 번째는 반사회적 행동의 '생애 지속(life-course-persistent)'

### ● 품행장애에 대한 DSM-5 진단 기준

● 다른 사람의 기본 권리를 침해하거나 관행적인 사회 규범을 위반하는 지속적이고 반복적인 행동 패턴을 보이는 것으로서, 다음 중 3개 또는 그 이상의 항목이 지난 12개월 중 나타났으며 적어도 1개 항목이 지난 6개월 중에 나타났어야 한다.

A. 사람과 동물에 대한 공격성, 이를테면 괴롭힘, 신체적 싸움을 시작하기, 사람이나 동물에게 물리적으로 잔혹하게 대하기, 다른 사람에게 성 행위를 강요하기 등이 있다.

B. 재물의 파괴: 불 지르기, 고의적 기물 파괴

C. 사기 또는 도둑질, 이를테면 남의 집이나 자동차를 뜯고 들어가기, 거짓말하기, 가게 물건 등의 훔치기 등이 있다.

D. 심각한 규칙 위반, 이를테면 13세 이전에 부모의 금지에도 불구하고 밤늦게 집에 들어가지 않는 것, 13세 이전의 무단결석이 있다.

● 사회적, 학업적, 또는 직업적 기능에서의 심각한 결손

생애 지속형 품행장애가 있는 아동은 20대 중반이 되어도 법률 위반의 문제를 계속 일으킨다.

형으로, 3세경에 품행장애를 보이기 시작해서 성인이 되어서도 지속적으로 심각한 규범 위반 행위를 저지르는 유형이다. 두 번째는 '청소년기 한정형(adolescence-limited)'으로, 이런 사람들은 아동기에는 정상적이었다가 청소년기에 심각한 반사회적 행동을 보인 후, 성인기에는 문제를 일으키지 않는 정상적 생활방식으로 되돌아온다. Moffitt은 일시적으로 나타나는 반사회적 행동은 청소년기의 육체적 성숙이 먼저 나타나고 성인으로서의 책임감을 느껴서 어른다운 행동을 하여 보상을 받는 것이 나중에 나타나는, 즉 '성숙상의 간격(maturity gap)'이 있어서 나타나는 결과라고 시사하였다.

많은 축적된 증거들이 이러한 구분을 지지한다(Moffitt, 2007). Moffitt과 동료들이 생애 지속형과 청소년 한정형으로 구분했던 애초의 견본은 뉴질랜드의 더니든에 있는 1,000명이 넘는 사람들이었는데, 이들은 3세부터 32세에 이르기까지 매번 2년이나 3년마다 평가를 받았다. 생애 지속형 품행장애가 있는 남아 및 여아는 모두 반사회적 행동이 조기에 나타나서 청소년기 및 성인기에까지 지속되었다. 아동기에는 이들은 학업 부진, 신경심리적 결손, 그리고 ADHD가 동반되는 것과 같은 많은 다른 문제점들도 갖고 있었다(Moffitt & Caspi, 2001). 다른 증거들은 생애 지속형 아동들에게 더욱 심각한 신경심리적 결손과 가족의 정신병리가 있다는 견해를 뒷받침해주고 있으며, 이런 발견들은 여러 문화권에 걸쳐 반복해서 확인되었다(Hinshaw & Lee, 2003).

생애 지속형으로 분류된 사람들에게서는 가장 심각한 문제들이 지속되고 있었는데, 여기에는 32세의 나이에 정신병리, 신체 건강의 저하, 사회경제적 지위가 낮은 것, 학력이 낮은 것, 배우자 및 자녀 학대, 그리고 폭력 행동이 들어 있으며, 이는 남녀 모두에게 해당되었다(Odgers, Moffitt, Broadbent et al., 2008).

흥미롭게도, 청소년기 한정으로 분류된 사람들은 공격적이고 반사회적인 행동을 '성장하면 탈피'할 것으로 예상되었는데, 20대 중반에도 약물사용, 충동성, 범죄, 그리고 전반적인 정신건강에서 문제가 지속되었다(Moffitt, Caspi, Harrington et al., 2002). 따라서 Moffitt과 동료들은 품행장애가 전적으로 청소년들에게만 국한되는 것이 아니기 때문에, 청소년기 발생(adolescent onset)이 이 집단의 더 적절한 용어라고 시사하고 있다(Odgers, Caspi, Broadbent et al., 2007). 32세에 이르면, 청소년기 발생형의 여성들은 폭력적 행동으로 어려움을 겪지는 않았지만, 남성들은 여전히 어려움이 있었다. 그러나 남성과 여성 모두에게 약물사용, 경제적 문제, 그리고 신체건강 문제가 지속되었다(Odgers et al., 2008).

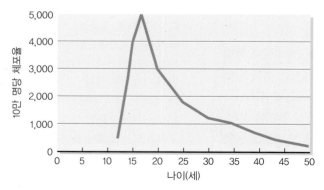

**그림 10.2** 살인, 강간, 강도, 가중 폭행, 그리고 자동차 절도에 대한 연령별 체포율[Blumstein, Cohen, & Farrington(1988)에서 번안함.]

**유병률** 추정치에 의하면 품행장애는 꽤 흔하며, 그 유병률이 6~9.5%까지의 범위에 걸쳐 있다(Merikangas et al., 2010; Nock, Kazdin, Hiripi et al., 2006). ADHD에서처럼, 품행장애는 소녀보다 소년에게서 더 흔히 나타난다. 그림 10.2에 표시된 모든 범죄 행위가 품행장애의 종종 일부분인 사악함과 냉담성을 특징으로 하지는 않지만, 이 그림은 아동과 청소년에서의 반사회적 행동으로 인한 문제를 보여주고 있다. 생애 지속형은 소년(10.5%)

이 소녀(7.5%)보다 많고, 청소년기 한정형도 또한 소년(19.6%)이 소녀(17.4%)보다 많다(Odgers et al., 2008).

**예후**  품행장애로 진단된 아동에 대한 예후는 간단하지 않다. 방금 기술된 결과가 보여주는 것은, 생애 지속형 품행장애가 있는 남성과 여성은 성인기에도 모든 종류의 문제를 계속해서 나타낼 것이라는 것이며, 여기에는 폭력적이고 반사회적 행동도 들어 있다. 그러나 아동기에 품행장애가 있었다고 해도 성인이 되어서 반드시 반사회적 행동을 보인다는 것은 아니다. 예를 들면, 또 다른 종단연구에서는 품행장애가 있는 아동의 약 절반이 나중의 평가(1~4년 뒤)에서 진단 기준을 충족시키지 못했지만, 이들 중 거의 대부분은 일부의 품행 문제를 계속해서 나타냈다는 것을 알려주었다(Lahey, Loeber, Burker et al., 1995).

## 품행장애의 원인론

다중 요인들이 품행장애의 원인론과 관련이 있는데, 여기에는 복잡한 방식으로 상호작용하는 유전적, 신경생물학적, 심리학적, 사회적 요인이 들어 있다(그림 10.3). 한 개관연구에서는 유전가능한 기질 특성들이 그 밖의 신경생물학적 어려움(예 : 신경심리적 결손)뿐만 아니라 수많은 환경 요인(예 : 양육방식, 학업 수행도, 또래의 영향)과도 상호작용한다는 원인론이 증거의 뒷받침을 받는다고 결론지었다(Hinshaw & Lee, 2003).

**유전 요인**  유전이 품행장애에 영향을 미친다는 증거는 상반되는데, 유전가능성(heritability)이 어느 정도 일조하는 것으로 보인다. 상반되는 발견에 대한 이유의 일부는 품행장애에 대한 유전적 영향의 일부가 ADHD 및 우울증을 위시한 다른 장애들에서도 공유되고 있으며, 그리고 유전적 영향의 일부는 품행장애에만 해당된다(Lahey, Van Hulle, Singh et al., 2011; Lahey & Waldman, 2012).

스웨덴, 덴마크, 미국에서 3개의 대규모 입양아 연구가 수행되어 왔지만, 이들 중 2개는 품행장애보다는 범죄 행동의 유전성에 초점을 맞춘 것이다(Simonoff, 2001). 대부분의 특질의 경우와 마찬가지로, 이 연구들은 범죄 행동과 반사회적 행동이 유전 요인과 환경 요인 둘 다에 의해 설명된다는 것을 알려준다. 흥미롭게도, 소년과 소녀가 유병률에서 차이가 있음에도 불구하고, 품행장애와 반사회적 행동에 대한 유전 및 환경의 기여도를 뒷받침하는 증거에서는 소년과 소녀 간에 차이가 없었다. 반사회적 행동에 대한 쌍둥이 및 입양아 연구의 종합분석에서는 반사회적 행동의 40~50%가 유전되는 것으로 나타났다(Rhee & Waldman, 2002).

품행문제의 유형을 구분하는 것은 품행장애의 유전가능성에 관한 발견을 명료하게 하는 데 도움이 될 수 있다. 쌍둥이 연구로부터 나온 증거는 공격적 행동(예 : 동물 학대, 싸움질, 기물파손)은 다른 비행 행동(예 : 절도, 소매치기, 무단결석)보다 더 유전성이 있다는 것을 알려준다(Burt, 2009). 그 외의 다른 증거들은 반사회적이고 공격적 행동 문제가 시작될 때의 나이가 유전성과 관련 있다고 말한다. 예를 들면, 아동기에 시작되는 공격적이고 반사회적인 행동은, Moffitt의 생애 지속형의 사례에서처럼, 청년기에 시작하는 유사한 행동보다 유전성이 더 크다(Taylor, Iacono, & McGue, 2000).

한 정밀한 연구에서는 나중에 성인이 되어서의 반사회적 행동을 예측하는 데 있어 유전 요인과 환경 요인 사이의 상호작용을 조사하였다(Caspi, McClay, Moffitt et al., 2002). 이 연구에서는 MAOA

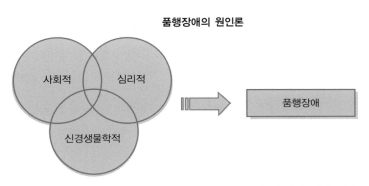

**그림 10.3** 신경생물적, 심리적, 사회적 요인 모두가 품행장애에서 어떤 역할을 한다.

유전자를 조사하였는데, 이 유전자는 X염색체 상에 위치해 있고 MAO 효소를 방출하는데, 이 효소는 도파민, 세로토닌, 그리고 노르에피네프린을 위시한 많은 신경전도체를 신진대사해서 처리한다. 이 유전자는 그 활동성이 다양하게 다른데, 어떤 사람들에게서는 MAOA의 활동성이 높고 다른 사람들에게서는 그 활동성이 낮다. 뉴질랜드의 더니든에서 연구자들은 아동이 1,000명이 넘는 큰 표본을 사용하여 MAOA의 활동 수준을 측정했으며 또한 아동들이 학대받아 왔던 정도도 평가하였다. 아동기의 학대받은 경험은 나중의 품행장애를 잘 예측해주지 못했으며, MAOA 활동 수준이 낮은 것도 마찬가지였다. 오히려 학대받았을 뿐만 아니라 MAOA 활동도 낮았던 아동들이 학대받았지만 MAOA 활동이 보였던 아동 또는 학대받지 않았지만 MAOA 활동이 낮았던 아동에 비해서 품행장애를 나타낼 가능성이 더 높았다. 따라서 환경과 유전자 둘 다 중요한 요인이었다. 이와 같은 여러 개의 연구들에 대한 종합분석 결과는 이상의 발견을 확인해주었다. 즉 학대받은 경험이 유전자를 통해서만이 나중의 반사회적 행동으로 연결되었다(Taylor & Kim-Cohen, 2007).

**뇌 기능, 자율신경계, 그리고 신경심리 요인**  품행장애가 있는 아동에 대한 신경영상 연구는 정서, 특히 공감 반응을 뒷받침하는 뇌 영역의 결함을 드러내주었다. 예를 들면, 냉담하고 정서가 부족한 특질이 있는 아동은 다른 사람들의 얼굴에서 고통(두려움, 슬픔, 통증)과 행복을 인식하기가 어려웠지만, 분노를 인식하는 데서는 어려움이 없었다(Marsh & Blair, 2008). 게다가 이런 아동들은 편도체와 전전두엽 피질과 같은 정서와 관련된 뇌 영역에서 활성화가 감소된 것을 보인다(Blair, 2013). 또한 냉담하고 정서가 부족한 특질이 있는 아동은 다른 아동들처럼 자신의 행동을 보상이나 처벌과 연관시키는 것을 학습하지 못했으며, 이는 정서(예 : 편도체)와 보상[예 : 배측 선조체(ventral striatum)]과 관련된 뇌 영역의 기능부전과 연관이 있다(Blair, 2013).

또 다른 연구에서는 자율신경계의 이상이 청소년기의 반사회적 행동과 관련이 있다고 지적한다. 세부적으로 말하면, 휴식 중의 피부전도도와 심박 수가 낮은 것이 품행장애가 있는 청소년에게서 발견되었는데, 이는 이들이 품행장애가 없는 청소년에 비해서 각성 수준이 낮은 것을 시사한다(Ortiz & Raine, 2004; Raine, Venebales, & Williams, 1990). 각성 수준이 낮은 것이 왜 중요할까? 방금 살펴본 신경영상연구와 마찬가지로, 이러한 발견은 반사회적 행동을 보이는 청소년들이 그러한 행동을 보이지 않는 청소년들에 비해서 처벌을 두려워하지 않을 수도 있다는 것을 시사한다. 따라서 이러한 아동들은 자신이 붙잡힐 것이라는 두려움 없이 반사회적인 행동을 나타내기 쉬울 수 있다.

또한 신경심리적 결손이 품행장애가 있는 아동에게서 관찰되어 왔다(Lynam & Henry, 2001; Moffitt, Lynam, & Silvia, 1994). 이러한 결손에는 언어성 기술의 저하, 실행 기능(예측하고, 계획하고, 자기조절을 할 줄 알고, 문제를 해결하는 능력)에서의 어려움, 그리고 기억력에서의 문제 등이 들어 있다. 더욱이, 이른 나이(예 : 생애 지속형)에 품행장애가 나타난 아동들은 품행장애가 없는 같은 연령의 또래들보다 IQ 점수가 1표준편차 낮게 나타났으며, 이와 같은 IQ 결손은 사회경제적 지위가 낮은 것이나 또는 학업 실패의 탓은 아닌 것으로 보인다(Lynam, Moffitt, & Stouthamer-Loeber, 1993; Moffitt & Silvia, 1988).

**심리적 요인**  전형적인 아동발달에서 중요한 것은 사회적 정서와 도덕적 깨달음의 성장—즉 무엇이 옳고 그른지에 대한 감을 습득하는 것—그리고 규칙과 규범을 따르는 능력, 심지어는 그러려는 소망이다. 대부분의 사람들은 타인에게 상처를 주는 행동을 자제하는데, 그러한 행동이 불법일 뿐만 아니라 죄책감을 가져다주기 때문이다. 품행장애가 있는 아동들, 특히 냉담하고 정서가 부족한 특질이 있는 아동들은 도덕적 깨달음에서 결손이 있어서, 자신의 잘못된 행위에 대해 후회가 없는 것으로 보인다(Cimbora & McIntosh, Blair, 2013; Frick et al., 2014). 성인기에는, 이러한 특질은 반사회성 성격장애와 정신병질에서 두드러지게 나타난다(제8장에서 살펴봄).

공격행동(그리고 확대하면 품행장애)에 대한 사회-인지(social-cognitive) 관점은 Kenneth Dodge와 그의 동료의 연구에서 제시되었다. 그의 초기 연구 중 하나(Dodge & Frame, 1982)에서, 그는 공격적인 아동의 인지 과정에 편향 (bias)이 있음을 발견했다. 이런 공격적인 아동은 줄에 서 있다가 부딪치는 것과 같은 별 것 아닌 행동을 상대방이 적대적인 의도를 가진 증거로 해석한다. 이런 오해 때문에 상대방이 고의로 부딪친 것이 아닌데도 이런 공격적 아동은 상대방에게 공격적인 보복행동을 하게 될 수 있다. 따라서 또래들은 이런 공격 성향의 아동이 과거에 공격적인 행동을 나타냈던 것을 기억해내면서, 이런 공격 성향의 아동에게 공격적인 행동을 보다 자주 나타내게 되고, 이래서 공격 성향의 아동은 더욱 화가 나게 되고 이런 식으로 배척하고 공격하는 악순환이 계속되게 되는 것이다(그림 10.4 참조). 최근 들어서, Dodge와 동료들은 반사회적 행동을 보이는 청소년들에게서 사회정보 처리의 결손이 심박 수와 관련이 있음을 발견했다. 세부적으로 말하면, 심박 수가 낮은 것이 사회정보 처리 과정의 결손과 무관하게 남자 청소년들의 반사회적 행동을 예측해주었는데, 이 발견은 각성 수준이 낮은 것과 품행문제에 대해 앞에서 살펴본 연구 결과와 일치한다. 그러나 심박 수가 낮은 것과 반사회적 행동 간의 연결성은 남녀 청소년 모두에서 사회정보 처리 결손으로 설명되었다 (Crozier, Dodge, Griffith et al., 2008).

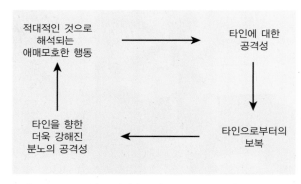

**그림 10.4** Dodge의 공격성에 대한 인지 이론. 애매한 행위를 적대적인 것으로 해석하는 것은 타인에 대한 공격성과 타인으로부터의 공격성을 포함하는 악순환의 일부이다.

**또래의 영향**    또래가 아동의 공격적이고 반사회적인 행동에 영향을 미치는 방식에 관한 연구에서는 크게 2개 영역에 초점을 맞추어 왔다 — (1) 또래로부터의 수용 또는 배척, (2) 이탈행동을 하는 또래들과의 어울림. 연구 결과에 의하면 또래로부터 배척받는 것은 특히 ADHD의 경우, 공격행동을 일으키는 원인으로서 역할을 하는 것으로 나타났다(Hinshaw & Melnick, 1995). 다른 연구들은 또래로부터 배척받으면 나중에 공격행동을 하게 될 가능성이 높음을 보여주었는데, 이는 배척받을 시의 공격행동의 수준과는 관계가 없었다(Coie & Dodge, 1998). 비행행동을 하는 다른 또래들과 어울리는 것도 또한 비행행동을 할 가능성을 증가시켰다(Capaldi & Patterson, 1994).

품행장애가 있는 아동이 자기와 정신자세가 비슷한 또래와 어울리는 것을 선택한 나머지 반사회적 행동의 길을 계속 가게 되는 것인가(즉 사회 선택의 관점), 아니면 단순히 비행행동을 하는 또래들의 주변에 있다 보니 반사회적 행동을 시작하게 되는 것인가(즉 사회 영향의 관점)? 유전자-환경 간의 상호작용을 조사하는 연구에서는 이 질문에 대한 실마리를 찾아냈고, 그 대답은 양쪽의 견해가 모두 옳다는 것에 있는 것으로 보인다. 즉 앞에서 살펴본 바와 같이, 우리는 유전 요인이 품행장애에서 역할을 발휘하며, 이러한 요인이 이제는 품행장애가 있는 아동으로 하여금 이탈행동을 하는 또래와 어울리는 것을 선택하도록 아동을 부추기는 데 역할을 한다는 것을 알고 있다. 그러나 환경의 영향, 특히 이웃(예 : 이웃의 빈곤)과 가족(예 : 부모의 관찰) 요인은 아동이 이탈행동을 하는 또래와 어울리고, 이런 어울림이 이제는 품행장애에 영향을 미치고 악화시키는지 여부에서 어떤 역할을 발휘한다(Kendler, Jacobson, Myers et al., 2008).

## 품행장애의 치료

품행장애의 치료에서는 아동의 생활과 관련된 다중체계(가족, 또래, 학교, 이웃)를 다룰 때 그 효과가 가장 큰 것으로 보인다.

Michael Newman/PhotoEdit

부모의 관리능력 증진 훈련은 품행장애를 치료하는 데 효과적일 수 있다.

**가족의 개입**　품행장애를 치료하는 데 있어 유망한 접근법 중 하나는 반사회성 아동의 부모와 가족에 개입하는 것이다. 더욱이, 증거에 따르면 조기개입이 그 개입기간이 짧더라도 영향을 끼칠 수 있다. 한 무선통제 시행(Shaw, Dishion, Supplee et al., 2006)에서, 연구자들은 소위 가족 점검(family checkup, FCU) 요법과 아무런 처치도 없는 조건을 비교하였다. FCU에서는 부모와 세 번 만나서 아동과 양육 실제에 대하여 알아내고 평가한 후 부모에게 피드백을 제공한다. 이 연구에서는, FCU는 품행문제(부모에게 품행문제나 물질남용 문제가 있거나 또는 아동에게서 품행문제 행동의 조기징후가 있는 경우)를 나타낼 위험성이 높은 유아가 있는 가정에 제공된다. 이 3회기의 단기 개입은 파괴적 행동문제(disruptive behavior)의 감소와 연관이 있었으며, 심지어는 개입 후 2년이 지난 뒤에도 그러하였다.

Gerald Patterson과 그의 동료들은 **부모 관리능력 증진 훈련**(parental management training, PMT)을 개발하고 검증하는 작업을 30년 이상 해 왔다. 이 프로그램에서는 부모에게 아동이 반사회적 행동보다는 친사회적인 행동을 나타냈을 때 일관성 있게 보상을 주는 방식으로 행동을 수정하도록 가르쳐준다. 이를 위해서 아동이 긍정적인 행동을 보였을 때 정적 강화를 주는 방법을, 공격적이거나 반사회적인 행동을 보일 때는 반성할 시간 주기(time-out) 기법 및 권리 박탈법을 사용하는 요령을 배운다.

이 요법은 다른 연구자들에 의해 수정되어 왔다. 그러나 일반적으로 품행장애 아동과 적대적 반항장애 아동에게 가장 효과적인 치료 개입이다. 아동의 행동에 대한 부모와 교사의 보고서뿐만 아니라 이들이 가정과 학교에서 아동을 직접 관찰한 결과도 이 프로그램의 효과를 뒷받침해주고 있다(Kazdin, 2005; Patterson, 1982). PMT는 부모-아동 간의 상호작용을 변화시키는 것으로 입증되었으며, 이는 그다음에 반사회적 및 공격적 행동의 감소와 연관이 있었다(Dishion & Andrews, 1995; Dishion, Patterson, & Kavanagh, 1992). PMT는 라틴계 가정에 맞게 번안되었는데 부모와 아동의 행동을 수정하는 데 효과가 있음이 입증되었다(Martinez & Eddy, 2005).

부모와 교사를 훈련시키는 접근방식은 헤드스타트(Head Start)와 같은 대규모 사회 기반 프로그램 속으로 받아들여졌으며, 아동기의 품행문제를 감소시키고 긍정적인 양육 행동을 증가시키는 것으로 나타났다(Webster-Stratton, 1998; Webster-Stratton, Reid, & Hammond, 2001).(헤드스타트에 대한 더 많은 정보는 초점 10.2를 보라.)

**다중체계적 처치**　심각한 비행청소년 범죄자를 위한 또 다른 유망한 치료법은 **다중체계적 처치**(multisystemic treatment, MST)이다(Borduin et al., 1995). 다중체계적 처치는 청소년, 가족, 학교, 그리고 어떤 경우에는 또래 집단도 포함해서 이들을 대상으로 포괄적인 치료 서비스를 제공하는 방법이다(그림 10.5). 여기에서는 품행문제가 가족 내의 다양한 맥락(분위기)과, 가족체계와 다른 사회체계 간의 뒤엉킨 분위기의 영향을 받는다고 본다. MST 치료자가 사용하는 전략은 다양해 행동적, 인지적, 가족-체계, 그리고 사례-관리 기법을 모두 사용한다. 치료자의 행동은 당사자 및 가족의 강점을 강조해주고, 품행문제의 사회적 맥락을 파악하며, 현재 중심적이고 행위 지향적 개입법을 사용하고, 가족 구성원들이 매일 또는 매주 노력해야 하는 개입법을 구사한다. 처치는 집, 학교 또는 인근의 레크리에이션 센터 같이 '생태학적으로 타당한' 상황에서 제공되는데, 이는 개선된 효과가 아동 및 가족의 일상적 생활 속으로 확산되어 가는 것을 극대화하기

## 초점 10.2 헤드스타트 : 지역사회에 기반을 둔 예방 프로그램

조기교육 헤드스타트 프로그램은 미 연방정부 예산의 지원을 받는 프로그램으로서, 저소득층 자녀들에게 적절한 환경자극을 제공해줌으로써 일상의 학교환경에서 사회적·문화적으로 성공할 수 있도록 준비를 시키는 데 그 목적이 있다. 조기교육 프로그램의 핵심은 지역사회에서의 취학 전(前) 교육으로서, 초기의 인지적 기술과 사회성 기술을 발달시키는 데 초점을 두었다. 조기교육은 지역사회의 전문가들과 계약을 맺어서 이루어지는데, 이 전문가들은 아동들에게 예방접종, 청각 및 시각검사 실시, 의학적 처치의 실시, 그리고 영양 상태에 관한 정보 제공을 위시한 각종 일반의료 및 구강보건 서비스를 제공한다(http://www.acf.hhs.gov/programs/ohs). 또한 정신건강 서비스(mental health service)는 이 프로그램에서 중요한 또 다른 구성요소이다.

1998년에 미국 의회에 의해 설립된 미국립 헤드스타트 영향 연구(The National Head Start Impact study)는 헤드스타트의 무선 통제 임상 시행으로서, 미국 전역에 걸쳐서 약 5,000여 명의 아동을 연구하고 있다. 2002~2006년 사이에 자료 수집이 시작되었고, 헤드스타트가 학습 준비에 어떠한 영향을 끼치는지와 어떤 유형의 아동들이 헤드스타트 프로그램으로부터 가장 많은 효과를 얻는지에 역점을 두고 있다. 최종 결과는 헤드스타트에서 아동들이 많은 지적, 사회적 및 행동적 이득을 거둘 수 있음을 발견했다. 불행히도 이러한 이득 중 많은 부분이 1학년(U.S. Department of Health and Human Services, Administration for Children and Families, 2010)과 3학년(Puma, Bell, Cook et al., 2012)을 마친 후에는 유지되지 않는 것으로 보인다. 전반적으로 실망스러운 결과를 감안하여, 헤드스타트에 대해 많은 변화가 가해졌는데, 여기에는 교사 및 담당자에 대한 훈련 증대뿐만 아니라 도움이 안 되는 프로그램의 제외가 이루어졌다. 이것이 헤드스타트가 효과가 없다는 것을 의미하는가? 꼭 그렇지는 않다. 유치원에서 헤드스타트에 참여한 아동이 헤드스타트에 참여하지 않는 아동보다 더 잘하고 있다는 것은 고무적이다. 이제는 아동이 다양한 학교 장면으로 옮겨 감에 따라 위와 같은 긍정적인 효과가 더 오래 지속되도록 도와주는 것이 과제로 남아 있다.

위한 것이다. MST는 많은 연구에서 효과가 있는 것으로 나타났다(Henggeler, Schoenwald, Borduin et al., 1998; Ogden & Halliday-Boykins, 2004).

**예방 프로그램** 품행장애가 나타나는 것을 미리 막을 수 있다면 이상적일 것이다(또 다른 유형의 예방 프로그램인 헤드스타트에 대해서는 초점 10.2 참조). 이런 일이 이루어질 수 있을까? 지난 20년간 연구된 이러한 예방 프로그램 중 하나는 Fast Track이라고 불리는데, 품행문제 방지 연구진(Conduct Problems Prevention Research Group, CPRG)에서 발견한 것이다. 이 연구진에서는 Fast Track을 개발하고, 실시하고, 평가하였는데, 품행장애와 같이 복잡한 것을 예방하는 것이 얼마나 어려운지를 알려주고 있다.

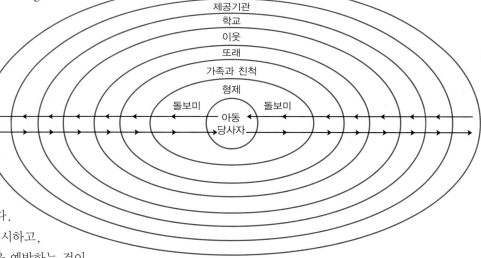

**그림 10.5** 다중체계적 처치(MST)에서는 아동에 대한 처치법을 개발할 때 가족, 학교, 지역사회 및 또래들을 포함하는 다양한 요인을 감안한다.

이 연구에서는 미국에서 4곳의 가난하고 범죄율이 높은 지역의 약 1만 명의 유치원 아동을 평가했다. 이 대규모 집단에서, 품행장애를 나타내고 있는 거의 900명의 아동이 Fast Track 개입 또는 통제조건의 개입에 무선으로 배정되었다. Fast Track 개입은 아동을 학업적으로, 사회적으로, 그리고 행동적으로 도와주기 위해 고안된 것인데, 또래 관계, 공격적이고 파괴적인 행동, 사회적 정보 처리, 그리고 부모-자녀 관계를 포함하여 품행장애에서 문제가 되는 영역에 초점을 맞춘 것이다. 이 개입은 10년에 걸쳐서 집단으로 실시되고 또한 해당 아동의 각 가정에서도 실시되었는데, 1년에서 5년 차까지는 좀 더 집중적인 처치가 제공되었으며 6년에서 10년 차까지는 덜 집중적인 처치가 제공되었다.

연구 결과는 Fast Track 개입을 받은 아동이 효과를 보았음을 입증해주었다. 그러나 아동이 나이를 먹으면서 그 효과는 줄어드는 것으로 나타났다. 예를 들면 Fast Track을 받은 아동은 1학년 말에 가서 통제 조건의 아동에 비해서 행동문제가 줄어들고 사회정보 처리 기술이 더 나아졌지만, 3학년에 이르러서는 사회정보 처리에서 발전한 것의 일부가 더 이상 존속하지 않았으며, 심지어 4학년과 5학년에 가서는 더 줄어들었다(Conduct Problems Prevention Research Group, 2010a).

그러나 이 소식은 전적으로 나쁜 것만은 아니다. 이 개입법은 여전히 일부 영역에서 차이를 내고 있었다. 9학년에 이르러서는, 유치원에서의 기저 수준 평가에서 가장 심각한 문제행동을 보였는데 Fast Track 개입을 적용받던 아동이 통제집단의 아동에 비해서 품행장애나 외현화 장애의 진단을 덜 받았다(Conduct Problems Prevention Research Group, 2010a, 2011). 9학년 때의 성과에 대한 추가 분석의 결과에 따르면, Fast Track이 행동 문제를 줄이는 데 미친 효과는 부분적으로는 앞에서 살펴본 적대적인 귀인 편향에 기인하는 것으로 나타났다(Dodge & Godwin, 2013). 고등학교를 졸업할 때에는, 개입이 종료된 지 만 2년이 지났는데, Fast Track 개입법을 받은 아동이 체포된 비율이 적었으며(Conduct Problems Prevention Research Group, 2010b), 어떤 유형이든지 외현화 장애의 진단을 덜 받았다(Conduct Problems Prevention Research Group, 2011).

## 중간 요약

ADHD와 품행장애는 외현화 장애로 지칭된다. 이 장애들은 여러 문화권에 걸쳐 나타나는데, 다른 문화권에서는 외현화 증상의 표현방식에 차이가 있다. 이 두 장애는 모두 여아보다 남아에서 더 흔히 나타난다. 많은 요인들이 함께 작용하여 ADHD와 품행장애를 일으킨다. 유전 요인은 ADHD에서 특히 중요한 역할을 발휘하지만 또한 품행장애에도 연루되어 있다. 신경생물학적 연구에서는 ADHD의 경우 도파민과 품행장애의 경우에는 편도체와 같은 두뇌 및 신경전도체의 영역이 관련되는 것으로 나타났다. 신경심리적 결손은 이 두 장애 모두에서 나타난

다. ADHD에 대한 그 밖의 위험 요인에는 저체중과 산모의 흡연이 있다. 가족 및 또래 변인 역시 고려해야 할 중요한 요인이며, 특히 이들이 유전적 취약성, 신경생물학적 취약성과 상호작용하는 방식에서 그렇다. ADHD를 위한 가장 효과적인 치료법은 각성제와 행동요법을 함께 사용하는 것이다. 품행장애의 경우, PMT와 같은 가족 기반의 요법이 효과적이며, MST에서와 같이 다중적 개입 지점을 목표로 하는 치료도 효과적이다. Fast Track과 같은 예방적 접근법도 또한 도움이 될 수 있다.

## 복습문제 10.2

다음 문장의 빈칸을 채워라.

1. Moffitt과 동료들은 두 유형의 품행장애에 대한 증거를 상당히 많이 제시하였다. _____ 유형은 어린 나이에 발생하여 사춘기 및 성인기로까지 문제가 지속되는 것과 연관되어 있다. _____ 유형은 10대에 시작하여 성인기에 이르면 약해지는 것으로 여겨지고 있다. 최근의 추적조사(follow-up) 결과는 이 유형이 약화된다는 견해를 지지해주지 않고 있다.

2. 동반이환은 품행장애에서 흔하다. 품행장애와 공존하는 다른 문제에는 _____, _____, _____, _____ 이 있다.

3. 품행장애에 대한 치료 시 가족을 끌어들여서 성공을 거두는 요법을 _____라고 부른다. 또 다른 성공적인 요법으로서 지역사회에 초점을 두고 아동, 부모, 또래, 학교를 대상으로 작업하는 것은 _____이다.

# 아동 및 청소년에서의 우울과 불안

지금까지 우리는 아동에게 국한된 장애들에 대해서 살펴보았다. 우울과 불안장애를 위시한 내재화 장애는 아동기나 사춘기에 처음 시작하는데 성인에서도 상당히 많이 나타난다. 이들 장애에 대한 훨씬 풍부한 기술은 제2장(기분장애)과 제3장 및 제4장(불안장애, 강박장애 및 외상 관련 장애)에 제시되어 있다. 이제 이러한 장애들의 증상, 원인론, 그리고 치료법이 성인과 비교해서 아동에 대해서는 어떻게 다른지를 기술한다.

## 우울증

**아동 및 청소년에서의 우울증에 대한 임상적 기술, 유병률, 동반이환**　　주요우울증이 아동과 성인 간에는 증상 면에서 비슷한 점과 다른 점이 있다(Garber & Flynn, 2001). 7~17세 사이의 소아청소년이 성인과 비슷한 점은 다음과 같다 — 우울한 기분, 즐거움을 못 느끼는 것, 피로, 주의집중이 잘 안 되는 것, 자살생각. 다른 점은, 소아 및 청소년은 성인에 비해 죄책감이 크지만, 다음과 같은 것은 성인에 비해서 더 적다. 즉 아침에 일찍 일어나는 것, 이른 아침에 우울한 기분을 경험하는 것, 식욕상실, 체중감소가 나타나는 비율이 더 적다. 성인의 경우와 마찬가지로, 아동기 우울증도 재발성을 띤다. 종단연구 결과는 주요우울증이 있는 아동 및 청소년 모두에서 4~8년 뒤에 그 상태를 평가했을 때까지도 우울 증상이 상당 부분 남아 있었음을 보여주었다(Garber, Kelly, & Martin, 2002; Lewinsohn, Rohde, Seeley et al., 2000).

아동기 우울증 증상의 상당수는 슬픈 기분을 포함하여 성인 우울증과 동일하다.

우울증은 13세 이하 취학 연령 아동의 2~3%에서 발생한다(Costello, Erkanli, & Angold, 2006). 청소년기에 이르러서는, 우울증의 비율은 소녀의 경우 6~16%에 걸쳐 있으며 소년의 경우 4~7%에 걸쳐 있다(Costello et al., 2006; Merikangas et al., 2010).

방금 우리가 성인 우울증에 대해서 살펴본 것과 마찬가지로, 여자 청소년에서의 유병률은 남자 청소년보다 거의 2배나 높다(초점 2.1 참조). 여자 청소년은 남자 청소년보다 더 자주 우울을 경험하지만, 이들이 겪는 증상의 유형에서는 거의 차이가 없다(Lewinsohn, Petit, Joiner et al., 2003). 흥미롭게도, 성차는 12세 이전에는 나타나지 않는다. 청소년기에 이르기 전까지는 성차가 부각되지 않는다(Hankin, Abramson, Moffitt et al., 1998).

성인들의 경우와 마찬가지로 우울증에는 불안이 동반되는데, 특히 청소년들에게서 그렇다(Cummings, Caporino, & Kendall, 2014). 최근의 증거에 따르면, 청소년기의 우울증과 불안 사이의 동반 현상은 이 두 장애에서 유전적인 취약점이 공유되어 있는 것이 부분적인 원인일 수 있다(Waszczuk, Zavos, Gregory et al., 2014).

**아동 및 청소년에서의 우울증의 원인론**　　젊은이들이 우울하게 되는 것은 무엇 때문인가? 성인의 경우와 마찬가지로, 관련 증거에 의하면 유전 요인이 어떤 역할을 담당한다고 한다(Klein, Lewinsohn, Seeley et al., 2001). 사실상, 성인에 대한 유전 연구의 결과(제2장 참조)는 아동 및 청소년에게도 적용된다. 왜냐하면 유전의 영향은 출생 직후부터 나타나기 때문이다. 그러나 이런 유전의 영향은 곧바로 나타나지 않을 수도 있다. 부모가 우울한 아동은 부모가 우울하지 않은 아동에 비해 우울증에 걸릴 위험이 4배나 더 높다(Hammen & Brennan, 2001). 물론, 부모가 우울한 것도 유전자와 환경 모두를 통해 위험을 전달해주기 쉽다.

성인에게서 발견된 것과 마찬가지로(제2장 참조), 유전자-환경의 상호작용은 사춘기 후기와 성인기 초기에서의 우울증의 발생을 예측해준다. 고등학교 2학년인 청소년들을 대상으로 시작한 대규모 전망연구인, 노스웨스턴-UCLA 청년 정서 프로젝트(Northwestern-UCLA Youth

Emotion Project)의 결과는 이와 같은 상호작용에 대한 정보를 제공해주었다. 이 연구에서는 세로토닌 전달자 유전자(serotonin transporter gene)의 짧은 대립 유전자(short allele, 두개가 모두 짧거나 또는 짧고 긴 것이 각기 1개씩임)를 보유하고 있었으며 주목할 만하게 대인관계적으로 스트레스를 주는 생활사건을 겪은 사람들이 짧은 대립 유전자를 보유하고 있었지만 그런 스트레스를 겪지 않았던 사람들이나 대인관계적으로 스트레스를 주는 생활사건을 겪었지만 해당 유전자의 대립 유전자가 모두 긴(long-long allele) 것을 보유하고 있던 사람들에 비해서 주요우울장애의 일화를 겪기가 쉬운 것으로 나타났다(Vrshek-Schallhorn, Mineka, Zinbarg et al., 2013). 다른 연구에서도 대인관계 요인이 사춘기 소녀들에게서 우울증의 발생을 예측하는 데 특히 중요한 것으로 보인다는 것을 밝혀주었다(Hammen, 2009).

성인들의 경우와 마찬가지로, 다른 유형의 어릴 적의 역경과 부정적인 생활사건도 또한 역할을 발휘한다(Garber, 2006). 예를 들면, 한 연구에서는 어릴 적의 역경(예 : 아동기의 경제적 곤란, 산모의 우울증, 만성 질환을 겪은 것)이 15~20세 사이에 우울증이 발현되는 것을 예측해주었는데, 이는 특히 15세가 될 때까지 부정적인 생활사건을 많이 겪었던 청소년 중에서 그러하였다(Hazel, Hamman, Brennan et al., 2008). 부모에게 거부당한 것은 아동기의 우울과 근소한 관련이 있는데, 이는 45개 연구에 대한 종합에서 확인되었다(McLeod, Wood, & Weisz, 2007). 부모의 거부가 미치는 효과의 크기는 연구들 전반에 걸쳐서 작은 것으로 간주되는데, 이는 부모의 거부 이외의 다른 요인들이 아동기에 우울을 유발하는 데 더 큰 역할을 발휘함을 시사한다.

우리의 신체는 HPA 축과 코르티솔의 방출을 통해 스트레스에 반응한다. Youth Emotion Project 연구에서 나온 추가적인 결과는 아침에 처음으로 잰 코르티솔이 2.5년 뒤까지의 주요 우울 일화의 발생을 예측해주었다는 것을 알려준다(Vrshek-Schallhorn, Doane, Mineka et al., 2013). 이러한 결과는 성인에 대해서 얻은 발견과 일치한다(제2장에서 개관됨).

제2장에서 살펴본 내용 중에서 우울증이 있는 사람들에서의 코르티솔이 해마의 부피(크기)가 작은 것과 연관되어 있다는 점을 상기하라. 이것은 또한 청소년에게도 해당될 수 있을 것이다. 우울증을 나타낼 위험이 큰 청소년에 대한 종단연구에서는 우울증의 일화를 나타냈던 사람들은 우울증 일화를 나타내지 않았던 사람들에 비해서 해마의 부피가 사춘기 초기와 중기 사이에 더 느리게 성장한다는 것을 발견했다(Whittle, Lichter, Dennison et al., 2014). 이 연구진은 스트레스 생활사건이나 코르티솔을 측정하지는 않았지만, 이 연구에서 개관한 다른 연구들에서 나온 증거는 청소년기의 우울증을 살펴볼 때 유전자, 스트레스 생활사건, 코르티솔, 그리고 두뇌가 모두 중요하다는 것을 시사한다.

Beck의 이론과 우울증의 절망감 이론(제2장 참조) 둘 다에 들어맞게도, 인지적 왜곡과 부정적 귀인 성향이 소아·청소년기 우울증에 관련되어 있는데, 그 양상이 성인에게서 발견된 것과 비슷하다(Garber et al., 2002; Lewinsohn et al., 2000). 예를 들면, 우울증에 걸린 아동을 대상으로 한 연구 결과는, 아동이 갖고 있는 전망이 우울증에 걸리지 않은 아동에 비해서 더 부정적이며 우울증에 걸린 성인의 전망과 비슷하다는 것을 나타내고 있다(Prieto, Cole, & Tageson, 1992). 또한 부정적인 생각과 절망감이 있으면 청소년이 우울증으로부터 회복하는 데도 시간이 오래 걸린다는 것을 예측해주고 있다(Rhode, Seeley, Kaufman et al., 2006). 물론 우울증은 아동들이 더 부정적으로 생각하게 만들 수 있다(Cole, Martin, Peeke et al., 1998). 따라서 종단연구를 고려해보는 것이 중요하다.

우울증이 있는 아동에 대한 연구에서 핵심적인 질문은 다음과 같다. 아동은 실제로 언제 안정적 귀인 유형을 발전시키는가? 즉 어린 아동이 고도의 인지발달이 한창 진행되고 있는 가운데 자신에 대해 안정된 방식으로 사고를 할 수 있을까? 한 종단연구에서는 아동의 귀인 유형이 발달하는 과정을 조사하였다(Cole Ciesla, Dallaire et al., 2008). 세부적으로 말하면, 연구자들은 세 집단의 아동들을 대상으로 4년마다 한 번씩 전망적인 조사를 실시했다. 연구 1년 차에, 세 집단은 2학년 아동, 4학년 아동, 6학년 아동으로 각각 구성되었다. 이 세 집단은 아동이 각각 5학년, 7학년, 9학년이 될 때까지 매년 추적조사가 실시되었다. 연구자들이 발견한 것은, 귀인 유형이 아동이 사춘기 초기에 이를 때까지는 안정된 유형이 아닌 것으로 보인다는 점이다. 더욱이 귀인 유형은 어린 아동의 우울을 예측하는 데서 부정적인 생활사건과 상호작용하지 않았다(즉 귀인 유형은 인지적 소질이 아니다). 귀인 유형을 인지적 소질로 뒷받침하는 증거가 부각된 것은 아동이 8학년 혹은 9학년이 되어서였다. 따라서 이 연구의 결과는 귀인 유형이 청소년 초기에 이르러서야 비로소 유형이라고 할 수 있게 되며 귀인 유형이 중학생 정도가 되어야 우울증에 대한 인지적 소질로서 역할을 나타낸다는 것을 시사한다.

**소아·청소년기 우울증의 치료**    우울증 청소년의 처치 연구(Treatment for Adolescents with Depression Study, TADS)로 불리는 대규모 무선통제 시행의 결과는 항우울제의 효능에 대해 다소 뒷받침을 제공한다. TADS 연구에서는 청소년들에게 프로작, 인지행동요법(CBT), 또는 둘 다를 제공하는 복합치료를 받도록 무선 배정하였다. 연구 결과는 복합치료가 12주에 걸쳐서 가장 효과적이었다는 것과, 프로작이 CBT에 비해서 근소한 수준의 치료적 이득이 있었음을 알려주었는데(March, Silva, Petrycki et al., 2004), 이런 패턴은 36주가 지나서도 유지되었다(TADS team, 2007). 아동의 우울 및 불안장애에 대한 항우울제 처방의 27개 무선통제 시행을 종합분석한 결과에서는, 약물치료가 강박장애를 제외한 불안장애에 대해 가장 효과적이었으며, OCD와 우울증에는 효과가 적었던 것으로 나타났다(Bridge, Iyengar, Salary et al., 2007).

그러나 몇 가지 우려가 항우울제에 대해 제기되어 왔다(초점 10.3 참조). 항우울제를 복용한 아동 중 일부가 겪는 부작용에는 설사, 메스꺼움, 수면문제, 그리고 동요가 들어 있다(Barber, 2008). 더 중요한 것은, 자살기도에 대한 우려가 아동에 대한 항우울제의 안전에 대해 미국과 영국에서 일련의 공청회를 촉발했다는 것이다. 위에 인용된 연구(March et al., 2004)에서는, 439명의 청소년 중에서 7명이 자살을 기도했는데, 이들 중 6명은 프로작 집단에 속해 있었고 1명은 CBT 집단에 참여한 사람이었다(이 복잡한 쟁점에 대한 심층적인 고찰은 초점 10.3 참조). Bridge와 동료들(2007)의 종합분석에서는 연구자들이 우울증을 연구할 때 자살기도의 비율을 살펴보았

## 임상 사례 : 샤론

처음 보았을 때, 샤론은 극도의 기분부전 상태에 있었고, 재발성 자살생각을 경험했으며, 그리고 수많은 우울증 관련 식물성 증세(vegetative signs)를 나타냈다. … 항우울제 처방을 받은 [이후] 그녀는 우울증에 대한 인지행동요법을 받게 되었다. … 그녀는 자신의 기분이 자신의 생각과 행동에 의해 영향을 받는 것을 이해할 수 있게 되었으며 즐겁고 끝마칠 수 있는 일을 많이 하기 위한 행동계획 짜기도 할 수 있었다. 샤론은 많은 영역에서 자신의 수행도를 평가하는 데 지극히 높은 기준을 갖고 있음을 보여주었으며, 그녀의 부모 또한 이런 높은 기준을 갖고 있다는 것이 명확해졌다. 그래서 가족치료 회기가 샤론과 그녀의 부모로 하여금 자신의 기준을 재평가하도록 격려하기 위하여 열리게 되었다.

샤론은 자신의 기준을 바꾼다는 생각에 어려움을 느꼈으며 자기가 우울하지 않을 때에는 자신의 완벽주의를 높게 치고 있다고 언급했다. 그 시점에서 그녀는 치료에 대해 저항했는데 왜냐하면 치료가 자신이 가치 있다고 여기는 것을 바꾸어주려고 한다고 인식했기 때문이다. 이를 염두에 두고, 우리(치료자)는 그녀의 완벽주의가 작동하는 상황이나 영역 그리고 그녀를 힘들게 하는 시기와 방식을 탐색하고 파악하기 시작했다. 그녀는 이와 같은 관점에 대해 점차 편안해했고 수학 과목의 학습(이는 명백히 강점 영역이었음)에서의 자신의 수행도에 대해 기준을 계속 높게 설정하기를 원하는 것으로 마음을 먹었다. 그러나 그녀는 미술이나 체육에 대해서는 그런 높은 기준을 자신에게 요구할 필요가 없었다. [Braswell & Kendall(1988), p. 194에서 번안함.]

## 초점 10.3  정신병리가 있는 아동의 진단과 처치에 대한 논쟁

심리장애가 있다고 진단을 받는 아동의 수효가 계속 증가하고 있으며, 때로는 극적으로 늘어났는데, 이에 따라 향정신성 약물을 복용하는 아동의 수효도 증가했다. 이와 같이 증가한 현상은 여러 가지 의문을 일으킨다.

*심리장애를 가진 아동의 수효가 정말로 증가했는가?*

*이전에는 놓쳤던 아동을 가려낼 수 있을 정도로 우리의 진단체계와 평가척도가 충분히 발전했는가?*

*아동이 오진을 받아서 갖고 있지도 않은 문제에 대해서 치료를 받고 있지는 않은가?*

*약물치료가 아동에게 안전한가?*

*약물치료가 아동들에게서 나중에 약물 복용이나 약물 남용을 하도록 유도하지는 않는가?*

여기에서는 이런 쟁점의 일부와 이런 의문에 답하기 위해 축적된 현재의 증거를 짧게 살펴보겠다.

### 아동의 양극성장애

수십 년간, 전문가들은 양극성장애가 아동에서는 매우 드물며, 심지어는 존재하지 않는 장애라고 생각했다. 그러나 오늘날, 아동에서의 양극성장애의 진단은 극적으로 증가했다. 아동에서 양극성장애가 증가한 것인가? 아마도 아닐 것이다. 사실상 아동에서의 양극성장애는 다른 나라들보다 미국에서 훨씬 높은데, 이는 증가된 것이 미국에 국한되는 것임을 시사한다(James, Hoang, Seagroatt et al., 2014; Van Meter, Moreira, & Youngstrom, 2011).

정신보건 전문가들이 직면하고 있는 어려운 진단상의 쟁점은 양극성장애를 ADHD와 구분하는 일이다. 동요된(agitated) 행동은 이 두 장애에서 모두 나타나는 증세일 수 있으며, 따라서 조심스럽고 철저한 평가를 통해서만 구분해낼 수 있다. 초기의 쟁점 중 하나는 아동의 양극성장애에 대한 진단 기준이 성인의 양극성장애에 대한 진단 기준과 같아야 하는지 여부에 대한 것이었다. 일부 학자들은 아동에 대한 진단 기준에는 폭발적이지만 단기적인 정서 분출 그리고 행동적 조절부전이 들어가야 한다고 주장하지만(예 : Biederman, Mick, Faraone et al., 2000), 그러나 이들은 제I형 양극성장애에 대한 현행의 DSM 기준과는 근본적으로 다르다(제2장 참조). 그리고 정서조절부전은 또한 ADHD에서도 나타나는 증상이다(Carlson & Meyer, 2006; Dickstein & Liebenluft, 2006). 나중의 연구에서는 성인의 진단 기준을 아동 및 청소년에게 적용할 수 있음을 확인해주었다(Youngstrom, Freeman, & Jenkins, 2009). 미국 아동청소년 정신의학회에서는 아동 및 청소년의 양극성장애를 진단할 때 성인에 대한 DSM-5의 기준을 사용하도록 권고하고 있다(McClellan, Kowatch, Findling, 2007). 또한 이러한 지침에는 장애가 2개의 각기 다른 장면(예 : 집, 학교)에서 확인되어야 한다는 것도 권고하고 있는데, 이는 DSM에는 없는 요구사항이다.

DSM-5에는 파괴적 *기분조절부전장애*(disruptive mood dysregulation disorder, DMDD)라는 새로운 항목이 추가되었는데, 이 장애가 임상가들로 하여금 양극성장애의 일부인 정서조절부전을 극심한 자극과민성과 구별하는 데 도움을 주어서, 양극성장애의 진단을 받는 아동의 수효를 감소시켜줄 것이라는 희망에서였다. DMDD의 진단 기준에는 일주일에 3번 그리고 2개의 다른 장소(즉 집, 학교 등)에서 극심한 성질 분출(폭발)이 일어나는 경향이 있는 것이 들어 있다. 진단은 6~18세 사이의 아동에게만 내려지며, 10세 이전에 진단이 내려져야만 한다. 증상은 최소한 1년간 지속되었어야 한다.

이 항목이 2013년에나 도입되었기 때문에, 아직은 연구가 많이 이루어지지 못한 실정이다. 사실상, 이 항목을 DMDD에 수록하는 것을 정당화해줄 만한 많은 연

구의 뒷받침 없이 이 항목이 DSM-5에 포함되어서, 이는 곧바로 논쟁의 대상이 되어 왔다(Axelson, Birmaher, Findling et al., 2011). 극심한 정서조절부전은 DSM-IV에는 없던 항목으로서 연구자들이 자극과민성을 보이지만 조증이 아닌 아동을 가려내기 위해 개발한 것인데, 이 극심한 기분조절부전장애에 대한 연구에서는 극심한 자극과민성이 있는 아동들이 ADHD 또는 ODD의 진단 기준에 부합되기가 아주 쉬운 것을 보여주었다. 그러나 2년이 넘는 경과 동안에, 극심한 기분조절부전장애가 있는 84명의 아동 중에서 오직 1명만이 조증 일화를 나타냈다(Leibenluft, 2011). 이러한 발견은, 적어도 DMDD가 양극성장애와 구분된다는 점에서, DMDD를 DSM-5에 수록하는 것을 뒷받침해준다. 불행하게도, 이 새로운 장애는 그 신뢰도에서 문제가 있을 수 있다. 즉 DSM-5 현장 시행에서는 DMDD의 진단 기준의 신뢰도가 아주 형편없다는 것을 발견하였다(Regier, Narrow, Clarke et al., 2013). 이는 새로운 항목에 대해서 좋지 않은 조짐이다.

한 연구에서는 아동기 정신병리에 대한 3개의 진행 중인 종단연구에서 나온 자료를 이용하여 DMDD의 진단 기준을 평가하려고 하였다(Copeland, Angold, Costello et al., 2013). 이 연구들이 DMDD 진단 기준이 출간된 2013년 5월 이전에 시작되었지만, 연구자들은 이들 견본에서의 DMDD 진단 기준을 검증할 수 있었는데 그 이유는 "그 기준이 다른 흔한 장애의 기준도 전적으로 중복되기 때문이었다"(p. 174). 진단 기준에 이와 같은 중복이 있다는 것은 새로운 진단이 다른 조건들과 공존하리라는 것을 시사한다. 실제로 이 연구에서는 DMDD와 우울증, 불안, ODD 및 ADHD 사이에 상당히 공존이 있음을 발견하였다. 많은 아동기 장애가 서로 공존하지만, DMDD와 ODD 사이의 공존 현상은 대단히 높게 나타나서, 이는 이 장애들이 별개의 범주가 아닐 수 있음을 시사해주고 있다. 조증 일화를 나타냈던 7명의 아동 중 1명이 DMDD의 진단 기준에도 부합되었다.

### 항우울제 약물치료

항우울제 약물치료가 청소년에서 자살할 확률을 높여줄 수 있을까? 이런 의문은 10년 전에 열띤 쟁점의 핵심 주제였다. 그리고 이 쟁점은 아직도 충분히 해결되지 않고 있다.

우울증 청소년의 처치 연구(Treatment of Adolescent Depression Study, TADS)에서는 가장 효과적인 처치가 프로작과 인지행동치료를 병행하는 것임을 알려주었다. 그러나 연구자들은 프로작을 복용한 청소년 6명이 자살을 기도한 반면(견본의 1.5%), 인지행동치료를 받은 집단에서는 단 1명만이 자살을 기도했다는 것도 보고하였다. 이 연구의 참가자들은 무선으로 처치 조건에 배정되었기 때문에, 프로작을 복용한 청소년들이 인지행동치료를 받은 청소년들에 비해서 증상이 더 심하다거나 또는 자살 충동이 더 클 가능성은 적다.

항우울제가 효과를 내기 시작하려면 길게는 3~4주의 시간이 걸릴 수 있으며(제2장 참조), 그리고 청소년의 자살기도와 항우울제 복용에 대한 분석 결과에서는 자살의 위험도가 치료 시작 후 첫 3~4주 차에 가장 높다는 것을 발견하였다. 따라서 약물치료가 자살을 기도하는 청소년에게 효과를 나타내기 시작하는 데 요구되는 시간이 충분히 마련되어 있지 못하다는 것이 사실일 수 있다. 또한 TADS 연구에서 복합 요법이 가장 효과가 컸는데 그 이유는 CBT가 치료의 초기부터 작용하기 시작했기 때문이라는 것이 사실일 수 있다.

이러한 발견들은 FDA로 하여금 아동 및 청소년을 항우울제로 치료하는 것의 안전성에 대한 공청회를 열도록 촉구하였다. 이미 영국에서는 청소년기 우울증의 치료에서 항우울제가 가져오는 이득이 이런 위험성보다 크지 않다는 강력한 성명을 냈다. FDA 공청회가 끝날 때, 위원회에서는 청소년 대상의 항우울제 처방에 대한 정보에 '블랙박스' 경고문을 부착하도록 의사들에게 명령하였다. 이것은 FDA가 약

물과 관련하여 명령할 수 있는 가장 강력한 안전경고 조치였다. 영국에서도 이와 동일한 규제 기구인 의약품 및 건강보호 상품 규제 기관(Medicines and Healthcare Products Regulatory Agency, MHRA)에서 항우울제 라벨에 경고문을 부착할 것을 권고하였다. 이후로, 미국과 영국에서는 항우울제 처방건의 수효가 감소하였다(Kurian, Ray, Arbogast et al., 2007). 같은 시기에 청소년 사이에서의 자살이 줄어들었지만, 항우울제 복용의 감소가 자살률의 하락을 설명하는지 여부를 파악하기에는 이 기간 동안에 너무도 많은 변수들이 바뀌어 버렸다.

## 각성제

앞에서 언급한 바와 같이 각성제를 복용해 온 아동의 수가 두드러지게 늘어났다. 각성제의 사용이 아동의 불법 약물 복용을 늘리도록 부추기는가? 3개의 전망적이고 종단적인 연구에서는 이런 의문에 대한 답이 '아니요'라고 시사한다. 한 연구에서는, 두 집단의 ADHD 아동을 대상으로 13년간 조사해 왔다(Barkley Fischer, Smallish et al., 2003). 한 집단의 아동들은 평균 3.5년간 각성제 처방으로 치료를 받아 왔다. 그리고 다른 집단은 각성제를 전혀 받지 않았다. 젊은 성인이 된 이들에 대한 추적조사에서 각성제를 복용했던 집단은 각성제를 복용하지 않은 집단보다 불법 약물을 더 많이 사용하지는 않는 경향이 있었다. 다만 한 가지 예외로, 각성제를 복용한 아동들은 코카인 복용의 위험에 많이 노출되어 있었다. 그러나 품행장애 증상의 심각도를 통제한 경우에는, 처방된 각성제를 사용하는 것과 코카인을 시험해보는 것 사이의 관계는 소멸되었다. 이는 심각한 품행장애 증상이 있는 것이 각성제의 복용 그 자체를 설명하는 것이 아니라, 각성제와 코카인 시험 사이의 연결성을 설명한다는 것을 시사한다.

두 번째 연구에서는 12~18주 동안 각성제로 치료했던 읽기장애가 있는 아동집단을 성인기까지 추적조사하였고, 그리고 이들을 각성제를 처방받지 않았던 읽기장애가 있는 아동집단과 비교하였다. 약물치료 후 16년 뒤에, 두 집단은 불법 약물의 사용에서 차이가 없었다(Mannuzza, Klein, & Moulton, 2003).

세 번째 연구에서는 MTA 처치 연구(앞에서 논의됨)에 참여한 아동들을 사춘기 중반에서 후반에 이를 때까지 8년간 추적조사하였다(Molina, Hinshaw, Eugene Arnold et al., 2013). ADHD가 있는 아동은, 처치 유형과 무관하게, ADHD가 없는 아동에 비해 사춘기에는 알코올, 담배, 마리화나, 그리고 그밖의 약물을 더 많이 사용하는 경향이 있었는데, 이 발견은 ADHD와 약물 사용 간에 공병 현상이 있음을 보여주는 연구 결과와 일치한다. 그러나 처방받은 각성제를 사용하는 것과 나중에 약물을 사용하는 것 사이에는 아무런 관계가 없었다. 복용한 약물의 총량, 약물의 복용량, 또는 초기 MTA 처치집단(약물치료 단독, 또는 복합요법), 또는 MTA 연구 이후에도 약물을 계속 복용한 것 중 어느 것도 나중에 약물이나 알코올을 복용하는 것과는 무관하였다. 따라서 ADHD가 있는 아동은 물질을 사용할 위험이 더 높지만, 이는 이들이 각성제를 복용했기 때문은 아니다.

## 자폐스펙트럼장애 : 진단 및 원인

자폐스펙트럼장애(ASD)의 사례 수효는 지난 15년 사이에 극적으로 증가했다. 질병통제관리 및 예방센터(CDC)의 보고에 의하면, 미국에서의 ASD 유병률은 150명 아동 중 1명에서 110명 중 1명으로, 그리고 68명 중 1명으로까지 증가하였다(CDC, 2009, 2014). 한국에서의 대규모 연구에서는 유병률이 더 높아서 2% 이상으로 나타났다(아동 38명 중 1명; Kim, Young, Leventhal et al., 2011). 왜 이와 같이 증가했을까? 자폐증이 있는 아동이 훨씬 더 많은가? 혹은 정신보건 전문가가 진단을 더 잘 내리는 것인가?

자폐증은 1980년까지는 DSM에서 공식적으로 인정받지 못했고, 1980년에 DSM-III가 출간이 되고 나서 1994년에 DSM-IV가 나오는 사이에 그 진단 기준이 다소 확대되었다. (아스퍼거장애는 DSM-IV에서 처음 정식으로 인정받았다. 이제는 이는 DSM-5에서는 자폐증과 합쳐졌다.) 상대적으로 협소한 DSM-III의 진단 기준에 비해서 좀 더 확대된 DSM-IV의 진단 기준하에서는 더 많은 아동들이 자폐증의 진단

에 부합되었다(Gernsbacher, Dawson, & Goldsmith, 2005). 그밖에도, ASD에 대한 대중적인 인식도 더 높아졌으며, 이러한 인식 때문에 공식적인 심리평가를 받으려고 정신보건 전문가를 찾아가는 가족들이 많아졌다. 사실상, 언어 습득에서의 지연과 결핍은 부모와 정신보건 전문가 사이에서 자폐증을 고려할 필요가 있다는 경고 신호로 널리 인식되게 되었다. 더욱이, 법률에 의해서 공립학교에서는 이러한 ASD 아동에 대해 서비스를 제공하도록 의무화되었다. 그리고 이러한 조치 때문에 가족이 공식적 진단을 받으려고 나서게 하는 데 도움이 되었을 수 있다. 실제로, 자폐스펙트럼장애로 진단되어 특수교육을 받게 된 아동의 수는 2000~2011년 사이에 거의 30만 명이 증가하였다. 최근 ASD의 증가는 ASD를 지닌 아동으로 인한 것이지 지적장애와는 무관하다(CDC, 2014).

자폐증 진단이 늘어난 것이 부분적으로는 진단을 잘하고, 인식이 높아지며, 법률에 의한 강제 서비스에도 원인이 있지만, 대부분의 전문가들은 30년 전에 비해 오늘날에는 실제로 해당 사례가 증가했다는 데 의견의 일치를 보고 있다.

ASD가 증가하게 되자 이렇게 증가하게 된 원인이 무엇인지에 대해 우려와 관심이 생겨났다. 유명인사의 성명서가 주요 원인이 되어, 부모들은 유아들이 정기적으로 맞는 예방접종에 의해서 자폐증이 발생하지 않을까 특별히 걱정하게 되었다. MMR 예방접종(홍역, 이하선염, 풍진에 사용됨)은 자폐증 증세와 증상이 나타나기 시작하는 바로 그 나이 즈음에 아동에 맞게 된다. 또한 연관된 걱정은 이러한 백신을 보관하는 데 쓰이는 물질 ─ 수은이 함유된 티메로살(thimerosal, 살균 소독제)이라 불리는 물질 ─ 이 자폐증의 원인일지도 모른다는 것이다.

그러나, 자폐증이 MMR 백신 혹은 티메로살과 관련이 있다는 증거는 없다. 최근 수년간 백신은 티메로살 속에 보관하지 않았으며, 그리고 수은을 함유한 티메로살에 저장된 백신에는 아주 소량의 수은이 함유되어 있다. 한 연구에서는 1995~2007년 사이에 캘리포니아 발달 서비스청에 보고된 ASD 진단의 수효를 조사하였다(Schecter & Grether, 2008). 2001년에 이르러서는, 가장 작은 양의 티메로살 흔적이 있는 경우를 제외하고는 모든 티메로살이 아동용 백신에서 제거되었다. 티메로살이 자폐증을 유발하는 것이라면, 백신에서 이를 사용하는 것이 감소한 것이 새로이 발견된 자폐증 사례의 수효의 감소에 상응할 것이다. 그러나 연구 결과는 이와 같은 연관성을 찾아내지 못했다. 사실상, 자폐증의 새로운 사례의 수효는 증가한 것이다. 2004년 5월에, 미국 의학연구소에서는 MMR과 자폐증 간의 연결성에 대한 가용한 증거를 종합적으로 개관한 결과를 출간하였다. 이 보고서에서는 MMR 백신이 자폐증과 관련이 없다는 결론을 내렸다(Institute of Medicine, 2004).

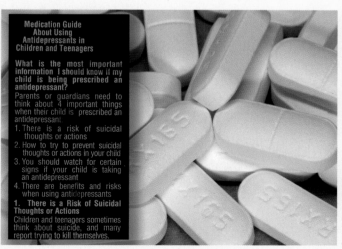

미국 FDA에서는 경고문이 청소년이 복용하는 항우울제 위에 부착되도록 요구하고 있다.

다. 자살생각의 위험성은 항우울제를 복용한 아동의 경우 3%였으며, 위약을 복용한 아동은 2%였다. 이러한 분석 결과가 보여주는 것은, 약물이 자살생각이나 자살기도를 유발했다는 것이 아니라 약물을 복용한 아동이 자살생각의 위험에 처해 있다는 것으로서, 이는 중요한 사항이다. 개관된 27개의 연구에서 자살이 실제로 이루어진 경우는 전혀 없었다.

또 다른 쟁점은 처치효과가 얼마나 오랫동안 지속되느냐에 관한 것이다. TADS 연구에 참여한 청소년 중 절반이 약간 못 되는 자들을 그냥 추적조사했더니, 대부분(96%)이 연구 종료 후 2년 뒤에는 회복되었지만, 처치가 끝날 때 회복된 청소년의 근 절반 정도는 5년 뒤에 재발성 우울증의 일화를 나타냈다는 것이 발견되었다(Curry, Silva, Rohde et al., 2011). 소녀들은 소년에 비해서 재발을 나타내기가 더 쉬웠는데, 불안장애가 동반된 청소년도 마찬가지였다. 그러나 재발률은 TADS 연구 기간에 받은 처치의 종류에 따라 다르지 않았다. 달리 말하면, TADS 연구에서 보고된, 프로작이 인지행동요법에 비해 가져다준 근소한 이득만으로는 이 집단에 속한 청소년이 장차 5년 뒤에 우울증 일화를 나타내는 것을 막아주지 못한 것으로 보였다.

학교 장면에서 시행되는 인지행동요법(CBT)은 효과적인 것으로 보이며, 가족요법이나 지지요법에 비해서 증상을 더 빨리 감소시킨 것과 관련이 있다(Curry, 2001). CBT 처치를 받은 우울증 청소년의 약 63%는 치료가 끝날 무렵에 상당한 증세 호전 효과를 보인다(Lewinsohn & Clarke, 1999). 그러나 다른 증거에 의하면 CBT가 가져다주는 이득이 젊은이들에게서는 오래 지속되지 않을 수 있는 것으로 시사된다(Weisz, McCarty, & Valeri, 2006). 어떤 증거에 의하면, CBT는 백인계 청소년, 처치 전의 대처 기술이 좋았던 청소년, 그리고 재발성 우울증이 있는 청소년에게 가장 효과적이었다(Rhode et al., 2006). 샤론의 임상 사례는 청소년에 대한 CBT 기법을 예시해 주고 있는 것이다.

상당히 많은 연구들은 청소년 및 아동에서 우울증의 발생을 예방하는 방법에 초점을 맞추고 있다. 한 종합분석에서는 두 가지 유형—선택적, 총괄적—의 예방적 개입에 대해 조사했다(Horowitz & Garber, 2006). 선택적 예방 프로그램에서는 가족 위험 요인(예 : 우울증이 있는 부모), 환경 요인(예 : 빈곤), 또는 개인적 요인(예 : 무기력)에 토대를 두고 특정 청소년을 그 대상으로 한다. 총괄적 프로그램에서는 대규모 집단을 대상으로 통상 학교에서 실시하는데, 우울에 대한 교육과 정보를 제공하는 것을 목표로 한다. 종합분석 결과에서는 선택적 예방 프로그램은 총괄적 프로그램에 비해서 청소년의 우울 증상을 예방하는 데 더 효과가 있는 것으로 나타났다.

적어도 한쪽 부모가 우울증이 있는 경우로 정의된, 위험에 처한 청소년을 위한 선택적 예방 프로그램의 대규모로 무선 통제한 임상 시행에서는 유망한 결과를 보여주었다(Garber, Clarke, Weersing et al., 2009). 청소년들은 문제 해결 기술과 부정적 생각을 바꾸는 데 초점을 맞춘 집단 CBT 개입법 또는 통상적인 치료 집단(즉 당사자가 스스로 찾아 나선 모든 유형의 정신건강 치료 서비스)에 무선으로 배정되었다. 우울증 일화의 발생률은 CBT 집단의 청소년이 통상적인 치료 집단의 청소년보다 낮았다. 따라서 치료법에는 예방 효과가 있을 수 있다.

## 불안

거의 대부분의 아동은 정상적인 발달 과정의 일부로 두려움과 걱정을 경험한다. 보편적인 두려움은 대부분 아동이 성장하면서 소멸되는데, 여기에는 어둠과 상상 속 동물에 대한 두려움, 그리고 부모와 격리되는 두려움이 들어 있다. 일반적으로는, 성인의 경우와 마찬가지로, 소년보다는 소녀가 두려움에 대해서 더 많이 보고하는데(Lichenstein & Annas, 2000), 이러한 성차는 적어도 부분적으로는 소년이 어떤 것을 무서워한다는 것을 받아들이는 것을 꺼리도록 만드는 사회적 압력 때문일 수 있다.

일부 아동의 불안 문제에 대해서는 그 심각성이 과소평가되어서는 안 된다. 아동은 성인들이 받는 그대로 불안이라고 하는 불쾌한 혐오성으로부터 고통 받을 뿐만 아니라, 그 불안이 발달상의 여러 단계에 적합한 기술을 획득하는 데 방해가 될 수 있다. 예를 들면, 고통스러울 정도로 두려워하고 친구를 실제로 막무가내로 대하는 아동들은 중요한 사회기술을 얻기가 힘들 것 같다. 이러한 결점은 아동이 청소년이 될 때까지 지속될 수 있으며, 한층 더 높은 사회적 결함의 토대를 형성할 것이다. 그렇게 되면 "사람들은 나를 싫어하고 거부할거야"와 같이 청소년이 가지는 최악의 공포심은 자신이 사춘기임을 깨닫게 해주지만, 타인에게 지나친 혐오감을 느끼게 하는 행동들은 거부 및 회피 반응을 유발할 수 있다.

아동기와 청소년기의 불안장애는 다른 부분의 발달에 지장을 초래할 수 있다.

**소아 · 청소년기 불안에 대한 임상적 기술 및 유병률**  두려움과 걱정이 DSM 기준에 따라서 장애로 분류되려면, 아동의 기능이 지장을 받고 있어야 한다. 그러나 성인과 달리, 아동은 자신의 두려움을 과도하거나 불합리한 것으로 간주하지 않는데, 왜냐하면 아동은 때로는 그런 판단을 내릴 능력이 없기 때문이다. 이러한 기준에 따르면, 아동과 청소년의 3~5% 정도가 불안장애를 가진 것으로 진단이 내려질 것이다(Rapee, Schniering, & Hudson, 2009). 국가적 동반이환의 반복 연구(National Comorbidity Replication study)에서 나온 자료를 사용해서, 연구자들은 면접을 한 13~18세 사이의 청소년 10,000명 중에서 30% 이상이 생애 기간 중에 불안장애를 나타냈던 것을 발견하였다. 특정공포증(19.3%)과 사회불안장애(9.1%)가 가장 많았다.

아동기의 **분리불안장애**(seperation anxiety disorder)는 아이가 부모와 떨어져 있어야 하는 상황에 처하면 자신이나 부모에게 해로운 일이 생기지 않을까 끊임없이 걱정하는 것이 특징이다. 집에 있을 때는 이런 아동은 부모 한 사람이나 모두의 곁에서 떨어지지 않으려고 한다. 학교에 다니기 시작하면 아이는 난생 처음으로, 그것도 매우 자주 부모와 장시간 동안 떨어져 지내야 한다는 상황에 처하게 되므로 분리불안이 시작된다.

DSM-5에는 두 가지 변화가 발생하였다. 첫째, 항목이 불안장애의 장으로 옮겨졌고, 둘째, 발생 나이가 18세 이전이어야 한다는 조건이 삭제되었다. 따라서 이제는 성인도 분리불안장애의 진단을 받을 수 있게 되었다. 성인의 경우, 불안이 꼭 부모는 아니더라도 애착이 가는 인물(예 : 배우자)로부터 분리되는 데서 일어난다.

아동 및 청소년에서 나타나는 또 다른 불안장애는 사회불안장애이다. 대부분의 교실에는 극도로 조용하고 수줍어하는 아동이 최소한 한두 명은 있기 마련이다. 이런 아동은 종종 가족이나 친숙한 또래들하고만 놀 뿐이지, 나이가 어리든 나이가 들었던 간에 낯선 사람들은 모두 피한다. 이들의 사회불안은 기술을 획득하는 것을 저해하고 또래의 대부분이 즐기는 다양한 활동에 참여하지 못하게 하는데, 왜냐하면 이들은 운동장을 피하며 다른 아동들이 놀고 있는 게임 장면의 밖에 머물러 있기 때문이다. 극도로 수줍어하는 아동은 낯선 사회 장면에서는 말 한 마디도 안 할 수 있는데, 이는 선택적 함구증(selective mutism)이라고 부르는 상태이다.

아동 및 청소년에서 사회불안장애의 유병률 추정치는 1~7%에 걸쳐 있다(Merikangas et al., 2010; Rapee et al., 2009). 유병률이 높은 경우는 청소년에서 관찰되는데, 이들은 어린 아동에 비해서 남들의 의견에 신경을 더 바짝 곤두세우고 있다.

만성적인 학대, 지역사회의 폭력, 그리고 자연재해 같은 외상을 겪은 아동은 성인이 겪는 것과 비슷한 외상후 스트레스장애(PTSD)의 증상을 겪는 수가 있다. 아동 중 무려 5% 정도가 PTSD의 기준에 부합한다(Merikangas et al., 2010). 6세 이상의 아동의 경우, 증상은 강박장애의 장에서 논의된 것과 동일하게 네 가지 광범위한 항목으로 분류된다—(1) 외상적 사건을 악몽, 섬광기억(flashbacks), 또는 침투적 사고(intrusive thoughts)에서처럼 침투적인 형태로 재경험한다. (2) 외상 관련 장면이나 정보를 회피하는 것과, 초연함(detachment)이나 쾌감불능증(anhedonia)을 느낄 때처럼, 전반적으로 반응의 마비(general numbing of responses)를 겪는다. (3) 외상적 사건에 관련된 인지 또는 기분에서 부정적인 변화가 나타난다. (4) 흥분(arousal)과 반응성(reactivity)이 높아진 것으로서, 여기에는 자극과민성(irritability), 수면 곤란(sleep problems), 그리고 과잉경계(hypervigilance)가 포함될 수 있다.

DSM-5에는 6세 이하의 아동에 대한 PTSD의 기준을 별도로 세워 놓았다. 이와 같이 어린 아동의 증상은 방금 기술한 네 가지의 광범위한 항목으로 분류되지만, 어린 아동에 대해서는 발달적으로 더 적합하게 제시된다. 예를 들면, 극도의 성질 부리기(temper tantrums)는 반응성이 높아진 증상의 한 예가 되며, 외상에 대한 침투적 사고는 재현 놀이(reenactment play)로 경험할 수 있다. 더욱이, 어린 아동에 적용되지 않는 증상 기술 내용(symptom descriptors) 중 일부는 이와 같은 기준에서 제외되었다. 예를 들면, 자기 자신에 대해 부정적인 믿음을 갖고 있는 것은 아주 어린 아동에게는 적용되지 않는 인지 또는 기분 증상군(cognitions or mood symptom cluster)에서의 부정적인 변화의 일부이다.

강박장애(OCD)는 아동 및 청소년에게서도 발견되는데, 유병률의 추정치는 1% 미만에서부터 4% 사이에 걸쳐 있다(Rapee et al., 2009). 아동기 증상은 성인기의 증상과 비슷하다—강박관념과 강박행동 모두가 나타날 수 있다. 아동기에 가장 흔한 강박관념은 더러운 것 또는 오염뿐만 아니라 공격성에 대한 것도 있다—성(sex)이나 종교에 대한 반복되는 생각은 청소년에게서 더 흔하다(Turner, 2006). 아동에서의 OCD는 여아보다는 남아에게서 더 흔하지만, 성인기에 이르러서는 OCD는 남성보다는 여성에게서 약간 더 많다.

**아동 및 청소년에서의 불안장애의 원인론**  성인의 경우와 마찬가지로, 유전이 아동에서의 불안에 역할을 발휘하는데, 유전가능성의 추정치(heritability estimates)는 한 연구에서는 29~50%에 걸쳐 있었다(Lau, Gregory, Goldwin et al., 2007). 그러나, 유전자는 환경을 통해서 그 영향을 발휘하는 법이다. 즉 유전적 특질(genetics)은 아동이 겪는 부정적인 생활 사건의 맥락 속에서 분리불안에 영향을 끼친다(Lau et al., 2007).

양육방식도 아동기 불안에 작지만 영향을 미친다. 세부적으로 말하면, 부모의 거부보다는 부모의 통제와 과잉보호가 아동기 불안과 연관이 있다. 그러나, 부모의 통제는 47개 연구를 종합분석한 결과에 따르면 아동기 불안에서 변량의 겨우 4%밖에 설명해주지 못한다(McCleod, Weisz, & Wood, 2007). 따라서 관련 변량의 96%는 다른 요인에 의해서 설명된다. 아동 및 청소년에서 불안 증상을 예측해주는 다른 심리적 요인에는 정서 조절 문제와 유아기의 불안전한 애착이 있다(Bosquet & Egeland, 2006).

아동에서의 사회불안의 원인에 대한 이론은 일반적으로 성인에서의 사회불안 이론과 비슷하다. 예를 들면, 연구 결과는 불안장애가 있는 아동이 많은 상황에서 위험을 과대추정하며 이런 위험에 대처하는 자신의 능력은 과소추정한다는 것을 보여주었다(Boegels & Zigterman, 2000). 따라서 이와 같은 인지에 의해 생성된 불안이 사회적 상호작용(어울리는 것)에 지장을 가져다주어, 아동으로 하여금 사회 장면을 회피하게 만들어서 사회성 기술을 많이 실천해보지 못하게 한다. 청소년기에는 또래 관계가 중요하다. 세부적으로 말하면, 종단연구 결과에서는 또래가 자신을 받아주

지 않는다고 지각한 청소년들이 사회불안을 나타내기가 더 쉬웠다
(Teachman & Allen, 2007). 다른 연구에서는 행동 억제(behavioral
inhibition)를 사회불안을 나타내는 데 중요한 위험 요인으로 지목
하고 있다(불안장애의 장에서 고찰함). 4세에 행동 억제의 수준이
높았던 아동은 9세에 이르러서는 행동 억제의 수준이 더 낮은 아동
에 비해서 사회불안장애를 나타낼 확률이 10배나 더 높았다(Essex
et al., 2010).

　PTSD의 원인에 대한 이론은 아동과 성인의 경우에 서로 비슷하
다. 아동과 성인 모두에 대해서, 직접 겪었던 또는 목격했던 간에,
외상에 노출된 적이 있어야 한다. 성인과 마찬가지로, 불안을 겪는
성향이 높은 아동은 외상에 노출되고 나면 PTSD를 나타낼 위험이
더 커질 수 있다. 아동에 대해 특정적인 위험 요인에는 가족 스트
레스의 수준, 가족의 대처 방식(coping styles), 그리고 외상에 대한
과거의 경험이 포함될 수 있다(Martini, Ryan, Nakayama et al.,
1990). 어떤 이론가들은 외상에 대한 부모의 반응이 아동의 정신적
고통을 줄여주는 데 도움이 될 수 있다고 한다. 세부적으로 말하
면, 부모가 통제력을 유지하고 있는 것으로 보이고 스트레스에 직
면해서 평온한 상태에 있다면, 아동의 반응은 덜 극심할(less severe)
수 있다(Davis & Siegal, 2000).

분리불안장애에는 부모나 다른 애착 대상으로부터 떨어지는 것에 대한 강렬한 두려
움이 포함된다.

**아동 및 청소년에서의 불안의 처치**　대부분의 경우, 불안의 처치는 성인에 대해 적용되는 것과 비슷한
데, 아동기의 능력과 상황이 다른 것에 맞추어 적절하게 수정하여 실시된다. 이런 처치의 주요 초
점은 노출에 있다. 성인의 노출 처치와 비교해서, 아동의 경우에는 약간 수정될 수 있는데, 모델
링(modeling, 성인이 두려워하는 대상에 접근하는 것을 보는 것)과 강화(reinforcement)를 좀 더 많
이 적용한다.

　48개의 무선화된 통제 시행을 종합분석한 결과에 따르면, 인지행동치료가 불안장애가 있는 많
은 아동에게 도움이 될 수 있음을 보여주고 있다(Reynolds, Wilson, Austin et al., 2012). 널리 쓰
이는 처치법 중 하나는 Coping Cat(Kendall, Aschenbrand, & Hudson, 2003)이라고 불리는 것이
다. 이 처치에서는 두려움에 직면하는 것, 두려움에 대해 새로운 방식으로 생각해보는 것, 두려
운 장면에 노출되는 것, 그리고 재발 방지에 초점을 둔다. 또한 부모도 2회기 정도 참여할 수 있
다. 무선화된 통제 시행의 자료에서는 이런 처치가 단기간, 7년 후(Kendall, Flannery-Schroeder,
Panichelli-Mindel et al., 1997; Kendall, Safford, Flannery-Schroeder et al., 2004), 그리고 19년
후(Benjamin, Harrison, Settipani et al., 2013)에도 효과가 있음을 보여주었다.

　또 다른 무선화된 통제 시행에서는 아동기 불안의 처치를 위해 개인별로 실시한 CBT, 가족
CBT, 그리고 가족 심리교육을 비교했다. 개인별 CBT와 가족 CBT는 모두 Coping Cat 학습장
(workbook)을 사용했는데, 두 기법이 모두 불안을 줄이는 데 가족 심리교육에 비해서 더 효과가
있었으며(Kendall, Hudson, Gosch et al., 2008), 그 효과가 1년 뒤와 7년 뒤의 추적조사 시에도
유지되었다(Benjamin et al., 2013).

　또 다른 연구에서는 분리불안, 일반적인 불안, 그리고 사회불안이 있는 아동에 대해서 Coping
Cat 처치만 단독으로 실시할 때와 서트랄린[sertraline, 상품명은 졸로프트(Zoloft)]을 병행한 처치
를 비교하였는데, 병행한 처치가 Coping Cat 단독 처치 또는 약물처방만 단독으로 실시한 경우에

비해서 더 효과가 있다는 것을 발견하였다(Walkup, Albano, Piacentini et al., 2008). 이 아동들에 대한 2년 뒤와 3년 뒤의 추적조사 결과는 Coping Cat 단독이나 약물처방 단독의 처치를 받은 아동이 계속 증세가 호전되는 것을 발견하였고, 이는 이 두 처치 조건이 병행 처치만큼 불안 감소에 효과가 있음을 시사한다(Piacentini, Bennett, Compton et al., 2014). 따라서 병행 처치는 가장 즉각적인 증세 호전을 가져다주는 것으로 보이지만, 시간이 흐르면 Coping Cat CBT 처치(그리고 약물처방 단독 처치)도 동일한 효과를 가져다주었다.

행동치료법과 집단 인지행동치료법도 아동의 사회불안장애에 대해 효과가 있는 것으로 나타났다(Davis & Whiting, 2011). 단지 몇 개의 연구만이 아동 및 청소년의 OCD에 대한 인지행동치료의 효과를 조사하였다. 한 연구에서는, CBT가 약물처방과 동일한 효과를 가져다주었지만, CBT와 약물처방을 병행한 처치는 약물처방 단독 실시의 경우보다 더 효과가 있었지만 CBT 단독 실시의 경우보다 효과가 더 있지는 않았다(O'Kearney, Anstey, & von Sanden, 2006). 그러나 OCD가 극심한 아동 및 청소년의 경우에는, CBT와 서트랄린을 병행한 처치가 CBT 단독 처치에 비해서 더 효과적이었다[Pediatric OCD Treatment Study (POTS) team, 2004]. 또 다른 연구에서는, CBT와 약물처방을 병행한 처치가 약물처방 단독이나 약물처방과 CBT의 내용에 대한 포괄적 해설(generic instructions)을 병행한 경우에 비해서 더 효과가 있었다(Franklin, Sapyta, Freeman et al., 2011). 최근의 무선화된 통제 시행의 결과는 CBT가 어린 아동(즉 5~8세 사이)에게도 효과가 있음을 시사해주고 있다. 이 연구에서는, 참여자들을 노출 및 반응 억제(강박장애의 장을 참조)를 병행한 가족 기반의 CBT, 또는 가족 기반의 이완요법(family-based relaxation therapy)을 받도록 무선으로 배정하였다. 14주의 처치가 끝나자, CBT를 받았던 아동들은 이완훈련을 받았던 아동들에 비해서 증상도 적어지고 기능 수준도 더 좋아졌다(Freeman, Sapyta, Garcia et al., 2014).

'독서요법(bibliotherapy)'과 컴퓨터를 활용한 치료(computer-assisted therapy)를 위시한 다른 치료법을 제공하는 것도 마찬가지로 유망성을 보여주었다. 독서요법에서는, 부모에게 인쇄된 자료를 주고 자녀에 대해서 '치료자'의 역할을 맡게 했다. 이런 접근방법이 아동기 불안을 줄이는 데 효과가 있기는 하지만, CBT 집단치료만큼 효과가 있는 것으로 보이지는 않는다(Rapee, Abbott, & Lyneham, 2006). 그럼에도 불구하고, CBT 전문 치료자가 없거나 비용이 너무 많이 드는 지역에 사는 주민들에게는 이런 유형의 휴대전화 기반의 처치를 개발하는 것이 중요할 것이다.

## 중간 요약

아동의 불안장애 및 우울증은 내재화 장애로 지칭된다. 아동 및 청소년에서의 우울증은 성인기 우울증과 비슷한 것으로 보이지만, 주목할 만한 차이가 있다. 아동기에는 우울증이 남아와 여아에게 동일하게 나타나지만, 사춘기에는 소녀가 소년에 비해서 거의 2배나 많이 걸린다. 유전적 특질(Genetics)과 스트레스성 생활사건은 아동기 우울증에서 역할을 발휘한다. 아동기 우울증에서의 인지 요인에 관한 연구 결과는 귀인 방식(attributional style)도 역할을 한다는 견해를 지지해주고 있다. 그러나 이런 연구에서는 아동의 발달 단계도 감안해야만 한다. 무선화된 통제 시행 결과에서는 약물처방과 CBT를 병행한 처치가 우울증에 대해서 가장 효과가 있는 처치인 것으로 나타났지만, 약물처방이 자살 위험에 미치는 영향도 조사할 필요가 있다.

불안과 두려움은 아동기에 대표적인 것이다. 아동이 등교하지 못하는 경우처럼 두려움이 기능을 발휘하는 데 지장을 초래하면 개입이 이루어져야 한다. 아동기 불안장애의 원인에 관한 이론들은 성인기의 원인에 대한 이론들과 비슷하지만, 아동에서 이를테면 인지 요인에 관한 연구는 적게 수행되었다. 인지행동치료는 아동기에 다양한 많은 불안장애에 대해 효과적인 개입법이다. 아동기에 나타나는 PTSD 같은 다른 문제들에 대해서는 추가 연구가 필요하다.

단지 몇 개의 연구들만이 아동 및 청소년에서 PTSD 처치의 효과를 평가하였지만, 가용한 연구 결과는 인지행동치료가 개인별로 실시되든 집단으로 실시되든 간에 PTSD가 있는 아동 및 청소년에게 효과가 있음을 시사해주고 있다(Davis & Whiting, 2011).

# 특정학습장애

## 임상 사례 : 마커스

마커스는 자기가 심리학을 전공한다는 것에 대해 고무되어 있었고 임상심리학자가 될 꿈에 부풀어 있었다. 그는 자신의 시간에 맞고 수강이 가능한 강좌를 가능한 한 많이 신청했다. 대단위 강좌의 강의실 맨 앞에 앉아서 토론할 때에는 손을 들고 가급적 적극 참여하였다. 첫 번째 시험 때가 되자, 그는 자신의 노트와 교재를 아주 꼼꼼하게 복습했다. 또한 그는 시험 문제지를 볼 때마다 불안감이 마음속에서 올라오는 것을 경험했다. 다른 학생들만큼은 아닐지라도 그는 열심히 공부했다고 생각했는데, 그는 시험을 잘 보지 못했다. 그는 자신에게 '그는 시험을 잘 보지 못했어'라고 말했다. 그러나 그가 이에 대해 생각하면서, 비로소 자신이 교재를 읽을 때 단어와 철자들이 때때로 뒤섞여서 그 내용을 기억하기가 어려웠다는 것을 깨달았다.

첫 번째 중간고사 성적을 받았을 때, 그는 걱정했다. 성적기록에는 성적

평가를 한 사람이 표기해 놓은 모든 종류의 표시가 들어 있었는데, 이는 그의 글이 해독하기 어려울 뿐만 아니라 정답이라고 평가하기에 필요한 모든 개념이 들어 있지 않음을 알려주고 있었다. 심리학과의 대학원에 다니는 조교는 마커스에게 캠퍼스 클리닉에 가서 학습장애에 대한 평가를 받아보라고 권고했다.

캠퍼스 클리닉에서 종합평가를 받은 후, 마커스는 난독증 명시자가 있는 특정학습장애의 진단을 받았다. 마커스는 이제는 심리학 과목뿐만 아니라 수강신청한 모든 과목에 대해 시험 및 보고서 작성을 위해 시간을 전보다 더 많이 내려고 하고 있었다. 다음 학기에 마커스의 학점은 평균 평점이 3.8까지 올라갔으며, 그는 졸업 후 임상심리학 대학원 과정에 입학하는 목표에 좀 더 근접하게 되었다고 자신감을 느꼈다.

**특정학습장애**(specific learning disorder)는 학업, 언어, 말, 또는 운동기술의 특정 영역에서의 문제를 보여주는 조건인데, 이런 문제가 지적장애 또는 교육 기회의 부족으로 인한 것이 아니다. 특정학습장애가 있는 아동은 통상 지능이 보통 또는 보통 이상의 수준이지만 (산수나 읽기와 같은) 문제가 있는 영역에서 어떤 특정 기술을 배우는 데 어려움이 있어서 학교 수업을 잘 따라가지 못하게 된다.

## 임상적 기술

학습장애(learning disabilities)라는 용어는 DSM-5에서는 사용되지 않고 정신건강 전문가들이 DSM에 있는 특정학습장애, 의사소통장애 및 운동장애를 총칭할 때 쓰인다. 이러한 장애들은 표 10.2에 간략하게 기술되어 있다. 이러한 장애들은 특수한 학습, 언어, 운동기술에서 적절한 발달 수준에 못 미치는 경우에 적용될 수 있다. 이러한 장애들은 흔히 정신과 클리닉보다는 학교에서 알게 되어 치료된다. 4개의 대규모로 실시된 역학적 표본에 대한 분석 결과 읽기를 포함한 특정학습장애는 여아보다 남아에게서 더 흔하다(Rutter, Caspi, Fergusson et al., 2004). 읽기와 수학(즉 난독증과 계산불능증)을 포함한 특정학습장애의 유병률은 서로 비슷한데, 아동 중 4~7%에 걸쳐 있다(Landerl, Fussenegger, Moll et al., 2009).

## ● 특정학습장애에 대한 DSM-5 진단 기준

- 기본적 학업 기술(읽기, 수학, 또는 쓰기)을 배우는 데 어려움이 있고, 이는 나이, 학력, 지능과 부합하지 않으며 최소 6개월 이상 지속된다.
- 학업 성취 또는 일상적 활동에 상당한 지장을 초래한다.

키이라 나이틀리는 크게 성공한 여배우인데, 난독증을 앓고 있다.

## 특정학습장애의 원인론

특정학습장애에 대한 대부분의 연구는 난독증(dyslexia)에 관해 이루어지는데, 이는 이 장애군에서 가장 유병률이 높은 데 기인된 것으로 보이며 학령기 아동의 5~15%를 차지하고 있다. DSM-5에서는 난독증이나 계산불능증(dyscalculia)을 별개의 장애로 명명하지 않는다. 그 대신에, 난독증과 계산불능증은 DSM-5에서 특정학습장애 항목에 대한 명시자로 들어가 있다. 계산불능증보다는 난독증에 대한 연구가 더 많이 수행되었기 때문에, 우리는 난독증에 대해 좀 더 자세히 살펴본다.

**난독증의 원인론**   가족연구와 쌍생아 연구에서는 난독증에 유전 요소가 있음을 확인해주고 있다(Pennington, 1995; Raskind, 2001). 더욱이, 난독증과 관련된 유전자들은 전형적인 독서능력에 연관된 유전자와 동일한 유전자이다(Plomin & Kovas, 2005). 따라서 이와 같은 소위 '범용성 유전자(generalist genes)'들은 비정상적인 독서능력뿐만 아니라 정상적인 독서능력을 이해하는 데도 중요하다. 유전자-환경 간의 상호작용을 조사한 연구에서는 읽기문제의 유전가능성이 부모의 교육수준에 따라 달라진다는 것을 시사한다. 유전자는 부모의 교육수준이 낮은 아동에 비해서 부모의 교육수준이 높은 난독증 아동에 대해서 더 큰 역할을 발휘한다(Friend, DeFries, Olson et al., 2009; Kremen, Jacobson, Xian et al., 2005). 부모의 학력이 높은 가정에서는 읽기를 강조하며 아동들에게 독서의 기회를 더 많이 제공하고 있다. 따라서 이런 유형의 환경에서는 아동이 난독증을 나타낼 위험성은 환경보다는 유전자의 조합에 의해 더 커지게 된다.

심리학적, 신경심리학적 연구뿐만 아니라 신경영상연구에서 나온 증거는 난독증의 경우에 언어처리 과정에서의 문제가 있다고 시사한다. 이러한 문제에는 말의 지각, 구어의 음소 분석 및 이들과 인쇄된 단어의 관계(Mann & Brady, 1988), 음운과 두운을 잘 인식하지 못하는 문제(Mann &

---

**표 10.2** DSM-5에 수록된 특정학습장애, 의사소통장애, 그리고 운동장애

**특정학습장애**에는 다음의 명시자가 들어 있다.

- **난독증**(dyslexia, 이전에는 독서장애로 불림)은 단어 인식, 독해, 그리고 통상적으로 쓰여진 철자를 이해하는 데 상당한 어려움이 있다.
- **계산불능증**(dyscalculia, 이전에는 수학장애로 불림)는 숫자, 수량, 또는 기본적 숫자 연산을 이해하거나 계산하는 데 상당한 어려움이 있다.

**의사소통장애**

- **말소리장애**(speech sound disorder)는 단어를 알아듣고 구사할 줄은 알지만, 그 발음은 마치 유아가 말하는 것 같다. 예를 들면, 'blue'를 'bu'라고 한다든지 혹은 'rabbit'을 'wabbit'이라고 발음한다. 거의 대부분의 경우는 언어치료를 통해 완전한 회복이 가능하며, 증세가 경미한 경우는 8세가 되면 저절로 회복되는 수가 있다.
- **아동기에 발생하는 유창성장애**(childhood onset fluency disorder, stuttering)는 다음과 같은 언어 패턴을 한 가지 이상 보이는 것이 특징이다 ─ 특정 소리를 자주 반복하거나 길게 하기, 단어와 단어 사이의 간격이 긴 것, 쉬운 단어를 발음하기 어려운 단어로 바꾸는 것(어떤 자음으로 시작되는 단어), 그리고 단어 전체를 반복하는 것("go"라고 한 번 말하면 될 것을 "go-go-go-go"라고 말하는 것) 등. DSM-IV-TR에서는, 말더듬는 사람의 80% 정도가 회복이 가능하며, 그들 대부분은 전문가의 도움 없이도 16세 이전에 스스로 낫는다고 추정하였다.
- **언어장애**(DSM-IV에 있던 표현성 언어장애와 혼합된 수용적 표현성 언어장애가 합쳐진 것이다.)
- **사회적(실용적, pragmatic) 의사소통장애**(DSM-5에 새로 도입된 것임)
- **운동장애**
- **투렛장애**(Tourette's disorder) 18세 이전에 시작하는 1개 이상의 음성 및 다발성 운동 틱(vocal and multiple motor tics) [갑자기 빠른 움직임 또는 말소리 내기(vocalization)]
- **발달성 협응장애**(developmental coordination disorder)(이전에는 운동기술장애로 불림)는 근육운동 조정의 발달에 현저한 손상을 보이며, 이는 지적장애에 의한 것도 아니고 뇌성마비와 같은 장애에 의한 것도 아니다.
- **상동증적 운동장애**(stereotypic movement disorder)는 기능 발휘에 지장을 주고 심지어 자해까지도 유발할 가능성이 있는 목적 없이 계속 반복되는 운동장애이다.

Brady, 1988), 눈에 익은 사물의 이름을 빨리 말하지 못하는 문제 (Scarborough, 1990; Wolf, Bally, & Morris, 1986), 그리고 구문 법칙을 더디게 학습하는 것(Scarborough, 1990)이 있다. 이러한 처리 과정의 상당수는 소위 음성 자각(phonological awareness)이라고 불리는 것에 속하는데, 음성 자각은 읽기 기술의 발달에 결정적인 것으로 여겨지고 있다(Anthony & Lonigan, 2004).

초기의 fMRI 연구들은 난독증이 있는 아동들이 음성 자각에 문제가 있다는 생각을 뒷받침해주고 있다. 이러한 연구들은 뇌의 좌측두엽, 두정엽, 그리고 후두엽의 일부 영역이 음성 자각에 중요하며, 이와 똑같은 영역이 난독증에 핵심적으로 관련되어 있음을 보여주고 있다.

예를 들면 fMRI를 이용한 연구에서는 난독증이 없는 아동에 비해 난독증이 있는 아동에게서 글자를 인식하고 단어를 소리 내는 것과 같은 읽기 관련 과제를 많이 수행하는 동안에 좌측 측두두정 영역 및 두정측두 영역이 덜 활성화되었음을 발견하였다 (Shaywitz, Shaywitz, Pugh et al., 2002). 한 처치연구에서는 읽기 문제에 대해 1년간 집중적으로 처치를 실시한 후, 난독증이 있는 아동들이 읽기능력이 개선되었으며, 덜 집중적인 처치를 받은 아동집단에 비해서 읽기 과제를 완수하는 동안 좌측 측두두정 영역과 후두측두 영역에서의 활성화가 더 증가한 것을 보여주었다(Shaywitz, Shaywitz, Blachman et al., 2004).

보다 최근의 fMRI 연구에서는 문제가 음성 자각 그 자체를 지원하는 두뇌 부위에 있는 것이 아니라, 브로카 영역을 위시하여 말소리를 생성하는 능력을 지원하는 두뇌의 다른 부위와 이 부위의 연결에 문제가 있음을 시사한다(Boets, Op de Beeck, Vandermosten et al., 2013; Vandermosten, Boets, Poelmans et al., 2012). 이런 발견은 난독증이 있는 아동이 음성 자각에 문제가 있는 것이 아니라 이런 자각을 읽기 능력을 생성하는 것과 통합하는 데 문제가 있다는 흥미로운 가능성을 시사한다(Ramus, 2014). 향후의 연구에서는 이와 같은 최근의 fMRI 연구를 음성 자각에서의 결함을 밝혀준 잘 반복된 신경심리학적 연구와 연결시키기 위해 수행될 필요가 있을 것이다.

위에서 소개한 fMRI 연구에서는 영어를 쓰는 미국인을 대상으로 했다. 난독증이 있는 중국계 아동을 조사한 연구에서는 읽기과제를 수행하는 동안 측두두정엽 부위의 문제를 발견하지 못했다. 그 대신에, 좌측 중전두회 영역의 활동 수준이 줄어든 것으로 나타났다(Siok, Perfetti, Lin et al., 2004). 연구자들은 영어와 중국어 간의 차이점이 관련 뇌 부위가 다른 것을 설명해줄 수 있다고 생각하고 있다. 영어 읽기에는 음을 표현하는 철자들을 합치는 것이 요구된다. 반대로, 중국어 읽기는 의미를 표현하는 한자를 합쳐야 한다. 실제로, 중국어 읽기는 거의 6,000개에 가까운 다른 한자들에 숙달해야 한다. 그렇기 때문에, 중국어는 시각적인 처리 과정에 더 의존하는 반면, 영어는 소리를 처리하는 과정에 더 의존한다.

**계산불능증의 원인론** 수학적 기술의 개인차에 유전적 요인이 일부 영향을 준다는 증거가 있다. 특히 낮은 의미기억에 관여하는 수학장애가 가장 유전적 요인이 크다. 더욱이 계산불능증과 관련된 어떤 유전자도 수학능력과 연관되어 있음을 주장한다.

계산불능증이 있는 사람들에 대한 fMRI 연구 결과에서는 두정엽의 부위가 수학을 요구하는 과제 수행 중에는 그 활동 수준이 낮은 것을 시사하고 있다. 세부적으로는, 두정엽 내 고랑

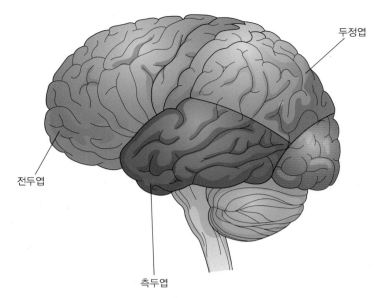

두정엽

전두엽

측두엽

**그림 10.6** 적어도 서양에서 쓰이는 언어에 관한 한, 난독증과 관련된 뇌의 부위에는 전두엽, 두정엽, 그리고 측두엽의 일부가 들어 있다.

난독증에 대한 개입으로 아동의 독서력이 향상되었다.

(intraparietal sulcus)으로 불리는 부위가 계산불능증과 관련이 있었다(Wilson & Dehane, 2007).

연구자들은 계산불능증이 이 두 유형의 특정학습장애와 관련된 인지결함의 측면에서 난독증과 연결되는지를 조사하였다. 즉 음성 자각에 문제가 있는 아동은 읽기뿐만 아니라 수학적 기호와 숫자를 구사하는 데서도 문제를 나타낼 수 있다. 그러나 증거에 의하면 이 두 학습장애는 다소 독자적인 것으로 시사된다(Jordan, 2007). 난독증과 계산불능증이 있는 아동은 음성 자각에 결함이 있지만 계산불능증만이 있는 아동은 음성 자각에 결함이 없었다. 계산불능증이 있는 아동은 숫자의 조작이 요구되는 작업, 즉 실제의 숫자를 갖고 하든 또는 계산기를 사용하든 간에 크기를 추정하는 계산에서 문제가 있었지만, 난독증이 있는 아동은 그렇지 않았다(Landerl et al., 2009).

### 특정학습장애의 치료

현재 몇 가지 전략이 학교 프로그램이나 과외지도를 통해 특정학습장애를 치료하는 데 사용되고 있다. 전통적인 언어치료법은 주로 읽기와 쓰기 문제가 있는 아동에게 사용되었는데, 이 기법에서는 면밀한 지도감독하에 말로 소리 내어 읽는 연습을 시키는 것처럼 논리적이고, 순차적이며, 다중 감각 채널을 이용하여 듣기, 말하기, 읽기 및 쓰기 기술을 가르치는 데 중점을 둔다. 어린 아동에게는 읽는 것을 훈련시키기 전에 글자 구별, 음성분석 및 글자-소리 대응의 학습과 같은 준비기술을 가르칠 필요가 있다. 음소 교육은 아동이 소리를 단어로 전환하는 과제를 숙달하게끔 도와준다. 아동의 읽기훈련에 관한 연구를 종합적으로 개관한, 미국립 읽기 패널(National Reading Panel)의 결과는 음소 교육이 읽기문제가 있는 아동에게 효과가 있음을 알려준다(National Institute of Child Health and Human Development, 2000). 이 절의 맨 앞에서 소개된 사례와 같이, 난독증을 가진 사람도 (언제라도) 다시 볼 수 있는 웹 기반 강의, 개인지도, 시험을 볼 때 시간제한을 두지 않는 것과 같은 수강 지원을 받을 수 있으면, 대학을 무사히 졸업하는 경우가 종종 있다. 대학에서는 이러한 장애 학생을 돕기 위해 특별한 서비스를 제공하도록 법률로 정해져 있으며, 공립학교에서도 이제는 학습장애를 갖고 있는 또래보다 나이가 많은 청소년을 위하여 잠정적이라도 직업 및 진로 계획을 수립하는 것을 지원해주게끔 되어 있다.

통제되지 않은 시행에서 보여준 초기의 유망성(Tallal, Miller, Bedi et al., 1996)에도 불구하고, Fast ForWord로 불리는 상용의 컴퓨터 기반 학습치료는 말하기, 언어, 청각적 과정 처리 기술을 향상시키는 데 효과적이지 못한 것으로 보인다. 6개의 무선화된 통제 시행을 종합분석한 결과에서도 Fast ForWord는 효과적이지 않은 것으로 나타났다(Strong, Torgerson, Torgerson et al., 2011).

# 지적장애

DSM IV에서의 정신지체가 DSM-5에서는 **지적장애**(intellectual disability)로 그 명칭이 바뀌었다. 왜 바뀌었을까? 대체로, 많은 사람들은 정신지체라는 용어에 익숙해 있다. 그러나 이는 대부분의 정신보건 전문가들이 사용하거나 선호하는 용어가 아니다. 그 이유는 아마도 이전 용어에 관련된 낙인 때문이다. 대부분의 정신보건 전문가들은 미국 지적장애 및 발달장애협회(American Association on Intellectual and Developmental Disabilities, AAIDD)의 지침을 따른다.

AAIDD는 지적장애 및 발달장애가 있는 사람들에 대한 점진적 정책, 건전한 연구, 효과적 치료, 그리고 인간의 보편적 권리를 증진시키는 것을 사명으로 하는 조직이다(www.aaidd.org). 이 조직은 2006년에 그 명칭을 바꾸었는데(이전에는 미국정신지체협회로 알려져 있음) 그 이유는 주로 지적장애가 이제는 정신지체보다 선호되는 용어이기 때문이다(Schalock, Luckasson, & Shogren, 2007). AAIDD의 현행 지침은 표 10.3에 요약되어 있다.

## 지적장애의 진단과 평가

DSM-5에서의 지적장애에 대한 진단 기준에는 세 가지가 있다—(1) 지적 기능의 결손, (2) 적응 기능의 결손, 그리고 (3) 발달 중에 발생한 것(즉 아동기에 발생).

앞의 두 기준은 DSM-5가 AAIDD의 접근과 일치되도록 해준다. 첫째, IQ점수는 좀 더 철저한 평가의 맥락 내에서 고려되어야 한다는 것이 명백하게 인정되어 있다. 둘째, 적응 기능은 광범위한 영역에 걸쳐서 평가되어야 한다. 끝으로, DSM-5에서는 DSM-IV-TR에서 했듯이 IQ점수만 갖고 경도, 중등도, 고도의 지적장애로 구분한 것을 더 이상 사용하지 않는다. 지적장애의 심각도는 개념적(여기에는 지적 기능과 다른 인지 기능도 들어 있음), 사회적, 그리고 실용적인 것의 세 영역에서 평가한다.

AAIDD 접근법에서는 여러 영역에서 당사자의 기능을 향상시키는 데 필요한 지원의 종류와 정도를 결정하기 위해 심리적, 신체적, 환경적 측면에서 개인의 강점과 약점을 파악하는 것을 권장한다. 이를테면 로저는 24살의 남자이고, IQ가 45이며, 6살 때부터 지적장애가 있는 사람들을 위한 특수 프로그램에 참여하고 있다. AAIDD 접근은 로저의 기능 수준을 최대화하기 위해 필요한 것이 무엇인지를 강조한다. 따라서, 이를테면 임상가는 로저가 그에게 익숙한 길을 택한다면 버스를 이용할 수 있다는 것과 그래서 그가 가끔은 혼자 영화를 보러 갈 수 있을 것이란 점을 알아낼 수 있고, 그리고 그가 복잡한 식사 준비는 할 수 없지만 전자레인지를 사용하여 냉동식품을 조리하는 방법을 배울 수 있을 것이라는 점을 발견해낼 수 있을 것이다. 이러한 접근에서의 가정은, 로저가 할 수 있는 것을 계속 쌓아가다 보면 좀 더 발전할 것이라는 것이다. 우리는 DSM-5의 접근방법이 이와 같이 작용할 것으로 기대한다.

학교에서 개별화된 교육프로그램(IEP)은 개인의 강점과 약점 그리고 필요한 교육의 양에 기반을 둔다. 아동들은 그들에게 필요하다고 여겨지는 교실환경에 따라서 식별된다. 이런 접근방식은 지적장애를 갖고 있어서 발생하는 낙인효과를 줄여줄 수 있으며, 학생의 학습을 증진하기 위해 무엇을 할 수 있는지에 초점을 맞출 수 있게 해준다.

---

● **지적장애에 대한 DSM-5 진단 기준**

- 지능검사 및 광범위한 임상적 평가에 의해 결정된 지적 결손(즉 문제 해결 능력, 추론, 추상적 사고에서의 결손)
- 다음 중 1개 이상의 영역에서 나이와 문화적 집단에 비교해서 적응 기능에 상대적으로 상당한 결손이 있는 것 : 의사소통, 사회 참여, 직업 또는 학교, 집이나 지역사회에서 독자적 생활에서 결손이 있어, 학교나 직장이나 독자적 생활에 대해 지원을 받을 필요가 있는 것
- 아동 발달 중에 발생한 것

---

**표 10.3** 지적장애에 대한 미국지적장애 및 발달장애협회(AAIDD)의 정의

지적장애는 개념적, 사회적 및 실용적 적응 기술로 표현되는 지적 기능과 적응행동 모두에서 상당한 제한이 있는 것이 특징이다.

이 지적장애는 18세 이전에 시작된다.

*이 정의를 적용하는 데 필수적인 5개의 가정은 다음과 같다.*

1. 현재의 기능상 제한은 당사자의 나이, 또래 및 문화에 걸맞은 지역사회 환경의 맥락에서 고려되어야 한다.
2. 평가를 타당하게 하려면 의사소통, 감각, 운동 및 행동 요인뿐만 아니라 문화적 및 언어적 다양성도 고려해야 한다.
3. 당사자에게는, 제한뿐만 아니라 강점도 함께 있는 경우가 종종 있다.
4. 제반 제한에 대해서 서술하는 중요한 목적은 필요한 지원에 대한 프로파일을 작성하는 것이다.
5. 상당한 기간에 걸쳐서 당사자에게 맞는 적절한 지원을 제공한다면, 지적장애가 있는 당사자의 생활 기능 수준은 일반적으로 호전될 것이다.

출처 : ⓒ 2002 American Association on Intellectual and Developmental Disabilities, http://aaidd.org/publications/bookstore-home/product-listing/2013/06/24/intellectual-disability-definition-classification-and-systems-of-supports-(11th-edition)#.U-KlA4BdXsQ

적응행동을 평가할 때는 문화적 환경을 고려해야 한다. 농촌 지역에 거주하는 사람은 뉴욕 시 거주자가 필요로 하는 것과 동일한 기술을 필요로 하지 않을 수 있으며, 그 반대의 경우도 마찬가지다.

다운증후군이 있는 아동

## 지적장애의 원인론

현재로서는 지적장애의 주된 원인은 당사자의 25%에서만 파악될 수 있다. 파악된 원인은 통상 신경생물학적인 것이다.

### 유전자의 이상 또는 염색체의 이상

지적장애와 관련이 있었던 한 가지 염색체 이상은 trisomy 21인데 이는 21번째 염색체가 가외로 복사된 것(2개 대신에 3개)을 말한다. 이는 **다운증후군**(Down Syndrome)으로 알려져 있다. 미국에서는 다운증후군이 850명당 1명꼴로 발생하는 것으로 추정된다 (Shin, Besser, Kucik et al., 2009).

다운증후군이 있는 사람들은 지적장애뿐만 아니라 몇 가지 특이한 신체적 증세를 보인다. 다운증후군의 신체적 증세는 다음과 같다—작고 땅딸막한 키, 위쪽으로 비스듬히 기울어진 눈, 눈의 내안각 위쪽 눈꺼풀의 접힌 부분이 늘어져 있음, 숱이 적고 가늘고 곧은 머리카락, 넓고 평평한 콧마루, 사각형 모양의 귀, 넓고 주름져 있으며 입이 작고 입천장이 낮아서 비어져 나온 혀, 땅딸막한 손가락과 작고 넓은 손.

지적장애를 일으키는 또 다른 염색체 질환은 **취약 X 증후군** (fragile X syndrome)으로서 X염색체에 있는 fMR1 유전자의 변이로 인해 생긴다. 취약 X 증후군을 지닌 사람은 귀가 크고 덜 발달되었으며, 얼굴이 길고 야위었다. 취약 X 증후군을 지닌 많은 사람들은 지적장애를 갖고 있다. 지적장애가 없는 사람들은 학습장애, 신경심리학적 검사에서 장애, 그리고 감정기복 등을 지닐 수 있다. 취약 X 증후군을 보이는 아동의 약 1/3은 자폐스펙트럼상의 행동을 보이기도 하는데, 이는 fMR1 유전자가 자폐증을 유발하는 많은 유전자 중 하나일 가능성이 있다는 것을 시사한다(Hagerman, 2006).

**열성 유전자 질환** 수백 가지의 다른 열성 유전자 질환이 확인되었으며, 이 질환들 중 상당수는 지적장애를 일으킨다. 여기에서 우리는 한 가지 열성 유전자 질환인 페닐케톤뇨증에 대해 살펴보겠다.

**페닐케톤뇨증**(phenylketonuria, PKU)에서 신생아는 이상징후 없이 태어나지만 곧바로 '페닐알라닌 히드록시라아제(phenylalanine hydroxylase)'라는 간 효소의 결핍으로 고생하게 된다. 이 효소의 결핍으로 인해 페닐알라닌(phenylalanine)과 그 유도체인 페닐파이루빈산(phenylpyruvic acid)은 분해되지 않고 체액에 축적된다. 이러한 축적물들은 뇌에 손상을 입히는데, 기전은 대사되지 않은 아미노산이 신경 기능에 중요한 신경세포의 축색을 (수초로) 둘러싸는 수초화(myelination) 과정을 방해하여 발생한다. 수초화 과정은 빠른 신경자극의 전달을 가능하게 한다. 제대로 치료하지 않으면, 지적장애는 심각할 수 있다.

페닐케톤뇨증은 드문 병이지만, 출생한 영아에서 대략 15,000명 중 1명꼴의 발생률을 보이며, 70명 중 1명은 PKU에 대한 열성 유전자의 보유자로 추정된다. 보유자일 가능성이 있는 예비 부모를 위한 혈액 검사가 있다. 열성 유전자를 지닌 임산부는 식단을 철저히 조절하여 태아가 페닐알라닌의 독성 수준에 노출되지 않도록 해야 한다. 미국 주정부의 법률은 신생아에서 PKU 검사를 규정화하였다. 검사 결과가 양성이면, 그 부모는 유아에게 페닐알라닌이 적게 함유된 음식을 제공하라고 권고받는다.

부모들에게는 특별한 식이요법을 가능한 빨리 도입해서 그것을 무한정 계속해 나갈 것을 권고한다. 연구 결과는 5~7세에 특별한 식이요법을 그만둔 아동은 특히 IQ와 읽기, 철자 쓰기 기능에서 미세한 저하를 보이기 시작한다는 것을 지적하였다(Fishler, Azen, Henderson et al., 1987). 그러나 식이요법을 계속하고 있는 PKU 아동들에게서도 지각, 기억, 그리고 주의 능력상의 결손이 관찰되었다(Banich, Passarotti, White et al., 2000; Huijbregts de Sonneville, Licht et al., 2002).

**감염성 질환**    태아가 자궁 속에 있는 동안 산모가 감염성 질환에 걸리면 이로 인해 지적장애에 걸릴 위험성이 증가한다. 이런 질환에는 풍진, 사이토메갈로 바이러스, 톡소플라스마증, 단순 포진, 그리고 HIV가 있다. 이런 질환은 태아가 면역 기능을 갖추지 못한 임신 3개월 동안에 가장 심각한 영향을 미친다. 즉 태아의 면역체계가 감염 인자를 막아낼 만큼 충분히 발달되지 못했기 때문이다. 임산부는 감염 때문에 경미한 증세를 겪거나 혹은 아무런 증세를 나타내지 않을 수도 있지만, 발육 중인 태아는 완전히 망가지는 영향을 받을 수 있다.

감염성 질환은 출생 후 아동의 두뇌 발달에 영향을 미칠 수 있다. 뇌염과 뇌막염은 피할 수 없는 뇌손상을 일으킬 수 있으며, 영아기 또는 초기 아동기에 감염되면 심지어 죽을 수도 있다. 성인기에 이러한 질환에 감염되는 것은 보통 덜 심각한데, 아마도 대부분 뇌가 대략 6세가 되면 발달을 마치기 때문인 것 같다. 아동기 뇌막염의 몇 가지 유형은 뇌 보호막에 염증을 일으키고, 고열을 동반한다.

**환경 속의 위험**    여러 가지 환경오염물질이 지적장애와 관련이 있다. 이러한 환경오염물질 중 수은

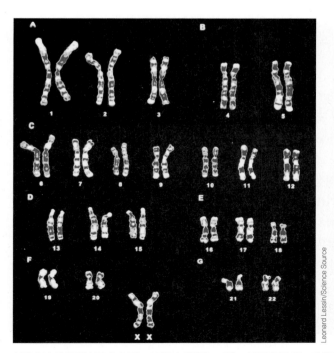 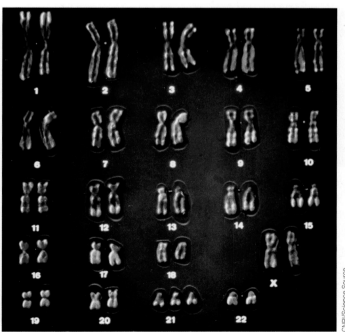

염색체의 정상적인 전체 수효는 23쌍이다(왼쪽 그림). 다운증후군에는 염색체 21의 3개 복사체(삼염색체, trisomy)가 있다(오른쪽 그림).

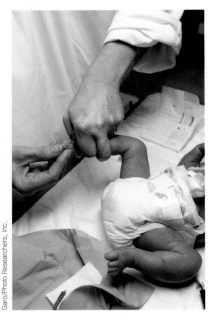

미국 정부에서는 신생아에게 PKU 검사를 받도록 요구하고 있다. 과량의 페닐알라닌이 혈액 속에서 발견되면, 해당 유아에게는 특별한 식이요법이 권고된다.

미국에서는 현재 납이 포함된 페인트의 사용을 금지하고 있지만, 페인트칠이 벗겨진 오래된 집에서 여전히 이러한 페인트를 찾아볼 수 있다.

은 이미 오염된 물고기를 통해 전해질 수 있고, 납은 납 성분이 포함된 페인트와 스모그, 자동차에서 가연성 휘발유가 연소될 때 배출되는 배기가스에서 발견된다. 납중독은 빈혈, 정신지체, 발작, 사망뿐만 아니라 신장과 뇌손상의 원인이 될 수 있다. 미국에서는 현재 납이 포함된 페인트의 사용을 금지하고 있지만, 페인트칠이 벗겨진 오래된 집에서 여전히 이러한 페인트를 찾아볼 수 있다.

## 지적장애의 처치

**주거치료**    1960년대 이후, 지적장애가 있는 아동들을 최대한으로 교육시키기 위해 진지하고 체계적인 시도가 이루어져 왔다. 많은 이들이 지역사회에서 제대로 활동하는 데 필요한 능력을 습득할 수 있지만, 일부 사람들은 추가로 주거치료 프로그램의 지원이 필요하다.

이상적인 것은, 이와 같은 지원이 필요한 지적장애가 있는 성인의 경우 지역사회와 연결된 형태로 소규모에서 중간 크기까지의 주거시설에서 생활하는 것이다. 이 시설에 거주하는 동안 의료 서비스도 제공되며, 훈련받은 지도감독자와 도우미들이 입주자들과 함께 숙식하면서 24시간 이들을 돌본다. 입주자들은 그들의 능력이 미치는 한 최대한으로 살림살이에 참여하도록 권고받는다. 지적장애가 있는 성인들 중 상당수는 직장을 구해서 자기 아파트에서 독자적으로 생활을 할 수 있다. 다른 이들도 3~4명의 성인들과 함께 아파트에서 거주하면서 절반 정도의 독자적인 수준으로 살 수 있다. 통상 저녁 시간에는 상담가의 도움을 받는다.

**행동치료**    행동적 기법을 사용한 조기개입 프로그램이 지적장애가 있는 사람들의 기능 수준을 향상시켜주기 위해 개발되었다. 세부 행동 목표를 (조작적 조건형성의 개념으로) 정의하고 나서는, 아동들에게 일련의 기술을 소규모의 연속된 단위로 쪼개서 가르친다(Reid, Wilson, & Faw, 1991).

아동에게 특정한 일상적인 일처리를 가르치려면, 치료자는 이를테면 밥을 먹는 것과 같은 목표행동을 쪼개는 것부터 시작한다. 즉 이를 수저를 들고, 그릇에서 밥을 떠서, 수저를 입으로 가져간 다음 입술을 이용해 밥을 입안으로 옮기고 나서, 밥을 씹고 삼키는 등의 하위행동으로 분석하고 나눈다. 그런 뒤 이런 하위행동을 가르치기 위해 조작적 조건형성의 원리가 아동에게 적용된다. 예를 들면 아동은 수저를 잡을 수 있을 때까지 수저를 잡는 것에 근접하는 행동(점진적 근접)을 할 때마다 강화를 받게 된다.

**인지치료**    앞에서 언급했듯이, 지적장애가 있는 아동들의 대부분은 문제해결을 하는 데 있어서(도움이 되는) 요령(전략)을 사용할 줄 모르고, 해결 요령을 알더라도 그것을 효율적으로 사용하지 못하는 경우가 많다. 자기지시 훈련(self-instructional training)에서는 이런 아동들에게 말(speech)을 통해서 자신의 문제해결 과정을 스스로 고치도록 가르친다.

예를 들면, 일단의 연구자는 지적장애가 있는 고교생들에게 버터 바른 토스트를 손수 만들고 스스로 깨끗이 치우는 것을 가르쳤다(Hughes, Hugo, & Blatt, 1996). 교사는 이를테면 토스트 기계가 뒤집어져 있거나 전기코드가 빠져 있는 것 같은 문제를 해결하는 데 소요되는 단계를 시범으로 보여주고 말로 설명해주었다. 젊은이들은 간단히 말로 지시를 듣거나 도해로 된 지시문을 활용해서 단계를 거쳐서 해결해가는 요령을 자기 스스로에게 말해주는 법을 배웠다. 예를 들면, 토스터가 뒤집혀 있는 것이 눈에 보이면, 당사자에게 다음과 같이 가르치게 된다. 우선 문제를 말로 하게 한다("들어가지지가 않네"), 그다음에는 반응을 말하게 하며("뒤집어야지"), 스스로 자기 행동을 평가하게 하고("고쳐야겠네"), 그리고 자기 스스로를 강화하도록("잘했네") 한다. 여러 연구 결과들은 심한 고도의 지적장애가 있는 사람들조차 문제해결을 위해 자기지시적 접근방식을 배울 수 있으며, 그다음에는 이 전략을 새로운 과제로 확대해서 적용(일반화)할 수 있음을 보여주었다.

여기에는 카페테리아에서 점심을 주문하기, 그리고 수위나 경비 같은 임무를 수행하는 것도 들어 있다.

**컴퓨터 활용 수업**  컴퓨터 활용 수업은 온갖 교육 현장에서 점차 많이 사용되고 있다. 이것은 특히 지적장애가 있는 사람의 교육에 매우 적합할 수 있다. 왜냐하면 컴퓨터의 시각적, 청각적 요소들은 주의가 산만한 학생들이 주의력을 유지시킬 수 있도록 도와주기 때문이다. 개인의 수준에 따라 학습 내용이 조정되어, 완전히 끝마칠 수 있게 해준다. 그리고 컴퓨터는 자료를 많이 반복해서 제시해야 할 경우에, (인간인) 교사와는 달리 지루해하거나 조급해하지도 않고 해낼 수 있다. 예를 들면 컴퓨터는 지적장애가 있는 사람들이 ATM 사용법을 배울 수 있게 도움을 주는 데 유용하다(Davies, Stock, & Wehmeyer, 2003). 스마트폰은 메모, 지시, 강의, 그리고 일일과제의 보조도구로서 큰 도움이 될 수 있다.

컴퓨터를 활용한 수업은 지적장애의 처치에 적용하는 데 잘 맞는다.

## 중간 요약

정신건강 전문가들은 특정학습장애, 의사소통장애, 그리고 운동장애를 학습장애로 종종 지칭한다. 난독증이 있는 아동은 단어 인식, 읽기, 독해뿐만 아니라, 통상적으로는, 쓰여진 철자에 대해 상당한 어려움이 있다. 연구에서는 두뇌가 어떻게 난독증과 관련이 있는지 특히 언어를 지원하는 두뇌 영역을 밝혀냈는데, 여기에는 측두두정 영역 그리고 후두측두 영역이 해당된다. 그러나 중요한 문화적 차이가 나타났는데, 이는 난독증을 설명하는 데 하나의 보편적인 기제가 있지는 않을 것이라는 점을 시사해주고 있다. 난독증에 대한 개입에는 읽기 기술 및 언어 기술에 대한 집중적인 작업이 들어 있다.

DSM-5에서는 정신지체 대신에 지적장애라는 용어를 사용하며 당사자와 같은 문화권의 집단 내에서의 지적 능력과 적응 기능을 평가하는 것의 중요성을 강조하는데, 이는 AAIDD의 접근방식과 일치한다. IQ점수에 따른 분류 항목은 더 이상 사용되지 않는다. 그 대신에, AAIDD처럼, DSM-5에서는 당사자의 강점과 약점을 파악하는 것의 중요성을 강조한다. 지적장애의 원인에 대해 알려진 것은 많으며, 여기에는 유전된 비정상성, 감염, 그리고 독소가 들어 있다.

## 복습문제 10.3

다음 질문에 답하라.

1. 다음 중 학습장애로 간주되지 않는 것은 무엇인가?
   a. 계산불능증
   b. 난독증
   c. 지적장애
   d. 발달성 협응장애

2. 중국어 혹은 영어를 말하는 난독성이 있는 아동에 대한 연구에서 발견한 것은 무엇인가?

   a. 중국어를 말하는 난독증 아동이 읽는 도중에 좌측 중전두회 영역이 덜 활성화된 것으로 나타났다.
   b. 중국어를 말하는 난독증 아동이 읽는 도중에 좌측 측두두정엽이 덜 활성화된 것으로 나타났다.
   c. 영어를 말하는 난독증 아동이 읽는 도중에 좌측 중전두회 영역이 덜 활성화된 것으로 나타났다.
   d. 영어를 말하는 난독증 아동이 읽는 도중에 좌측 측두두정엽이 덜 활성화된 것으로 나타났다.

3. 다음 중 어떤 것이 지적장애의 원인이라고 할 수 없는가?
   a. 삼염색체(trisomy 21) 같은 염색체의 이상
   b. PKU
   c. 납중독
   d. 이상의 모든 것이 지적장애를 일으키는 것으로 발견되었다.

4. 다음 중 어떤 것이 계산불능증의 원인으로서 가능성이 있다고 연구되어 왔는가?
   a. 유전-환경의 상호작용
   b. 두뇌의 전두엽
   c. 난독증
   d. 이상의 모든 것이 계산불능증을 일으키는 것으로 발견되었다.

# 자폐스펙트럼장애

자폐증은 대략 70년 전에 처음으로 기술되었지만(자폐증의 역사에 대해서는 초점 10.4 참조), DSM에 공식적으로 수록되지 않다가 1980년에 발간된 3판에서야 비로소 수록되었다. 초점 10.3 에서 살펴본 대로, 자폐스펙스럼장애의 비율은 지난 20년에 걸쳐서 계속 증가해 왔다. 유병률이 이와 같이 높아짐에 따라, 이 장애의 원인에 대한 연구도 계속 증가했다.

## 자폐스펙트럼장애에 대한 임상적 기술, 유병률, 그리고 예후

DSM-5에서는 DSM-IV-TR의 4개 진단 범주—자폐 장애, 아스퍼거 장애, 달리 명시되지 않은 범발달 장애, 그리고 아동기 파탄 장애—가 **자폐스펙트럼장애**(autism spectrum disorder, ASD)라 불리는 1개의 범주로 합쳐졌다. 왜 이렇게 변경했을까? 각기 다른 DSM-IV-TR 범주에 대해 수행된 연구 결과는 각기 구분되는 범주를 뒷받침해주지 않았다. 달리 말하면, 이 장애들은 모두 임상적 특징과 원인론이 비슷한 것이 공통점이며 단지 심각한 수준에서만 다른 것으로 보인다. 따라서, DSM-5에서는 하나의 범주인 자폐스펙트럼장애(ASD)만을 두고, 그 속에 심각도 및 언어 장해의 정도를 관련짓는 각기 다른 임상적 명시자를 포함시켰다.

ASD에 대한 DSM-5의 진단 기준은 382쪽에 제시되어 있다. 다음 절에서 우리는 임상 양상에 대해 기술하는데, 초점은 사회적 및 정서적 상호작용에서의 문제 그리고 의사소통에서의 문제뿐만 아니라 반복적이거나 의식적인 행동에도 맞춘다.

**사회 및 정서에서의 장해**   ASD가 있는 아동들은 주변사회에 대한 문제가 깊을 수 있다(Dawson, Toth, Abbott et al., 2004). 이들은 남들에게 거의 접근하지 않으며 사람들을 꿰뚫어 보거나 지나쳐 버리거나 또는 남들에게 등을 돌릴 수 있다. 예를 들면, 한 연구에서는 ASD가 있는 아동들이 어른과 만나거나 떠날 때에 자발적으로 인사말이나 작별인사(말로 또는 미소로, 눈 맞춤하거나, 또는 제스처로)를 거의 하지 않는다는 것을 발견했다(Hobson & Lee, 1998). ASD가 있는 아동이 다른 아동과 먼저 놀자고 하는 경우는 거의 없으며, 이들은 자기에게 다가오는 누구에게도 반응을 안 나타내는 것이 보통이다.

ASD가 있는 아동들도 때때로 (다른 사람과) 눈을 맞추기도 하지만, 그 응시 방식이 특이할 수 있다. 통상적으로, 아동은 다른 사람의 주의를 끌거나 어떤 물건으로 다른 사람의 주의를 끌고자 할 때 응시한다. 그러나 ASD가 있는 아동은 일반적으로 그렇지 않다(Dawson et al., 2004). 이를 종종 **공통된 주의**(joint attention)라고 부른다. 즉 말을 하든 비언어적으로 감정을 전달하든 간에 두 사람이 서로 관심을 주기 위해서 필요한 상호작용이 자폐 아동에게는 결핍되어 있다는 것이다.

### 초점 10.4  자폐스펙트럼장애의 간략한 역사

자폐증은 존스홉킨스병원의 정신과 의사였던 Leo Kanner에 의해 1943년에 처음으로 밝혀졌는데, 그는 11명의 장애 아동이 지적장애나 조현병 아동과는 다르게 행동하는 것을 발견했다. 그는 이런 증후군을 '조기 유아성 자폐증(early infantile autism)'이라고 불렀다. 왜냐하면 그는 이 아동들에게서 '가능한 한 외부로부터의 모든 자극에 대해 관심을 보이지 않고 무시하며 차단해 버리는 극도의 자폐적 고립(extreme autistic aloneness)이 처음부터 있는' 것을 관찰했기 때문이다(Kanner, 1943).

Kanner는 자폐성 고립을 자폐증의 가장 기본적인 증상으로 간주했으며, 또한 위에서 언급했던 11명의 아이들이 태어나면서부터 다른 아이들처럼 주변 사람들과 관계 형성을 하지 못했다는 것을 발견했다. 이들은 또한 언어구사 능력이 극도로 제한되어 있었으며, 자기 주변에 있는 모든 사물이 항상 그 자리에 있게 하려는 강박적인 욕망이 강했다. 자폐증은 Kanner와 그 밖의 연구자(Rimland, 1964)에 의해 일찍부터 기술되어 왔음에도 불구하고, 그동안 공식적 진단 명칭으로 받아들여지지 않고 있다가 1980년에야 DSM-Ⅲ에 수록되고 자폐장애(autistic disorder)로 불리게 되었다.

아스퍼거장애(Asperger's disorder)는 Hans Asperger의 이름을 따서 명명되었는데, 그는 1994년에 자폐증보다 덜 심각하고 의사소통의 결손이 적은 증후군을 기술하였다. 이 장애는 1994년에 처음으로 DSM-Ⅳ에 소개되었다. 사회적 관계는 형편없으며 상동형 행동도 완고하게 고집하지만, 언어와 지능은 멀쩡한 경우가 종종 있다. 연구 결과에 의하면 아스퍼거장애는 자폐성장애와 질적으로 다르지 않다고 시사되므로, 이 두 범주는 DSM-5에서는 통합될 가능성이 있다. 그럼에도 불구하고, 지난 10년간 아스퍼거장애에 관한 연구들이 많이 수행되어 왔는데, 이는 아마도 자신이 다른 성인들과 왜 다른지를 오랫동안 궁금해하던 성인들 사이에서 이 조건이 있다는 것이 인정된 것에 그 이유가 있을 것이다. DSM-Ⅳ-TR에 따른 아스퍼거장애가 있는 성인들이 이제는 정신보건 전문가에 의해서 좀 더 많이 발견되고 있으며, 이들로부터 치료를 받고 있다(Gaus, 2007).

이전에는 아스퍼거장애의 항목에 속해 있었지만 이제는 ASD라는 좀 더 넓은 영역에 속하게 된 사람들은 자신들이 필요로 하는 지원과 도움을 구하고 얻으려고 계속 노력할 것이다. 연구자, 임상가, 그리고 가족은 수십 년간 '자폐스펙트럼(autism spectrum)'이라는 말을 사용해 왔고, 따라서 어떤 면에서는 이런 변화는 수용하기가 어렵지 않을 수도 있을 것이다. 그러나 어떤 이들은 자폐증이라는 이름과 연관된 낙인이 당사자로 하여금 도움 받는 것을 추구하지 못하게 막을 수가 있지 않을까 우려한다. 반면, 미국 캘리포니아와 텍사스와 같은 몇몇 주에서는 아스퍼거장애는 아니고 자폐증이 있는 아동들에게 서비스를 제공하도록 규정하였으며, 따라서 좀 더 많은 사람들이 도움을 받게 될 것이다.

응시하는 것에 대한 좀 더 세밀한 분석에서는 안구 운동을 재는 것과 바라보는 시간을 재는 것이 들어 있다. 한 연구에서는, 나중에 ASD로 진단을 받은 생후 6개월 된 유아가 통상적으로 발달하고 있는 아동에 비해 역동적으로 말하고 있는 얼굴을 찍은 동영상을 보는 데 시간을 적게 들였는데, 특히 눈과 입 주변을 보는 데 그러하였다(Shic, Macari, & Chawarska, 2014). 다른 연구에서는 생후 2~24개월 사이 유아의 안구 운동을 여러 번 시간을 달리 해서 측정하였다(Jones & Klin, 2013). 2개월 때에는 나중에 ASD로 진단을 받은 유아의 안구 운동이 통상적으로 발달하고 있는 유아에 비해 다르지 않았는데, 이는 ASD가 있는 아동이 응시 결손을 타고난 것이 아님을 시사한다. 그러나 생후 2~24개월 사이에, 두 유아 집단 사이에 응시 패턴이 차이가 나기 시작했다. 전반적으로 볼 때, 얼굴을 바라보는 시간이 ASD가 있는 유아 집단에서는 감소하는데, 2살이 되면 얼굴을 바라보는 시간이 ASD가 없는 아동에 비해서 50%나 감소하였다. 바라보는 시간이 더 빨리 감소한 유아들, 특히 눈 주변을 보는 데 그랬던 유아들은 나중에 사회적 결손을 더 많이 나타냈다.

헤더 쿠즈미쉬는 America's Next Top Model이라는 미국 TV 프로에서 최종 주자인데, DSM-Ⅳ-TR에서는 아스퍼거장애라고 불렸지만 DSM-5에서는 자폐스펙트럼장애라고 불리는 것을 갖고 있었다.

ASD가 있는 아동은 타인의 얼굴에 주의를 하지 않거나 응시하지 않는다는 발견과 일치하게도, fMRI 연구에서는 ASD가 있는 사람들이 얼굴 지각 혹은 인식 과제를 완성하는 동안 자주 얼굴 인식과 관련된 뇌 영역인 방추회에서 활성화가 나타나지 않았다고 밝혔다(Critchley, Daly, Bullmore et al., 2001; Pierce, Haist, Sedaghadt et al., 2004; Pierce, Muller, Ambrose et al., 2001). 그 대신에, 뇌의 다른 영역들은 활성화를 보였다. 이는 아마도 얼굴을 인식하는 시스템이 비효율적임을 시사한다.

일부 연구자들은 자폐 아동이 '마음 이론'에서의 결함을 보이며 이는 마음속 손상을 뜻하는데 우리가 이제껏 언급해 온 여러 사회적 역기능을 가져온다고 제안했다(Gopnik, Capps, & Meltzoff, 2000; Sigman, 1994). 마음 이론은 각기 다른 타인의 욕구, 믿음, 의도와 감정에 대한 이해를 말한다. 이러한 능력은 사회적인 상호작용을 성공적으로 이해하고 참여하는 데 중요하다. 마음 이론은 2살 반부터 5살 사이에 발달한다. 자폐 아동들은 이러한 발달 이정표를 경험하지 않는 것 같다. 그리고 또 타인의 시각과 정서적 반응을 이해하지 못하는 것 같다.

ASD가 있는 일부 아동은 감정적 경험에 대한 이해를 배울 수 있다. 그들은 "정서적인 경험에 대한 질문에 답할 수 있고, 열심히 노력한다면 정상 아동처럼 어려운 수학 문제를 풀어낼 수도 있다"(Sigman, 1994, p. 151), 자폐 아동에 대한 실험실 연구에서 그들은 타인을 실제로 이해하지 못해도 타인의 감정을 인지할 수 있음을 발견했다(Capps, Rasco, Losh et al., 1999; Capps, Yirmiya, & Sigman, 1992). 예를 들면, 누군가가 화가 난 이유에 대해서 설명해보라고 했을 때, 자폐 아동은 "그가 소리 지르고 있으니까요"라고 대답한다(Capps, Losh, & Thurber, 2000).

**의사소통의 결손**  자폐 아동은 언어를 획득하기 전에도 의사소통상의 결함을 보인다. 자폐 아동은 정상 아동에 비해 옹알이(단어를 실제로 구사하기 전에 유아가 내는 소리)를 덜하며 그 속에서 전달되는 정보의 양도 적다(Ricks, 1972). 2세경이 되면, 정상적인 발달을 보이는 아동은 대부분 주변의 대상을 표현하기 위해 단어를 사용하며, 보다 복잡한 사고를 표현하기 위해, "엄마, 가자" 혹은 "나, 주스"와 같이 한 단어 문장이나 두 단어 문장을 만들어낸다. 반면에, 자폐 아동들은 이러한 능력이 한참 뒤떨어져 있으며 다른 언어장애도 종종 나타낸다.

자폐증과 관련된 그러한 특징 중 하나가 반향어(echolalia)의 사용이다. 반향어는 다른 사람이 말한 것을 거의 똑같이 되받아 말하는 것이다. 교사가 자폐 아동에게 "쿠키가 먹고 싶니?"라고 물으면, 아동의 반응은 "쿠키가 먹고 싶니?"라고 똑같이 되받아 말할 것이다. 이것이 즉각적으로 나

---

**🔵 자폐스펙트럼 장애에 대한 DSM-5 진단 기준**

A. 사회적 의사소통 및 사회적 상호작용(어울림)에서의 결손이 다음과 같이 나타난다.
- 남에게 접근하지 않는 것, 상호 소통되는 대화를 하지 않는 것, 흥미와 정서의 공유가 감소한 것 같이 사회적 또는 정서적 교류에서의 결손
- 눈 맞춤, 얼굴 표정, 몸짓 언어 같은 비언어적인 의사소통 행동에서의 결손
- 발달 수준에 걸맞게 또래관계를 발전시키는 데 결손이 있음

B. 제한적이고 반복적인 행동 패턴, 흥미, 또는 활동이 다음 항목들 가운데 적어도 두 가지 이상으로 나타난다.
- 상동적이거나 반복적인 말, 움직임, 또는 물건의 사용
- 일상적인 것, 언어적이거나 비언어적 행동에서의 의식적인 부분에 대한 과도한 집착, 또는 변화에 대한 극도의 저항
- 초점이 비정상적이고 극도로 제한된 흥미, 이를테면 물체의 일부에 집착하는 것 등
- 감각 입력(자극)에 대한 과잉 또는 과소 반응, 또는 불빛이나 회전하는 물체 같이 주변의 감각 자극에 대한 특이한 관심

C. 아동기 초기에 발생한 것

D. 증상이 기능 발휘를 제한하고 저해하고 있다.

타나는 반향어이다. 지연된 반향어는 다음과 같이 나타난다. TV가 켜 있고 사람들이 이야기를 나누고 있는 방에 자폐 아동이 있는데 TV나 다른 사람과의 대화에 완전히 무관심한 것으로 보인다. 수 시간 후나 심지어는 그다음 날, 자폐아는 사람들의 대화 내용이나 TV 방송 내용 중에서 한 단어나 구절을 반복할 수 있는데, 이러한 것이 지연된 반향어이다.

ASD가 있는 아동의 말에서 흔히 나타나는 또 다른 비정상적인 언어표현은 **대명사 전도**(pronoun reversal)이다. 자폐아는 자기 자신을 가리킬 때 그(he)나 너(you)라고 하거나 혹은 자기 이름을 그대로 부른다. 예를 들면 다음과 같다.

부모 : 무얼 하고 있니, 조니야?
아동 : 그 애는 여기 있어요.
부모 : 재미있니?
아동 : 그 애가 그렇대요.

대명사 전도는 반향어와 밀접하게 연결되어 있다. 자폐 아동들이 반향어로 말할 때는, 이들은 남들이 자기에게 말하는 내용이 자기에게 들리는 대로 자기를 지칭하기 때문에 대명사를 잘못 적용하는 것이다. 자폐 아동은 단어 구사에 융통성이 없다. 자폐아가 "네"라는 단어를 말했을 때 아버지가 목마를 태워주는 식으로 정적 강화를 해주었다면, 이 아동에게는 "네"라는 단어가 자기가 목마를 타고 싶다는 것을 의미하는 단어가 되는 것이다. 또 다른 예를 들자면, 어떤 자폐 아동은 "안돼"라는 의미로 "고양이를 떨어뜨리지 마"라고 말할 수 있는데, 왜냐하면 이 아동이 집에서 기르는 새끼 고양이를 떨어뜨리려 할 때 엄마가 "고양이를 떨어뜨리지 마"라는 강한 어조의 말을 사용한 적이 있기 때문이다.

**반복적이며 의식적인 행위**  ASD가 있는 아동은 그들의 일상적인 판에 박힌 일이나 환경을 바꾸었을 때 매우 화를 낸다. 우유를 다른 컵에 주거나 가구를 재배치하는 것 때문에 그들은 울거나 화를 낼 것이다.

강박적인 특성은 서로 다른 방식으로 ASD가 있는 아동의 행동에 퍼져 있다. 그들은 놀 때 인형을 한 줄로 세워 놓거나 가정용품을 갖고 복잡한 형태를 만들어낸다. 그들은 나이가 듦에 따라 기차 운행표, 지하철 노선, 그리고 숫자의 계열에 몰두하게 될 것이다. 또한 ASD가 있는 아동은 ASD가 없는 아동에 비해서 좀 더 한정된 수효의 행동만을 나타내기 쉬우며 새로운 주변환경을 탐색하려고 하지 않게 될 것이다.

또한 자폐아동은 상동형 행동, 특이한 의식적 손동작과 쉬지 않고 몸 흔들기, 박수 치기, 발끝으로 걷기와 같은 율동적인 움직임을 보이기도 한다. 그들은 끈, 크레용, 막대기, 접시를 돌리거나 손가락을 눈 앞에서 빙빙 돌린다. 그리고 선풍기와 같이 빨리 회전하는 물건을 응시한다. 이러한 것은 종종 자기자극행동이라고 묘사된다. 자폐아동은 기계 따위를 만지작거리는 데 몰두하며, 이때 방해를 받으면 크게 화를 내기도 한다.

ASD가 있는 일부 아동은 간단하고 생명이 없는 물체(예 : 열쇠, 바위, 금속바구니, 전등 스위치, 큰 담요)와 더 복잡한 기계장치(예 : 냉장고, 진공청소기)에 아주 강한 애착을 형성할 것이다. 혹시 이 대상이 휴대할 수 있는 물건이라면, 아동들은 이 물건을 손에 들고 이리저리 걸어다닐 수 있고, 이렇게 되면 아동이 더 유용한 것을 배우는 데 방해가 될 수 있다.

ASD를 가진 아이들은 종종 다른 아이들과 놀거나 사회적 상호작용(어울림)을 하지 않는다.

Ruth Jenkinson/Getty Images

ASD 아동은 종종 의식적인 손의 움직임과 같은 상동적인 행동에 몰두한다.

**동반이환 및 ASD**    ASD를 가진 많은 아동들은 지적장애를 가지고 있다. 그러나 감각운동 발달은 이런 아동들에게서는 강점이 비교적 가장 큰 영역이다. 인지능력에서 심각하고 깊은 결함을 보여주는 아동들도 흔들기, 기어오르기, 몸의 균형 잡기와 같은 것들은 아주 잘 해낸다. 자폐아동은 4자리 숫자 2개를 암산으로 재빠르게 곱셈하는 능력과 같이 한정된 영역에서만 특별한 재능을 보인다. 또한 그들은 수년 전에 들었던 노래의 가사를 정확하게 회상할 정도로 예외적인 장기기억을 갖고 있다.

한 연구는 ASD가 있는 아동의 1/3 이상이 특정학습장애도 가지고 있음을 발견하였다(Lichtenstein, Carlstrom, Ramstam et al., 2010). 또한 ASD는 분리불안, 사회불안, 일반적인 불안 및 특정 공포증을 포함한 불안이 자주 동반된다(White, Oswald, Ollendick et al., 2009).

**자폐스펙트럼장애(ASD)의 유병률**    자폐스펙트럼장애(ASD)의 유병률은 어린 시절에 시작하여 인생의 첫 번째 달에 분명하게 나타난다. 그것은 약 68명 중 1명에 영향을 미친다(CDC, 2014). 남아는 여아보다 5배 더 많다(CDC, 2014). 지난 25년 동안 ASD 진단 수는 크게 증가했다(이에 대한 자세한 내용은 초점 10.3 참조). 이것은 모든 사회경제, 민족 및 인종 집단에서 발견된다. ASD의 진단은 매우 안정하다. 한 연구에서, 84명 중 1명만 2세 때 ASD 진단을 받고 9세 때에는 진단 기준을 충족시키지 못했다.

**자폐스펙트럼장애의 예후**    위와 같이 ASD가 있는 아동이 성인이 되면 무슨 일이 일어날 것인가? 일반적으로 IQ가 높고 6세 이전에 말로 의사소통할 수 있었던 아동이 예후가 가장 좋았으며, 이들 중 일부는 몇몇 기능에서 정상 성인과 거의 비슷한 정상적인 발달을 보였다. 예를 들면 학령 전부터 성인기 초까지 ASD 아동을 대상으로 한 최근의 종단연구에서 IQ가 70 이상인 경우 아동이 성장했을 때 Vineland 척도에서 강점이 늘어났고 약점은 줄었음을 발견했다(McGovern & Sigman, 2005). 또한 또래들과 상호 교류를 많이 하고 많이 어울렸던 아동들은 결과가 더 좋았다. 지적장애가 아니면서 기능 수준이 높은 ASD 아동을 대상으로 한 추적조사 결과는, 이들 가운데 대부분이 생활을 보살펴줄 필요가 없었으며, 몇몇은 대학에도 들어가서 직업을 얻어 스스로 살아갈 수 있음을 보여주었다(Yirmiya & Sigman, 1991). 그러나 독자적으로 살고 있는 ASD 성인도 상당수가 여전히 사회관계상의 결손을 보이고 있었다(Howlin, Goode, Hutton et al., 2004; Howlin, Mawhood, & Rutter, 2000). 초점 10.5는 ASD가 있는 한 여성에 관한 글이다. 그녀는 ASD로 인한 사회적 및 정서적 결손을 갖고 있으면서도 전문가로서의 위상을 확립하였다.

## 자폐스펙트럼장애의 원인론

ASD의 원인론에 대한 가장 초기의 이론에서는 나쁜 훈육 같은 심리적 요인이 ASD 발달의 원인이라고 보았다. 최근에는 이러한 좁은 시야보다 ASD라는 당혹케 하는 증후군의 원인론에서 생물학적 요인—이 중 일부는 유전적인 요인—의 중요성을 뒷받침하는 이론 및 관련 증거가 부상하였다. 이러한 심리학적 이론에 대한 경험적(자료의) 뒷받침이 부족함에도 불구하고, 이 이론들은 널리 받아들여져서 자녀의 ASD가 부모의 잘못 때문이라는 말이 부모에게 들려와서 이들에게 엄청난 정서적 짐이 될 정도가 되었다.

**유전 요인**    증거에 따르면 ASD에 대한 유전적 요소가 있는 것이 시사되며, 유전가능성에 대한 추정치가 0.80 근방에 있었다(Lichtenstein et al., 2010; Sullivan et al., 2012). ASD 또는 장애를 가진 사람들의 형제자매 중 언어 지연의 위험은 ASD가 없는 사람의 형제자매들보다 훨씬 높다(Constantino, Zhang, Frazier et al., 2010). ASD에 대한 유전 성분이 전달된다는 증거는 쌍둥이 연구에서 나오는데, ASD 일란성 쌍둥이 사이의 일치율은 47~90%이고 이란성 쌍둥이의 일치율은 0~20%에 있다(Bailey, LeCouteur, Gottesman et al., 1995; Le Couteur, Bailey, Goode et al., 1996; Lichitenstein et al., 2010).

유전자가 ASD에 큰 역할을 하더라도 유전자는 환경을 통해 자신의 일을 기억한다. 또 다른 쌍생아 실험은 이전 다른 ASD 연구들에서 사용한 부모 기록과 단편적인 의학적 기록에 의존한 연구방법보다 매우 정확하고 타당화가 잘된 방법을 사용했다. 이 연구에서 공통된 환경 요소(예 : 같은 가족환경에서의 경험)가 자폐증에 대한 위험의 절반 이상을 차지한다(Hallmayer, Cleveland, Torres et al., 2011).

쌍둥이 연구와 ASD 가족력 연구는 ASD가 의사소통능력과 사회적 상호작용의 결핍이 넓은 스펙트럼에서 전반적으로 연관이 있다고 제안한다. 1명 이상의 ASD 혹은 언어학습지연 아동이 있는 가족에서 영향력을 받지 않은 형제 또한 사회적 의사소통능력과 상호작용에서의 결핍을 보여준다(Constantino et al., 2010).

분자유전학 연구는 ASD를 일으킬 위험성이 있는 유전체를 찾아내는 연구를 시도했다. 전장 유전체 연관 분석 연구(GWAS)에서 유전배열에서의 차이(단일염기다형성, SNPs)와 유전구조에서의 차이(복제수효 변이, CNVs)를 찾아보려 했던 것을 회상해보자. CNVs를 연구하는 한 연구팀은 16번 염색체의 결실(결손, deletion)이 세 가지 다른 표본들에서의 ASD와 연관을 보이는 것을 발견했다(Weiss, Shen, Korn et al., 2008). 결실이 대표하는 유전상의 결함—이것은 원래 결실될 예정이 아니었음—은 연구자들은 비록 왜 유전상의 결함이 일어나는지 명확하지 않더라도 ASD 발달의 위험성을 증가시키는 것과 관련이 있다. 다른 GWAS 연구는 2개의 독립적인 ASD 사람들 표본(Wang, Zhang, Ma et al., 2009)과 ASD는 없지만 의사소통능력과 사회-정서적 어려움이 있는 사람들(St. Pourcain, Wang, Glessner et al., 2010)에서 복제된 5번 염색체에 두 유전체 사이에서 SNPs를 확인했다.

**신경생물학적 요인**   점점 더 많은 연구들이 ASD에서 나타나는 언어, 사회, 그리고 정서적 결손을 뇌와 연관짓고 있다. ASD에서 뇌를 조사하는 수많은 연구들은 반복검증이 잘 되어 왔다. 이는 자폐 환자의 뇌에서 잘못되어 갈 수 있는 상황을 더 명확하게 짚을 수 있게 만들었다. 그러나 여전히 밝혀야 하는 문제는 발달 초기에 뇌가 어떻게 해서 잘못되어 가는가 하는 것이다.

자기공명영상(MRI)을 사용한 연구들에서는 대체적으로 ASD가 있는 성인 및 아동의 뇌가 자폐증이 없는 성인 및 아동의 뇌에 비해서 더 크다는 것을 발견하였다(Courchesne, Carnes, & Davis, 2001; Piven, Arndt, Bailey et al., 1995, 1996). 이와 동일한 발견이 뇌 크기의 지표로서 머리 둘레를 측정한 연구에서도 나왔다(Courchesne, Carper, & Akshoomoff, 2003). 이러한 결과들이 더욱 흥미롭고 당혹스러운 것은 자폐 아동의 대부분이 비교적 정상적인 크기의 뇌를 갖고 태어난다는 것이다. 그러나 2~4세 사이에 자폐 아동의 뇌는 확실히 더 크다(Courchesne, 2004). 한 종단연구에서 자폐증이 있는 아이들을 2세에서 4세 혹은 5세에 MRI를 사용하여 뇌의 크기를 보았다. 연구자들이 발견한 것은 자폐증이 있는 아동들이 2세에는 뇌 크기가 더 큰데 4~5세에는 계속 커지지 않았다는 점인데, 이는 뇌의 성장이 생애 첫 5년이 지난 뒤에는 계속되지 않음을 시사해준다(Hazlett, Poe, Gerig et al., 2011).

정상 뇌보다 더 큰 뇌를 가질 경우 이는 불필요한 신경세포가 제거되지 않았다는 것을 의미하기 때문에 꼭 좋은 것만은 아니다. 신경세포의 가지치기는 뇌의 성숙에 있어서 중요한 부분이다. 연령이 높은 아동은 아기보다 신경세포 간의 연결이 더 적다. 이러한 문제 말고도, 자폐성 뇌의 성장은 아동기 후기가 되면 비정상적으로 느려짐을 보인다. 이는 지표가 뇌의 성장 패턴이 자폐 징후

## 초점 10.5  자폐스펙트럼장애를 갖고 살아가는 여성의 이야기

템플 그랜딘(Temple Grandin)은 자폐증을 지닌 여성이다. 그녀는 수의사이며, 동물 농장에서 사용하는 기계를 디자인하는 회사의 경영자이고, 콜로라도주립대학교의 조교수이다. 두 권의 자서전(Grandin, 1986, 1995, 2008, 2013)과 신경학자인 Oliver Sacks(1995)에 의한 프로필은 자폐증을 지닌 사람이 겪는 어려움에 대해 상세하게 알려준다. (그랜딘의 1995년 출간된 책인 *Thinking in Pictures*에 기반을 둔 HBO 영화는 2010년에 처음 상영되었는데, 극찬을 받은 수상작이 되었으며 클레어 데인즈가 그랜딘의 배역을 맡았다. 또한 그랜딘은 동물에 대한 그녀의 전문적인 업적을 다른 책으로도 저술하였다.)

그랜딘은 사회적 상호작용의 복잡성에 대한 이해의 부족과 감정이입 능력의 결여 등을 모두 종합하여 자폐아와 자폐적이지 않은 세계와의 관계에 대해 다음과 같이 말했다. "많은 시간 동안… 나는 화성의 천문 관측자처럼 느껴졌어요"(Sacks, 1995, p. 259).

3세 때 자폐증 진단을 받은 그랜딘은 말을 전혀 하지 않았다. 의사들은 그녀가 시설에 수용될 것이라고 생각했다. 치료 유아학교(therapeutic nersery school)와 언어치료, 그리고 가족의 도움으로 그녀는 6세가 될 때까지 계속해서 말을 배우고 다른 사람과의 접촉을 더 많이 갖기 시작했다. 청소년기가 되었을 때, 다른 아이들의 상호작용에 관해 그녀가 느꼈던 것에 대하여 그녀는 이렇게 말했다. "때때로… 그들이 모두가 서로서로 마음이 통하는 건지가 궁금했어요"(Sacks, 1995, p. 272). 그녀는 정상적인 청소년들이 각자 서로의 욕구와 소원에 대해 이해하고, 감정이입을 하고, 의사소통하는 것을 매우 신기하게 생각했다.

어느 날 그녀가 일하고 있는 콜로라도대학교에 방문했을 때, Sacks는 그녀처럼 흔하지 않은 사람의 자폐적인 특징 몇 가지를 관찰하였다. 그랜딘은 그녀의 자서전에서 많은 자폐아들이 '스타트랙'을 굉장히 좋아하며, 특히 스팍과 데이터의 팬이라고 적어 놓았다. 스팍은 벌칸 성인(聖人)과 우주인 사이에서 태어나 우수한 두뇌와 텔레파시 등의 초능력을 지닌 사람으로, 지적이고 감정적인 면과는 거리가 먼 논리적인 사람이다. 데이터는 안드로이드인이고 굉장히 복잡한 컴퓨터를 집에 두고 있으며 스팍처럼 감정적인 것과는 거리가 멀다. (이러한 것이 극적인 주제라 하더라도, 이 두 주인공은 모두 인간의 감정을 농락하는 인물로 묘사되고 있으며 데이터는 특히 더 그러하다. 이것은 그랜딘의 삶에 있어서 하나의 테마이기도 하다.) 그랜딘(1995)은 47세 때 다음과 같이 썼다.

> 나는 내 일생을 관찰자로서 살았다. 그리고 나는 항상 외부에서 누군가가 나를 지켜보고 있다고 느꼈다. 나는 고등학교 생활을 하면서 사회적인 상호작용을 해보지 못했다.
>
> 오늘날까지도 나는 인간관계란 것이 어떤 것인지 이해하지 못한다. 복잡한 사회적인 상황들을 다루는 것이 나에게는 너무나 어려워서 그것을 피하기 위해 나는 독신으로 살고 있다. 데이트를 원하는 남자가 여자와 어떻게 관계를 맺는지 나는 이해할 수 없다. 그들은 그리고 나 자신은 스타트랙에 나오는 데이터를 상기시켜 준다. 데이터가 데이트를 하기 위해 시도한 것은 큰 불행이었다. 그는 그의 컴퓨터 프로그램의 하위 경로를 변경하여 로맨틱해지려고 시도했을 때, 과학적인 용어를 사용함으로써 그의 자료를 보충하였다. 심지어 매우 능력 있는 자폐증을 가진 성인이라도 그런 문제들을 가지고 있었다. (pp. 132-133)

자폐증을 가진 사람들의 몇 가지 결함은 그들을 정직하고 신뢰할 수 있도록 만든다. "거짓말은 그 사람이 정말로 속을지 그렇지 않을지를 결정하기 위해서 미묘한 사회적 신호를 해석해야 하기 때문에 나를 매우 불안하게 만든다"(Grandin, 1995, p. 135).

그랜딘의 전문적 경력은 감동을 준다. 그녀는 시각적인 능력과 감정을 이입하는 능력을 농장의 동물들을 위해 기계를 디자인하는 데 사용했다. 예를 들면, 그녀는 자동 활송장치를 사용해서 소를 도살장으로 데리고 감으로써 소가 자신이 죽을 것이란 사실을 알지 못하게 하였다. 그녀는 또한 꼭 껴안을 수 있는 기계(squeeze machine)를 설계하였는데, 그것은 다른 사람과 접촉하지 않아도 편안한 포옹의 느낌을 느끼게 해준다. 그 기계의 바깥쪽은 두껍고 부드러운 털실뭉치로 싸여 있고

및 증상과 어떠한 관련이 있는지를 알아내기 위해서 중요할 것이다. 자폐성 뇌가 과잉 성장하는 영역이 언어, 사회, 감정 기능을 관장하는 전두엽, 측두엽, 소뇌라는 사실에 주목해야 할 필요가 있다.

뇌의 다른 영역도 자폐증에 연루되어 있다. 46개 연구의 종합분석 결과 큰 효과 크기는 확대된 소뇌에서 발견되었다(Stanfield, McIntosh, Spencer et al., 2008). 또 다른 연구에서 자폐 아동이 다른 아동보다 흔히 발견되는 주변 탐색 경향이 덜하다는 사실은 소뇌의 크기 차이로 인한 것이라는 점이 발견되었다(Pierce & Courchesne, 2001).

한 쌍의 최근 연구에서 자폐 아동과 성인의 편도체 크기를 검사하였다. 자폐증이 사회 및 정서적 문제와 관련이 있고, 편도체가 사회 및 정서 행동과 관련이 있음을 고려할 때, 이는 편도체가 자폐증과 관련이 있을 수 있다는 근거를 마련한다. 한 연구에서, 편도체가 자폐 아동에게서 더 컸음을 발견하였다(Munson Dawson, Abbott et al., 2006). 그리고 3세나 4세 아동의 보다 큰 편도체는 6세가 되어서 나타나는 사회 행동 및 의사소통상의 문제를 예측해준다. 이러한 결과는 다른 뇌 영역의 과잉 성장을 보여주는 연구 결과와 일치한다. 그러나 다른 연구에서는 자폐성 편도체의 작은 크기가 정서적 얼굴 지각의 문제와 관련이 있으며, 지각과제를 수행하는 동안 얼굴에서 눈

너비 4피트, 길이 3피트인 2개의 무겁고 경사진 면을 가지고 있다. 그것을 길고 좁은 바닥의 경첩과 결합하면 V자 형의 몸 크기만 한 구유(trough)가 된다. 구유의 한쪽 끝에는 복잡한 조절상자가 있는데 조절상자 안에는 다른 장치를 움직이게 하는 중요한 튜브가 있다. 이 장치는 어깨부터 무릎까지 신체를 편안하게 눌러준다(Sacks, 1995, pp. 262-263). 이 기묘한 장치에 대한 그녀의 합리적인 설명 이면에는 다른 사람과의 신체 접촉에 대해서 매우 불안해하지만 그러면서도 다른 사람에게 안기고 싶어 하는 어린 소녀로서의 갈망이 숨어 있다. 그녀가 좋아하는 덩치 큰 아줌마가 그녀를 안을 때, 그녀는 압도감과 안정감을 동시에 느낀다. 공포감과 기쁨을 함께 느끼는 것이다.

*그녀는 백일몽을 꾸기 시작했다 — 그때 그녀는 겨우 5세였다 — 그 백일몽은 마술기계에 관한 것인데 마술기계는 안는 것과 같은 방법에 의해서 부드러우면서도 힘 있게 그녀를 눌러준다. 그리고 그녀의 명령에 의해 작동된다. 몇 년이 지나서 사춘기가 되었을 때, 그녀는 송아지를 잡거나 제어할 때 사용되는 압축기의 도면을 보고 '아, 저거로구나!'라는 생각을 했다. 사람이 사용하기에 적당하도록 조금만 수정하면 그것은 그녀의 마술기계가 될 수 있었다. (Sacks, 1995, p. 263)*

기계에 대한 그녀의 설명을 들은 후, Sacks는 그것을 직접 사용해보았다. 그리고 그는 다음과 같이 말했다.

*템플은 이러한 기계로부터 기쁨과 안락함을 얻었을 뿐만 아니라 다른 사람들로부터 느꼈던 감정을 유지할 수 있었다. 그녀가 그 기계에 누웠을 때, 그녀는 그녀의 어머니와 그녀가 좋아하는 아줌마, 그녀의 선생님에 대해 생각했다. 그녀는 그녀를 향한 그들의 사랑을 느꼈고, 그녀 역시 그들을 사랑한다. 그녀는 그 기계가 닫혀 있었던 감정의 문을 열어주고 다른 사람과 감정을 공유할 수 있도록 그녀를 안내해준다고 생각했다. (Sacks, 1995, p. 264)*

그랜딘과 Sacks의 이와 같은 설명은 특이성(idiosyncrasies)에 적응하는 방식과 자신에게 주어진 특별한 재능을 사용하는 방식, 어떤 사람에게 주어진 결손(deficiency)이 어떻게 그에게 영향을 미치는지에 대한 통찰을 제공해준다. "자폐증은 병리적인 하나의 증후일지도 모른다. 하지만 우리는 자폐아를 우리와는 다르지

만 그들 나름대로의 정체성을 가진 한 개체로 볼 수 있는 눈이 필요하다"고 Sacks는 말한다(1995, p. 277). 최근의 강의에서 템플은 다음과 같이 말하고 끝마쳤다. "만일 내가 지금의 나를 경멸하고, 자폐증으로부터 벗어났다고 한다면 그 모습은 내가 아니다. 왜냐하면 자폐증은 이제 나의 한 부분이기 때문이다"(Sacks, 1995, p. 291).

그랜딘의 최근 책(2013)에서는 정서를 강조하였는데, 그는 많은 일의 정확성은 자폐증 대뇌와 관계된다고 하였다. 다시 말해 자폐증 환자가 경험하는 어려움 중 일부가 실제로는 장점이 될 수 있다. 예를 들어, 사회적 상호작용에서 그녀는 해독하기가 어려운데, 그게 한 번에 일어나는 여러 가지 일의 통합을 필요로 하기 때문이다(예 : 단어, 표정, 제스처, 목소리의 음조). 하지만 그녀는 한 번에 한 일에 집중하는 것이 장점인데, 그 의미는 그녀는 작은 세부사항에 주목을 정말 잘한다는 것이다. 그녀는 동물에서 매우 성공적이었다고 믿고 있는데 이것은 다른 사람들은 놓치는 동물이 놀라는 작은 세부사항을 볼 수 있었다는 것이다.

JOHN EPPERSON/ASSOCIATED PRESS/AP/Wide World Photos

어린 아동기에 자폐증 진단을 받았음에도 불구하고, 그녀는 학업을 성공적으로 마쳤다.

부위를 거의 응시하지 못함을 발견하였다(Nacewicz Dalton, Johnston et al., 2006). 우리는 어떻게 서로 달라 보이는 연구 결과의 의미를 이해할 수 있을까? Nacewicz와 동료들의 연구에서 참가자들은 나이에 따른 발달을 통해 지속적으로 뇌의 변화가 차별적으로 사회적, 정서적 장애와 관련될 수 있음을 시사하였다. 나중의 종합분석에서는 편도체 크기는 나이와 관련이 있으며, 많은 나이와 작은 편도체의 크기에 관련이 있다는 것을 확인해주었다(Stanfield et al., 2008).

## 자폐스펙트럼장애의 치료

유전 요인과 신경학적 요인이 심리적 요인보다 ASD의 원인론에서 더 많은 경험적인 지지를 받고 있다고 하더라도, 약물이 아닌 심리요법이 가장 유망하다. 여기에서의 교훈은 신경과적 문제가 심리적으로 치료가 가능할 수 있다는 것이다.

ASD 아동에 대한 치료는 일반적으로 자신의 이상 동작을 줄이고 의사소통과 사회적 능력을 향상하는 것을 목표로 하고 있다. 대부분의 경우 조기에 개입할수록 좋은 결과가 있다. 유망한 종단연구에서 ASD로 발전 위험이 있는 아이들(부모 혹은 형제가 자폐증이 있는)은 14개월부터 연구를 시작하였다. 이 아동들은 아직 언어능력을 가지고 있지 않았지만, 연구진은 연결된 주의와 의사

소통장애로 임시 조기 ASD 진단을 허용하였다(Landa, Holman, & Garrett-Mayer, 2007).

**행동치료**   1980년대 후반에 Ivar Lovaas는 ASD가 있는 어린 아동(4세 미만)에 대해서 조건형성에 기반을 둔 행동치료를 실시하였다(Lovaas, 1987). 치료는 생활의 모든 방면으로 일주일에 40시간 이상 2년 넘게 하였다. 치료는 아이들이 깨어 있는 모든 시간 동안 계속할 수 있도록 부모를 광범위하게 훈련하였다. 이런 강화치료를 받은 19명의 아동과 40명의 매주 10시간 미만으로 비슷한 치료를 받은 아동을 비교하였다. 이 두 아동 집단은 덜 공격적이고, 더 유순하고, 사회적으로 더 부합되는, 예를 들어 다른 아이들과 말을 하거나 노는 것에 대해서 보상을 받았다.

훈련 결과 집중적인 치료집단에서 극적이고 고무적인 결과를 얻을 수 있었다. 약 2년 동안 집중적인 치료를 받았던 첫 번째 집단의 평균 IQ는 83이었고, 통제집단의 평균 IQ는 55였다. 19명의 청소년 집단에 속했던 피험자 중 12명은 보통 수준의 IQ에 도달할 수 있었으나, 40명의 통제집단에 속했던 피험자 중에서는 2명만이 보통 수준의 IQ에 도달할 수 있었다. 더욱이, 19명의 청소년 집단에 속했던 피험자 중 2명은 공립학교에서 2학년으로 진급할 수 있었다. 반면에 피험자 수가 훨씬 많았던 통제집단에서는 1명만 2학년으로 올라갔다. 4년 후에 이 아동들을 대상으로 한 후속 연구에서는 집중적인 치료를 받았던 집단이 정상 수준의 IQ와 적응행동을 보였으며, 상급 학년으로 올라갔다(McEachin, Smith, & Lovaas, 1993). 비평가들은 그 연구에서 사용한 연구방법과 결과 측정에 있어서 문제점이 있음을 지적하고 있지만(Schopler, Short, & Mesibov, 1989), 이 야심적인 프로그램은 자폐증이라는 최대의 난제를 다루는 데 전문가와 부모의 참여가 도움이 된다는 것을 확실하게 밝혀주고 있다.

무선 통제의 임상 시행에서는 대규모로 집중적 행동치료의 효과를 조사하였다. 이 연구에서는 부모훈련으로만 구성된 치료와 집중적 행동치료(40시간 대신에 주당 약 25시간)를 비교했다 (Smith, Groen, & Wynn, 2000). 행동치료는 단독으로 부모교육보다 더 효과적이었지만 위에서 언급한 연구에서와 같은 이득을 보이지 않았다. 아마도 이 연구에서 처치가 적은 시간 동안만 실시되었기 때문이다.

22개의 연구를 종합분석한 결과 기타 유형의 집중적 행동요법을 사용한 병원환경에서나 부모의 개입에서 주목할 만한 것을 보고하였다. 먼저 이 연구들은 점수가 1점부터 5점에서 5점이 제일 좋은 효과이며 평균 점수는 2.5점이었다. 무선 통제의 임상 시행은 거의 없었으며, 상당수는 표본의 크기도 대단히 작았다. 이러한 제한점으로, 전체 효과의 크기는 IQ의 변화, 언어 능력, 전반적인 커뮤니케이션, 사회화, 일상생활능력이었다(Virués-Ortega, 2010). 이런 결과는 고무적이지만 치료의 이론은 보다 엄격한 연구를 실시하는 것이 중요하다.

다른 개입은 아동이 나타내는 연결된 주의 및 의사소통의 문제를 개선하고자 한다. 무선 통제의 임상 시행에서 ASD가 있는 3~4세의 아동을 무선으로 연결된 주의(joint attention, JA) 개입, 상징적 놀이(SP) 개입, 또는 통제집단에 배정하였다(Kasari, Freeman, & Paparella, 2006). 모든 아동은 이미 조기개입 프로그램의 일부였다. JA와 SP 개입은 6주 동안 매일 30분씩 아이들에게 실시되었다. JA 및 SP 집단의 아동들은 통제집단의 아동보다 호전되었으며, 치료 후 6개월과 12개월 뒤에는 JA와 SP 집단의 아동들은 통제집단의 아동보다 표현언어 기술이 더 크게 발전하였다 (Kasari, Paparella, Freeman et al., 2008).

**약물요법**   자폐행동을 치료하기 위해 가장 일반적으로 사용되는 약물은 항정신증 치료제 중 하나인 할로페리돌[Haloperidol, 제품명은 할돌(Haldol)]일 것이다. 통제된 몇몇 연구에서, 이 약물은 사회적인 철회와 반복적인 신체 움직임과 자해행동과 같은 부적응행동을 감소시켜 주었다 (Anderson, Campbell, Adams et al., 1989; Perry Campbell, Adams et al., 1989). 그러나 많은 자

행동치료자인 Ivar Lovaas는 자폐증이 있는 아동의 조건형성 치료로 유명하다.

폐 아동은 이 약물에 대해 긍정적인 반응을 보이지 않았고, 언어장애와 사회적 상호관계에서의 장애와 같은 자폐증의 다른 증상에 대해서는 긍정적인 효과가 없었다(Holm & Varley, 1989). 또한 할로페리돌은 심각한 부작용이 있다(Posey & McDougle, 2000). 어떤 장기적인 연구에서는 자폐증이 있는 아동 중 30% 이상이 약물과 관련된 수의운동 장해(dyskinesias), 즉 경련성 근육장해를 나타내는데, 대부분은 약물을 중단하면 소멸되었다(Campbell, Armenteros, Malone et al., 1997).

또한 연구자들은 아편성(opioid) 수용기의 길항 약물인 날트렉손에 대해 연구하였다. 그 결과 날트렉손은 자폐아의 과잉행동을 감소시켜주고 사회적 상호작용을 먼저 시도하는 것을 적당하게 증가시켜줌을 발견했다(Aman & Langworthy, 2000; Willemsen-Swinkels et al., 1996; Williams, Allard, Spears et al., 2001). 날트렉손이 자해행동의 감소에 유용한지 아닌지, 자폐증의 핵심 증상에 효과적인지 아닌지를 결정하기 위해서는 더 많은 연구를 할 필요가 있다.

## 복습문제 10.4

진위형
1. ASD가 있는 아동은 모두 지적장애가 있다.

2. ASD가 있는 아동은 남의 정서를 인식하는 데 어려움이 있다.
3. 약물처방은 ASD에 대해 효과가 있는 치료법이다.

## 요약

### 임상적 기술

- 아동기 장애는 종종 외현화 장애와 내재화 장애로 분류된다. 외현화 장애는 공격성, 불복종성, 과잉행동성, 그리고 충동성 같은 행동이 특징이다. 여기에는 주의력결핍/과잉행동장애, 품행장애, 그리고 적대적 반항장애(ODD)가 있다. 내재화 장애의 특징은 우울증, 사회적 위축, 불안이다. 내재화 장애에는 아동기 불안장애와 기분장애가 들어 있다.
- 주의력결핍/과잉행동장애(ADHD)는 같은 또래의 아이들에게서 통상 관찰되는 것보다 더 잦고 더 심하게 부주의 및/또는 과잉행동, 그리고 충동성을 일관되게 보이는 것이 특징이다.
- 아동의 기분 및 불안장애는 성인에서 나타나는 장애와 공통점이 있다. 그러나 여러 발달 단계에서 중요한 차이점이 있다.
- 학습장애는 특정한 학업, 언어 또는 운동기술 영역에서 개인의 지적 수준에 의해 기대되는 수준까지 발달하지 못하는 아동에게 내려지는 진단이다. 이 장애는 정신건강 진료소보다는 통상 학교에서 그 존재가 처음으로 밝혀지고, 그에 대한 치료도 이루어진다. 음운 인식은 난독증의 핵심 결함으로 보인다.
- 지적장애에 대한 DSM-5의 진단 기준은 발달 과정에서 지적 기능과 적응행동의 결함을 나타낸다. 대부분의 전문가들은 지적장애를 가진 사람들의 강점에 더 초점을 맞추고 있다. 이렇게 초점이 바뀐 것은 개인의 능력을 최대한으로 발휘할 수 있도록 해주는 심리적·교육적 개입법을 발전시키려는 노력이 많아진 것과 관련이 있다. 정신지체라는 말은 더 이상 DSM-5에서 사용되지 않는다.
- 자폐스펙트럼장애는 생애 초기에 시작하고, 최근 들어 이 진단을 받은 아동의 수효가 극적으로 늘어나고 있는 추세다. 주요 증상은 타인과의 관계 실패, 의사소통문제를 보이며, 반향어와 대명사 전도와 같은 언어 혹은 말의 불규칙성의 습득 실패, 그리고 마음 이론의 문제를 포함한다.

### 원인론

- ADHD의 원인론에 있어서 유전학적 및 신경생물학적 요인에 대한 강한 증거들이 있다. 저체중 출산과 임산부의 흡연 또한 위험 요인이다. 가족 요인들은 유전적 취약성과 상호작용한다.
- 품행장애에 대한 분명한 원인론과 위험 요인들로는 유전적 소질, 윤리의식과 사회적 감정의 부적절한 학습, 그리고 뇌 영역에서 편도체와 전전두엽 피질의 기능 장애, 부정적인 또래의 영향이 있다.

- 아동의 기분과 불안장애에 대한 원인론적 요인들은 대개 성인기와 동일한 것으로 여겨진다. 그러나 여기에 대해서 추가적인 연구가 필요하다.
- 난독증은 유전 및 기타 신경생물학적 구성요소를 가지고 있다는 증거들이 늘어나고 있다. fMRI 연구는 난독증과 난산증에 부동한 뇌 영역을 지적한다.
- 지적장애의 일부 유형은 다운증후군(21번째 염색체가 3개임)과 같은 생물학적인 원인을 지니고 있다. 임산부에게 있어서 HIV나 풍진, 매독과 같은 어떠한 감염성 질환들과 인지적 · 사회적 발달을 저해하는 뇌염, 뇌를 손상시킬 수 있는 영양실조, 추락, 자동차 사고는 아이에게 직접적인 영향을 미친다. 환경 요인은 가벼운 지적장애의 중요한 원인이 된다.
- 가족 및 쌍둥이 연구들은 ASD의 유전 요인에 대한 강력한 증거를 제공해주었다. ASD가 있는 아동의 뇌에서 비정상적인 요소가 발견되었으며, 여기에는 2세에 나타나는 뇌의 과잉성장과 소뇌의 비정상성도 들어 있다.

**처치**

- 애더럴이나 리탈린과 같은 각성제 사용이 포함된 복합치료와 집중적인 행동요법은 ADHD의 증상을 감소시키는 데 효과가 있음을 보여주었다.
- 품행장애가 있는 젊은이를 치료하는 데 가장 유망한 접근법은 가족, 학교, 그리고 또래집단을 위시한 다중체계에 대해 집중적으로 개입하는 것이다. 또한 Fast Track 같은 예방적 개입법도 유망하다.
- 인지행동요법은 기분장애와 불안장애에 효과가 있다. 약물치료는 청소년의 우울증에 효과가 있는데, 그 사용에 대해 논란이 없지는 않다. 또한 약물처방은 인지행동요법과 병행할 때 불안에 대해서도 효과가 있다.
- 난독증과 계산불능증에 대해 가장 널리 이용되는 개입은 교육적 개입이다.
- 행동요법과 자기지시 훈련법은 지적장애가 있는 사람들의 행동 문제의 상당수를 성공적으로 치료하고 이들의 문제해결 기술을 향상시키는 데 사용되어 왔다.
- ASD에 대한 가장 유망한 치료는 집중적인 행동적 개입 그리고 부모에 대한 개입이 포함된 심리요법이다. 여러 가지 약물치료가 사용되어 왔지만, 행동적 개입보다 덜 효과적인 것으로 입증되었다.

## 복습문제에 대한 답

10.1  1. T; 2. T; 3. T; 4. F
10.2  1. 생애 지속, 청소년 발생; 2. ADHD, 약물남용, 우울, 불안; 3. 부모 관리능력 증진 훈련, 다중체계적 처치.

10.3  1. c; 2. a; 3. d; 4. a
10.4  1. F; 2. T; 3. F

# 주요 용어

계산불능증(dyscalculia)

공통된 주의(joint attention)

난독증(dyslexia)

내재화 장애(internalizing disorders)

다운증후군(Down syndrome)

다중체계적 처치(multisystemic treatment, MST)

대명사 전도(pronoun reversal)

말소리장애(speech sound disorder)

발달정신병리학(developmental psychopathology)

부모 관리능력 증진 훈련(parent management training, PMT)

분리불안장애(separation anxiety disorder)

아동기에 발생하는 유창성 장애(말더듬증)[childhood onset fluency disorder(stuttering)]

외현화 장애(externalizing disorders)

운동장애(motor disorders)

의사소통 장애(communication disorders)

자폐스펙트럼장애(autism spectrum disorder)

주의력결핍 과잉행동장애(attention-deficit/hyperactivity disorder, ADHD)

지적장애(intellectual disability)

취약성 X 증후군(fragile X syndrome)

특정학습장애(specific learning disorder)

페닐케톤뇨증(phenylketonuria, PKU)

품행장애(conduct disorder)

# 참고문헌

Abbey, S. E., & Stewart, D. E. (2000). Gender and psychosomatic aspects of ischemic disease. *Journal of Psychosomatic Research, 48,* 417–423.

Abel, G. G., Becker, J. V., Mittelman, M., Cunningham-Rathner, J., Rouleau, J. L., & Murphy, W. D. (1987). Self-reported sex crimes of nonincarcerated paraphiliacs. *Journal of Interpersonal Violence, 2,* 3–25.

Abou-Saleh, M. T., Younis, Y., & Karim, L. (1998). Anorexia nervosa in an Arab culture. *International Journal of Eating Disorders, 23,* 207–212.

Abramowitz, J. S., & Braddock, A. E. (2008). *Psychological treatment of health anxiety and hypochondriasis: A biopsychosocial approach.* Boston, MA: Hogrefe & Huber Publishing.

Abramowitz, J. S., Franklin, M. E., Schwartz, S. A., & Furr, J. M. (2003). Symptom presentation and outcome of cognitive-behavioral therapy for obsessive-compulsive disorder. *Journal of Consulting and Clinical Psychology, 71,* 1049–1057.

Abramson, L. Y., Metalsky, G. I., & Alloy, L. B. (1989). Hopelessness depression: A theory-based subtype of depression. *Psychological Review, 96,* 358–372.

Acarturk, C., de Graaf, R., van Straten, A., Have, M. T., & Cuijpers, P. (2008). Social phobia and number of social fears, and their association with comorbidity, health-related quality of life and help seeking: A population-based study. *Social Psychiatry and Psychiatric Epidemiology, 43,* 273–279.

Achenbach, T. M., Hensley, V. R., Phares, V., & Grayson, D. (1990). Problems and competencies reported by parents of Australian and American children. *Journal of Child Psychology and Psychiatry, 31,* 265–286.

Acocella, J. (1999). *Creating hysteria: Women and multiple personality disorder.* San Francisco: Jossey-Bass.

Acton, G. J., & Kang, J. (2001). Interventions to reduce the burden of caregiving for an adult with dementia: A meta-analysis. *Research in Nursing and Health, 24,* 349–360.

Acuna, K. (2013). By the numbers: The "Fifty Shades of Grey" phenomenon. *Business Insider.*

Adler, A. (1930). *Guiding the child on the principles of individual psychology.* New York: Greenberg.

Afifi, T. O., Enns, M. W., Cox, B. J., Asmundson, G. J. G., Stein, M. B., & Sareen, J. (2008). Population attributable fractions of psychiatric disorders and suicide ideation and attempts associated with adverse childhood experiences. *American Journal of Public Health, 98,* 946–952.

Agras, W. S., Crow, S. J., Halmi, K. A., Mitchell, J. E., Wilson, G. T., & Kraemer, H. C. (2000). Outcome predictors for the cognitive-behavioral treatment of bulimia nervosa: Data from a multisite study. *American Journal of Psychiatry, 157,* 1302–1308.

Agras, W. S., Rossiter, E. M., Arnow, B., et al. (1994). One-year follow-up of psychosocial and pharmacologic treatments for bulimia nervosa. *Journal of Clinical Psychiatry, 55,* 179–183.

Agras, W. S., Rossiter, E. M., Arnow, B., Schneider, J. A., Telch, C. F., Raeburn, S. D., Bruce, B., Perl, M., & Koran, L. M. (1992). Pharmacologic and cognitive-behavioral treatment for bulimia nervosa: A controlled comparison. *American Journal of Psychiatry, 149,* 82–87.

Aguilera, A., Lopez, S. R., Breitborde, N. J., Kopelowicz, A., & Zarate, R. (2010). Expressed emotion and sociocultural moderation in the course of schizophrenia. *Journal of Abnormal Psychology, 119,* 875–885.

Ainsworth, M. S., Blehar, M. C., Waters, E., & Wall, S. (1978). *Patterns of attachment: A psychological study of the strange situation.* Oxford, UK: Erlbaum.

Alarcon, R. D., Becker, A. E., Lewis-Fernandez, R., Like, R. C., Desai, P., Foulks, E., et al. for the Cultural Psychiatry Committee of the Group for the Advancement of Psychiatry. (2009). Issues for DSM-V: The role of culture in psychiatric diagnosis. *Journal of Nervous and Mental Disease, 197,* 559–560.

Albee, G. W., Lane, E. A., & Reuter, J. M. (1964). Childhood intelligence of future schizophrenics and neighborhood peers. *Journal of Psychology, 58,* 141–144.

Albert, M. S., Dekosky, S. T., Dickson, D., Dubois, B., Feldman, H. H., Fox, N. C., et al. (2011). The diagnosis of mild cognitive impairment due to Alzheimer's disease: Recommendations from the National Institute on Aging-Alzheimer's Association workgroups on diagnostic guidelines for Alzheimer's disease. *Alzheimer's and Dementia: The Journal of the Alzheimer's Association, 7,* 270–279.

Alden, L. E. (1989). Short-term structured treatment for avoidant personality disorder. *Journal of Consulting and Clinical Psychology, 57,* 756–764.

Alden, L. E., Laposa, J. M., Taylor, C. T., & Ryder, A. G. (2002). Avoidant personality disorder: Current status and future directions. *Journal of Personality Disorders, 16,* 1–29.

Alegria, M., Canino, G., Shrout, P. E., Woo, M., Duan, N., & Vila, D. (2008). Prevalence of mental illness in immigrant and non-immigrant U.S. Latino groups. *American Journal of Psychiatry, 165,* 359–369.

Alegria, M., Woo, M., Cao, Z., Torres, M., Meng, X-L., & Striegel-Moore, R. (2007). Prevalence and correlates of eating disorders among Latinos in the United States. *International Journal of Eating Disorders, 40,* s15–s21.

Allderidge, P. (1979). Hospitals, mad houses, and asylums: Cycles in the care of the insane. *British Journal of Psychiatry, 134,* 321–324.

Allen, J. G. (2001). *Traumatic relationships and serious mental disorders.* New York: John Wiley & Sons.

Allen, J. J., Iacono, W. G., Depue, R. A., & Arbisi, P. (1993). Regional electroencephalographic asymmetries in bipolar seasonal affective disorder before and after exposure to bright light. *Biological Psychiatry, 33,* 642–646.

Allen, M., D'Alessio, D., & Brezgel, K. (1995). A meta-analysis summarizing the effects of pornography: II. aggression after exposure. *Human Communication Research, 22,* 258–283.

Allen, P., Johns, L. C., Fu, C. H. Y., Broome, M. R., Vythelingum, G. N., & McGuire, P. K. (2004). Misattribution of external speech in patients with hallucinations and delusions. *Schizophrenia Research, 69,* 277–287.

Allnutt, S. H., Bradford, J. M., Greenberg, D. M., & Curry, S. (1996). Co-morbidity of alcoholism and the paraphilias. *Journal of Forensic Science, 41,* 234–239.

Alloy, L. B., Abramson, L. Y., Smith, J. M., Gibb, B. E., & Neeren, A. M. (2006). Role of parenting and maltreatment histories in unipolar and bipolar mood disorders: Mediation by cognitive vulnerability to depression. *Clinical Child and Family Psychology Review, 9,* 23–64.

Alloy, L. B., Abramson, L. Y., Walshaw, P. D., Cogswell, A., Grandin, L. D., Hughes, M. E., et al. (2008). Behavioral approach system and behavioral inhibition system sensitivities and bipolar spectrum disorders: Prospective prediction of bipolar mood episodes. *Bipolar Disorders, 10,* 310–322.

Alonso, J., Petukhova, M., Vilagut, G., Chatterji, S., Heeringa, S., Ustun, T. B., et al. (2011). Days out of role due to common physical and mental conditions: Results from the WHO World Mental Health surveys. *Molecular Psychiatry, 16,* 1234–1246.

Althof, S. E. (2014). Treatment of premature ejaculation: Psychotherapy, pharmacotherapy, and combined therapy. In Y. M. Binik & K. S. K. Hall (Eds.), *Principles and practice of sex therapy* (5 ed., pp. 112–137). New York: Guilford Press.

Althof, S. E., Abdo, C. H., Dean, J., Hackett, G., McCabe, M., McMahon, C. G., et al. (2010). International Society for Sexual Medicine's guidelines for the diagnosis and treatment of premature ejaculation. *Journal of Sexual Medicine, 7,* 2947–2969.

Altshuler, L. L., Kupka, R. W., Hellemann, G., Frye, M. A., Sugar, C. A., McElroy, S. L., et al. (2010). Gender and depressive symptoms in 711 patients with bipolar disorder evaluated prospectively in the Stanley Foundation Bipolar Treatment Outcome Network. *American Journal of Psychiatry, 167,* 708–715.

Alwahhabi, F. (2003). Anxiety symptoms and generalized anxiety disorder in the elderly: A review. *Harvard Review of Psychiatry, 11,* 180–193.

Amador, X. F., Flaum, M., Andreasen, N. C., Strauss, D. H., Yale, S. A., et al. (1994). Awareness of illness in schizophrenia and schizoaffective and mood disorder. *Archives of General Psychiatry, 51,* 826–836.

Aman, M. G., & Langworthy, K. (2000). Pharmacotherapy for hyperactivity in children with autism and other pervasive developmental disorders. *Journal of Autism and Developmental Disorders, 30,* 451–459.

American Law Institute. (1962). *Model penal code: Proposed official draft.* Philadelphia: Author.

American Psychiatric Association. (2004). Practice guidelines for the treatment of patients with schizophrenia (2nd ed.) Available online at http://www.psych.org.

American Psychiatric Association. (2013). *Diagnostic and Statistical Manual of Mental Disorders 5th edition (DSM-5)* (5th ed.).

American Psychological Association. (2002). Ethical principles of psychologists and code of conduct. *American Psychologist, 57*, 1060–1073.

American Psychological Association. (2004). Guidelines for psychological practice with older adults. *American Psychologist, 59*, 236–260.

Amir, N., Beard, C., Burns, M., & Bomyea, J. (2009). Attention modification program in individuals with generalized anxiety disorder. *Journal of Abnormal Psychology, 118*, 28–33.

Amir, N., Cashman, L., & Foa, E. B. (1997). Strategies of thought control in obsessive-compulsive disorder. *Behaviour Research and Therapy, 35*, 775–777.

Amir, N., Foa, E. B. & Coles, M. E. (1998). Negative interpretation bias in social phobia. *Behaviour Research and Therapy, 36*, 945–957.

Anand, A., Verhoeff, P., Seneca, N., Zoghbi, S. S., Seibyl, J. P., Charney, D. S., et al. (2000). Brain SPECT imaging of amphetamine-induced dopamine release in euthymic bipolar disorder patients. *American Journal of Psychiatry, 157*, 1109–1114.

Ancoli, I., S., Kripke, D. F., Klauber, M. R., Fell, R., Stepnowsky, C., Estline, E., et al. (1996). Morbidity, mortality and sleep-disordered breathing in community dwelling elderly. *Sleep: Journal of Sleep Research and Sleep Medicine, 19*, 277–282.

Andersen, B. L., Cyranowski, J. M., & Aarestad, S. (2000). Beyond artificial, sex-linked distinctions to conceptualize female sexuality: Comment on Baumeister (2000). *Psychological Bulletin, 126*(3), 380–384.

Andersen, B. L., Cyranowski, J. M., & Espindle, D. (1999). Men's sexual self-schema. *Journal of Personality and Social Psychology, 76*, 645–661.

Andersen, S. M., Reznik, I., & Manzella, L. M. (1996). Eliciting transient affect, motivation, and expectancies in transference: Significant-other representations and the self in social relations. *Journal of Personality and Social Psychology, 71*, 1108–1129.

Anderson, C. A., Hinshaw, S. P., & Simmel, C. (1994). Mother–child interactions in ADHD and comparison boys: Relationships to overt and covert externalizing behavior. *Journal of Abnormal Child Psychology, 22*, 247–265.

Anderson, L. T., Campbell, M., Adams, P., Small, A. M., Perry, R., & Shell, J. (1989). The effects of haloperidol on discrimination learning and behavioral symptoms in autistic children. *Journal of Autism and Developmental Disorders, 19*, 227–239.

Anderson, M. C., & Green, C. (2001). Suppressing unwanted memories by executive control. *Nature, 410*, 366–369.

Anderson, S., Hanson, R., Malecha, M., Oftelie, A., Erickson, C., & Clark, J. M. (1997). The effectiveness of naltrexone in treating task attending, aggression, self-injury, and stereotypic mannerisms of six young males with autism or pervasive developmental disorders. *Journal of Developmental and Physical Disabilities, 9*, 211–221.

Andreano, J. M., & Cahill, L. (2006). Glucocorticoid release and memory consolidation men and women. *Psychological Science, 17*, 466-470.

Andreasen, N. C., Olsen, S. A., Dennert, J. W., & Smith, M. R. (1982). Ventricular enlargement in schizophrenia: Relationship to positive and negative symptoms. *American Journal of Psychiatry, 139*, 297–302.

Andrews, G., Charney, D. S., Sirovatka, P. J., & Regier, D. A. (Eds.). (2009). *Stress-induced and fear circuitry disorders*. Arlington, VA: American Psychiatric Association.

Andrews, G., Cuijpers, P., Craske, M. G., McEvoy, P., & Titov, N. (2010). Computer therapy for the anxiety and depressive disorders is effective, acceptable and practical health care: A meta-analysis. *PloS One, 5*, e13196.

Andrews, P. W., & Thomson, J. A. (2009). The bright side of being blue: Depression as an adaptation for analyzing complex problems. *Psychological Review, 116*, 620–654.

Angrist, B., Lee, H. K., & Gershon, S. (1974). The antagonism of amphetamine-induced symptomatology by a neuroleptic. *American Journal of Psychiatry, 131*, 817–819.

Angst, F., Stassen, H. H., Clayton, P. J., & Angst, J. (2002). Mortality of patients with mood disorders: Follow-up over 34–38 years. *Journal of Affective Disorders, 68*, 167–181.

Angst, J. (1998). Sexual problems in healthy and depressed persons. *International Clinical Psychopharmacology, 13*, S1–S4.

Anguera, J. A., Boccanfuso, J., Rintoul, J. L., Al-Hashimi, O., Faraji, F., Janowich, J., et al. (2013). Video game training enhances cognitive control in older adults. *Nature, 501*, 97–101.

Ansell, E. B., Pinto, A., Edelen, M. O., Markowitz, J. C., Sanislow, C. A., Yen, S., et al. (2011). The association of personality disorders with the prospective 7-year course of anxiety disorders. *Psychological Medicine, 41*, 1019–1028.

Anthony, J. L., & Lonigan, C. L. (2004). The nature of phonological awareness: Converging evidence from four studies of preschool and early grade school children. *Journal of Educational Psychology, 96*, 43–55.

Appelbaum, P. S., & Gutheil, T. (1991). *Clinical handbook of psychiatry and the law*. Baltimore: Williams & Wilkins.

Appignannesi, L. (2008). *Mad, bad, and sad: Women and the mind doctors*. New York: W. W. Norton.

Arbisi, P. A., Ben-Porath, Y. S., & McNulty, J. (2002). A comparison of MMPI-2 validity in African American and Caucasian psychiatric patients. *Psychological Assessment, 14*, 3–15.

Arias, E., Anderson, R. N., Kung, H. C., Murphy, S. L., & Kochanek, K. D. (2003). *Deaths: Final Reports, 52*. Hyattsville, MD: National Center for Health Statistics. DHHS Publication No. 2003–1120.

Arnett, J. J. (2008). The neglected 95%: Why American psychology needs to become less American. *American Psychologist, 63*, 602–614.

Arnett, J. J., Trzesniewski, K. H., & Donnellan, M. B. (2013). The dangers of generational myth-making: Rejoinder to Twenge. *Emerging Adulthood, 1*, 17–20.

Arnold, E. H., O'Leary, S. G., & Edwards, G. H. (1997). Father involvement and self-reported parenting of children with attention deficit hyperactivity disorder. *Journal of Consulting and Clinical Psychology, 65*, 337–342.

Arnold, L. E., Elliott, M., Sachs, L., et al. (2003). Effects of ethnicity on treatment attendance, stimulant response/dose, and 14-month outcome in ADHD. *Journal of Consulting and Clinical Psychology, 71*, 713–727.

Arnold, L. M., Keck, P. E., Jr., Collins J., Wilson, R., Fleck, D. E., Corey, K. B., Amicone, J., Adebimpe, V. R., & Strakowski, S. M. (2004). Ethnicity and first-rank symptoms in patients with psychosis. *Schizophrenia Research, 67*, 207–212.

Arnow, B., Kenardy, J., & Agras, W. S. (1992). Binge eating among the obese. *Journal of Behavioral Medicine, 15*, 155–170.

Aronson, E. (2012). *The social animal* (11th ed.). New York: Worth.

Arseneault, L., Cannon, M., Poulton, R., Murray, R., Caspi, A., & Moffitt, T. E. (2002). *Cannabis use in adolescence and risk for adult psychosis: longitudinal prospective study. British Medical Journal, 325*, 1212–1213.

Artiles, A. J., & Trent, S. C. (1994). Overrepresentation of minority students in special education: A continuing debate. *Journal of Special Education, 27*, 410–437.

Ascher, E. A., Sturm, V. E., Seider, B. H., Holley, S. R., Miller, B. L., & Levenson, R. W. (2010). Relationship satisfaction and emotional language in frontotemporal dementia and Alzheimer's disease patients and spousal caregivers. *Alzheimer's Disease and Associated Disorders, 24*, 49–55.

Ashbaugh, A. R., Antony, M. M., McCabe, R. E., Schmidt, L. A., & Swinson, R. P. (2005). Self-evaluative biases in social anxiety. *Cognitive Therapy and Research, 29*, 387–398.

Asmundson, G. J., Larsen, D. K., & Stein, M. B. (1998). Panic disorder and vestibular disturbance: An overview of empirical findings and clinical implications. *Journal of Psychosomatic Research, 44*, 107–120.

Association, A. P. (2013). *Diagnostic and Statistical Manual of Mental Disorders Fifth Edition (DSM-5)* (Vol. 5). First edition, 1952; second edition, 1968; third edition, 1980; revised, 1987; fourth edition, 1994; revised 2000; 5th edition, 2013. Washington, DC: American Psychiatric Association.

Attia, E., & Roberto, C. A. (2009). Should amenorrhea be a diagnostic criterion for anorexia nervosa? *International Journal of Eating Disorders, 42*, 581–589.

Attia, E., Becker, A. E., Bryant-Waugh, R., Hoek, H. W., Kreipe, R. E., Marcus, M. D., et al. (2013). Feeding and eating disorders in DSM-5. *American Journal of Psychiatry, 170*(11), 1237–1239.

Attia, E., Haiman, C., Walsh, B. T., & Flater, S. R. (1998). Does fluoxetine augment the inpatient treatment of anorexia nervosa? *American Journal of Psychiatry, 155*, 548–551.

Aubry, J., Gervasoni, N., Osiek, C., Perret, G., Rossier, M. F., Bertschy, G., et al. (2007). The DEX/CRH neuroendocrine test and the prediction of depressive relapse in remitted depressed outpatients. *Journal of Psychiatric Research, 41*, 290–294.

Audrain-McGovern, J., Rodriguez, D., Epstein, L. H., Cuevas, J., Rodgers, K., & Wileyto, E. P. (2009). Does delay discounting play an etiological role in smoking or is it a consequence of smoking? *Drug and Alcohol Dependence, 103*(3), 99–106.

Audrain-McGovern, J., & Tercyak, K. P. (2011). Genes, enviroment, and adolescent smoking: Implications for prevention. In K. S. Kendler, S. R. Jaffee & D. Romer (Eds.), *The dynamic genome and mental health* (pp. 294–321). New York: Oxford University Press.

Avena, N. M., & Bocarsly, M. E. (2012). Dysregulation of brain reward systems in eating disorders: Neurochemical information from animal models of binge eating, bulimia nervosa, and anorexia nervosa. *Neuropharmacology, 63*(1), 87–96.

Axelson, D. A., Birmaher, B., Findling, R. L., Fristad, M. A., Kowatch, R. A., Youngstrom, E. A., et al. (2011). Concerns regarding the inclusion of temper dysregulation disorder with dysphoria in the Diagnostic and Statistical Manual of Mental Disorders, Fifth Edition. *Journal of Clinical Psychiatry, 72*(9), 1257–1262.

Babiak, P., Neumann, C. S., & Hare, R. D. (2010). Corporate psychopathy: Talking the walk. *Behavioral Sciences and the Law, 28*, 174–193.

Bach, A. K., Wincze, J. P., & Barlow, D. H. (2001). Sexual dysfunction. In D. H. Barlow (Ed.), *Clinical handbook of psychological disorders* (pp. 562–608). New York: Guilford Press.

Baer, R. A., & Sekirnjak, G. (1997). Detection of under-reporting on the MMPI-II in a clinical population. Effects of information about validity scales. *Journal of Personality Assessment, 69,* 555–567.

Bagby, M. R., Nicholson, R. A., Bacchionchi, J. R., et al.(2002). The predictive capacity of the MMPI-2 and PAI validity scales and indexes to detect coached and uncoached feigning. *Journal of Personality Assessment, 78,* 69–86.

Bailey, A., LeCouteur, A., Gottesman, I., Bolton, P., Simonoff, E., Yuzda, E., & Rutter, M. (1995). Autism as a strongly genetic disorder: Evidence from a British twin study. *Psychological Medicine, 25,* 63–77.

Baillargeon, J., Binswanger, I. A., Penn, J. V., Williams, B. A., & Murray, O. J. (2009). Psychiatric disorders and repeat incarcerations: The revolving prison door. *American Journal of Psychiatry, 166*(1), 103–109.

Baker, J. H., Mitchell, K. S., Neale, M. C., & Kendler, K. S. (2010). Eating disorder symptomatology and substance use disorders: Prevalence and shared risk in a population based twin sample. *International Journal of Eating Disorders, 43,* 648–658.

Ball, J. C., & Ross, A. (1991). *The effectiveness of methadone maintenance treatment.* New York: Springer-Verlag.

Balsis, S., Carpenter, B. D., & Storandt, M. (2005). Personality change precedes clinical diagnosis of dementia of the Alzheimer type. *Journal of Gerontology, 60B,* 98–101.

Balsis, S., Gleason, M. E., Woods, C. M., & Oltmanns, T. F. (2007). An item response theory analysis of DSM-IV personality disorder criteria across younger and older age groups. *Psychology and Aging, 22,* 171–185.

Bancroft, J., Loftus, J., & Long, J. S. (2003). Distress about sex: A national survey of women in heterosexual relationships. *Archives of Sexual Behavior, 32,* 193–208.

Bandelow, B., Zohar, J., Hollander, E., Kasper, S., Möller, H. J., & WFSBP Task Force on Treatment Guide. (2008). World Federation of Societies of Biological Psychiatry (WFSBP) Guidelines for the pharmacological treatment of anxiety, obsessive-compulsive and post-traumatic stress disorders—First Revision. *World Journal of Biological Psychiatry, 9,* 248–312.

Bandura, A., Blanchard, E. B., & Ritter, B. (1969). Relative efficacy of desensitization and modeling approaches for inducing behavioral, affective, and attitudinal changes. *Journal of Personality and Social Psychology, 13,* 173–199.

Bandura, A., & Menlove, F. L. (1968). Factors determining vicarious extinction of avoidance behavior through symbolic modeling. *Journal of Personality and Social Psychology, 8,* 99–108.

Banich, M. T., Passarotti, A. M., White, D. A., Nortz, M. J., & Steiner, R. D. (2000). Interhemispheric interaction during childhood: II. Children with early-treated phenylketonuria. *Developmental Neuropsychology, 18,* 53–71.

Barbato, A., & D'Avanzo, B. (2008). Efficacy of couple therapy as a treatment for depression: A meta-analysis. *Psychiatric Quarterly, 79,* 121–132.

Barber, C. (2008). *Comfortably numb.* New York: Pantheon Books.

Barbini, B., Benedetti, F., Colombo, C., Dotoli, D., Bernasconi, A., Cigala-Fulgosi, M., et al. (2005). Dark therapy for mania: A pilot study. *Bipolar Disorders, 7,* 98–101.

Barch, D. M., Bustillo, J., Gaebel, W., Gur, R., Heckers, S., Malaspina, D., et al. (2013). Logic and justification for dimensional assessment of symptoms and related clinical phenomena in psychosis: Relevance to DSM-5. *Schizophrenia Research, 150*(1), 15–20.

Barch, D. M., Carter, C. S., Braver, T. S., et al. (2001). Selective deficits in prefrontal cortex function in medication naïve patients with schizophrenia. *Archives of General Psychiatry, 58,* 280–288.

Barch, D. M., Carter, C. S., MacDonald, A. W., Braver, T. S., & Cohen, J. D. (2003). Context processing deficits in schizophrenia: Diagnostic specificity, four-week course, and relationship to clinical symptoms. *Journal of Abnormal Psychology, 112,* 132–143.

Barch, D. M., Csernansky, J. G., Conturo, T., & Snyder, A. Z. (2002). Working and long-term memory deficits in schizophrenia: Is there a common prefrontal mechanism? *Journal of Abnormal Psychology, 111,* 478–494.

Bardone-Cone, A. M., Wonderlich, S. A., Frost, R. O., Bulik, C. M., Mitchell, J., et al. (2007). Perfectionism and eating disorders: Current status and future directions. *Clinical Psychology Review, 384–405.*

Bar-Haim, Y., Lamy, D., Pergamin, L., Bakermans-Kranenburg, M. J., & van, I. M. H. (2007). Threat-related attentional bias in anxious and nonanxious individuals: A meta-analytic study. *Psychological Bulletin, 133,* 1–24.

Barkley, R. A. (1981). *Hyperactive children: A handbook for diagnosis and treatment.* New York: Guilford Press.

Barkley, R. A. (1990). *Attention-deficit hyperactivity disorder: A handbook for diagnosis and treatment.* New York: Guilford Press.

Barkley, R. A., DuPaul, G. J., & McMurray, M. B. (1990). A comprehensive evaluation of attention deficit disorder with and without hyperactivity defined by research criteria. *Journal of Consulting and Clinical Psychology, 58,* 775–789.

Barkley, R. A., Fischer, M., Smallish, L., & Fletcher, K. (2002). The persistence of attention-deficit hyperactivity disorder into young adulthood as a function of reporting source and definition of disorder. *Journal of Abnormal Psychology, 111,* 279–289.

Barkley, R. A., Fischer, M., Smallish, L., & Fletcher, K. (2003). Does the treatment of attention-deficit/hyperactivity disorder with stimulants contribute to drug use/abuse? A 13 year prospective study. *Pediatrics, 111,* 97–109.

Barkley, R. A., Grodzinsky, G., & DuPaul, G. J. (1992). Frontal lobe functions in attention deficit disorder with and without hyperactivity: A review and research report. *Journal of Abnormal Child Psychology, 20,* 163–188.

Barkley, R. A., Karlsson, J., & Pollard, S. (1985). Effects of age on the mother-child interactions of hyperactive children. *Journal of Abnormal Child Psychology, 13,* 631–638.

Barlow, D. H. (2004). *Anxiety and its disorders: The nature and treatment of anxiety and panic.* New York: Guilford Press.

Barlow, D. H., Blanchard, E. B., Vermilyea, J. A., Vermilyea, B. B., & DiNardo, P. A. (1986). Generalized anxiety and generalized anxiety disorder: Description and reconceptualization. *American Journal of Psychiatry, 143,* 40–44.

Barrett, B., Tyrer, P., Tyrer, H., Cooper, S., Crawford, M. J., & Byford, S. (2012). An examination of the factors that influence costs in medical patients with health anxiety. *Journal of Psychosomatic Research, 73,* 59-62.

Barsky, A. (2006). "Doctor, are you sure my heart is okay?" Cognitive-behavioral treatment of hypochondriasis. In R. L. Spitzer, M. B. W. First, J. B. Williams & M. Gibbon (Eds.), *DSM-IV-TR® casebook, volume 2: Experts tell how they treated their own patients* (pp. 251–261). Washington, DC: American Psychiatric Association.

Barsky, A. J., Brener, J., Coeytaux, R. R., & Cleary, P. D. (1995). Accurate awareness of heartbeat in hypochondriacal and non-hypochondriacal patients. *Journal of Psychosomatic Research, 39,* 489–497.

Barsky, A. J., Fama, J. M., Bailey, E. D., & Ahern, D. K. (1998). A prospective 4- to 5-year study of DSM-III-R hypochondriasis. *Archives of General Psychiatry, 55,* 737–744.

Barsky, A. J., Orav, E. J., & Bates, D. W. (2005). Somatization increases medical utilization and costs independent of psychiatric and medical comorbidity. *Archives of General Psychiatry, 62,* 903–910.

Barth, J., Schumacher, M., & Herrmann-Lingen, C. (2004). Depression as a risk factor for mortality in patients with coronary heart disease: A meta-analysis. *Psychosomatic Medicine, 66,* 802–813.

Bartlik, B., & Goldberg, J. (2000). Female sexual arousal disorder. In S. R. Lieblum & R. C. Rosen (Eds.), *Principles and practice of sex therapy* (3rd ed., pp. 85–117). New York: Guilford Press.

Bass, E., & Davis, L. (2008). *The courage to heal: A guide for women survivors of child sexual abuse* (4th ed.). New York: HarperCollins.

Bassett, A. S., Scherer, S. W., & Brzustowicz, L. M. (2010). Copy number variations in schizophrenia: Critical review and new perspectives on concepts genetics and disease. *American Journal of Psychiatry, 167,* 899–914.

Basson, R., Althof, S. A., Davis, S., Fugl-Meyer, K., Goldstein, I., Leiblum, S., et al. (2004). Summary of the recommendations on sexual dysfunctions in women. *Journal of Sexual Medicine, 1,* 24–34.

Basson, R., Brotto, L. A., Laan, E., Redmond, G., & Utian, W. H. (2005). Assessment and management of women's sexual dysfunctions: Problematic desire and arousal. *Journal of Sexual Medicine, 2,* 291–300.

Bates, G. W., Campbell, I. M., & Burgess, P. M. (1990). Assessment of articulated thoughts in social anxiety: Modification of the ATSS procedure. *British Journal of Clinical Psychology, 29 (Pt 1),* 91-98.

Baumeister, R. F. (2000). Gender differences in erotic plasticity: The female sex drive as socially flexible and responsive. *Psychological Bulletin, 126*(3), 347–374.

Baumeister, R. F., & Butler, J. L. (1997). Sexual masochism: Deviance without pathology. In D. R. Laws & W. O'Donohue (Eds.), *Sexual deviance* (pp. 225–239). New York: Guilford Press.

Baumeister, R. F., Catanese, K. R., & Vohs, K. (2001). Is there a gender difference in strength of sex drive? Theoretical views, conceptual distinctions, and a review of relevant evidence. *Personality and Social Psychology Review, 5*(3), 242–273.

Baxter, L. R., Ackermann, R. F., Swerdlow, N. R., Brody, A., Saxena, S., Schwartz, J. M., . . . Phelps, M. E. (2000). Specific brain system mediation of obsessive-compulsive disorder responsive to either medication or behavior therapy. In W. K. Goodman, M. V. Rudorfer & J. D. Maser (Eds.), *Obsessive-compulsive disorder: Contemporary issues in treatment* (pp. 573–610). Mahwah, NJ: Lawrence Erlbaum.

Beauchaine, T. P., Hinshaw, S. P., & Pang, K. L. (2010). Comorbidity of attention-deficit/hyperactivity disorder and early-onset conduct disorder: Biological, environmental, and developmental mechanisms. *Clinical Psychology: Science and Practice, 17,* 327–336.

Beautrais, A. L., Gibb, S. J., Fergusson, D., Horwood, L. J., & Larkin, G. (2009). Removing bridge barriers stimulates suicides: An unfortunate natural experiment. *Australian and New Zealand Journal of Psychiatry, 43,* 495–497.

Bechara, A. (2005). Decision making, impulse control and loss of willpower to resist drugs: A neurocognitive perspective. *Nature Neuroscience, 8*(11), 1458–1463.

Beck, A. T. (1967). *Depression: Clinical, experimental and theoretical aspects.* New York: Harper & Row.

Beck, A. T. (1976). *Cognitive therapy and the emotional disorders.* New York: International Universities Press.

Beck, A. T., & Freeman, A. (1990). *Cognitive therapy for personality disorders.* New York: Guilford Press.

Beck, A. T., Kovacs, M., & Weissman, A. (1975). Hopelessness and suicidal behavior: An overview. *Journal of the American Medical Association, 234,* 1146–1149.

Beck, A. T., & Rector, N. A. (2000). Cognitive therapy of schizophrenia: A new therapy for the new millennium. *American Journal of Psychotherapy, 54,* 291–300.

Beck, J. G., & Bozman, A. (1995). Gender differences in sexual desire: The effects of anger and anxiety. *Archives of Sexual Behavior, 24,* 595–612.

Becker, B., Scheele, D., Moessner, R., Maier, W., & Hurlemann, R. (2013). Deciphering the neural signature of conversion blindness. *American Journal of Psychiatry, 170,* 121–122.

Becker, J. V., & Hunter, J. A. (1997). Understanding and treating child and adolescent sexual offenders. In T. H. Ollendick & R. J. Prinz (Eds.), *Advances in clinical child psychology* (pp. 177–196). New York: Plenum.

Beecher, H. K. (1966). Ethics and clinical research. *New England Journal of Medicine, 274,* 1354–1360.

Beevers, C. G., Lee, H. J., Wells, T. T., Ellis, A. J., & Telch, M. J. (2011). Association of predeployment gaze bias for emotion stimuli with later symptoms of PTSD and depression in soldiers deployed in Iraq. *American Journal of Psychiatry, 168,* 735–741.

Belcher, A. M., Volkow, N. D., Moeller, F. G., & Ferre, S. (2014). Personality traits and vulnerability or resilience to substance use disorders. *Trends in Cognitve Sciences, 18*(4), 211–217.

Bell, V., Oakley, D. A., Halligan, P. W., & Deeley, Q. (2011). Dissociation in hysteria and hypnosis: Evidence from cognitive neuroscience. *Journal of Neurology, Neurosurgery, and Psychiatry, 82,* 332–339.

Bellack, A. S., & Hersen, M. (1998). *Behavioral assessment: A practical handbook* (4th ed.). Boston: Allyn & Bacon.

Bello, N. T., Patinkin, Z. W., & Moran, T. H. (2011). Opioidergic consequences of dietary-induced binge eating. *Physiology and Behavior, 104*(1), 98–104.

Belluck, P. (2014, June 15). Thinking of ways to harm her: New findings on timing and range of maternal mental illness, *New York Times.*

Benjamin, C. L., Harrison, J. P., Settipani, C. A., Brodman, D. M., & Kendall, P. C. (2013). Anxiety and related outcomes in young adults 7 to 19 years after receiving treatment for child anxiety. *Journal of Consulting and Clinical Psychology, 81*(5), 865–876.

Benkelfat, C., Ellenbogen, M. A., Dean, P., Palmour, R. M., & Young, S. N. (1994). Mood-lowering effect of tryptophan depletion: Enhanced susceptibility in young men at genetic risk for major affective disorders. *Archives of General Psychiatry, 51,* 687–700.

Benowitz, N., Pérez-Stable, E., Herrera, B., & Jacob, P. (2002). Slower metabolism and reduced intake of nicotine from cigarette smoking in Chinese-Americans. *Journal of the National Cancer Institute, 94,* 108–115.

Berenz, E. C., Amstadter, A. B., Aggen, S. H., Knudsen, G. P., Reichborn-Kjennerud, T., Gardner, C. O., et al. (2013). Childhood trauma and personality disorder criterion counts: A co-twin control analysis. *Journal of Abnormal Psychology, 122,* 1070–1076.

Bergen, A. W., Yeager, M., Welch, R. A., Haque, K., Ganjei, J. K., van den Bree, M. B. M., . . . Kaye, W. H. (2005). Association of multiple DRD2 polymorphisms with anorexia nervosa. *Neuropsychopharmacology, 30,* 1703–1710.

Berkman, E. T., Falk, E. M., & Lieberman, M. D. (2011). In the trenches of real-world self-control: Neural correlates of breaking the link between craving and smoking. *Psychological Science, 22,* 498–506.

Bernal, M., Haro, J. M., Bernert, S., Brugha, T., de Graaf, R., Bruffaerts, R., et al. (2007). Risk factors for suicidality in Europe: Results from the ESEMED study. *Journal of Affective Disorders, 101,* 27–34.

Bernstein, D. P., Kasapis, C., Bergman, A., Weld, E., Mitropoulou, V., et al. (1997). Assessing Axis II disorders by informant interview. *Journal of Personality Disorders, 11,* 158–167.

Berry, J. C. (1967). *Antecedents of schizophrenia, impulsive character and alcoholism in males.* Paper presented at the 75th Annual Convention of the American Psychological Association, Washington, DC.

Bewernick, B. H., Hurlemann, R., Matusch, A., Kayser, S., Grubert, C., Hadrysiewicz, B., et al. (2010). Nucleus accumbens deep brain stimulation decreases ratings of depression and anxiety in treatment-resistant depression. *Biological Psychiatry, 67,* 110–116.

Bhugra, D., Popelyuk, D., & McMullen, I. (2010). Paraphilias across cultures: contexts and controversies. *Journal of Sex Research, 47,* 242–256.

Bhutta, A. T., Cleves, M. A., Casey, P. H., Cradock, M. M., & Anand, K. J. (2002). Cognitive and behavioral outcomes of school-aged children who were born preterm: A meta-analysis. *Journal of the American Medical Association, 288,* 728–737.

Bianchi, E. C. (2014, in press). Entering adulthood in a recession tempers later narcissism. *Psychological Science.*

Bickel, W. K., Koffarnus, M. N., Moody, L., & Wilson, A. G. (2014). The behavioral- and neuro-economic process of temporal discounting: A candidate behavioral marker of addiction. *Neuropharmacology, 76, Part B*(0), 518–527.

Bickel, W. K., Miller, M. L., Yi, R., Kowal, B. P., Lindquist, D. M., & Pitcock, J. A. (2007). Behavioral and neuroeconomics of drug addiction: Competing neural systems and temporal discounting processes. *Drug and Alcohol Dependence, 90* (Suppl. 1), S85–S91.

Biederman, J., & Faraone, S. (2004). The Massachusetts General Hospital studies of gender influences on attention-deficit/hyperactivity disorder in youth and relatives. *Psychiatric Clinics of North America, 27,* 215–224.

Biederman, J., Mick, E., Faraone, S. V., & al., e. (2000). Pediatric mania: A developmental subtype of bipolar disorder? *Biological Psychiatry, 48,* 458–466.

Biederman, J., Monuteasu, M. C., Mick, E., Spencer, T., Wilens, T. E., Silva, J. M., et al. (2006). Young adult outcome of attention deficit hyperactivity disorder: a controlled 10-year follow-up study. *Psychological Medicine, 36,* 167–179.

Biederman, J., Petty, C. R., Monuteaux, M. C., Fried, R., Byrne, D., Mirto, T., et al. (2010). Adult psychiatric outcomes of girls with attention deficit hyperactivity disorder: 11-year follow-up in a longitudinal case-control study. *American Journal of Psychiatry, 167,* 409–417.

Biglan, A., Hops, H., & Sherman, L. (1988). Coercive family processes and maternal depression. In R. J. McMahon & R. D. Peter (Eds.), *Marriages and Families: Behavioral Treatments and Processes* (pp. 72–103). New York: Brunner/Mazel.

Binik, Y. M. (2010). The DSM diagnostic criteria for vaginismus. *Archives of Sexual Behavior, 39,* 278–291.

Binzer, M., & Kullgren, G. (1996). Conversion symptoms: What can we learn from previous studies? *Nordic Journal of Psychiatry, 50,* 143–152.

Birbaumer, N., Veit, R., Lotze, M., Erb, M., Hermann, C., Grodd, W., et al. (2005). Deficient fear conditioning in psychopathy: A functional magnetic resonance imaging study. *Archives of General Psychiatry, 62,* 799–805.

Birks, J. (2006). Cholinesterase inhibitors for Alzheimer's disease. *Cochrane Database of Systematic Reviews* CD005593.

Birnbaum, G. E., Reis, H. T., Mikulincer, M., Gillath, O., & Orpaz, A. (2006). When sex is more than just sex: Attachment orientations, sexual experience, and relationship quality. *Journal of Personality and Social Psychology, 91,* 929–943.

Bischkopf, J., Busse, A., & Angermeyer, M. C. (2002). Mild cognitive impairment: A review of prevalence, incidence and outcome according to current approaches. *Acta Psychiatrica Scandinavica, 106,* 403–414.

Bishop, T. F., Press, M. J., Keyhani, S., & Pincus, H. (2014). Acceptance of insurance by psychiatrists and the implications for access to mental health care. *Journal of the American Medical Association Psychiatry, 71*(2), 176–181.

Blachman, D. R., & Hinshaw, S. P. (2002). Patterns of friendship among girls with and without attention-deficit/hyperactivity disorder. *Journal of Abnormal Child Psychology, 30,* 625–640.

Blair, K. S., Shaywitz, J., Smith, B. W., Rhodes, R., Geraci, M., Jones, M., et al. (2008). Response to emotional expressions in generalized social phobia and generalized anxiety disorder: Evidence for separate disorders. *American Journal of Psychiatry, 165,* 1193–1202.

Blair, R. J. (2013). The neurobiology of psychopathic traits in youths. *Nature Reviews Neuroscience, 14*(11), 786–799.

Blair, R. J. R. (2005). Responding to the emotions of others: Dissociating forms of empathy through the study of typical and psychiatric populations. *Consciousness and Cognition, 14,* 698–718.

Blanchard, R. (2010). The specificity of victim count as a diagnostic indicator of pedohebephilia. *Archives of sexual behavior, 39,* 1245–1252.

Blanchard, J. J., & Brown, S. B. (1998). Structured diagnostic interviews. In C. R. Reynolds (Ed.), *Comprehensive clinical psychology, Volume 3, assessment* (pp. 97–130). New York: Elsevier.

Blanchard, J. J., & Cohen, A. S. (2006). The structure of negative symptoms within schizophrenia: implications for assessment. *Schizophrenia Bulletin, 32,* 238–245.

Blanchard, J. J., Squires, D., Henry, T., Horan, W. P., Bogenschutz, M., et al. (1999). Examining an affect regulation model of substance abuse in schizophrenia: The role of traits and coping. *Journal of Nervous and Mental Disease, 187,* 72–79.

Bloch, M. H., Landeros-Weisenberger, A., Sen, S., Dombrowski, P., Kelmendi, B., Coric, V., et al. (2008). Association of the serotonin transporter polymorphism and obsessive-compulsive disorder: Systematic review. *American Journal of Medical Genetics Part B, Neuropsychiatric Genetics, 147B,* 850–858.

Blum, N., John, D. S., Pfohl, B., Stuart, S., McCormick, B., Allen, J. J., et al. (2008). Systems training for emotional predictability and problem solving (STEPPS) for outpatients with borderline personality disorder: A randomized controlled trial and 1-year follow-up. *American Journal of Psychiatry, 165,* 468–478.

Blumstein, A., Cohen, J., & Farrington, D. P. (1988). Criminal career research: Its value for criminology *Criminology, 26,* 11.

Boardman, J. D., Saint Onge, J. M., Haberstick, B. C., Timberlake, D. S., & Hewitt, J. K. (2008). Do schools moderate the genetic determinants of smoking? *Behavioral Genetics, 28,* 234–246.

Bockhoven, J. (1963). *Moral treatment in American psychiatry.* New York: Springer-Verlag.

Boegels, S. M., & Zigterman, D. (2000). Dysfunctional cognitions in children with social phobia, separation anxiety disorder, and generalized anxiety disorder. *Journal of Abnormal Child Psychology, 28,* 205–211.

Boets, B., Op de Beeck, H. P., Vandermosten, M., Scott, S. K., Gillebert, C. R., Mantini, D., et al. (2013). Intact but less accessible phonetic representations in adults with dyslexia. *Science, 342*(6163), 1251–1254.

Bohne, A., Keuthen, N. J., Wilhelm, S., Deckersback, T., & Jenike, M. A. (2002). Prevalence of symptoms of body dysmorphic disorder and its correlates: A cross-cultural comparison. *Psychosomatics, 43*, 486–490.

Boiger, M., & Mesquita, B. (2012). The construction of emotion in interactions, relationships, and cultures. *Emotion Review, 4*, 221–229.

Boisseau, C. L., Yen, S., Markowitz, J. C., Grilo, C. M., Sanislow, C. A., Shea, M. T., et al. (2013). Individuals with single versus multiple suicide attempts over 10 years of prospective follow-up. *Comprehensive Psychiatry, 54*, 238–242.

Bolton, J. M., Belik, S. L., Enns, M. W., Cox, B. J., & Sareen, J. (2008). Exploring the correlates of suicide attempts among individuals with major depressive disorder: Findings from the National Epidemiologic Survey on Alcohol and Related Conditions. *Journal of Clinical Psychiatry, 69*, 1139–1149.

Bolton, P., Bass, J., Neugebauer, R., Verdeli, H., Clougherty, K. F., Wickramaratne, P., et al. (2003). Group interpersonal psychotherapy for depression in rural Uganda: A randomized controlled trial. *Journal of the American Medical Association, 289*, 3117–3124.

Bonanno, G. A. (2004). Loss, trauma, and human resilience: Have we underestimated the human capacity to thrive after extremely aversive events? *American Psychologist, 59*, 20–28.

Bonanno, G. A., Wortman, C. B., Lehman, D. R., Tweed, R. G., Haring, M., Sonnega, J., et al. (2002). Resilience to loss and chronic grief: A prospective study from preloss to 18-months postloss. *Journal of Personality and Social Psychology, 83*, 1150–1164.

Bonta, J., Law, M., & Hanson, K. (1998). The prediction of criminal and violent recidivism among mentally disordered offenders. *Psychological Bulletin, 123*, 123–142.

Bookheimer, S., & Burggren, A. (2009). APOE-4 genotype and neurophysiological vulnerability to Alzheimer's and cognitive aging. *Annual Review of Clinical Psychology, 5*, 343–362.

Boos, H. B., Aleman, A., Cahn, W., Hulshoff, H., & Kahn, R. S. (2007). Brain volumes in relatives of patients with schizophrenia: A meta-analysis. *Archives of General Psychiatry, 64*, 297–304.

Boraska, V., Franklin, C. S., Floyd, J. A., Thornton, L. M., Huckins, L. M., Southam, L., et al. (2014). A genome-wide association study of anorexia nervosa. *Molecular Psychiatry*.

Borch-Jacobsen, M. (1997, April 24). Sybil: The making of a disease? An interview with Dr. Herbert Spiegel. *New York Review of Books, 44*(7), 60.

Borduin, C. M., Mann, B. J., Cone, L. T., Henggeler, S. W., Fucci, B. R., Blaske, D. M., & Williams, R. A. (1995). Multisystemic treatment of serious juvenile offenders: Long-term prevention of criminality and violence. *Journal of Consulting and Clinical Psychology, 63*, 569–578.

Borkovec, T. D., Alcaine, O. M., & Behar, E. (2004). Clinical presentation and diagnostic features. In R. G. Heimberg, C. L. Turk & D. S. Mennin (Eds.), *Generalized anxiety disorder* (pp. 77–108). New York: Guilford Press.

Borkovec, T. D., & Newman, M. G. (1998). Worry and generalized anxiety disorder. In P. Salkovskis (Ed.), *Comprehensive clinical psychology* (Vol. 6, 439-459). Oxford, UK: Elsevier.

Bornovalova, M. A., Huibregtse, B. M., Hicks, B. M., Keyes, M., McGue, M., & Iacono, W. (2013). Tests of

a direct effect of childhood abuse on adult borderline personality disorder traits: A longitudinal discordant twin design. *Journal of Abnormal Psychology, 122*, 180–194.

Bornstein, R. F. (1992). The dependent personality: Developmental, social, and clinical perspectives. *Psychological Bulletin, 112*, 3–23.

Bornstein, R. F. (1997). Dependent personality disorder in the DSM-IV and beyond. *Clinical Psychology: Science and Practice, 4*, 175–187.

Bornstein, R. F. (2003). Behaviorally referenced experimentation and symptom validation: A paradigm for 21st century personality disorder research. *Journal of Personality Disorders, 17*, 1–18.

Bornstein, R. F. (2006). The complex relationship between dependency and domestic violence: Converging psychological factors and social forces. *American Psychologist, 61*, 595-606.

Bornstein, R. F. (2012). Dependent personality disorders. In T. A. Widiger (Ed.), *The Oxford Handbook of Personality Disorders*. New York: Oxford University Press.

Boscarino, J. A. (2006). Posttraumatic stress disorder and mortality among U.S. Army veterans 30 years after military service. *Annals of Epidemiology, 16*, 248–256.

Bosquet, M., & Egeland, B. (2006). The development and maintenance of anxiety symptoms from infancy through adolescence in a longitudinal sample. *Development and Psychopathology, 18*, 517–550.

Bouton, M. E., Mineka, S., & Barlow, D. H. (2001). A modern learning theory perspective on the etiology of panic disorder. *Psychological Review, 108*, 4–32.

Bouton, M. E., & Waddell, J. (2007). Some biobehavioral insights into persistent effects of emotional trauma. In L. J. Kirmayer, R. Lemelson & M. Barad (Eds.), *Understanding trauma: Integrating biological, clinical, and cultural perspectives* (pp. 41–59). New York: Cambridge University Press.

Bowers, W. A., & Ansher, L. S. (2008). The effectiveness of cognitive behavioral therapy on changing eating disorder symptoms and psychopathy of 32 anorexia nervosa patients at hospital discharge and one year follow-up. *Annals of Clinical Psychiatry, 20*, 79–86.

Boyle, M. (1991). *Schizophrenia: A scientific delusion?* New York: Routledge.

Boysen, G. A., & VanBergen, A. (2013). A review of published research on adult dissociative identity disorder: 2000–2010. *Journal of Nervous and Mental Disease, 201*, 5–11.

Bradford, D. E., Shapiro, B. L., & Curtin, J. J. (2013). How bad could it be? Alcohol dampens stress responses to threat of uncertain intensity. *Psychological Science, 24*(12), 2541–2549.

Bradley, R., Greene, J., Russ, E., Dutra, L., & Westen, D. (2005). A multidimensional meta-analysis of psychotherapy for PTSD. *American Journal of Psychiatry, 162*, 214–227.

Braff, D. L., Ryan, J., Rissling, A. J., & Carpenter, W. T. (2013). Lack of use in the literature from the last 20 years supports dropping traditional schizophrenia subtypes from DSM-5 and ICD-11. *Schizophrenia Bulletin, 39*(4), 751–753.

Brakoulias, V., Starcevic, V., Sammut, P., Berle, D., Milicevic, D., Moses, K., et al. (2011). Obsessive-compulsive spectrum disorders: A comorbidity and family history perspective. *Australasian Psychiatry, 19*, 151–155.

Brand, B. L., Classen, C. C., McNary, S. W., & Zaveri, P. (2009). A review of dissociative disorders treatment studies. *Journal of Nervous and Mental Disease, 197*, 646–654.

Brand, B. L., McNary, S. W., Myrick, A. C., Classen, C., Lanius, R., Loewenstein, R. J., et al. (2013). Supplemental material for a longitudinal naturalistic study of patients with dissociative disorders treated by community clinicians. *Psychological Trauma: Theory, Research, Practice, and Policy*. Advance online publication.

Brand, B. L., Myrick, A. C., Loewenstein, R. J., Classen, C. C., Lanius, R., McNary, S. W., et al. (2012). A survey of practices and recommended treatment interventions among expert therapists treating patients with dissociative identity disorder and dissociative disorder not otherwise specified. *Psychological Trauma: Theory, Research, Practice, and Policy, 4*, 490–500.

Brandon, T. H., Collins, B. N., Juliano, L. M., & Lazev, A. B. (2000). Preventing relapse among former smokers: A comparison of minimal interventions through telephone and mail. *Journal of Consulting and Clinical Psychology, 68*, 103–113.

Brandon, T. H., Vidrine, J. I., & Litvin, E. B. (2007). Relapse and relapse prevention. *Annual Review of Clinical Psychology, 3*, 257–284.

Brandon, Y. H., Zelman, D. C., & Baker, T. B. (1987). Effects of maintenance sessions on smoking relapse: Delaying the inevitable? *Journal of Consulting and Clinical Psychology, 55*, 780–782.

Bransford, J. D., & Johnson, M. K. (1973). Considerations of some problems of comprehension. In W. G. Chase (Ed.), *Visual Information Processing*. New York: Academic Press.

Braswell, L., & Kendall, P. C. (1988). Cognitive-behavioral methods with children. In K. S. Dobson (Ed.), *Handbook of Cognitive-Behavioral Therapies*. New York: Guilford.

Braun, J. M., Kahn, R. S., Froehlich, T., Auinger, P., Lanphear, B. (2006). Exposures to environmental toxicants and attention deficit hyperactivity disorder in U.S. children. *Environmental Health Perspectives, 114*, 1904–1909.

Bremner, J. D., Vythilingam, M., Vermetten, E., Southwick, S. M., McGlashan, T., Nazeer, A., et al. (2003). MRI and PET study of deficits in hippocampal structure and function in women with childhood sexual abuse and posttraumatic stress disorder. *American Journal of Psychiatry, 160*, 924–932.

Brems, C. (1995). Women and depression: A comprehensive analysis. In E. E. Beckham & W. Leber (Eds.), *Handbook of depression* (2nd ed., pp. 539–566). New York: Guilford Press.

Breslau, J., Aguilar-Gaxiola, A., Kendler, K. S., Su, M., Williams, D., & Kessler, R. (2006). Specifying race-ethnic differences in risk for psychiatric disorder in a USA national sample. *Psychological Medicine, 36*, 57–68.

Breslau, N., Brown, G. G., Del Dotto, J. E., Kumar, S., Ezhuthachan, S., Andreski, P., & Hufnagle, K. G. (1996). Psychiatric sequalae of low birth weight at 6 years of age. *Journal of Abnormal Child Psychology, 24*, 385–400.

Breslau, N., Chilcoat, H. D., Kessler, R. C., & Davis, G. C. (1999). Previous exposure to trauma and PTSD effects of subsequent trauma: Results from the Detroit Area Survey of Trauma. *American Journal of Psychiatry, 156*, 902–907.

Breslau, N., Davis, G. C., & Andreski, P. (1995). Risk factors for PTSD-related traumatic events: A prospective analysis. *American Journal of Psychiatry, 152*, 529–535.

Breslau, N., Lucia, V., & Alvarado, G. F. (2006). Intelligence and other predisposing factors in exposure to trauma and protramatic stress disorder: A follow-up study at age 17 years. *Archives of General Psychiatry, 63*, 1238–1245.

Breuer, J., & Freud, S. (1982). *Studies in hysteria*. (J. Strachey, Trans. and Ed., with the collaboration of

A. Freud). New York: Basic Books. (Original work published 1895).

Brewerton, T. D., Lydiard, B. R., Laraia, M. T., Shook, J. E., & Ballenger, J. C. (1992). CSF Beta-endorphin and dynorphin in bulimia nervosa. *American Journal of Psychiatry, 149,* 1086–1090.

Brewin, C. R. (2014). Episodic memory, perceptual memory, and their interaction: Foundations for a theory of posttraumatic stress disorder. *Psychological Bulletin, 140,* 69–97.

Brewin, C. R., Andrews, B., & Valentine, J. D. (2000). Metaanalysis of risk factors for posttraumatic stress disorder in trauma-exposed adults. *Journal of Consulting and Clinical Psychology, 68,* 748–766.

Brewin, C. R., & Holmes, E. A. (2003). Psychological theories of posttraumatic stress disorder. *Clinical Psychology Review, 23,* 339–376.

Brewin, C. R., Kleiner, J. S., Vasterling, J. J., & Field, A. P. (2007). Memory for emotionally neutral information in posttraumatic stress disorder: A meta-analytic investigation. *Journal of Abnormal Psychology, 116,* 448–463.

Brezo, J., Paris, J., & Turecki, G. (2006). Personality traits as correlates of suicidal ideation, suicide attempts, and suicide completions: A systematic review. *Acta Psychiatrica Scandinavica, 113,* 180–206.

Brickman, A. S., McManus, M., Grapentine, W. L., & Alessi, N. (1984). Neuropsychological assessment of seriously delinquent adolescents. *Journal of the American Academy of Child Psychiatry, 23,* 453–457.

Bridge, J. A., Iyengar, S., Salary, C. B., et al. (2007). Clinical response and risk for reported suicidal ideation and suicide attempts in pediatric antidepressant treatment: A meta-analysis of randomized controlled trials. *Journal of the American Medical Association, 297,* 1683–1696.

Briere, J., Scott, C., & Weathers, F. (2005). Peritraumatic and persistent dissociation in the presumed etiology of PTSD. *American Journal of Psychiatry, 162,* 2295–2301.

Britton, J., Grillon, C., Lissek, S., Norcross, M. A., Szuhany, K. L., Chen, G., et al. (2013). Response to learned threat: An fMRI study in adolescent and adult anxiety. *American Journal of Psychiatry, 170.*

Bromet, E., Andrade, L. H., Hwang, I., Sampson, N. A., Alonso, J., de Girolamo, G., et al. (2011). Cross-national epidemiology of DSM-IV major depressive episode. *BMC Medicine, 9,* 90.

Brook, M., & Kosson, D. S. (2013). Impaired cognitive empathy in criminal psychopathy: Evidence from a laboratory measure of empathic accuracy. *Journal of Abnormal Psychology, 122,* 156–166.

Brookes, K., Mill, J., Guindalini, C., Curran, S., Xu, X., Knight, J., Chen, C. K., Huang, Y. S., Sentha, V., Taylor, E., Chen, W., Breen, G., & Asherson, P. (2006). A common haplotype of the dopamine transporter gene associated with attention-deficit/hyperactivity disorder and interacting with maternal use of alcohol during pregnancy. *Archives of General Psychiatry, 63,* 74–81.

Brooks, M. (2004). *Extreme measures: The dark visions and bright ideas of Francis Galton.* London: Bloomsbury.

Brooks, S., Prince, A., Stahl, D., Campbell, I. C., & Treasure, J. (2011). A systematic review and meta-analysis of cognitive bias to food stimuli in people with disordered eating behaviour. *Clinical Psychology Review, 31,* 37–51.

Brosh, A. (2013). *Hyperbole and a half: Unfortunate situations, flawed coping mechanisms, mayhem, and other things that happened.* New York: Simon and Schuster.

Brotto, L. A., & Luria, M. (2014). Sexual interest/arousal disorder in women. In Y. M. Binik & K. S. K. Hall (Eds.), *Principles and practice of sex therapy* (5th ed., pp. 17–41). New York: Guilford Press.

Brown, A. S. (2011). The environment and susceptibility to schizophrenia. *Progress in Neurobiology, 93,* 23–58.

Brown, A. S., & Derkits, E. J. (2010). Prenatal infections and schizophrenia: A review of epidemiologic and translational Studies. *American Journal of Psychiatry, 167,* 261–280.

Brown, A. S., Begg, M. D., Gravenstein, S., Schaefer, C. A., Wyatt, R. J., Bresnahan, M., Babulas, V. P., & Susser, E. S. (2004). Serologic evidence of prenatal influenza in the etiology of schizophrenia. *Archives of General Psychiatry, 61,* 774–780.

Brown, A. S., Bottiglieri, T., Schaefer, C. A., Quesenberry, C. P., Jr., Liu, L., Bresnahan, M., & Susser, E. S. (2007). Elevated prenatal homocysteine levels as a risk factor for schizophrenia. *Archives of General Psychiatry, 64,* 31–39.

Brown, A. S., Schaefer, C. A., Quesenberry, C. P., Jr., Liu, L., Babulas, V. P., & Susser, E. S. (2005). Maternal exposure to toxoplasmosis and risk of schizophrenia in adult offspring. *American Journal of Psychiatry, 162,* 767–773.

Brown, D., Scheflin, A. W., & Whitfield, C. L. (1999). Recovered memories: The current weight of the evidence in science and in the courts. *Journal of Psychiatry and the Law, 27,* 5–156.

Brown, G. K., Beck, A. T., Steer, R. A., & Grisham, J. R. (2000). Risk factors for suicide in psychiatric outpatients: A 20-year prospective study. *Journal of Consulting and Clinical Psychology, 68,* 371–377.

Brown, G. K., Henriques, G. R., Ratto, C., & Beck, A. T. (2002). *Cognitive therapy treatment manual for suicide attempters.* Philadelphia: University of Pennsylvania.

Brown, G. K., Ten Have, T., Henriques, G. R., Xie, S. X., Hollander, J. E., & Beck, A. T. (2005). Cognitive therapy for the prevention of suicide attempts. *Journal of the American Medical Association, 294,* 563–570.

Brown, G. W., & Andrews, B. (1986). Social support and depression. In R. Trumbull & M. H. Appley (Eds.), *Dynamics of stress: Physiological, psychological, and Social perspectives* (pp. 257–282). New York: Plenum.

Brown, G. W., & Harris, T. O. (1978). *The Bedford College lifeevents and difficulty schedule: directory of contextual threat of events.* London: Bedford College University of London.

Brown, G. W., & Harris, T. O. (1989). Depression. In T. O. Harris & G. W. Brown (Eds.), *Life events and illness* (pp. 49–93). New York: Guilford Press.

Brown, G. W., & Harris, T. O. (1989). *Life events and illness.* New York: Guilford Press.

Brown, G. W., Bone, M., Dalison, B., & Wing, J. K. (1966). *Schizophrenia and social care.* London: Oxford University Press.

Brown, R. J., Cardena, E., Nijenhuis, E., Sar, V., & Van der Hart, O. (2007). Should conversion disorder be reclassified as dissociative disorder in DSM-5? *Psychosomatics, 48,* 369–378.

Brown, S. A., Vik, P. W., McQuaid, J. R., Patterson, T. L., Irwin, M. R., et al. (1990). Severity of psychosocial stress and outcome of alcoholism treatment. *Journal of Abnormal Psychology, 99,* 344–348.

Brown, T. A. (2007). Temporal course and structural relationships among dimensions of temperament and DSM-IV anxiety and mood disorder constructs. *Journal of Abnormal Psychology, 116,* 313-328.

Brown, T. A., Campbell, L. A., Lehman, C. L., Grisham, J. R., & Mancill, R. B. (2001). Current and lifetime comorbidity of the DSM-IV anxiety and mood disorders in a large clinical sample. *Journal of Abnormal Psychology, 110,* 585–599.

Brownell, K. D., & Horgen, K. B. (2003). *Food fight: The inside story of the food industry, America's obesity crisis, and what we can do about it.* Chicago: Contemporary Books.

Bruce, M. L., Ten Have, T. R., Reynolds III, C. F., Katz, I. I., Schulberg, H. C., Mulsant, B. H., et al. (2004). Reducing suicidal ideation and depressive symptoms in depressed older primary care patients. *Journal of the American Medical Association, 291,* 1081–1091.

Brugha, T. S., & Cragg, D. (1990). The list of threatening experiences: The reliability and validity of a brief life events questionnaire. *Acta Psychiatrica Scandinavica, 82,* 77-81.

Bryant, R. A. (2011). Acute stress disorder as a predictor of posttraumatic stress disorder: A systematic review. *Journal of Clinical Psychiatry, 72,* 233–239.

Bryant, R. A., Creamer, M., O'Donnell, M. L., Silove, D., & McFarlane, A. C. (2008). A multisite study of the capacity of acute stress disorder diagnosis to predict posttraumatic stress disorder. *Journal of Clinical Psychiatry, 69,* 923–929.

Bryant, R. A., Mastrodomenico, J., Felmingham, K. L., Hopwood, S., Kenny, L., Kandris, E., et al. (2008). Treatment of acute stress disorder: A randomized controlled trial. *Archives of General Psychiatry, 65,* 659–667.

Bryant, R. A., & McConkey, K. M. (1989). Visual conversion disorder: A case analysis of the influence of visual information. *Journal of Abnormal Psychology, 98,* 326–329.

Bryant, R. A., Sackville, T., Dang, S. T., Moulds, M., & Guthrie, R. (1999). Treating acute stress disorder: An evaluation of cognitive behavior therapy and supporting counseling techniques. *American Journal of Psychiatry, 156,* 1780–1786.

Buchanan, J. A., Christenson, A., Houlihan, D., & Ostrom, C. (2011). The role of behavior analysis in the rehabilitation of persons with dementia. *Behavior Therapy, 42,* 9–21.

Buchanan, R. W., Vladar, K., Barta, P. E., & Pearlson, G. D. (1998). Structural evaluation of the prefrontal cortex in schizophrenia. *American Journal of Psychiatry, 155,* 1049–1055.

Buchsbaum, M. S., Kessler, R., King, A., Johnson, J., & Cappelletti, J. (1984). Simultaneous cerebral glucography with positron emission tomography and topographic electroencephalography. In G. Pfurtscheller, E. J. Jonkman & F. H. L. d. Silva (Eds.), *Brain ischemia: Quantitative EEG and imaging techniques.* Amsterdam: Elsevier.

Budge, S. L., Moore, J. T., Del Re, A. C., Wampold, B. E., Baardseth, T. P., & Nienhuis, J. B. (2013). The effectiveness of evidence-based treatments for personality disorders when comparing treatment-as-usual and bona fide treatments. *Clinical Psychology Review, 33,* 1057–1066.

Budney, A. J., Moore, B. A., Rocha, H. L., & Higgens, S. T. (2006). Clinical trial of abstinence-based vouchers and cognitive behavior therapy for *Cannabis* dependence. *Journal of Consulting and Clinical Psychology, 74,* 307–316.

Buhlmann, U., Glaesmer, H., Mewes, R., Fama, J. M., Wilhelm, S., Brähler, E., et al. (2010). Updates on the prevalence of body dysmorphic disorder: A population-based survey. *Psychiatry Research, 178,* 171–175.

Bukalo, O., Pinard, C., & Holmes, A. (2014, in press). Mechanisms to medicines: Elucidating neural and molecular substrates of fear extinction to identify novel treatments for anxiety disorders. *British Journal of Pharmacology.*

Bulik, C. M., & Reichborn-Kjennerud, T. (2003). *Medical morbidity in binge eating disorder.* Published online in Wiley InterScience (http://www.interscience.wiley.com).

Bulik, C. M., Sullivan, P. F., Wade, T. D., & Kendler, K. S. (2000). Twin studies of eating disorders: A review. *International Journal of Eating Disorders, 27,* 1–20.

Bulik, C. M., Wade, T. D., & Kendler, K. S. (2000). Characteristics of monozygotic twins discordant for bulimia nervosa. *International Journal of Eating Disorders, 29,* 1–10.

Bullen, C., Howe, C., Laugesen, M., McRobbie, H., Parag, V., Williman, J., & Walker, N. (2013). Electronic cigarettes for smoking cessation: a randomised controlled trial. *The Lancet, 382*(9905), 1629–1637.

Bullers, S., Cooper, M. L., & Russell, M. (2001). Social network drinking and adult alcohol involvement: A longitudinal exploration of the direction of influence. *Addictive Behaviors, 26,* 181–199.

Burke, B. L., Arkowitz, H., & Menchola, M. (2003). The efficacy of motivational interviewing: A meta-analysis of controlled clinical trials. *Journal of Consulting and Clinical Psychology, 71,* 843–861.

Burne, S. M., & McLean, N. J. (2002). The cognitive behavioral model of bulimia nervosa: A direct evaluation. *International Journal of Eating Disorders, 31,* 17–31.

Burri, A., & Spector, T. (2011). Recent and lifelong sexual dysfunction in a female UK population sample: Prevalence and risk factors. *Journal of Sexual Medicine, 8,* 2420–2430.

Burris, K. D., Molski T. F., Xu, C., Ryan, E., Tottori, K., Kikuchi, T., Yocca F. D., & Molinoff, P. B. (2002). Aripiprazole, a novel antipsychotic, is a high-affinity partial agonist at human dopamine D2 receptors. *Journal of Pharmacology and Experimental Therapeutics, 302,* 381–389.

Burt, S. A. (2009). Are there meaningful etiological differences within antisocial behavior? Results of a meta-analysis. *Clinical Psychology Review, 29*(2), 163–178.

Bushman, B. J., & Cooper, H. M. (1990). Effects of alcohol on human aggression: An integrative research review. *Psychological Bulletin, 107,* 341–354.

Bushman, B. J., & Thomaes, S. (2011). When the narcissistic ego deflates, narcissistic aggression inflates. In W. K. Campbell & J. D. Miller (Eds.), *The handbook of narcissism and narcissistic personality disorder: Theoretical approaches, empirical findings, and treatments* (pp. 319-329). Hoboken, NJ: Wiley Press.

Butcher, J. N., Dahlstrom, W. G., Graham, J. R., Tellegen, A., & Kraemer, B. (1989). *Minnesota Multiphasic Personality Inventory-2: Manual for administration and scoring.* Minneapolis: University of Minnesota Press.

Butzlaff, R. L., & Hooley, J. M. (1998). Expressed emotion and psychiatric relapse: A meta-analysis. *Archives of General Psychiatry, 55,* 547–553.

Buvat, J., Maggi, M., Gooren, L., Guay, A. T., Kaufman, J., Morgentaler, A., et al. (2010). Endocrine aspects of male sexual dysfunctions. *Journal of Sexual Medicine, 7,* 1627–1656.

Byrd, A. L., & Manuck, S. B. (2014). MAOA, childhood maltreatment, and antisocial behavior: Meta-analysis of a gene-environment interaction. *Biological Psychiatry, 75,* 9–17.

Cadoret, R. J., Yates, W. R., Troughton, E., Woodworth, G., & Stewart, M. A. (1995). Adoption study demonstrating two genetic pathways to drug abuse. *Archives of General Psychiatry, 52,* 42–52.

Cahalan, S. (2012). *Brain on fire: My month of madness.* New York: Free Press.

Cahill, K., Stead, L., & Lancaster, T. (2007). Nicotine receptor partial agonists for smoking cessation. *Cochrane Database of Systematic Reviews,* CD006103.

Caldwell, M. B., Brownell, K. D., & Wilfley, D. (1997). Relationship of weight, body dissatisfaction, and self-esteem in African American and white female dieters. *International Journal of Eating Disorders, 22,* 127–130.

Calhoun, V. D., Pekar, J. J., & Pearlson, G. D. (2004). Alcohol intoxication effects on simulated driving: Exploring alcohol-dose effects on brain activation using functional MRI. *Neuropsychopharmacology, 29,* 2197–2107.

Calvin, C. M., Deary, I. J., Fenton, C., Roberts, B. A., Der, G., Leckenby, N., & Batty, G. D. (2010). Intelligence in youth and all-cause-mortality: systematic review with meta-analysis. *International Journal of Epidemiology, 40,* 626–644.

Camí, J., & Farré, M. (2003). Drug addiction. *New England Journal of Medicine, 349,* 975–986.

Campbell, J., Stefan, S., & Loder, A. (1994). Putting violence in context. *Hospital and Community Psychiatry, 45,* 633.

Campbell, M., Armenteros, J. L., Malone, R. P., Adams, P. B., Eisenberg, Z. W., & Overall, J. E. (1997). Neurolepticrelated dyskinesias in autistic children: A prospective, longitudinal study. *Journal of the American Academy of Child and Adolescent Psychiatry, 36,* 835–843.

Campbell, W. K., Bosson, J. K., Goheen, T. W., Lakey, C. E., & , & Kernis, M. H. (2007). Do narcissists dislike themselves "deep down inside"? *Psychological Science, 18,* 227–229.

Camus, V., Burtin, B., Simeone, I., Schwed, P., Gonthier, R., & Dubos, G. (2000). Factor analysis supports the evidence of existing hyperactive and hypoactive subtypes of delirium. *International Journal of Geriatric Psychiatry, 15,* 313–316.

Canivez, G. L., & Watkins, M. W. (1998). Long-term stability of the Wechsler Intelligence Scale for Children (3rd ed.). *Psychological Assessment, 10,* 285–291.

Cannon, T. D., Cadenhead, K., Cornblatt, B., Woods, S. W., Addington, J., Walker, E. F, Seidman, L. J., Perkins, D., Tsuang, M., McGlashan, T., & Heinssen, R. (2008). Prediction of psychosis in youth at high clinical risk: a multisite longitudinal study in North America. *Archives of General Psychiatry, 65,* 28–37.

Cannon, T. D., Kaprio, J., Lonnqvist, J., Huttunen, M., & Koskenvuo, M. (1998). The genetic epidemiology of schizophrenia in a Finnish twin cohort: A population-based modeling study. *Archives of General Psychiatry, 55,* 67–74.

Cannon, T. D., & Mednick, S. A. (1993). The schizophrenia high-risk project in Copenhagen: Three decades of progress. *Acta Psychiatrica Scandinavica, 87,* 33–47.

Cannon, T. D., van Erp, T. G., Rosso, I. M., et al. (2002). Fetal hypoxia and structural brain abnormalities in schizophrenic patients, their siblings, and controls. *Archives of General Psychiatry, 59,* 35–42.

Cantor, J. M., Blanchard, R., Robichaud, L. K., & Christensen, B. K. (2005). Quantitative reanalysis of aggregate data on IQ in sexual offenders. *Psychological Bulletin, 131,* 555–568.

Capaldi, D. M., & Patterson, G. R. (1994). Interrelated influences of contextual factors on antisocial behavior in childhood and adolescence for males. In D. C. Fowles, P. Sutker & S. H. Goodman (Eds.), *Progress in experimental personality and psychopathology research* (pp. 165–198). New York: Springer-Verlag.

Capps, L., Losh, M., & Thurber, C. (2000). "The frog ate the bug and made his mouth sad": Narrative competence in children with autism. *Journal of Abnormal Child Psychology, 28,* 193–204.

Capps, L., Rasco, L., Losh, M., & Heerey, E. (1999). *Understanding of self-conscious emotions in high-functioning children with autism.* Paper presented at the Biennial Meeting of the Society for Research In Child Development, Albuquerque, NM.

Capps, L., Yirmiya, N., & Sigman, M. (1992). Understanding of simple and complex emotion in high-functioning children with autism. *Journal of Child Psychology and Psychiatry, 33,* 1169–1182.

Capron, A. M. (1999). Ethical and human rights issues in research on mental disorders that may affect decision-making capacity. *New England Journal of Medicine, 340,* 1430–1434.

Cardno, A. G., Marshall, E. J., Coid, B., Macdonald, A. M., Ribchester, T. R., et al. (1999). Heritability estimates for psychotic disorders: The Maudsley Twin Psychosis Series. *Archives of General Psychiatry, 56,* 162–170.

Carey, B. (2011, June 23). Expert on mental illness reveals her own fight, *New York Times.*

Carey, K. B., Carey, M. P., Maisto, S. A., & Henson, J. M. (2006). Brief motivational interventions for heavy college drinkers: A randomized controlled trial. *Journal of Consulting and Clinical Psychology, 74,* 943–954.

Carlsson, A., Hanson, L. O., Waters, N., & Carlsson, M. L. (1999). A glutamatergic deficiency model of schizophrenia. *British Journal of Psychiatry, 174,* 2–6.

Carlson, G. A., & Meyer, S. E. (2006). Phenomenology and diagnosis of bipolar disorder in children, adolescents, and adults: Complexities and developmental issues. *Development and Psychopathology 18,* 939–969.

Carpenter, W. T., Gold, J. M., Lahti, A. C., Queern, C. A., Conley, R. R., Bartko, J. J., Kovnick, J., & Appelbaum, P. S. (2000). Decisional capacity for informed consent in schizophrenia research. *Archives of General Psychiatry, 57,* 533–538.

Carpenter, W. T., & van Os, J. (2011). Should attenuated psychosis syndrome be a DSM-5 diagnosis? *American Journal of Psychiatry, 168,* 460–463.

Carr, D. (2008). *The night of the gun: A reporter investigates the darkest story of his life. His own.* New York: Simon & Schuster Adult Publishing Group.

Carr, E. G., Levin, L., McConnachie, G., Carlson, J. I., Kemp, D. C., & Smith, C. E. (1994). *Communication based intervention for problem behavior.* Baltimore: Paul H. Brookes.

Carrasco, J. L., Dyaz-Marsa, M., Hollander, E., Cesar, J., & Saiz-Ruiz, J. (2000). Decreased monoamine oxidase activity in female bulimia. *European Neuropsychopharmacology, 10,* 113–117.

Carroll, K. M., Ball, S. A., Nich, C., et al. (2001). Targeting behavioral therapies to enhance naltrexone treatment of opioid dependence: Efficacy of contingency management and significant other involvement. *Archives of General Psychiatry, 58,* 755–761.

Carroll, K. M., Easton, C. J., Nich, C., Hunkele, K. A., Neavins, T. M. et al. (2006). The use of contingency management and motivational/skills-building therapy to treat young adults with marijuana dependence. *Journal of Consulting and Clinical Psychology, 74,* 955–966.

Carroll, K. M., Kiluk, B. D., Nich, C., Gordon, M. A., Portnoy, G. A., Marino, D. R., & Ball, S. A. (2014). Computer-assisted delivery of cognitive-behavioral therapy: efficacy and durability of CBT4CBT among cocaine-dependent individuals maintained on methadone. *American Journal of Psychiatry, 171*(4), 436–444.

Carroll, K. M., Rounsaville, B. J., Gordon, L. T., Nich, C., Jatlow, P., Bisighini, R. M., & Gawin, F. H. (1994). Psychotherapy and pharmacotherapy for ambulatory cocaine abusers. *Archives of General Psychiatry, 51,* 177–187.

Carroll, K. M., Rounsaville, B. J., Nich, C., Gordon, L. T., & Gawin, F. (1995). Integrating psychotherapy and pharmacotherapy for cocaine dependence: Results from a randomized clinical trial. In L. S. Onken, J. D. Blaine & J. J. Boren (Eds.), *Integrating behavioral therapies with medications in the treatment of drug dependence* (pp. 19–36). Rockville, MD: National Institute on Drug Abuse.

Carstensen, L. L. (1996). Evidence for a life-span theory of socioemotional selectivity. *Current Directions in Psychological Science, 4,* 151–156.

Carter, C. S., Bullmore, E. T., & Harrison, P. (2014). Is there a flame in the brain in psychosis? *Biological Psychiatry, 75*(4), 258–259.

Carter, F. A., McIntosh, V. V. W., Joyce, P. R., Sullivan, P. F., & Bulik, C. M. (2003). Role of exposure with response prevention in cognitive-behavioral therapy for bulimia nervosa: Three-year follow-up results. *International Journal of Eating Disorders, 33,* 127–135.

Carter, J. S., & Garber, J. (2011). Predictors of the first onset of a major depressive episode and changes in depressive symptoms across adolescence: stress and negative cognitions. *Journal of Abnormal Psychology, 120,* 779–796.

Carvalheira, A. A., Brotto, L. A., & Leal, I. (2010). Women's motivations for sex: Exploring the Diagnostic and Statistical Manual, fourth edition, text revision criteria for hypoactive sexual desire and female sexual arousal disorders. *Journal of Sexual Medicine, 7,* 1454–1463.

Carvalho, J., & Nobre, P. (2010). Biopsychosocial determinants of men's sexual desire: Testing an integrative model. *Journal of Sexual Medicine, 8,* 754-763.

Carver, C. S., Johnson, S. L., & Joormann, J. (2008). Serotonergic function, two-mode models of self-regulation, and vulnerability to depression: What depression has in common with impulsive aggression. *Psychological Bulletin, 134,* 912–943.

Caselli, R. J., & Yaari, R. (2008). Medical management of frontotemporal dementia. *American Journal of Alzheimer's Disease and Other Dementias, 22,* 489–498.

Casey, J. E., Rourke, B. P., & Del Dotto, J. E. (1996). Learning disabilities in children with attention deficit disorder with and without hyperactivity. *Child Neuropsychology, 2,* 83–98.

Caspi, A., Hariri, A. R., Holmes, A., Uher, R., & Moffitt, T. E. (2010). Genetic sensitivity to the environment:The case of the serotonin transporter gene and its implications for studying complex diseases and traits. *American Journal of Psychiatry, 167,* 509–527.

Caspi, A., Houts, R. M., Belsky, D. W., & et al. (2014). The p factor: One general psychopathology factor in the structure of psychiatric disorders? *Clinical Psychological Science, 2*(2), 119–137.

Caspi, A., McClay, J., Moffitt, T. E., Mill, J., Martin, J., Craig, I. W., Taylor, A., & Poulton, R. (2002). Role of genotype in the cycle of violence in maltreated children. *Science, 297,* 851–854.

Caspi, A., Moffitt, T. E., Cannon, M., McClay, J., Murray, R., Harrington, H., Taylor, A., Arseneault, L., Williams, B., Braithwaite, A., Pulton, R., & Craig, I. W. (2005). Moderation of the effect of adolescent-onset *Cannabis* use on adult psychosis by a functional polymorphism in the catechol-O-methyltransferase gene: Longitudinal evidence of a gene–environment interaction. *Biological Psychiatry, 57,* 1117–1127.

Caspi, A., Sugden, K., Moffitt, T. E., Taylor, A., Craig, I. W., Harrington, H., et al. (2003). Influence of life stress on depression: Moderation by a polymorphism in the 5-HTT gene. *Science, 301,* 386–389.

Castellanos, F. X., Lee, P. P., Sharp, W., Jeffries, N. O., Greenstein, D. K., et al. (2002). Developmental trajectories of brain volume abnormalities in children and adolescents with attention-deficit/hyperactivity disorder. *Journal of the American Medical Association, 288,* 1740–1748.

Castells, X., Casas, M., Vidal, X., Bosch, R., Roncero, C., Ramos-Quiroga, J. A., et al. (2007). Efficacy of CNS stimulant treatment for cocaine dependence. A systematic review and meta-analysis of randomized controlled clinical trials. *Addiction, 102,* 1871–1887.

Celebucki, C. C., Wayne, G. F., Connolly, G. N., Pankow, J. F., & Chang, E. I. (2005). Characterization of measured menthol in 48 U.S. cigarette sub-brands. *Nicotine and Tobacco Research, 7,* 523–531.

Centers for Disease Control and Prevention. (2006). Homicides and suicides—National violent death reporting system, United States, 2003–2004. *American Journal of Medicine, 296,* 506–510.

Centers for Disease Control and Prevention (CDC). (2009). Prevalence of autism spectrum disorders—Autism and developmental disabilities monitoring network, 2006. *MMWR, 58,* 1–20.

Centers for Disease Control and Prevention. (2009). *Sexually transmitted disease surveillance, 2008.* Atlanta, GA.

Centers for Disease Control and Prevention. (2014). *HIV Surveillance Report: Diagnoses of HIV infection and AIDS in the United States and dependent areas, 2011.* Atlanta: CDC Retrieved from http://www.cdc.gov/hiv/surveillance/resources/reports.

Centers for Disease Control and Prevention (CDC). (2013). Vital Signs: Current cigarette smoking among adults aged ≥18 years with mental illness—United States, 2009–2011. *MMWR, 62,* 81–87.

Centers for Disease Control and Prevention (CDC). (2014). Prevalence of autism spectrum disorder among children aged 8 Years—Autism and developmental disabilities monitoring network, 11 sites, United States, 2010. *MMWR, 63*(SS02), 1–21.

Cerny, J. A., Barlow, D. H., Craske, M. G., & Himadi, W. G. (1987). Couples treatment of agoraphobia: A two year follow-up. *Behavior Therapy, 18,* 401–415.

Chabris, C. F., Lee, J. J., Benjamin, D. J., Beauchamp, J. P., Glaeser, E. L., Borst, G., et al. (2013). Why it is hard to find genes associated with social science traits: Theoretical and empirical considerations. *American Journal of Public Health, 103 Suppl 1,* S152–166.

Chaffin, M., Silovsky, J. F., & Vaughn, C. (2005). Temporal concordance of anxiety disorders and child sexual abuse: implications for direct versus artifactual effeects of sexual abuse. *Journal of Clinical Child and Adolescent Psychology, 34,* 210–222.

Chambless, D. L., Caputo, G. C., Bright, P., & Gallagher, R. (1984). Assessment of fear of fear in agoraphobics: The body sensations questionnaire and the agoraphobic cognitions questionnaire. *Journal of Consulting and Clinical Psychology, 52,* 1090–1097.

Chambless, D. L., & Ollendick, T. H. (2001). Empirically supported psychological interventions: Controversies and evidence. *Annual Review of Psychology, 52,* 685–716.

Chang, S. M., Hahm, B., Lee, J., Shin, M. S., Jeon, H. J., Hong, J., et al. (2008). Cross-national difference in the prevalence of depression caused by the diagnostic threshold. *Journal of Affective Disorders, 106,* 159–167.

Chard, K. M. (2005). An evaluation of cognitive processing therapy for the treatment of posttraumatic stress disorder related to childhood sexual abuse. *Journal of Consulting and Clinical Psychology, 73,* 965–971.

Charuvastra, A., & Cloitre, M. (2008). Social bonds and posttraumatic stress disorder. *Annual Review of Psychology, 59,* 301–328.

Chase, A. (1980). *The legacy of Malthus.* Urbana: University of Illinois Press.

Chassin, L., Curran, P. J., Hussong, A. M., & Colder, C. R. (1996). The relation of parent alcoholism to adolescent substance abuse: A longitudinal follow-up. *Journal of Abnormal Psychology, 105,* 70–80.

Chassin, L., Pitts, S. C., DeLucia, C., & Todd, M. (1999). A longitudinal study of children of alcoholics: Predicting young adult substance use disorders, anxiety, and depression. *Journal of Abnormal Psychology, 108,* 106–119.

Chavira, D. A., Stein, M. B., & Malcarne, V. L. (2002). Scrutinizing the relationship between shyness and social phobia. *Journal of Anxiety Disorders, 16,* 585–598.

Chen, C. H., Suckling, J., Lennox, B. R., Ooi, C., & Bullmore, E. T. (2011). A quantitative meta-analysis of fMRI studies in bipolar disorder. *Bipolar Disorders, 13,* 1–15.

Chen, S., Boucher, H. C., Andersen, S. M., & Saribay, S. A. (2013). *Transference and the relational self.* New York: Oxford University Press.

Chen, S., Boucher, H. C., & Parker Tapias, M. (2006). The relational self revealed: Integrative conceptualization and implications for interpersonal life. *Psychological Bulletin, 132,* 151–179.

Chesney, E., Goodwin, G. M., & Fazel, S. (2014). Risks of all-cause and suicide mortality in mental disorders: a meta review. *World Psychiatry, 13,* 153–160.

Chiao, J. Y., & Blizinsky, K. D. (2010). Culture-gene coevolution of individualism-collectivism and the serotonin transporter gene. *Proceedings of the Royal Society B, 277,* 529–537.

Chiao, J. Y., & Blizinsky, K. D. (2013). Population disparities in mental health: Insights from cultural neuroscience. *American Journal of Public Health, 103*(S1), S122–S132.

Chivers, M. L., Seto, M. C., Lalumiere, M. L., Laan, E., & Grimbos, T. (2010). Agreement of self-reported and genital measures of sexual arousal in men and women: A meta-analysis. *Archives of Sexual Behavior, 39,* 5–56.

Chorpita, B. F., Brown, T. A., & Barlow, D. H. (1998). Perceived control as a mediator of family environment in etiological models of childhood anxiety. *Behavior Therapy, 29,* 457–476.

Chorpita, B. F., Vitali, A. E., & Barlow, D. H. (1997). Behavioral treatment of choking phobia in an adolescent: An experimental analysis. *Journal of Behavior Therapy and Experimental Psychiatry, 28,* 307–315.

Christakis, N., & Fowler, J. (2008). The collective dynamics of smoking in a large social network. *New England Journal of Medicine, 358,* 2249–2258.

Chronis, A. M., Jones, H. A., & Raggi, V. L. (2006). Evidence-based psychosocial treatments for children and adolescents with attention-deficit/hyperactivity disorder. *Clinical Psychology Review, 26,* 486–502.

Chronis-Tuscano, A., Degnan, K. A., Pine, D. S., Perez-Edgar, K., Henderson, H. A., Diaz, Y., et al. (2009). Stable early maternal report of behavioral inhibition predicts lifetime social anxiety disorder in adolescence. *Journal of the American Academy of Child and Adolescent Psychiatry, 48,* 928–935.

Chu, J. A., Frey, L. M., Ganzel, B. L., & Matthews, J. A. (2000). Memories of childhood abuse: Dissociation, amnesia, and corroboration. *American Journal of Psychiatry, 156,* 749–755.

Cicero, T. J., Ellis, M. S., Surratt, H. L., & Kurtz, S. P. (2014). The changing face of heroin use in the United States: A retrospective analysis of the past 50 years. *Journal of the American Medical Association, Psychiatry, 71,* 821-826

Cimbora, D. M., & McIntosh, D. N. (2003). Emotional responses to antisocial acts in adolescent males with conduct disorder: A link to affective morality. *Journal of Clinical Child and Adolescent Psychology, 32,* 296–301.

Cinciripini, P. M., Lapitsky, L. G., Wallfisch, A., Mace, R., Nezami, E., & Van Vunakis, H. (1994). An evaluation of a multicomponent treatment program involving scheduled smoking and relapse prevention procedures: Initial findings. *Addictive Behaviors, 19,* 13–22.

Cipriani, A., Pretty, H., Hawton, K., & Geddes, J. R. (2005). Lithium in the prevention of suicidal behavior and all-cause mortality in patients with mood disorders: A systematic review of randomized trials. *American Journal of Psychiatry, 162,* 1805–1819.

Cisler, J. M., & Koster, E. H. (2010). Mechanisms of attentional biases towards threat in anxiety disorders: An integrative review. *Clinical Psychology Review, 30,* 203–216.

Clark, A. W., Thompson, D. G., Graham, D., & Cooper, J. M. (2014). Engineering DNA binding sites to assemble and tune plasmonic nanostructures. *Advanced materials, 26,*4286-4292.

Clark, D. A. (1997). Twenty years of cognitive assessment: Current status and future directions. *Journal of Consulting and Clinical Psychology, 65,* 996–1000.

Clark, D. A. (2006). *Cognitive-Behavioral Therapy for OCD.* New York: Guilford Press.

Clark, D. M. (1996). Panic disorder: From theory to therapy. In P. M. Salkovskis (Ed.), *Frontiers of Cognitive Therapy* (pp. 318–344). New York: Guilford Press.

Clark, D. M. (1997). Panic disorder and social phobia. In D. M. Clark & C. G. Fairburn (Eds.), *Science and practice of cognitive behaviour Therapy* (pp. 121–153). Oxford, UK: Oxford University Press.

Clark, D. M., Ehlers, A., Hackmann, A., McManus, F., Fennell, M., Grey, N., et al. (2006). Cognitive therapy versus exposure and applied relaxation in social phobia: A randomized controlled trial. *Journal of Consulting and Clinical Psychology, 74,* 568–578.

Clark, D. M., Ehlers, A., McManus, F., Hackmann, A., Fennell, M., Campbell, H., et al. (2003). Cognitive therapy versus fluoxetine in generalized social phobia: A randomized control trial. *Journal of Consulting and Clinical Psychology, 71,* 1058–1067.

Clark, D. M., Salkovskis, P. M., Hackmann, A., Wells, A., Ludgate, J., & Gelder, M. (1999). Brief cognitive therapy for panic disorder: A randomized controlled trial. *Journal of Consulting and Clinical Psychology, 67,* 583–589.

Clark, D. M., & Wells, A. (1995). A cognitive model of social phobia. In R. Heimberg, M. R. Liebowitz, D. A. Hope & F. R. Schneier (Eds.), *Social phobia: Diagnosis, assessment and treatment* (pp. 69–93). New York: Guilford Press.

Clark, L. A., & Livesley, W. J. (2002). Two approaches to identifying the dimensions of personality disorder: Convergence on the five-factor model. In T. A. Widiger & P. T. J. Costa (Eds.), *Personality disorders and the five factor model of personality* (pp. 161–176). Washington, DC: American Psychological Association.

Clarkin, J. F., Levy, K. N., Lenzenweger, M. F., & Kernberg, O. F. (2007). Evaluating three treatments for borderline personality disorder: A multiwave study. *American Journal of Psychiatry, 164,* 922–928.

Cleckley, H. (1976). *The mask of sanity* (5th ed.). St. Louis: Mosby.

Cloitre, M., Courtois, C. A., Charuvastra, A., Carapezza, R., Stolbach, B. C., & Green, B. L. (2011). Treatment of complex PTSD: Results of the ISTSS expert clinician survey on best practices. *Journal of Traumatic Stress, 24,* 615–627.

Cloitre, M., Stovall-McClough, K. C., Nooner, K., Zorbas, P., Cherry, S., Jackson, C. L., et al. (2010). Treatment for PTSD related to childhood abuse: A randomized controlled trial. *American Journal of Psychiatry, 167,* 915–924.

Cloninger, R. C., Martin, R. L., Guze, S. B., & Clayton, P. L. (1986). A prospective follow-up and family study of somatization in men and women. *American Journal of Psychiatry, 143,* 713–714.

Coe, C. L., Kramer, M., Kirschbaum, C., Netter, P., & Fuchs, E. (2002). Prenatal stress diminishes cytokine production after an endotoxin challenge and induces glucocorticoid resistance in juvenile rhesus monkeys. *Journal of Clinical Endocrinology and Metabolism, 87,* 675–681.

Coe, C. L., & Lubach, G. R. (2005). Prenatal origins of individual variation in behavior and immunity. *Neuroscience and Biobehavioral Reviews, 25,* 39–49.

Coe, C. L., Lubach, G. R., & Schneider, M. L. (1999). Neuromotor and socioemotional behavior in the young monkey is presaged by prenatal conditions. In M. Lewis & D. Ramsay (Eds.), *Soothing and stress* (pp. 19–38). Mahwah, NJ: Lawrence Erlbaum Associates.

Cohen, D. (2014). *A big fat crisis: The hidden forces behind the obesity epidemic and how we can end it.* New York: Nation Books.

Cohen, J. A., Deblinger, E., Mannarino, A. P., & Steer, R. (2004). A multi-site, randomized controlled trial for children with abuse-related PTSD symptoms. *Journal of the American Academy of Child and Adolescent Psychiatry, 43,* 393–402.

Cohen, P. (2008, February 21). Midlife suicide rises, puzzling researchers, *New York Times,* pp. 1–4.

Cohen, R. M., Nordahl, T. E., Semple, W. E., Andreason, P., et al. (1997). The brain metabolic patterns of clozapine and fluphenazine-treated patients with schizophrenia during a continuous performance task. *Archives of General Psychiatry, 54,* 481–486.

Cohen, S., Frank, E., Doyle, W. J., Rabin, B. S., et al. (1998). Types of stressors that increase susceptibility to the common cold in healthy adults. *Health Psychology, 17,* 214–223.

Coie, J. D., & Dodge, K. A. (1998). Aggression and antisocial behavior. In W. Damon & N. Eisenberg (Eds.), *Handbook of child psychology: Volume 3: Social, emotional and personality development* (pp. 779–862). New York: John Wiley & Sons.

Cole, D. A., Ciesla, J. A., Dallaire, D. H. et al. (2008). Emergence of attributional style and its relations to depressive symptoms. *Journal of Abnormal Psychology, 117,* 16–31.

Cole, D. A., Martin, J. M., Peeke, L. G., Seroczynski, A. D., & Hoffman, K. (1998). Are cognitive errors of underestimation predictive or reflective of depressive symptoms in children? A longitudinal study. *Journal of Abnormal Psychology, 107,* 481–496.

Cole, D. A., Martin, J. M., Powers, B., & Truglio, R. (1990). Modeling causal relations between academic and social competence and depression: A multi-trait-multimethod longitudinal study of children. *Journal of Abnormal Psychology, 105,* 258–270.

Cole, M. G. (2004). Delirium in elderly patients. *American Journal of Geriatric Psychiatry, 12,* 7–21.

Collin, G., Kahn, R. S., de Reus, M. A., Cahn, W., & van den Heuvel, M. P. (2014). Impaired rich club connectivity in unaffected siblings of schizophrenia patients. *Schizophrenia Bulletin, 40*(2), 438–448.

Colom, F., Vieta, E., Reinares, M., Martinez-Aran, A., Torrent, C., Goikolea, J. M., & Gasto, C. (2003). Psychoeducation efficacy in bipolar disorders: Beyond compliance enhancement. *Journal of Clinical Psychiatry, 64,* 1101–1105.

Colombo, C., Benedetti, F., Barbini, B., Campori, E. et al. (1999). Rate of switch from depression into mania after therapeutic sleep deprivation in bipolar depression. *Psychiatry Research, 86,* 267–270.

Colombo, C., Benedetti, F., Barbini, B., Campori, E., & Smeraldi, E. (1999). Rate of switch from depression into mania after therapeutic sleep deprivation in bipolar depression. *Psychiatry Research, 86,* 267–270.

Comer, S. D., Hart, C. L., Ward, A. S., Haney, M., Foltin, R. W., & Fischman, M. W. (2001). Effects of repeated oral methamphetamine administration in humans. *Psychopharmacology, 155,* 397–404.

Compas, B. E., Haaga, D. A. F., Keefe, F. J., Leitenberg, H., & Williams, D. A. (1998). Sampling of empirically supported psychological treatments from health psychology: Smoking, chronic pain, cancer, and bulimia nervosa. *Journal of Consulting and Clinical Psychology, 66,* 89–112.

Compton, D. R., Dewey, W. L., & Martin, B. R. (1990). *Cannabis* dependence and tolerance production. *Advances in Alcohol and Substance Abuse, 9,* 129–147.

Conceicao do Rosario-Campos, M., Leckman, J. F., Mercadante, M. T., Shavitt, R. G., Prado, H. S., Sada, P., et al. (2001). Adults with early-onset obsessive-compulsive disorder. *American Journal of Psychiatry, 158,* 1899–1903.

Conduct Problems Prevention Research Group. (2010a). The difficulty of maintaining positive intervention effects: A look at disruptive behavior, deviant peer relations, and social skills during the middle school years. *Journal of Early Adolescence, 30*(4).

Conduct Problems Prevention Research Group. (2010b). Fast track intervention effects on youth arrests and delinquency. *Journal of Experimental Criminology, 6*(2), 131–157.

Conduct Problems Prevention Research Group. (2011). The effects of the fast track preventive intervention on the development of conduct disorder across childhood. *Child Development, 82*(1), 331–345.

Conley, R. R., Love, R. C., Kelly, D. L., & Bartko, J. J. (1999). Rehospitalization rates of patients recently discharged on a regimen of risperidone or clozapine. *American Journal of Psychiatry, 156,* 863–868.

Conley, R. R., & Mahmoud, R. (2001). A randomized double-blind study of risperidone and olanzapine in the treatment of schizophrenia or schizoaffective disorder. *American Journal of Psychiatry, 158,* 765–774.

Constantino, J. N., Zhang, Z., Frazier, T., Abbachi, A. M., & Law, P. (2010). Sibling recurrence and the genetic epidemiology of autism. *American Journal of Psychiatry, 167,* 1349–1356.

Cook, M., & Mineka, S. (1989). Observational conditioning of fear to fear-relevant versus fear-irrelevant stimuli in rhesus monkeys. *Journal of Abnormal Psychology, 98,* 448–459.

Cooper, M. L., Frone, M. R., Russell, M., & Mudar, P. (1995). Drinking to regulate positive and negative emotion: A motivational model of alcoholism. *Journal of Personality and Social Psychology, 69,* 961–974.

Cooper, M. S., & Clark, V. P. (2013). Neuroinflammation, neuroautoimmunity, and the co-morbidities of complex regional pain syndrome. *Journal of Neuroimmune Pharmacology, 8,* 452–469.

Copeland, W. E., Angold, A., Costello, E. J., & Egger, H. (2013). Prevalence, comorbidity, and correlates of DSM-5 proposed disruptive mood dysregulation disorder. *American Journal of Psychiatry, 170*(2), 173–179.

Copolov, D. L., Mackinnon, A., & Trauer, T. (2004). Correlates of the affective impact of auditory hallucinations in psychotic disorders. *Schizophrenia Bulletin, 30*, 163–171.

Corrigan, P. W., & Watson, A. C. (2005). Findings from the National Comorbidity Survey on the frequency of violent behavior in individuals with psychiatric disorders. *Psychiatry Research, 136*, 153–162.

Corrigan, P. W., Watson, A. C., Heyrman, J. D., Warpinski, A., Gracia, G., Slopen, N., & Hall, L. L. (2005). Structural stigma in state legislatures. *Psychiatric Services, 56*, 557–563.

Cortese, S., Kelly, C., Chabernaud, C., Proal, E., Di Martino, A., Milham, M. P., & Castellanos, F. X. (2012). Toward systems neuroscience of ADHD: a meta-analysis of 55 fMRI studies. *American Journal of Psychiatry, 169*(10), 1038–1055.

Coryell, W., & Schlesser, M. (2001). The dexamethasone suppression test and suicide prevention. *Archives of General Psychiatry, 158*, 748–753.

Costa, P. T., Metter, E. J., & McCrae, R. R. (1994). Personality stability and its contribution to successful aging. *Journal of Geriatric Psychiatry, 27*, 41–59.

Costello, J. E., Erkanli, A., & Angold, A. (2006). Is there an epidemic of child or adolescent depression? *Journal of Child Psychology and Psychiatry, 47*(12), 1263–1271.

Courchesne, E. (2004). Brain development in autism: Early overgrowth followed by premature arrests of growth. *Mental Retardation and Developmental Disabilities Research Reviews, 10*, 106–111.

Courchesne, E., Carnes, B. S., & Davis, H. R. (2001). Unusual brain growth patterns in early life in patients with autistic disorder: An MRI study. *Neurology, 57*, 245–254.

Courchesne, E., Carper, R., & Akshoomoff, N. (2003). Evidence of brain overgrowth in the first year of life in autism. *Journal of the American Medical Association, 290*, 337–344.

Cox, B. J., Clara, I. P., & Enns, M. W. (2002). Posttraumatic stress disorder and the structure of common mental disorders. *Depression and Anxiety, 15*, 168–171.

Coyne, J. C. (1976). Depression and the response of others. *Journal of Abnormal Psychology, 85*, 186–193.

Coyne, J. C. (1994). Self-reported distress: Analog or ersatz depression? *Psychological Bulletin, 116*, 29–45.

Craske, M. G., & Barlow, D. H. (2001). Panic disorder and agoraphobia. In D. H. Barlow (Ed.), *Clinical Handbook of Psychological Disorders* (pp. 1–59). New York: Guilford Press.

Craske, M. G., Kircanski, K., Zelikowsky, M., Mystkowski, J., Chowdhury, N., & Baker, A. (2008). Optimizing inhibitory learning during exposure therapy. *Behaviour Research and Therapy, 46*, 5–27.

Craske, M. G., Maidenberg, E., & Bystritsky, A. (1995). Brief cognitive-behavioral versus nondirective therapy for panic disorder. *Journal of Behavior Therapy and Experimental Psychiatry, 26*, 113–120.

Craske, M. G., & Mystkowski, J. (2006). Exposure therapy and extinction: Clinical studies. In M. G. Craske, D. Hermans & D. Vansteenwegen (Eds.), *Fear and learning from basic processes to clinical implications* (pp. 217–233). Washington DC: American Psychological Association.

Craske, M. G., Rauch, S. L., Ursano, R., Prenoveau, J., Pine, D. S., & Zinbarg, R. E. (2009). What is an anxiety disorder? *Depression and Anxiety, 26*, 1066–1085.

Creamer, M., Burgess, P., & McFarlane, A. C. (2001). Posttraumatic stress disorder: Findings from the Australian national survey of mental health and well-being. *Psychological Medicine, 31*, 1237–1247.

Crean, R. D., Crane, N. A., & Mason, B. J. (2011). An evidence based review of acute and long-term effects of *Cannabis* use on executive cognitive functions. *Journal of Addictive Medicines, 5*(1), 1–8.

Critchley, H. D., Daly, E. M., Bullmore, E. T., Williams, S. C. R., Van Amelsvoort, T., Robertson, D. M., Rowe, A., Phillips, M., McAlonan, G., Howlin, P., & Murphy, D. G. M. (2001). The functional neuroanatomy of social behaviour: Changes in cerebral blood flow when people with autistic disorder process facial expressions. *Brain, 123*, 2203–2212.

Crits-Christoph, P., & Barber, J. P. (2002). Psychological treatments for personality disorders. In P. E. Nathan & J. M. Gorman (Eds.), *A guide to treatments that work*. New York: Oxford University Press.

Crits-Christoph, P., Chambless, D. L., Frank, E., Brody, C., et al. (1995). Training in empirically validated treatments: What are clinical psychology students learning? *Professional Psychology: Research and Practice, 26*, 514–522.

Critser, G. (2003). *Fatland: How Americans became the fattest people in the world*. Boston: Houghton Mifflin.

Cronbach, L. J., & Meehl, P. E. (1955). Construct validity in psychological tests. *Psychological Bulletin, 52*, 281–302.

Cross-Disorder Group of the Psychiatric Genomics Consortium. (2013). Identification of risk loci with shared effects on five major psychiatric disorders: a genome-wide analysis. *The Lancet, 381*(9875), 1371–1379.

Cross-Disorder Group of the Psychiatric Genomics Consortium. (2013). Identification of risk loci with shared effects on five major psychiatric disorders: A genome-wide analysis. *The Lancet, 381*, 1371–1379.

Crow, S. J., Peterson, C. B., Swanson, S. A., Raymond, N. C., Specker, S., Eckert, E. D., & Mitchell, J. E. (2009). Increased mortality in bulimia nervosa and other eating disorders. *American Journal of Psychiatry, 166*, 1342–1346.

Crozier, J. C., Dodge, K. A., Griffith, R. et al. (2008). Social information processing and cardiac predictors of adolescent antisocial behavior. *Journal of Abnormal Psychology, 117*, 253–267.

Cruts, M., Gijselinck, I., van der Zee, J., Engelborghs, S., Wils, H., Pirici, D., et al. (2006). Null mutations in progranulin cause ubiquitin-positive frontotemporal dementia linked to chromosome 17q21. *Nature, 442*, 920–924.

Cuellar, A. K., Johnson, S. L., & Winters, R. (2005). Distinctions between bipolar and unipolar depression. *Clinical Psychology Review, 25*, 307–339.

Cuijpers, P., Sijbrandij, M., Koole, S. L., Andersson, G., Beekman, A. T., & Reynolds, C. F. (2013). The efficacy of psychotherapy and pharmacotherapy in treating depressive and anxiety disorders: a meta-analysis of direct comparisons. *World Psychiatry, 12*, 137–148.

Cummings, C. M., Caporino, N. E., & Kendall, P. C. (2014). Comorbidity of anxiety and depression in children and adolescents: 20 years after. *Psychological Bulletin, 140*(3), 816–845.

Curcic-Blake, B., Liemburg, E., Vercammen, A., Swart, M., Knegtering, H., Bruggeman, R., & Aleman, A. (2013). When Broca goes uninformed: reduced information flow to Broca's area in schizophrenia patients with auditory hallucinations. *Schizophrenia Bulletin, 39*(5), 1087–1095.

Curry, J. F. (2001). Specific psychotherapies for childhood and adolescent depression. *Biological Psychiatry, 49*, 1091–1100.

Curry, J., Silva, S., Rohde, P., Ginsburg, G., Kratochvil, C., Simons, A., Kirchner, J., May, D., Kennard, B., et al. (2011). Recovery and recurrence following treatment for adolescent major depression. *Archives of General Psychiatry, 68*, 263–270.

Curry, S. J., Mermelstein, R. J., & Sporer, A. K. (2009). Therapy for specific problems: youth tobacco cessation. *Annual Review of Psychology, 60*, 229–255.

Curtin, J. J., Lang, A. R., Patrick, C. J., & Strizke, W. G. K. (1998). Alcohol and fear-potentiated startle: The role of competing cognitive demands in the stress-reducing effects of intoxication. *Journal of Abnormal Psychology, 107*, 547–557.

Curtis, L. H., Ostbye, T., Sendersky, V., Hutchison, S., Dans, P. E., Wright, A., et al. (2004). Inappropriate prescribing for elderly Americans in a large outpatient population. *Archives of Internal Medicine, 164*, 1621–1625.

Dalenberg, C. J., Brand, B. L., Gleaves, D. H., Dorahy, M. J., Loewenstein, R. J., Cardena, E., et al. (2012). Evaluation of the evidence for the trauma and fantasy models of dissociation. *Psychological Bulletin, 138*, 550–588.

Daley, S. E., Hammen, C., & Rao, U. (2000). Predictors of first onset and recurrence of major depression in young women during the 5 years following high school graduation. *Journal of Abnormal Psychology 109*, 525–533.

Dallery, J., Silverman, K., Chutuape, M. A., Bigelow, G. E., & Stitzer, M. (2001). Voucher-based reinforcement of opiate plus cocaine abstinence in treatment-resistant methadone patients: Effects of reinforcer magnitude. *Experimental and Clinical Psychopharmacology, 9*, 317–325.

Dallman, M. F., Pecoraro, N., Akana, S. F., La Fleur, S. E., Gomez, F., Houshyar, H., Bell, M. E., Bhatnagar, S., Laugero, K. D., & Manalo, S. (2003). Chronic stress and obesity: A new view of comfort food. *Proceedings of the National Academy of Sciences, 100*, 11696–11701.

Dalmau, J., Tüzün, E., Wu, H. Y., Masjuan, J., Rossi, J. E., Voloschin, A., et al. (2007). Paraneoplastic anti-N-methyl-D-aspartate receptor encephalitis associated with ovarian teratoma. *Annals of Neurology, 61*(1), 25–36.

Dandeneau, S. D., Baldwin, M. W., Baccus, J. R., Sakellaropoulo, M., & Pruessner, J. C. (2007). Cutting stress off at the pass: Reducing vigilance and responsiveness to social threat by manipulating attention. *Journal of Personality and Social Psychology, 93*, 651–666.

Dannlowski, U., Kugel, H., Franke, F., Stuhrmann, A., Hohoff, C., Zwanzger, P., et al. (2011). Neuropeptide-S (NPS) receptor genotype modulates basolateral amygdala responsiveness to aversive stimuli. *Neuropsychopharmacology, 36*, 1879–1885.

Dantzer, R., O'Connor, J. C., Freund, G. G., Johnson, R. W., & Kelley, K. W. (2008). From inflammation to sickness and depression: when the immune system subjugates the brain. *Nature Reviews Neuroscience, 9*, 46–56.

Davidson, R. J., Pizzagalli, D., & Nitschke, J. B. (2002). The representation and regulation of emotion in depression: Perspectives from affective neuroscience. In C. L. Hammen & I. H. Gotlib (Eds.), *Handbook of Depression* (pp. 219–244). New York: Guilford Press.

Davies, D. K., Stock, S. E., & Wehmeyer, M. (2003). Application of computer simulation to teach ATM access to individuals with intellectual disabilities. *Education and Training in Developmental Disabilities, 38*, 451–456.

Davila, J., Hammen, C. L., Burge, D., Paley, B., & Daley, S. E. (1995). Poor interpersonal problem solving as a mechanism of stress generation in depression among adolescent women. *Journal of Abnormal Psychology, 104*, 592–600.

Davis A. S., Malmberg, A., Brandt, L., Allebeck, P., & & Lewis, G. (1997). IQ and risk for schizophrenia: A population-based cohort study. *Psychological Medicine, 27*, 1311–1323.

Davis, J. M. (1978). Dopamine theory of schizophrenia: A two-factor theory. In L. C. Wynne, R. L. Cromwell & S. Matthysse (Eds.), *The nature of schizophrenia*. New York: John Wiley & Sons.

Davis, J. M., Chen, N., & Glick, I. D. (2003). A meta-analysis of the efficacy of second-generation antipsychotics. *Archives of General Psychiatry, 60*, 553–564.

Davis, K. L., Kahn, R. S., Ko, G., & Davidson, M. (1991). Dopamine and schizophrenia: A review and reconceptualization. *American Journal of Psychiatry, 148*, 1474–1486.

Davis, L., & Siegel, L. J. (2000). Posttraumatic stress disorder in children and adolescents: A review and analysis. *Clinical Child and Family Psychology Review, 3*, 135–153.

Davis, M. C., Matthews, K. A., & Twamley, E. W. (1999). Is life more difficult on Mars or Venus? A meta-analytic review of sex differences in major and minor life events. *Annals of Behavioral Medicine, 21*, 83–97.

Davis, P. (2002, August 18, 2002). The faces of Alzheimer's. *Time Magazine*.

Davis, T. E., May, A., & Whiting, S. E. (2011). Evidence-based treatment of anxiety and phobia in children and adolescents: Current status and effects on the emotional response. *Clinical Psychology Review, 31*, 592–602.

Davison, T. E., McCabe, M., & Mellor, D. (2009). An examination of the "gold standard" diagnosis of major depression in aged-care settings. *American Journal of Geriatric Psychiatry, 17*, 359–367.

Dawson, G., Toth, K., Abbott, R., Osterling, J., Munson, J., Estes, A., & Liaw, J. (2004). Early social attention impairments in autism: Social orienting, joint attention, and attention to distress. *Developmental Psychology, 40*, 271–283.

Dawson, M. E., Schell, A. M., & Banis, H. T. (1986). Greater resistance to extinction of electrodermal responses conditioned to potentially phobic CSs: A noncognitive process? *Psychophysiology, 23*, 552–561.

De Cuypere, G., Tsjoen, G., Beerten, R., Selvaggi, G., De Sutter, P., Hoebeke, P., et al. (2005). Sexual and physical health after sex reassignment surgery. *Archives of Sexual Behavior, 34*, 679–690.

de Graaf, R., Bijl, R. V., Ravelli, A., Smit, F., & Vollenbergh, W. A. M. (2002). Predictors of first incidence of DSM-III-R psychiatric disorders in the general population: Findings from the Netherlands mental health survey and incidence study. *Acta Psychiatrica Scandinavica, 106*, 303–313.

De Souza, E. B., Battaglia, G., & Insel, T. L. (1990). Neurotoxic effect of MDMA on brain serotonin neurons: Evidence from neurochemical and radioligand binding studies. *Annual Proceedings of the New York Academy of Science, 600*, 682–697.

de Wit, H., & Zacny, J. (2000). Abuse potential of nicotine replacement therapies. In K. J. Palmer (Ed.), *Smoking Ccessation* (pp. 79–92). Kwai Chung, Hong Kong: Adis International Publications.

Deacon, B. J., & Abramowitz, J. S. (2004). Cognitive and behavioral treatments for anxiety disorders: A review of meta-analytic findings. *Journal of Clinical Psychology, 60*, 429–441.

Deary, I. J., & Johnson, W. (2010). Intelligence and education: Causal perceptions drive analytic processes and therefore conclusions. *International Journal of Epidemiology, 39*, 1362–1369.

deCharms, R. C., Maeda, F., Glover, G. H., Ludlow, D., Pauly, J. M., Soneji, D., et al. (2005). Control over brain activation and pain learned by using real-time functional MRI. *Proceedings of the National Academy of Sciences of the United States of America, 102*, 18626–18631.

Deep, A. L., Lilenfeld, L. R., Plotnicov, K. H., Pollice, C., & Kaye, W. H. (1999). Sexual abuse in eating disorder subtypes and control women: The role of cormorbid substance dependence in bulimia nervosa. *International Journal of Eating Disorders, 25*, 1–10.

DeJong, W., & Kleck, R. E. (1986). The social psychological effects of overweight. In C. P. Herman, M. P. Zanna & E. T. Higgins (Eds.), *Physical Appearance, Stigma, and Social Behavior*. Hillside, NJ: Lawrence Erlbaum.

deLint, J. (1978). Alcohol consumption and alcohol problems from an epidemiological perspective. *British Journal of Alcohol and Alcoholism, 17*, 109–116.

Dell, P. F. (2006). A new model of dissociative identity disorder. *Psychiatric Clinics of North America, 29*, 1–26, vii.

Della Femina, D., Yeager, C. A., & Lewis, D. O. (1990). Child abuse: adolescent records vs. adult recall. *Child Abuse and Neglect, 14*, 227–231.

Demyttenaere, K., Bruffaerts, R., Posada-Villa, J., Gasquet, I., Kovess, V., Lepine, J. P., et al. (2004). Prevalence, severity, and unmet need for treatment of mental disorders in the World Health Organization World Mental Health Surveys. *Journal of the American Medical Association, 291*, 2581–2590.

Depression Guidelines Panel. (1993). Depression in primary care: Treatment of major depression. Clinical practice guideline No. 5. (Vol. 2). Rockville, MD: U.S. Department of Health and Human Services, Public Health Service, Agency for Health Care Policy and Research.

Depue, R. A., Collins, P. F., & Luciano, M. (1996). A model of neurobiology: Environment interaction in developmental psychopathology. In M. F. Lenzenweger & J. J. Haugaard (Eds.), *Frontiers of Developmental Psychopathology* (pp. 44–76). New York: Oxford University Press.

Depue, R. A., & Iacono, W. G. (1989). Neurobehavioral aspects of affective disorders. *Annual Review of Psychology, 40*, 457–492.

Derogatis, L. R., & Burnett, A. L. (2008). The epidemiology of sexual dysfunctions. *Journal of Sexual Medicine, 5*, 289–300.

DeRubeis, R. J., & Crits-Christoph, P. (1998). Empirically supported individual and group psychological treatments for adult mental disorders. *Journal of Consulting and Clinical Psychology, 66*, 37–52.

Deserno, L., Sterzer, P., Wustenberg, T., Heinz, A., & Schlagenhauf, F. (2012). Reduced prefrontal-parietal effective connectivity and working memory deficits in schizophrenia. *Journal of Neuroscience, 32*(1), 12–20.

Di Forti, M., Sallis H., Allegri, F., Trotta, A., Ferraro L., Stilo, S. A., et al. (2013). Daily use, especially of high-potency *Cannabis*, drives the earlier onset of psychosis in *Cannabis* users. *Schizophrenia Bulletin*, doi: 10.1093/schbul/sbt181

Dick, D. M., Pagan, J. L., Viken, R., Purcell, S., Kaprio, J., Pulkinnen, L., et al. (2007). Changing environmental influenced on substance use across development. *Twin Research and Human Genetics, 10*, 315–326.

Dickerson, S. S., Gruenewald, T. L., & Kemeny, M. E. (2009). Psychobiological responses to social self threat: Functional or detrimental? *Self and Identity, 8*, 270–285.

Dickerson, S. S., & Kemeny, M. E. (2004). Acute stressors and cortisol responses: A theoretical integration and synthesis of laboratory research. *Psychological Bulletin, 130*, 355–391.

Dickey, C. C., McCarley, R. W., & Shenton, M. E. (2002). The brain in schizotypal personality disorder: A review of structural MRI and CT findings. *Harvard Review of Psychiatry, 10*, 1–15.

Dickstein, D. P., & Leibenluft, E. (2006). Emotion regulation in children and adolescents: Boundaries between normalcy and bipolar disorder. *Development and Psychopathology, 18*, 1105–1131.

Didie, E. R., Menard, W., Stern, A. P., & Phillips, K. A. (2008). Occupational functioning and impairment in adults with body dysmorphic disorder. *Comprehensive Psychiatry, 49*, 561–569.

Dieserud, G., Roysamb, E., Braverman, M. T., Dalgard, O. S., & Ekeberg, O. (2003). Predicating repetition of suicide attempt: A prospective study of 50 suicide attempters. *Archives of Suicide Research, 7*, 1–15.

DiLillo, D., Giuffre, D., Tremblay, G. C., & Peterson, L. (2001). A closer look at the nature of intimate partner violence reported by women with a history of child sexual abuse. *Journal of Interpersonal Violence, 16*, 116–132.

Dimidjian, S., Barrera, M., Martell, C., Muñoz, R. F., & Lewinsohn, P. M. (2011). The origins and current status of behavioral activation treatments for depression. *Annual Review of Clinical Psychology, 7*, 1–38.

Diniz, B. S., Butters, M. A., Albert, S. M., Dew, M. A., & Reynolds, C. F., III. (2013). Late-life depression and risk of vascular dementia and Alzheimer's disease: Systematic review and meta-analysis of community-based cohort studies. *The British Journal of Psychiatry: The Journal of Mental Science, 202*, 329–335.

Dishion, T. J., & Andrews, D. W. (1995). Preventing escalation in problem behaviors with high-risk young adolescents: Immediate and 1-year outcomes. *Journal of Consulting and Clinical Psychology, 63*, 538–548.

Dishion, T. J., Patterson, G. R., & Kavanagh, K. A. (1992). An experimental test of the coercion model: Linking theory, measurement, and intervention. In J. McCord & R. E. Tremblay (Eds.), *Preventing Antisocial Behavior* (pp. 253–282). New York: Guilford Press.

Disner, S. G., Beevers, C. G., Lee, H.-J., Ferrell, R. E., Hariri, A. R., & Telch, M. J. (2013). War zone stress interacts with the 5-HTTLPR polymorphism to predict the development of sustained attention for negative emotion stimuli in soldiers returning from Iraq. *Clinical Psychological Science, 1*, 413–425.

Dixon, L. B., Dickerson, F., Bellack, A. S., Bennett, M., Dickinson, D., Goldberg, R. W., et al. (2010). The 2009 schizophrenia PORT psychosocial treatment recommendations and summary statements. *Schizophrenia Bulletin, 36*, 48–70.

Dobson, K. S., Hollon, S. D., Dimidjian, S., Schmaling, K. B., Kohlenberg, R. J., Gallop, R., et al. (2008). Randomized trial of behavioral activation, cognitive therapy, and antidepressant medication in the prevention of relapse and recurrence in major depression. *Journal of Consulting and Clinical Psychology, 76*, 468–477.

Dodge, K. A., & Frame, C. L. (1982). Social cognitive biases and deficits in aggressive boys. *Child Development, 53*, 620–635.

Dodge, K. A., & Godwin, J. (2013). Social-information-processing patterns mediate the impact of preventive intervention on adolescent antisocial behavior. *Psychological Science, 24*(4), 456–465.

Doerr, P., Fichter, M., Pirke, K. M., & Lund, R. (1980). Relationship between weight gain and hypothalamic-pituitary-adrenal function in patients with anorexia nervosa. *Journal of Steroid Biochemistry, 13*, 529–537.

Dohrenwend, B. P. (2006). Inventorying stressful life events as risk factors for psychopathology: Toward resolution of the problem of intracategory variability. *Psychological Bulletin, 132,* 477–495.

Dohrenwend, B. P., & Dohrenwend, B. S. (1974). Social and cultural influences on psychopathology. *Annual Review of Psychology, 25,* 417–452.

Dohrenwend, B. P., Levav, P. E., Schwartz, S., Naveh, G., Link, B. G., Skodol, A. E., & Stueve, A. (1992). Socioeconomic status and psychiatric disorders: The causation–selection issue. *Science, 255,* 946–952.

Dohrenwend, B. S., Krasnoff, L., Askenasy, A. R., & Dohrenwend, B. P. (1978). Exemplification of method for scaling life events: The PERI life events scale. *Journal of Health and Social Behavior, 19,* 205–229.

Dolder, C. R., Lacro, J. P., Dunn, L. B., & Jeste, D. V. (2002). Antipsychotic medication adherence: Is there a difference between typical and atypical agents? *American Journal of Psychiatry, 159,* 103–108.

Doll, H. A., & Fairburn, C. G. (1998). Heightened accuracy of self-reported weight in bulimia nervosa: A useful cognitive "distortion". *International Journal of Eating Disorders, 24,* 267–273.

Domschke, K., Reif, A., Weber, H., Richter, J., Hohoff, C., Ohrmann, P., et al. (2011). Neuropeptide S receptor gene—Converging evidence for a role in panic disorder. *Molecular Psychiatry, 16,* 938–948.

Domschke, K., Stevens, S., Pfleiderer, B., & Gerlach, A. L. (2010). Interoceptive sensitivity in anxiety and anxiety disorders: An overview and integration of neurobiological findings. *Clinical Psychology Review, 30,* 1–11.

Donner, J., Haapakoski, R., Ezer, S., Melen, E., Pirkola, S., Gratacos, M., et al. (2010). Assessment of the neuropeptide S system in anxiety disorders. *Biological Psychiatry, 68,* 474–483.

Douglas, K. S., Guy, L. S., & Hart, S. D. (2009). Psychosis as a risk factor for violence to others: a meta-analysis. *Psychological Bulletin, 135,* 679–706.

Doyle, P. M., Le Grange, D., Loeb, K., Doyle, A. C., & Crosby, R. D. (2010). Early response to family-based treatment for adolescent anorexia nervosa. *International Journal of Eating Disorders, 43,* 659–662.

Doyon, W. M., Dong, Y., Ostroumov, A., Thomas, A. M., Zhang, T. A., & Dani, J. A. (2013). Nicotine decreases ethanol-induced dopamine signaling and increases self-administration via stress hormones. *Neuron, 79*(3), 530–540.

Draguns, J. G. (1989). Normal and abnormal behavior in cross-cultural perspective: Specifying the nature of their relationships. In J. J. Berman (Ed.), *Nebraska Symposium on Motivation, 1989: Cross-cultural perspectives. Current theory and research in motivation, Vol. 37* (pp. 235–277). Lincoln: University of Nebraska Press.

Drury, V., Birchwood, M., Cochrane, R., & Macmillan, R. (1996). Cognitive therapy and recovery from acute psychosis: A controlled trial. *British Journal of Psychiatry, 169,* 593–601.

Duffy, F. F., West, J. C., Wilk, J., Narrow, W. E., Hales, D., Thompson, J., et al. (2004). Mental health practitioners and trainees. In R. W. Manderscheid & M. J. Henderson (Eds.), *Mental Health, United States, 2002.* Rockville, MD: Substance Abuse and Mental Health Services Administration DHHS Pub No.

Dugas, M. J., Brillon, P., Savard, P., Turcotte, J., Gaudet, A., Ladouceur, R., et al. (2010). A randomized clinical trial of cognitive-behavioral therapy and applied relaxation for adults with generalized anxiety disorder. *Behavior Therapy, 41,* 46–58.

Dugas, M. J., Marchand, A., & Ladouceur, R. (2005). Further validation of a cognitive-behavioral model of generalized anxiety disorder: Diagnostic and symptom specificity. *Journal of Anxiety Disorders, 19,* 329–343.

Dugger, M., Ritchie, B. G., Ball, J., Pasyuk, E., Adams, G., Anciant, E., et al. (2002). Eta photoproduction on the proton for photon energies from 0.75 to 1.95 GeV. *Physical Review Letters, 89,* 222002.

Duncan, L. E., & Keller, M. C. (2011). A critical review of the first 10 years of candidate gene-by-environment interaction research in psychiatry. *American Journal of Psychiatry, 168*(10), 1041–1049.

Dura, J. R., Stukenberg, K. W., & Kiecolt-Glaser, J. K. (1991). Anxiety and depressive disorders in adult children caring for demented parents. *Psychology and Aging, 6,* 467–473.

Dvoskin, J. A., & Steadman, H. J. (1994). Using intensive case management to reduce violence by mentally ill persons in the community. *Hospital and Community Psychiatry, 45,* 679–684.

Dworkin, R. H., & Lenzenwenger, M. F. (1984). Symptoms and the genetics of schizophrenia: Implications for diagnosis. *American Journal of Psychiatry, 141,* 1541–1546.

Dworkin, R. H., Lenzenwenger, M. F., & Moldin, S. O. (1987). Genetics and the phenomenology of schizophrenia. In P. D. Harvey & E. F. Walker (Eds.), *Positive and negative symptoms of psychosis.* Hillsdale, NJ: Lawrence Erlbaum.

Dwyer-Lindgren, L., Mokdad, A. H., Srebotnjak, T., Flaxman, A. D., Hansen, G. M., & Murray, C. J. (2014). Cigarette smoking prevalence in US counties: 1996–2012. *Population Health Metrics, 12*(1), 5.

Eack, S. M., Greenwald, D. P., Hogarty, S. S., & Keshavan, M. S. (2010). One-year durability of the effects of cognitive enhancement therapy on functional outcome in early schizophrenia. *Schizophrenia Research, 120,* 210–216.

Eardley, I., Donatucci, C., Corbin, J., El-Meliegy, A., Hatzimouratidis, K., McVary, K., et al. (2010). Pharmacotherapy for erectile dysfunction. *Journal of Sexual Medicine, 7,* 524–540.

Eastwood, M. R., & Peter, A. M. (1989). Prospective studies: Infradian mood rhythms and seasonal affective disorder. In C. Thompson & T. Silverstone (Eds.), *Seasonal affective disorder* (pp. 29–36). London: CNS Publishers.

Eddy, K. T., Keel, P. K., Dorer, D. J., Delinsky, S. S., Franko, D. L., & Herzog, D. B. (2002). Longitudinal comparison of anorexia nervosa subtypes. *International Journal of Eating Disorders, 31,* 191–201.

Edenberg, H. J., Xuie, X., Chen, H-J., Tian, H., Weatherill, L. F., Dick, D. M., et al. (2006). Association of alcohol dehydrogenase genes with alcohol dependence: A comprehensive analysis. *Human Molecular Genetics, 15,* 1539–1549.

Edvardsen, J., Torgersen, S., Roysamb, E., Lygren, S., Skre, I., Onstad, S., & Oien, P. A. (2008). Heritability of bipolar spectrum disorders. Unity or heterogeneity? *Journal of Affective Disorders, 106,* 229–240.

Egger, H. L., & Angold, A. (2006). Common emotional and behavioral disorders in preschool children: presentation, nosology, and epidemiology. *Journal of Child Psychology and Psychiatry, 47*(3–4), 313–337.

Ehde, D. M., Dillworth, T. M., & Turner, J. A. (2014). Cognitive-behavioral therapy for individuals with chronic pain: efficacy, innovations, and directions for research. *American Psychologist, 69,* 153–166.

Ehlers, A., Mayou, R. A., & Bryant, B. (1998). Psychological predictors of chronic posttraumatic stress disorder after motor vehicle accidents. *Journal of Abnormal Psychology, 107,* 508–519.

Eisen, J. L., Sibrava, N. J., Boisseau, C. L., Mancebo, M. C., Stout, R. L., Pinto, A., et al. (2013). Five-year course of obsessive-compulsive disorder: Predictors of

remission and relapse. *Journal of Clinical Psychiatry, 74,* 233–239.

Elis, O., Caponigro, J. M., & Kring, A. M. (2013). Psychosocial treatments for negative symptoms in schizophrenia: Current practices and future directions. *Clinical Psychology Review, 33*(8), 914–928.

Elkin, I., Shea, M. T., Watkins, J. T., Imber, S. D., Sotsky, S. M., Collins, J. F., et al. (1989). National Institute of Mental Health Treatment of Depression Collaborative Research Program. General effectiveness of treatments. *Archives of General Psychiatry, 46,* 971–982; discussion 983.

Elkins, I., McGue, M., & Iacono, W. (2007). Prospective effects of attention-deficit/hyperactivity disorder, conduct disorder, and sex on adolescent substance use and abuse. *Archives of General Psychiatry, 64,* 1145–1152.

Elkis, H., Friedman, L., Wise, A., & Meltzer, H. T. (1995). Meta-analysis of studies of ventricular enlargement and cortical sulcal prominence in mood disorders. *Archives of General Psychiatry, 52,* 735–746.

Ellenberger, H. F. (1972). The story of "Anna O": A critical review with new data. *Journal of the History of the Behavioral Sciences, 8,* 267–279.

Ellis, A. (1991). The revised ABC's of rational-emotive therapy (RET). *Journal of Rational-Emotive and Cognitive Behavior Therapy, 9,* 139–172.

Ellis, A. (1993). Changing rational-emotive therapy (RET) to rational emotive behavior therapy (REBT). *The Behavior Therapist, 16,* 257–258.

Ellis, A. (1995). Changing rational-emotive therapy (RET) to rational emotive behavior therapy (REBT). *Journal of Rational-Emotive and Cognitive Behavior Therapy, 13,* 85–89.

Ellison-Wright, I., & Bullmore, E. (2009). Meta-analysis of diffusion tensor imaging studies in schizophrenia. *Schizophrenia Research, 108*(1–3), 3–10.

Emery, S., Kim, Y., Choi, Y. K., Szczypka, G., Wakefield, M., & Chaloupka, F. J. (2012). The effects of smoking-related television advertising on smoking and intentions to quit among adults in the United States: 1999–2007. *American Journal of Public Health, 102*(4), 751–757.

Emmelkamp, P. M. G. (2004). Behavior therapy with adults. In M. J. Lambert (Ed.), *Bergin and Garfield's handbook of psychotherapy and behavior change* (5th ed., pp. 393–446). New York: John Wiley & Sons.

Emmelkamp, P. M. G., Benner, A., Kuipers, A., Feiertag, G. A., Koster, H. C., & van Apeldoorn, F. J. (2006). Comparison of brief dynamic and cognitive-behavioural therapies in avoidant personality disorder. *British Journal of Psychiatry, 189,* 60–64.

Engdahl, B., Dikel, T. N., Eberly, R., & Blank, A. (1997). Posttraumatic stress disorder in a community group of former prisoners of war: A normative response to severe trauma. *American Journal of Psychiatry, 154,* 1576–1581.

Enserink, M. (1999). Drug therapies for depression: From MAO inhibitors to substance. *Science, 284,* 239.

Epstein, J. A., Botvin, G. J., & Diaz, T. (2001). Linguistic acculturation associated with higher marijuana and polydrug use among Hispanic adolescents. *Substance Use and Misuse, 36,* 477–499.

Erdberg, P., & Exner, J. E., Jr. (1984). Rorschach assessment. In G. Goldstein & M. Hersen (Eds.), *Handbook of Psychological Assessment.* New York: Pergamon Press.

Erhardt, D., & Hinshaw, S. P. (1994). Initial sociometric impressions of attention-deficit hyperactivity disorder and comparison boys: Predictions from social behaviors and nonverbal behaviors. *Journal of Consulting and Clinical Psychology, 62,* 833–842.

Ermer, E., Cope, L. M., Nyalakanti, P. K., Calhoun, V. D., & Kiehl, K. A. (2012). Aberrant paralimbic gray matter in criminal psychopathy. *Journal of Abnormal Psychology,* *121,* 649–658.

Essex, M. J., Klein, M. H., Slattey, M. J., Goldsmith, H. H., & Kalin, N. H. (2010). Early risk factors and developmental pathways to chronic high inhibition and social anxiety disorder in adolescence. *American Journal of Psychiatry, 167,* 40–46.

Etter, J. F., & Bullen, C. (2014). A longitudinal study of electronic cigarette users. *Addictive Behaviors, 39*(2), 491–494.

Evans, R. J. (2001). Social influences in etiology and prevention of smoking and other health threatening behaviors in children and adolescents. In A. Baum, T. A. Revenson & J. E. Singer (Eds.), *Handbook of Health Psychology* (pp. 459–468). Mahwah, NJ: Lawrence Erlbaum.

Everett, F., Proctor, N., & Cartmell, B. (1989). Providing psychological services to American Indian children and families. In D. R. Atkinson, G. Morten & D. W. Sue (Eds.), *Counseling American minorities* (3rd ed.). Dubuque, IA: W. C. Brown.

Exner, J. E. (1978). *The Rorschach: A comprehensive system: Volume 2.* Current research and advanced interpretation. New York: John Wiley & Sons.

Exner, J. E. (1986). *The Rorschach: A comprehensive system: Volume 1. Basic foundations* (2nd ed.). New York: John Wiley & Sons.

Express Scripts Lab. (2014). Turning Attention to ADHD Report:An Express Scripts Report on U.S. Medication Trends for Attention Deficit Hyperactivity Disorder.

Fabrega, H., Jr. (2002). Evolutionary theory, culture and psychiatric diagnosis. In M. Maj & W. Gaebel (Eds.), *Psychiatric diagnosis and classification* (pp. 107–135). New York: John Wiley & Sons.

Fairburn, C. G. (1985). Cognitive-behavioral treatment for bulimia. In D. M. Garner & P. E. Garfinkel (Eds.), *Handbook of psychotherapy for anorexia nervosa and bulimia* (pp. 160-192). New York: Guilford Press.

Fairburn, C. G. (1997). Eating disorders. In D. M. Clark & C. G. Fairburn (Eds.), *Science and practice of cognitive behavior therapy* (pp. 209–243). New York: Oxford University Press.

Fairburn, C. G., Agras, W. S., & Wilson, G. T. (1992). The research on the treatment of bulimia nervosa: Practical and theoretical implications. In G. H. Anderson & S. H. Kennedy (Eds.), *The biology of feast and famine: Relevance to eating disorders* (pp. 317-340). New York: Academic Press.

Fairburn, C. G., Cooper, A., Doll, H. A., O'Connor, M. E., Bohn, K., Hawker, D. M., Wales, J. A., & Palmer, R. L. (2009). Transdiagnostic cognitive-behavioral therapy for patients with eating disorders: A two-site trial with 60-week follow-up. *American Journal of Psychiatry, 166,* 311–319.

Fairburn, C. G., Cooper, Z., Doll, H. A., & Welch, S. L. (1999). Risk factors for anorexia nervosa: Three integrated case-control comparisons. *Archives of General Psychiatry, 56,* 468–478.

Fairburn, C. G., Doll, H. A., Welch, S. L., Hay, P. J., Davies, B. A., & O'Connor, M. E. (1998). Risk factors for binge eating disorder. *Archives of General Psychiatry, 55,* 425–432.

Fairburn, C. G., Jones, R., Peveler, R. C., Carr, S. J., Solomon, R. A., O'Connor, M. E., Burton, J., & Hope, R. A. (1991). Three psychological treatments for bulimia nervosa. *Archives of General Psychiatry, 48,* 463–469.

Fairburn, C. G., Jones, R., Peveler, R. C., Hope, R. A., & O'Connor, M. E. (1993). Psychotherapy and bulimia nervosa: The longer-term effects of interpersonal psychotherapy, behavior therapy, and cognitive therapy. *Archives of General Psychiatry, 50,* 419–428.

Fairburn, C. G., Marcus, M. D., & Wilson, G. T. (1993). Cognitive behaviour therapy for binge eating and bulimia nervosa: A comprehensive treatment manual. In C. G. Fairburn & G. T. Wilson (Eds.), *Binge eating: Nature, assessment, and treatment.* New York: Guilford Press.

Fairburn, C. G., Norman, P. A., Welch, S. L., O'Connor, M. E., Doll, H. A., & Peveler, R. C. (1995). A prospective study of outcome in bulimia nervosa and the long-term effects of three psychological treatments. *Archives of General Psychiatry, 52,* 304–312.

Fairburn, C. G., Shafran, R., & Cooper, Z. (1999). A cognitive behavioural theory of anorexia nervosa. *Behaviour Research and Therapy, 37,* 1–13.

Fairburn, C. G., Stice, E., Cooper, Z., Doll, H. A., Norman, P. A., & O'Connor, M. E. (2003). Understanding persistence in bulimia nervosa: A 5-year naturalistic study. *Journal of Consulting and Clinical Psychology, 71,* 103–109.

Fairburn, C. G., Welch, S. L., Doll, H. A., Davies, B. A., & O'Connor, M. E. (1997). Risk factors for bulimia nervosa: A community-based case-control study. *Archives of General Psychiatry, 54,* 509–517.

Falloon, I. R. H., Boyd, J. L., McGill, C. W., Razani, J., Moss, H. B., & Gilderman, A. N. (1982). Family management in the prevention of exacerbation of schizophrenia: A controlled study. *New England Journal of Medicine, 306,* 1437–1440.

Fals-Stewart, W., O'Farrell, T. J., & Lam, W. K. K. (2009). Behavioral couple therapy for gay and lesbian couples with alcohol use disorders. *Journal of Substance Abuse Treatment, 37*(4), 379–387.

Fanous, A. H., Prescott, C. A., & Kendler, K. S. (2004). The prediction of thoughts of death or self-harm in a population-based sample of female twins. *Psychological Medicine, 34,* 301–312.

Faraone, S. V., Biederman, J., & Mick, E. (2005). The age-dependent decline of attention deficit hyperactivity disorder: A meta-analysis of follow-up studies. *Psychological Medicine, 36,* 159–165.

Faraone, S. V., Biederman, J., Weber, W., & Russell, R. L. (1998). Psychiatric, neuropsychological, and psychosocial features of DSM-IV subtypes of attention-deficit/hyperactivity disorder: Results from a clinically referred sample. *Journal of the American Academy of Child and Adolescent Psychiatry, 37,* 185–193.

Faravelli, C., Salvatori, S., Galassi, F., & Aiazzi, L. (1997). Epidemiology of somatoform disorders: A community survey in Florence. *Social Psychiatry and Psychiatric Epidemiology, 32,* 24–29.

Farina, A. (1976). *Abnormal psychology.* Englewood Cliffs, NJ: Prentice-Hall.

Faustman, W. O., Bardgett, M., Faull, K. F., Pfefferman, A., & Cseransky, J. G. (1999). Cerebrospinal fluid glutamate inversely correlates with positive symptom severity in unmedicated male schizophrenic/schizoaffective patients. *Biological Psychiatry, 45,* 68–75.

Favaro, A., & Santonastaso, P. (1997). Suicidality in eating disorders: Clinical and psychological correlates. *Acta Psychiatrica Scandanavica, 95,* 508–514.

Fazel, S., Gulati, G., Linsell, L., Geddes, J. R., & Grann, M. (2009). Schizophrenia and violence: Systematic review and meta-analysis. *PLoS Medicine,* http://www.plosmedicine.org/article/info%3A-doi%2F10.1371%2Fjournal.pmed.1000120.

Febbraro, G. A. R., & Clum, G. A. (1998). Meta-analytic investigation of the effectiveness of self-regulatory components in the treatment of adult behavior problems. *Clinical Psychology Review, 18,* 143–161.

Feingold, B. F. (1973). *Introduction to clinical allergy.* Springfield, IL: Charles C. Thomas.

Feldman Barrett, L. (2003). So you want to be a social neuroscientist? *APS Observer, 16,* 5–7.

Ferguson, C. P., La Via, M. C., Crossan, P. J., & Kaye, W. H. (1999). Are SSRI's effective in underweight anorexia nervosa? *International Journal of Eating Disorders, 25,* 11–17.

Ferguson, S. B., Shiffman, S., & Gwaltney, C. J. (2006). Does reducing withdrawal severity mediate nicotine patch efficacy? A randomized clinical trial. *Journal of Consulting and Clinical Psychology, 74,* 1153–1161.

Fergusson, D. M., & Horwood, L. J. (2000). Does *Cannabis* use encourage other forms of illicit drug use? *Addiction, 95,* 505–520.

Ferreira, S. T., Clarke, J. R., Bomfim, T. R., & De Felice, F. G. (2014). Inflammation, defective insulin signaling, and neuronal dysfunction in Alzheimer's disease. *Alzheimer's and Dementia: The Journal of the Alzheimer's Association, 10,* S76–83.

Ferri, C. P., Prince, M., Brayne, C., Brodaty, H., & Lyketsos, C. G. (2005). Global prevalence of dementia: A delphi consensus study. *The Lancet, 366,* 2112–2117.

Ferri, M., Amato, L., & Davoli, M. (2008). Alcoholics anonymous and other 12 step programmes for alcohol dependence (review). *Cochrane Database of Systematic Reviews,* Issue 3. Art. No.: CD005032.

Fetkewicz, J., Sharma, V., & Merskey, H. (2000). A note on suicidal deterioration with recovered memory treatment. *Journal of Affective Disorders, 58,* 155–159.

Fetveit, A. (2009). Late-life insomnia: A review. *Geriatrics and Gerontology International, 9,* 220–234.

Feusner, J. D., Phillips, K. A., & Stein, D. J. (2010). Olfactory reference syndrome: Issues for DSM-V. *Depression and Anxiety, 27,* 592–599.

Fiellin, D. A., O'Connor, P. G., Chawarski, M., Pakes, J. P., Pantalon, M. V., & Schottenfeld, R. S. (2001). Methadone maintenance in primary care: A randomized controlled trial. *Journal of the American Medical Association, 286,* 1724–1731.

Fillmore, K. M. (1987). Prevalence, incidence and chronicity of drinking patterns and problems among men as a function of age: A longitudinal and cohort analysis. *British Journal of Addiction, 82,* 77–83.

Fink, H. A., Mac Donald, R., Rutks, I. R., Nelson, D. B., & Wilt, T. J. (2002). Sildenafil for male erectile dysfunction: A systematic review and meta-analysis. *Archives of Internal Medicine, 162,* 1349–1360.

Fink, P., Hansen, M. S., & Sondergaard, L. (2005). Somatoform disorders among first-time referrals to a neurology service. *Psychosomatics, 46,* 540–548.

Finkelhor, D. (1983). Removing the child—prosecuting the offender in cases of sexual abuse: Evidence from the national reporting system for child abuse and neglect. *Child Abuse and Neglect, 7,* 195–205.

Finkelstein, E. A., Graham, W. C., & Malhotra, R. (2014). Lifetime direct medical costs of childhood obesity. *Pediatrics.* doi: 10.1542/peds.2014-0063

Finkelstein, E. A., Trogdon, J. G., Cohen, J. W., & Dietz, W. (2009). Annual medical spending attributable to obesity: Payer- and service-specific estimates. *Health Affairs, 28,* w822–w831.

Finlay-Jones, R. (1989). Anxiety. In G. W. Brown & T. O. Harris (Eds.), *Life events and illness* (pp. 95–112). New York: Guilford Press.

Finney, J. W., & Moos, R. H. (1998). Psychosocial treatments for alcohol use disorders. In P. E. Nathan & J. M. Gorman (Eds.), *A guide to treatments that work* (pp. 156–166). New York: Oxford University Press.

Fiorentine, R., & Hillhouse, M. P. (2000). Exploring the additive effects of drug misuse treatment and Twelve Step involvement: Does Twelve-Step ideology matter? *Substance Use and Misuse, 35,* 367–397.

Fischer, M. (1971). Psychoses in the offspring of schizophrenic monozygotic twins and their normal cotwins. *British Journal of Psychiatry, 118*, 43–52.

Fishbain, D. A., Cutler, R., Rosomoff, H. L., & Rosomoff, R. S. (2000). Evidence-based data from animal and human experimental studies on pain relief with antidepressants: A structured review. *Pain Medicine, 1*, 310–316.

Fisher, J. E. (2011). Understanding behavioral health in late life: Why age matters. *Behavior Therapy, 42*, 143–149.

Fisher, J. E., & Noll, J. P. (1996). Anxiety disorders. In L. L. Carstensen, B. A. Edelstein & L. Dornbrand (Eds.), *The Practical Handbook of Clinical Gerontology* (pp. 304–323). Thousand Oaks, CA: Sage.

Fisher, M., Holland, C., Merzenich, M. M., & Vinogradov, S. (2009). Using neuroplasticity-based auditory training to improve verbal memory in schizophrenia. *American Journal of Psychiatry, 166*, 805–811.

Fishler, K., Azen, C. G., Henderson, R., Friedman, E. G., & Koch, R. (1987). Psychoeducational findings among children treated for phenylketonuria. *American Journal of Mental Deficiency, 92*, 65–73.

Fitzgibbons, M. L., Spring, B., Avellone, M. E., Blackman, L. R., Pingitore, R., & Stolley, M. R. (1998). Correlates of binge eating in Hispanic, black, and white women. *International Journal of Eating Disorders, 24*, 43–52.

Fladung, A., Gron, G., Grammer, K., Herrnberger, B., Schilly, E., Grasteit, S., Wolf, R. C., Walter, H., & von Wietersheim, J. (2010). A neural signature of anorexia nervosa in the ventral striatal reward system. *American Journal of Psychiatry, 167*, 206–212.

Flor, H. (2014). Psychological pain interventions and neurophysiology: implications for a mechanism-based approach. *American Psychologist, 69*, 188–196.

Foa, E. B., & Franklin, M. E. (2001). Obsessive-compulsive disorder. In D. H. Barlow (Ed.), *Clinical handbook of psychological disorders* (pp. 209–263). New York: Guilford Press.

Foa, E. B., Libowitz, M. R., Kozak, M. J., Davies, S., Campeas, R., Franklin, M. E., et al. (2005). Randomized, placebo-controlled trail of exposure and ritual prevention, clomipramine, and their combination in the treatment of obsessive-compulsive disorder. *American Journal of Psychiatry, 162*, 151–161.

Foa, E. B., & Meadows, E. A. (1997). Psychosocial treatments for posttraumatic stress disorder: A critical review. *Annual Review of Psychology, 48*, 449–480.

Foa, E. B., Riggs, D. S., Marsie, E. D., & Yarczower, M. (1995). The impact of fear activation and anger on the efficacy of exposure treatment for posttraumatic stress disorder. *Behavior Therapy, 26*, 487–499.

Fontaine, N. M. G., McCrory, E. J. P., Boivin, M., Moffitt, T. E., & Viding, E. (2011). Predictors and outcomes of joint trajectories of callous-unemotional traits and conduct problems in childhood. *Journal of Abnormal Psychology, 120*, 730-742.

Food and Drug Administration. (2005). Deaths with antipsychotics in elderly patients with behavioral disturbances. Public Health Advisory.

Food and Drug Administration. (2008, January 31). Serious health risks with antiepileptic drugs. Public Health Advisory. Available by Web at www.fda.gov/consumer/updates/antiepileptic020508.html.

Forbes, D., Thiessen, E. J., Blake, C. M., Forbes, S. C., & Forbes, S. (2013). Exercise programs for people with dementia. *The Cochrane Database of Systematic Reviews, 12*, CD006489.

Forbes, M. K., & Schniering, C. A. (2013). Are sexual problems a form of internalizing psychopathology? A structural equation modeling analysis. *Archives of Sexual Behavior, 42*, 23–34.

Ford, C. S., & Beach, F. A. (1951). *Patterns of sexual behavior.* New York: Harper and Brothers.

Ford, J. M., Mathalon, D. H., Whitfield, S., Faustman, W. O., & Roth, W. T. (2002). Reduced communication between frontal and temporal lobes during talking in schizophrenia. *Biological Psychiatry, 51*, 485–492.

Forero, D. A., Arboleda, G. H., Vasquez, R., & Arboleda, H. (2009). Candidate genes involved in neural plasticity and the risk for attention-deficit hyperactivity disorder: a meta-analysis of 8 common variants. *Journal of Psychiatry and Neuroscience, 34*(5), 361–366.

Forhan, S. E., Gottlieb, S. L., Sternberg, M. R., Xu, F., Datta, S. D., McQuillan, G. M., et al. (2009). Prevalence of sexually transmitted infections among female adolescents aged 14 to 19 in the United States. *Pediatrics, 124*, 1505–1512.

Foti, D. J., Kotov, R., Guey, L. T., & Bromet, E. J. (2010). Cannabis use and the course of schizophrenia: 10-year follow-up after first hospitalization. *American Journal of Psychiatry, 167*, 987–993.

Fournier, J. C., DeRubeis, R. J., Hollon, S. D., Dimidjian, S., Amsterdam, J. D., Shelton, R. C., & Fawcett, J. (2010). Antidepressant drug effects and depression severity: A patient-level meta-analysis. *Journal of the American Medical Association, 303*, 47–53.

Fowler, I. L., Carr, V. J., Carter, N. T., & Lewin, T. J. (1998). Patterns of current and lifetime substance use in schizophrenia. *Schizophrenia Bulletin, 24*, 443–455.

Frackiewicz, E. J., Sramek, J. J., Herrera, J. M., Kurtz, N. M., & Cutler, N. R. (1997). Ethnicity and antipsychotic response. *Annals of Pharmacotherapy, 31*, 1360–1369.

Fraley, R. C., & Shaver, P. R. (2000). Adult romantic attachment: Theoretical developments, emerging controversies, and unanswered questions. *Review of General Psychology, 4*, 132–154.

Frances, A., & Chapman, S. (2013). DSM-5 somatic symptom disorder mislabels medical illness as mental disorder. *Australian and New Zealand Journal of Psychiatry, 47*, 483–484.

Francis, D., Diorio, J., Liu, D., & Meaney, M. J. (1999). Nongenomic transmission across generations of maternal behavior and stress responses in the rat. *Science, 286*, 1155–1158.

Frank, E., Kupfer, D. J., Perel, J. M., Cornes, C., Jarrett, D. B., Mallinger, A. G., et al. (1990). Three-year outcomes for maintenance therapies in recurrent depression. *Archives of General Psychiatry, 47*, 1093–1099.

Frank, E., Kupfer, D. J., Thase, M. E., Mallinger, A. G., Swartz, H. A., Fagiolini, A. M., et al. (2005). Two-year outcomes for interpersonal and social rhythm therapy in individuals with bipolar I disorder. *Archives of General Psychiatry, 62*, 996–1004.

Franklin, J. C., Hessel, E. T., Aaron, R. V., Arthur, M. S., Heilbron, N., & Prinstein, M. J. (2010). The functions of nonsuicidal self-injury: Support for cognitive-affective regulation and opponent processes from a novel psychophysiological paradigm. *Journal of Abnormal Psychology, 119*, 850–862.

Franklin, M. E., & Foa, E. B. (2011). Treatment of obsessive compulsive disorder. *Annual Review of Clinical Psychology, 7*, 229–243.

Franklin, M. E., Sapyta, J., Freeman, J. B., Khanna, M., Compton, S., Almirall, D., et al. (2011). Cognitive behavior therapy augmentation of pharmacotherapy in pediatric obsessive-compulsive disorder: The Pediatric OCD Treatment Study II (POTS II) randomized controlled trial. *Journal of the American Medical Association, 306*(11), 1224–1232.

Franko, D. L., & Keel, P. K. (2006). Suicidality in eating disorders: Occurrence, correlates, and clinical implications. *Clinical Psychology Review, 26*, 769–782.

Franko, D. L., Keshaviah, A., Eddy, K. T., Krishna, M., Davis, M. C., Keel, P. K., & Herzog, D. B. (2013). A longitudinal investigation of mortality in anorexia nervosa and bulimia nervosa. *American Journal of Psychiatry, 170*(8), 917–925.

Frederick, R. I., Mrad, D. F., & DeMier, R. L. (2007). *Examinations of criminal responsibility: Foundations in mental health case law.* Sarasota, FL: Professional Resource Press.

Frederickson, B. L., & Carstensen, L. L. (1990). Choosing social partners: How old age and anticipated endings make people more selective. *Psychology and Aging, 5*, 335–347.

Fredrickson, B. L., & Levenson, R. W. (1998). Positive emotions speed recovery from the cardiovascular sequelae of negative emotions. *Cognition and Emotion, 12*, 191–200.

Fredrickson, B. L., & Roberts, T. A. (1997). Objectification theory: Toward understanding women's lived experience and mental health risks. *Psychology of Women Quarterly, 21*, 173–206.

Freedman, R. (2003). Schizophrenia. *New England Journal of Medicine, 349*, 1738-1749.

Freeman, J., Sapyta, J., Garcia, A., & et al. (2014). Family-based treatment of early childhood obsessive-compulsive disorder: The pediatric obsessive-compulsive disorder treatment study for young children (POTS jr)—a randomized clinical trial. *Journal of the American Medical Association, Psychiatry, 71*(6), 689–698.

Freeston, M. H., Dugas, M. J., & Ladoceur, R. (1996). Thoughts, images worry, and anxiety. *Cognitive Therapy and Research, 20*, 265–273.

Fremouw, W. J., De Perczel, M., & Ellis, T. E. (1990). *Suicide risk: Assessment and response guidelines.* New York: Pergamon Press.

French, S. A., Story, M., Neumark-Sztainer, D., Downes, B., Resnick, M., et al. (1997). Ethnic differences in psychosocial and health behavior correlates of dieting, purging, and binge eating in a population-based sample of adolescent females. *International Journal of Eating Disorders, 22*, 315–322.

Freud, A. (1946/1966). *The ego and mechanisms of defense.* New York: International Universities Press.

Freud, S. (1917/1950). Mourning and melancholia. *Collected papers* (Vol. 4). London: Hogarth and the Institute of Psychoanalysis, 1950.

Frick, P. J., Ray, J. V., Thornton, L. C., & Kahn, R. E. (2014). Can callous-unemotional traits enhance the understanding, diagnosis, and treatment of serious conduct problems in children and adolescents? A comprehensive review. *Psychological Bulletin, 140*(1), 1–57.

Fried, P., Watkinson, B., James, D., & Gray, R. (2002). Current and former marijuana use: Preliminary findings of a longitudinal study of effects on IQ in young adults. *CMAJ, 166*, 887–891.

Frieling, H., Romer, K. D., Scholz, S., Mittelbach, F., Wilhelm, J., De Zwaan, M., et al. (2010). Epigenetic dysregulation of dopaminergic genes in eating disorders. *International Journal of Eating Disorders, 43*, 577–583.

Friend, A., DeFries, J. C., Olson, R. K., & Pennington, B. F. (2009). Heritability of high reading ability and its interaction with parental education. *Behavior Genetics, 39*, 427-436.

Friston, K. J. (1994). Functional and effective connectivity in neuroimaging: A synthesis. *Human Brain Mapping, 2*, 56–78.

Froehlich, T. E., Bogardus, S. T., & Inouye, S. K. (2001). Dementia and race: Are there differences between African Americans and Caucasians? *Journal of the American Gerontological Society, 49*, 477–484.

Frojdh, K., Hakansson, A., Karlsson, I., & Molarius, A. (2003). Deceased, disabled or depressed—A population-based 6-year followup study of elderly people with depression. *Social Psychiatry and Psychiatric Epidemiology, 38*, 557–562.

Fromm-Reichmann, F. (1948). Notes on the development of treatment of schizophrenics by psychoanalytic psychotherapy. *Psychiatry, 11*, 263–273.

Frost, D. O., & Cadet, J.-L. (2000). Effects of methamphetamine-induced toxicity on the development of neural circuitry: A hypothesis. *Brain Research Reviews, 34*, 103–118.

Frost, R. O., & Steketee, G. (2010). *Stuff: Compulsive Hoarding and the Meaning of Things.* New York: Houghton Mifflin Harcourt.

Frost, R. O., Steketee, G., & Greene, K. A. I. (2003). Cognitive and behavioral treatment of compulsive hoarding. *Brief Treatment and Crisis Intervention, 3*, 323–337.

Frost, R. O., Steketee, G., & Tolin, D. F. (2011). Comorbidity in hoarding disorder. *Depression and Anxiety, 28*, 876–884.

Frost, R. O., Steketee, G., & Tolin, D. F. (2012). Diagnosis and assessment of hoarding disorder. *Annual Review of Clinical Psychology, 8*, 219–242.

Frost, R. O., Tolin, D. F., Steketee, G., Fitch, K., & Selbo-Bruns, A. (2009). Excessive acquisition in hoarding. *Journal of Anxiety Disorders, 23*, 632–639.

Frühauf, S., Gerger, H., Schmidt, H. M., Munder, T., & Barth, J. (2013). Efficacy of psychological interventions for sexual dysfunction: A systematic review and meta-analysis. *Archives of Sexual Behavior, 42*, 915–933.

Fuller, R. K. (1988). Disulfiram treatment of alcoholism. In R. M. Rose & J. E. Barrett (Eds.), *Alcoholism: Origins and outcome* (pp. 237-250). New York: Raven Press.

Furnham, A., & Baguma, P. (1994). Cross-cultural differences in the evaluation of male and female body shapes. *International Journal of Eating Disorders, 15*, 81–89.

Gadalla, T., & Piran, N. (2007). Co-occurrence of eating disorders and alcohol use disorders in women: a meta analysis. *Archives of Womens Mental Health, 10*(4), 133–140.

Gale, A., & Edwards, J. A. (Eds.). (1983). *Physiological correlates of human behaviour* (Vol. 3). London: Academic Press.

Gale, C. R., Batty, G. D., Tynelius, P., Deary, I. J., & Rasmussen, F. (2010). Intelligence in early adulthood and subsequent hospitalization for mental disorders. *Epidemiology, 21*, 70–77.

Galea, S., Ahern, J., Resnick, H., Kilpatrick, D., Bucuvalas, M., Gold, J., et al. (2002). Psychological sequelae of the September 11 terrorist attacks in New York City. *New England Journal of Medicine, 346*, 982–987.

Galea, S., Tracy, M., Hoggatt, K. J., Dimaggio, C., & Karpati, A. (2011). Estimated deaths attributable to social factors in the United States. *American Journal of Public Health, 101*, 1456–1465.

Gallo, C. L., & Pfeffer, C. R. (2003). Children and adolescents bereaved by a suicidal death: Implications for psychosocial outcomes and interventions. In A. Apter & R. A. King (Eds.), *Suicide in children and adolescents* (pp. 294–312). New York: Cambridge University Press.

Gallo, J. J., & Lebowitz, B. D. (1999). The epidemiology of common late-life mental disorders in the community: Themes for the new century. *Psychiatric Services, 50*, 1158–1166.

Gandy, S. (2014). Alzheimer's disease: new data highlight nonneuronal cell types and the necessity for presymptomatic prevention strategies. *Biological Psychiatry, 75*, 553–557.

Ganguli, M., Du, Y., Dodge, H. H., Ratcliff, G. G., & Chang, C.-C. H. (2006). Depressive symptoms and cognitive decline in late life: A prospective epidemiological study. *Archives of General Psychiatry, 63*, 153–160.

Garand, L., Buckwalter, K. C., Lubaroff, D., Tripp-Reimer, T., Frantz, R. A., & Ansley, T. N. (2002). A pilot study of immune and mood outcomes of a community-based intervention for dementia caregivers: The PLST intervention. *Archives of Psychiatric Nursing, 16*, 156–167.

Garb, H. N. (2005). Clinical judgment and decision making. *Annual Review of Clinical Psychology, 1*, 67–89.

Garber, J. (2006). Depression in children and adolescents: Linking risk research and prevention. *American Journal of Preventative Medicine, 31*, 5104–5125.

Garber, J., Clarke, G. N., Weersing, V. R., Beardslee, W. R., Brent, D. A., Gladstone, T. R., et al. (2009). Prevention of depression in at-risk adolescents: A randomized controlled trial. *Journal of the American Medical Association, 301*, 2215–2224.

Garber, J., & Flynn, C. (2001). Vulnerability to depression in childhood and adolescence. In R. M. Ingram & J. M. Price (Eds.), *Vulnerability to psychopathology: Risk across the lifespan* (pp. 175–225). New York: Guilford Press.

Garber, J., Kelly, M. K., & Martin, N. C. (2002). Developmental trajectories of adolescents' depressive symptoms: Predictors of change. *Journal of Consulting and Clinical Psychology, 70*, 79–95.

Gard, D. E., Kring, A. M., Germans Gard, M., Horan, W. P., & Green, M. F. (2007). Anhedonia in schizophrenia: Distinctions between anticipatory and consummatory pleasure. *Schizophrenia Research, 93*, 253–260.

Gard, D. E., Sanchez, A. H., Starr, J., Cooper, S., Fisher, M., Rowlands, A., & Vinogradov, S. (2014). Using self-determination theory to understand motivation deficits in schizophrenia: The "why" of motivated behavior. *Schizophrenia Research, 156*(2–3), 217–222.

Garety, P. A., Fowler, D., & Kuipers, E. (2000). Cognitive behavioral therapy for medication-resistant symptoms. *Schizophrenia Bulletin, 26*, 73–86.

Garfield, R. L., Zuvekas, S.H., Lave, J.R., & Donohue, J.M. (2011). The impact of national health care reform on adults with several mental disorders. *American Journal of Psychiatry, 168*, 486–494.

Garner, D. M., Garfinkel, P. E., Schwartz, D., & Thompson, M. (1980). Cultural expectation of thinness in women. *Psychological Reports, 47*, 483–491.

Garner, D. M., Olmsted, M. P., & Polivy, J. (1983). Development and validation of a multi-dimensional eating disorder inventory for anorexia nervosa and bulimia. *International Journal of Eating Disorders, 2*, 15–34.

Garner, D. M., Vitousek, K. M., & Pike, K. M. (1997). Cognitive-behavioral therapy for anorexia nervosa. In D. M. Garner & P. E. Garfinkel (Eds.), *Handbook of Treatment for Eating Disorders* (pp. 94–144). New York: Guilford Press.

Gatchel, R. J., Peng, Y. B., Peters, M. L., Fuchs, P. N., & Turk, D. C. (2007). The biopsychosocial approach to chronic pain: Scientific advances and future directions. *Psychological Bulletin, 133*, 581–624.

Gatz, M., Reynolds, C. A., Fratiglioni, L., Johansson, B., Mortimer, J. A., Berg, S., et al. (2006). Roles of genes and environments for explaining Alzheimer disease. *Archives of General Psychiatry, 63*, 168–174.

Gaus, V. L. (2007). *Cognitive behavior therapy for adults with Asperger's syndrome.* New York: Guilford Press.

Gaw, A. C. (2001). *Concise guide to cross-cultural psychiatry.* Washington, DC: American Psychiatric Association.

Ge, X., Conger, R. D., Cadoret, R. J., Neiderhiser, J. M., Yates, W., Troughton, E., et al. (1996). The developmental interface between nature and nurture: A mutual influence model of child antisocial behavior and parent behaviors. *Developmental Psychology, 32*, 574–589.

Geddes, J. R., Burgess, S., Hawton, K., Jamison, K., & Goodwin, G. M. (2004). Long-term lithium therapy for bipolar disorder: Systematic review and meta-analysis of randomized controlled trials. *American Journal of Psychiatry, 161*, 217–222.

Geddes, J. R., Carney, S. M., Davies, C., Furukawa, T. A., Frank, E., Kupfer, D. J., et al. (2003). Relapse prevention with antidepressant drug treatment in depressive disorders: A systematic review. *The Lancet, 361*, 653–661.

Geller, J. L. (2006). A history of private psychiatric hospitals in the USA: From start to almost finished. *Psychiatric Quarterly, 77*, 1–41.

Gendall, K. A., Bulik, C. M., Joyce, P. R., McIntosh, V. V., & Carter, F. A. (2000). Menstrual cycle irregularity in bulimia nervosa: Associated factors and changes with treatment. *Journal of Psychosomatic Research, 49*, 409–415.

Gentes, E. L., & Ruscio, A. M. (2011). A meta-analysis of the relation of intolerance of uncertainty to symptoms of generalized anxiety disorder, major depressive disorder, and obsessive-compulsive disorder. *Clinical Psychology Review, 31*, 923–933.

Geraerts, E., Schooler, J. W., Merckelbach, H., Jelicic, M., Hauer, B. J. A., & Ambadar, Z. (2007). The reality of recovered memories: Corroborating continuous and discontinuous memories of childhood sexual abuse. *Psychological Science, 18*, 564–568.

Gerlach, A. L., Wilhelm, F. H., Gruber, K., & Roth, W. T. (2001). Blushing and physiological arousability in social phobia. *Journal of Abnormal Psychology, 110*, 247–258.

Gernsbacher, M. A., Dawson, M., & Goldsmith, H. H. (2005). Three reasons not to believe in an autism epidemic. *Current Directions in Psychological Science, 14*, 55–58.

Gerra, G., Zaimovic, A., Ferri, M., Zambelli, U., Timpano, M., Neri, E., Marzocchi, G. F., Delsignore, R., & Brambilla, F. (2000). Long-lasting effects of (6)3, 4methylenedioxymethamphetamine (Ecstasy) on serotonin system function in humans. *Biological Psychiatry, 47*, 127–136.

Getahun, D., Jacobsen, S. J., Fassett, M. J., Chen, W., Demissie, K., & Rhoads, G. G. (2013). Recent trends in childhood attention-deficit/hyperactivity disorder. *Journal of the American Medical Association, Pediatrics, 167*(3), 282–288.

Ghaemi, S. N., & Goodwin, F. K. (2003). Introduction to special issue on antidepressant use in bipolar disorder. *Bipolar Disorders, 5*, 385–387.

Ghanem, K. G., Hutton, H. E., Zenilman, J. M., Zimba, R., & Erbelding, E. J. (2005). Audio computer assisted self interview and face to face interview modes in assessing response bias among STD clinic patients. *Sexually Transmitted Infections, 81*(5), 421–425.

Gibson, D. R. (2001). Effectiveness of syringe exchange programs in reducing HIV risk behavior and seroconversion among injecting drug users. *AIDS, 15*, 1329–1341.

Giesbrecht, T., Smeets, T., Leppink, J., Jelicic, M., & Merckelbach, H. (2013). Acute dissociation after 1 night of sleep loss. *Psychology of Consciousness: Theory, Research, and Practice, 1*, 150–159.

Giesen-Bloo, J., van Dyck, R., Spinhoven, P., van Tilburg, W., Dirksen, C., van Asselt, T., et al. (2006). Outpatient psychotherapy for borderline personality disorder: Randomized trial of schema-focused therapy vs transference-focused psychotherapy. *Archives of General Psychiatry, 63*, 649–658.

Gilbertson, M. W., Shenton, M. E., Ciszewski, A., Kasai, K., Lasko, N. B., Orr, S. P., et al. (2002). Smaller hippocampal volume predicts pathologic vulnerability to psychological trauma. *Nature Neuroscience, 5*, 1242–1247.

Gillan, C. M., Morein-Zamir, S., Urcelay, G. P., Sule, A., Voon, V., Apergis-Schoute, A. M., et al. (2014). Enhanced avoidance habits in obsessive-compulsive disorder. *Biological Psychiatry, 75*, 631–638.

Giovino, G. A., Villanti, A. C., Mowery, P. D., Sevilimedu, V., Niaura, R. S., Vallone, D. M., & Abrams, D. B. (2013). Differential trends in cigarette smoking in the USA: is menthol slowing progress? *Tobacco Control*. doi: 10.1136/tobaccocontrol-2013-051159

Gizer, I. R., Ficks, C., & Waldman, I. D. (2009). Candidate gene studies of ADHD: a meta-analytic review. *Human Genetics, 126*(1), 51–90.

Gjerde, L. C., Czajkowski, N., Roysamb, E., Orstavik, R. E., Knudsen, G. P., Ostby, K., et al. (2012). The heritability of avoidant and dependent personality disorder assessed by personal interview and questionnaire. *Acta Psychiatrica Scandinavica, 126*, 448–457.

Glass, C. R., & Arnkoff, D. B. (1997). Questionnaire methods of cognitive self-statement assessment. *Journal of Consulting and Clinical Psychology, 65*, 911–927.

Glausier, J. R., & Lewis, D. A. (2013). Dendritic spine pathology in schizophrenia. *Neuroscience, 251*(0), 90–107.

Gleaves, D. H. (1996). The sociocognitive model of dissociative identity disorder: A reexamination of the evidence. *Psychological Bulletin, 120*, 42–59.

Glenn, A. L., Raine, A., Venables, P. H., & Mednick, S. A. (2007). Early temperamental and psychophysiological precursors of adult psychopathic personality. *Journal of Abnormal Psychology, 116*, 508–518.

Gloaguen, V., Cottraux, J., Cucherat, M., & Blackburn, I. M. (1998). A meta-analysis of the effects of cognitive therapy in depressed patients. *Journal of Affective Disorders, 49*, 59–72.

Godart, N. T., Flament, M. F., Lecrubier, Y., & Jeammet, P. (2000). Anxiety disorders in anorexia nervosa and bulimia nervosa: Co-morbidity and chronology of appearance. *European Psychiatry, 15*, 38–45.

Godart, N. T., Flament, M., Perdereau, F., & Jeammet, P. (2002). Comorbidity between eating disorders and anxiety disorders: A review. *International Journal of Eating Disorders, 32*, 253–270.

Goenjian, A. K., Walling, D., Steinberg, A. M., Karayan, I., Najarian, L. M., & Pynoos, R. (2005). A prospective study of posttraumatic stress and depressive reactions among treated and untreated adolscents 5 years after a catastrophic disaster. *American Journal of Psychiatry, 162*, 2302–2308.

Goldapple, K., Segal, Z., Garson, C., Lau, M., Bieling, P., Kennedy, S., et al. (2004). Modulation of cortical-limbic pathways in major depression. *Archives of General Psychiatry, 61*, 34–41.

Goldberg, T. E., & Weinberger, D. R. (2004). Genes and the parsing of cognitive processes. *Trends in Cognitive Sciences, 8*, 325–335.

Golden, C. J. (1981a). The Luria-Nebraska Children's Battery: Theory and formulation. In G. W. Hynd & J.

E. Obrzut (Eds.), *Neuropsychological assessment and the school-age child: Issues and procedures*. New York: Grune & Stratton.

Golden, C. J. (1981b). A standardized version of Luria's neuropsychological tests: A quantitative and qualitative approach to neuropsychological evaluation. In S. B. Filskov & T. J. Boil (Eds.), *Handbook of clinical neuropsychology*. New York: John Wiley & Sons.

Golden, C. J., Hammeke, T., & Purisch, A. (1978). Diagnostic validity of a standardized neuropsychological battery derived from Luria's neuropsychological tests. *Journal of Consulting and Clinical Psychology, 46*, 1258–1265.

Golden, R. N., Gaynes, B. N., Ekstrom, R. D., Hamer, R. M., Jacobsen, F. M., Suppes, et al. (2005). The efficacy of light therapy in the treatment of mood disorders: A review and meta-analysis of the evidence. *American Journal of Psychiatry, 162*, 656–662.

Goldin, P. (2014). A grand gender convergence: its last chapter. *American Economic Review, 104*(4), 1–30.

Goldin, P. R., Manber-Bal, T., Werner, K., Heimberg, R., & Gross, J. J. (2009). Neural mechanisms of cognitive reappraisal of negative self-beliefs in social anxiety disorder. *Biological Psychiatry, 66*, 1091–1099.

Goldman-Rakic, P. S., & Selemon, L. D. (1997). Functional and anatomical aspects of prefrontal pathology in schizophrenia. *Schizophrenia Bulletin, 23*, 437–458.

Goldstein, A. J., & Chambless, D. L. (1978). A reanalysis of agoraphobic behavior. *Behavior Therapy, 9*, 47–59.

Goldstein, A. J., de Beurs, E., Chambless, D. L., & Wilson, K. A. (2000). EMDR for panic disorder with agoraphobia: Comparison with waiting list and credible attention-placebo control conditions. *Journal of Consulting and Clinical Psychology, 68*, 947–956.

Goldstein, J. M., Buka, S. L., Seidman, L. J., & Tsuang, M. T. (2010). Specificity of familial transmission of schizophrenia psychosis spectrum and affective psychoses in the New England Family Study's high-risk design. *Archives of General Psychiatry, 67*, 458–467.

Gomez, F. C., Piedmont, R. L., & Fleming, M. Z. (1992). Factor analysis of the Spanish version of the WAIS: The Escala de Inteligencia Wechsler para Adultos (EIWA). *Psychological Assessment, 4*, 317–321.

Gonzalez, H. M., Vega, W. A., Williams, D. R., Tarraf, W., West, B. T., & Neighbors, H. W. (2010). Depression care in the United States: Too little for too few. *Archives of General Psychiatry, 67*, 37–46.

Goode, S. D. (2010). *Understanding and addressing adult sexual attraction to children: A study of paedophiles in contemporary society*. London: Routledge.

Goodkind, M. S., Gyurak, A., McCarthy, M., Miller, B. L., & Levenson, R. W. (2010). Emotion regulation deficits in frontotemporal lobar degeneration and Alzheimer's disease. *Psychological Aging, 25*, 30–37.

Goodman, G. S., Ghetti, S., Quas, J. A., Edelstein, R. S., Alexander, K. W., Redlich, A. D., et al. (2003). A prospective study of memory for child sexual abuse: New findings relevant to the repressed-memory controversy. *Psychological Science, 14*, 113–118.

Goodwin, D. K. (2003, Feb. 17). The man in our memory. NY Times.

Goodwin, F., & Jamison, K. (2007). *Manic-depressive illness: Bipolar disorders and recurrent depression* (2nd ed.). New York: Oxford University Press.

Gopnik, A., Capps, L., & Meltzoff, A. N. (2000). Early theories of mind: What the theory theory can tell us about autism. In S. Baren-Cohen, H. Tager-Flusberg & D. Cohen (Eds.), *Understanding Other Minds* (2nd ed., pp. 50–72). Oxford, UK: Oxford University Press.

Gordon, K. H., Perez, M., & Joiner, T. E. (2002). The impact of racial stereotypes on eating disorder recognition. *International Journal of Eating Disorders, 32*, 219–224.

Gorelick, P. B. (2010). Role of inflammation in cognitive impairment: results of observational epidemiological studies and clinical trials. *Annals of the New York Academy of Sciences, 1207*, 155–162.

Gotlib, H., & Joormann, J. (2010). Cognition and depression: Current status and future directions. *Annual Review of Clinical Psychology, 6*, 285–312.

Gottesman, I. I., Laursen, T. M., Bertelsen, A., & Mortensen, P. B. (2010). Severe mental disorders in offspring with 2 psychiatrically ill parents. *Archives of General Psychiatry, 67*, 252–257.

Gottesman, I. I., McGuffin, P., & Farmer, A. E. (1987). Clinical genetics as clues to the "real" genetics of schizophrenia. *Schizophrenia Bulletin, 13*, 23–47.

Goveas, J. S., Espeland, M. A., Woods, N. F., Wassertheil-Smoller, S., & Kotchen, J. M. (2011). Depressive symptoms and incidence of mild cognitive impairment and probable dementia in elderly women: The Women's Health Initiative memory study. *Journal of the American Geriatrics Society, 59*, 57–66.

Grabe, S., & Hyde, J. S. (2006). Ethnicity and body dissatisfaction among women in the United States: A meta-analyis. *Psychological Bulletin, 132*, 622–640.

Grady, D. (1999). A great pretender now faces the truth of illness, *The New York Times*.

Graham, C. A. (2010). The DSM diagnostic criteria for female sexual arousal disorder. *Archives of Sexual Behavior, 39*, 240–255.

Graham, C. A. (2014). Orgasm disorders in women. In Y. M. Binik & K. S. K. Hall (Eds.), *Principles and practice of sex therapy* (5th ed., pp. 89–111). New York: Guilford Press.

Graham, J. (2011). *MMPI-2: Assessing personality and psychopathology*, (5th ed.). New York: Oxford University Press.

Grana, R. A., Popova, L., & Ling, P. M. (2014). A longitudinal analysis of electronic cigarette use and smoking cessation. *Journal of the American Medical Association, Internal Medicine, 174*(5), 812–813.

Grandin, T. (1986). *Emergence: Labeled autistic*. Novato, CA: Arena Press.

Grandin, T. (1995). *Thinking in pictures*. New York: Doubleday.

Grandin, T. (2008). *The way I see it: A personal look at autism and Asperger's*. Arlington, TX: Future Horizons.

Grandin, T. (2013). *The autistic brain*. New York: Houghton Mifflin Harcourt.

Grant, B. F., Hasin, D. S., Stinson, F. S., Dawson, D. A., Chou, S. P., Ruan, W. J., et al. (2004). Prevalence, correlates, and disability of personality disorders in the United States: Results from the national epidemiologic survey on alcohol and related conditions. *Journal of Clinical Psychiatry, 65*, 948–958.

Grant, J. E., Odlaug, B. L., & Schreiber, L. R. N. (2014). Pharmacotherapy for obsessive-compulsive and related disorders among adults. In E. A. Storch & D. McKay (Eds.), *Obsessive-Compulsive Disorder and Its Spectrum: A Life-Span Approach*. Wasington DC: American Psychological Association.

Grant, P. M., Huh, G., Perivoliotis, D., Stolar, N., & Beck, A. T. (2012). Randomized trial to evaluate the efficacy of cognitive therapy for low-functioning patients with schizophrenia. *Archives of General Psychiatry, 69*(121–127).

Gravel, S., Henn, B. M., Gutenkunst, R. N., Indap, A. R., Marth, G. T., Clark, A. G., et al. (2011). Demographic history and rare allele sharing among human populations. *Proceedings of the National Academy of Sciences. 108*, 11983–11988.

Green, J. G., McLaughlin, K. A., Berglund, P. A., Gruber, M. J., Sampson, N. A., Zaslavsky, A. M., et al. (2010). Childhood adversities and adult psychiatric disorders in the National Comorbidity Survey Replication: Associations with first onset of DSM-IV Disorders. *Archives of General Psychiatry, 67*, 113-123.

Green, M. F. (1996). What are the functional consequences of neurocognitive deficits in schizophrenia? *American Journal of Psychiatry, 153*, 321–330.

Green, M. F., Kern, R. S., Braff, D. L., & Mintz, J. (2000). Neurocognitive deficits and functional outcome in schizophrenia: Are we measuring the "right stuff"? *Schizophrenia Bulletin, 26*, 119–136.

Green, M. F., Marshall, B. D., Wirshing, W. C., Ames, D., Marder, S. R., McGurk, S., Kern, R. S., & Mintz, J. (1997). Does risperidone improve verbal working memory in treatment-resistant schizophrenia? *American Journal of Psychiatry, 154*, 799–804.

Green, R., & Fleming, D. T. (1990). Transsexual surgery follow-up: Status in the 1990s. In J. Bancroft, C. Davis & D. Weinstein (Eds.), *Annual Review of Sex Research* (pp. 163-174).

Greenberg, B. D., Rauch, S. L., & Haber, S. N. (2010). Invasive circuitry-based neurotherapeutics: Stereotactic ablation and deep brain stimulation for OCD. *Neuropsychopharmacology, 35*, 317–336.

Greeven, A., van Balkom, A. J. L. M., Visser, S., Merkelbach, J. W., van Rood, Y. R., van Dyck, R., et al. (2007). Cognitive behavior therapy and paroxetine in the treatment of hypochondriasis: A randomized controlled trial. *American Journal of Psychiatry, 164*, 91–99.

Grillon, C. (2002). Startle reactivity and anxiety disorders: Aversive conditioning, context, and neurobiology. *Biological Psychiatry, 52*, 958–975.

Grilo, C. M. (2007). Treatment of binge eating disorder. In S. Wonderlich, J. E. Mitchell, M. d. Zwaan & H. Steiger (Eds.), *Annual Review of Eating Disorders* (pp. 23–34). Oxford, UK: Radcliffe.

Grilo, C. M., Crosby, R. D., Wilson, G. T., & Masheb, R. M. (2012). 12-month follow-up of fluoxetine and cognitive behavioral therapy for binge eating disorder. *Journal of Consulting and Clinical Psychology, 80*(6), 1108–1113.

Grilo, C. M., Shea, M. T., Sanislow, C. A., Skodol, A. E., Gunderson, J. G., Stout, R. L., et al. (2004). Two-year stability and change of schizotypal, borderline, avoidant, and obsessive-compulsive personality disorders. *Journal of Consulting and Clinical Psychology, 72*, 767–775.

Grilo, C. M., Shiffman, S., & Carter-Campbell, J. T. (1994). Binge eating antecedents in normal weight nonpurging females: Is there consistency? *International Journal of Eating Disorders, 16*, 239–249.

Griner, D., & Smith, T. B. (2006). Culturally adapted mental health intervention: A meta-analytic review. *Psychotherapy, 43*, 531–548.

Grinker, R. R., & Spiegel, J. P. (1944). *Management of neuropsychiatric casualties in the zone of combat: Manual of military neuropsychiatry*. Philadelphia: W.B. Saunders.

Grinspoon, L., & Bakalar, J. B. (1995). Marijuana as medicine: A plea for reconsideration. *Journal of the American Medical Association, 273*, 1875–1876.

Grisham, J. R., Frost, R. O., Steketee, G., Kim, H. J., & Hood, S. (2006). Age of onset of compulsive hoarding. *Journal of Anxiety Disorders, 20*, 675–686.

Grisso, T., Davis, J., Vesselinov, R. Appelbaum, P. S. & Monahan, J. (2000). Violent thoughts and violent behavior following hospitalization for mental disorder. *Journal of Consulting and Clinical Psychology, 68*, 388–398.

Groesz, L. M., Levine, M. P., & Murnen, S. K. (2002). The effect of experimental presentation of thin media images on body dissatisfaction: A meta-analytic review. *International Journal of Eating Disorders, 31*, 1–16.

Gropalis, M., Bleichhardt, G., Hiller, W., & Witthoft, M. (2013). Specificity and modifiability of cognitive biases in hypochondriasis. *Journal of Consulting and Clinical Psychology, 81*, 558–565.

Gross, C., Zhuang, X., Stark, K., Ramboz, S., Oosting, R., Kirby, L., Santarelli, L., Beck, S. & Hen, R. (2002). Serotonin 1A receptor acts during development to establish normal anxiety-like behaviour in the adult. *Nature, 416*, 396–400.

Grossman, D. (1995). *On killing: The psychological cost of learning to kill in war and society*. Boston: Little, Brown.

Gueguen, J., Godart, N., Chambry, J., Brun-Eberentz, A., Foulon, C., Divac, S. M., . . . Huas, C. (2012). Severe anorexia nervosa in men: Comparison with severe an in women and analysis of mortality. *International Journal of Eating Disorders, 45*(4), 537–545.

Gum, A. M., King-Kallimanis, B., & Kohn, R. (2009). Prevalence of mood, anxiety, and substance-abuse disorders for older Americans in the National Comorbidity Survey-Replication. *American Journal of Psychiatry, 17*, 769–781.

Gump, B. S., Matthews, K. A., & Räikkönen, K. (1999). Modeling relationships among socioeconomic status, hostility, cardiovascular reactivity, and left ventricular mass in African American and White children. *Health Psychology, 18*, 140–150.

Guo, X., Zhai, J., Liu, Z., Fang, M., Wang, B., Wang, C., Hu, B., Sun, X., et al. (2010). Effect of antipsychotic mediciation alone vs combined with psychosocial intervention on outcomes of early-stage schizophrenia. *Archives of General Psychiatry, 67*, 895–904.

Gur, R. E., Turetsky, B. I., Cowell, P. E., et al. (2000). Temporolimbic volume reductions in schizophrenia. *Archives of General Psychiatry, 57*, 769–776.

Gustad, J., & Phillips, K. A. (2003). Axis I comorbidity in body dysmorphic disorder. *Comprehensive Psychiatry, 44*, 270–276.

Gutman, D. A., & Nemeroff, C. B. (2003). Persistent central nervous system effects of an adverse early environment: Clinical and preclinical studies. *Physiology and Behavior, 79*, 471–478.

Guyll, M., Matthews, K. A., & Bromberger, J. T. (2001). Discrimination and unfair treatment: Relationship to cardiovascular reactivity among African American and European American women. *Health Psychology, 20*, 315–325.

Haaga, D. A. F., Dyck, M. J., & Ernst, D. (1991). Empirical status of cognitive theory of depression. *Psychological Bulletin, 110*, 215–236.

Haaga, D. A. F., & Stiles, W. B. (2000). Randomized clinical trials in psychotherapy research: Methodology, design and evaluation. In R. E. Ingram & C. Snyder (Eds.), *Handbook of psychological change: Psychotherapy processes & practices for the 21st century* (pp. 14-39). New York: John Wiley & Sons, Inc.

Hacking, I. (1998). *Mad travelers: Reflections on the reality of transient mental illness*. Charlottesville, VA: University Press of Virginia.

Haddock, G., Tarrier, N., Spaulding, W., Yusupoff, L. K., & McCarthy, E. (1998). Individual cognitive-

behavior therapy in the treatment of hallucinations and delusions: A review. *Clinical Psychology Review, 18*, 821–838.

Haedt-Matt, A. A., & Keel, P. K. (2011). Revisiting the affect regulation model of binge eating: A meta-analysis of studies using ecological momentary assessment. *Psychological Bulletin, 137*, 660–681.

Hagerman, R. (2006). Lessons from fragile x regarding neurobiology, autism, and neurodegeneration. *Developmental and Behavioral Pediatrics, 27*, 63–74.

Haijma, S. V., Van Haren, N., Cahn, W., Koolschijn, P. C., Hulshoff Pol, H. E., & Kahn, R. S. (2013). Brain volumes in schizophrenia: a meta-analysis in over 18 000 subjects. *Schizophrenia Bulletin, 39*(5), 1129–1138.

Hall, G. C. (2001). Psychotherapy research with ethnic minorities: Empirical, ethical, and conceptual issues. *Journal of Consulting and Clinical Psychology, 69*(3), 502–510.

Hall, G. C., Hirschman, R., & Oliver, L. L. (1995). Sexual arousal and arousability to pedophilic stimuli in a community sample of normal men. *Behavior Therapy, 26*, 681–694.

Hallmayer, J., Cleveland, S., Torres, A., Phillips, J., Cohen, B., Torigoe, T., Miller, J., Fedele, A., et al. (2011). Genetic heritability and shared environmental factors among twin pairs with autism. *Archives of General Psychiatry, 68*, 1095-1102

Halmi, K. A., Sunday, S. R., Strober, M., Kaplan, A., Woodside, D. B., Fichter, N., Treasure, J., Berrettini, W. H., & Kaye, W. (2000). Perfectionism in anorexia nervosa: Variation by clinical subtype, obsessionality, and pathological eating behavior. *American Journal of Psychiatry, 157*, 1799–1805.

Hamer, M., & Chida, Y. (2009). Physical activity and risk of neurodegenerative disease: a systematic review of prospective evidence. *Psychological Medicine, 39*, 3–11.

Hamilton, J. P., Etkin, A., Furman, D. J., Lemus, M. G., Johnson, R. F., & Gotlib, I. H. (2012). Functional neuroimaging of major depressive disorder: A meta-analysis and new integration of base line activation and neural response data. *American Journal of Psychiatry, 169*, 693–703.

Hammen, C. (2009). Adolescent depression: Stressful interpersonal contexts and risk for recurrence. *Current Directions in Psychological Science, 18*, 200–204.

Hammen, C. L., Burge, D., Daley, S. E., Davila, J., Paley, B., & Rudolph, K. D. (1995). Interpersonal attachment cognitions and prediction of symptomatic responses to interpersonal stress. *Journal of Abnormal Psychology, 104*, 436–443.

Hammen, C., & Brennan, P. (2001). Depressed adolescents of depressed and nondepressed mothers: Tests of an interpersonal impairment hypothesis. *Journal of Consulting and Clinical Psychology, 69*, 284–294.

Hammen, C., Hazel, N. A., Brennan, P. A., & Najman, J. (2012). Intergenerational transmission and continuity of stress and depression: Depressed women and their offspring in 20 years of follow-up. *Psychological Medicine, 42*, 931–942.

Hammond, D. (2011). Health warning messages on tobacco products: Review. *Tobacco Control, 20*(5), 327–337.

Hamshere, M. L., Langley, K., Martin, J., Agha, S. S., Stergiakouli, E., Anney, R. J., et al. (2013). High loading of polygenic risk for ADHD in children with comorbid aggression. *American Journal of Psychiatry, 170*(8), 909–916.

Hankin, B. J., Abramson, L. Y., Moffitt, T. E., Silva, P. A., McGee, R., et al. (1998). Development of depression from preadolescence to young adulthood: Emerging gender differences in a 10-year longitudinal study. *Journal of Abnormal Psychology, 107*, 128–140.

Hankin, B. L., & Abramson, L. Y. (2001). Development of gender differences in depression: An elaborated cognitive vulnerability-transactional stress theory. *Psychological Bulletin, 127*, 773–796.

Hankin, B. L., Mermelstein, R., & Roesch, L. (2007). Sex differences in adolescent depression: Stress exposure and reactivity models. *Child Development, 78*, 279–295.

Hansen, W. B. (1992). School-based substance abuse prevention: A review of the state of the art in curriculum, 1980–1990. *Health Education Research: Theory and Practice, 7*, 403–430.

Hansen, W. B., & Graham, J. W. (1991). Preventing alcohol, marijuana, and cigarette use among adolescents: Peer pressure resistance training versus establishing conservative norms. *Preventive Medicine, 20*, 414–430.

Hanson, C. (1998, November 30). *Dangerous therapy: The story of Patricia Burgus and multiple personality disorder.* Chicago Magaine. Downloaded from http://www.chicagomag.com/Chicago-Magazine/June-1998/Dangerous-Therapy-The-Story-of-Patricia-Burgus-and-Multiple-Personality-Disorder/

Hanson, J. L., Adluru, N., Chung, M. K., Alexander, A. L., Davidson, R. J., & Pollak, S. D. (2013). Early neglect is associated with alterations in white matter integrity and cognitive functioning. *Child Development, 84*, 1566–1578.

Hanson, R. K., & Bussiere, M. T. (1998). Predicting relapse: A meta-analysis of sexual offender recidivism studies. *Journal of Consulting and Clinical Psychology, 66*, 348–362.

Hanson, R. K., & Harris, A. J. R. (1997). Voyeurism: Assessment and treatment. In D. R. Laws & W. O'Donohue (Eds.), *Sexual deviance* (pp. 311–331). New York: Guilford Press.

Hanson, R. K., Hunsley, J., & Parker, K. C. (1988). The relationship between WAIS subtest reliability, "g" loadings, and meta-analytically derived validity estimates. *Journal of Clinical Psychology, 44*(4), 557–563.

Harden, K. P., Hill, J. E., Turkheimer, E., & Emery, R. E. (2008). Gene–environment correlation and interaction in peer effects on adolescent alcohol and tobacco use. *Behavior Genetics, 38*, 339–347.

Hare, E. (1969). *Triennial statistical report of the Royal Maudsley and Bethlem Hospitals.* London: Bethlem and Maudsley Hospitals.

Hare, R. D. (2003). *The Hare Psychopathy Checklist* (Rev. ed.). Toronto, Canada: Multi-Health System.

Hare, R. D., & Neumann, C. N. (2006). The PCL-R assessment of psychopathy: Development, structural properties, and new directions. In C. Patrick (Ed.), *Handbook of psychopathy* (pp. 58–88). New York: Guilford Press.

Harenski, C. L., Harenski, K. A., Shane, M. S., & Kiehl, K. A. (2010). Aberrant neural processing of moral violations in criminal psychopaths. *Journal of Abnormal Psychology, 119*, 863–874.

Harkness, K. L., Bagby, R. M., & Kennedy, S. H. (2012). Childhood maltreatment and differential treatment response and recurrence in adult major depressive disorder. *Journal of Consulting and Clinical Psychology, 80*, 342–353.

Harmer, C. J., Goodwin, G. M., & Cowen, P. J. (2009). Why do antidepressants take so long to work? A cognitive neuropsychological model of antidepressant drug action. *British Journal of Psychiatry, 195*, 102–108.

Harrington, A. (2008). *The cure within: A history of mind-body medicine.* New York: W. W. Norton.

Harris, J. L., Bargh, J. A., & Brownell, K. D. (2009). Priming effects of television food advertising on eating behavior. *Health Psychology, 28*(4), 404–413.

Harris, V. L. (2000). Insanity acquittees and rearrest: The past 24 years. *Journal of the American Academy of Psychiatry and the Law, 28*(2), 225–231.

Harrison, J. N., Cluxton-Keller, F., & Gross, D. (2012). Antipsychotic medication prescribing trends in children and adolescents. *Journal of Pediatric Health Care, 26*(2), 139–145.

Harrison, P. J., & Weinberger, D. R. (2004). Schizophrenia genes, gene expression, and neuropathology: On the matter of their convergence. *Molecular Psychiatry*, 1–29.

Harrow, M., Goldberg, J. F., Grossman, L. S., & Meltzer, H. Y. (1990). Outcome in manic disorders: A naturalistic follow-up study. *Archives of General Psychiatry, 47*, 665–671.

Hart, E. L., Lahey, B. B., Loeber, R., Applegate, B., & Frick, P. J. (1995). Developmental changes in attention-deficit hyperactivity disorder in boys: A four-year longitudinal study. *Journal of Abnormal Child Psychology, 23*, 729–750.

Hartz, D. T., Fredrick-Osborne, S. L., & Galloway, G. P. (2001). Craving predicts use during treatment for methamphetamine dependence: A prospective repeated measures, within-subjects analysis. *Drug and Alcohol Dependence, 63*, 269–276.

Harvard Mental Health Letter. (1995, July). *Schizophrenia update-Part II, 12*, 1–5.

Harvey, A. G., & Bryant, R. A. (2002). Acute stress disorder: A synthesis and critique. *Psychological Bulletin, 128*, 886–902.

Harvey, A. G., Watkins, E., Mansell, W., & Shafran, R. (2004). *Cognitive behavioural processes across psychological disorders: A transdiagnostic approach to research and treatment.* Oxford, UK: Oxford University Press.

Harvey, P. D., Green, M. F., Keefe, R. S. I., & Velligan, D. (2004). Changes in cognitive functioning with risperidone and olanzapine treatment: A large-scale, doubleblind, randomized study. *Journal of Clinical Psychiatry, 65*, 361–372.

Harvey, P. D., Green, M. F., McGurk, S., & Meltzer, H. Y. (2003). Changes in cognitive functioning with risperidone and olanzapine treatment: A large-scale, doubleblind, randomized study. *Psychopharmacology, 169*, 404–411.

Hasin, D. S., O'Brien, C. P., Auriacombe, M., Borges, G., Bucholz, K., Budney, A., et al. (2013). DSM-5 criteria for substance use disorders: Recommendations and rationale. *American Journal of Psychiatry, 170*(8), 834–851.

Hasin, D. S., Stinson, F. S., Ogburn, E., & Grant, B. F. (2007). Prevalence, correlates, disability, and comorbidity of DSM-IV alcohol abuse and dependence in the United States: Results from the National Epidemiologic Survey on Alcohol and Related Conditions. *Archives of General Psychiatry, 64*, 830–842.

Hathaway, S. R., & McKinley, J. C. (1943). *MMPI manual.* New York: Psychological Corporation.

Hausdorff, J. M., Levy, B. R., & Wei, J. Y. (1999). The power of ageism on physical function of older persons: Reversibility of age-related gait changes. *Journal of the American Geriatrics Society, 47*, 1346–1349.

Hawton, K., Catalan, J., Martin, P., & Fagg, J. (1986). Longterm outcome of sex therapy. *Behaviour Research and Therapy, 24*, 665–675.

Hayes, S. C. (2005). *Get out of your mind and into your life: The new acceptance and commitment therapy.* Oakland, CA: New Harbinger Publications.

Haynes, S. N., & Horn, W. F. (1982). Reactivity in behavioral observation: A review. *Behavioral Assessment, 4*, 369–385.

Hawkins, J. D., Graham, J. W., Maguin, E., Abbott, R., et al. (1997). Exploring the effects of age of alcohol use initiation and psychosocial risk factors on subsequent alcohol misuse. *Journal of Studies on Alcohol, 58*, 280–290.

Hazel, N. A., Hamman, C., Brennan, P. A., Najman, J. (2008). Early childhood adversity and adolescent depression: The mediating role of continued stress. *Psychological Medicine, 38*, 581–589.

Hazlett, E. A., Zhang, J., New, A. S., Zelmanova, Y., Goldstein, K. E., Haznedar, M. M., et al. (2012). Potentiated amygdala response to repeated emotional pictures in borderline personality disorder. *Biological Psychiatry, 72*, 448–456.

Hazlett, H. C., Poe, M. D., Gerig, G., Styner, M., Chappell, C., Smith, R. G., Vachet, C., & Priven, J. (2011). Early brain overgrowth in autism associated with an increase in cortical surface area before age 2 years. *Archives of General Psychiatry, 68*, 467–476.

Head, D., Bugg, J. M., Goate, A. M., Fagan, A. M., Mintun, M. A., Benzinger, T., et al. (2012). Exercise engagement as a moderator of the effects of APOE genotype on amyloid deposition. *Archives of neurology, 69*, 636–643.

Heatherton, T. F., & Baumeister, R. F. (1991). Binge eating as escape from self-awareness. *Psychological Bulletin, 110*, 86–108.

Heatherton, T. F., Herman, C. P., & Polivy, J. (1991). Effects of physical threat and ego threat on eating behavior. *Journal of Personality and Social Psychology, 60*, 138–143.

Heid, I. M., Huth, C., Loos, R. J., Kronenberg, F., Adamkova, V., Anand, S. S., et al. (2009). Meta-analysis of the INSIG2 association with obesity including 74,345 individuals: Does heterogeneity of estimates relate to study design? *PLoS Genetics, 5*(10), e1000694.

Heinrichs, R. W., & Zakzanis, K. K. (1998). Neurocognitive deficits in schizophrenia: A quantitative review of the evidence. *Neuropsychology, 12*, 426–445.

Heinssen, R. K., Liberman, R. P., & Kopelowicz, A. (2000). Psychosocial skills training for schizophrenia: Lessons from the laboratory. *Schizophrenia Bulletin, 26*, 21–46.

Heiss, G., Wallace, R., Anderson, G. L., Aragaki, A., Beresford, S. A. A., et al. (2008). Health risks and benefits 3 years after stopping randomized treatment with estrogen and progestin. *Journal of the American Medical Association, 299*, 1036–1045.

Heller, A. S., van Reekum, C. M., Schaefer, S. M., Lapate, R. C., Radler, B. T., Ryff, C. D., et al. (2013). Sustained striatal activity predicts eudaimonic well–being and cortisol output. *Psychological Science, 24*, 2191–2200.

Heller, T. L., Baker, B. L., Henker, B., & Hinshaw, S. P. (1996). Externalizing behavior and cognitive functioning from preschool to first grade: Stability and predictors. *Journal of Clinical Child Psychology, 25*, 376–387.

Helmuth, L. (2003). In sickness or in health? *Science, 302*, 808–810.

Henggeler, S. W., Schoenwald, S. D., Borduin, C. M., Rowland, M. D., & Cunningham, P. B. (1998). *Multisystemic treatment of antisocial behavior in children and adolescents.* New York: Guilford Press.

Henningfield, J. E., Michaelides, T., & Sussman, S. (2000). Developing treatment for tobacco addicted youth—issues and challenges. *Journal of Child and Adolescent Substance Abuse, 9*, 5–26.

Henriques, G., Wenzel, A., Brown, G. K., & Beck, A. T. (2005). Suicide attempter's reaction to survival as a risk factor for eventual suicide. *American Journal of Psychiatry, 162*, 2180–2182.

Herbenick, D., Reece, M., Schick, V., Sanders, S. A., Dodge, B., & Fortenberry, J. D. (2010a). Sexual behaviors, relationships, and perceived health status among adult women in the United States: Results from a national probability sample. *Journal of Sexual Medicine, 7 Suppl 5*, 277–290.

Herbenick, D., Reece, M., Schick, V., Sanders, S. A., Dodge, B., & Fortenberry, J. D. (2010b). An event-level analysis of the sexual characteristics and composition among adults ages 18 to 59: Results from a national probability sample in the United States. *Journal of Sexual Medicine, 7 Suppl 5*, 346–361.

Herbert, M. A., Gerry, N. P., McQueen, I. M., Heid, A. P., Illig, T., et al. (2006). Common genetic variant is associated with adult and childhood obesity. *Science, 312*, 279–312.

Herdt, G. H. (Ed.). (1984). *Ritualized homosexuality in Melanesia*. Berkeley: University of California Press.

Herman, C. P., Polivy, J., Lank, C., & Heatherton, T. F. (1987). Anxiety, hunger, and eating. *Journal of Abnormal Psychology, 96*, 264–269.

Herman, J. L. (1992). *Trauma and recovery*. New York: Basic Books.

Hersen, M., & Barlow, D. H. (1976). *Single case experimental designs: Strategies for studying behavior change*. New York: Pergamon Press.

Hertzog, C., Kramer, A., Wilson, R. S., & Lindenberger, U. (2009). Enrichment effects on adult cognitive development: Can the functional capacity of older adults be preserved and enhanced? *Psychological Science in the Public Interest, 9*.

Herzog, D. B., Greenwood, D. N., Dorer, D. J., Flores, A. T., Ekeblad, E. R., Richards, A., et al. (2000). Mortality in eating disorders: A descriptive study. *International Journal of Eating Disorders, 28*, 20–26.

Heston, L. L. (1966). Psychiatric disorders in foster home reared children of schizophrenic mothers. *British Journal of Psychiatry, 112*, 819–825.

Hettema, J. E., & Hendricks, P. S. (2010). Motivational interviewing for smoking cessation: A meta-analytic review. *Journal of Consulting and Clinical Psychology, 78*(6), 868–884.

Hettema, J. M., Neale, M. C., & Kendler, K. S. (2001). A review and meta-analysis of the genetic epidemiology of the anxiety disorders. *American Journal of Psychiatry, 158*, 1568–1578.

Hettema, J. M., Prescott, C. A., Myers, J. M., Neale, M. C., & Kendler, K. S. (2005). The structure of genetic and environmental risk factors for anxiety disorders in men and women. *Archives of General Psychiatry, 62*, 182–189.

Heuser, I., Yassouridis, A., & Holsboer, F. (1994). The combined dexamethasone CRH test: A refined laboratory test for psychiatric disorders. *Journal of Psychiatric Research, 28*, 341–346.

Heyn, P., Abreu, B. C., & Ottenbacher, K. J. (2004). Meta-analysis: The effects of exercise training on elderly persons with cognitive impairment and dementia: A meta-analysis. *Archives of Physical Medicine and Rehabilitation, 85*, 1694–1704.

Hibbeln, J. R., Nieminen, L. R. G., Blasbalg, T. L., Riggs, J. A., & Lands, W. E. M. (2006). Healthy intakes of n-3 and n-6 fatty acids: Estimations considering worldwide diversity. *Journal of Clinical Nutrition, 83*, 1483S–1493S.

Hill, A., Briken, P., Kraus, C., Strohm, K., & Berner, W. (2003). Differential pharmacological treatment of paraphilias and sex offenders. *International Journal of Offender Therapy and Comparative Criminology, 47*, 407–421.

Hingson, R. W., Edwards, E. M., Heeren, T., & Rosenbloom, D. (2009). Age of drinking onset and injuries, motor vehicle crashes, and physical fights after drinking and when not drinking. *Alcoholism, Clinical and Experimental Research, 33*, 783–790.

Hinshaw, S. P. (2002). Preadolescent girls with attention-deficit/hyperactivity disorder: I. Background characteristics, comorbidity, cognitive and social functioning, and parenting practices. *Journal of Consulting and Clinical Psychology, 70*, 1086–1098.

Hinshaw, S. P. (2007). *The mark of shame: The stigma of mental illness and an agenda for change*. New York: Oxford University Press.

Hinshaw, S. P., Carte, E. T., Sami, N., Treuting, J. J., & Zupan, B. A. (2002). Preadolescent girls with attention-deficit/hyperactivity disorder: II. Neuropsychological performance in relation to subtypes and individual classification. *Journal of Consulting and Clinical Psychology, 70*, 1099–1111.

Hinshaw, S. P., & Lee, S. S. (2003). Oppositional defiant and conduct disorders. In E. J. Mash & R. A. Barkley (Eds.), *Child Psychopathology* (2nd ed., pp. 144–198). New York: Guilford Press.

Hinshaw, S. P., & Melnick, S. M. (1995). Peer relationships in boys with attention-deficit hyperactivity disorder with and without comorbid aggression. *Development and Psychopathology, 7*, 627–647.

Hinshaw, S. P., Owens, E. B., Sami, N., & Fargeon, S. (2006). Prospective follow-up of girls with attention-deficit/hyperactivity disorder into adolescence: Evidence for continuing cross-domain impairment. *Journal of Consulting and Clinical Psychology, 74*, 489–499.

Hinshaw, S. P., Owens, E. B., Zalecki, C., Huggins, S. P., Montenegro-Nevado, A. J., Schrodek, E., & Swanson, E. N. (2012). Prospective follow-up of girls with attention-deficit/hyperactivity disorder into early adulthood: Continuing impairment includes elevated risk for suicide attempts and self-injury. *Journal of Consulting and Clinical Psychology, 80*(6), 1041–1051.

Hinshaw, S. P., & Scheffler, R. M. (2014). *The ADHD explosion: myths, medication, money, and today's push for performance*. New York: Oxford University Press.

Hinshaw, S. P., Zupan, B. A., Simmel, C., Nigg, J. T., & Melnick, S. (1997). Peer status in boys with and without attention-deficit hyperactivity disorder: Predictions from overt and covert antisocial behavior, social isolation, and authoritative parenting beliefs. *Child Development, 68*, 880–896.

Hinton, D., Ba, P., Peou, S., & Um, K. (2000). Panic disorder among Cambodian refugees attending a psychiatric clinic. *General Hospital Psychiatry, 22*, 437–444.

Hinton, E., Um, K., & Ba, P. (2001). Kyol Goeu ('Wind Overload') Part II: Prevalence, characteristics, and mechanisms of Kyol Goeu and near Kyol Goeu episodes of Khmer patients attending a psychiatric clinic. *Transcultural Psychiatry, 38*, 433–460.

Hirsch, C. R., & Clark, D. M. (2004). Mental imagery and social phobia. In J. Yiend (Ed.), *Cognition, emotion and psychopathology: Theoretical, empirical and clinical directions* (pp. 232–250). Cambridge, UK: Cambridge University Press.

Ho, B. C., Milev, P., O'Leary, D. S., Librant, A., Flaum, M., Andreasen, N. C., & Wassink, T. (2006). Cognitive and magnetic resonance imaging brain morphometric correlates of brain-derived neurotrophic factor Val66Met gene polymorphism in patients with schizophrenia and healthy volunteers. *Archives of General Psychiatry, 63*, 731–740.

Ho, B. C., Nopoulos, P., Flaum, M., Arndt, S., & Andreasen, N. C. (1998). Two-year outcome in first-episode schizophrenia: Predictive value of symptoms for quality of life. *American Journal of Psychiatry, 155*, 1196–1201.

Hobson, R. P., & Lee, A. (1998). Hello and goodbye: A study of social engagement in autism. *Journal of Autism and Developmental Disorders, 28*, 117–127.

Hodges, E. L., Cochrane, C. E., & Brewerton, T. D. (1998). Family characteristics of binge-eating disorder patients. *International Journal of Eating Disorders, 23*, 145–151.

Hoebel, B. G., & Teitelbaum, P. (1966). Weight regulation in normal and hypothalamic hyperphagic rats. *Journal of Comparative and Physiological Psychology, 61*, 189–193.

Hoek, H. W., & van Hoeken, D. (2003). Review of the prevalence and incidence of eating disorders. *International Journal of Eating Disorders, 34*, 383–396.

Hoffart, A., & Torgensen, S. (1991). Causal attributions in first-degree relatives of depressed and agoraphobic inpatients. *Comprehensive Psychiatry, 32*, 458–464.

Hoffman, E. J., & Mathew, S. J. (2008). Anxiety disorders: A comprehensive review of pharmacotherapies. *Mount Sinai Journal of Medicine, 75*, 248–262.

Hofmann, S. G., Sawyer, A. T., Witt, A. A., & Oh, D. (2010). The effect of mindfulness-based therapy on anxiety and depression: A meta-analytic review. *Journal of Consulting and Clinical Psychology, 78*, 169–183.

Hofmann, S. G., & Smits, J. A. (2008). Cognitive-behavioral therapy for adult anxiety disorders: A meta-analysis of randomized placebo-controlled trials. *The Journal of Clinical Psychiatry, 69*, 621–632.

Hogarty, G. E., Anderson, C. M., Reiss, D. J., Kornblith, S. J., Greenwald, D. P., et al. (1986). Family psychoeducation, social skills training, and maintenance chemotherapy in the aftercare treatment of schizophrenia: 1. One-year effects of a controlled study on relapse and expressed emotion. *Archives of General Psychiatry, 43*, 633–642.

Hogarty, G. E., Anderson, C. M., Reiss, D. J., Kornblith, S. J., Greenwald, D. P., Ulrich, R. F., Carter, M., et al. The Environmental-Personal Indicators in the Course of Schizophrenia (EPICS) Research Group. (1991). Family psychoeducation, social skills training, and maintenance chemotherapy in the aftercare treatment of schizophrenia. *Archives of General Psychiatry, 48*, 340–347.

Hogarty, G. E., Flesher, S., Ulrich, R., et al. (2004). Cognitive enhancement therapy for schizophrenia: Effects of a 2-year randomized trial on cognition and behavior. *Archives of General Psychiatry, 61*, 866–876.

Holder, H. D., Longabaugh, R., Miller, W. R., & Rubonis, A. V. (1991). The cost effectiveness of treatment for alcoholism: A first approximation. *Journal of Studies on Alcohol, 52*, 517–540.

Hollingshead, A. B., & Redlich, F. C. (1958). *Social class and mental illness: A community study*. New York: John Wiley & Sons.

Hollon, S. D., & DeRubeis, R. J. (2003). *Cognitive therapy for depression*. Paper presented at the Annual Conference of the American Psychiatric Association, Philadelphia, PA.

Hollon, S. D., DeRubeis, R. J., Shelton, R. C., Amsterdam, J. D., Salomon, R. M., & O'Reardon, J. P. (2005).

Prevention of relapse following cognitive therapy vs medications in moderate to severe depression. *Archives of General Psychiatry, 62,* 417–422.

Hollon, S. D., Stewart, M. O., & Strunk, D. (2006). Enduring effects for cognitive behavior therapy in the treatment of depression and anxiety. *Annual Review of Psychology, 57,* 285–315.

Hollon, S. D., Thase, M. E., & Markowitz, J. C. (2002). Treatment and prevention of depression. *Psychological Science in the Public Interest, 3,* 39–77.

Holm, V. A., & Varley, C. K. (1989). Pharmacological treatment of autistic children. In G. Dawson (Ed.), *Autism: Nature, diagnosis, and treatment* (pp. 386–404). New York: Guilford Press.

Holmes, C., Boche, D., Wilkinson, D., Yadegarfar, G., Hopkins, V., Bayer, A., et al. (2008). Long-term effects of Abeta42 immunization in Alzheimer's disease: Follow-up of a randomised, placebo-controlled phase I trial. *The Lancet, 372,* 216–223.

Holmes, E. A., Brown, R. J., Mansell, W., Fearon, R. P., Hunter, E. C., Frasquilho, F., et al. (2005). Are there two qualitatively distinct forms of dissociation? A review and some clinical implications. *Clinical Psychology Review, 25,* 1–23.

Holtzheimer, P. E., & Mayberg, H. S. (2011). Deep brain stimulation for psychiatric disorders. *Annual Review of Neuroscience, 34,* 289–307.

Hong, J. P., Samuels, J., Bienvenu, O. J., Hsu, F. C., Eaton, W. W., Costa, P. T., Jr., et al. (2005). The longitudinal relationship between personality disorder dimensions and global functioning in a community-residing population. *Psychological Medicine, 35,* 891–895.

Hope, D. A., Heimberg, R. G., & Bruch, M. A. (1995). Dismantling cognitive-behavioral group therapy for social phobia. *Behaviour Research and Therapy, 33,* 637–650.

Hopwood, C. J., & Zanarini, M. C. (2010). Borderline personality traits and disorder: Predicting prospective patient functioning. *Journal of Consulting and Clinical Psychology, 78,* 585–589.

Horan, W. P., Kring, A. M., & Blanchard, J. J. (2006). Anhedonia in schizophrenia: A review of assessment strategies. *Schizophrenia Bulletin, 32,* 259–273.

Horowitz, J. L., & Garber, J. (2006). The prevention of depressive symptoms in children and adolescents: A meta-analytic review. *Journal of Consulting and Clinical Psychology, 74,* 401–415.

Horton, A. M. J. (2008). The Halstead-Reitan Neuropsychological Test Battery: Past, present, and future. In A. M. Horton & D. Wedding (Eds.), *The Neuropsychology Handbook* (3rd ed.) (pp. 251–278). New York: Springer Publishing.

Horton, R. S. (2011). Parenting as a cause of narcissism: Empirical support for psychodynamic and social learning theories. In W. K. Campbell & J. D. Miller (Eds.), *The handbook of narcissism and narcissistic personality disorder: Theoretical approaches, empirical findings, and treatments* (pp. 181–190). Hoboken, NJ: John Wiley & Sons.

Houenou, J., Frommberger, J., Carde, S., Glasbrenner, M., Diener, C., Leboyer, M., & Wessa, M. (2011). Neuroimaging-based markers of bipolar disorder: Evidence from two meta-analyses. *Journal of Affective Disorders, 132,* 344–355.

Houts, A. C. (2001). Harmful dysfunction and the search for value neutrality in the definition of mental disorder: Response to Wakefield, Part 2. *Behaviour Research and Therapy, 39,* 1099–1132.

Howard, R., McShane, R., Lindesay, J., Ritchie, C., Baldwin, A., Barber, R., et al. (2012). Donepezil and memantine for moderate-to-severe Alzheimer's disease. *New England Journal of Medicine, 366,* 893–903.

Howard, R., Rabins, P. V., Seeman, M. V., & Jeste, D. V. (2000). Late-onset schizophrenia and very-late-onset schizophrenia-like psychosis: an international consensus. The International Late-Onset Schizophrenia Group. *American Journal of Psychiatry, 157,* 172–178.

Howlin, P., Goode, S., Hutton, J., & Rutter, M. (2004). Adult outcome or children with autism. *Journal of Child Psychology and Psychiatry, 45,* 212–229.

Howlin, P., Mawhood, L., & Rutter, M. (2000). Autism and developmental receptive language disorder—A follow-up comparison in early adult life. II. Social, behavioral, and psychiatric outcomes. *Journal of Child Psychiatry and Psychology, 41,* 561–578.

Hoza, B., Murray-Close, D., Arnold, L. E., Hinshaw, S. P., Hechtmen, L., & The MTA Cooperative Group. (2010). Time-dependent changes in positive illusory self-perceptions of children with attention-deficit/hyperactivity disorder: A developmental psychopathology perspective. *Developmental and Psychopathology, 22,* 375–390.

Hser, Y., Anglin, M. D., & Powers, K. (1993). A 24-year follow-up of California narcotics addicts. *Archives of General Psychiatry, 50,* 577–584.

Hsu, L. K. G. (1990). *Eating disorders.* New York: Guilford Press.

Hu, W. T., Seelaar, H., Josephs, K. A., Knopman, D. S., Boeve, B. F., Sorenson, E. J., et al. (2009). Survival profiles of patients with frontotemporal dementia and motor neuron disease. *Archives of Neurology, 66,* 1359–1364.

Huang, J., Chaloupka, F. J., & Fong, G. T. (2014). Cigarette graphic warning labels and smoking prevalence in Canada: A critical examination and reformulation of the FDA regulatory impact analysis. *Tobacco Control, 23 Suppl 1,* i7–12.

Hudson, J. I., Hiripi, E., Pope, H. G., & Kessler, R. C. (2007). The prevalence and correlates of eating disorders in the National Comorbidity Survey Replication. *Biological Psychology, 61,* 348–358.

Hudson, J. I., Lalonde, J. K., Berry, J. M., Pindyck, L. J., & Bulick, C. (2006). Binge-eating disorder as a distinct familial phenotype in obese individuals. *Archives of General Psychiatry, 63,* 3138–3319.

Huether, G., Zhou, D., & Ruther, E. (1997). Causes and consequences of the loss of serotonergic presynapses elicited by the consumption of 3, 4methylenedioxymethamphetamine (MDMA, "ecstasy") and its congeners. *Journal of Neural Transmission, 104,* 771–794.

Hughes, C., & Agran, M. (1993). Teaching persons with severe disabilities to use self-instruction in community settings: An analysis of applications. *Journal of the Association for Persons with Severe Handicaps, 18,* 261–274.

Hughes, C., Hugo, K., & Blatt, J. (1996). Self-instructional intervention for teaching generalized problem-solving within a functional task sequence. *American Journal on Mental Retardation, 100,* 565–579.

Hughes, J. R. (2009). How confident should we be that smoking cessation treatments work? *Addiction, 104*(10), 1637–1640.

Hughes, J. R., Higgins, S. T., & Hatsukami, D. K. (1990). Effects of abstinence from tobacco: A critical review. In L. T. Kozlowski, H. Annis, H. D. Cappell, F. Glaser, M. Goodstadt, Y. Israel, H. Kalant, E. M. Sellers & J. Vingilis (Eds.), *Research advances in alcohol and drug problems.* New York: Plenum.

Hughes, J. R., Higgins, S. T., Bickel, W. K., Hunt, W. K., & Fenwick, J. W. (1991). Caffeine self-adminstration, withdrawal, and adverse effects among coffee drinkers. *Archives of General Psychiatry, 48,* 611–617.

Hughes, J., Stead, L., & Lancaster, T. (2004). Antidepressants for smoking cessation. *Cochrane Database of Systematic Reviews,* CD000031.

Huijbregts, S. C. J., de Sonneville, L. M. J., Licht, R., van Spronsen, F. J., Verkerk, P. H., & Sergeant, J. A. (2002). Sustained attention and inhibition of cognitive interference in treated phenylketonuria: Associations with concurrent and lifetime phenylalanine concentrations. *Neuropsychologia, 40,* 7–15.

Hulley, S., Grady, D., Bush, T., Furberg, C., Herrington, D., Riggs, B., & Vittinghoff, E. (1998). Randomized trial of estrogen plus progestin for secondary prevention of coronary heart disease in postmenopausal women. Heart and Estrogen/progestin Replacement Study (HERS) Research Group. *Journal of the American Medical Association, 280,* 605–613.

Hulse, G. K., Ngo, H. T., & Tait, R. J. (2010). Risk factors for craving and relapse in heroin users treated with oral or implant naltrexone. *Biological Psychiatry, 68,* 296–302.

Human Genome Project. (2008). How many genes are in the human genome? Accessed online at http://www.ornl.gov/sci/techresources/Human_Genome/faq/genenumber.shtml.

Hunsley, J., & Bailey, J. M. (1999). The clinical utility of the Rorschach: Unfulfilled promises and an uncertain future. *Psychological Assessment, 11,* 266–277.

Hunter, E. C., Sierra, M., & David, A. S. (2004). The epidemiology of depersonalisation and derealisation. A systematic review. *Social Psychiatry and Psychiatric Epidemiology, 39,* 9–18.

Hunter, R., & Macalpine, I. (1963). *Three hundred years of psychiatry 1535–1860.* Oxford, UK: Oxford University Press.

Huntjen, R. J. C., Postma, A., Peters, M. L., Woertman, L., & van der Hart, O. (2003). Interidentity amnesia for neutral, episodic information in dissociative identity disorder. *Journal of Abnormal Psychology, 112,* 290–297.

Hurlburt, R. T. (1979). Random sampling of cognitions and behavior. *Journal of Research on Personality, 13,* 103–111.

Hussong, A. M., Hicks, R. E., Levy, S. A., & Curran, P. J. (2001). Specifying the relations between affect and heavy alcohol use among young adults. *Journal of Abnormal Psychology, 110,* 449–461.

Hustvedt, A. (2011). *Medical muses: Hysteria in nineteenth-century Paris.* New York: W. W. Norton.

Hyman, S. E. (2002). Neuroscience, genetics, and the future of psychiatric diagnosis. *Psychopathology, 35,* 139–144.

Hyman, S. E. (2010). The diagnosis of mental disorders: The problem of reification. *Annual Review of Clinical Psychology, 6,* 155–179.

Iarovici, D. (2014). *Mental health issues and the university student.* Baltimore: Johns Hopkins University Press.

Iervolino, A. C., Perroud, N., Fullana, M. A., Guipponi, M., Cherkas, L., Collier, D. A., et al. (2009). Prevalence and heritability of compulsive hoarding: A twin study. *American Journal of Psychiatry, 166,* 1156–1161.

IMS Health. (2012). IMS national prescription audit PlusTM. (2011). Downloaded June 2014 from http://www.imshealth.com/portal/site/imshealth.

IMS Health. (2014). Medicine use and shifting costs of healthcare: A review of the use of medicines in the United States in 2013. Retrieved April 28, 2014, at http://www.imshealth.com/cds/imshealth/Global/Content/Corporate/IMS Health Institute/Reports/Secure/IIHI_US_Use_of_Meds_for_2013.pdf.

Indovina, I., Robbins, T. W., Nunez-Elizalde, A. O., Dunn, B. D., & Bishop, S. J. (2011). Fear-conditioning mechanisms associated with trait vulnerability to anxiety in humans. *Neuron, 69,* 563–571.

Inouye, S. K., Bogardus, S. T., Jr., Charpentier, P. A., Leo-Summers, L., Acampora, D., Holford, T. R., et al. (1999). A multicomponent intervention to prevent delirium in hospitalized older patients. *New England Journal of Medicine, 340,* 669–676.

Insel, T. R. (2014). The NIMH Research Domain Criteria (RDoC) Project: Precision Medicine for Psychiatry. *American Journal of Psychiatry, 171*(4), 395–397.

Insel, T. R., Scanlan, J., Champoux, M., & Suomi, S. J. (1988). Rearing paradigm in a nonhuman primate affects response to B-CCE challenge. *Psychopharmacology, 96,* 81–86.

Institute of Medicine. (1990). *Treating drug problems.* Washington, DC: National Academy Press.

Institute of Medicine. (1999). *Marijuana and medicine: Assessing the science base.* Washington, DC: National Academy Press.

Institute of Medicine. (2004). *Immunization safety review: Vaccines and autism.* Immunization Safety Review Board on Health Promotion and Disease Prevention. Washington, DC: National Academies Press.

International Society for the Study of Dissociation. (2011). Guidelines for treating dissociative identity disorder in adults, third revision: Summary version. *Journal of Trauma and Dissociation 12,* 188–212.

Ipser, J. C., Sander, C., & Stein, D. J. (2009). Pharmacotherapy and psychotherapy for body dysmorphic disorder. *Cochrane Database of Systematic Reviews* CD005332.

Irvin, J. E., Bowers, C.A., Dunn, M.E., & Wang, M.C. (1999). Efficacy of relapse prevention: A meta-analytic review. *Journal of Consulting and Clinical Psychology, 67,* 563–570.

Isaacowitz, D. M. (2012). Mood regulation in real time: Age differences in the role of looking. *Current Directions in Psychological Science, 21,* 237–242.

Ishikawa, S. S., Raine, A., Lencz, T., Bihrle, S., & Lacasse, L. (2001). Autonomic stress reactivity and executive functions in successful and unsuccessful criminal psychopaths from the community. *Journal of Abnormal Psychology, 110,* 423–432.

Ito, T., Miller, N. & Pollock, V. (1996). Alcohol and aggression: A meta-analysis on the moderating effects of inhibitory cues, triggering events, and self-focused attention. *Psychological Bulletin, 120,* 60–82.

Ivanoff, A., Jang, S. J., Smyth, N. J., & Linehan, M. M. (1994). Fewer reasons for staying alive when you are thinking of killing yourself: The Brief Reasons for Living Inventory. *Journal of Psychopathology and Behavioral Assessment, 16,* 1–13.

Ivarsson, T., Råstam, M., Weitz, E., Gilberg, I. C., & Gilberg, G. (2000). Depressive disorders in teen-age-onset anorexia nervosa: A controlled longitudinal, partly community-based study. *Comprehensive Psychiatry, 41,* 398–403.

Jack, C. R., Jr., Albert, M. S., Knopman, D. S., McKhann, G. M., Sperling, R. A., Carrillo, M. C., et al. (2011). Introduction to the recommendations from the National Institute on Aging-Alzheimer's Association workgroups on diagnostic guidelines for Alzheimer's disease. *Alzheimer's and Dementia : The Journal of the Alzheimer's Association, 7,* 257–262.

Jackson, J. C., Gordon, S. M., Hart, R. P., Hopkins, R. O., & Ely, E. W. (2004). The association between delirium and cognitive decline: A review of the empirical literature. *Neuropsychology Review, 14,* 87–98.

Jacobi, E. A. (2004). Prevalence, co-morbidity and correlates of mental disorders in the general population: Results from the German Health Interview and Examination Survey. *Psychological Medicine, 34,* 597–611.

Jacobsen, L. K., Southwick, S. M., & Kosten, T. R. (2001). Substance use disorders in patients with posttraumatic stress disorder: A review of the literature. *American Journal of Psychiatry, 158,* 1184–1190.

Jacobson, N. S., Dobson, K. S., Fruzzetti, A. E., & Schmaling, K. B. (1991). Marital therapy as a treatment for depression. *Journal of Consulting and Clinical Psychology, 59,* 547–557.

Jacobson, N. S., & Gortner, E. T. (2000). Can depression be de-medicalized in the 21st century?: Scientific revolutions, counter-revolutions and the magnetic field of normal science. *Behaviour Research and Therapy, 38,* 103–117.

Jacobson, N. S., Roberts, L. J., Berns, S. B., & McGlinchey, J. B. (1999). Methods for defining and determining the clinical significance of treatment effects: Description, application, and alternatives. *Journal of Consulting and Clinical Psychology, 67,* 300–307.

Jaffe, J. H. (1985). Drug addiction and drug abuse. In Goodman, A. G. & Gilman, A. (Eds.), *Goodman and Gilman's The pharmacological basis of therapeutic behavior.* New York: Macmillan.

Jaffee, S. R., Strait, L. B., & Odgers, C. L. (2012). From correlates to causes: Can quasi-experimental studies and statistical innovations bring us closer to identifying the causes of antisocial behavior? *Psychological Bulletin, 138,* 272–295.

Jak, A. J., Bondi, M. W., Delano-Wood, L., Wierenga, C., Corey-Bloom, J., Salmon, D., et al. (2009). Quantification of five neuropsychological approaches to defining mild cognitive impairment. *American Journal of Geriatric Psychiatry, 17,* 368–375.

James, A., Hoang, U., Seagroatt, V., Clacey, J., Goldacre, M., & Leibenluft, E. (2014). A comparison of American and English hospital discharge rates for pediatric bipolar disorder, 2000 to 2010. *Journal of the American Academy of Child and Adolescent Psychiatry, 53*(6), 614-624.

James, D. J., & Glaze, L. E. (2006). Mental health problems of prison and jail inmates. *NCJ 213600.* Retrieved from http://www.bjs.gov/content/pub/pdf/mhppji.pdf website: http://www.bjs.gov/content/pub/pdf/mhppji.pdf.

Jamison, K. R. (1993). *Touched with fire: Manic-depressive illness and the artistic temperament.* New York: Simon & Schuster.

Jamison, K. R. (1995). *The unquiet mind: A memoir of moods and madness.* New York: Vintage Books.

Jampole, L., & Weber, M. K. (1987). An assessment of the behavior of sexually abused and nonsexually abused children with anatomically correct dolls. *Child Abuse and Neglect, 11,* 187–192.

Jardri, R., Pouchet, A., Pins, D., & Thomas, P. (2011). Cortical activation during auditory verbal hallucinations in schizophrenia: a coordinate-based meta-analysis. *American Journal of Psychiatry, 168,* 73–81.

Jarrell, M. P., Johnson, W. G., & Williamson, D. A. (1986). *Insulin and glucose response in the binge purge episode of bulimic women.* Paper presented at the annual convention of the Association for Advancement of Behavior Therapy, Chicago.

Jauhar, S., McKenna, P., Radua, J., E., F., R., S., & Laws, K. R. (2014). Cognitive-behavioural therapy for the symptoms of schizophrenia: Systematic review and meta-analysis with examination of potential bias. *British Journal of Psychiatry, 204,* 20–29.

Jeans, R. F. I. (1976). An independently validated case of multiple personality. *Journal of Abnormal Psychology, 85,* 249–255.

Jensen, M. P., & Patterson, D. R. (2014). Hypnotic approaches for chronic pain management: clinical implications of recent research findings. *American Psychologist, 69,* 167–177.

Jensen, P. S., Arnold, L. E., Swanson, J. M. et al. (2007). 3-year follow-up of the NIMH MTA study. *Journal of the American Academy of Child and Adolescent Psychiatry, 46,* 989–1002.

Jensen, P. S., Martin, D., & Cantwell, D. P. (1997). Comorbidity in ADHD: Implications for research, practice, and DSM-V. *Journal of the American Academy of Child and Adolescent Psychiatry, 36,* 1065–1079.

Jespersen, A. F., Lalumiere, M. L., & Seto, M. C. (2009). Sexual abuse history among adult sex offenders and non-sex offenders: a meta-analysis. *Child Abuse and Neglect, 33,* 179–192.

Jett, D., LaPorte, D. J., & Wanchism, J. (2010). Impact of exposure to pro-eating disorder websites on eating behaviour in college women. *European Eating Disorders Review, 18,* 410–416.

Jimerson, D. C., Lesem, M. D., Kate, W. H., & Brewerton, T. D. (1992). Low serotonin and dopamine metabolite concentrations in cerebrospinal fluid from bulimic patients with frequent binge episodes. *Archives of General Psychiatry, 49,* 132–138.

Jimerson, D. C., Wolfe, B. E., Metzger, E. D., Finkelstein, D. M., Cooper, T. B., et al. (1997). Decreased serotonin function in bulimia nervosa. *Archives of General Psychiatry, 54,* 529–536.

Johnson, J. G., Cohen, P., Brown, J., Smailes, E. M., & Bernstein, D. P. (1999). Childhood maltreatment increases risk for personality disorders during early adulthood. *Archives of General Psychiatry, 56,* 600–606.

Johnson, J. G., Cohen, P., Chen, H., Kasen, S., & Brook, J. S. (2006). Parenting behaviors associated with risk for offspring personality disorder during adulthood. *Archives of General Psychiatry, 63,* 579–583.

Johnson, J. G., Cohen, P., Kasen, S., & Brook, J. S. (2006). Dissociative disorders among adults in the community, impaired functioning, and axis I and II comorbidity. *Journal of Psychiatric Research, 40,* 131–140.

Johnson, J. G., Cohen, P., Kasen, S., Skodol, A. E., Hamagami, F., & Brook, J. S. (2000). Age-related change in personality disorder trait levels between early adolescence and adulthood: A community-based longitudinal investigation. *Acta Psychiatrica Scandinavica, 2,* 263–275.

Johnson, J., Weissman, M. M., & Klerman, G. L. (1992). Service utilization and social morbidity associated with depressive symptoms in the community. *Journal of the American Medical Association, 267,* 1478–1483.

Johnson, S. L., Cuellar, A. K., & Peckham, A. D. (Eds.). (2014). *Risk factors for bipolar disorder* (3rd ed.). New York: Guilford Press.

Johnson, S. L., Edge, M. D., Holmes, M. K., & Carver, C. S. (2012). The behavioral activation system and mania. *Annual Review of Clinical Psychology, 8,* 243–267.

Johnson, W. G., Tsoh, J. Y., & Varnado, P. J. (1996). Eating disorders: Efficacy of pharmacological and psychological interventions. *Clinical Psychology Review, 16,* 457–478.

Johnston, C., & Marsh, E. J. (2001). Families of children with attention-deficit/hyperactivity disorder: Review and recommendations for future research. *Clinical Child and Family Psychology Review, 4,* 183–207.

Johnston, L. D., O'Malley, P. M., Bachman, J. G., Schulenberg, J. E., & Miech, R. A. (2014). Monitoring the future national survey results on drug use, 1975–2013: Volume I, Secondary school. Ann Arbor: Institute for Social Research, The University of Michigan

Joiner, T. E. (1995). The price of soliciting and receiving negative feedback: Self-verification theory as a vulnerability to depression theory. *Journal of Abnormal Psychology, 104*, 364–372.

Joiner, T. E., & Metalsky, G. I. (2001). Excessive reassurance-seeking: delineating a risk factor involved in the development of depressive symptoms. *Psychological Science, 12*, 371–378.

Joiner, T. E., Alfano, M. S., & Metalsky, G. I. (1992). When depression breeds contempt: Reassurance seeking, selfesteem, and rejection of depressed college students by their roommates. *Journal of Abnormal Psychology, 101*, 165–173.

Joiner, T. E., Brown, J. S., & Wingate, L. R. (2005). The psychology and neurobiology of suicidal behavior. *Annual Review of Psychology, 56*, 287–314.

Joiner, T. E., Voelz, Z. R., & Rudd, M. D. (2001). For suicidal young adults with comorbid depressive and anxiety disorders, problem-solving treatment may be better than treatment as usual. *Professional Psychology: Research and Practice, 32*, 278–282.

Jonas, B. S., Gu, Q., & Albertorio-Diaz, J. R. (2013). Psychotropic medication use among adolescents: United States, 2005–2010. *NCHS Data Brief*, no 135.

Jones, P. B., Barnes, T. R. E., Davies, L., Dunn, G., Lloyd, H., et al. (2006). Randomized controlled trial of the effect on quality of life of second- vs first-generation antipsychotic drugs in schizophrenia: Cost utility of the latest antipsychotic drugs in schizophrenia study (CUtLASS 1). *Archives of General Psychiatry, 63*, 1079–1087.

Jones, W., & Klin, A. (2013). Attention to eyes is present but in decline in 2-6-month-old infants later diagnosed with autism. *Nature, 504*(7480), 427–431.

Jones, E., & Wessely, S. (2001). Psychiatric battle casualties: An intra-and interwar comparision. *British Journal of Psychiatry, 178*, 242–247.

Jordan, N. C. (2007). Do words count? Connections between mathematics and reading difficulties. In D. B. Berch & M. M. M. Mazzocco (Eds.), *Why is math so hard for some children?* (pp. 107–120). Baltimore: Brooks.

Jorenby, D. E., Leischow, S. J., Nides, M. A., Rennard, S. I., Johnston, J. A., et al. (1999). A controlled trial of sustained-release buproprion, a nicotine patch, or both for smoking cessation. *New England Journal of Medicine, 340*, 685–691.

Jorm, A. F., Christensen, H., Henderson, A. S., Jacomb, P. A., Korten, A. E., & Rodgers, B. (2000). Predicting anxiety and depression from personality: Is there a synergistic effect of neuroticism and extraversion? *Journal of Abnormal Psychology, 109*, 145-149.

Josephs, K. A. (2008). Frontotemporal dementia and related disorders: Deciphering the enigma. *Annals of Neurology, 64*, 4–14.

Josephs, R. A., & Steele, C. M. (1990). The two faces of alcohol myopia: attentional mediation of psychological stress. *Journal of Abnormal Psychology, 99*, 115–126.

Judd, L. L. (1997). The clinical course of unipolar major depressive disorders. *Archives of General Psychiatry, 54*, 989–991.

Judd, L. L., Akiskal, H. S., Maser, J. D., Zeller, P. J., Endicott, J., Coryell, W., et al. (1998). A prospective 12-year study of subsyndromal and syndromal depressive symptoms in unipolar major depressive disorders. *Archives of General Psychiatry, 55*, 694–701.

Just, N., & Alloy, L. B. (1997). The response styles theory of depression: Tests and an extension of the theory. *Journal of Abnormal Psychology, 106*, 221–229.

Kadlec, D., Rawe, J., Park, A., Fonda, D., Cole, W., et al. (2004, May 3). The low carb frenzy. *Time Magazine, 46*.

Kafka, M. P. (1997). Hypersexual desire in males: An operational definition and clinical implications for males with paraphilias and paraphilia-related disorders. *Archives of Sexual Behavior, 26*(5), 505–526.

Kafka, M. P. (2010). The DSM diagnostic criteria for fetishism. *Archives of Sexual Behavior, 39*, 357–362.

Kafka, M. P., & Hennen, J. (2002). A DSM-IV Axis I comorbidity study of males (*n* = 120) with paraphilias and paraphilia-related disorders. *Sexual Abuse: A Journal of Research and Treatment, 14*, 349–366.

Kagan, J., & Snidman, N. (1999). Early childhood predictors of adult anxiety disorders. *Biological Psychiatry, 46*, 1536–1541.

Kandel, D. B. (2002). *Stages and pathways of drug involvement: examining the gateway hypothesis.* New York: Cambridge University Press.

Kane, J., Honigfeld, G., Singer, J., Meltzer, H., and the Clozapine Collaborative Study Group. (1988). Clozapine for treatment resistant schizophrenics. *Archives of General Psychiatry, 45*, 789–796.

Kanner, L. (1943). Autistic disturbances of affective contact. *Nervous Child, 2*, 217–250.

Kapczinski, F., Lima, M. S., Souza, J. S., Cunha, A., & Schmitt, R. (2002). Antidepressants for generalized anxiety disorder. *Cochrane Database of Systematic Reviews, Issue 2*, CD003592.

Kaplan, H. S. (1974). *The new sex therapy.* New York: Brunner/Mazel.

Kaplan, H. S. (1997). Sexual desire disorders (hypoactive sexual desire and sexual aversion). In G. O. Gabbard & S. D. Atkinson (Eds.), *Synopsis of treatments of psychiatric disorders* (2nd ed., pp. 771–780). Washington, DC: American Psychiatric Press.

Kaplan, M. S., & Kreuger, R. B. (1997). Voyeurism: Psychopathology and theory. In D. R. Laws & W. O'Donohue (Eds.), *Sexual deviance* (pp. 297–310). New York: Guilford Press.

Kaplan, M. S., & Krueger, R. B. (2012). Cognitive-behavioral treatment of the paraphilias. *Israel Journal of Psychiatry Related Sciences, 49*, 291–296.

Kaplow, J. B., & Widom, C. S. (2007). Age of onset of child maltreatment predicts long-term mental health outcomes. *Journal of Abnormal Psychology, 116*, 176–187.

Kaptchuk, T. J., Kelley, J. M., Conboy, L. A., Davis, R. B., Kerr, C. E., Jacobson, E. E., et al. (2008). Components of placebo effect: Randomised controlled trial in patients with irritable bowel syndrome. *British Medical Journal, 336*, 999–1003.

Karg, K. (2011). The serotonin transporter promoter variant (5-HTTLPR), stress, and depression meta-analysis revisited: Evidence of genetic moderation. *Archives of General Psychiatry, 68*, 444.

Karg, K., Burmeister, M., Shedden, K., & Sen, S. (2011). The serotonin transporter promoter variant (5-HTTLPR), stress, and depression meta-analysis revisited: evidence of genetic moderation. *Archives of General Psychiatry, 68*, 444–454.

Karney, B. R., & Bradbury, T. N. (1995). The longitudinal course of marital quality and stability: A review of theory, method, and research. *Psychological Bulletin, 118*, 3–34.

Karon, B. P., & VandenBos, G. R. (1998). Schizophrenia and psychosis in elderly populations. In I. H. Nordhus, G. R. VandenBos, S. Berg & P. Fromholt (Eds.), *Clinical Geropsychology* (pp. 219–227). Washington, DC: American Psychological Association.

Kasahara, T. (1995). [Diagnosis of Taijin-Kyofu and social phobia]. *Seishin shinkeigaku zasshi. Psychiatria et neurologia Japonica, 97*, 357–366.

Kasari, C., Freeman, S., & Paparella, T. (2006). Joint attention and symbolic play in young children with autism: A randomized controlled intervention study. *Journal of Child Psychology and Psychiatry, 47*, 611–620.

Kasari, C., Paparella, T., Freeman, S., & Jahromi, L. B. (2008). Language outcome in autism: randomized comparison of joint attention and play interventions. *Journal of Consulting and Clinical Psychology, 76*, 125–137.

Kashdan, T. B., & McKnight, P. E. (2010). The darker side of social anxiety: When aggressive impulsivity prevails over shy inhibition. *Current Directions in Psychological Science, 19*, 47–50.

Kashden, J., & Franzen, M. D. (1996). An interrater reliability study of the Luria-Nebraska Neuropsychological Battery Form-II quantitative scoring system. *Archives of Clinical Neuropsychology, 11*, 155–163.

Kassel, J. D., & Shiffman, S. (1997). Attentional mediation of cigarette smoking's effect on anxiety. *Health Psychology, 16*, 359–368.

Kassel, J. D., & Unrod, M. (2000). Smoking, anxiety, and attention: Support for the role of nicotine in attentionally mediated anxiolysis. *Journal of Abnormal Psychology, 109*, 161–166.

Kassel, J. D., Stroud, L. R., & Paronis, C. A. (2003). Smoking, stress, and negative affect: Correlation, causation, and context across stages of smoking. *Psychological Bulletin, 129*, 270–304.

Kassett, J. A., Gershon, E. S., Maxwell, M. E., et al. (1989). Psychiatric disorders in the first-degree relatives of probands with bulimia nervosa. *American Journal of Psychiatry, 146*, 1468–1471.

Katz, E. C., Gruber, K., Chutuape, M. A., & Stitzer, M. L. (2001). Reinforcement-based outpatient treatment for opiate and cocaine abusers. *Journal of Substance Abuse Treatment, 20*, 93–98.

Katz, I. R., Parmelee, P., & Brubaker, K. (1991). Toxic and metabolic encephalopathies in long-term care patients. *International Psychogeriatrics, 3*, 337–347.

Kawakami, N., Shimizu, H., Haratani, T., Iwata, N., & Kitamura, T. (2004). Lifetime and 6-month prevalence of DSM-III-R psychiatric disorders in an urban community in Japan. *Psychiatry Research, 121*, 293–301.

Kaye, W. H. (2008). Neurobiology of anorexia and bulimia nervosa. *Physiology and Behavior, 94*, 121–135.

Kaye, W. H., Greeno, C. G., Moss, H., Fernstrom, J., Lilenfeld, L. R., Wahlund, B., et al. (1998). Alterations in serotonin activity and platelet monoamine oxidase and psychiatric symptoms after recovery from bulimia nervosa. *Archives of General Psychiatry, 55*, 927–935.

Kaye, W. H., Ebert, M. H., Raleigh, M., & Lake, R. (1984). Abnormalities in CNS monoamine metabolism in anorexia nervosa. *Archives of General Psychiatry, 41*, 350–355.

Kazdin, A. E. (2005). *Parent management training: Treatment for oppositional, aggressive, and antisocial behavior in children and adolescents.* New York: Oxford University Press.

Kazdin, A. E., & Weisz, J. R. (1998). Identifying and developing empirically supported child and adolescent treatments. *Journal of Consulting and Clinical Psychology, 66*, 19–36.

Keane, T. M., Fairbank, J. A., Caddell, J. M., & Zimering, R. T. (1989). Implosive (flooding) therapy reduces symptoms of PTSD in Vietnam combat veterans. *Behavior Therapy, 20*, 245–260.

Keane, T. M., Gerardi, R. J., Quinn, S. J., & Litz, B. T. (1992). Behavioral treatment of post-traumatic stress disorder. In S. M. Turner, K. S. Calhoun & H. E. Adams (Eds.), *Handbook of Clinical Behavior Therapy* (2nd ed., pp. 87–97). New York: John Wiley & Sons.

Keane, T. M., Marshall, A. D., & Taft, C. T. (2006). Posttraumatic stress disorder: Etiology, epidemiology, and treatment outcome. *Annual Review of Clinical Psychology, 2,* 161–197.

Keane, T. M., Zimering, R. T., & Caddell, J. (1985). A behavioral formulation of posttraumatic stress disorder in Vietnam veterans. *The Behavior Therapist, 8,* 9–12.

Keefe, R. S. E., Bilder, R. M., Davis, S.M., Harvey, P.D., Palmer, B. W. et al. (2007). Neurocognitive effects of antipsychotic medications in patients with chronic schizophrenia in the CATIE trial. *Archives of General Psychiatry, 64,* 633–647.

Keel, P. K., Baxter, M. G., Heatherton, T. F., & Joiner, T. E. (2007). A 20-year longitudinal study of body weight, dieting, and eating disorder symptoms. *Journal of Abnormal Psychology, 116,* 422–432.

Keel, P. K., & Brown, T. A. (2010). Update on course and outcome in eating disorders. *International Journal of Eating Disorders, 43,* 195–204.

Keel, P. K., Gravener, J. A., Joiner, T. E., Jr., & Haedt, A. A. (2010). Twenty-year follow-up of bulimia nervosa and related eating disorders not otherwise specified. *International Journal of Eating Disorders, 43,* 492–497.

Keel, P. K., & Klump, K. L. (2003). Are eating disorders culture-bound syndromes? Implications for conceptualizing their etiology. *Psychological Bulletin, 129,* 747–769.

Keel, P. K., & Mitchell, J. E. (1997). Outcome in bulimia nervosa. *American Journal of Psychiatry, 154,* 313–321.

Keel, P. K., Mitchell, J. E., Davis, T. L., & Crow, S. J. (2002). Long-term impact of treatment in women diagnosed with bulimia nervosa. *International Journal of Eating Disorders, 31,* 151–158.

Keel, P. K., Mitchell, J. E., Miller, K. B., Davis, T. L., & Crowe, S. J. (1999). Long-term outcome of bulimia nervosa. *Archives of General Psychiatry, 56,* 63–69.

Keers, R., Ullrich, S., DeStavola, B. L., & Coid, J. W. (2014). Association of violence with emergence of persecutory delusions in untreated schizophrenia. *American Journal of Psychiatry, 171,* 332–339.

Keilp, J. G., Sackeim, H. A., Brodsky, B. S., Oquendo, M. A., Malone, K. M., & Mann, J. J. (2001). Neuropsychological dysfunction in depressed suicide attempters. *Archives of General Psychiatry, 158,* 735–741. .

Keller, M. B., McCullough, J. P., Klein, D. N., Arnow, B., Dunner, L., Gelenberg, A. J., et al. (2000). A comparison of nefazodone, the cognitive behavioral-analysis system of psychotherapy, and their combination for the treatment of chronic depression. *The New England Journal of Medicine, 342,* 1462–1470.

Kellerman, J. (1989). *Silent partner.* New York: Bantam Books.

Kellner, C. H., Fink, M., Knapp, R., Petrides, G., Husain, M., Rummans, T., et al. (2005). Relief of expressed suicidal intent by ECT: A consortium for research in ECT study. *American Journal of Psychiatry, 162,* 977–982.

Keltner, D., & Kring, A. M. (1998). Emotion, social function, and psychopathology. *Review of General Psychology, 2,* 320–342.

Kempster, N. (August 25, 1996). Clinton orders tracking of sex offenders, *Los Angeles Times,* p. A20.

Kempton, M. J., Stahl, D., Williams, S. C., & DeLisi, L. E. (2010). Progressive lateral ventricular enlargement in schizophrenia: A meta-analysis of longitudinal MRI studies. *Schizophrenia Research, 120,* 54-62.

Kenardy, J., & Taylor, C. B. (1999). Expected versus unexpected panic attacks: A naturalistic prospective study. *Journal of Anxiety Disorders, 13,* 435–445.

Kendall, P. C., Aschenbrand, S. G., & Hudson, J. L. (2003). Child-focused treatment of anxiety. In A. E. Kazdin & J. R. Weisz (Eds.), *Evidence-based psychotherapies for children and adolescents* (pp. 81–100). New York: Guilford Press.

Kendall, P. C., & Beidas, R. S. (2007). Trail for dissemination of evidence-based practices for youth: Flexibility within fidelity. *Professional Psychology: Research and Practice, 38,* 13–20.

Kendall, P. C., Flannery-Schroeder, E. C., Panichelli-Mindel, S., Southam-Gerow, M., Henin, A., & Warman, M. (1997). Therapy for youths with anxiety disorders: A second randomized clinical trial. *Journal of Consulting and Clinical Psychology, 65,* 366–380.

Kendall, P. C., Haaga, D. A. F., Ellis, A., Bernard, M., DiGiuseppe, R., & Kassinove, H. (1995). Rationa-lemotive therapy in the 1990s and beyond: Current status, recent revisions, and research questions. *Clinical Psychology Review, 15,* 169–185.

Kendall, P. C., Hudson, J. L. Gosch, E., Flannery-Schroeder, E., & Suveg, C. (2008). Cognitive–behavioral therapy for anxiety disordered youth: A randomized clinical trial evaluating child and family modalities. *Journal of Consulting and Clinical Psychology, 76,* 282–297.

Kendall, P. C., & Ingram, R. E. (1989). Cognitive-behavioral perspectives: Theory and research on depression and anxiety. In D. Watson & P. C. Kendall (Eds.), *Personality, psychopathology, and psychotherapy* (pp. 27–53). San Diego, CA: Academic Press.

Kendall, P. C., Safford, S., Flannery-Schroeder, E., & Webb, A. (2004). Child anxiety treatment: Outcomes in adolescence and impact on substance use and depression at 7.4-year follow-up. *Journal of Consulting and Clinical Psychology, 72,* 276–287.

Kendler, K. S. (1997). The diagnostic validity of melancholic major depression in a population-based sample of female twins. *Archives of General Psychiatry, 54,* 299–304.

Kendler, K. S., Chen, X., Dick, D., Maes, H., Gillespie, N., Neale, M. C., & Riley, B. (2012). Recent advances in the genetic epidemiology and molecular genetics of substance use disorders. *Nature Neuroscience, 15*(2), 181–189.

Kendler, K. S., Hettema, J. M., Butera, F., Gardner, C. O., & Prescott, C. A. (2003). Life event dimensions of loss, humiliation, entrapment, and danger in the prediction of onsets of major depression and generalized anxiety. *Archives of General Psychiatry, 60,* 789–796.

Kendler, K. S., Jacobson, K., Myers, J. M., & Eaves L. J. (2008). A genetically informative developmental study of the relationship between conduct disorder and peer deviance in males. *Psychological Medicine, 38,* 1001–1011.

Kendler, K. S., Jacobson, K. C., Prescott, C. A., & Neale, M. C. (2003). Specificity of genetic and environmental risk factors for use and abuse/dependence of *Cannabis,* cocaine, hallucinogens, sedatives, stimulants, and opiates in male twins. *American Journal of Psychiatry, 160,* 687–695.

Kendler, K. S., Karkowski-Shuman, L., & Walsh, D. (1996). Age of onset in schizophrenia and risk of illness in relatives. *British Journal of Psychiatry, 169,* 213–218.

Kendler, K. S., Myers, J., & Prescott, C. A. (2002). The etiology of phobias: An evaluation of the stress-diathesis model. *Archives of General Psychiatry, 59,* 242–249.

Kendler, K. S., Myers, J., & Zisook, S. (2008). Does bereavement-related major depression differ from major depression associated with other stressful life events? *American Journal of Psychiatry, 165,* 1449–1455.

Kendler, K. S., Myers, J., Prescott, C. A., & Neale, M. C. (2001). The genetic epidemiology of irrational fears and phobias in men. *Archives of General Psychiatry, 58,* 257–267.

Kendler, K. S., Myers, J., Torgersen, S., Neale, M. C., & Reichborn-Kjennerud, T. (2007). The heritability of cluster A personality disorders assessed by both personal interview and questionnaire. *Psychological Medicine, 37,* 655–665.

Kendler, K. S., & Prescott, C. A. (1998). *Cannabis* use, abuse, and dependence in a population-based sample of female twins. *American Journal of Psychiatry, 155,* 1016–1022.

Kendler, K. S., Prescott, C. A., Myers, J., & Neale, M. C. (2003). The structure of genetic and environmental risk factors for common psychiatric and substance use disorders in men and women. *Archives of General Psychiatry, 60,* 929–937.

Kerns, J. G., & Berenbaum, H. (2002). Cognitive impairments associated with formal thought disorder in people with schizophrenia. *Journal of Abnormal Psychology, 111,* 211–224.

Kerns, J. G., & Berenbaum, H. (2003). The relationship between formal thought disorder and executive functioning component processes. *Journal of Abnormal Psychology, 112,* 339–352.

Keshavan, M. S., Rosenberg, D., Sweeney, J. A., & Pettegrew, J. W. (1998). Decreased caudate volume in neuroleptic-naive psychotic patients. *American Journal of Psychiatry, 155,* 774–778.

Kessler, D. A. (2009). *The end of overeating.* Emmaus, PA: Rodale.

Kessler, L. (August 22, 2004). Dancing with Rose: A strangely beautiful encounter with Alzheimer's patients provides insights that challenge the way we view the disease. *Los Angeles Times Magazine.*

Kessler, R. C. (2003). Epidemiology of women and depression. *Journal of Affective Disorders, 74,* 5–13.

Kessler, R. C., Akiskal, H. S., Angst, J., Guyer, M., Hirschfeld, R. M. A., Merikangas, K. R., & Stang, P. E. (2006). Validity of the assessment of bipolar spectrum disorders in the WHO CIDI 3.0. *Journal of Affective Disorders, 96,* 259–269.

Kessler, R. C., Angermeyer, M., Anthony, J. C., de Graaf, R., Demyttenaere, K., Gasquet, I., et al. (2007). Lifetime prevalence and age-of-onset distributions of mental disorders in the World Health Organization's World Mental Health Survey Initiative. *World Psychiatry, 6.*

Kessler, R. C., Berglund, P. A., Chiu, W. T., Deitz, A. C., Hudson, J. I., Shahly, V., . . . Xavier, M. (2013). The Prevalence and Correlates of Binge Eating Disorder in the World Health Organization World Mental Health Surveys. *Biological Psychiatry, 73*(9), 904–914.

Kessler, R. C., Berglund, P., Borges, G., Nock, M., & Wang, P. S. (2005). Trends in suicide ideation, plans, gestures, and attempts in the United States, 1990–1992 to 2001-2003. *Journal of the American Medical Association, 293,* 2487–2495.

Kessler, R. C., Berglund, P., Demler, O., Jin, R., Koretz, D., Merikangas, K. R., et al. (2003). The epidemiology of major depressive disorder: Results from the National Comorbidity Survey Replication (NCS-R). *Journal of the American Medical Association, 289,* 3095–3105.

Kessler, R. C., Berglund, P., Demler, O., Jin, R., Merikangas, K. R., & Walters, E. E. (2005). Lifetime prevalence and age-of-onset distributions of DSM-IV disorders in the national comorbidity survey replication. *Archives of General Psychiatry, 62,* 593–602.

Kessler, R. C., Birnbaum, H. G., Shahly, V., Bromet, E., Hwang, I., McLaughlin, K. A., et al. (2010). Age differences in the prevalence and co-morbidity of DSM-IV major depressive episodes: results from the WHO World Mental Health Survey Initiative. *Depression and Anxiety, 27*, 351–364.

Kessler, R. C., Chiu, W. T., Demler, O., & Walters, E. E. (2005). Prevalence, severity, and comorbidity of 12 month DSM-IV disorders in the National Comorbidity Survey Replication. *Archives of General Psychiatry, 62*, 617–627.

Kessler, R. C., Chiu, W. T., Jin, R., Ruscio, A. M., Shear, K., & Walters, E. E. (2006). The epidemiology of panic attacks, panic disorder, and agoraphobia in the national comorbidity survey replication. *Archives of General Psychiatry, 63*, 415–424.

Kessler, R. C., Crum, R. M., Warner, L. A., Nelson, C. B., et al. (1997). Lifetime co-occurrence of DSM-IIIR alcohol dependence with other psychiatric disorders in the National Comorbidity Study. *Archives of General Psychiatry, 54*, 313–321.

Kessler, R. C., Crum, R. M., Warner, L. A., Nelson, C. B., Schulenberg, J., & Anthony, J. C. (1997). Lifetime co-occurrence of DSM-IIIR alcohol dependence with other psychiatric disorders in the National Comorbidity Study. *Archives of General Psychiatry, 54*, 313–321.

Kessler, R. C., Heeringa, S., & Lakoma, M. D., et al. (2008). Individual and society effects of mental disorders on earnings in the United States: Results from the National Comorbidity Survey Replication. *American Journal of Psychiatry, 165*, 703–711.

Kessler, R. C., McLaughlin, K. A., Green, J. G., Gruber, M. J., Sampson, N. A., Zaslavsky, A. M., et al. (2010). Childhood adversities and adult psychopathology in the WHO World Mental Health Surveys. *British Journal of Psychiatry, 197*, 378–385.

Kessler, R. C., Petukhova, M., Sampson, N. A., Zaslavsky, A. M., & Wittchen, H. U. (2012). Twelve-month and lifetime prevalence and lifetime morbid risk of anxiety and mood disorders in the United States. *International Journal of Methods in Psychiatric Research, 21*, 169–184.

Keys, A., Brozek, J., Hsu, L. K. G., McConoha, C. E., & Bolton, B. (1950). *The biology of human starvation.* Minneapolis: University of Minnesota Press.

Kiecolt-Glaser, J. K., Dura, J. R., Speicher, C. E., & Trask, O. (1991). Spousal caregivers of dementia victims: Longitudinal changes in immunity and health. *Psychosomatic Medicine, 54*, 345–362.

Kiecolt-Glaser, J. K., & Glaser, R. (2001). Stress and immunity: Age enhances the risks. *Current Directions in Psychological Science, 10*, 18–21.

Kiecolt-Glaser, J. K., & Glaser, R. (2002). Depression and immune function: Central pathways to morbidity and mortality. *Journal of Psychosomatic Research, 53*, 873–876.

Kieseppa, T., Partonen, T., Haukka, J., Kaprio, J., & Lonnqvist, J. (2004). High concordance of bipolar I disorder in a nationwide sample of twins. *American Journal of Psychiatry, 161*, 1814–1821.

Kiesler, C. A. (1991). Changes in general hospital psychiatric care. *American Psychologist, 46*, 416–421.

Kihlstrom, J. F., Tataryn, D. J., & Holt, I. P. (1993). Dissociative disorders. In P. B. Sutker & H. E. Adams (Eds.), *Comprehensive handbook of psychopathology* (pp. 203–234). New York: Plenum.

Killen, J. D., Fortmann, S. P., Murphy Jr., G. M., Hayward, C., Arredondo, C. et al. (2006). Extended treatment with bupropion SR for cigarette smoking cessation. *Journal of Consulting and Clinical Psychology, 74*, 286–294.

Killen, J. D., Taylor, C. B., Hayward, C., Haydel, K. F., Wilson, D. M., Hammer, L., Kraemer, H., Blair-Grein-er, A., & Strachowski, D. (1996). Weight concerns influence the development of eating disorders: A 4-year prospective study. *Journal of Consulting and Clinical Psychology, 64*, 936–940.

Killen, J. D., Taylor, C. B., Hayward, C., Wilson, D. M., Haydel, K. F., et al. (1994). Pursuit of thinness and onset of eating disorders in a community sample of adolescent girls. *International Journal of Eating Disorders, 16*, 227–238.

Kim, E. (2005). The effect of the decreased safety behaviors on anxiety and negative thoughts in social phobics. *Journal of Anxiety Disorders, 19*, 69–86.

Kim, E. D., & Lipshultz, L. I. (1997). Advances in the evaluation and treatment of the infertile man. *World Journal of Urology, 15*, 378–393.

Kim, H. J., Steketee, G., & Frost, R. O. (2001). Hoarding by elderly people. *Health and Social Work, 26*, 176–184.

Kim, M. J., Loucks, R. A., Palmer, A. L., Brown, A. C., Solomon, K. M., Marchante, A. N., et al. (2011). The structural and functional connectivity of the amygdala: From normal emotion to pathological anxiety. *Behavioural Brain Research, 223*, 403-410.

Kim, Y. S., Leventhal, B. L., Koh, Y-J., Fombonne, E., Laska, E., Lim, E-C., Cheon, K-A., Kim, S-J., Kim, Y-K., Lee, H., Song, D-H., & Grinker, R. R. (2011). Prevalence of autism spectrum disorders in a total population sample. *American Journal of Psychiatry in Advance, 1–9.*

Kim, Y., Zerwas, S., Trace, S. E., & Sullivan, P. F. (2011). Schizophrenia genetics: where next? *Schizophrenia Bulletin, 37*, 456–463.

King, A. C., de Wit, H., McNamara, P. J., & Cao, D. (2011). Rewarding, stimulant, and sedative alcohol responses and relationship to future binge drinking. *Archives of General Psychiatry, 68*, 389–399.

King, A. C., McNamara, P. J., Hasin, D. S., & Cao, D. (2014). Alcohol challenge responses predict future alcohol use disorder symptoms: A 6-year prospective study. *Biological Psychiatry, 75*(10), 798–806.

Kinsey, A. C., Pomeroy, W. B., & Martin, C. E. (1948). *Sexual behavior in the human male.* Philadelphia: Saunders.

Kinzl, J. F., Traweger, C., Trefalt, E., Mangweth, B., & Biebl, W. (1999). Binge eating disorder in females: A population based investigation. *International Journal of Eating Disorders, 25*, 287–292.

Kirkbride, J. B., Fearon, P., Morgan, C., Dazzon, P., Morgan, K. et al. (2006). Heterogeneity in the incidence of schizophrenia and other psychotic illnesses: Results from the 3-center Aesop study. *Archives of General Psychiatry, 63*, 250–258.

Kirkpatrick, B., Fenton, W., Carpenter, W.T., & Marder, S.R. (2006). The NIMH-MATRICS consensus statement on negative symptoms. *Schizophrenia Bulletin, 32*, 296–303.

Kirmayer, L. J. (2001). Cultural variations in the clinical presentation of depression and anxiety: Implications for diagnosis and treatment. *Journal of Clinical Psychiatry, 62 (Suppl. 13)*, 22–28.

Kirmayer, L. J., Robbins, J. M., & Paris, J. (1994). Somatoform disorders: Personality and social matrix of somatic distress. *Journal of Abnormal Psychology, 103*, 125–136.

Kirsch, I. (2000). Are drug and placebo effects in depression additive? *Biological Psychiatry, 47*, 733–735.

Kisiel, C. L., & Lyons, J. S. (2001). Dissociation as a mediator of psychopathology among sexually abused children and adolescents. *American Journal of Psychiatry, 158*, 1034–1039.

Kisley, M. A., Wood, S., & Burrows, C. L. (2007). Looking at the sunny side of life: Age-related change in an event-related potential measure of the negativity bias. *Psychological Science, 18*, 838.

Kitayama, S., & Uskul, A. K. (2011). Culture, mind, and the brain: Current evidence and future directions. *Annual Review of Psychology, 62*, 419–449.

Klein, D. N. (2003). Patients' versus informants' reports of personality disorders in predicting 7 1/2-year outcome in outpatients with depressive disorders. *Psychological Assessment, 15*, 216–222.

Klein, D. N., Arnow, B. A., Barkin, J. L., Dowling, F., Kocsis, J. H., Leon, A. C., et al. (2009). Early adversity in chronic depression: Clinical correlates and response to pharmacotherapy. *Depression and Anxiety, 26*, 701–710.

Klein, D. N., Lewinsohn, P. M., Seeley, J. R., & Rohde, P. A. (2001). A family study of major depressive disorder in a community sample of adolescents. *Archives of General Psychiatry, 58*, 13–20.

Klein, D. N., Schwartz, J. E., Rose, S., & Leader, J. B. (2000). Five-year course and outcome of dysthymic disorder: A prospective, naturalistic follow-up study. *American Journal of Psychiatry, 157*, 931–939.

Klein, D. N., Shankman, S. A. M. A., & Rose, S. M. A. (2006). Ten-year prospective follow-up study of the naturalistic course of dysthymic disorder and double depression. *American Journal of Psychiatry, 163*, 872–880.

Kleinman, A. (1986). *Social origins of distress and disease: Depression, neurasthenia, and pain in modern China.* New Haven, CT: Yale University Press.

Kleinplatz, P. J. (2014). The paraphilias: An experiential approach to "dangerous" desires. In Y. M. Binik & K. S. K. Hall (Eds.), *Principles and practice of sex therapy* (5th ed.). New York: Guilford Press.

Kleinstauber, M., Witthoft, M., & Hiller, W. (2011). Efficacy of short-term psychotherapy for multiple medically unexplained physical symptoms: a meta-analysis. *Clinical Psychology Review, 31*, 146–160.

Klerman, G. L. (1988). Depression and related disorders of mood (affective disorders). In A. M. Nicholi, Jr. (Ed.), *The new Harvard guide to psychiatry.* Cambridge, MA: Harvard University Press.

Klerman, G. L., Weissman, M. M., Rounsaville, B. J., & Chevron, E. S. (1984). *Interpersonal psychotherapy of depression.* New York: Basic Books.

Kliem, S., Kröger, C., & Kosfelder, J. (2010). Dialectical behavior therapy for borderline personality disorder: A meta-analysis using mixed-effects modeling. *Journal of Consulting and Clinical Psychology, 78*, 936–951.

Klimentidis, Y. C., Beasley, T. M., Lin, H. Y., Murati, G., Glass, G. E., Guyton, M., et al. (2011). Canaries in the coal mine: a cross-species analysis of the plurality of obesity epidemics. *Proceedings of the Royal Society B: Biological Sciences, 278*(1712), 1626–1632.

Klinger, E., Bouchard, S., Legeron, P., Roy, S., Lauer, F., Chemin, I., et al. (2005). Virtual reality therapy versus cognitive behavior therapy for social phobia: A preliminary controlled study. *CyberPsychology & Behvaior, 8*, 76–88.

Kloner, R. A., & Rezkalla, S. H. (2007). To drink or not to drink? That is the question. *Circulation, 116*, 1306–1317.

Klonsky, E. D., Oltmanns, T. F., & Turkheimer, E. (2002). Informant-reports of personality disorder: Relations to self-reports and future research directions. *Clinical Psychology: Science and Practice, 9*, 300–311.

Klump, K. L., McGue, M., & Iacono, W. G. (2000). Age differences in genetic and environmental influences on eating attitudes and behaviors in preadolescent and adolescent female twins. *Journal of Abnormal Psychology, 109*, 239–251.

Klump, K. L., McGue, M., & Iacono, W. G. (2002). Genetic relationships between personality and eating attitudes and behaviors. *Journal of Abnormal Psychology, 111*, 380–389.

Klunk, W. E., Engler, H., Nordberg, A., Wang, Y., Blomqvist, G., & Holt, D. P. (2004). Imaging brain amyloid in Alzheimer's disease with Pittsburgh Compound-B. *Annals of Neurology, 55*, 306–319.

Knight, B. G. (1996). *Psychotherapy with older adults* (2nd ed.). Thousand Oaks, CA: Sage.

Knight, R. A., & King, M. (2012). Typologies for child molesters: The generation of a new structural model. In B. K. Schwartz (Ed.), *The sexual offender*. Kingston, NJ: Civic Research Institute.

Knight, R. A., & Sims-Knight, J. (2011). Risk factors for sexual violence. In J. White, M. Koss & A. E. Kazdin (Eds.), *Violence against women and children, Volume 1: Mapping the terrain*. Washington DC: American Psychological Association.

Knox, K. L., Pflanz, S., Talcott, G. W., Campise, R. L., Lavigne, J. E., Bajorska, A., et al. (2010). The US Air Force suicide prevention program: Implications for public health policy. *American Journal of Public Health, 100*, 2457–2463.

Koenen, K. C., Moffitt, T. E., Poulton, R., Martin, J., & Caspi, A. (2007). Early childhood factors associated with the development of post-traumatic stress disorder: Results from a longitudinal birth cohort. *Psychological Medicine, 37*, 181–192.

Kohn, L. P., Oden, T., Munoz, R. F., Robinson, A., & Leavitt, D. (2002). Adapted cognitive behavioral group therapy for depressed low-income African American women. *Community Mental Health Journal, 38*(6), 497–504.

Kohn, M. L. (1968). Social class and schizophrenia: A critical review. In D. Rosenthal & S. S. Kety (Eds.), *The transmission of schizophrenia*. Elmsford, NY: Pergamon Press.

Kohut, H. (1971). *The analysis of the self*. New York: International Universities Press.

Kohut, H. (1977). *The restoration of the self*. New York: International Universities Press.

Konnopka, A., Schaefert, R., Heinrich, S., Kaufmann, C., Luppa, M., Herzog, W., et al. (2012). Economics of medically unexplained symptoms: A systematic review of the literature. *Psychotherapy and Psychosomatics, 81*, 265–275.

Koob, G. F. (2008). A role for brain systems in addiction. *Neuron, 59*, 11–34.

Koob, G. F., Caine, B., Hyytia, P., Markou, A., Parsons, L. H., Roberts, A. J., et al. (1999). Neurobiology of drug addiction. In M. D. Glantz & C. R. Hartel (Eds.), *Drug abuse: Origins and interventions* (pp. 161–190). Washington, DC: American Psychological Association.

Koob, G. F., & Le Moal. (2008). Addiction and the brain antireward system. *Annual Review of Psychology, 59*, 29–53.

Kopelowicz, A., & Liberman, R. P. (1998). Psychosocial treatments for schizophrenia. In P. E. Nathan & J. M. Gorman (Eds.), *A guide to treatments that work* (pp. 190–211). New York: Oxford University Press.

Kopelowicz, A., Liberman, R. P., & Zarate, R. (2002). Psychosocial treatments for schizophrenia. In P. E. Nathan & J. M. Gorman (Eds.), *A guide to treatments that Work*, 2nd Edition (pp. 201–229). New York: Oxford University Press.

Kornør, H., Winje, D., Ekeberg, Ø., Weisæth, L., Kirkehei, I., Johansen, K., et al. (2008). Early trauma-focused cognitive-behavioural therapy to prevent chronic post-traumatic stress disorder and related symptoms: A

systematic review and meta-analysis. *Biological Medical Central Psychiatry, 8*, 1–8.

Kotov, R., Gamez, W., Schmidt, F., & Watson, D. (2010). Linking "big" personality traits to anxiety, depressive, and substance use disorders: A meta-analysis. *Psychological Bulletin, 136*(5), 768–821.

Kozol, H., Boucher, R., & Garofalo, R. (1972). The diagnosis and treatment of dangerousness. *Crime and Delinquency, 18*, 37–92.

Kraemer, H., Kupfer, D. J., Clarke, D. E., Narrow, W. E., & Regier, D. A. (2012). DSM-5: How reliable is reliable enough? *American Journal of Psychiatry, 169*, 13–15.

Kranzler, H. R., & van Kirk, J. (2001). Efficacy of naltrexone and acamprosate for alcoholism treatment: A metaanalysis. *Alcoholism: Clinical and Experimental Research, 25*, 1335–1341.

Kremen, W. S., Jacobson, K. C., Xian, H., Eisen, S. A., Waterman, B., Toomey, R., et al. (2005). Heritability of word recognition in middle-aged men varies as a function of parental education. *Behavior Genetics, 35*, 417-433.

Kremen, W. S., Koenen, K. C., Boake, C., Purcell, S., Eisen, S. A., Franz, C. E., et al. (2007). Pretrauma cognitive ability and risk for posttraumatic stress disorder. *Archives of General Psychiatry, 64*, 361–368.

Kreslake, J. M., Wayne, G. F., Alpert, H. R., Koh, H. K., & Connolly, G. N. (2008). Tobacco industry control of menthol in cigarettes and targeting of adolescents and young adults. *American Journal of Public Health, 98*, 1685–1692.

Kreyenbuhl, J., Buchanan, R. W., Dickerson, F. B., & Dixon, L. B. (2010). The schizophrenia patient outcomes research team (PORT): Updated treatment recommendations 2009. *Schizophrenia Bulletin, 36*, 94–103.

Kreyenbuhl, J., Zito, J. M., Buchanan, R. W., Soeken, K. L., & Lehman, A. F. (2003). Racial disparity in the pharmacological management of schizophrenia. *Schizophrenia Bulletin, 29*, 183–193.

Kring, A. M. (1999). Emotion in schizophrenia: Old mystery, new understanding. *Current Directions in Psychological Science, 8*, 160–163.

Kring, A. M. (2000). Gender and anger. In A. H. Fischer (Ed.), *Gender and Emotion* (pp. 211–231). Cambridge, UK: Cambridge University Press.

Kring, A. M., & Caponigro, J. M. (2010). Emotion in schizophrenia: Where feeling meets thinking. *Current Directions in Psychological Science, 19*, 255–259.

Kring, A. M., & Moran, E. K. (2008). Emotional response deficits in schizophrenia: Insights from affective science. *Schizophrenia Bulletin, 38*, 819-834.

Kring, A. M., Gur, R. E., Blanchard, J. J., Horan, W. P., & Reise, S. P. (2013). The Clinical Assessment Interview for Negative Symptoms (CAINS): Final development and validation. *American Journal of Psychiatry, 170*(2), 165–172.

Krinsley, K. E., Gallagher, J., Weathers, F. W., Kutter, C. J., & Kaloupek, D. G. (2003). Consistency of retrospective reporting about exposure to traumatic events. *Journal of Traumatic Stress, 16*, 399–409.

Krishnan, V., & Nestler, E. J. (2010). Linking molecules to mood: New insight into the biology of depression. *American Journal of Psychiatry, 167*, 1305–1320.

Krueger, R. B. (2010a). The DSM diagnostic criteria for sexual masochism. *Archives of Sexual Behavior, 39*, 346–356.

Krueger, R. B. (2010b). The DSM diagnostic criteria for sexual sadism. *Archives of Sexual Behavior, 39*, 325–345.

Krueger, R. F., Derringer, J., Markon, K. E., Watson, D., & Skodol, A. E. (2012). Initial construction of a maladap-

tive personality trait model and inventory for DSM-5. *Psychological Medicine, 42*, 1879–1890.

Krueger, R. F., Markon, K. E., Patrick, C. J., & Iacono, W. G. (2005). Externalizing psychopathology in adulthood: A dimensional-spectrum conceptualization and its implications for DSM-V. *Journal of Abnormal Psychology, 114*, 537–550.

Krystal, J. H., Cramer, J. A., Krol, W. F., et al. (2001). Naltrexone in the treatment of alcohol dependence. *New England Journal of Medicine, 345*, 1734–1739.

Kubzansky, L. D. (2007). Sick at heart: The pathophysiology of negative emotions. *Cleveland Clinic Journal of Medicine, 74 Suppl 1*, S67–72.

Kuehnle, K. (1998). Child sexual abuse evaluations: The scientist-practitioner model. *Behavioral Sciences and the Law, 16*, 5–20.

Kuhn, T. S. (1962/1970). *The structure of scientific revolutions*. Chicago: University of Chicago Press.

Kumsta, R., Chen, F. S., Pape, H. C., & Heinrichs, M. (2013). Neuropeptide S receptor gene is associated with cortisol responses to social stress in humans. *Biological Psychology, 93*, 304–307.

Kunkel, D., Wilcox, B. L., Cantor, J., Palmer, E., Linn, S., & Dowrick, P. (2004, February 20). Report of the APA Task Force on advertising and children. Washington DC: American Psychological Association.

Kunst-Wilson, W. R., & Zajonc, R. B. (1980). Affective discrimination of stimuli that cannot be recognized. *Science, 207*, 557–558.

Kupfer, D. J. (2005). The increasing medical burden in bipolar disorder. *Journal of the American Medical Association , 293*, 2528–2530.

Kurian, B. T., Ray, W. A., Arbogast, P. G., Fuchs, D. C., Dudley, J. A., & Cooper, W. O. (2007). Effect of regulatory warnings on antidepressant prescribing for children and adolescents. *Archives of General Psychiatry, 161*, 690–696.

Kwok, W. (2014, in press). Is there evidence that social class at birth increases risk of psychosis? A systematic review. *International Journal of Social Psychiatry*.

Kyaga, S., Lichtenstein, P., Boman, M., Hultman, C., Langstrom, N., & Landen, M. (2011). Creativity and mental disease: Family study of 300,000 people with severe mental disorder. *British Journal of Psychiatry, 199*, 373–379.

Laan, E., Everaerd, W., & Both, S. (2005). Female sexual arousal. In R. Balon & R. T. Segraves (Eds.), *Handbook of sexual dysfunctions and paraphilias*. Boca Raton, Fl: Taylor and Francis Group.

Ladoceur, R., Dugas, M. J., Freeston, M. H., Leger, E., Gagnon, F., & Thibodeau, N. (2000). Efficacy of a new cognitive-behavioral treatment for generalized anxiety disorder: Evaluation in a controlled clinical trial. *Journal of Consulting and Clinical Psychology, 68*, 957–996.

Lahey, B. B., & Waldman, I. D. (2012). Phenotypic and causal structure of conduct disorder in the broader context of prevalent forms of psychopathology. *Journal of Child Psychology and Psychiatry, 53*, 536–557.

Lahey, B. B., Loeber, R., Burke, J. D., & Applegate, B. (2005). Predicting future antisocial personality disorder in males from a clinical assessment in childhood. *Journal of Consulting and Clinical Psychology, 73*, 389–399.

Lahey, B. B., Loeber, R., Hart, E. L., Frick, P. J., Applegate, B., Zhang, Q., et al. (1995). Four year longitudinal study of conduct disorder in boys: Patterns and predictors of persistence. *Journal of Abnormal Psychology, 104*, 83–93.

Lahey, B. B., McBurnett, K., & Loeber, R. (2000). Are attention-deficit/hyperactivity disorder and oppositional defiant disorder developmental precursors to conduct disorder? In A. J. Sameroff & M. Lewis, et al. (Eds.), *Handbook of developmental psychology* (2nd ed., pp. 431–446). New York: Kluwer Academic/Plenum.

Lahey, B. B., Van Hulle, C. A., Singh, A. L., Waldman, I. D., & Rathouz, P. J. (2011). Higher-order genetic and environmental structure of prevalent forms of child and adolescent psychopathology. *Archives of General Psychiatry, 68*(2), 181–189.

Lai, D. T., Cahill, K., Qin, Y., & Tang, J. L. (2010). Motivational interviewing for smoking cessation. *Cochrane Database of Systematic Reviews*(1), CD006936.

Lam, D. H., Bright, J., Jones, S., Hayward, P., Schuck, N., Chisholm, D., et al. (2000). Cognitive therapy for bipolar illness—a pilot study of relapse prevention. *Cognitive Therapy and Research, 24*, 503–520.

Lam, D. H., Jones, S. H., Hayward, P., & Bright, J. A. (1999). *Cognitive therapy for bipolar disorder: A therapist's guide to concepts, methods and practice.* New York: John Wiley & Sons.

Lam, R. W., Levitt, A. J., Levitan, R. D., Enns, M. W., Morehouse, R., Michalak, E. E., et al. (2006). The Can-SAD study: A randomized controlled trial of the effectiveness of light therapy and fluoxetine in patients with winter seasonal affective disorder. *American Journal of Psychiatry, 163*, 805–812.

Lamb, H. R., Weinberger, L. E., DeCuir, W. J. (2002). The police and mental health. *Psychiatry Services, 53*, 1266–1271.

Lambert, M. J. (2004). Psychotherapeutically speaking—updates from the Division of Psychotherapy (29). Washington, DC: APA Division 29 Newsletter.

Lambert, M. J., & Ogles, B. M. (2004). The efficacy and effectiveness of psychotherapy. In M. J. Lambert (Ed.), *Bergin and Garfield's handbook of psychotherapy and behavior change* (5th ed., pp. 139–193). Hoboken, NJ: John Wiley & Sons.

Lambrou, C., Veale, D., & Wilson, G. (2011). The role of aesthetic sensitivity in body dysmorphic disorder. *Journal of Abnormal Psychology, 120*, 443–453.

Landa, R. J., Holman, K. C., Garrett-Mayer, E. (2007). Social and communication development in toddlers with early and later diagnosis of autism spectrum disorders. *Archives of General Psychiatry, 64*, 853–864.

Landerl, K., Fussenegger, B., Moll, K., & Willburger, E. (2009). Dyslexia and dyscalculia: Two learning disorders with different cognitive profiles. *Journal of Experimental Child Psychology, 103*, 309–324.

Landgrebe, M., Barta, W., Rosengarth, K., Frick, U., Hauser, S., Langguth, B., et al. (2008). Neuronal correlates of symptom formation in functional somatic syndromes: A fMRI study. *NeuroImage, 41*, 1336–1344.

Lane, E. A., & Albee, G. W. (1965). Childhood intellectual differences between schizophrenic adults and their siblings. *American Journal of Orthopsychiatry, 35*, 747–753.

Lang, A. R., Goeckner, D. J., Adessor, V. J., & Marlatt, G. A. (1975). Effects of alcohol on aggression in male social drinkers. *Journal of Abnormal Psychology, 84*, 508–518.

Langa, K. M., Larson, E. B., Karlawish, J. H., Cutler, D. M., Kabeto, M. U., Kim, S. Y., et al. (2008). Trends in the prevalence and mortality of cognitive impairment in the United States: Is there evidence of a compression of cognitive morbidity? *Alzheimer's and Dementia: The Journal of the Alzheimer's Association, 4*, 134–144.

Långström, N. (2010). The DSM diagnostic criteria for exhibitionism, voyeurism, and frotteurism. *Archives of Sexual Behavior, 39*, 317–324.

Långström, N., & Seto, M. C. (2006). Exhibitionistic and voyeuristic behavior in a Swedish national population survey. *Archives of Sexual Behavior, 35*, 427–435.

Lantz, P. M., House, J. S., Lepkowski, J. M., Williams, D. R., et al. (1998). Socioeconomic factors, health behaviors, and mortality. *Journal of the American Medical Association, 279*, 1703–1708.

Lau, J. Y. F., Gregory, A. M., Goldwin, M. A., Pine, D. S., & Eley, T. C. (2007). Assessing gene–environment interactions on anxiety symptom subtypes across childhood and adolescence. *Development and Psychopathology, 19*, 1129–1146.

Laugesen, N., Dugas, M. J., & Bukowski, W. M. (2003). Understanding adolescent worry: The application of a cognitive model. *Journal of Abnormal Child Psychology, 31*, 55–64.

Laumann, E. O., Gagnon, J. H., Michael, R. T., & Michaels, S. (1994). *The social organization of sexuality.* Chicago: University of Chicago Press.

Laumann, E. O., Nicolosi, A., Glasser, D. B., Paik, A., Gingell, C., Moreira, E., et al. (2005). Sexual problems among women and men aged 40–80 years: Prevalence and correlates identified in the global study of sexual attitudes and behaviors. *International Journal of Impotence Research, 17*, 39–57.

Laumann, E. O., Paik, A., & Rosen, R. C. (1999). Sexual dysfunction in the United States: Prevalence and predictors. *Journal of the American Medical Association, 281*, 537–544.

Lauril, J. V., Pitkala, K. H., Strandberg, T. E., & Tilvis, R. S. (2004). Detection and documentation of dementia and delirium in acute geriatric wards. *General Hospital Psychiatry, 26*, 31–35.

Lavoie, K. L., Miller, S. B., Conway, M., & Fleet, R. P. (2001). Anger, negative emotions, and cardiovascular reactivity during interpersonal conflict in women. *Journal of Psychosomatic Research, 15*, 503–512.

Law, M., & Tang, J. L. (1995). An analysis of the effectiveness of interventions intended to help people stop smoking. *Archives of Internal Medicine, 155*, 1933–1941.

Lawton, M. P., Kleban, M. H., & Dean, J. (1993). Affect and age: Cross-sectional comparisons of structure and prevalence. *Psychology and aging, 8*, 165–175.

Le Couteur, A., Bailey, A., Goode, S., Pickles, A., Robertson, S., Gottesman, I., & Rutter, M. (1996). A broader phenotype of autism: The clinical spectrum in twins. *Journal of Child Psychology and Psychiatry and Allied Disciplines, 37*, 785–801.

Le Grange, D., Crosby, R. D., Rathouz, P. J., & Leventhal, B. L. (2007). A randomized controlled comparison of family-based treatment and supportive psychotherapy for adolescent bulimia nervosa. *Archives of General Psychiatry, 64*, 1049–1056.

Le Grange, D., Fitzsimmons-Craft, E. E., Crosby, R. D., Hay, P., Lacey, H., Bamford, B., et al. (2014). Predictors and moderators of outcome for severe and enduring anorexia nervosa. *Behaviour Research and Therapy, 56*(0), 91–98.

Leahy, R. L. (2003). *Cognitive therapy techniques: A practitioner's guide.* New York: Guilford Press.

Le Grange, D., & Lock, J. A. (2005). The dearth of psychological treatment studies for anorexia nervosa. *International Journal of Eating Disorders, 37*, 79–91.

LeBeau, R. T., Glenn, D., Liao, B., Wittchen, H. U., Beesdo-Baum, K., Ollendick, T., et al. (2010). Specific phobia: A review of DSM-IV specific phobia and preliminary recommendations for DSM-V. *Depression and Anxiety, 27*, 148–167.

Lee, S. (1991). Anorexia nervosa in Hong Kong: A Chinese perspective. *Psychological Medicine*, 703–711.

Lee, S. S., Lahey, B., Owens, E. B., & Hinshaw, S. P. (2008). Few preschool boys and girls with ADHD are well-adjusted during adolescence. *Journal of Abnormal Child Psychology, 36*, 373–383.

Lee, S., Lee, A. M., Ngai, E., Lee, D. T. S., & Wing, Y. K. (2001). Rationale for food refusal in Chinese patients with anorexia nervosa. *International Journal of Eating Disorders, 29*, 224–229.

Lee, S., Ng, K. L., Kwok, K., & Fung, C. (2010). The changing profile of eating disorders at a tertiary psychiatric clinic in Hong Kong (1987–2007). *International Journal of Eating Disorders, 43*, 307–314.

Legault, E., & Laurence, J. P. (2007). Recovered memories of childhood sexual abuse: Social worker, psychologist, and psychiatrist reports of beliefs, practices, and cases. *Australian Journal of Clinical and Experimental Hypnosis, 35*, 111–133.

Leibenluft, E. (2011). Severe mood dysregulation, irritability, and the diagnostic boundaries of bipolar disorder in youths. *American Journal of Psychiatry, 168*(2), 129–142.

Leiblum, S. R. (1997). Sexual pain disorders. In G. O. Gabbard & S. D. Atkinson (Eds.), *Synopsis of treatments of psychiatric disorders* (2nd ed., pp. 805–810). Washington, DC: American Psychiatric Press.

Leit, R. A., Gray, J. J., & Pope, H. G. (2002). The media's presentation of the ideal male body: A cause for muscle dysmorphia? *International Journal of Eating Disorders, 31*, 334–338.

Leit, R. A., Pope, H. G., & Gray, J. J. (2001). Cultural expectations of muscularity in men: The evolution of playgirl centerfolds. *International Journal of Eating Disorders, 29*, 90–93.

Lenzenweger, M. F., Dworkin, R. H., & Wethington, E. (1991). Examining the underlying structure of schizophrenic phenomenology: Evidence for a 3-process model. *Schizophrenia Bulletin, 17*, 515–524.

Lenzenweger, M. F., Lane, M. C., Loranger, A. W., & Kessler, R. C. (2007). DSM-IV personality disorders in the National Comorbidity Survey Replication. *Biological Psychiatry, 62*, 553–564.

Leon, A. C., Portera, L., & Weissman, M. M. (1995). The social costs of anxiety disorders. *British Journal of Psychiatry, 166* (Suppl. 27), 19–22.

Leon, G. R., Fulkerson, J. A., Perry, C. L., & Early-Zald, M. B. (1995). Prospective analysis of personality and behavioral vulnerabilities and gender influences in the later development of disordered eating. *Journal of Abnormal Psychology, 104*, 140–149.

Leon, G. R., Fulkerson, J. A., Perry, C. L., Peel, P. K., & Klump, K. L. (1999). Three to four year prospective evaluation of personality and behavioral risk factors for later disordered eating in adolescent girls and boys. *Journal of Youth and Adolescence, 28*, 181–196.

Lerman, C., Caporaso, N. E., Audrain, J., Main, D., Bowman, E. D., et al. (1999). Evidence suggesting the role of specific genetic factors in cigarette smoking. *Health Psychology, 18*, 14–20.

Leslie, D. L., & Rosenheck, R. A. (2004). Incidence of newly diagnosed diabetes attributable to atypical antipsychotic medications. *American Journal of Psychiatry, 161*, 1709–1711.

Leucht, S., Komossa, K., Rummel-Kluge, C., Corves, C., Hunger, H., Schmid, F., Lobos, C. A., Schwarz, S., & Davis, J. M. (2009). A meta-analysis of head-to-head comparisons of second-generation antipsychotics in the treatment of schizophrenia *American Journal of Psychiatry, 166*, 152–163.

Leucht, S., Tardy, M., Komossa, K., Heres, S., Kissling, W., & Davis, J. M. (2009). Maintenance treatment with antipsychotic drugs for schizophrenia. (1469-493X (Electronic)).

Levav, I., Kohn, R., Golding, J. M., & Weissman, M. M. (1997). Vulnerability of Jews to major depression. *American Journal of Psychiatry, 154,* 941–947.

Levenson, R. W., Carstensen, L. L., & Gottman, J. M. (1994). Influence of age and gender on affect, physiology, and their interrelations: A study of long-term marriages. *Journal of Personality and Social Psychology, 67,* 56–68.

Levenson, R. W., & Miller, B. L. (2007). Loss of cells— Loss of self: Frontotemporal lobar degeneration and human emotion. *Current Directions in Psychological Science, 16,* 289–294.

Levenston, G. K., Patrick, C. J., Bradley, M. M., & Lang, P. J. (2000). The psychopath as observer: Emotion and attention in picture processing. *Journal of Abnormal Psychology, 109,* 373–385.

Levitan, R. D., Kaplan, A. S., Joffe, R. T., Levitt, A. J., & Brown, G. M. (1997). Hormonal and subjective responses to intravenous meta-chlorophenylpiperazine in bulimia nervosa. *Archives of General Psychiatry, 54,* 521–528.

Levy, B. R. (1996). Improving memory in old age through implicit self-stereotyping. *Journal of Personality and Social Psychology, 71,* 1092–1107.

Levy, B. R. (2003). Mind matters: Cognitive and physical effects of aging self-stereotypes. *Journal of Gerontology: Psychological Sciences, 58B,* 203–211.

Levy, B. R., Slade, M. D., & Kasl, S. V. (2002). Longitudinal benefit of positive self-perceptions of aging on functional health. *Journal of Gerontology: Psychological Sciences, 57B,* 409–417.

Levy, F., Hay, D. A., McStephen, M., Wood, C., & Waldman, I. (1997). Attention-deficit hyperactivity disorder: A category or a continuum? Genetic analysis of a large-scale twin study. *Journal of the American Academy of Child and Adolescent Psychiatry, 36,* 737–744.

Lewinsohn, P. M. (Ed.). (1974). *A behavioral approach to depression.* New York: Springer Publishing.

Lewinsohn, P. M., & Clarke, G. N. (1999). Psychosocial treatments for adolescent depression. *Clinical Psychology Review, 19,* 329–342.

Lewinsohn, P. M., Joiner, T. E., & Rohde, P. (2001). Evaluation of cognitive diathesis-stress models in predicting major depressive disorder. *Journal of Abnormal Psychology, 110,* 203–215.

Lewinsohn, P. M., Petit, J. W., Joiner, T. E., & Seeley, J. R. (2003). The symptomatic expression of major depressive disorder in adolescents and young adults. *Journal of Abnormal Psychology, 112,* 244–252.

Lewinsohn, P. M., Rohde, P., Seeley, J. R., Klein, D. N., & Gotlib, I. H. (2000). Natural course of adolescent major depressive disorder in a community sample: Predictors of recurrence in young adults. *American Journal of Psychiatry, 157,* 1584–1591.

Lewis, S. W., Barnes, T. R. E., Davies, L., Murray, R. M., Dunn, G., et al. (2006). Randomized controlled trial of effect of quality of life of prescription of clozapine vs other second generation antipsychotic drugs in resistant schizophrenia. *Schizophrenia Bulletin, 32,* 715–723.

Lewis-Fernandez, R., Gorritz, M., Raggio, G. A., Pelaez, C., Chen, H., & Guarnaccia, P. J. (2010). Association of trauma-related disorders and dissociation with four idioms of distress among Latino psychiatric outpatients. *Cultural and Medical Psychiatry, 34(2),* 219–243.

Liberman, R. P., Eckman, T. A., Kopelowicz, A., & Stolar, D. (2000). *Friendship and intimacy module.* Camarillo, CA: Psychiatric Rehabilitation Consultants PO Box 2867 Camarillo CA 93011.

Liberman, R. P., Wallace, C. J., Blackwell, G., Kopelowicz, J. V., et al. (1998). Skills training versus psychosocial occupational therapy for persons with persistent schizophrenia. *American Journal of Psychiatry, 155,* 1087–1091.

Lichenstein, P., & Annas, P. (2000). Heritability and prevalence of specific fears and phobias in childhood. *Journal of Child Psychology and Psychiatry and Allied Disciplines, 41,* 927–937.

Lichtenstein, P., Carlstrom, E., Ramstam, M., Gillberg, C., & Anckarsater, H. (2010). The genetics of autism spectrum disorders and related neuropsychiatric disorders in childhood. *American Journal of Psychiatry, 167,* 1357–1363.

Lieb, R., Meinlschmidt, G., & Araya, R. (2007). Epidemiology of the association between somatoform disorders and anxiety and depressive disorders: An update. *Psychosomatic Medicine, 69,* 860–863.

Lieb, W., Beiser, A. S., Vasan, R. S., Tan, Z. S., Au, R., Harris, T. B., et al. (2009). Association of plasma leptin levels with incident Alzheimer disease and MRI measures of brain aging. *Journal of the American Medical Association, 302,* 2565–2572.

Lieberman, J. A. (2006). Comparing effectiveness of antipsychotic drugs. *Archives of General Psychiatry, 63,* 1069–1072.

Lieberman, J. A., Stroup, T. S., et al. (2005). Effectiveness of antipsychotic drugs in patients with chronic schizophrenia. *New England Journal of Medicine, 353,* 1209–1223.

Liebowitz, M. R., Heimberg, R. G., Fresco, D. M., Travers, J., & Stein, M. B. (2000). Social phobia or social anxiety disorder: What's in a name? *Archives of General Psychiatry, 57,* 191–192.

Liechti, M. E., Baumann, C., Gamma, A., & Vollenweider, F. X. (2000). Acute psychological effects of 3, 4methylenedioxymethamphetamine (MDMA, "Ecstasy") are attenuated by the serotonin uptake inhibitor citalopram. *Neuropsychopharmacology, 22,* 513–521.

Lief, H. I., & Hubschman, L. (1993). Orgasm in the postoperative transsexual. *Archives of Sexual Behavior, 22,* 145–155.

Lieverse, R., Van Someren, E. J. W., Nielen, M. M. A., Uitdehaag, B. M. J., Smit, J. H., & Hoogendijk, W. J. (2011). Bright light treatment in elderly patients with nonseasonal major depressive disorder: A randomized placebo-controlled trial. *Archives of General Psychiatry, 68,* 61–70.

Lilenfeld, L. R., Kaye, W. H., Greeno, C. G., Merikangas, K. R., Plotnicov, K., et al. (1998). A controlled family study of anorexia nervosa and bulimia nervosa: Psychiatric disorders in first-degree relatives and effects of proband comorbidity. *Archives of General Psychiatry, 55,* 603–610.

Lilienfeld, S. O. (2007). Psychological treatments that cause harm. *Perspectives on Psychological Science, 2,* 53–70.

Lilienfeld, S. O., Lynn, S. J., Kirsch, I., Chaves, J. F., Sarbin, T. R., & Ganaway, G. K. (1999). Dissociative identity disorder and the sociogenic model: Recalling lessons from the past. *Psychological Bulletin, 125,* 507–523.

Lilienfeld, S. O., Lynn, S. J., Ruscio, J., & Beyerstein, B. L. (2010). Sad, mad, and bad: Myths about mental illness. In S. O. Lilienfeld, S. J. Lynn, J. Ruscio & B. L. Beyerstein (Eds.), *50 great myths of popular psychology: Shattering widespread misconceptions about human behavior* (pp. 181–208). Hoboken, NJ: John Wiley & Sons.

Lilienfeld, S. O., & Marino, L. (1999). Essentialism revisited: Evolutionary theory and the concept of mental disorder. *Journal of Abnormal Psychology, 108,* 400–411.

Lilienfeld, S. O., Wood, J. M., & Garb, H. N. (2000). The scientific status of projective techniques. *Psychological Science in the Public Interest, 1,* 27–66.

Lilly, R., Quirk, A., Rhodes, T., & Stimson, G. V. (2000). Sociality in methadone treatment: Understanding methadone treatment and service delivery as a social process. *Drugs: Education, Prevention and Policy, 7,* 163–178.

Lim, K. O., Adalsteinssom, E., Spielman, D., Sullivan, E. V., Rosenbloom, M. J., & Pfefferman, A. (1998). Proton magnetic resonance spectroscopic imaging of cortical gray and white matter in schizophrenia. *Archives of General Psychiatry, 55,* 346–353.

Lim, S., & Kim, J. (2005). Cognitive processing of emotional information in depression, panic, and somatoform disorder. *Journal of Abnormal Psychology, 114,* 50–61.

Lindemann, E., & Finesinger, I. E. (1938). The effect of adrenalin and mecholyl in states of anxiety in psychoneurotic patients. *American Journal of Psychiatry, 95,* 353–370.

Linehan, M. M. (1987). Dialectical behavior therapy for borderline personality disorder. *Bulletin of the Menninger Clinic, 51,* 261–276.

Linehan, M. M. (1997). Behavioral treatments of suicidal behaviors: Definitional obfuscation and treatment outcomes. In D. M. Stoff & J. J. Mann (Eds.), *Neurobiology of suicide* (pp. 302–327). New York: Annals of the New York Academy of Sciences.

Linehan, M. M., Goodstein, J. L., Nielsen, S. L., & Chiles, J. A. (1983). Reasons for staying alive when you are thinking of killing yourself. *Journal of Consulting and Clinical Psychology, 51,* 276–286.

Linehan, M. M., & Heard, H. L. (1999). Borderline personality disorder: Costs, course, and treatment outcomes. In N. E. Miller & K. M. Magruder (Eds.), *Cost-effectiveness of psychotherapy: A guide for practitioners, researchers, and policymakers* (pp. 291–305). London: Oxford Univeristy Press.

Linehan, M. M., Heard, H. L., & Armstrong, H. E. (1993). Naturalistic follow-up of a behavioral treatment for chronically parasuicidal borderline patients. *Archives of General Psychiatry, 50,* 971–974.

Linehan, M. M., & Shearin, E. N. (1988). Lethal stress: A social-behavioral model of suicidal behavior. In S. Fisher & J. Reason (Eds.), *Handbook of life stress, cognition, and health.* New York: John Wiley & Sons.

Linnet, K. M., Dalsgaard, S., Obel, C., et al. (2003). Maternal lifestyle factors in pregnancy risk of attention deficit hyperactivity disorder and associated behaviors: Review of the current evidence. *American Journal of Psychiatry, 160,* 1028–1040.

Lipsitz, J. D., Mannuzza, S., Klein, D. F., Ross, D. C., & Fyer, A. J. (1999). Specific phobia 10–16 years after treatment. *Depression and Anxiety, 10,* 105–111.

Lissek, S., Powers, A. S., McClure, E. B., Phelps, E. A., Woldehawariat, G., Grillon, C., et al. (2005). Classical fear conditioning in the anxiety disorders: A meta-analysis. *Behaviour Research and Therapy, 43,* 1391–1424.

Litrownik, A. F., & Castillo-Canez, I. (2000). Childhood maltreatment: Treatment of abuse and incest survivors. In C. R. Snyder & R. E. Ingram (Eds.), *Handbook of psychological change* (pp. 520–545). New York: John Wiley & Sons.

Litz, B. T., Gray, M. J., Bryant, R. A., & Adler, A. B. (2002). Early intervention for trauma: Current status and future directions. *Clinical Psychology: Science and Practice, 9,* 112–134.

Livingston, G., Johnston, K., Katona, C., Paton, J., & Lyketsos, C. G. (2005). Systematic review of psychological approaches to the management of neuropsychiatric symptoms of dementia. *American Journal of Psychiatry, 162,* 1996–2021.

Lock, J., & Le Grange, D. (2001). Can family-based treatment of anorexia nervosa be manualized? *Journal of Psychotherapy Practice and Research, 10,* 253–261.

Lock, J., Le Grange, D., Agras, S., Moye, A., Bryson, S. W., & Jo, B. (2011). Randomized clinical trial comparing family-based treatment with adolescent-focused individual therapy for adolescents with anorexia nervosa. *Archives of General Psychiatry, 67,* 1025–1032.

Lock, J., Le Grange, D., Agras, W. S., & Dare, C. (2001). *Treatment manual for anorexia nervosa: A family-based approach.* New York: Guilford Press.

Lockwood, K. A., Alexopoulos, G. S., Kakuma, T., & van Gorp, W. G. (2000). Subtypes of cognitive impairment in depressed older adults. *American Journal of Geriatric Psychiatry, 8,* 201–208.

Loeb, K. L., Walsh, B. T., Lock, J., le Grange, D., Jones, J., Marcus, S., et al. (2007). Open trial of family-based treatment for full and partial anorexia nervosa in adolescence: Evidence of successful dissemination. *Journal of the American Academy of Child and Adolescent Psychiatry, 46,* 792–800.

Loeber, R., Burke, J. D., Lahey, B. B., Winters, A., & Zera, M. (2000). Oppositional defiant and conduct disorder: A review of the past 10 years, Part I. *Journal of the American Academy of Child and Adolescent Psychiatry, 39,* 1468–1484.

Loeber, R., & Hay, D. (1997). Key issues in the development of aggression and violence from childhood to early adulthood. *Annual Review of Psychology, 48,* 371–410.

Loeber, R., & Keenan, K. (1994). Interaction between conduct disorder and its comorbid conditions: Effects of age and gender. *Clinical Psychology Review, 14,* 497–523.

Loftus, E. F. (1993). The reality of repressed memories. *American Psychologist, 48,* 518–537.

Logsdon, R. G., McCurry, S. M., & Teri, L. (2007). Evidence-based psychological treatments for disruptive behaviors in individuals with dementia. *Psychology and Aging, 22,* 28–36.

Lohr, J., Tolin, D. F., & Lilienfeld, S. O. (1998). Efficacy of eye movement desensitization and reprocessing: Implications for behavior therapy. *Behavior Therapy, 29,* 123–156.

London, P. (1964). *The modes and morals of psychotherapy.* New York: Holt Rinehart & Winston.

Lonergan, E., Britton, A. M., & Luxenberg, J. (2007). Antipsychotics for delirium. *Cochrane Database of Systematic Reviews, Issue 2,* CD005594.

Longshore, D., Hawken, A., Urada, D., & Anglin, M. (2006). Evaluation of the Substance Abuse and Crime Prevention Act: SACPA Cost-Analysis Report (First and Second Years). Online at http://www.uclaisap.org/prop36/html/reports.html.

Longshore, D., Urada, D., Evans, E., Hser, Y. I., Prendergast, M., & Hawken, A. (2005). Evaluation of the Substance Abuse and Crime Prevention Act: 2004 report. Sacramento, CA: Department of Alcohol and Drug Programs, California Health and Human Services Agency.

Longshore, D., Urada, D., Evans, E., Hser, Y. I., Prendergast, M., Hawken, A., Bunch, T., & Ettner, S. (2003). *Evaluation of the Substance Abuse and Crime Prevention Act.* Online at http://www.uclaisap.org/prop36/html/reports.html.

Looper, K. J., & Kirmayer, L. J. (2002). Behavioral medicine approaches to somatoform disorders. *Journal of Consulting and Clinical Psychology, 70,* 810–827.

Lopez, S. (2008). *The soloist: A lost dream, an unlikely friendship, and the redemptive power of music.* New York: Putnam.

Lopez, S. R. (1989). Patient variable biases in clinical judgment: Conceptual overview and methodological considerations. *Psychological Bulletin, 106,* 184–203.

Lopez, S. R. (1994). Latinos and the expression of psychopathology: A call for direct assessment of cultural influences. In C. Telles & M. Karno (Eds.), *Latino mental health: Current research and policy perspectives.* Los Angeles: UCLA.

Lopez, S. R. (1996). Testing ethnic minority children. In B. B. Wolman (Ed.), *The encyclopedia of psychology, psychiatry, and psychoanalysis.* New York: Holt.

Lopez, S. R. (2002). Teaching culturally informed psychological assessment: Conceptual issues and demonstrations. *Journal of Personality Assessment, 79,* 226–234.

Lopez, S. R., Barrio, C., Kopelowicz, A., & Vega, W. A. (2012). From documenting to eliminating disparities in mental health care for Latinos. *American Psychologist, 67,* 511–523.

Lopez, S. R., Lopez, A. A., & Fong, K. T. (1991). Mexican Americans' initial preferences for counselors: The role of ethnic factors. *Journal of Counseling Psychology, 38,* 487–496.

Lopez, S. R., Nelson, K. A., Snyder, K. S., & Mintz, J. (1999). Attributions and affective reactions of family members and course of schizophrenia. *Journal of Abnormal Psychology, 108,* 307–314.

Lopez-Ibor, J. J., Jr. (2003). Cultural adaptations of current psychiatric classifications: Are they the solution? *Psychopathology, 36,* 114–119.

LoPiccolo, J., & Lobitz, W. C. (1972). The role of masturbation in the treatment of orgasmic dysfunction. *Archives of Sexual Behavior, 2,* 163–171.

Lorber, M. F. (2004). Psychophysiology of aggression, psychopathy, and conduct problems: A meta-analysis. *Psychological Bulletin, 130,* 531–552.

Lord, C., Risi, S., DiLavore, P. S., Shulman, C. Thurm, A., & Pickles, A. (2006). Autism from 2 to 9 years of age. *Archives of General Psychiatry, 63,* 694–701.

Lovaas, O. I. (1987). Behavioral treatment and normal educational and intellectual functioning in young autistic children. *Journal of Consulting and Clinical Psychology, 55,* 3–9.

Ludwig, D. S., & Currie, J. (2010). The association between pregnancy weight gain and birthweight: A within-family comparison. *The Lancet, 376,* 984–990.

Lumley, M. N., & Harkness, K. L. (2007). Specificity in the relations among childhood adversity, early maladaptive schemas, and symptom profiles in adolescent depression. *Cognitive Therapy and Research, 31,* 639–657.

Luo, F., Florence, C. S., Quispe-Agnoli, M., Ouyang, L., & Crosby, A. E. (2011). Impact of business cycles on US suicide rates, 1928–2007. *American Journal of Public Health, 101,* 1139–1146.

Lynam, D., & Henry, B. (2001). The role of neuropsychological deficits in conduct disorders. In J. Hill & B. Maughan (Eds.), *Conduct disorders in childhood and adolescence* (pp. 235–263). New York: Cambridge University Press.

Lynam, D., Moffitt, T. E., & Stouthamer-Loeber, M. (1993). Explaining the relation between IQ and delinquency: Race, class, test motivation, school failure, or self-control. *Journal of Abnormal Psychology, 102,* 187–196.

Lynch, T. R., Rosenthal, M. Z., Kosson, D. S., Cheavens, J. S., Lejuez, C. W., & Blair, R. J. R. (2006). Heightened sensitivity to facial expressions of emotion in borderline personality disorder. *Emotion, 6,* 647–655.

Lynn, S. J., Lock, T., Loftus, E. F., Krackow, E., & Lilienfeld, S. O. (2003). The remembrance of things past: Problematic memory recovery techniques in psychotherapy. In S. J. Lynn & S. O. Lilienfeld (Eds.), *Science and pseudoscience in clinical psychology* (pp. 205–239). New York: Guilford Press.

Ma, S. H., & Teasdale, J. D. (2004). Mindfulness-based cognitive therapy for depression: Replication and exploration of differential relapse prevention effects. *Journal of Consulting and Clinical Psychology, 72,* 31–40.

MacDonald, A. W., III, & Carter, C. S. (2003). Event-related fMRI study of context processing in dorsolateral prefrontal cortex of patients with schizophrenia. *Journal of Abnormal Psychology, 112,* 689–697.

MacDonald, A. W., III, & Chafee, D. (2006). Translational and developmental perspective on N-methyl-D-aspartate synaptic deficits in schizophrenia. *Development and Psychopathology, 18,* 853–876.

MacDonald, D. E., McFarlane, T. L., & Olmsted, M. P. (2014). "Diagnostic shift" from eating disorder not otherwise specified to bulimia nervosa using DSM-5 criteria: A clinical comparison with DSM-IV bulimia. *Eating Behaviors, 15*(1), 60–62. MacDonald, V. M., Tsiantis, J., Achenbach, T. M., Motti-Stefanidi, F., & Richardson, C. (1995). Competencies and problems reported by parents of Greek and American children, ages 6–11. *European Child and Adolescent Psychiatry, 4,* 1–13.

MacDonald, V. M., Tsiantis, J., Achenbach, T. M., Motti-Stefanidi, F., & Richardson, C. (1995). Competencies and problems reported by parents of Greek and American children, ages 6–11. *European Child and Adolescent Psychiatry, 4,* 1–13.

MacGregor, M. W. (1996). Multiple personality disorder: Etiology, treatment, and techniques from a psychodynamic perspective. *Psychoanalytic Psychology, 13,* 389–402.

Mackenzie, I. R., Neumann, M., Bigio, E. H., Cairns, N. J., Alafuzoff, I., Kril, J., et al. (2009). Nomenclature for neuropathologic subtypes of frontotemporal lobar degeneration: consensus recommendations. *Acta Neuropathologica, 117,* 15–18.

MacLeod, C., & Mathews, A. (2012). Cognitive bias modification approaches to anxiety. *Annual Review of Clinical Psychology, 8,* 189–217.

Maidment, I., Fox, C., & Boustani, M. (2006). Cholinesterase inhibitors for Parkinson's disease dementia. *Cochrane Database of Systematic Reviews, Issue 1,* CD004747.

Maier, S. F., & Watkins, L. R. (1998). Cytokines for psychologists: Implications of bidirectional immune-to-brain communication for understanding behavior, mood, and cognition. *Psychological Review, 105,* 83–107.

Main, M., Kaplan, K., & Cassidy, J. (1985). Security in infancy, childhood, and adulthood: A move to the level of representation. *Monographs of the Society for Research in Child Development, 50,* (1–2, Serial No. 209).

Maj, M., Pirozzi, R., Magliano, L., & Bartoli, L. (1998). Long-term outcome of lithium prophylaxis in bipolar disorder: A 5-year prospective study of 402 patients at a lithium clinic. *American Journal of Psychiatry, 155,* 30–35.

Malamuth, N. M. (1998). An evolutionary-based model integrating research on the characteristics of sexually coercive men. In J. G. A. a. D. Belanger (Ed.), *Advances in psychological science, Volume 1: Social, personal, and cultural aspects* (pp. 151–184). Hove, UK: Psychology Press/Erlbaum.

Malamuth, N. M., & Brown, L. M. (1994). Sexually aggresive men's perceptions of women's communications: Testing three explanations. *Journal of Personality and Social Psychology, 67*, 699–712.

Malamuth, N. M., & Check, J. V. P. (1983). Sexual arousal to rape depictions: Individual differences. *Journal of Abnormal Psychology, 92*, 55–67.

Malaspina, D., Goetz, R. R., Yale, S., et al. (2000). Relation of familial schizophrenia to negative symptoms but not to the deficit syndrome. *American Journal of Psychiatry, 157*, 994–1003.

Maldonado, J. R., Butler, L. D., & Spiegel, D. (1998). Treatments for dissociative disorders. In P. E. Nathan & J. M. Gorman (Eds.), *A guide to treatments that work* (pp. 423–446). New York: Oxford University Press.

Maletzky, B. M. (1997). Exhibitionism: Assessment and treatment. In D. R. Laws & W. O'Donohue (Eds.), *Sexual deviance* (pp. 40–74). New York: Guilford Press.

Maletzky, B. M. (2000). Exhibitionism. In M. Hersen & M. Biaggio (Eds.), *Effective brief therapy: A clinician's guide* (pp. 235–257). New York: Plenum.

Maletzky, B. M. (2002). The paraphilias: research and treatment. In P. E. Nathan & J. M. Gorman (Eds.), *A guide to treatments that work* (pp. 525–558). New York: Oxford University Press.

Malizia, A. L. (2003). Brain imaging and anxiety disorders. In D. Nutt & J. Ballenger (Eds.), *Anxiety Disorders* (pp. 201–228). Malden, MA: Blackwell.

Malkoff-Schwartz, S., Frank, E., Anderson, B. P., Hlastala, S. A., Luther, J. F., Sherrill, J. T., et al. (2000). Social rhythm disruption and stressful life events in the onset of bipolar and unipolar episodes. *Psychological Medicine, 30*, 1005–1016.

Malone, K. M., Oquendo, M. A., Haas, G. L., Ellis, S. P., Li, S., & Mann, J. J. (2000). Protective factors against suicidal acts in major depression: Reasons for living. *American Journal of Psychiatry, 157*, 1084–1088.

Malvezzi, M., Bertuccio, P., Levi, F., La Vecchia, C., & Negri, E. (2014). European cancer mortality predictions for the year 2014. *Annals of Oncology, 25*, 1650-1656.

Mancebo, M. C., Eisen, J. L., Sibrava, N. J., Dyck, I. R., & Rasmussen, S. A. (2011). Patient utilization of cognitive-behavioral therapy for OCD. *Behavior Therapy, 42*, 399–412.

Mangweth, B., Hausmann, A., Walch, T., Hotter, A., Rupp, C. I., Biebl, W. et al. (2004). Body-fat perception in men with eating disorders. *International Journal of Eating Disorders, 35*, 102–108.

Mann, J. J., Huang, Y. Y., Underwood, M. D., Kassir, S. A., Oppenheim, S., & Kelly, T. M. (2000). A serotonin transporter gene promoter polymorphism (5-HTTLPR) and prefrontal cortical binding in major depression and suicide. *Archives of General Psychiatry, 57*, 729–738.

Mann, R. E., Hanson, R. K., & Thornton, D. (2010). Assessing risk for sexual recidivism: Some proposals on the nature of psychologically meaningful risk factors. *Sexual Abuse: A Journal of Research and Treatment, 22*, 191–217.

Mann, V. A., & Brady, S. (1988). Reading disability: The role of language deficiencies. *Journal of Consulting and Clinical Psychology, 56*, 811–816.

Mannuzza, S., Klein, R. G., & Moulton, J. L. (2003). Does stimulant medication place children at risk for adult substance abuse? A controlled, prospective follow-up study. *Journal of Child and Adolescent Psychopharmacology, 13*, 273–282.

Manson, J. E., Chlebowski, R. T., Stefanick, M. L., Aragaki, A. K., Rossouw, J. E., Prentice, R. L., et al. (2013). Menopausal hormone therapy and health outcomes during the intervention and extended poststopping phases of the Women's Health Initiative randomized trials. *Journal of the American Medical Association, 310*(13), 1353–1368.

Maramba, G. G., & Nagayama-Hall, G. C. (2002). Metaanalyses of ethnic match as a predictor of dropout, utilization, and level of functioning. *Cultural Diversity and Ethnic Minority Psychology, 8*, 290–297.

Marcantonio, E. R., Flacker, J. M., Wright, R. J., & Resnick, N. M. (2001). Reducing delirium after hip fracture: A randomized trial. *Journal of the American Geriatrics Society, 49*, 516–522.

March, J., Silva, S., Petrycki, S., et al. (2004). Fluoxetine, cognitive-behavioral therapy, and their combination for adolescents with depression: Treatment for adolescents with depression study (TADS) randomized controlled trial. *Journal of the American Medical Association, 292*, 807–820.

Marcus, D. K., Gurley, J. R., Marchi, M. M., & Bauer, C. (2007). Cognitive and perceptual variables in hypolchondriasis and health anxiety: A systematic review. *Clinical Psychology Review, 27*, 127–139.

Marcus, S. C., & Olfson, M. (2010). National trends in the treatment for depression from 1998 to 2007. *Archives of General Psychiatry, 67*, 1265–1273.

Marder, S. R., Wirshing, W. C., Glynn, S. M., Wirshing, D. A., Mintz, J., & Liberman, R. P. (1999). Risperidone and haloperidol in maintenance treatment: Interactions with psychosocial treatments. *Schizophrenia Research, 36*, 288.

Maren, S., Phan, K. L., & Liberzon, I. (2013). The contextual brain: Implications for fear conditioning, extinction and psychopathology. *Nature Reviews Neuroscience, 14*, 417–428.

Margraf, J., Ehlers, A., & Roth, W. T. (1986). Sodium lactate infusions and panic attacks: A review and critique. *Psychosomatic Medicine, 48*, 23–51.

Marks, I. (1995). Advances in behavioral-cognitive therapy of social phobia. *Journal of Clinical Psychiatry, 56*, 25–31.

Marks, I. M., & Cavanagh, K. (2009). Computer-aided psychological treatments: Evolving issues. *Annual Review of Clinical Psychology, 5*, 121–141.

Marlatt, G. A. (1983). The controlled drinking controversy: A commentary. *American Psychologist, 38*, 1097–1110.

Marlatt, G. A., & Gordon, J. R. (Eds.). (1985). *Relapse prevention: Maintenance strategies in the treatment of addictive behaviors*. New York: Guilford Press.

Marlowe, D. H. (2001). *Psychological and psychosocial consequences of combat and deployment: With special emphasis on the Gulf War*. Santa Monica, CA: RAND.

Marques, J. K., Wiederanders, M., Day, D. M., Nelson, C., & van Ommeren, A. (2005). Effects of a relapse prevention program on sexual recidivism: Final results from California's Sex Offender Treatment and Evaluation Project (SOTEP). *Sexual Abuse: A Journal of Research and Treatment, 17*, 79–107.

Marquez, M., Segui, J., Garcia, L., Canet, J., & Ortiz, M. (2001). Is panic disorder with psychosensorial symptoms (depersonalization-derealization) a more severe clinical subtype? *Journal of Nervous and Mental Disease, 189*, 332–335.

Marrazzi, M. A., & Luby, E. D. (1986). An auto-addiction model of chronic anorexia nervosa. *International Journal of Eating Disorders, 5*, 191–208.

Marsh, A. A., & Blair, R. J. (2008). Deficits in facial affect recognition among antisocial populations: a meta-analysis. *Neuroscience and Biobehavioral Reviews, 32*(3), 454–465.

Marshall, L. A., & Cooke, D. J. (1999). The childhood experiences of psychopaths: A retrospective study of familial and societal factors. *Journal of Personality Disorders, 13*, 211–225.

Marshall, W. L. (1997). Pedophilia: Psychopathology and theory. In D. R. Laws & W. O'Donohue (Eds.), *Sexual deviance* (pp. 152–174). New York: Guilford Press.

Marshall, W. L., Barbaree, H. E., & Christophe, D. (1986). Sexual offenders against female children: Sexual preferences for age of victims and type of behaviour. *Canadian Journal of Behavioural Science, 18*, 424–439.

Marson, D. C. (2001). Loss of competency in Alzheimer's disease: Conceptual and psychometric approaches. *International Journal of Law and Psychiatry, 24*, 267–283.

Marson, D. C., Huthwaite, J. S., & Hebert, K. (2004). Testamentary capacity and undue influence in the elderly: A jurisprudent therapy perspective. *Law and Psychology Review, 28*, 71–96.

Martell, B. A., Orson, F. M., Poling, J., Mitchell, E., Rossen, R. D., Gardner, T., & Kosten, T. R. (2009). Cocaine vaccine for the treatment of cocaine dependence in methadone-maintained patients: A randomized, double-blind, placebo-controlled efficacy trial. *Archives of General Psychiatry, 66*, 1116–1123.

Martell, C. R., Addis, M. E., & Jacobson, N. S. (2001). *Ending depression one step at a time: The new behavioral activation approach to getting your life back*. New York: Oxford University Press.

Martin, A., & Jacobi, F. (2006). Features of hypochondriasis and illness worry in the general population in Germany. *Psychosomatic Medicine, 68*, 770–777.

Martin, J. H. (1996). *Neuroanatomy: Text and atlas* (4th ed.). New York: McGraw-Hill Medical.

Martinez, C., & Eddy, M. (2005). Effects of culturally adapted parent management training on Latino youth behavioral health outcomes. *Journal of Consulting and Clinical Psychology, 73*, 841–851.

Martini, D. R., Ryan, C., Nakayama, D., & Ramenofsky, M. (1990). Psychiatric sequelae after traumatic injury: The Pittsburgh regatta accident. *Journal of the American Academy of Child and Adolescent Psychiatry, 29*, 70–75.

Marx, R. F., & Didziulis, V. (2009, February 27). A life, interrupted. *The New York Times*.

Mason, B. J. (2001). Treatment of alcohol-dependent outpatients with acamprosate: A clinical review. *Journal of Clinical Psychiatry, 62*, 42–48.

Masters, W. H., & Johnson, V. E. (1966). *Human sexual response*. Boston: Little, Brown.

Masters, W. H., & Johnson, V. E. (1970). *Human sexual inadequacy*. Boston: Little, Brown.

Mataix-Cols, D., Marks, I. M., Greist, J. H., Kobak, K. A., & Baer, L. (2002). Obsessive-compulsive symptom dimensions as predictors of compliance with and response to behaviour therapy: Results from a controlled trial. *Psychotherapy and Psychosomatics, 71*, 255–262.

Mather, M., Canli, T., English, T., Whitfield, S., Wais, P., Ochsner, K., et al. (2004). Amygdala responses to emotionally valenced stimuli in older and younger adults. *Psychological Science, 15*, 259–263.

Mathew, I., Gardin, T. M., Tandon, N., Eack, S., Francis, A. N., Seidman, L. J., et al. (2014). Medial temporal lobe structures and hippocampal subfields in psychotic disorders: Findings from the Bipolar-Schizophrenia Network on Intermediate Phenotypes (B-SNIP) study. *Journal of the American Medical Association, Psychiatry, 71*, 769-777.

Mathews, A., & MacLeod, C. (2002). Induced processing biases have causal effects on anxiety. *Cognition and Emotion, 16*, 331–354.

Matsuda, L. A., Lolait, S. J., Brownstein, M. J., Young, A. C., & Bonner, T. I. (1990). Structure of a cannabinoid receptor and functional expression of the cloned cDNA. *Nature, 346,* 561–564.

Matthews, K. A., Owens, J. F., Kuller, L. H., Sutton-Tyrrell, K., & Jansen-McWilliams, L. (1998). Are hostility and anxiety associated with carotid atherosclerosis in health postmenopausal women? *Psychosomatic Medicine, 60,* 633–638.

Mayberg, H. S., Lozano, A. M., Voon, V., McNeely, H. E., Seminowicz, D., Hamani, C., et al. (2005). Deep brain stimulation for treatment-resistent depression. *Neuron, 45,* 651–660.

Mayer, E. A., Berman, S., Suyenobu, B., Labus, J., Mandelkern, M. A., Naliboff, B. D., et al. (2005). Differences in brain responses to visceral pain between patients with irritable bowel syndrome and ulcerative colitis. *Pain, 115,* 398–409.

Mayes, V., Cochran, S., & Barnes, N. W. (2007). Race, race-based discrimination, and health outcomes among African Americans. *Annual Review of Psychology, 58,* 201–225.

McCabe, R. E., McFarlane, T., Polivy, J., & Olmsted, M. (2001). Eating disorders, dieting, and the accuracy of self-reported weight. *International Journal of Eating Disorders, 29,* 59–64.

McCall, W. V., Reboussin, D. M., Weiner, R. D., & Sackeim, H. A. (2000). Titrated moderately suprathreshold vs fixed high-dose right unilateral electroconvulsive therapy: Acute antidepressant and cognitive effects. *Archives of General Psychiatry, 57,* 438–444.

McCarthy, B. W. (1986). A cognitive-behavioral approach to understanding and treating sexual trauma. *Journal of Sex and Marital Therapy, 12,* 322–329.

McCarthy, D. E., Piasecki, T. M., Fiore, M. C., & Baker, T. (2006). Life before and after quitting smoking: An electronic diary study. *Journal of Abnormal Psychology, 115,* 454–466.

McClellan, J., Kowatch, R., & Findling, R. L. (2007). Practice parameter for the assessment and treatment of children and adolescents with bipolar disorder. *Journal of the American Academy of Child and Adolescent Psychiatry, 46,* 107–125.

McCleod, B. D., Weisz, J. R., & Wood, J. J. (2007). Examining the association between parenting and childhood anxiety: A meta-analysis. *Clinical Psychology Review, 27,* 155–172.

McClure, M. M., Barch, D. M., Flory, J. D., Harvey, P. D., & Siever, L. J. (2008). Context processing in schizotypal personality disorder: Evidence of specificity of impairment to the schizophrenia spectrum. *Journal of Abnormal Psychology, 117,* 342–354.

McCracken, L. M., & Vowles, K. E. (2014). Acceptance and commitment therapy and mindfulness for chronic pain: model, process, and progress. *American Psychologist, 69,* 178–187.

McCrady, B. S., & Epstein, E. E. (1995). Directions for research on alcoholic relationships: Marital and individual-based models of heterogeneity. *Psychology of Addictive Behaviors, 9,* 157–166.

McCrae, R. R., & Costa, P. T., Jr. (1990). *Personality in adulthood.* New York: Guilford Press.

McCullough, J. P., Klein, D. N., Keller, M. B., Holzer, C. E., Davis, S. M., Korenstein, S. G., et al. (2000). Comparison of DSM-III major depression and major depression superimposed on dysthymia (double depression): Validity of the distinction. *Journal of Abnormal Psychology, 109,* 419–427.

McCusker, J., Cole, M., & Abrahamowicz, M. (2002). Delirium predicts 12-month mortality. *Archives of Internal Medicine, 162,* 457–463.

McDonough, M., & Kennedy, N. (2002). Pharmacological management of obsessive-compulsive disorder: A review for clinicians. *Harvard Review of Psychiatry, 10,* 127–137.

McEachin, J. J., Smith, T., & Lovaas, O. I. (1993). Longterm outcome for children with autism who received early intensive behavioral treatment. *American Journal on Mental Retardation, 97,* 359–372.

McEvoy, J. P., Byerly, M., Hamer, R. M., Dominik, R., Swartz, M. S., Rosenheck, R. A., et al. (2014). Effectiveness of paliperidone palmitate vs haloperidol decanoate for maintenance treatment of schizophrenia: a randomized clinical trial. *Journal of the American Medical Association, 311*(19), 1978–1987.

McEvoy, J. P., Johnson, J., Perkins, D., Lieberman, J. A., Hamer, R. M., Keefe, R. S. E., et al. (2006). Insight in first episode psychosis. *Psychological Medicine, 36,* 1385–1393.

McFall, R. M., & Hammen, C. L. (1971). Motivation, structure, and self-monitoring: Role of nonspecific factors in smoking reduction. *Journal of Consulting and Clinical Psychology, 37,* 80–86.

McFarlane, T., Polivy, J., & Herman, C. P. (1998). Effects of false weight feedback on mood, self-evaluation, and food intake in restrained and unrestrained eaters. *Journal of Abnormal Psychology, 107,* 312–318.

McFarlane, W. R., Lukens, E., Link, B., Dushay, R., Deakins, S., Newmark, M., Dunne, E. J., Horen, B., & Toran, J. (1995). Multiple-family groups and psychoeducation in the treatment of schizophrenia. *Archives of General Psychiatry, 52,* 679–687.

McGhie, A., & Chapman, I. S. (1961). Disorders of attention and perception in early schizophrenia. *British Journal of Medical Psychology, 34,* 103–116.

McGlashan, T. H., Grilo, C. M., Sanislow, C. A., Ralevski, E., Morey, L. C., Gunderson, J. G., et al. (2005). Two-year prevalence and stability of individual criteria for schizotypal, borderline, avoidant, and obsessive-compulsive personality disorders. *American Journal of Psychiatry, 162,* 883–889.

McGlashan, T. H., Grilo, C. M., Skodol, A. E., Gunderson, J. G., Shea, M. T., Morey, L. C., et al. (2000). The collaborative longitudinal personality disorders study: Baseline axis I/II and II/II diagnostic co-occurrence. *Acta Psychiatrica Scandinavica, 102,* 256–264.

McGlashan, T. H., & Hoffman, R. E. (2000). Schizophrenia as a disorder of developmentally reduced synaptic connectivity. *Archives of General Psychiatry, 57,* 637–648.

McGovern, C. W., & Sigman, M. (2005). Continuity and change from early childhood to adolescence in autism. *Journal of Child Psychology and Psychiatry, 46,* 401–408.

McGue, M., Pickens, R. W., & Svikis, D. S. (1992). Sex and age effects on the inheritance of alcohol problems: A twin study. *Journal of Abnormal Psychology, 101,* 3–17.

McGuire, P. K., Bench, C. J., Frith, C. D., & Marks, I. M. (1994). Functional anatomy of obsessive-compulsive phenomena. *British Journal of Psychiatry, 164,* 459–468.

McGurk, S. R., Twamley, E. W., Sitzer, D. I., McHugo, G. J., & Mueser, K. T. (2007). A meta-analysis of cognitive remediation in schizophrenia. *American Journal of Psychiatry, 164,* 1791–1802.

McHugh, R. K., & Barlow, D. H. (2010). The dissemination and implementation of evidence-based psychological treatments. A review of current efforts. *American Psychologist, 65,* 73–84.

McIntyre-Kingsolver, K., Lichtenstein, E., & Mermelstein, R. J. (1986). Spouse training in a multicomponent smoking-cessation program. *Behavior Therapy, 17,* 67–74.

McKeith, I. G., Dickson, D. W., Lowe, J., Emre, M., O'Brien, J. T., Feldman, H., et al. (2005). Diagnosis and management of dementia with Lewy bodies; third report of the DLB consortium. *Neurology, 65,* 1863–1872.

McKeller, J., Stewart, E., & Humphreys, K. (2003). Alcoholics anonymous involvement and positive alcohol related outcomes: Cause, consequence, or just a correlate? A prospective 2-year study of 2,319 alcohol dependent men. *Journal of Consulting and Clinical Psychology, 71,* 302–308.

McKhann, G. M., Knopman, D. S., Chertkow, H., Hyman, B. T., Jack, C. R., Jr., Kawas, C. H., et al. (2011). The diagnosis of dementia due to Alzheimer's disease: Recommendations from the National Institute on Aging–Alzheimer's Association workgroups on diagnostic guidelines for Alzheimer's disease. *Alzheimer's & Dementia: The Journal of the Alzheimer's Association, 7,* 263–269.

McKim, W. A. (1991). *Drugs and behavior: An introduction to behavioral pharmacology.* Englewood Cliffs, NJ: Prentice-Hall.

McKinley, N. M., & Hyde, J. S. (1996). The objectified body consciousness scale: Development and validation. *Psychology of Women Quarterly, 20,* 181–216.

McKown, C., & Weinstein, R. S. (2003). The development and consequences of stereotype consciousness in middle childhood. *Child Development, 74,* 498–515.

McLeod, B. D., Wood, J. J., & Weisz, J. R. (2007). Examining the association between parenting and childhood anxiety: A meta-analysis. *Clinical Psychology Review, 27,* 155–172.

McManus, F., Surawy, C., Muse, K., Vazquez-Montes, M., & Williams, J. M. (2012). A randomized clinical trial of mindfulness-based cognitive therapy versus unrestricted services for health anxiety (hypochondriasis). *Journal of Consulting and Clinical Psychology, 80,* 817–828.

McNally, R. J. (1987). Preparedness and phobias: A review. *Psychological Bulletin, 101,* 283–303.

McNally, R. J. (1997). Atypical phobias. In G. C. L. Davey (Ed.), *Phobias: A handbook of theory, research and treatment* (pp. 183–199). Chichester, UK: John Wiley & Sons.

McNally, R. J. (2003). *Remembering trauma.* Cambridge, MA: Belknap Press of Harvard University Press.

McNally, R. J., Caspi, S. P., Riemann, B. C., & Zeitlin, S. B. (1990). Selective processing of threat cues in posttraumatic stress disorder. *Journal of Abnormal Psychology, 99,* 398–402.

McNally, R. J., Lasko, N. B., Clancy, S. A., Macklin, M. L., Pitman, R. K., & Orr, S. P. (2004). Psychophysiological responding during script-driven imagery in people reporting abduction by space aliens. *Psychological Science, 15,* 493–497.

McNally, R. J., Ristuccia, C. S., & Perlman, C. A. (2005). Forgetting trauma cues in adults reporting continuous or recovered memories of childhood sexual abuse. *Psychological Science, 16,* 336–340.

McNeil, T. F., Cantor-Graae, E., & Weinberger, D. R. (2000). Relationship of obstetric complications and differences in size of brain structures in monozygotic twin pairs discordant for schizophrenia. *American Journal of Psychiatry, 157,* 203–212.

McNiel, D. E., & Binder, R. L. (2007). Effectiveness of a mental health court in reducing criminal recidivism and violence. *American Journal of Psychiatry, 164,* 1395–1403.

McQuaid, J. R., Monroe, S. M., Roberts, J. R., & Johnson, S. L., et al. (1992). Toward the standardization of life stress assessment: Definitional discrepancies and inconsistencies in methods. *Stress Medicine, 8,* 47–56.

McTeague, L. M., & Lang, P. J. (2012). The anxiety spectrum and the reflex physiology of defense: From circumscribed fear to broad distress. *Depression and Anxiety, 29,* 264–281.

Meagher, D. J. (2001). Delirium: Optimizing management. *British Medical Journal, 322,* 144–149.

Meagher, D. J. (2007). Phenomenology of delirium: Assessment of 100 adult cases using standardised measures. *British Journal of Psychiatry, 190,* 135–141.

Meana, M., Binik, I., Khalife, S., & Cohen, D. (1998). Affect and marital adjustment in women's ratings of dyspareunic pain. *Canadian Journal of Psychiatry, 43,* 381–385.

Mednick, S. A., Huttonen, M. O., & Machon, R. A. (1994). Prenatal influenza infections and adult schizophrenia. *Schizophrenia Bulletin, 20,* 263–268.

Mednick, S. A., Machon, R., Hottunen, M. O., & Bonett, D. (1988). Fetal viral infection and adult schizophrenia. *Archives of General Psychiatry, 45,* 189–192.

Mednick, S. A., & Schulsinger, F. (1968). Some premorbid characteristics related to breakdown in children with schizophrenic mothers. In D. Rosenthal & S. S. Kety (Eds.), *The transmission of schizophrenia.* Elmsford, NY: Pergamon Press.

Mehler, P. S. (2011). Medical complications of bulimia nervosa and their treatments. *International Journal of Eating Disorders, 44,* 95–104.

Meier, M. H., Caspi, A., Ambler, A., Harrington, H., Houts, R., Keefe, R. S. E., et al. (2012). Persistent cannabis users show neuropsychological decline from childhood to midlife. *Proceedings of the National Academy of Sciences, 109*(40), E2657–E2664.

Meier, M. H., Caspi, A., Reichenberg, A., Keefe, R. S., Fisher, H. L., Harrington, H., et al. (2014). Neuropsychological decline in schizophrenia from the premorbid to the postonset period: Evidence from a population-representative longitudinal study. *American Journal of Psychiatry, 171*(1), 91–101.

Melamed, B. G., & Siegel, L. J. (1975). Reduction of anxiety in children facing hospitalization and surgery by use of filmed modeling. *Journal of Consulting and Clinical Psychology, 43,* 511–521.

Melnik, T., Soares, B. G. O., & Nasello, A. G. (2008). The effectiveness of psychological interventions for the treatment of erectile dysfunction: Systematic review and meta-analysis, including comparisons to sildenafil treatment, intracavernosal injection, and vacuum devices. *Journal of Sexual Medicine, 5,* 2562–2574.

Meltzer, H. Y. (2003). Suicide in schizophrenia. *Journal of Clinical Psychiatry, 64,* 1122–1125.

Meltzer, H. Y., Cola, P., & Way, L. E. (1993). Cost effectiveness of clozapine in neuroleptic-resistant schizophrenia. *American Journal of Psychiatry, 150,* 1630–1638.

Melville, J. D., & Naimark, D. (2002). Punishing the insane: The verdict of guilty but mentally ill. *Journal of the American Academy of Psychiatry and the Law, 30,* 553–555.

Mendez, M. F., Lauterbach, E. C., & Sampson, S. M. (2008). An evidence-based review of the psychopathology of frontotemporal dementia: A report of the ANPA Committee on Research. *Journal of Neuropsychiatry and Clinical Neurosciences, 20,* 130–149.

Mendez, M. F., & Shapira, J. S. (2008). The spectrum of recurrent thoughts and behaviors in frontotemporal dementia. *CNS Spectrums, 13,* 202–208.

Menezes, N. M., Arenovich, T., & Zipursky, R. B. (2006). A systematic review of longitudinal outcome studies of first-episode psychosis. *Psychological Medicine, 36,* 1349–1362.

Mennin, D. S., Heimberg, R. G., & Turk, C. L. (2004). Clinical presentation and diagnostic features. In R. G. Heimberg, C. L. Turk & D. S. Mennin (Eds.), *Generalized anxiety disorder* (pp. 3–28). New York: Guilford Press.

Mennin, D. S., Heimberg, R. G., Turk, C. L., & Fresco, D. M. (2002). Applying an emotion regulation framework to integrative approaches to generalized anxiety disorder. *Clinical Psychology: Science and Practice, 9,* 135–141.

Menzies, L., Chamberlain, S. R., Laird, A. R., Thelen, S. M., Sahakian, B. J., & Bullmore, E. T. (2008). Integrating evidence from neuroimaging and neuropsychological studies of obsessive-compulsive disorder: The orbitofronto-striatal model revisited. *Neuroscience and Biobehavioral Reviews, 32,* 525–549.

Mercer, C. H., Fenton, K. A., Johnson, A. M., Wellings, K., Macdowall, W., McManus, S., et al. (2003). Sexual function problems and help seeking behaviour in Britain: national probability sample survey. *British Medical Journal, 327,* 426–427.

Merckelbach, H., Dekkers, T., Wessel, I., & Roefs, A. (2003). Dissociative symptoms and amnesia in Dutch concentration camp survivors. *Comprehensive Psychiatry, 44,* 65–69.

Merikangas, K. R., Akiskal, H. S., Angst, J., Greenberg, P. E., Hirschfeld, R. M. A., Petukhova, M., et al. (2007). Lifetime and 12-month prevalence of bipolar spectrum disorder in the National Comorbidity Survey Replication. *Archives of General Psychiatry, 64,* 543–552.

Merikangas, K. R., He, J. P., Brody, D., Fisher, P. W., Bourdon, K., & Koretz, D. S. (2010). Prevalence and treatment of mental disorders among US children in the 2001–2004 NHANES. *Pediatrics, 125*(1), 75–81.

Merikangas, K. R., Jin, R., He, J., Kessler, R. C., Lee, S., Sampson, N. A., et al. (2011). Prevalence and correlates of bipolar spectrum disorder in the World Mental Health Survey Initiative. *Archives of General Psychiatry, 68,* 241–251.

Messinger, J. W., Tremeau, F., Antonius, D., Mendelsohn, E., Prudent, V., Stanfore, A. D., & Malaspina, D. (2011). Avolition and expressive deficits capture negative symptom phenomoenology: Implications for the DSM-5 and schizophrenia research. *Clinical Psychology Review, 31,* 161–168.

Meston, C. M., & Buss, D. (2009). *Why women have sex: Women reveal the truth about their sex lives, from adventure to revenge (and everything in between).* New York: St. Martin's Press.

Meston, C. M., & Gorzalka, B. B. (1995). The effects of sympathetic activation on physiological and subjective sexual arousal in women. *Behaviour Research and Therapy, 33,* 651–664.

Metalsky, G. I., Joiner, T. E., Hardin, T. S., & Abramson, L. Y. (1993). Depressive reactions to failure in a natural setting: A test of the hopelessness and self-esteem theories of depression. *Journal of Abnormal Psychology, 102,* 101–109.

Meyer, B., Johnson, S. L., & Winters, R. (2001). Responsiveness to threat and incentive in bipolar disorder: Relations of the BIS/BAS scales with symptoms. *Journal of Psychopathology and Behavioral Assessment, 23,* 133–143.

Meyer, G. J., & Archer, R. P. (2001). The hard science of Rorschach research: "What do we know and where do we go?" *Psychological Assessment, 13,* 486–502.

Meyer, V. (1966). Modification of expectations in cases with obsessional rituals. *Behaviour Research and Therapy, 4,* 273–280.

Mezzich, J. E., Fabrega, H., Jr., Coffman, G. A., & Haley, R. (1989). DSM-III disorders in a large sample of psychiatric patients: Frequency and specificity of diagnoses. *American Journal of Psychiatry, 146,* 212–219.

Michael, T., Blechert, J., Vriends, N., Margraf, J., & Wilhelm, F. H. (2007). Fear conditioning in panic disorder: Enhanced resistance to extinction. *Journal of Abnormal Psychology, 116,* 612–617.

Mikami, A. Y., Hinshaw, S. P., Arnold, L. E., Hoza, B., Hechtman, L., Newcorn, J. H., & Abikoff, H. B. (2010). Bulimia nervosa symptoms in the multimodal treatment study of children with ADHD. *International Journal of Eating Disorders, 43,* 248–259.

Mikami, A. Y., Huang-Pollack, C. L., Pfiffner, L. J., McBurnett, K., & Hangai, D. (2007). Social skills differences among attention-deficit/hyperactivity disorder types in a chat room assessment task. *Journal of Abnormal Child Psychology, 35,* 509–521.

Miklowitz, D. J., & Goldstein, M. J. (1997). *Bipolar disorder: A family-focused treatment approach.* New York: Guilford Press.

Miklowitz, D. J., & Taylor, D.O. (2005). Family-focused treatment of the suicidal bipolar patient. Unpublished manuscript.

Miklowitz, D. J., George, E. L., Richards, J. A., Simoneau, T. L., & Suddath, R. L. (2003). A randomized study of family-focused psychoeducation and pharmacotherapy in the outpatient management of bipolar disorder. *Archives of General Psychiatry, 60,* 904–912.

Miklowitz, D. J., Otto, M. W., Frank, E., Reilly-Harrington, N. A., Kogan, J. N., Sachs, G. S., et al. (2007). Intensive psychosocial intervention enhances functioning in patients with bipolar depression: Results from a 9-month randomized controlled trial. *American Journal of Psychiatry, 164,* 1340–1347.

Miklowitz, D. J., Otto, M. W., Frank, E., Reilly-Harrington, N. A., Wisniewski, S. R., Kogan, J. N., et al. (2007). Psychosocial treatments for bipolar depression: A 1-year randomized trial from the systematic treatment enhancement program. *Archives of General Psychiatry, 64,* 419–427.

Miklowitz, D. J., Simoneau, T. L., Sachs-Ericsson, N., Warner, R., & Suddath, R. (1996). Family risk indicators in the course of bipolar affective disorder. In E. Mundt et al. (Ed.), *Interpersonal factors in the origin and course of affective disorders* (pp. 204–217). London: Gaskell.

Milev, P., Ho, B. C., Arndt, S., & Andreasen, N. C. (2005). Predictive values of neurocognition and negative symptoms on functional outcome in schizophrenia: A longitudinal first-episode study with 7-year follow-up. *American Journal of Psychiatry, 162*(3), 495–506.

Miller, B. L., Ikonte, C., Ponton, M., & Levy, M. (1997). A study of the Lund Manchester research criteria for frontotemporal dementia: Clinical and single-photon emission CT correlations. *Neurology, 48,* 937–942.

Miller, D. D., Caroff, S. N., Davis, S. M., et al. (2008). Extrapyramidal side-effects of antipsychotics in a randomised trial. *British Journal of Psychiatry, 193,* 279–288.

Miller, J. D., Hoffman, B. J., Campbell, W. K., & Pilkonis, P. A. (2008). An examination of the factor structure of Diagnostic and Statistical Manual of Mental Disorders, Fourth Edition, narcissistic personality disorder criteria: One or two factors? *Comprehensive Psychiatry, 49,* 141–145.

Miller, M., & Hemenway, D. (1999). The relationship between firearms and suicide: A review of the literature. *Aggression and Violent Behavior, 4,* 59–75.

Miller, T. J., McGlashan, T. H., Rosen, J. L., et al. (2002). Prospective diagnosis of the initial prodrome for schizophrenia based on the Structured Interview for Prodromal Syndromes: Preliminary evidence of interrater reliability and predictive validity. *American Journal of Psychiatry, 159*, 863–865.

Miller, T. Q., & Volk, R. J. (1996). Weekly marijuana use as a risk factor for initial cocaine use: Results from a six wave national survey. *Journal of Child and Adolescent Substance Abuse, 5*, 55–78.

Miller, W. R., & Rollnick, S. (Eds.). (1991). *Motivational interviewing: Preparing people to change addictive behavior.* New York: Guilford Press.

Millon, T. (1996). *Disorders of personality: DSM-IV and beyond* (2nd ed.). New York: John Wiley & Sons.

Milrod, B., Leon, A. C., Busch, F., Rudden, M., Schwalberg, M., Clarkin, J., et al. (2007). A randomized controlled clinical trial of psychoanalytic psychotherapy for panic disorder. *American Journal of Psychiatry, 164*, 265–272.

Mineka, S., & Öhman, A. (2002). Born to fear: Nonassociative vs. associative factors in the etiology of phobias. *Behaviour Research and Therapy, 40*, 173–184.

Mineka, S., & Sutton, J. (2006). Contemporary learning theory perspectives on the etiology of fear and phobias. In M. G. Craske, D. Hermans & D. Vansteenwegen (Eds.), *Fear and learning: From basic processes to Clinical implications* (pp. 75–97). Washington DC: American Psychological Association.

Mineka, S., & Zinbarg, R. (1998). Experimental approaches to the anxiety and mood disorders. In J. G. Adair, D. Belanger & K. L. Dion (Eds.), *Advances in psychological science, Volume 1: Social personal and cultural aspects* (pp. 429–454). Hove, UK: Psychology Press.

Mineka, S., & Zinbarg, R. (2006). A contemporary learning theory perspective on the etiology of anxiety disorders: It's not what you thought it was. *The American Psychologist, 61*, 10–26.

Minzenberg, M. J., Fan, J., New, A. S., Tang, C. Y., & Siever, L. J. (2008). Frontolimbic structural changes in borderline personality disorder. *Journal of Psychiatric Research, 42*, 727–733.

Miranda, J., Bernal, G., Lau, A., Kohn, L., Hwang, W., & LaFromboise, T. (2005). State of the science on psychosocial interventions for ethnic minorities. *Annual Review of Psychology, 1*, 113–142.

Miranda, J., Green, B. L., Krupnick, J. L., Chung, J., Siddique, J., Belin, T., et al. (2006). One-year outcomes of a randomized clinical trail treating depression in low-income minority women. *Journal of Consulting and Clinical Psychology, 74*, 99–111.

Mirsky, A. F., Bieliauskas, L. A., Duncan, C. C., & French, L. M. (2013). Letter to the editor. *Schizophrenia Research, 148*(1–3), 186–187.

Mishkind, M. E., Rodin, J., Silberstein, L. R., & Striegel-Moore, R. H. (1986). The embodiment of masculinity: Cultural, psychological, and behavioral dimensions. *American Behavioral Scientist, 29*, 545–562.

Mitchell, J. T., & Everly, G. S., Jr. (2000). Critical incident stress management and critical incident stress debriefings: Evolutions, effects and outcomes. In J. P. Wilson & B. Raphael (Eds.), *Psychological debriefing: Theory, practice and evidence* (pp. 71–90). New York: Cambridge University Press.

Mitte, K. (2005). Meta-analysis of cognitive-behavioral treatments for generalized anxiety disorder: A comparison with pharmacotherapy. *Psychological Bulletin, 131*, 785–795.

Mittelman, M. S., Brodaty, H., Wallen, A. S., & Burns, A. (2008). A three-country randomized controlled trial of a psychosocial intervention for caregivers combined with pharmacological treatment for patients with Alzheimer disease: Effects on caregiver depression. *American Journal of Geriatric Psychiatry, 16*, 893–904.

Modestin, J. (1992). Multiple personality disorder in Switzerland. *American Journal of Psychiatry, 149*, 88–92.

Modrego, P. J. (2010). Depression in Alzheimer's disease: Pathophysiology, diagnosis, and treatment. *Journal of Alzheimer's Disease, 21*, 1077–1087.

Moffitt, T. E. (1993). Adolescence-limited and life-course-persistent antisocial behavior: A developmental taxonomy. *Psychological Review, 100*, 674–701.

Moffitt, T. E. (2007). A review of research on the taxonomy of life-course persistent versus adolescence-limited antisocial behavior. In D. J. Flannery, A. T. Vazsonyi, & I. D. Waldman (Eds.), *The Cambridge handbook of violent behavior and aggression* (pp. 49–74). New York: Cambridge University Press.

Moffitt, T. E., Caspi, A., Harrington, H., & Milne, B. J. (2002). Males on the life-course persistent and adolescence-limited antisocial pathways: Follow-up at age 26. *Development and Psychopathology 14*, 179–207.

Moffitt, T. E., Caspi, A., Harrington, H., Milne, B. J., Melchior, M., Goldberg, D., et al. (2007). Generalized anxiety disorder and depression: childhood risk factors in a birth cohort followed to age 32. *Psychological Medicine, 37*, 441–452.

Moffitt, T. E., Lynam, D., & Silva, P. A. (1994). Neuropsychological tests predict persistent male delinquency. *Criminology, 32*, 101–124.

Moffitt, T. E., & Silvia, P. A. (1988). IQ and delinquency: A direct test of the differential detection hypothesis. *Journal of Abnormal Psychology, 97*, 330–333.

Molina, B. S. G., Hinshaw, S. P., Swanson, J. M., Arnold, L. E., Vitiello, B., Jensen, P. S., et al. (2009). The MTA at 8 years: Prospective follow-up of children treated for combined-type ADHD in a multisite study. *Journal of the American Academy of Child and Adolescent Psychiatry, 48*, 484–500.

Molina, B. S., Hinshaw, S. P., Eugene Arnold, L., Swanson, J. M., Pelham, W. E., Hechtman, L., et al. (2013). Adolescent substance use in the multimodal treatment study of attention-deficit/hyperactivity disorder (ADHD) (MTA) as a function of childhood ADHD, random assignment to childhood treatments, and subsequent medication. *Journal of the American Academy of Child and Adolescent Psychiatry, 52*(3), 250–263.

Monahan, J. (1973). The psychiatrization of criminal behavior. *Hospital and Community Psychiatry, 24*, 105–107.

Monahan, J. (1976). The prevention of violence. In J. Monahan (Ed.), *Community mental health and the criminal justice system.* Elmsford, NY: Pergamon Press.

Monahan, J. (1984). The prediction of violent behavior: Toward a second generation of theory and policy. *American Journal of Psychiatry, 141*, 10–15.

Monahan, J. (1992). Mental disorder and violent behavior: Perceptions and evidence. *American Psychologist, 47*, 511–521.

Monahan, J., & Steadman, H. (1994). Toward a rejuvenation of risk assessment research. In J. Monahan & H. Steadman (Eds.), *Violence and mental disorder: Developments in risk assessment.* Chicago: University of Chicago Press.

Moniz, E. (1936). *Tentatives operatoires dans le traitement de certaines psychoses.* Paris: Mason.

Monk, C. S., Nelson, E. E., McClure, E. B., Mogg, K., Bradley, B. P., Leibenluft, E., et al. (2006). Ventrolateral prefrontal cortex activation and attentional bias in response to angry faces in adolescents with generalized anxiety disorder. *American Journal of Psychiatry, 163*, 1091–1097.

Monuteaux, M., Faraone, S. V., Gross, L., & Biederman, J. (2007). Predictors, clinical characteristics, and outcome of conduct disorder in girls with attention-deficit/hyperactivity disorder: a longitudinal study. *Psychological Medicine, 37*, 1731–1741.

Monzani, B., Rijsdijk, F., Iervolino, A. C., Anson, M., Cherkas, L., & Mataix-Cols, D. (2012). Evidence for a genetic overlap between body dysmorphic concerns and obsessive-compulsive symptoms in an adult female community twin sample. *American Journal of Medical Genetics Part B, Neuropsychiatric genetics, 159B*, 376–382.

Moore, T. H. M., Zammit, S., Lingford-Hughes, A., Barnes, T. R. E., Jones, P. B., Burke, M., & Lewis, G. (2007). Cannabis use and risk of psychotic or affective mental health outcomes: a systematic review. *The Lancet, 370*(9584), 319–328.

Moos, R. H., & Humphreys, K. (2004). Long-term influence of duration and frequency of participation in Alcoholics Anonymous on individuals with alcohol use disorders. *Journal of Consulting and Clinical Psychology, 72*, 81–90.

Moos, R. H., & Moos, B. S. (2006). Participation in treatment and Alcoholics Anonymous: A 16-year follow-up of initially untreated individuals. *Journal of Clinical Psychology, 62*, 735–750.

Mora, S., Redberg, R. F., Cui, Y., Whiteman, M. K., Flaws, J. A., Sharrett, A. R., & Blumenthal, R. S. (2003). Ability of exercise testing to predict cardiovascular and all-cause death in asymptomatic women: A 20-year follow-up of the lipid research clinics prevalence study. *Journal of the American Medical Association, 290*, 1600–1607.

Moreland, K., Wing, S., Diez Roux, A., & Poole, C. (2002). Neighborhood characteristics associated with the location of food stores and food services places. *American Journal of Preventive Medicine, 22*, 23–29.

Morenz, B., & Becker, J. V. (1995). The treatment of youthful sexual offenders. *Applied and Preventive Psychology, 4*, 247–256.

Morey, L. C., Hopwood, C. J., Markowitz, J. C., Gunderson, J. G., Grilo, C. M., McGlashan, T. H., et al. (2012). Comparison of alternative models for personality disorders, II: 6-, 8- and 10-year follow-up. *Psychological Medicine, 42*, 1705–1713.

Morf, C. C., & Rhodewalt, F. (2001). Unraveling the paradoxes of narcissism: A dynamic self-regulatory processing model. *Psychological Inquiry, 12*, 177–196.

Morgan, C. A. I., Hazlett, G., Wang, S., Richardson, E. G. J., Schnurr, P., & Southwick, S. M. (2001). Symptoms of dissociation in humans experiencing acute, uncontrollable stress: A prospective investigation. *American Journal of Psychiatry, 158*, 1239–1247.

Morgan, M. J. (2000). Ecstasy (MDMA): A review of its possible persistent psychological effects. *Psychopharmacology, 152*, 230–248.

Morgenstern, J., Langenbucher, J., Labouvie, E., & Miller, K. J. (1997). The comorbidity of alcoholism and personality disorders in a clinical population; Prevalence rates and relation to alcohol typology variables. *Journal of Abnormal Psychology, 106*, 74–84.

Morley, S. (1997). Pain management. In A. Baum, S. Newman, J. Weinman, R. West & C. McManus (Eds.), *Cambridge handbook of psychology, health and medicine* (pp. 234–237). Cambridge, UK: Cambridge University Press.

Morokoff, P. J., & Gilliland, R. (1993). Stress, sexual functioning, and marital satisfaction. *Journal of Sex Research, 30*, 43–53.

Moroney, J. T., Tang, M. X., Berglund, L., Small, S., Merchant, C., Bell, K., et al. (1999). Low-density lipoprotein cholesterol and the risk of dementia with stroke. *Journal of American Medical Association, 282*, 254–260.

Morriss, R. K., Faizal, M. A., Jones, A. P., Williamson, P. R., Bolton, C., & McCarthy, J. P. (2007). Interventions for helping people recognise early signs of recurrence in bipolar disorder. *Cochrane Database of Systematic Reviews, Issue 1,* CD004854.

Morrow, J., & Nolen-Hoeksema, S. (1990). Effects of responses to depression on the remediation of depressive affect. *Journal of Personality and Social Psychology, 58,* 519–527.

Morse, S. J. (1992). The "guilty mind": Mens rea. In D. K. Kagehiro & W. S. Laufer (Eds.), *Handbook of psychology and law* (pp. 207–229). New York: Springer-Verlag.

Mortberg, E., Clark, D. M., & Bejerot, S. (2011). Intensive group cognitive therapy and individual cognitive therapy for social phobia: Sustained improvement at 5-year follow-up. *Journal of Anxiety Disorders, 25,* 994–1000.

Moser, C., & Levitt, E. E. (1987). An exploratory descriptive study of a sadomasochistically oriented sample. *Journal of Sex Research, 23,* 322–337.

Moses, J. A., & Purisch, A. D. (1997). The evolution of the Luria-Nebraska Battery. In G. Goldstein & T. Incagnoli (Eds.), *Contemporary approaches to neuropsychological assessment* (pp. 131–170). New York: Plenum.

Moses, J. A., Schefft, B. A., Wong, J. L., & Berg, R. A. (1992). Interrater reliability analyses of the Luria-Nebraska neuropsychological battery, form II. *Archives of Clinical Neurology, 7,* 251–269.

Mowrer, O. H. (1947). On the dual nature of learning: A reinterpretation of "conditioning" and "problem-solving." *Harvard Educational Review, 17,* 102–148.

Moylan, S., Staples, J., Ward, S. A., Rogerson, J., Stein, D. J., & Berk, M. (2011). The efficacy and safety of alprazolam versus other benzodiazepines in the treatment of panic disorder. *Journal of Clinical Psychopharmacology, 31,* 647–652.

MTA Cooperative Group. (1999a). A 14-month randomized clinical trial of treatment strategies for attention-deficit/hyperactivity disorder. *Archives of General Psychiatry, 56,* 1073–1086.

MTA Cooperative Group. (1999b). Moderators and mediators of treatment response for children with attention-deficit/hyperactivity disorder. *Archives of General Psychiatry, 56,* 1088–1096.

Mudd, S. H., Cerone, R., Schiaffino, M. C., Fantasia, A. R., Minniti, G., Caruso, U., et al. (2001). Glycine N-methyltransferase deficiency: A novel inborn error causing persistent isolated hypermethioninaemia. *Journal of Inherited Metabolic Disease, 24,* 448–464.

Muehlenhard, C. L., & Shippee, S. K. (2010). Men's and women's reports of pretending orgasm. *Journal of Sex Research, 47,* 552–567.

Mueller-Pfeiffer, C., Rufibach, K., Perron, N., Wyss, D., Kuenzler, C., Prezewowsky, C., et al. (2012). Global functioning and disability in dissociative disorders. *Psychiatry Research, 200,* 475–481.

Mueser, K. T., Bond, G. R., Drake, R. E., & Resnick, S. G. (1998). Models of community care for severe mental illness: A review of research on case management. *Schizophrenia Bulletin, 24,* 37–74.

Multon, K. D., Kivlighan, D. M., & Gold, P. B. (1996). Changes in counselor adherence over the course of training. *Journal of Counseling Psychology, 43,* 356–363.

Mundle, G., Bruegel, R., Urbaniak, H., Laengle, G., Buchkremer, G., & Mann, K. (2001). Kurzund mittelfristige Erfolgsraten ambulanter Entwoehnungsbehandlungen fuer alkoholabhaengige Patienten. *Fortschritte der Neurologie Psychiatrie, 69,* 374–378.

Mundo, E., Maina, G., & Uslenghi, C. (2000). Multicentre, double-blind comparison of fluvoxamine and clomipramine in the treatment of obsessive-compulsive disorder. *International Clinical Psychopharmacology, 15,* 69–76.

Munetz, M. R., Grande, T., Kleist, J., & Peterson, G. A. (1996). The effectiveness of outpatient civil commitment. *Psychiatric Services, 47,* 1251–1253.

Munro, S., Thomas, K. L., & Abu-Shaar, M. (1993). Molecular characterization of a peripheral receptor for cannabinoids. *Nature, 365,* 61–65.

Munson, J., Dawson, G., Abbott, R., et al. (2006). Amygdalar volume and behavioral development in autism. *Archives of General Psychiatry, 63,* 686–693.

Muntner, P., He, J., Cutler, J. A., Wildman, R. P., & Whelton, P. K. (2004). Trends in blood pressure among adolescents and children. *JAMA, 291,* 2107–2113.

Muroff, J., Levis, M. E., & Bratiotis, C. (2014). Hoarding disorder. In E. A. Storch & D. McKay (Eds.), *Obsessive-compulsive disorder and its spectrum: A life-span approach* (pp. 117–140). Washington, DC: American Psychological Association.

Murphy, J. (1976). Psychiatric labeling in cross-cultural perspective. *Science, 191,* 1019–1028.

Murphy, S. L., Xu, J., & Kochanek, K. D. (2013). Deaths: Final data for 2010. In N. C. F. H. Statistics (Ed.), *National Vital Statistics Reports* (Vol. 61). Hyattsville, MD.

Murray, C. J. L., & Lopez, A. D. (1996). *The global burden of disease: A comprehensive assessment of disease, injuries, and risk factors in 1990 and projected to 2020.* Cambridge, MA: Harvard University Press.

Murray, G., & Harvey, A. (2010). Circadian rhythms and sleep in bipolar disorder. In L. N. Yatham & M. Maj (Eds.), *Bipolar disorder: Clinical and neurobiological foundations* (pp. 263–274). New York: John Wiley & Sons.

Murray-Close, D., Hoza, B., Hinshaw, S. P., Arnold, L. E., Swanson, J., Jensen, P. S., Hechtman, L., & Wells, K. (2010). Developmental processes in peer problems of children with attention-deficit/hyperactivity disorder in The Multimodal Treatment Study of Children with ADHD: Developmental cascades and vicious cycles. *Developmental and Psychopathology, 22,* 785–802.

Muse, K., McManus, F., Hackmann, A., & Williams, M. (2010). Intrusive imagery in severe health anxiety: Prevalence, nature and links with memories and maintenance cycles. *Behaviour Research and Therapy, 48,* 792–798.

Mustonen, T. K., Spencer, S. M., Hoskinson, R. A., Sachs, D. P. L., & Garvey, A. J. (2005). The influence of gender, rance, and menthol content on tobacco exposure measures. *Nicotine and Tobacco Research, 7,* 581–590.

Myin-Germeys, I., van Os, J., Schwartz, J. E., et al. (2001). Emotional reactivity to daily life stress in schizophrenia. *Archives of General Psychiatry, 58,* 1137–1144.

Mykletun, A., Bjerkeset, O., Overland, S., Prince, M., Dewey, M., & Stewart, R. (2009). Levels of anxiety and depression as predictors of mortality: The HUNT study. *British Journal of Psychiatry, 195,* 118–125.

Nacewicz, B. M., Dalton, K. M., Johnstone, T. et al. (2006). Amygdala volume and nonverbal social impairment in adolescent and adult males with autism. *Archives of General Psychiatry, 63,* 1417–1448.

Naranjo, C. A., Tremblay, L. K., & Busto, U. E. (2001). The role of the brain reward system in depression. *Progress in Neuro-Psychopharmacology and Biological Psychiatry, 25,* 781–823.

Narrow, W. E., Clarke, D. E., Kuramoto, S. J., Kraemer, H. C., Kupfer, D. J., Greiner, L., & Regier, D. A. (2013). DSM-5 field trials in the United States and Canada, Part III: development and reliability testing of a cross-cutting symptom assessment for DSM-5. *American Journal of Psychiatry, 170*(1), 71–82.

Nasser, M. (1988). Eating disorders: The cultural dimension. *Social Psychiatry and Psychiatric Epidemiology, 23,* 184–187.

Nathan, D. (2011). *Sybil exposed: The extraordinary story behind the famous multiple personalty case.* New York: Free Press.

Nathan, P. E., & Gorman, J. M. (2002). Efficacy, effectiveness, and the clinical utility of psychotherapy research. In P. E. Nathan & J. M. Gorman (Eds.), *A Guide to Treatments that Work* (2nd ed., pp. 643–654). New York: Oxford University Press.

National Academy on an Aging Society. (1999). Challenges for the 21st century: Chronic and disabling conditions. Retrieved from http://www.agingsociety.org/agingsociety/publications/chronic/index.html.

National Center for Justice. (2003). *National Crime Victimization Survey.* National Center for Justice, Document NCJ 206348.

National Institute of Child Health and Human Development. (2000). Report of the National Reading Panel. Teaching children to read: An evidence-based assessment of the scientific research literature on reading and its implications for reading instruction. Available at http://www.nichd.nih.gov/publications/nrp/smallbook.htm.

National Institutes of Health. (1997, August). The Ad Hoc Group of Experts. *Workshop on the Medical Utility of Marijuana: Report to the Director.*

Nay, W., Brown, R., & Roberson-Nay, R. (2013). Longitudinal course of panic disorder with and without agoraphobia using the National Epidemiologic Survey on Alcohol and Related Conditions (NESARC). *Psychiatry Research, 208,* 54–61.

Neale, J. M., & Liebert, R. M. (1986). *Science and behavior: An introduction to methods of research* (3rd ed.). Englewood Cliffs, NJ: Prentice-Hall.

Neale, J. M., & Oltmanns, T. (1980). *Schizophrenia.* New York: John Wiley & Sons.

Neisser, U. (1976). *Cognition and reality.* San Francisco: Freeman.

Nelson, E. C., Heath, A. C., Madden, P. A. F., Cooper, M. L., Dinwiddie, S. H., Bucholz, K. K., et al. (2002). Association between self-reported childhood sexual abuse and adverse psychosocial outcomes: Results from a twin study. *Archives of General Psychiatry, 59,* 139–145.

Nelson, J. C. (2006). The STAR*D study: A four-course meal that leaves us wanting more. *American Journal of Psychiatry, 163,* 1864–1866.

Nelson, M. D., Saykin, A. J., Flashman, L. A., & Riordin, H. J. (1998). Hippocampal volume reduction in schizophrenia as assessed by magnetic resonance imaging: A meta analytic study. *Archives of General Psychiatry, 55,* 433–440.

Nelson, R. O., Lipinski, D. P., & Black, J. L. (1976). The reactivity of adult retardates' self-monitoring: A comparison among behaviors of different valences, and a comparison with token reinforcement. *Psychological Record, 26,* 189–201.

Nemeroff, C. B., & Schatzberg, A. F. (1998). Pharmacological treatment of unipolar depression. In P. E. Nathan & J. M. Gorman (Eds.), *A guide to treatments that work* (pp. 212–225). New York: Oxford University Press.

Nestle, M. (2002). *Food politics: How the food industry influences nutrition and health.* Berkeley: University of California Press.

Neugebauer, R. (1979). Mediaeval and early modern theories of mental illness. *Archives of General Psychiatry, 36,* 477–484.

Neuman, R. J., Lobos, E., Reich, W., Henderson, C. A., Sun, L. W., & Todd, R. D. (2007). Prenatal smoking exposure and dopaminergic genotypes interact to cause a severe ADHD subtype. *Biological Psychiatry, 61*, 1320–1328.

Neumeister, A., Daher, R. J., & Charney, D. S. (2005). Anxiety disorders: noradrenergic neurotransmission. *Handbook of Experimental Pharmacology, 169*, 205–223.

Neumeister, A., Konstantinidis, A., Stastny, J., Schwarz, M. J., Vitouch, O., Willeit, M., et al. (2002). Association between the serotonin transporter gene promoter polymorphism (5-HTTLPR) and behavioral responses to tryptophan depletion in healthy women with and without family history of depression. *Archives of General Psychiatry, 59*, 613–620.

New, A. S., Hazlett, E. A., Buchsbaum, M. S., Goodman, M., Mitelman, S. A., Newmark, R., et al. (2007). Amygdala-prefrontal disconnection in borderline personality disorder. *Neuropsychopharmacology 32*, 1629–1640.

Newman, D. L., Moffitt, T. E., Caspi, A., & Silva, P. A. (1998). Comorbid mental disorders: Implications for treatment and sample selection. *Journal of Abnormal Psychology, 107*, 305–311.

Newman, J. P., Patterson, C. M., & Kosson, D. S. (1987). Response perseveration in psychopaths. *Journal of Abnormal Psychology, 96*, 145–149.

Newman, J. P., Schmitt, W. A., & Voss, W. D. (1997). The impact of motivationally neutral cues on psychopathic individuals: Assessing the generality of the response modulation hypothesis. *Journal of Abnormal Psychology, 196*, 563–575.

Newton-Howes, G., Tyrer, P., Anagnostakis, K., Cooper, S., Bowden-Jones, O., & Weaver, T. (2010). The prevalence of personality disorder, its comorbidity with mental state disorders, and its clinical significance in community mental health teams. *Social Psychiatry and Psychiatric Epidemiology, 45*, 453–460.

Newton-Howes, G., Tyrer, P., & Johnson, T. (2006). Personality disorder and the outcome of depression: Meta-analysis of published studies. *British Journal of Psychiatry, 188*, 13–20.

Ng, M., Fleming, T., Robinson, M., Thomson, B., Graetz, N., Margono, C., et al. (2014). Global, regional, and national prevalence of overweight and obesity in children and adults during 1980–2013: A systematic analysis for the Global Burden of Disease Study 2013. *The Lancet.* doi: http://dx.doi.org/10.1016/S0140-6736(14)60460-8

Nicholls, L. (2008). Putting the New View Classification Scheme to an empirical test. *Feminism and Psychology, 18*, 515–526.

Nicholson, A., Kuper, H., & Hemingway, H. (2006). Depression as an aetiologic and prognostic factor in coronary heart disease: A meta-analysis of 6362 events among 146538 participants in 54 observational studies. *European Heart Journal, 27*, 2763–2774.

Niederdeppe, J., Farrelly, M. C., & Haviland, M. L. (2004). Confirming "truth": More evidence of a successful tobacco countermarketing campaign in Florida. *American Journal of Public Health, 94*, 255–257.

Nielssen, O., Bourget, D., Laajasalo, T., Liem, M., Labelle, A., Hakkanen-Nyholm, H., et al. (2011). Homicide of strangers by people with a psychotic illness. *Schizophrenia Bulletin, 37*, 572–579.

Nietzel, M. T., & Harris, M. J. (1990). Relationship of dependency and achievement/ autonomy to depression. *Clinical Psychology Review, 10*, 279–297.

Nigg, J. T. (2013). Attention deficits and hyperactivity-impulsivity: What have we learned, what next? *Development and Psychopathology, 25*(4 Pt 2), 1489–1503.

Nigg, J. T., & Casey, B. J. (2005). An integrative theory of attention-deficit/ hyperactivity disorder based on the cognitive and affective neurosciences. *Development and Psychopathology, 17*, 785–806.

Nigg, J. T., & Goldsmith, H. H. (1994). Genetics of personality disorders: Perspectives from personality and psychopathology research. *Psychological Bulletin, 115*, 346–380.

Nigg, J. T., Lewis, K., Edinger, T., & Falk, M. (2012). Meta-analysis of attention-deficit/hyperactivity disorder or attention-deficit/hyperactivity disorder symptoms, restriction diet, and synthetic food color additives. *Journal of the American Academy of Child and Adolescent Psychiatry, 51*(1), 86–97.e88.

Nikolaus, S., Antke, C., Beu, M., & Muller, H. W. (2010). Cortical GABA, striatal dopamine and midbrain serotonin as the key players in compulsive and anxiety disorders—Results from in vivo imaging studies. *Reviews Neuroscience, 21*, 119–139.

Nobler, M. S., Oquendo, M. A., Kegeles, L. S., Malone, K. M., Campbell, C., Sackheim, H. A., et al. (2001). Decreased regional brain metabolism after ECT. *American Journal of Psychiatry, 158*, 305–308.

Nobre, P. J., & Pinto-Gouveia, J. (2008). Cognitions, emotions, and sexual response: Analysis of the relationship among automatic thoughts, emotional responses, and sexual arousal. *Archives of Sexual Behavior, 37*, 652–661.

Nock, M. K. (2009). Why do people hurt themselves? New insights into the nature and function of self-injury. *Current Directions in Psychological Science, 18*, 78–83.

Nock, M. K. (2010). Self-injury. *Annual Review of Clinical Psychology, 6*, 339–363.

Nock, M. K., Kazdin, A. E., Hiripi, E., & Kessler, R. C. (2006). Prevalence, subtypes, and correlates of DSM-IV conduct disorder in the National Comorbidity Survey Replication. *Psychological Medicine, 36*, 699–710.

Nock, M. K., & Mendes, W. B. (2008). Physiological arousal, distress tolerance, and social problem-solving deficits among adolescent self-injurers. *Journal of Consulting and Clinical Psychology, 76*, 28–38.

Nock, M. K., & Prinstein, M. J. (2004). A functional approach to the assessment of self-mutilative behavior. *Journal of Consulting and Clinical Psychology, 72*, 885–890.

Nock, M. K., Prinstein, M. J., & Sterba, S. K. (2009). Revealing the form and functions of self-injurious thoughts and behaviors: A real-time ecological assessment study among adolescents and young adults. *Journal of Abnormal Psychology, 118*, 816–827.

Nolen-Hoeksema, S. (1991). Responses to depression and their effects on the duration of depressive episodes. *Journal of Abnormal Psychology, 100*, 569–582.

Nolen-Hoeksema, S. (2000). The role of rumination in depressive disorders and mixed anxiety/depressive symptoms. *Journal of Abnormal Psychology, 109*, 504–511.

Nolen-Hoeksema, S. (2001). Gender differences in depression. *Current Directions in Psychological Science, 10*, 173–176.

Noll, S. M., & Fredrickson, B. L. (1998). A mediational model linking self-objectification, body shame, and disordered eating. *Psychology of Women Quarterly, 22*, 623–636.

Nonnemaker, J., Hersey, J., Homsi, G., Busey, A., Allen, J., & Vallone, D. (2013). Initiation with menthol cigarettes and youth smoking uptake. *Addiction, 108*(1), 171–178.

Norberg, M. M., Krystal, J. H., & Tolin, D. F. (2008). A meta-analysis of D-cycloserine and the facilitation of fear extinction and exposure therapy. *Biological Psychiatry, 63*, 1118–1126.

Nordsletten, A. E., Reichenberg, A., Hatch, S. L., de la Cruz, L. F., Pertusa, A., Hotopf, M., et al. (2013). Epidemiology of hoarding disorder. *British Journal of Psychiatry, 203*, 445–452.

Norton, M. C., Skoog, I., Toone, L., Corcoran, C., Tschanz, J. T., Lisota, R. D., et al. (2006). Three-year incidence of first-onset depressive syndrome in a population sample of older adults: The Cache County Study. *American Journal of Geriatric Psychiatry, 14*, 237–245.

Norton, P. J., & Price, E. C. (2007). A meta-analytic review of adult cognitive-behavioral treatment outcome across the anxiety disorders. *Journal of Nervous and Mental Disease, 195*, 521–531.

Noyes, R. (1999). The relationship of hypochondriasis to anxiety disorders. *General Hospital Psychiatry, 21*, 8–17.

O'Brien, W. H., & Haynes, S. N. (1995). Behavioral assessment. In L. A. Heiden & M. Hersen (Eds.), *Introduction to clinical psychology* (pp. 103–139). New York: Plenum.

O'Brien, J. T., Sahakian, B. J., & Checkley, S. A. (1993). Cognitive impairments in patients with seasonal affective disorder. *British Journal of Psychiatry, 163*, 338–343.

O'Donnell, P., & Grace, A. A. (1998). Dysfunctions in multiple interrelated systems as the neurobiological bases of schizophrenic symptom clusters. *Schizophrenia Bulletin, 24*, 267–283.

O'Donohue, W. (1993). The spell of Kuhn on psychology: An exegetical elixir. *Philosophical Psychology, 6*, 267–287.

O'Donohue, W., Dopke, C. A., & Swingen, D. N. (1997). Psychotherapy for female sexual dysfunction: A review. *Clinical Psychology Review, 17*, 537–566.

O'Farrell, T. J., & Fals-Stewart, W. (2000). Behavioral couples therapy for alcoholism and drug abuse. *Journal of Substance Abuse Treatment, 18*, 51–54.

O'Kearney, R. T., Anstey, K. J., & von Sanden, C. (2006). Behavioural and cognitive behavioural therapy for obsessive compulsive disorder in children and adolescents. *Cochrane Database of Systematic Reviews 2006*, Issue 4.

O'Leary, D. S., Block, R. I., Flaum, M., Schultz, S. K., Ponto, L. L., Boles, Watkins, G. L., Hurtig, R. R., Andreasen, N. C., & Hichwa, R. D. (2000). Acute marijuana effects on rCBF and cognition: A PET study. *Neuroreport, 11*, 3835–3841.

O'Leary, K. D., & Wilson, G. T. (1987). *Behavior therapy: Application and outcome.* Englewood Cliffs, NJ: Prentice-Hall.

O'Loughlin, J. O., Paradis, G., Kim, W., DiFranza, J., Meshefedjian, G., McMillan-Davey, E., Wong, S., Hanley, J., & Tyndale, R. F. (2005). Genetically decreased CYP2A6 and the risk of tobacco dependence: A prospective study of novice smokers. *Tobacco Control, 13*, 422–428.

O'Neal, J. M. (1984). First person account: Finding myself and loving it. *Schizophrenia Bulletin, 10*, 109–110.

Ockene, J. K., Mermelstein, R. J., Bonollo, D. S., Emmons, K. M., Perkins, K. A., Voorhees, C. C., & Hollis, J. F. (2000). Relapse and maintenance issues for smoking cessation. *Health Psychology, 19*, 17–31.

Odgers, C. L., Caspi, A., Broadbent, J. M., Dickson, N., Hancox, R. J., Harrington, H., Poulton, R., Sears, M. R., Thomson, W. M., & Moffitt, T. E. (2007). Prediction of differential adult health burden by conduct problem subtypes in males. *Archives of General Psychiatry, 64*, 476–484.

Odgers, C. L., Moffitt, T. E., Broadbent, J. M., Dickson, N., Hancox, R. J., Harrington, H., Poulton, R., Sears, M. R., Thomson, W. M., & Caspi, A. (2008). Female and male antisocial trajectories: From childhood origins to adult outcomes. *Developmental and Psychopathology, 20,* 673–716.

Oei, T. P. S., & Dingle, G. (2008). The effectiveness of group cognitive behaviour therapy for unipolar depressive disorders. *Journal of Affective Disorders, 107,* 5–21.

Ogden, C. L., Carroll, M. D., Kit, B. K., & Flegal, K. M. (2014). Prevalence of childhood and adult obesity in the United States, 2011–2012. *Journal of the American Medical Association, 311*(8), 806–814.

Ogden, T., & Halliday-Boykins, C. A. (2004). Multisystemic treatment of antisocial adolescents in Norway: Replication of clinical outcomes outside the U.S. *Child and Adolescent Mental Health Volume, 9,* 77–83.

Ogloff, J. R. P., Cutajar, M. C., Mann, E., & Mullen, P. (2012). Child sexual abuse and subsequent offending and victimisation: A 45 year follow-up study. *Trends and Issues in Crime and Criminal Justice, 440.*

Öhman, A., Flykt, A., & Esteves, F. (2001). Emotion drives attention: Detecting the snake in the grass. *Journal of Experimental Psychology: General, 137,* 466–478.

Öhman, A., & Mineka, A. (2003). The malicious serpent: Snakes as a prototypical stimulus for an evolved module of fear. *Current Directions in Psychological Science, 12,* 5–9.

Öhman, A., & Soares, J. J. F. (1994). "Unconscious anxiety": Phobic responses to masked stimuli. *Journal of Abnormal Psychology, 103,* 231–240.

Ohtani, T., Levitt, J. J., Nestor, P. G., Kawashima, T., Asami, T., Shenton, M. E., et al. (2014). Prefrontal cortex volume deficit in schizophrenia: A new look using 3T MRI with manual parcellation. *Schizophrenia Research, 152*(1), 184–190.

Olabi, B., Ellison-Wright, I., McIntosh, A. M., Wood, S. J., Bullmore, E., & Lawrie, S. M. (2011). Are there progressive brain changes in schizophrenia? A meta-analysis of structural magnetic resonance imaging studies. *Biological Psychiatry, 70,* 88–96.

Olatunji, B. O., Cisler, J. M., & Tolin, D. F. (2007). Quality of life in the anxiety disorders: A meta-analytic review. *Clinical Psychology Review, 27,* 572–581.

Olatunji, B. O., Etzel, E. N., Tomarken, A. J., Ciesielski, B. G., & Deacon, B. (2011). The effects of safety behaviors on health anxiety: An experimental investigation. *Behaviour Research and Therapy, 49,* 719–728.

Olatunji, B. O., Moretz, M. W., & Zlomke, K. R. (2010). Linking cognitive avoidance and GAD symptoms: The mediating role of fear of emotion. *Behaviour Research and Therapy, 48,* 435–441.

Olff, M., Langeland, W. L., Draijer, N., & Gersons, B. P. R. (2007). Gender differences in posttraumatic stress disorder. *Psychological Bulletin, 133,* 183–204.

Olfson, M., Blanco, C., Liu, L., Moreno, C., & Laje, G. (2006). National trends in the outpatient treatment of children and adolescents with antipsychotic drugs. *Archives of General Psychiatry, 63,* 679–687.

Olfson, M., Blanco, C., Liu, S., Wang, S., & Correll, C. U. (2012). National trends in the office-based treatment of children, adolescents, and adults with antipsychotics. *Archives of General Psychiatry, 69*(12), 1247–1256.

Olfson, M., & Marcus, S. C. (2010). National trends in outpatient psychotherapy. *American Journal of Psychiatry, 167,* 1456–1463.

Olivardia, R., Pope, H. G., Mangweth, B., & Hudson, J. I. (1995). Eating disorders in college men. *American Journal of Psychiatry, 152,* 1279–1284.

Oltmanns, T. F., & Powers, A. D. (2012). Gender and personality disorder. In T. A. Widiger (Ed.), *The Oxford handbook of personality disorders* (1st ed.). New York: Oxford University Press.

O'Neal, J. M. (1984). First person account: Finding myself and loving it. *Schizophrenia Bulletin, 10,* 109–110.

Orr, S. P., Metzger, L. J., Lasko, N. B., Macklin, M. L., Hu, F. B., Shalev, A. Y., et al. (2003). Physiologic responses to sudden, loud tones in monozygotic twins discordant for combat exposure: Association with posttraumatic stress disorder. *Archives of General Psychiatry, 60,* 283–288.

Ortiz, J., & Raine, A. (2004). Heart rate level and antisocial behavior in children and adolescents: A meta-analysis. *Journal of the American Academy of Child and Adolescent Psychiatry, 43,* 154–162.

Ory, M., Hoffman, R. R., Yee, J. L., Tennstedt, S., & Schulz, R. (1999). Prevalence and impact of caregiving: A detailed comparison between dementia and nondementia caregivers. *The Gerontologist, 39,* 177–185.

Osby, U., Brandt, L., Correia, N., Ekbom, A., & Sparen, P. (2001). Excess mortality in bipolar and unipolar disorder in Sweden. *Archives of General Psychiatry, 58,* 844–850.

Osgood, C. E., Luria, Z., Jeans, R. F., Smith, S. W. (1976). The three faces of Evelyn: A case report. *Journal of Abnormal Psychology, 85,* 47-248.

Ouimette, P. C., Finney, J. W., & Moos, R. H. (1997). Twelve-step and cognitive-behavioral treatment for substance abuse: A comparison of treatment effectiveness. *Journal of Consulting and Clinical Psychology, 65,* 230–240.

Owen, M. J., Craddock, N., & O'Donovan, M. C. (2010). Suggestion of roles for both common and rare risk variants in genome-wide studies of schizophrenia. *Archives of General Psychiatry, 67,* 667-673.

Owen, M. J., Williams, N. M., & O'Donovan, M. C. (2004). The molecular genetics of schizophrenia: New findings promise new insights. *Molecular Psychiatry, 9,* 14–27.

Owen, P. P., & Laurel-Seller, E. (2000). Weight and shape ideals: Thin is dangerously in. *Journal of Applied Social Psychology, 54,* 682–687.

Ozer, D. J., & Benet-Martinez, V. (2006). Personality and the prediction of consequential outcomes. *Annual Review of Psychology, 57,* 401–421.

Ozer, E. J., Best, S. R., Lipsey, T. L., & Weiss, D. S. (2003). Predictors of posttraumatic stress disorder and symptoms in adults: A meta-analysis. *Psychological Bulletin, 129,* 52–73.

Pacchiarotti, I., Bond, D. J., Baldessarini, R. J., Nolen, W. A., Grunze, H., Licht, R. W., et al. (2013). The International Society for Bipolar Disorders (ISBD) task force report on antidepressant use in bipolar disorders. *American Journal of Psychiatry, 170,* 1249–1262.

Palmer, B. A., Pankratz, V., & Bostwick, J. (2005). The lifetime risk of suicide in schizophrenia: A reexamination. *Archives of General Psychiatry, 62,* 247–253.

Pantelis, C., Velakoulis, D., McGorry, P. D., et al. (2003). Neuroanatomical abnormalities before and after onset of psychosis: A cross-sectional and longitudinal MRI comparison. *The Lancet, 361,* 281–288.

Parsons, T. D., & Rizzo, A. A. (2008). Affective outcomes of virtual reality exposure therapy for anxiety and specific phobias: A meta-analysis. *Journal of Behavior Therapy and Experimental Psychiatry, 39,* 250–261.

Pathania, M., Davenport, E. C., Muir, J., Sheehan, D. F., Lopez-Domenech, G., & Kittler, J. T. (2014). The autism and schizophrenia associated gene CYFIP1 is critical for the maintenance of dendritic complexity and the stabilization of mature spines. *Translational Psychiatry, 4,* e374.

Patient Protection and Affordable Care Act, 42 U.S.C § 18001. (2010).

Patrick, C. J., Fowles, D. C., & Krueger, R. F. (2009). Triarchic conceptualization of psychopathy: Developmental origins of disinhibition, boldness, and meanness. *Development and Psychopathology, 21,* 913–938.

Patronek, G. J., & Nathanson, J. N. (2009). A theoretical perspective to inform assessment and treatment strategies for animal hoarders. *Clinical Psychology Review, 29,* 274–281.

Patterson, G. R. (1982). *Coercive family process.* Eugene, OR: Castilia.

Paulhus, D. L. (1998). Interpersonal and intrapsychic adaptiveness of trait self-enhancement: A mixed blessing? *Journal of Personality and Social Psychology, 74,* 1197–1208.

Paulus, M. P., Tapert, S. F. & Schuckit, M. A. (2005). Neural activation patterns of methamphetamine-dependent subjects during decision making predict relapse. *Archives of General Psychiatry, 62,* 761–768.

Paxton, S. J., Schutz, H. K., Wertheim, E. H., & Muir, S. L. (1999). Friendship clique and peer influences on body image concerns, dietary restraint, extreme weight-loss behaviors, and binge eating in adolescent girls. *Journal of Abnormal Psychology, 108,* 255–264.

Payne, A., & Blanchard, E. B. (1995). A controlled comparison of cognitive therapy and self-help support groups in the treatment of irritable bowel syndrome. *Journal of Consulting and Clinical Psychology, 63,* 779–786.

Peat, C., Mitchell, J. E., Hoek, H. W., & Wonderlich, S. A. (2009). Validity and utility of subtyping anorexia nervosa. *International Journal of Eating Disorders, 42,* 590–594.

Pediatric OCD treatment study (POTS) team. (2004). Cognitive-behavior therapy, setraline, and their combination for children and adolescents with obsessive-compulsive disorder: The pediatric OCD treatment study (POTS) randomized controlled trial. *Journal of the American Medical Association, 292,* 1969–1976.

Pelham, W. E., Gnagy, E. M., Greiner, A. R., Hoza, B., Hinshaw, S. P., Swanson, J. M., Simpson, S., Shapiro, C., Bukstein, O., Baron-Myak, C., & McBurnett, K. (2000). Behavioral versus behavioral plus pharmacological treatment for ADHD children attending a summer treatment program. *Journal of Abnormal Child Psychology, 28,* 507–525.

Pendlebury, S. T., & Rothwell, P. M. (2009). Risk of recurrent stroke, other vascular events and dementia after transient ischaemic attack and stroke. *Cerebrovascular Diseases, 27 Suppl 3,* 1–11.

Penn, D. L., Chamberlin, C., & Mueser, K. T. (2003). The effects of a documentary film about schizophrenia on psychiatric stigma. *Schizophrenia Bulletin, 29,* 383–391.

Penn, D. L., & Mueser, K. T. (1996). Research update on the psychosocial treatment of schizophrenia. *American Journal of Psychiatry, 153,* 607–617.

Pennebaker, J. W., Kiecolt-Glaser, J. K., & Glaser, R. (1988). Disclosure of traumas and immune function: Health implications for psychotherapy. *Journal of Consulting and Clinical Psychology, 56,* 239–245.

Pennington, B. F. (1995). Genetics of learning disabilities. *Journal of Child Neurology, 10,* S69–S77.

Penzes, P., Cahill, M. E., Jones, K. A., VanLeeuwen, J. E., & Woolfrey, K. M. (2011). Dendritic spine pathology in neuropsychiatric disorders. *Nature Neuroscience, 14,* 285–293.

Peplau, L. A. (2003). Human sexuality: How do men and women differ? *Current Directions in Psychological Science, 12,* 37–40.

Perez, M., & Joiner, T. E. (2003). Body image dissatisfaction and disordered eating in black and white women. *International Journal of Eating Disorders, 33,* 342–350.

Perez, M., Voelz, Z. R., Pettit, J. W., & Joiner, T. E. (2002). The role of acculturative stress and body dissatisfaction in predicting bulimic symptomatology across ethnic groups. *International Journal of Eating Disorders, 31,* 442–454.

Perkins, K. A., Ciccocioppo, M., Conklin, C. A., Milanek, M. E., Grottenthaler, A., & Sayette, M. A. (2008). Mood influences on acute smoking responses are independent of nicotine intake and dose expectancy. *Journal of Abnormal Psychology, 117,* 79–93.

Perkins, K. A., Karelitz, J. L., Conklin, C. A., Sayette, M. A., & Giedgowd, G. E. (2010). Acute negative affect relief from smoking depends on the affect situation and measure but not on nicotine. *Biological Psychiatry, 67,* 707–714.

Perkonigg, A., Pfister, H., Stein, M. B., Hofler, M., Lieb, R., Maercker, A., et al. (2005). Longitudinal course of posttraumatic stress disorder and posttramatic stress. *American Journal of Psychiatry, 162,* 1320–1327.

Perlin, M. L. (1994). *Law and mental disability.* Charlottesville, VA: The Michie Company.

Perry, R., Campbell, M., Adams, P., Lynch, N., Spencer, E. K., Curren, E. L., & Overall, J. E. (1989). Longterm efficacy of haloperidol in autistic children: Continuous versus discontinuous administration. *Journal of the American Academy of Child and Adolescent Psychiatry, 28,* 87–92.

Persing, J. S., Stuart, S. P., Noyes, R., & Happel, R. L. (2000). Hypochondriasis: The patient's perspective. *International Journal of Psychiatry in Medicine, 30,* 329–342.

Persons, J. B., Bostrom, A., & Bertagnolli, A. (1999). Results of randomized controlled trials of cognitive therapy for depression generalize to private practice. *Cognitive Therapy Research, 23,* 535–548.

Perugi, G., Akiskal, H. S., Giannotti, D., Frare, F., Di Vaio, S., & Cassano, G. B. (1997). Gender-related differences in body dysmorphic disorder. *Journal of Nervous and Mental Disease, 185,* 578–582.

Pescosolido, B. A., Martin, J. K., Long, J. S., Medina, T. R., Phelan, J. C., & Link, B. G. (2010). "A disease like any other?" A decade of change in public relations to schizophrenia, depression and alcohol dependence. *American Journal of Psychiatry, 167,* 1321–1330.

Peterson, C. B., Mitchell, J. E., Crow, S. J., Crosby, R. D., & Wonderlich, S. A. (2009). The efficacy of self-help group treament and therapist-led group treatment for binge eating disorder. *American Journal of Psychiatry, 166,* 1347–1354.

Petry, N. M., Alessi, S. M., & Hanson. (2007). Contingency management improves abstinence and quality of life in cocaine abusers. *Journal of Consulting and Clinical Psychology, 75,* 307–315.

Petry, N. M., Alessi, S. M., Marx, J., Austin, M., & Tardif, M. (2005). Vouchers versus prizes: Contingency management treatment of substance abusers in community settings. *Journal of Consulting and Clinical Psychology, 73,* 1005–1014.

Pettersson-Yeo, W., Allen, P., Benetti, S., McGuire, P., & Mechelli, A. (2011). Dysconnectivity in schizophrenia: where are we now? *Neuroscience Biobehavoral Reviews, 35*(5), 1110–1124.

Pettinati, H. M., Oslin, D. W., Kampman, K. M., Dundon, W. D., Xie, H., Gallis, T. L., et al. (2010). A double-blind, placebo-controlled trial combining sertraline and naltrexone for treating co-occuring depression and alcohol dependence. *American Journal of Psychiatry, 167,* 668–675.

Phillips, D. P. (1974). The influence of suggestion on suicide: Substantive and theoretical implications of the Werther effect. *American Sociological Review, 39,* 340–354.

Phillips, D. P. (1985). The Werther effect. *The Sciences, 25,* 33–39.

Phillips, K. A. (2005). *The broken mirror: Understanding and treating body dysmorphic disorder.* New York: Oxford University Press.

Phillips, K. A. (2006). "I look like a monster": Pharmacotherapy and cognitive-behavioral therapy for body dysmorphic disorder. In R. L. Spitzer, M. B. First, J. B. W. Williams & M. Gibbon (Eds.), *DSM-IV-TR Case Book* (Vol. 2) *Experts tell how they treated their own patients* (pp. 263–276). Washington, DC: American Psychiatric Publishing.

Phillips, K. A., Menard, W., Quinn, E., Didie, E. R., & Stout, R. L. (2013). A 4-year prospective observational follow-up study of course and predictors of course in body dysmorphic disorder. *Psychological Medicine, 43,* 1109–1117.

Phillips, K. A., Pinto, A., Hart, A. S., Coles, M. E., Eisen, J. L., Menard, W., et al. (2012). A comparison of insight in body dysmorphic disorder and obsessive–compulsive disorder. *Journal of Psychiatric Research, 46,* 1293–1299.

Phillips, K. A., Stein, D. J., Rauch, S. L., Hollander, E., Fallon, B. A., Barsky, A., et al. (2010). Should an obsessive-compulsive spectrum grouping of disorders be included in DSM-V? *Depression and Anxiety, 27,* 528–555.

Phillips, K. A., Wilhelm, S., Koran, L. M., Didie, E. R., Fallon, B. A., Feusner, J., et al. (2010). Body dysmorphic disorder: Some key issues for DSM-V. *Depression and Anxiety, 27,* 573–591.

Phillips, L. J., Francey, S.M., Edwards, J., & McMurray, N. (2007). Stress and psychosis: towards the development of new models of investigation. *Clinical Psychology Review, 27,* 307–317.

Phillips, M. L., Ladouceur, C. D., & Drevets, W. C. (2008). A neural model of voluntary and automatic emotion regulation: Implications for understanding the pathophysiology and neurodevelopment of bipolar disorder. *Molecular Psychiatry, 13,* 833–857.

Phillips, M. R., Li, X., & Zhang, Y. (2002). Suicide rates in China, 1995–99. *The Lancet, 359,* 835–840.

Piasecki, T. M. (2006). Relapse to smoking. *Clinical Psychology Review, 26,* 196–125.

Piacentini, J., Bennett, S., Compton, S. N., Kendall, P. C., Birmaher, B., Albano, A. M., et al. (2014). 24- and 36-week outcomes for the Child/Adolescent Anxiety Multimodal Study (CAMS). *Journal of the American Academy of Child and Adolescent Psychiatry, 53*(3), 297–310.

Pierce, J. M., Petry, N. M., Stitzer, M. L., Blaine, J., Kellog, S., et al. (2006). Effects of lower-cost incentives on stimulant abstinence in methadone maintenance treatment. *Archives of General Psychiatry, 63,* 201–208.

Pierce, J. P., Choi, W. S., Gilpin, E. A., Farkas, A. J., & Berry, C. C. (1998). Tobacco ads, promotional items linked with teen smoking. *Journal of the American Medical Association, 279,* 511–515.

Pierce, K., & Courchesne, E. (2001). Evidence for a cerebellar role in reduced exploration and stereotyped behavior in autism. *Biological Psychiatry, 49,* 655–664.

Pierce, K., Haist, F., Sedaghadt, F., & Corchesne, E. (2004). The brain response to personally familiar faces in autism: Findings of fusiform activity and beyond. *Brain, 127,* 1–14.

Pierce, K., Muller, R. A., Ambrose, J., Allen, G., & Courchesne, E. (2001). Face processing occurs outside the fusiform "face area" in autism: Evidence from functional MRI. *Brain, 124,* 2059–2073.

Pietromonaco, P. R., & Barrett, L. F. (1997). Working models of attachment and daily social interactions. *Journal of Personality and Social Psychology, 73,* 1409–1423.

Pike, K. M., Dohm, F., Striegel-Moore, R. H., 'Wilfley, D. E., & Fairburn, C. M. (2001). A comparison of black and white women with binge eating disorder. *American Journal of Psychiatry, 158,* 1455–1460.

Pike, K. M., Walsh, B. T., Vitousek, K., Wilson, G. T., & Bauer, J. (2003). Cognitive behavior therapy in the posthospitalization treatment of anorexia nervosa. *American Journal of Psychiatry, 160*(11), 2046–2049.

Pilhatsch, M., Vetter, N. C., Hubner, T., Ripke, S., Muller, K. U., Marxen, M., et al. (2014). Amygdala-function perturbations in healthy mid-adolescents with familial liability for depression. *Journal of the American Academy of Child & Adolescent Psychiatry, 53,* 559–558.

Pilling, S., Bebbington, P., Kuipers, E., Garety, P., Geddes, L., Martindale, B., Orbach, G., & Morgan, C. (2002). Psychological treatments in schizophrenia: II. Meta-analyses of randomized controlled trials of social skills training and cognitive remediation. *Psychological Medicine, 32,* 783–791.

Pineles, S. L., & Mineka, S. (2005). Attentional biases to internal and external sources of potential threat in social anxiety. *Journal of Abnormal Psychology, 114,* 314–318.

Piper, A., Jr., Pope, H. G., Jr., & Borowiecki, J. J. I. (2000). Custer's last stand: Brown, Scheflin, and Whitfiled's latest attempt to salvage "dissociative amnesia." *Journal of Psychiatry and the Law, 28,* 149–213.

Piven, J., Arndt, S., Bailey, J., & Andreasen, N. (1996). Regional brain enlargement in autism: A magnetic resonance imaging study. *Journal of the American Academy of Child and Adolescent Psychiatry, 35,* 530–536.

Piven, J., Arndt, S., Bailey, J., Havercamp, S., Andreasen, N. C., & Palmer, P. (1995). An MRI study of brain size in autism. *American Journal of Psychiatry, 152,* 1145–1149.

Pizzagalli, D. A., Goetz, E., Ostacher, M., Iosifescu, D. V., & Perlis, R. H. (2008). Euthymic patients with bipolar disorder show decreased reward learning in a probabilistic reward task. *Biological Psychiatry, 64,* 162–168.

Plomin, R. (1999). Genetics and general cognitive ability. *Nature, 402,* C25–C29.

Plomin, R., DeFries, J. C., Craig, I. W., & McGuffin, P. (2003). *Behavioral genetics in the postgenomic rra.* Washington, DC: APA Books.

Plomin, R., & Kovas, Y. (2005). Generalist genes and learning disabilities. *Psychological Bulletin, 131,* 592–617.

Polanczyk, G., de Lima, M. S., Horta, B. L., Biederman, J., & Rohde, L. A. (2007). The worldwide prevalence of ADHD: A systematic review and metaregression analysis. *American Journal of Psychiatry, 164*(6), 942–948.

Pole, N., Neylan, T. C., Otte, C., Henn-Hasse, C., Metzler, T. J., & Marmar, C. R. (2009). Prospective prediction of posttraumatic stress disorder symptoms using fear potentiated auditory startle responses. *Biological Psychiatry, 65,* 235–240.

Polich, J. M., Armor, D. J., & Braiker, H. B. (1980). Patterns of alcoholism over four years. *Journal of Studies on Alcohol, 41,* 397–415.

Polivy, J. (1976). Perception of calories and regulation of intake in restrained and unrestrained eaters. *Addictive Behaviors, 1,* 237–244.

Polivy, J., Heatherton, T. F., & Herman, C. P. (1988). Self esteem, restraint and eating behavior. *Journal of Abnormal Psychology, 97,* 354–356.

Polivy, J., & Herman, C. P. (1985). Dieting and binging: A causal analysis. *American Psychologist, 40*, 193–201.

Polivy, J., Herman, C. P., & Howard, K. (1988). The Restraint Scale: Assessment of dieting. In M. Hersen & A. S. Bellack (Eds.), *Dictionary of behavioral assessment techiniques* (pp. 377-380). Elmsford, NY: Pergamon Press..

Polivy, J., Herman, C. P., & McFarlane, T. (1994). Effects of anxiety on eating: Does palatability moderate distress-induced overeating in dieters? *Journal of Abnormal Psychology, 103*, 505–510.

Polonsky, D. C. (2000). Premature ejaculation. In R. C. Rosen & S. R. Leiblum (Eds.), *Principles and practice of sex therapy* (3rd ed., pp. 305–332). New York: Guilford Press.

Pomerleau, O. F., Collins, A. C., Shiffman, S., & Pomerleau, C. S. (1993). Why some people smoke and others do not: New perspectives. *Journal of Consulting and Clinical Psychology, 61*, 723–731.

Poole, D. A., Lindsay, D. S., Memon, A., & Bull, R. (1995). Psychotherapy and the recovery of memories of childhood sexual abuse: U.S. and British practitioners' opinions, practices and experiences. *Journal of Consulting and Clinical Psychology, 63*, 426–437.

Pope, H. G. J., Lalonde, J. K., Pindyck, L. J., Walsh, B. T., Bulik, C. M., et al. (2006). Binge eating disorder: A stable syndrome. *American Journal of Psychology, 163*, 2181–2183.

Pope, H. G. J., Oliva, P. S., Hudson, J. I., Bodkin, J. A., & Gruber, A. J. (1999). Attitudes toward DSM-IV dissociative disorders diagnoses among board-certified American psychiatrists. *American Journal of Psychiatry, 156*, 321–323.

Pope, H. G. J., Poliakoff, M. B., Parker, M. P., Boynes, M., & Hudson, J. J. (2006). Is dissociative amnesia a culture-bound syndrome? Findings from a survey of historical literature. *Psychological Medicine, 37*, 1067–1068.

Pope, K. S. (1998). Pseudoscience, cross-examination, and scientific evidence in the recovered memory controversy. *Psychology, Public Policy*, and Law, 4, 1160–1181.

Porter, S., Yuille, J. C., & Lehman, D. R. (1999). The nature of real, implanted, and fabricated memories for emotional childhood events: Implications for the recovered memory debate. *Law and Human Behavior, 23*, 415–537.

Posey, M. J., & McDougle, C. M. (2000). The pharmacotherapy of target symptoms associated with autistic disorder and other pervasive developmental disorders. *Harvard Review of Psychiatry, 8*, 45–63.

Potkin, S. G., Alva, G., Fleming, K., et al. (2002). A PET study of the pathophysiology of negative symptoms in schizophrenia. *American Journal of Psychiatry, 159*, 227–237.

Poulsen, S., Lunn, S., Daniel, S. I., Folke, S., Mathiesen, B. B., Katznelson, H., & Fairburn, C. G. (2014). A randomized controlled trial of psychoanalytic psychotherapy or cognitive-behavioral therapy for bulimia nervosa. *American Journal of Psychiatry, 171*(1), 109–116.

Powell, R. A., & Gee, T. L. (2000). "The effects of hypnosis on dissociative identity disorder: A reexamination of the evidence": Reply. *Canadian Journal of Psychiatry, 45*, 848–849.

Powers, E., Saultz, J., & Hamilton, A. (2007). Which lifestyle interventions effectively lower LDL cholesterol? *Journal of Family Practice, 56*, 483–485.

Powers, M. B., Halpern, J. M., Ferenschak, M. P., Gillihan, S. J., & Foa, E. B. (2010). A meta-analytic review of prolonged exposure for posttraumatic stress disorder. *Clinical Psychology Review, 30*, 635–641.

Powers, M. B., Vedel, E., & Emmelkamp, P. M. G. (2008). Behavioral couples therapy (BCT) for alcohol and drug use disorders: A meta-analysis. *Clinical Psychology Review, 28*(6), 952–962.

Pratt , L. A., Brody, D. J., & Gu, Q. (2011). Antidepressant use in personsaged 12 and over: United States, 2005–2008. *NCHS data brief, no 76*.

Prechter, G. C., & Shepard, J. W. J. (1990). Sleep and sleep disorders in the elderly. In R. J. Martin (Ed.), *Cardiorespiratory disorders during sleep* (pp. 365–386). Armonk, NY: Futura Publishing Co.

Pressman, P. S., & Miller, B. L. (2014). Diagnosis and management of behavioral variant frontotemporal dementia. *Biological Psychiatry, 75*, 574–581.

Price, D. D., Craggs, J. G., Zhou, Q., Verne, G. N., Perlstein, W. M., & Robinson, M. E. (2009). Widespread hyperalgesia in irritable bowel syndrome is dynamically maintained by tonic visceral impulse input and placebo/nocebo factors: Evidence from human psychophysics, animal models, and neuroimaging. *NeuroImage, 47*, 995–1001.

Prien, R. F., & Potter, W. Z. (1993). Maintenance treatment for mood disorders. In D. L. Dunner (Ed.), *Current psychiatric therapy*. Philadelphia: Saunders.

Prieto, S. L., Cole, D. A., & Tageson, C. W. (1992). Depressive self-schemas in clinic and nonclinic children. *Cognitive Therapy and Research, 16*, 521–534.

Primack, B. A., Bost, J. E., Land, S. R., & Fine, M. J. (2007). Volume of tobacco advertising in African American markets: Systematic review and meta-analysis. *Public Health Reports, 122*, 607–615.

Primack, B. A., Shensa, A., Kim, K. H., Carroll, M. V., Hoban, M. T., Leino, E. V., et al. (2013). Waterpipe smoking among U.S. university students. *Nicotine and Tobacco Research, 15*(1), 29–35.

Przeworski, A., & Newman, M. G. (2006). Efficacy and utility of computer-assisted cognitive behavioural therapy for anxiety disorders. *The Clinical Psychologist, 10*, 43–53.

Pujols, Y., Seal, B. N., & Meston, C. M. (2010). The association between sexual satisfaction and body image in women. *Journal of Sexual Medicine, 7*, 905–916.

Puma, M., Bell, S., Cook, R., Heid, C., Broene, P., Jenkins, F., et al. (2012). Third grade follow-up to the Head Start Impact Study Final Report *OPRE Report # 2012-45*. Washington, DC: U.S. Department of Health and Human Services.

Putnam, F. W. (1996). A brief history of multiple personality disorder. *Child and Adolescent Psychiatric Clinics of North America, 5*, 263–271.

Qualls, S. H., Segal, D. L., Norman, S., Niederehe, G., & Gallagher-Thompson, D. (2002). Psychologists in practice with older adults: Current patterns, sources of training, and need for continuing education. *Professional Psychology: Research and Practice, 33*, 435–442.

Quart, A. (2013). *Republic of outsiders: The power of amatuers, dreamers, and rebels*. New York: The New Press.

Qato, D. M., Alexander, G. C., Conti, R. M., Johnson, M., Schumm, P., & Lindau, S. T. (2008). Use of prescription and over-the-counter medications and dietary supplements among older adults in the United States. *Journal of the American Medical Association, 300*, 2867–2878.

Quinsey, V. L., Harris, G. T., Rice, M. E., & Cormier, C. A. (2006). *Violent offenders: Appraising and managing risk* (2nd ed.). Washington, DC: American Psychological Association.

Rachman, S. (2012). Health anxiety disorders: a cognitive construal. *Behaviour Research and Therapy, 50*, 502–512.

Rachman, S. J. (1977). The conditioning theory of fear acquisition: A critical examination. *Behaviour Research and Therapy, 15*, 375–387.

Rachman, S. J., & DeSilva, P. (1978). Abnormal and normal obsessions. *Behaviour Research and Therapy, 16*, 233–248.

Rachman, S. J., & Wilson, G. T. (1980). *The effects of psychological therapy* (2nd ed.). Elmsford, NY: Pergamon Press

Rademaker, A. R., van Zuiden, M., Vermetten, E., & Geuze, E. (2011). Type D personality and the development of PTSD symptoms: A prospective study. *Journal of Abnormal Psychology, 120*, 299–307.

Ragatz, L. L., Fremouw, W., & Baker, E. (2012). The psychological profile of white-collar offenders: Demographics, criminal thinking, psychopathic traits, and psychopathology. *Criminal Justice and Behavior, 39*, 978–997.

Raine, A. (2006). Schizotypal personality: Neurodevelopmental and psychosocial trajectories. *Annual Review of Clinical Psychology, 2*, 291–326.

Raine, A., Venables, P. H., & Williams, M. (1990). Relationships between central and autonomic measures of arousal at age 15 years and criminality at age 24 years. *Archives of General Psychiatry, 47*, 1003–1007.

Raison, C. L., Capuron, L., & Miller, A. H. (2006). Cytokines sing the blues: Inflammation and the pathogenesis of depression. *Trends in Immunology, 27*, 24–31.

Ramus, F. (2014). Neuroimaging sheds new light on the phonological deficit in dyslexia. *Trends in Cognitive Sciences, 18*(6), 274–275.

Rando, K., Chaplin, T. M., Potenza, M. N., Mayes, L., & Sinha, R. (2013). Prenatal cocaine exposure and gray matter volume in adolescent boys and girls: Relationship to substance use initiation. *Biological Psychiatry, 74*(7), 482–489.

Rapee, R. M., Abbott, M., & Lyneham, H. (2006). Bibliotherapy for children with anxiety disorders using written materials for parents: A randomized controlled trial. *Journal of Consulting and Clinical Psychology, 74*, 436–444.

Rapee, R., Mattick, R., & Murrell, E. (1986). Cognitive mediation in the affective component of spontaneous panic attacks. *Journal of Behavior Therapy and Experimental Psychiatry, 17*, 245–253.

Rapee, R. M., Schniering, C. A., & Hudson, J. L. (2009). Anxiety disorders during childhood adolescence: Origins and treatment. *Annual Review of Clinical Psychology, 5*, 311–341.

Rapoport, J. L., Giedd, J., & Gogtay, N. (2012). Neurodevelopmental model of schizophrenia: Update 2012. *Molecular Psychiatry, 17*, 1228–1238.

Rapoport, J. L., Swedo, S. E., & Leonard, H. L. (1992). Childhood obsessive compulsive disorder. *Journal of Clinical Psychiatry, 53*, 11–16.

Rapoport, M. J., Lanctot, K. L., Streiner, D. L., Bedard, M., Vingilis, E., Murray, B., et al. (2009). Benzodiazepine use and driving: A meta-analysis. *Journal of Clinical Psychiatry, 70*, 663–673.

Rapp, M. A., Schnaider-Beeri, M., Grossman, H. T., Sano, M., Perl, D. P., Purohit, D. P., Gorman, J. M., et al. (2006). Increased hippocampal plaqyes and tangles in patients with Alzheimer disease with a lifetime history of major depression. *Archives of General Psychiatry, 63*, 161–167.

Rascovsky, K., Hodges, J. R., Knopman, D., Mendez, M. F., Kramer, J. H., Neuhaus, J., et al. (2011). Sensitivity of revised diagnostic criteria for the behavioural variant of frontotemporal dementia. *Brain: A Journal of Neurology, 134*, 2456–2477.

Rasic, D., Hajek, T., Alda, M., & Uher, R. (2014). Risk of mental illness in offspring of parents with schizophrenia, bipolar disorder, and major depressive disorder: A meta-analysis of family high-risk studies. *Schizophrenia Bulletin, 40*(1), 28–38.

Raskind, W. H. (2001). Current understanding of the genetic basis of reading and spelling disability. *Learning Disability Quarterly, 24*, 141–157.

Rather, B. C., Goldman, M. S., Roehrich, L., & Brannick, M. (1992). Empirical modeling of an alcohol expectancy memory network using multidimensional scaling. *Journal of Abnormal Psychology, 101*, 174–183.

Rauch, S. L., Whalen, P. J., Shin, L. M., McInerney, S. C., Macklin, M. L., Lasko, N. B., et al. (2000). Exaggerated amygdala response to masked facial stimuli in posttraumatic stress disorder: A functional MRI study. *Biological Psychiatry, 47*, 769–776.

Rawson, R. A., Martinelli-Casey, P., Anglin, M. D., et al. (2004). A multi-site comparison of psychosocial approaches for the treatment of methamphetamine dependence. *Addiction, 99*, 708–717.

Raznahan, A., Wallace, G. L., Antezana, L., Greenstein, D., Lenroot, R., Thurm, A., et al. (2013). Compared to what? Early brain overgrowth in autism and the perils of population norms. *Biological Psychiatry, 74*(8), 563–575.

Reas, D. L., Williamson, D. A., Martin, C. K., & Zucker, N. L. (2000). Duration of illness predicts outcome for bulimia nervosa: A long-term follow-up study. *International Journal of Eating Disorders, 27*, 428–434.

Reba-Harrelson, L., Von Holle, A., Hamer, R. M., Swann, R., Reyes, M. L., & Bulik, C. M. (2009). Patterns and prevalence of disordered eating and weight control behaviors in women ages 25–45. *Eating and Weight Disorders, 14*(4), e190–198.

Rebok, G. W., Ball, K., Guey, L. T., Jones, R. N., Kim, H.-Y., King, J. W., et al. (2014). Ten-year effects of the advanced cognitive training for Independent and Vital Elderly Cognitive Training Trial on cognition and everyday functioning in older adults. *Journal of the American Geriatrics Society, 62*, 16–24.

Redding, N. (2009). *Methland: The death and life of an American small town.* New York: Bloomsbury USA.

Regeer, E. J., ten Have, M., Rosso, M. L., van Roijen, L. H., Vollebergh, W., & Nolen, W. A. (2004). Prevalence of bipolar disorder in the general population: A reappraisal study of the Netherlands Mental Health Survey and incidence study. *Acta Psychiatrica Scandinavica, 110*, 374–382.

Regier, D. A., Boyd, J. H., Burke, J. D., & Rae, D. S. (1988). One-month prevalence of mental disorders in the United States: Based on five epidemiologic catchment area sites. *Archives of General Psychiatry, 45*, 977–986.

Regier, D. A., Kuhl, E. A., & Kupfer, D. J. (2013). The DSM-5: Classification and criteria changes. *World Psychiatry, 12*, 92–98.

Regier, D. A., Narrow, W. E., Clarke, D. E., Kraemer, H. C., Kuramoto, S. J., Kuhl, E. A., & Kupfer, D. J. (2013). DSM-5 field trials in the United States and Canada, Part II: Test-retest reliability of selected categorical diagnoses. *American Journal of Psychiatry, 170*, 59–70.

Regier, D. A., Narrow, W. E., Rae, D. S., & Manderscheid, R. W. (1993). The de facto US mental and addictive disorders service system: Epidemiologic catchment area prospective 1-year prevalence rates of disorders and services. *Archives of General Psychiatry, 50*, 85–94.

Regland, B., Johansson, B.V., Grenfeldt, B., Hjelmgren, L.T., & Medhus, M. (1995). Homocysteinemia is a common feature of schizophrenia. *Journal of Neural Transmission: General Section, 100*, 165–169.

Reich, J. (2000). The relationship of social phobia to avoidant personality disorder: A proposal to reclassify avoidant personality disorder based on clinical empirical findings. *European Psychiatry, 15*, 151–159.

Reichborn-Kjennerud, T., Czajkowski, N., Neale, M. C., Ørstavik, R. E., Torgersen, S., Tambs, K., et al. (2007). Genetic and environmental influences on dimensional representations of DSM-IV cluster C personality disorders: A population-based multivariate twin study. *Psychological Medicine, 37*, 645–653.

Reichborn-Kjennerud, T., Czajkowski, N., Torgersen, S., Neale, M. C., Orstavik, R. E., Tambs, K., et al. (2007). The relationship between avoidant personality disorder and social phobia; A population-base twin study. *American Journal of Psychiatry, 164*, 1722–1728.

Reichenberg, A., Avshalom, C., Harrington, H, Houts, R., Keefe, R. S. E., Murray, R. M., Poulton, R., & Moffitt, T. E. (2010). Static and dynamic cognitive deficits in childhood preceding adult schizophrenia: A 30-year study. *American Journal of Psychiatry, 167*, 160–169.

Reid, D. H., Wilson, P. G., & Faw, G. D. (1991). Teaching self-help skills. In J. L. Matson & J. A. Mulick (Eds.), *Handbook of Mental Retardation.* New York: Pergamon Press.

Reidy, D. E., Shelley-Tremblay, J. F., & Lilienfeld, S. O. (2011). Psychopathy, reactive aggression, and precarious proclamations: A review of behavioral, cognitive, and biological research. *Aggression and Violent Behavior, 16*, 512–524.

Reilly-Harrington, N. A., Alloy, L. B., Fresco, D. M., & Whitehouse, W. G. (1999). Cognitive styles and life events interact to predict bipolar and unipolar symptomatology. *Journal of Abnormal Psychology, 108*, 567–578.

Reinhold, N., & Markowitsch, H. J. (2009). Retrograde episodic memory and emotion: a perspective from patients with dissociative amnesia. *Neuropsychologia, 47*, 2197–2206.

Reiss, D., Heatherington, E. M., Plomin, R., Howe, G. W., Simmens, S. J., et al. (1995). Genetic questions for environmental studies: Differential parenting and psychopathology in adolescence. *Archives of General Psychiatry, 52*, 925–936.

Reissing, E. D., Binik, Y. M., & Khalife, S. (1999). Does vaginismus exist? A critical review of the literature. *Journal of Nervous and Mental Disease, 187*, 261–274.

Renshaw, D. C. (2001). Women coping with a partner's sexual avoidance. *Family Journal—Counseling & Therapy for Couples and Families, 9*, 11–16.

Resick, P. A., Bovin, M. J., Calloway, A. L., Dick, A. M., King, M. W., Mitchell, K. S., et al. (2012). A critical evaluation of the complex PTSD literature: Implications for DSM-5. *Journal of Traumatic Stress, 25*, 241–251.

Resick, P. A., Nishith, P., & Griffin, M. G. (2003). How well does cognitive-behavioral therapy treat symptoms of complex PTSD? An examination of child sexual abuse survivors within a clinical trial. *CNS Spectrums, 8*, 351–355.

Resick, P. A., Nishith, P., Weaver, T. L., Astin, M. C., & Feuer, C. A. (2002). A comparison of cognitive-processing therapy with prolonged exposure and a waiting condition for the treatment of chronic posttraumatic stress disorder in female rape victims. *Journal of Consulting and Clinical Psychology, 70*, 867–879.

Resick, P. A., Suvak, M. K., Johnides, B. D., Mitchell, K. S., & Iverson, K. M. (2012). The impact of dissociation on PTSD treatment with cognitive processing therapy. *Depression and Anxiety, 29*, 718–730.

Ressler, K. J., Rothbaum, B. O., Tannenbaum, L., Anderson, P., Graap, K., Zimand, E., et al. (2004). Cognitive enhancers as adjuncts to psychotherapy: Use of D-cycloserine in phobic individuals to facilitate extinction of fear. *Archives of General Psychiatry, 61*, 1136–1144.

Rey, J. M., Martin, A., & Krabman, P. (2004). Is the party over? Cannabis and juvenile psychiatric disorder: The past 10 years. *Journal of the American Academy of Child and Adolescent Psychiatry, 43*, 1194–1205.

Reynolds, C. R., Chastain, R. L., Kaufman, A. S., & McLean, J. E. (1997). Demographic characteristics and IQ among adults: Analysis of the WAIS-R standardization sample as a function of the stratification variables. *Journal of School Psychology, 25*, 323–342.

Reynolds, S., Wilson, C., Austin, J., & Hooper, L. (2012). Effects of psychotherapy for anxiety in children and adolescents: A meta-analytic review. *Clinical Psychology Review, 32*(4), 251–262.

Rhee, S. H., & Waldman, I. D. (2002). Genetic and environmental influences on antisocial behavior: A meta-analysis of twin and adoption studies. *Psychological Bulletin, 128*, 490–529.

Rhode, P., Seeley, J. R., Kaufman, N. K, Clarke, G. N., & Stice, E. (2006). Predicting time to recovery among depressed adolescents treated in two psychosocial group interventions. *Journal of Consulting and Clinical Psychology, 74*, 80–88.

Richards, P. S., Baldwin, B. M., Frost, H. A., Clark-Sly, J. B., Berrett, M. E., & Hardman, R. K. (2000). What works for treating eating disorders? Conclusions of 28 outcome reviews. *Eating Disorders, 8*, 189–206.

Richards, R. L., Kinney, D. K., Lunde, I., Benet, M., & Merzel, A. (1988). Creativity in manic-depressives, cyclothymes, their normal relatives, and control subjects. *Journal of Abnormal Psychology, 97*, 281–288.

Richters, J., de Visser, R. O., Rissel, C. E., Grulich, A. E., & Smith, A. M. (2008). Demographic and psychosocial features of participants in bondage and discipline, "sadomasochism"or dominance and submission (BDSM): Data from a national survey. *Journal of Sexual Medicine, 7*, 1660–1668.

Ricks, D. M. (1972). *The beginning of vocal communication in infants and autistic children.* Doctoral dissertation, University of London.

Ridker, P. M., Cook, N. R., Lee, I.-M., Gordon, D., Gaziano, J. M., Manson, J. E., Hennekens, C. H., & Buring, J. E. (2005). A randomized trial of low-dose aspirin in the primary prevention of cardiovascular disease in women. *Journal of the American Medical Association, 352*, 1293–1304.

Ridley, M. (2003). *Nature via nurture: Genes, experience, and what makes us human.* Great Britain: HarperCollins.

Rieder, R. O., Mann, L. S., Weinberger, D. R., van Kammen, D. P., & Post, R. M. (1983). Computer tomographic scans in patients with schizophrenia, schizoaffective, and bipolar affective disorder. *Archives of General Psychiatry, 40*, 735–739.

Rief, W., & Auer, C. (2001). Is somatization a habituation disorder? Physiological reactivity in somatization syndrome. *Psychiatry Research, 101*, 63–74.

Rief, W., & Broadbent, E. (2007). Explaining medically unexplained symptoms-models and mechanisms. *Clinical Psychology Review, 27*, 821–841.

Rief, W., Buhlmann, U., Wilhelm, S., Borkenhagen, A., & Brähler, E. (2006). The prevalence of body dysmorphic disorder: A population-based survey. *Psychological Medicine, 36*, 877–885.

Rimland, B. (1964). *Infantile autism.* New York: Appleton-Century-Crofts.

Ritchie, K., Norton, J., Mann, A., Carriere, I., & Ancelin, M. L. (2013). Late-onset agoraphobia: General population incidence and evidence for a clinical subtype. *American Journal of Psychiatry, 170*, 790–798.

Ritsher, J. B., Struening, E. L., Hellman, F., & Guardino, M. (2002). Internal validity of an anxiety disorder screening instrument across five ethnic groups. *Psychiatry Research, 111*, 199–213.

Ritter, K., Vater, A., Rusch, N., Schroder-Abe, M., Schutz, A., Fydrich, T., et al. (2014). Shame in patients with narcissistic personality disorder. *Psychiatry Research, 215*, 429–437.

Roan, S. (1992, October 15). Giving up coffee tied to withdrawal symptoms. *Los Angeles Times*, p. A26.

Robbins, S. J., Ehrman, R. N., Childress, A. R., Cornish, J. W., & O'Brien, C. P. (2000). Mood state and recent cocaine use are not associated with levels of cocaine cue reactivity. *Drug and Alcohol Dependence, 59*, 33–42.

Roberts, B. W., Kuncel, N. R., Shiner, R., Caspi, A., & Goldberg, L. R. (2007). The power of personality: The comparative validity of personality traits, socioeconomic status, and cognitive ability for predicting important life outcomes. *Perspectives on Psychological Science, 2*, 313–345.

Robiner, W. N. (2006). The mental health professions: Workforce supply and demand, issues, and challenges. *Clinical Psychology Review, 26*, 600–625.

Robinson, D. N. (1996). *Wild beasts and idle humours: The insanity defense from antiquity to the present.* Cambridge, Massachusetts: Harvard University Press.

Robinson, L. A., Klesges, R. C., Zbikowski, S. M., & Glaser, R. (1997). Predictors of risk for different stages of adolescent smoking in a biracial sample. *Journal of Consulting and Clinical Psychology, 65*, 653–662.

Robinson, N. S., Garber, J., & Hillsman, R. (1995). Cognitions and stress: Direct and moderating effects on depression versus externalizing symptoms during the junior high school transition. *Journal of Abnormal Psychology, 104*, 453–463.

Robinson, T. E., & Berridge, K. C. (1993). The neural basis of drug craving: An incentive sensitization theory of addiction. *Brain Research Reviews, 18*, 247–191.

Robinson, T. E., & Berridge, K. C. (2003). Addiction. *Annual Review of Psychology, 54*, 25–53.

Rodewald, F., Wilhelm-Goling, C., Emrich, H. M., Reddemann, L., & Gast, U. (2011). Axis-I comorbidity in female patients with dissociative identity disorder and dissociative identity disorder not otherwise specified. *Journal of Nervous and Mental Disease, 199*, 122–131.

Roecklein, K., Wong, P., Ernecoff, N., Miller, M., Donofry, S., Kamarck, M., Wood-Vasey, W. M., & Franzen, P. (2013). The post illumination pupil response is reduced in seasonal affective disorder. *Psychiatry Research, 210*, 150–158.

Roehrig, J. P., & McLean, C. P. (2010). A comparison of stigma toward eating disorders versus depression. *International Journal of Eating Disorders, 43*, 671–674.

Roemer, L., Lee, J. K., Salters-Pedneault, K., Erisman, S. M., Orsillo, S. M., & Mennin, D. S. (2009). Mindfulness and emotion regulation difficulties in generalized anxiety disorder: Preliminary evidence for independent and overlapping contributions. *Behavior Therapy, 40*, 142–154.

Roemer, L., Molina, S., & Borkovec, T. D. (1997). An investigation of worry content among generally anxious individuals. *Journal of Nervous and Mental Disease, 185*, 314–319.

Roemer, L., Orsillo, S. M., & Barlow, D. H. (2004). Generalized anxiety disorder. In D. H. Barlow (Ed.), *Anxiety and its disorders: The nature and treatment of anxiety and panic* (pp. 477–515). New York: Guilford Press.

Roest, A. M., Martens, E. J., de Jonge, P., & Denollet, J. (2010). Anxiety and risk of incident coronary heart disease: A meta-analysis. *Journal of the American College of Cardiology, 56*, 38–46.

Rogler, L. H., & Hollingshead, A. B. (1985). *Trapped: Families and schizophrenia* (3rd ed.). Maplewood, NJ: Waterfront Press.

Rohan, K. J., Roecklein, K. A., Tierney Lindsey, K., Johnson, L. G., Lippy, R. D., Lacy, T. J., et al. (2007). A randomized controlled trial of cognitive-behavioral therapy, light therapy, and their combination for seasonal affective disorder. *Journal of Consulting and Clinical Psychology, 75*, 489–500.

Rolon-Arroyo, B., Arnold, D. H., & Harvey, E. A. (2013). The predictive utility of conduct disorder symptoms in preschool children: A 3-year follow-up study. *Child Psychiatry and Human Development.*

Romans, S. E., Gendall, K. A., Martin, J. L., & Mullen, P. E. (2001). Child sexual abuse and later disordered eating: A New Zealand epidemiological study. *International Journal of Eating Disorders, 29*, 380–392.

Root, T. L., Pinheiro, A. P., Thornton, L., Strober, M., Fernandez-Aranda, F., Brandt, H., et al. (2010). Substance use disorders in women with anorexia nervosa. *International Journal of Eating Disorders, 43*, 14–21.

Rorschach, H. (1921). *Psychodiagnostik: methodik und ergebnisse eines warhrnehmungsdiagnostischen experiments.* Berlin: Dritte aufl. Hrsg. von W. Morgenthaler.

Rosa-Alcazar, A. I., Sanchez-Meca, J., Gomez-Conesa, A., & Marin-Martinez, F. (2008). Psychological treatment of obsessive-compulsive disorder: A meta-analysis. *Clinical Psychology Review, 28*, 1310–1325.

Rose, J. E., & Behm, F. M. (2014). Combination Treatment With Varenicline and Bupropion in an Adaptive Smoking Cessation Paradigm. *American Journal of Psychiatry.*

Rose, J., E., Brauer, L. H., Behm, F. M., Cramblett, M. Calkins, K., & Lawhon, D. (2004). Psychopharmacological interactions between nicotine and ethanol. *Nicotine & Tobacco Research, 6*, 133–144. ARosen, 2000, 369

Rose, J. E., Herskovic, J. E., Behm, F. M., & Westman, E. C. (2009). Precessation treatment with nicotine patch significantly increases abstinence rates relative to conventional treatment. *Nicotine and Tobacco Research, 11*(9), 1067–1075.

Rosen, G. M., & Davison, G. C. (2003). Psychology should list empirically supported principles of change (ESPs) and not credential trademarked therapies or other treatment packages. *Behavior Modification, 27*, 300–312.

Rosen, L. N., Targum, S. D., Terman, M., Bryant, M. J., Hoffman, H., Kasper, S. F., et al. (1990). Prevalence of seasonal affective disorder at four latitudes. *Psychiatry Research, 31*, 131–144.

Rosen, R. C., Leiblum, S. R., & Spector, I. (1994). Psychologically based treatment for male erectile disorder: A cognitive-interpersonal model. *Journal of Sex and Marital Therapy, 20*, 67–85.

Rosen, R. C., Miner, M. M., & Wincze, J. P. (2014). Erectile dysfunction: Integration of medical and psychological approaches. In Y. M. Binik & K. S. K. Hall (Eds.), *Principles and Practice of Sex Therapy* (5 ed., pp. 61–88). New York: Guilford Press.

Rosenfarb, I. S., Goldstein, M. J., Mintz, J., & Neuchterlein, K. H. (1994). Expressed emotion and subclinical psychopathology observable within transactions between schizophrenics and their family members. *Journal of Abnormal Psychology, 104*, 259–267.

Ross, C. A. (1989). *Multiple personality disorder: Diagnosis, clinical features, and treatment.* New York: John Wiley & Sons.

Ross, C. A. (1991). Epidemiology of multiple personality disorder and dissociation. *Psychiatric Clinics of North America, 14*, 503–517.

Ross, C. A., Duffy, C. M. M., & Ellason, J. W. (2002). Prevalence, reliability and validity of dissociative disorders in an inpatient setting. *Journal of Trauma and Dissociation, 3*, 7–17.

Rossello, J., Bernal, G., & , & Rivera-Medina, C. (2008). Individual and group CBT and IPT for puerto rican adolescents with depressive symptoms. *Cultural Diversity and Ethnic Minority Psychology, 14*, 234–245.

Rossiter, E. M., & Agras, W. S. (1990). An empirical test of the DSM-IIIR definition of binge. *International Journal of Eating Disorders, 9*, 513–518.

Rotge, J. Y., Guehl, D., Dilharreguy, B., Tignol, J., Bioulac, B., Allard, M., et al. (2009). Meta-analysis of brain volume changes in obsessive-compulsive disorder. *Biological Psychiatry, 65*, 75–83.

Rothbaum, B. O., Anderson, P., Zimand, E., Hodges, L., Lang, D., & Wilson, J. (2006). Virtual reality exposure therapy and standard (in vivo) exposure therapy in the treatment of fear of flying. *Behavior Therapy, 37*, 80–90.

Rothbaum, B. O., Foa, E. B., Murdock, T., Riggs, D. S., & Walsh, W. (1992). A prospective examination of posttraumatic stress disorder in rape victims. *Journal of Traumatic Stress, 5*, 455–475.

Rothbaum, B. O., Hodges, L., Alarcon, R., Ready, D., Shahar, F., Graap, K., et al. (1999). Virtual reality exposure therapy for PTSD Vietnam veterans: A case study. *Journal of Traumatic Stress, 12*, 263–271.

Rothblatt, M. (1995). *The apartheid of sex.* Chicago, IL: Rivers Oram and Pandora Press.

Roughgarden, J. (2004). Evolution's rainbow: Diversity, gender and sexuality in nature and people. Oakland, CA: University of California Press.

Roughton, E. C., Schneider, M. L., Bromley, L. J., & Coe, C. L. (1998). Maternal activation during pregnancy alters neurobehavioral state in primate infants. *American Journal of Occupational Therapy, 52*, 90–98.

Rouleau, C. R., & von Ranson, K. M. (2011). Potential risks of pro-eating disorder websites. *Clinical Psychology Review, 31*, 525–531.

Rowland, D. L., Cooper, S. E., & Slob, A. K. (1996). Genital and psychoaffective responses to erotic stimulation in sexually functional and dysfunctional men. *Journal of Abnormal Psychology, 105*, 194–203.

Roy, A. (1994). Recent biologic studies on suicide. *Suicide and life threatening behaviors, 24*, 10–24.

Roy, A. (1995). Suicide. In H. I. Kaplan & B. J. Sadock (Eds.), *Comprehensive textbook of psychiatry* (pp. 1739–1752). Baltimore: Williams & Wilkins.

Rubin, D. C., Berntsen, D., & Bohni, M. K. (2008). A memory-based model of posttraumatic stress disorder: Evaluating basic assumptions underlying the PTSD diagnosis. *Psychological Review, 115*, 985–1011.

Rubinstein, T. B., McGinn, A. P., Wildman, R. P., & Wylie-Rosett, J. (2010). Disordered eating in adulthood is associated with reported weight loss attempts in childhood. *International Journal of Eating Disorders, 43*, 663–666.

Ruderfer, D. M., Fanous, A. H., Ripke, S., McQuillin, A., Amdur, R. L., Gejman, P. V., et al. (2013). Polygenic dissection of diagnosis and clinical dimensions of bipolar disorder and schizophrenia. *Molecular Psychiatry.* doi: 10.1038/mp.2013.138

Rummel-Kluge, C., Komossa, K., Schwarz, S., Hunger, H., Schmid, F., Lobos, C. A., . . . Leucht, S. (2010).

Head-to-head comparisons of metabolic side effects of second generation antipsychotics in the treatment of schizophrenia: A systematic review and meta-analysis. *Schizophrenia Research, 123*, 225–233.

Ruscio, A. M., Brown, T. A., Chiu, W. T., Sareen, J., Stein, M. B., & Kessler, R. C. (2008). Social fears and social phobia in the USA: Results from the National Comorbidity Survey Replication. *Psychological Medicine, 38*, 15–28.

Ruscio, A. M., Stein, D. J., Chiu, W. T., & Kessler, R. C. (2010). The epidemiology of obsessive-compulsive disorder in the National Comorbidity Survey Replication. *Molecular Psychiatry, 15*, 53–63.

Rush, A. J., Trivedi, M., Wisniewski, S. R., Nierenberg, A. A., Stewart, J. W., Warden, D., et al. (2006). Acute and longer-term outcomes in depressed outpatients requiring one or several treatment steps: A STARD report. *American Journal of Psychiatry, 163*, 1905–1917.

Rutherford, M. J., Cacciola, J. S., & Alterman, A. I. (1999). Antisocial personality disorder and psychopathy in cocaine-dependent women. *American Journal of Psychiatry, 156*, 849–856.

Rutledge, T., Reis, S. E., Olson, M., Owens, J., Kelsey, S. F., Pepine, C. J., . . . al., e. (2001). Psychosocial variables are associated with atherosclerosis risk factors among women with chest pain: The WISE study. *Psychosomatic Medicine, 63*, 282–288.

Rutter, M., Caspi, A., Fergusson, D., Horwood, L. J., Goodman, R., Maughan, B., Moffitt, T. E., Meltzer, H., & Carroll, J. (2004). Sex differences in developmental reading disability: New findings from 4 epidemiological studies. *Journal of the American Medical Association, 291*, 2007–2012.

Rutter, M., & Silberg, J. (2002). Gene-environment interplay in relation to emotional and behavioral disturbance. *Annual Review of Psychology, 53*, 463–490.

Sabo, S. Z., Nelson, M. L., Fisher, C., Gunzerath, L., Brody, C. L., et al. (1999). A genetic association for cigarette smoking behavior. *Health Psychology, 18*, 7–13.

Sacco, R. L., Elkind, M., Boden-Albala, B., Lin, I., Kargman, D. E., et al. (1999). The protective effect of moderate alcohol consumption on ischemic stroke. *Journal of the American Medical Association, 281*, 53–60.

Sachs, G. S., & Thase, M. E. (2000). Bipolar disorder therapeutics: Maintenance treatment. *Biological Psychiatry, 48*, 573–581.

Sackeim, H. A., & Lisanby, S. H. (Eds.). (2001). *Physical treatments in psychiatry: Advances in electroconvulsive therapy, transcranial magenetic stimulation, and vagus nerve stimulation*. Washington, D. C.: American Psychiatric Publishing.

Sackeim, H. A., Nordlie, J. W., & Gur, R. C. (1979). A model of hysterical and hypnotic blindness: Cognition, motivation and awareness. *Journal of Abnormal Psychology, 88*, 474–489.

Sackeim, H. A., Prudic, J., Fuller, R., Keilp, J., Lavori, P. W., & Olfson, M. (2007). The cognitive effects of electroconvulstive therapy in community settings. *Neuropsychopharmacology, 32*, 244–254.

Sacks, F. M., Bray, G. A., Carey, V. J., Smith, S. R., Ryan, D. H., Anton, S. D., McManus, K., Champagne, C. M., Bishop, L. M., Laranjo, N., Leboff, M. S., Rood, J. C., de Jonge, L., Greenway, F. L., Loria, C. M., Obarzanek, E., & Williamson, D. A. (2009). Comparison of weight-loss diets with different compositions of fat, protein, and carbohydrates. *New England Journal of Medicine, 360*, 859–873.

Sacks, O. (1995). *An anthropologist on Mars*. New York: Knopf.

Saha, S., Chant, D., & McGrath, J. (2007). A systematic review of mortality in schizophrenia: Is the differential mortality gap worsening over time? *Archives of General Psychiatry, 64*, 1123–1131.

Sakel, M. (1938). The pharmacological shock treatment of schizophrenia. *Nervous and Mental Disease Monograph, 62*.

Saks, E. R. (1997). *Jekyll on trial: Multiple personality disorder and criminal law*. New York: New York University Press.

Saks, E. R. (2007). *The center cannot hold: My journey through madness*. New York: Hyperion.

Salamone, J. D. (2000). A critique of recent studies on placebo effects of antidepressants: Importance of research on active placebos. *Psychopharmacology, 152*, 1–6.

Salamone, J. D., & Correa, M. (2012). The mysterious motivational functions of mesolimbic dopamine. *Neuron, 76*, 470–485.

Salem, J. E., & Kring, A. M. (1998). The role of gender differences in the reduction of etiologic heterogeneity in schizophrenia. *Clinical Psychology Review, 18*, 795–819.

Salkovskis, P. M. (1996). Cognitive-behavioral approaches to understanding obsessional problems. In R. M. Rapee (Ed.), *Current controversies in anxiety disorders*. New York: Guilford Press.

Salter, D., McMillan, D., Richards, M., Talbot, T., Hodges, J., Bentovim, A., et al. (2003). Development of sexually abusive behaviour in sexually victimised males: A longitudinal study. *The Lancet, 361*, 471–476.

Samuel, D. B., Sanislow, C. A., Hopwood, C. J., Shea, M. T., Skodol, A. E., Morey, L. C., et al. (2013). Convergent and incremental predictive validity of clinician, self-report, and structured interview diagnoses for personality disorders over 5 years. *Journal of Consulting and Clinical Psychology, 81*, 650–659.

Samuel, D. B., & Widiger, T. A. (2008). A meta-analytic review of the relationships between the five-factor model and DSM-IV-TR personality disorders: A facet level analysis. *Clinical Psychology Review, 28*, 1326–1342.

Samuels, J., Eaton, W. W., Bienvenu, O. J., 3rd, Brown, C. H., Costa, P. T., Jr., & Nestadt, G. (2002). Prevalence and correlates of personality disorders in a community sample. *The British Journal of Psychiatry, 180*, 536–542.

Samuels, J. F. (2009). Recent advances in the genetics of obsessive-compulsive disorder. *Current Psychiatry Reports, 11*, 277–282.

Samuels, J. F., Bienvenu, O. J., 3rd, Pinto, A., Fyer, A. J., McCracken, J. T., Rauch, S. L., et al. (2007). Hoarding in obsessive-compulsive disorder: Results from the OCD Collaborative Genetics Study. *Behaviour Research and Therapy, 45*, 673–686.

Sanchez, D. T., & Kiefer, A. K. (2007). Body concerns in and out of the bedroom: Implications for sexual pleasure and problems. *Archives of Sexual Behavior, 36*, 808–820.

Sansone, R. A., & Sansone, L. A. (2011). Personality disorders: A nation-based perspective on prevalence. *Innovations in Clinical Neuroscience, 8*, 13–18.

Sar, V., Akyuz, G., & Dogan, O. (2007). Prevalence of dissociative disorders among women in the general population. *Psychiatry Research, 149*, 169–176.

Sar, V., Akyuz, G., Kundakci, T., Kiziltan, E., & Dogan, O. (2004). Childhood trauma, dissociation, and psychiatric comorbidity in patients with conversion disorder. *American Journal of Psychiatry, 161*, 2271–2276.

Sara, S. J. (2009). The locus coeruleus and noradrenergic modulation of cognition. *Nature Reviews Neuroscience, 10*, 211–223.

Sareen, J., Cox, B. J., Afifi, T. O., de Graaf, R., Asmundson, G. J. G., ten Have, M., et al. (2005). Anxiety disorders and risk for suicidal ideation and suicide attempts: A population-based longitudinal study of adults. *Archives of General Psychiatry, 62*, 1249–1257.

Sartorius, N., Jablensky, A., Korten, A., Ernberg, G., et al. (1986). Early manifestations and first-contact incidence of schizophrenia in different cultures: A preliminary report on the initial evaluation phase of the WHO Collaborative Study on Determinants of Outcome of Severe Mental Disorders. *Psychological Medicine, 16*, 909–928.

Sartorius, N., Shapiro, R., & Jablonsky, A. (1974). The international pilot study of schizophrenia. *Schizophrenia Bulletin, 2*, 21–35.

Saxena, S., Brody, A. L., Maidment, K. M., & Baxter, L. R. J. (2007). Paroxetine treatment of compulsive hoarding. *Journal of Psychiatric Research, 41*, 481–487.

Sbrocco, T., Weisberg, R. B., Barlow, D. H., & Carter, M. M. (1997). The conceptual relationship between panic disorder and male erectile dysfunction. *Journal of Sex and Marital Therapy, 23*, 212–220.

Scarborough, H. S. (1990). Very early language deficits in dyslexic children. *Child Development, 61*, 128–174.

Schaefer, H. S., Putnam, K. M., Benca, R. M., & Davidson, R. J. (2006). Event-related functional magnetic resonance imaging measures of neural activity to positive social stimuli in pre- and post-treatment depression. *Biological Psychiatry, 60*, 974–986.

Schaie, K. W., & Hertzog, C. (1982). Longitudinal methods. In B. B. Wolman (Ed.), *Handbook of developmental Ppsychology*. Englewood Cliffs, NJ: Prentice-Hall.

Schalock, R. L., Luckasson, R. A., & Shogren, K. A., et al. (2007). The renaming of mental retardation: Understanding the change to the term intellectual disability. *Intellectual and Developmental Disabilities, 45*, 116–124.

Schecter, R., & Grether, J. K. (2008). Continuing increases in autism reported to California's Developmental Services System. *Archives of General Psychiatry, 65*, 19–24.

Scherk, H., Pajonk, F. G., & Leucht, S. (2007). Second-generation antipsychotic agents in the treatment of acute mania: A systematic review and meta-analysis of randomized controlled trials. *Archives of General Psychiatry, 64*, 442–455.

Schilder, P. (1953). *Medical psychology*. New York: International Universities Press.

Schmidt, N. B., Lerew, D. R., & Jackson, R. J. (1999). Prospective evaluation of anxiety sensitivity in the pathogenesis of panic: Prospective evaluation of spontaneous panic attacks during acute stress. *Journal of Abnormal Psychology, 106*, 355–364.

Schmidt, N. B., Richey, J. A., Buckner, J. D., & Timpano, K. R. (2009). Attention training for generalized social anxiety disorder. *Journal of Abnormal Psychology, 118*, 5–14.

Schmidt, N. B., Woolaway-Bickel, K., & Bates, M. (2000). Suicide and panic disorder: Integration of the literature and new findings. In M. D. Rudd & T. E. Joiner (Eds.), *Suicide science: Expanding the boundaries* (pp. 117–136). New York: Kluwer Academic/Plenum.

Schmitt, D. P., Alcalay, L., Allik, J., Ault, L., Austers, I., Bennett, K. L., et al. (2003). Universal sex differences in the desire for sexual variety: Tests from 52 nations, 6 continents and 13 islands. *Journal of Personality and Social Psychology, 85*, 85–104.

Schnab, D. W., & Trinh, N. G. (2004). Do artificial food colors promote hyperactivity in children with hyperactive syndromes? A meta-analysis of double-blind placebo-controlled trials. *Journal of Developmental and Behavioral Pediatrics, 25,* 425–434.

Schneck, C. D., Miklowitz, D. J., Miyahara, S., Araga, M., Wisniewski, S. R., Gyulai, L., et al. (2008). The prospective course of rapid-cycling bipolar disorder: Findings from the STEP-BD. *American Journal of Psychiatry, 165,* 370–376.

Schoeneman, T. J. (1977). The role of mental illness in the European witch-hunts of the sixteenth and seventeenth centuries: An assessment. *Journal of the History of the Behavioral Sciences, 13,* 337–351.

Schopler, E., Short, A., & Mesibov, G. (1989). Relation of behavioral treatment to "normal functioning": Comment on Lovaas. *Journal of Consulting and Clinical Psychology, 57,* 162–164.

Schreiber, F. L. (1973). *Sybil.* Chicago: Regnery.

Schuckit, M. A., Daeppen, J. B., Tipp, J. E., Hesselbrock, M., & Bucholz, K. K. (1998). The clinical course of alcohol-related problems in alcohol dependent and nonalcohol dependent drinking women and men. *Journal of Studies on Alcohol, 59,* 581–590.

Schumacher, J. E., Milby, J. B., Wallace, D., Meehan, D. C., Kertesz, S. et al. (2007). Meta-analysis of day treatment and contingency-management dismantling research: Birmingham homeless cocaine studies (1990–2005). *Journal of Consulting and Clinical Psychology, 75,* 823–828.

Schwartz, M. B., Chambliss, O. H., Brownell, K. D., Blair, S., & Billington, C. (2003). Weight bias among health professionals specializing in obesity. *Obesity Research, 11,* 1033–1039.

Schweizer, E., Rickels, K., Case, G., & Greenblatt, D. J. (1990). Long-term therapeutic use of benzodiazapines: Effects of gradual taper. *Archives of General Psychiatry, 47,* 908–915.

Schwitzgebel, R. L., & Schwitzgebel, R. K. (1980). *Law and psychological practice.* New York: John Wiley & Sons.

Scroppo, J. C., Drob, S. L., Weinberger, J. L., & Eagle, P. (1998). Identifying dissociative identity disorder: A selfreport and projective study. *Journal of Abnormal Psychology, 107,* 272–284.

Searles, J. (2013, October 10). Getting into the spirit. *New York Times, travel section.,* p. TR10.

Seedat, S., & Matsunaga, H. (2007). Cross-national and ethnic issues in OC spectrum disorders. *CNS Spectrums, 12,* 392-400.

Seedat, S., Scott, K. M., Angermeyer, M., Berglund, P., Bromet, E., Brugha, T., et al. (2009). Cross-national associations between gender and mental disorders in the world health organization world mental health surveys. *Archives of General Psychiatry, 66,* 785–795.

Segal, Z. V., Kennedy, S., Gemar, M., Hood, K., Pedersen, R., & Buis, T. (2006). Cognitive reactivity to sad mood provocation and the prediction of depressive relapse. *Archives of General Psychiatry, 63,* 749–755.

Segal, Z. V., Williams, J. M. G., & Teasdale, J. D. (2003). Mindfulness-based cognitive therapy for depression: A new approach to preventing relapse. *Psychotherapy Research, 13,* 123–125.

Segal, Z. V., Williams, J. M., & Teasdale, J. D. (2001). *Mindfulness-based cognitive therapy for depression.* New York: Guilford Press.

Segerstrom, S. C., & Miller, G. E. (2004). Psychological stress and the immune system: A meta-analytic study of 30 years of inquiry. *Psychological Bulletin, 130,* 601–630.

Segraves, R. T. (2003). Recognizing and reversing sexual side effects of medications. In S. B. Levine, C. B. Candace, et al. (Eds.), *Handbook of clinical sexuality for mental health professionals* (pp. 377-391). New York: Brunner-Routledge.

Segraves, R. T. (2010). Considerations for an evidence-based definition of premature ejaculation in the DSM-V. *Journal of Sexual Medicine, 7,* 672–679.

Segraves, R. T., & Althof, S. (1998). Psychotherapy and pharmacotherapy of sexual dysfunctions. In P. E. Nathan & J. M. Gorman (Eds.), *A guide to treatments that work.* New York: Oxford University Press.

Seidler, G. H., & Wagner, F. E. (2006). Comparing the efficacy of EMDR and trauma-focused cognitive-behavioral therapy in the treatment of PTSD: A meta-analytic study. *Psychological Medicine, 36,* 1515-1522.

Selby, E. A., Wonderlich, S. A., Crosby, R. D., Engel, S. G., Panza, E., Mitchell, J. E., et al. (2013). Nothing tastes as good as thin feels: Low positive emotion differentiation and weight-loss activities in anorexia nervosa. *Clinical Psychological Science.*

Seligman, M. E. P. (1971). Phobias and preparedness. *Behavior Therapy, 2,* 307–320.

Seligman, M. E., Maier, S. F., & Geer, J. H. (1968). Alleviation of learned helplessness in the dog. *Journal of Abnormal Psychology, 73,* 256–262.

Selkoe, D. J. (2002). Alzheimer's disease is a synaptic failure. *Science, 298,* 789–791.

Selling, L. S. (1940). *Men against madness.* New York: Greenberg.

Selwood, A., Johnson, K., Katona, C., llyketsos, C., & Livingson, G. (2007). Systematic review of the effect of psychological interventions on family caregivers of people with dementia. *Journal of Affective Disorders, 101,* 75–89.

Selye, H. (1950). *The physiology and pathology of exposure to stress.* Montreal: Acta.

Sensky, T., Turkington, D., Kingdon, D., et al. (2000). A randomized controlled trial of cognitive-behavioural therapy for persistent symptoms in schizophrenia resistant to medication. *Archives of General Psychiatry, 57,* 165–172.

Serdula, M. K., Mokdad, A. H., Williamson, D. F., Galuska, D. A., et al. (1999). Prevalence of attempting weight loss and strategies for controlling weight. *Journal of the American Medical Association, 282,* 1353–1358.

Seto, M. C. (2009). Pedophilia. *Annual Review of Clinical Psychology, 5,* 391-407.

Shackman, A. J., Salomons, T. V., Slagter, H. A., Fox, A. S., Winter, J. J., & Davidson, R. J. (2011). The integration of negative affect, pain and cognitive control in the cingulate cortex. *Nature Reviews Neuroscience, 12,* 154–167.

Shaper, A. G. (1990). Alcohol and mortality: A review of prospective studies. *British Journal of Addiction, 85,* 837–847.

Shapiro, F. (1999). Eye movement desensitization and reprocessing (EMDR) and the anxiety disorders: Clinical and research implications of an integrated psychotherapy treatment. *Journal of Anxiety Disorders, 13,* 35–67.

Shaw, D. S., Dishion, T. J., Supplee, L., Gardner, F., & Arnds, K. (2006). Randomized trial of a family-centered approach to the prevention of early conduct problems: 2-year effects of the family check-up in early childhood. *Journal of Consulting and Clinical Psychology, 74,* 1–9.

Shaw, L. J., Bairy Merz, C. N., Pepine. C. J., Reis, S. E., Bittner, V. E., et al. (2006). Insights from the NHL-BI-sponsored Women's Ischemia Syndrome Evaluation (WISE) study. Part I: Gender differences in traditional and novel risk factors symptom evaluation and gender-optimized diagnostic strategies. *Journal of the American College of Cardiology, 47,* 4S–20S.

Shaywitz, B. A., Shaywitz, S. E., Blachman, B. A., et al. (2004). Development of left occipitotemporal systems for skilled reading in children after a phonologically-based intervention. *Biological Psychiatry, 55,* 926–933.

Shaywitz, B. A., Shaywitz, S. E., Pugh, K. R., et al. (2002). Disruption of posterior brain systems for reading in children with developmental dyslexia. *Biological Psychiatry, 52,* 101–110.

Shea, M. T., Stout, R., Gunderson, J., Morey, L. C., Grilo, C. M., McGlashan, T., et al. (2002). Short-term diagnostic stability of schizotypal, borderline, avoidant, and obsessive-compulsive personality disorders. *American Journal of Psychiatry, 159,* 2036–2041.

Sheline, Y., Barch, D., Donnelly, J. M., Ollinger, J. M., Snyder, A. Z., & Mintun, M. A. (2001). Increased amygdala response to masked emotional faces in depressed subjects resolves with antidepressant treatment: An fMRI study. *Biological Psychiatry, 50,* 651–658.

Shen, G. H. C., Sylvia, L. G., Alloy, L. B., Barrett, F., Kohner, M., Iacoviello, B., et al. (2008). Lifestyle regularity and cyclothymic symptomatology. *Journal of Clinical Psychology, 64,* 482–500.

Shenk, D. (2010). *The genius is in all of us: Why everything you've been told about genetics, talent, and IQ is wrong.* New York: Doubleday.

Sher, K. J., Grekin, E. R., & Williams, N. A. (2005). The development of alcohol use disorders. *Annual Review of Clinical Psychology, 1,* 493–523.

Sher, K. J., Walitzer, K. S., Wood, P. K., & Brent, E. F. (1991). Characteristics of children of alcoholics: Putative risk factors, substance use and abuse, and psychopathology. *Journal of Abnormal Psychology, 100,* 427–448.

Sher, K. J., Wood, M. D., Wood, P. K., & Raskin, G. (1996). Alcohol outcome expectancies and alcohol use: A latent variable cross-lagged panel study. *Journal of Abnormal Psychology, 105,* 561–574.

Sherman, D. K., Iacono, W. G., & McGue, M. K. (1997). Attention-deficit hyperactivity disorder dimensions: A twin study of inattention and impulsivity-hyperactivity. *Journal of the American Academy of Child and Adolescent Psychiatry, 36,* 745–753.

Shic, F., Macari, S., & Chawarska, K. (2014). Speech disturbs face scanning in 6-month-old infants who develop autism spectrum disorder. *Biological Psychiatry, 75*(3), 231–237.

Shiffman, S., Gwaltney, C. J., Balabanis, M. H., Liu, K. S., Paty, J. A., Kassel, J. D., Hickcox, M., & Gnys, M. (2002). Immediate antecedents of cigarette smoking: An analysis from ecological momentary assessment. *Journal of Abnormal Psychology, 111,* 531–545.

Shiffman, S., Paty, J. A., Gwaltney, C. J., & Dang, Q. (2004). Immediate antecedents of cigarette smoking: An analysis of unrestricted smoking patterns. *Journal of Abnormal Psychology, 113,* 166–171.

Shiffman, S., & Waters, A. J. (2004). Negative affect and smoking lapses: A prospective analysis. *Journal of Consulting and Clinical Psychology, 72,* 192–201.

Shifren, J. L., Monz, B. U., Russo, P. A., Segreti, A., & Johannes, C. B. (2008). Sexual problems and distress in United States women: Prevalence and correlates. *Obstetrics and Gynecology, 112,* 970–978.

Shin, L. M., & Liberzon, I. (2010). The neurocircuitry of fear, stress, and anxiety disorders. *Neuropsychopharmacology, 35,* 169–191.

Shin, M., Besser, L. M., Kucik, J. E., Lu, C., Siffel, C., & Correa, A. (2009). Prevalence of Down syndrome among children and adolescents in 10 regions of the United States. *Pediatrics, 124,* 1565–1571.

Shneidman, E. S. (1987). A psychological approach to suicide. In G. R. VandenBos & B. K. Bryant (Eds.), *Cataclysms, crises, and catastrophes: Psychology in action.* Washington, DC: American Psychological Association.

Shobe, K. K., & Kihlstrom, J. F. (1997). Is traumatic memory special? *Current Directions in Psychological Science, 6,* 70–74.

Siegel, S. J., Irani, F., Brensinger, C. M., Kohler, C. G., Bilker, W. B., Ragland, J. D., et al. (2006). Prognostic variables at intake and long-term level of function in schizophrenia. *American Journal of Psychiatry, 163*(3), 433–441.

Siegler, I. C., & Costa, P. T., Jr. (1985). Health behavior relationships. In J. E. Birren & K. W. Schaie (Eds.), *Handbook of the psychology of aging (2nd ed.).* New York: Van Nostrand-Reinhold.

Siever, L. J. (2000). S6.Genetics and neurobiology of personality disorders. *European Psychiatry, 15,* 54–57.

Siever, L. J., & Davis, K. L. (2004). The pathophysiology of schizophrenia disorders: Perspectives from the spectrum. *American Journal of Psychiatry, 161,* 398–413.

Sigman, M. (1994). What are the core deficits in autism? In S. H. Broman & J. Grafman (Eds.), *Atypical cognitive deficits in developmental disorders: Implications for brain function* (pp. 139–157). Hillsdale, NJ: Erlbaum.

Silbersweig, D., Clarkin, J. F., Goldstein, M., Kernberg, O. F., Tuescher, O., Levy, K. N., et al. (2007). Failure of frontolimbic inhibitory function in the context of negative emotion in borderline personality disorder. *American Journal of Psychiatry, 164,* 1832–1841.

Silverman, K., Evans, S. M., Strain, E. C., & Griffiths, R. R. (1992). Withdrawal syndrome after the double-blind cessation of caffeine consumption. *New England Journal of Medicine, 327,* 1109–1114.

Silverman, K., Higgins, S. T., Brooner, R. K., Montoya, I. D., Cone, E. J., Schuster, C. R., & Preston, K. I. (1996). Sustained cocaine abstinence in methadone maintenance patients through voucher-based reinforcement therapy. *Archives of General Psychiatry, 53,* 409–413.

Simeon, D. (2009). Depersonalization disorder. In P. F. Dell & J. A. O'Neil (Eds.), *Dissociation and dissociative disorders: DSM-5 and beyond* (pp. 441–442). New York: Routledge.

Simeon, D., Gross, S., Guralnik, O., Stein, D. J., Schmeidler, J., & Hollander, E. (1997). Feeling unreal: 30 cases of DSM-III-R depersonalization disorder. *American Journal of Psychiatry, 154,* 1107–1112.

Simeon, D., Guralnik, O., Schmeidler, J., Sirof, B., & Knutelska, M. (2001). The role of childhood interpersonal trauma in depersonalization disorder. *American Journal of Psychiatry, 158,* 1027–1033.

Simeon, D., Knutelska, M., Nelson, D., & Guralnik, O. (2003). Feeling unreal: Depersonalization disorder update of 117 cases. *Journal of Clinical Psychiatry, 64,* 990-997.

Simes, S. M., & Snabes, M. C. (2011). Reaction to the recent publication by Rosemary Basson entitled "Testosterone therapy for reduced libido in women." *Therapeutic Advances in Endocrinology and Metabolism, 2,* 95–96.

Simon, G. E. (1998). Management of somatoform and factitious disorders. In P. E. Nathan & J. M. Gorman (Eds.), *A guide to treatments that work* (pp. 408–422). New York: Oxford University Press.

Simon, G. E., Goldberg, D. P., Von Korff, M., & Ustun, T. B. (2002). Understanding cross-national differences in depression prevalence. *Psychological Medicine, 32,* 585–594.

Simon, G. E., Gureje, O., & Fullerton, C. (2001). Course of hypochondriasis in an international primary care study. *General Hospital Psychiatry, 23,* 51–55.

Simon, G. E., Von Korff, M., Piccinelli, M., Fullerton, C., & Ormel, J. (1999). An international study of the relation between somatic symptoms and depression. *New England Journal of Medicine, 341,* 1329–1335.

Simon, G., Ormel, J., VonKroff, M., & Barlow, W. (1995). Health care costs associated with depressive and anxiety disorders in primary care. *American Journal of Psychiatry, 152,* 352–357.

Simon, R. J., & Aaronson, D. E. (1988). *The insanity defense: A critical assessment of law and policy in the post-Hinckley era.* New York: Praeger.

Simon, W. (2009). Follow-up psychotherapy outcome of patients with dependent, avoidant and obsessive-compulsive personality disorders: A meta-analytic review. *International Journal of Psychiatry in Clinical Practice, 13,* 153–165.

Simonoff, E. (2001). Genetic influences on conduct disorder. In J. Hill & B. Maughan (Eds.), *Conduct disorders in childhood and adolescence* (pp. 202–234). Cambridge, UK: Cambridge University Press.

Singh, S. P., Harley, K., & Suhail, K. (2013). Cultural specificity of emotional overinvolvement: A systematic review. *Schizophrenia Bulletin, 39*(2), 449–463.

Sinha, S. S., Mohlman, J., & Gorman, J. M. (2004). Neurobiology. In R. G. Heimberg, C. L. Turk & D. S. Mennin (Eds.), *Generalized anxiety disorder* (pp. 187–218). New York: Guilford Press.

Siok, W. T., Perfetti, C. A., Lin, Z., & Tan, L. H. (2004). Biological abnormality of impaired reading is constrained by culture. *Nature, 431,* 71–76.

Skeem, J. L., & Monahan, J. (2011). Current directions in violence risk assessment. *Current Directions in Psychological Science, 20,* 38–42.

Skinner, A. C., & Skelton, J. A. (2014). Prevalence and trends in obesity and severe obesity among children in the United States, 1999–2012. *Journal of the American Medical Association, Pediatrics.*

Skinstad, A. H., & Swain, A. (2001). Comorbidity in a clinical sample of substance abusers. *American Journal of Drug and Alcohol Abuse, 27,* 45–64.

Skodol, A. E., Oldham, J. M., Hyler, S. E., Stein, D. J., Hollander, E., Gallaher, P. E., et al. (1995). Patterns of anxiety and personality disorder comorbidity. *Journal of Psychiatric Research, 29,* 361–374.

Slater, E. (1961). The thirty-fifth Maudsley lecture: Hysteria 311. *Journal of Mental Science, 107,* 358–381.

Slavich, G. M., & Irwin, M. R. (2014). From stress to inflammation and major depressive disorder: A social signal transduction theory of depression. *Psychological Bulletin, 140,* 774–815.

Slevec, J. H., & Tiggemann, M. (2011). Predictors of body dissatisfaction and disordered eating in middle-aged women. *Clinical Psychology Review, 31,* 515–524.

Slotema, C. W., Blom, J. D., Hoek, H. W., & Sommer, I. E. (2010). Should we expand the toolbox of psychiatric treatment methods to include repetitive transcranial magnetic stimulation (rTMS)? A meta-analysis of the efficacy of rTMS in psychiatric disorders. *Journal of Clinical Psychiatry, 71,* 873–884.

Small, B. J., Fratiglioni, L., Viitanen, M., Winblad, B., & Backman, L. (2000). The course of cognitive impairment in preclinical Alzheimer disease. *Archives of Neurology, 57,* 839–844.

Smart, R. G., & Ogburne, A. C. (2000). Drug use and drinking among students in 36 countries. *Addictive Behaviors, 25,* 455–460.

Smith, D. (2012). *Monkey mind.* New York: Simon & Schuster.

Smith, D. G., & Robbins, T. W. (2013). The neurobiological underpinnings of obesity and binge eating: A rationale for adopting the Food Addiction Model. *Biological Psychiatry, 73*(9), 804–810.

Smith, G. (1992). The epidemiology and treatment of depression when it coincides with somatoform disorders, somatization, or panic. *General Hospital Psychiatry, 14,* 265–272.

Smith, G. T., Goldman, M. S., Greenbaum, P. E., & Christiansen, B. A. (1995). Expectancy for social facilitation from drinking: The divergent paths of high expectancy and low expectancy adolescents. *Journal of Abnormal Psychology, 104,* 32–40.

Smith, M. L., Glass, G. V., & Miller, T. I. (1980). *The benefits of psychotherapy.* Baltimore: Johns Hopkins University Press.

Smith, S. F., & Lilienfeld, S. O. (2013). Psychopathy in the workplace: The knowns and unknowns. *Aggression and Violent Behavior, 18,* 204–218.

Smith, T., Groen, A., & Wynn, J. W. (2000). Randomized trial of intensive early intervention for children with pervasive developmental disorder. *Research in Developmental Disabilities, 21,* 297–309.

Smyth, J., Wonderlich, S. A., Heron, K. E., Sliwinski, M. J., Crosby, R. D., et al. (2007). Daily and momentary mood and stress are associated with binge eating and vomiting in bulimia nervosa patients in the natural environment. *Journal of Consulting and Clinical Psychology, 75,* 629-638.

Snowden, L. R. (2012). Health and mental health policies' role in better understanding and closing African American-White American disparities in treatment access and quality of care. *American Psychologist, 67,* 524–531.

Snyder, D. K., Castellani, A. M., & Whisman, M. A. (2006). Current status and future directions in couple therapy. *Annual Review of Psychology, 57,* 317–344.

Snyder, S. H. (1996). *Drugs and the brain.* New York: Freeman.

Sobczak, S., Honig, A., Nicolson, N. A., & Riedel, W. J. (2002). Effects of acute tryptophan depletion on mood and cortisol release in first-degree relatives of type I and type II bipolar patients and healthy matched controls. *Neuropsychopharmacology, 27,* 834–842.

Sobell, L. C., & Sobell, M. B. (1996). *Timeline Followback user's guide: A calendar method for assessing alcohol and drug use.* Toronto, Canada: Addiction Research Foundation.

Sobell, L. C., Sobell, M. B., & Agrawal, S. (2009). Randomized controlled trial of a cognitive-behavioral motivational intervention in a group versus individual format for substance use disorders. *Psychology of Addictive Behaviors: Journal of the Society of Psychologists in Addictive Behaviors, 23,* 672–683.

Sobell, L. C., Toneatto, A., & Sobell, M. B. (1990). Behavior therapy. In A. S. Bellack & M. Hersen (Eds.), *Handbook of comparative treatments for adult disorders* (pp. 479–505). New York: John Wiley & Sons.

Sobell, M. B., & Sobell, L. C. (1993). *Problem drinkers: Guided self-change treatment.* New York: Guilford Press.

Sofi, F., Valecchi, D., Bacci, D., Abbate, R., Gensini, G. F., Casini, A., et al. (2011). Physical activity and risk of cognitive decline: A meta-analysis of prospective studies. *Journal of Internal Medicine, 269,* 107–117.

Soloff, P. H., Meltzer, C. C., Greer, P. J., Constantine, D., & Kelly, T. M. (2000). A fenfluramine-activated FDG-

PET study of borderline personality disorder. *Biological Psychiatry, 47,* 540–547.

Solomon, D. A., Keller, M. B., Leon, A. C., Mueller, T. I., Lavori, P. W., Shea, M. T., et al. (2000). Multiple recurrences of major depressive disorder. *American Journal of Psychiatry, 157,* 229–233.

Soyka, M., Horak, M., Morhart, V., & Moeller, H. J. (2001). Modellprojekt "Qualifizierte ambulante Entgiftung"/Qualified outpatient detoxification. *Nervenarzt, 72,* 565–569.

Spanos, N. P. (1994). Multiple identity enactments and multiple personality disorder: A sociocognitive perspective. *Psychological Bulletin, 116,* 143–165.

Spek, V., Cuijpers, P., Nyklicek, I., Riper, H., Keyzer, J., & Pop, V. (2007). Internet-based cognitive behaviour therapy for symptoms of depression and anxiety: A meta-analysis. *Psychological Medicine, 37,* 319–328.

Spencer, S. J., Steele, C. M., & Quinn, D. M. (1999). Stereotype threat and women's math performance. *Journal of Experimental Social Psychology, 35,* 4–28.

Spencer, T., Biederman, J., Wilens, T., Harding, M., O'Donnell, D., & Griffin, S. (1996). Pharmacotherapy of attention-deficit hyperactivity disorder across the life cycle. *Journal of the American Academy of Child and Adolescent Psychiatry, 35,* 409–432.

Spengler, A. (1977). Manifest sadomasochism of males: Results of an empirical study. *Archives of Sexual Behavior, 6,* 441–456.

Sperling, R. A., Aisen, P. S., Beckett, L. A., Bennett, D. A., Craft, S., Fagan, A. M., et al. (2011). Toward defining the preclinical stages of Alzheimer's disease: Recommendations from the National Institute on Aging-Alzheimer's Association workgroups on diagnostic guidelines for Alzheimer's disease. *Alzheimer's and Dementia : The Journal of the Alzheimer's Association, 7,* 280–292.

Spitzer, R. L. (2002). *DSM-IV-TR casebook: A learning companion to the Diagnostic and Statistical Manual of Mental Disorders, Fourth Edition, Text Revision.* Washington, D.C.: American Psychiatric Association.

Spitzer, R. L., Gibbon, M., Skodol, A. E., Williams, J. B. W., & First, M. B. (Eds.). (1994). *DSM-IV casebook: A learning companion to the Diagnostic and Statistical Manual of Mental Disorders* (4th ed.). Washington, DC: American Psychiatric Press.

Spitzer, R. L., Gibbon, M., & Williams, J. B. W. (1996). *Structured clinical interview of DSM-IV Axis I disorders.* New York: N. Y. State Psychiatric Institute, Biometrics Research Department.

Spoth, R. A., Guyll, M., & Day, S. X. (2002). Universal family-focused interventions in alcohol-use prevention: Cost-benefit analyses of two interventions. *Journal of Studies on Alcohol, 63,* 219–228.

Spoth, R. A., Redmond, C., Shin, C., & Azevedo, K. (2004). Brief family intervention effects on adolescent substance initiation: School-level growth curve analyses 6 years following baseline. *Journal of Consulting and Clinical Psychology, 72,* 535–542.

Sprich, S., Biederman, J., Crawford, M. H., Mundy, E., & Faraone, S. V. (2000). Adoptive and biological families of children and adolescents with ADHD. *Journal of the American Academy of Child and Adolescent Psychiatry, 39,* 1432–1437.

St. Pourcain, B., Wang, K., Glessner, J. T., Golding, J., Steer, C., Ring, S. M., Skuse, D. H., Grant, S. F. A., Hakonarson, H., & Smith, G. D. (2010). Association between a high-risk autism locus on 5p14 and social communication spectrum phenotypes in the general population. *American Journal of Psychiatry, 167,* 1364–1372.

Stack, S. (2000). Media impacts on suicide: A quantitative review of 293 findings. *Social Science Quarterly, 81,* 957–971.

Stacy, A. W., Newcomb, M. D., & Bentler, P. M. (1991). Cognitive motivation and drug use: A 9-year longitudinal study. *Journal of Abnormal Psychology, 100,* 502–515.

Stanfield, A. C., McIntosh, A. M., Spencer, M. D., Philip, R., Gaur, S., & Lawrie, S. M. (2008). Towards a neuroanatomy of autism: A systematic review and meta-analysis of structural magnetic resonance imaging studies. *European Psychiatry, 23*(4), 289–299.

Staugaard, S. R. (2010). Threatening faces and social anxiety: A literature review. *Clinical Psychology Review, 30,* 669–690.

Stead, L. F., Perera, R., Bullen, C., Mant, D., & Lancaster, T. (2008). Nicotine replacement therapy for smoking cessation. *Cochrane Database of Systematic Reviews,* No.: CD000146.

Steadman, H. J. (1979). *Beating a rap: Defendants found incompetent to stand trial.* Chicago: University of Chicago Press.

Steadman, H. J., McGreevy, M. A., Morrissey, J. P., Callahan, L. A., Robbins, P. C., & Cirincione, C. (1993). *Before and after Hinckley: Evaluating insanity defense reform.* New York: Guilford Press.

Steadman, H. J., Mulvey, E. P., Monahan, J., Robbins, P. C., Appelbaum, P. S., Grisso, T., Roth, L. H., & Silver, E. (1998). Violence by people discharged from acute psychiatric inpatient facilities and by others in the same neighborhoods. *Archives of General Psychiatry, 55,* 393–401.

Steadman, H. J., Osher, F. C., Robbins, P. C., Case, B., & Samuels, S. (2009). Prevalence of serious mental illness among jail inmates. *Psychiatric Services, 60,* 761–765.

Steele, A. L., Bergin, J., & Wade, T. D. (2011). Self-efficacy as a robust predictor of outcome in guided self-help treatment for broadly defined bulimia nervosa. *International Journal of Eating Disorders, 44,* 389–396.

Steele, C. M., & Josephs, R. A. (1988). Drinking your troubles away: 2. An attention-allocation model of alcohol's effects on psychological stress. *Journal of Abnormal Psychology, 97,* 196–205.

Steele, C. M., & Josephs, R. A. (1990). Alcohol myopia: Its prized and dangerous effects. *American Psychologist, 45*(8), 921–933.

Steen, R. G., Mull, C., McClure, R., Hamer, R. M.,& Lieberman, J. A. (2006). Brain volume in first-episode schizophrenia: Systematic review and meta-analysis of magnetic resonance imaging studies. *British Journal of Psychiatry, 188,* 510–518.

Steiger, H., Gauvin, L., Jabalpurwala, S., & Séguin, J. R. (1999). Hypersenstivity to social interactions in bulimic syndromes: Relationship to binge eating. *Journal of Consulting and Clinical Psychology, 67,* 765–775.

Stein, D. J., Aguilar-Gaxiola, S., Alonso, J., Bruffaerts, R., De Jonge, P., Liu, Z., et al. (2014). Associations between mental disorders and subsequent onset of hypertension. *General Hospital Psychiatry, 36,* 142–149.

Stein, D. J., Ipser, J. C., & Balkom, A. J. (2004). Pharmacotherapy for social anxiety disorder. *Cochrane Database of Systematic Reviews, Issue 4,* CD001206.

Stein, D. J., Ipser, J. C., & Seedat, S. (2000). Pharmacotherapy for post traumatic stress disorder (PTSD). *Cochrane Database of Systematic Reviews, Issue 4,* CD002795.

Stein, D. J., Koenen, K. C., Friedman, M. J., Hill, E., McLaughlin, K. A., Petukhova, M., et al. (2013). Dissociation in posttraumatic stress disorder: Evidence from the World Mental Health surveys. *Biological Psychiatry, 73,* 302–312.

Stein, D. J., Phillips, K. A., Bolton, D., Fulford, K. W., Sadler, J. Z., & Kendler, K. S. (2010). What is a mental/psychiatric disorder? From DSM-IV to DSM-V. *Psychological Medicine, 40,* 1759–1765.

Stein, E. A., Pankiewicz, J., Harsch, H. H., Cho, J. K., Fuller, S. A., et al. (1998). Nicotine-induced limbic cortical activation in the human brain: A functional MRI study. *American Journal of Psychiatry, 155,* 1009–1015.

Stein, L. I., & Test, M. A. (1980). Alternative to mental hospital treatment: I. Conceptual model, treatment program, and clinical evaluation. *Archives of General Psychiatry, 37,* 392–397.

Stein, M. B., Yehuda, R., Koverola, C., & Hanna, C. (1997). Enhanced dexamethasone suppression of plasma cortisol in adult women traumatized by childhood sexual abuse. *Biological Psychiatry, 42,* 680–686.

Steiner, J., Walter, M., Glanz, W., Sarnyai, Z., Bernstein, H. G., Vielhaber, S., et al. (2013). Increased prevalence of diverse N-methyl-D-aspartate glutamate receptor antibodies in patients with an initial diagnosis of schizophrenia: Specific relevance of IgG NR1a antibodies for distinction from N-methyl-D-aspartate glutamate receptor encephalitis. *Journal of the American Medical Association Psychiatry, 70*(3), 271–278.

Steinhausen, H. C., & Metzke, C. W. (1998). Youth self-report of behavioral and emotional problems in a Swiss epidemiological study. *Journal of Youth and Adolescence, 27,* 429–441.

Steinhausen, H., & Weber, S. (2009). The outcome of bulimia nervosa: Findings from one-quarter century of research. *American Journal of Psychiatry, 166,* 1331–1341.

Steketee, G., & Barlow, D. H. (Eds.). (2004). *Obsessive-compulsive disorder.* New York: Guilford Press.

Steketee, G., & Frost, R. O. (2003). Compulsive hoarding: Current status of the research. *Clinical Psychology Review, 23,* 905–927.

Steketee, G., Frost, R. O., Tolin, D. F., Rasmussen, J., & Brown, T. A. (2010). Waitlist-controlled trial of cognitive behavior therapy for hoarding disorder. *Depression and Anxiety, 27,* 476–484.

Stephen, 1900, 203.

Stephens, R. S., Roffman, R. A., & Simpson, E. E. (1993). Adult marijuana users seeking treatment. *Journal of Consulting and Clinical Psychology, 61,* 1100–1104.

Stern, R. S., & Cobb, J. P. (1978). Phenomenology of obsessive-compulsive neurosis. *British Journal of Psychiatry, 132,* 233–234.

Stevenson, J., & Jones, I. H. (1972). Behavior therapy technique for exhibitionism: A preliminary report. *Archives of General Psychiatry, 27,* 839–841.

Stewart, W. F., Ricci, J. A., Chee, E., Hahn, S. R., & Morganstein, D. (2003). Cost of lost productive work time among US workers with depression. *Journal of the American Medical Association, 289,* 3135–3144.

Stice, E. (2001). A prospective test of the dual-pathway model of bulimic pathology: Mediating effects of dieting and negative affect. *Journal of Abnormal Psychology, 110,* 124–135.

Stice, E., & Agras, W. S. (1999). Subtyping bulimics along dietary restraint and negative affect dimensions. *Journal of Consulting and Clinical Psychology, 67,* 460–469.

Stice, E., Barrera, M., & Chasin, L. (1998). Prospective differential prediction of adolescent alcohol use and problem use: Examining the mechanisms of effect. *Journal of Abnormal Psychology, 107,* 616–628.

Stice, E., Becker, C. B., & Yokum, S. (2013). Eating disorder prevention: Current evidence-base and future directions. *International Journal of Eating Disorders, 46*(5), 478–485.

Stice, E., Burton, E. M., & Shaw, H. (2004). Prospective relations between bulimic pathology, depression, and substance abuse: Unpacking comorbidity in adolescent girls. *Journal of Consulting and Clinical Psychology, 72,* 62–71.

Stice, E., Marti, C. N., Spoor, S., Presnell, K., & Shaw, H. (2008). Dissonance and healthy weight eating disorder prevention programs: Long-term effects from a randomized efficacy trial. *Journal of Consulting and Clinical Psychology, 76,* 329–240.

Stice, E., Rohde, P., Shaw, H., & Marti, C. N. (2013). Efficacy trial of a selective prevention program targeting both eating disorders and obesity among female college students: 1- and 2-year follow-up effects. *Journal of Consulting and Clinical Psychology, 81*(1), 183–189.

Stice, E., Shaw, H., & Marti, C. N. (2007). A meta-analytic review of eating disorder prevention programs: Encouraging findings. *Annual Review of Clinical Psychology, 3,* 207–231.

Stinson, F. S., Dawson, D. A., Goldstein, R. B., Chou, S. P., Huang, B., Smith, S. M., et al. (2008). Prevalence, correlates, disability, and comorbidity of DSM-IV narcissistic personality disorder: Results from the Wave 2 National Epidemiologic Survey on Alcohol and Related Conditions. *Journal of Clinical Psychiatry, 69,* 1033–1045.

Stone, A. A., Schwartz, J., Neale, J. M., Shiffman, S., Marco, C. A., et al. (1998). A comparison of coping assessed by ecological momentary assessment and retrospective recall. *Journal of Personality and Social Psychology, 74,* 1670–1680.

Stone, A. A., & Shiffman, S. (1994). Ecological momentary assessment (EMA) in behavioral medicine. *Annals of Behavioral Medicine, 16,* 199–202.

Stone, J., Hewett, R., Carson, A., Warlow, C., & Sharpe, M. (2008). The "disappearance" of hysteria: Historical mystery or illusion? *Journal of the Royal Society of Medicine, 101,* 12–18.

Stone, J., LaFrance, W. C., Jr., Levenson, J. L., & Sharpe, M. (2010). Issues for DSM-5: Conversion disorder. *American Journal of Psychiatry, 167,* 626–627.

Stone, J., Smyth, R., Carson, A., Lewis, S., Prescott, R., Warlow, C., et al. (2005). Systematic review of misdiagnosis of conversion symptoms and "hysteria". *British Medical Journal, 331,* 989.

Stone, M. H. (1993). *Abnormalities of personality. Within and beyond the realm of treatment.* New York: W. W. Norton.

Stopa, L., & Clark, D. M. (2000). Social phobia and interpretation of social events. *Behaviour Research and Therapy, 38,* 273–283.

Stormer, S. M., & Thompson, J. K. (1996). Explanations of body image disturbance: A test of maturational status, negative verbal commentary, and sociological hypotheses. *International Journal of Eating Disorders, 19,* 193–202.

Story, M., French, S. A., Resnick, M. D., & Blum, R. W. (1995). Ethnic/racial and socioeconomic differences in dieting behaviors and body image perceptions in adolescents. *International Journal of Eating Disorders, 18,* 173–179.

Stossel, S. (2014, January/February). Surviving anxiety. *Atlantic Monthly,* 1–6.

Stoving, R. K., Hangaard, J., Hansen-Nord, M., & Hagen, C. (1999). A review of endocrine changes in anorexia nervosa. *Journal of Psychiatric Research, 33,* 139–152.

Strain, E. C., Bigelow, G. E., Liebson, I. A., & Stitzer, M. L. (1999). Moderate- vs low-dose methadone in the treatment of opioid dependence. *Journal of the American Medical Association, 281,* 1000–1005.

Streeton, C., & Whelan, G. (2001). Naltrexone, a relapse prevention maintenance treatment of alcohol dependence: A meta-analysis of randomized controlled trials. *Alcohol and Alcoholism, 36,* 544–552.

Streltzer, J., & Johansen, L. G. (2006). Prescription drug dependence and evolving beliefs about chronic pain management. *American Journal of Psychiatry, 163,* 594–598.

Striegel-Moore, R. H., & Franco, D. L. (2008). Should binge eating disorder be included in the DSM-V? A critical review of the state of the evidence. *Annual Review of Clinical Psychology, 4,* 305–324.

Striegel-Moore, R. H., Garvin, V., Dohm, F. A., & Rosenheck, R. (1999). Psychiatric comorbidity of eating disorders in men: A national study of hospitalized veterans. *International Journal of Eating Disorders, 25,* 399–404.

Striegel-Moore, R. H., Schreiber, G. B., Lo, A., Crawford, P., Obarzanek, E., & Rodin, J. (2000). Eating disorder symptoms in a cohort of 11 to 16-year-old black and white girls: The NHLBI growth and health study. *International Journal of Eating Disorders, 27,* 49–66.

Stritzke, W. G. K., Patrick, C. J., & Lang, P. J. (1995). Alcohol and emotion: A multidimensional approach incorporating startle probe methodology. *Journal of Abnormal Psychology, 104,* 114–122.

Strober, M., Freeman, R., Lampert, C., Diamond, J., & Kaye, W. (2000). Controlled family study of anorexia nervosa and bulimia nervosa: Evidence of shared liability and transmission of partial syndromes. *American Journal of Psychiatry, 157,* 393–401.

Strober, M., Freeman, R., Lampert, C., Diamond, J., & Kaye, W. (2001). Males with anorexia nervosa: A controlled study of eating disorders in first-degree relatives. *International Journal of Eating Disorders, 29,* 264–269.

Strober, M., Freeman, R., & Morrell, W. (1997). The longterm course of severe anorexia nervosa in adolescents: Survival analysis of recovery, relapse, and outcome predictors over 10–15 years in a prospective study. *International Journal of Eating Disorders, 22,* 339–360.

Strober, M., Lampert, C., Morrell, W., Burroughs, J., & Jacobs, C. (1990). A controlled family study of anorexia nervosa: Evidence of family aggregation and lack of shared transmission with affective disorders. *International Journal of Eating Disorders, 9,* 239–253.

Strong, G. K., Torgerson, C. J., Torgerson, D., & Hulme, C. (2011). A systematic meta-analytic review of evidence for the effectiveness of the "Fast ForWord" language intervention program. *Journal of Child Psychology and Psychiatry, 52*(3), 224–235.

Strub, R. L., & Black, F. W. (1981). *Organic brain syndromes: An introduction to neurobehavioral disorders.* Philadelphia: F.A. Davis.

Struckman-Johnson, C. (1988). Forced sex on dates: It happens to men, too. *Journal of Sex Research, 24,* 234–241.

Stuart, G. A., & Llienfeld, S. O. (2007). The evidence missing from evidence-based practice. *American Psychologist, 62,* 615–616.

Sturm, R. A., Duffy, D. L., Zhao, Z. Z., & al., e. (2008). A single SNP in an evolutionary conserved region within intron 86 of the HERC2 gene determines human blue-brown eye color. *American Journal of Human Genetics, 82,* 424–431.

Styron, W. (1992). *Darkness visible: A memoir of madness.* New York: Vintage.

Substance Abuse and Mental Health Services Administration. (2013a). Drug Abuse Warning Network, 2011: National Estimates of Drug-Related Emergency Department Visits. HHS Publication No. (SMA) 13-4760, DAWN Series D-39. Rockville, MD: Substance Abuse and Mental Health Services Administration.

Substance Abuse and Mental Health Services Administration. (2013b). Results from the 2012 National Survey on Drug Use and Health: Summary of National Findings. , NSDUH Series H-46, HHS Publication No. (SMA) 13-4795. Rockville, MD: Substance Abuse and Mental Health Services Administration.

Suchy, Y., Eastvold, A. D., Strassberg, D. S., & Franchow, E. I. (2014). Understanding processing speed weaknesses among pedophilic child molesters: Response style vs. neuropathology. *Journal of Abnormal Psychology, 123,* 273–285.

Suddath, R. L., Christison, G. W., Torrey, E. F., Cassonova, M. F., Weinberger, D. R., et al. (1990). Anatomical abnormalities in the brains of monozygotic twins discordant for schizophrenia. *New England Journal of Medicine, 322,* 789–793.

Sue, D. W., & Sue, D. (2008). *Counseling the culturally different: Theory and practice* (5th ed.). Oxford, UK: John Wiley & Sons.

Sue, S., Yan Cheng, J. K., Saad, C. S., & Chu, J. P. (2012). Asian American mental health: A call to action. *American Psychologist, 67*(7), 532–544.

Sullivan, G. M., Coplan, J. D., Kent, J. M., & Gorman, J. M. (1999). The noradrenergic system in pathological anxiety: A focus on panic with relevance to generalized anxiety and phobias. *Biological Psychiatry, 46,* 1205–1218.

Sullivan, J. M. (2000). Cellular and molecular mechanisms underlying learning and memory impairments produced by cannabinoids. *Learning and Memory, 7,* 132–139.

Sullivan, P. F. (1995). Mortality in anorexia nervosa. *American Journal of Psychiatry, 152,* 1073–1075.

Sullivan, P. F., Daly, M. J., & O'Donovan, M. (2012). Genetic architectures of psychiatric disorders: The emerging picture and its implications. *Nature Reviews Genetics, 13*(8), 537–551.

Sullivan, P. F., Neale, M. C., & Kendler, K. S. (2000). Genetic epidemiology of major depression: Review and metaanalysis. *American Journal of Psychiatry, 157,* 1552–1562.

Suls, J., & Bunde, J. (2005). Anger, anxiety, and depression as risk factors for cardiovascular disease: The problems and implications of overlapping affective dispositions. *Psychological Bulletin, 131,* 260–300.

Sun, D., Phillips, L., Velakoulis, D., Yung, A., McGorry, P. D., Wood, S. J., et al. (2009). Progressive brain structural changes mapped as psychosis develops in "at risk" individuals. *Schizophrenia Research, 108*(1–3), 85–92.

Surles, R. C., Blanch, A. K., Shern, D. L., & Donahue, S. A. (1992). Case management as a strategy for systems change. *Health Affairs, 11,* 151–163.

Sussman, S. (1996). Development of a school-based drug abuse prevention curriculum for high-risk youth. *Journal of Psychoactive Drugs, 28,* 169–182.

Sussman, S., Dent, C. W., McAdams, L., Stacy, A. W., Burton, D., & Flay, B. R. (1994). Group self-identification and adolescent cigarette smoking: A 1-year prospective study. *Journal of Abnormal Psychology, 103,* 576–580.

Sussman, S., Dent, C. W., Simon, T. R., Stacy, A. W., Galaif, E. R., Moss, M. A., Craig, S., & Johnson, C. A. (1995). Immediate impact of social influence-oriented substance abuse prevention curricula in traditional and continuation high schools. *Drugs and Society, 8,* 65–81.

Sussman, S., Stacy, A. W., Dent, C. W., Simon, T. R., & Johnson, C. A. (1996). Marijuana use: Current issues and new research directions. *Journal of Drug Issues, 26,* 695–733.

Sussman, T., Dent, C. W., & Lichtman, K. L. (2001). Project EX: Outcomes of a teen smoking cessation program. *Addictive Behaviors, 26,* 425–438.

Sutcliffe, J. P., & Jones, J. (1962). Personal identity, multiple personality, and hypnosis. *International Journal of Clinical and Experimental Hypnosis, 10,* 231–269.

Sutker, P. B., & Adams, H. E. (2001). *Comprehensive handbook of psychopathology* (3rd ed.). New York: Kluwer Academic/Plenum.

Sutker, P. B., Uddo, M., Brailey, K., Vasterling, J. J., & Errera, P. (1994). Psychopathology in war-zone deployed and nondeployed Operation Desert Storm troops assigned grave registration duties. *Journal of Abnormal Psychology, 103,* 383–390.

Sutphen, C. L., Fagan, A. M., & Holtzman, D. M. (2014). Progress update: Fluid and imaging biomarkers in Alzheimer's disease. *Biological Psychiatry, 75,* 520–526.

Suzuki, K., Takei, N., Kawai, M., Minabe, Y., & Mori, N. (2003). Is taijin kyofusho a culture-bound syndrome? *American Journal of Psychiatry, 160*(7), 1358.

Swain, J., Koszycki, D., Shlik, J., & Bradwein, J. (2003). Pharmacological challenge agents in anxiety. In D. Nutt & J. C. Ballenger (Eds.), *Anxiety Disorders* (pp. 269–295). Malden, MA: Blackwell.

Swanson, J. W., Holzer, C. E., Ganju, V. K., & Jono, R. T. (1990). Violence and psychiatric disorder in the community: Evidence from the Epidemiological Catchment Area surveys. *Hospital and Community Psychiatry, 41,* 761–770.

Swanson, J., Hinshaw, S. P., Arnold, L. E., Gibbons, R., Marcus, S., Hur, K., et al. (2007). Secondary evaluations of MTA 36-month outcomes: Propensity score and growth mixture model analyses. *Journal of the American Academy of Child and Adolescent Psychiatry, 46,* 1002–1013.

Swanson, J., Kinsbourne, M., Nigg, J., et al. (2007). Etiologic subtypes of attention-deficit/hyperactivity disorder: Brain imaging, molecular genetic and environmental factors and the dopamine hypothesis. *Neuropsychology Review, 17,* 39–59.

Swanson, J., McBurnett, K., Christian, D. L., & Wigal, T. (1995). Stimulant medications and the treatment of children with ADHD. In T. H. Ollendick & R. J. Prinz (Eds.), *Advances in Clinical Child Psychology* (Vol. 17, pp. 265–322). New York: Plenum.

Sweet, J. J., Carr, M. A., Rossini, E., & Kasper, C. (1986). Relationship between the Luria-Nebraska Neuropsychological Battery and the WISC-R: Further examination using Kaufman's factors. *International Journal of Clinical Neuropsychology, 8,* 177–180.

Sweet, R. A., Mulsant, B. H., Gupta, B., Rifai, A. H., Pasternak, R. E., et al. (1995). Duration of neuroleptic treatment and prevalence of tardive dyskinesia in late life. *Archives of General Psychiatry, 52,* 478–486.

Szasz, T. S. (1999). *Fatal freedom: The ethics and politics of suicide.* Westport, CT: Praeger.

Szczypka, M. S., Kwok, K., Brot, M. D., Marck, B. T., Matsumoto, A. M., Donahue, B. A., & Palmiter, R. D. (2001). Dopamine production in the caudate putamen restores feeding in dopamine-deficient mice. *Neuron, 30,* 819–828.

Szechtman, H., & Woody, E. Z. (2004). Obsessive-compulsive disorder as a disturbance of security motivation. *Psychological Review, 111,* 111–127.

TADS team. (2007). The treatment for adolescents with depression study (TADS): Long term effectiveness and safety outcomes. *Archives of General Psychiatry, 64,* 1132–1144.

Tallal, P., Miller, S. L., Bedi, G., Byma, G., Wang, X., Nagarajan, S. S., Schreiner, C., Jenkins, W. M., & Merzenich, M. M. (1996). Language comprehension in languagelearning impaired children improved with acoustically modified speech. *Science, 271,* 81–84.

Tallmadge, J., & Barkley, R. A. (1983). The interactions of hyperactive and normal boys with their mothers and fathers. *Journal of Abnormal Child Psychology, 11,* 565–579.

Talmi, D. (2013). Enhanced emotional memory: Cognitive and neural mechanisms. *Current Directions in Psychological Science, 22,* 430–436.

Tambs, K., Czajkowsky, N., Roysamb, E., Neale, M. C., Reichborn-Kjennerud, T., Aggen, S. H., et al. (2009). Structure of genetic and environmental risk factors for dimensional representations of DSM-IV anxiety disorders. *British Journal of Psychiatry, 195,* 301–307.

Tarbox, S. I., Addington, J., Cadenhead, K., Cannon, T., Cornblatt, B., Perkins, D., et al. (2013). Premorbid functional development and conversion to psychosis in clinical high-risk youths. *Development and Psychopathology, 25* (1171–1186).

Tarrier, N., Taylor, K., & Gooding, P. (2008). Cognitive-behavioral interventions to reduce suicide behavior. *Behavior Modification, 32,* 77–108.

Task Force on Promotion and Dissemination of Psychological Procedures. (1995). Training in and dissemination of empirically-validated psychological treatments: Report and recommendations. *The Clinical Psychologist, 48,* 3–23.

Taylor, A., & Kim-Cohen, J. (2007). Meta-analysis of gene–environment interactions in developmental psychopathology. *Development and Psychopathology, 19,* 1029–1037.

Taylor, C. B., Hayward, C., King, R., Ehlers, A., Margraf, J., Maddock, R., et al. (1990). Cardiovascular and symptomatic reduction effects of alprazolam and imipramine in patients with panic disorder: Results of a double-blind, placebo-controlled trial. *Journal of Clinical Psychopharmacology, 10,* 112–118.

Taylor, C. T., & Alden, L. E. (2011). To see ourselves as others see us: An experimental integration of the intra and interpersonal consequences of self-protection in social anxiety disorder. *Journal of Abnormal Psychology, 120,* 129–141.

Taylor, J., Iacono, W. G., & McGue, M. (2000). Evidence for a genetic etiology of early-onset delinquency. *Journal of Abnormal Psychology, 109,* 634–643.

Taylor, S., Asmundson, G. J., & Jang, K. L. (2011). Etiology of obsessive-compulsive symptoms and obsessive-compulsive personality traits: Common genes, mostly different environments. *Depression and Anxiety, 28,* 863–869.

Taylor, S., Jang, K. L., & Asmundson, G. J. (2010). Etiology of obsessions and compulsions: A behavioral-genetic analysis. *Journal of Abnormal Psychology, 119,* 672–682.

Teachman, B. A., & Allen, J. P. (2007). Development of social anxiety: Social interaction predictors of implicit and explicit fear of negative evaluation. *Journal of Abnormal Child Psychology, 35,* 63–78.

Teasdale, J. D. (1988). Cognitive vulnerability to persistent depression. *Cognition and Emotion, 2,* 247–274.

Teasdale, J. D., Segal, Z. V., Williams, J. M. G., Ridgeway, V. A., Soulsby, J. M., & Lau, M. A. (2000). Prevention of relapse/recurrence in major depression by mindfulness-based cognitive therapy. *Journal of Consulting and Clinical Psychology, 68,* 615–623.

Tedeschi, R. G., Park, C. L., & Calhoun, L. G. (1998). Posttraumatic growth: Conceptual issues. In R. G. Tedeschi, C. L. Park & L. G. Calhoun (Eds.), *Posttraumatic growth: Positive changes in the aftermath of trauma* (pp. 1–22). Thousand Oaks, CA: Sage Press.

Telch, M. J., & Harrington, P. J. (unpublished manuscript). Anxiety sensitivity and unexpectedness of arousal in mediating affective response to 35% carbon dioxide inhalation.

Telch, M. J., Shermis, M. D., & Lucas, J. A. (1989). Anxiety sensitivity: Unitary personality trait or domain-specific appraisals? *Journal of Anxiety Disorders, 3,* 25–32.

Teper, E., & O'Brien, J. T. (2008). Vascular factors and depression. *International Journal of Geriatric Psychiatry, 23,* 993–1000.

ter Kuile, M. M., Both, S., & van Lankveld, J. J. (2012). Sexual dysfunctions in women. In P. Sturmey & M. Hersen (Eds.), *Handbook of rvidence-based practice in clinical psychology, adult disorders* (Vol. 2, pp. 413–436). Hoboken, NJ: John Wiley & Sons.

ter Kuile, M. M., & Reissing, E. D. (2014). Lifelong vaginismus. In Y. M. Binik & K. S. K. Hall (Eds.), *Principles and practice of sex therapy* (5th ed., pp. 177–194). New York: Guilford Press.

Teri, L., Gibbons, L. E., McCurry, S. M., Logsdon, R. G., Buchner, D. M., Barlow, W. E., et al. (2003). Exercise plus behavioral management in patients with Alzheimer disease: A randomized controlled trial. *Journal of the American Medical Association, 290,* 2015–2022.

Terry, R. D. (2006). Alzheimer's disease and the aging brain. *Journal of Geriatric Psychiatry and Neurology, 19,* 125–128.

Thapar, A., Langley, K., Owen, M. J., & O'Donovan, M. C. (2007). Advances in genetic findings on attention deficit hyperactivity disorder. *Psychological Medicine, 37,* 1681–1692.

Thapar, A., Rice, F., Hay, D., Boivin, J., Langley, K., van den Bree, M., et al. (2009). Prenatal smoking might not cause attention-deficit/hyperactivity disorder: evidence from a novel design. *Biological Psychiatry, 66*(8), 722–727.

Thase, M. E., & Rush, A. J. (1997). When at first you don't succeed: Sequential strategies for antidepressant nonresponders. *Journal of Clinical Psychiatry, 58,* 23–29.

The ESEMeD/MHEDEA 2000 investigators. (2004). Disability and quality of life impact of mental disorders in europe: Results from the European study of the epidemiology of mental disorders (ESEMeD) project. *Acta Psychiatrica Scandinavica, 109,* 38–46.

The WHO World Mental Health Survey Consortium. (2004). Prevalence, severity, and unmet need for treatment of mental disorders in the World Health Organization world mental health surveys. *Journal of the American Medical Association, 291,* 2581–2590.

Theobald, H., Bygren, L. O., Carstensen, J., & Engfeldt, P. A. (2000). Moderate intake of wine is associated with reduced total mortality and reduced mortality from cardiovascular disease. *Journal of Studies on Alcohol, 61,* 652–656.

Thibaut, F., De La Barra, F., Gordon, H., Cosyns, P., & Bradford, J. M. (2010). The World Federation of Societies of Biological Psychiatry (WFSBP) guidelines for the biological treatment of paraphilias. *World Journal of Biological Psychiatry, 11,* 604–655.

Thoits, P. A. (1985). Self-labeling processes in mental illness: The role of emotional deviance. *American Journal of Sociology, 92,* 221–249.

Thomas, C. A., Turkheimer, E., & Oltmanns, T. F. (2003). Factorial structure of pathological personality as evaluated by peers. *Journal of Abnormal Psychology, 112,* 81–91.

Thomas, G., Reifman, A., Barnes, G. M., & Farrell, M. P. (2000). Delayed onset of drunkenness as a protective factor for adolescent alcohol misuse and sexual risk taking; A longitudinal study. *Deviant Behavior, 21,* 181–200.

Thompson, P. M., Hayashi, H. M., Simon, S. L., et al. (2004). Structural abnormalities in the brains of human subjects who use methamphetamine. *Journal of Neuroscience, 24,* 6028–6036.

Thomson, A. B., & Page, L. A. (2007). Psychotherapies for hypochondriasis. *Cochrane Database of Systematic Reviews, Issue 4,* CD006520.

Tiefer, L. (2001). A new view of women's sexual problems: Why new? Why now? *Journal of Sex Research, 38,* 89–96.

Tiefer, L. (2003). Female sexual dysfunction (FSD): Witnessing social construction in action. *Sexualities, Evolution and Gender, 5,* 33–36.

Tiefer, L., Hall, M., & Tavris, C. (2002). Beyond dysfunction: A new view of women's sexual problems. *Journal of Sex and Marital Therapy, 28,* 225–232.

Tienari, P., Wynne, L. C., Laksy, K., Moring, J., Nieminen, P., Sorri, A., et al. (2003). Genetic boundaries of the schizophrenia spectrum: Evidence from the Finnish adoptive family study of schizophrenia. *American Journal of Psychiatry, 160,* 1587–1594.

Tienari, P., Wynne, L. C., Moring, J., et al. (2000). Finnish adoptive family study: Sample selection and adoptee DSM-III diagnoses. *Acta Psychiatrica Scandinavica, 101,* 433–443.

Timko, C., Moos, R. H., Finney, J. W., & Lesar, M. D. (2001). Long-term outcomes of alcohol use disorders: Comparing untreated individuals with those in Alcoholics Anonymous and formal treatment. *Journal of Studies on Alcohol, 61,* 529–540.

Timpano, K. R., Broman-Fulks, J. J., Glaesmer, H., Exner, C., Rief, W., Olatunji, B. O., et al. (2013). A taxometric exploration of the latent structure of hoarding. *Psychological Assessment, 25,* 194–203.

Tjaden, P., & Thoennes, N. (2006). Extent, nature, and consequences of rape victimization: Findings from the National Violence Against Women Survey. Washington, DC: National Institute of Justice.

Tobler, N. S., Roona, M. A., Ochshorn, P., Marshall, D. G., Streke, A. V., & Stackpole, K. M. (2000). School-based adolescent drug prevention programs: 1998 metaanalysis. *Journal of Primary Prevention, 20,* 275–336.

Tolin, D. F., & Foa, E. B. (2006). Sex differences in trauma and posttraumatic stress disorder: A quantitative review of 25 years of research. *Psychological Bulletin, 132,* 959–992.

Tolin, D. F., & Villavicencio, A. (2011). Inattention, but not OCD, predicts the core features of hoarding disorder. *Behaviour Research and Therapy, 49,* 120–125.

Tolin, D. F., Frost, R. O., Steketee, G., Gray, K., & Fitch, K. (2008). The economic and social burden of compulsive hoarding. *Psychiatry Research, 160,* 200–211.

Tolin, D. F., Kiehl, K. A., Worhunsky, P., Book, G. A., & Maltby, N. (2009). An exploratory study of the neural mechanisms of decision making in compulsive hoarding. *Psychological Medicine, 39,* 325–336.

Tolin, D. F., Stevens, M. C., Villavicencio, A. L., Norberg, M. M., Calhoun, V. D., Frost, R. O., et al. (2012). Neural mechanisms of decision making in hoarding disorder. *Archives of General Psychiatry, 69,* 832–841.

Tolin, D. F., Worhunsky, P., & Maltby, N. (2004). Sympathetic magic in contamination-related OCD. *Journal*

of *Behavior Therapy and Experimental Psychiatry, 35,* 193–205.

Tompkins, M. A., & Hartl, T. L. (2009). *Digging out: Helping your loved one manage clutter, hoarding, and compulsive acquiring.* Oakland, CA: New Harbinger.

Tondo, L., Isacsson, G., & Baldessarini, R. (2003). Suicidal behaviour in bipolar disorder: risk and prevention. *CNS Drugs, 17,* 491–511.

Tonigan, J. S., Miller, W. R., & Connors, G. J. (2000). Project MATCH client impressions about Alcoholics Anonymous: Measurement issues and relationship to treatment outcome. *Alcoholism Treatment Quarterly, 18,* 25–41.

Tonstad, S., Tonnesen, P., Hajek, P., Williams, K. E., Billing, C. B., & Reeves, K. R. (2006). Varenicline Phase 3 Study Group. Effect of maintenance therapy with varenicline on smoking cessation: a randomized controlled trial. *JAMA, 296,* 64–71.

Torgersen, S. (1986). Genetics of somatoform disorder. *Archives of General Psychiatry, 43,* 502–505.

Torgersen, S., Lygren, S., Øien, P. A., Skre, I., Onstad, S., Edvardsen, J., et al. (2000). A twin study of personality disorders. *Comprehensive Psychiatry, 41,* 416–425.

Torgersen, S., Myers, J., Reichborn-Kjennerud, T., Roysamb, E., Kubarych, T. S., & Kendler, K. S. (2012). The heritability of Cluster B personality disorders assessed both by personal interview and questionnaire. *Journal of Personality Disorders, 26,* 848–866.

Torres, A. R., Prince, M. J., Bebbington, P. E., Bhurga, D., Brugha, T. S., Farrell, M., et al. (2006). Obsessive-compulsive disorder: Prevalence, comorbidity, impact, and help-seeking in the British National Psychiatric Morbidity Survey of 2000. *American Journal of Psychiatry, 163,* 1978–1985.

Torrey, E. F. (2014). *American psychosis: How the federal government destroyed the mental illness treatment system.* Oxford, UK: Oxford University Press.

Torrey, E. F., Kennard, A. D., Eslinger, D., Lamb, R., & Pavle, J. (2010). More mentally ill persons are in jails and prisons than hospitals: A survey of the state. Treatment Advocacy Center and the National Sheriffs' Association., Washington DC.

Torrey, E. F., Zdanowicz, M. T., Kennard, A. D., Lamb, H. R., Eslinger, D., Biasotti, M. C., & Fuller, D. A. (2014). The treatment of persons with mental illness in prisons and jails: A state survey. Washington, DC: Treatment Advocacy Center.

Torti, F. M., Gwyther, L. P., Reed, S. D., Friedman, J. Y., & Schulman, K. A. (2004). A multinational review of recent trends and reports in dementia caregiver burden. *Alzheimers Disease and Associated Disorders, 18,* 99–109.

Totterdell, P., & Kellett, S. (2008). Restructuring mood in cyclothymia using cognitive behavior therapy: An intensive time-sampling study. *Journal of Clinical Psychology, 64,* 501–518.

Toufexis, A., Blackman, A., & Drummond, T. (1996, April 29). Why Jennifer got sick. *Time Magazine.*

Touyz, S., Le Grange, D., Lacey, H., Hay, P., Smith, R., Maguire, S., et al. (2013). Treating severe and enduring anorexia nervosa: A randomized controlled trial. *Psychological Medicine, 43*(12), 2501–2511.

Tran, G. Q., Haaga, D. A. F., & Chambless, D. L. (1997). Expecting that alcohol will reduce social anxiety moderates the relation between social anxiety and alcohol consumption. *Cognitive Therapy and Research, 21,* 535–553.

Treadway, M. T., & Zald, D. H. (2011). Reconsidering anhedonia in depression: Lessons from translation neuroscience. *Neuroscience and Biobehavioral Reviews, 35,* 537–555.

Treat, T. A., & Viken, R. J. (2010). Cognitive processing of weight and emotional information in disordered eating. *Current Directions in Psychological Science, 19,* 81–85.

Treynor, W., Gonzalez, R., & Nolen-Hoeksema, S. (2003). Rumination reconsidered: A psychometric analysis. *Cognitive Therapy and Research, 27,* 247–259.

Trierweiler, S. J., Neighbors, H. W., Munday, C., Thompson, E. E., Binion, V. J., & Gomez, J. P. (2000). Clinician attributions associated with the diagnosis of schizophrenia in African American and non-African American patients. *Journal of Consulting and Clinical Psychology, 68,* 171–175.

Trimpey, J., Velten, E., & Dain, R. (1993). Rational recovery from addictions. In W. Dryden & L. K. Hill (Eds.), *Innovations in rational-emotive therapy* (pp. 253–271). Thousand Oaks, CA: Sage.

Trinder, H., & Salkovskis, P. M. (1994). Personally relevant instrusions outside the laboratory: Long-term suppression increases intrusion. *Behaviour Research and Therapy, 32,* 833–842.

Trivedi, M. H., Rush, A. J., Wisniewski, S. R., Nierenberg, A. A., Warden, D., Ritz, L., et al. (2006). Evaluation of outcomes with citalopram for depression using measurement-based care in STAR*D: Implications for clinical practice. *American Journal of Psychiatry, 163,* 28–40.

True, W. R., Rice, J., Eisen, S. A., Heath, A. C., Godlberg, J., Lyons, M. J., et al. (1993). A twin study of genetic and environmental contributions to liability for posttraumatic stress symptoms. *Archives of General Psychiatry, 50,* 257–264.

True, W. R., Xiam, H., Scherrer, J. F., Madden, P., Bucholz, K. K., et al. (1999). Common genetic vulnerability for nicotine and alcohol dependence in men. *Archives of General Psychiatry, 56,* 655–662.

Trull, T. J., Jahng, S., Tomko, R. L., Wood, P. K., & Sher, K. J. (2010). Revised NESARC personality disorder diagnoses: gender, prevalence, and comorbidity with substance dependence disorders. *J Pers Disord, 24,* 412–426.

Trull, T. J., Solhan, M. B., Tragesser, S. L., Jahng, S., Wood, P. K., Piasecki, T. M., et al. (2008). Affective instability: Measuring a core feature of borderline personality disorder with ecological momentary assessment. *Journal of Abnormal Psychology, 117,* 647–661.

Tsai, D. C., & Pike, P. L. (2000). Effects of acculturation on the MMPI-2 scores of Asian American students. *Journal of Personality Assessment, 74,* 216–230.

Tsai, G., Parssani, L. A., Slusher, B. S., Carter, R., Baer, L., et al. (1995). Abnormal excitatory neurotransmitter metabolism in schizophrenic brains. *Archives of General Psychiatry, 52,* 829–836.

Tsai, J. L. (2007). Ideal affect: Cultural causes and behavioral consequences. *Perspectives on Psychological Science, 2,* 242–259.

Tsai, J. L. (2014). [personal communication].

Tsai, J. L., Butcher, J. N., Vitousek, K., & Munoz, R. (2001). Culture, ethnicity, and psychopathology. In H.E. Adams & P.B. Sutker (Eds.). *The Comprehensive Handbook of Psychopathology* (pp.105–127). New York, NY: Plenum Press.

Tsai, J. L., et al. (2001). Culture, ethnicity, and psychopathology. In H. E. Adams & P.B. Sutkey (Eds). *Comprehensive handbook of psychopathology* (3rd. ed., pp. 105–127). New York: Kluwer Academic/Plenum.

Tsai, J. L., Knutson, B. K., & Fung, H. H. (2006). Cultural variation in affect valuation. *Journal of Personality and Social Psychology, 90,* 288–307.

Tsai, J. L., Knutson, B. K., & Rothman, A. (2006). *The pursuit of ideal affect: Variation in mood-producing* behavior. *Journal of Personality and Social Psychology, 90,* 288-307.

Tsuang, M. T., Lyons, M. J., Meyer, J. M., Doyle, T., Eisen, S. A., et al. (1998). Co-occurrence of abuse of different drugs in men: The role of drug-specific and shared vulnerabilities. *Archives of General Psychiatry, 55,* 967-972.

Tully, L. A., Arseneault, L., Caspi, A., Moffitt, T. E., & Morgan, J. (2004). Does maternal warmth moderate the effects of birth weight on twins' attention-deficit/hyperactivity disorder (ADHD) symptoms and low IQ? *Journal of Consulting and Clinical Psychology, 72,* 218-226.

Turk, D. C. (2001). Treatment of chronic pain: Clinical outcomes, cost-effectiveness, and cost benefits. *Drug Benefit Trends, 13,* 36-38.

Turkheimer, E. (1998). Heritability and biological explanation. *Psychological Review, 105,* 782-791.

Turkheimer, E. (2000). Three laws of behavior genetics and what they mean. *Current Directionsin Psychological Science, 9,* 160-164.

Turkheimer, E., Haley, A., Waldron, M., D'Onofrio, B., & Gottesman, I. I. (2003). Socioeconomic status modifies the heritability of IQ in young children. *Psychological Science, 6,* 623-628.

Turkington, D., Kingdom, D., & Turner, T. (2002). Effectiveness of a brief cognitive-behavioural intervention in the treatment of schizophrenia. *British Journal of Psychiatry, 180,* 523-527.

Turner, C. F., Ku, S. M., Rogers, L. D., Lindberg, J. H., & Pleck, F. L. (1998). Adolescent sexual behavior, drug use, and violence: Increased reporting with computer survey technology. *Science, 280,* 867-873.

Turner, C. M. (2006). Cognitive-behavioural theory and therapy for obsessive-compulsive disorder in children and adolescents: Current status and future directions. *Clinical Psychology Review, 26,* 912-948.

Turner, E. H., Matthews, A. M., Linardatos, E., Tell, R. A., & Rosenthal, R. (2008). Selective publication of antidepressant trials and its influence on apparent efficacy. *New England Journal of Medicine, 358,* 252-260.

Turner, S. M., Beidel, D. C., & Townsley, R. M. (1990). Social phobia: Relationship to shyness. *Behaviour Research and Therapy, 28,* 297-305.

Twenge, J. M., & Foster, J. D. (2010). Birth cohort increases in narcissistic personality traits among American college students, 1982-2009. *Social Psychological and Personality Science, 1,* 99-106.

Tyrer, H., Tyrer, P., & Barrett, B. (2013). Influence of dependent personality status on the outcome and health service costs of health anxiety. *International Journal of Social Psychiatry, 59,* 274-280.

Tyrer, P. (2013). The classification of personality disorders in ICD-11: Implications for forensic psychiatry. *Criminal Behaviour and Mental Health, 23,* 1-5.

Tyrer, P., & Bateman, A. W. (2004). Drug treatments for personality disorder. *Advances in Psychiatric Treatment, 10.*

Tyrka, A. R., Waldron, I., Graber, J. A., & Brooks-Gunn, J. (2002). Prospective predictors of the onset of anorexic and bulimic syndromes. *International Journal of Eating Disorders, 32,* 282-290.

U.S. Bureau of the Census. (2010). Population estimates: U. S. Census Bureau, Population Division.

U.S. Department of Education. (2013). Digest of education statistics, 2012 (Vol. NCES Number: 2014015).

U.S. Department of Health and Human Services Administration for Children and Families. (2010, January). Head Start Impact Study. Final Report. Washington, DC.

U.S. Department of Health and Human Services. (1999). Mental Health: A report of the Surgeon General—Executive summary, Rockville, MD: U.S. Department of Health and Human Services, Substance Abuse and Mental Health Services Administration, Center for Mental Health Services, National Institutes of Health, National Institute of Mental Health.

U.S. Department of Health and Human Services. (2001). Mental Health: Culture, Race, and Ethnicity—A supplement to mental health: A report of the Surgeon General. Rockville, MD: U.S. Department of Health and Human Services, Substance Abuse and Mental Health Services Administration, Center for Mental Health Services.

U.S. Department of Health and Human Services. (2001a). Mental Health: Culture, Race, and Ethnicity—A supplement to mental health: A report of the Surgeon General. Rockville, MD: U.S. Department of Health and Human Services, Substance Abuse and Mental Health Services Administration, Center for Mental Health Services.

U.S. Department of Health and Human Services. (2001b). The Surgeon General's call to action to prevent and decrease overweight and obesity. Rockville, MD: U.S. Department of Health and Human Services, Public Health Service, Office of the Surgeon General. Available from: U.S. Government Printing Office, Washington, DC.

U.S. Department of Health and Human Services. (2002). Supplement to Mental Health: A Report of the Surgeon General (SMA-01-3613). Retrieved July 2, 2002, from http://www.mentalhealth.org/Publications/allpubs/SMA01-3613/sma-01-3613.pdf.

U.S. Department of Health and Human Services. (2006). The health consequences of involuntary exposure to tobacco smoke: A report of the Surgeon General. Atlanta, GA: Department of Health and Human Services, Centers for Disease Control and Prevention, Coordinating Center for Health Promotion.

U.S. Department of Health and Human Services. (2008). 2008 National healthcare disparities report (Table 15-13-11.11b).

U.S. Department of Health and Human Services. (2014). The Health Consequences of Smoking—50 Years of Progress. A Report of the Surgeon General. Atlanta, GA: U.S. Department of Health and Human Services, Centers for Disease Control and Prevention, National Center for Chronic Disease Prevention and Health Promotion, Office on Smoking and Health.

Uchinuma, Y., & Sekine, Y. (2000). Dissociative identity disorder (DID) in Japan: A forensic case report and the recent increase in reports of DID. *International Journal of Psychiatry in Clinical Practice, 4,* 155-160.

Uher, R., & McGuffin, P. (2010). The moderation by the serotonin transporter gene of environmental adversity in the etiology of depression: 2009 update. *Molecular Psychiatry, 15,* 18-22.

UK ECT Review Group. (2003). Efficacy and safety of electro-convulsive therapy in depressive disorders: A systematic review and meta-analysis. *The Lancet, 361,* 799-808.

Unger, J. B., Boley Cruz, T., Schuster, D., Flora, J. A., & Anderson Johnson, C. (2001). Measuring exposure to proand anti-tobacco marketing among adolescents: Intercorrelations among measures and associations with smoking status. *Journal of Health Communication, 6,* 11-29.

Unschuld, P. G., Buchholz, A. S., Varvaris, M., van Zijl, P. C., Ross, C. A., Pekar, J. J., et al. (2014). Prefrontal brain network connectivity indicates degree of both

schizophrenia risk and cognitive dysfunction. *Schizophrenia Bulletin, 40*(3), 653-664.

Urada, D., Evans, E., Yang, J., & Conner, B. T., et al. (2009). Evaluation of proposition 36: The substance abuse and crime prevention act of 2000: 2009 report. Retrieved from http://www.uclaisap.org/prop36/html/reports.html.

Ursu, S., Kring, A. M., Germans Gard, M., Minzenberg, M., Yoon, J., Ragland, D., et al. (2011). Prefrontal cortical deficits and impaired cognition-emotion interactions in schizophrenia. *American Journal of Psychiatry, 168,* 276-285.

Valencia, M., Racon, M. L., Juarez, F., & Murow, E. (2007). A psychosocial skills training approach in Mexican outpatients with schizophrenia. *Psychological Medicine, 37,* 1393-1402.

Valenti, A. M., Narendran, R., & Pristach, C. A. (2003). Who are patients on conventional antipsychotics? *Schizophrenia Bulletin, 29,* 195-200.

Valenzuela, M. J., & Sachdev, P. (2006). Brain reserve and dementia: A systematic review. *Psychological Medicine, 36,* 441-454.

Van Ameringen, M. A., Lane, R. M., Walker, J. R., & et al. (2001). Sertreline treatment of generalized social phobia: A 20-week, double-blind, placebo-controlled study. *American Journal of Psychiatry, 158,* 275-281.

van den Biggelaar, A. H., Gussekloo, J., de Craen, A. J., Frolich, M., Stek, M. L., van der Mast, R. C., et al. (2007). Inflammation and interleukin-1 signaling network contribute to depressive symptoms but not cognitive decline in old age. *Experimental Gerontology, 42,* 693-701.

van den Broucke, S., Vandereycken, W., & Vertommen, H. (1995). Marital communication in eating disorders: A controlled observational study. *International Journal of Eating Disorders, 17,* 1-23.

van der Sande, R., Buskens, E., Allart, E., van der Graaf, Y., & van Engeland, H. (1997). Psychosocial intervention following suicide attempt: A systematic review of treatment interventions. *Acta Psychiatrica Scandinavica, 96,* 43-50.

van Elst, L. T. (2003). Frontolimbic brain abnormalities in patients with borderline personality disorder: A volumetric magnetic resonance imaging study. *Biological Psychiatry, 54,* 163-171.

van Erp, T. G. M., Saleh, P. A., Huttunen, M., et al. (2004). Hippocampal volumes in schizophrenic twins. *Archives of General Psychiatry, 61,* 346-353.

van Lankveld, J. J., Granot, M., Weijmar Schultz, W. C., Binik, Y. M., Wesselmann, U., Pukall, C. F., et al. (2010). Women's sexual pain disorders. *Journal of Sexual Medicine, 7,* 615-631.

Van Meter, A. R., Moreira, A. L. R., & Youngstrom, E. A. (2011). Meta-analysis of epidemiologic studies of pediatric bipolar disorder. *Journal of Clinical Psychiatry, 72*(9), 1250-1256.

Van Oppen, P., de Haan, E., Van Balkom, A. J. L. M., Spinhoven, P., Hoogdiun, K., & van Dyck, R. (1995). Cognitive therapy and exposure in vivo in the treatment of obsessive compulsive disorder. *Behaviour Research and Therapy, 33,* 379-390.

van Orden, K. A., Cukrowicz, K. C., Witte, T. K., Braithwaite, S. R., & Joiner, T. E. (2010). The interpersonal theory of suicide. *Psychological Review, 117,* 575-600.

van Orden, K. A., Witte, T. K., Gordon, K. H., Bender, T. W., & Joiner, T. E. (2008). Suicidal desire and the capability for suicide: Tests of the interpersonal-psychological theory of suicidal behavior among adults. *Journal of Consulting and Clinical Psychology, 76,* 72-83.

van Os, J., Kenis, G., & Rutten, B. P. (2010). The environment and schizophrenia. *Nature, 468*, 203–212.

Vance, S., Cohen-Kettenis, P., Drescher, J., Meyer-Bahlburg, H., Pfafflin, F., & Zucker, K. (2010). Opinions about the DSM gender identity disorder diagnosis: Results from an international survey administered to organizations concerned with the welfare of transgender people. *International Journal of Transgenderism, 12*, 1–14.

Vandermosten, M., Boets, B., Poelmans, H., Sunaert, S., Wouters, J., & Ghesquiere, P. (2012). A tractography study in dyslexia: neuroanatomic correlates of orthographic, phonological and speech processing. *Brain, 135*(Pt 3), 935–948.

Vanwesenbeeck, I., Bakker, F., & Gesell, S. (2010). Sexual health in the Netherlands: Main results of a population survey among Dutch adults. *International Journal of Sexual Health, 22*, 55–71.

Vazire, S., Naumann, L. P., Rentfrow, P. J., & Gosling, S. D. (2008). Portrait of a narcissist: Manifestations of narcissism in physical appearance. *Journal of Research in Personality, 42*, 1439–1447.

Veale, D. (2000). Outcome of cosmetic surgery and "DIY" surgery in patients with body dysmorphic disorder. *Psychiatric Bulletin, 24*, 218–221.

Veale, D. (2004). Advances in a cognitive behavioural model of body dysmorphic disorder. *Body Image, 1*, 113–125.

Veehof, M. M., Oskam, M. J., Schreurs, K. M., & Bohlmeijer, E. T. (2011). Acceptance-based interventions for the treatment of chronic pain: a systematic review and meta-analysis. *Pain, 152*, 533–542.

Velakoulis, D., Pantelis, C., McGorry, P. D., Dudgeon, P., Brewer, W., et al. (1999). Hippocampal volume in firstepisode psychoses and chronic schizophrenia: A high resolution magnetic resonance imaging study. *Archives of General Psychiatry, 56*, 133–141.

Vemuri, P., Lesnick, T. G., Przybelski, S. A., Knopman, D. S., Mielke, M. M., Roberts, R. O., et al. (2014). Association of lifetime intellectual enrichment with cognitive decline in the older population. *Journal of the American Medical Association, Neurology, 71*, 1017–1024

Ventura, J., Neuchterlein, K. H., Lukoff, D., & Hardesty, J. D. (1989). A prospective study of stressful life events and schizophrenic relapse. *Journal of Abnormal Psychology, 98*, 407–411.

Videbech, P., & Ravnkilde, B. (2004). Hippocampal volume and depression: A meta-analysis of MRI studies. *American Journal of Psychiatry, 161*, 1957–1966.

Vieta, E., Martinez-De-Osaba, M. J., Colom, F., Martinez-Aran, A., Benabarre, A., & Gasto, C. (1999). Enhanced corticotropin response to corticotropin-releasing hormone as a predictor of mania in euthymic bipolar patients. *Psychological Medicine, 29*, 971–978.

Vila-Rodriguez, F., Panenka, W. J., Lang, D. J., Thornton, A. E., Vertinsky, T., Wong, H., et al. (2013). The hotel study: multimorbidity in a community sample living in marginal housing. *American Journal of Psychiatry, 170*(12), 1413–1422.

Villanti, A. C., McKay, H. S., Abrams, D. B., Holtgrave, D. R., & Bowie, J. V. (2010). Smoking-Cessation Interventions for U.S. Young Adults: A systematic review. *American Journal of Preventive Medicine, 39*(6), 564–574.

Villemure, C., & Bushnell, M. C. (2009). Mood influences supraspinal pain processing separately from attention. *Journal of Neuroscience 29*, 705–715.

Vinkers, D. J., Gussekloo, J., Stek, M. L., Westendorp, R. G. J., & van der Mast, R. C. (2004). Temporal relation between depression and cognitive impairment in old

age: Prospective population based study. *British Medical Journal, 329*, 881.

Virtanen, M., Vahtera, J., Batty, G. D., Tuisku, K., Pentti, J., Oksanen, T., et al. (2011). Overcrowding in psychiatric wards and physical assaults on staff: Data-linked longitudinal study. *British Journal of Psychiatry, 198*, 149–155.

Virués-Ortega, J. (2010). Applied behavior analytic intervention for autism in early childhood: Meta-analysis, meta-regression and dose–response meta-analysis of multiple outcomes. *Clinical Psychology Review, 30*, 387–399.

Visser, S. N., Danielson, M. L., Bitsko, R. H., Holbrook, J. R., Kogan, M. D., Ghandour, R. M., et al. (2014). Trends in the parent-report of health care provider-diagnosed and medicated attention-deficit/hyperactivity disorder: United States, 2003–2011. *Journal of the American Academy of Child and Adolescent Psychiatry, 53*(1), 34–46.e32.

Vitaliani, R., Mason, W., Ances, B., Zwerdling, T., Jiang, Z., & Dalmau, J. (2005). Paraneoplastic encephalitis, psychiatric symptoms, and hypoventilation in ovarian teratoma. *Annals of Neurology, 58*(4), 594–604.

Vitaliano, P. P., Zhang, J., & Scanlan, J. M. (2003). Is caregiving hazardous to one's physical health? A meta-analysis. *Psychological Bulletin, 129*, 946–972.

Vitousek, K., & Manke, F. (1994). Personality variables and disorders in anorexia nervosa and bulimia nervosa. *Journal of Abnormal Psychology, 103*, 137–147.

Vittengl, J. R., Clark, L. A., Dunn, T. W., & Jarrett, R. B. (2007). Reducing relapse and recurrence in unipolar depression: A comparative meta-analysis of cognitive-behavior therapy's effects. *Journal of Consulting and Clinical Psychology, 75*, 475–488.

Vogt, D., Smith, B., Elwy, R., Martin, J., Schultz, M., Drainoni, M. L., et al. (2011). Predeployment, deployment, and postdeployment risk factors for posttraumatic stress symptomatology in female and male OEF/OIF veterans. *Journal of Abnormal Psychology, 120*, 819–831.

Vohs, K. D., & Heatherton, T. F. (2000). Self-regulatory failure: A resource-depletion approach. *Psychological Science, 11*(3), 249–254.

Volk, D. W., Austin, M. C., Pierri, J. N., et al. (2000). Decreased glutamic acid decarboxylase67 messenger RNA expression in a subset of prefrontal cortical gamma-aminobutyric acid neurons in subjects with schizophrenia. *Archives of General Psychiatry, 57*, 237–248.

Volkow, N. D., Wang, G. J., Fischman, M. W., & Foltin, R. W. (1997). Relationship between subjective effects of cocaine and dopamine transporter occupancy. *Nature, 386*, 827–830.

Volkow, N. D., Wang, G. J., Fowler, J. S., Logan, J., Jayne, M., Franceschi, D., Wong, C., Gatley, S. J., Gifford, A. N., Ding, Y. S., & Pappas, N. (2002). "Nonhedonic" food motivation in humans involves dopamine in the dorsal striatum and methylphenidate amplifies this effect. *Synapse, 44*, 175–180.

Volkow, N. D., Wang, G. J., Kollins, S. H., Wigal, T. L., Newcorn, J. H., Telang, F., et al. (2009). Evaluating dopamine reward pathway in ADHD: Clinical implications. *Journal of the American Medical Association, 302*(10), 1084–1091.

Volkow, N. D., Wang, G. J., Newcorn, J. H., Kollins, S. H., Wigal, T. L., Telang, F., et al. (2011). Motivation deficit in ADHD is associated with dysfunction of the dopamine reward pathway. *Molecular Psychiatry, 16*(11), 1147–1154.

Vøllestad, J., Nielsen, M. B., & Nielsen, G. H. (2012). Mindfulness- and acceptance-based interventions for anxiety

disorders: A systematic review and meta-analysis. *British Journal of Clinical Psychology, 51*, 239–260.

Volpicelli, J. R., Rhines, K. C., Rhines, J. S., Volpicelli, L. A., et al. (1997). Naltrexone and alcohol dependence: Role of subject compliance. *Archives of General Psychiatry, 54*, 737–743.

Volpicelli, J. R., Watson, N. T., King, A. C., Shermen, C. E., & O'Brien, C. P. (1995). Effects of naltrexone on alcohol "high" in alcoholics. *American Journal of Psychiatry, 152*, 613–617.

von Krafft-Ebing, R. (1902). *Psychopathia sexualis*. Brooklyn, NY: Physicians and Surgeons Books.

Voon, V., Derbyshire, K., Ruck, C., Irvine, M. A., Worbe, Y., Enander, J., et al. (2014, in press). Disorders of compulsivity: A common bias towards learning habits. *Molecular Psychiatry*.

Vrshek-Schallhorn, S., Doane, L. D., Mineka, S., Zinbarg, R. E., Craske, M. G., & Adam, E. K. (2013). The cortisol awakening response predicts major depression: Predictive stability over a 4-year follow-up and effect of depression history. *Psychological Medicine, 43*(3), 483–493.

Vrshek-Schallhorn, S., Mineka, S., Zinbarg, R. E., Craske, M. G., Griffith, J. W., Sutton, J., et al. (2013). Refining the candidate environment: Interpersonal stress, the serotonin transporter polymorphism, and gene–environment interactions in major depression. *Clinical Psychological Science, 2*(3), 235–248.

Wade, T. D., Bulik, C. M., Neale, M., & Kendler, K. S. (2000). Anorexia nervosa and major depression: Shared genetic and environmental risk factors. *American Journal of Psychiatry, 157*, 469–471.

Wade, W. A., Treat, T. A., & Stuart, G. A. (1998). Transporting an empirically supported treatment for panic disorder to a service clinic setting: A benchmarking strategy. *Journal of Consulting and Clinical Psychology, 66*, 231–239.

Wahl, O. F. (1999). Mental health consumers' experience of stigma. *Schizophrenia Bulletin, 25*, 467–478.

Wahlbeck, K., Cheine, M., Essali, A., & Adams, C. (1999). Evidence of clozapine's effectiveness in schizophrenia: A systemic review and meta-analysis of randomized trials. *American Journal of Psychiatry, 156*, 990–999.

Wakefield, J. C. (1992). Disorder as dysfunction: A conceptual critique of DSM-III-R's definition of mental disorder. *Psychological Review, 99*, 232–247.

Wakefield, J. C. (1999). Philosophy of science and the progressiveness of DSM's theory—neutral nosology: Response to Follette and Houts, Part 1. *Behaviour Research and Therapy, 37*, 963–969.

Wakefield, J. C. (2011). Should uncomplicated bereavement-related depression be reclassified as a disorder in the DSM-5? Response to Kenneth S. Kendler's statement defending the proposal to eliminate the bereavement exclusion. *Journal of Nervous and Mental Disease, 199*, 203–208.

Wakefield, M., & Chaloupka, R. (2000). Effectiveness of comprehensive tobacco control programmes in reducing teenage smoking in the USA. *Tobacco Control, 9*, 177–186.

Waldinger, M. D., Quinn, P., Dilleen, M., Mundayat, R., Schweitzer, D. H., & Boolell, M. (2005). A multinational population survey of intravaginal ejaculation latency time. *Journal of Sexual Medicine, 2*, 492–497.

Walitzer, K. S., & Dearing, R. L. (2006). Gender differences in alcohol and substance use relapse. *Clinical Psychology Review, 26*, 128–148.

Walker, E. F., Davis, D. M., & Savoie, T. D. (1994). Neuromotor precursors of schizophrenia. *Schizophrenia Bulletin, 20*, 441–451.

Walker, E. F., Grimes, K. E., Davis, D. M., & Adina, J. (1993). Childhood precursors of schizophrenia: Facial expressions of emotion. *American Journal of Psychiatry, 150*, 1654–1660.

Walker, E. F., Kestler, L., Bollini, A., & Hochman, K. (2004). Schizophrenia: Etiology and course. *Annual Review of Psychology, 55*, 401–430.

Walker, E. F., Mittal, V., & Tessner, K. (2008). Stress and the hypothalamic pituitary adrenal axis in the developmental course of schizophrenia. *Annual Review of Clinical Psychology, 4*, 189–216.

Walker, E. F., Trotman, H. D., Pearce, B. D., Addington, J., Cadenhead, K. S., Cornblatt, B. A., et al. (2013). Cortisol levels and risk for psychosis: initial findings from the North American prodrome longitudinal study. *Biological Psychiatry, 74*(6), 410–417.

Walkup, J. T., Albano, A. M., Piacentini, J., Birmaher, B., Comptom, S. N., Sherrill, J. T., et al. (2008). Cognitive behavioral therapy, sertaline, or a combination in childhood anxiety. *New England Journal of Medicine, 359*, 2753–2766.

Waller, D. A., Kiser, S., Hardy, B. W., Fuchs, I., & Feigenbaum, L. P. (1986). Eating behavior and plasma betaendorphin in bulimia. *American Journal of Clinical Nutrition, 4*, 20–23.

Wallis, J. D. (2007). Orbitofrontal cortex and its contribution to decision-making. *Annual Review of Neuroscience, 30*, 31–56.

Walsh, B. T., Agras, S. W., Devlin, M. J., et al. (2000). Fluoxetine for bulimia nervosa following poor response to psychotherapy. *American Journal of Psychiatry, 157*, 1332–1334.

Walsh, B. T., Seidman, S. N., Sysko, R., & Gould, M. (2002). Placebo response in studies of major depression: Variable, substantial, and growing. *Journal of American Medical Association, 287*, 1840–1847.

Walsh, B. T., Wilson, G. T., Loeb, K. L., Devin, M. J., et al. (1997). Medication and psychotherapy in the treatment of bulimia nervosa. *American Journal of Psychiatry, 154*, 523–531.

Walsh, T., McClellan, J. M., McCarthy, S. E., Addington, A. M., Pierce, S. B., et al. (2008). Rare structural variants disrupt genes in neurodevelopmental pathways in schizophrenia. *Science, 320*, 539–543.

Walters, G. L., & Clopton, J. R. (2000). Effect of symptom information and validity scale information on the malingering of depression on the MMPI-2. *Journal of Personality Assessment, 75*, 183–199.

Wang, C.-Y., Xiang, Y.-T., Cai, Z.-J., Bo, Q.-J., Zhao, J.-P., Liu, T-Q., Wang, G-H., Weng, S-M., et al. (2010). Risperidone maintenance treatment in schizphrenia: A randomized, controlled trial. *American Journal of Psychiatry, 167*, 676–685.

Wang, K., Zhang, H., Ma, D., Bucan, M., Glassner, J. T., Abrahams, B. S., Salyakina, D., et al. (2009). Common genetic variants on 5p14.1 associate with autism spectrum disorders. *Nature, 459*, 528–533.

Wang, M. Q., Fitzhugh, E. C., Eddy, J. M., Fu, Q., et al. (1997). Social influences on adolescents' smoking progress: A longitudinal analysis. *American Journal of Health Behavior, 21*, 111–117.

Wang, P. S., Aguilar-Gaxiola, S., Alonso, J., Angermeyer, M. C., Borges, G., Bromet, E. J., et al. (2007). Use of mental health services for anxiety, mood, and substance disorders in 17 countries in the WHO world mental health surveys. *The Lancet, 370*, 841–850.

Wang, P. S., Lane, M. C., Olfson, M., Pincus, H. A., Wells, K. B., & Kessler, R. C. (2005). Twelve-month use of mental health services in the United States: Results from the National Comorbidity Survey Replication. *Archives of General Psychiatry, 62*, 629–640.

Wang, P. S., Simon, G. E., Avorn, J., Azocar, F., Ludman, E. J., McCulloch, J., et al. (2007). Telephone screening, outreach, and care management for depressed workers and impact on clinical and work productivity outcomes: A randomized controlled trial. *Journal of the American Medical Association, 298*, 1401–1411.

Wansink, B., & Payne, C.R. (2009). The *Joy of Cooking* too much: 70 years of calorie increases in classic recipes. *Annals of Internal Medicine, 150*, 291.

Ward, T. B., & Beech, A. (2006). An integrated theory of sexual offending. *Aggression and Violent Behavior, 11*, 44–63.

Warwick, H. M. C., & Salkovskis, P. M. (2001). Cognitive-behavioral treatment of hypochondriasis. In D. R. Lipsitt & V. Starcevic (Eds.), *Hypochondriasis: Modern perspectives on an ancient malady* (pp. 314–328). London: Oxford University Press.

Waszczuk, M. A., Zavos, H. M., Gregory, A. M., & Eley, T. C. (2014). The phenotypic and genetic structure of depression and anxiety disorder symptoms in childhood, adolescence, and young adulthood. *Journal of the American Medical Association, Psychiatry, 71*, 905-916.

Waters, A., Hill, A., & Waller, G. (2001). Internal and external antecedents of binge eating episodes in a group of women with bulimia nervosa. *International Journal of Eating Disorders, 29*, 17–22.

Watkins, E. R. (2008). Constructive and unconstructive repetitive thought. *Psychological Bulletin, 134*, 163–206.

Watkins, P. C. (2002). Implicit memory bias in depression. *Cognition and Emotion, 16*, 381–402.

Watson, D. (2005). Rethinking the mood and anxiety of disorders: A qualitative hierarchical model for DSM-V. *Journal of Abnormal Psychology, 114*, 522–536.

Watson, D. (2009). Differentiating the mood and anxiety disorders: A quadripartite model. *Annual Review of Clinical Psychology, 5*, 221–247.

Watson, D., & Clark, L. A. (1994). Introduction to the special issue on personality and psychopathology. *Journal of Abnormal Psychology, 103*, 3–5.

Watson, D., O'Hara, M. W., & Stuart, S. (2008). Hierarchical structures of affect and psychopathology and their implications for the classification of emotional disorders. *Depression and Anxiety, 25*, 282–288.

Watson, J. B., & Rayner, R. (1920). Conditioned emotional reactions. *Journal of Experimental Psychology, 3*, 1–14.

Watson, S., Thompson, J. M., Ritchie, J. C., Ferrier, I. N., & Young, A. H. (2006). Neuropsychological impairment in bipolar disorder: The relationship with glucocorticoid receptor function. *Bipolar Disorders, 8*, 85–90.

Watt, N. F. (1974). Childhood and adolescent roots of schizophrenia. In D. Ricks, A. Thomas & M. Roll (Eds.), *Life history research in psychopathology* (Vol. 3). Minneapolis: University of Minnesota Press.

Watt, N. F., Stolorow, R. D., Lubensky, A. W., & McClelland, D. C. (1970). School adjustment and behavior of children hospitalized for schizophrenia as adults. *American Journal of Orthopsychiatry, 40*, 637–657.

Watters, E. (2010). *Crazy like us: The globalization of the America psyche*. New York: Free Press.

Watts, A. L., Lilienfeld, S. O., Smith, S. F., Miller, J. D., Campbell, W. K., Waldman, I. D., et al. (2013). The double-edged sword of grandiose narcissism: Implications for successful and unsuccessful leadership among U.S. presidents. *Psychological Science, 24*, 2379–2389.

Weaver, I. C. G., Cervoni, N., Champagne, F. A., D'Allesio, A. C., Shakti, S., Seck, J. R., Dymov, S., Szyf, M., & Meaney, J. J. (2004). Epigenetic programming by maternal behavior. *Nature Neuroscience, 7*, 847–854.

Webster, C., Douglas, K., Eaves, D., & Hart, S. (1997). *HCR-20: Assessing risk for violence (Version 2)*. Vancouver, British Columbia, Canada: Simon Fraser University.

Webster, J. J., & Palmer, R. L. (2000). The childhood and family background of women with clinical eating disorders: A comparison with women with major depression and women without psychiatric disorder. *Psychological Medicine, 30*, 53–60.

Webster, R., & Holroyd, S. (2000). Prevalence of psychotic symptoms in delirium. *Psychosomatics, 41*, 519–522.

Webster-Stratton, C. (1998). Preventing conduct problems in Head Start children: Strengthening parenting competencies. *Journal of Consulting and Clinical Psychology, 66*, 715–730.

Webster-Stratton, C., Reid, M. J., & Hammond, M. (2001). Preventing conduct problems, promoting social competence: A parent and teacher training partnership in Head Start. *Journal of Clinical Child Psychology, 30*, 283–302.

Wechsler, D. (1968). *Escala de Inteligencia Wechsler para Adultos*. New York: Psychological Corporation.

Wegner, D. M., Schneider, D. J., Carter, S. R., & White, T. L. (1987). Paradoxical effects of thought suppression. *Journal of Personality and Social Psychology, 53*, 5–13.

Wehr, T. A., Duncan, W. C., Sher, L., Aeschbach, D., Schwartz, P. J., Turner, E. H., et al. (2001). A circadian signal of change of season in patients with seasonal affective disorder. *Archives of General Psychiatry, 58*, 1108–1114.

Wehr, T. A., Turner, E. H., Shimada, J. M., Lowe, C. H., Baker, C., & Leibenluft, E. (1998). Treatment of a rapidly cycling bipolar patient by using extended bed rest and darkness to stabilize the timing and duration of sleep. *Biological Psychiatry, 43*, 822–828.

Weickert, C. S., Straub, R. E., McClintock, B. W., et al. (2004). Human dysbindin (DTNBP1) gene expression in normal brain and in schizophrenic prefrontal cortex and mid brain. *Archives of General Psychiatry, 61*, 544–555.

Weierich, M. R., & Nock, M. K. (2008). Posttraumatic stress symptoms mediate the relation between childhood sexual abuse and nonsuicidal self-injury. *Journal of Consulting and Clinical Psychology, 76*, 39–44.

Weinberger, D. R. (1987). Implications of normal brain development for the pathogenesis of schizophrenia. *Archives of General Psychiatry, 44*, 660–669.

Weinberger, D. R., Berman, K. F., & Illowsky, B. P. (1988). Physiological dysfunction of dorsolateral prefrontal cortex in schizophrenia: 3. A new cohort and evidence for a monoaminergic mechanism. *Archives of General Psychiatry, 45*, 609–615.

Weinberger, D. R., Cannon-Spoor, H. E., Potkin, S. G., & Wyatt, R. J. (1980). Poor premorbid adjustment and CT scan abnormalities in chronic schizophrenia. *American Journal of Psychiatry, 137*, 1410–1413.

Weiner, B., Frieze, L., Kukla, A., Reed, L., Rest, S., & Rosenbaum, R. M. (1971). *Perceiving the causes of success and failure*. New York: General Learning Press.

Weiner, D. B. (1994). Le geste de Pinel: The history of psychiatric myth. In M. S. Micale & R. Porter (Eds.), *Discovering the history of psychiatry*. New York: Oxford University Press.

Weinstein, H. (2002, February 19). Killer's sentence of death debated. *Los Angeles Times*, pp. A1, A14.

Weisberg, R. B., Brown, T. A., Wincze, J. P., & Barlow, D. H. (2001). Causal attributions and male sexual arousal: The impact of attributions for a bogus erectile difficulty on sexual arousal, cognitions, and affect. *Journal of Abnormal Psychology, 110,* 324–334.

Weisberg, R. W. (1994). Genius and madness? A quasi-experimental test of the hypothesis that manic-depression increases creativity. *Psychological Science, 5,* 361–367.

Weisman, A. G., Nuechterlein, K. H., Goldstein, M. J., & Snyder, K. S. (1998). Expressed emotion, attributions, and schizophrenia symptom dimensions. *Journal of Abnormal Psychology, 107,* 355–359.

Weisman, C. S., & Teitelbaum, M. A. (1985). Physician gender and the physician–patient relationship: Recent evidence and relevant questions. *Social Science and Medicine, 20,* 1119–1127.

Weiss, G., & Hechtman, L. (1993). *Hyperactive children grown up* (2nd ed.). New York: Guilford Press.

Weiss, L. A., Shen, Y., Korn, J. M., et al. (2008). Association between microdeletion and microduplication at 16p11.2 and autism. *New England Journal of Medicine, 358,* 667–675.

Weissman, A., & Beck, A. T. (1978). *Development and validation of the Dysfunctional Attitude Scale: A preliminary investigation.*

Weisz, J. R., McCarty, C. A., & Valeri, S. M. (2006). Effects of psychotherapy for depression in children and adolescents: A meta-analysis. *Psychological Bulletin, 132,* 132–149.

Weisz, J. R., Sigman, M., Weiss, B., & Mosk, J. (1993). Parent reports of behavioral and emotional problems among children in Kenya, Thailand and the United States. *Child Development, 64,* 98–109.

Weisz, J. R., Suwanlert, S. C., Wanchai, W., & Bernadette, R. (1987). Over- and under-controlled referral problems among children and adolescents from Thailand and the United States: The wat and wai of cultural differences. *Journal of Consulting and Clinical Psychology, 55,* 719–726.

Weisz, J. R., Weiss, B., Suwanlert, S., & Wanchai, C. (2003). Syndromal structure of psychopathology in children of Thailand and the United States. *Journal of Consulting and Clinical Psychology, 71,* 375–385.

Wells, A. (1998). Cognitive therapy of social phobia. In N. Tarrier, A. Wells & G. Haddock (Eds.), *Treating complex cases: The cognitive-behavioural approach* (pp. 1–26). Chicester, UK: John Wiley & Sons.

Wells, C. E., & Duncan, G. W. (1980). *Neurology for Psychiatrists.* Philadelphia: F. A. Davis.

Wells, K. C., Epstein, J. N., Hinshaw, S. P., et al. (2000). Parenting and family stress treatment outcomes in attention deficit hyperactivity disorder (ADHD): An empirical analysis in the MTA study. *Journal of Abnormal Child Psychology, 28,* 543–553.

Wender, P. H., Kety, S. S., Rosenthal, D., Schulsinger, F., Ortmann, J., & Lunde, I. (1986). Psychiatric disorders in the biological and adoptive families of adopted individuals with affective disorders. *Archives of General Psychiatry, 43,* 923–929.

Westen, D. (1998). The scientific legacy of Sigmund Freud: Toward a psychodynamically informed psychological science. *Psychological Bulletin, 124,* 333–371.

Westen, D., Novotny, C. M., & Thompson-Brenner, H. (2004). The empirical status of empirically supported psychotherapies: Assumptions, findings, and reporting in controlled clinical trials. *Psychological Bulletin, 130,* 631–663.

Wetherill, R. R., Jagannathan, K., Lohoff, F. W., Ehrman, R., O'Brien, C. P., Childress, A. R., & Franklin, T. R. (2014). Neural correlates of attentional bias for smoking cues: modulation by variance in the

dopamine transporter gene. *Addiction Biology, 19*(2), 294–304.

Whisman, M. A. (2007). Marital distress and DSM-IV psychiatric disorders in a population-based national survey. *Journal of Abnormal Psychology, 116,* 638–643.

Whisman, M. A., & Bruce, M. L. (1999). Marital dissatisfaction and incidence of major depressive episode in a community sample. *Journal of Abnormal Psychology, 108,* 674–678.

Whisman, M. A., & Uebelacker, L. A. (2006). Impairment and distress associated with relationship discord in a national sample of married or cohabiting adults. *Journal of Family Psychology, 20,* 369–377.

Whisman, M. A., Sheldon, C. T., & Goering, P. (2000). Psychiatric disorders and dissatisfaction with social relationships: does type of relationship matter? *Journal of Abnormal Psychology, 109,* 803–808.

Whitaker, A. H., van Rossen, R., Feldman, J. F., Schonfeld, I. S., Pinto-Martin, J. A., Torre, C., Shaffer, D., & Paneth, N. (1997). Psychiatric outcomes in low birth weight children at age 6 years: Relation to neonatal cranial ultrasound abnormalities. *Archives of General Psychiatry, 54,* 847–856.

Whitaker, R. (2002). *Mad in America.* Cambridge, MA: Perseus.

White, K. S., & Barlow, D. H. (2004). Panic disorder and agoraphobia. In D. H. Barlow (Ed.), *Anxiety and its disorders: The nature and treatment of anxiety and panic* (pp. 328-379). New York: Guilford Press.

White, S. W., Oswald, D., Ollendick, T., & Scahill, L. (2009). Anxiety in children and adolescents with autism spectrum disorders. *Clinical Psychology Review, 29,* 216–229.

Whittal, M. L., Agras, S. W., & Gould, R. A. (1999). Bulimia nervosa: A meta-analysis of psychosocial and pharmacological treatments. *Behavior Therapy, 30,* 117–135.

Whittle, S., Lichter, R., Dennison, M., Vijayakumar, N., Schwartz, O., Byrne, M. L., et al. (2014). Structural brain development and depression onset during adolescence: A prospective longitudinal study. *The American Journal of Psychiatry, 171*(5), 564–571.

Wiborg, I. M., & Dahl, A. A. (1996). Does brief dynamic psychotherapy reduce the relapse rate of panic disorder? *Archives of General Psychiatry, 53,* 689–694.

Widiger, T. A., Frances, A., & Trull, T. J. (1987). A psychometric analysis of the social-interpersonal and cognitiveperceptual items for schizotypal personality disorder. *Archives of General Psychiatry, 44,* 741–745.

Wiech, K., & Tracey, I. (2009). The influence of negative emotions on pain: behavioral effects and neural mechanisms. *NeuroImage, 47,* 987–994.

Wildes, J. E., Emery, R. E., & Simons, A. D. (2001). The roles of ethnicity and culture in the development of eating disturbance and body dissatisfaction: A meta-analytic review. *Clinical Psychology Review, 21,* 521–551.

Wilfley, D. E., Welch, R. R, Stein, R. I., Spurrell, E. B., Cohen, L. R., et al. (2002). A randomized comparison of group cognitive-behavioral therapy and group interpersonal psychotherapy for the treatment of overweight individuals with binge eating disorder. *Archives of General Psychiatry, 59,* 713–721.

Wilhelm, S., Buhlmann, U., Hayward, L. C., Greenberg, J. L., & Dimaite, R. (2010). A cognitive-behavioral treatment approach for body dysmorphic disorder. *Cognitive and Behavioral Practice, 17,* 241–247.

Wilhelm, S., Phillips, K. A., Didie, E., Buhlmann, U., Greenberg, J. L., Fama, J. M., et al. (2014). Modular cognitive-behavioral therapy for body dysmorphic dis-

order: A randomized controlled trial. *Behavior Therapy, 45,* 314–327.

Wille, R., & Boulanger, H. (1984). 10 years' castration law in Schleswig-Holstein. *Beitrage zur gerichtlichen Medizin, 42,* 9–16.

Willemsen-Swinkels, S. H. N., Buitelaar, J. K., Weijnen, F. G., & van Engeland, H. (1995). Placebo-controlled acute dosage naltrexone study in young autistic children. *Psychiatry Research, 58,* 203–215.

Williams, J. (2003). Dementia and genetics. In R. Plomin, J. D. DeFries & , et al. (Eds.), *Behavioral genetics in the postgenomic era* (pp. 503–527). Washington, DC: American Psychological Association.

Williams, J., Hadjistavropoulos, T., & Sharpe, D. (2006). A meta-analysis of psychological and pharmacological treatments for body dysmorphic disorder. *Behaviour Research and Therapy, 44,* 99–111.

Williams, J. M. G., Watts, F. N., MacLeod, C., & Mathews, A. (1997). *Cognitive psychology and emotional disorders* (2nd ed.). New York: John Wiley & Sons.

Williams, J. W., Plassman, B. L., Burke, J., Holsinger, T., & Benjamin, S. (2010). Preventing Alzheimer's disease and cognitive decline. *Evidence Report/Technology Assessment No. 193.* Rockville, MD: Duke Evidence-based Practice Center.

Williams, P. A., Allard, A., Spears, L., Dalrymple, N., & Bloom, A. S. (2001). Brief report: Case reports on naltrexone use in children with autism: Controlled observations regarding benefits and practical issues in medication management. *Journal of Autism and Developmental Disorders, 31,* 103–108.

Wills, T. A., & Cleary, S. D. (1999). Peer and adolescent substance use among 6th–9th graders: Latent growth analysis of influence versus selection mechanisms. *Health Psychology, 18,* 453–463.

Wills, T. A., Sandy, J. M., & Yaeger, A. M. (2002). Stress and smoking in adolescence: A test of directional hypotheses. *Health Psychology, 21,* 122–130.

Wilsnack, R. W., Vogeltanz, N. D., & Wilsnack, S. C., et al. (2000). Gender differences in alcohol consumption and adverse drinking consequences: Cross-cultural patterns. *Addiction, 95,* 251–265.

Wilson, A. J., & Dehaene, S. (2007). Number sense and developmental dyscalculia. In D. Coch (Ed.), *Human behavior, learning and the developing brain: Atypical development* (pp. 212–238). New York: Guilford Press.

Wilson, D. (2011, April 13). As generics near, makers tweak erectile drugs. *New York Times,* p. B11.

Wilson, G. T. (1995). Psychological treatment of binge eating and bulimia nervosa. *Journal of Mental Health (UK), 4,* 451–457.

Wilson, G. T., & Fairburn, C. G. (1998). Treatments for eating disorders. In P. Nathan & J. M. Gorman (Eds.), *A guide to treatments that work* (pp. 501–530). London: Oxford University Press.

Wilson, G. T., Loeb, K. L., Walsh, B. T., Labouvie, E., Petkova, E., Liu, X., & Waternaux, C. (1999). Psychological and pharmacological treatment of bulimia nervosa: Predictors and processes of change. *Journal of Consulting and Clinical Psychology, 67,* 451–459.

Wilson, G. T., & Pike, K. M. (2001). Eating disorders. In D. H. Barlow (Ed.), *Clinical handbook of psychological disorders* (3rd ed., pp. 332–375). New York: Guilford Press.

Wilson, G. T., & Sysko, R. (2009). Frequency of binge eating episodes in bulimia nervosa and binge eating disorder: Diagnostic considerations. *International Journal of Eating Disorders, 42,* 603–610.

Wilson, G. T., Wilfley, D. E., Agras, S., & Bryson, S. W. (2010). Psychological treatments of binge eating disorder. *Archives of General Psychiatry, 67,* 94–101.

Wilson, R. S., Scherr, P. A., Schneider, J. A., Tang, Y., & Bennett, D. A. (2007). Relation of cognitive activity to risk of developing Alzheimer's disease. *Neurology, 69,* 1191–1920.

Wimo, A., Winblad, B., Aguero-Torres, A., & von Strauss, E. (2003). The magnitude of dementia occurrence in the world. *Alzheimer Disease and Associated Disorders, 17,* 63–67.

Winchel, R. M., Stanley, B., & Stanley, M. (1990). Biochemical aspects of suicide. In S. J. Blumenthal & D. J. Kupfer (Eds.), *Suicide over the life cycle: Risk factors, assessment and treatment of suicidal patterns* (pp. 97–126). Washington, DC: American Psychiatric Press.

Wincze, J. P., & Barlow, D. H. (1997). *Enhancing sexuality: A problem-solving approach.* Boulder, CO: Graywind Publications.

Wincze, J. P., Steketee, G., & Frost, R. O. (2007). Categorization in compulsive hoarding. *Behaviour Research and Therapy, 45,* 63–72.

Wingfield, N., Kelly, N., Serdar, K., Shivy, V. A., & Mazzeo, S. E. (2011). College students' perceptions of individuals with anorexia and bulimia nervosa. *International Journal of Eating Disorders, 44,* 369–375.

Winkleby, M. A., Cubbin, C., Ahn, D. K., & Kraemer, H. C. (1999). Pathways by which SES and ethnicity influence cardiovascular risk factors. In N. E. Adler & M. Marmot (Eds.), *Socioeconomic status and health in industrial nations: Social, psychological, and biological pathways* (Vol. 896). New York: New York Academy of Sciences.

Winkleby, M. A., Kraemer, H. C., Ahn, D. K., & Varady, A. N. (1998). Ethnic and socioeconomic differences in cardiovascular disease risk factors. *Journal of the American Medical Association, 280,* 356–362.

Wirshing, D. W., Wirshing, W. C., Marder, S. R., Liberman, R. P., & Mintz, J. (1998). Informed consent: Assessment of comprehension. *American Journal of Psychiatry, 155,* 1508–1511.

Wirz-Justice, A., Quinto, C., Cajochen, C., Werth, E., & Hock, C. (1999). A rapid-cycling bipolar patient treated with long nights, bedrest and light. *Biological Psychiatry, 45,* 1075–1077.

Wisner, K. L., Sit, D. K., McShea, M. C., Rizzo, D. M., Zoretich, R. A., Hughes, C. L., et al. (2013). Onset timing, thoughts of self-harm, and diagnoses in postpartum women with screen-positive depression findings. *Journal of the American Medical Association Psychiatry, 70,* 490–498.

Witlox, J., Eurelings, L. S. M., de Jonghe, J. F. M., Kalisvaart, K. J., Eikelenboom, P., & van Gool, W. A. (2010). Delirium in elderly patients and the risk of postdischarge mortality, institutionalization, and dementia. *Journal of the American Medical Association, 304,* 443-451.

Wittchen, H. U., Gloster, A. T., Beesdo-Baum, K., Fava, G. A., & Craske, M. G. (2010). Agoraphobia: A review of the diagnostic classificatory position and criteria. *Depression and Anxiety, 27,* 113–133.

Wittchen, H. U., & Jacobi, F. (2005). Size and burden of mental disorders in Europe—A critical review and appraisal of 27 studies. *European Neuropsychopharmacology, 15,* 357–376.

Wolf, E. J., Miller, M. W., Reardon, A. F., Ryabchenko, K. A., Castillo, D., & Freund, R. (2012). A latent class analysis of dissociation and posttraumatic stress disorder: Evidence for a dissociative subtype. *Archives of General Psychiatry, 69,* 698–705.

Wolf, M., Bally, H., & Morris, R. (1986). Automaticity, retrieval processes, and reading: A longitudinal study in average and impaired readers. *Child Development, 57,* 988–1000.

Wolfe, V. V. (1990). Sexual abuse of children. In A. S. Bellack, M. Hersen & A. E. Kazdin (Eds.), *International handbook of behavior modification and therapy* (2nd ed., pp. 707–729). New York: Plenum.

Wolitzky, D. (1995). Traditional psychoanalytic psychotherapy. In A. S. Gurman & S. B. Messer (Eds.), *Essential psychotherapies: Theory and practice.* New York: Guilford Press.

Wolitzky-Taylor, K. B., Horowitz, J. D., Powers, M. B., & Telch, M. J. (2008). Psychological approaches in the treatment of specific phobias: A meta-analysis. *Clinical Psychology Review, 28,* 1021–1037.

Wolpe, J. (1958). *Psychotherapy by reciprocal inhibition.* Stanford, CA: Stanford University Press.

Wolraich, M. L., Wilson, D. B., & White, J. W. (1995). The effect of sugar on behavior or cognition in children: A meta-analysis. *Journal of the American Medical Association, 274,* 1617–1621.

Women's Health Initiative Screening Committee. (2004). Effects of conjugated equine estrogen in postmenopausal women with hysterectomy: The Women's Health Initiative randomized controlled trial. *Journal of the American Medical Association, 291,* 1701–1712.

Wonderlich, S. A., Crosby, R. D., Mitchell, J. E., Thompson, K. M., Redlin, J., Demuth, G., Smyth, J., & Haseltine, B. (2001). Eating disturbance and sexual trauma in childhood and adulthood. *International Journal of Eating Disorders, 30,* 401–412.

Wonderlich, S. A., Gordon, K. H., Mitchell, J. E., Crosby, R. D., Engel, S. G., & Walsh, B. T. (2009). The validity and clinical utility of binge eating disorder. *International Journal of Eating Disorders, 42,* 687–705.

Wonderlich, S. A., Wilsnack, R. W., Wilsnack, S. C., & Harris, T. R. (1996). Childhood sexual abuse and bulimic behavior in a nationally representative sample. *American Journal of Public Health, 86,* 1082–1086.

Woo, J. S., Brotto, L. A., & Gorzalka, B. B. (2011). The role of sex guilt in the relationship between culture and women's sexual desire. *Archives of Sexual Behavior, 40,* 385–394.

Woodberry, K. A., Giuliano, A. J., & Seidman, L. J. (2008). Premorbid IQ in schizophrenia: A meta-analytic review. *American Journal of Psychiatry, 165,* 579–587.

Woodmansee, M. A. (1996). The guilty but mentally ill verdict: Political expediency at the expense of moral principle. *Notre Dame Journal of Law, Ethics and Public Policy, 10,* 341–387.

Woods, S. W., Addington, J., Cadenhead, K. S., Cannon, T. D., Cornblatt, B. A., Heinssen, R., . . . McGlashan, T. H. (2009). Validity of the prodromal risk syndrome for first psychosis: findings from the North American Prodrome Longitudinal Study. *Schizophrenia Bulletin, 35,* 894-908. doi: 10.1093/schbul/sbp027

Woodside, D. B., Bulik, C. M., Halmi, K. A., et al. (2002). Personality, perfectionism, and attitudes towards eating in parents of individuals with eating disorders. *International Journal of Eating Disorders, 13,* 290–299.

Woody, E. Z., & Szechtman, H. (2011). Adaptation to potential threat: The evolution, neurobiology, and psychopathology of the security motivation system. *Neuroscience and Biobehavioral Reviews, 35,* 1019–1033.

Woody, S. R., & Teachman, B. A. (2000). Intersection of disgust and fear: Normative and pathological views. *Clinical Psychology: Science and Practice, 7,* 291–311.

World Health Organization. (2001). *World health report: New understanding, new hope.* Geneva: Author.

Wouda, J. C., Hartman, P. M., Bakker, R. M., Bakker, J. O., van de Wiel, H. B. M., & Schultz, W. C. (1998). Vaginal plethysmography in women with dyspareunia. *Journal of Sex Research, 35,* 141–147.

Wright, I. A., Rabe-Hesketh, S., Woodruff, P. W., Davis, A. S., Murray, R. M., & Bullmore, E. T. (2000). Meta-analysis of regional brain volumes in schizophrenia. *American Journal of Psychiatry, 157,* 16–25.

Writing Group for the Women's Health Initiative Investigators. (2002). Risks and benefits of estrogen plus progestin in healthy postmenopausal women. Principal results from the Women's Health Initiative randomized controlled trial. *Journal of the American Medical Association, 288,* 321–333.

Wu, L. T., Pilowsky, D. J., & Schlenger, W. E. (2004). Inhalant abuse and dependence among adolescents in the United State. *Journal of the American Academy of Child and Adolescent Psychiatry, 43,* 1206–1214.

Wykes, T., Huddy, V., Cellard, C., McGurk, S., & Czobor, P. (2011). A meta-analysis of cognitive remediation for schizophrenia: Methodology and effect sizes. *American Journal of Psychiatry, 168,* 472–485.

Wykes, T., Steel, C., Everitt, T., & Tarrier, N. (2008). Cognitive behavior therapy for schizophrenia: Effect sizes, clinical models, and methodological rigor. *Schizophrenia Bulletin, 34,* 523–537.

Wylie, K. R. (1997). Treatment outcome of brief couple therapy in psychogenic male erectile disorder. *Archives of Sexual Behavior, 26,* 527–545.

Wylie, K. R., & MacInnes, I. (2005). Erectile dysfunction. In R. Balon & R. T. Segraves (Eds.), *Handbook of sexual dysfunctions and paraphilias.* Boca Raton, Fl: Taylor and Francis Group.

Xia, J., Merinder, L. B., & Belgamwar, M. R. (2011). Psychoeducation for schizophrenia. *Schizophrenia Bulletin, 37,* 21–22.

Yaffe, K., Fiocco, A. J., Lindquist, K., Vittinghoff, E., Simonsick, E. M., Newman, A. B., et al. (2009). Predictors of maintaining cognitive function in older adults. *Neurology, 72,* 2029-2035.

Yang, Y., & Raine, A. (2009). Prefrontal structural and functional brain imaging findings in antisocial, violent, and psychopathic individuals: A meta-analysis. *Psychiatry Research: Neuroimaging, 174,* 81–88.

Yehuda, R., & LeDoux, J. (2007). Response variation following trauma: A translational neuroscience approach to understanding PTSD. *Neuron, 56,* 19–32.

Yerkes, R. M., & Dodson, J. D. (1908). The relation of strength of stimulus to rapidity of habit formation. *Journal of Comparative and Neurological Psychology, 18,* 459–482.

Yirmiya, N., & Sigman, M. (1991). High functioning individuals with autism: Diagnosis, empirical findings, and theoretical issues. *Clinical Psychology Review, 11,* 669–683.

Yoast, R., Williams, M. A., Deitchman, S. D., & Champion, H. C. (2001). Report of the Council on Scientific Affairs: Methadone maintenance and needle-exchange programs to reduce the medical and public health consequences of drug abuse. *Journal of Addictive Diseases, 20,* 15–40.

Yonkers, K. A., Bruce, S. E., Dyck, I. R., & Keller, M. B. (2003). Chronicity, relapse, and illness-course of panic disorder, social phobia, and generalized anxiety disorder: Findings in men and women from 8 years of follow-up. *Depression and Anxiety, 17,* 173–179.

York Cornwell, E., & Waite, L. J. (2009). Social disconnectedness, perceived isolation, and health among older adults. *Journal of Health and Social Behavior, 50,* 31–48.

Young, J., Goey, A., Minassian, A., Perry, W., Paulus, M., & Geyer, M. (2010). GBR 12909 administration as a mouse model of bipolar disorder mania: Mimicking quantitative assessment of manic behavior. *Psychopharmacology, 208*(3), 443–454.

Young, M. A., Watel, L. G., Lahmeyer, H. W., & Eastman, C. I. (1991). The temporal onset of individual symptoms in winter depression: Differentiating underlying mechanisms. *Journal of Affective Disorders, 22,* 191–197.

Younglove, J. A., & Vitello, C. J. (2003). Community notification provisions of "Megan's Law" from a therapeutic jurisprudence perspective: A case study. *American Journal of Forensic Psychology, 21,* 25–38.

Youngstrom, E. A., Freeman, A. J., & Jenkins, M. M. (2009). The assessment of children and adolescents with bipolar disorder. *Child and Adolescent Psychiatric Clinics of North America, 18,* 353-390. doi:310.1016/j.chc.2008.1012.1002.

Yung, A. R., McGorry, P. D., McFarlane, C. A., & Patton, G. (1995). The PACE Clinic: Development of a clinical service for young people at high risk of psychosis. *Australian Psychiatry, 3,* 345–349.

Yung, A. R., Phillips, L. J., Hok, P. Y., & McGorry, P. D. (2004). Risk factors for psychosis in an ultra high-risk group: psychopathology and clinical features. *Schizophrenia Research, 67,* 131–142.

Yung, A. R., Woods, S. W., Ruhrmann, S., Addington, J., Schultze-Lutter, F., Cornblatt, B. A., et al. (2012). Whither the attenuated psychosis syndrome? *Schizophrenia Bulletin, 38*(6), 1130–1134.

Zanarini, M. C., Frankenburg, F. R., Hennen, J., Reich, D. B., & Silk, K. R. (2004). Axis I comorbidity in patients with borderline personality disorder: 6-year follow-up and prediction of time to remission. *American Journal of Psychiatry, 161,* 2108–2114.

Zanarini, M. C., Frankenburg, F. R., Reich, D. B., & Fitzmaurice, G. M. (2011). Attainment and stability of sustained symptomatic remission and recovery among patients with borderline personality disorder and axis II comparison subjects: A 16-year prospective follow-up study. *American Journal of Psychiatry, AiA,* 1–8.

Zanarini, M. C., Skodol, A. E., Bender, D., Dolan, R., Sanislow, C., Schaefer, E., et al. (2000). The Collaborative Longitudinal Personality Disorders Study: Reliability of axis I and II diagnoses. *Journal of Personality Disorders, 14,* 291–299.

Zane, M. D. (1984). Psychoanalysis and contextual analysis of phobias. *Journal of the American Academy of Psychoanalysis, 12,* 553–568.

Zanov, M. V., & Davison, G. C. (2009). A conceptual and empirical review of 25 years of cognitive assessment using the Articulated Thoughts in Simulated Situations (ATSS) think-aloud paradigm. *Cognitive Therapy and Research, 34,* 282-291.

Zanov, M. V., & Davison, G.C. (2010). A conceptual and empirical review of 25 years of cognitive assessment using the Articulated Thoughts in Simulated Situations (ATSS) think-aloud paradigm. Cognitive Therapy and Research, 34, 282–291.

Zapf, P. A., & Roesch, R. (2011). Future directions in the restoration of competency to stand trial. *Current Directions in Psychological Science, 20*(1), 43–47.

Zapolski, T. C., Pedersen, S. L., McCarthy, D. M., & Smith, G. T. (2014). Less drinking, yet more problems: understanding African American drinking and related problems. *Psychological Bulletin, 140*(1), 188–223.

Zarit, S. H. (1980). *Aging and mental disorders: Psychological approaches to assessment and treatment.* New York: Free Press.

Zarit, S. H., & Zarit, J. M. (2011). *Mental disorders in older adults: Fundamentals of assessment and treatment* (2nd ed.). New York: Guilford Press.

Zeier, J. D., & Newman, J. P. (2013). Feature-based attention and conflict monitoring in criminal offenders: Interactive relations of psychopathy with anxiety and externalizing. *Journal of Abnormal Psychology, 122,* 797–806.

Zellner, D. A., Harner, D. E., & Adler, R. L. (1989). Effects of eating abnormalities and gender on perceptions of desirable body shape. *Journal of Abnormal Psychology, 98,* 93–96.

Zhang, T. Y., & Meaney, M. J. (2010). Epigenetics and the environmental regulation of the genome and its function. *Annual Review of Psychology, 61,* 439–466.

Zheng, H., Sussman, S., Chen, X., Wang, Y. Xia, J., Gong, J., Liu, C., Shan, J., Unger, J., & Johnson, C. A. (2004). Project EX—A teen smoking cessation initial study in Wuhan, China. *Addictive Behaviors, 29,* 1725–1733.

Zhou, J., & Seeley, W. W. (2014). Network dysfunction in Alzheimer's disease and frontotemporal dementia: Implications for psychiatry. *Biological Psychiatry, 75,* 565–573.

Ziegler, F. J., Imboden, J. B., & Meyer, E. (1960). Contemporary conversion reactions: A clinical study. *American Journal of Psychiatry, 116,* 901–910.

Zilboorg, G., & Henry, G. W. (1941). *A history of medical psychology.* New York: W. W. Norton.

Zimmer, D. (1987). Does marital therapy enhance the effectiveness of treatment for sexual dysfunction? *Journal of Sex and Marital Therapy, 13,* 193–209.

Zimmer, L., & Morgan, J. P. (1995). *Exposing marijuana myths: A review of the scientific evidence.* New York: The Lindemith Center.

Zimmerman, M., & Mattia, J. I. (1999). Differences between clinical and research practices in diagnosing borderline personality disorder. *American Journal of Psychiatry, 156,* 1570–1574.

Zimmerman, M., Rothschild, L., & Chelminski, I. (2005). The prevalence of DSM-IV personality disorders in psychiatric outpatients. *The American journal of psychiatry, 162,* 1911-1918.

Zipfel, S., Wild, B., Gross, G., Friederich, H. C., Teufel, M., Schellberg, D., et al. (2014). Focal psychodynamic therapy, cognitive behaviour therapy, and optimised treatment as usual in outpatients with anorexia nervosa (ANTOP study): randomised controlled trial. *The Lancet, 383*(9912), 127–137.

Zohar, A. H., & Felz, L. (2001). Ritualistic behavior in young children. *Journal of Abnormal Child Psychology, 29,* 121–128.

Zubin, J., & Spring, B. (1977). Vulnerability: A new view of schizophrenia. *Journal of Abnormal Psychology, 86,* 103–126.

# 찾아보기

**Ann M. Kring**은 버클리 소재의 캘리포니아대학교(University of California at Berkeley)의 심리학과 교수이며, 2015년 7월부터 학과장 역할을 맡았다. 그녀는 볼주립대학교(Ball State University)에서 학사학위(B.S.)를 받고, 스토니브룩 소재의 뉴욕주립대학에서 석사학위(M.A.)와 박사학위(Ph.D.)를 받았다. 임상심리학 인턴 수련은 뉴욕에 있는 벨레뷰 병원(Bellevue Hospital)과 커비사법정신의학센터(Kirby Forensic Psychiatric Center)에서 이루어졌다. 버클리로 이사하기 전에는, 1991년부터 1998년까지 밴더빌트대학교의 심리학과 교수진의 일원이었다. 1999년에 그녀는 UC 버클리의 전임교원이 되었으며, 임상과학 프로그램의 책임자(Director of Clinical Science Program) 및 심리클리닉(Psychology Clinic)의 소장으로서 두 학기 동안 근무하였다. 2008년에 그녀는 UC 버클리에서 우수 교육자로서 Distinguished Teaching Award를 수상하였다. 그녀는 *Schizophrenia Bulletin*, *Journal of Abnormal Psychology*, *Psychological Science in the Public Interest*의 편집진이었으며, *Journal of Abnormal Psychology*, *Cognition and Emotion*, *Applied and Preventive Psychology*라는 학술지의 부편집장을 역임하였다. 그녀는 정신병리연구회(Society for Research in Psychopathology)의 회장으로 선출되었으며, 정동과학연구회(Executive Board of the Society for Affective Science) 운영진의 일원이다.

그녀의 여러 개의 상을 받았는데, 1997년에는 조현병 및 우울증 연구자 모임(National Alliance for Research on Schizophrenia and Depression)으로부터 젊은 과학자 상(Young Investigator Award)을 받았고, 2006년에는 조현병에 대한 그녀의 연구업적을 인정받아 Joseph Zubin Memorial Fund Award를 수상하였다. 2005년에 그녀는 미국심리과학협회(Association for Psychological Science)의 특별회원으로 지명되었다. 그녀의 연구는 Scottish Rite Schizophrenia Research 프로그램, National Alliance for Research on Schizophrenia and Depression, 그리고 National Institute of Mental Health로부터 지원을 받았다. 그녀는 *Emotion Regulation and Psychopathology*(Guilford Press)라는 책의 공동편집자(Denise Sloan과 함께)이며 *Bipolar Disorder for the Newly Diagnosed*(New Harbinger Press)라는 책의 공저자(Janelle Caponigro, Erica Lee, Sheri Johnson과 함께)이다. 또한 그녀는 100개가 넘는 논문과 책 속 장(chapters)의 저자이기도 하다. 그녀의 현재 관심사는 정서와 정신병리의 관계에 있는데, 특히 조현병의 정서적 측면, 정신분열증에서 음성 증상의 평가, 조현병에서 인지(cognition)와 정서의 연결 관계에 흥미를 갖고 있다.

**Sheri L. Johnson**은 미국 UC 버클리의 심리학 교수로서, Cal Mania(Calm) 프로그램을 이끌고 있으며, 영국 랭카스터대학교의 방문교수(visiting professor)이다. 그녀는 세일럼칼리지(Salem College)에서 문학사(B.A.) 학위를 받았고 피츠버그대학교에서 박사학위(Ph.D.)를 받았다. 그녀는 브라운대학교에서 인턴십과 박사후 연구원(fellowship)을 마쳤으며, 브라운대학교에서 1993년부터 1995년까지 임상 조교수였다. 1995년부터 2008년까지는 마이애미대학교의 심리학과에서 강의하였는데, 대학원 교육자상(Graduate Teaching Award)을 3번이나 받았다. 1993년에 그녀는 조현병 및 우울증 연구자 모임으로부터 젊은 과학자상(Young Investigator Award)을 받았다. 그녀는 *Clinical Psychological Science*와 *Journal of Abnormal Psychology*라는 학술지의 자문 편집자(consulting editor)이다. 그녀는 *Applied and Preventive Psychology*와 *Cognition and Emotion*이라는 학술지의 부편집장이었으며, *Psychological Bulletin*을 위시한 6개 학술지의 편집위원으로 일해 왔다. 그녀는 Society for Research in Psychopathology 학회의 회장으로도 일했으며 현재는 Academy of Behavioral Medicine Research와 Association for Psychological Science의 회원이다.

지난 25년간 그녀의 연구는 조증과 우울증의 경과를 예측해주는 요인을 이해하는 데 초점을 맞추어 왔다. 그녀는 이런 과정을 이해하기 위하여 사회학적, 심리학적 및 신경생물학적 패러다임을 이용한다. 그녀의 연구는 조현병 및 우울증 연구자 모임, National Cancer Institute, National Science Foundation, National Institute of Mental Health의 지원을 받았다. 그녀는 175개가 넘는 논문과 책 속의 장(chapters)을 출간하였으며, 그녀의 연구 결과는 선도적인 학술지(*Journal of Abnormal Psychology*, *Psychological Bulletin*, *American Journal of Psychiatry* 등)에 실렸다. 그녀는 여러 책의 공동편집자이다. 여기에는 *Psychological Treatment of Bipolar Disorder*(Guilford Press), *Bipolar Disorder for the Newly Diagnosed*(New Harbinger Press), *Emotion and Psychopathology*(American Psychological Association) 등이 있다.

## 저자들의 변경 과정에 대한 간략한 설명

지난 10년간, Ann M. Kring과 Sheri L. Johnson이 저자로 소개되어왔다. 그러나 이 책의 뿌리는 40년 전으로 거슬러 올라간다. 40년 전에 Gerald C. Davison과 John M. Neale은 미국 스토니브룩 소재의 뉴욕주립대학교(State University of New York at Stony Brook)에서 학부 이상심리학 과목을 가르치는 경험을 공유하기로 합의하였다. 이들은 대화를 통해 공저하기로 한 교재의 윤곽을 만들어냈는데, 이는 당시의 다른 교재들과 달랐다. 이렇게 해서 Davison과 Neale이 공저한 이 책의 첫 판은 1974년에 처음으로 출간되었다.

Ann Kring은 2001년에 이 공저팀에 합류하였는데, Kring은 2004년에 Sheri L. Johnson을 합류시켰고, 이때 이 두 사람이 선임 저자들로부터 저술의 전적인 책임을 넘겨받았다. Davison과 Neale의 전통은 이 책뿐만 아니라 이전의 모든 판 속에 남아 있으며, 우리는 이 책의 이전 판을 개발해내고 저술한 이 두 분의 개척자에게 깊이 감사드린다. 제12판의 작업이 거의 끝나갈 무렵에, 우리는 John M. Neale이 숙환으로 운명하셨다는 것을 알게 되었다. 많은 이들이 John M. Neale을 추모하고 있다.

Photo by Christine McDowell

**Gerald C. Davison**은 현재 미국 서던캘리포니아대학교(University of Southern California)의 심리학과 정교수이다. 이전에는 서던캘리포니아대학교(USC)의 정교수이자 학과장이었으며, 또한 임상프로그램의 책임운영자(Director of Clinical Training)를 역임했다. 근래에는 USC Davis 노인대학(School of Gerontology)의 학장으로서 활동하고 있다. 그는 하버드대학교에서 사회관계(social relations) 전공으로 학사학위(B.A.)를 받았으며, 스탠퍼드대학교에서 심리학 전공으로 박사학위(Ph.D.)를 받았다. 그는 미국심리학회(APA)의 고급회원(Fellow)이며, 미국심리과학협회(Association for Psychological Science)의 창립회원(Charter Fellow)이고, 미국인지치료학회(Academy of Cognitive Therapy)의 유공 창립 회원(Distinguished Founding Fellow)이기도 하다. 그밖에도 그는 전체 교수진의 명의로 대학 전체 차원에서 주어지는 교육 우수상(USC Associates Award for Excellence in Teaching)을 받았으며, 행동 및 인지치료협회(Association for Behavioral and Cognitive Therapies)로부터 우수교육자상(Outstanding Educator Award)과 평생기여상(Lifetime Achievement Award)을 받았다. 150개가 넘는 그의 발간된 저술 중에서 그가 1976년에 Marvin Goldfried와 공저로 저술한 후 1994년에 증보판으로 다시 펴낸 *Clinical Behavior Therapy*라는 책은, 사회과학 인용지표(Social Sciences Citation Index, SSCI)에서 고전적인 인용문헌(Citation Classics)으로 인정된 두 권의 책 중 하나이다. 또한 그는 여러 가지 전문 학술지의 편집위원회의 일원이었다. 그의 연구는 정신병리학, 평가, 그리고 치료적 변화에 대한 실험적이고 철학적인 분석에 초점을 두어 왔으며, 현재 모의 상황에서 머릿속에 진행되는 생각을 조사하여 인지(cognition)와 다양한 행동 및 정서 문제 간의 관계를 규명하는 데 주력하고 있다.

Photo by John M. Neale

**John M. Neale**은 미국 스토니브룩에 있는 뉴욕주립대학교(State University of New York at Stony Brook)의 심리학과 교수로 재직하다가 2000년에 퇴직하였다. 그는 캐나다 토론토대학교(University of Toronto)에서 학사학위(B.A.)를 받고, 밴더빌트대학교(Vanderbilt University)에서 석사학위(M.A.) 및 박사학위(Ph.D.)를 받았다. 그는 많은 상을 받았는데, 여기에는 미국심리학회로부터 받은 신진연구자상(Early Career Award)(1974), 미국심리학회 산하 임상심리과학 분과회(Society for a Science of Clinical Psychology)로부터 저명과학자상(Distinguished Scientist Award)(1991), 그리고 미국정신병리연구회(Society for Research in Psychopathology)로부터 우수교육자상(Sustained Mentorship Award)(2011)을 받은 것이 있다. 전문 학술지에 수많은 논문을 게재한 것 이외에도, 그가 저술로 발간한 책에는 TV에 방영된 폭력이 아동에 미치는 영향, 연구방법론, 조현병, 이상심리학 사례연구, 그리고 심리적인 것이 건강에 미치는 효과에 관한 것이 있다. 그의 주요 연구 관심사는 조현병이었으며, 또한 그는 스트레스가 건강에 미치는 영향에 대해서도 연구를 수행하였다.

# 역자 소개

**이봉건(李奉鍵)**

전자우편 : clinpsy@chol.com

서울대학교 졸업

서울대학교 대학원 심리학과 석사, 박사(임상심리 전공)

육군사관학교 심리학처 심리학 강사, 전임강사 역임

아주대학교, 한양대학교, 성심여자대학교 심리학 강사 역임

미국 뉴욕주립대학교(올버니 소재) 심리학과 부설 Center for Stress and Anxiety Disorders 방문교수(visiting scholar)

고려대학교 심리학과 교환교수

한국임상심리학회 학회지 편집위원장 역임

충북대학교 사회과학연구소장 역임

한국심리학회 산하 임상심리학회장 역임

충북대학교 학생생활상담센터 소장 역임

보건복지부 산하 정신보건요원협회 이사

한국명상학회 초대 회장 역임

충북대학교 심리학과 교수 역임, 명예교수

## 자격증

- 임상심리전문가(한국임상심리학회)/정신보건임상심리사 1급(보건복지부)
- 범죄심리전문가(한국심리학회)
- 명상지도전문가(K-MBSR) R급 전문가
  (한국명상학회 홈페이지 : www.k-mbsr.com)
- 인지행동치료전문가(홈페이지 : www.kacbt.org)

현재 연구관심 분야 및 실제 활동(practice) : 인지행동치료상담, 불안장애의 행동치료, 응용정신생리학 및 바이오피드백, 동양 비교 전통(esoteric tradition)의 응용 등

## 저서 및 역서

- 이봉건 역(2018). Goodwin and Guze의 이상행동의 이해와 분류. 글로벌출판사(2018년 학술원 우수학술도서 선정).
- 이봉건, 이철원 공역(2017). 범죄수사심리학. 학지사.
- 이봉건 역(2012). 이상심리학, 제11판. 시그마프레스. 523쪽. (Davison, Neale, & Kring, *Abnormal Psychology*, Wiley)
- 이봉건(2015). 심리건강 : 심리상담의 이론 및 응용. 퍼플(교보문고). 발행일: 20150228 ISSN: 978-89-24-01852-3 도서성격: 교양도서 총 419쪽.
- 이봉건(2013). 심리건강下 : 심리상담의 응용영역. 충북대학교출판부.
- 이봉건(2012). 심리건강. 충북대학교 교양문고 시리즈. 충북대학교출판부. 167쪽.
- 이봉건(2009). 7장 치매(pp. 127-168), 10장 우울증(pp. 224-250). 이장호 외 공역, 임상노인심리학, 시그마프레스.
- 이봉건(2003). 의식, 현대 심리학 이해, 김현택 외 17인 공저(총 18인), 3장, 79-106쪽. 학지사. (총 18개 장, 717쪽).
- 이봉건(2005). 의식심리학. 학지사. [Robert E. Ornstein(1986), *The Psychology of Consciousness*, N.Y. : Penguin Books, p. 314].
- 이봉건(2003), 의식, 곽금주 외 15인(공저), 심리학의 길잡이, 5장, 오롬시스템, 91-110쪽. (총 16개 장, 315쪽).
- 이봉건(1999). 사이버공간에서의 중독. 황상민, 한규석 편저(총 13인), 사이버 공간의 심리 ─ 인간적 정보화 사회를 향해서, 12장, pp. 312-331, 박영사.
- 이봉건(1998). 컴퓨터통신, 인터넷과 인터넷과 심리적 적응. 용인대학교 저, 정보화시대에서의 대학인의 준비, 용인대학교출판부.
- 이봉건(1997). 바이오피드백. 대한신심스트레스학회편, 스트레스 과학의 이해, 27장, 407-427쪽, 신광출판사.
- 이순묵, 이봉건(1995). 설문, 시험, 검사의 제작 및 사용을 위한 표준. 학지사.

## 논문

- 이봉건(1993). 심인성 두통(Psychogenic Headache)의 심리학적 처치에 대한 개관, 대한신심스트레스학회지, 1(1), 85-96.
- 이봉건(1996). 두통의 발생 및 이와 관련된 심리학적 특성들 ─ 대학생 집단을 중심으로, 대한신심스트레스학회지, 4(2), 1-9.
- 이봉건 외(2001). 또래아동의 비행 행동이 피해아동의 삶의 질에 미치는 영향 및 그 개선방안 ─ 집단괴롭힘 소위 '왕따'(bullying)를 중심으로, 한국심리학회지 : 임상, 20(3), 413-441.

· 이봉건(2001). 명상과 바이오피드백에 대한 동서 심리학적 고찰, 심리과학, 10(1), 19-31. (서울대 사회대 심리과학연구소 발간)

· 한상미, 이봉건(1999). 문제 음주 대학생에 대한 단기 인지행동 집단치료의 효과, 한국심리학회지 : 임상, 18(2), 1-13.

· 김태경, 이봉건(1999). 전두근 EMG 바이오피드백 훈련에서 청각과 시각 피드백의 효용성 비교, 스트레스학회지, 7(2), 55-62.

· 이봉건, 정인원, 김재진, 신철진(2002). 심상자극과 GSR의 관계에 대한 예비연구, 감성과학회지, 5(2), 11-22.

· 김민경, 이봉건, 전양환(2003). Brief Psychiatric Rating Scale-평정방법에 따른 평정자간 신뢰도와 자기보고식 검사와의 상관연구, 한국심리학회지 : 임상, 22(3), 685-698.

· 이봉건(2006). 바이오피드백이 가미된 이완 및 호흡조절에 의한 스트레스 감소—사례연구, 한국심리학회지 : 임상, 25(3), 603-622.

· 김은희, 이봉건(2008). 정신장애인을 위한 재활프로그램 개발, 충북대 사회과학연구, 25(1), 53-76.

· 이봉건(2008). 한국판 마음챙김 명상(K-MBSR)이 대학생의 우울증상, 마음챙김 수준 및 몰입수준에 미치는 효과, 한국심리학회지 : 임상, 27(1), 333-345.

· 이봉건, 신재숙(2007). 단기 한국판 마음챙김명상(K-MBSR)의 스트레스 감소효과—Ⅱ형 당뇨 환자를 대상으로 한 사례연구, 인지행동치료, 7(2), 63-82.

· 김령아, 이봉건(2009). 스트레스 감소를 위한 마음챙김명상(MBSR)에 기반을 둔 직장인 지원 프로그램(EAP)의 개발을 위한 예비연구, 스트레스연구, 17(2), 91-100.

· 구효진, 이봉건(2011). 사회인지 동영상을 활용한 사회성기술훈련이 정신분열병 환자의 대인관계기술에 미치는 효과, 한국심리학회지 : 임상, 30(2), 381-396.

· 김진실, 이봉건(2012). 알코올 의존 환자를 대상으로 한 인지행동치료를 병행한 자기사랑 프로그램의 효과 연구, 한국심리학회지 : 임상, 31(1), 289-304.

· 이봉건(2013). 마음챙김명상(MBSR)이 암 환자들의 통증과 불안에 미치는 효과, 스트레스연구, 21(4), 263-274.

· 이봉건(2015). 마음챙김명상(MBSR)의 암에 대한 심리적·생리적 효과 : 사례에 대한 질적 연구, 한국심리학회지 : 건강, 20(1), 359-370.

· 이봉건(2015). 수형자 사회적응을 위한 명상 프로그램 개발과 효과성 연구—사례분석 중심으로, 교정복지연구, 39, 137-180.

· 박경호, 이봉건, 이철원(2016). 조현병 환자의 재기태도와 약물태도의 관계 : 인지적 병식의 조절효과를 중심으로, 한국심리학회지 : 건강, 21(1), 257-271.

· 허선무, 이봉건(2016). 사회불안에 대한 수용전념치료(ACT) 치료변인의 효과, 인지행동치료, 16(4), 445-467.

· 이봉건(2017). 몸풀기 조신(調身) 수련과 조식(調息) 수련을 병행한 명상 프로그램이 심신이완과 마음의 안정에 미치는 효과, 한국명상학회지, 7(1), 87-102.

· 이봉건(2017). 수형자 사회적응을 위한 명상 프로그램 개발과 효과성 연구—사례분석 중심으로, 교정복지연구, 51, 51-72.